Ralph Bollmann

Angela Merkel

Ralph Bollmann

Angela Merkel

Die Kanzlerin
und ihre Zeit

Biografie

C.H.Beck

Mit 69 Abbildungen

© Verlag C.H.Beck oHG, München 2021
www.chbeck.de
Umschlaggestaltung: Rothfos & Gabler, Hamburg
Umschlagabbildung: Angela Merkel auf der 51. Münchner Sicherheitskonferenz
am 7. Februar 2015 © Christof Stache/AFP via Getty Images
Satz: Janß GmbH, Pfungstadt
Druck und Bindung: CPI – Ebner & Spiegel, Ulm
Gedruckt auf säurefreiem und alterungsbeständigem Papier
Printed in Germany
ISBN 978 3 406 74111 1

klimaneutral produziert
www.chbeck.de/nachhaltig

Inhalt

Vorwort
11

Erster Teil:
Pfarrhaus und Physik (1954–1989)
15

1. Herkunft (1954–1961)
17

Hamburg 17 – Posen 18 – Danzig 20 – Quitzow 21 –
Templin 26 – Der Vater 28 – Die Mutter 36 –
Mauerbau 37

2. Schule im Sozialismus (1961–1973)
39

Außenseiterin 39 – 1968 40 – Bekenntnisse 43 –
Leistungen 45 – Kulturstunde 49 –
Abschiede 52

3. Studium in Leipzig (1973–1978)
55

Großstadt 55 – Physik 58 – Heirat 60 –
Diplom 64

4. Berliner Bohème (1978–1989)
69

An der Akademie 69 – Hausbesetzerin 74 –
Urlauberin 79 – Lebensgefährtin 85 – Kollegin 89 –
Aktivistin 93 – Doktorin 96 – Prägungen 104

Zweiter Teil:
Politik als Beruf (1989–2008)
107

1. Wende (1989/90)
109

Hoffnung im Osten 109 – Aufbruch in der DDR 111 –
Grenzöffnung 115 – Schritt in die Politik 118 – Parteisprecherin 122 – Volkskammerwahl 127 – Regierungssprecherin 131 – Einigungsvertrag 134 – Abgeordnete 138

2. Ministerin in Bonn (1991–1998)
143

Kohls Mädchen 143 – Frauenministerin 146 – Machtfragen 151 – Die Ministerin, die sich enthält 159 – Jugendgewalt 163 – Umweltministerin 168 – Atomphysik 172 – Klimakonferenz 173 – Intimfeind Schröder 175 – Transportprobleme 178 – Kanzlerdämmerung 181

3. Opposition (1998–2005)
185

Generalsekretärin 185 – Parteispenden 193 – Scheidungsbrief 198 – Regionalkonferenzen 206 – Parteivorsitzende 209 – Missgriffe 214 – Wolfratshausen 221 – Oppositionsführerin 231 – Agenda 236 – Krieg 239 –

Ruck 241 – Tätervolk 242 – Leipzig 246 –
Merkels Präsident 250 – Herbst des
Missvergnügens 256

4. Kanzlerin auf Probe (2005–2008)
263

Machtwechsel 263 – Elefantenrunde 270 – Kanzlerin 278 –
Normalität 286 – Regieren 291 – Außenkanzlerin 300 –
Innenpolitik 313

Dritter Teil:
Krisenjahre: die Weltpolitikerin (2008–2021)
321

1. Finanzkrise (2008–2009)
323

Linsensuppe 323 – Regieren auf Sicht 325 – Lehren aus
Lehman 336 – Schwäbische Hausfrau 340 – Gespenstischer
Wahlkampf 349 – Schwarz-Gelb 355

2. Euro (2010–2013)
365

Griechenland 365 – Kehrtwende 372 – Vernunfteuropäerin 375 – Düsseldorfer Debakel 378 – Ausnahmezustand 380 – Wehrpflicht 384 – Lagerkanzlerin 387 –
Fukushima 391 – Libyen 400 – Marktkonforme
Demokratie 407 – Tränen in Cannes 414 – Wulff und
Gauck 419 – Röttgen 425 – Ende der Hegemonie 429 –
Griechische Lösung 434 – Alternative für Deutschland 439 –
Zwischenbilanz Euro 441

3. Ukraine (2013–2015)
447

Vor dem Triumph 447 – Im Zenit 452 – Der Bruch 458 – Im Zentrum des Krisenmanagements 466 – Von der Normandie nach Minsk 473 – Tsipras 480 – Griechischer Showdown 492

4. Flüchtlinge (2015–2016)
501

Rostock 501 – Hass im Herzen 504 – 800 000 508 – Heidenau 511 – «Wir schaffen das» 513 – Die Nacht der Entscheidung 515 – Willkommenskultur 520 – Grenzschließung? 527 – Motive 532 – Wirkungen 539 – Herbst des Missvergnügens 543 – Bayerische Demütigung 549 -- Silvester und die Folgen 554 – Durchbruch der AfD 559 – Türkisches Dilemma 563

5. Annus horribilis (2016–2017)
571

Brexit 571 – Terror in Deutschland 576 – Geständnisse 580 – Trump 586 – Kanzlerin der freien Welt 592 – Ende des Westens? 596 – Schulz 599 – Macron 605 – Zäsuren 607 – Ehe für alle 612 – Rückkehr der Flüchtlinge 614

6. Dämmerung (2017–2020)
619

Grenzen der Macht 619 – Jamaika 627 – Große Koalition 633 – Zurückweisung 639 – Maaßen 645 – Abschiede 648 – Klimakanzlerin 656 – Neue Freiheit 662 – Vermächtnisse 664 – Rechte Gefahr 668

7. Corona (2020–2021)
675

Lockdown 675 – Lockerung 681 – Dauerwelle 688 –
Nachfolge 700 – Kassandra 704

Bilanz
709

Nachbemerkung und Dank
719

Anhang

Anmerkungen
723

Quellen- und Literaturverzeichnis
777

Abbildungsverzeichnis
789

Personenregister
791

Vorwort

Es war im November 2015, ein eiskalter, aber ziemlich sonniger Novembertag in Hamburg. Angela Merkel hatte über die Jackenfarbe an diesem Morgen nicht nachdenken müssen, Schwarz stand außer Frage. Die Bundeskanzlerin sprach in der Hauptkirche St. Michaelis auf der Trauerfeier für Helmut Schmidt, den im Alter von 96 Jahren verstorbenen Amtsvorgänger. Sie hielt eine ihrer persönlichsten Reden, zeichnete so etwas wie ein Selbstporträt in der dritten Person. *Wer Visionen hat, sollte zum Arzt gehen*: Merkel wagte es sogar, Schmidts berüchtigtsten Satz zustimmend zu zitieren, ihn sich zu eigen zu machen. Den *nüchternen Pragmatismus* des Verstorbenen rühmte sie, seine *Resistenz gegenüber ideologischer Einengung*. Sie lobte Schmidts Überzeugung, *dass eine Entscheidung nur dann reif zu fällen war, wenn sie vorher durchdacht und mit Vernunft durchdrungen war*. Und sie schloss mit einer Bilanz seiner Regierungszeit: *Die Leistungen dieses Bundeskanzlers zeigten sich in den Krisen, die er zu bewältigen hatte*. Ein pragmatischer Politiker, der über Entscheidungen lange nachdenkt und der sich während seiner Amtszeit als Regierungschef vor allem als Krisenmanager bewähren muss: Hier sprach eine Frau über sich selbst, die damals ziemlich genau zehn Jahre im Amt war – und über die es wie bei Schmidt lange Zeit hieß, sie sei die richtige Kanzlerin in der falschen Partei.[1]

Das Bekenntnis erstaunte umso mehr, als der bei den Deutschen so beliebte Hamburger nicht immer positiv über die Nachfolgerin gesprochen hatte. Aber die Parallelen liegen auf der Hand. Ähnlich wie Schmidt war Merkel eine Kanzlerin, die das Land durch eine Serie von zuvor kaum vorstellbaren Krisen steuerte. Wo Schmidt mit den ökonomischen Problemen nach dem Ende des Wirtschaftswunders kämpfte oder mit dem Terrorismus in Deutschland, hatte sich Merkel mit der Finanz-, Euro-, Ukraine- und Flüchtlingsfrage auseinanderzusetzen, die spätestens mit der Wahl Donald Trumps zum amerikanischen Präsidenten in eine umfassende Krise des Westens mündeten; ein Virus, das die Welt überrollte wie einst eine Sturmflut die Hansestadt, kam am Ende ihrer Amtszeit noch hinzu. Der nüchterne Pragmatismus, mit dem Schmidt und Merkel diesen Herausforderungen begegneten, beruhte in beiden Fällen auf der Erfahrung eines historischen Bruchs: Helmut Schmidt war 26 Jahre alt, als der Zweite Weltkrieg zu Ende ging, Angela Merkel erlebte mit 35 Jahren den Zusammenbruch des Staates, in dem sie aufgewachsen war.

Auf den ersten Blick stehen die Krisenkanzler Schmidt und Merkel im Schatten zweier Gründerfiguren. Konrad Adenauer prägte die Bundesrepublik in ihrer Anfangszeit nach 1949, vor allem, was ihre Integration in den Westen betraf. Helmut Kohl vollzog 1990 den Beitritt der DDR mit einem Sinn für die Erfordernisse der historischen Stunde, und er versuchte das von Adenauer begonnene Projekt der europäischen Einigung zum Abschluss zu bringen. In der Reihe der prägenden Kanzler wäre trotz seiner kurzen Amtszeit noch Willy Brandt zu nennen, dessen Name mit der Entspannungspolitik und einer inneren Demokratisierung der Bundesrepublik verbunden ist.

Solche Leistungen stehen für sich. Das Urteil über die Krisenmanager hängt dagegen von Erfolg oder Misserfolg ab, auch über das Ende der Amtszeit hinaus: Werden die Deutschen dereinst die «Ära Merkel» zu einer guten alten Zeit verklären, die trotz aller Krisen noch Sicherheit und Kontinuität bot? Oder wird Angela Merkel als eine Frau gelten, die durch ihre Politik den Niedergang des Westens wenn nicht verursacht, so doch zumindest nicht aufgehalten hat?

Lange Zeit war die Kanzlerin bei den Wählern wohlgelitten, weil sie alle Unbilden der Welt von ihnen fernhielt, obwohl sie selbst diesen risikoscheuen Zug der Deutschen skeptisch sah. Mit der Ankunft der Flüchtlinge im Spätsommer 2015 änderte sich das, wenigstens bei einem Teil der Bevölkerung. Als die vermeintlich stets Lavierende auf einmal eine Richtung vorgab, war es manchen Kritikern von einst auch wieder nicht recht. Andere bewunderten die neue Entschlossenheit, bisweilen sogar, wenn sie Merkels Vorgehen gar nicht billigten.

Dabei war eigentlich nicht die Flüchtlingsfrage die Wasserscheide in ihrer politischer Karriere, sondern die Finanzkrise im Jahr 2008. Hatten Merkels spektakulärem Aufstieg von der Pressesprecherin einer ostdeutschen Oppositionsbewegung zur ersten Frau an der Spitze der damals drittgrößten Wirtschaftsnation der Welt noch der Sinn und das Ziel gefehlt, so wurde sie nun zur Krisenkanzlerin. Ein Ereignis nach dem anderen stellte den Fortbestand der vertrauten Welt in Frage. Angela Merkel, die 1989/90 bereits den Zusammenbruch eines Systems und die Umwälzung ihres gesamten Alltagslebens erfahren hatte, war darauf womöglich besser vorbereitet als andere Politiker. Dass sie die einzige Politikerin aus dem früheren Ostblock an der Spitze eines überwiegend westeuropäischen Staates war, prägte ihre Politik nachhaltig.

Die Krisen veränderten allerdings auch die Rolle Deutschlands und Europas in der Welt. Helmut Schmidt nutzte das wirtschaftliche Gewicht der Bundesrepublik gezielt, um ihr – etwa über die Gipfeltreffen der G7 – auch politischen Einfluss zu verschaffen. Das hatte Merkel gar nicht mehr nötig. Unter ihrer Führung fiel den Deutschen eine Rolle zu, die sie bestenfalls widerwillig annahmen. Wo sie sich auch umsahen: Auf einmal war niemand mehr da, in dessen Schatten sich die Bundesrepublik hätte kleinmachen können. Schon in der Schuldenkrise richteten sich alle Augen auf das große und vergleichsweise stabile Land in der Mitte des Kontinents, und im Konflikt um die Ukraine fiel Deutschland die entscheidende Vermittlerfunktion zu. Das bodenständige Image Merkels, das sie mit Anekdoten über Kartoffelsuppe oder Pflaumenkuchen selbst förderte, machte die neue Macht der Deutschen für die Nachbarn erträglicher.

Internationale Beobachter blickten früher und schärfer auf die Person Merkel als die Deutschen selbst. Während die meisten Bundesbürger zumindest bis 2015 annahmen, über die Kanzlerin sei alles gesagt, wuchs das Interesse im Ausland schon früh. Das lag nicht nur an der zunehmenden Bedeutung des von ihr regierten Landes, sondern auch an ihrer Lebensgeschichte, deren Besonderheiten man aus der Ferne besser erkannte, bisweilen allerdings auch überzeichnete. Kindheit und Jugend im Sozialismus, die vermeintlich unscheinbaren Jahre als Ministerin unter Kohl, der plötzliche Aufstieg in der Parteispendenaffäre, der unerwartete Machterhalt gegen alle Opponenten aus der eigenen Partei – all dies gelang Merkel aus der Rolle einer dreifachen Außenseiterin heraus: Unter den maßgeblichen Akteuren der deutschen Politik war sie die einzige Ostdeutsche, eine von wenigen Frauen und eine Naturwissenschaftlerin unter vielen Juristen.

Das Unwahrscheinliche dieses Aufstiegs nährte, zumindest an den politischen Rändern, eine ganze Reihe von Verschwörungstheorien, von gezielt gestreuten Behauptungen über eine angebliche Stasi-Mitarbeit bis hin zu angeblichen Plänen für eine «Umvolkung» Deutschlands. Bis in die Mitte des politischen Spektrums reichte die Vermutung, es müsse sich hinter der Fassade der Harmlosigkeit irgendein Geheimnis verbergen.

Dabei artikulierte Merkel ihre Absichten oft deutlicher, als Gegner und Bewunderer ihr unterstellen. Wer sich ihre Reden oder Interviews mit dem Abstand einiger Jahre noch einmal vornimmt, der entdeckt an entscheidenden Wendepunkten erstaunlich präzise Beschreibungen ihrer Pläne und Absichten, die sogar die Zeitgenossen oft überhörten, wohl wegen des spröden Tons, in dem sie vorgetragen wurden.

In der Spätphase ihrer Karriere polarisierte die einst so konsensual agierende Merkel die deutsche Öffentlichkeit so stark, wie es in angeblich postideologischen Zeiten schon lange kein Politiker vermocht hatte. Dem Ruf «Merkel muss weg» einer lautstarken Minderheit stand eine noch immer beträchtliche Popularität in einer breiten gesellschaftlichen Mitte gegenüber, die vom liberalen Flügel der Unionsparteien bis weit ins rot-grüne Spektrum reichte. Das hing mit einer neuen Spaltung der westlichen Gesellschaften zusammen, die sich in Deutschland später vollzog als andernorts. Wie jeder Politiker handelte Merkel im Schnittpunkt von Interessen und übergreifenden Kräften der Geschichte, sie war in ihren Entscheidungen wie jeder ihrer Vorgänger nicht frei. Der globale Großkonflikt zwischen liberalen Kosmopoliten und ängstlichen Protektionisten überschattete die letzten Jahre ihrer Kanzlerschaft, ließ die Regierungschefin allerdings zu einer vorher nicht gekannten Form der Deutlichkeit finden: Nun galt sie als eine der letzten Verteidigerinnen der liberalen Demokratie.

Viele Bücher sind über Merkel veröffentlicht worden, im Ausland sogar noch mehr als hierzulande. Allerdings erschienen in deutscher Sprache bislang nur vier klassische Biographien, die letzte davon im Jahr 2005, wenn man von späteren Überarbeitungen absieht – also zu Beginn von Merkels Kanzlerschaft. Seither ließ sich, mitten in die laufenden Ereignisse hinein, kein vollständiger Abriss ihrer Lebensgeschichte schreiben. Jetzt, am Ende ihrer Amtszeit, ist die Zeit dafür reif.

Erster Teil:
**Pfarrhaus und Physik
(1954–1989)**

1. Herkunft (1954–1961)

Hamburg

Angela Merkel wurde am 17. Juli 1954 in Hamburg geboren, wo sie die ersten Monate ihres Lebens verbrachte. Ihre Mutter kam aus Danzig, als Deutsche hatte sie die Stadt nach dem Zweiten Weltkrieg verlassen müssen. Merkels Vater war der Sohn eines Polen, der aus Posen stammte und der Stadt nach dem Ersten Weltkrieg den Rücken gekehrt hatte. Das ist erst einmal nichts Ungewöhnliches. Wie viele der heute lebenden Bundesbürger polnische Vorfahren haben, das lässt sich schon an den Familiennamen ablesen. Und die Zahl der deutschen Flüchtlinge und Vertriebenen aus dem Osten, die nach 1945 in den vier Besatzungszonen alles andere als willkommen waren, betrug rund 13 Millionen.

Merkels Familiengeschichte, auch die erste Hälfte ihres eigenen Lebens spiegelt das Deutschland des 20. Jahrhunderts. Lange war dieses Land ein chaotischer Faktor der europäischen Politik – mit unklaren Grenzen, wechselnden Währungen, zerrütteten Finanzen, stets neuen politischen Regimen, als Urheber von Kriegen. Die alte Bundesrepublik suchte mit ihrer Stabilitätskultur, dem Streben nach Sicherheit, dieser Geschichte zu entkommen. Das gelang, und entgegen vielen Befürchtungen kehrte das vergrößerte Deutschland zumindest fürs Erste nicht in den alten Zustand zurück, erwies sich in den Krisenjahren nach 2008 sogar als der Stabilitätsanker des Kontinents.

Das geschah ausgerechnet unter der Führung einer Kanzlerin, der das Sicherheitsdenken der meisten Deutschen zunächst sehr fremd war, auch weil sie wusste, dass es gegen künftige Unsicherheiten nicht schützt. Mehr noch: Ihre Aufgabe wurde es, das Land an eine Welt heranzuführen, in der die überwunden geglaubten Risiken Stück für Stück zurückkehrten. Man muss sich ihre Familiengeschichte vor Augen führen, um ihre tiefe Prägung durch die Geschichte des 20. Jahrhunderts zu verstehen.

Posen

Väterlicherseits kam die Familie aus Posen. Der Großvater Ludwig Kaźmierczak wurde dort 1896 in einem Mietshaus in der Grubenstraße 14 als Sohn eines Dienstmädchens geboren, der Vater hatte das Weite gesucht. Die Provinz gehörte zu den Gebieten, die durch die polnischen Teilungen im späten 18. Jahrhundert zu Preußen gekommen waren, obwohl die Bewohner – vor allem auf dem Land – mehrheitlich polnisch sprachen. In Posen selbst bezeichneten sich von 158 000 Einwohnern am Ende der preußischen Zeit 60 000 als Deutsche. Polen und Deutsche lebten hier jahrhundertelang zusammen, anders als in rein deutschen Städten wie Breslau oder Stettin, die erst nach 1945 zu Polen kamen.[1]

Das förderte jedoch nicht das gegenseitige Verständnis, vielmehr wurde die Stadt während des späten 19. und frühen 20. Jahrhunderts zum Schauplatz eines von beiden Seiten so kleinlich wie bösartig geführten Nationalitätenkonflikts. Diese Phase begann mit dem «Kulturkampf» des Reichskanzlers und preußischen Ministerpräsidenten Otto von Bismarck, sie setzte sich mit der teils erzwungenen Polonisierung zwischen den beiden Weltkriegen fort und endete mit der Vertreibung der verbliebenen Deutschen nach 1945. Der Posener Aufstand des Jahres 1919 gab den unmittelbaren Anstoß zur Wiedererrichtung des polnischen Staates.[2]

In dieses Konfliktfeld hatte sich Merkels Großvater Ludwig Kaźmierczak einzuordnen. Zunächst tat er das offenbar auf der polnischen Seite. Ein entfernter Onkel der Kanzlerin präsentierte der polnischen Presse ein Foto, das deren Großvater wohl Anfang 1919 in der Uniform der «Blauen Armee» zeigt, die unter der Führung des früheren k. u. k. Generals Józef Haller erst in Frankreich gegen die Deutschen, dann im neu erstandenen Polen gegen Sowjetrussland focht.

Im Jahr 1915 war Kaźmierczak als 19-Jähriger, wie alle männlichen Posener gleich welcher Nationalität, in die preußische Armee einberufen worden. An der Westfront gelangte er wohl in französische Kriegsgefangenschaft, vielleicht desertierte er auch; jedenfalls scheint er sich – wie zahlreiche andere Polen aus deutschen oder österreichischen Einheiten – der Haller-Armee angeschlossen zu haben. Kurz vor Kriegsende kam die Truppe bei den Kämpfen in der Champagne noch zum Einsatz; daraus wurde später die Meldung, ausgerechnet der Großvater der deutschen Kanzlerin habe gegen Deutschland gekämpft.[3]

1. Herkunft (1954–1961)

Unüberwindbar scheinen Kaźmierczaks Vorbehalte gegen die preußische Besatzungsmacht allerdings nicht gewesen zu sein. Als Posen nach dem Versailler Vertrag 1920 offizieller Bestandteil des neu geschaffenen polnischen Staates wurde, optierte Merkels Großvater für Deutschland und zog gemeinsam mit seiner aus Berlin stammenden Verlobten Margarethe, geborene Pörschke, in die deutsche Hauptstadt. Am 6. August 1926 kam ein Sohn zur Welt: Merkels Vater wurde als Horst Kaźmierczak in Berlin-Wedding geboren. 1930 ließ der Großvater den Familiennamen zu «Kasner» eindeutschen.[4]

Merkels Großvater wohnte nun in Berlin-Pankow und arbeitete bei der Berliner Schutzpolizei, zweimal wurde er befördert, 1931 zum Oberwachtmeister und 1943 zum Hauptwachtmeister. Möglicherweise war die Polizeilaufbahn ein Grund für den Namenswechsel, der offenbar mit einem Übertritt von der katholischen zur protestantischen Konfession einherging. Die Berliner Verhältnisse, sagte die Kanzlerin später mit Blick auf diese Frage, hätten sich eben schon damals durch *eine gewisse Unübersichtlichkeit* ausgezeichnet.[5] In diesem Fall konnte die Verwandlung eines katholischen Polen in einen protestantischen Preußen eher als recht übersichtlicher Fall von Assimilation gelten.

Seine Heimatstadt Posen besuchte Merkels Großvater ein letztes Mal zur Beerdigung seiner Mutter im Jahr 1943, also während der brutalen deutschen Okkupation, wie sich der Posener Onkel erinnerte. «Er ging zur Bäckerei und kaufte uns Kindern Mohnbrötchen», berichtete er. «Ich vergesse nie diesen Duft. Die Polen durften während der deutschen Besatzung keine Brötchen kaufen.»[6] Der Großvater starb 1959 im Alter von 63 Jahren, fünf Jahre nach der Geburt der Enkeltochter Angela. Seine Witwe Margarethe überlebte ihn um viele Jahre. Sie bekam später regelmäßig Besuch von der heranwachsenden Enkelin, die sich als Jugendliche im kleinen Templin nach der hauptstädtischen Hochkultur sehnte: *In den Ferien bin ich zu meiner Großmutter nach Berlin gefahren.*[7]

Merkels Vater, 1926 noch als Horst Kaźmierczak katholisch getauft, wurde 1940 protestantisch konfirmiert. Der Geburtsjahrgang wies ihn als Angehörigen einer Generation aus, die man im Westen die «skeptische» nannte: durch den Krieg aller Illusionen beraubt, verantwortungsbewusst, dem Hedonismus abhold. Nach dem Krieg entschloss er sich zum Studium der Evangelischen Theologie. Das wäre theoretisch auch in der DDR möglich gewesen. Die Theologischen Fakultäten waren nach Kriegsende von der russischen Besatzungsmacht wieder eröffnet worden, allerdings mit bald einsetzendem politischen Druck. Daneben gab es kirchliche Ausbildungsstätten in Naumburg, Leipzig und Berlin; das Ostberliner Sprachenkonvikt wurde jedoch erst nach dem Bau der Mauer in eine theologische Ausbildungsstätte umgewandelt, als Ersatz für die Kirchliche Hochschule im Westberliner Bezirk Zehlendorf.[8]

Die Bedingungen in diesen Einrichtungen, die sich erst in der späteren DDR konsolidierten, waren während der Anfangsjahre schwierig und unsicher. So lässt sich Merkels Hinweis verstehen, dass *man im Osten nicht Theologie studieren konnte*.[9] Auch dürfte Kasners intellektueller Anspruch, den er später auch an seine Kinder weitergab, den angehenden Theologen an namhafte Universitäten gelockt haben. So schrieb er sich 1948 an der Heidelberger Ruprecht-Karls-Universität ein, ging anschließend nach Bethel und schließlich nach Hamburg, wo er 1954 sein Examen ablegte. Den Wunsch, dauerhaft im Westen zu bleiben, hatte Kasner mit seinem Studium in der Bundesrepublik nicht verbunden. Er sah sich als einen Mann, der sich im Auftrag seiner ostdeutschen Kirche im Westen ausbilden ließ, um anschließend in deren Dienste zurückzukehren.[10] Das war damals ein üblicher Weg, den auch die späteren Landesbischöfe von Sachsen, Thüringen und Berlin-Brandenburg gingen: Johannes Hempel, Werner Leich und Gottfried Forck. Schließlich gehörten die ostdeutschen Landeskirchen damals noch der gesamtdeutschen EKD an, erst 1969 wurde in der DDR ein eigener Bund der Evangelischen Kirchen gegründet, was Kasner sehr befürwortete.

Danzig

In Hamburg lernte der angehende Theologe eine Lehramtsstudentin für Latein und Englisch kennen. Die zwei Jahre jüngere Herlind Jentzsch war am 8. Juli 1928 in Danzig-Langfuhr zur Welt gekommen, ein Jahr später als der bekannteste Sohn der Stadt, der Literaturnobelpreisträger Günter Grass. Schon ihr Vater Willi Jentzsch hatte dort den Beruf des Gymnasiallehrers ausgeübt und eine Schule geleitet. Er stammte ursprünglich aus Wolfen bei Bitterfeld, seine Frau aus Glogau in Schlesien. Bevor die beiden nach Danzig kamen, hatten sie eine Weile im ostpreußischen Elbing gelebt.[11]

Als Merkels Mutter geboren wurde, stand die Freie Stadt Danzig nach den Bestimmungen des Versailler Vertrags unter der Aufsicht des Völker-

1. Herkunft (1954–1961)

bunds. Die mehrheitlich deutschsprachige Bevölkerung strebte nach einer Wiedervereinigung mit dem Deutschen Reich. Um den rechtlichen Status der Stadt stritt man auf kleinlichste Weise, etwa in Bezug auf die Frage, wie viele Briefkästen die polnische Post in dem Stadtstaat aufstellen dürfe. Im Alter von elf Jahren erlebte die kleine Herlind den Beginn des Zweiten Weltkriegs, der hier in Danzig von den Deutschen begonnen wurde. Geschickt nutzte der deutsche Reichskanzler Adolf Hitler die komplizierte völkerrechtliche Lage der Stadt aus. Statt seine Armee auf geradem Weg in Polen einmarschieren zu lassen, ließ er zunächst den polnischen Militärstützpunkt auf der Westerplatte in der Nähe der Danziger Hafeneinfahrt sowie das polnische Postamt der Stadt besetzen. Beides waren exterritoriale Einrichtungen des polnischen Staates, deren Existenz der Versailler Vertrag ausdrücklich garantierte.

Der Krieg führte die traditionsreiche Hansestadt am Ende nicht zurück nach Deutschland, sondern machte sie nunmehr ganz zum Bestandteil Polens. Die deutsche Mehrheitsbevölkerung musste Danzig verlassen, unter den Flüchtlingen befand sich auch die Familie Jentzsch. An eine baldige Rückkehr war nicht zu denken: Der Weg in die alte Heimat blieb durch die politischen Verhältnisse versperrt, wenngleich viele Vertriebene diesen Verlust damals noch nicht als dauerhaft akzeptierten. Bis auf weiteres schien die Perspektive für Herlind Jentzsch klar zu sein: Sie war nun zu einer Hamburgerin geworden und würde nach dem Ende ihres Studiums in der neu gegründeten Bundesrepublik als Lehrerin arbeiten.

Quitzow

Aus dieser Lebensplanung wurde nichts. Das war bereits beschlossene Sache, als die inzwischen verheiratete Herlind Kasner ihr erstes Kind zur Welt brachte. Am 17. Juli 1954, neun Tage nach ihrem 26. Geburtstag, gebar sie im Eimsbütteler Krankenhaus Elim ihre Tochter, am selben Tag, an dem die Bundesversammlung in Westberlin Theodor Heuss ein zweites Mal zum Präsidenten wählte. Das Mädchen erhielt den Namen Angela, zu Deutsch «Engel». Später sollte diese Tochter Wert darauf legen, dass man ihren Namen auf dem ersten «A» betonte, wie im Westen üblich. Die Berliner hielten sich nicht daran und legten den Akzent auf das «e», so auch der erste demokratisch gewählte DDR-Ministerpräsident Lothar

Erster Teil: Pfarrhaus und Physik (1954–1989)

«Es ist ein Mädchen», titelte die *taz* zu diesem Bild, als Angela Merkel im Jahr 2005 zur Bundeskanzlerin gewählt wurde.

de Maizière, dessen stellvertretende Regierungssprecherin Merkel war. Er wisse um den Aussprachewunsch, erklärte er später einem Reporter. «Aber dann vergisst man's ja doch immer wieder.»[12]

Die Folgen des Krieges waren 1954 allenthalben noch sichtbar, das galt in Hamburg noch mehr als andernorts. Erst im Jahr vor Angela Kasners Geburt hatte die Stadt die Trümmerräumung für beendet erklärt und in Anwesenheit des Bundespräsidenten Theodor Heuss den Alsterpavillon sowie die neue Lombardbrücke eröffnet.[13] Nach dem kurzen wirtschaftlichen Einbruch, den Währungsreform und Preisfreigabe 1948 ausgelöst hatten, ging es nun unverkennbar aufwärts, auch wenn die Zerstörungen das Stadtbild noch lange bestimmten.

Als Angela Merkel in Hamburg zur Welt kam, stand bereits fest, dass sie hier nicht aufwachsen würde. Ihr Vater hatte gerade sein theologisches Examen hinter sich gebracht und eine Pfarrstelle auf einem kleinen Dorf in der DDR angetreten. Frau und Kind sollten nach der Geburt so schnell

1. Herkunft (1954–1961)

wie möglich folgen, was drei Monate später auch geschah. Den Sommer verbrachten die beiden noch bei Angelas Großmutter in der Eimsbütteler Isestraße. Auch nach dem Umzug blieben die Kontakte eng. Als in Templin Angelas kleine Schwester geboren wurde, schickten die Eltern ihre Älteste für zehn Wochen nach Hamburg, und später verdankte sie den Paketen der Großmutter unter anderem die begehrten Jeans aus dem Westen.

Westdeutsche Nachgeborene haben viel darüber gerätselt, was den Vater der späteren Bundeskanzlerin zu dem Schritt in den Osten bewog. Spätestens seit dem gescheiterten Arbeiteraufstand vom 17. Juni des Vorjahres nahmen weitaus mehr Menschen den umgekehrten Weg und siedelten von Ost- nach Westdeutschland über. Allein in den ersten fünf Monaten des Jahres 1954 kamen 180 000 Menschen über die Zonengrenze in die Bundesrepublik, während des gesamten Zeitraums von 1949 bis zum Mauerbau 1961 waren es rund 2,5 Millionen. Horst Kasner berichtete später selbst, der Umzugsunternehmer habe damals gesagt, er kenne nur zwei Sorten von Leuten, die von West nach Ost wechselten: «Kommunisten und wirkliche Idioten.»[14]

Für einen Idioten hielt sich Kasner nicht, trotz aller Distanz zum Kapitalismus auch nicht für einen Kommunisten. *Er war in den Westen gegangen mit der festen Absicht wiederzukommen. Er hat es immer so empfunden, dass er als Pfarrer eine Aufgabe hat, es müsse eben auch Pfarrer geben in der DDR*, sagte die Tochter später.[15] Sie behauptete im Rückblick auch, diese Entscheidung des Vaters sei in der Familie kein kontroverses Thema gewesen, aber zumindest die Mutter haderte gelegentlich mit dem Schritt.[16]

Viele ostdeutsche Theologen kehrten nach einem Studienaufenthalt an westdeutschen Hochschulen in die DDR zurück, nicht nur die erwähnten prominenten Bischöfe. Es gingen sogar Pfarrer in den Osten, die anders als Kasner ursprünglich aus Westdeutschland stammten. Sie wollten der bedrängten Kirche helfen und entschieden sich bewusst gegen den bequemen Weg des materiellen Wohlstands. «Wir wollten nicht bei den Fleischtöpfen Ägyptens herumhängen. Wir wurden doch im Osten gebraucht», sagte Horst Kasner später.[17] Bei anderer Gelegenheit formulierte er es so: «Ich wäre auch nach Afrika gegangen, wenn man mich geschickt hätte.»[18]

Ohnehin waren die deutschen Welten bis zum Mauerbau nicht so getrennt wie in späteren Jahrzehnten. Das betraf zunächst Alltag und Lebensgefühl, die auf beiden Seiten der Systemgrenze von der Kargheit der Nachkriegszeit gekennzeichnet waren. Auch im Westen wurden seinerzeit noch viele Wohnungen mit Kohle beheizt, nur eine winzige Minderheit der Haushalte verfügte über einen eigenen Telefonanschluss, und auf fast allen Bahnstrecken waren Dampfloks unterwegs. Die wirtschaftliche Überlegenheit des Kapitalismus zeichnete sich zu diesem Zeitpunkt noch nicht so überwältigend ab wie später, und der Wiederaufbau schritt auch im Osten voran, mit spektakulären Projekten wie der Berliner Stalinallee. 1957 löste der Start der ersten sowjetischen Rakete ins Weltall in den westlichen Ländern den «Sputnik-Schock» aus, der mit erheblichen Zweifeln an den eigenen technologischen Fähigkeiten verbunden war. Die Angst ging um, der Osten könne mit seinen dirigistischen Methoden womöglich doch ein größeres materielles Potenzial aus der Bevölkerung herauspressen.

Auch politisch waren die Grenzen in Angela Merkels Geburtsjahr fließender als später. Die Bundesrepublik war der Nato noch nicht beigetreten, der Warschauer Pakt noch nicht gegründet, die Spaltung Deutschlands keineswegs als vollendete Tatsache akzeptiert. Erst zwei Jahre zuvor hatte das Angebot Josef Stalins, der Wiedervereinigung eines neutralen Deutschland zuzustimmen, erhebliche Diskussionen ausgelöst: Beträchtliche Teile der Bevölkerung zweifelten daran, dass die brüske Ablehnung durch Konrad Adenauer richtig war.[19] Wenig später ließ dann der Tod des sowjetischen Diktators für kurze Zeit auf ein weltpolitisches Tauwetter hoffen. Auch der zunächst sehr starke Druck auf die ostdeutsche Kirche ließ in dieser Zeit nach.

Die SPD Kurt Schumachers und auch die protestantisch-konservativ geprägte Gesamtdeutsche Volkspartei lehnten Adenauers Politik der Westbindung ab, weil sie die Spaltung Deutschlands zementiere. Ähnlich argumentierte in seinen Leitartikeln Paul Sethe, Gründungsherausgeber der *Frankfurter Allgemeinen Zeitung*. Aus diesem Milieu stammte der spätere Bundespräsident Gustav Heinemann, Befürworter einer neuen Ostpolitik. In der Praxis war der wichtigste Aspekt der noch nicht völlig vollzogenen Teilung, dass es in Berlin keine Mauer gab, auch die S-Bahn fuhr über die Sektorengrenze hinweg. Auf dem Weg über die Hauptstadt war der Rückweg für die Kasners also prinzipiell möglich. Sollten die Verhältnisse im Osten unerträglich werden, könnte sich die Familie wiederum in den Strom jener Millionen einreihen, die den Weg in den Westen nahmen. Ein Trost blieb das vor allem für Merkels Mutter, die als Frau eines Pfarrers in der DDR nicht an staatlichen Schulen unterrichten konnte.[20] Sie brachte für die Liebe das größere Opfer.

1. Herkunft (1954–1961)

Im September 1954 wurde aus der gebürtigen Hamburgerin Angela Kasner also eine Ostdeutsche. *Im Alter von acht Wochen hat man mich in einer Tragetasche nach Brandenburg gebracht.*[21] Die Kasners kamen in eine karge Welt. Quitzow hieß das kleine Dorf in der nordwestbrandenburgischen Prignitz, in dem Horst Kasner seine erste Pfarrstelle antrat, heute gehört es zur Stadt Perleberg. Die Gegend hatte noch nie zu den wohlhabenden gezählt, die Folgen des Krieges taten ein Übriges. Nach 1945 wuchs die Bevölkerungszahl des Ortes durch die Ankunft von Flüchtlingen kurzzeitig von rund 300 auf fast 500 an. Die sowjetische Besatzungsmacht hatte im Zuge der Bodenreform alle Landbesitzer enteignet, die über mehr als hundert Hektar verfügten. Damit wollte sie die Macht der ostelbischen Großgrundbesitzer brechen, im Anschluss an Diskussionen, die vor 1933 auch in nichtkommunistischen Kreisen geführt worden waren.

Das Land hatten, als die Kasners in Quitzow eintrafen, längst Neubauern erhalten, die sich allerdings schwertaten. Die Flächen waren für eine effiziente Bewirtschaftung meist zu klein, die Familien verfügten über zu wenige Geräte und besaßen kaum Erfahrung in der Landwirtschaft. Erste Produktionsgenossenschaften waren seit 1952 gegründet worden, die forcierte Kollektivierung setzte erst einige Jahre später ein. Ein beträchtlicher Teil von Kasners Gemeindemitgliedern waren solche Kleinbauern, Einheimische oder Vertriebene, die täglich ums Überleben kämpften.

Der Alltag der Pfarrersfamilie gestaltete sich kaum komfortabler. Sie lebte in einem kleinen Pfarrhaus, der Vater predigte in der wuchtigen mittelalterlichen Feldsteinkirche, ein Stück «Pfarrland» diente dem Lebensunterhalt der bald vierköpfigen Familie. Im Sommer 1957 bekam die dreijährige Angela einen Bruder, den die Eltern auf den Namen des Evangelisten Marcus tauften. *Mein Vater musste Ziegen melken lernen, und meiner Mutter wurde von einer alten Frau beigebracht, wie man Brennnesselspinat macht. Die Beförderungsmittel waren ein seltsames Moped und ein Fahrrad.*[22] Einen spärlich bedienten Bahnanschluss gab es, an einer Nebenstrecke nach Perleberg. Nicht nur die materiellen Bedingungen waren bescheiden. Auch die intellektuelle Anregung, die Horst und Herlind Kasner aus ihrer Studienzeit kannten, fehlte in der brandenburgischen Provinz vollkommen. Wäre Angela Kasner tatsächlich in einem gewöhnlichen Pfarrhaus auf dem Lande aufgewachsen: Sie hätte wichtige Prägungen für ihren späteren Aufstieg in der Politik nicht erhalten. Zu ihrem Glück blieb es nicht dabei.

Templin

Im Oktober 1957 erhielt der 31-jährige Horst Kasner vom Brandenburger Superintendenten Albrecht Schönherr einen Auftrag, der sein weiteres Leben und auch den Weg seiner Tochter prägte. Als Pfarrer in Quitzow hatte Kasner den Kirchenfunktionär kennengelernt, der später zum Vorsitzenden des Bundes der Evangelischen Kirchen in der DDR aufstieg. Schönherr schätzte den jungen Kollegen wohl nicht nur wegen dessen pädagogischer Fähigkeiten. Die beiden Theologen verband neben der Prägung durch die Bekennende Kirche Dietrich Bonhoeffers während der Nazi-Diktatur auch ihre kirchenpolitische Position: Sie standen nicht nur wie eine Vielzahl von Pfarrern und Christen in Ost und West dem Kapitalismus westlichen Zuschnitts skeptisch gegenüber, sie plädierten auch dafür, dass sich die Kirche mit dem bestehenden Staat im Osten Deutschlands arrangieren solle. Schönherr sah die deutsche Teilung, wie später auch viele Intellektuelle in der Bundesrepublik, als zwingende und dauerhafte Konsequenz der nationalsozialistischen Verbrechen an.

Nun betraute Schönherr, der damals in der Stadt Brandenburg auch das Predigerseminar leitete, den jungen Pfarrer mit dem Aufbau eines Seminars für kirchlichen Dienst, das zunächst nicht nur Pfarrern offenstand, sondern sämtlichen Kirchenmitarbeitern und vor allem «Rüstzeiten» und Verwaltungskurse anbot. Nach und nach wurde es in ein reines Pastoralkolleg umgewandelt, es konzentrierte sich dann also ganz auf die theologische Aus- und Fortbildung von Pfarrern und Vikaren. Der erste Verwaltungslehrgang fand im Oktober 1958 statt. Die finanziellen Mittel für die Arbeit kamen zu einem beträchtlichen Teil aus der Bundesrepublik, bis zum Mauerbau 1961 holte Kasner regelmäßig Geld bar im Westen Berlins ab. Entstehen sollte die Einrichtung in der uckermärkischen Kleinstadt Templin, knapp 80 Kilometer nördlich von Berlin, weil dort gerade eine größere kirchliche Immobilie ihre alte Nutzung verlor.

Der «Waldhof», rund einen Kilometer außerhalb des historischen Zentrums gelegen, hatte seit 1854 als eine Art Erziehungsanstalt für unangepasste Jugendliche aus prekären sozialen Verhältnissen gedient. In der DDR-Zeit geriet die Einrichtung in Bedrängnis, weil die DDR für diesen Zweck die staatlichen «Jugendwerkhöfe» vorsah. Die Zahl der Schützlinge ging stark zurück, wohl auch deshalb gab es nun Platz; im Jahr nach Kasners Ankunft wurde die Einrichtung zwangsweise geschlossen. Stattdessen

1. Herkunft (1954–1961)

«Ich habe damals gelernt, mit Behinderten normal umzugehen», sagte Angela Merkel später über ihre Zeit auf dem Waldhof.

zogen nun geistig Behinderte in die Anstalt ein, die mit Kasners Seminar nur räumlich, aber nicht institutionell zusammenhing. Sie lebten dort anfangs in Verhältnissen, die eine kirchliche Festschrift rückblickend als «unzumutbar» beschrieb.[23] Erst die innerkirchliche Übertragung der Grundstücke an die Ostberliner Stephanus-Stiftung, die bis heute den Waldhof betreibt, ermöglichte 1972 den Ausbau der Infrastruktur und die Auflösung der großen Schlafsäle, kurz bevor Angela Kasner aus Templin wegging.

Über Raumfragen kam es immer wieder zu Reibereien zwischen den beiden Institutionen, die sich den Platz auf dem Waldhof teilen mussten. Der technische Leiter der Behinderteneinrichtung und spätere Nachwende-Bürgermeister von Templin, Ulrich Schoeneich, beschwerte sich, Kasner habe das Pastoralkolleg «auf Kosten der Behinderten» ausgeweitet.²⁴ Kasner wollte seine intellektuellen Ansprüche offenkundig nicht hinter die Bedürfnisse der Sozialfürsorge zurücktreten lassen. Unreflektiert ein «großes Herz» zu zeigen, das zählte jedenfalls nicht zu den Erziehungszielen im Hause Kasner.

Allerdings legte Merkel durch die Nähe zu den Behinderten, die bisweilen auch bei den Kasners im Garten aushalfen, jede Scheu im Umgang mit ihnen ab. Das zählte zu ihren frühen Fremdheitserfahrungen. Im Deutschland der sechziger Jahre blieben das ungewöhnliche Erlebnisse. Auch in der Bundesrepublik nannte man Menschen mit geistiger Behinderung damals noch so selbstverständlich «Schwachsinnige», wie man Personen mit körperlicher Einschränkung als «Krüppel» bezeichnete.

*Ich habe damals gelernt, mit Behinderten normal umzugehen. Es gab dort Mongoloide, und viele von ihnen waren bettlägerig. Die wurden in der DDR unsäglich schlecht behandelt. Es gab keine pflegerische Erfahrung in den sechziger Jahren. Ich habe noch Bilder in meinem Kopf – einige mussten ständig angebunden auf Bänken sitzen. Bei uns hat immer jeweils einer der erwachsenen Patienten gearbeitet. Wenn in der Familie jemand Geburtstag hatte, kamen sie gerne, um Kuchen zu bekommen. Wir hatten zu ihnen ein gutes Verhältnis. Das sind prägende Kindheitserinnerungen.*²⁵ Bisweilen hatten die Eltern von Merkels Mitschülerinnen und Mitschülern aus der Stadt Bedenken, ihre Kinder zu den Kasners auf den Waldhof zu schicken, weil sie dort mit den «Bekloppten» in Kontakt kommen könnten.

Der Vater

Die prägende Zeit vom dritten bis zum zwanzigsten Lebensjahr verbrachte Angela Kasner in einer Umgebung, die das Wort «Pfarrhaus» nur sehr unzureichend beschreibt. Auch wenn ihr Vater gelegentlich in der Templiner Maria-Magdalenen-Kirche predigte, arbeitete er doch nicht als Gemeindepfarrer, der sich den Alltagsproblemen der Kirchenmitglieder gewidmet hätte, für Taufen und Konfirmationen, Eheschließungen und Beerdigungen zuständig gewesen wäre. Kasner entwickelte sich in seiner neuen Rolle zu einer wichtigen Figur innerhalb der berlin-brandenburgischen Kirche, allerdings kaum darüber hinaus. In der Region blieb er eine feste Größe auch über die Wende hinaus bis zu seinem Tod 2011 im Alter von 85 Jahren, ob er nun die Revitalisierung der romantischen Fach-

1. Herkunft (1954–1961)

werkkirche in Alt-Placht auf den Weg brachte oder den Protest gegen eine Schweinemastanlage in Haßleben vorantrieb.

Das Pastoralkolleg betrieb die Aus- und Fortbildung der Pfarrer für Ostberlin und Brandenburg, es herrschte eine intellektuell anspruchsvolle Atmosphäre. Mit dieser akademischen Prägung wuchs die Tochter des Leiters auf, worüber sich westdeutsche Beobachter später durch den berlin-brandenburgischen Zungenschlag Merkels leicht hinwegtäuschen ließen. Mit den Jahren entwickelte sich Kasners Seminar zu einer zentralen Anlaufstelle innerhalb der Landeskirche, deren Pfarrer in der Regel mindestens einmal im Leben ein Seminar in Templin absolvierten. In der übersichtlichen Szene der Landeskirche kannte Kasner buchstäblich jeden Pfarrer, er verfügte über beträchtlichen Einfluss, auch auf Personalentscheidungen. Eine besondere Rolle spielte dabei der kurze Draht zu seinem Förderer Schönherr, der seit 1967 in Ostberlin und Brandenburg faktisch die Funktion des Landesbischofs innehatte, weil der in Westberlin ansässige Amtsinhaber Kurt Scharf nicht mehr in die DDR einreisen durfte. Seit 1972 amtierte Schönherr dann auch offiziell als erster Bischof der Region Ost innerhalb der Evangelischen Kirche Berlin-Brandenburg.

Kasner und Schönherr teilten die Vorstellung einer «Kirche im Sozialismus», die sich mit dem bestehenden Staat arrangieren müsse. In einem Gespräch mit dem viel jüngeren Pfarrer Rainer Eppelmann soll sich Kasner später sogar als der eigentliche Erfinder dieser Konzeption dargestellt haben.[26] Der «rote Kasner», wie ihn Kirchenleute vom anderen Flügel nannten, gehörte zum Umfeld des «Weißenseer Arbeitskreises», den eine Gruppe um Schönherr im Januar 1958 im gleichnamigen Berliner Stadtteil gegründet hatte. Der Kreis setzte sich dafür ein, die Wirklichkeit der deutschen Teilung zu akzeptieren und mit den staatlichen Stellen der DDR zusammenzuarbeiten: Die Kirche habe nicht selbst Politik zu machen, so lautete das Argument, sondern der Gesellschaft zu dienen.

Angela Merkel sagte später über ihren Vater: *Er wollte, dass die Kirche sich an der Realität orientiert, um gleichsam nicht immer in der Fremde zu leben.*[27] Die Teilung zu akzeptieren, galt den Anhängern einer «Kirche im Sozialismus» auch als eine Frage der Friedenspolitik. Horst Kasner kritisierte die Wehrpflicht und die Notstandsgesetze in der Bundesrepublik, allerdings auch den Militärdienst in der DDR.[28] Im Juni 1961, kurz vor dem Mauerbau und Angela Kasners Einschulung, trafen sich die Anhänger dieser kirchenpolitischen Linie aus den Ostblockstaaten zu einer ersten «Allchristlichen Friedensversammlung» in der tschechoslowakischen Hauptstadt Prag. Daraus ging die «Christliche Friedenskonferenz» hervor, die vor allem die Rüstungspolitik der westlichen Länder kritisierte.

Um diese Fragen gab es in der ostdeutschen Kirche erheblichen Streit. Für eine kompromisslose Abgrenzung gegenüber dem System trat allerdings nur eine Minderheit der Pfarrer ein. «Das sind keine hundert gewesen, keine hundert unter uns allen», sagte Eppelmann rückblickend über die Zahl der wirklichen Dissidenten unter den zuletzt gut 4000 Pfarrern in der DDR.[29] Selbst der spätere Bundespräsident Joachim Gauck, der sich im Herbst 1989 dem Bürgerprotest anschloss, hatte zuvor keineswegs Fundamentalopposition betrieben, wie er in seinen Memoiren selbst schreibt.[30]

Zu den entschiedenen Gegnern von Kasners Linie zählte etwa der Nauener Superintendent Reinhard Steinlein. Als Ausdruck einer unverantwortlichen Anpassungspolitik kritisierte er das Treffen zwischen Schönherr und dem Staatsratsvorsitzenden Erich Honecker im März 1978, das die westlichen Medien überwiegend als Entspannungssignal lobten. Sein Sohn Stephan Steinlein wurde später der engste Vertraute des SPD-Politikers Frank-Walter Steinmeier, der die Kanzlerin Merkel während ihrer Regierungszeit acht Jahre lang als Außenminister, vier Jahre als Oppositionsführer und schließlich als Bundespräsident begleitete. Steinmeier machte Steinlein im Bundespräsidialamt zum Staatssekretär, dem ranghöchsten in Deutschland.

An eine große Zukunft der amtskirchlichen Strukturen glaubte Kasner offenkundig nicht. Eppelmann entrüstete sich bei einem Aufenthalt auf dem Waldhof über eine Prognose des Seminarleiters, dass es irgendwann keine hauptamtlichen Pfarrer in der DDR mehr geben werde. Der junge Theologe empfand das als Zynismus, weil es dem Nachwuchs die Berufsperspektive raube. Kasner zog aus seiner Sicht damit nur die Konsequenz aus der Minderheitenposition alles Religiösen in der DDR. Zuletzt gehörte nur noch rund ein Drittel der Bevölkerung einer Kirche an. Nach der Wiedervereinigung ging die Zahl der Mitglieder noch weiter zurück, so dass Ostdeutschland heute zu den am stärksten säkularisierten Regionen der Welt zählt.

Auch Merkel berichtete später, *dass mein Vater die amtskirchlichen Strukturen nicht mochte und lieber eine Basiskirche wollte wie in Amerika.*[31] Ein distanzierter Blick auf die enge Kooperation von Staat und Kirche, wie sie in Westdeutschland praktiziert wurde, war in der ostdeutschen

1. Herkunft (1954-1961)

Kirche weit verbreitet, wenn auch aus unterschiedlichen Motiven. Über die Vermischung von Politik und Religion in der Bundesrepublik zeigte sich auch Merkel öffentlich irritiert. *Anfangs hatte ich auch Schwierigkeiten damit, dass es vor den Parteitagen Gottesdienste gab*, sagte sie noch 2005. *Für mich waren Gottesdienste etwas Persönliches.*[32]

Aus der Perspektive der Nachwendezeit mochte das Verhalten des Templiner Seminarleiters manchen opportunistisch erscheinen, zumal sich einige Angehörige seiner kirchenpolitischen Strömung – im Gegensatz zu Kasner selbst – später als Stasi-Zuträger entpuppten. Er war von seiner Linie jedoch überzeugt. Außerdem fiel der Beschluss der ostdeutschen Protestanten, sich mit ihrem Staat zu arrangieren, in einem engen zeitlichen Zusammenhang mit der westdeutschen Entspannungspolitik. Der Bund der Evangelischen Kirchen in der DDR gründete sich 1969, im selben Jahr, in dem in Bonn der neue Bundeskanzler Willy Brandt und sein Außenminister Walter Scheel ihre Ämter antraten. Schönherr wurde der erste Vorsitzende des neuen Dachverbandes, nachdem die Staatsführung alle grenzüberschreitenden Organisationen verboten und damit die Abspaltung von der gesamtdeutschen EKD erzwungen hatte. Das Sekretariat des Bundes leitete fortan der Kirchenjurist Manfred Stolpe.

Auch wenn sich Kasners Sicht auf das zunehmend verknöcherte Regiment der SED-Bürokraten spätestens seit den siebziger Jahren eintrübte, blieb er im Gegensatz zu seiner Tochter bis zuletzt ein Kritiker des Kapitalismus. «Das Staatsgebilde DDR war politisch und wirtschaftlich längst bankrott», sagte er in einer bewegenden Rede, die er am Vorabend des 3. Oktober 1990 auf dem Templiner Marktplatz hielt, «mit diesem Staat konnte man sich nicht mehr identifizieren.» Aber er fügte hinzu: «Die Freiheit ist bedroht von der Gefahr sozialer Konflikte bis hin zur Herrschaft von Kommerz und Konsum.»[33] Auf einer Demonstration gegen die Schweinemastanlage im 20 Kilometer nordöstlich von Templin gelegenen Haßleben rechnete er 2004 mit der Unmoral der Märkte ab. «Was zählt, ist das Geld. Für die Produzenten: Gewinne machen; ein ‹Schweinegeld› verdienen. Und für die Konsumenten: Kaufen, möglichst billig kaufen und mehr als man braucht», sagte er. «Marktwirtschaftlich sollen wir denken, wird uns eingehämmert, und nicht nachdenken. Alles soll Markt werden, auch die Natur. Mache dich frei von moralischen Bedenken.»[34]

Mit Skepsis begegnete der Theologe auch der Parteiendemokratie westlichen Zuschnitts. «Wir bemerken nun, wie sich die etablierten Parteien den Staat zur Beute gemacht haben, und dass der Staat zum Selbstbedienungsladen für Politiker geworden ist», schrieb Kasner 1992 in einer Kirchenzeitung, zu einem Zeitpunkt also, zu dem seine Tochter bereits als stellvertretende Vorsitzende der ziemlich etablierten CDU amtierte.[35] Er freute sich nicht darüber, dass seine Tochter nach 1990 in die Politik ging, und dann auch noch in die CDU. Lieber hätte er es wohl gesehen, wenn sie in der Wissenschaft geblieben wäre.[36]

Die Distanz zu Kapitalismus und westlichem Parteiensystem teilte Kasner mit vielen ostdeutschen Kirchenleuten, bis weit hinein in die Oppositionsbewegung. «Wahrscheinlich würden unsere damaligen Debatten, wenn man aus heutiger, westlicher Sicht draufschaut, als ziemlich linkslastig erscheinen», urteilte im Rückblick etwa der Physiker und spätere CDU-Politiker Günter Nooke, der auch zu Diskussionen auf den Waldhof kam.[37] Das änderte nichts an der Bedeutung von Räumen wie dem Templiner Pastoralkolleg, die in der Diktatur eine vergleichsweise freie Diskussion ermöglichten, die sonst allenfalls im privaten Kreis möglich gewesen wäre. Zur Infrastruktur zählte sogar ein Kopiergerät, ungewöhnlich genug in einem Staat, der alle Publikationen strikt kontrollierte.

Die DDR-Oberen verfolgten das Treiben selbstverständlich mit größtem Misstrauen, das Ministerium für Staatssicherheit forschte Einrichtungen wie den Waldhof systematisch aus. Die Zuträger registrierten penibel, wer den Leiter des Pastoralkollegs besuchte und wer an seinen Seminaren teilnahm. «Kasner kam 1954 aus Hamburg/Westdeutschland und ist ein Gegner unseres Arbeiter- und Bauernstaates», heißt es etwa in einem Bericht.[38] Nach Hinweisen, der Vater könnte seinerseits Informationen an die Stasi geliefert haben, suchten Merkels Kritiker später vergebens.[39]

Im Jahr 1972 scheiterten die Stasi-Agenten mit dem Versuch, Kasner als Inoffiziellen Mitarbeiter anzuwerben. Die Geheimdienstleute wollten den Theologen erpressen, nachdem sie bei ihm eine in der DDR verbotene Schrift des sowjetischen Dissidenten Andrei Sacharow entdeckt hatten. Als sie jedoch bemerkten, dass Kasner seiner Kirchenleitung über die Gespräche berichtete, schlossen sie die Akte: «Er hat eine stark ablehnende Haltung zum MfS. – Er hat sich dekonspiriert.»[40] Aufhorchen lässt daran auch das Datum: Der Theologe entzog sich dem Werben im Jahr 1972, als seine älteste Tochter Angela kurz vor dem Abitur stand. Dabei konnte ein solches Verhalten in der DDR den Studienplatz gefährden. Seinen drei Kindern – in Templin war 1964 noch Angelas jüngere Schwester Irene hinzugekommen – empfahl Kasner, sich im Fall eines Anwerbe-

1. Herkunft (1954–1961)

versuchs ebenso zu verhalten. Als sich Merkel sechs Jahre später um eine Stelle als Wissenschaftlerin in Ilmenau bewarb und dabei von Stasi-Leuten angesprochen wurde, folgte sie dem Ratschlag.

Aus seiner Sicht fand Kasner für sich und seine Familie eine Balance aus eigener Haltung und nötiger Anpassung, die ihn später erhobenen Hauptes in die Bundesrepublik führte. Besucher berichteten auch nach der Wiedervereinigung von einer Aura intellektueller Unabhängigkeit. Nach Kasners Pensionierung und der Auflösung des Pastoralkollegs verließ das Ehepaar den Waldhof und zog in ein privates Einfamilienhaus, ebenfalls in Templin. Auch der Reporter Alexander Osang, der den 74-Jährigen kurz vor der Wahl seiner Tochter zur CDU-Vorsitzenden im Jahr 2000 besuchte, konnte sich dieser Atmosphäre nicht entziehen. «Es ist ein klares Zimmer, neu, aber nicht angepasst», schrieb er mit Blick auf die vielen Bücher und die geschmackvolle Schrankwand aus den Hellerauer Werkstätten in Dresden. «Es hat die deutsche Einheit gut überstanden.»[41]

Als Merkel im Spätsommer 2015 eine Biographie über ihren Amtsvorgänger Gerhard Schröder vorstellte, strich sie als Gemeinsamkeit das Außenseitertum der beiden Kanzler der Berliner Republik heraus. Schröder wurde Regierungschef als Sohn einer Putzfrau, der auf dem zweiten Bildungsweg studiert hatte. Merkel schaffte diesen Aufstieg als Ostdeutsche, die als Pfarrerstochter nur mit Glück hatte studieren dürfen und bis zum 35. Lebensjahr keiner politischen Partei angehört hatte.

Die Parallele erscheint schlüssig, was das ganz und gar Unwahrscheinliche des jeweiligen Aufstiegs betrifft. Aber Schröder und Merkel wurde doch ein sehr unterschiedliches Rüstzeug vom Elternhaus mitgegeben. Die spätere Christdemokratin erhielt daheim eine Fülle intellektueller Anregungen, sie lernte eine Vielzahl interessanter Persönlichkeiten kennen – und sie konnte bei ihrem Vater beobachten, wie man Netzwerke knüpft und innerhalb der Kirche Politik macht. All das musste sich Schröder, der diesen bildungsbürgerlichen Hintergrund entbehrte, selbst erkämpfen.

Kasners Horizont blieb stets weiter als jener der SED-Genossen, mit denen er kooperierte, oder der Stasi-Leute, die ihn ausspionierten. Er hielt gesamtdeutsche Verbindungen aufrecht, bezog Literatur aus dem Westen, las die Bücher, die er lesen wollte. In dieser Hinsicht ließ er sich nichts verbieten. Wenn die Autoritäten es versuchten und an ihn gerichtete Sendungen aus der Bundesrepublik konfiszierten, beschwerte er sich offensiv – und kam damit offensichtlich durch.

Matthias Rau, ein Mitschüler Merkels, dessen Vater die Behinderteneinrichtung auf dem Waldhof leitete, lernte bei Kasner systemkritische Literatur kennen, etwa Wolfgang Leonhards *Die Revolution entlässt ihre Kinder* oder den Lebensbericht der deutschen Kommunistin Margarete Buber-Neumann, die erst in Stalins Sowjetunion zu Lagerhaft verurteilt und dann in Hitlers Konzentrationslager abgeschoben worden war. In Kasners Arbeitszimmer unter dem Dach des Wohnhauses stapelten sich bis zur Decke die Bücher, «die es in der DDR in keiner Buchhandlung gab und deren Besitz einem die allergrößten Schwierigkeiten bereiten konnte», wie selbst Chronisten einräumten, die dem «roten Kasner» alles andere als wohlgesonnen waren.[42]

Die Stasi-Akten beleuchten das Bildungsgefälle zwischen dem geistig unabhängigen Kasner und den Zuträgern, die ihn observierten. Sie verstanden oft nicht, womit ihr Beobachtungsobjekt sich beschäftigte. Wenn es um seine Nähe zum Westberliner Bischof Otto Dibelius ging, schrieben sie, er sei «debiliushörig»; sprachen sie von seiner Abneigung gegen die westdeutschen Konfessionsschulen, machten sie daraus «Konzessionsschulen»; den Anstoß erregenden Text Sacharows, den Kasner besaß, nannten sie ein «Phamfleth».[43] Kasner zählte zu einer Bildungsschicht, die sich mit dem System arrangierte und sich zugleich intellektuell überlegen fühlte.[44]

Bei Kasners Templiner Seminar handelte es sich um eine Art Insel, die schon aus geographischen Gründen von der Welt des ostdeutschen Festlands abgeschieden war: Den Waldhof trennten nicht bloß die zwei Kilometer räumlicher Abstand vom städtischen Leben in Templin, das mit seinen damals rund 11 000 Einwohnern seinerseits 80 Kilometer vom Zentrum Ostberlins entfernt lag. Die räumliche Distanz drückte zugleich den Abstand aus, in dem die Familie eines Pfarrers von der Mehrheitsgesellschaft lebte. Dass der Vater dem weniger staatsfernen Flügel seiner Kirche angehörte, änderte daran wenig. Jenseits der eigenen vier Wände begann das fremde Terrain, vor allem später in Schule und Beruf.[45]

Mit ihrem so anregenden wie anspruchsvollen Vater hatte es die Tochter nicht immer leicht, zumal sie sich stark auf ihn fixierte. *Er hat immer viel gearbeitet. Arbeit und Freizeit flossen bei ihm zusammen, und manchmal hat er sich mit der Arbeit vielleicht auch von den Familienpflichten ferngehalten. Er ist emsig und sehr gründlich. Leider. Als Kind war es nicht einfach, wenn alles immer ordentlich und perfekt sein musste. Er kann auf Menschen zugehen und mit ihnen gut ins Gespräch kommen. Was mich als*

1. Herkunft (1954–1961)

Ein ungewöhnliches Elternhaus: Horst Kasner, der Theologe, und Herlind Kasner, die Lehrerin, vermittelten der Tochter die intellektuelle Prägung. 2005 verfolgten sie von der Besuchertribüne die Wahl der Tochter zur Bundeskanzlerin.

Kind manchmal fuchsig gemacht hat, war seine Art, verständnisvoll gegenüber jedermann zu sein. Aber wenn wir selbst irgendetwas verbockt hatten, reagierte er völlig anders.[46]

Es sollte dem Vater später schwerfallen, die Kinder loszulassen und deren eigenen Weg zu akzeptieren, wenn er ihm nicht gefiel. Lange nach der Wende sagte er fast schon resigniert über seine ältere Tochter: «Sie macht doch sowieso, was sie will.»[47] Dabei zählte gerade Angela Kasners Eigensinn, ihr Streben nach innerer Unabhängigkeit bei allem äußeren Pragmatismus, zu den Prägungen durch den Vater, neben dem kulturprotestantischen Leistungsethos, mit dem sie ihm vermutlich immer noch etwas beweisen wollte. «Er hat ihr das Laufen beigebracht, nicht die Richtung», notierte ein Reporter. «Und irgendwann war das Mädchen weg.»[48]

Die Mutter

Anders verhielt es sich mit der Mutter. Sie verkörperte in manchem das Gegenteil ihres Mannes: weniger streng, der Familie stärker zugewandt, allerdings genauso darauf bedacht, dass es die Kinder zu etwas bringen. Und sie führte, obwohl sie notgedrungen keiner Erwerbsarbeit nachging, ihr eigenes Leben. Sie unterrichtete nebenher «Englisch für die Weltkirche»,[49] bis ins hohe Alter bot sie später Sprachkurse an der Volkshochschule an. Ebenso wie ihr Mann verfügte sie zudem über ein eigenes Auto, was für DDR-Verhältnisse luxuriös anmutete. Nach der Wende saß sie viele Jahre lang für die SPD im Kreistag. Als sie zuletzt nicht mehr genügend Stimmen bekam, ärgerte sich ihr Mann maßlos, mehr womöglich als Herlind Kasner selbst. Sein brennender Ehrgeiz erstreckte sich auf die ganze Familie.[50]

Der Tochter Angela diente die Mutter trotz ihrer für die DDR ungewöhnlichen Hausfrauenrolle als Vorbild einer selbständig denkenden und handelnden Frau. Als Merkel Anfang 1990 das Frauenministerium übernahm, stieß sie im Westen auf eine fremde Welt: Dort verfügten Frauen aus Herlind Kasners Generation bisweilen noch nicht einmal über eine Fahrerlaubnis, sie übten oftmals ihren Beruf nicht aus, was vor 1977 zudem die Zustimmung des Ehemanns erforderte, und sie wären möglicherweise auch nicht auf die Idee gekommen, im Alter von mehr als 60 Jahren noch in die Kommunalpolitik einzusteigen.

Im Gespräch mit der Fotografin Herlinde Koelbl zeichnete Merkel ein sehr positives Porträt ihrer Mutter. *Sie ist eher fröhlich, lebenslustig und offenherzig. Sie fällt ihre Urteile aus der Kommunikation mit anderen heraus. Meine Mutter hatte sehr klare Vorstellungen über ihre Kindererziehung. Für sie war es schwer, meinem Vater in die DDR zu folgen, da sie die Sorge hatte, dass wir als Kinder dort geistig veröden. Aus ihrer bürgerlichen Herkunft heraus wollte meine Mutter gerne, dass wir studieren.*[51]

Zunächst standen für Angela Kasner jedoch andere Herausforderungen an. Kopfgesteuert und vorsichtig, wie sie war, konnte sie früh reden, aber erst spät laufen. *Ich war ja ein kleiner Bewegungsidiot. Ich konnte mit fünf Jahren noch keinen Berg hinuntergehen. Was ein normaler Mensch ganz von selbst kann, musste ich erst geistig verarbeiten und mühsam üben.* Sport sei immer ihre schwache Seite gewesen. *Ich musste mich für nichts anstrengen außer für Zeichnen, Werken und Sport.*[52] Von einer «Bergabphobie» sprach ihre frühe Biographin Evelyn Roll deshalb.[53]

1. Herkunft (1954–1961)

Im Schwimmunterricht konnte sich die Schülerin einfach nicht entschließen, vom Dreimeterbrett zu springen. Eine ganze Schulstunde lang stand sie oben und wartete. Erst kurz vor dem Klingeln sprang sie dann doch – ganz ähnlich, wie sie es später oft in der Politik tun sollte: *Ich bin, glaube ich, im entscheidenden Moment mutig. Aber ich brauche beachtliche Anlaufzeiten, und versuche, möglichst viel vorher zu bedenken. Spontan mutig bin ich nicht.*[54]

Mauerbau

Das Jahr 1961 brachte für die Siebenjährige einschneidende Veränderungen. Im Sommer reisten die Kasners vier Wochen lang durch Bayern, die Hamburger Großmutter hatte die Unterkünfte und einen VW Käfer organisiert.[55] Kurz nach der Rückkehr wachten sie mit der Nachricht auf, dass die DDR-Regierung in Berlin einen «antifaschistischen Schutzwall» errichtet hatte. Diese Grenzerfahrung blieb die älteste politische Erinnerung der späteren Bundeskanzlerin. Auch wenn sie die Einzelheiten noch nicht verstand: Die Reaktionen in der Familie machten ihr klar, dass etwas *schrecklich Trauriges* passiert sein musste. *Da habe ich meine Eltern zum ersten Mal völlig ratlos und fassungslos erlebt. Ich habe erst gar nicht begriffen, warum und was der Bau der Mauer bedeutet. Meine Mutter hat den ganzen Tag geweint. Ich wollte ihnen helfen, hätte sie gerne wieder fröhlich gemacht, aber das ging nicht.*[56]

Der Mauerbau machte die Entscheidung endgültig, die ihre Eltern sieben Jahre zuvor getroffen hatten. Die Option, wieder in den Westen zu gehen, stand der Familie nicht mehr offen. Horst und vor allem Herlind Kasner waren 1954 in dem Bewusstsein nach Ostdeutschland gezogen, dass notfalls ein Rückweg möglich sei. Zwar hatte die DDR-Regierung schon seit 1952 die Außengrenze zur Bundesrepublik geschlossen, auch gab es Kontrollen des Verkehrs zwischen Ostberlin und der übrigen DDR. Aber die Sektorengrenzen innerhalb Berlins blieben aufgrund des Viermächtestatus zunächst offen. Die meisten der rund 2,5 Millionen Menschen, die bis zu diesem Zeitpunkt aus der DDR in die Bundesrepublik gingen, nutzten diese Möglichkeit.

Wenn die Mauer weg ist, gehen wir alle ins Kempinski, Austern essen, sagten die Kasners nun. Sie rechneten nicht mit einer kurzfristigen Perspektive. *Später hatte ich immer die Vorstellung, so im Jahr 2000 ziehen die Russen ab*, sagte Merkel just in ebendiesem Jahr 2000, in dem sie zur Vorsitzenden der CDU aufrückte. Für die meisten Menschen bedeutete der Mauerbau, dass sie frühestens im Rentenalter in den Westen würden reisen können: Um jeden Preis halten wollte die DDR nur Arbeitskräfte, nicht die Empfänger von Sozialleistungen. Allerdings habe es auch die Vorstellung gegeben, so Merkels Erinnerung, *dass man im Prinzip schon irgendwie in den Westen kommen würde, wenn es einem mal ganz schlecht geht*.[57] Tatsächlich verließen zwischen 1961 und 1989 rund 600 000 Menschen die DDR, die meisten davon über offizielle Ausreiseanträge, trotz der damit verbundenen Schikanen. In rund 250 000 Fällen zahlte die Bundesrepublik Geld, damit die DDR ihre Staatsbürger gehen ließ. Grenzen zu öffnen, nicht zu schließen: Das zählte fortan zu den Grundüberzeugungen der Templiner Pfarrerstochter.

2. Schule im Sozialismus (1961–1973)

Außenseiterin

Für Angela Kasner hielt das Jahr 1961 eine neue Erfahrung bereit, die den Alltag des Mädchens stärker prägte als der Mauerbau: Im August kam sie in die Schule. Da die Mutter nicht arbeitete, hatte das Kind keine Krippe und keinen Kindergarten besucht. Das war für DDR-Verhältnisse in den sechziger Jahren bereits ungewöhnlich. Daher änderte sich das Leben für Angela Kasner mit der Einschulung grundlegender als für ihre neuen Mitschüler. Sie verließ nun die behütete Welt ihres Elternhauses und des Waldhofs, um jeden Tag die rund zwei Kilometer in die Stadt zurückzulegen. Heutige Helikopter-Eltern hätten angesichts der einsamen Wege das Schlimmste befürchtet. In den frühen sechziger Jahren störte sich niemand daran, trotz vergleichsweise hoher Unfallzahlen und Kriminalitätsraten, die in der DDR allerdings nicht den Weg an die Öffentlichkeit fanden. Der lange Schulweg verstärkte den Eindruck, dass sich die Siebenjährige jeden Tag aufs Neue in eine andere Welt begab. Erst nachdem sie die Altstadt hinter sich gelassen hatte, erreichte sie das Schulgebäude am Templiner See: einen dreistöckigen Backsteinbau aus dem Jahr 1910 mit neugotischen Spitzbögen an der Fassade, die heutige Grundschule Johann Wolfgang von Goethe.

Acht Jahre lang ging Angela Kasner täglich diesen Weg. So lange besuchten in der DDR alle Schüler denselben Schultyp. Das entsprach internationalen Standards, die allerdings in der Bundesrepublik nicht galten, wo selbst die amerikanische Besatzungsmacht kein egalitäreres Schulsystem durchsetzen konnte. Polytechnische Oberschule (POS) hieß diese Form der Gemeinschaftsschule in der DDR. 1969 wechselte Angela Kasner dann auf die Erweiterte Oberschule (EOS), die dem westdeutschen Gymnasium entsprach. Sie umfasste damals die neunte bis zwölfte Klasse; später, in den achtziger Jahren, begann die EOS erst mit der elften Klasse.

Das Mädchen musste nun schnell lernen, dass eine Pfarrerstochter in der Schule manches besser für sich behielt. Ihre Eltern schärften ihr früh ein, dass sie keinen Anlass für Beschwerden liefern sollte, um ihre Schulkarriere nicht zu gefährden. Es gab viele Dinge, über die sie gegenüber Lehrern oder linientreuen Mitschülern lieber schwieg: die Gespräche, die sie zu Hause führte; die Besucher, die zu den Kasners kamen; die Bücher, die ihr Vater besaß; die Westmedien, die sie konsumierte. Bei den Kasners daheim geschahen mehr Dinge, die in der Schule zu Problemen führen konnten, als anderswo.

Das galt umso mehr, als sich Angela Kasner nach eigener Darstellung schon früh für westdeutsche Politik interessierte, wie sich überhaupt der Osten sehr viel mehr mit dem Westen beschäftigte als umgekehrt. Jedenfalls berichtete sie später, sie habe die Namen der westdeutschen Kabinettsmitglieder auswendig gewusst und mit 14 Jahren auf der Schultoilette per Taschenradio die Wahl Gustav Heinemanns zum Bundespräsidenten verfolgt.[1] Angesichts ihrer Sozialisation verwundert es nicht, dass sie sich von dem kirchlich gebundenen und gesamtdeutsch orientierten Politiker angezogen fühlte, der noch dazu jeden engstirnigen Nationalismus strikt ablehnte. Ausgerechnet die spätere CDU-Politikerin erklärte den Wegbereiter der sozialliberalen Koalition zu ihrem Helden; seit Merkel den CDU-Parteivorsitz innehatte, erzählte sie davon allerdings nicht mehr so oft. Eine Mitschülerin berichtete zudem von einem Faible der Klassenkameradin für Helmut Schmidt, der während ihrer Schulzeit erst SPD-Fraktionsvorsitzender, dann Verteidigungsminister und schließlich Superminister für Finanzen und Wirtschaft war. Ihn habe sie wegen seiner Souveränität bewundert.[2]

1968

Selbst scheinbar harmlose Urlaubsreisen konnten zum Stein des Anstoßes werden. Im Sommer 1968 fuhr die Familie Kasner in die Tschechoslowakei, nach Pec pod Sněžkou, dem beliebten Ferienort auf der Südseite des Riesengebirges direkt zu Füßen der gut 1600 Meter hohen Schneekoppe.[3] Aufgrund der politischen Ereignisse wurde daraus mehr als bloß ein gewöhnlicher Aufenthalt in den Bergen. Zu Jahresanfang hatte der Reformkommunist Alexander Dubček die Parteiführung übernommen und im Frühjahr ein Programm liberaler Neuerungen in Politik, Wirtschaft und

2. Schule im Sozialismus (1961–1973)

Gesellschaft vorgestellt: einen «dritten Weg», wie es bald heißen sollte, zwischen den Systemen in Ost und West. Auf den «Prager Frühling» setzten die Menschen in allen sozialistischen Ländern große Hoffnungen, auch in der DDR. All dies verfolgte die Vierzehnjährige nun schon mit einem erheblich wacheren politischen Bewusstsein als sieben Jahre zuvor den Mauerbau. Später erinnerte sie sich, dass der kleine Sohn der Gastgeberfamilie die Briefmarken zerschnitt, die noch das Antlitz des gestürzten Hardliner-Präsidenten Antonín Novotný trugen.

Als Angela Kasner nach den Ferien in die Schule zurückkehrte, lagen diese Hoffnungen schon in Trümmern. Am 21. August rückten Truppen des Warschauer Pakts in Prag ein und beendeten das Experiment. Die Schüler sollten über ihre Ferienerlebnisse berichten, Kasner begann zunächst unbefangen von den Erlebnissen in der Tschechoslowakei zu erzählen. Doch sie merkte schnell, dass die Sache brenzlig wurde. Da sei sie *abgeschwiffen*, sagte sie sehr viel später in der ihr eigenen Diktion: ein Verhaltensmuster, das später in der Politik sehr von Nutzen sein sollte.[4] Auch ihr Vater vermied es, die Niederschlagung des Prager Frühlings öffentlich zu missbilligen.[5]

Für viele DDR-Bürger markierte «1968» einen Wendepunkt. Die Hoffnung, dass sich das Leben im Sozialismus auf evolutionärem Weg verbessern könnte, hatte sich für lange Zeit erledigt. Illusionslos versuchten sich die meisten Ostdeutschen irgendwie einzurichten, während die SED mit einer Doppelstrategie auf die entstandene Unruhe reagierte: An die Seite der Repression trat der Versuch, mit einer bescheidenen Verbesserung des Lebensstandards möglichen Ausbrüchen von Unzufriedenheit im eigenen Land vorzubeugen. Die Parteiführung räumte der Produktion von Konsumgütern und dem Neubau von Wohnungen nun hohe Priorität ein. Der 1976 ins Amt gelangte neue Generalsekretär Erich Honecker propagierte diese Ziele unter dem Schlagwort der «Einheit von Wirtschafts- und Sozialpolitik», wobei das Soziale wegen der geringen ökonomischen Leistungskraft auf Dauer unfinanzierbar blieb.

So konnte Honecker nicht verhindern, dass der Osten in der neuen Zeit des Konsumkapitalismus viel stärker hinter den Westen zurückfiel als in den alten Zeiten der Schwerindustrie, die sich viel besser planwirtschaftlich steuern ließ. Die beiden Ölpreisschocks von 1973 und 1979, die auch die Rohstoffimporte aus der Sowjetunion verteuerten, taten ein Übriges. Die allermeisten Menschen in Ost und West hielten den Wettlauf der Systeme jetzt für entschieden.

Im Westen stand die Chiffre «1968» dagegen für etwas ganz anderes: für die Studentenrevolte, die von Berkeley über Paris bis nach Westberlin reichte. Gut zwei Jahrzehnte nach Kriegsende wollte eine neue Generation in Ost und West die politischen und gesellschaftlichen Verhältnisse nicht mehr unwidersprochen akzeptieren. Diese Gemeinsamkeiten nahmen die Akteure allerdings kaum wahr. Die Hoffnung auf den «dritten Weg» der neuen Prager Regierung blieb im Westen ein Randaspekt, erst recht nach deren Scheitern. Im Vordergrund standen die innerwestlichen Streitfragen, vor allem die Kritik an der Außenpolitik der Vereinigten Staaten und dem Vietnamkrieg.

Umgekehrt mochten sich Ostdeutsche angesichts der Studentenproteste im Westen fragen, was am System der Bundesrepublik eigentlich so schlecht sein sollte. Die 14-jährige Schülerin Angela Kasner jedenfalls wäre in ihrer Begeisterung für Heinemann und Schmidt kaum auf die Idee gekommen, ausgerechnet die sozialliberalen Regierungen der siebziger Jahre als repressiv anzusehen. Als sie nach der Jahrtausendwende erfuhr, dass der spätere Bundesaußenminister Joschka Fischer damals in Frankfurt am Main Polizisten verprügelte, reagierte sie verständnislos.

Nach dem Ende der Prager Hoffnungen empfahl es sich mehr denn je, in der Schule zu schweigen. Deshalb entwickelte Angela Kasner, die schon als Kind schlecht schauspielern konnte, früh die Fähigkeit, bei heiklen Themen zumindest ein neutrales Gesicht zu machen: Mein Name ist Kasner, ich weiß von nichts, wie es die Biografin Evelyn Roll formulierte. Das half ihr später als Politikerin. *Es ist ein großer Vorteil aus DDR-Zeiten, dass man gelernt hat zu schweigen. Das war eine der Überlebensstrategien*, sagte sie sehr viel später als CDU-Vorsitzende. Und sie fügte mit Blick auf den Politikbetrieb einen bezeichnenden Nachsatz hinzu: *Ist es ja noch.*[6]

Auch bei anderen Gelegenheiten wies Merkel – halblaut, versteht sich – darauf hin, *dass auch die Menschen im Westen jeden Tag Kompromisse machen müssen zwischen ihren Überzeugungen und dem, was der Alltag verlangt*, etwa mit Blick auf Arbeitsplatz und Karriere, obwohl sie weniger gravierende Konsequenzen zu befürchten haben als im ostdeutschen System.[7] Gerade die am meisten Angepassten unter den Westlern neigen oft dazu, mangelnden oppositionellen Mut bei ihren ostdeutschen Landsleuten im Nachhinein am lautesten zu kritisieren. So ging es Merkel mit manchen Gegnern in der CDU, die – natürlich aus dem Verborgenen – den Vorwurf fehlenden Oppositionsgeists streuten. Dabei hatte Merkel nie behauptet, eine Widerstandskämpferin gewesen zu sein. Schon als Schulkind ließ sie den Frust im Privaten ab: Wenn sie wieder einmal voller Wut aus der Schule nach Hause kam, redete sie sich bei der Mutter erst einmal alles von der Seele – sie hat sich *abgesprochen*, wie sie es formulierte.[8]

Bekenntnisse

Mit zwei Fragen musste sich jeder junge Mensch auseinandersetzen, der in der DDR mit einer gewissen Distanz zu Staat und Partei aufwuchs: Wie hältst du es mit den offiziellen Jugendorganisationen? Und wirst du später zur Jugendweihe gehen, jenem Übergangsritus zwischen Kindheit und Jugend, der in Konkurrenz zur kirchlichen Konfirmation stand?

Gewöhnlich gehörten die Schüler von Anfang an den Jungen Pionieren an. Mit 14 Jahren folgte die Mitgliedschaft in der Freien Deutschen Jugend (FDJ), der am Ende der DDR-Zeit 98 Prozent einer Alterskohorte angehörten. In der ersten Klasse blieben die Kinder der Kasners den Pionieren fern, so gaben es die Eltern vor. «Ich wollte ihnen zeigen, dass man nicht alles mitmachen muss», sagte der Vater im Rückblick.[9] Von der zweiten Klasse an durften sie selbst entscheiden. Vor allem die Mutter ahnte, dass ihr die Kinder schon den Umzug in die DDR später vorhalten würden. Nun wollte sie sich nicht noch dem Vorwurf aussetzen, ihnen auch im ostdeutschen Staat alle Chancen zu verbauen. Die Kasners wählten den pragmatischen Mittelweg, der auch Merkels späteren Politikstil kennzeichnete: *Wir waren so weit angepasst, wie es gerade nötig war.*[10]

Angela Kasner wollte mitmachen. *Gemeinschaftshungrig, wie ich war, wollte ich zu den Pionieren, die anderen Kinder gingen ja schließlich auch hin.*[11] «Gemeinschaftshungrig» erschien vielleicht etwas übertrieben für ein Mädchen, das durchaus auf Individualität achtete. Aber von den Mitschülern wollte sie sich nicht abkapseln, auch nicht von schulischen Erfolgen. Denn wer sich verweigerte, der musste bei der Zeugnisvergabe auf Auszeichnungen verzichten. *Am Ende der ersten Klasse bekam ich trotz meines sehr guten Zeugnisses kein Abzeichen. Aber ich wollte dieses Abzeichen unbedingt haben.*[12]

Auf die Teilnahme an der Jugendweihe erstreckte sich der Gemeinschaftshunger dagegen nicht, anders als später bei ihren jüngeren Geschwistern. Ihre Klassenkameraden begingen die Feier am 19. April 1969 im Templiner Kulturhaus Erich Weinert hoch über dem Templiner See, dem späteren «multikulturellen Zentrum», in dem die Bundeskanzlerin ziemlich genau 50 Jahre später die Ehrenbürgerschaft ihrer Heimatstadt erhielt. Als Schülerin zählte die 14-Jährige nicht zu den Empfängern einer Urkunde.[13] So exotisch wie in der späten DDR-Zeit war das damals allerdings noch nicht. Von den 28 Schülern ihrer Klasse nahm nur jeder zweite an der Jugendweihe teil.[14] Stattdessen wurde Angela Kasner ein Jahr später in der großen Templiner Hauptkirche, der Maria-Magdalenen-Kirche, konfirmiert. Allerdings mussten sich die beiden Rituale nicht zwangsläufig ausschließen: Einige Schüler aus ihrer Klasse nahmen sowohl an der Jugendweihe als auch an der Konfirmation teil. Auch der Rostocker Pfarrer und spätere Bundespräsident Joachim Gauck sah darin keinen Gegensatz.[15]

Die innere Distanz zum Staat mochte für viele das Motiv sein, sich konfirmieren zu lassen. Ein Glaubensbekenntnis verband sich damit nicht zwangsläufig, so wenig wie im Westen. *Ein Mensch wird nicht dadurch gläubig, dass er im Pfarrhaus aufwächst*, sagte Merkel einmal über ihre Religiosität. *Ich glaube, dass diese Welt begrenzt und endlich ist und dass über ihr etwas ist, was die Welt erst erträglich gestaltet, ob wir es nun Gott oder eine übergeordnete Größe nennen. Und dass uns dieses übergeordnete Prinzip zu bestimmten Leistungen fähig macht.* Sie finde es *beruhigend, dass es so etwas wie eine Kirche gibt.*[16] Damit bekannte sich Merkel bestenfalls zu einer sehr sublimierten Form des Christentums. Jedenfalls lässt sich daraus kaum die These ableiten, die Pragmatikerin an der Macht habe sich in der Flüchtlingsfrage 2015 von einer naiven Form der christlichen Nächstenliebe leiten lassen.

Die Nachteile, die Angela Kasner durch ihre Herkunft erlitt, suchte sie durch Leistung auszugleichen. Das fiel ihr leicht. *Das Mühelose hat mich auch sehr geprägt. Die Schule machte mir überhaupt keine Schwierigkeiten. Mathe nicht, Russisch nicht, Deutsch nicht – weder Naturwissenschaften noch Sprachen. Ich habe ein sehr gutes Kurzzeitgedächtnis und ein etwas schlechteres Langzeitgedächtnis.*[17] Nur in Physik, ihrem späteren Studienfach, bekam sie einmal eine Fünf. Und in den praktischen Fächern wie Zeichnen, Werken und besonders Sport tat sich die Kopfgesteuerte schwer. Gut organisiert, so stellt sie es jedenfalls im Rückblick dar, war Merkel schon damals. *Vielleicht hatte das damit zu tun, dass ich mir immer recht frühzeitig überlegt habe, was bald anstehen würde. Welche Geschenke ich brauchen würde, darüber habe ich zum Beispiel schon zwei Monate vor Weihnachten nachgedacht, nicht erst kurz davor. Ich wollte immer wissen, was auf mich zukommt.*[18]

Die Schülerin wollte ihr Bestes geben, auch die Eltern verlangten das. Der elitäre Anspruch des Vaters floss mit der praktischen Überlegung der fürsorglichen Mutter zusammen: Kirchenkinder mussten besser sein als alle anderen, um in der DDR ihren Weg zu machen, die Zulassung zum Abitur zu bekommen und später dann einen Studienplatz. Angela Kasner erreichte am Ende beides. «Ihre Mutter hat immer gesagt: Wenn du was erreichen willst, musst du lernen», sagte im Rückblick Hans-Ulrich Beeskow, Angela Kasners Mathematiklehrer auf der POS. «Wir sind gewissermaßen nicht gefragt als kirchliche Familie. Dann musst du mit deinen Leistungen auftreten, damit du etwas erreichst.» Beeskow konnte sich in die Lage seiner Schülerin gut hineinversetzen: Als Mitglied der traditionsreichen Templiner Baptistengemeinde gehörte er der Partei nicht an und befand sich unter den Kollegen in einer ähnlichen Minderheitenposition wie seine Schülerin. Erst in der Wendezeit löste er den linientreuen Schulleiter ab. Zu DDR-Zeiten durfte er nicht einmal an die EOS wechseln und die höheren Klassenstufen unterrichten.[19]

Leistungen

Das Schulsystem der DDR zielte nicht nur in ideologischen Fragen auf Disziplin, sondern auch, was die fachlichen Leistungen betraf. Der Westen nahm das vor allem im Sport und in der Musik wahr, wo die DDR durch ein spezielles Fördersystem – nicht allein durch Doping – Leistungen auf Weltniveau erzwang. Noch heute spielen die Sinfonieorchester der postsozialistischen Länder oft präziser, bringen deren Musikhochschulen teils bessere Absolventen hervor. Auch auf anderen Feldern stachelten Staat und Partei die Leistungsbereitschaft ihrer Schützlinge an. Für die Kernfächer ersannen die Verantwortlichen «Olympiaden», bei denen die Lehrer ihre besten Schüler auf Kreis-, Bezirks- und schließlich gesamtstaatlicher Ebene in Wettbewerbe führen konnten.

Schon auf der POS nahm Angela Kasner an der Mathematik-Olympiade teil. «Ich hatte nie wieder so eine mathematikinteressierte und auch talentierte Schülerin», erinnerte sich ihr Lehrer Beeskow später. «Sie war eine Ausnahmeerscheinung. Ihr fiel das Lernen leicht. Sie war zielstrebig und hat nicht so schnell aufgegeben. Grenzen kannte sie nicht.»[20] Zweimal monatlich förderte er sie im «Kreisclub», für einen ganzen Tag musste sie am gewöhnlichen Unterricht nicht teilnehmen, damit sie sich auf die Olympiade vorbereiten konnte. Bis auf die Bezirksebene schaffte sie es.

Noch weiter kam «Kasi», wie ihre Mitschüler sie nannten, bei der Russisch-Olympiade. Inzwischen besuchte sie die Erweiterte Oberschule.[21] Sie hatte nun einen kürzeren Schulweg, das Jugendstilgebäude lag außerhalb des Stadtzentrums in Richtung des Waldhofs im Grünen. Nach der Wende quartierte sich hier die «Aktive Naturschule Templin» ein, und die Einheimischen mokierten sich darüber, dass die ökologisch orientierten Lehrer neue Parkplätze für ihre Autos anlegen ließen. Gelegentlich kamen nun Reporter, die wegen der prominenten Ex-Schülerin auf die reformpädagogischen Konzepte der Naturschule aufmerksam wurden.[22]

Auch hier fand Angela Kasner eine Förderin. Anders als der Mathematiklehrer Beeskow lag die Russischlehrerin Erika Benn durchaus auf der Linie der Partei, nach der Wende machte sie Kommunalpolitik für die PDS. Aber auch sie nahm mit ihren Schülern an einer Olympiade teil, und sie wollte gewinnen. Natürlich schickte sie ihre begabteste Schülerin, auch wenn sie Pfarrerstochter war. Die wusste es zu schätzen. Viele Jahre später, sie hieß schon Angela Merkel und saß bei einem Templinbesuch 1986 mit ihrer früheren Lehrerin in einem Gartenlokal namens «Petersilienbar» beisammen, sagte sie es auch: *Frau Benn, ich weiß, dass Sie Ärger hatten, weil Sie mich gefördert haben.*[23] Und als der russische Präsident Wladimir Putin weitere zwei Jahrzehnte später die Russischkenntnisse der Bundeskanzlerin lobte, schickte Horst Kasner den entsprechenden Zeitungsartikel an Erika Benn. Die Lehrerin freute sich über beides.

Nur in einem Punkt war sie nicht zufrieden mit den Leistungen der Schülerin, die niemals zickte oder aufmuckte: Benn störte sich an Angela Kasners in sich gekehrter Art. «Ich musste sie auch ein bisschen kritisieren, weil sie so introvertiert war», sagte sie später. «Ich sagte: Jetzt schau' hoch und guck' mich an. Und wage es nicht, wieder wegzugucken.» Indem sie ihr etwas Freundlichkeit beibrachte, glaubt Benn, habe sie die Grundlagen für die spätere Karriere als Politikerin gelegt. Damals ging es ihr mehr um die Sorge, ihre Schülerin könne bei der Olympiade einen Punktabzug erhalten. «Aber es hätte natürlich nie einer gewagt, Angela Kasner etwas abzuziehen, weil sonst alles richtig war, Grammatik, Ausdruck, Rechtschreibung.»[24] So kam es. «Bei der Russisch-Olympiade

2. Schule im Sozialismus (1961–1973)

kommt Angela Kasner auf den ersten Platz im Bezirk und erwirbt DDR-weit die Bronzemedaille», heißt es in einer 2013 erschienenen Chronik der Templiner Stadtgeschichte. In dem fast 600 Seiten umfassenden Werk ist das der einzige Hinweis auf die prominenteste Tochter der Stadt.[25]

Und so durfte sie schließlich mit dem «Zug der Freundschaft» nach Moskau fahren. Die Gastgeber sprachen sie auf eine mögliche deutsche Wiedervereinigung an, zu Angela Kasners eigener Überraschung. Anders als die Deutschen selbst betrachteten die Russen die Teilung des Landes offenbar als unnatürlich und nicht von Dauer. Von der Reise brachte die Musterschülerin ihre erste Beatles-Platte mit, das ein Jahr zuvor herausgekommene Album «Yellow Submarine». Ein besonders inniges Verhältnis zur Populärmusik pflegte sie allerdings nie. Als sie die Anekdote später in einer Fernseh-Talkshow erzählte, war sie sich nicht ganz sicher, ob sich womöglich die Rolling Stones das gelbe U-Boot ausgedacht hatten. Wichtiger als die Musik selbst erschien wohl wie im Westen das Image, das sich damit verband.[26]

Im Gegensatz zu vielen anderen Schülern in der DDR betrachtete Angela Kasner den Russischunterricht nicht als Qual. Sie interessierte sich ernsthaft für Land, Leute und Kultur. Sie war begierig auf Dinge, die anders waren als der Alltag daheim. Und während die Neugierigen im Westen die Provence oder die Toskana erkundeten, dafür auch Französisch oder Italienisch lernten, fuhren die Neugierigen im Osten – auch die Pfarrerstochter aus Templin – nach Prag oder Budapest, Sofia oder Bukarest. Später kamen die sowjetischen Kaukasusrepubliken hinzu. Meist reiste die junge Frau mit dem Zug, mit Rucksack und Zelt bepackt, und wenn das besuchte Land über ein schlechteres Warenangebot verfügte als die DDR, auch mit größeren Mengen an Proviant. Die offiziellen Stellen beobachteten solche Individualreisen mit Argwohn, duldeten sie aber. Außer in der Sowjetunion konnten sich Ostdeutsche innerhalb des sozialistischen Wirtschaftsgebiets relativ frei bewegen. Allerdings blieb der Geldumtausch reglementiert, was das Reisebudget einschränkte. Angela Kasner nutzte die Spielräume, die ihr die DDR bot, und ging an die Grenzen des Möglichen.

Nicht alle DDR-Bürger zeigten Interesse an solchen Abenteuern jenseits von Strandurlaub am Plattensee oder Prager Bierseligkeit. Ein Minderheitenprogramm war diese Form des Schüler- und Studententourismus auch deshalb, weil die fragliche Bevölkerungsgruppe so klein war: Nur fünf bis sieben Prozent eines Jahrgangs machten in der DDR

Das Exotische suchte sie auch in der Nähe: Angela Merkel bereitet 1973 beim Zelten in der Nähe des brandenburgischen Himmelpfort ein Essen zu.

Abitur, die Zulassung richtete sich nach dem Bedarf, entsprechend gering war die Zahl der Studierenden.

Das Exotische suchte Angela Kasner allerdings auch in der Nähe. In Vogelsang, nur wenige Kilometer von Templin an der Bahnstrecke nach Berlin gelegen, besaß die Sowjetunion ihren zweitgrößten Militärstützpunkt auf dem Gebiet der DDR. Zu Kontakten zwischen den Soldaten und der Bevölkerung kam es kaum, die Behörden wünschten das auch nicht. Die Templiner Schülerin setzte sich darüber hinweg: Die völlig isolierten Angehörigen der Roten Armee taten ihr leid, vor allem aber weckten sie das Interesse der Russischschülerin, die an ihnen ihre Sprachkenntnisse erprobte. *Ich habe viel mit russischen Soldaten geplaudert, weil bei uns ja doppelt so viele Russen im Wald waren wie Deutsche. Die standen ja manchmal tagelang an den Ecken herum, um auf irgendetwas zu warten.*[27] Ein Stasi-Zuträger schrieb später über die Berliner Physikerin Merkel: «Obwohl Angela die Führungsrolle der Sowjetunion mehr als die Rolle eines Diktators auffasst, dem sich alle anderen sozialistischen Ländern unterordnen, ist sie auf der anderen Seite von der russischen Sprache und Kultur der Sowjetunion begeistert.»[28] Das stimmte wohl schon für die Schülerin in Templin.

2. Schule im Sozialismus (1961–1973)

Ihre Abenteuerlust befriedigte sie auch auf anderen Wegen. Sie suchte so oft wie möglich den Weg in die Metropole. Es fügte sich, dass ihre Großmutter väterlicherseits in Ostberlin wohnte. Schon in jüngeren Jahren war die Enkelin dort oft in den Ferien zu Besuch. *Das waren die tollsten Zeiten, das vollkommene Kinderglück. Abends durfte ich bis 10 Uhr fernsehen, was meine Eltern nie erlaubt haben.*[29] Später kamen Museums- und Theaterbesuche hinzu, und auch in Berlin nutzte die Schülerin die Gelegenheit, über den Horizont der DDR hinauszuschauen. *Ich habe Bulgaren, Amerikaner und Engländer kennengelernt, bin im Alter von 15 mit Amerikanern essen gegangen und habe denen alles über die DDR erzählt. Also, so zutraulich wäre ich heute nicht mehr.*[30]

Freiräume bot auch das eigene Zimmer, das die Schülerin seit dem 13. Lebensjahr bewohnte. Weil es außerhalb der elterlichen Wohnung lag und über einen getrennten Eingang verfügte, traf sich ihr Freundeskreis vorzugsweise dort, auch das machte Angela Kasner zu einer Art Anführerin; eine Rolle, in die sie womöglich auch als Älteste unter drei Geschwistern hineingewachsen war. Die Schülerinnen und Schüler tranken, sie rauchten im Wald, unternahmen Touren durch die Uckermark mit Fahrrad und Boot. Dafür besorgten sie sich eigens einen Kahn der Gesellschaft für Sport und Technik (GST), die in den Schulen die paramilitärische Ausbildung organisierte.

Als uncool galt Angela Kasner nicht, auch wegen der Westkleidung, die sie trug: meist Jeans und Parka, die Mode der frühen siebziger Jahre. Tante und Großmutter sandten Pakete aus Hamburg. *An den Jeans, die uns die Tante geschickt oder mitgebracht hat, hing unsere ganze Hoffnung. Ich habe fast nie ein Kleidungsstück aus der DDR getragen.*[31] Das weckte bei linientreuen Lehrern durchaus Antipathien. Da Angela und ihre Freunde obendrein ihre intellektuelle Überlegenheit gern heraushängen ließen, galten sie bald als arrogant.

Kulturstunde

Eigentlich war die Schulzeit im Frühjahr 1973 schon fast vorbei. Die Klasse 12B bereitete sich auf die Abschlussprüfungen vor, und für die meisten stand ohnehin schon fest, wie es danach weitergehen würde. Im durchgeplanten System der DDR mussten sich die Schüler in der Regel während der 11. Klasse für einen Ausbildungsweg entscheiden, später hing oft schon die Zulassung zur EOS vom richtigen Berufswunsch ab. Angela Kasner hatte eine Zusage für einen Physik-Studienplatz in Leipzig. Das war keine Selbstverständlichkeit für die Tochter eines Theologen. Die Kombination aus fachlichen Höchstleistungen und politischer Unauffälligkeit, ohne alles mitzumachen, hatte funktioniert.

Bei ihrer zehn Jahre jüngeren Schwester Irene klappte es nicht mehr, wohl auch, weil sich die Kirchenpolitik der SED in der Zwischenzeit wieder verschärft hatte. Sie nahm einen Weg, der für Pfarrerstöchter nicht untypisch war, und absolvierte eine Fachschulausbildung als Krankenschwester. Nach dem Fall der Mauer bildete sie sich zur Ergotherapeutin fort und eröffnete 1998 gemeinsam mit einer Kollegin eine Praxis an der Berliner Torstraße, mit der sie später nach Oranienburg umzog.[32] Daran konnte Angela Merkel ablesen, welchen Lebensweg auch sie selbst unter weniger günstigen Umständen hätte nehmen können. In anderer Form galt das für ihren nur drei Jahre jüngeren Bruder Marcus, der zunächst ebenso wie sie selbst in Leipzig Physik studierte. Er bekam nach der Wende eine Stelle in Braunschweig und ein Stipendium für die Vereinigten Staaten, bewarb sich dann aber mehrfach vergeblich um eine Physikprofessur. Fortan lehrte er als Privatdozent in Magdeburg und später in Frankfurt am Main, musste sein Geld aber als Software-Ingenieur bei einer Firma in Darmstadt verdienen.[33] Hier sah die spätere Kanzlerin, wie schwierig der Weg für eine ostdeutsche Wissenschaftlerin ohne den Wechsel in die Politik womöglich geworden wäre.

Zu den wenigen Dingen, die vor dem Abitur noch anstanden, zählte das jährliche Kulturprogramm.[34] Der Klassenlehrer Charly Horn hatte es versäumt, die Schüler rechtzeitig darauf vorzubereiten. Nun musste alles im letzten Moment geschehen, da zeigten sich die jungen Erwachsenen bockig. Sie fanden, das sei nun wirklich die Schuld des Lehrers, und wollten ihm nicht mehr aus der Patsche helfen, indem sie in die ohnehin ungeliebte Propagandastunde größeren Aufwand investierten. Die Eltern wussten: Das würde Ärger geben. Also redete Vater Kasner auf seine Tochter ein. Widerwillig lenkten Angela und ihre Mitschüler ein. Sie trafen sich auf dem Waldhof, um in drei Stunden ein Programm zusammenzustellen. Dabei ging es offenbar ziemlich lustig zu.

Bei der Vorführung selbst machten die Lehrer dagegen ein immer ernsteres Gesicht, je länger die Stunde dauerte. Die Schüler sangen zwar die «Internationale», aber auf Englisch, in der Sprache des Klassenfeinds.

2. Schule im Sozialismus (1961–1973)

Sie sammelten zwar Geld, aber nicht wie vorgesehen für den Befreiungskampf in Vietnam, sondern in Mosambik. Sie rezitierten zwar ein Gedicht, aber eines, das von Mauerecken im Straßenbild handelte:

Es sitzen Möpse gern auf Mauerecken,
die sich ins Straßenbild hinaus erstrecken,
um von sotanen vorteilhaften Posten
die bunte Welt gemächlich auszukosten.
O Mensch, lieg vor dir selber auf der Lauer,
sonst bist du auch ein Mops nur auf der Mauer.[35]

Die Zuhörer bezogen die Verse des Dichters Christian Morgenstern eher nicht auf die mittelalterliche Templiner Stadtbefestigung, sondern auf eine Grenzbefestigung im nicht allzu weit entfernten Berlin.

Nichts an dem Kulturprogramm richtete sich offen gegen Staat und Partei. Aber der subversive Charakter des Ganzen ließ sich doch kaum übersehen – und auch nicht übergehen, da im Publikum die Ehefrau des Kreisschulrats saß, die ihrerseits an der EOS unterrichtete. Die Sache entwickelte sich zum Skandal, die Schüler mussten um Abitur und Studienplatz fürchten. Von einem Moment auf den anderen gerieten alle Gewissheiten ins Rutschen.

Was seine Tochter da angerichtet hatte, bezeichnete Horst Kasner später als «die einzige pubertäre Aufwallung, die mir im Gedächtnis geblieben ist».[36] Aber ein Grundmuster ließ sich erkennen. Bei aller Besonnenheit, bei allem nüchternen Abwägen zwischen Eigensinn und taktischer Anpassung beharrte die Tochter stets auf ihrer persönlichen Autonomie. Einen gewissen Trotz bewahrte sie sich bis ins Erwachsenenalter. Unter Druck nicht einzuknicken, erhobenen Hauptes aus einer Situation herauszukommen, das blieb eines der leitenden Motive ihres Handelns. Viele ihrer Karriereschritte machte sie auch deshalb, weil alles andere Aufgeben, Nachgeben, Gesichtsverlust bedeutet hätte.

Die Affäre ums Kulturprogramm nahm zu Angela Kasners Glück eine unerwartete Wendung. Als sich die Eltern auf einer Versammlung die Vorhaltungen der Lehrer anhören mussten, die unter anderem die Westkleidung kritisierten, standen sie einfach auf und gingen. Vater Kasner sagte später, er habe «bis zum Herbst '89 nie wieder eine solche Zivilcourage erlebt».[37] Aber der Elternprotest allein konnte das Problem nicht aus der Welt schaffen, es hatte längst eine höhere Ebene erreicht. Die

Funktionäre im Bezirk Neubrandenburg zeigten sich entschlossen, die Schüler zu bestrafen. Horst Kasner bekam ein Signal, er müsse sich an höhere Stellen wenden. Derlei Eingaben blieben in der DDR ohnehin die einzige Möglichkeit, wenn der offizielle Weg nicht weiterführte.

Also wandte sich der Theologe an seinen Bischof Albrecht Schönherr, der den Fall direkt beim Staatssekretär für Kirchenfragen ansprach. Das Amt bekleidete damals noch Hans Seigewasser, auf den 1979 der weltläufige Klaus Gysi folgte, der Vater des späteren PDS-Politikers. Außerdem schickte Kasner seine Tochter mit einer Petition zu Manfred Stolpe, der das Sekretariat des Bundes der Evangelischen Kirchen in der DDR leitete. Die Interventionen hatten Erfolg, anders als 16 Jahre später in einem ähnlichen, aber spektakuläreren Fall an der Berliner Ossietzky-Schule.[38] Die Templiner Schüler durften Abitur machen und studieren. Hingegen versetzten die Behörden den Klassenlehrer Charly Horn, später mussten auch der Schuldirektor und der zuständige Schulrat weichen. Horn blieb nach der Wende einer der ganz wenigen aus dem alten Umfeld, der wirklich schlecht über Angela Kasner sprach. Zwei Lektionen fürs Leben hatte dieser Skandal der 18-jährigen Schülerin erteilt: dass sie sich in bestimmten Konstellationen besser vorsichtig verhalten sollte und dass sie sogar aus scheinbar ausweglosen Situationen am Ende wieder herausfinden konnte, wenn sie die Nerven behielt.

Abschiede

So konnte Angela Kasner im Alter von 19 Jahren endlich tun, wonach sich viele ihrer Altersgenossen in Ost und West sehnten: Sie verließ Templin und ging zum Studieren in die Großstadt. Im Rückblick beschrieb sie ihre Kindheit und Jugend als ambivalent. Auf der einen Seite stand die öffentliche Welt der Schule mit ihren ideologischen Beschwernissen. *Alles war immer mit Kampf verbunden: ja nicht auffallen, immer ein bisschen besser sein als die anderen, darf ich zur Erweiterten Oberschule oder nicht und so weiter. Unbeschwert war da nichts.* Auf der anderen Seite fühlte sie sich geborgen in der privaten Welt, der Familie, der Umgebung und der gemeinsam mit Schulfreunden verbrachten Zeit. *Ich habe die DDR nicht als dauernde und totale Bedrückung empfunden, weil ich immer meine Nische hatte. Über meiner Kindheit lag kein Schatten.*[39]

2. Schule im Sozialismus (1961–1973)

Die junge Frau verließ eine Welt, die für sie anregender war, als es in den bleiernen Jahren der DDR zu vermuten wäre, noch dazu in einer Kleinstadt des Bezirks Neubrandenburg. Das betraf nicht bloß die Impulse und Kontakte, die sie über ihren Vater erhielt. Von der politischen Leidenschaft ihres Umfelds zeugte nach 1990 das Engagement in den Parteien. Nicht nur ihre Mutter ließ sich – für die SPD – in den Kreistag wählen. Dort saßen auch ihre Russischlehrerin Erika Benn für die PDS und ihr Mathematiklehrer Hans-Ulrich Beeskow für die CDU, bevor er in die Stadtverordnetenversammlung wechselte. Ihr Mitschüler Bodo Ihrke amtierte fast zwei Jahrzehnte lang für die SPD als Landrat, erst des Kreises Eberswalde, dann des neuen Großkreises Barnim. Einige dieser Kommunalpolitiker beteiligten sich nach 2015 an der Flüchtlingshilfe: Beeskow organisierte in Templin die Kleiderkammer, Benn brachte einem jungen Somalier die deutsche Sprache bei. Weniger gut war Merkel später auf ihren Mitschüler Harald Löschke zu sprechen, der nach der Schule zur Volkspolizei gegangen war und nach 1990 als Hauptkommissar weiterarbeitete. So viel Systemnähe blieb ihr suspekt, und dass die DDR-Polizisten 1990 allesamt in den gesamtdeutschen Staatsdienst übernommen wurden, hielt sie für einen der größten Fehler der Wiedervereinigung.[40]

Der Uckermark bleibt Merkel bis heute durch das Wochenendhaus verbunden, das sie während der achtziger Jahre gemeinsam mit ihrem Lebensgefährten und späteren Ehemann Joachim Sauer in der Nähe Templins bezog – und in das sie sich auch während ihrer Kanzlerjahre am Wochenende oft fahren ließ. Das Verhältnis zwischen Merkel und der Stadt, in der sie 16 Jahre lang aufwuchs, blieb trotzdem distanziert. Je weiter sie in der Politik aufstieg, desto mehr zeigten sich viele Templiner enttäuscht, dass sie ihre Heimatstadt weitgehend vernachlässigte, weil sie nicht in ihrem Wahlkreis lag. Als die Stadtverordnetenversammlung im Sommer 2018 über die Ehrenbürgerschaft für die seit zwölfeinhalb Jahren amtierende Bundeskanzlerin abstimmte, verweigerte ihr knapp ein Drittel der Mitglieder die Stimme.

3. Studium in Leipzig (1973–1978)

Großstadt

Mit 19 Jahren, zum Herbstsemester 1973, kam Angela Kasner nach Leipzig. *Als ich mit achtzehn Abitur gemacht hatte, wollte ich erst einmal in eine größere Stadt.*[1] Die Wahl des Studienorts lag in der DDR nicht bei der Bewerberin. Sie hatte sich nach den Vorgaben zu richten, weit mehr noch als im westlichen System des Numerus Clausus, der nur für einzelne Fächer galt. Mit ihrem Studienort hatte es die angehende Physikstudentin sehr gut getroffen.[2] Die Messestadt war damals womöglich die freieste und interessanteste Stadt der DDR.

Natürlich unterschied sich das Leipzig des Jahres 1973 vom «Hypezig» der 2010er Jahre, das junge Leute aus allen Teilen Deutschlands anzog und so schnell wuchs wie keine andere Stadt im Land. Aber es wehte ein deutlich freierer Geist als am Regierungssitz Ostberlin mit all seinen SED-Funktionären, wo allenfalls einige wenige abgeschlossene Zirkel des Prenzlauer Bergs auf Distanz zu Staat und Partei gegangen waren. Nicht von ungefähr nahm 1989 der Umsturz in der DDR seinen Anfang in Leipzig. Hier war das Klima auch bedeutend offener als in Dresden, wo kein Westfernsehen zu empfangen war und viele selbstverliebt der Vergangenheit hinterherträumten. Die Leipziger Parole «Wir sind das Volk» verwandelte sich dort rasch in den Ruf «Wir sind ein Volk».

Leipzig war zudem eine Stadt der Kunst und Kultur, wenngleich es 28 Jahre nach Kriegsende noch viele Provisorien gab. Die Studentin konnte das Gewandhausorchester mit seinem Dirigenten Kurt Masur nur in einem Ausweichquartier hören, der Jugendstil-Kongresshalle am Zoo. Das historistische «Zweite» Gewandhaus im Musikviertel, Vorbild der Bostoner Symphony Hall mit ihrer vielgerühmten Akustik, war im Krieg ausgebombt und dann abgerissen worden. Erst kurz bevor Merkel nach Berlin weiterzog, legte Masur 1977 an der Stelle des kriegszerstörten Bildermuseums den Grundstein für den neuen Konzertsaal, den dritten in der Geschichte des Gewandhausorchesters.

Der zentrale Augustusplatz, der seinerzeit Karl-Marx-Platz hieß, blieb praktisch während Angela Kasners gesamter Studienzeit eine Baustelle. Einzig der «Weisheitszahn», das neue und weithin sichtbare Hochhaus der Universität, stand bei ihrer Ankunft bereits. Die mittelalterliche Universitätskirche hatten die Verantwortlichen 1968 gegen starken Widerstand in der Stadtgesellschaft sprengen lassen, ebenso die Reste des Hörsaalgebäudes, in dem bis in die frühen sechziger Jahre noch der Philosoph Ernst Bloch und der Literaturwissenschaftler Hans Mayer ihre Vorlesungen gehalten hatten. Das neue Hörsaalgebäude nahm 1974 seinen Betrieb auf, im Jahr, nachdem die angehende Physikerin ihr Studium begonnen hatte. Es entsprach modernsten internationalen Standards: Die fensterlosen Hörsäle, die man damals für fortschrittlich hielt, unterschieden sich in nichts von ihren Pendants im Westen, sieht man vom DDR-typischen Geruch des Putzmittels Wofasept einmal ab. Die Abrisse und anschließenden Neubauten dokumentierten, dass die SED mit dieser Stadt etwas vorhatte und sie nicht dem Verfall preisgab wie viele andere, wenngleich auch hier die riesigen Gründerzeitviertel der einst 800 000 Einwohner zählenden Handelsmetropole im Braunkohlenmief vor sich hin rotteten.

Zu der tatsächlichen oder gefühlten Weltoffenheit trug wesentlich die Messe bei, die zweimal im Jahr mehr als eine halbe Million Besucher nach Leipzig brachte, fast so viele Menschen also, wie die Stadt Einwohner zählte: 574 000 waren es bei Kasners Ankunft. In der Messezeit mussten die Studenten ihre Unterkünfte räumen, um Betten für die Gäste freizumachen. Bis zu 50 000 Besucher kamen aus dem Westen, die meisten davon aus der Bundesrepublik. Später, in den achtziger Jahren, landete zur Messe sogar die französische Concorde auf dem Schkeuditzer Flughafen. Für die Gäste wurde die Stadt stets zurechtfrisiert. Den Prachtboulevard aus der Innenstadt zum Messegelände zierten Gebäude in pompösem Stalin-Barock sowie riesige Plattenbauten, die den Erfolg des DDR-Wohnungsbauprogramms dokumentieren sollten. Er führte geradewegs auf die goldene Spitze des sowjetischen Messepavillons zu, die aus der Ferne sogar den Blick aufs Völkerschlachtdenkmal verdeckte.

Weniger als auf die Stadt freute sich die 19-Jährige auf ihr Studienfach. Physik war nicht ihre erste Wahl gewesen. *Lehrerin wäre ich mit großer Wahrscheinlichkeit geworden, wenn ich im Westen gelebt hätte.*[3] Aber das ging nicht. Für eine Pfarrerstochter wäre es schwierig gewesen, einen Studienplatz fürs Lehramt zu ergattern, erst recht für die Fächer, die sie

3. Studium in Leipzig (1973–1978)

interessierten: Disziplinen, die – wie man im Westen sagte – mit Sprachen zu tun hatten, mit Menschen oder mit Kommunikation. Selbst wenn sie ein solches Studium hätte aufnehmen können, wäre sie in einen Studiengang geraten, der vor Ideologie triefte, und sie hätte später als Lehrerin ihre Schüler auf Linientreue einnorden müssen. All das wollte sie nicht, auch weil es ihren Intellekt unterforderte.

Für Leute ihres Schlages, die in Distanz zur SED lebten, ohne im Widerstand zu sein, blieben in der DDR zwei Möglichkeiten: Sie konnten entweder Theologie studieren oder die für Ideologie weniger anfälligen Natur- und Ingenieurwissenschaften. *Grundrechenarten und Naturgesetze konnte eben selbst die DDR nicht außer Kraft setzen. Zwei mal zwei musste auch unter Honecker vier bleiben.*[4] Das erklärt, warum unter den ostdeutschen Politikern der ersten Nachwendegeneration die Theologen und Naturwissenschaftler dominierten. Theologie kam für Angela Kasner nicht in Frage, womöglich auch, weil sie im Gegensatz zu manch anderem eine gewisse Glaubensfestigkeit für erforderlich hielt.[5] Vor allem aber wollte sie sich nicht noch weiter in eine Nische hineinbegeben, und die Zukunftsaussichten hauptberuflicher Theologen in der DDR schätzte sie wohl wie ihr Vater pessimistisch ein. Also fiel die Entscheidung zugunsten der Naturwissenschaften und für das Fach, für das sie – wie üblich schon lange vor dem Abitur – eine Zusage erhalten hatte. *Bei der Wahl des Studienfachs hat schließlich auch den Ausschlag gegeben, dass ich für Physik eine Empfehlung bekommen konnte.*[6]

Menschlich mochte sich die Nüchterne ins Milieu der Naturwissenschaftler gut einfügen, ohne ihre Interessen jedoch aufs Fachliche zu beschränken. Ihrem ersten Mann sagte sie nach dessen Angaben, «dass sie es sich nicht vorstellen kann, ein Leben lang als theoretische Physikerin zu arbeiten».[7] Wenn sie im Rückblick darüber sprach, was sie an der Physik interessierte, bezogen sich die Erläuterungen meist auf den gesellschaftlichen Kontext der Naturwissenschaft, etwa in der Begründung: *Ich wollte begreifen, was die Leute um Robert Oppenheimer, die die Atombombe gebaut hatten, dachten.*[8] Tatsächlich hielt zu Beginn von Merkels Studienzeit der hochbetagte Physik-Nobelpreisträger Gustav Hertz, der von 1945 bis 1954 in der Sowjetunion an der Atombombe geforscht hatte, zwei Vorträge am Leipziger Institut.[9]

Die Praxis gestaltete sich prosaischer. Das Studium war in der DDR stark verschult. Nur 70 bis 80 Abiturienten schrieben sich in Leipzig jedes Jahr für Physik ein, viel weniger als heute. Sie verteilten sich auf Seminargruppen von 15 bis 20 Studienkollegen, die bis zum Examen mit festem Stundenplan beisammenblieben und von einem Assistenten betreut wurden. Vor allem das Grundstudium bereitete der Anfängerin Probleme. *Das Physikstudium hat mich durchaus an die Grenzen meiner Erkenntnisfähigkeit gebracht. Experimentalphysik war nicht gerade meine Stärke. Mit dem Löten hatte ich Schwierigkeiten. Und meine Schaltpläne haben in der Praxis meistens nicht funktioniert.* Erst im Hauptstudium, als sich Kasner auf abstraktere Fragen konzentrieren konnte, wurde es besser. *Das Theoretische war für mich fassbar und machbar.*[10] Zielstrebig verhielt sie sich auch hier. Während der öden Vorlesungen in Marxismus-Leninismus löste sie Physikaufgaben. Einmal wurde sie erwischt. Karlheinz Kannegießer, gefürchteter Professor für Historischen Materialismus, verwies sie vor aller Augen des Saals.

Physik

Von politischen Aktivitäten hielt sich Angela Kasner, soweit bekannt, während des Studiums weitgehend fern, sieht man von der fortbestehenden FDJ-Mitgliedschaft einmal ab. *Das Studium war eine leistungsorientierte, aber eine sehr unbeschwerte und eigentlich sorgenfreie Zeit. Vor allem war es eine weitgehend politikfreie Zeit.*[11] Dabei fielen durchaus einschneidende Ereignisse in ihre Leipziger Studienzeit, etwa die Unterzeichnung der KSZE-Schlussakte von Helsinki 1975, die der DDR-Opposition neue Hoffnung gab, oder die von Protesten und weiteren Repressalien begleitete Ausbürgerung des Liedermachers Wolf Biermann im Jahr darauf. Überliefert sind lediglich Besuche der Physikstudentin in der Evangelischen Studentengemeinde, in der sie sich indes nicht sonderlich exponierte. Bei einem kirchlichen Wochenendseminar auf Schloss Mansfeld lernte sie den Lyriker Reiner Kunze kennen, der die DDR wenig später verlassen musste. Dass sie selbst während ihrer Leipziger Jahre auf Schritt und Tritt ausspioniert wurde, erfuhr sie erst im Nachhinein.

Zum studentischen Alltag in der DDR gehörten Produktionseinsätze in den Semesterferien. *Das schadet niemandem*, äußerte Merkel im Rückblick über ihre Arbeit in einer Wäscherei.[12] Skeptischer blieb sie gegenüber dem Projekt, die frühneuzeitliche Moritzbastei gleich neben der Universität zu einem Studentenclub auszubauen. Die 1554 fertiggestellte

3. Studium in Leipzig (1973–1978)

Bastion, das letzte Überbleibsel der historischen Stadtbefestigung, hatte man nach dem Zweiten Weltkrieg mit Trümmern verfüllt. Mehr als einen Hügel sahen die Leipziger Studenten zunächst also nicht, die 1973/74 unter der widerwilligen Mithilfe Angela Kasners zur Tat schritten. In 150 000 unbezahlten Arbeitsstunden entfernten sie rund 40 000 Kubikmeter Schutt, insgesamt 30 000 Studenten legten Hand an. Die angehende Physikerin betrachtete den Einsatz als sinnlos. *Es hatte zwar etwas Spannendes an sich, an so einer Art Ausgrabung beteiligt zu sein. Aber letztlich kam es mir vor wie Sisyphusarbeit.*[13]

Dabei zählt die Revitalisierung der Moritzbastei zu den städtebaulichen Initiativen der DDR-Zeit, die sich über die Wende hinaus als Erfolg erwiesen. Bis heute ist sie einer der beliebtesten Treffpunkte und Veranstaltungsorte der Stadt. Allzu sehr war die junge DDR-Bürgerin von der Erfahrung geprägt, dass aus hochfliegenden Plänen am Ende doch nichts werden würde. Schließlich liefen in jenen Jahren zum ersten Mal die dänischen Olsenbande-Filme im DDR-Fernsehen. «Ich habe einen Plan», verkündete Bandenchef Egon Olsen dort regelmäßig, und die sozialistische Nation vor dem Fernsehschirm wusste, dass die Sache wieder mal schiefgehen würde.

Angenehmer gestalteten sich für die Neuleipzigerin die geselligen Seiten des Studentenlebens. Sie genoss die neuen Freiheiten. *Wir haben zum Beispiel zu Hause immer um achtzehn Uhr zu Abend gegessen. Als ich in Leipzig zu Abend essen konnte, wann immer ich wollte, fühlte sich das auf jeden Fall schon nach etwas Freiheit an.* Nun, nach dem Verlassen des Elternhauses, fühlte sie sich erwachsen. *Der achtzehnte Geburtstag war für mein Leben eine wichtige Marke.*[14] Zweimal pro Woche gab es eine Disco bis nachts um zwölf, auch wenn am nächsten Morgen um sieben schon wieder die Vorlesungen begannen. Angela Kasner verdiente sich zu den kargen 250 Mark Stipendium etwas Geld hinzu, indem sie an der Bar Kirsch-Whisky verkaufte. Um den nötigen Kirschmost aufzutreiben, fuhr sie mit der Straßenbahn durch die ganze Stadt. Für den Whisky sind derartige Einkaufstouren nicht überliefert, was darauf hindeutet, dass es sich womöglich bloß um schnöden und sehr viel leichter zu beschaffenden Wodka handelte. Rund 20 bis 30 Mark in der Woche nahm sie mit ihrer Nebentätigkeit ein, berichtete Merkel später.[15] Die Öffentlichkeit erfuhr davon 1995, als die gesamtdeutsche Umweltministerin in Leipzig einen Fahrradweg einweihte, den ihre Studienfreundin Erika Hoentsch mit geplant hatte. Der Betreuer ihrer Diplomarbeit erzählte bei dieser Gelegenheit einem Praktikanten der *Bild*-Zeitung, aus dem später ein bekannter Journalist wurde, Merkel habe bei den Partys im Studentenwohnheim abends auch mal hinter dem Tresen gestanden. Die Überschrift lautete dann: «Angela Merkel: Ich war mal Bardame in Leipzig».[16]

Oft erzählte Merkel während ihrer Kanzlerinnenzeit von den Fußballspielen, die sie in Leipzig besuchte. Sie fieberte mit dem Verein Lokomotive Leipzig, der 1976 den FDGB-Pokal gewann, das Pendant zum westdeutschen DFB-Pokal, und in den achtziger Jahren in der DDR-Oberliga eine wichtige Rolle spielte, auch wenn der als Stasi-Klub geltende Berliner BFC Dynamo mit nicht immer lauteren Mitteln alle Titel holte. Besonders gern berichtete die Regierungschefin vom Freundschaftsspiel der DDR gegen England am 29. Mai 1974, das sie als eine von 100 000 Zuschauern im Leipziger Zentralstadion verfolgte (es endete unentschieden). Als die ostdeutsche Mannschaft drei Wochen später bei der Fußball-Weltmeisterschaft in Hamburg zum ersten Mal auf die Elf der Bundesrepublik traf, also «Deutschland gegen die DDR» spielte, wie man im Westen sagte, konnte die Leipziger Physikstudentin nur am Fernseher zuschauen. Über das 1:0 der DDR, das legendäre Sparwasser-Tor, will sie sich geärgert haben.[17]

Heirat

Die Physik war, ähnlich wie im Westen, eine Männerwelt. Es gab nicht viele Frauen im Jahrgang, von Angela Kasners Freundin Erika Hoentsch einmal abgesehen. Früh im Leben lernte sie, sich in einer Minderheitenposition zu behaupten. In der Physik mochte das leichter fallen als in der Politik, weil es vordergründig um Fachliches ging. Die Methode sollte sie als Ministerin und Kanzlerin beibehalten: Männliche Emotionalität konterte sie mit Rationalität und Faktenkenntnis.

Die wenigen Frauen wurden von den vielen Männern heftig umworben. Im Fall der 20-jährigen Angela Kasner gab es einen zwei Jahre älteren Studenten, der sich besonders emsig um sie bemühte. Ulrich Merkel lautete sein Name, er studierte im selben Jahrgang, aber in einer anderen Seminargruppe. Seit 1974 kannten sie sich, drei Jahre später, noch während des Studiums, heirateten sie.

Fotos aus dieser Zeit zeigen einen schlanken jungen Mann mit Parka

3. Studium in Leipzig (1973–1978)

Parka und Pilzfrisur: Den Namen ihres ersten Mannes trägt Angela Merkel bis heute, obwohl sie sich nach wenigen Jahren von ihm trennte. «Man hat einfach schneller geheiratet als im Westen», sagte sie später.

und Pilzfrisur, modisch auf der Höhe der Zeit. Ulrich Merkel stammt aus dem sächsischen Teil des Vogtlands, aus der Gegend um Plauen also. Dem Klischee zufolge bringt die Region einen eher bedächtigen Menschenschlag hervor, auch im Leipziger und später dann Berliner Freundeskreis galt Merkel als ausgesprochen stiller Typ. Das mochten Außenstehende zunächst auch über Angela Kasner denken, aber, wie sich bald herausstellte, unterschieden sich die Temperamente der beiden erheblich. An den Unternehmungen seiner Freundin und späteren Frau nahm Ulrich Merkel wohl schon in Leipzig nicht immer teil. Mehr noch galt das später in Berlin, als der Tatendrang der Physikerin zunahm, was nicht nur die Abende in Berlin betraf, sondern mehr noch die ausgedehnten Reisen ins nähere und fernere sozialistische Ausland.

Wer wollte, der konnte das auch aus dem letzten Interview herauslesen, das der Ex-Mann kurz vor Angela Merkels Aufstieg ins Kanzleramt gab (danach lehnte er alle Anfragen ab): Da lobte er – neben Reisen und

Kultur – vor allem die gemeinsame Liebe zur Natur, die Ausflüge ins Grüne, den Kontakt zu den Familien.[18] Die spätere Kanzlerin hätte auf dieselbe Frage wohl andere Prioritäten genannt. Gleichwohl sprach er über seine frühere Ehefrau sehr positiv, nach 2015 ließ er sich von einem Reporter trotz seiner medialen Zurückhaltung ein Lob für deren Flüchtlingspolitik entlocken.[19] Dass sich aus Merkels engerem Lebensumfeld bis heute niemand findet, der wirklich negativ über die einstige Physikerin spricht, erstaunt ihre Kritiker bis heute.

Er sei halt ein «ruhiger Bergmensch», lästerten gemeinsame Freunde des Paares gelegentlich über Ulrich Merkel.[20] Das galt auch fürs Berufliche. So zielstrebig wie seine Frau war Ulrich Merkel nicht, erst recht nicht so karriereorientiert wie deren späterer Lebensgefährte Joachim Sauer. Nach dem Abschluss des Studiums wechselte das Paar gemeinsam nach Berlin, im Gegensatz zu seiner Frau lehrte Merkel anfangs als Dozent an der Humboldt-Universität, was der Pfarrerstochter verwehrt blieb. Später wechselte er ebenfalls an die Akademie der Wissenschaften in Adlershof, allerdings an eine andere Abteilung.

Ähnlich wie Angela Merkels Bruder Marcus Kasner, ebenfalls ein Physiker, tat er sich nach der Vereinigung und der Abwicklung der Akademie-Institute schwer, im gesamtdeutschen Wissenschaftsbetrieb Fuß zu fassen. Bis zur Rente hangelte er sich mit befristeten Stellen durch, zuletzt an der Technischen Universität Dresden. Auf Besucher wirkte er, im Holzfällerhemd in seinem kleinen Uni-Büro sitzend, gleichwohl nicht unglücklich; er war eben kein Mann, der sich zeitlebens vor Ehrgeiz verzehrte.[21] Ähnlich wie an ihrem Bruder konnte Angela Merkel allerdings auch an ihm erkennen, wie gut sie daran getan hatte, nach dem Fall der Berliner Mauer den Beruf zu wechseln: Nur Spitzenforscher wie ihr zweiter Ehemann Joachim Sauer konnten sich im Hochschulsystem der Bundesrepublik wirklich etablieren.

Gegen Ende des Studiums entschlossen sich die beiden, wie viele Paare in der DDR, aus eher pragmatischen Gründen zur Heirat. Drei Jahre seien eine ausreichend lange Probezeit, befand Ulrich Merkel. «Außerdem war es als Ehepaar leichter, zwei Arbeitsstellen und vor allem eine Wohnung an einem Ort zu bekommen.»[22] Angela Merkel selbst formulierte es im Rückblick ganz ähnlich: *In der DDR war es so, dass man die gemeinsame Wohnung und Arbeit am selben Ort eben nur bekam, wenn man verheiratet war. Man hat einfach schneller geheiratet als im Westen.* Vor allem der letzte Satz kränkte ihren sonst wohlwollenden Ex-Mann dann doch, der sich die

3. Studium in Leipzig (1973–1978)

Heirat sehr wohl reiflich überlegt hatte. Indes fügte auch die spätere Kanzlerin gleich hinzu, auf mangelnde Zuneigung lasse das nicht schließen: *Wenn man sich nicht liebt, dann ist auch eine gemeinsame Wohnung nicht attraktiv.*[23] Noch in Leipzig konnte das Paar im Studentenwohnheim ein Doppelzimmer von zehn Quadratmetern plus Gemeinschaftsbad beziehen, was angesichts der sonst üblichen Mehrbettzimmer schon ein kleiner Luxus war.

Die Pfarrerstochter bestand darauf, auch kirchlich zu heiraten. So wurden die beiden 1977 in der Templiner Georgenkapelle getraut, dem zweitältesten Bauwerk der Stadt nach der Stadtmauer. Nicht der Vater hielt den Gottesdienst, sondern ein junger Kollege. Am Vorabend traf sich die kleine Hochzeitsgesellschaft auf dem Waldhof. Zu später Stunde zog die Gruppe in den Wald und entzündete ein Lagerfeuer. Jemand organisierte Blumentöpfe für den Polterabend, aber auf dem weichen Waldboden wollten sie nicht zerspringen.[24] Im Nachhinein mochten die Beteiligten es als böses Omen werten.

Denn schon vier Jahre später, nach dem Umzug in die Hauptstadt, verließ Angela Merkel ohne Vorwarnung ihren Mann. «Eines Tages packte sie ihre Sachen und zog aus unserer gemeinsamen Wohnung aus», berichtete Ulrich Merkel später. «Sie hat das mit sich selbst ausgemacht und dann die Konsequenzen gezogen.»[25] Wenig später stand seine Frau bei einem ihrer Arbeitskollegen vor der Tür. *Es geht nicht mehr,* sagte sie. *Ich bin gerade von zu Hause ausgezogen. Ich lasse mich scheiden. Kann ich bei dir wohnen?*[26] Sie handelte nach einem Muster, das sich dann in ihrer Karriere als Politikerin immer wieder zeigte: Es dauerte oft lange, bis eine Entscheidung gereift war, und während dieser Zeit ließ sie sich nichts anmerken. War sie aber erst einmal zu einem Entschluss gekommen, zog sie ihn im geeigneten Moment schnell und ohne allzu große Rücksichten durch.

Für Ulrich Merkel war die abrupte Trennung ein Schock, mit dem Abstand vieler Jahre urteilte er jedoch abgeklärter. «Die Chemie stimmte einfach nicht mehr», sagte er 2004 mit Blick auf die damalige Partei- und Fraktionsvorsitzende der CDU. «Das Leben, das sie heute führt, wäre nichts für mich. Im Nachhinein betrachtet, kann ich nur sagen: Es war richtig, dass es auseinanderging.»[27] So sahen es offenbar auch viele gemeinsame Freunde und Bekannte. Wohl nicht zufällig fiel der Bruch in das Jahr 1981, in dem Merkel so oft nach Polen und in die Tschechoslowakei reiste, aus politischem und aus beruflichem Interesse.

Angela Merkel selbst sprach später nicht mehr gerne über ihre erste Ehe. Der pragmatische Blick auf Ehe und Familie zählte zu den Facetten des Lebens in der DDR, die westdeutsche Konservative nicht verstanden. *Ich bin an die Ehe nicht mit der nötigen Ernsthaftigkeit herangegangen*, behauptete Merkel mit jener demonstrativen Zerknirschung, die ihren Ex-Mann so kränkte.[28] Beide gingen neue Partnerschaften ein. Ulrich Merkel heiratete abermals und bekam einen Sohn. Angela Merkel lernte an der Akademie bald einen Kollegen kennen, dessen Ambitionen besser zu ihren eigenen Ansprüchen passten.

Diplom

Inzwischen näherte sich das Examen. Damit stellte sich die Frage, über welches Thema und bei welchem Betreuer die frisch verheiratete Studentin ihre Diplomarbeit schreiben sollte. Es ergab sich, dass sie Vorlesungen bei Reinhold Haberlandt hörte, einem damals erst 40 Jahre alten Wissenschaftler aus dem Elbstädtchen Tangermünde, der als Honorarprofessor an der Universität unterrichtete und im Hauptberuf den Bereich «Statistische und chemische Physik» am Leipziger Zentralinstitut für Isotopen- und Strahlenforschung der Akademie der Wissenschaften der DDR leitete. Nach der Wende wurde er Universitätsprofessor und amtierte bis zu seiner Emeritierung 2001 als Vorstandsmitglied eines Sonderforschungsbereichs.

Unter den nicht systemkonformen Studenten hatte sich herumgesprochen, dass es dort einen Wissenschaftler gab, der ein Geistesverwandter war, aber Diplomarbeiten betreuen durfte: Ralf Der war nur zwölf Jahre älter als die Examenskandidatin, also Mitte 30, und er hatte Schwierigkeiten bekommen, nachdem er sich 1968 an den Protesten gegen den Abriss der Universitätskirche beteiligt hatte. 1971 hatte er die Hochschule verlassen müssen und sich nur durch glückliche Umstände an das Akademie-Institut retten können. Nach der Wende kehrte er – allerdings nur als außerplanmäßiger Professor – an die Universität zurück und lehrte dort Neuroinformatik und Robotik, forschte über selbstlernende neuronale Netze. Er beschäftigte sich schon früh mit den Themen, die gegen Ende von Merkels Kanzlerschaft ins Zentrum der Digitalisierungsdebatte rückten. Die Naturwissenschaftlerin Merkel kam mit solchen Fragen also früh in Berührung.

3. Studium in Leipzig (1973–1978)

Ralf Der verkehrte im Café Corso, das sich damals am Neumarkt gleich hinter der Universität befand, einem Treffpunkt der Leipziger Künstlerszene. Die Runde zog anschließend gern auf einen Gin Tonic in die «Bodega» in der Messehofpassage weiter und ins ungarische Weinlokal «Csárda» in der Südvorstadt, das bis ein Uhr nachts geöffnet war. Über einen Dozenten für marxistische Philosophie hatte Ralf Der eine Erlaubnis für den «Giftsaal» der Deutschen Bücherei erhalten, in dem sich die im Westen erschienene Literatur befand, zum Beispiel das Buch *Der dritte Weg* des tschechoslowakischen Dissidenten Ota Šik, das 1972 bei Hoffmann und Campe in Hamburg herauskam und in der ostdeutschen Bohème ein großes Diskussionsthema war. Viele aus diesem Kreis lebten in unsanierten Altbauwohnungen ohne Bad, sie waren stolz darauf und machten sich lustig über die Angepassten mit ihren Vollkomfortwohnungen im Plattenbau. Einmal im Jahr mussten sie ihre Betten trotzdem den Messebesuchern zur Verfügung stellen, der sportliche Ralf Der fuhr während der Zwangspause regelmäßig zum Bergsteigen in die Hohe Tatra.

Als Erstes fragte er, warum die Studentin mit ihrer Diplomarbeit ausgerechnet zu ihm komme. *Hier kann ich politisch frei bleiben*, antwortete sie.[29] Das schuf eine Vertrauensbasis. Der Forscher wusste: Als Pfarrerstochter war sie eine Außenseiterin, deshalb kam sie zu ihm. Sie wollte Wissenschaftlerin sein und politisch nur mitmachen, was dafür unabdingbar war; sie musste sich durchlavieren. Fachlich verband die beiden ein hoher Anspruch und ein echtes Interesse an der Disziplin, was nicht selbstverständlich war in dem eher beamtenhaft organisierten Akademiebetrieb.

Persönlich beeindruckte den Dozenten die gute Menschenkenntnis und das Einschätzungsvermögen der damals 23-Jährigen. «Es war ihre große Stärke, dass sie Leute lesen konnte», sagte er im Rückblick.[30] Binnen kürzester Zeit konnte Merkel ihm die Augen dafür öffnen, wem er in seinem eigenen Umfeld trauen konnte und wem nicht, wer gegen wen operierte und warum. Noch als sie sich im Wendeherbst 1989 in der Berliner Gethsemanekirche trafen, sagte sie ihm, wer unter den Anwesenden von der Stasi sei. So wurde die Diplomandin zu einem wichtigen Menschen in seinem Leben, wie er später sagte. Auch seine Lebensgefährtin erinnerte sich später, wie sehr sie Angela Merkel bei den ersten Begegnungen beeindruckt hatte: «Sie sah toll aus, jung, offen, frecher kurzer Haarschnitt, Westklamotten. Aber das war eben nicht nur einfach West, sondern auch sehr gut ausgesucht und zusammengestellt.»[31]

So schrieb Merkel ihre Diplomarbeit in der Abgeschiedenheit des Akademie-Instituts, was ihr zugleich einen wichtigen Kontakt für ihre berufliche Zukunft verschaffte. Die Einrichtung befand sich im Nordosten der Stadt, in einem nüchtern-eleganten Bau der Nachkriegsmoderne an der Permoserstraße, dem heutigen Standort des Helmholtz-Zentrums für Umweltforschung.[32] Rund ein halbes Jahr lang saß Merkel dort bei ihrem Betreuer in einem winzigen Zimmer unter dem Dach, nur eine Pappwand trennte es vom Nebenraum. Quer hindurch ging ein Heizungsrohr, das gepolstert war, damit man sich nicht ständig den Kopf daran stieß. Hier tippte Merkel auf einer mechanischen Schreibmaschine ihre Arbeit zum Thema «Der Einfluss der räumlichen Korrelation auf die Reaktionsgeschwindigkeit bei bimolekularen Elementarreaktionen in dichten Medien». Die Ergebnisse veröffentlichte sie zwei Jahre später zusammen mit Der und Haberlandt in der Fachzeitschrift *Chemical Physics* des renommierten Verlags Elsevier unter dem Titel «On the influence of spatial correlations on the rate of chemical reactions».[33]

Auf diese Weise gingen die letzten Monate des Studiums dahin. Merkel und die Kollegen am Institut rauchten in den Pausen viel, und sie tranken unvergällten Laboralkohol, den Merkels Freundin Erika Hoentsch bei den Chemikern organisierte. Dem System distanziert zu begegnen, verstand sich in dem kleinen Kreis von selbst. Dass sich hinter dem Dagegensein sehr unterschiedliche Positionen verbargen, zeigte sich erst mehr als ein Jahrzehnt später nach dem Machtverlust der SED. Ralf Der, der 1990 Mitglied der Grünen wurde, traf Merkel kurz auf dem Leipziger Gründungsparteitag des «Demokratischen Aufbruch» im Dezember 1989.

Er wunderte sich sehr, als seine Diplomandin wenig später den Weg in die CDU einschlug. Die Partei stand aus seiner Sicht für den Erhalt bestehender Strukturen und für ein Machtgebaren, das ihm schon an der SED missfallen hatte. Später, im Flüchtlingsherbst 2015, fiel sein Urteil milder aus: Obwohl er selbst gar nicht fand, dass die Bundesrepublik jeden Flüchtling aufnehmen müsse, beindruckte ihn Merkels Haltung. «Jetzt zeigt sie, dass sie andere Gedanken in sich trägt», sagte er. «Mir gefiel, dass sie sich auf Gedeih und Verderb zu etwas bekannte.»[34] Und Merkels Plädoyer für die Marktwirtschaft hatte ihn von Anfang an nicht gestört: Das klang, so fand er, nach Freiheit, und dass die Akteure in der Ökonomie auf ähnliche Weise zirkulierten wie die Teilchen in der Physik, leuchtete ihm ein.

Im Sommer 1978 erhielt Angela Merkel ihr Diplomzeugnis. Es trug die Note «Sehr gut». Von ihrem Betreuer Ralf Der verabschiedete sie sich

3. Studium in Leipzig (1973-1978)

mit einem Ratschlag, der ein wenig von oben herab klang: «Du musst hier raus. Das taugt doch alles nichts mehr für dich. Du kommst hier nicht weiter.»[35] In gewisser Weise galt das auch für die Absolventin selbst. Der Pfarrerstochter ohne SED-Parteibuch boten sich nur eingeschränkte Perspektiven. Was «Weiterkommen» für sie bedeuten könnte, blieb am Ende des Studiums eine offene Frage.

4. Berliner Bohème (1978–1989)

An der Akademie

Unter den herrschenden Umständen durfte Merkel nicht hoffen, jemals Studenten ausbilden zu dürfen. In die tiefe Provinz abgeschoben zu werden, konnte sie nicht wollen. Trotzdem fuhr sie 1978 nach Ilmenau zu Füßen des Thüringer Waldes, bekannt für den Goethe-Wanderweg, der über den Kickelhahn nach Stützerbach führt und in jenen Jahren angelegt wurde. Mit dem Ort hatten die DDR-Oberen Ende der siebziger Jahre Großes vor: Eine Glas- und eine Porzellanfabrik ließen sie neu bauen, Plattenbaugebiete entstanden. Die Einwohnerzahl stieg innerhalb weniger Jahre von rund 20 000 auf knapp 30 000 an. Eine bedeutsame Rolle spielte in diesem Plan die Technische Hochschule. Hier sollte es eine Stelle für die frisch diplomierte Physikerin geben.

Das Vorstellungsgespräch verlief ernüchternd, im Rückblick beschrieb Merkel die Situation als *fürchterlich unangenehm*: *Ich saß einem widerlichen Kaderleiter gegenüber, ich wollte nur noch raus.* Der Gesprächspartner konfrontierte die Bewerberin mit Informationen aus ihrer Kaderakte, die jedes Detail ihrer Leipziger Studienzeit betrafen. *Wie oft ich Westradio gehört habe, wann ich neue Jeans hatte – alles von Mitstudenten ausspioniert.* Erst jetzt erfuhr die Absolventin, wie sehr sie während ihrer Studienzeit unter Beobachtung gestanden hatte. Sie nahm es als Mahnung zu größerer Vorsicht.[1]

Der unerfreulichste Teil des Ilmenau-Ausflugs folgte für die Mittzwanzigerin jedoch erst, als sie schon auf dem Weg zur Kasse war, um sich die Fahrtkosten erstatten zu lassen. Dort erwarteten sie zwei Stasi-Offiziere. Sie verhielt sich, wie es ihr die Eltern eingeschärft hatten: *Ich habe von meinen Eltern gelernt, Stasi-Leuten immer zu antworten, dass man den Mund nicht halten kann. Also sagte ich damals, dass ich nicht wisse, ob ich schweigen kann, und bestimmt meinem Mann davon erzählen werde.*[2] Dass ausgerechnet Angela Merkel erklärte, sie könne nicht schweigen, wirkt im

Rückblick wie ein Treppenwitz der Geschichte, aber sie kam damit durch, ähnlich wie einige Jahre zuvor schon ihr Vater. Soweit es sich den Quellen entnehmen lässt, unternahm der Geheimdienst nie wieder einen Versuch, die Physikerin für eine Spitzeltätigkeit zu gewinnen. Die Stelle in Ilmenau konnte sie nun allerdings abschreiben, eine derart unzuverlässige Person erschien als akademische Lehrerin ungeeignet. Das war nicht zu Merkels Nachteil, wie sich zeigen sollte.

Über ihr Leipziger Institut erfuhr sie von einer offenen Stelle an der Akademie der Wissenschaften in Berlin, genauer: an der kleinen Theoretischen Abteilung des Zentralinstituts für Physikalische Chemie. Deren damals 42 Jahre alter Leiter Lutz Zülicke hatte 1965 in Leipzig promoviert; nach der Wende übernahm er eine Professur an der neu gegründeten Universität Potsdam. In Berlin arbeitete auch der Bruder ihres Leipziger Diplom-Betreuers Reinhold Haberlandt. Hier passte alles sehr viel besser. Die SED brauchte an einer reinen Forschungsakademie nicht zu befürchten, dass die Nachwuchswissenschaftlerin etwaige Studenten feindlich indoktrinieren würde. Und Merkel gefiel nicht nur das reichhaltige Kulturangebot Ostberlins, sondern auch, dass sie zu theoretischen Fragen arbeiten sollte, die ihr weit mehr lagen als die experimentelle und anwendungsbezogene Forschung, wie man sie in Ilmenau praktizierte.

Bei den Wissenschaftsakademien der sozialistischen Staaten handelte es sich um Forschungskombinate ganz eigener Art, wie sie in westlichen Ländern nicht existierten. Mit der Gelehrtenversammlung, die Gottfried Wilhelm Leibniz im Jahr 1700 als Königlich-Preußische Akademie der Wissenschaften gegründet hatte, verband die Einrichtung so gut wie nichts mehr. Am Ende der DDR-Zeit beschäftigte sie an rund 60 Instituten weit mehr als 20 000 Mitarbeiter. Unter den Wissenschaftlern waren viele von Merkels Schlag: nicht zuverlässig genug, um an einer Universität zu unterrichten, aber fachlich so gut, dass die DDR auf das wissenschaftliche Potenzial nicht verzichten wollte. Denn um praktische Zwecke ging es durchaus. Bis zu 50 Prozent des Etats, über den die Akademie verfügte, stammten aus Forschungsaufträgen der Industrie. Es handelte sich um so etwas wie «Drittmittel», auch wenn eine Trennung zwischen Staat und Wirtschaft im Sozialismus nicht existierte.

Die Forschungsprojekte, die Merkel mit ihrer theoretischen Arbeit begleitete, sollten der Produktion von Plaste aus sowjetischem Erdgas dienen. Das war umso mehr von Belang, als die DDR nach den Ölpreiskrisen der siebziger Jahre innerhalb des Rates für gegenseitige Wirtschaftshilfe (RGW), des östlichen Pendants zur Europäischen Wirtschaftsgemeinschaft, nur noch beschränkte Mengen Erdöl zugeteilt bekam und dafür zudem höhere Preise zahlen musste als auf dem Weltmarkt. Überall suchte sie nach Alternativen. Bei der Reichsbahn setzte ein umfangreiches Elektrifizierungsprogramm ein, so dass die Züge mit Strom aus heimischer Braunkohle fahren konnten, gezogen von selbst produzierten Elektroloks statt von dieselbetriebenen «Taiga-Trommeln» sowjetischer Herstellung. Und in der chemischen Industrie ging es eben um Alternativen aus Gas und Kohle. Merkel hielt das Unterfangen allerdings für unrealistisch, weil sowieso klar gewesen sei, *dass man niemals so viel Energie haben würde, um die notwendigen Temperaturen in hohem Maßstab zu erzeugen.* Das schuf von Anfang an eine Atmosphäre der Vergeblichkeit.[3]

War der Studienbeginn in Leipzig eine Befreiung gewesen, so drückte der Wechsel nach Berlin auf die Stimmung. *Der Übergang vom Studium in die Berufstätigkeit war mir nicht leicht gefallen, diese Unvermeidlichkeit, jeden Tag zu einer bestimmten Uhrzeit zur Arbeit gehen zu müssen.*[4] Auch die äußeren Umstände entfalteten einige Trostlosigkeit. Merkel arbeitete in einer Baracke am Rande des Institutscampus, zu der Trampelpfade führten und in deren Umgebung «Stadtkaninchen im hohen Gras kopulierten», wie einer ihrer Kollegen schrieb.[5] Das Institut, auf mehrere Gebäude verteilt, bildete eine Welt für sich, mit mehreren Hundert Mitarbeitern, davon die Hälfte Wissenschaftler. Die Beschäftigten konnten einen eigenen Friseur und einen eigenen Konsum-Laden nutzen, *da gab es Letscho und alles, was man sonst so zum Abendessen braucht,*[6] auch mal Apfelsinen oder einen Sonderposten Jeans, begehrte und sonst schwer erhältliche Dinge also. Sogar eine eigene Poliklinik stand den Akademie-Mitarbeitern in Berlin-Adlershof zur Verfügung.

Die Wissenschaftler nutzten ein Rechenzentrum, das ein ganzes Gebäude füllte, in seiner Kapazität aber ungefähr einem frühen Personal Computer im Westen entsprach. Im Jahr 1983, fünf Jahre nach Merkels Ankunft in Adlershof, kam der Commodore C64 auf den westdeutschen Markt, der erste weitverbreitete Rechner für daheim. Es waren die Jahre, in denen die DDR endgültig den Anschluss verlor. Wenn die Jungwissenschaftlerin ihre Berechnungen in Auftrag gab, musste sie dafür eigenhändig die Lochkarten stanzen, sie im Rechenzentrum abgeben und oft tagelang auf das Ergebnis warten. Unterlief ihr dabei ein Fehler oder verheddert sich eine der Karten in der Maschinerie, ging die ganze Prozedur von vorne los. Immerhin besaß Merkels Abteilung ein Kopiergerät.

Über die angefertigten Ablichtungen, wie man damals auch im Westen noch sagte, mussten die Wissenschaftler penibel Buch führen.

Direkt gegenüber hatte das Stasi-Wachregiment Feliks Dzierżyński seinen Sitz, benannt nach dem berüchtigten Chef der ersten sowjetischen Geheimpolizei, und nebenan befand sich der Deutsche Fernsehfunk, der Staatssender der DDR. In einem der nach der Wende privatisierten Studios absolvierte Merkel zwischen 2005 und 2017 ihre Fernsehduelle gegen den Amtsinhaber Gerhard Schröder sowie gegen die Herausforderer Frank-Walter Steinmeier, Peer Steinbrück und Martin Schulz.

Heutigen Besuchern fällt es schwer, sich in das Adlershof der Merkel-Jahre zwischen 1978 und 1990 zurückzuversetzen. Nach der Wende beschloss die Gesamtberliner Landesregierung, an dem Ort der abgewickelten Akademie-Institute einen Wirtschafts- und Wissenschaftspark zu errichten. Die naturwissenschaftlichen Institute der Humboldt-Universität wurden hierher in neu errichtete Gebäude verlegt, so dass Merkels späterer Lebensgefährte Joachim Sauer, nach der Wende zum Universitätsprofessor aufgestiegen, schließlich an seine alte Wirkungsstätte zurückkehrte. Als die Bundesumweltministerin Merkel 1998 mit einem Pressetross anreiste, um Werbung für Adlershof zu machen, zeugten von den Baracken ihres früheren Instituts nur Schutthaufen.[7] Allein die zwischen 1959 und 1961 für ihr Institut errichteten Kugellabore stehen bis heute. Der Volksmund nannte sie wegen ihrer charakteristischen Form angeblich «Akademiebusen».

Wie in der DDR üblich, begann die Arbeit an der Akademie sehr früh, morgens um 7.15 Uhr. Nicht nur in der Wissenschaft, sondern sogar in künstlerischen Berufen waren solche Zeiten gängig. Zu der Frage, ob sich Merkels Arbeitsgruppe daran hielt, gehen die Angaben der Beteiligten auseinander. Manche berichten von einer stillschweigenden Übereinkunft, eine Stunde später zu beginnen.[8] Merkel selbst sagte im Rückblick, die Zeit sei eigentlich *zu früh für geistige Arbeit* gewesen.[9] Angesichts ihres Kulturinteresses, das sie an den Abenden auslebte, gewöhnte sie sich damals schon an wenig Schlaf. In ihrer politischen Karriere kam ihr das sehr zugute. Die frühe Anfangszeit behielt sie als Ministerin, Parteivorsitzende und Bundeskanzlerin bei, auch wenn das die geistige Kreativität womöglich nicht förderte und besonders für westdeutsche Mitarbeiter eine Herausforderung darstellte.

Trotz der rigiden Zeiten herrschte am Institut und vor allem in Merkels Abteilung eine andere Atmosphäre, ein anderer Ton als im gewöhnlichen Arbeitsleben der DDR. Im Rückblick, aus der Perspektive

4. Berliner Bohème (1978–1989)

Unter Kollegen: Merkel in den späten achtziger Jahren am Zentralinstitut für Physikalische Chemie, ganz links Helmut Haberlandt, der Bruder ihres Leipziger Diplom-Betreuers, ganz rechts ihr Doktorvater Lutz Zülicke.

kapitalistischer Verhältnisse, rühmten viele Ostdeutsche einen kameradschaftlichen Umgang der Kollegen in den Betrieben. Die Enge des Kollektivs hatte jedoch ihre bedrückenden Seiten, und wer geistige Interessen pflegte, stieß hier schnell an Grenzen. Der Liberalisierungsschub, der die westdeutsche Gesellschaft spätestens seit den siebziger Jahren allmählich erfasste, ging an der DDR auch deshalb vorbei, weil die SED die Bildungsexpansion frühzeitig stoppte und strikt nach Bedarf ausbildete. Angela Merkel lebte in einer Gesellschaft, in der noch immer nur etwa jeder zehnte Jugendliche das Abitur machte. In den nichtakademischen Berufen arbeiteten die Beschäftigten zudem oft viel härter, als es sich überhebliche Westdeutsche ausmalen konnten. Veraltete Technologie und schlechte Organisation führten dazu, dass schwere und oft auch schmutzige körperliche Arbeit weitaus häufiger zu verrichten war als in der Bundesrepublik. Überall fehlte es nicht nur an Material, sondern auch an Arbeitskräften, weil geringe Produktivität und das aufwändige Überwachungsregime viele Ressourcen banden. Bei weitem nicht alle schoben in der DDR eine ruhige Kugel, worauf Merkel später gelegentlich hinwies.

Letzteres galt aus ihrer Sicht auch für die Arbeit in der Akademie. Zwar wurde später gern kolportiert, dass die «illusionslose Jungwissenschaftlerin»[10] Merkel zu Arbeitsbeginn ihre Ärmelschoner überstreifte. Doch über kaum etwas konnte sie sich später so aufregen wie über die Vermutung, sie habe zu DDR-Zeiten gar nicht richtig gearbeitet. Auf die Frage, wie sie in der maßlosen Beschleunigung ihres Politikerlebens auf die geruhsame Zeit an der Akademie zurückblicke, gab sie in einem kleinen Kreis von Journalisten eine erstaunliche Antwort: So entschleunigt sei ihre Arbeit als Physikerin gar nicht gewesen. In der Politik komme es vor allem darauf an, immer wieder dasselbe zu sagen. Wenn man es selbst kaum noch hören könne, beginne es beim Publikum gerade erst anzukommen. In der Wissenschaft sei es umgekehrt: Hier herrsche der Zwang zur Originalität. Bei jedem Vortrag, jeder Tagung, jedem Aufsatz werde Neues erwartet. Das konnte bisweilen sehr anstrengend sein, erst recht für eine junge Frau, die Einladungen ins Ausland begehrte, zumindest in die sozialistischen Länder, wenn schon der Weg nach Westen nicht offen stand.[11]

Hausbesetzerin

In Berlin brauchte die Physikerin zunächst eine Unterkunft. Das war nicht einfach, erst recht nicht in der Hauptstadt und für kinderlose Angehörige der Intelligenz. Sie könne ja zurück nach Templin ziehen, beschied eine Mitarbeiterin auf dem Amt die Doktorandin barsch. Der Bau der Großsiedlungen am östlichen Stadtrand lief gerade erst an. In Marzahn hatten 1977 die ersten Bewohner ihre Plattenbauten bezogen, Hellersdorf folgte ab 1981, Hohenschönhausen ab 1984. Die standardisierten, im Schnitt 60 Quadratmeter großen Dreiraumwohnungen verfügten über «Vollkomfort», also Zentralheizung und Bad, entsprechend begehrt waren sie. So blieb nur die Hoffnung auf die verfallenden Altbauten in der Innenstadt, die Merkels Geschmack vermutlich auch mehr entsprachen.
In Berlin kriegte man ja sehr schwer eine Wohnung. Dann sind mein Mann und ich in eine Einraumwohnung eingezogen, die ein Bekannter meiner Eltern sich seit dem Studium im Hinterhaus gehalten hatte.[12] Bislang hatte er sie meist an Medizinstudenten der nahen Charité untervermietet, nun also an Angela und Ulrich Merkel. Der Hof war heruntergekommen, die Toilette befand sich zwei Etagen tiefer im Treppenhaus, es gab nur kaltes Wasser aus einem einzigen Hahn, geheizt wurde mit Kohleöfen: Es herrschten, kurz gesagt, für einen Ostberliner Altbau ganz nor-

4. Berliner Bohème (1978–1989)

male Verhältnisse. Sie unterschieden sich übrigens kaum von manchen unsanierten Quartieren im Westteil der Stadt, etwa im Wedding, im östlichen Teil von Kreuzberg oder in Alt-Neukölln. Anders als im Westen verfügten die meisten dieser Wohnungen allerdings nicht über einen Telefonanschluss. Für Gespräche musste man an der nächsten Telefonzelle anstehen. Gäste kamen notgedrungen meist unangemeldet. War der Bewohner nicht zu Hause, hinterließen sie eine Nachricht auf einer neben der Tür angebrachten Papierrolle.

Etwas Besonderes war allerdings die Lage. Angela Merkel wohnte nun in der Marienstraße, der ältesten noch fast vollständig erhaltenen Wohnstraße Berlins. In den Jahren 1830 bis 1840 waren die biedermeierlichen Häuser entstanden, in denen seither unter anderen der Maler Adolph Menzel sowie die Komponisten Jean Sibelius und Michail Glinka Quartier bezogen hatten. Sie stammen aus derselben Epoche wie das Gebäude Am Kupfergraben 6 gegenüber dem Bode-Museum, in das Merkel nach dem Regierungsumzug 1999 gemeinsam mit ihrem zweiten Mann einzog. Die Marienstraße befindet sich zwischen Berliner Ensemble und Deutschem Theater, nur wenige Meter vom Grenzbahnhof Friedrichstraße entfernt.

Dort wartete Merkel jeden Morgen in der kleineren der beiden Bahnsteighallen auf eine S-Bahn der ostwärts fahrenden Linien G oder H, während sie aus der hermetisch abgeschirmten großen Halle nebenan das Rumpeln der Westberliner S-Bahnen und der Reichsbahnzüge nach Westdeutschland hörte. Eine halbe Stunde dauerte die Fahrt nach Adlershof, mehrfach an der Mauer entlang, erst zwischen Jannowitzbrücke und Ostbahnhof (ab 1987 Hauptbahnhof), dann zwischen Treptower Park und Plänterwald. Sowohl ihre Wohnung als auch ihr Arbeitsplatz lagen nur wenige Schritte von der Westberliner Grenze entfernt. Obwohl die Teilung der Stadt jedem Bewohner tagtäglich vor Augen stand, wurde sie offiziell beschwiegen. Die Stadtpläne der «Hauptstadt der DDR» zeigten «Westberlin» nur als weißen Fleck. Auf den schematischen Netzdarstellungen der S-Bahn fehlte viele Jahre lang sogar jeder Hinweis, dass es einen Westteil der Stadt überhaupt gab.

Die Marienstraße zählte wegen ihrer historischen Bedeutung zu den ersten Altbauquartieren, denen die DDR-Behörden eine Sanierung zuteilwerden ließen, zu einem Zeitpunkt, als die Wiederentdeckung des historischen Erbes noch in weiter Ferne lag: Bereits zwischen 1970 und 1973 erhielten die Häuser einen neuen Anstrich in den Originalfarben Steingrau, Rosé und Lindgrün. Sogar Schmuckelemente wurden ausgebessert, während die Westberliner Verwaltung noch Prämien fürs Abschlagen von Stuck auslobte. Auch der Einbau von Zentralheizung und Warmwasser gehörte zum Renovierungsprogramm, von dem Merkels Hinterhaus offenbar ausgespart blieb. Deshalb nahm das Paar erst einmal einen Kredit auf, um die Wohnung auszubauen.

Die Investition lohnte sich für Angela Merkel nicht. Schon drei Jahre später stand sie bei ihrem Arbeitskollegen Hans-Jörg Osten vor der Tür und suchte Unterschlupf, nachdem sie bei ihrem Mann ausgezogen war. Eine neue Bleibe musste her. Bei der offiziellen Wohnraumvergabe hatte die Endzwanzigerin als getrennt lebende, kinderlose Frau noch weniger Chancen als zuvor mit ihrem Mann. *Da hat mir jemand den Tipp gegeben: in der Templiner Straße. Dann bin ich dort in die leer stehende Wohnung eingebrochen mit einem Schlüssel – nein, mit einem Schlüssel eben nicht. Ich habe das Schloss aufgebrochen.*[13]

Das war in der DDR kein ganz unübliches Verfahren. Während sich die staatliche Wohnungspolitik auf den Neubau von Großsiedlungen an der Peripherie konzentrierte, verfielen die Altbauten zusehends. Die staatliche Wohnraumlenkung registrierte kurz vor dem Zusammenbruch des ostdeutschen Staates rund 780 000 Wohnungssuchende, zugleich standen Schätzungen zufolge bereits Mitte der achtziger Jahre ungefähr 235 000 Wohnungen leer.[14] Was die Ausgangslage betrifft, lassen sich gewisse Parallelen zur Hausbesetzerbewegung auf der anderen Seite der Mauer ziehen: Auch in Westberlin, vor allem in Kreuzberg, gammelten Häuser ihrem geplanten Abriss entgegen, weil die Stadtregierung in blindem Modernisierungswahn auf Großsiedlungen und Stadtautobahnen setzte. Zugleich fehlte bezahlbarer Wohnraum. In beiden Fällen eigneten sich vorwiegend nonkonformistische junge Leute diese leerstehenden Wohnungen an.

Darin erschöpften sich die Gemeinsamkeiten allerdings. Während die westdeutschen Hausbesetzer unmittelbar politische Ziele verfolgten, mit ihren Aktionen an die Öffentlichkeit traten und Transparente aus den Fenstern hängten, handelte es sich bei den ostdeutschen Wohnungsbesetzungen um einen Akt der Selbsthilfe. Er ging möglichst diskret vonstatten, um keine Gegenreaktion der Behörden herauszufordern. Und während die bundesdeutschen Debatten bald zu einer grundlegenden Änderung der Wohnungsbaupolitik führten, behielt die DDR ihre Prioritäten schon aus Gründen der Mangelwirtschaft bei. Punktuellen Sanierungen etwa zum Berliner Stadtjubiläum 1987 stand ein fortgesetzter Verfall in der Breite des Bestands gegenüber.

4. Berliner Bohème (1978–1989)

Immerhin duldeten die Ostberliner Behörden die illegalen Besetzungen in den meisten Fällen. Oft hatten die zuständigen Stellen den Überblick verloren, von den Wohnungsämtern bis zur Kommunalen Wohnungsverwaltung (KWV). Auch galten die betreffenden Wohnungen vielfach offiziell als unbewohnbar. Es ging das Gerücht um, dass ein Schwarzbezug nach Zahlung von drei Monatsmieten automatisch legalisiert sei. Merkel erfragte bei den Nachbarn die Höhe der Miete und die Kontonummer, an die sie zu zahlen sei; in ihrem Fall handelte es sich um 30 Mark und 50 Pfennige.[15] Es gab die Möglichkeit, das Geld anonym einzuzahlen und die Quittung aufzubewahren, so dass man sich nicht offenbaren musste, doch im Fall behördlicher Nachfragen die Mietzahlung nachweisen konnte.

Auch bei einer Entdeckung blieb das Risiko überschaubar. Die Behörden verhängten meist nur eine geringe Ordnungsstrafe, zugleich legalisierten sie das Mietverhältnis oft durch eine offizielle Wohnungszuweisung. Die Stasi unternahm in der Regel nichts, wenn sie von einer Besetzung erfuhr, weil sie darin keine politische Gefahr erblickte. So kam es, dass die Behörden 1987 allein im Bezirk Prenzlauer Berg monatlich mehr als 30 000 Mark an «ungeklärten Mieteingängen» verzeichneten, was rund tausend Mietverhältnissen entsprach. Die Besetzungen häuften sich im Wendejahr 1989, als viele Menschen von einem Tag auf den anderen ihre Wohnungen verließen, um erst über Ungarn, dann auf direktem Weg in die Bundesrepublik zu gelangen. Junge Leute, die das Land nicht verlassen wollten, rückten nach.

Zur Meldebehörde ging Merkel im Juni 1981 kurz vor der Volkskammerwahl und kurz vor Dienstschluss, weil sie annahm, dass dann nicht genau hingesehen würde. Die Bestätigung des Hausverwalters habe sie «vergessen», log sie. Damit kam sie durch, denn eine Bescheinigung der staatlichen Wohnungszuweisung musste man in der DDR für die polizeiliche Anmeldung nicht vorlegen. Und schließlich kam Merkel über dieses irreguläre Mietverhältnis später zu einer ganz legalen Wohnung. *Eines Tages fand ich in meinem Briefkasten einen Zettel: Alle müssen ausziehen und bekommen neue Wohnungen angeboten. So bin ich dann in die Schönhauser Allee 104 gekommen. Das war dann meine erste Wohnung mit Gasheizung und einem Bad.*[16]

Die neue Wohnung lag nicht weit vom S-Bahnhof Schönhauser Allee entfernt, also mit direkter Verbindung nach Adlershof, und kurz vor der Ecke zur Bornholmer Straße, die zum nahen Grenzübergang Richtung

Westen führte. Ein späterer Besitzer behauptete auf dem Vermittlungsportal Airbnb, die 55 Quadratmeter befänden sich «fantastisch ruhig im zweiten Hinterhof», aus den Fenstern schaue man «auf grüne Bäume».[17] Auch Merkel bezeichnete die neue Wohnung zunächst als *Glücksfall meines Lebens*.[18] Nach ihrem Auszug 1992 sprach sie dagegen von *zwei kleinen dunklen Zimmerchen*, die einem *auf der Seele liegen* könnten.[19]

Lebensweltlich verband die Wohnungsbesetzerin Merkel einiges mit der westdeutschen Alternativbewegung, so unterschiedlich die politischen Kategorien in den jeweiligen Systemen sein mochten. Ihre Berliner Jahre seit 1978 bis heute verbrachte Merkel ausschließlich in den Bezirken Mitte und Prenzlauer Berg, überwiegend in Altbauwohnungen. Schon das unterschied sie deutlich von der großen Mehrheit der westdeutschen CDU-Wähler und -Mitglieder, die damals das neu errichtete Eigenheim als Ideal betrachteten. Auch wenn sie in ihrer frühen Zeit als Parteivorsitzende einmal behauptete, sie habe einst von einem Haus im Grünen geträumt:[20] Viele ihrer späteren Parteifreunde wären unter den Bedingungen der DDR vermutlich viel lieber in den Vollkomfort-Plattenbau gezogen und hätten wohl auch einige Anpassungsleistungen vollbracht, um dort eine Wohnung zu bekommen. Merkel hingegen beharrte auf ihrem ästhetischen Eigensinn, den sie gegen Übergriffe zu behaupten suchte. Sie brauchte lange, bis sie höheren Ämtern zuliebe die behutsame Anpassung von Frisur und Kleidungsstil vollzog.

Nur selten sprach Merkel offen über ihre Abscheu vor dem ästhetischen Konformismus des Kleinbürgertums, den sie auch als einen Ausdruck politischen Kleingeists ansah. *Gelitten habe ich darunter, dass von der Tischdecke bis zur Gardine alles hässlich war. Man hat immer nur gedacht, wo kriegste jetzt die nächste vietnamesische Bastmatte her?*, klagte sie im Rückblick, zumal das Phänomen in Ostdeutschland offenbar nicht vergehen wollte. *Allerdings erschreckt es mich jedes Mal wieder, wie wohl sich manche Menschen nach wie vor in diesem hässlichen sozialistischen ‹Muschelstil› fühlen, wo das vermeintliche Behütetsein in der DDR noch durchkommt*, sagte sie 1996. *In einer Amtsstube in meinem Wahlkreis hat sich auch nach sechs Jahren nichts geändert, außer dass das Honecker-Bild abgenommen wurde. Da stehen die gleichen geschmacklosen Sessel, die gleichen Tischdecken.* Merkel fügte hinzu, explizit auch auf eigene Parteifreunde gemünzt: *Aber viele Leute brauchen noch dieses «Heimatgefühl», egal aus welcher Partei. Manche Leute scheuen die geistige Anstrengung, sich zu verändern.*[21]

Urlauberin

Merkel dagegen sehnte sich in der DDR nach Veränderung und begriff das Reisen als Möglichkeit, Vielfalt zu erfahren. Eine andere Sprache, anderes Essen, die Kleinigkeiten des Alltags: Was andere Urlauber irritieren mochte, zog sie an. Auch darin ähnelte sie ihren Generationsgenossen aus dem westdeutschen Alternativmilieu, die sich an die Sätze des Philosophen Ernst Bloch hielten: «Dieselben Dinge bringen langsam um. Neu zu begehren, dazu verhilft die Lust der Reise.» Da die Mauer den Weg nach Westen versperrte, erprobte Merkel den Weg ins Offene nach Osten hinaus bis an die Schwelle Asiens. Und dieser Weg war, den Umständen entsprechend, hoch politisch.

Zu der Zeit, zu der sich Merkel von ihrem Mann trennte und die Wohnung in der Templiner Straße besetzte, tat sich im kommunistischen Herrschaftsbereich Unerhörtes. Im Dezember 1979 marschierten sowjetische Truppen in Afghanistan ein, um das Vordringen radikaler Islamisten zu stoppen. Sie hatten im selben Jahr durch die Machtergreifung des Ayatollahs Khomeini im benachbarten Iran einen gehörigen Schub erhalten und bedrohten nun potenziell auch die südlichen Sowjetrepubliken. Erst nach dem Untergang der Sowjetunion 1992 gelangten die Mudschahedin in Kabul an die Macht, und erst nach den Anschlägen vom 11. September 2001 entschloss sich der Westen unter der Führung der Vereinigten Staaten, dem sowjetischen Beispiel zu folgen und in Afghanistan zu intervenieren. Der verlustreichste Einsatz in der Geschichte der Bundeswehr dauerte fast bis zum Ende von Merkels Kanzlerschaft an.

Heute erscheint das Jahr 1979 als eine Epochenwende,[22] vor allem mit Blick auf den Vormarsch eines modernen, gewaltbereiten Islamismus zulasten traditioneller, gemäßigter Kräfte in der muslimisch geprägten Welt. Das wurde freilich von den Zeitgenossen weder in West- noch in Ostdeutschland so gesehen. Um gegen den sowjetischen Einsatz am Hindukusch zu protestieren, beteiligte sich die Bundesrepublik 1980 an dem von den Vereinigten Staaten initiierten Boykott der Olympischen Sommerspiele in Moskau. Die Konflikte in der islamischen Welt blieben ein Randthema, das sich der Logik des Ost-West-Konflikts unterzuordnen hatte.

Auch für eine junge Garde westdeutscher CDU-Politiker gab es 1979 Wichtigeres. Am 25. Juli schlossen sie auf einer Delegationsreise im Flugzeug von Venezuela nach Chile den «Andenpakt»: Gegenseitig würden sie sich in ihrer Karriere unterstützen und sich niemals gegeneinander um einen Posten bewerben. Ihrer Gewissheit, zukünftig die Geschicke der CDU zu bestimmen, sollte dereinst die Frau hinter dem Eisernen Vorhang ein Ende bereiten. Merkel selbst erfuhr von dem Bündnis erst, als sie längst schon Parteivorsitzende war. Der niedersächsische Ministerpräsident Christian Wulff verriet ihr das Geheimnis, das der *Spiegel* 2003 auch öffentlich enthüllte und damit seiner Wirkung beraubte.[23] Die Parteivorsitzende staunte im Rückblick auch darüber, dass ambitionierte Jungunionisten aus der alten Bundesrepublik dem diktatorischen Pinochet-Regime in Chile einen Freundschaftsbesuch abgestattet hatten. Sie selbst war in ihrer Leipziger Zeit Studienkollegen begegnet, die nach dem Militärputsch 1973 aus dem Land hatten fliehen müssen.[24]

Im Verlauf des Jahres 1980 zog das östliche Nachbarland Polen die Aufmerksamkeit auf sich. Preiserhöhungen für Fleisch, in der Volksrepublik ein Grundnahrungsmittel, lösten im Sommer 1980 eine Streikbewegung auf der Danziger Lenin-Werft aus, die sich schließlich auf das ganze Land ausweitete und im November zur offiziellen Anerkennung der unabhängigen Gewerkschaft Solidarność führte. Sie zählte alsbald rund zehn Millionen Mitglieder, darunter ungefähr eine Million Angehörige der Kommunistischen Partei. Zum ersten Mal seit der Niederschlagung des Prager Frühlings gut ein Jahrzehnt zuvor schien sich ein Fenster für Reformen im sowjetischen Machtbereich zu öffnen. Das elektrisierte die 26 Jahre alte Berliner Physik-Doktorandin Angela Merkel sofort. Dreimal fuhr sie in dieser Zeit nach Polen, die beiden ersten Male über das offizielle FDJ-Reisebüro Jugendtourist, das dritte Mal auf eigene Faust gemeinsam mit Kollegen von der Akademie, als die DDR-Regierung das Geschehen im Nachbarland bereits mit großem Misstrauen beäugte. Ihr Kollege Hans-Jörg Osten, der Polnisch konnte, hatte das Einladungsschreiben gefälscht, das für eine Privatreise erforderlich war.

Bereits auf den FDJ-Reisen hatte Angela Merkel eine Erfahrung gemacht, von der westliche Besuchergruppen sogar nach der Niederschlagung der Gewerkschaftsbewegung noch berichteten: Erstaunlich offen sprachen Genossen der polnischen Partei über den Wandel, den sie ausdrücklich begrüßten. Die private Reise führte Merkel dann vor allem an die Ostseeküste, unter anderem nach Marienburg und Danzig, in die Stadt also, in der ihre Mutter 1928 zur Welt gekommen war.

Auf der Rückreise kam es zu Komplikationen. Als der Zug am 12. Au-

4. Berliner Bohème (1978–1989)

gust 1981, in der Nacht vor dem 20. Jahrestag des Mauerbaus, kurz nach neun Uhr abends in den DDR-Grenzbahnhof Frankfurt an der Oder eingerollt war, kontrollierten die Grenzpolizisten Merkels Gepäck. Sie fanden Fotos, eine Zeitschrift und ein Abzeichen jener unabhängigen Gewerkschaft, die aus Sicht der SED die Konterrevolution vorantrieb. Merkel wandte abermals eine Methode an, die sie seit ihrer Schulzeit gut beherrschte: Sie tat ahnungslos, wie das offizielle Protokoll in Kleinschreibung festhielt: «der buergerin war nicht bekannt, dass solche gegenstaende zur einfuhr in die ddr nicht zugelassen sind.» Sie gab an, sie spreche kein Polnisch und könne die Zeitschrift deshalb gar nicht lesen, und kam damit durch.[25]

Die polnischen Ereignisse, mit denen Merkel die Hoffnung auf Wandel verband, riefen nicht nur bei der Führung in Ostberlin, sondern auch im Westen Ängste hervor. Das lag nicht zuletzt daran, dass die polnische Regierung mehr als eine Million Pässe für Westreisen ausstellte. Angesichts unsicherer Zukunftsperspektiven und einer sich weiter verschlechternden Wirtschaftslage nutzten viele Polen die Gelegenheit, sich ins kapitalistische Ausland abzusetzen. Auch deshalb verzeichnete die Bundesrepublik im Jahr 1980 zum ersten Mal mehr als 100 000 Asylanträge.[26] In Westdeutschland schickten nun die einen Hilfspakete in die mit Versorgungsmängeln kämpfende Volksrepublik, die anderen sahen in den «Polacken», wie sie sagten, bloß «Scheinasylanten» und «Wirtschaftsflüchtlinge». Im Bundestagswahlkampf 1980 wurde die Asyldebatte zum ersten Mal ein wichtiges Thema. Die sozialliberale Bundesregierung zog ernsthaft den Tabubruch in Erwägung, nun ihrerseits die Grenze zu schließen und Flüchtlinge zwangsweise in ein Ostblockland zurückzuschicken.

Am 13. Dezember 1981, vier Monate nach Merkels dritter Polenreise, verhängte der neue Warschauer Partei- und Regierungschef Wojciech Jaruzelski auf sowjetischen Druck das Kriegsrecht, verbot die Solidarność und ließ deren Anführer inhaftieren. Anders als im Fall Afghanistans hielten sich die westlichen Proteste in Grenzen, da Polen ohnehin zum sowjetischen Machtbereich zählte, Moskau gar nicht offiziell intervenierte und eine interne «polnische Lösung» mithin als das kleinere Übel erschien. Nicht wenige Entspannungspolitiker sahen in der polnischen Bürgerbewegung ohnehin eine Gefahr für die Stabilität der internationalen Ordnung.

Für politisch interessierte DDR-Bürger wie die Berliner Physik-Doktorandin bedeutete die Verhängung des Kriegsrechts hingegen einen ähnlichen Einschnitt wie der Mauerbau 1961 oder der Einmarsch des Warschauer Pakts in Prag 1968: Abermals wurde die Hoffnung auf ein freieres Leben abrupt erstickt. Die Aussicht, den sowjetischen Machtbereich von der Peripherie her auflockern zu können, hatte sich erneut als trügerisch erwiesen. Das Signal für den Umbruch konnte jetzt nur noch aus dem Zentrum selbst kommen, wie es nach dem Amtsantritt des neuen Generalsekretärs Michail Gorbatschow 1985 schließlich geschah. Jedem analytisch denkenden Menschen musste nun klar sein, dass der Schlüssel zu einer grundlegenden Veränderung der ostdeutschen Verhältnisse in Moskau lag, nicht bei einer Oppositionsbewegung in der DDR selbst.

An Merkels Institut führten die polnischen Ereignisse zu hochemotionalen Debatten. Ein Kollege, der sich in einer Marxismus-Leninismus-Stunde kritisch über das Vorgehen der polnischen Führung äußerte, musste dafür mit dem Ausschluss von der Promotion bezahlen. Merkel selbst kam gar nicht erst in die Versuchung: Als Jaruzelski im Dezember zur Repression schritt, forschte sie wieder einmal bei den Kollegen in der Tschechoslowakei. *Vielleicht hat mein Prag-Aufenthalt mir damals die Promotion gerettet. In solchen Lagen denkt man schon aus einem Urimpuls heraus, jetzt reicht es. Da überlegt man sich ernsthaft wegzugehen. Im Grunde war man jeden Tag in der Gefahr, die Nerven zu verlieren und nicht mehr bleiben zu können. Die Möglichkeit, einen Ausreiseantrag zu stellen, war für mich auch immer eine Art geistiger Notausgang.*[27]

Der polnische Aufbruch des Sommers 1981 weckte in der jungen Physikerin gewiss mehr Hoffnungen als im Jahr darauf der Amtsantritt des neuen westdeutschen Bundeskanzlers Helmut Kohl, der unter Intellektuellen auch im Osten zunächst wenig Ansehen genoss. Der Christdemokrat löste am 1. Oktober 1982 mit Hilfe eines konstruktiven Misstrauensvotums den von Merkel bewunderten sozialdemokratischen Vorgänger Helmut Schmidt ab. Schmidt hatte den Rückhalt in der eigenen Partei vor allem wegen des Nato-Doppelbeschlusses verloren, der die Stationierung westlicher Pershing-II-Raketen als Antwort auf die sowjetische Aufrüstung mit Mittelstreckenraketen vom Typ SS-20 vorsah. Wie Merkel selbst dazu stand, ist nicht überliefert. Ihr späterer Lebensgefährte Joachim Sauer galt als Befürworter des westlichen Raketenprogramms, er soll gegenüber Institutskollegen sein Verständnis für die Nato-Pläne geäußert haben.[28]

Wie sah die inzwischen 28-jährige Doktorandin den neuen Bundes-

4. Berliner Bohème (1978–1989)

kanzler, der sie später zur Ministerin machte und ihrer politischen Karriere damit den entscheidenden Schub gab? Die Frage stellte sich später auch der zum «Kanzler der Einheit» gewandelte Regierungschef selbst. Er richtete sie auf einer Amerikareise 1991 in Anwesenheit mitreisender Journalisten an Merkel – und brachte die Frauenministerin damit in Verlegenheit. Sie antwortete matt, dass sie über Kohls historisches Wissen immer wieder erstaunt sei. *Mir war die Frage unangenehm. Mein Bild von Helmut Kohl war ja durch die westdeutschen Medien geprägt, die Kohl nicht so zugetan waren.*[29] So etwas sollte ihr kein zweites Mal passieren. Später legte sie sich für solche Fälle die passende Antwort zurecht, dass sie 1987 im Fernsehen die Tischrede Kohls beim Bonnbesuch des DDR-Staatsratsvorsitzenden Erich Honecker verfolgt habe: *Diese Sätze haben mein Bild von Helmut Kohl damals in der DDR geprägt. Sie haben uns in der DDR Hoffnung gegeben. Sie waren ein Mosaikstein auf dem Weg zur Wiedervereinigung.*[30]

Im Sommer 1983, knapp ein Jahr nach Kohls Amtsantritt, unternahm Merkel eine dreiwöchige Reise durch die südlichen Sowjetrepubliken Armenien, Aserbaidschan und Georgien. Fast alle übrigen Länder, die einer DDR-Bürgerin offenstanden, hatte sie schon besucht. Als 14-Jährige war sie mit dem «Zug der Freundschaft» nach Moskau gefahren, während des Studiums hielt sie sich drei Wochen in Leningrad auf, von der Akademie aus absolvierte sie einen Sprachkurs in der Ukraine. In der Tschechoslowakei hatte sie nicht nur als Kind Urlaub mit ihren Eltern gemacht, sie stand nun in regem Austausch mit dem Prager Partnerinstitut und nutzte die Aufenthalte gemeinsam mit ihrem späteren Lebensgefährten für Ausflüge. Von den Besuchen in Polen war schon die Rede, Rumänien und Bulgarien hatte sie ebenfalls bereist.

Nun unternahm sie das größte Abenteuer, das für DDR-Bürger möglich schien, allerdings auf nicht ganz legalem Weg. Frei bewegen durften sich Angehörige der Ostblockstaaten in der Sowjetunion so wenig wie westliche Touristen. Besucher konnten im Normalfall nur an organisierten Reisen teilnehmen oder einer privaten Einladung folgen. In jedem Fall mussten sie die Route vorher angeben und dann strikt einhalten. In den südlichen Republiken herrschten indes lockerere Sitten, und es gab einen Geheimtipp, der unter ostdeutschen Rucksacktouristen kursierte: Man könne unter dem Vorwand, mit Bahn und Schiff von Polen über die Ukraine nach Bulgarien reisen zu wollen, ein Transitvisum für die Sowjetunion beantragen, das drei Tage galt, und dann einfach bleiben.[31]

So machten es Merkel und ihre beiden Kollegen von der Akademie. Statt in Kiew den Zug nach Odessa und von dort das Schiff nach Bulgarien zu nehmen, fuhren sie mit der Bahn nach Georgien weiter und tauchten nach Ablauf der erlaubten drei Tage in den Bergen des Kaukasus unter. *Kein Hotel, keine offiziellen Campingplätze, keine Bahnhöfe – überall dort wären wir kontrolliert worden.*[32] Stattdessen trampten die drei Freunde und zelteten wild. Sie erlebten halsbrecherische Autofahrten mit betrunkenen Georgiern am Steuer, die erst einmal einen Schnaps kippten, um auf die ausländischen Gäste anzustoßen.

Auf dem Weg nach Gori, der Geburtsstadt Stalins, erschraken sie. Am Steuer des Autos, mit dem sie trampen wollten, saß ein Polizist in Uniform. Das war jedoch nicht das Problem, denn der Beamte reiste selbst in bestenfalls halblegaler Mission: Auf der Ladefläche transportierte er ein totes Reh, das er in der Nachbarrepublik Aserbaidschan organisiert hatte. Dummerweise wurde er dann seinerseits wegen überhöhter Geschwindigkeit von Verkehrspolizisten angehalten, die den Kollegen laufen ließen. Doch die drei Touristen nahmen in dem mittelalterlichen Städtchen Mzechta zunächst nicht die atemberaubenden Kirchen in Augenschein, sondern die örtliche Polizeistation.

Merkel rettete die Situation mit Hilfe von Schmeichelei: Georgien sei einfach zu schön, da hätten sie nicht sofort nach Bulgarien reisen können. Darauf rieten die Polizisten den drei Urlaubern, sie müssten sich unbedingt auch noch die Hauptstadt anschauen, und ließen sie ziehen. In Tiflis übernachteten die Abenteurer mit den Obdachlosen im Bahnhofsasyl. Insgesamt blieben sie statt der erlaubten drei Tage volle drei Wochen in der Sowjetunion. Weil es von Georgien aus keine direkten Flugverbindungen in die DDR gab, mussten sie die Rückreise vom russischen Sotschi aus antreten. Dort ging es strenger zu. Da die Urlauber ohnehin heimkehren wollten, blieb das Risiko indes überschaubar: Als Strafe drohten maximal 80 Rubel Geldbuße und ein Jahr Einreiseverbot. Am Ende mussten Merkel und ihre Freunde lediglich einen Aufsatz verfassen: «Warum habe ich die Gesetze übertreten, obwohl ich studiert habe und sie kenne?»[33]

Die ausgedehnten Reisen durch den kommunistischen Machtbereich prägten das Weltbild Angela Merkels nachhaltig. Wenn sie später als Kanzlerin über Konflikte in Georgien oder der Ukraine verhandelte, sprach sie nicht über abstrakte Gebilde auf der Landkarte, die sich umstandslos in ein Raster übergeordneter Stabilitätsinteressen einzuordnen hatten. Anders als westlichen Politikern standen ihr reale Städte und Landschaften mit wirk-

4. Berliner Bohème (1978–1989)

lichen Menschen vor Augen, denen ihre Sympathie im Zweifel mehr galt als den Machthabern im fernen Moskau. Das schloss die Einsicht in die Zwänge der Realpolitik freilich nicht aus.

Lebensgefährtin

In das Jahr 1981, in dem Angela Merkel so oft nach Polen und in die Tschechoslowakei fuhr, fiel die Trennung von ihrem Ehemann, die beide *ohne jede Verbissenheit oder schmutzige Wäsche*[34] vollzogen, zumal sie wirtschaftlich unabhängig waren. Aufzuteilen gab es nicht viel. Sie nahm die Waschmaschine und verzichtete dafür auf die Möbel.[35] Auch blieb zunächst ein freundschaftlicher Kontakt mit ihrem früheren Mann bestehen. Er war inzwischen von der Humboldt-Universität an die Akademie gewechselt, man traf sich weiterhin in der Kantine.[36] Erst nach der Wende verloren sich die beiden aus den Augen.

Immer häufiger aß Angela Merkel nun mit einem anderen Kollegen zu Mittag. Spätestens seit 1984, also drei Jahre nach Merkels Trennung von ihrem ersten Mann, registrierte auch die Stasi regelmäßige Treffen mit Joachim Sauer, dem fünf Jahre älteren Wissenschaftler, der deutlich höhere fachliche Ambitionen besaß als Merkel selbst: Während seine künftige Lebensgefährtin seit Jahren gemächlich an ihrer Promotion A herumbastelte, also der gewöhnlichen Doktorarbeit, stand Sauer bereits kurz vor dem Abschluss seiner Promotion B, die ungefähr der westdeutschen Habilitation entsprach.

Sauer war 1949 als Sohn eines Konditors in der Lausitz zur Welt gekommen und in Senftenberg zur Schule gegangen, danach hatte er im Braunkohlenkombinat Lauchhammer eine Berufsausbildung mit Abitur absolviert. Da seine Eltern keine Parteimitglieder waren, musste er ähnlich wie seine spätere Lebensgefährtin um seine Bildungschancen bangen. «Das Leben in der DDR verlief immer unter Druck», berichtete er später bei einem Besuch in seiner alten Schule. «Die Angst war immer da, ob ich – trotz bester Leistungen – Abitur machen und studieren darf.»[37] Er beendete die Schule mit einem Prädikatszeugnis und promovierte 1974 mit der Bestnote summa cum laude.

Schon zu DDR-Zeiten erhielt Sauer Einladungen aus dem Ausland, doch den ganz großen Aufschwung nahm seine Karriere erst nach dem

Ende der DDR, als politische Hemmnisse wegfielen. Gleich nach der deutschen Einheit arbeitete er 1990/91 bei einer Katalysefirma in Kalifornien, 1992 übernahm er die Leitung der Arbeitsgruppe Quantenchemie bei der Max-Planck-Gesellschaft, 1993 berief ihn die reformierte Humboldt-Universität auf eine ordentliche Professur. Nun stieg er zu einer der Koryphäen seines Faches auf, bekam zwei Ehrendoktortitel und gehörte einflussreichen Gremien und Akademien an.

Um den beengten Wohnverhältnissen in der Stadt zumindest am Wochenende zu entfliehen, legte sich das Paar schon Mitte der achtziger Jahre ein Haus in Hohenwalde zu, nur 20 Kilometer von Templin entfernt, wo Merkels Eltern nach wie vor wohnten. Schätzungen zufolge gab es am Ende der DDR-Zeit rund 3,4 Millionen solcher «Datschen», wobei den Besitzern das Grundstück in der Regel nicht gehörte. In Merkels Fall handelte sich nicht bloß um einen Bungalow in Leichtbauweise, sondern um ein richtiges Haus. Das Domizil in dem winzigen Weiler, das nach hinten hinaus einen weiten Blick über die wellige Landschaft der Uckermark bietet, behielten Merkel und Sauer auch nach der Wiedervereinigung bei. Erst als die Sicherheitsanforderungen stiegen und ein Eindringling plötzlich auf dem Grundstück stand, ließ die Kanzlerin zur Straße hin eine Sichtblende errichten, auf der gegenüberliegenden Straßenseite entstand ein Wachhäuschen für die Polizei. Wie Merkel später einmal erzählte, gehörte sie zu DDR-Zeiten dem örtlichen Anglerverein an, weil das Befahren des Sees mit Booten nur für Fischereizwecke gestattet war.[38]

Merkel und Sauer wollten lange Zeit nicht heiraten, auch Sauer hatte bereits eine Ehe hinter sich. Er ließ sich 1985 von seiner ersten Frau scheiden, mit der er zwei Söhne hat: Adrian, der ein erfolgreicher Künstler wurde, und Daniel. Auch wenn sie weiterhin bei der Mutter lebten, wurden sie zu einem Teil von Merkels Familie, ebenso wie die beiden Kinder ihres Stiefsohns Adrian. Es gibt Fotos aus dem Osterurlaub auf Ischia 2013, die Angela Merkel mit einem der Enkel beim Orangenpflücken zeigen oder mit dem anderen beim Kicken am Strand; die beiden sagen «Oma» zu ihr, wie sie in einem ihrer wohl dosierten privaten Interviews verriet.[39] Gemeinsame Kinder bekam das Paar indes nicht. *Das hat sich nicht ergeben.*[40]

Die Kinderlosigkeit und das unverheiratete Zusammenleben erregten ein mit jedem Karriereschritt wachsendes Missfallen in Teilen des christlich-konservativen Milieus der Bundesrepublik, der Kölner Kardinal Joachim Meisner formulierte seine Kritik auch öffentlich. Mutmaßun-

4. Berliner Bohème (1978–1989)

gen, Merkel sei verantwortlich für das Scheitern von Sauers erster Ehe, traten hinzu. Je stärker Kritiker zu einer Heirat drängten, desto mehr wuchs allerdings Merkels Abneigung gegen einen solchen Schritt. Wie einst in der DDR wollte sie dem Konformitätsdruck standhalten und den Eindruck vermeiden, sie gehe nur aus Opportunismus zum Standesamt. Erst als sie Ende 1998 zur CDU-Generalsekretärin aufstieg, war ihr das Amt eine Ehe wert.[41]

In der Wissenschaftsszene galt Sauer vielen als spröde und schroff, doch schien es, als ob er sich ein solches Verhalten aufgrund seiner Verdienste leisten konnte. Auch außerhalb des Berufs reagierte er oft unwirsch. Als nach der Wende gegenüber der Privatwohnung des Paares am Berliner Kupfergraben Open-Air-Aufführungen stattfanden, maß er die Dezibelzahl und schickte einen Beschwerdebrief ans Bezirksamt, was prompt seiner Partnerin angekreidet wurde. «Merkel stört das laute Theater», schrieb eine Zeitung. Als «wortkarg, scheu und zickig» charakterisierte ihn einmal ein Berliner Nachbar, während Anrainer des Datschengrundstücks in Hohenwalde klagten, bei einem Dorffest habe er die ganze Zeit schweigend neben seiner Frau gesessen.[42] In dieses Bild fügen sich Berichte von Zufallsbegegnungen, wenn sich Sauer zum Beispiel im Flugzeug vor aller Ohren über eine defekte Leselampe nicht einfach nur beschwerte, sondern das Bordpersonal bis zur Landung mit seinen Vorhaltungen piesackte.

Ein solches Bild der Unnahbarkeit pflegte er auch bei den wenigen Gelegenheiten, bei denen er seine Frau in der Öffentlichkeit begleitete. Als er bei Merkels vierter Wahl zur Kanzlerin 2017 erstmals im Bundestag zugegen war, vertiefte er sich in seinen Laptop. Das tat er sogar in den Pausen der Bayreuther Festspiele, wo er auf Small-Talk-Versuche anderer Zuschauer oder interessierter Journalisten einsilbig reagierte. Er brachte es fertig, die Frage, ob er in Berlin an der Freien oder an der Humboldt-Universität lehre, mit einem schlichten «Ja» zu beantworten. Da gaben selbst die hartnäckigsten Stalker auf.[43]

Die Vorliebe fürs Nüchtern-Sachliche teilt Merkel mit ihrem Mann, auch wenn sie persönlich und erst recht als Politikerin verbindlicher auftritt. Ihr Mann sei ein *prima Kerl*, äußerte sie einmal in einer Talkshow.[44] Enge Vertraute der Kanzlerin, die Joachim Sauer gelegentlich im kleinen Kreis erlebten, loben den «schönen, sarkastisch-englischen Humor» des Chemikers, wie ja auch Merkel selbst in vertrauter Runde sehr witzig und unterhaltsam sein kann.[45]

Zugleich war Sauer schon in der DDR ein eminent politischer Kopf, der mit seiner Lebensgefährtin stets auch das Weltgeschehen diskutierte. In der Wissenschaft galt er vielen als Vorbild, als ein Mann, der an der Akademie anerkannt war, ohne politische Zugeständnisse zu machen. Eine Einladung in den Westen durfte er erst 1988 annehmen, als er einen Forschungsaufenthalt in Karlsruhe absolvierte, bei dem Quantenchemiker Reinhart Ahlrichs, zu dem auch seine Lebensgefährtin Kontakte pflegte und der später über den Kollegen sagte, Sauer habe ihn «vom ersten Moment an beeindruckt, als menschliche Persönlichkeit und als Wissenschaftler».[46]

Im gemeinsamen Austausch standen Merkel und ihr Lebensgefährte auch mit dem Kollegen Rudolf Zahradník vom Prager Heyrovský-Institut, wo Sauer ein Jahr als Postdoc verbracht hatte. Die Aufenthalte in der damaligen Tschechoslowakei nutzten Merkel und Sauer zugleich, um Land und Leute zu erkunden, etwa bei Ausflügen ins südmährische Weingebiet rings um die einstigen Liechtenstein-Schlösser Feldsberg und Eisgrub. Sie praktizierten mit sozialistischen Mitteln so etwas wie den Genusstourismus, der sich ein paar Kilometer südlich in Österreich gerade etablierte. So sehr beide bis heute dem Luxus abhold sind, wissen sie gutes Essen und Trinken durchaus zu schätzen.

Immer wieder wurde später über den Einfluss spekuliert, den Sauer auf die politischen Entscheidungen seiner Ehefrau nahm. Merkel selbst wies gelegentlich darauf hin, dass der Gefährte ihre Redemanuskripte schon mal durchsehe. *Wir reden nicht dauernd über Politik, aber er ist auch indirekt ein guter Berater.*[47] Einmal nannte sie die politischen Gespräche mit ihm *fast lebenswichtig.*[48]

Neben der Beschäftigung mit Wissenschaft und Politik teilte das Paar von Anfang an auch künstlerische Interessen, hier tendiert Joachim Sauer ebenfalls zur größeren Kompromisslosigkeit. Das erschöpfte sich keineswegs in der allgemein bekannten Vorliebe für die fünf- bis sechsstündigen Opern des Komponisten Richard Wagner, an die der Quantenchemiker seine Lebensgefährtin heranführte: *Zu Wagner habe ich durch meinen Mann gefunden.*[49] Für Sauer mochte das beinahe noch als leichte Unterhaltung durchgehen, wie der Dirigent Simon Rattle später in einem Interview berichtete: «Sie liebt klassische Musik, ihr Mann aber ist ein Experte, der hat richtig Ahnung, vor allem von Neuer Musik und der Zweiten Wiener Schule.» Als Beispiel nannte Rattle ein Konzert mit Werken des Komponisten Anton Webern. «Das ist hochkomplizierte Zwölftonmusik. Ich bin sicher, er hat sie mitgenommen, ob sie wollte oder nicht. Die beiden sind reizend zusammen.»[50] Konzert- und Opernbesuche zählten zu den häufigsten Anlässen, bei denen der Chemieprofessor die spätere Kanzlerin jenseits der Amtsgeschäfte in der Öffentlichkeit begleitete.[51]

Gemeinsame Freundschaften pflegen Angela Merkel und Joachim Sauer vorzugsweise mit Paaren, die diese anspruchsvollen Interessen teilen. Dazu gehört etwa der frühere Hamburger Bürgermeister Klaus von Dohnanyi, ein Sozialdemokrat, samt seiner Ehefrau, der Schriftstellerin Ulla Hahn. Zu den engeren Freunden zählt auch der zeitweilige österreichische Umweltminister Martin Bartenstein, ebenfalls ein Naturwissenschaftler, den Merkel als Amtskollegen kennen und schätzen lernte, oder der Berliner Kinderchirurg Harald Mau, der wie Sauer an der Humboldt-Universität lehrte. Für eine Spitzenpolitikerin ihres Ranges unterhält die Kanzlerin auch sonst erstaunlich viele Freundschaften, etwa mit ihrer Leipziger Studienfreundin Erika Hoentsch. Die engeren Freunde zeichnen sich durch eine Eigenschaft aus, die auch das Ehepaar Merkel/Sauer stets kultivierte: Sie sprechen über Privates normalerweise nicht öffentlich.

Kollegin

Ungefähr zu der Zeit, zu der Merkel und Sauer ein Paar wurden, kam ein Kollege ans Institut, der gut sechs Jahre jünger war als Merkel und gerade sein Studium der Quantenchemie in der trostlosen zentralrussischen Großstadt Woronesch abgeschlossen hatte. Anfang 1984, mitten im Winter, stellte sich der 23-Jährige vor und präsentierte seine Diplomarbeit. Über sein erstes Zusammentreffen mit Angela Merkel berichtete er: «Ich hatte elf seriöse Herren der Wissenschaften vor mir und eine junge Dame, die vermutlich auch eine Dame der Wissenschaften war, vor allem aber eine junge Dame: Pagenschnitt, Sommersprossen, breites Lächeln, T-Shirt und Jeans, für damalige Verhältnisse unauffällig unakademisch.»[52] Wenig später nahm er seinen Schreibtisch ein. Michael Schindhelm hieß der Kollege, dem der Fall der Mauer ähnlich wie Merkel die Chance einer zweiten Karriere eröffnete: Er begann eine Laufbahn als Theater- und Opernintendant, die ihn von Nordhausen über Gera, Basel und Berlin bis nach Dubai führte.

Zweimal am Tag brühte Merkel für den Kollegen «Kaffee türkisch» auf, für Verächter des Filterkaffees im Osten die individualistische Art des Kaffeekochens. Merkel behielt diese Zubereitungsart noch in ihrer Zeit als Bundeskanzlerin bei, jedenfalls behauptete sie das.[53] Da Kaffeemaschinen aus DDR-Produktion zwecks Devisenbeschaffung vorzugsweise in den Export gingen, waren sie damals im Osten ohnehin Mangelware.[54] Bohnenkaffee immerhin gab es in den achtziger Jahren wieder, nachdem die «Kaffeekrise» von 1977 die Legitimität des SED-Regimes ernsthaft bedroht hatte und die DDR daraufhin den Anbau im sozialistischen Bruderland Vietnam forcierte; im vereinten Deutschland wurde das südostasiatische Land neben Brasilien der mit Abstand wichtigste Kaffeelieferant.

«Eine Wonne der Gewöhnlichkeit, so hätte man die Atmosphäre in unserer Abteilung nennen können», schrieb Schindhelm im Rückblick. «Und die Beziehung zwischen Merkel und mir. Die Kaffeepausen gehörten zur glücklichsten und aufschlussreichsten Beschäftigung in den zweieinhalb Jahren, die ich es an der Akademie aushielt. Die Konzerte, das Kino, bulgarischer Cabernet, Wagner und Gorbatschow und die absurde DDR, an deren Ende doch nicht zu denken war.»[55]

Zu den Gesprächsthemen zählte auch die Rede, die der neue westdeutsche Bundespräsident Richard von Weizsäcker am 8. Mai 1985 zum 40. Jahrestag des Kriegsendes hielt. Zum ersten Mal nannte ein offizieller Repräsentant der Bundesrepublik die Kapitulation des Hitler-Regimes einen «Tag der Befreiung» auch für die Deutschen. Merkel ließ sich den Redetext aus dem Westen besorgen.[56] Lektüren wie diese waren ein beliebter Gesprächsstoff am Institut, Merkel und ihre Kollegen lasen im Vergleich zu westdeutschen Verhältnissen extrem viel und beileibe nicht nur naturwissenschaftliche Fachliteratur, sondern vor allem auch Politik und Philosophie, Geschichte und Belletristik. Dissidenten der östlichen Hemisphäre wie Rudolf Bahro oder Andrei Sacharow zählten ebenso zum Lesestoff wie westliche Autoren. Das Spektrum reichte von den deutschen Klassikern über die großen russischen Romane bis zur zeitgenössischen Literatur. Die Wissenschaftler versuchten, sich interessantere Zeitungen oder Zeitschriften zu verschaffen, dazu gehörte in der Gorbatschow-Ära auch die sowjetische Parteizeitung *Prawda*.

«Geh' ins Offene», schrieb Merkel als Widmung in die *Toten Seelen* von Gogol, das Buch, das sie ihrem Kollegen Schindhelm zum Abschied schenkte.[57] Denn die Bürogespräche endeten überraschend schnell: Schon 1986 verließ Schindhelm die Akademie, um sich – für DDR-Verhältnisse

4. Berliner Bohème (1978–1989)

extrem ungewöhnlich – als Hausmann und freier Übersetzer in Nordhausen am Südrand des Harzes niederzulassen. Die Stadt mit ihren damals knapp 50 000 Einwohnern durfte auch für DDR-Verhältnisse als tiefste Provinz gelten, bekannt vor allem für ihre Schnapsproduktion. Langfristig erwies sich der Schritt als glücklich, weil Schindhelm während der Wendezeit die Leitung des örtlichen Theaters übernehmen konnte. Damit begann sein Aufstieg zum erfolgreichen Intendanten.

Aus der Perspektive der Zeit blieb der Wechsel rätselhaft, so lange, bis Anfang 2001 bekanntwurde, dass das Ministerium für Staatssicherheit den späteren Theatermann als Inoffiziellen Mitarbeiter geführt hatte. Offenbar hatten zwei Stasi-Leute den 23-jährigen Studenten in seinem russischen Wohnheim mit Hilfe des KGB zur Mitarbeit erpresst, mittels des Vorwurfs, er habe Kontakte zu einem westlichen Geheimdienst. Die Flucht nach Nordhausen war der Versuch, den Nachstellungen der Stasi endlich zu entgehen. Soweit bekannt, gab Schindhelm keine verfänglichen Informationen über Kollegen weiter. Dass er Merkel auch nach der Wende nicht über seine IM-Tätigkeit informierte, brachte die Spitzenpolitikerin später jedoch in eine heikle Lage. Einer drohenden Enthüllung kam er im Jahr 2000 mit einem eigenen Zeitungsbeitrag nur knapp zuvor, die ehemalige Kollegin setzte er erst wenige Stunden vor der Veröffentlichung ins Bild. Merkel, damals selbst in schwerem Fahrwasser als frisch gekürte Parteivorsitzende, reagierte kühl: In öffentlichen Verlautbarungen nannte sie Schindhelm nun nicht mehr einen «Freund», sondern bloß noch einen «Kollegen».[58]

Ähnlich lagen die Dinge bei ihrem Freund und Kollegen Hans-Jörg Osten, der sie auf gemeinsamen Reisen begleitet und nach der Trennung vom ersten Mann beherbergt hatte. Osten hatte mehr fachlichen Ehrgeiz als Schindhelm oder Merkel. Nach der Wende trieb er das – schließlich gescheiterte – Projekt einer Chipfabrik in Frankfurt an der Oder maßgeblich voran, anschließend übernahm er eine Professur in Hannover. Dass Osten in der DDR dem System näher stand als sie selbst, darüber war sich Merkel im Klaren: Er war nicht nur ihr Vorgesetzter bei der FDJ, er gehörte auch der SED an und versuchte einmal vergeblich, die Kollegin für eine Parteimitgliedschaft zu gewinnen. Als sie sich Bedenkzeit erbat, kam er allerdings nie wieder auf die Sache zurück. Für sich genommen musste das nichts bedeuten. Ob Parteimitglied oder nicht: Es komme darauf an, ob jemand ein anständiger Mensch sei, das war damals Merkels Einstellung.[59]

Im Jahr 2013 kam heraus, dass Osten als «IM Einstein» Berichte für die Stasi geschrieben hatte. Die Verpflichtungserklärung hatte der Wissenschaftler im Zusammenhang mit einem Forschungsaufenthalt unterschrieben, den er 1984 in Chicago absolvieren durfte. Informationen über Merkel lieferte er offenbar nicht, und nach seiner Rückkehr geriet er selbst in berufliche Schwierigkeiten.[60] Nach der Wende beschwerte sich Osten öffentlich über den Tonfall, in dem Merkel nun über ihre alten Freunde sprach, wenn sie etwa sagte: *Die waren alle exotisch links.*[61] In Bezug auf die DDR-Zeit hatte der Kollege allerdings auch im Nachhinein nichts Negatives über Merkel zu berichten. Er erinnere sich «an ihre Begeisterung für die durch Gorbatschow eingeleiteten Reformen in der Sowjetunion», ließ er wissen.[62]

Wirklich verraten wurde die Doktorandin nach heutigem Kenntnisstand nur von einem aus dem engeren Kreis ihrer Freunde und Kollegen. Frank Schneider, genannt «Schnaffi» und zeitweise ihr direkter Büronachbar, lieferte als «IM Bachmann» eifrig Berichte. Schneider war mit einer Georgierin verheiratet, mit der Merkel gern Russisch sprach; auf ihrer Kaukasusreise traf sie das Ehepaar in der georgischen Küstenstadt Sochumi, die später von der abtrünnigen Republik Abchasien als Hauptstadt beansprucht wurde. Nach der Wende habe sich bestätigt, *dass ich bei einer Person den richtigen Verdacht hatte,* sagte Merkel später.[63]

Seinen Führungsoffizier ließ Schneider wissen, die Kollegin stehe «unserem Staat sehr kritisch gegenüber». Sie habe «Kontakte zu Kreisen aus dem Prenzlauer Berg, die wenig mit der Politik unseres Staates gemeinsam haben». Über ihre Liebe zur russischen Kultur und ihre Abneigung gegenüber der politischen Führungsrolle der Sowjetunion berichtete «Schnaffi» ebenso wie über die Mittagessen mit dem Kollegen Sauer oder die Haltung zur Gewerkschaftsbewegung im östlichen Nachbarland: «Seit ihrer Gründung war sie begeistert einverstanden mit Forderungen und den Aktionen der Solidarność in Polen.»[64]

Schneider berichtete auch über Merkels Besuche bei der Witwe des Dissidenten Robert Havemann, der ursprünglich Physikalische Chemie an der Humboldt-Universität gelehrt hatte, nach dem Protest gegen die Biermann-Ausbürgerung 1976 zeitweise unter Hausarrest stand und 1982 in seinem Haus in Grünheide am südöstlichen Berliner Stadtrand starb. Dass die Havemanns unter intensiver Beobachtung durch die Staatsorgane standen, musste Merkel klar sein. So durfte sie auch ohne die Berichte des Kollegen damit rechnen, dass die offiziellen Stellen ihre Besuche

4. Berliner Bohème (1978–1989)

registrierten; tatsächlich fand sich in den Stasi-Akten über das Dissidentenpaar ein Foto der späteren Bundeskanzlerin.[65] Sie hatte für ihre Ausflüge ins Umland einen persönlichen Grund: Der Adoptivsohn des Verstorbenen, Ulrich «Utz» Havemann, war ein enger Kollege am Institut, nach der spontanen Wohnungsbesetzung in der Templiner Straße hatte er mit Regalen und Gardinen ausgeholfen. Als Familienangehöriger eines Widerstandskämpfers genoss er gewisse Privilegien, obwohl sein Vater mittlerweile als Systemfeind galt. Auch das zählte zu den Widersprüchen des Regimes.[66]

Befreundet war Merkel zudem mit einem der beiden Söhne aus der zweiten Ehe des Dissidenten, Frank Havemann. Der andere, Florian Havemann, war bereits 1971 in den Westen geflohen und ließ sich nach der Wende für die PDS zum Verfassungsrichter in Brandenburg wählen. Frank und Florian Havemann zählten wiederum gemeinsam mit dem Schriftsteller Thomas Brasch und der Regisseurin Sanda Weigl zu einem Kreis von Ost-Achtundsechzigern, die zwischen 1969 und 1973 in einer Kommune gelebt hatten und anschließend sehr verschiedene Wege nahmen: Einige wurden verhaftet oder gingen in den Westen, andere traten in die SED ein.[67] Für DDR-Verhältnisse bewegte sich Merkel während ihrer Jahre an der Akademie in einem ziemlich bunten und keineswegs linientreuen Umfeld.

Aktivistin

Ein beträchtlicher Teil der Aktivitäten, die Angela Merkel mit ihren Kollegen und Freunden am Institut unternahm, spielte sich im Rahmen der FDJ ab. Normalerweise endete die Mitgliedschaft in der Jugendorganisation mit dem Ende der Ausbildung, an der Akademie mit ihren vielen Doktoranden jedoch erst nach Vollendung des 30. Lebensjahrs. Auch unterstand die Organisation hier direkt dem Zentralrat der FDJ, so dass keine Bezirksleitung intervenieren konnte. Das vergrößerte den Spielraum. Merkel engagierte sich in der FDJ-Gruppe ihres Instituts, die ihr Kollege Osten leitete. Dort übte sie, wie Osten sich erinnerte, die Funktion einer «Sekretärin für Agitation und Propaganda» aus.[68] Sie selbst spricht davon, dass sie *Kulturbeauftragte* war, was die Praxis ihrer Tätigkeit vermutlich gut beschreibt: *Agitation und Propaganda? Ich kann mich nicht erinnern, in irgendeiner Weise agitiert zu haben. Ich war Kulturbeauftragte.*[69] Ein hartes Dementi, was die offizielle Bezeichnung betraf, waren diese Sätze nicht. Schließlich behauptete keiner der unmittelbar Beteiligten, dass Merkel tatsächlich Agitation betrieben habe, und überdies berief sie sich lediglich auf ihr – womöglich lückenhaftes – Gedächtnis. *Nach meiner Erinnerung war ich Kultursekretärin. Aber was weiß ich denn? Ich glaube, wenn ich 80 bin, weiß ich gar nichts mehr.*[70]

In der Praxis ging es um die Organisation des sozialen Lebens, das nur unter dem Dach der FDJ möglich war, sofern es Reisen oder Räume für Veranstaltungen erforderte und außerhalb von Privatwohnungen stattfand. Deshalb kam es für die unabhängigeren Köpfe darauf an, solche Positionen lieber selbst zu übernehmen, bevor es ein Linientreuer tat.[71] Merkel sagte im Rückblick, sie habe *Theaterkarten besorgt, Buchlesungen organisiert, Vorträge. Auch alles, was zwischen den Zeilen kritisch gegenüber der DDR war, hat uns interessiert.*[72] In den Kellerräumen der Theoretiker-Baracke organisierte sie Vorträge zu tabuisierten Themen wie Frauenrechten oder Ehescheidung, Friedensbewegung oder wirtschaftlichen Problemen. Ging es etwa um Selbsttötungen, die es im Sozialismus offiziell nicht gab, dann sprach die Referentin laut Ankündigung über Suizide in der Bundesrepublik, fügte aber mündlich hinzu, die Ergebnisse ließen sich im Großen und Ganzen auf das östliche Deutschland übertragen. Teilte die Parteileitung des Instituts den FDJ-Funktionären mit, sie sollten doch mal die Fragen des nächsten Parteitags durchnehmen, dann versuchten sie, ebendiese Themen gegen den Strich zu bürsten.[73] *Man hat das Minimum von dem gemacht, was man politisch machen musste.*[74] nicht unbedingt als Akt des Widerstands, sondern auch, um geistiger Ödnis zu entgehen. In der neunköpfigen Betriebsgewerkschaftsleitung berichtete Merkel von diesen Aktivitäten nur in geglätteter Form.[75] Auch der Kooperationsvertrag mit dem Institut in Prag kam über die FDJ zustande, er verschaffte den Tschechen Ferienplätze an der Ostsee und den Berlinern die Möglichkeit, ihren Urlaub im Riesengebirge zu verbringen. Gelegentlich betreuten Merkel und ihre Kollegen auch Kinderferienlager an der Ostsee, zum Teil mitten im Winter bei Wind und Wetter.[76]

In der ersten Zeit nach ihrem Eintritt in die westdeutsche Politik berichtete Merkel noch relativ offen von ihren DDR-Erfahrungen, sie hatte sich ja nach ihrer eigenen Überzeugung nichts vorzuwerfen. Dass sie in jungen Jahren der FDJ angehörte, erschien ihr aus ostdeutscher Perspektive als so selbstverständlich, dass es der Mühe des Verschweigens gar nicht wert war. Ähnlich verhielt es sich mit der obligatorischen Abschlussarbeit im Fach Marxismus-Leninismus, einer lästigen Pflichtübung, der sich jeder Doktorand unterziehen musste. Dafür erhielt sie ebenso wie zuvor für die einschlägige Schulung bloß die Note «genügend», was den lustlosen Charakter der Angelegenheit unterstrich. Man habe das ohnehin «nicht so ernst genommen», äußerte im Nachhinein sogar ihr Dozent Joachim Rittershaus, bei dem sie die ideologische Weiterbildung absolvierte.[77] Es hieß, sie habe Schwierigkeiten gehabt, vorgegebene Phrasen wiederzugeben, etwa wörtliche Zitate aus Parteitagsbeschlüssen.[78] Sie selbst mutmaßte später, sie habe in der Abschlussarbeit wohl vor lauter ländlicher Begeisterung *zu viel über die Bauern und zu wenig über die Arbeiterklasse geschrieben.*[79]

Auch bei diesem Thema bestätigte sich indes die Erfahrung, dass man im vereinten Deutschland über das Leben in der DDR vor Publikum lieber nicht allzu offen spricht. Einen Auftritt kurz nach der Vereinigung beschrieb Merkel als Schlüsselerlebnis. *Ich werde zum Beispiel nie vergessen, wie ich ohne jeden Argwohn 1991 am ersten Jahrestag der Währungsunion auf einer Veranstaltung in Schwerin von meiner Marxismus-Leninismus-Abschlussarbeit bei der Promotion erzählt habe, die das schöne Thema «Was ist sozialistische Lebensweise?» hatte. Anschließend wurde vom «Spiegel» wie verrückt nach dieser Arbeit gesucht, wer weiß, welchen Skandal man da zu enthüllen glaubte. Meine Arbeit war aber in den Akademie-Akten nicht mehr zu finden. Kopierer gab es nicht, und ich hatte den Text auch nur einmal ohne Durchschlag getippt. Kurz und gut: Ich habe kein Exemplar.* Heute könne sich kaum noch jemand vorstellen, *wie es ist, wenn kein Kopierer da ist und man seinen Text auf einer alten Adler-Maschine schreibt, in der sich das Blaupapier nur verheddert.*[80] Tatsächlich reichte der *Spiegel* später sogar Klage ein, um die verdächtige Abschlussarbeit doch noch ausfindig zu machen. Dabei kam aber nur die Information über die schlechte Note heraus.[81]

Auch bei anderen Gelegenheiten berichtete Merkel in ihrer Anfangszeit als Frauenministerin relativ unverstellt von ihren DDR-Erfahrungen. *Ich war gerne in der FDJ*, äußerte sie ebenfalls 1991 in einem Fernsehgespräch mit Günter Gaus, dem früheren *Spiegel*-Chefredakteur und ersten Ständigen Vertreter der Bundesrepublik in Ostberlin; es seien indes *70 Prozent Opportunismus* im Spiel gewesen.[82] Ungefähr zur gleichen Zeit sagte sie der *Ostsee-Zeitung*, dem Heimatblatt ihres Wahlkreises: *Wir müssen lernen, über unsere eigene Vergangenheit zu sprechen. Wenn ich heute durch die neuen Bundesländer reise, habe ich den Eindruck, dass niemand in der Gewerkschaft, in der Partei, in der FDJ war. Es gibt nur den Schrei nach vier oder fünf Leuten, die man an der Fahnenstange hängen sehen will.*[83] Westdeutsche Parteifreunde und Journalisten reagierten auf die vermeintlichen «Bekenntnisse» mit Befremden. Merkel lernte schnell und hielt sich fortan bedeckt. *Ich merkte, wie wenig Verständnis wir auch ein Jahr nach der deutschen Einheit füreinander haben, wie schwer es ist für jemanden aus den alten Bundesländern, aktive Mitgestaltung an dem sozialistischen System von notwendiger Anpassung zu unterscheiden.*[84]

Deutlicher äußerte sich ihr Lebensgefährte Joachim Sauer. Im Jahr 2010, zum 20. Jahrestag der Wiedervereinigung, gab er der Zeitschrift der Alexander-von-Humboldt-Stiftung eines seiner seltenen Interviews, die sich stets nur auf wissenschaftliche Themen beziehen. Anlässlich eines SED-Parteitags habe ihn der Parteisekretär an der Akademie der Wissenschaften zu einem Beitrag für die Wandzeitung genötigt, berichtete er. «Ich musste also etwas schreiben, was die Genossen hören wollten, und doch einen ‹kleinen Hammer› einbauen, damit ich nicht gleich wieder gebeten würde», sagte Sauer. «Jetzt stellen Sie sich vor, das Papier würde heute im *Spiegel* publiziert. Dann würde der ‹kleine Hammer› vielleicht gar nicht wahrgenommen und stattdessen darin ein Bekenntnis zur Partei gesehen.»[85]

Daher beschloss Angela Merkel recht bald, sich fortan bedeckt zu halten. *Es ist offenbar unheimlich schwer, heute zu verstehen und begreiflich zu machen, wie wir damals gelebt haben,* sagte sie kurz vor ihrem Einzug ins Kanzleramt nur.[86] Erst sehr viel später redete sie wieder unbefangener über ihre ostdeutsche Herkunft, gegen Ende ihrer Kanzlerschaft dann ganz offensiv. Das hatte allerdings auch mit den Wahlerfolgen der AfD zu tun, die mehr Empathie mit den ostdeutschen Landsleuten politisch ratsam erscheinen ließen.

Doktorin

Am 17. Juli 1984 beging Angela Merkel ihren 30. Geburtstag. Ihr Vater kam aus Templin zu Besuch. «Weit hast Du es noch nicht gebracht»,[87] urteilte der anspruchsvolle Theologe, und ganz falsch lag er damit nicht. Das Verdikt bezog sich nur vordergründig auf die heruntergekommene

4. Berliner Bohème (1978–1989)

Wohnung in der Templiner Straße, die ohne Heizung und Warmwasser alles vermissen ließ, was man in der DDR unter «Vollkomfort» verstand. Und es ging nicht nur darum, dass eine Familiengründung mit Enkelkindern weiterhin nicht in Aussicht stand, was in der DDR ungewöhnlicher war als im Westen. Der Satz zielte auch aufs berufliche Fortkommen. Seit nunmehr sechs Jahren werkelte die Tochter an ihrer Doktorarbeit herum. Das wäre schon in der Bundesrepublik eine beträchtliche Zeit gewesen, für Ostdeutschland mit seinem sehr viel stärker verschulten Bildungssystem galt das erst recht. Tatsächlich hatte Merkel in den zurückliegenden Jahren deutlich mehr Energie und Leidenschaft auf ihre Reisen verwandt, auf gesellschaftliche Aktivitäten und politische Interessen. Auch das Renovieren zweier Wohnungen hatte Zeit gekostet. Sie bezog an der Akademie zwar ein regelmäßiges Gehalt und hatte sich festen Arbeitszeiten zu fügen, ansonsten führte sie aber beinahe das Leben einer Langzeitstudentin.

Das änderte sich nun. Mit dem 30. Geburtstag endete auch an der Akademie die Mitgliedschaft in der FDJ, womit ein Teil der sozialen Ablenkung entfiel. Ihre alte Clique ging auseinander, auch weil Freunde den Arbeitsplatz wechselten. Offenbar trieb Merkel nun die Niederschrift der Dissertation ernsthaft voran. Der neue Lebensgefährte, ein strenger Wissenschaftler mit hohen Ansprüchen an sich und andere, half. *Herrn Dr. J. Sauer danke ich für die kritische Durchsicht des Manuskripts*, schrieb Merkel in ihrer Danksagung.[88] Es war zugleich das erste Mal, dass ihre Verbindung mit dem Kollegen jenseits der Stasi-Berichte aktenkundig wurde.

Wie schwer es ihr fiel, sich für die wissenschaftliche Arbeit zu motivieren, deutete Merkel gelegentlich an. *Zur Zeit der Wende war ich schon froh, dass ich mich nicht habe hängen lassen*, erinnerte sie sich im Nachhinein. Sie habe sich gesagt: *Du musst zur Erhaltung deiner eigenen Fähigkeiten, also nur für dich, die Leistung bringen, die dir möglich ist.*[89] Einen äußeren Anreiz dafür gab es kaum. Mit einer unbefristeten Stelle an der Akademie ausgestattet und aus politischen Gründen ohne Aussicht auf eine Universitätskarriere, gab es kaum einen praktischen Mehrwert, den sie sich vom Abschluss ihres Promotionsverfahrens erhoffen konnte. Im Gegenteil: Es stand zu befürchten, dass sie den Arbeitsplatz verlassen musste, an dem sie sich den Umständen entsprechend eingerichtet hatte.

«Untersuchung des Mechanismus von Zerfallsreaktionen mit einfachem Bindungsbruch und Berechnung ihrer Geschwindigkeitskonstanten auf der Grundlage quantenchemischer und statistischer Methoden»:

So lautete der Titel der Arbeit, die sie 1985 bei ihrem Doktorvater Lutz Zülicke einreichte. Mit Zerfallsreaktionen und Bindungsbruch mochte Merkel später auch in ihrer politischen Karriere zu tun haben, doch hier ging es um einen theoretischen Beitrag zur Lösung der volkseigenen Rohstoffprobleme. Am 8. Januar 1986 verteidigte Angela Merkel ihre Dissertation. Anders als für die Abschlussarbeit in Marxismus-Leninismus erhielt sie für ihre fachlichen Leistungen die Note «sehr gut». Anschließend feierte sie mit Familie, Kollegen und Freunden bei Kaffee, Bier und Rotwein. Ein Foto zeigt den Lebensgefährten Sauer und den Kollegen Schindhelm neben ihr.[90]

Im Alter von 31 Jahren hatte Merkel ihre siebenjährige Promotionsphase abgeschlossen und, nach dem Diplom, die zweite Stufe ihrer akademischen Laufbahn erreicht. Nun trat sie eine neue Stelle an. Von den Theoretikern wechselte sie in die Analytische Abteilung, die Berechnungen für die experimentell arbeitenden Kollegen erledigte. Sie arbeitete unter dem einzigen parteilosen Abteilungsleiter am Institut: Klaus Ulbricht trat in der Wendezeit dann der SPD bei, von 1992 bis 2006 amtierte er als Bezirksbürgermeister erst in Köpenick, nach der Gebietsreform in Treptow-Köpenick.

Merkel verdiente zuletzt monatlich 1012 Mark netto.[91] Das lag über dem Schnitt von rund 900 Mark für Angehörige der Intelligenz, fast auf derselben Höhe wie die Löhne für gewöhnliche Industriearbeiter, wenn auch deutlich geringer als für Meister in Produktion und Handwerk, die auf rund 1400 Mark kamen.[92] Große Sprünge ließen sich damit gleichwohl nicht machen, weil den äußerst niedrigen und zum Teil stark subventionierten Preisen für Waren des täglichen Bedarfs sehr hohe Kosten für langlebige Konsumgüter selbst minderer Qualität gegenüberstanden. Während beispielsweise eine Schrippe nur fünf Pfennig oder eine Einzelfahrt mit der Straßenbahn 20 Pfennig kostete, waren für einen Farbfernseher aus DDR-Produktion zuletzt rund 4000 Mark fällig.

Schwerer wog, dass sich mit Merkels neuer Funktion nach Abschluss der Doktorarbeit keine echte Aufstiegsperspektive verband. Selbst Forschungsaufenthalte im westlichen Ausland lagen fürs Erste in unerreichbarer Ferne. Wie begrenzt die Karrierechancen für Wissenschaftler waren, die zur Staatspartei auf Distanz blieben, konnte sie an fähigen Institutskollegen ablesen: Heinrich Kriegsmann, eine der Kapazitäten auf dem Gebiet der Analytischen Chemie, hatte seine Position als Abteilungsleiter 1980 aufgeben müssen. Dem Spektroskopiker Reiner Radeglia wurden nicht

4. Berliner Bohème (1978–1989)

nur Westreisen verwehrt, linientreue Kollegen vereitelten auch seine Ambitionen auf eine Professur in Merseburg.[93]

In Merkels persönlicher Perspektivlosigkeit während der späten achtziger Jahre spiegelte sich die Lage des ganzen Landes. Der Physikerin stand immer deutlicher vor Augen, *dass diesem Staat in jeder Hinsicht die Basis fehlte, vorneweg natürlich die ökonomische.*[94] Wirtschaftlich gerieten die Länder des sowjetischen Machtbereichs immer weiter ins Hintertreffen gegenüber dem Westen, wo sich während der achtziger Jahre endgültig der hedonistische Konsumkapitalismus durchgesetzt hatte. Dessen Segnungen transportierte das Westfernsehen in fast alle Winkel der DDR. Die Werbeclips riefen teilweise völlig übersteigerte Vorstellungen von westlichem Wohlstand hervor: Manche Ostdeutsche forderten von der Westverwandtschaft als Mitbringsel eine Brotbackmaschine ein, weil das doch zur Standardausrüstung bundesdeutscher Haushalte gehöre. Dabei fehlte es oft an ganz anderen Dingen. Die Strategie Erich Honeckers, die DDR-Bürger mit einer zumindest bescheidenen Steigerung des Lebensstandards bei Laune zu halten, stieß immer deutlicher an wirtschaftliche Grenzen.

Schon im Sommer 1983 hatte die DDR-Führung auf westliche Hilfe zurückgegriffen: Der CSU-Vorsitzende und bayerische Ministerpräsident Franz Josef Strauß vermittelte unter Federführung seiner eigenen Landesbank einen Kredit in Höhe von einer Milliarde D-Mark. Im Gegenzug sagte Ostberlin Erleichterungen beim Grenzregime zu. So manche Konservative in der Union empfanden Strauß' pragmatisches Handeln als Verrat an hergebrachten Prinzipien von CDU und CSU. Ähnlich wie später im Zeichen von Merkels Euro- und Flüchtlingspolitik entstand eine neue Partei: Vier Monate nach Bekanntwerden des Geschäfts gründeten sich in München «Die Republikaner». Weitaus mehr als dem Ansehen der CSU schadete der Kredit jedoch der Legitimation der SED. Dass sich das System ganz offensichtlich nur noch mit finanzieller Hilfe des vermeintlichen Klassenfeinds am Leben halten ließ, bedeutete einen empfindlichen Imageverlust.

Im März 1985 gelangte zudem in Moskau ein für dortige Verhältnisse sensationell junger Generalsekretär an die Spitze der Kommunistischen Partei. Im Alter von nur 54 Jahren übernahm Michail Gorbatschow diese Funktion, nachdem seine drei Vorgänger mit 73, 69 und 75 Jahren im Amt gestorben waren. Der neue Moskauer Machthaber sah, dass die Sowjetunion im Begriff war, den Wettstreit der Systeme zu verlieren. Als Konsequenz daraus sprach er 1986 erstmals von einer Umgestaltung des Systems, russisch «Perestroika», verbunden mit Offenheit, «Glasnost». Es dauerte eine Weile, bis sich westliche Politiker von der Ernsthaftigkeit seiner Absichten überzeugten. Helmut Kohl verglich Gorbatschow noch im Oktober 1986 mit dem nationalsozialistischen Propagandaminister: «Er ist ein moderner kommunistischer Führer, der sich auf Public Relations versteht. Goebbels, einer von jenen, die für die Verbrechen der Hitler-Ära verantwortlich waren, war auch ein Experte für Public Relations.»[95]

Mit umso größerem Interesse verfolgten viele DDR-Bürger die Veränderungen in der Sowjetunion, ganz besonders galt das für Merkel und ihre Institutskollegen. Die Führung in Ostberlin machte indes schnell deutlich, was sie von Gorbatschows Reformkurs hielt: nichts. Anders als den Politikern der Bundesrepublik, die inzwischen ihr eigenes Staatsbewusstsein entwickelt hatte, war ihr in Bezug auf den eigenen Staat völlig klar, dass die Existenzberechtigung der DDR einzig auf der ideologischen Abgrenzung zum westlichen System beruhte. Kurt Hager, der als Chefideologe des SED-Politbüros galt, brachte die Ablehnung des sowjetischen Reformkurses Anfang 1987 in einem Interview mit dem *Stern* zum Ausdruck: «Würden Sie, nebenbei gesagt, wenn Ihr Nachbar seine Wohnung tapeziert, sich verpflichtet fühlen, Ihre Wohnung ebenfalls neu zu tapezieren?»[96] Das trug ihm in der DDR den Spottnamen «Tapeten-Kutte» ein. Das Reformversprechen Gorbatschows führte dazu, dass viele DDR-Bürger an der verhärteten Position der eigenen Regierung umso mehr verzweifelten. Die Zahl der Ausreiseanträge stieg trotz der damit verbundenen Schikanen während der achtziger Jahre kontinuierlich an.

Die westdeutsche Öffentlichkeit blickte gespannt auf die Entwicklungen in Moskau, das Interesse an der DDR hatte sie aber vier Jahrzehnte nach Kriegsende weitgehend verloren. Das galt auch und gerade für konservative Politiker, die in Sonntagsreden gern eine Wiedervereinigung beschworen. Die Bundesrepublik stand im Begriff, die letzten Insignien ihres provisorischen Charakters abzulegen und Bonn zu einer Hauptstadt für die Ewigkeit auszubauen. Ein neuer Plenarsaal für den Bundestag, ein Haus der Geschichte, eine Kunst- und Ausstellungshalle entstanden in jenen Jahren, daneben eine Reihe von Erweiterungsbauten für die Ministerien.

Die Verkehrsplaner stellten die Infrastruktur endgültig von den alten Ost-West-Achsen der Vorkriegszeit auf die Nord-Süd-Ausrichtung der Bundesrepublik um: Die ICE-Strecke von Hannover nach Würzburg

4. Berliner Bohème (1978–1989)

ging zwei Jahre nach dem Fall der Mauer in Betrieb, so dass die Züge zwischen Süddeutschland und dem wiedervereinigten Berlin lange den Umweg über Göttingen nehmen mussten, bis eine schnelle Verbindung über Halle und Erfurt fertiggestellt war.

Der Freiburger Historiker Heinrich August Winkler formulierte zehn Monate nach Merkels Promotion, was die meisten Politiker dachten: «Angesichts der Rolle, die Deutschland bei der Entstehung der beiden Weltkriege gespielt hat, kann Europa und sollten auch die Deutschen ein neues Deutsches Reich, einen souveränen Nationalstaat, nicht mehr wollen. Das ist die Logik der Geschichte, und die ist nach Bismarcks Wort genauer als die preußische Oberrechenkammer.»[97]

Redakteure der *Zeit* kehrten 1986 von einer groß angelegten DDR-Reise mit der beruhigenden Nachricht zurück, die Führung der DDR habe «Gelassenheit gelernt und Selbstbewusstsein entwickelt».[98] Daraus sprach nicht nur Blindheit gegenüber dem Alltag vieler ostdeutscher Bürger, sondern vor allem auch Wunschdenken. Das gelassene Selbstbewusstsein, das die Redakteure der Ostberliner Regierung zuschrieben, hatte vielmehr die Bundesrepublik selbst entwickelt: Die Idee, dass die Veränderungen in Moskau alsbald zum Einsturz der europäischen Nachkriegsordnung führen könnten, wirkte in dieser Lage eher bedrohlich. Die Bonner Politik wurde vom Wunsch der Ostdeutschen nach staatlicher Vereinigung ausgerechnet zu einem Zeitpunkt überrumpelt, zu dem sie am allerwenigsten darauf vorbereitet war.

SPD und SED verabschiedeten im August 1987 ein gemeinsames Grundsatzpapier, in dem es hieß, die beiden deutschen Staaten müssten sich auf einen «langen Zeitraum» der Koexistenz einrichten.[99] Dafür ernteten die Sozialdemokraten nach 1989/90 viel Kritik, im Kontext der Zeit brachten sie lediglich eine verbreitete Ansicht besonders pointiert zum Ausdruck. Auch der erste offizielle Besuch eines DDR-Staatsratsvorsitzenden in der Bundesrepublik vom 7. bis zum 11. September desselben Jahres zeugte vom Bestreben nach doppelstaatlicher Normalität. Bei dieser Gelegenheit sprach der Kanzler nicht von Wiedervereinigung, sondern ganz allgemein vom «unüberhörbaren Verlangen der Deutschen», dass sie «zueinander kommen können».[100]

Im Frühjahr 1986 zeigte sich, wie unterschiedlich der Blick auf ein und dasselbe Ereignis aus der Perspektive der beiden deutschen Staaten ausfallen konnte. Am 26. April explodierte ein Reaktor des ukrainischen Atomkraftwerks Tschernobyl. Das Unglück setzte im weit entfernten

Westdeutschland enorme Ängste frei: Verunsicherte Bürger hielten die Fenster verschlossen, ließen ihre Kinder nicht mehr im Sandkasten spielen, kauften keine Pilze, Heidelbeeren oder Rehkeulen mehr, die es deshalb preisgünstig in Universitätsmensen zu essen gab. Die Gegner einer zivilen Nutzung der Atomenergie, mit denen inzwischen weite Bevölkerungskreise sympathisierten, sahen sich in ihren Befürchtungen bestätigt. Ohnehin wuchs in den achtziger Jahren eine ganze Generation in der Erwartung eines nahenden Weltuntergangs durch Waldsterben, Reaktorunglück oder Atomkrieg auf.

Ganz andere Reaktionen löste die Katastrophe in der DDR aus. Zwar verfolgten die allermeisten Ostdeutschen im Westfernsehen das Geschehen, über das die eigenen Medien spät und zögerlich berichteten. Aber von kleinen Umweltgruppen abgesehen, traf das Ereignis nicht auf einen vergleichbaren Resonanzboden apokalyptischer Zukunftserwartungen wie im Westen. Die Bevölkerung zwischen Rügen und dem Erzgebirge sorgte sich um andere Fragen, zum Beispiel um die immensen Umweltschäden, die Ofenheizungen oder Stromgewinnung aus Braunkohle verursachten. Das Desaster von Tschernobyl schrieb eine Mehrheit der Bevölkerung nicht der Technologie als solcher zu, sondern dem kommunistischen Systemversagen, wie man es auch sonst im Alltag erlebte.

So war Merkels Erstaunen womöglich nicht nur geheuchelt, als 25 Jahre später das Atomkraftwerk in der Nähe der japanischen Großstadt Fukushima havarierte. Sie musste nun zur Kenntnis nehmen, dass ein Reaktorunglück auch in einer hochentwickelten Industrienation möglich war.[101] Viele Westdeutsche nahmen ihr die Volte, die ihr auch taktisch sehr zupass kam, nicht ab. Sie behaupteten, Merkel habe ihre Abkehr von der Atomkraft im Frühjahr 2011 «begründungslos» vollzogen. Sie selbst hatten ihr Urteil über die Technologie schließlich schon 1986 endgültig gefällt.

Ganz unabhängig vom Reaktorunglück reagierte die DDR-Führung auf die desolate Lage im Land, indem sie häufiger als zuvor auch Bürgern unterhalb des Rentenalters eine Reise in den Westen erlaubte, um die Stimmung ein wenig aufzuhellen. Die Zahl der Genehmigungen stieg von 66 000 im Jahr 1985 auf bis zu 1,4 Millionen in den Folgejahren.[102] Davon profitierte auch Merkel. Im Sommer 1987 heiratete eine ihrer Cousinen in Hamburg, und ihr wurde der Reiseantrag tatsächlich genehmigt. *Bis zur letzten Minute war es unsicher, ob ich fahren dürfte. Die Kaderabteilung im Institut, die Volkspolizei, alle entschieden mit.*[103] Und

4. Berliner Bohème (1978–1989)

wieder, wie schon bei ihrem Kaukasusurlaub, suchte sie die Zeit so gut wie möglich auszunutzen und die Reise über ihren eigentlichen Zweck hinaus auszudehnen. Von Hamburg fuhr sie mit dem Zug nach Karlsruhe und anschließend noch nach Konstanz weiter, um Kollegen in beiden Städten zu besuchen.

Anders als die DDR-Oberen hofften, erhöhten die Westreisen die Unzufriedenheit allerdings noch. Da das Westfernsehen überwiegend kritisch über die Zustände in der Bundesrepublik berichtete, waren die allermeisten Ostdeutschen positiv überrascht von dem wohlhabenden und gut organisierten Land, das sie tatsächlich vorfanden. In der Regel machten selbst ängstliche Naturen die Erfahrung, dass sie sich in dem fremden System besser zurechtfanden als ursprünglich gedacht. Manche berichteten, angesichts all der frisch gestrichenen Hausfassaden hätten sie heulen müssen – prägte im Osten doch fast überall ein graubrauner Verfall das Straßenbild.

Ähnlich ging es Merkel. Am meisten beeindruckt zeigte sie sich kurioserweise von der Bundesbahn, die doch vor Beginn des ICE-Zeitalters von jahrzehntelanger Vernachlässigung geprägt war. *Mein stärkstes Erlebnis war der IC der Bundesbahn! Diese Schienentechnik! Meine Güte! Das war gigantisch.*[104] Die Großraumwagen, die ruhige Fahrt, die Klimaanlage, die gelb-grünen Sitzbezüge nach dem Geschmack der Zeit: Das alles beeindruckte sie sehr. Zu bemängeln gab es aus ihrer Sicht nur, dass westdeutsche Studenten ihre beschuhten Füße auf die schönen Bezüge legten.

Im beschaulichen Konstanz genoss Merkel nicht nur das historische Zentrum und die malerische Lage am Bodensee. Sie nutzte mit ihrem wenigen Westgeld auch den Sommerschlussverkauf: Für sich selbst erstand sie eine Reisetasche und einen Pullover zum Preis von jeweils 20 Mark, ihrem Lebensgefährten brachte sie zwei Hemden für je fünf Mark mit. Und sie beschäftigte sich mit der Frage, ob es gefährlich sei, als allein reisende Frau im wilden Westen ein Hotelzimmer zu nehmen. Bei früheren Reisen hatte sie sich solche Sorgen nicht gemacht, nicht einmal im Bahnhofsasyl von Tiflis. Aber das war auf dem vertrauten Terrain der sozialistischen Staaten gewesen.

Jetzt erlebte Angela Merkel, dass sie im Westen besser zurechtkam als gedacht. Das veränderte ihren Blick auf die Welt. *Abends bin ich alleine beim Griechen gewesen, alles ist gut gegangen! Keiner hat mich angepöbelt. Ja, ich war sehr damit befasst gewesen, ob ich mich zurechtfinde.* Bei Kontakten mit Westlern testete Merkel stets, *ob ich mit denen geistig mithalten kann*. Als sie sich im Westen bewährt hatte, gab es für sie keine Alternative mehr, so erzählte sie es zumindest später. *Der Westen war für mich eine beherrschbare Welt, das konnte ich zum Schluss klar mit Ja beantworten. Für mich war völlig klar, es muss das West-Modell sein. Für meine Mutter war das auch so klar, bei meinem Vater bin ich mir nicht sicher.*[105]

Prägungen

Als 1989 der Umbruch in der DDR begann, war Angela Merkel 35 Jahre alt. Dass sich in ihrem Leben noch einmal etwas grundlegend ändern könnte, ließ sich zu diesem Zeitpunkt nicht absehen. In der DDR – wie auch in der Bundesrepublik – galt für Frauen in der Rentenversicherung damals eine Altersgrenze von 60 Jahren, so dass die Physikerin damit rechnen durfte oder musste, noch bis zum Jahr 2014 in Adlershof auszuharren. Dann erst würde sie relativ problemlos in den Westen reisen und im Bedarfsfall auch dort bleiben können, schließlich hätte die DDR dann nicht mehr den Verlust einer Arbeitskraft zu befürchten, einer hoch qualifizierten noch dazu.

So sehr die zunehmende Perspektivlosigkeit in den letzten Jahren der DDR auf deren Bürgern lastete: Angela Merkel hatte sich arrangiert und einen Platz in der «Nischengesellschaft» der DDR gefunden, ein Begriff, den der Publizist Günter Gaus schon 1983 geprägt hatte: Die Einwohner der DDR hätten sich «durch die Möglichkeit der Nische, des individuellen Glücks im Winkel mit dem Regime ihres Staats arrangiert».[106] Von «Glück» hätte Merkel wohl nicht sprechen mögen, aber von Umständen, in denen sich leben ließ zwischen der Bohème-Existenz im Bezirk Prenzlauer Berg und dem akademischen Umfeld in Adlershof, zwischen Reisen ins sozialistische Ausland und dem Konsum westlicher Literatur, die sie sich auf Umwegen besorgte.

Zugleich blieb Angela Merkel von den Erfahrungen ihrer ersten Lebenshälfte für immer tief geprägt. Sie verinnerlichte die Vorsicht, zu der das Leben in einer Diktatur sie zwang. Die Menschenkenntnis, die viele ihrer frühen Weggefährten an ihr rühmen, war in ihrer Nischenexistenz geradezu überlebenswichtig: zu wissen, wem man vertrauen konnte und wem nicht, mit wem man Geheimnisse teilen und offen über Politik

4. Berliner Bohème (1978–1989)

diskutieren durfte, bei wem man sich hingegen hüten und äußerste Vorsicht walten lassen musste. Das Schweigenkönnen erwies sich dann auch in der angeblich so offenen Bundesrepublik als entscheidender Wettbewerbsvorteil gerade für eine Frau, die viele Erfahrungen ihrer westdeutschen Konkurrenten nicht teilte.

Dass sie im Haushalt eines evangelischen Theologen aufwuchs, verstärkte diesen Effekt. So sehr ihr Vater auch für ein Arrangement mit der SED eintrat: Eine Pfarrerstochter blieb eine Pfarrerstochter, die nie wirklich dazugehörte und bei allem Drang nach sozialem Anschluss letztlich in einer spürbaren Außenseiterposition verharrte. Das wirkte sich auf die Betroffenen ganz unterschiedlich aus. Die einen zerbrachen daran, die anderen machte es stark.[107] Angela Merkel gehörte zweifellos in die zweite Kategorie. Als Ostdeutsche, Frau, Naturwissenschaftlerin fand sie sich in der Politik der vereinigten Bundesrepublik in einer dreifachen Außenseiterposition wieder. Weit mehr als ihre Vorgänger wie Konrad Adenauer und Helmut Kohl blieb sie deshalb bis in ihre späte Zeit als Kanzlerin besonderen Anfeindungen ausgesetzt. Voll und ganz dazuzugehören, das blieb ihr auch in der CDU versagt. Ihre DDR-Erfahrung half ihr, diese Distanz auszuhalten, und gerade der Abstand zu den Dingen trug dazu bei, dass sie sich einen nüchternen Blick bewahrte und manche politischen Fehler vermied.

Eine typische Vertreterin der ostdeutschen Gesellschaft war sie gerade deshalb nicht. «Die» Ostdeutschen gibt es ohnehin nicht. Aber bei aller Benachteiligung zählte sie als Pfarrerstochter zu einer besonders kleinen, auf ihre Art auch privilegierten Minderheit: Nicht nur durch die innere Distanz zum System, sondern auch durch die ausgeprägte Bildungsorientierung der Eltern bekam sie ein Rüstzeug mit, das ihr und ihresgleichen nach der politischen Wende von 1989/90 eine persönliche Erfolgsgeschichte ermöglichte. Es kann kaum erstaunen, dass dies in der ostdeutschen Bevölkerung eine Abwehrreaktion bei vielen hervorrief, für die der Umbruch zunächst eine tiefe persönliche Verunsicherung bedeutete, oft auch eine Verschlechterung des sozialen Status trotz aller Freiheits- und Wohlstandsgewinne. Angela Merkel ließ in Nebenbemerkungen gelegentlich aufscheinen, dass sie um diese Erfahrungen durchaus wusste. Zu einer Anwältin benachteiligter Ostdeutscher konnte und wollte sie sich allerdings nicht machen, wenn sie im vereinten Deutschland nicht abermals eine Nischenposition anstrebte. Auch das nahmen ihr zwischen dem Erzgebirge und ihrem Wahlkreis auf Rügen viele übel.

Neben der Fähigkeit zum Schweigen und der psychischen Widerstandskraft nahm Angela Merkel noch ein drittes Erbteil mit ins vereinte Deutschland: die Abneigung gegen jede Form von Ideologie. Das betraf nicht nur in sich geschlossene Weltbilder, die sich durch die Wirklichkeit nicht erschüttern ließen, wie sie manche westdeutsche Politiker und Experten mit sich herumtrugen. Es bezog sich auch auf allzu weitreichende Pläne oder Zukunftsvisionen, die sich hinterher nicht erfüllen ließen. Und schließlich nährte sich Merkels Pragmatismus aus den Alltagserfahrungen in der DDR: In einer Gesellschaft des Mangels mussten sich die Bürger in aller Regel irgendwie durchwursteln, der Gedanke an so etwas wie perfekte Lösungen zerschellte noch viel schneller an der Realität als im Westen. Vor allem war Geduld gefragt und die Fähigkeit, widrige Umstände durchzustehen und auszuhalten. Auch in der Bundesrepublik konnte eine gründliche Erdung nicht schaden, wie sich in Merkels langer politischer Karriere zeigte. Ob sie es mit ihrem Hyperpragmatismus nicht manchmal übertrieb, steht auf einem anderen Blatt.

Das bedeutete nicht das Fehlen von Überzeugungen und weltanschaulichen Orientierungen. Hier unterschied sich das ostdeutsche Alternativmilieu, in dem Merkel lebte, deutlich von seinem westdeutschen Pendant. Gemeinsam war beiden die Abneigung gegen äußere Machtallüren und alles allzu Etablierte. Bei den konkreten politischen Inhalten gingen die Ansichten indes auseinander. Merkel zählte zu einer durchaus beträchtlichen Minderheit von Ostdeutschen, die in Bezug auf die Wirtschaft zunächst einen fast naiven Glauben an die selbstregulierenden Kräfte des Marktes hegten: In der DDR hatte man gesehen, wohin staatliche Steuerung führte, und im Übrigen konnte an einem System, das die SED so verteufelte, wohl nichts Schlechtes sein.

Zu all diesen Prägungen kam nun eine neue, entscheidende Erfahrung hinzu: Der Systembruch von 1989/90 verschaffte der Physikerin die Erkenntnis, dass sich die Welt von einem Tag auf den anderen grundlegend ändern kann.

Zweiter Teil:
Politik als Beruf
(1989–2008)

1. Wende (1989/90)

Hoffnung im Osten

Die Aussicht auf Veränderung kam wieder einmal aus dem Land, auf das Angela Merkel schon zu Beginn des Jahrzehnts so große Hoffnungen gesetzt hatte: aus Polen. Wegen der katastrophalen Versorgungslage lebte die Gewerkschaftsbewegung wieder auf. Schon 1987 gründete Lech Wałęsa die Solidarność im Untergrund neu, im Sommer 1988 führte er mit dem Innenminister erstmals ein offizielles Gespräch, gegen Ende des Jahres entschied er eine viel beachtete Fernsehdiskussion mit dem Chef des kommunistischen Gewerkschaftsbunds im Urteil des Publikums für sich. Seit dem 6. Februar 1989 tagte in Warschau ein Runder Tisch, Anfang Juni gewann die Solidarność bei den ersten teilweise freien Wahlen alle frei zu vergebenden Sitze im Sejm. Zum ersten Mal hatte die Staatspartei in einem Satellitenstaat der Sowjetunion einen Teil ihrer Macht abgegeben. Der Reformkurs Gorbatschows brachte auch im östlichen Mitteleuropa die Verhältnisse in Bewegung.

Für den Staat, in dem Merkel lebte, galt das nicht. In einem spektakulären Schritt unterband die DDR-Führung im November 1988 die Auslieferung der sowjetischen Zeitschrift *Sputnik* über den staatlichen Postzeitungsvertrieb. Die Ostdeutschen sollten nicht in deutscher Sprache nachlesen können, wie selbstkritisch die Presse des großen Bruderlands inzwischen mit dem eigenen System umsprang. Auf den Rückhalt der SED in der eigenen Bevölkerung wirkte das *Sputnik*-Verbot fatal. Es machte offenkundig, dass die Riege der alten Herren im Politbüro auf die Veränderungen im Osten mit Verhärtung reagierte, und fachte den Unmut, den es bekämpfen sollte, erst richtig an. Erstmals kritisierten viele DDR-Bürger eine Entscheidung ihrer politischen Führung offen, nicht mehr nur im engsten privaten Kreis.

So kam den Kommunalwahlen am 7. Mai 1989, rund drei Wochen nach der offiziellen Wiederzulassung der Solidarność in Polen, auf einmal

Bedeutung zu. Bis dahin hatten die allermeisten DDR-Bürger notgedrungen akzeptiert, dass Wählen nichts anderes als «Zettel falten» hieß: Sie warfen den Stimmzettel mit der Einheitsliste der Nationalen Front unverändert in die Wahlurne. Wer zwecks geheimer Stimmabgabe in der Kabine verschwand oder überhaupt nicht im Wahllokal erschien, der hatte mit Repressionen zu rechnen. So registrierten die Behörden bei der zurückliegenden Volkskammerwahl 1986 stolze 99,94 Prozent Ja-Stimmen, bei einer Beteiligung von 99,74 Prozent.

Jetzt schwoll der Unmut aber so stark an, dass die Behörden ein solches Ergebnis auch mit den üblichen Einschüchterungsmethoden nicht mehr erreichten. Erstmals versuchten Wahlberechtigte unter Berufung auf die geltende Rechtslage, Zutritt zur Stimmauszählung zu erhalten. Das wurde ihnen in den meisten Fällen verwehrt. Dort, wo sie die Stimmzettel kontrollieren konnten, wichen die Ergebnisse deutlich von den Angaben der Behörden ab. Selbst das offizielle Ergebnis wies nur 98,85 Prozent Ja-Stimmen aus, so wenige wie noch nie in der Geschichte der DDR.

Im Juni folgten, was die Aussicht auf Öffnung betraf, zwei extrem widersprüchliche Ereignisse. Anfang des Monats schlug die chinesische Führung die Bürgerproteste auf dem Platz des Himmlischen Friedens brutal nieder, Schätzungen zufolge kamen dabei mehrere Tausend Menschen ums Leben. Das chinesische Beispiel schwebte fortan als Drohung über allen Protestaktionen in der DDR. Das entgegengesetzte Signal ging von einer symbolischen Geste aus, zu der sich die Außenminister Ungarns und Österreichs am 27. Juni in der Nähe von Ödenburg trafen: Sie zerschnitten gemeinsam den Grenzzaun. Das bedeutete zwar nicht den Verzicht auf Grenzkontrollen, aber doch das Ende des hochgerüsteten «Eisernen Vorhangs», der Europa jahrzehntelang geteilt hatte. Von nun an lag es offen zutage, dass die sozialistischen Bruderländer der DDR-Führung beim Einsperren der ostdeutschen Bevölkerung nicht mehr behilflich sein würden.

Die Bilder vom zerschnittenen Zaun verfehlten ihre Wirkung nicht: Immer mehr Ostdeutsche versuchten, auf dem Weg über Ungarn in den Westen zu gelangen. Am 19. August kam es bei einem «Paneuropäischen Picknick» an der Grenze zu einer regelrechten Massenflucht. Parallel dazu begaben sich immer mehr DDR-Bürger in die bundesdeutschen Botschaften nach Budapest und Prag, um ihre Ausreise in den Westen zu erreichen. Verlassene Autos der ostdeutschen Marken Trabant und Wartburg säumten die Straßen ringsum.

1. Wende (1989/90)

Diese Ereignisse prägten sich der späteren Bundeskanzlerin tief ein. Mehr als vielen anderen Ostdeutschen war der Physikerin bewusst, wie sehr die DDR-Bürger das Glück der Grenzöffnung ihren Nachbarn im Osten zu verdanken hatten. Der symbolische Fall des Eisernen Vorhangs an der ungarisch-österreichischen Grenze brachte ihr selbst die persönliche Freiheit. Deshalb stattete sie dem Ort des Paneuropäischen Picknicks zu runden Jahrestagen als Kanzlerin offizielle Besuche ab. Auch ihr Verhältnis zu Polen blieb trotz aller politischen Konflikte von tiefer Dankbarkeit geprägt, zumal sie wusste, welche ungleich größeren Härten die Wirtschaftsreformen der frühen neunziger Jahre im Nachbarland mit sich gebracht hatten, verglichen mit dem sozialpolitisch stärker abgefederten Umbruch in Ostdeutschland.

Auch führten die Ereignisse des Sommers 1989 bei ihr zu der Erkenntnis: Menschen, die sich einmal in Bewegung gesetzt haben, lassen sich nicht mehr aufhalten, auch nicht unter Einsatz von Gewalt. Die DDR-Oberen hatten es ja mit allen Mitteln versucht. Sie schlossen am Ende sogar die Grenzen zu den sozialistischen Bruderstaaten, sie erzwangen die Ausreise der Botschaftsflüchtlinge über das Territorium der DDR, sie trafen Vorbereitungen für eine gewaltsame Niederschlagung der Montagsdemonstrationen in der DDR. All diese Maßnahmen führten am Ende nur dazu, dass die Bewegung immer weiter wuchs und nur wenige Monate später Tausende Ostdeutsche an den Berliner Grenzübergängen in den Westen drängten.

Aufbruch in der DDR

Aber es wollten nicht alle ihre Heimat verlassen. Die Fluchtbewegungen stärkten auch Kräfte, die innerhalb der DDR selbst etwas verändern wollten. Die ersten, vorerst noch kleinen Oppositionsgruppen entstanden. Im Haus von Katja Havemann in Grünheide, der späteren Kanzlerin wohl vertraut, gründete eine Gruppe um den Molekularbiologen Jens Reich und die Malerin Bärbel Bohley am 9. September das «Neue Forum». Am 12. September gaben der Theologe Wolfgang Ullmann, die Historikerin Ulrike Poppe, der Filmregisseur Konrad Weiß und andere den Gründungsaufruf für «Demokratie Jetzt» heraus. Am 1. Oktober folgte die Konstituierung des «Demokratischen Aufbruchs» in der Dienstwohnung des Pfarrers Ehrhardt Neubert an der damals ziemlich grauen Wilhelm-Pieck-Straße, die sich später unter dem Namen Torstraße zu einem Hipster-Hotspot entwickelte.

Alle diese Bewegungen legten zunächst Wert darauf, keine «Partei» zu sein – ein Begriff, den die SED und ihre Satellitenorganisationen in Verruf gebracht hatten und der im Osten Deutschlands noch lange wenig Akzeptanz fand. Dennoch bildete sich am 7. Oktober, dem Tag des ostdeutschen Staatsjubiläums, im Pfarrhaus von Schwante bei Berlin die Sozialdemokratische Partei der DDR, die sich anfangs SDP nannte. Darin lag eine besondere Provokation, da die SED stets von sich behauptete, selbst in der Tradition der älteren deutschen Sozialdemokratie zu stehen.

In dieser Phase besuchte Angela Merkel ihre Eltern in Templin, am Wochenende vom 23. auf den 24. September 1989. Im Pastoralkolleg auf dem Waldhof hatte sich illustrer Besuch versammelt: Einmal im Jahr trafen sich dort Naturwissenschaftler, um über ethische Fragen ihrer Disziplinen zu diskutieren. Die Teilnehmer kamen von überall aus der DDR, einige auch aus dem Westen. «Was ist der Mensch?», lautete das Thema, um das es diesmal eigentlich gehen sollte. Faktisch diskutierte die Runde die aktuelle politische Lage in der DDR.[1]

Zu den Teilnehmern zählten Hans-Jürgen Fischbeck, Physiker am Zentralinstitut für Elektronenphysik an der Akademie der Wissenschaften, und der Cottbusser Hygieneinspektor Günter Nooke, ebenfalls ein Physiker. Der 50-jährige Fischbeck hatte gut zehn Tage zuvor den Aufruf für «Demokratie Jetzt» unterzeichnet, der 30-jährige Nooke beteiligte sich eine Woche später an der Gründung des Demokratischen Aufbruchs. Eines hatten sie alle mit der 35-jährigen Tochter des Gastgebers gemein: Sie hatten sich auch deshalb für den Beruf des Naturwissenschaftlers entschieden, weil sie sich den Zwängen des Systems entziehen wollten, ohne sich ins gesellschaftliche Abseits zu stellen. Jetzt kam die Stunde, aus der Nische der Institute und Labore herauszutreten.

Die Anwesenden erinnern sich sehr unterschiedlich daran, wie Merkel selbst an diesem Wochenende auftrat und ob sie sich an der Diskussion überhaupt beteiligte. Der Ostdeutsche Nooke will die Generationsgenossin zu diesem relativ frühen Zeitpunkt erstmals sehr mutig erlebt haben: Nicht um Besonnenheit und Ruhe gehe es jetzt in erster Linie, so habe sie sich eingelassen, sondern um die Öffnung nach Westen. Für sein Empfinden habe das schon damals mehr nach einer möglichen Wiedervereinigung geklungen als nach einer bloßen Reform der DDR, sagte Nooke,

1. Wende (1989/90)

der nach mehreren Parteiwechseln später als Afrikabeauftragter für die Kanzlerin arbeitete.[2]

Anders erinnerte sich ein Westdeutscher aus der Runde, der Bochumer Theologe Christofer Frey: Merkel habe sich an den Diskussionen überhaupt nicht beteiligt. Seiner Frau habe sie unter vier Augen anvertraut, am meisten störe sie an der DDR, dass es keinen anständigen Joghurt gebe. Es sei auch schwierig, H-Milch zu bekommen und Lampenschirme, die nicht in allen ostdeutschen Wohnzimmern hingen. In der Tat sah sie den Hauptgrund für das Scheitern der DDR in deren ökonomischem Versagen. Und sie litt an den ästhetischen Zumutungen des SED-Regimes, zumal sie schlechten Geschmack durchaus für einen Ausdruck politischen Kleingeists hielt.[3]

Womöglich liegt die unterschiedliche Erinnerung von Nooke und Frey auch in ihrer westlichen bzw. östlichen Sozialisation begründet: Andeutungen, die dem einen schon als mutiges Vorpreschen erschienen, fielen dem anderen gar nicht auf, weil er sie am offensiven Diskussionsstil des Westens maß.

In jedem Fall wagte Merkel zu jener Zeit noch nicht den Schritt, sich selbst politisch zu engagieren. *Ich war Beobachterin, ich hab dem Braten noch nicht so ganz getraut.*[4] In dieser Zeit ging sie nach eigenem Bekunden ein- oder zweimal in die Gethsemanekirche gleich bei ihrer Wohnung, hier fanden ähnlich wie in der Leipziger Nikolaikirche oppositionelle Friedensgebete statt; zu den regelmäßigen Kirchgängern zählte sie jedoch nicht. Einmal besuchte sie Eppelmanns Friedrichshainer Samaritergemeinde, *weil man da eben hinging, wenn man mit der DDR nicht konform war.*[5] Den elf Jahre älteren Pfarrer kannte sie vermutlich von den Seminaren ihres Vaters auf dem Waldhof, ein engeres Verhältnis hatte sie zu ihm nicht. Merkel wartete offenbar erst einmal ab, wie sich die Dinge entwickelten.

Das taten sie, in einem rasenden Tempo. Auf Jahre des Stillstands folgten Wochen und Monate der Beschleunigung. Rasch war einer jener Umschlagspunkte erreicht, nach denen sich ein politisches oder physikalisches System nicht mehr ins alte Gleichgewicht zurückversetzen lässt. Viele der Beteiligten betrachteten diese Zeit im Rückblick als die wichtigste ihres Lebens. In Berlin begann mit dem Erodieren der SED-Macht noch mehr als andernorts eine kurze Phase der Anarchie, die bei aller Ungewissheit der historischen Situation auch lustvolle Züge trug.

Zunächst blieb die Flüchtlingsfrage im Zentrum der Aufmerksamkeit.

Während Merkel am letzten Septemberwochenende den Diskussionen im Waldhof lauschte, stieg die Zahl der Menschen in der Prager Botschaft auf zuletzt mehr als 4000 an. Die barocken Gartenanlagen verwandelten sich in eine Schlammwüste, auf der die Diplomaten nun Zelte und provisorische Toiletten aufstellen ließen. Am 30. September konnte der westdeutsche Außenminister Hans-Dietrich Genscher den Anwesenden vom Balkon des Palais Lobkowitz verkünden, «dass heute Ihre Ausreise ...». Den Rest des Satzes übertönte der Jubel. Allerdings hatte die DDR-Führung aus Gründen der Gesichtswahrung darauf bestanden, dass die Züge über ihr eigenes Territorium geleitet würden. Das erwies sich als unklug. Auf dem Dresdener Hauptbahnhof kam es zu Tumulten, weil Bewohner der Bezirkshauptstadt versuchten, auf den Zug nach Westen aufzuspringen. Anschließend machte die DDR für Besuche in der Tschechoslowakei ein Visum zur Pflicht. Damit sperrte sie die Bevölkerung endgültig auf dem eigenen Territorium ein.

Daraufhin kam es bei den Kundgebungen zum 40. Jahrestag der Republikgründung am 7. Oktober erstmals zu massiven Gegendemonstrationen, die Polizei nahm rund tausend Teilnehmer fest. Der Unmut über die Erstarrung ging inzwischen so weit, dass sich ein Teil der Protestierenden selbst von drohenden Gefängnisstrafen nicht mehr am Widerstand hindern ließ. Auch Gorbatschow mahnte die DDR-Führung an diesem Tag unmissverständlich: «Wer zu spät kommt, den bestraft das Leben.»

Anfang September hatte in Leipzig eine wachsende Schar von Oppositionellen begonnen, nach den montäglichen Friedensgebeten in der Nikolaikirche zu einer Demonstration aufzubrechen. Am 9. Oktober stieg die Zahl der Teilnehmer auf mehr als 70 000 an. An diesem Tag entschied sich das Schicksal der «friedlichen Revolution». Die Staatsführung zog Tausende von Soldaten und Polizisten zusammen, sie stockte den Vorrat an Blutkonserven in den Krankenhäusern auf. Die Angst vor einer chinesischen Lösung ging um. Doch die lokalen Behörden, von der schieren Masse der Demonstranten überrascht, bekamen trotz telefonischer Nachfragen am Abend keine eindeutige Anweisung aus Berlin. Daraufhin entschieden sie unter bis heute nicht ganz geklärten Umständen, auf den geplanten Einsatz zu verzichten. Erstmals nahm die Polizei niemanden mehr fest. Von nun an schienen politische Aktivitäten gefahrlos möglich zu sein.

Die Führung der SED suchte ihre Rettung derweil in neuem Personal. Am 17. Oktober votierte das Politbüro nach dreistündiger Debatte einstimmig für die Absetzung des SED-Generalsekretärs und DDR-Staatsratsvorsitzenden Erich Honecker. Die Nachfolge trat Egon Krenz an. Im November folgte ein Wechsel im – nun aufgewerteten – Amt des Ministerpräsidenten: Der als Reformer geltende Dresdener SED-Bezirkschef Hans Modrow löste den Apparatschik Willi Stoph ab. Erstmals konnte am 4. November eine angemeldete Demonstration stattfinden, die zumindest offiziell weder vom Staat noch von der Partei organisiert war. Dem Aufruf von Berliner Künstlern folgten bis zu eine Million Menschen auf den Alexanderplatz. Die lange Rednerliste reichte von Schauspielern wie Ulrich Mühe oder Jan Josef Liefers über Bürgerrechtler wie Jens Reich oder Marianne Birthler bis zu Vertretern des Staatsapparats wie dem Politbüromitglied Günter Schabowski oder dem ehemaligen Chef des Auslandsgeheimdiensts, Markus Wolf. Letztere präsentierten sich nun als Reformer. Die Kundgebung blieb ein Mythos vor allem für jene, die in den folgenden Wochen und Monaten für den Fortbestand einer reformierten DDR eintraten. Dass dieses Projekt womöglich zum Scheitern verurteilt war, deutete sich allerdings schon fünf Tage später an.

Grenzöffnung

Als Angela Merkel am 9. November in die Sauna ging, war die Grenze noch nicht offen.[6] Gemeinsam mit einer Freundin fuhr sie, wie immer am Donnerstagabend, zur Schwimmhalle Ernst-Thälmann-Park. Im Fernsehen hatte sich gerade das Politbüromitglied Günter Schabowski nach einer Tagung des Zentralkomitees, an der er selbst nicht teilgenommen hatte, den Fragen der Journalisten im Internationalen Pressezentrum beim Gendarmenmarkt gestellt. Erst auf die etwas umständliche Nachfrage eines italienischen Reporters sprach er über ein neues Reisegesetz. «Privatreisen nach dem Ausland können ohne Vorliegen von Voraussetzungen beantragt werden», las er vor. «Ständige Ausreisen können über alle Grenzübergangsstellen der DDR zur BRD erfolgen.» Dass sich zumindest der zweite Satz gar nicht auf vorübergehende Reisen bezog, ging in der allgemeinen Überraschung unter. Stattdessen wollte der Vertreter der *Bild*-Zeitung wissen, wann die neue Regelung in Kraft trete. Schabowski zögerte. «Das tritt nach meiner Kenntnis – ist das sofort, unverzüglich», antwortete er schließlich.

Die Grenze war zu diesem Zeitpunkt, ungefähr um sieben Uhr abends, noch nicht geöffnet. Schließlich mussten Reisen nach Schabowskis Worten immer noch «beantragt» werden. Trotzdem rief Merkel bei ihrer Mutter in Templin an: Austern essen im Kempinski, jetzt war es so weit. Es würde zumindest nicht mehr lange dauern. Doch es kam ihr nicht in den Sinn, dass sich die Möglichkeit schon in dieser Nacht eröffnen würde. Also packte Merkel nach dem Telefonat ihre Saunatasche und ging los.

Als sie zurückkam und vor ihrer Wohnung in der Schönhauser Allee 104 stand, sah sie an der nächsten Kreuzung Erstaunliches: Die Bornholmer Straße, von der sie nur drei Häuser trennten, war voller Menschen. Sie strebten Richtung Westen zum einen Kilometer entfernten Grenzübergang auf der Bornholmer Brücke, unter der die Ostberliner S-Bahnen über die «Ulbrichtkurve» ohne Halt durchfuhren. Die Westberliner Sender sprachen mittlerweile von der «Maueröffnung». Inzwischen hatte das westdeutsche Fernsehen auch die «Tagesthemen» ausgestrahlt. Der sonst so bedächtige Moderator Hanns Joachim Friedrichs gab um 22.42 Uhr eine sehr pointierte Zusammenfassung von Schabowskis Pressekonferenz: «Dieser neunte November ist ein historischer Tag. Die DDR hat mitgeteilt, dass ihre Grenzen ab sofort für jedermann geöffnet sind. Die Tore der Mauer stehen weit offen.»

Bald strömten so viele Menschen zur Grenze, dass der diensthabende Oberstleutnant Harald Jäger an der Bornholmer Brücke entschied, die Passkontrollen einzustellen und die Menschen einfach passieren zu lassen. Der Friedrichshainer Pfarrer Eppelmann nahm später für sich in Anspruch, den Schlagbaum als Erster einfach nach oben gedrückt zu haben. Auch Angela Merkel überquerte noch in dieser Nacht die bislang so hermetisch abgeriegelte Grenze in Richtung Westen.

Als Erstes wollte sie ihre Tante in Hamburg anrufen, aber sie fand keine freie Telefonzelle, außerdem verfügte sie weder über westdeutsches Kleingeld noch über eine Chipkarte. Also klingelte sie, noch immer mit der Saunatasche in der Hand, bei fremden Leuten im Wedding an der Tür. Natürlich durfte sie telefonieren, und die Westberliner Gastgeber boten gleich Bier an. Auf einmal fand sie sich in dem Wohnzimmer mit zehn anderen Ostdeutschen wieder, die sie allesamt nicht kannte. *Die wollten dann alle noch auf den Ku'damm, aber ich bin lieber zurückgegangen, ich musste am nächsten Morgen früh raus.*[7] Tatsächlich ließ die Pflichtbewusste ihre Arbeit in jenen Tagen nicht ruhen, im Gegensatz zu anderen Akademie-Mitarbeitern. Ihr früherer Kollege Hans-Jörg Osten, der in

1. Wende (1989/90)

Noch in der Nacht der Grenzöffnung am 9. November 1989 überquerte Angela Merkel die Bornholmer Brücke. Aus dem Westen rief sie als Erstes ihre Tante in Hamburg an.

jenem Revolutionswinter noch einmal von Frankfurt an der Oder aus an sein altes Institut zurückkehrte, erinnerte sich: «Alle waren aufgeregt, haben diskutiert. Nur Angela saß an meinem ehemaligen Schreibtisch und machte irgendwas Fachliches.»[8]

Am nächsten Abend, dem 10. November, organisierte der Westberliner Senat eine spontane Kundgebung vor dem Schöneberger Rathaus, damals Sitz von Regierung und Parlament für den Westteil der Stadt. Der SPD-Ehrenvorsitzende Willy Brandt hielt eine umjubelte Rede, die in dem berühmten Satz gipfelte: «Jetzt wächst zusammen, was zusammengehört.» Den Bundeskanzler, der eigens einen offiziellen Besuch in Polen abgebrochen hatte, buhten die Zuhörer aus.

Einen weiteren Tag später, am Samstag, war Merkel auf einer Geburtstagsfeier bei Freunden, *von denen einige richtig deprimiert waren – nun werde das nichts mehr mit dem so genannten «dritten Weg», alles laufe jetzt auf eine schnelle Wiedervereinigung hinaus, der Osten werde vom Westen domestiziert und so weiter*. Als Merkel das später erzählte, machte sie aus den Freunden gerne *entfernte Freunde*, und sie fügte sicherheitshalber hinzu: *Meine Gedanken waren das nicht.*[9] Glaubhaft erscheint Letzteres durchaus. Der Misserfolg der Staatswirtschaft und die Überlegenheit des Kapitalismus schienen ihr offensichtlich zu sein. Später, als sich der Weg zur Wiedervereinigung abzeichnete, sprach sie sich gegen die nach ihrer Ansicht abstruse Idee aus, das Grundgesetz der Bundesrepublik in einem zähen Diskussionsprozess durch eine neue Verfassung zu ersetzen: *Ich wollte nicht mit der DDR zum Experimentierobjekt für unzufriedene Westdeutsche werden.*[10]

Am Anfang der neuen Woche fuhr Merkel zu einem lange geplanten Vortrag ins polnische Thorn. Die Gastgeber wunderten sich, dass die Berliner Physikerin angesichts der spannenden Ereignisse in ihrer Heimat überhaupt kam. Und sie überraschten die Forscherin aus dem westlichen Nachbarland mit der Prognose, bei ihrem nächsten Besuch werde Deutschland bereits vereinigt sein. *Das hat mich erstaunt. Es war wohl so, dass vor allem für diejenigen, die etwas größere Distanz zu den Ereignissen hatten, die Sache schon entschieden war.*[11]

Schritt in die Politik

Tatsächlich bestätigten sich viele Hoffnungen und Befürchtungen, die sich mit dem Mauerfall verbanden. Bald wuchs der Druck, die beiden deutschen Staaten schnell zu vereinigen, er ging von der Mehrheit der ostdeutschen Bevölkerung aus. Kohl reagierte mit einem Zehn-Punkte-Programm, das er ohne vorherige Absprache mit den Siegermächten des Zweiten Weltkriegs am 28. November 1989 vor dem Bundestag präsentierte. Darin war die deutsche Einheit als zehnter und letzter Punkt vorgesehen. Auch dem Kanzler stand damals nicht vor Augen, dass sie binnen Jahresfrist vollzogen sein würde. Ein Gegenaufruf «Für unser Land», in dem DDR-Intellektuelle ihren Unmut über den Gang der Ereignisse offen artikulierten, konnte die Entwicklung nicht aufhalten. In den Archiven hat sich ein Brief erhalten, in dem Merkel gemeinsam mit ihrer Studienfreundin Erika Hoentsch den Aufruf scharf kritisierte; sie sandte das Schreiben an eine der Initiatorinnen, die Schriftstellerin Christa Wolf.[12]

Spätestens Mitte Dezember war Merkels Entschluss gereift, sich selbst einer politischen Bewegung anzuschließen und den inzwischen unwiderruflich gewordenen Wandlungsprozess mitzugestalten. Mittlerweile stand fest, dass es bald freie Wahlen geben würde: Der frisch konstituierte

1. Wende (1989/90)

«Zentrale Runde Tisch» aus Oppositionsgruppen und staatlichen Repräsentanten hatte in seiner ersten Sitzung am 7. Dezember als Termin für die Volkskammerwahl den 6. Mai 1990 festgelegt. Nun ging Merkel auf *Parteiensuche*, wie sie es formulierte.[13]

Gemeinsam mit ihrem Vorgesetzten Klaus Ulbricht besuchte sie am 14. Dezember das Kulturhaus in Alt-Treptow, das seit 1960 den Namen des verstorbenen französischen Filmschauspielers Gérard Philipe trug und für Merkel auf dem Arbeitsweg lag. Dort traf sich an diesem Abend der SDP-Kreisverband Treptow zur Gründungsversammlung, Hauptrednerin war die Biologin Angelika Barbe; die aus Treptow stammende Mitbegründerin der Partei wechselte später zur CDU und bekämpfte schließlich als Pegida-Aktivistin die Politik der Kanzlerin. Wegen des großen Andrangs verlegten die Sozialdemokraten ihre Veranstaltung dann aber in die benachbarte Bekenntniskirche an der Plesser Straße.

Ihrem Kollegen Ulbricht gefiel, was er hörte. Er trat noch am selben Abend der SDP bei, anderthalb Jahre später übernahm er das Amt des Köpenicker Bezirksbürgermeisters, das er 14 Jahre lang innehatte. Angela Merkel jedoch war von dem Abend nicht überzeugt. Später sagte sie, es habe sie abgeschreckt, dass sich die Sozialdemokraten alle duzten, mit «Genosse» anredeten und Arbeiterlieder sangen. *Mir war das alles zu egalitär.* Sie wollte sich wohl auch nicht auf eine bestimmte westdeutsche Partei festlegen, jedenfalls nicht zu diesem Zeitpunkt. *Ich gehe erst noch einmal zu Eppelmann*, soll sie an diesem Abend zu Ulbricht gesagt haben.[14]

Zu Eppelmann gehen, das hieß: zum Demokratischen Aufbruch (DA), der sich am folgenden Wochenende in Leipzig als Erste der Bürgerbewegungen in eine politische Partei umwandelte. Merkel erschien in einer Versammlung der Ortsgruppe Prenzlauer Berg, die sich zur Vorbereitung des Parteitags in einem Raum der Volkssolidarität an der Christburger Straße im später sehr beliebten Winsstraßenkiez traf. Es gab eine heiße Debatte um die beiden Fragen, über die an den folgenden zwei Tagen die Delegierten im Leipziger Brühl-Zentrum entscheiden mussten: die Haltung zum Sozialismus und zu einer möglichen Wiedervereinigung. Der örtlichen Gliederung gehörte der spätere DA-Landesvorsitzende und studierte Germanist Andreas H. Apelt an. Er war ein Vertreter des konservativen Flügels, der sich 1990 für die CDU ins erste Gesamtberliner Abgeordnetenhaus wählen ließ, dem er 16 Jahre lang angehörte. Merkel fragte ihn, ob sie zuhören dürfe. Er bat sie, sich vorzustellen, was sie ganz zurückhaltend tat. Dann setzte sich die Mittdreißigerin, die mit ihrer braunen Cordhose noch wirkte wie eine Studentin, bescheiden ans Ende des Tisches und hörte zu, ohne etwas zu sagen. Die kommt sowieso nicht wieder, dachte Apelt. Aber er täuschte sich. Beim nächsten Mal war sie wieder da, und sie bot an zu helfen.[15]

Der Wissenschaftlerin gefiel, wie sie später sagte, dass die politische Richtung noch nicht völlig festgelegt war.[16] *Dort waren relativ viele Intellektuelle dabei, und es gab auch etwas zu tun.* Im Nachhinein versuchte sie, ihre Entscheidung, bei der auch Zufall im Spiel war, mit Argumenten zu unterfüttern. *Neues Forum, das spätere Bündnis 90 oder die SDP waren mir in ihren basisdemokratischen Strukturen völlig fremd,* sagte sie. Endlose, ergebnislose Debatten hätten ihr nicht behagt; *ohne Macht gibt es Chaos,* sagte sie später einmal in einem Interview. Und: *Die waren nicht so entschieden links wie beim Neuen Forum oder bei Demokratie jetzt.*[17] Dort ging es ihr wohl auch zu viel um Weltanschauung und zu wenig um den pragmatischen Umgang mit den drängenden Fragen des Tages, von denen es in jenen Wochen wahrlich genügend gab.[18]

Zunächst spielte es in jener Übergangszeit für viele keine große Rolle, welcher Partei man sich anschloss, solange es sich nicht um ostdeutsche Altparteien handelte. Es ging darum, sich nach den Jahrzehnten der Agonie überhaupt zu engagieren und etwas Sinnvolles zu tun. Die Kategorien, die sich in 40 Jahren westdeutscher Demokratie herausgebildet hatten, passten nicht auf die politische Sozialisation der Menschen in der DDR. Präzise wusste Merkel allerdings, was sie auf gar keinen Fall tun wollte: Niemals wäre sie in die SED eingetreten, die sich zu dieser Zeit in PDS umbenannte, und auch nicht in die Blockpartei CDU. Die ostdeutschen Christdemokraten hatten am Tag nach dem Mauerfall den Juristen Lothar de Maizière zu ihrem Vorsitzenden gewählt. Er hatte unter seinem engen Freund Gregor Gysi, der im Dezember den Vorsitz der umbenannten SED-PDS übernahm, als Vizevorsitzender des Berliner Anwaltskollegiums amtiert, und er war der Sohn Clemens de Maizières, der als Synodaler der Berlin-Brandenburgischen Kirche wiederum mit Merkels Vater zusammengearbeitet hatte.

Das galt auch für den Rechtsanwalt Wolfgang Schnur, den der Demokratische Aufbruch bereits auf einem zweiten Gründungstreffen Ende Oktober im evangelischen Berliner Krankenhaus Herzberge überraschend zum Vorsitzenden gewählt hatte, obwohl eigentlich Rainer Eppelmann als Favorit galt. Der Parteitag in Leipzig am 16. und 17. Dezember bestätigte Schnur im Amt. Auch die Richtungsfragen klärten sich nun. Das heftig

1. Wende (1989/90)

umstrittene Parteiprogramm sprach sich schließlich gegen die «Vision einer sozialistischen Gesellschaftsordnung» aus, es plädierte für Wiedervereinigung und soziale Marktwirtschaft. Prominente Gründungsmitglieder vom linken Flügel verließen daraufhin die Organisation. «Mit dieser nationalistischen Partei habe ich nichts mehr zu tun», erklärte etwa der Wittenberger Pfarrer Friedrich Schorlemmer.[19] Im Januar wechselte er zur Sozialdemokratie.

Merkel, ohnehin erst ganz frisch dabei, hielt sich aus dem Richtungsstreit weitgehend heraus, konnte mit den Festlegungen aber gut leben. *Für mich waren sofort nach dem Mauerfall drei Dinge klar,* behauptete sie sehr viel später. *Ich wollte in den Bundestag. Ich wollte eine schnelle deutsche Einheit, und ich wollte die Marktwirtschaft.*[20] Die beiden letztgenannten Punkte mochten zutreffen; die Aussicht auf ein Bundestagsmandat hingegen lag zu einem Zeitpunkt, als gesamtdeutsche Wahlen noch überhaupt nicht absehbar waren, sehr fern. Nicht einmal eine Kandidatur für die Volkskammer zog die Physikerin zu Beginn ihres politischen Engagements in Betracht. *Die Frage stellte sich gar nicht. Ich war ja in einer ganz kleinen Partei, habe dort praktisch geholfen, hatte aber keinen Kreis- oder Landesverband hinter mir. Erst im Juni 1990, als es schon konkret um die Einheit ging, habe ich mich dann entschlossen, mich um ein Bundestagsmandat zu bewerben.*[21]

Merkel begann erst einmal, sich nützlich zu machen. In jenen Dezembertagen befand sich die DDR-weite «Parteizentrale», falls man davon überhaupt sprechen konnte, noch in der Marienburger Straße 12, in einer dunklen Hinterhofwohnung, die ursprünglich einem Klempner gehörte. Sie lag ganz in der Nähe des Versammlungsraums, in dem Merkel ihren ersten Kontakt zum Demokratischen Aufbruch geknüpft hatte. Um den Jahreswechsel bekamen die Bürgerbewegungen dann allesamt Büros im Gebäude der bisherigen SED-Kreisleitung von Berlin-Mitte an der Ecke von Friedrich- und Behrenstraße, gleich hinter dem Grand Hotel. Das repräsentative Gebäude nannten sie nun «Haus der Demokratie». *So habe ich Computer aus dem Westen erst mal ausgepackt und angeschlossen. Ich bin auch an die richtigen Leute geraten, habe interessante Menschen kennen gelernt, Seminare besucht. Auch die Vorstandssitzungen, die ja damals alle öffentlich waren, habe ich besucht.*[22]

Das Auffallendste an Angela Merkel schien in jenen Tagen ihre Unauffälligkeit zu sein. Jedenfalls können sich im Rückblick nur wenige Akteure an die 35-Jährige erinnern, die sich so effizient um die praktischen Dinge kümmerte. Einen förmlichen Beitrittsantrag füllte sie wohl nie aus, so etwas gab es in der Umbruchzeit noch gar nicht. Da der Demokratische Aufbruch später als Ganzes in der CDU verschmolz, holte sie das Versäumnis auch bei den Christdemokraten nicht nach. Bereits zum zweiten Mal nach Ludwig Erhard 1966 wählte die CDU im Jahr 2000 also eine Person an die Spitze, die niemals formal ihren Eintritt in die Partei erklärt hatte.[23]

Parteisprecherin

Im Januar konstituierten sich, im Vorgriff auf die Wiedereinführung der föderalen Strukturen in Ostdeutschland, die Landesverbände des Demokratischen Aufbruchs. Am 23. Januar traf sich die Berliner Parteigliederung. Zum Landesvorsitzenden wählte sie Andreas Apelt, bei dem Merkel eingetreten war. Damit hatte sich nun auch in Berlin die Strömung durchgesetzt, die sich für Marktwirtschaft und schnelle Vereinigung aussprach. Er fragte sie, ob sie seine Pressesprecherin für den Landesverband werden wolle. Wie immer wollte sie Bedenkzeit. Einen Tag später sagte sie zu, damit legte sie sich im Richtungsstreit fest.[24] Ihr Lebensgefährte Joachim Sauer hatte ihr zugeraten. *Er hatte die Sorge, dass wieder nur die Leute, die früher in der Politik waren, alles übernähmen. Er hat gesagt: Mach mal. Es war klar, dass er von uns beiden der leidenschaftlichere Wissenschaftler war.*[25] Ihr selbst ging, wie sie schon in den letzten Jahren der SED-Herrschaft bemerkt hatte, die letzte Leidenschaft für das Fachliche ab. *Ich habe gern Physik gemacht. Aber ich habe nicht so gerne Physik gemacht, dass ich auf alle Beigaben des Lebens sonst noch verzichtet hätte.*[26] Damit war freilich auch eine andere Aussage verbunden: dass Sauer wissenschaftliche Strenge den zerstreuenden «Beigaben des Lebens» vorzog.

Gleichwohl bedeutete die Kandidatur für das Sprecheramt auf Landesebene noch keine Lebensentscheidung gegen die Wissenschaft. *Ich war der festen Überzeugung, ich würde nach der Volkskammerwahl an meinen Arbeitsplatz zurückkehren.*[27] Tatsächlich übte Merkel ihren erlernten Beruf nie wieder aus. Zunächst lag ihr jedoch an der Rückkehroption, sie entschied sich für die Politik mit Rückfahrschein. Im Januar schuf die Regierung mit Blick auf die bevorstehende Volkskammerwahl die Möglichkeit, für politische Tätigkeiten eine bezahlte Freistellung vom Arbeits-

1. Wende (1989/90)

Moderne Technik: Die Pressesprecherin machte sich beim Demokratischen Aufbruch auch in praktischen Dingen nützlich.

Dr. Angela Merkel kam 1990 zur CDU und ging 2005 in die Geschichte ein: als erste Kanzlerin der Bundesrepublik Deutschland.

platz zu beantragen. Merkels Vorgesetzter, der Sozialdemokrat Ulbricht, stimmte sofort zu. So stellte der Demokratische Aufbruch die Physikerin zum 1. Februar fest an.[28] Die zeitliche Perspektive für die neue Aufgabe verkürzte sich allerdings: Vor dem Hintergrund der sich überstürzenden Ereignisse beschloss der Runde Tisch am 29. Januar, die Volkskammerwahl vom 6. Mai auf den 18. März vorzuverlegen. Gerade sieben Wochen blieben nun für einen Wahlkampf, für den außer der PDS, die seit Februar auf den Zusatz SED verzichtete, und den vormaligen Blockparteien kaum jemand die organisatorischen Voraussetzungen besaß.

Schnell weitete sich Merkels Zuständigkeit über den Berliner Landesverband hinweg aus. Wegen der politischen Rechtsverschiebung des Demokratischen Aufbruchs war die Pressesprecherin der Gesamtpartei, Christiane Ziller, bereits am 13. Januar zurückgetreten.[29] Die Funktion blieb eine Zeitlang unbesetzt, was offenbar mit der chaotischen Arbeitsweise des Parteivorsitzenden Schnur zusammenhing und mit dessen Bestreben, möglichst niemanden vor den Kopf zu stoßen. *Das war im täglichen Geschäft des Wahlkampfs eine etwas unglückliche Konstellation.*[30]

Zwischen Tür und Angel machte Schnur dann Angela Merkel zur Nachfolgerin: «Dann sind Sie jetzt eben die Pressesprecherin.»[31] Manche in der Partei hätten auf dieser Position wohl lieber Apelt gesehen, der ohnehin die Gesamtverantwortung für die Öffentlichkeitsarbeit trug; aber Merkel, die sich im Richtungsstreit nicht so stark exponiert hatte, schien leichter vermittelbar zu sein. Fortan galt sie als der ruhende Pol in einer chaotisch organisierten Parteispitze. Auch Schnurs Stellvertreter Eppelmann war selten anwesend, stattdessen gab er von zu Hause nicht abgestimmte Erklärungen ab.[32]

Abermals war just zu dem Zeitpunkt, als Merkel sich zu einem weiteren Schritt in die Politik entschloss, eine Grundsatzentscheidung bereits gefallen: Am 5. Februar schloss der Demokratische Aufbruch mit der Ost-CDU Lothar de Maizières das Wahlbündnis «Allianz für Deutschland», beteiligt war daran auch die vor allem im Süden der DDR vertretene Deutsche Soziale Union (DSU). Unter den Bürgerrechtlern war das Zusammengehen mit der bisherigen Blockpartei hoch umstritten. Auch Merkel zeigte sich anfangs reserviert, ließ sich das im Wahlkampf aber nicht anmerken. Die Skeptiker setzten durch, dass die beiden neu gegründeten Parteien keine Listenverbindung mit der CDU eingingen, was sich später als äußerst nachteilig erwies.

Auch in der westdeutschen CDU war das Zusammengehen nicht unumstritten. Generalsekretär Volker Rühe sprach sich dagegen aus, anfangs auch Helmut Kohl, der sich dann aber umstimmen ließ. Die «Allianz für Deutschland» versprach einen doppelten Vorteil: Die West-CDU konnte sowohl die gut ausgebaute Infrastruktur der Blockpartei nutzen als auch das Erbe der Bürgerrechtler von DA und DSU beanspruchen. Die Sozialdemokraten hingegen verschlechterten ihre Ausgangsposition, indem sie die Aufnahme auch reformorientierter SED-Funktionäre strikt verweigerten. Bei der CDU stammten noch gut zwei Jahrzehnte später vier von fünf ostdeutschen Landesvorsitzenden aus der früheren Blockpartei. Das verschaffte ihr einen Wettbewerbsvorteil, den Aufbau einer demokratischen Zivilgesellschaft förderte es nicht.

Ähnlich wie nach 1945 bewies die Union ein weiteres Mal ihre Flexibilität, wenn es darum ging, die Mitläufer einer Diktatur ohne größere Skrupel in die neuen demokratischen Verhältnisse zu integrieren. Anfang 1990 schien der Rückgriff auf die Infrastruktur der Blockpartei bitter nötig zu sein, schließlich versprachen aktuelle Umfragen den mittlerweile in SPD umbenannten Sozialdemokraten eine absolute Mehrheit bei der

Volkskammerwahl. Allerdings kämpften die Demoskopen mit dem Problem, dass nur sechs Prozent der DDR-Haushalte über einen Telefonanschluss verfügten.

An der Annäherung zwischen der westdeutschen CDU und dem Demokratischen Aufbruch waren zwei politische Beamte beteiligt, die für Merkels weitere Karriere bald sehr wichtig wurden. Es handelte sich einerseits um Hans-Christian Maaß, ein brandenburgisches Pastorenkind wie Merkel, den die Bundesrepublik nach einem Fluchtversuch in den siebziger Jahren aus dem DDR-Gefängnis freigekauft hatte und der in den späten achtziger Jahren den eher beschaulichen Job eines Pressesprechers im Bonner Entwicklungshilfe-Ministerium versah. Als die Verhältnisse im östlichen Deutschland ins Rutschen gerieten, zählte er zu den Ersten, die politische Entwicklungshilfe leisteten. Sehr bald hielt er für Vertreter der neu gegründeten Parteien Seminare in Presse- und Öffentlichkeitsarbeit ab. Auch lotste er seinen Minister, den CSU-Politiker Jürgen Warnke, zu einem Treffen mit dem Vorstand des Demokratischen Aufbruchs. Bei diesen Gelegenheiten lernte er Merkel kennen.[33]

Als zweite Schlüsselfigur trat Thomas de Maizière auf, der 14 Jahre jüngere Cousin des Mannes, der sich anschickte, die Ost-CDU in das Wahlbündnis mit ihrer westdeutschen Namensschwester zu führen. Beide stammen aus einer hugenottischen Familie, der Vater des einen hatte als Generalinspekteur der westdeutschen Bundeswehr amtiert, der Vater des anderen als Mitglied des Ostberliner Rechtsanwaltskollegiums und staatsnaher Synodaler der Evangelischen Kirche in der DDR.[34] Thomas de Maizière arbeitete seit 1985 für den Westberliner CDU-Bürgermeister Eberhard Diepgen, der nach dem Machtverlust Anfang 1989 im Schöneberger Rathaus nur noch die Opposition anführte. Gleichwohl übte die Westberliner CDU einen überproportionalen Einfluss auf die politischen Entwicklungen in der DDR aus. Das lag einerseits an der geographischen Nähe, andererseits an den Aktivitäten, die de Maizière nun entfaltete.

Kurz nach Gründung der «Allianz für Deutschland» setzte Kohl ein weiteres Signal mit Blick auf die nahende Volkskammerwahl: Er bot den Ostdeutschen die Gründung einer Wirtschafts-, Währungs- und Sozialunion an. Damit machte er das Votum am 18. März zu einer Abstimmung über die Einführung der D-Mark in der DDR – mit überwältigendem Erfolg, wie sich zeigen sollte. Und er reagierte darauf, dass sich die Abwanderung aus der DDR nach der Grenzöffnung nicht etwa verlangsamt, sondern rapide beschleunigt hatte. Das lag auch daran, dass sich die Versorgungslage in Ostdeutschland während des Revolutionswinters 1989/90 eher verschlechterte als verbesserte. «Kommt die D-Mark, bleiben wir, kommt sie nicht, geh'n wir zu ihr», so hieß es nun allenthalben auf den Demonstrationen in Ostdeutschland.

Diese Perspektive machte vielen Westdeutschen Angst: Sie fürchteten, bei offenen Grenzen könnten die Ostdeutschen in ihr Sozialsystem einwandern, ihnen Jobs und Wohnungen wegnehmen.[35] Berichte über Perspektivlosigkeit und Gewaltkriminalität in den Auffanglagern für Übersiedler taten ein Übriges.[36] Kohl bot nun einen Deal auf Gegenseitigkeit an. Die Westdeutschen gaben das Wertvollste, was sie hatten: die D-Mark. Die Ostdeutschen würden im Gegenzug zu Hause bleiben und das Alltagsleben in der alten Bundesrepublik nicht beeinträchtigen. Mit der Einführung einer stabilen Währung, so nahm man an, würde auf dem Gebiet der DDR ein selbsttragender Aufschwung einsetzen wie nach der Währungsreform und Preisfreigabe 1948 in Westdeutschland.

Am 10. Februar trat Merkel zum ersten Mal mit einer grundsätzlichen Standortbestimmung an die Öffentlichkeit. Ihr Gastbeitrag in der *Berliner Zeitung* trug den Titel: «CDU-West natürlicher Verbündeter beim Umbau der Gesellschaft. Unser schweres Erbe und Ludwig Erhards Radikalkur». Von der CDU-Ost sprach sie bezeichnenderweise nicht, dafür umso mehr von der Erfolgsgeschichte der Westdeutschen nach dem Krieg. *Dreh- und Angelpunkt unserer weiteren Entwicklung ist die Konsolidierung der wirtschaftlichen Lage*, schrieb die Pressesprecherin des Demokratischen Aufbruchs. *Wenn es uns nicht gelingt, im Rahmen einer neuen Wirtschaftsordnung Werte zu erwirtschaften, können wir im sozialen und ökologischen Bereich auch nichts verteilen*. Zum Beweis, dass sie sich wirklich eingearbeitet hatte, griff sie tief in die Zeit um 1948 zurück. *In dieser Hoffnungslosigkeit entwarfen Ludwig Erhard (CDU) u. a. (W. Eucken, F. Böhm und A. Müller-Armack) das phantastisch anmutende Konzept, die Wirtschaft nur noch über den Wettbewerb und über den Markt zu steuern.*[37]

Der kurze Artikel brachte gleich in mehrfacher Hinsicht das wirtschaftspolitische Grundverständnis zum Ausdruck, dem Merkel auch in späteren Jahren folgte: Sie vertraute auf Markt und Wettbewerb und verstand den Zusammenbruch der DDR als Mahnung, dass Verteilungsspielräume erst zu erarbeiten seien. Die Grundidee war eher von protestantischer Arbeitsethik geprägt als von neueren ökonomischen Theorien.

Aber «sozialdemokratisiert», wie manche von Merkels Kritikern in den eigenen Reihen später behaupteten, waren die wirtschaftspolitischen Grundüberzeugungen der Physikerin mit Sicherheit nicht. Die Politikerin aus dem Osten war eine Liberale in gesellschafts- wie in wirtschaftspolitischer Hinsicht.

Die nüchterne Pragmatikerin glaubte schon 1990 an den Primat der Ökonomie. Die DDR war demnach nicht in erster Linie an ein paar widerspenstigen Theologen gescheitert, die in ihrer Pfarrgemeinde zu Friedensgebeten einluden.[38] Sie ging vielmehr an wirtschaftlichem Unvermögen zugrunde. Im Zeichen der «Einheit von Wirtschafts- und Sozialpolitik» subventionierte die DDR Grundnahrungsmittel oder Mieten, ohne mit ihrer ineffizienten Planwirtschaft die nötigen Ressourcen bereitzustellen. Der Niedergang der Sowjetunion traf die ostdeutsche Volkswirtschaft zusätzlich. Die Hunderttausende von Bürgern, die 1989 auf die Straße oder in den Westen gingen und den Staat damit zum Einsturz brachten, taten das in ihrer großen Mehrheit nicht aus dem abstrakten Wunsch nach Demokratie und Freiheitsrechten. Sie hatten vielmehr das Bedürfnis, endlich zum materiellen Lebensstandard des Westens aufzuschließen. *Die Liebe zur Freiheit wäre auch in der alten Bundesrepublik ohne stabile D-Mark nicht so groß gewesen.*[39]

Mit jedem Tag rückte der völlige Zusammenbruch der DDR näher. Das alarmierte die handelnden Politiker in Bonn wie in Ostberlin, und es beschleunigte die Entwicklung zu einer raschen staatlichen Vereinigung. Am selben Tag, an dem Merkels Grundsatzartikel in der *Berliner Zeitung* erschien, erhielt Kohl in Moskau von Gorbatschow die grundsätzliche Zustimmung zu einer Vereinigung der beiden deutschen Staaten. Drei Tage später, am 13. Februar, stand fest, dass die Regierungen aus Bonn und Ostberlin darüber in «Zwei-plus-Vier-Gesprächen» mit den Siegermächten des Zweiten Weltkriegs verhandeln würden.

Volkskammerwahl

So hätte Merkel beruhigt der Volkskammerwahl entgegensehen können, bei der es zwei aussichtsreiche Bewerber für das Amt des Ministerpräsidenten gab. Als Favorit galt der gelernte Bibliothekar Ibrahim Böhme, der früher als Dramaturg am Landestheater Neustrelitz gearbeitet hatte und seit Ende Februar die ostdeutsche Sozialdemokratie anführte, die Anfang Februar in den Umfragen noch Zustimmungswerte von mehr als 50 Prozent erreichte. Die «Allianz für Deutschland» schickte Wolfgang Schnur ins Rennen, den Vorsitzenden von Merkels Demokratischem Aufbruch. Für seine Pressesprecherin hätte das neue Perspektiven bedeutet. Doch kurz vor der Wahl kam ein Ereignis dazwischen, von dem anzunehmen war, dass es Merkels politisches Engagement bereits nach drei Monaten beenden würde.

Schon länger waren Gerüchte im Umlauf gewesen, dass Merkels Vorgesetzter dem Ministerium für Staatssicherheit als Inoffizieller Mitarbeiter zugearbeitet hatte. Ernst genommen wurden sie nicht, auch nicht von vielen westdeutschen Politikern, Beratern und Medienleuten. Sie empfahlen vielmehr den im Demokratischen Aufbruch versammelten Bürgerrechtlern, sie sollten *doch endlich mit diesem angeblich alles zersetzenden Misstrauen aufhören*, wie sich Merkel im Nachhinein empörte.[40] Die damals in Bonn beheimatete Tageszeitung *Die Welt* sprach von «angeblichen Akten» aus der «Kloake» der Stasi, die «von interessierter Seite partiell ausgeschlachtet» würden.[41] Routinen im Umgang mit den Stasi-Unterlagen hatten sich noch nicht herausgebildet, acht Wochen nach dem Sturm auf die Berliner Zentrale des Geheimdienstes. Die zuständige Behörde unter der Leitung des Rostocker Pfarrers Joachim Gauck nahm erst knapp zwei Jahre später ihre Arbeit auf. Schnurs Medienberater Karl-Ulrich Kuhlo, ein ehemaliger *Bild*-Journalist, redete seinem früheren Arbeitgeber eine Veröffentlichung des Materials aus.

Aus dem Verkehr gezogen waren die Unterlagen damit nicht. Statt des Boulevardblatts veröffentlichte sie das Nachrichtenmagazin *Der Spiegel*, und zwar am 12. März, dem Montag vor der Volkskammerwahl. Eine Vorabmeldung lief am Sonntag über die Nachrichtenagenturen. Schnur selbst hatte zu diesem Zeitpunkt bereits einen Kreislaufzusammenbruch erlitten und sich zur Behandlung ins katholische Sankt-Hedwig-Krankenhaus nach Berlin-Mitte begeben. Merkel wusste das nicht. Für sie war er einfach nur abgetaucht, was nicht zum ersten Mal geschah. Sie erlebte nun, dass der Westen die Regie über das Geschehen komplett übernahm: Die engagierten Politneulinge aus dem Osten redeten sich in ihren Sitzungen den Kopf über Fragen heiß, die ihre Kollegen aus der alten Bundesrepublik hinter den Kulissen längst entschieden hatten.[42]

Für den Mittwoch, zwei Tage nach Erscheinen des *Spiegel*, hatte Merkel ein Pressegespräch zu den europapolitischen Vorstellungen des

Demokratischen Aufbruchs anberaumt. Wieder einmal besaßen die Gäste aus dem Westen mehr Informationen über das Geschehen in der Partei als die Akteure selbst. Ob sie denn wüssten, fragte der dpa-Korrespondent die Gastgeber, dass der Westberliner CDU-Vorsitzende Diepgen gerade bei Schnur im Krankenzimmer sitze und dessen Rücktritt bevorstehe? Merkel brachte das Pressegespräch daraufhin schnell zu Ende und versuchte, den stellvertretenden Parteivorsitzenden Eppelmann zu erreichen. Das war nicht einfach. Zum einen, weil es kaum Telefone gab. Zum anderen, weil Eppelmann brüllte, er lasse sich von den Westlern nichts sagen.[43]

Angela Merkel war da pragmatischer. Sie eilte nach Westberlin, wo kurioserweise die lokale CDU über das Schicksal der Verbündeten in einem ganzen Staat beriet, was auch Thomas de Maizière im Nachhinein als Fehler ansah. Sie blieb einfach sitzen, als Diepgen von Schnur aus dem Krankenhaus zurückkam und rief: «Jeder, der hier nicht hergehört, raus!» Die Physikerin aus dem Osten traf *auf eine völlig konsternierte Westberliner CDU*, was ihr die Erfahrung verschaffte, *dass man auch im Westen mitunter Nerven zeigte.*[44] Zwischendurch telefonierte sie mit ihrem Lebensgefährten, um sich Rat zu holen für die Pressekonferenz, die dann am Nachmittag stattfand. Bis dahin fing sie sich wieder. Die stellvertretende Parteivorsitzende Brigitta Kögler verlas die handschriftliche Rücktrittserklärung, die Diepgen von Schnur eingeholt hatte.[45]

Merkel erhielt in diesen turbulenten Stunden eine Lektion über westliche Politik, auch wenn sie an diesem Tag nur eine Statistenrolle spielte. Ihr Westberliner Sprecherkollege Thomas de Maizière, der später einer ihrer engsten Vertrauten wurde, nahm sie zu diesem frühen Zeitpunkt noch nicht einmal richtig wahr. Tatsächlich deutete nun alles auf ein schnelles Ende ihres politischen Engagements hin: Der Demokratische Aufbruch, schon zuvor bei mageren sieben Prozent gehandelt, würde nach Schnurs Bekenntnis endgültig abstürzen. Niemand ahnte, dass der Sozialdemokrat Ibrahim Böhme nach der Wahl ebenso enttarnt werden würde wie Schnur.

Merkel tat, was auch in späteren Krisen ihre Stärke war: Sie behielt die Nerven und machte einfach weiter. Das zahlte sich aus. Denn die Prognosen verwirklichten sich am Wahlabend nur zum Teil. Das Debakel des Demokratischen Aufbruchs trat ein. Auf blamable 0,9 Prozent kam die Partei, die mangels Sperrklausel dennoch in die Volkskammer einzog. Aber die siegesgewisse Sozialdemokratie musste sich entgegen allen Vorhersagen mit bescheidenen 22 Prozent zufrieden geben. Fast doppelt so viele Menschen entschieden sich für die schnelle Einheit und die rasche Einführung der D-Mark. Die beste Garantie, dass dies tatsächlich geschah, bot nun einmal die Partei Helmut Kohls: Die CDU triumphierte mit 41 Prozent. Moralische Bedenken gegenüber der einstigen Blockpartei spielten keine Rolle mehr. Auch die Bürgerrechtler vom «Bündnis 90», die nicht unter einer Stasi-Affäre litten, kamen nur auf enttäuschende 2,9 Prozent.

Der ostdeutsche CDU-Vorsitzende Lothar de Maizière musste sich im Laufe des Abends mit dem unerwarteten Gedanken vertraut machen, der erste demokratisch gewählte und zugleich der letzte Ministerpräsident der DDR zu werden.[46] Damit war Merkel bei der Postenvergabe wieder im Spiel. Denn mit der CDU hatte auch die «Allianz für Deutschland» gewonnen, und schon aus kosmetischen Gründen konnte de Maizière die Bürgerbewegten der Wendezeit nicht komplett außen vor lassen.

Der Wahlabend selbst verlief für Merkel ernüchternd. Der Demokratische Aufbruch feierte in der HO-Gaststätte «Zur Mühle», die sich in der Plattenbausiedlung hinter dem S-Bahnhof Greifswalder Straße befand, auf dem Gelände der späteren Shoppingmall «Mühlenberg-Center». Sehr fröhlich ging es aufgrund der Umstände nicht zu. Immerhin schaute der designierte Ministerpräsident Lothar de Maizière vorbei, er hatte genug vom Trubel im Palast der Republik. «Ich glaube, dass die Anwesenden, wie Rainer Eppelmann und Angela Merkel, diese Geste sehr wohl verstanden haben», schrieb er später in seinen Erinnerungen.[47] Auch sein Cousin und Berater Thomas de Maizière war dabei. Ihm redete Merkel nun ins Gewissen. *Sie können glücklich sein, dass Sie so feine Kerle wie uns vom «Demokratischen Aufbruch» in der «Allianz für Deutschland» dabeihaben. Ich hoffe doch, dass das bei der Regierungsbildung anständig berücksichtigt wird,* will Merkel gesagt haben, woran sich de Maizière später allerdings nicht mehr erinnerte.[48] Zunächst sah es nicht danach aus. Der Demokratische Aufbruch hatte kein Geld mehr und musste seine Mitarbeiter entlassen. Rings um Merkels Schreibtisch leerten sich die Büros im Haus der Demokratie.

Regierungssprecherin

Seinen Regierungssprecher suchte sich Lothar de Maizière im Alleingang aus. Ohne Rücksprache mit seinen Beratern berief er den Theologen und Liedermacher Matthias Gehler, einen der wenigen halbwegs unabhängigen Köpfe bei der Zeitung *Neue Zeit*, dem Zentralorgan der Block-CDU. Aber de Maizière brauchte auch einen Stellvertreter oder eine Stellvertreterin, und da er in einer Koalition regierte, konnte er für den Posten keinen zweiten Christdemokraten nominieren. Einem Mitglied der einflussreicheren Partner SPD (21,9 Prozent) oder DSU (6,3 Prozent) wollte er die Pressearbeit allerdings nicht anvertrauen. Es blieb also der pflegeleichte Demokratische Aufbruch (0,9 Prozent), dessen vier Abgeordnete sich ohnehin mit den 163 CDU-Parlamentariern zu einer gemeinsamen Fraktion zusammenschlossen. Und angesichts der sehr männlichen Ministerriege empfahl es sich, wenigstens Posten in der zweiten Reihe mit Frauen zu besetzen. Immerhin hatte der Westberliner Bürgermeister Walter Momper gerade erst einen Senat zusammengestellt, der zur Hälfte aus weiblichen Mitgliedern bestand.

De Maizière suchte also eine Frau, die aus dem Demokratischen Aufbruch kam und Erfahrung mit Pressearbeit besaß. Damit war Angela Merkel im Spiel. In ihrem Job als Parteisprecherin hatte sie nach allgemeinem Urteil gute Arbeit geleistet und in der Krisensituation des Schnur-Rücktritts beträchtliche Nervenstärke bewiesen.

So läutete kurz nach der Wahl in Merkels Hinterhauswohnung die Klingel. Vor der Tür stand Hans-Christian Maaß, der westdeutsche Berater mit den brandenburgischen Wurzeln, so stellte zumindest er selbst es später dar; allerdings nahm auch Thomas de Maizière für sich in Anspruch, seinem Vetter den entscheidenden Hinweis gegeben zu haben. Jedenfalls kam die wie immer zögernde Merkel mit zum designierten Ministerpräsidenten, der zehn Minuten lang mit ihr sprach. «Die ist nett, die nehmen wir», soll Lothar de Maizière über die Physikerin gesagt haben, die er flüchtig kannte.[49]

Damit war die Frau, die bis vor vier Monaten weder Politik noch Journalismus betrieben hatte, die stellvertretende Regierungssprecherin eines Landes mit immerhin 16 Millionen Einwohnern, das bis vor kurzem als die zehntgrößte Industrienation der Erde gegolten hatte – eine statistische Größe, die allerdings täglich weniger den Tatsachen entsprach.

Lothar de Maizière musste sich an den Gedanken gewöhnen, der erste und letzte demokratische Ministerpräsident der DDR zu sein. Später sagte er über seine Pressesprecherin, sie sei eine «gescheite» Frau.

Merkel zog nun in ein kleines Büro im Alten Stadthaus, dem gewaltigen Gründerzeitbau am Molkenmarkt in Berlin-Mitte mit seinen fünf Innenhöfen und dem kuppelbekrönten Turm. Hier hatte der Ministerpräsident seinen Sitz, nach der Selbstauflösung der DDR fiel die Immobilie an die Berliner Stadtregierung zurück. Die stellvertretende Regierungssprecherin erhielt ein für DDR-Verhältnisse phantastisches Gehalt von 2500 Ostmark im Monat. Und sie hatte die Erfahrung gemacht, dass sich Durchhalten und Nervenstärke in scheinbar ausweglosen Situationen auszahlen können.

Merkel stellte allerdings eine Bedingung: Sie könne den Posten nur antreten, wenn sie bei der Vereidigung des Kabinetts am 12. April nicht anwesend sein müsse. *Mein Mann hatte eine Einladung zu einer Tagung in Sardinien, und ich wollte da mit. Ich hatte hart genug gearbeitet, um jetzt ein paar Tage Erholung in der Sonne verdient zu haben – und wusste ja gar nicht, ob ich etwas werde. Im Rückblick halte ich das für einen ziemlichen Fauxpas, dass ich damals mitgeflogen bin.*[50] Wie immer bei Merkel fiel der Lerneffekt sehr gründlich aus: Als Kanzlerin legte sie sogar dienstliche

Auslandsreisen stets so, dass sie keine einzige Sitzung von Partei oder Fraktion in Berlin verpasste. Erst nachdem der Sardinien-Urlaub gesichert war und sie sich wie üblich mit ihrem Lebensgefährten beraten hatte, schrieb sie ihrem künftigen Vorgesetzten einen kurzen handschriftlichen Brief: *Sehr geehrter Herr Gehler, nach kurzem Überlegen und Rücksprache mit meinem Vorsitzenden nehme ich das Angebot, stellvertretende Regierungssprecherin werden zu können, dankend und gerne an.*[51]

Die neue Regierung stand vor gewaltigen Aufgaben. Der im Westen oft als «Laienspielschar» verspotteten Regierung sollten am Ende nur knapp sechs Monate bleiben, um ein ganzes Land abzuwickeln und es in einem nicht völlig chaotischen Zustand an die erfahrenen Bürokraten aus Westdeutschland zu übergeben. Das barg unabsehbare Risiken. Außenpolitisch war die Vereinigung der beiden deutschen Staaten nicht abgesichert, insbesondere was die Bündniszugehörigkeit betraf. Und in der Sowjetunion, die nach wie vor 350 000 Soldaten auf ostdeutschem Gebiet stationiert hatte, saß der Reformer Gorbatschow alles andere als fest im Sattel, wie ein Putschversuch ein Jahr später zeigte.

Innenpolitisch verlor die DDR mit jedem Tag an Stabilität. Der mögliche Kollaps der landwirtschaftlichen Produktionsgenossenschaften drohte im Sommer sogar die Versorgung mit Lebensmitteln zu gefährden, weshalb die DDR-Regierung kurz nach der Währungsunion Liquiditätshilfen von mehr als einer Milliarde D-Mark für die ostdeutschen Agrarbetriebe bereitstellte.[52] In Ländern wie Bulgarien, die nicht über einen reichen Bruder im Westen verfügten, kam es nach dem Untergang des Kommunismus zu regelrechten Hungersnöten. Auch der Exodus der Bevölkerung setzte sich fort. So konnte es kaum verwundern, dass der ohnehin schmächtige Ministerpräsident de Maizière im Laufe seiner halbjährigen Amtszeit 14 Kilogramm abnahm.[53] Dass Ende August die SPD die Regierungskoalition verließ, war vor diesem Hintergrund fast schon eine Randnotiz. Merkel erfuhr davon, als eine Sekretärin mit einem Schnapsglas zum Büro des CDU-Politikers Günther Krause stürmte, der als Staatssekretär beim Ministerpräsidenten die Verhandlungen über den Einigungsvertrag führte. *Da wusste ich schon: Es ist etwas Schlimmes passiert, Krause braucht einen Klaren.*[54]

Die Regierung beschloss eine Vielzahl von Gesetzen und Verordnungen, die eine Öffnung zum Westen vorbereiten und den Zustand des Landes stabilisieren sollten. Die regelmäßigen Pressekonferenzen, bei denen sich Merkel und Gehler abwechselten, fanden in dem Internationalen

Pressezentrum an der Mohrenstraße statt, in dem das Politbüromitglied Schabowski wenige Monate zuvor versehentlich die Grenzöffnung ausgelöst hatte. Merkel hatte etwa die Überprüfung von Stasi-Renten zu verkünden, ein neues Außenhandelsgesetz oder Regelungen zum Zahlungsverkehr. Sie wies im Namen der Regierung auch Forderungen der westdeutschen CSU zurück: Der bayerische Ministerpräsident Max Streibl hatte verlangt, die DDR dürfe «keine müde Mark mehr aus dem Bonner Steuersäckel bekommen». Die stellvertretende Regierungssprecherin sagte dazu nur, was sie noch Jahrzehnte später auf solche Einwürfe antwortete: Die Äußerungen des Regierungschefs aus dem Süden seien *nicht dienlich*.[55]

Gerade die westlichen Journalisten schätzten alsbald die effiziente und direkte Art, in der ihnen Merkel die nötigen Informationen zukommen ließ. Schnell gingen die Korrespondenten dazu über, den Zusatz «stellvertretend» schon mal wegzulassen, wenn sie die Regierungssprecherin zitierten. Auch Lothar de Maizière merkte, was er an der Mitarbeiterin hatte. «Sie verblüffte durch ihren klaren analytischen Verstand, ihr sicheres Gespür für die Unterscheidung von Wichtigem und Unwichtigem und ihre Fähigkeit, sofort praktische Vorschläge für sachgerechte Reaktionen zu unterbreiten», schrieb er in seinen Memoiren. «Wenn andere diese Aufgabe übernahmen, war der Unterschied sofort zu sehen.»[56]

Wie jede gute Pressesprecherin scheute sich Merkel nicht, ihrem Chef in die Parade zu fahren. Bei einem Besuch in Irland bestand sie darauf, ein Interview neu zu beginnen, weil de Maizière ihrer Ansicht nach die falschen Antworten gegeben hatte. Inhaltlich unterschied sich Merkel von dem zögerlichen Regierungschef vor allem durch die Konsequenz, mit der sie den schnellen Beitritt zur Bundesrepublik gegenüber einer langwierigen Vereinigung auf Augenhöhe favorisierte, die Zugehörigkeit zur Nato eingeschlossen. Intern sagte sie das auch.[57]

Einigungsvertrag

Im Mittelpunkt der Regierungsarbeit standen drei große Abkommen: Ende April begannen die deutsch-deutschen Gespräche über die Währungs-, Wirtschafts- und Sozialunion, Anfang Mai fingen die Zwei-plus-Vier-Verhandlungen mit den Siegermächten an, ab Anfang Juli schließlich ging es um die mehr als tausend Seiten des Einigungsvertrags.

1. Wende (1989/90)

In allen drei Fragen traf die Bonner Ministerialbürokratie die entscheidenden Festlegungen, bei den Zwei-plus-Vier-Gesprächen redeten die Siegermächte ein entscheidendes Wort mit. Die Haltung der DDR wurde weniger durch die Ostberliner Regierung festgelegt, als vielmehr durch das Verhalten der Bevölkerung: Der Imperativ, die anhaltende Auswanderung zu bremsen, diktierte viele der Entscheidungen, die sich als ökonomisch kaum tragfähig erwiesen. Das galt vor allem für die am 1. Juli in Kraft tretende Währungsunion und die Umstellung aller laufenden Zahlungen im Verhältnis 1:1. Für diesen Kurs sprach ökonomisch nichts, aber politisch alles: Ein Umtauschkurs, der auch nur annähernd der Produktivität der ostdeutschen Betriebe entsprach, hätte die Emigration nicht gestoppt und wenige Monate nach dem umjubelten Mauerfall die Wiedererrichtung eines rigiden Grenzregimes erfordert.

Die konkreten Pläne entwarfen die beiden maßgeblichen Beamten von Finanzminister Theo Waigel (CSU), die in Merkels Leben noch eine besondere Rolle spielen sollten: als Staatssekretär der spätere Sparkassenpräsident Horst Köhler, den die CDU-Vorsitzende 2004 zum Bundespräsidenten machte, und als zuständiger Referatsleiter der spätere Berliner Finanzsenator Thilo Sarrazin, dessen Bücher über angeblich genetisch bedingte Intelligenzdefizite bei Muslimen die Kanzlerin als «nicht hilfreich» bewerten sollte. Beide glaubten an einen selbsttragenden Aufschwung, noch 2015 sagte Sarrazin stolz: «Der Umtauschkurs 1:1 war meine Idee, und ich habe mich durchgesetzt.»[58]

Trotz schwerwiegender Einwände vor allem von Seiten der Bundesbank entschied sich Kohl aus politischen Gründen für die schnelle Währungsunion. Wie die Beamten im Finanzministerium verließ er sich in Analogie zur frühen Geschichte der Bundesrepublik darauf, dass ein neues Wirtschaftswunder jene «blühenden Landschaften» herbeizaubern werde, von denen der Kanzler sprach. Schon am 18. Mai konnte Angela Merkel in Bonn als Pressesprecherin die Unterzeichnung des Staatsvertrags über die Währungsunion betreuen, die Waigel und DDR-Finanzminister Walter Romberg, ein Sozialdemokrat, in Anwesenheit der beiden Regierungschefs vornahmen. Nur gut drei Wochen hatten die Verhandlungen gedauert.

Langwieriger gestaltete sich der Zwei-plus-Vier-Prozess. Kohl und sein Außenminister Genscher nahmen die Sache in die Hand. Ihnen gefiel nicht, dass der Chef der abzuwickelnden DDR-Regierung nun auch noch selbst in die Hauptstädte der Alliierten flog. Der Ostberliner Regierungssprecherin bescherten diese Reisen erste Erfahrungen in internationaler

Politik. Ob es nun an Gehlers Flugangst lag oder an dessen Irrglauben, wegen der unentwegt tagenden Volkskammer in Berlin nicht abkömmlich zu sein: Merkel übernahm auf den meisten dieser Reisen die Pressearbeit, nur nach Washington flog ihr Vorgesetzter selbst. Den Höhepunkt bildete der Abschluss der Zwei-plus-Vier-Verhandlungen am 12. September in Moskau. Die wichtigste Entscheidung war indes schon am 16. Juli im Kaukasus gefallen, als Gorbatschow dem Strickjacke tragenden Bundeskanzler im Vieraugengespräch die freie Bündniswahl für ein künftiges Gesamtdeutschland zusicherte.

Nun ging es um den Vollzug. In der vergleichsweise kleinen DDR-Regierungsmaschine reiste nur ein Dutzend Berliner Korrespondenten mit, die Merkel umso intensiver betreute. Zum Presseprogramm zählte nicht allein ein Essen in einem georgischen Restaurant am Vorabend der politischen Termine, sondern auch ein Hintergrundgespräch mit de Maizière im Delegationshotel «Roter Oktober», bei dem die Journalisten sehr viel mehr verwertbare Informationen erhielten als hinterher von der westdeutschen Delegation. Gleichwohl verließen sie das Gespräch mit de Maizière eher enttäuscht, während sie sich von der näselnden Unverbindlichkeit des Bonner Außenministers Genscher beeindrucken ließen.[59] Merkel nahm das als eine Lehrstunde in politischer Kommunikation.

Nebenbei versuchte die stellvertretende Regierungssprecherin im Auftrag ihres Ministerpräsidenten, in der Moskauer U-Bahn die Haltung der Einheimischen zur bevorstehenden deutschen Einigung zu erforschen. Stalin habe den Zweiten Weltkrieg gewonnen, so oder ähnlich hörte sie es mehrfach, nun sei Gorbatschow dabei, ihn zu verlieren. Merkel sah sich dadurch in ihrer Einschätzung bestätigt, dass Eile geboten sei. Weniger eindrückliche Erinnerungen brachte sie von ihren Reisen nach Paris und London mit. Während der westdeutsche Kanzler deutsche und europäische Einigung in engem Zusammenhang sah, spielten europapolitische Fragen für Merkel in jenen Tagen keine übergeordnete Rolle. Das änderte sich erst sehr viel später unter dem Einfluss äußerer Ereignisse.

Bleibenden Eindruck hinterließen bei ihr schließlich die Verhandlungen über den Einigungsvertrag im Juli und August. Die Gespräche führte auf DDR-Seite ihr Vorgesetzter, Staatssekretär Günther Krause, für die Bundesrepublik verhandelte Innenminister Wolfgang Schäuble, mit dem Merkel später eine ganz besondere Beziehung von Zusammenarbeit und Rivalität verband. Nun geriet sie erstmals mit dem eigensinnigen Alemannen aneinander. Im Anschluss an eine Verhandlungsrunde zum Einigungsvertrag war eine gemeinsame Pressekonferenz von Krause und Schäuble angesetzt. Krause wollte aber zuvor noch ein ARD-Interview geben, weshalb Merkel den westdeutschen Innenminister zur Seite nahm: *Herr Bundesminister, einen Augenblick bitte; Herr Krause möchte noch ein Interview geben.* Schäuble reagierte barsch. «Dann findet die Pressekonferenz nicht statt», entgegnete er, worauf Merkel ihren Chef sofort zurückzerrte und das Fernsehinterview auf später verschob.[60]

Rund tausend Seiten umfasste der Einigungsvertrag, ausgearbeitet mit der Gründlichkeit jener westdeutschen Juristen, deren Mentalität Merkel nicht sonderlich schätzte. Der Vertrag legte die Grundlage dafür, dass die administrative Integration der fünfeinhalb neuen Bundesländer tatsächlich ohne größere Schwierigkeiten gelang. Er behinderte den Aufbau Ost aber auch auf vielfältige Weise, indem er zum Beispiel hohe bürokratische Hürden schuf, nicht zuletzt durch das Prinzip «Rückgabe vor Entschädigung» für Grundstücke, die in der DDR enteignet worden waren. Die vielen ungeklärten Eigentumsverhältnisse verzögerten den Wirtschaftsaufschwung mindestens so sehr wie die Trägheit der «Deutschen Bundespost Telekom», die mehr als ein halbes Jahrzehnt brauchte, um Ostdeutschland flächendeckend mit Telefonanschlüssen zu versorgen.

Merkel begleitete auch die letzte Verhandlungsrunde in der Nacht zum 31. August, als Krause und sein westdeutscher Gesprächspartner Schäuble morgens um 2.08 Uhr in Bonn den Einigungsvertrag paraphierten. Inzwischen stand der Termin für den Beitritt der DDR zur Bundesrepublik fest: Die Unterhändler einigten sich auf Mittwoch, den 3. Oktober, denn sie wollten die Vereinigung nach der KSZE-Außenministerkonferenz vom 2. Oktober vollziehen, aber vor dem 7. Oktober, dem Stichtag für die Wahlvorschläge zur ersten gesamtdeutschen Bundestagswahl.

Damit tickte auch für Merkel persönlich die Uhr. Ein Staat, der sich selbst auflöste, brauchte keine stellvertretende Regierungssprecherin mehr. Krause, der für die Übergangszeit als Minister für besondere Aufgaben in die gesamtdeutsche Regierung eintreten sollte, besorgte seiner Mitarbeiterin eine Stelle als Referentin im Bundespresseamt, schließlich brauchte der CDU-Politiker auch im neuen Amt kommunikative Zuarbeit. Merkel machte sich wegen ihres hohen Blutdrucks Sorgen, ob sie die Einstellungsuntersuchung für den öffentlichen Dienst der Bundesrepublik bestehen würde. Aus ihrer Sicht diente der Posten ohnehin nur der Absicherung. Inzwischen war ihr Entschluss gereift: Angela Merkel wollte nicht mehr für andere sprechen, sondern für sich selbst, also Politikerin werden und bei der Bundestagswahl kandidieren. Die Grundvoraussetzung dafür war inzwischen geschaffen: die Vereinigung des Demokratischen Aufbruchs mit der CDU. Sie nutzte den Vereinigungsparteitag am 1. und 2. Oktober in Hamburg für einen kurzen Redeauftritt – und für eine Begegnung, die ihre weitere Karriere förderte: Auf Vermittlung des designierten Bundesvorstandsmitglieds Hans Geisler vom Demokratischen Aufbruch traf sie am Rande des Presseabends im Hamburger Ratskeller, dem heutigen Restaurant Parlament, den westdeutschen Bundeskanzler, der gerade im Begriff war, als «Kanzler der Einheit» in die Geschichte einzugehen.[61]

Abgeordnete

Als Angela Merkel zum ersten Mal mit Helmut Kohl sprach, kandidierte sie bereits für den Deutschen Bundestag. Der Weg dorthin verlief nicht ohne Hindernisse. Angesichts der überraschenden CDU-Erfolge herrschte in Ostdeutschland zwar allenthalben Bedarf an Kandidaten, die unbelastet, fähig und dazu auch noch willens waren. Aber in Merkels Wahlheimat Berlin balgte sich die Prominenz aller Parteien um die Direktmandate. Obendrein besaß die CDU in der PDS-Hochburg keine sicheren Erfolgsaussichten. Wieder half Günther Krause: In seinem Landesverband Mecklenburg-Vorpommern stand die Nominierung für den Wahlkreis Stralsund-Rügen-Grimmen noch aus, weil sich die drei beteiligten CDU-Verbände untereinander zerstritten hatten.

Der Mann, der Merkels Kandidatur nun zu seiner Sache machte und ihr damit den Weg in die Politik ebnete, hieß Wolfhard Molkentin. Der 48 Jahre alte christdemokratische Pfarrerssohn war nach den Kommunalwahlen im Mai zum Landrat des Kreises Grimmen aufgestiegen, ein Amt, das er – später im neuen Großkreis Nordvorpommern – 18 Jahre lang behielt.[62] Das Problem bestand darin, dass die anderen beiden CDU-Verbände inzwischen schon eigene Kandidaten auserkoren hatten. Die Rügener fragten in ihrer Partnerstadt Oldenburg nach und schickten Hans-Günther Zemke als Favoriten ins Rennen, einen Direktor bei der dortigen Landesbank.[63] Auch Stralsund verfiel auf einen Bewerber aus der

1. Wende (1989/90)

alten Bundesrepublik, er hieß Klaus Hermann und arbeitete für die Bonner Unionsfraktion.

Als Merkel ins Spiel kam, war ein erster Nominierungsversuch bereits gescheitert. Am 16. September, einem Sonntagmorgen, hatten sich die Delegierten aus den drei CDU-Verbänden im Löwischen Saal des Stralsunder Rathauses zu ihrer Versammlung getroffen. Es gab Unstimmigkeiten in Bezug auf die Zahl der Delegierten und deren ordnungsgemäße Benennung durch die einzelnen CDU-Gliederungen. Der korrekte Bankdirektor Zemke drängte darauf, diese Fragen erst beim Justiziariat der Bonner Bundesgeschäftsstelle zu klären und die Aufstellung des Kandidaten bis dahin zu vertagen.

So geschah es, aber inzwischen hatten Molkentin und seine Christdemokraten aus Grimmen eine dritte Kandidatin nominiert: Angela Merkel. Am 27. September kamen die Delegierten abermals zusammen, es war Donnerstag, die meisten der Anwesenden mussten also am nächsten Tag früh zur Arbeit. Man traf sich an einem eher entlegenen Ort, dem gewaltigen, zweieinhalb Kilometer langen Ferienkomplex der nationalsozialistischen Freizeitorganisation «Kraft durch Freude» in Prora auf Rügen. Die CDU tagte in dem Gebäudeteil, der damals noch als Militärtechnische Schule diente. Mehr als 70 Kilometer mussten die Merkel-Unterstützer aus Grimmen über Landstraßen nach Rügen fahren, während die Zemke-Freunde vor Ort wohnten. Was auf den ersten Blick wie ein Nachteil aussah, verwandelte sich am Ende des Abends jedoch in einen Vorteil.

Im ersten Wahlgang kam Zemke auf 45,9 Prozent der Stimmen, Merkel nur auf 31,5 Prozent, Hermann lag abgeschlagen dahinter. Für die Nominierung war aber die absolute Mehrheit nötig, mithin bedurfte es einer Stichwahl. Angesichts des deutlichen Vorsprungs für ihren Kandidaten dachten viele der Rügener, dessen Sieg sei bloß noch eine Formsache. Also gingen sie nach Hause, sie mussten ja am nächsten Morgen zeitig aufstehen. Für die Grimmener hingegen hatte der schlaue Molkentin zwei Busse organisiert. Das bedeutete nicht nur, dass er viele Delegierte herankarren konnte, sondern auch, dass seine Leute den Tagungsort nicht eigenmächtig verlassen konnten.

Nach Mitternacht stand das Ergebnis fest. Merkel kam auf 51,8 Prozent, Zemke nur auf 48,2 Prozent. Die stellvertretende Regierungssprecherin der DDR hatte ihr erstes Etappenziel erreicht: Am Rande der Einheitsfeiern am 3. Oktober konnte die frischgebackene Bundestagskandidatin

Wie aus einer anderen Zeit: In ihrem ersten Bundestagswahlkampf 1990 war Merkel zu Besuch bei Fischern auf der Insel Rügen.

freudestrahlend Vertrauten berichten, dass sie jetzt endlich einen aussichtsreichen Wahlkreis habe.[64] Bei der Volkskammerwahl hatte es die CDU hier – wie überall in der DDR – auf den ersten Platz geschafft, auf Rügen allerdings nur knapp vor der PDS. Ihrem Förderer Wolfhard Molkentin blieb Merkel, die angeblich so Untreue, dankbar. Kaum war sie zur Kanzlerin gewählt, holte sie den Präsidenten der Vereinigten Staaten in dessen Heimatdorf Trinwillershagen.

Nun hieß es Wahlkampf machen. Einen persönlichen Bezug hatte Merkel zu ihrer künftigen politischen Heimat in Mecklenburg-Vorpommern nicht, außer dass Templin vor der Neugründung der Länder zum Bezirk Neubrandenburg gehört hatte, der vor allem mecklenburgisches und pommersches Gebiet umfasste; Stralsund zählte wie die gesamte Küste allerdings schon zum Nachbarbezirk Rostock.

Ende November, kurz vor der Bundestagswahl, rief Kohl die künftige Abgeordnete zu sich ins Kanzleramt. Später erzählte sie, *dass er mir dann die bemerkenswerte Frage gestellt hat, wie ich mich mit Frauen verstehen würde. Gut, was sonst? Wir haben dann noch ein bisschen über den Wahlkampf geplaudert, und Helmut Kohl war offenbar zufrieden mit dem Gespräch.*[65] Gewiss sein, dass sich daraus etwas entwickeln würde, konnte

Merkel nicht. Sie musste erst einmal ihr Direktmandat gewinnen. Also ging sie in Bonn noch beim Bundespresseamt vorbei, um sich ihren dortigen Arbeitsplatz schriftlich garantieren zu lassen.[66] Eine Rückkehr in den alten Beruf rückte in immer weitere Ferne. Die Abwicklung der überdimensionierten Akademie der Wissenschaften begann sich inzwischen abzuzeichnen, Merkels Institut für Physikalische Chemie wurde zum 31. Dezember 1991 endgültig geschlossen. Für Merkel selbst begann nun endgültig ein neuer Lebensabschnitt.

2. Ministerin in Bonn (1991–1998)

Kohls Mädchen

Am 20. Dezember 1990 nahm die direkt gewählte Abgeordnete des Wahlkreises 267 Stralsund-Rügen-Grimmen an der konstituierenden Sitzung des zwölften Deutschen Bundestags teil. Dem besonderen Anlass gemäß kamen die Parlamentarier im Berliner Reichstagsgebäude zusammen, in dem 1973 fertiggestellten Plenarsaal des Architekten Paul Baumgarten, der nun zum ersten und beinahe einzigen Mal seinem bestimmungsgemäßen Zweck diente: ein frei gewähltes gesamtdeutsches Parlament zu beherbergen. Gemessen an der nüchternen Selbstdarstellung der alten Bundesrepublik zelebrierten die Abgeordneten einen ungewohnt feierlichen Akt. Willy Brandt, der frühere Regierende Bürgermeister Berlins und sozialdemokratische Kanzler der Ostpolitik, eröffnete die Sitzung als Alterspräsident, bevor er die Geschäfte an die wiedergewählte Parlamentspräsidentin Rita Süssmuth von der CDU übergab.

Brandt schloss unter dem Beifall des ganzen Hauses mit den Worten, die Vereinigung der Deutschen in Freiheit sei noch nicht die Erfüllung seines politischen Lebens: «Ich möchte den Tag sehen, an dem Europa eins geworden sein wird.»[1] Ähnlich äußerte sich Süssmuth. An die später so kontrovers diskutierte Frage, ob Frankreich die Schaffung einer europäischen Gemeinschaftswährung zur Bedingung der deutschen Einheit gemacht habe, dachte an diesem feierlichen Tag niemand. Den Wunsch, dass sich das vereinte Deutschland in ein vereintes Europa einfügen möge, hegten die führenden deutschen Politiker ganz von selbst. Sie folgten damit einem Verfassungsauftrag: Schon der Parlamentarische Rat hatte in der Präambel des Grundgesetzes festgeschrieben, dass die Zukunft Deutschlands «in einem vereinten Europa» liege.

Merkel erreichte an diesem Tag das Maximum dessen, was sie zu diesem Zeitpunkt politisch erträumen durfte. Nur ein Jahr nach den tastenden Versuchen eines ersten politischen Engagements gehörte sie jenem

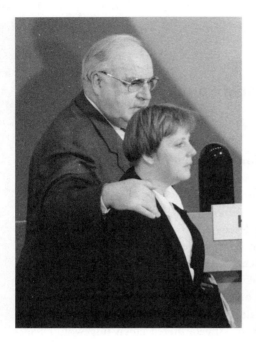

Die Journalisten ersannen für Merkel, die jüngste und nur scheinbar unscheinbarste Ministerin im Kabinett des Einheitskanzlers, den Spitznamen «Kohls Mädchen».

Bonner Parlament an, für das sie bis dahin noch nicht einmal ihre Stimme hatte abgeben dürfen. Ihre Stelle als Wissenschaftlerin, von der sie bislang nur beurlaubt war, gab sie nun endgültig auf. *Das war der Punkt, als mein neues Leben begann.*[2]

Ihr früherer Chef Lothar de Maizière, seit dem Vereinigungsparteitag der Stellvertreter Kohls im CDU-Vorsitz, bereitete sie bei einem Spaziergang in Bonn Anfang Januar behutsam auf das Kommende vor. «Stell' dich mal darauf ein, dass der Bundeskanzler dich bald anruft», sagte er. *Und warum sollte er das tun?*, soll sie zurückgefragt haben. «Weil er dich zur Ministerin machen will.» Merkel schaute erschrocken, so jedenfalls berichtete es de Maizière.[3]

Der Ex-Ministerpräsident will beim Kanzler der Einheit selbst interveniert haben. «Kohl sagte mir in einem Gespräch, dass er ein ‹weiches Ressort› mit einer ostdeutschen Frau besetzen wolle», schrieb er in seinen Memoiren. «Besser kann man seine Quotenpolitik nicht beschreiben: ‹weiches Ressort›, ostdeutsch und Frau waren seine Kriterien.»[4] Der Kanzler nahm dafür Sabine Bergmann-Pohl in den Blick, die letzte Präsidentin der Volkskammer. De Maizière riet ihm ab. Er schlug stattdessen seine

2. Ministerin in Bonn (1991–1998)

einstige Vizesprecherin vor, sie sei eine «gescheite» Frau. Über diesen Ausdruck amüsierte sich wiederum der Kanzler.

Diesmal musste Merkel nicht lange überlegen. Sie wusste, dass sich eine solche Konstellation nicht wiederholen würde. Zwar ging sie das Risiko ein, als unerfahrene Neueinsteigerin zu scheitern. Aber der bescheidene Zuschnitt des Ressorts begrenzte die Gefahren. Kohl zerlegte das bisherige Ministerium für Jugend, Familie und Gesundheit, das einst politische Alphatiere wie Rita Süssmuth oder der frühere CDU-Generalsekretär Heiner Geißler ausgefüllt hatten, in drei Ressorts. Das gab ihm die Gelegenheit, gleich mehreren Proporzansprüchen gerecht zu werden und den Frauenanteil im Kabinett deutlich zu erhöhen. In der auf 20 Minister vergrößerten Regierung saßen einschließlich der freidemokratischen Bauministerin Irmgard Adam-Schwaetzer vier Frauen, ein Novum in der Geschichte der Bundesrepublik.

Das Gesundheitsressort übergab Kohl der CSU-Politikerin Gerda Hasselfeldt, die Familienpolitik übernahm Hannelore Rönsch von der hessischen CDU, Angela Merkel war für Frauen und Jugend vorgesehen. Journalisten spotteten über das «Dreimäderlhaus». Für Merkel, die Jüngste und scheinbar Unscheinbarste, ersannen sie bald den Spitznamen «Kohls Mädchen».

Am 18. Januar erhielt Merkel in der Bonner Villa Hammerschmidt ihre Ernennungsurkunde aus der Hand des Bundespräsidenten Richard von Weizsäcker, dessen Rede zum 8. Mai 1945 sie knapp sechs Jahre zuvor bewundert hatte. Als ihr die Parlamentspräsidentin und Vorvorgängerin Rita Süssmuth anschließend den Amtseid abnahm, erhielt Merkel spontanen Beifall aus dem Plenum. Er galt der einzigen Ostdeutschen im ersten Kabinett der vergrößerten Bundesrepublik, die – anders als der Verkehrsminister Günther Krause – nicht der alten Blockpartei entstammte. Szenenapplaus spendeten die Abgeordneten sonst nur Wolfgang Schäuble, dem Innenminister, der nach einem Attentat im Wahlkampf auf einen Rollstuhl angewiesen war. Erst als er wieder zu Kräften gekommen war, wechselte er in die für ihn vorgesehene Position des CDU/CSU-Fraktionsvorsitzenden.

Frauenministerin

So geriet Merkel in die rheinische Provinz. Sie fand noch vor der Wahl eine Wohnung in der Muffendorfer Elfstraße, oberhalb von Bad Godesberg. Dort wäre sie auch als Mitarbeiterin des Bundespresseamts eingezogen; bei der Besichtigung hatte sie sich nach dem Arbeitsweg dorthin erkundigt. 70 Quadratmeter bewohnte sie in dem unscheinbaren Apartmenthaus, das die Eintönigkeit westdeutscher Vororte verströmte. Noch nicht einmal den Blick über Rhein und Siebengebirge, den die oberen Stockwerke boten, konnte sie aus dem Erdgeschoss genießen. Fenster und Türen der Wohnung, die sie während ihrer gesamten Ministerzeit beibehielt, wurden nach dem Aufstieg ins Kabinett besonders gesichert.[5]

Ihre Wochenenden verbrachte die Pendlerin weiter in Berlin, *fast immer*.[6] Allerdings suchte sie sich auch dort eine neue Bleibe, zumal sich am Horizont ein Umzug der Regierung abzeichnete: Ein halbes Jahr nach Merkels Ankunft in Bonn beschloss der Bundestag mit einer knappen Mehrheit von 338 zu 320 Stimmen die Verlegung von Parlament und Regierung nach Berlin. Den Ausschlag gab nach allgemeiner Einschätzung eine Rede des aus Südbaden stammenden Innenministers und Merkel-Förderers Schäuble. Die vorpommersche Bundestagsabgeordnete gab später an, aus Bewunderung für die Demokratie der Bundesrepublik anfangs mit Bonn sympathisiert zu haben. Schließlich stimmte sie dann aber wie die allermeisten ostdeutschen Parlamentarier für Berlin. *Mit fortschreitender Zeit ist mir immer klarer geworden: Neben den Sachargumenten geht es auch darum: Wer in der Bundesrepublik ist an welcher Stelle zu wieviel Änderung bereit? Wer will also wieviel Änderung ertragen?*[7]

Nicht lange nach der Berlin-Abstimmung bezog Merkel gemeinsam mit Joachim Sauer die neue Wohnung in der künftigen Hauptstadt. Das Hinterhaus an der Schönhauser Allee tauschte sie gegen einen Plattenbau an der Wilhelmstraße, gleich neben dem Gelände, auf dem bis 1945 Hitlers Reichskanzlei gestanden hatte. Dabei handelte es sich nicht um irgendein Neubaugebiet, sondern um ein prominent gelegenes Areal nahe am Brandenburger Tor und ehemaligem Mauerstreifen, das zu DDR-Zeiten besonders zuverlässigen Vertretern der Nomenklatura vorbehalten gewesen war. Nach der Vereinigung drängten Politiker des frisch vereinigten Landes in die «Edelplatte». Auch der PDS-Politiker Gregor Gysi lebte dort, seine Wohnung übernahm 1999 der Sozialdemokrat Franz Müntefering.[8]

2. Ministerin in Bonn (1991–1998)

Als Ministerin tauschte Merkel das Hinterhaus in Prenzlauer Berg gegen einen Plattenbau an der Wilhelmstraße. Seither kauft sie im «Ullrich-Verbrauchermarkt» an der Mohrenstraße ein, 2014 führte sie den chinesischen Ministerpräsidenten Li Keqiang dorthin.

Für Merkel war das damals der letzte Schritt aus der Bohème-Existenz im Bezirk Prenzlauer Berg. *Ich bin in Berlin endlich in eine vernünftige Wohnung umgezogen, und wir haben eine gute Frau für den Haushalt gefunden. Unter diesen Bedingungen bin ich wirklich gerne zu Hause.*[9] Das Pendeln zwischen zwei Neubauten blieb freilich ein Übergangszustand, bis Parlament und Regierung knapp ein Jahrzehnt später tatsächlich nach Berlin umzogen und Merkel wieder in eine Altbauwohnung wechselte.

Den Wochenendeinkauf erledigte Merkel auch während ihrer Jahre als Ministerin meist selbst, im «Ullrich-Verbrauchermarkt» an der Mohrenstraße gleich nebenan. Noch 2014 führte sie den chinesischen Ministerpräsidenten Li Keqiang in den Supermarkt, um ihn am Berliner Alltagsleben teilhaben zu lassen.[10] Dass in der Bundesrepublik noch immer das restriktive Ladenschlussgesetz aus der Nazizeit galt, stellte die vielbeschäftigte Wochenendpendlerin allerdings vor Probleme: Bis Ende 1996 mussten die Geschäfte wochentags um 18.30 Uhr schließen, samstags um 14 Uhr. Im

Sommer 1992 plädierte Merkel deshalb in einem Zeitungsbeitrag für längere Öffnungszeiten. *Es ist jedem Arbeitnehmer schon einmal passiert, dass er abends um halb neun festgestellt hat, dass keine Butter mehr im Kühlschrank ist*, klagte sie aus eigener Erfahrung. *Viele teure Notkäufe zum Beispiel an Tankstellen sind die Folge unserer strikten Ladenschlussgesetze, die mit zu den einengendsten in ganz Europa gehören.* Die Frauenministerin forderte *mehr Möglichkeiten zur Vielfalt, zur individuellen Gestaltung*, mithin *mehr Freiheit, mehr Auswahlmöglichkeiten für alle*.[11] Tatsächlich gaben die Bundesländer erst während Merkels Kanzlerschaft den Ladenschluss weitgehend frei, nachdem ihnen die Föderalismusreform diese Entscheidung überlassen hatte: ein weiterer Abschied von der strengen staatlichen Regulierung des Wirtschaftslebens, wie sie für die frühe Bundesrepublik unter Konrad Adenauer und Ludwig Erhard prägend gewesen war.

Als Abstieg empfand Merkel den Wechsel von der Millionenstadt in die rheinische Provinz trotz des kulturellen Abstands nicht. Schließlich hatte sie die westdeutsche Demokratie immer bewundert und, wie sich bald herausstellte, vielleicht allzu idealistisch verklärt. Und doch musste sie sich umstellen. Im zurückliegenden Jahr hatte sie eine historische Ausnahmesituation erlebt, die einen ungeheuren Möglichkeitsraum öffnete. Für einen kurzen historischen Moment durfte Ostberlin als aufregendster Ort der Welt gelten – mehr noch als die übrigen Hauptstädte im östlichen Mitteleuropa, weil sich die Grenze zwischen den beiden Welthälften mitten durch die Stadt zog.

Nun traf Angela Merkel in Bonn auf einen politischen Betrieb, der sich durch all dies kaum beeindrucken ließ. Interessanter als das Geschehen östlich von Elbe und Werra fand man im Zweifel den Umstand, dass der Ministerpräsident Oskar Lafontaine in seiner saarländischen Landesvertretung den Sternekoch Heinz-Peter Koop beschäftigte. Nachdem der erste historische Moment vorübergegangen war, erwartete man im tiefen Westen, dass alles so weitergehen würde wie bisher. Zu den Stärken der Bonner Republik zählte die Unerschütterlichkeit ihrer politischen Routinen. Angesichts der geschichtlichen Umwälzungen wirkten sie gleichwohl bizarr. Trotz aller Lippenbekenntnisse zur deutschen Einheit hatte in Bonn niemand auf die Neuankömmlinge gewartet. Der durch und durch bundesrepublikanische Kabinettskollege Norbert Blüm lehnte eine Anfrage Merkels für ein Kennenlern-Treffen sogar rundheraus ab, als habe ihm die Ostdeutsche ein unmoralisches Angebot gemacht. Noch Jahre später erzählte er davon freimütig im Fernsehen.[12]

2. Ministerin in Bonn (1991–1998)

Als sich abzeichnete, dass auf die Euphorie über den Fall der Mauer im Osten des Landes eine lange Phase der Ernüchterung folgte, befasste sich der Bonner Betrieb längst wieder mit anderen Themen. Im Leben der meisten Ostdeutschen hatte sich nahezu alles verändert, nicht immer so glücklich wie bei Merkel. Fast alle Betriebe auf dem Gebiet der früheren DDR mussten entweder schließen oder ihr Personal drastisch verringern. Erfahrungen und Fertigkeiten aus der Mangelwirtschaft waren nun nichts mehr wert, und wer beruflich vorankommen wollte, musste sich einen westdeutschen Habitus zulegen. Die Abwanderung setzte sich nicht nur fort, sie beschleunigte sich in den frühen neunziger Jahren sogar. Vor allem Jüngere und gut Ausgebildete verließen den Osten, darunter überproportional viele Frauen. Besonders betroffen waren kleinere Städte und ländliche Regionen. Zurück blieben viele Ältere und Arbeitslose, und auch sie mussten sich nun westlichen Regeln unterwerfen. Viele machten für die Entwicklung eine Institution verantwortlich, die letztlich nur die ökonomischen Folgen der politischen Grundentscheidungen aus dem Jahr 1990 exekutierte: die Treuhandanstalt.

Die Westdeutschen hielten derweil am Bewährten fest. Von «blühenden Landschaften» im Osten sprach auch Kohl bald nicht mehr. Schon im Mai 1991 flogen beim Antrittsbesuch in Halle an der Saale Eier auf den Kanzler der Einheit. Er ging höchstpersönlich auf den Eierwerfer los, und seine Sicherheitsbeamten hatten Mühe, ihn zurückzuhalten. Die Szene galt als Symbol für den Bruch zwischen Kohl und den Ostdeutschen. Viele der früheren DDR-Bürger, denen es mit der Verwestlichung anfangs nicht schnell genug gehen konnte, besannen sich nun auf ihre eigene Identität. Eine Welle der «Ostalgie» begann, ein durchaus typisches Phänomen für die Phase, die bei Integrationsprozessen auf die erste Euphorie nach der Ankunft im neuen Gemeinwesen folgt. Merkel waren solche Gedanken indes fremd.

Im Zentrum der politischen Debatten stand Anfang 1991 der völkerrechtswidrige Einmarsch irakischer Truppen im benachbarten Kuwait, den die Vereinigten Staaten mit einer Militärintervention beantworteten. Nur wenige Tage vor Merkels Ernennung zur Ministerin hatte es Großdemonstrationen gegen das Eingreifen der USA gegeben. Ein letztes Mal gelang es Kohl, die Bundesrepublik mit der bewährten Scheckbuchdiplomatie aus dem bewaffneten Konflikt herauszuhalten. Der finanzielle Beitrag, mit dem sich das frisch vereinte Deutschland vom Militäreinsatz freikaufte, diente wenig später der Legitimation eines «Solidaritätszuschlags» auf die Einkommensteuer. Der Kanzler der Einheit wollte sein Versprechen, die Eingliederung Ostdeutschlands ohne Steuererhöhungen zu bewerkstelligen, zumindest formal nicht brechen.

Merkel rechnete 1992 in einem Zeitungsbeitrag mit der westdeutschen Saturiertheit ab. Sie zitierte die Kritik eines Journalisten an «Benz-Fahrern und Seidenhemdenträgern mit ihren Brunello-Beständen im Keller», um dann in eigenen Worten fortzufahren: *Die Wiedervereinigung kam in der Lebensplanung vieler in dieser Generation nicht mehr vor. Zu wirklichen Umschichtungen oder gar zu Opfern sind sie nicht bereit.* Die Weinerlichkeit, die man im Westen dem Osten gern vorwerfe, komme auf dem Gebiet der alten Bundesrepublik mindestens ebenso häufig vor. Sie habe keinerlei Verständnis dafür, *wenn Westdeutsche sich abgrenzen wollen, weil sie Änderungen fürchten, weil es ihnen um Besitzstandswahrung geht und weil sie bequem geworden sind.* Schließlich mahnte sie: *Auch ohne die Einheit wäre die Bundesrepublik einem großen Modernisierungsdruck ausgesetzt worden.*[13]

Aus dem Aufsatz sprach nach anderthalb Jahren Bonn eine bemerkenswerte Ernüchterung. Zugleich artikulierte Merkel das Selbstbewusstsein einer ostdeutschen Politikerin, die beanspruchte, ganz Deutschland zu verändern. Diesen roten Faden spann sie weiter über den Leipziger Reformparteitag 2003 bis zur Flüchtlingspolitik 2015: Sie wollte die Deutschen offener und veränderungsbereiter machen. Letztlich scheiterte sie daran. Kohl wusste um die Beharrungskräfte, als er den Westdeutschen 1990 vorlog, es werde sich für sie durch die Einheit nichts ändern. Zugleich lag hier der Kern des Misstrauens begründet, das Merkel als Kanzlerin gegenüber dem von ihr regierten Volk hegte: Obwohl sie bei den Deutschen die meiste Zeit sehr beliebt war, erwiderte sie diese Zuneigung insgeheim nicht. Hysterisch, verwöhnt, geschichtsvergessen: Das waren Eigenschaften, die Merkel ihren Wählern schon lange vor der Flüchtlingsdebatte attestierte. Paradoxerweise wurde sie gerade deshalb populär, weil sie von den Deutschen die Veränderungen lange fernhielt, die sie doch eigentlich für dringend nötig hielt.[14]

Machtfragen

Gleich nach Merkels erster Bonner Sommerpause trat Anfang September 1991 ihr einstiger Förderer Lothar de Maizière von allen politischen Ämtern zurück. Schon bald nach der Bundestagswahl war bekannt geworden, dass das Ministerium für Staatssicherheit den Ostberliner Rechtsanwalt und evangelischen Synodalen unter dem Decknamen «Czerny» als Inoffiziellen Mitarbeiter geführt hatte. Schon damals ließ de Maizière seine Ämter vorläufig ruhen, bis Innenminister Schäuble im Februar eine Art Ehrenerklärung für ihn abgab, aber mögliche Stasi-Kontakte auch nicht ausschloss. Von nun an rechnete in Bonn niemand mehr mit einer politischen Zukunft des letzten DDR-Ministerpräsidenten. Gleichwohl hätte die Affäre noch bis zum turnusmäßigen Ende seiner Amtszeit als stellvertretender CDU-Bundesvorsitzender auf niedriger Flamme vor sich hin köcheln können.

Doch am 31. August 1991 kam es im CDU-Vorstand zum Eklat. Lothar de Maizière, der sich als Vorsitzender des nahezu insolventen brandenburgischen CDU-Landesverbands nicht zu Unrecht von der Bonner Parteizentrale im Stich gelassen fühlte, griff die Parteifreunde aus der alten Bundesrepublik scharf an. Er behauptete, die CDU-West habe sich zulasten der CDU-Ost 26 Millionen Mark angeeignet. Mit diesem Vorgehen brachte er sich selbst um den Rest jenes politischen Kredits, den er wegen der Stasi-Vorwürfe so dringend benötigte. «Ick blöde Ossi-Birne», urteilte er später selbst.[15] Am Wochenende nach der Vorstandssitzung trat de Maizière zurück. Westdeutsche Journalisten registrierten mitleidslos die Erleichterung der Christdemokraten über den Abgang des «Laienspielers».

Kaum hatte er seine Rückzugsabsicht intern offenbart, half Kohl dem Landesverband mit 300 000 D-Mark aus der Klemme. Woher das Geld stammte, das der CDU-Vorsitzende so freihändig verteilen konnte, wusste damals niemand. Vermutlich kam es aus den schwarzen Kassen, von denen die Öffentlichkeit acht Jahre später erfuhr: Gerade eine Woche zuvor, am 23. August, hatte der Waffenlobbyist Karlheinz Schreiber auf dem Parkplatz eines Schweizer Einkaufszentrums dem Treuhänder Horst Weyrauch und dem Schatzmeister der Partei eine Million D-Mark in bar übergeben. In diesem Fall behielten die Beteiligten das Geld zwar für sich. Doch als der Vorgang bekannt wurde, kam damit auch das ganze System der verdeckten Konten ans Licht.

Sehr schnell zeichnete sich ab, dass für die Nachfolge de Maizières als Parteivize nur eine Person in Frage kam: Angela Merkel. Knapp ein Jahr nach der deutschen Einheit konnte die CDU noch nicht ernsthaft erwägen, das auf einen Ostdeutschen zugeschnittene Amt des herausgehobenen einzigen Stellvertreters wieder abzuschaffen; erst im Jahr darauf wählte die Partei wieder vier gleichberechtigte Vize-Vorsitzende. Zugleich empfahl es sich nach den Erfahrungen mit de Maizière, den Posten nicht wieder mit einem Mitglied der früheren Blockpartei zu besetzen. Für Merkel sprach, dass sie über den Demokratischen Aufbruch in die CDU gekommen war, in der DDR keine politisch relevanten Funktionen bekleidet und ihre ersten Amtsmonate als gesamtdeutsche Ministerin skandalfrei überstanden hatte.

Eine Woche nach de Maizières Demission gab die Frauenministerin ein Interview, in dem sie ihren früheren Vorgesetzten bemerkenswert kühl verabschiedete. *Mich schmerzt, dass Lothar de Maizière so verbittert ist*, eröffnete sie gleich ihre erste Antwort mit nur scheinbarer Demut. Sein Unglück halte sie *nicht für ein Unglück für die CDU*, fuhr sie fort, weil es sich um ein *individuelles Schicksal* handele und nicht um einen typischen Vorgang für die ostdeutsche Christdemokratie. Um möglichen Debatten über die eigene Vergangenheit gleich vorzubeugen, erwähnte sie ungefragt ihre Tätigkeit *als Kulturreferentin in der FDJ*.[16] De Maizière nahm es ihr damals sehr übel, wie ungerührt sie seinem Versinken im Orkus der deutschen Nachwendegeschichte zusah. Freilich galt hier wie auch schon beim Rücktritt Wolfgang Schnurs als Vorsitzendem des Demokratischen Aufbruchs und in späteren Fällen, dass Merkel diese kurzzeitigen Weggefährten selbst bei noch so gutem Willen nicht hätte retten können.

Als designierte Stellvertreterin des übermächtigen Parteivorsitzenden stand Angela Merkel nun sehr viel stärker im Fokus der Öffentlichkeit als zuvor. Nicht dass ihre Berufung zur Ministerin im Januar unbeachtet geblieben wäre; aber sie leitete doch ein Ressort, das der spätere Bundeskanzler Gerhard Schröder als «Gedöns» bezeichnete, und sie galt zunächst als «Kohls Mädchen» ohne eigenen Gestaltungsanspruch. Das änderte sich nun. In allen großen Zeitungen erschienen ausführliche Porträts über die erst 37 Jahre alte Ostdeutsche, die unverhofft in die Führungsebene der eigentlichen westdeutschen Staatspartei eingerückt war. Als Autoren traten nun nicht mehr die Fachleute für Frauenpolitik auf, sondern die Generalisten mit der Zuständigkeit für das große Spiel

2. Ministerin in Bonn (1991–1998)

mit der Macht. Merkel werde «von der grauen Maus zur grauen Eminenz» befördert, befand der *Spiegel*.[17]

De Maizières Rückzug machte noch einen weiteren Posten frei: den CDU-Landesvorsitz in Brandenburg. Anders als beim stellvertretenden Bundesvorsitz überlegte Merkel in diesem Fall lange, ob sie sich bewerben solle. Einerseits bot die Vakanz eine Gelegenheit, sich in der CDU eine politische Hausmacht zu verschaffen, und durch ihre Templiner Jugend war sie mit Brandenburg verbunden. Andererseits hatte sie in dem Land nie politisch gearbeitet, und sie lebte seit 18 Jahren nicht mehr in Templin, auch wenn sie inzwischen in der Uckermark wieder ein Wochenendhaus besaß. Der brandenburgische CDU-Landesverband galt als schwierig, die früheren Mitglieder der Blockpartei waren dort so einflussreich wie kaum irgendwo sonst. Es erschien zudem aussichtslos, den populären sozialdemokratischen Ministerpräsidenten Manfred Stolpe jemals aus der Potsdamer Staatskanzlei zu vertreiben.

Exakt zwei Monate nach dem Rücktritt de Maizières gab Merkel am 6. November nach einem Gespräch mit Kohl doch noch bekannt, dass sie sich um den brandenburgischen Landesvorsitz bewerben wolle.[18] Zu diesem Zeitpunkt hatte sich als Favorit schon der frühere Berliner Gesundheitssenator Ulf Fink etabliert, der Exponent des westdeutschen CDU-Arbeitnehmerflügels und stellvertretende Vorsitzende des Deutschen Gewerkschaftsbunds. Auch wenn Merkel stets bestritt, von Kohl und Rühe in das schwierige Rennen geschickt worden zu sein: Dass die Bonner Parteiführung ihre Kandidatur unterstützte, spielte jedenfalls eine maßgebliche Rolle bei ihrer Entscheidung. Für die CDU-Spitze ging es nicht nur darum, das Erbe der alten Blockpartei zurückzudrängen. Kohl sah in Fink auch den engen Mitarbeiter des früheren CDU-Generalsekretärs und Familienministers Heiner Geißler, der 1989 an einem gescheiterten Putschversuch gegen den Parteipatriarchen beteiligt gewesen war. Umgekehrt galt die Fürsprache des Bonner Adenauerhauses in Brandenburg keineswegs als Empfehlung, schließlich machte Generalsekretär Rühe aus seiner Abneigung gegen die alten DDR-Seilschaften zu keiner Zeit ein Geheimnis.[19] Ausgerechnet in diesem Landesverband eine Kandidatin aus dem früheren Demokratischen Aufbruch platzieren zu wollen, erschien geradezu verwegen.

So kam es, wie es kommen musste, als sich die brandenburgischen Christdemokraten am 23. November zum Landesparteitag im schmucklosen Kulturhaus von Kyritz trafen. Die Stadt trug nach dem Geräusch der einstigen Wassermühlen den spöttischen Beinamen «an der Knatter», in Berlin gilt sie seit jeher als der Inbegriff des Provinziellen. Merkel verlor sehr viel deutlicher als erwartet: Sie erhielt nur 67 Stimmen. Hingegen votierten 121 Delegierte für Fink, der in dem neuen Amt allerdings bald scheiterte. Es blieb die einzige persönliche Wahlniederlage in Merkels Karriere. Ihr Unterstützer Rühe tröstete sie mit den Worten, sie sei weiterhin «eine der ganz großen Hoffnungsträger der Partei».[20] Für Merkel ergab sich schon zwei Jahre später in Mecklenburg-Vorpommern, das ihr inzwischen zur politischen Heimat geworden war, eine neue Gelegenheit.

Ihren Aufstieg zur stellvertretenden Bundesvorsitzenden gefährdete die brandenburgische Niederlage nicht, zumal Merkel in das schwierige Gefecht mit Rückendeckung der Parteispitze gezogen war. Der Bundesparteitag Mitte Dezember 1991 im Dresdener Kulturpalast geriet zu wahren Merkel-Festspielen: 73-mal fiel in den Redebeiträgen laut Protokoll der Name der neuen Hoffnungsträgerin.[21] Dass sie gleichwohl nur 86 Prozent der Stimmen erhielt, obwohl es keinen Gegenkandidaten gab, mochte dem Neidfaktor geschuldet sein: Hier zog eine Newcomerin mit Leichtigkeit an allen vorbei, die in der Partei seit Jahrzehnten die mühevolle Ochsentour absolvierten. Misstrauen gegenüber ihren vergleichsweise liberalen Ansichten, die sie etwa in der Abtreibungsdebatte bereits geäußert hatte, mochte hinzukommen.

Ziemlich genau zwei Jahre nachdem Merkel zum ersten Mal auf einer Versammlung des Demokratischen Aufbruchs erschienen war, stand sie nun als Stellvertreterin des Einheitskanzlers an der Spitze der CDU. Eine solche Blitzkarriere hatte bisher noch niemand in der deutschen Politik gemacht. Der Status als einzige Stellvertreterin Kohls konnte zwar nicht darüber hinwegtäuschen, dass Merkels Einfluss auf die Parteilinie begrenzt blieb. Eine rein dekorative Rolle wie de Maizière wollte sie jedoch nicht einnehmen. Im Unterschied zum Vorgänger richtete sie sich ein eigenes Büro in der Parteizentrale ein, einem elfstöckigen Scheibenhochhaus aus den siebziger Jahren, direkt an der Hauptverkehrsachse von Bonn nach Godesberg. Ihr Zimmer befand sich im neunten Stock, in dem auch der Parteivorsitzende Kohl sein Büro hatte. Eine Etage darüber arbeitete Generalsekretär Volker Rühe, der das Haus für den meist abwesenden Kanzler führte und mit dem sich Merkel seinerzeit gut verstand; er wechselte wenig später ins Verteidigungsministerium.

Für ihr Büro durfte sie eine halbe Planstelle besetzen. Sie suchte eine Mitarbeiterin, die sich in der westdeutschen CDU auskannte. Dabei half

2. Ministerin in Bonn (1991–1998)

ihr der damals 32-jährige Niedersachse Christian Wulff, CDU-Landesvorstandsmitglied und in der Jungen Union gut vernetzt. Er fragte im Januar 1992 eine vier Jahre jüngere Osnabrücker Parteifreundin, die nach dem Staatsexamen in Deutsch und Englisch bald ihre Doktorarbeit schreiben wollte und zwischendurch einen Job suchte: Ob sie der neuen Kohl-Stellvertreterin interimistisch zuarbeiten wolle, zunächst für ein halbes Jahr?

Beate Baumann sagte zu, damit begann eine Beziehung auf Lebenszeit. Das Promotionsprojekt legte sie bald zur Seite. Schon nach einem Jahr holte Merkel die Vertraute aus der Parteizentrale ins Ministerium und machte sie später im Umweltressort zur Büroleiterin. In dieser Position begleitete Baumann die Chefin in die weiteren Ämter als Generalsekretärin, Parteichefin, Fraktionsvorsitzende und Bundeskanzlerin. Dass sich die beiden bis zuletzt siezten, half beim Bewahren der professionellen Distanz.[22]

Zum Generalsekretär machte Kohl Peter Hintze, den evangelischen Pfarrer und langjährigen Bundesbeauftragten für den Zivildienst, den er Merkel anderthalb Jahre zuvor als Parlamentarischen Staatssekretär im Frauenministerium an die Seite gestellt hatte. Er entwickelte sich in Merkels Anfangszeit als Ministerin zum wichtigsten Scout, der die Politiknovizin durch die Untiefen des Bonner Betriebs lotste. Schon beim ersten Kennenlern-Treffen in einem Godesberger Chinarestaurant Anfang 1991 hatten sich der westdeutsche Pfarrer und die ostdeutsche Pfarrerstochter auf Anhieb verstanden. Die «ungeheure Wachheit und das Hochgeschwindigkeits-Lernvermögen» der designierten Ministerin will Hintze schon bei dieser ersten Begegnung erkannt haben.[23]

Merkels Vertrauensverhältnis zu Hintze bestand auch nach dessen Auszug aus dem Ministerium fort, trotz gelegentlicher Meinungsverschiedenheiten etwa im Umgang mit der ostdeutschen Regionalpartei PDS. Der Pfarrer blieb nicht nur der einzige langjährige Weggefährte, der älter war als Merkel selbst, sondern auch der einzige langjährige Kohl-Vertraute, der ihr nach dem Bruch mit dem CDU-Ehrenvorsitzenden 1999 die Treue hielt. Die Bedeutung, die er für das Netzwerk der ostdeutschen Newcomerin in der Partei besaß, lässt sich kaum hoch genug veranschlagen. Obwohl er nach seiner Ablösung als Generalsekretär durch Merkel im Herbst 1998 keine herausgehobenen Ämter mehr bekleidete, besaß sein Wort in den Parteigliederungen weiterhin Gewicht, vor allem im heimischen Nordrhein-Westfalen. Dass der Kanzlerin während ihrer letzten

Regierungsjahre die Partei zunehmend entglitt, hing auch mit Hintzes frühem Krebstod im Jahr 2016 zusammen.

Ihren beamteten Staatssekretär hatte sich Merkel derweil aus Schäubles Innenministerium geholt: Den Ministerialbeamten Willi Hausmann kannte sie von den Verhandlungen über den Einigungsvertrag, für die beide gemeinsam die Pressearbeit gemacht hatten: der eine für den West-Unterhändler Schäuble, die andere für den Ost-Vertreter Krause. Als einer von wenigen Westlern trat Hausmann gegenüber seinen ostdeutschen Gesprächspartnern nicht überheblich und belehrend auf.

Über die Berufung Hausmanns zum Staatssekretär beriet sich Merkel vorher mit niemandem, entgegen allen Bonner Gepflogenheiten. Auch ignorierte sie die Ambitionen derer, die schon lange für den Posten antichambriert hatten. Sie ging einfach zu Schäuble und sagte, dass sie Hausmann haben wolle: *Ich war mir total sicher in meiner Entscheidung. Ich habe schon deutlich gemerkt, dass man erwartete, dass ich erst frage, ob man mir den empfehlen könne. Ich habe aber keine Diskussionen zugelassen.*[24] Hausmann wollte zunächst selbst nicht glauben, dass diese unorthodoxe Methode funktionierte. Er hielt das eigenmächtige Handeln seiner künftigen Chefin für einen Ausdruck von Unerfahrenheit. Aber Merkel kam damit durch, auch bei Kohl. Kaum stimmte der Kanzler zu, rief sie während einer Parlamentssitzung von der Regierungsbank aus bei Hausmann an, er solle schnell seinen Lebenslauf einreichen.[25]

Der Beamte mit einer klassischen westdeutschen CDU-Karriere blieb für lange Zeit einer ihrer wichtigsten Ratgeber. Ins Umweltministerium konnte sie ihn Ende 1994 zwar nicht mitnehmen, weil Kohl ihn als erfahrenen Berater an der Seite der neuen Familienministerin Claudia Nolte wissen wollte. Als Merkel aber 1998 unter dem neuen Vorsitzenden Schäuble CDU-Generalsekretärin wurde, machten die beiden den alten Vertrauten zum Bundesgeschäftsführer. Den Posten behielt er nach Merkels Aufstieg zur Parteichefin bis Ende 2003, als Berater spielte er auch danach eine wichtige Rolle.

Mit Hausmann, Hintze und Baumann hatte Merkel bereits kurz nach ihrem Einstieg in die westdeutsche Politik drei Vertraute um sich geschart, die ihren weiteren Weg begleiten sollten; hinzu kam im Ministerium die Pressesprecherin Gertrud Sahler, die sie später ins Umweltressort mitnahm. Ende 1991, nicht mal ein Jahr nach Übernahme des Ministeramts, war ihr erstes Küchenkabinett komplett.

Wirklich angekommen war sie damit in der Bonner Politik noch nicht, so sah sie es damals selbst. Zu einer unfreiwilligen Reflexionsphase verhalf ihr ein Sturz. Anfang Januar 1992 glitt sie aus, als sie die Buchhandlung Bouvier an der Spandauer Straße in Berlin-Mitte verließ, zu DDR-Zeiten unter dem Namen «Das Internationale Buch» bekannt. An Schien- und Wadenbein trug sie mehrere Brüche davon. Wochenlang steuerte sie ihr Ministerium vom Krankenbett in der Berliner Charité, anschließend ging sie in Bonn noch auf Krücken und musste nachts wieder in die Klinik.

Im Rückblick interpretierte Merkel ihr Missgeschick als einen Freud'schen Fehltritt: *Ich erkläre mir das so, dass ich unlustig gewesen war, nach der Weihnachtspause wieder in das Bonner Getriebe zurückkehren zu müssen. Plötzlich hatte ich Zeit nachzudenken. Für etliche Wochen. Ich glaube schon, dass der Mensch sich eben auf mehr oder weniger glückliche Art eine Auszeit nimmt, wenn er sie unbedingt braucht. Für mich war dieser Beinbruch eine Zäsur: Bis dahin war vieles einfach mit mir geschehen. Nun musste ich erst wieder laufen lernen – und das Ganze noch mal Schritt für Schritt angehen. Im Grunde bin ich danach erst richtig in der Bundespolitik angekommen.*[26]

Die Weihnachtspause verhalf der Ministerin auch zu einem ganz konkreten Entschluss: Anfang 1992 entließ sie die noch von Rita Süssmuth eingesetzte Leiterin der damals neu gegründeten Abteilung Frauenpolitik, die unter westdeutschen Feministinnen hoch angesehene Hanna Beate Schöpp-Schilling. Den Ausschlag gab nicht nur, dass Merkel mit den Positionen der bundesdeutschen Frauenbewegung fremdelte. Wichtiger war, dass Schöpp-Schilling unter der vermeintlich unerfahrenen Ministerin als die eigentliche Gestalterin der Frauenpolitik wahrgenommen wurde. Das konnte eine machtbewusste Ressortchefin kaum hinnehmen.[27]

Gut ein Jahr später ergab sich die langersehnte Gelegenheit, die Schmach der brandenburgischen Niederlage wettzumachen und die eigene Machtbasis mit der Übernahme eines Parteiverbands abzusichern. Am 14. Mai 1993 trat Merkels einstiger Förderer Günther Krause von seinen Ämtern als Bundesverkehrsminister und CDU-Landesvorsitzender in Mecklenburg-Vorpommern zurück. Anders als Schnur oder de Maizière stürzte Krause nicht über die DDR-Vergangenheit, sondern über sein Verhalten in der neuen Welt des Kapitalismus. Zu einer schon länger schwelenden Affäre um den Verkauf der ostdeutschen Autobahnraststätten traten zwei weitere Vorwürfe: Seine erste Ehefrau hatte staatliche Zuschüsse für ihre zuvor arbeitslose Putzfrau beantragt, zudem hatte sich Krause die Auflösung einer Ostberliner Dienstwohnung samt Transfer des Hausrats ins Privathaus nach Börgerende bei Rostock vom Staat mit rund 6000 Mark finanzieren lassen.

Gegen Gesetze hatte Krause zumindest in den beiden letztgenannten Fällen nicht verstoßen. Gleichwohl entstand das Bild eines Politikers, der jeden erdenklichen Vorteil mitnahm. Merkel kannte die Mechanismen der westdeutschen Mediengesellschaft inzwischen gut genug, um zu wissen, dass dagegen nichts auszurichten war. Krause machte es ihr gleichwohl zeitlebens zum Vorwurf, dass sie ihm nicht beisprang, sondern sich noch am Tag von Krauses Rücktritt für die Nachfolge im CDU-Landesvorsitz nominieren ließ.

Diesmal barg die Sache für Merkel keine erkennbaren Risiken, anders als anderthalb Jahre zuvor in Brandenburg. Der Landesverband befand sich in einem hinreichend desolaten Zustand, um auf eine Retterin aus Bonn angewiesen zu sein. Für den Fall, dass das noch nicht jeder mitbekommen hatte, ließen Merkels Leute die Medien ausdrücklich wissen, die nordostdeutsche CDU sei mit politisch-pathologischen Pflegefällen durchsetzt, «absolut unberechenbar und jederzeit zu allem fähig».[28] Eine Bonner Ministerin und stellvertretende Bundesvorsitzende versprach der darniederliegenden Landespartei zudem einen Zuwachs an bundespolitischem Einfluss.

So blieb nur noch der Vollzug: Auf einem vorgezogenen Parteitag am 27. Juni in Rostock-Warnemünde wählten die Delegierten die Ministerin für Frauen und Jugend mit großer Mehrheit zur Landesvorsitzenden. Merkel führte den Verband nach den turbulenten ersten Nachwendejahren in ruhigere Gewässer, auch wenn sie nicht verhindern konnte, dass die CDU kurz nach der verlorenen Bundestagswahl 1998 auch die Regierungsverantwortung in Mecklenburg-Vorpommern einbüßte.

Vor allem hatte sie ihr eigenes Terrain abgesteckt. Dass sie neben ihren bundespolitischen Ämtern nun einen – wenn auch kleinen – Landesverband führte, sicherte ihr die Aussicht auf künftige Karriereschritte. Von den politischen Neulingen der Wendezeit blieb sie auf Bundesebene nun fast als einzige übrig. Lediglich der SPD-Politiker Wolfgang Thierse stieg 1998 noch in das – freilich einflussarme – Spitzenamt des Bundestagspräsidenten auf. Als Vertreterin des Ostens in den Führungsgremien der CDU war Merkel jetzt nahezu alternativlos.

2. Ministerin in Bonn (1991–1998)

Die Ministerin, die sich enthält

Als Bundesministerin für Frauen und Jugend übernahm Merkel ein Ressort, in dem die Mentalitätsunterschiede zwischen Ost und West besonders deutlich zutage traten. In der DDR übten zuletzt rund 90 Prozent der Frauen im arbeitsfähigen Alter entweder eine Erwerbstätigkeit aus oder befanden sich in Ausbildung, fast doppelt so viele wie in der Bundesrepublik.[29] Diesen hohen Anteil ermöglichte ein flächendeckendes Netz von Kindertagesstätten, die schon für Kleinkinder bereitstanden. Dabei ging es nicht nur um die frühzeitige Integration ins sozialistische Bildungssystem, sondern vor allem auch um den hohen Bedarf an Arbeitskräften aufgrund der geringen Produktivität. Doch auch im Osten erledigten die Frauen den größeren Teil der Haus- und Familienarbeit, auch hier stiegen sie nur selten in Führungspositionen auf.

Gleichwohl hatte die DDR in dieser Frage westeuropäischen Standards näher gestanden als die alte Bundesrepublik, die im Vergleich zu Frankreich oder den skandinavischen Ländern viel länger an einem überkommenen Familienbild festhielt. In Westdeutschland war durch die einzigartige Kombination aus hohen Löhnen und geringen Lebenshaltungskosten das Alleinverdienermodell ökonomisch länger tragfähig als in teuren Metropolen wie Paris oder Stockholm und in Niedriglohnstädten wie Ostberlin. Das ganze Steuer-, Sozial- und Rechtssystem der Bonner Republik orientierte sich am Hausfrauenmodell, vom Ehegattensplitting über die kostenlose Familienversicherung bei der Krankenkasse bis hin zu einem Scheidungsrecht, das lebenslange Unterhaltszahlungen vorsah. Daraus folgten dann geringe eigene Rentenansprüche der Frauen. Deshalb erhielten die Frauen im Beitrittsgebiet, die ein Leben lang gearbeitet hatten, nun erheblich höhere Altersbezüge als ihre Geschlechtsgenossinnen im Westen. Die Ministerin Merkel betrachtete das als eine Selbstverständlichkeit. Als sie das bei einem Auftritt vor Frauen im nordrhein-westfälischen Wahlkreis von Jürgen Rüttgers öffentlich sagte, erntete sie freilich Empörung und erlebte einen Zusammenprall der Kulturen.[30]

Entsprechend schwer fiel es Merkel und anderen ostdeutschen Frauen damals, die Positionen des westdeutschen Feminismus nachzuvollziehen. Aus ihrer Sicht zeugten die Aktivitäten der engagierten Geschlechtsgenossinnen im Westen von einem eklatanten Missverhältnis zwischen theoretischem Aufwand und praktischer Ergebnislosigkeit. Sie selbst hatten ganz selbstverständlich am sozialistischen Arbeitsleben teilgenommen, wenngleich Merkel in ihrer Abteilung an der Akademie die einzige Frau gewesen war, von der Sekretärin einmal abgesehen. Dass sie als Berufsbezeichnung dieselbe geschlechtsneutrale Form benutzten wie ihre männlichen Kollegen, empfanden Frauen wie sie als Ausdruck der gleichberechtigten Mitwirkung auf Augenhöhe. Merkel nannte sich noch lange «Minister». «Ministerin» klang in ostdeutschen Ohren so, als handele es sich dabei um etwas grundsätzlich Anderes, womöglich Minderwertiges.

Auch Quoten und Quoren lehnte Merkel anfangs als Ausdruck latenter Diskriminierung ab. Sie änderte ihre Haltung erst auf Druck Helmut Kohls, der aus wahltaktischen Gründen mehr Frauen in Parteifunktionen wünschte und das in einem zweiten Anlauf auch durchsetzte. Später machte sich Merkel diese Position selbst zu eigen. Die anhaltende Folgenlosigkeit freiwilliger Selbstverpflichtungen gerade in der Wirtschaft überzeugte sie davon, dass es einer mehr oder weniger sanften Nachhilfe bedürfe. Auch hier unterschätzte sie am Anfang die Beharrungskräfte der westdeutschen Gesellschaft. Einen ersten Vorgeschmack boten die mühsamen Verhandlungen über ein Gleichstellungsgesetz, das sie als Frauenministerin auf den Weg brachte und das vor allem den öffentlichen Dienst betraf. Wolfgang Schäuble leistete erst als Innenminister, dann als Fraktionsvorsitzender manche Hilfestellung, die ihr über Hürden hinweghalf.

Sehr weit lagen die Ansichten zwischen Ost und West auch auseinander, was Körperkultur und Sexualmoral betraf. Zu DDR-Zeiten galt unbekleidetes Baden in der Öffentlichkeit als so selbstverständlich, dass es dafür weder der Abkürzung «FKK» noch eines theoretischen Überbaus bedurfte. Auch Merkel sprang einst hüllenlos in die uckermärkischen Seen, als Kanzlerin half dann auch ein Badeanzug nicht mehr: Selbst bei einsamen Badeausflügen mit ihrem alten Golf blieb sie nicht ungestört.[31]

In Fragen der Sexualität war die DDR ebenfalls ein relativ freizügiges Land, zumal die SED-Funktionäre diesen Bereich nicht als unmittelbar politisch ansahen und sich deshalb wenig einmischten. Selbst die strafrechtliche Diskriminierung von Homosexuellen strich die DDR 1988 ersatzlos, was die Bundesrepublik im Zuge der vereinigungsbedingten Rechtsangleichung 1994 nachvollzog. Erst die Wiedervereinigung führte zur endgültigen Beseitigung des von den Nationalsozialisten verschärften «Schandparagraphen» 175, einer Regelung, die es in vielen der klassischen Demokratien niemals gegeben hatte. Über die gesellschaftliche Anerkennung von Schwulen und Lesben im Alltag der DDR sagte das freilich wenig aus.

Ostdeutsche Paare bekamen in der Regel relativ früh Kinder, die wenigen angehenden Akademiker oft schon während des Studiums; materielle Anreize oder bevorzugte Wohnungszuweisung trugen dazu bei. Mit der Wende halbierte sich die Zahl der Eheschließungen jedoch, nicht zuletzt, weil das kompliziertere westliche Scheidungsrecht abschreckend wirkte.[32]

Die unterschiedlichen Weltbilder prallten im Streit um den Schwangerschaftsabbruch aufeinander. So sehr unterschied sich hier das Verständnis von Ost- und Westdeutschen, dass Merkels politische Ziehväter Krause und Schäuble die Frage im Einigungsvertrag ausdrücklich offengelassen und die Entscheidung dem gesamtdeutschen Parlament vorbehalten hatten. Waren Abtreibungen in der DDR während der ersten drei Monate generell legal («Fristenregelung»), so hatte das westdeutsche Verfassungsgericht 1975 eine vergleichbare Neuregelung der sozialliberalen Strafrechtsreformer gekippt. Deshalb mussten die betroffenen Frauen seit 1976 wieder spezifische Gründe («Indikationen») für eine Abtreibung anführen. Auch wenn dafür in zunehmendem Maß ein Verweis auf die allgemeine Lebenssituation ausreichte («soziale Indikation»), bedurfte es weiterhin einer ärztlichen Bescheinigung, die vor allem in ländlichen oder streng katholischen Gebieten kaum ein Mediziner ausstellte. «Mein Bauch gehört mir»: An diesem Punkt ging die Ostdeutsche Merkel mit den Forderungen der westdeutschen Frauenbewegung aus den frühen siebziger Jahren konform.

Der Fokus des Publikums richtete sich auf die Frauenministerin, obwohl andere Akteure bei diesem Thema das letzte Wort hatten. Die Federführung für das Gesetzgebungsverfahren lag beim FDP-geführten Justizministerium, das zu einer Fristenlösung tendierte, und bei der Familienministerin, einer westdeutschen CDU-Politikerin, die eine Indikationslösung befürwortete. Dazwischen stand Merkel, die als Ostdeutsche in der Sache der FDP-Position zuneigte, als CDU-Politikerin aber Rücksichten auf die eigenen Parteifreunde im Westen nehmen musste. Das galt erst recht in ihrer Funktion als stellvertretende Parteivorsitzende.

Natürlich redeten auch andere kräftig mit, von den Partei- und Fraktionsspitzen bis hin zu einflussreichen Ministern und Staatssekretären, ob sie nun eine Zuständigkeit für die Materie beanspruchen konnten oder nicht. Besonders schroff geriet Merkel mit der CSU aneinander, die nicht einsehen mochte, warum der Beitritt des Ostens überhaupt Auswirkungen auf die heimische Rechtslage haben sollte. Der Aschaffenburger Abgeordnete Norbert Geis versammelte sogar eine kleine Schar von Parlamentariern um sich, die hinter das alte bundesdeutsche Recht zurückgehen und die soziale Indikation komplett streichen wollten.

Fast anderthalb Jahre lang wogte die Debatte hin und her, immer wieder verschob sich der Zeitplan für eine mögliche Beschlussfassung nach hinten. Anfangs gab Merkel ihre Sympathie für die Fristenlösung noch sehr offen zu erkennen.[33] Innerparteiliche Unterstützung erhielt sie von ihrer Vorgängerin Rita Süssmuth, die zugleich Chefin der Frauen-Union war, und von der verhinderten Frauenministerin Sabine Bergmann-Pohl, die nun als Parlamentarische Staatssekretärin im Gesundheitsministerium amtierte.

Merkel lernte rasch hinzu. In der Sache blieb sie bei ihrem Wunsch nach einem liberalen Abtreibungsrecht, in der Wortwahl rückte sie vom Begriff der Fristenlösung ab. Gegen das abstrakte Erfordernis einer sozialen Indikation wandte sie nun nichts mehr ein, wohl aber gegen den konkreten Wunsch ihrer westdeutschen Parteifreunde, dass ein Arzt das Vorliegen einer solchen Notlage bescheinigen müsse: *Ich bin dafür, dass die Frauen nach der Beratung selbst entscheiden können, ob eine Notlage vorliegt.* Es sei *nicht möglich, bis ins Letzte hinein nachzuprüfen, ob das, was die Frau sagt, auch wirklich so wahr ist.* Auch einen Vorschlag der CSU, das Beratungsgespräch mit dem Arzt schriftlich zu dokumentieren, lehnte sie ab. *Eine im Strafrecht verankerte schriftliche Dokumentationspflicht ist für ein offenes Gespräch hinderlich und deshalb Arzt und Frau nicht zumutbar.* Ihre innerparteilichen Gegner hielten ihr daher vor, dass sie zwar von einer Indikationsregelung spreche, in Wirklichkeit aber eine Fristenregelung meine.[34]

Am 25. Juni 1992, kurz vor Ende der im Einigungsvertrag gesetzten Übergangsfrist, kam es im Bundestag zum Showdown. Und alle staunten: Die Ministerin, in deren Ressort das Thema jenseits formaler Zuständigkeiten doch inhaltlich fiel, enthielt sich der Stimme. 14 Stunden lang debattierte das Parlament im Bonner Wasserwerk ohne Fraktionszwang. Merkel warb ein letztes Mal erfolglos dafür, die Dokumentationspflicht aus dem Gesetzentwurf zu streichen, den die Mehrzahl der Unionsabgeordneten eingebracht hatte. Ihr Förderer Schäuble, der sie im Prinzip unterstützte, verzichtete schließlich auf einen Redebeitrag als Fraktionsvorsitzender. Zu gering erschien ihm die Aussicht auf eine solche unionsinterne Kurskorrektur, mit der sich der eigene Antrag eventuell noch mehrheitsfähig machen ließ. Am Ende siegte ein überparteilicher «Gruppenantrag» für eine Fristenlösung mit Beratungspflicht, den die meisten Parlamentarier von SPD, FDP, PDS und Bündnis 90 sowie 32 Abgeordnete aus der Unionsfraktion unterstützten, mit 357 von 657 Stimmen.

Merkel verhielt sich mit ihrer Enthaltung ganz ähnlich wie ein Vierteljahrhundert später im Streit um das Eheverbot für Homosexuelle, dessen Aufhebung sie 2017 ermöglichte, obwohl sie selbst mit Nein stimmte. In beiden Fällen stellte Merkel die langfristige Wirkung über das kurzfristige Erscheinungsbild. Am nächsten Morgen mochten die Zeitungen die Entschlusslosigkeit der Ministerin verdammen. Was die langfristige Machtperspektive betraf, hatte sie es sich mit keinem der Lager verdorben.

Jugendgewalt

Am 31. August 1992 begab sich die Jugendministerin zu den Skinheads. Sie besuchte den Jugendclub «Max» im Rostocker Plattenbau-Stadtteil Groß Klein. Kurz vor Merkels Visite hatten Hunderte von Randalierern vier Tage lang im benachbarten Lichtenhagen ein Asylbewerberheim attackiert und schließlich in Brand gesetzt. Tausende Schaulustige applaudierten, die Polizei zog sich zeitweise völlig zurück und überließ die in dem brennenden Haus Eingeschlossenen ihrem Schicksal. Ein ähnlicher Vorfall hatte sich ein Jahr zuvor im sächsischen Hoyerswerda zugetragen.

Die CDU-Politikerin erschien im geblümten Kleid, darüber trug sie einen leichten Sommermantel. Sie stellte Fragen. Was wäre passiert, wollte sie zum Beispiel wissen, wenn ein Vietnamese in dem Jugendclub sein Bier hätte trinken wollen? «Wir hätten ihm das wohl höflich klar gemacht, dass er hier sein Bier nicht trinken kann. Also ohne Gewalt ihm das gesagt», antwortete einer. *Aha*, entgegnete Merkel. Es sei ja leider so, sagte sie anschließend auf Fragen von Journalisten: *Wenn ein Jugendlicher heute ins Fernsehen will, ist am besten, er schmeißt einen Stein.*[35] Die Ministerin erntete für ihren Auftritt, über den das Fernsehen berichtete, damals viel Häme. Ihr Verhalten offenbarte große Hilflosigkeit, zumal sie aus ihrem Etat später den Wiederaufbau des Rechten-Treffs bezahlte, den angeblich linke Jugendliche in Brand gesetzt hatten.

Wenige Monate später starben in den westdeutschen Städten Mölln

Nach den Ausschreitungen in Rostock-Lichtenhagen besuchte die Ministerin 1992 einen Jugendclub im benachbarten Groß Klein. Ihr Auftritt wirkte hilflos, aber im Gegensatz zu vielen anderen zeigte sie sich vor Ort.

und Solingen insgesamt acht Menschen bei Brandanschlägen auf Häuser, in denen nicht Asylbewerber wohnten, sondern Einwanderer aus der Türkei. Allerdings agierten die Täter hier nicht unter dem Beifall von Schaulustigen am helllichten Tag. Sie gingen heimlich vor und suchten den Schutz der Nacht. Denn sie wussten, dass sie auf den Beifall der Stadtgesellschaft oder die Passivität der Polizeibehörden nicht zählen konnten. Auf dem Gebiet der alten Bundesrepublik erschienen öffentliche Hetzjagden wie Jahre später im brandenburgischen Guben, wo ein algerischer Asylbewerber auf der Flucht ums Leben kam, schwer vorstellbar. Und während im Dezember 1992 in München 400 000 Menschen eine Lichterkette gegen rechte Gewalt bildeten, maßgeblich organisiert von dem Journalisten Giovanni di Lorenzo, blieben ähnliche Initiativen im Osten auf einen viel kleineren Personenkreis beschränkt.

Viele Westdeutsche bestärkte das in ihrer Überheblichkeit gegenüber den neu hinzugekommenen Bundesländern, was dort wiederum das Bedürfnis nach Abgrenzung verstärkte. Die Sorge, dass mit der deutschen Einheit die Gespenster der Vergangenheit zurückkehren könnten, schien sich zu bestätigen. Auch Merkels frühe Warnung vor einer bruchlosen

2. Ministerin in Bonn (1991–1998)

Übernahme der früheren Volkspolizisten erwies sich nun als berechtigt: Obrigkeitsstaatlich orientiert, oft selbst fremdenfeindlich eingestellt, teils auch desorientiert nach dem völligen Umsturz der Verhältnisse, schauten sie den pogromartigen Ausschreitungen vielfach tatenlos zu. Ermittlungen kamen in vielen Fällen erst auf öffentlichen Druck in Gang.

Weil die Polizei zahlreiche Delikte zunächst nicht als politisch motiviert einstufte, bleiben die Opferzahlen bis heute umstritten. Nach einer Zusammenstellung aus dem Jahr 2020 starben seit der Wiedervereinigung 182 Menschen durch Gewaltakte mit rechtsextremistischem Hintergrund.[36] Hinzu kommen Schwerverletzte, die fürs Leben gezeichnet wurden wie der dunkelhäutige britische Bauunternehmer Noël Martin, der eine Verfolgungsjagd im brandenburgischen Mahlow zwar überlebte, aber seither vom Kopf abwärts querschnittsgelähmt ist.[37]

Neonazis, die damals noch optisch als Skinheads erkennbar waren, dominierten im Ostdeutschland der neunziger Jahre Marktplätze oder S-Bahn-Stationen. Ortsfremde konnten diese Plätze oft nur unter Gefahr für Leib und Leben passieren. Das traf nicht nur Migranten aus dem Ausland. Auch die gezielte Jagd auf Berliner («Buletten klatschen») zählte in manchen Gegenden zur geläufigen Folklore. Auf polizeiliche Hilfe war oft kein Verlass, weite Landstriche galten als rechtsfreie Räume. Nicht die Polizei stellte in Szenevierteln wie Dresden-Neustadt die Bewegungsfreiheit wieder her, sondern linke Antifa-Aktivisten, die ihrerseits die Skinheads mit Gewalt aus dem Stadtteil prügelten.[38]

Anders als die Jugendministerin weigerte sich der Bundeskanzler, die Orte der Gewalt aufzusuchen. Helmut Kohl wolle «keinen Beileidstourismus», erklärte der Regierungssprecher. Als Merkel später das Amt der Regierungschefin ausübte, machte sie es anders. Sie hielt 2012 eine bewegende Rede auf der Gedenkfeier für die Opfer des Nationalsozialistischen Untergrunds (NSU), der zwischen 2000 und 2007 insgesamt zehn Menschen ermordet hatte. Sie sprach 2018 auf der – wegen eines Unwetters abgebrochenen – Veranstaltung zum 25. Jahrestag des Solinger Anschlags, um Kohls Versäumnis auszugleichen. Und sie nahm 2020 selbstverständlich an der Zeremonie nach dem Hanauer Attentat teil, auch wenn manche ihr vorwarfen, nicht sofort in die hessische Stadt gefahren zu sein. Die Abgrenzung gegenüber Rechtextremen und Neonazis zählt zu den festen Koordinaten der Frau, die als Jugendministerin nach dem obligatorischen Antrittsbesuch in Frankreich sofort nach Israel fuhr. Als sich der Berliner Bundestagsabgeordnete und frühere Innensenator Heinrich Lummer im

Frühjahr 1993 für Koalitionen mit Parteien rechts der Union aussprach, forderte sie, den Politiker aus der CDU auszuschließen.[39]

Ihre Linie für den Umgang mit rechtsextremistischen Gewalttätern hatte Merkel in den frühen neunziger Jahren allerdings noch nicht gefunden. Ins Ressort der Jugendministerin fiel das Thema, weil Jugendliche oder junge Erwachsene einen Großteil der Täter stellten; die Älteren schauten oft applaudierend oder stillschweigend zu. Trotz des bisweilen ungelenken Verhaltens der Ressortchefin billigten ihr allerdings selbst Kritiker der damaligen Regierungspolitik zu, dass sich Merkel wenigstens mit dem Thema auseinandersetzte. Respekt zollte ihr etwa der Kriminologe Bernd Wagner, der beim gemeinsamen Landeskriminalamt der ostdeutschen Bundesländer für das Thema Rechtsextremismus zuständig war und später das Programm «Exit» für Aussteiger aus der Neonazi-Szene gründete. «Die wollte es wirklich wissen, die wollte etwas bewirken», sagte er. «Von der Aufmerksamkeitsstruktur her und der Handlungsbereitschaft war sie im Vergleich zu den anderen Schlafmützen in der Bundesregierung eher vorne, auch wenn man über Inhalte und Treffsicherheit eher streiten kann.»[40] Sie zeigte sich immerhin vor Ort, außer in Rostock besuchte sie auch Jugendclubs in Magdeburg und Jena.

Anderthalb Monate nach Lichtenhagen analysierte die Ministerin das Problem der ostdeutschen Jugendgewalt bei einem Auftritt vor Journalisten in Frankfurt am Main. Die allgegenwärtige Betreuung durch den Staat in der früheren DDR habe dazu geführt, so erläuterte sie, dass sich viele Jugendliche in Ostdeutschland nicht selbst beschäftigen könnten. Ausländer dienten als «Ersatzfeinde», auch für ältere Ostdeutsche. Viele der Jugendlichen seien überzeugt, sie täten nur das, was sich ihre Eltern nicht trauten. Bei ihren Treffen in den Jugendclubs sei keiner der Gesprächspartner arbeitslos gewesen, fügte sie hinzu.[41] Tatsächlich war mit der Auflösung der FDJ das Freizeitangebot für Jugendliche praktisch zusammengebrochen. Alternativangebote fehlten, in der Provinz sogar Kneipen, in denen sich junge Leute treffen konnten. Während der neunziger Jahre spielte sich das abendliche Leben deshalb oft an Tankstellen ab.

Die Politik reagierte hilflos. Merkel gab aus dem Etat ihres Ressorts 20 Millionen Mark pro Jahr für ein «Aktionsprogramm gegen Aggression und Gewalt» (AgAG) aus, das den umstrittenen Prinzipien der aufsuchenden Jugendarbeit folgte. Mit dem Geld bezahlte die Ministerin Jugendzentren und betreutes Wohnen, auch Reisen in die Türkei oder nach Israel, selbst den Besuch von Skinhead-Konzerten samt Alkoholkonsum.

2. Ministerin in Bonn (1991–1998)

Über «Glatzenpflege auf Staatskosten» schrieb eine Zeitung, «Küss' mir die Stiefel», lästerte eine andere. Der Jugendforscher Eberhard Seidel wetterte gegen das Reise-Sponsoring: «Die Annahme, wer die Welt kenne, sei gegen Rassismus gefeit, ist grober Unfug.» Der Erfolg der Programme fiel bescheiden aus. Vielfach erfüllte sich nicht einmal die Hoffnung, die Skinheads mit Hilfe der Jugendclubs wenigstens von öffentlichen Plätzen fernzuhalten. Zu Merkels Verteidigung führten die Kritiker allenfalls an, dass die Beteiligten damals Neuland betraten: Selbst über grundsätzliche Richtlinien des Umgangs mit der Problemgruppe waren sich Sozialarbeiter, Streetworker, Jugendforscher und Psychologen nicht einig.[42]

Ende 1992, gut drei Monate nach ihrem Auftritt im Rostocker Jugendklub, stellte Merkel eigene Thesen «Zur Bewältigung von Jugendgewalt» vor. Nun brachte sie das Phänomen in eine Verbindung mit der Debatte um die Einschränkung des Asylrechts, die in jenem Winter die politische Arena beherrschte. Ein Rückgang der Flüchtlingszahlen werde das Gewaltphänomen zwar nicht beseitigen, äußerte sie. Doch sei eine «kontrollierte Zuwanderungspolitik» unumgänglich, «damit das politische Klima, in dem Ausländerfeindlichkeit gedeiht, verändert wird».[43] Vor allem durch den Bürgerkrieg im früheren Jugoslawien war die Zahl der Asylbewerber in Deutschland stark gestiegen, sie erreichte 1992 mit 438 000 Antragstellern den höchsten Stand in der bisherigen Geschichte der Bundesrepublik. Hinzu kamen der Nachzug von Gastarbeiterfamilien sowie der Zuzug von Aussiedlern aus Russland, die sich auf deutsche Vorfahren beriefen. Das mitfühlende Wort «Flüchtling» war damals ungebräuchlich, es hätte die Existenz nachvollziehbarer Fluchtgründe impliziert. Stattdessen sprachen viele Bundesbürger von «Asylanten». Dabei schwang stets das Schmähwort des «Scheinasylanten» mit, der sich auf politische Verfolgung nur berief, um auf Kosten des deutschen Steuerzahlers ein gutes Leben zu führen.

Am 26. Mai 1993 beschloss der Deutsche Bundestag, auch mit der Stimme Merkels, die Einschränkung des Asylrechts im Grundgesetz. Die Fraktionsvorsitzenden von Union und SPD, Wolfgang Schäuble und Hans-Ulrich Klose, hatten den Kompromiss ausgehandelt. Nur mit Hilfe der SPD konnte die Regierung die erforderliche Zweidrittelmehrheit für die Verfassungsänderung erreichen. Fortan konnte sich nicht mehr auf das Asylgrundrecht berufen, wer aus einem sicheren Drittstaat in die Bundesrepublik kam. Das schloss, da Deutschland von sicheren Drittstaaten umgeben ist, die Einreise auf dem Landweg aus, und auf den Flughäfen fand ein Schnellverfahren statt. Tatsächlich sank die Zahl der

Asylanträge nun stetig, im Jahr 2008 erreichte sie mit nur noch 28 000 Schutzbegehren ihren niedrigsten Stand seit den siebziger Jahren.

Mit der Verfassungsänderung setzten Bundestag und Bundesrat in nationales Recht um, was die Bundesregierung den übrigen Europäern schon 1990 im ersten Dubliner Übereinkommen abgetrotzt hatte. Die neuen Asylregeln, die 1997 in Kraft traten, wälzten sämtliche Lasten einseitig auf die Länder an der EU-Außengrenze ab. Auch als Kanzlerin hielt Merkel viele Jahre eisern an der für Deutschland so günstigen Regelung fest. Erst im Frühjahr 2015, als die Bundesrepublik aufgrund stark steigender Flüchtlingszahlen ihrerseits ein Interesse an europäischer Solidarität entwickelte, rückte sie davon ab.

Zu pogromartigen Übergriffen auf Wohnheime von Asylbewerbern kam es nach der Verfassungsänderung nicht mehr, schon weil es solche großen Sammelunterkünfte nicht mehr gab. An der brutalen Gewalt gegenüber Einzelnen änderte das kaum etwas, wenige Tage nach dem Parlamentsbeschluss wurde der Anschlag in Solingen verübt. Außerdem richtete sich der Unmut in Teilen der Bevölkerung nun vermehrt gegen Russlanddeutsche, die mit hoher Jugendkriminalität von sich reden machten.[44] Noch 1996 schimpfte der SPD-Vorsitzende Oskar Lafontaine im baden-württembergischen Landtagswahlkampf: «Brennende Häuser haben gezeigt, dass die Aufnahmebereitschaft nicht grenzenlos ist.» Man könne die Zuwanderung nicht «nach irgendwelchen Abstammungsregeln» organisieren.[45]

Diesen Ton schlug öffentlich jedoch kein anderer Politiker an. Mit dem Asylkompromiss schien sich das Thema fürs Erste erledigt zu haben. Auch Merkel sah nach einer mäßig erfolgreichen Zeit als Frauen- und Jugendministerin nun neuen Aufgaben entgegen.

Umweltministerin

Nach der Bundestagswahl 1994 stand die Karriere Angela Merkels auf der Kippe. Am Wahlergebnis lag das nicht. Mit 48,6 Prozent der Erststimmen verteidigte sie ihr Stralsunder Direktmandat, das bedeutete einen erheblichen Zuwachs. Auch Helmut Kohl konnte aufgrund seiner historischen Verdienste letztmals eine knappe Mehrheit für seine Regierungskoalition aus Union und FDP gewinnen, wenngleich beide Parteien zusammen 6,4 Prozentpunkte einbüßten. Im Wahlkampf ließ der CDU-Vorsitzende

2. Ministerin in Bonn (1991–1998)

ein Plakat kleben, das nur ihn inmitten einer Menschenmenge zeigte, ohne das sonst übliche Parteilogo. Schnell war die Euphorie über den SPD-Kanzlerkandidaten Rudolf Scharping verflogen, den die Partei erst 1993 in einer Urwahl zum Vorsitzenden bestimmt hatte und den die Medien anfangs als pfälzisch-bodenständigen Hoffnungsträger feierten, nach dem Niedergang der abgehobenen «Toskana-Fraktion». Keinen nennenswerten Beitrag zum Wahlerfolg leistete hingegen die «Rote-Socken-Kampagne» des CDU-Generalsekretärs Peter Hintze gegen die PDS, die den ostdeutschen Landesverbänden zwar nicht gefiel, die Merkel aber nicht öffentlich kritisierte.

Merkels Problem war ein anderes: Es zeichnete sich ab, dass die Trennung von Familien- und Frauenministerium wieder aufgehoben würde. Familienministerin konnte die Wahlkreisabgeordnete aus Stralsund nach den ungeschriebenen Regeln des Bonner Betriebs aber nicht werden, weil sie keine Kinder hatte. Doch Rettung nahte. Kohl beobachtete mit Missfallen das Treiben seines bisherigen Umweltministers Klaus Töpfer. Der gebürtige Schlesier, politisch im Saarland sozialisiert, galt als Verkörperung bundesdeutscher Umweltpolitik schlechthin. Das Ressort trug in der Öffentlichkeit allein sein Gesicht, da der erste Amtsinhaber Walter Wallmann 1987 schon nach zehn Monaten wieder ausgeschieden war. Die Popularität des Themas nutzte Töpfer weidlich aus, auch mit Initiativen, die der Industrie und dem Kanzler überhaupt nicht schmeckten. Schon bald galt er als möglicher Anwärter auf Kohls Nachfolge. Das gefiel dem Regierungschef nicht. Da kam es gelegen, dass die Vorbereitungen für den geplanten Regierungsumzug von Bonn nach Berlin sehr schleppend verliefen: Das bot die Möglichkeit, Töpfer zum «Umzugsbeauftragten» zu ernennen und ihn unter diesem Vorwand halbwegs gesichtswahrend ins Bauministerium abzuschieben.

Noch während die Koalitionsverhandlungen liefen, fragte Kohl seine bisherige Frauenministerin, ob sie das Umweltressort übernehmen wolle. Merkel sagte sofort zu. Nach außen schwieg sie bis zur Veröffentlichung der Kabinettsliste. Die Grenzen dieses «Außen» zog sie ungewöhnlich eng: Kohl staunte, dass sich die Sache sogar im kleinsten Kreis nicht herumsprach. Sicherheitshalber fragte er die Aspirantin nach zwei Wochen, ob sie das Amt weiterhin übernehmen wolle.[46] Das Schweigen der Töpfer-Nachfolgerin bedeutete jedoch kein Fremdeln mit der künftigen Aufgabe, es drückte ganz im Gegenteil die überschwängliche Freude über einen Karriereschritt aus, den Merkel auf keinen Fall durch Indiskretionen gefährden wollte. Von ihrer bevorstehenden Beförderung hatte sie kurz vor einem Flug erfahren, in der Maschine bestellte sie spontan für sich und eine Mitarbeiterin Sekt.[47] «Sie wirken diesmal viel entspannter als letztes Jahr, sind sogar richtig aufgeblüht», beobachtete die Fotografin Herlinde Koelbl beim ersten Shooting mit der neuen Umweltministerin.[48]

Merkels Überschwang hatte gute Gründe. Der Wechsel ins Umweltressort bedeutete einen enormen Aufstieg. Der Kanzler bewies mit der Beförderung sein Vertrauen in die 40 Jahre alte Politikerin. Das Ministerium hatte sich inzwischen zu einem Kernressort entwickelt. Die Gesetzentwürfe des Hauses beeinflussten die Gewinnaussichten ganzer Branchen, und das ökologische Bewusstsein der Deutschen hatte Umweltthemen zu einem wahlentscheidenden Faktor gemacht. Entsprechend hart ging es in den einschlägigen Debatten zur Sache.

Für diese Herausforderung fühlte sich Merkel auch durch ihre naturwissenschaftliche Ausbildung gewappnet: Sie war in der Lage, sich in Fragen von Grenzwerten und Halbwertszeiten mühelos hineinzudenken. Stärker als in den Debatten mit westdeutschen Feministinnen konnte sie sich hier auf eine vertraute Faktengrundlage zurückziehen, wenn die Kontroversen aus ihrer Sicht zu sehr abhoben. *Was ich jetzt tue, macht mir viel Spaß, auch weil ich mich als Umweltministerin sehr kompetent fühle.* In der Jugendpolitik habe sie vieles nicht aus eigenem Wissen einschätzen können. *Bei der Konzentration von Radioaktivität oder Strahlung ist es für mich als Physikerin nachvollziehbar.*[49]

Die Öffentlichkeit hingegen sprach der neuen Ministerin die Eignung für das Amt mehrheitlich ab, vor allem galt das für viele Journalisten. Nach verbreiteter Einschätzung hatte Kohl einen kundigen Minister kaltgestellt, um ihn durch eine unfähige, aber bequeme Nachfolgerin zu ersetzen. Nicht einmal passable Englischkenntnisse traute man ihr zu: Dass eine Ostdeutsche in der Lage war, sich in der Sprache des Klassenfeindes auszudrücken, erstaunte so manchen westdeutschen Beobachter noch auf der internationalen Klimakonferenz einige Monate später. Dabei war sie zu DDR-Zeiten als Tochter einer ausgebildeten Englischlehrerin aufgewachsen, sie hatte Aufsätze in englischsprachigen Fachzeitschriften publiziert und frühmorgens am S-Bahnhof Schönhauser Allee die Parteizeitung der britischen Kommunisten gekauft, den «Morning Star» um ihre Sprachkenntnisse aufzufrischen.[50]

Nach ihrer Amtszeit als Frauenministerin übernahm Merkel nun zum zweiten Mal ein Ressort, das besondere Empfindlichkeiten in der westdeutschen Gesellschaft berührte. Das betraf an erster Stelle die Angst vor

2. Ministerin in Bonn (1991–1998)

der Atomkraft, die spätestens nach dem Reaktorunglück von Tschernobyl 1986 mehrheitsfähig geworden war. Darauf hatte Kohl instinktsicher mit der Gründung eines eigenständigen Umweltministeriums reagiert. Selbstverständlich kannte die neue Ressortchefin diesen Vorlauf aus den Medien und aus unzähligen Gesprächen. Wie tief jedoch diese Befürchtungen bei den Altbundesbürgern auch jenseits städtisch-alternativer Milieus reichten, konnte oder wollte sie wohl nicht bis ins Letzte nachvollziehen.

Über die Größe der Herausforderung machte sie sich gleichwohl keine Illusionen. Trotzdem konnte sie nicht voraussehen, dass sie schon im ersten halben Jahr einen Kampf ums politische Überleben zu führen hatte. Zunächst musste sie sich im eigenen Haus Gehör verschaffen. Als erstes Hindernis erwies sich der langjährige beamtete Staatssekretär Clemens Stroetmann. Er hatte sich unter Töpfer daran gewöhnt, dass sich der Minister am liebsten ums große Ganze kümmerte und die Einzelheiten seinem Staatssekretär überließ. Nun erweckte er den Anschein, als wolle er unter der vermeintlich schwachen Nachfolgerin die Leitung des Hauses vollends an sich ziehen. Das konnte Merkel nicht gefallen. Wie oft bei ihren radikalen Schritten reifte der Entschluss während der Ferien. Kaum aus dem Weihnachtsurlaub zurückgekehrt, eröffnete sie dem selbstgewissen Beamten am 6. Januar 1995, dass sie auf seine Dienste künftig verzichten wolle. *Diese Entlassung war notwendig für mich, und ich habe mir dieses Recht rausgenommen.*[51]

Die Insider des Bonner Betriebs betrachteten das als Sensation. Die Ministerin hatte sich mit niemandem vorher beraten, wie schon bei der Berufung ihres Staatssekretärs Hausmann vier Jahre zuvor – nur dass sie diesmal eine Karriere beendete, nicht förderte. In diesem Fall schob Merkel tatsächlich einen männlichen Konkurrenten aktiv ins Abseits. Für Stroetmann kam die Entlassungsnachricht vollkommen überraschend. Merkel analysierte selbst, *dass ich oft mein Urteil längst gebildet habe, aber der andere es nicht merkt, weil ich immer noch freundlich und verbindlich bin.*[52]

Die Umweltjournalisten, die Stroetmann kannten und schätzten, sahen in der Entlassung einen weiteren Beleg für die Unfähigkeit der Ministerin. Das Urteil lautete: Jetzt gebe es in dem Ressort niemanden mehr, der etwas von der Materie verstehe.[53] Als Nachfolger holte Merkel den Juristen Erhard Jauck aus dem Innenministerium. Sie wollte einen Beamten, der mit den Interessengruppen der Umweltpolitik nicht verflochten war, und Expertise in Rechtsfragen brauchte sie dringender als Nachhilfe in Naturwissenschaft.

Atomphysik

Zu den größten Streitfragen zählte die Entsorgung radioaktiver Abfälle. Schon 1977 hatte die SPD-geführte Bundesregierung entschieden, im niedersächsischen Gorleben ein Endlager zu errichten. Seit 1983 stand dort ein Zwischenlager bereit, in dem Transportbehälter für einige Jahrzehnte aufbewahrt werden sollten. Seit zwölf Jahren war allerdings kein einziger dieser Behälter eingetroffen, wegen der Proteste der Bevölkerung und des Widerstands der neuen Landesregierung, die seit 1990 der Sozialdemokrat Gerhard Schröder führte. Die Beteiligten schoben die Entscheidung über den Verbleib der Abfälle hin und her. Dabei war klar, dass unabhängig von der Zukunft der Atomenergie in Deutschland die bereits entstandenen Abfälle irgendwo bleiben mussten. Allerdings benutzten die Kernkraftgegner den Streit um die Zwischenlager auch als politischen Hebel, um das Ende der gesamten Technologie in Deutschland durchzusetzen.

Wenige Wochen vor Merkels Amtsantritt hatte ihr Vorgänger Töpfer die Schröder-Regierung in Hannover angewiesen, den Transport nach Gorleben durchzuführen. Er argumentierte, das Lager am nordbadischen Kraftwerk Philippsburg sei so voll, dass sich ein Abtransport nicht weiter aufschieben lasse. Wegen technischer Probleme stoppte das Verwaltungsgericht Lüneburg diesen ersten Anlauf. Grundsätzliche juristische Bedenken gegen die Zwischenlagerung äußerten die Richter nicht. Es würde also einen zweiten Versuch geben. Merkel zögerte damit nicht.

Am 15. Februar, gerade drei Monate nach Amtsantritt, erteilte sie dem Land Niedersachsen eine neuerliche Weisung. Diesmal mussten sich Schröder und seine Landesumweltministerin Monika Griefahn fügen. Merkel stürzte sich in die Schlacht mit der Überzeugung, das Risiko der Technologie sei in einer hochentwickelten westlichen Industriegesellschaft beherrschbar. Ende März fuhr sie selbst nach Gorleben, um sich ein Bild von den Erkundungen für das Endlager im Salzstock zu machen. Anschließend beantwortete sie Fragen von Journalisten und nahm unter massivem Polizeischutz an einem Parteitag der örtlichen CDU teil. Gespräche mit den Atomkraftgegnern führte sie erst bei späteren Besuchen. *Meine sinnvollste politische Tat in diesem Jahr war bestimmt, nach Gorleben zu fahren, um auch mal zu zeigen, dass es nicht nur diese absolute Feindhaltung gibt*, sagte sie 1997. *Wenn ich auf die Sicherheitsbeamten und alle anderen Erwägungen gehört hätte, wäre ich nie hingefahren.*[54]

2. Ministerin in Bonn (1991–1998)

Über das, was sie bei solchen Gelegenheiten sagte, staunten Journalisten, Aktivisten und Landespolitiker. Es mochte aus deren Sicht noch angehen, dass Merkel den Institutionen des bundesdeutschen Rechts- und Verfassungsstaats rückhaltlos vertraute und dem Widerstand gegen ordnungsgemäß zustande gekommene Entscheidungen mit völligem Unverständnis begegnete. Die feinsinnige Definition von illegalen, aber legitimen Protestformen vermochte sie nicht nachzuvollziehen – auch als es zehn Jahre später um den Außenminister Joschka Fischer ging, der in jungen Jahren mit Steinen auf Polizeibeamte geworfen hatte. Noch mehr erzürnte die Atomkraftgegner, wie die Ministerin inhaltlich über den Umgang mit radioaktivem Material sprach. Zu den Problemen beim Beladen der Transportbehälter äußerte sie, jede Hausfrau wisse doch, dass beim Backen auch mal etwas Pulver daneben gehe. Im Übrigen habe es beim Kohlebergbau bislang mehr Tote gegeben als bei der zivilen Nutzung der Atomenergie. Die Kernkraft sei mithin *verantwortbar, ökologisch sauber und technisch hochstandardisiert.*[55]

Eindruck hinterließen solche Auftritte vor Ort durchaus. Hatten die niedersächsischen Landespolitiker um Schröder zuvor geglaubt, die zuständige Bundesministerin verteidige die Atomenergie nur aus politischem Opportunismus im höheren Auftrag Kohls, so waren sie dessen nicht mehr sicher: «Wir dachten erst, na ja, die plappert halt besonders stramm nach, was Parteilinie ist. Bis wir gemerkt haben: Meine Güte, da ist Überzeugung dahinter. Die Überzeugung der Naturwissenschaftlerin.»[56]

Tatsächlich obsiegte die Ministerin zunächst: Vom 24. auf den 25. April 1995 fuhr zum ersten Mal ein Castor-Zug von Philippsburg nach Gorleben, zwölf Jahre nach Fertigstellung des dortigen Zwischenlagers.

Klimakonferenz

Mittlerweile hatte die Ministerin auf einem anderen Feld ihren ersten Überraschungserfolg errungen. Er glänzte umso mehr, als niemand der Newcomerin den Coup zugetraut hätte. Am 28. März 1995 begann im raumschiffartigen Gebäude des Internationalen Congress Centrums (ICC) an der Westberliner Stadtautobahn die erste Weltklimakonferenz der Vereinten Nationen. Sie ging auf die Konferenz für Umwelt und Entwicklung in Rio de Janeiro zurück, die drei Jahre zuvor eine globale «Agenda

21» beschlossen hatte. Noch der Vorgänger Töpfer hatte das Klimatreffen nach Berlin geholt, in der Hoffnung, es selbst leiten zu können. Nun fiel die Aufgabe seiner Nachfolgerin zu. Am ersten Tag eröffnete Kanzler Kohl die Veranstaltung mit einer emotionalen Rede über «Mutter Erde». Dann übernahm Merkel das schwierige Geschäft, zwischen den Positionen von Industrie- und Entwicklungsländern zu vermitteln. Es ging im Kern um die Frage, ob die weniger wohlhabenden Staaten zugunsten des Weltklimas auf das Entwicklungspotenzial verzichten sollten, das die reichen Länder ganz selbstverständlich für sich in Anspruch nahmen. Womöglich fiel die Einsicht in diese Problematik einer Verhandlungsführerin leichter, die nicht selbst in einem Land des wohlhabenden Westens aufgewachsen war, sondern in der DDR, die trotz ihrer bescheidenen Wirtschaftskraft zu den großen Umweltverschmutzern des Planeten gezählt hatte.

Leicht war die Aufgabe dennoch nicht. Gegen Ende der Konferenz stand Merkel kurz davor, die Vermittlungsbemühungen aufzugeben. Ihre Büroleiterin Baumann hielt sie davon ab. «Nun reißen Sie sich mal zusammen», sagte sie in ihrer gewohnt schnörkellosen Art.[57] Merkel gehorchte. Am 7. April brachte sie die Einigung zustande, um sechs Uhr morgens, draußen dämmerte es schon. Weitere zwei Stunden später verabschiedete die Klimakonferenz offiziell das «Berliner Mandat». Merkels Pendeldiplomatie zwischen den Industrie- und Entwicklungsländern hatte sich ausgezahlt. Die Einigung verpflichtete die Industriestaaten, ihre Emissionen bis zum Jahr 2000 auf den Stand von 1990 zurückzuführen. Den Deutschen fiel das besonders leicht, weil der Zusammenbruch der ostdeutschen Industrie den Ausstoß von Klimagasen ohnehin drastisch reduzierte. Zwar konnten sich die Unterhändler in Berlin nicht auf völkerrechtlich bindende Maßnahmen einigen, wie dieses Ziel zu erreichen sei, aber immerhin auf einen Fahrplan für weitere Verhandlungen.

Die Bedeutung der Berliner Konferenz für Merkels weitere Karriere lässt sich gar nicht hoch genug veranschlagen. Zum einen konnte die neue Ressortchefin ihren Ruf als unbedarfte Novizin endlich ablegen. Dass man die Ministerin «ernst nehmen» müsse, gab nun selbst der *Spiegel* zu, der damals im ohnehin männerdominierten deutschen Journalismus als die Bastion des Machismo galt. «Unerwartet haben Umweltschützer Angela Merkel ins Herz geschlossen», analysierte das Blatt generös, «sie kündigt nicht groß an, sondern stapelt lieber tief.»[58] Zum anderen entdeckte sie in den fensterlosen Räumen des ICC ihre Vorliebe für die Weltbühne und ihre Fähigkeit, Kompromisspapiere auszuhandeln. Auch in der Innenpolitik vermochte Merkel mit dieser Methode immer wieder Streitigkeiten zu befrieden, bis hin zu ihrem letzten Koalitionsvertrag Anfang 2018. Gegen Ende ihrer Kanzlerschaft zeigten sich allerdings die Gefahren dieser Methoden, als sich die artifizielle Prosa fein ziselierter Formelkompromisse zunehmend verselbständigte. Nicht zuletzt beim Klimaschutz hinkte die Praxis den von Merkel ausgehandelten Absichtserklärungen meist weit hinterher.

Was ihre neue Leidenschaft für die Weltpolitik betraf, schwärmte Merkel im Rückblick: *Gleich zu Beginn meiner Umweltministerzeit war die Klimakonferenz für mich ein tolles Erlebnis. Ich habe dabei vor den Entwicklungsländern sehr viel Achtung gewonnen. An vielen Stellen sind sie geistig viel flexibler, fröhlicher im Auftreten und auch weniger verkrustet als die Industrieländer.* Und sie schloss eine Warnung an: *Wir müssen sehr aufpassen, dass wir uns international nicht dadurch ins Abseits stellen, dass wir allen sagen, wie es geht.*[59] Daraus sprach nicht zuletzt das Empfinden der ehemaligen DDR-Bürgerin, die mit den Politikern der Entwicklungsländer die Erfahrung teilte, von westlichen Funktionsträgern mit äußerster Herablassung behandelt zu werden.

Intimfeind Schröder

Umso schwerer fiel nach dem Triumph der Klimakonferenz der Abstieg in die Innenpolitik. Am 17. Mai 1995 brach Angela Merkel im Kabinett in Tränen aus, vor den Augen all jener Politiker, die sie einst aus der Ferne des deutschen Ostens bewundert hatte und mit denen sie nun seit viereinhalb Jahren jeden Mittwochvormittag beisammensaß. Das hatte es in der Geschichte der Bonner Republik noch nicht gegeben. Ihr Verhalten schien alle Klischees über eine Frau und Ostdeutsche zu erfüllen, die labil und weinerlich auftrat. Andere vermuteten Berechnung, taktische Tränen, um in einer scheinbar aussichtslosen Situation doch noch die eigenen Interessen durchzusetzen. Beides stimmte nicht. Die Umweltministerin war schlichtweg wütend. Sie fühlte sich hintergangen. Vielleicht hatte sie, beschwingt vom Klima-Erfolg, auch Warnzeichen übersehen.

Mit dem Frühjahr war die Debatte über den Sommersmog zurückgekehrt, dieses Jahr in verschärfter Form. Aufgrund des ungewohnt schönen Wetters lagen die Ozonwerte höher als sonst. Zudem hatten einige Wissenschaftler gerade den Verdacht geäußert, das Reizgas sei womöglich krebserregend. Die in Umweltfragen panische deutsche Öffentlichkeit geriet in Aufruhr. Die niedersächsische Umweltministerin Griefahn erklärte, sie lasse ihre Kinder nicht mehr im Freien spielen. Der *Spiegel* schimpfte in seiner Ausgabe vom 15. Mai, Merkel habe ihre «Aufgaben nicht gemacht».[60]

Die Ursache des Problems waren die noch rund 40 Prozent der Autos, die ohne jenen Katalysator fuhren, den die Regierung erst vor wenigen Jahren für Benzinmotoren verbindlich vorgeschrieben hatte. Diese Altfahrzeuge stießen in größerer Menge Stickstoffdioxid aus, das unter UV-Einstrahlung mit dem Luftsauerstoff zu Ozon reagiert. Es handelte sich also um eine ähnliche Problematik, wie sie zwei Jahrzehnte später bei den Dieselautos auftrat.

Merkel tat daraufhin, was sie als Politikerin sonst vermied: Sie ließ sich durch den öffentlichen Protest zu übereiltem Handeln treiben. Die Ministerin bereitete eine Sommersmog-Verordnung vor, die Tempolimits und Fahrverbote für Autos ohne Katalysator vorsah, und sie stimmte ihr Vorgehen mit Kanzleramtsminister Friedrich Bohl ab. Sie bezog auch die Ministerien für Verkehr und Wirtschaft ein, sonst hätte es der Entwurf gar nicht bis ins Kabinett geschafft: Auf die Tagesordnung kommen dort nur Vorlagen, über die Einvernehmen in der vorbereitenden Runde der Staatssekretäre herrscht.

Trotzdem passierte in der Kabinettssitzung, was dort nach den ungeschriebenen Regeln des Geschäfts eigentlich nicht geschehen darf: Es gab offenen Streit. Die Kollegen ließen Merkel auflaufen. Verkehrsminister Matthias Wissmann, ebenfalls Christdemokrat, erklärte auf einmal, der Sinn von Fahrverboten und Tempolimits sei unter Wissenschaftlern umstritten. Der freidemokratische Wirtschaftsminister Günter Rexrodt äußerte, es seien Ausnahmeregelungen für den Wirtschafts- und Berufsverkehr nötig. Beide malten das Szenario einer zusammenbrechenden Wirtschaft und gestrandeter Urlauber am Straßenrand aus.

Der Kanzler fragte die Ministerin schließlich, ob sie ihr Vorhaben überhaupt mit den Fraktionen abgestimmt habe – also nicht nur mit dem ihr gewogenen Wolfgang Schäuble von der Union, sondern auch mit CSU-Landesgruppenchef Michael Glos und dem FDP-Fraktionsvorsitzenden Hermann Otto Solms, die umweltpolitischen Zielen skeptisch gegenüberstanden. Ausgerechnet mit diesen beiden hatte Merkel nicht gesprochen, zumal es sich bloß um eine Verordnung handelte, die eines Parlamentsbeschlusses gar nicht bedurfte. Mit demütigender Attitüde verlangte Kohl, die Ministerin solle zukünftig «ausgegorene Vorschläge» präsentieren. Das war der Moment, in dem Merkel zu weinen begann.[61]

Am Ende stand, schon wenige Tage später, einer der üblichen Bonner Kompromisse: Bei den Fahrverboten sah die Verordnung nun sehr viele Ausnahmen vor, was die Vorgaben in der Praxis kaum kontrollierbar machte. Bei den Tempolimits sollte es lediglich in einem einzigen Bundesland einen Feldversuch geben, um die Auswirkungen auf die Schadstoffbelastung zu testen. Der Vorschlag, dies gleich in zwei Bundesländern zu tun, scheiterte an Merkels damaligem Intimfeind: dem niedersächsischen Ministerpräsidenten Schröder, dessen Umweltministerin die Ozon-Hysterie maßgeblich angeheizt hatte. Merkel lernte auch daraus. Als 2018/19 abermals Fahrverbote drohten, diesmal für Dieselautos, machte sie es wie einst Kohl: Sie überließ den Streit ihren Fachministern und wich jeder persönlichen Festlegung aus.[62]

Der Streit um die Atompolitik endete unterdessen nicht mit der Durchsetzung des ersten Castor-Transports 1995. Von ihrem Vorgänger hatte Merkel auch das Ziel geerbt, zwischen Bund und Ländern zu einem überparteilichen Energiekonsens zu kommen. Sie nahm die Gespräche wieder auf. Für die SPD-regierten Bundesländer verhandelte der Niedersachse Schröder, zu dem Merkel in dieser Rolle eine herzliche Abneigung entwickelte; erst in ihrer Zeit als Kanzlerin entspannte sich das Verhältnis zum Vorgänger wieder. Dabei war der Hannoveraner Ministerpräsident eigentlich kompromissbereit, aus mehreren Gründen: Er wollte zumindest einen Teil des deutschen Atommülls aus Gorleben fernhalten und in süddeutsche Zwischenlager umleiten; er wollte sich als kraftvoller Förderer des Wirtschaftsstandorts Niedersachsen profilieren; und er wollte im Bund einer künftigen großen Koalition unter seiner Führung den Weg bereiten, die er für die Zeit nach der nächsten Wahl 1998 anstrebte.

Aber es gelang ihm nicht, sich gegen seinen Parteivorsitzenden Oskar Lafontaine durchzusetzen, der mit einem überraschenden Coup im November 1995 an die Spitze der SPD gelangte. Der Saarländer verfolgte eine andere Strategie. Er wollte mit Hilfe der inzwischen errungenen Bundesratsmehrheit die Politik der Kohl-Regierung blockieren, dem Dauerkanzler die Schuld am «Reformstau» zuschieben und so den Boden für einen sozialdemokratischen Wahlsieg bereiten. Es erleichterte die Gespräche über den Energiekonsens nicht, dass sich dabei alles mit allem vermischte: die Entsorgungsfrage mit einer möglichen Bestandsgarantie für die existierenden Atommeiler oder einer Option zur Entwicklung neuer Kraftwerke in der Zukunft. Im Hintergrund stand zudem der Streit um die Subventionen für die Steinkohleförderung.

Unter der Rivalität der beiden sozialdemokratischen Alphatiere hatte die Umweltministerin zu leiden. Schröder schaffte es, in der allgemeinen Wahrnehmung die Schuld für sein Scheitern auf Merkel abzuschieben. Zunächst versuchte er die eigene Partei in Zugzwang zu bringen, indem er alle Zwischenergebnisse aus den Verhandlungen sofort in die Öffentlichkeit trug. Lafontaine ließ sich davon allerdings nicht beeindrucken. In den Gesprächen konnte die Ministerin genau beobachten, wie es um das angebliche Vertrauensverhältnis der beiden SPD-Spitzenpolitiker stand, die im August 1997 an der Saarschleife für die Fotografen größte Einigkeit demonstrierten. Merkel sagte Schröder auf den Kopf zu, dass er offenbar gar kein Verhandlungsmandat seiner Partei habe. Der Ministerpräsident revanchierte sich öffentlich: Die Bonner Ressortchefin sei leider politisch naiv, inkompetent und zu Verhandlungen nicht in der Lage.[63]

Angela Merkel löste das Problem dann ohne Schröder. Sie formulierte das neue Atomgesetz so, dass es der Zustimmung des Bundesrats nicht bedurfte, und freute sich darüber, den Niedersachsen ausgetrickst zu haben. *Gerade habe ich ihm einen Fußtritt versetzt und das Atomgesetz zustimmungsfrei durchgezogen. Herr Schröder kann es nun gar nicht haben, wenn ihm auch noch eine Frau seine Spiele durchkreuzt.* Schon während die Gespräche noch liefen, sann sie auf Revanche. *Ich habe ihm gesagt, dass ich ihn irgendwann genauso in die Ecke stellen werde. Ich brauche dazu noch Zeit, aber eines Tages ist es so weit. Darauf freue ich mich schon.*[64]

Transportprobleme

Zunächst aber standen noch einmal die Atomtransporte auf der Agenda. Ende April 1998 rief ein Beamter der französischen Atomaufsicht im Umweltministerium an. Nach dem Amtsantritt der französischen Linksregierung unter Lionel Jospin im Vorjahr hatte die Behörde zum ersten Mal die Atomtransporte in die Wiederaufarbeitungsanlage La Hague über-

2. Ministerin in Bonn (1991–1998)

Beim Backen wie bei den Castor-Transporten gehe halt mal etwas Pulver daneben, fand die Umweltministerin. Den Demonstranten stellte sie sich trotzdem.

prüft. Der Beamte berichtete, man habe erhöhte Strahlung an Behältern auch aus Deutschland festgestellt. Ganz genau verstanden Merkels Leute um den Atom-Abteilungsleiter Gerald Hennenhöfer, der bei Umweltaktivisten als Hardliner verschrien war, die Informationen nicht. Offenbar spielten dabei auch Sprachprobleme eine Rolle.

Am 12. Mai schickte die französische Betreiberfirma Cogema dann Messprotokolle nach Bonn. Damit war die Sache klar. Merkels Leute verstanden schnell: Sie mussten sofort an die Öffentlichkeit gehen, um dem Vorwurf der Verschleierung zu entkommen. Also verschickte das Ministerium eine Pressemitteilung. Zunächst reagierte niemand darauf. Dann kam eine Agenturmeldung, die auf französischen Quellen beruhte. Erst sie machte die kühle Information zum heißen Skandal. Zwar schrieben selbst atomkritische Journalisten, Fälle von Gefahr für Leib und Leben seien nicht bekannt, die Strahlung an den Behältern sei geringer als bei einer durchschnittlichen Armbanduhr. Aber das tat der Aufregung um «verstrahlte» Atombehälter keinen Abbruch, das Wort von einer «tödlichen Gefahr» machte die Runde. Die Polizeigewerkschaft sprach von «menschenverachtendem Verhalten». Beamte, die solche Transporte begleiteten, kündigten Strafanzeigen wegen Körperverletzung an.[65]

Für Merkel begann nun der Kampf ums politische Überleben, zumal sie es war, die jahrelang Nukleartransporte in Deutschland durchgesetzt hatte. Sollte im Umweltministerium irgendjemand von der Strahlenbelastung gewusst haben, die den Atomfirmen offenbar schon lange bekannt war, dann wäre die Karriere der Ressortchefin beendet. Da es dafür keine Anhaltspunkte gab, drehte die Opposition das Argument um: Die Ministerin müsse zurücktreten, weil sie zu vertrauensselig gewesen sei, verlangte Grünen-Fraktionschef Joschka Fischer am 27. Mai 1998 im Bundestag.[66]

Zu diesem Zeitpunkt hatte sich Merkel schon in Sicherheit gebracht. Nach einer Krisensitzung mit den Atomkonzernen am 20. Mai verfügte sie den Stopp aller Transporte von Atommüll, fünf Tage später präsentierte sie einen «Zehn-Punkte-Plan», der die Einführung einer bisher nicht existierenden Meldepflicht bei erhöhten Strahlenwerten und ein neues Organisationskonzept für die Transporte vorsah. Mit der gleichen Entschlossenheit, mit der sie drei Jahre zuvor für die Verschickung des radioaktiven Abfalls gekämpft hatte, wandte sie sich nun dagegen. Ihr Verhalten gab ein Muster vor, dem sie später noch oft folgte: Je mehr sie wegen vergangenen Handelns oder Redens in die Bredouille geriet, umso entschiedener warf sie das Ruder herum, oft hart bis an die Grenze zur Karikatur.

Diesmal entschied sie nicht nur aus politischer Not, sondern auch aus echter Enttäuschung über die Branche. Die Firmen hatten im Stillen nach einer Lösung für das Problem gesucht, ohne die zuständige Ministerin zu informieren, die sich stets so sehr für ihre Belange eingesetzt hatte; eine gesetzliche Pflicht dazu bestand allerdings nicht. Den Wunsch der Manager, die Sache möglichst tief zu hängen, konnte Merkel nicht erfüllen. Allein der Chef des Atomforums, eines Lobbyverbands der Branche, rang sich zu einer halbgaren Entschuldigung durch: «Mir tut es persönlich ganz außerordentlich leid, dass ausgerechnet die Atomwirtschaft die Ministerin jetzt in erhebliche politische Schwierigkeiten gebracht hat.»[67] Merkel hatte ihre erste große Enttäuschung über westliche Wirtschaftsführer erlebt.

Das kühne Wendemanöver beruhigte die Debatte schnell und rettete Merkels Karriere. *Im Grunde waren es auch nur vier Tage, die richtig dramatisch waren, wo man sich vorkam, als hätte man tagelang den Kopf unter Wasser gehabt. Im Rückblick erscheint es wie eine endlose Zeit. Es bleiben einem dann nur einige wenige Mitarbeiter, aber ganz allein schafft man es in der Politik auch nicht, man braucht schon ein paar gute Freunde.*[68]

Als Thema für den beginnenden Bundestagswahlkampf taugte die Affäre nun nicht mehr, zumal nach 16 Jahren Kanzlerschaft das mögliche Ende der Ära Kohl in der Luft lag. Die Frau, die dem Pfälzer ihren politischen Aufstieg zu verdanken hatte, sah darin alles andere als eine Schreckensvision.

Kanzlerdämmerung

Es lag nicht in Merkels Macht, Kohls abermalige Kanzlerkandidatur zu verhindern. Im Alleingang und beinahe beiläufig gab der Pfälzer seine Entscheidung bekannt. Er nutzte dafür ein Fernsehinterview während seines Osterurlaubs 1997 in Bad Hofgastein, anderthalb Jahre vor der Wahl. Er habe eine Verpflichtung, «dies in der jetzigen Situation zu tun», ließ er die Zuschauer wissen;[69] das bezog er in erster Linie auf die Einführung der europäischen Gemeinschaftswährung und die Osterweiterung der Europäischen Union, daneben aber auch auf die von der SPD im Bundesrat blockierte Steuer- und Rentenreform. Der *Spiegel*-Reporter Jürgen Leinemann beschrieb das Dilemma der CDU schon wenige Tage zuvor: «Nach 14 Jahren an der Macht stolpert Helmut Kohl von einer Krise in die nächste – und bleibt doch der einzige Hoffnungsträger der Union.»[70]

So gut wie niemanden hatte der Kanzler über die eigenmächtige Entscheidung vorab informiert. Seinen mutmaßlichen Nachfolger Wolfgang Schäuble setzte er am Vortag telefonisch ins Bild, als der Badener im heimischen Gengenbach beim Mittagessen saß. Dabei hatte Schäuble gerade begonnen, den Boden für eine eigene Kandidatur zu bereiten. Anfang Januar warf er im *Stern* die Frage auf: «Ein Krüppel als Kanzler? Ja, die Frage muss man stellen!» Die Antwort gab er nicht, aber es schien klar zu sein, dass er sie durch unermüdlichen Einsatz mit einem Ja beantworten wollte.[71]

Zu einer offenen Revolte gegen Kohl konnte er sich allerdings nicht entschließen. Als sei er der Prinz Charles der deutschen Politik, wartete der Thronprätendent, bis der ewige Monarch ihm eines Tages die Geschäfte überlassen würde. Eine solche Erbfolge funktioniert in Demokratien allerdings nur sehr selten. Schäuble wusste das. Als ihn Kohl auf dem Leipziger Parteitag im Herbst 1997 zum möglichen Nachfolger für das Jahr 2002 ausrief, witterte er die unlautere Absicht und reagierte ungehalten. Personalentscheidungen auf Vorrat gebe es in der Politik nicht, grummelte er im Rückblick. Sie seien dann zu treffen, wenn sie anstünden.[72]

Merkel sah schon seit der Wahl 1994, die Kohl noch so unangefochten gewonnen hatte, in Schäuble den nächsten Kanzlerkandidaten. Sie hielt die Stunde der Erneuerung für gekommen. Als quälend empfand sie die letzten Regierungsjahre des Einheitskanzlers, dessen Verdienste aus ihrer Sicht in der Vergangenheit lagen, nicht in der Zukunft. So sah es nicht nur die Ministerin, überall ertönte der Ruf nach Veränderung. Die Gesellschaft für deutsche Sprache erklärte «Reformstau» zum Wort des Jahres 1997. In einer «Berliner Rede» verlangte Bundespräsident Roman Herzog wenige Wochen nach Kohls Selbstermächtigung: «Durch Deutschland muss ein Ruck gehen.»[73] Das konnte man durchaus auch als Kommentar zur abermaligen Kandidatur des Regierungschefs verstehen, der das Staatsoberhaupt selbst ins Amt gebracht hatte.

Die einst erfolgsverwöhnte Bundesrepublik befand sich in einer wenig erbaulichen Lage. Die Arbeitslosenquote erreichte 1997 mit 12,7 Prozent ihren historischen Höchststand, den sie nur durch eine geänderte Statistik 2005 noch einmal ganz kurz übertraf. Fast 4,4 Millionen Menschen waren am Ende der Kohl-Ära ohne bezahlte Beschäftigung. Parallel dazu hatte sich die Verschuldung der öffentlichen Haushalte seit dem Beitritt der DDR nahezu verdoppelt, von gut einer Billion auf mehr als zwei Billionen D-Mark. Die meisten anderen westeuropäischen Länder standen wirtschaftlich deutlich besser da, in Osteuropa lagen zumindest die Wachstumsraten höher. Die Bundesrepublik litt unter den Spätfolgen der Vereinigung, deren Kosten zu einem beträchtlichen Teil die Sozialversicherungen tragen mussten, letztlich also Beschäftigte und Arbeitgeber. Hinzu kam die Billiglohn-Konkurrenz durch die ärmeren Nachbarn unmittelbar jenseits der östlichen Grenze.

Kohl versuchte behutsam gegenzusteuern, etwa mit der Einführung eines demographischen Faktors in der Rentenversicherung oder unbezahlter Karenztage im Krankheitsfall. Weit brachte er es damit nicht, auch weil er am Widerstand der Sozialdemokraten im Bundesrat scheiterte. Wieder bestätigte sich die alte Regel, dass sich die Bürger bei Landtagswahlen regelmäßig gegen die Bonner Regierungspartei wenden. So eroberte während Kohls Amtszeit in vielen Bundesländern eine neue Generation von Sozialdemokraten die Staatskanzleien.

Dazu trugen auch die internationalen Trends im Wahlverhalten bei.

2. Ministerin in Bonn (1991–1998)

Kohl war 1982 als der mit Abstand moderateste Vertreter einer liberalkonservativen Wende angetreten, als deren Exponenten die britische Premierministerin Margaret Thatcher und US-Präsident Ronald Reagan galten. Damit endeten die sozialdemokratischen siebziger Jahre eines Willy Brandt, Bruno Kreisky oder Olof Palme. Nun schien das Pendel wieder zu einer erneuerten Sozialdemokratie zurückzuschwingen. Bill Clinton kam 1993 in den Vereinigten Staaten an die Macht, der Linksdemokrat Romano Prodi 1996 in Italien, Tony Blair 1997 im Vereinigten Königreich. Im selben Jahr musste sich der konservative französische Präsident die Macht mit einem sozialistischen Premier teilen. In Polen bezog 1995 der erst 41 Jahre alte Sozialdemokrat Aleksander Kwaśniewski den Präsidentenpalast.

Vor allem Clinton und Blair inszenierten sich als die Vertreter einer runderneuerten Sozialdemokratie, die sich wie einst Willy Brandt an eine «neue Mitte» wandte und darüber hinaus einen «dritten Weg» zwischen der alten Linken und einem restlos entfesselten Kapitalismus versprach. Sie alle wollten «progressives Regieren» praktizieren, wie es auf gemeinsamen Konferenzen hieß. Im Vergleich zu so viel Erneuerung und Aufbruch konnte ein deutscher Kanzler, der zum Zeitpunkt der nächsten Bundestagswahl 68 Lebens- und 16 Amtsjahre zählen würde, nur altbacken wirken. Kaum noch jemand erinnerte sich an Kohls Anfänge als jugendlicher Reformer, der das illegale Spendensystem der Partei 1967 im Bundesvorstand als «skandalös» gegeißelt hatte.[74]

Erste Zeichen einer kommenden Veränderung gab es jedoch. Schon bei der Bundestagswahl 1994 gelangte eine ganze Reihe junger CDU-Abgeordneter neu in den Bundestag, die später als die Vertreter einer Generation Merkel galten, zum Beispiel Peter Altmaier, Ronald Pofalla, Norbert Röttgen, Eckart von Klaeden, Hermann Gröhe, Armin Laschet. Sie trafen sich während der späten Kohl-Jahre regelmäßig mit gleichaltrigen Kollegen der Grünen, die nach vierjähriger Pause als Parlamentsfraktion zurückgekehrt waren und schon deshalb eine große Zahl an Neulingen zählten. Eher widerwillig duldete der Kanzler diese schwarz-grünen Annäherungsversuche im Keller eines gehobenen italienischen Restaurants, in dem auch er selbst verkehrte. Schäuble verfolgte die Gespräche hingegen mit Wohlwollen, er hatte schon 1994 der Grünen Antje Vollmer ins Bundestagspräsidium verholfen. Bald war in Anspielung auf Mafia-Filme verschwörerisch von einer «Pizza-Connection» die Rede, obwohl das Lokal so etwas Banales wie Pizza gar nicht servierte.

Die Jungen maßen die Erneuerungsbereitschaft der eigenen Partei vor allem an der Einwanderungs- und Integrationspolitik. Mit ihrer Idee, eine doppelte Staatsbürgerschaft für in Deutschland geborene Ausländer einzuführen, stießen sie beim damaligen Bundesinnenminister Manfred Kanther auf schroffe Ablehnung. In engem Kontakt zur Umweltministerin Merkel standen die liberalen Nachwuchskräfte allerdings noch nicht. Das lag am hierarchischen Abstand zwischen den Hinterbänklern und der stellvertretenden Parteivorsitzenden, wohl auch an Merkels Vorsicht. «Angela Merkel hat damals im Umweltbereich vieles gemacht, was uns sympathisch war», sagte Altmaier später über die Haltung der Pizza-Runde. «Wir haben davon oft aber erst im Nachhinein erfahren, wenn die Sache vom Kabinett beschlossen war. Es war nicht so, dass sie damals für ihre Positionen Verbündete gebraucht oder gesucht hätte.»[75]

Unter Kohls Beharrungswillen litt Merkel gleichwohl. Die Loslösung von ihrem einstigen Förderer, die sie später in der Spendenaffäre ebenso radikal wie öffentlich vollziehen sollte, begann schon in der Zeit vor 1998. Entsetzt reagierte Merkel auf die Ankündigung, die Kohl dem deutschen Publikum aus dem Osterurlaub übermittelte. Auch aus der schwer vergleichbaren Erfahrung mit der Spätzeit des Staatsratsvorsitzenden Honecker ahnte sie, wo das enden musste: in einem bleiernen Finale der Legislaturperiode, einer aufgeschobenen Erneuerung der Partei und einer Wahlniederlage im September 1998. So kam es, nur dass Merkel persönlich von dieser Abfolge der Ereignisse am Ende profitierte.

Sie selbst nahm sich fest vor, es später einmal anders zu machen, auch wenn sie eine Übernahme der Kanzlerschaft damals noch nicht erhoffen durfte. *Ich möchte irgendwann den richtigen Zeitpunkt für den Ausstieg aus der Politik finden. Das ist viel schwerer, als ich mir das früher immer vorgestellt habe. Aber ich will dann kein halbtotes Wrack sein, wenn ich aus der Politik aussteige, sondern mir nach einer Phase der Langeweile etwas anderes einfallen lassen.*[76]

3. Opposition (1998–2005)

Generalsekretärin

Besucher erlebten in den letzten Septembertagen des Jahres 1998 eine beinahe heitere Bonner Umweltministerin. Bei morgendlichen Verabredungen mit Journalisten saß sie wie befreit über ihrem Frühstücksei.[1] Angela Merkel blickte erkennbar optimistisch in die Zukunft, obwohl sie ihr Büro bald räumen musste. Am 27. September war geschehen, was sie seit Kohls Selbstausrufung zum Kanzlerkandidaten hatte kommen sehen und was der verhinderte Kronprinz Wolfgang Schäuble dem Pfälzer Dauerregenten im Frühjahr sogar persönlich vorausgesagt hatte: Die CDU erlitt bei der Bundestagswahl eine krachende Niederlage. Auf nur noch 35,1 Prozent der Stimmen kamen die Unionsparteien, die in den 49 Jahren seit Bestehen der Bundesrepublik 36 Jahre lang den Regierungschef gestellt hatten und dies als ihr natürliches Recht ansahen. Gebraucht wurden sie nicht einmal als Juniorpartner in einer großen Koalition, auf die sich der sozialdemokratische Wahlsieger Gerhard Schröder schon eingestellt hatte. So deutlich fiel das Votum für ein Ende der 16 Jahre währenden Kanzlerschaft von Helmut Kohl aus, dass es für eine Bundestagsmehrheit von SPD und Grünen reichte, obwohl die ostdeutsche PDS in Fraktionsstärke ins Parlament zurückkehrte.

Merkel sah darin für ihre eigene Partei weniger eine Niederlage als vielmehr die Chance, die Vormachtstellung des Patriarchen zu beenden. Noch in der Wahlnacht erklärte der 68-jährige Kohl seinen Rücktritt vom CDU-Vorsitz nach 25 Jahren. Nun endlich schien der Weg frei für eine zeitgemäße Neuausrichtung der Partei, für ein «Aggiornamento», wie Papst Johannes XXIII. das Projekt der Reform und Öffnung der Katholischen Kirche in den sechziger Jahren genannt hatte. Kohl hatte den reichlich altbacken inszenierten Wahlkampf mit der Parole «Sicherheit statt Risiko» geführt und damit den Eindruck noch bekräftigt, er sei der eigentliche Urheber des vielfach beklagten «Reformstaus» in Deutschland. Merkel hingegen ging es um «Risiko statt falscher Sicherheit», wie sie alsbald auch vor Publikum formulierte.[2] Sie wünschte sich eine Öffnung und Liberalisierung des Wirtschafts- und Sozialmodells der gesellschaftspolitischen Leitlinien der CDU, also eine Abkehr vom hergebrachten deutschen Sozialstaat ebenso wie die Akzeptanz neuer Familienformen. Damit stand sie einer Zeitströmung nicht fern, die auch den niedersächsischen Ministerpräsidenten Schröder auf seinem Weg ins Kanzleramt beflügelt hatte. Nur konnte sich Merkel, die nicht in der alten Bundesrepublik sozialisiert worden war, von deren Blockaden noch radikaler lösen. Zumindest glaubte sie das damals.

Natürlich erhoffte die Christdemokratin aus Ostberlin auch für sich selbst etwas: mehr Einfluss in der Partei und die Chance auf einen weiteren Aufstieg. Anders als viele Ministerkollegen aus Kohls Kabinett, die für einen Neubeginn zu alt waren und in absehbarer Zeit aus dem Bundestag ausscheiden würden, sah die 44-Jährige ihre politische Zukunft noch vor sich.

Wolfgang Schäuble, bereits seit sieben Jahren Vorsitzender der Unionsfraktion im Bundestag, übernahm nun zusätzlich das Amt des Parteivorsitzenden. So hatten es auch alle erwartet. Kohls ewiger Kronprinz rückte im Alter von 56 Jahren doch noch in die Spitzenposition auf, wenngleich er nun nicht den Posten des Regierungschefs übernehmen konnte. Schäubles Distanz zu Kohl war zuletzt so groß geworden, dass mit ihm ein Neuanfang möglich schien. Darüber verdrängten er und andere, dass den Alemannen vieles mit dem Erbe des Patriarchen verband, ob er es nun wollte oder nicht.

Da Schäuble die Geschäfte weiterhin aus dem Büro des Fraktionsvorsitzenden führte, brauchte er einen besonders verlässlichen Generalsekretär – oder eine Generalsekretärin – in der Parteizentrale. Als CDU-Chef stand ihm das alleinige Vorschlagsrecht für diesen Posten zu. Er brauchte eine Person, die glaubwürdig für Erneuerung stand, nicht zu Kohl-Nostalgie neigte und gleichwohl über gewisse Erfahrungen aus der Regierungszeit verfügte. Hohe Intelligenz und schnelle Auffassungsgabe waren ebenfalls gefragt, eine eigenständige Machtbasis hingegen weniger. Wünschenswert waren zudem Bewerber ostdeutscher Herkunft – und Frauen. Die Person, die alle diese Eigenschaften besaß, hieß Angela Merkel.

Also fragte Schäuble bei der scheidenden Ministerin kurz nach der Bundestagswahl an, ob sie seine Generalsekretärin werden wolle. Das

3. Opposition (1998–2005)

Angebot habe sie überrascht, so stellte sie es später dar, da sie sich eigentlich schon auf die bescheidenere Rolle als eine von mehreren stellvertretenden Fraktionsvorsitzenden eingestellt habe.[3] Zum ersten Mal besetzte die CDU einen herausgehobenen Einzelposten mit einer Ostdeutschen. Bisher hatte sie den Politikern aus dem Beitrittsgebiet lediglich Quotenplätze in Kollektivgremien wie dem Parteipräsidium oder der Bundesregierung zugestanden. Zum letzten Mal gelang Merkel ein Karriereschritt durch die Gunst eines Förderers und nicht aus eigener Kraft.

Zweieinhalb Wochen nach der verlorenen Bundestagswahl, Mitte Oktober, wurde die Personalie Merkel öffentlich bekannt. Viele Medien reagierten wohlwollend. Von einem «gelungenen Coup» schrieben sie, der «Verjüngung und Kontinuität» verbinde.[4]

Allerdings stand die Postenvergabe innerhalb der Union damals nicht im Zentrum der öffentlichen Aufmerksamkeit. Die große Bühne gehörte Gerhard Schröder und Joschka Fischer. «Entschlusskraft und den Mut zu Reformen» versprach der neue Kanzler nach seiner Wahl am 27. Oktober. Eine CDU, deren designierter Vorsitzender ein langjähriger Kohl-Vertrauter war, kam dagegen zunächst nur schwer an. Umso wichtiger war, dass wenigstens die Generalsekretärin einen Neuanfang verkörperte.

Darum stand Angela Merkel im Mittelpunkt, als ein eintägiger Sonderparteitag Anfang November im Bonner Maritim-Hotel die neue CDU-Spitze wählte. Ein wenig war es wie bei ihrer Wahl zur einzigen Stellvertreterin von Helmut Kohl sieben Jahre zuvor. Allerdings fand Merkel diesmal mit 93,4 Prozent der Delegiertenstimmen deutlich größeren Zuspruch. In ihrer Antrittsrede zitierte sie, nicht ganz kitschfrei, vor den Delegierten einen Satz des Schriftstellers Hermann Hesse: «Jedem Anfang wohnt ein Zauber inne.»[5] Helmut Kohl erhielt den Titel eines Ehrenvorsitzenden, in der irrigen Annahme, die Ära seiner aktiven Einflussnahme auf die Partei sei abgeschlossen.

Merkels Ankündigung aus der Antrittsrede, nunmehr gehe Risiko vor Sicherheit und nicht umgekehrt, durften einige der alten Kohl-Getreuen getrost als Drohung verstehen. Denn im Bonner Adenauer-Hochhaus, wo Merkel zuvor als Parteivize eher repräsentative Aufgaben innegehabt hatte, übernahm sie nun die operative Führung. Gleich nach dem Parteitag begann sie mit dem Austausch des Personals. Als Erstes holte sie ihren Vertrauten Willi Hausmann wieder an ihre Seite, nachdem sie ihn vier Jahre lang an Claudia Nolte hatte verleihen müssen, ihre glücklose Nachfolgerin im Frauenressort. Hausmann wurde jetzt Bundesgeschäftsführer der CDU.

Zur Parteisprecherin beförderte sie im Januar 1999 eine gerade 28 Jahre alte Bonner Volkswirtin, die erst kurz zuvor in der Pressestelle angeheuert hatte. Sie sollte zunächst vertretungsweise die Wirtschaftspresse betreuen, und Freunde hielten es für verrückt, dass sie dafür ihre feste Stelle in einem Unternehmen aufgab. Eva Christiansen begleitete Merkel bis ans Ende ihrer Karriere, zuletzt als Medienberaterin im Kanzleramt. Merkels bisherige Sprecherin Gertrud Sahler blieb im Umweltministerium, weil sie den bevorstehenden Umzug nach Berlin nicht mitmachen wollte. Die Personalie erwies sich als Glücksgriff. Mehr noch als Gerhard Schröder nutzte Merkel die Medien, um ihren Aufstieg jenseits etablierter innerparteilicher Seilschaften zu organisieren. Christiansen vermochte im vertraulichen Gespräch die Weltsicht ihrer Vorgesetzten so zu vermitteln, dass die Journalisten in deren Hirnwindungen einzudringen glaubten. Umgekehrt gewann die Vertraute in diesen Telefonaten einen Eindruck, wie Sender und Zeitungen auf mögliche Entscheidungen reagieren würden. Dass sie ähnlich unprätentiös auftrat wie Merkel selbst, mochte die Geistesverwandtschaft noch unterstreichen. Fortan blieb Christiansen neben der Büroleiterin Beate Baumann, die der Chefin in die Parteizentrale folgte, die wichtigste Beraterin.[6]

Das Jahr des Machtwechsels schien für Merkel vielversprechend zu Ende zu gehen. Zum letzten Mal vor dem Umzug nach Berlin trafen sich die nur noch 245 Abgeordneten der Unionsfraktion zur Weihnachtsfeier in Bonn, genauer: in der Stadthalle von Bad Godesberg. In dem Bau aus der unmittelbaren Nachkriegszeit hatte schon die SPD mit ihrem Godesberger Programm 1959 einen neuen Aufbruch unternommen. Lange unterhielt sich Merkel an diesem Abend mit dem fast gleichaltrigen Parlamentarier Friedrich Merz, einem redegewandten und noch relativ jungen Abgeordneten, der erst seit vier Jahren im Parlament saß. Wolfgang Schäuble hatte ihn soeben zu einem der stellvertretenden Fraktionsvorsitzenden befördert, zuständig für Wirtschaft und Finanzen. Beide, Merkel und Merz, genossen die Gunst von Schäuble, den sie 2002 zum Kanzler machen wollten. Und beide wollten den Stillstand der späten Kohl-Jahre endlich hinter sich lassen. Seit diesem Abend duzten sie einander.

Die stille Zeit zwischen den Feiertagen nutzte Merkel für einen Schritt, den ihr konservative Kreise schon länger nahegelegt hatten. Ein Telefongespräch mit ihrem Parteivorsitzenden Schäuble, das den üblichen Routineabsprachen diente, beendete sie in diesen Tagen ziemlich abrupt: Sie

3. Opposition (1998–2005)

müsse jetzt wirklich auflegen, ließ sie den konsternierten CDU-Chef wissen, denn sie habe gleich einen Termin auf dem Standesamt. Mit ihrem Lebensgefährten begab sie sich zum Standesamt Mitte, das sich zwischen 1997 und 2001 provisorisch in einem unscheinbaren Gebäude an der Wallstraße befand, zwischen Spittelmarkt und Märkischem Museum. Wenige Tage nach dem Behördenbesuch, am 2. Januar 1999, erschien in der *Frankfurter Allgemeinen Zeitung* eine winzige Familienannonce, ungefähr so groß wie der Boden einer Zigarettenschachtel. «Wir haben geheiratet», stand in der ersten Zeile, «Angela Merkel – Joachim Sauer» in der zweiten. Und schließlich, in der dritten und letzten: «Berlin, Dezember 1998». Sie hatte den Schritt auf ihre Art vollzogen, nicht demonstrativ, sondern mit dem Anschein der Beiläufigkeit.[7]

In der Weihnachtspause erlebte Merkel die erste unangenehme Überraschung im neuen Amt: Aus den Medien erfuhr sie, dass ihre eigene Partei eine Unterschriftenaktion gegen die Einführung einer doppelten Staatsbürgerschaft durch die neue rot-grüne Bundesregierung plante. Der bayerische Ministerpräsident und designierte CSU-Vorsitzende Edmund Stoiber hatte im Oktober sogar eine Volksabstimmung über das Vorhaben gefordert.[8] Schäuble missbilligte als Chef der Schwesterpartei zwar das Mittel, nicht aber das Ziel, dass sich die Union die verbreiteten Vorbehalte gegen den Doppelpass zu eigen machen solle. Am 18. Dezember schlug er in einem Vieraugengespräch dem CSU-Chef deshalb vor, statt eines Volksentscheids eine Unterschriftensammlung gegen die Änderung des Staatsangehörigkeitsrechts zu organisieren. Als treibende Kraft agierte der hessische Oppositionsführer Roland Koch, der Anfang Februar die Landtagswahl gewinnen wollte und ein mobilisierendes Thema suchte. Außer den drei Beteiligten und dem zuständigen Fraktionsvize Jürgen Rüttgers war allerdings niemand in der Union informiert, als Stoiber Anfang Januar eigenmächtig an die Öffentlichkeit ging. Nun gab es für Schäuble, der in der Sache eher ein Getriebener war, kein Zurück mehr.[9]

Die Generalsekretärin kehrte vorzeitig aus den Weihnachtsferien zurück. Sie reagierte entsetzt auf den Vorstoß, beileibe nicht als Einzige in der CDU. Sie sei *total* gegen solche populistischen Methoden, *mit denen man gleich die Todesstrafe wieder einführen kann*, ließ sie intern verlauten.[10] Die Aktion widersprach gleich zwei zentralen Überzeugungen Merkels: dem Streben nach einem weltoffenen Deutschland und der Wertschätzung für das System der repräsentativen Demokratie, in dem das Volk solche Entscheidungen an gewählte Abgeordnete delegiert. In dieser Hinsicht bedeutete das Vorhaben, wie auch die F.A.Z. urteilte, eine «Regression».[11] Öffentlich deutete die Generalsekretärin ihre Vorbehalte nur vorsichtig an.

Andere Christdemokraten, die teils seit Jahren für eine liberalere Integrationspolitik warben, äußerten offene Kritik. Die Saarländer Peter Müller und Peter Altmaier oder der Rheinländer Norbert Röttgen hatten schon zuvor eine doppelte Staatsbürgerschaft zumindest für Kinder propagiert. Nun positionierten sich auch der Hamburger Ole von Beust, der thüringische Ministerpräsident Bernhard Vogel, die frühere Bundestagspräsidentin Rita Süssmuth und der einstige Generalsekretär Volker Rühe gegen die Pläne für eine Unterschriftenaktion, um nur die prominentesten Kritiker zu nennen. Andere Skeptiker zeigten ihre Distanz durch Schweigen oder durch Fernbleiben, als der CDU-Vorstand Anfang Januar auf einer Klausurtagung in Königswinter bei Bonn über den Vorschlag debattierte.

Am Ende stimmte das Gremium der Unterschriftensammlung dennoch fast geschlossen zu, denn Schäuble und Merkel hatten eine Brücke gebaut, indem sie das Vorhaben als eine Aktion für mehr Integration etikettierten. Alle Beteiligten wussten, dass es sich dabei um Wortgeklingel handelte. Die öffentliche Wirkung würde sein, dass die Union nun Unterschriften «gegen Ausländer» sammelte. Doch die Kritiker konnten den frisch gewählten Parteivorsitzenden Schäuble nicht nach zwei Monaten schon wieder demontieren; dass sie dieses Argument sogleich in die Öffentlichkeit trugen, schmerzte wiederum den Parteichef.

Und sie konnten auch schlecht dem hessischen Oppositionsführer Roland Koch in den Rücken fallen, der am 7. Februar eine Landtagswahl zu bestehen hatte. Ursprünglich sah es so aus, als habe der bundesweit kaum bekannte CDU-Fraktionsvorsitzende im Wiesbadener Landtag gegen die populäre Biederkeit des sozialdemokratischen Ministerpräsidenten Hans Eichel keine Chance. Angesichts der rasch schwindenden Popularität der neuen rot-grünen Bundesregierung änderte sich das jedoch. Den entscheidenden Schub erhoffte sich Koch von der Unterschriftenaktion, die er nach der Aussprache in Königswinter gemeinsam mit Schäuble und Merkel dem Publikum präsentierte.

Gerade einmal zwei Monate im Amt, hatte die neue Generalsekretärin durch ihren erkennbaren Unwillen gegenüber der Kampagne schon zwei Gegner gewonnen: Edmund Stoiber, mit dem sie später immerhin noch

3. Opposition (1998–2005)

taktische Allianzen schloss, und Roland Koch, den sie in einer Parteitagsrede später versehentlich *Roland Kotz* nannte.[12] Sie musste lernen, dass die Erneuerung der CDU nach Helmut Kohl nicht so leicht vonstattengehen würde wie erhofft. Nach dem nur halbherzigen Rückzug des großen Aussitzers kam in der Partei neben dem Drang nach einer sanften Liberalisierung auch der Wunsch nach einer Wende ins stramm Konservative, wenn nicht Rechtspopulistische auf. Angesichts der sinkenden Beliebtheit der neuen rot-grünen Regierung schwand bei der Union die Einsicht, die Wahl im September wirklich verloren zu haben. Daraus erwuchs die irrige Hoffnung, mit einer rabiaten Blockadepolitik die vermeintlich illegitimen Nachfolger rasch wieder zu Fall bringen zu können.

Für Merkel und die Erneuerer kam es noch schlimmer. Am 7. Februar gewann Koch tatsächlich die hessische Landtagswahl, was die Befürworter der Unterschriftenkampagne als Bestätigung ihrer Linie deuteten. Merkel sah sich zu öffentlicher Selbstkritik genötigt. *Ich empfinde es als Manko, dass ich nicht gefühlt habe, dass mit diesem Thema eine Wahl gewonnen werden kann*, behauptete sie.[13] Anfang März flüchtete auch noch Oskar Lafontaine aus den Ämtern des Bundesfinanzministers und SPD-Vorsitzenden. Die Überzeugung, dass die rot-grünen Nachfolger einfach nicht regieren könnten und das Wahlergebnis vom vergangenen Herbst nur ein Irrtum der Geschichte sei, verbreitete sich nun allenthalben in der Christdemokratie.

Mit Blick auf die Europawahl vier Monate später wuchs die Siegeszuversicht ins Unermessliche, so sehr, dass sich Schäuble und Merkel nach ihrem Zwist über den Doppelpass sogar einen Schuss Selbstironie erlauben konnten. «Europa ist wie wir: Nicht immer einer Meinung, aber immer ein gemeinsamer Weg», texteten sie für ein Wahlplakat, das den Vorsitzenden und seine Generalsekretärin zeigte. Tatsächlich ergab das Votum im Juni einen triumphalen Sieg für die Unionsparteien, die mit 48,7 Prozent der Stimmen an Kohls überragende Wahlergebnisse von 1976 und 1983 anknüpfen konnten.

Nach der Sommerpause setzte sich die Serie fort: Im Saarland kam der CDU-Politiker Peter Müller als Ministerpräsident an die Macht, in Thüringen und in Sachsen konnte die CDU ihre Mehrheiten gewaltig ausbauen und die SPD auf den dritten Platz des Parteienspektrums verweisen, hinter der PDS. Bei der Kommunalwahl in Nordrhein-Westfalen eroberte die CDU erstmals die Rathäuser traditioneller SPD-Hochburgen im Ruhrgebiet. In Berlin vereitelte der Regierende Bürgermeister

Eberhard Diepgen triumphal den Comeback-Versuch des Sozialdemokraten Walter Momper. Selbst dort, wo die Christdemokraten in der Minderheit blieben wie in Bremen und Brandenburg, verschoben sich die Gewichte erheblich zu ihren Gunsten. In bundesweiten Umfragen lagen die Unionsparteien Anfang November bei fast 50 Prozent.

Als Bestätigung empfand das der Mann, von dem Schäuble und Merkel inständig hofften, er möge längst in den Himmel des Ehrenvorsitzes entschwebt sein: Helmut Kohl. Immer stärker beschlich die Beteiligten das ungute Gefühl, Kohl habe seine Abwahl als Bundeskanzler und seinen Rücktritt vom Parteivorsitz nicht verinnerlicht. Er nahm weiterhin an allen Zusammenkünften der Gremien teil, bei denen er zwar nichts sagte, aber das Geschehen umso beredter mit seiner Mimik kommentierte. In der konstituierenden Sitzung des Bundestags setzte er sich ungefragt auf den Platz, der eigentlich dem Ersten Parlamentarischen Geschäftsführer vorbehalten war, dem Schäuble-Vertrauten Hans-Peter Repnik. Für seine Wahlkampfauftritte verlangte er von der Parteizentrale eine eigene Lautsprecheranlage. Er beschwerte sich, dass auf Parteitagen die Wand hinter dem Podium nicht mehr weiß war, sondern blau. Er vermisste wohl auch den Musiker Franz Lambert, der seine Karriere in der Fernsehsendung «Der blaue Bock» begonnen hatte und zu Kohls Zeiten auf den Parteiabenden die Heimorgel spielte.[14]

Gleichwohl hielt Kohl weiter Hof. Als die CDU im Frühjahr 1999 mit den «Erfurter Leitsätzen» die programmatische Erneuerung der Partei einläuten wollte, marschierte der Ehrenvorsitzende triumphal auf dem Parteitag ein, wohl wissend, dass sein Nachfolger im Rollstuhl mit dem Auftritt nicht konkurrieren konnte. «Für Inszenierungen, das hatte ich nun gelernt, war ich also ungeeignet», bilanzierte Wolfgang Schäuble in seinen Erinnerungen bitter.[15] Dass sich auch noch der neue CSU-Vorsitzende Edmund Stoiber bejubeln ließ und den Parteitag «usurpierte», wie es der frühere Generalsekretär Volker Rühe formulierte, tat ein Übriges.[16]

Angela Merkel dagegen mochte sich durch die überraschenden Wahlerfolge nicht von der Neuausrichtung der Partei abhalten lassen. Die viereinhalb Monate, die zwischen den Wahlen in Berlin und Schleswig-Holstein blieben, wollte sie dafür nutzen. Ende Oktober 1999 zog sie sich wie so oft mit ihren engsten Vertrauten zur Klausur auf die vorpommersche Halbinsel Darß zurück. Eine neue Familienpolitik sollte den Wandel symbolisieren: Ausbau der Kinderbetreuung, Vereinbarkeit von Familie und Beruf, Hilfen für Alleinerziehende, die zaghafte Anerkennung gleichgeschlechtlicher Lebensgemeinschaften. Die Generalsekretärin war frohen Mutes, die CDU nach dem unerquicklichen Streit um die Integrationspolitik wenigstens auf diesem Feld näher an die neue deutsche Wirklichkeit heranzuführen. Mitte Dezember sollte ein kleiner Parteitag das Programm beschließen. Der Parteivorsitzende wollte den Aufbruch Anfang November mit einer «Milleniums-Rede» flankieren.[17] Die Jahreszahl «2000» beflügelte damals die Phantasie im Positiven wie im Negativen.

Parteispenden

Am 4. November 1999, einem Donnerstag, wollte Schäuble ausgewählte Journalisten in einem Hintergrundgespräch auf seine für Sonntag angesetzte «Milleniums-Rede» einstimmen. Doch die Aufmerksamkeit richtete sich schnell auf anderes. Die Nachrichtenagentur dpa meldete unter Berufung auf einen Bericht der *Bild*-Zeitung, das Amtsgericht Augsburg habe einen Haftbefehl gegen Walther Leisler Kiep erlassen, den CDU-Schatzmeister der Jahre 1971 bis 1992, der schon in den Parteispendenskandal der achtziger Jahre verwickelt gewesen war.[18] Die Staatsanwaltschaft warf ihm vor, im Sommer 1991 vom Waffenlobbyisten Karlheinz Schreiber auf dem Parkplatz eines Schweizer Einkaufszentrums eine Million Mark entgegengenommen und das Geld nicht ordnungsgemäß als Einnahme versteuert zu haben. Das klang zunächst nicht nach einem neuen Parteispendenskandal, sondern nach einer Ausweitung der alten Bestechungsaffäre um die Lieferung von 36 gebrauchten Fuchs-Spürpanzern nach Saudi-Arabien.

Kiep selbst erschien am nächsten Morgen gegen sieben Uhr früh beim Amtsgericht seines Wohnorts Königstein im Taunus, um eine umfassende Aussage zu machen. Außer seinem Strafverteidiger begleitete ihn der CDU-Finanzberater Weyrauch, der zugleich sein persönlicher Steuerberater war, was die Generalsekretärin der Partei erst jetzt erfuhr. Gut fünf Stunden dauerte die Vernehmung. Merkels Versuche, irgendetwas darüber in Erfahrung zu bringen, verliefen den ganzen Nachmittag über ergebnislos. Kiep zeigte keinerlei Neigung, mit seiner eigenen Partei zu kooperieren. Einem Journalisten der *Welt am Sonntag* teilte er hingegen mit, die Justiz betreibe «Rufmord», er werde sich vollständig rehabilitieren. Außerdem ließ er wissen, dass er wie geplant zu einer längeren

Reise in die Vereinigten Staaten aufbrechen werde. Fest stand nur, dass das Geld nicht als Spende im CDU-Rechenschaftsbericht für 1991 aufgeführt war.

So tappte die Generalsekretärin im Dunkeln, als sie am Freitag gegen 18 Uhr vor die Presse trat. Trotzdem musste sie den Journalisten Rede und Antwort stehen. Ihr blieb nichts übrig, als in allgemeiner Form den Willen zur Transparenz zu bekunden: *Wir haben jedes Interesse an einer vollständigen Aufklärung des Vorganges.* Da das Geld auf ein Treuhandkonto eingezahlt worden sei, komme man nur schwer an die Unterlagen heran. Auch der CDU-Finanzberater Horst Weyrauch sei unerklärlicherweise nicht zu erreichen. Glaubwürdig klang das für Außenstehende nicht, und ebenso wenig erweckte der Auftritt den Eindruck, dass die Partei an umfassender Aufklärung interessiert sei.[19]

Ständig sickerten neue Informationen der Ermittlungsbehörden durch, über die sowohl die Medien als auch die einstigen Verantwortlichen im Bilde waren, nicht aber die aktuelle Parteispitze. Merkel hatte ziemlich genau ein Jahr nach ihrer Wahl zur Generalsekretärin die bislang größte Bewährungsprobe zu bestehen. Stand sie in der CDU-Zentrale zuvor im Schatten von Schäubles Bundestagsfraktion, so rückte die Spendenaffäre die Chefin der Parteiorganisation nun ins grelle Scheinwerferlicht. An der Grundkonstellation sollte sich in den folgenden Wochen wenig ändern: Merkel litt an einer Asymmetrie der Informationen. Die Journalisten, allen voran Hans Leyendecker von der *Süddeutschen Zeitung*, wussten stets über den Ermittlungsstand Bescheid. Da es die meisten Zeitungen damals noch nicht im Internet gab, mussten sich Merkel und ihre Leute bei neuen Enthüllungen abends den ersten Andruck besorgen.

Merkel wusste: In Affären ist es immer das Beste, offen zu kommunizieren. Intransparenz macht alles schlimmer. Ihr blieb nichts übrig, als sich so gut wie möglich auf den Stand zu bringen und zu versuchen, die Öffentlichkeit vom Aufklärungswillen der neuen Parteiführung zu überzeugen. Beinahe rund um die Uhr arbeitete sie mit ihrer alten Vertrauten Beate Baumann und ihrer neuen Pressesprecherin Eva Christiansen daran, die Spendenaffäre schweißte das Team zusammen. Schwieriger blieb für sie die Rolle des Parteivorsitzenden Wolfgang Schäuble, der dem «System Kohl» zu nahe gestanden hatte, um souverän reagieren zu können, im Positiven wie im Negativen. Es wäre wohl klüger gewesen, merkte er rückblickend an, wenn er gleich an jenem 4. November seinen Rücktritt erklärt hätte.[20]

3. Opposition (1998–2005)

Helmut Kohl tat derweil, als habe er mit den Problemen seiner Partei nichts zu tun. Auch in der Folgezeit trug er zur Aufklärung wenig bei und hielt in internen Sitzungen lieber weltpolitische Vorträge, statt sich zur Sache einzulassen.[21] Am 9. November, vier Tage nach Kieps Königsteiner Geständnis, sonnte er sich zum zehnten Jahrestag des Mauerfalls in seinem Ruhm als Kanzler der Einheit. Er hielt eine Festrede im Bundestag, am Abend folgte ein feierliches Essen mit seinen Verhandlungspartnern von einst, George Bush senior und Michail Gorbatschow. Auch die Öffentlichkeit sah in den Enthüllungen um die Kiep-Spende zu diesem Zeitpunkt noch keine Kohl-Affäre, die das Herz der Christdemokratie betraf.

Nachdem der CDU-Finanzberater Weyrauch am 23. November eine umfangreiche Aussage bei den Augsburger Staatsanwälten gemacht hatte – die Vernehmung dauerte sieben Stunden –, wurde Kohl allmählich doch nervös. Als der Bundestag über die Einrichtung eines Untersuchungsausschusses debattierte, sprang er von seinem Sitz auf und griff zum Mikrofon: «Das kann in der Art und Weise, wie hier verleumdet wird, nicht stattfinden.»[22]

Die Öffentlichkeit und die CDU-Generalsekretärin erfuhren von den Ergebnissen der Weyrauch-Vernehmung erst zwei Tage später, als die *Süddeutsche Zeitung* abends eine Vorabmeldung herausgab. Bei Weyrauch seien «Unterlagen über ein weit verzweigtes System von so genannten Treuhand-Anderkonten der CDU gefunden worden», berichtete das Blatt. Mit Billigung Kohls habe der Wirtschaftsprüfer die Konten angelegt und auf Weisung des Bevollmächtigten Uwe Lüthje immer wieder freihändig Geldbeträge an einzelne Parteigliederungen überwiesen. Größere Spenden von Firmen habe er zum Zweck der Verschleierung gestückelt. Die Rechenschaftsberichte der Partei seien mithin nicht korrekt.[23] Heiner Geißler, der frühere Generalsekretär der Partei, bestätigte die Vorwürfe am nächsten Tag öffentlich, und er suchte sich zugleich aus der Schusslinie zu nehmen. «Neben dem Etat der Bundesgeschäftsstelle gab es auch andere Konten, das ist wahr», sagte er im Radio. «Ich habe das immer für falsch gehalten.»[24]

Schlimmer konnte es für Angela Merkel kaum noch kommen: Die CDU stand spätestens seit diesem 26. November 1999 im Zentrum eines Skandals, der stark an jene Spendenaffäre erinnerte, in der die italienische Schwesterpartei Democrazia Cristiana gut sieben Jahre zuvor untergegangen war. Ähnlich wie jetzt hatten auch damals die Ermittlungen unscheinbar begonnen, mit Unregelmäßigkeiten in einem Mailänder Altenheim. Wenig später blieb von der einst mächtigsten Christdemokratie der Welt, die von 1946 bis 1992 die Erste Italienische Republik nahezu konkurrenzlos beherrscht hatte, fast nichts übrig. Es hatte in dieser Krisensituation etwas Symbolisches, dass die CDU im Gegensatz zu allen anderen Bundestagsparteien in der Hauptstadt nur ein Behelfsquartier besaß, weil die neue Parteizentrale nicht rechtzeitig fertig geworden war. Während sich die Regierung Schröder/Fischer seit dem Spendenskandal wieder obenauf sah und den Aufbruch in eine neue «Berliner Republik» feierte, schien die CDU in der alten Bonner Welt festzustecken.

Doch Angela Merkel erfasste, was auf dem Spiel stand. Zunächst galt es, die Faktenlage zu klären. Ihr Parteigeschäftsführer Hausmann forderte die Firma Weyrauch und Kapp ultimativ dazu auf, alle Unterlagen sofort an die CDU zu übergeben. Tatsächlich händigte Weyrauch kurz darauf die Dokumente aus. Die Wirtschaftsprüfer von Ernst & Young, die von Schäuble und Merkel nun mit der Durchsicht der CDU-Konten beauftragt waren, machten sich sofort an die Arbeit. Schäuble berief für den 30. November das Parteipräsidium ein. Kohl überraschte die CDU-Spitze mit einem Teilgeständnis, das er auf Schäubles Drängen formuliert hatte. Anschließend trug er es der Presse vor. Erstmals gestand er die Existenz schwarzer Konten ein und übernahm dafür die politische Verantwortung. Die Beantwortung der Nachfragen überließ er allerdings dem Nachfolger Schäuble. Auf der Weihnachtsfeier der Fraktion am folgenden Abend ging Kohl von Tisch zu Tisch und mahnte zu Merkels Verdruss die Abgeordneten, es nun gut sein zu lassen mit dem Aufklärungsfuror, schließlich hätten auch ihre Landesverbände bereitwillig Geld von ihm angenommen.[25]

Zwei Tage nach der Präsidiumssitzung, am 2. Dezember, telefonierte Hausmann mit Weyrauch. Angesichts des von der Opposition nun angestrebten Untersuchungsausschusses wollte er wissen, wie sich der Finanzberater gegenüber der Staatsanwaltschaft bezüglich seines Zeugnisverweigerungsrechtes eingelassen habe. Weyrauch zeigte sich erstaunt über die Frage: Das stehe doch alles in dem Vernehmungsprotokoll, das er der CDU-Bundesgeschäftsstelle zur Kenntnisnahme übersandt habe. Hausmann wusste von nichts, genauso wenig wie Merkel und Schäuble. Auf Nachfrage erfuhr er, dass das Protokoll an den Abteilungsleiter Terlinden gegangen war. Er informierte sofort die Generalsekretärin. Merkel erreichte Terlinden im Zug: Das Schriftstück besitze er nicht mehr, er habe es an Kohl weitergegeben. Mit dieser empörenden Nachricht begab sich

3. Opposition (1998–2005)

Merkel zu Schäuble ins Reichstagsplenum, der umgehend die Entlassung Terlindens veranlasste und Kohl abblitzen ließ, der sich gleich darauf bei ihm meldete.[26]

In derselben Plenarsitzung stand ein Redebeitrag des Fraktionsvorsitzenden an. Es ging um den Untersuchungsausschuss zur Spendenaffäre, genauer: um den Verdacht, die Entscheidung über den Verkauf der Fuchs-Panzer an Saudi-Arabien sei käuflich gewesen. Schäuble hätte es sich einfach machen können, auf die Einrichtung des Ausschusses hatten sich Regierungs- und Oppositionsfraktionen im Vorfeld verständigt. Aber er hielt es für angebracht, in einer Angelegenheit klare Verhältnisse zu schaffen: Ungefragt räumte er ein, dass er den Waffenlobbyisten Schreiber einmal getroffen habe: im Wahlkampf 1994, bei einem Spendendinner, zu dem die damalige Schatzmeisterin Baumeister eingeladen hatte.

Geistesgegenwärtig stellte der Abgeordnete Hans-Christian Ströbele, designierter Grünen-Obmann im Untersuchungsausschuss, eine Nachfrage: «Mit oder ohne Koffer?» So weit wollte Schäuble seine Offenheit dann doch nicht treiben. «Ohne Koffer», sagte er, verkehrte den Zweck seines Auftritts damit in sein Gegenteil und beging den folgenreichsten Fehler seiner politischen Karriere.[27] Statt die Sache wie beabsichtigt zu bereinigen, hatte er nun das Parlament angelogen. Denn er hatte seinerzeit von Schreiber 100 000 Mark entgegengenommen. Mindestens zwei entscheidende Akteure mussten nun in Schäuble einen Parteivorsitzenden auf Abruf sehen: Kohl, der über die Spende im Bilde war, und Merkel, der Schäuble selbst nach ihrem Amtsantritt als Generalsekretärin davon berichtet hatte.[28]

In den folgenden zwei Wochen arbeiteten sich die Wirtschaftsprüfer durch die Akten. Es drangen erste Informationen nach außen, dass der hessische CDU-Landesverband Konten in Liechtenstein unterhalten habe. Reportern fiel in diesen Tagen die «sanfte Strenge» auf, mit der Merkel die Trennung von Kohl vorantrieb, und das Nadelstreifenjackett, das sie auf einmal trug, womöglich mit Blick auf künftige Karriereschritte; die *Bild*-Zeitung rief sie wegen ihrer Rolle als Aufklärerin in der Spendenaffäre bereits zur heimlichen Kanzlerkandidatin aus.[29] Gemeinsam mit Schäuble formulierte die Generalsekretärin einen Katalog von Fragen, die Kohl beantworten sollte. Darin ging es auch um die Namen der möglichen Spender. Eine Antwort des früheren Vorsitzenden an die aktuelle Parteispitze blieb aus.

Dafür trat der Altkanzler am 16. Dezember im Fernsehen auf, in einer

ZDF-Sendung mit dem Titel «Was nun, Herr Kohl?». Wieder einmal konnte Merkel nur den Fernseher einschalten. Mit wachsendem Entsetzen verfolgte Angela Merkel den Auftritt. Kohl gestand zwar ein, im Zeitraum zwischen 1993 und 1998 Spenden in Höhe von 1,5 bis 2 Millionen Mark angenommen und nicht ordnungsgemäß verbucht zu haben. Aber er schwieg sich, anders als von der CDU-Spitze gefordert, über die Identität der Spender aus. «Ich habe nicht die Absicht, deren Namen zu nennen, weil ich mein Wort gegeben habe», sagte er.[30] Es machte die Sache nicht besser, dass Kohl zum Ausgleich des finanziellen Schadens neue Spenden einwerben wollte, als lasse sich der Vertrauensverlust mit einem neuen Schwung «Bimbes» heilen; so pflegte der Oggersheimer das Schmiermittel zu nennen, mit dem er die politische Maschinerie am Laufen gehalten hatte.

Die Generalsekretärin erkannte spätestens an diesem Abend, dass sie etwas tun musste. Zwar hatte sie schon mehrfach in Interviews den Abstand zu Kohl markiert, aber offenbar drang das nicht mit der nötigen Wucht durch. Ohne einen klaren Schnitt drohte die CDU als Volkspartei unterzugehen, und die Generalsekretärin gleich mit. Selbst wenn die Partei die Affäre überstehen würde, so wurde doch das politische Überleben des Parteivorsitzenden Schäuble von Tag zu Tag unwahrscheinlicher. Wenn Merkel untätig blieb, würde sie mit ihm stürzen.

Scheidungsbrief

Übers Wochenende reifte ihr Entschluss, selbst aktiv zu werden. Am Montag schrieb Merkel ihre Gedanken nieder. Am Dienstag, drei Tage vor Heiligabend, rief sie persönlich bei Karl Feldmeyer an, der die Parlamentsredaktion der *Frankfurter Allgemeinen Zeitung* leitete, um ihm ihren Artikel anzutragen. Der Journalist sei beim Mittagessen, erfuhr sie, bis gegen drei Uhr nachmittags musste sie sich gedulden. Dann erst erreichte sie den Redakteur, der allerdings die Relevanz ihres Artikels, den sie unbedingt noch vor den Feiertagen publiziert sehen wollte, bezweifelte: Merkel kritisiere Kohl doch bloß in «homöopathischen Dosierungen», befand Feldmeyer. In Frankfurt sah man das anders. Tags darauf titelte das Blatt: «Merkel: Die Zeit Kohls ist unwiederbringlich vorüber». Der Originalton folgte auf Seite zwei:[31]

3. Opposition (1998–2005)

Die von Kohl eingeräumten Vorgänge haben der Partei Schaden zugefügt. Ein Wort zu halten und dies über Recht und Gesetz zu stellen, mag vielleicht bei einem rechtmäßigen Vorgang noch verstanden werden, nicht aber bei einem rechtswidrigen Vorgang. Die Partei muss also laufen lernen, muss sich zutrauen, in Zukunft auch ohne ihr altes Schlachtross, wie Helmut Kohl sich oft selbst gerne genannt hat, den Kampf mit dem politischen Gegner aufzunehmen. Sie muss sich wie jemand in der Pubertät von zu Hause lösen, eigene Wege gehen und wird trotzdem immer zu dem stehen, der sie ganz nachhaltig geprägt hat – vielleicht später sogar wieder mehr als heute.[32]

Das war Merkels «Scheidungsbrief» an Kohl, wie es fortan hieß. Der Parteivorsitzende Wolfgang Schäuble erfuhr davon erst bei der Zeitungslektüre auf dem Weg vom heimischen Gengenbach zu einer weiteren Krisensitzung des Parteipräsidiums, das den Zwischenbericht der Rechnungsprüfer zur Kenntnis nehmen sollte. Auch deshalb hatte er am Vortag mehrfach mit seiner Generalsekretärin telefoniert. Den Zeitungsbeitrag hatte sie in den Gesprächen mit keinem Wort erwähnt.

In der Präsidiumssitzung verhielten sich die Anwesenden gegenüber der Generalsekretärin eher freundlich, die treuen Kohl-Fans waren ohnehin daheim geblieben. Es fehlte auch der Altkanzler selbst, den das Gremium nun offiziell zur Nennung der Spendernamen aufforderte. Schäuble nannte es einen «Akt der Illoyalität», dass Merkel den Zeitungsbeitrag ohne Absprache veröffentlicht hatte.[33] Vor den Journalisten flüchtete er sich dann in die Floskel aus dem vorausgegangenen Europawahlkampf. «Wir sind nicht immer einer Meinung, aber immer auf einem Weg», sagte er. Und er fügte hinzu: «Es ist ihr Beitrag und nicht meiner.»[34]

Unter vier Augen warnte er die Generalsekretärin anschließend, so etwas dürfe höchstens einmal in zehn Jahren passieren. Merkel entgegnete, sie habe ihn ja vorher gar nicht fragen können: *Sie hätten es mir doch nicht erlaubt.* «Da haben Sie recht», antwortete Schäuble. Entlassen konnte er seine Generalsekretärin nicht, dazu war die Lage der CDU zu heikel und seine eigene Position in der Affäre zu fragil. Dass er Merkel im Amt beließ, brachte nicht nur viele Journalisten zu der Annahme, die Generalsekretärin habe zumindest mit Billigung des Parteivorsitzenden gehandelt. Auch Kohl ließ sich nicht von der Überzeugung abbringen, dass in Wahrheit sein Nachfolger hinter dem Gastbeitrag stehe.[35] Doch Merkel hatte, wie so oft in wichtigen Situationen, mehr oder weniger allein entschieden. Wenn überhaupt, dann wussten wohl nur Beate Baumann und ihr Ehemann Joachim Sauer Bescheid.

Mit einem Schlag streifte Merkel an diesem Tag das Image einer grauen Maus ab. Zum ersten Mal kam das breite Publikum auf den Gedanken, dass sie das Zeug für höhere Aufgaben habe. Mit ihrem Mut rettete sie die Partei und damit auch sich selbst. «Im Kern ging es darum, nichts mehr unter dem Tisch zu halten, eine Schneise zu schlagen auch für Schäuble, der das selbst nicht tun konnte», betonten Vertraute im Rückblick.[36] Sie bestritten vehement, dass Merkel den Vorsitzenden stürzen wollte, der zu diesem Zeitpunkt noch einigermaßen fest im Sattel saß: Weder war öffentlich bekannt, dass er den Bundestag in Bezug auf die Schreiber-Spende angelogen hatte, noch hatte er sich mit der früheren Schatzmeisterin Brigitte Baumeister über den Vorgang zerstritten. Und auf eine mögliche Schäuble-Nachfolge durften sich andere Politiker mehr Hoffnungen machen als Merkel: Die Chancen Roland Kochs schwanden erst im Januar, als er eingestehen musste, dass sein Landesverband illegale Parteispenden als «jüdische Vermächtnisse» getarnt hatte. Volker Rühe konnte seine Ambitionen noch bis Ende Februar wahren, als er die Landtagswahl in Schleswig-Holstein verlor.

Über die Feiertage blieb unsicher, wie die Sache ausgehen würde. Von Jüngeren bekam die Generalsekretärin viel Rückendeckung. Er könne «jede Zeile ihres Briefes» unterschreiben, ließ der aufstrebende Fraktionsvize Friedrich Merz wissen. Auch andere Politiker aus Merkels Alterskohorte sprachen sich für den scharfen Schnitt aus: der niedersächsische Oppositionsführer Christian Wulff, der saarländische Ministerpräsident Peter Müller, die baden-württembergische Kultusministerin Annette Schavan. Von den Älteren schlugen sich der frühere Kohl-Rivale Kurt Biedenkopf, der eigensinnige Brandenburger Jörg Schönbohm und die Berliner Landespolitikerin Christa Thoben auf Merkels Seite.

Öffentliche Kritik übten dagegen alte Weggefährten Kohls, etwa der thüringische Ministerpräsident Bernhard Vogel und die Spitzenkandidaten für die bevorstehenden Landtagswahlen in Schleswig-Holstein und Nordrhein-Westfalen, Volker Rühe und Jürgen Rüttgers. Sie konnten sich ausrechnen, dass ihnen eine rückhaltlose Aufklärung auf kurze Sicht eher schaden würde. Skeptisch blieb auch der baden-württembergische Ministerpräsident Erwin Teufel und mit ihm die Mehrheit des südwestdeutschen Landesverbands. Der neue hessische Ministerpräsident Roland Koch reagierte verschnupft. Manche Kohl-Getreuen warfen der Generalsekretärin sogar vor, sie wolle den verdienten Kanzler der Einheit noch ins Gefängnis bringen.

3. Opposition (1998–2005)

Bald zeigte sich, dass Merkel mit ihrer Analyse richtig gelegen hatte. Anfang Januar ließ sich Kohls Rechtsanwalt Stephan Holthoff-Pförtner mit der Bemerkung zitieren, die Öffentlichkeit werde bald erfahren, welche weiteren Personen von Schreiber mit Spenden bedacht worden seien.[37] Das deutete nicht nur Schäuble selbst als einen Hinweis, dass der Altkanzler demnächst gegen ihn losschlagen wolle. Dem Partei- und Fraktionsvorsitzenden blieb nichts übrig, als sich zu erklären. Am 10. Januar 2000 ging er in die ARD-Sendung «Farbe bekennen», seine Generalsekretärin Merkel setzte er erst anderthalb Stunden vor dem Auftritt ins Bild. Schäuble sprach über das Spendendinner im Wahlkampf 1994 und seine Begegnung mit Schreiber: «Er hat am Tag danach eine Spende in bar abgegeben. Ich hab' die an die Schatzmeisterei weitergegeben und ich hab' dann jetzt im Zuge der Aufklärung, die wir anstellen, festgestellt, die ist auch nicht veröffentlicht worden, sondern offenbar – die Wirtschaftsprüfer prüfen's noch – als sonstige Einnahme verbucht worden.»[38]

Für Merkel war das in der Sache nichts Neues, für die Öffentlichkeit schon. Wolfgang Schäuble hatte vor dem Bundestag gelogen, auch wenn sich das Geld nicht in einem Koffer befand, sondern in einem Umschlag. Die meisten Kommentatoren betrachteten ihn nunmehr als einen Parteichef auf Abruf. Vertraute berichteten über erste Rücktrittsgedanken. Das Echo fiel so verheerend aus, dass Schäuble beschloss, tags darauf eine Pressekonferenz zu geben.

Neuigkeiten erfuhr Merkel unterdessen aus Hessen. Die Ermittler stießen bei ihren Nachforschungen auch auf schwarze Konten des dortigen Landesverbands. Zunächst erklärte der frühere Schatzmeister der hessischen CDU, Casimir Prinz zu Sayn-Wittgenstein, es handele sich um Vermächtnisse ehemaliger Frankfurter Juden. Wenige Tage nach Schäubles Eingeständnis musste der Wiesbadener Ministerpräsident Koch zugeben, dass diese «jüdischen Vermächtnisse» frei erfunden waren. Es handelte sich um schnödes Schwarzgeld, das die Partei auf Konten in der Schweiz und in Liechtenstein deponiert hatte. Mit dem Geld hatte Koch auch seine von Merkel widerwillig mitgetragene Kampagne gegen den Doppelpass finanziert. Nun kündigte Koch «brutalstmögliche Aufklärung» an, während sein Vorgänger Manfred Kanther alle Schuld auf sich nahm. Den eigenen Rücktritt zog der Ministerpräsident nicht in Betracht, was seine politischen Freunde zu einem Mythos des Durchhaltens stilisierten.[39]

Als Schäuble am 17. Januar 2000 aus Gengenbach nach Berlin kam, um ein halbes Jahr nach dem Regierungsumzug endlich seine Zweitwohnung in der Hauptstadt zu beziehen, brachte er seiner Generalsekretärin eine zuletzt fast schon absehbare Neuigkeit mit: Er sei entschlossen, vom Amt des Parteivorsitzenden zurückzutreten. Merkel hielt ihn zurück. «Die Generalsekretärin war aufs Äußerste betroffen und beschwor mich, meinen Entschluss rückgängig zu machen», erinnerte sich Schäuble später. «Es könne nicht richtig sein, dass für diese Krise ein Parteivorsitzender geopfert werde, der zwar vielleicht Fehler gemacht habe, der aber letztlich für diese prekäre Situation keinerlei Verantwortung trage. Im Übrigen werde die Partei dadurch zu allen Problemen noch zusätzlich in eine fürchterliche Personaldebatte gestürzt, und alles werde noch viel schlimmer.»[40] An eine große politische Zukunft Schäubles mochte auch Merkel zu diesem Zeitpunkt nicht mehr glauben, aber aus ihrer Sicht war die Reihenfolge verkehrt: Ein Rücktritt des Nachfolgers zu einem Zeitpunkt, zu dem Kohl noch als Ehrenvorsitzender über allem thronte, hätte die Erneuerung der Partei blockiert. Ehe eine Entscheidung falle, verlangte sie, müsse die Sache in den Gremien besprochen werden. Schäuble, offenbar nicht bis zum Letzten entschlossen, willigte ein.

Noch am Montag tagte der Fraktionsvorstand. Am lautesten in Merkels Sinne sprach Friedrich Merz, einer der Stellvertreter Schäubles. Er stellte sich vehement hinter seinen politischen Förderer, kritisierte dabei den Altkanzler vor aller Ohren aber so scharf, dass ihn selbst der von Kohl tief enttäuschte Partei- und Fraktionschef anschließend unter vier Augen zur Mäßigung mahnte.[41]

Für den nächsten Morgen, 8.30 Uhr, hatte Schäuble einen Termin mit Kohl vereinbart. Er wollte einen letzten Versuch unternehmen, den Vorgänger zur Preisgabe der Spendernamen zu bewegen. Andernfalls wollte er an seinem Rücktrittsentschluss festhalten. Der Altkanzler empfing ihn in bester Stimmung in seinem Bundestagsbüro. Die ganze Sache, führte Kohl aus, sei doch eigentlich gar nicht so schlimm. Für seine Handhabung der Spenden habe ein Großteil der Bevölkerung Verständnis, auch die Geschichte in Hessen sei nicht so tragisch, lediglich Schäubles Spende von Schreiber habe die Affäre zu einer dramatischen Krise werden lassen. «Trittst du zurück?», fragte Kohl grinsend. Der Nachfolger wendete seinen Rollstuhl und verließ das Büro. Er habe schon zu viel seiner knapp bemessenen Lebenszeit mit Kohl verbracht, rief er zum Abschied. Es sollte das letzte Gespräch der beiden bleiben.[42]

Anschließend, im CDU-Präsidium, bot Schäuble seinen Rücktritt an. Aber die Dinge entwickelten sich in Merkels Sinn. Einstimmig hielt das

3. Opposition (1998–2005)

Gremium den Vorsitzenden von dem Schritt ab. Stattdessen bereiteten die Anwesenden einen Beschluss vor, der Kohl dazu aufforderte, entweder unverzüglich die Spendernamen zu nennen oder seinen Ehrenvorsitz ruhen zu lassen. Im wesentlich größeren Vorstand, der wie üblich anschließend tagte, gab es nur zwei Gegenstimmen und eine Enthaltung. Noch während im Anschluss daran die Bundestagsfraktion tagte, legte Kohl den Ehrenvorsitz nieder.

Damit hatte Merkel gewonnen. Noch vier Wochen zuvor war ihr Wunsch nach einer Abnabelung von Kohl als ein mutiger und riskanter Schritt erschienen, nun war das Beschlusslage der Partei. Die Außenseiterin hatte die Dinge früher und klarer gesehen als andere. Und während damit zu rechnen war, dass die Recherchen zur Spendenaffäre weitere westdeutsche Spitzenpolitiker belasten würde, hatte Merkel nichts zu befürchten: Als das System der schwarzen Kassen entstanden war, hatte sie auf der anderen Seite der Mauer gelebt. Und trotz ihres Aufstiegs in der CDU nach der Wende war sie bis zuletzt zu weit entfernt gewesen vom wahren Zentrum der Macht.

Wenig später kam Merkel mit einem Vorschlag zu Schäuble. In der aktuellen Lage der CDU, so befand sie, müsse die Parteispitze der Basis das Gefühl des Gehörtwerdens vermitteln. Ob es nicht eine gute Idee wäre, mit den Landesverbänden entsprechende Veranstaltungen zu organisieren? Schäuble antwortete, genau das habe er schon seit längerer Zeit überlegt. Er verwies auf das Vorbild der SPD, die nach der Krise ihrer ersten Regierungszeit gerade «Regionalkonferenzen» als Ventil für die beunruhigten Mitglieder veranstaltet hatte. «Wir brauchten keine zwei Minuten, um das zu verabreden», schrieb Schäuble später in seinem Buch über die Zeit als Parteivorsitzender. In der nächsten Präsidiumssitzung wurde das Konzept offiziell beschlossen. Schon am 18. Februar fand die erste Konferenz in Wolfenbüttel statt, allerdings in einem ganz anderen Kontext als ursprünglich gedacht.[43]

So sehr sich die Perspektive für Merkel aufhellte, so sehr verdüsterte sie sich für Schäuble. Doch nichts deutete darauf hin, dass die Generalsekretärin absichtsvoll auf den Sturz ihres Vorsitzenden hinarbeitete. Selbst enge Weggefährten Schäubles nahmen nicht an, dass sie ihn mit dem F.A.Z.-Aufsatz vom Dezember gezielt wegputschen wollte.[44] Die Lage war nun einmal, wie sie war: Mit Kohls Verzicht auf den Ehrenvorsitz entfiel für Schäuble der letzte Schutzschild. Falls die Debatte neue, Schäuble belastende Wendungen nahm, gab es aus Sicht Merkels und ihrer Präsidiumskollegen keinen zwingenden Grund mehr, an Kohls früherem Vertrauten und jetzigem Erzfeind festzuhalten.

So kam es. Schäuble entschuldigte sich vor dem Bundestagsplenum dafür, dass er den Abgeordneten die Schreiber-Spende im Dezember verschwiegen hatte. Als er kurz darauf in der CDU-Zentrale den Bericht der Wirtschaftsprüfer zu den Anderkonten vorstellte, ließ Merkel ihre Hand zur Sicherheit am Mikrofonknopf, um bei drohenden Fehltritten des Parteivorsitzenden einzugreifen.[45] Im Grunde hatte sie die Regie schon übernommen, während sich andere immer weiter in Widersprüche verstrickten. Nach einem Gespräch Merkels mit Kohl sagte die CDU die Feierlichkeiten zum bevorstehenden 70. Geburtstag des Altkanzlers ab. Der sozialdemokratische Bundestagspräsident Wolfgang Thierse ordnete Mitte Februar an, dass die CDU aufgrund falscher Rechenschaftsberichte mehr als 41 Millionen Mark an Bundeszuschüssen zurückzahlen müsse.

Nun korrigierte die frühere Schatzmeisterin Brigitte Baumeister auch noch ihre Angaben über den Weg, den die Schreiber-Spende genommen hatte. Es ergab sich kein schlüssiges Bild, selbst enge Merkel-Vertraute verstanden die Hintergründe nicht bis ins Letzte. Aber schon die Debatte untergrub die Glaubwürdigkeit des Vorsitzenden. Dass Schäuble nun seinerseits eine eidesstattliche Versicherung abgab, um der eigenen Version mehr Glaubwürdigkeit zu verleihen, bewirkte das Gegenteil: Der juristische Kleinkrieg zwischen dem Vorsitzenden und der ehemaligen Schatzmeisterin erzeugte erst recht ein katastrophales Bild. Je minutiöser sich Schäuble zu rechtfertigen versuchte, desto mehr brachte er sich selbst ins Zwielicht. Und dass der Parteichef zwei Fehler gemacht hatte, ließ sich kaum bestreiten. Er war, unter welchen Umständen auch immer, an der Übergabe einer später nicht korrekt verbuchten Spende durch einen windigen Waffenlobbyisten beteiligt. Und er hatte dem Parlament darüber nicht die Wahrheit gesagt.

Inzwischen schwand in der Fraktion der Rückhalt für Schäuble. Das Hin und Her um die Schreiber-Spende bot dafür nur den Anlass. Der tiefere Grund war Schäubles monatelanges Lavieren zwischen Aufklären und Beschwichtigen, das weder Kohlianer noch Erneuerer zufriedenstellte. Abgeordnete aus Nordrhein-Westfalen und Schleswig-Holstein forderten, die anstehenden Landtagswahlen vor Augen, jetzt sogar öffentlich den Rücktritt des Vorsitzenden. Schäuble reagierte, indem er kurzfristig eine Neuwahl des gesamten Fraktionsvorstands ansetzte und zunächst offen ließ, ob er selbst wieder antreten würde. Er zauderte, wie so

3. Opposition (1998–2005)

oft, und er hoffte wohl insgeheim, noch einmal gebeten zu werden. Aber diesmal bat ihn niemand mehr.[46]

Am 16. Februar um 14.30 Uhr verlas Schäuble eine vorbereitete Erklärung. Er kündigte an, für den Fraktions- wie für den Parteivorsitz nicht mehr zu kandidieren, um einen «Neuanfang einzuleiten und möglich zu machen». In ihm sei die Überzeugung gereift, dass sich die Union ohne einen «sichtbaren, also auch personellen Neuanfang» nicht aus der Krise befreien könne.[47]

Gerade einmal 15 Monate hatte Schäuble das lange ersehnte Amt des CDU-Vorsitzenden ausgeübt. Er selbst führte sein Scheitern auf eine Intrige des Vorgängers zurück. Hinter dem Verhalten Schreibers und Baumeisters vermutete der scheidende Parteichef ein «intrigantes Spiel», das aus dem Umfeld Kohls «minutiös geplant» worden sei.[48] «Ich verabscheue Kohl», sagte in jenen Tagen sein Bruder Thomas Schäuble, der damalige baden-württembergische Innenminister.[49]

Der Entscheidung, den verhinderten Kronprinzen nach Kohls Abwahl zum Nachfolger zu machen, haftete etwas Tragisches an. Dem einst engsten Weggefährten und inzwischen erbitterten Gegner des Altkanzlers fehlte vermutlich der innere Abstand zur Kohl-Ära, um die Partei in die Zukunft zu führen. Seine komplexe Persönlichkeit kam hinzu, seine Neigung zu sphinxhaften Andeutungen und taktischen Zügen, über deren Zweck das Publikum oft rätselte, ob er nun als Innenminister über die gezielte Tötung von Terrorverdächtigen spekulierte, den Griechen ein Referendum über den Euro empfahl oder in der Flüchtlingsfrage gegen die Kanzlerin stichelte. Das alles stand ihm oft im Weg, trotz oder wegen seiner überragenden Intelligenz. Und in entscheidenden Momenten zögerte Schäuble, er wagte 1997 nicht den Sturz Kohls und entschloss sich 2015 nicht zum Putsch gegen Merkel. Ein Kommentator schrieb nach Schäubles Rücktritt: «Es war – auch ohne die Spendenaffäre – eine Illusion zu glauben, dass ausgerechnet er, Schäuble, mit der Kohl-Tradition der CDU würde brechen und trotzdem die Partei ohne Brüche werde zusammenhalten können. Einen Neuanfang können nur Seiteneinsteiger anzetteln.»[50]

Regionalkonferenzen

Die Seiteneinsteigerin hütete sich aber, selbst offiziell eine Bewerbung abzugeben. An Aufforderungen fehlte es nicht. Am Tag des Schäuble-Rücktritts stieß Merkel erstmals zu einer Runde von liberalen CDU-Politikern, die der Münsteraner Bundestagsabgeordnete Ruprecht Polenz organisierte. Man traf sich im damals noch recht dunklen Berliner Scheunenviertel, im Café Döblin an der Alten Schönhauser Straße. Dem Kreis gehörten viele der Parlamentarier an, die schon beim Bonner Italiener mit Kollegen von den Grünen beisammensaßen. Es war das erste Mal, dass Merkel an einem solchen Treffen teilnahm, und die Runde redete auf sie ein: Sie müsse kandidieren.[51]

Doch ein Vorpreschen zu diesem Zeitpunkt hätte ihre Chancen nur verschlechtert. Denn viele Funktionsträger wünschten sich eine Übergangslösung mit einem älteren Ministerpräsidenten; auch die Spitzenkandidaten für die anstehenden Landtagswahlen in Schleswig-Holstein und Nordrhein-Westfalen, Volker Rühe und Jürgen Rüttgers, zeigten Interesse. Rühe traf sich anlässlich seines Wahlkampfabschlusses in Lübeck mit dem CSU-Vorsitzenden Stoiber und dem Dresdener Regierungschef Biedenkopf, um Merkel zu verhindern. «Die Stimmung war gut», hieß es anschließend aus der sächsischen Staatskanzlei. Kein Wunder. Die Herren waren sich einig: Angela Merkel habe zwar große Verdienste, als Führungsfigur sei aber ein Regierungschef aus den Ländern geeigneter. Nachdem der Thüringer Bernhard Vogel – wohl auch unter Schäubles Einfluss – abgewinkt hatte, sah die Runde in Biedenkopf den richtigen Mann zur richtigen Zeit. Die CDU müsse der Regierung Schröder vor allem bei der Steuer-, Sozial- und Rentenreform wieder auf Augenhöhe gegenübertreten. Hier sei die Kompetenz von Biedenkopf anerkannt, was heißen sollte: Für Merkel galt das nicht. Sie sollte sich in diesem Personaltableau weiterhin mit dem Amt der Generalsekretärin bescheiden.[52]

Als das Treffen bekannt wurde, half das Merkel enorm: Dass die Herren so kurz nach den Enthüllungen über das System Kohl schon wieder Hinterzimmerpolitik betrieben, empörte die Parteibasis ebenso wie die Öffentlichkeit. «Spätestens zu diesem Zeitpunkt war die Übergangslösung tot», urteilte Schäuble.[53]

Angesichts des langen Schattens, den Schäuble warf, stand allerdings außer Frage, dass der oder die neue Parteivorsitzende nicht in Personal-

3. Opposition (1998–2005)

Vereint in der Kritik an Kohl: die beiden Schäuble-Nachfolger Merkel (Partei) und Merz (Fraktion) auf dem CDU-Parteitag in Essen, April 2000.

union die Bundestagsfraktion führen sollte. Auch für diese Funktion gab es einen klaren Favoriten: Friedrich Merz, den Fraktionsvize für Finanzen, der im Parlament mit brillanten Redebeiträgen gegen die rot-grüne Regierungspolitik hervorgetreten war und Kohl in der Spendenaffäre so scharf attackiert hatte wie kaum ein anderer Christdemokrat, erst recht kein konservativer. Dass er dem Bundestag erst seit gut fünf Jahren angehörte und damit fast mehr noch als Merkel als eine Art Seiteneinsteiger durchgehen konnte, erwies sich in dieser Ausnahmezeit als Vorteil. Das Problem, dass eine Doppelspitze Merkel-Merz von vornherein auf Konfrontation angelegt sein könnte, sah damals noch kaum jemand. Schon am 29. Februar 2000 wählten die Abgeordneten Merz zum neuen Fraktionsvorsitzenden.

Schäuble hatte sich mit einem der Stellvertreterposten zu begnügen, zuständig für das Politikfeld, das für einen Elder Statesman am ehesten satisfaktionsfähig erschien: die Außenpolitik. Mit staunenswerter Disziplin arbeitete er auch in dieser Funktion seine Termine ab, nur ein Wochenende Auszeit erlaubte er sich nach seiner Rücktrittsankündigung. Bei Personalentscheidungen in Fraktion und Partei setzte er seinen Einfluss weiter ein.

Doch zu den noch von ihm anberaumten Regionalkonferenzen, die zwei Tage nach Schäubles Rücktritt in Wolfenbüttel begannen, kam der scheidende Vorsitzende nicht mehr. Es hätte merkwürdig ausgesehen, wenn der abtretende Parteichef noch die Debatten über die Zukunft angeführt hätte. Also gehörte das Feld Merkel allein. Sie beantwortete die Fragen, sie nahm die Sorgen und auch die Huldigungen der Parteimitglieder entgegen. Es gab keine Konkurrenten, ja, es gab offiziell noch nicht einmal eine Kandidatin. Merkel musste nicht als Bewerberin auftreten, sie konnte sich bitten lassen. Und tatsächlich: Sie wurde gebeten. Das Ausmaß der Dynamik hatte sie wohl selbst nicht vorausgesehen, das erhöhte die Authentizität ihrer Auftritte. Gerade durch die Bescheidenheit, mit der sie sich als selbstlose Dienerin der Partei ohne Machtambitionen präsentierte, nahm sie das Publikum für sich ein.

Auf Wolfenbüttel folgten Recklinghausen, Bremen, Berlin, Hamburg, Kaiserslautern, Treffurt, Neumünster.[54] Als zum Abschluss die Merkel-skeptischen Schwaben in Stuttgart an die Reihe kamen, stand das Meinungsbild längst fest. Wie eine Erlöserin feierte die christdemokratische Basis die Frau, die im Spendenskandal als einzige stehengeblieben war. Als «Angies Roadshow» galten die Regionalkonferenzen bald in den Medien. «Merkel an die Spitze», stand auf Plakaten zu lesen, die Teilnehmer in die Fernsehkameras hielten. «Ich darf Ihnen sagen, Frau Merkel, wenn Sie lächeln, sind Sie zuckersüß», äußerte ein Parteimitglied in Neumünster, also auf dem Terrain von Volker Rühe. Der scheidende Vorsitzende Schäuble fasste das Resultat der Regionalkonferenzen treffend zusammen: «Man muss schon ziemlich taub sein, um nicht zu hören, was unsere Basis will.»[55]

Unter dem Eindruck der unaufhaltsamen Merkel-Begeisterung schwenkte ein CDU-Spitzenpolitiker nach dem anderen öffentlich um. «Die Partei ist reif für eine Frau», sagte Fraktionschef Merz am 8. März, dem Weltfrauentag, als gut die Hälfte der Regionalkonferenzen vorüber war.[56] Merkel hatte zu diesem Zeitpunkt zwar noch immer keine förmliche Bewerbung abgegeben. Aber sie ließ durchblicken, dass sie einem anderen Interessenten nicht kampflos das Feld überlassen werde. *Es spricht nicht gegen, sondern für das demokratische Prinzip, wenn sich mehrere Kandidaten um ein Amt bewerben*, sagte sie mit gespielter Arglosigkeit. *Ich sehe darin nichts Negatives.*[57] Der Mut etablierter Ministerpräsidenten, die eigene Machtposition durch eine riskante Kampfkandidatur aufs Spiel zu setzen, erwies sich als überschaubar.

Kurz vor der letzten Regionalkonferenz sprach sich auch der bei weitem größte Landesverband, Nordrhein-Westfalen, für eine Parteivorsitzende Merkel aus. Die Kandidatin nahm den Anruf des Landesvorsitzenden Rüttgers im Weißen Bräuhaus im Zentrum Münchens entgegen, wo sie gerade an der Eröffnung von Herlinde Koelbls Ausstellung «Spuren der Macht» teilgenommen hatte. Dass Koelbl schon im Jahr 1991 die damals frisch ernannte Frauenministerin zu den Spitzenkräften mit Zukunftspotenzial gezählt hatte, die sie für ihre auch als Buch erschienene Langzeitstudie auswählte, bewies das politische Gespür der Fotografin.

In erster Linie war Merkel jedoch nach München gereist, um gemeinsam mit dem CSU-Vorsitzenden Edmund Stoiber auf dem Nockherberg am Starkbieranstich teilzunehmen, der traditionell die Fastenzeit eröffnet. Stoiber machte aus seiner Skepsis gegenüber der Personalie Merkel keinen Hehl. Die ständigen Mahnungen der Schwesterpartei an die CDU, ihre Personalentscheidungen nicht zu überstürzen, ließen sich in erster Linie als Warnung vor dem Merkel-Hype verstehen. Dem Treffen in München ging ein Telefonat zwischen den beiden Spitzenpolitikern voraus, in dem sich Merkel über diese Art des Herumdrucksens beschwerte: *Wenn Sie mich für eine linke Ost-Tussi halten, dann sagen Sie's doch offen.*[58] Stoiber verschlug es die Sprache. Den Gang der Dinge konnte er ohnehin nicht mehr aufhalten.

Parteivorsitzende

Es kam, wie es nach den Regionalkonferenzen kommen musste. Am 20. März traf sich der CDU-Vorstand, um vor dem anstehenden Parteitag eine Kandidatin für den Vorsitz zu nominieren. Schäuble hatte nur einen einzigen Namen vorgeschlagen: Angela Merkel. Die Vorstandsmitglieder stimmten ohne Ausnahme zu. Ohne dass sich die Generalsekretärin selbst offiziell beworben hätte, fiel ihr der Vorsitz der Partei zu, die in den 51 Jahren der bundesdeutschen Geschichte immerhin 36 Jahre lang den Kanzler gestellt hatte. Anders als all ihre Vorgänger stellte sie sich dieser Herausforderung, ohne daneben auch Fraktionsvorsitzende zu sein oder ein Regierungsamt im Bund oder einem Land auszuüben: *ohne Netz und doppelten Boden*, wie sie es selbst formulierte. Nur ein einfaches Bundestagsmandat hatte sie inne. Journalisten fragten sie im Anschluss an die Sitzung nach der fehlenden Hausmacht und ob ihr Geschlecht ein Handicap darstelle. *Frauen sind auch Menschen*, antwortete sie kühl.[59] Als sie im November zum ersten Mal auf einem CSU-Parteitag sprach, sagte sie selbstbewusst: *Merkel ist Merkel, mit allen Risiken und Nebenwirkungen*.[60] Das änderte nichts daran, dass viele christlich-soziale Delegierte während ihrer Rede lieber Zeitung lasen und damit ihre Distanz zur neuen Vorsitzenden der Schwesterpartei demonstrierten.

Ende März zog sich Merkel mit ihrem engen Kreis wieder auf den Darß zurück, um ihren Start als CDU-Vorsitzende vorzubereiten. Es ging um die Parteitagsrede und um einen Nachfolger im Amt des Generalsekretärs. Als Ostdeutsche brauchte sie einen Christdemokraten aus einem der starken westdeutschen Landesverbände. Der Chef der baden-württembergischen Bundestagsabgeordneten, Volker Kauder, hatte bereits im Vorfeld abgewunken, angeblich wegen der bevorstehenden Landtagswahl im Südwesten, wobei unklar war, ob Merkel ihn damals überhaupt in Betracht gezogen hatte.[61] Als einigermaßen abwegig erschien ihr wohl die Idee des konservativen Parteiflügels, sie solle aus Gründen der Richtungsarithmetik einen erklärten Kritiker in die Parteizentrale holen. Solche Proporzgedanken mochten für die Stellvertreter- oder Präsidiumsposten angebracht sein, nicht aber für den Manager des alltäglichen Parteigeschäfts, der in einem engen Vertrauensverhältnis zu der Vorsitzenden stehen musste.

So fiel ihre Wahl auf den Mann, der sie gleich nach Schäubles Rücktritt als Erster zur Kandidatur aufgefordert hatte: auf Ruprecht Polenz. Der 53-Jährige war in der Oberlausitz geboren, in Tauberfranken aufgewachsen und seit dem Studium in Nordrhein-Westfalen sozialisiert. Vor allem Letzteres sprach für ihn, neben seiner politischen Nähe zur neuen Parteichefin. Seine Abneigung gegenüber parteipolitischem Freund-Feind-Denken harmonierte allerdings schlecht mit den Aufgaben eines Generalsekretärs, der in der Öffentlichkeit vor allem auch zuspitzen muss. Das Knüppeln lag ihm nicht.

Unterstützung erfuhr Merkel durch die Feministin Alice Schwarzer. Sie erkannte früher als andere, was eine Frau an der Spitze einer großen Volkspartei für die Sache der Gleichberechtigung bedeuten konnte, und zählte später zu den Unterstützerinnen von Merkels Kanzlerkandidatur, ähnlich wie die Fernsehmoderatorin Sabine Christiansen oder die Verlegerin Friede Springer. Dafür erntete Schwarzer im linksliberalen Lager harsche Kritik. Dabei wagte die CDU einen Schritt, den sich SPD oder Grüne noch nicht trauten.[62]

Dazu hatte sich die CDU allerdings nur bereitgefunden, weil sich die Partei in der tiefsten Krise ihrer Geschichte befand. Als «Trümmerfrau»

3. Opposition (1998–2005)

galt Merkel, die das schwere Erbe männlicher Fehlleistungen antreten durfte wie bei der SPD einige Jahre später Hannelore Kraft in Nordrhein-Westfalen und dann auch Andrea Nahles im Bund. Merkel durchkreuzte die Karrierepläne vieler Kollegen. Das betraf vor allem den Hessen Roland Koch, der nach seiner Wahl zum Wiesbadener Ministerpräsidenten schon den weiteren Aufstieg geplant hatte, wegen der Spendenaffäre seines Landesverbands aber pausieren musste. Das Votum der Regionalkonferenzen zwang ihn und andere, die Personalie Merkel zu akzeptieren, in der festen Annahme, es handele sich um eine Übergangslösung: Merkel würde die Aufräumarbeiten erledigen, dann wäre die Bahn wieder frei für die Männer, die sich im entscheidenden Moment weggeduckt hatten. War nach dem Ende der Ära Adenauer nicht eine Übergangsphase mit drei verschiedenen CDU-Vorsitzenden gefolgt, bis mit der Wahl Kohls zum Parteivorsitzenden 1973 eine neue Phase der Stabilität begann?

Dass sich die Frau aus dem Osten dauerhaft auf dem Posten würde halten können, sprengte das Vorstellungsvermögen der meisten Konkurrenten. Spätestens wenn die Männer den Schatten der Spendenaffäre hinter sich lassen könnten, so lautete die verbreitete Annahme, würde die Retterin der Partei wieder entbehrlich sein. Am schnellsten verstand noch Koch selbst, dass er seine Rivalin nicht unterschätzen dürfe; daraus speiste sich die Entschlossenheit, mit der er zwei Jahre später ihre Kanzlerkandidatur verhinderte.

So erreichte Merkel lediglich ein Etappenziel, als die Parteitagsdelegierten sie am 10. April in Essen zur siebten Vorsitzenden der Christlich Demokratischen Union Deutschlands wählten. Es mochte nicht viel bedeuten, dass sie mit 95,8 Prozent der Stimmen ein Ergebnis erhielt, das sie nur auf dem Höhepunkt ihrer Macht 2012 und 2014 überbot: Das Resultat verdankte sie der Ausnahmesituation und dem Zwang zur Geschlossenheit, den die tiefe Krise auf die Partei ausübte. Die Skeptiker warteten darauf, dass die Vorsitzende nun Fehler machte, und sie erwarteten, dass eine schwache Chefin ihre Kreise nicht stören werde. Tatsächlich wurden die Kritiker nicht enttäuscht. Pleiten, Pech und Pannen folgten zur Genüge, die Merkel-Skeptiker trugen indes maßgeblich dazu bei.

Nicht nur die Spendenaffäre hatte die Lage der CDU erheblich verschlechtert, sondern auch der Umstand, dass sich die rot-grüne Regierung in der Zwischenzeit hatte konsolidieren können. Nach dem Rücktritt des Finanzministers Oskar Lafontaine und dem Ausscheiden des streitlustigen

Nur ein Etappenziel: Nach ihrem Triumphzug über die Regionalkonferenzen wählte der Parteitag die Generalsekretärin zur Nachfolgerin Schäubles im Parteivorsitz.

Kanzleramtsministers Bodo Hombach im Frühjahr 1999 verlief das Alltagsgeschäft in ruhigeren Bahnen. Zum ersten Mal seit der Machtübernahme im Bund feierte die SPD in den Ländern wieder Wahlerfolge. Die schleswig-holsteinische Ministerpräsidentin Heide Simonis konnte sich im Februar gegen ihren Herausforderer Volker Rühe behaupten. Im Mai verteidigte auch der nordrhein-westfälische Regierungschef Wolfgang Clement die rot-grüne Mehrheit gegen Jürgen Rüttgers. Der Christdemokrat hatte sich an einer Neuauflage der Doppelpass-Kampagne versucht, mit der Parole «Kinder statt Inder» griff er das rot-grüne Vorhaben einer Green Card für ausländische IT-Experten an.

Das größte Problem für die CDU lag allerdings in der Konsensstrategie, auf die Schröder nun umschaltete. Seine alte Maxime, dass es keine linke oder rechte Wirtschaftspolitik gebe, sondern nur gute oder schlechte, suchte er auf alle Politikfelder auszudehnen. Statt Entscheidungen parteipolitisch vorzugeben und im Streit durchzusetzen, setzte er Expertenkommissionen ein, vorzugsweise unter Beteiligung von CDU-Politikern oder zumindest von CDU-nahen Fachleuten. Am spektakulärsten gelang

3. Opposition (1998–2005)

ihm das mit der Berufung der früheren Bundestagspräsidentin Rita Süssmuth zur Vorsitzenden des Beratungsgremiums, das Vorschläge für ein künftiges Zuwanderungsgesetz machen sollte.

Der CDU, die nach den gewonnenen Landtagswahlen des Vorjahres über eine Blockadeposition im Bundesrat verfügte, blieben zwei Möglichkeiten. Sie konnte in konstruktive Verhandlungen mit der Regierung eintreten und versuchen, dabei eigene Akzente zu setzen. Das war die Linie Merkels. Oder sie konnte Fundamentalopposition betreiben und jeden Vorschlag der Regierung ablehnen, ganz gleich, wie weit er den eigenen Standpunkten auch entgegenkam. Das war die Position des neuen Fraktionsvorsitzenden Friedrich Merz. Die Parteichefin hielt davon nichts: *Wenn wir die Mitte preisgeben und auf andere Felder ausweichen, dann hat Schröder uns in der Ecke, in der er uns haben will. Und in dieser Ecke sind keine Mehrheiten zu holen.*[63]

Beim ersten anstehenden Thema, der rot-grünen Steuerreform, gab Merkel dem innerparteilichen Druck nach. Sie schaltete auf Konfrontation. In der Sache konnte sie das nicht recht plausibel machen. Die Regierung plante nach dem letzten Verhandlungsstand, den Spitzensteuersatz von 53 Prozent zum Zeitpunkt des Regierungswechsels auf künftig nur noch 42 Prozent zu senken. Auch Merkel und Merz wollten den Satz nicht auf dem hohen Niveau der Kohl-Ära belassen, sie wollten ihn sogar noch stärker herabsetzen als Schröder und dessen neuer Finanzminister Hans Eichel. Warum aber ein Erhalt des Status quo aus dieser Sicht besser sein sollte als die größte Steuersenkung in der Geschichte der Bundesrepublik: Das war der Öffentlichkeit schwer zu vermitteln. Die mangelnde Plausibilität dieser Argumentation senkte für Landespolitiker der CDU die Hemmschwelle, sich durch finanzielle Zugeständnisse auf die Seite der Regierung ziehen zu lassen.

Daher ging die Sache schief. Als wenige Tage vor der Abstimmung im Bundesrat das CDU-Präsidium tagte, widersprach zwar keiner der Landespolitiker dem harten Kurs. Aber in der Nacht vor dem Votum fielen drei Landesregierungen mit CDU-Beteiligung um, neben dem Regierenden Bürgermeister des chronisch klammen Berlin auch die beiden Vize-Regierungschefs in Brandenburg und Bremen. Merkel erfuhr davon am Telefon, während sie Termine am Bodensee wahrnahm.[64] Die Nachricht traf sie überraschend, zumal die drei Abtrünnigen nicht als Freunde eines Kuschelkurses mit Rot-Grün galten. Wenn es ums Geld ging, sah die Praxis freilich anders aus. Da Schröder auch die rot-rote

Regierung in Mecklenburg-Vorpommern für sein Vorhaben gewann, reichte das für die Mehrheit. Die Steuerreform war beschlossene Sache. Der sozialdemokratische Kanzler feierte an diesem 14. Juli 2000 einen der größten Triumphe seiner Amtszeit. Merkel und Merz hatten sich bis auf die Knochen blamiert, weil sie die Konfrontation gesucht hatten, ohne ihrer Truppen sicher zu sein.

Merkels Bilanz nach den ersten hundert Tagen an der Parteispitze fiel entsprechend verheerend aus. Allerdings zog sie aus der Niederlage ganz andere Konsequenzen als der Fraktionsvorsitzende, die Wege begannen sich zu trennen. Merz hielt an der harten Linie fest. Aus der Position des reinen Bundespolitikers heraus konnte er sich leicht darüber mokieren, dass die Parteivorsitzende ihre Landesverbände nicht im Griff habe. Dagegen steuerte Merkel nun radikal um: Die CDU müsse aufpassen, *dass sie ihre Kräfte richtig einschätzt und dass wir uns nicht abermals verheben.*[65] Bei gesellschaftspolitischen Themen wie der Homo-Ehe wollte sie Rücksicht auf den konservativen Parteiflügel nehmen und am Konfrontationskurs festhalten. In der Wirtschafts- und Sozialpolitik kündigte sie Kompromissbereitschaft an.[66]

Missgriffe

Die Widrigkeiten nahmen gleichwohl kein Ende. Im Oktober begann Merz eine Debatte, die der migrationspolitischen Linie der Parteivorsitzenden zuwiderlief. Zuwanderer, die auf Dauer in der Bundesrepublik leben wollten, müssten sich «einer gewachsenen freiheitlichen deutschen Leitkultur anpassen», forderte er in einer «Halbzeitbilanz» der Legislaturperiode.[67] Ob damit ein politisch-institutionelles oder ein national-kulturelles Arrangement gemeint war, blieb offen. Monatelang führte der Vorstoß zu fruchtlosen Debatten in der Politik und im Feuilleton. Merz entfachte neuen Streit über ein Thema, bei dem sich die Positionen schon beträchtlich angenähert hatten. In der postideologischen Stimmung der Schröder-Jahre galt es als Konsens, dass ein vermeintlich naiver Multikulturalismus ebenso überholt sei wie die Behauptung, Deutschland sei kein Einwanderungsland. Allzu weit gingen die Konzepte jedenfalls nicht auseinander, die Regierung und Opposition nun vorlegten. Als Gegenstück zur regierungsamtlichen Süssmuth-Kommission hatte Merkel ein

3. Opposition (1998–2005)

CDU-internes Gremium unter Leitung des Saarländers Peter Müller eingesetzt.

Kurz nach Merz' Vorstoß trennte sich Merkel im Einvernehmen von ihrem Generalsekretär Polenz, der nur ein halbes Jahr lang das Amt ausgeübt hatte, in dem er wegen mangelnder Angriffslust seltsam blass geblieben war. Erstaunlicherweise nahm der Abgeordnete aus Münster das nicht übel. Er wirkte wie von einer Last befreit und zählte bis zuletzt zu den treuesten Gefolgsleuten der Parteivorsitzenden. «Ich bin eigentlich vom ganzen Typ her eher jemand, der Brücken baut, als dass er sich sozusagen ständig als Speerspitze profiliert, so wie dies zu Recht von einem Generalsekretär erwartet wird», sagte er selbst.[68] Generell tat sich Merkel, die sich gerne mit sachlich-nüchternen Vertrauten umgab, mit der Besetzung dieses Postens schwer. Während ihrer 18 Jahre an der Parteispitze blieb kein Generalsekretär länger als vier Jahre im Amt. Fast jeder der engeren Weggefährten empfand die Position als Galeerenjob.

Polenz' Entlassung entfaltete trotzdem eine fatale Außenwirkung, die sich durch den ersten Auftritt des Nachfolgers noch verstärkte. Merkel entschied sich abermals für einen Christdemokraten aus Nordrhein-Westfalen: Laurenz Meyer, bis vor kurzem Fraktionschef im Düsseldorfer Landtag. Als Merkel den Neuen am 23. Oktober der Öffentlichkeit präsentierte, demonstrierte Meyer sogleich seine Angriffslust. Allerdings richtete sich die Attacke nicht auf den politischen Gegner, sondern auf die eigene Parteivorsitzende. Er habe eine viel stärkere Position als sein Vorgänger, scherzte Meyer, an Angela Merkel gewandt: «Einen zweiten Missgriff können Sie sich nicht leisten.» Die Chefin reagierte entsetzt. *Polenz war kein Missgriff*, fuhr sie halblaut dazwischen, und Meyer erkannte seinen Fauxpas.[69] Auch wenn er seine Analyse niemals hätte aussprechen dürfen, traf sie in der Sache zu: Merkel konnte nicht schon wieder einen Generalsekretär entlassen, selbst wenn sie es gewollt hätte. Meyer blieb vier Jahre lang, bis ihn eine Affäre um ungerechtfertigte Sonderzahlungen einholte: Der frühere Arbeitgeber RWE hatte ihm nach seinem Wechsel in die Berufspolitik eine Abfindung in Höhe von 160 000 Mark ausgezahlt, angeblich aufgrund eines «Kommunikationsfehlers», obwohl er zwischenzeitlich in den Konzern zurückgekehrt war. Ob die Zahlungen nun eine rechtliche Grundlage hatten oder nicht: Es entstand der Eindruck eines Mannes, der jeden erdenklichen Vorteil mitnahm.

Für seinen «Missgriff»-Fauxpas leistete Meyer Wiedergutmachung, indem er fortan klaglos alle Attacken abfing, die eigentlich der Parteivorsitzenden galten. Zwei Monate nach Amtsantritt, im Januar 2001, stellte Meyer in der neuen Parteizentrale am südlichen Tiergartenrand ein Plakatmotiv vor. Die rot-grüne Regierung hatte soeben ihre Pläne für eine der größten Rentenreformen in der Geschichte der Bundesrepublik vorgestellt. Der gerade erst abgeschaffte «demographische Faktor», faktisch eine Rentenkürzung, kehrte als «Nachhaltigkeitsfaktor» zurück. Im Gegenzug förderte der Staat nun die private Vorsorge, mittels der «Riester-Rente». Merkel begrüßte das Vorhaben nicht etwa als Teil eines wirtschaftsliberalen Reformprogramms, dem sie selbst anhing. Sie geißelte die Pläne vielmehr in drastischen Worten als Rentenbetrug, wiederum unter Druck gesetzt vom Fraktionsvorsitzenden Merz, der dem Vernehmen nach eine eigene Kampagne vorbereitete. Am 23. Januar 2001 präsentierte die CDU ein Plakat, das den Bundeskanzler als Verbrecher zeigte, von drei Seiten fotografiert wie für die Kriminalkartei.

Damit gingen Merkel und Meyer im Urteil der Öffentlichkeit zu weit. Den Bundeskanzler als Kriminellen darzustellen: Das verletzte die Würde des Amtes und die Regeln des guten Geschmacks, wie auch immer man zur Politik der Schröder-Regierung stehen mochte. Besonders laute Kritik an Merkels Stil übten nun ausgerechnet jene Gegner der Parteivorsitzenden, die sich bisher immer eine rustikale Form der politischen Auseinandersetzung gewünscht hatten. Schon am nächsten Tag zog die CDU das Plakat zurück, der Generalsekretär nahm alle Verantwortung auf sich und zahlte damit einen Teil seiner «Missgriff»-Schulden bei Merkel ab.

Die Plakataffäre verstärkte den Eindruck, dass die neue Parteichefin ein Dreivierteljahr nach Amtsantritt glücklos agiere. Nicht recht zünden mochte auch ihr Versuch, den Begriff einer «Neuen Sozialen Marktwirtschaft» zu etablieren und damit auf Abstand zum gewachsenen Wohlfahrtsstaat der alten Bundesrepublik zu gehen.[70] Um das Publikum von der Ernsthaftigkeit ihrer Attacken auf den Sozialstaat Bismarck-Adenauerscher Prägung zu überzeugen, brauchte es noch einen Parteitag im Jahr 2003. Fürs Erste mochte es allzu widersprüchlich erscheinen, eine Totalrevision des deutschen Sozialmodells zu verlangen und zugleich erste Reformversuche der amtierenden Regierung als verbrecherisch zu brandmarken.

Unglücklich wirkte auch Merkels Auftreten in der Debatte um die militante Vergangenheit des grünen Außenministers Joschka Fischer. Anfang Januar 2001 veröffentliche die Journalistin Bettina Röhl, die Tochter der RAF-Terroristin Ulrike Meinhof, alte Fotos und eine Filmsequenz aus dem Frankfurter Straßenkampf des Jahres 1973. Zwischen Hausbeset-

3. Opposition (1998–2005)

Szenen des Machismo: Schröder und Fischer feixen auf der Regierungsbank, während sich die Oppositionsführerin abkämpft.

zern und Polizei tobten damals regelrechte Schlachten um den Abriss historischer Bausubstanz im Westend. Die Bilder zeigten den jungen Fischer, Steine werfend und auf einen Polizisten einprügelnd.

Am 17. Januar kam es im Bundestag zu einem denkwürdigen Schlagabtausch zwischen der CDU-Vorsitzenden und dem Bundeskanzler. Obwohl sich Joschka Fischer in derselben Sitzung entschuldigte («Ich habe damals Unrecht getan»), argumentierte die frühere DDR-Bürgerin Merkel so grundsätzlich wie selten: *Je länger diese Debatte dauert, umso mehr verstärkt sich mein Eindruck, dass wir wieder einmal die Grundzüge unserer Demokratie miteinander besprechen sollten. Es geht um die Frage, ob die damalige Republik, die von Bundeskanzler Willy Brandt regiert wurde, ein liberales Land war oder ob sie eine Diktatur war. Ich sage: Sie war ein liberales Land. Ich erwarte von Ihnen, dass Sie sagen: Ich hatte in der damaligen Zeit eine total verquere Sicht von der Bundesrepublik Deutschland. Ich habe mich geirrt. Ich habe eine falsche Sicht gehabt. Dies war nicht die richtige Sicht und ich habe deshalb Buße zu tun.*[71]

«Buße tun», die Grundzüge der Demokratie «besprechen»: Merkel bemühte einen so hohen moralischen Ton, weil sie das Thema jenseits aller Parteitaktik tatsächlich ernst nahm. Die Verfassung der Republik betrachtete sie als ein hohes Gut, so sehr sie im Tagesgeschäft auch rücksichtslos agieren konnte. Es wollte ihr nicht in den Kopf, dass die radikale Linke das «System» der Bundesrepublik besonders in dem Jahrzehnt der SPD-Regierungen unter Brandt und Schmidt angegriffen hatte. Sie sah Willy Brandt als den Freiheitshelden, der sich 1970 am Hotelfenster gegenüber dem Erfurter Hauptbahnhof von der Bevölkerung hatte bejubeln lassen und mit seinem Kniefall in Warschau die deutsche Geschichtspolitik auf eine neue Grundlage gestellt hatte.

Merkels hoher Ton machte es dem Bundeskanzler in der Debatte leicht, die CDU-Vorsitzende mit wenigen Sätzen abzufertigen und als überspannte Person erscheinen zu lassen. «Ich werfe Ihnen nicht vor, dass Sie damals nicht dabei sein konnten», begann Schröder.[72] Damit tat er genau dies: Er wies darauf hin, dass die einstige DDR-Bürgerin die Auseinandersetzungen der siebziger Jahre nun einmal nicht als westdeutsche Zeitzeugin erlebt hatte, und suggerierte damit, dass sie eigentlich gar nicht mitreden könne. Er bürgerte die durch die Wiedervereinigung in die Bundesrepublik eingemeindete Ostdeutsche aus der Geschichtsgemeinschaft der Bundesdeutschen aus.

Das kam sehr gut an bei einem Publikum, das an dem äußerst populären Außenminister Fischer gerade die biographische Wandlungsfähigkeit bewunderte. Wollte man dem jetzt so seriös erscheinenden Mann im Dreiteiler, der mit der amerikanischen Außenministerin aufs Engste befreundet war und schon vor Amtsantritt – anders als Schröder – ein fulminantes Bekenntnis zur Westbindung vorgelegt hatte, wirklich seine jugendlichen Verirrungen vorwerfen? Dem Bild, das sich westdeutsche Konservative von einem traditionellen Politiker machten, entsprach Fischer jedenfalls weit mehr als Merkel. Bestenfalls mitleiderregend wirkten die Fotos aus der Bundestagsdebatte, die eine gouvernantenhafte Oppositionsführerin zeigten, während Schröder und Fischer auf der Regierungsbank feixten.

Merkel blieb fürs Erste das Gespött zumindest jenes Teils der Öffentlichkeit, der sein Urteil über Frauen gern an Äußerlichkeiten festmacht. Die Autovermietung Sixt plakatierte Anfang Mai ein unvorteilhaftes Foto

3. Opposition (1998–2005)

der CDU-Vorsitzenden, versehen mit dem Schriftzug: «Lust auf eine neue Frisur? Mieten Sie sich ein Cabrio.» Merkel reagierte souverän: Sie ließ sich vom frisch gewählten FDP-Vorsitzenden Guido Westerwelle zu einer Cabrio-Fahrt durch Berlin einladen, über die dann die *Bild*-Zeitung exklusiv berichten durfte.[73] Damit begann eine lange politische Partnerschaft, die erst acht Jahre später in der gemeinsamen Regierungszeit an Grenzen geriet.

Die nächste politische Niederlage ließ dennoch nicht lange auf sich warten. Fast gleichzeitig mit Merkels Cabrio-Tour trat im Land Berlin der mächtige CDU-Fraktionsvorsitzende Klaus Landowsky zurück. Seine langjährige Doppelfunktion als Chef einer landeseigenen Bank und als Parlamentarier, der ebendiese Bank zu kontrollieren hatte, brachte ihn zu Fall. Die Öffentlichkeit begriff das Unhaltbare dieser Konstruktion erst aufgrund der Parteispende eines Immobilienunternehmers, dem Landowsky zugleich einen riskanten Kredit gewährt hatte. Damit hätte Merkel leben können, schließlich ließen die Enthüllungen über alte Westberliner Klientelpolitik den Stern der jungen Aufklärerin aus dem Osten wieder etwas heller strahlen.

Eine schwere Niederlage erlebte die Bundesvorsitzende jedoch bei der Auswahl des CDU-Spitzenkandidaten für die Neuwahl des Berliner Abgeordnetenhauses, die auf die Bankenaffäre folgte. Ein williger Bewerber stand bereit: Wolfgang Schäuble. Schließlich war er es gewesen, der Anfang der neunziger Jahre im Bonner Bundestag die Entscheidung zugunsten der neuen Hauptstadt herbeigeführt hatte. Anderthalb Jahre nach dem Rücktritt als Partei- und Fraktionschef bot sich die Gelegenheit für ein Comeback in einem Amt, in dem er der Parteichefin kaum in die Quere kommen konnte. Merkel unterstützte seine Kandidatur deshalb nach Kräften.

Es gab jedoch einen Mann, der in der Zwischenzeit eifrig mit den Berliner Parteifreunden telefonierte: Helmut Kohl. Er schaffte es tatsächlich, seinen einstigen Weggefährten zu verhindern. Die Berliner CDU ging stattdessen mit dem Reinickendorfer Lokalpolitiker Frank Steffel ins Rennen. Er hatte keine Chance gegen den SPD-Kandidaten Klaus Wowereit, der im Vorfeld der Wahl als erster deutscher Politiker offen über seine Homosexualität sprach. «Ich bin schwul, und das ist auch gut so»: Der Satz entwickelte sich zum geflügelten Wort, und er machte den Sozialdemokraten aus dem Berliner Süden auf einen Schlag bundesweit bekannt. Als große Verliererin ging Merkel vom Platz, die wieder einmal

Merkel blieb fürs Erste das Gespött jener Leute, die ihr Urteil über Frauen gerne an Äußerlichkeiten festmachten, ...

ihren äußerst beschränkten Einfluss auf die Parteigliederungen vorgeführt bekam.

Im Sommer 2001 drehte sich endlich die Stimmung zugunsten der Opposition. Der Bundeskanzler kündigte nach dem hektischen Aktionismus der ersten rot-grünen Regierungszeit eine «Politik der ruhigen Hand» an. Einen solchen Stil praktizierte Merkel später sehr erfolgreich. Schröder machte allerdings den Fehler, das Nichtstun ganz offen zum Programm zu erklären und sich damit angreifbar zu machen. Bei der Hamburger Bürgerschaftswahl im September konnte die CDU zum ersten Mal seit der Spendenaffäre die Macht in einem Bundesland neu erobern, allerdings nur mit Hilfe der rechtspopulistischen Schill-Partei.

Dann kam der 11. September 2001, der Tag der Anschläge auf die Türme des World Trade Center in New York und das Pentagon in Washington. Die Terrorakte boten Merkel zwar keine Möglichkeit, sich parteipolitisch zu profilieren, weil Schröder dem gerade ins Amt gekommenen amerikanischen Präsidenten George W. Bush sogleich Deutschlands «uneingeschränkte Solidarität» versicherte und ankündigte, die Bundeswehr werde sich an der militärischen Entmachtung der Taliban in Afghanistan betei-

3. Opposition (1998–2005)

... aber sie nahm es souverän und ließ sich vom FDP-Vorsitzenden Guido Westerwelle zu einer Cabriofahrt einladen.

ligen. Aber die Anschläge brachten die Bundesregierung in Bedrängnis. Mittelfristig zogen die Ereignisse einen Wirtschaftseinbruch nach sich, kurzfristig brachte der Militäreinsatz in Afghanistan den Kanzler an den Rand seiner Regierungsfähigkeit: Die Bundestagsabstimmung darüber gewann Schröder nur, weil er sie mit der Vertrauensfrage verknüpfte. An diesem Tag begann der Reigen der Vertrauensfragen, mit denen Schröder um seine immer prekärer werdende Mehrheit kämpfte und Entscheidungen durchsetzte, die er viel häufiger als seine Nachfolgerin «alternativlos» nannte. Die CDU konnte nun wieder Hoffnung schöpfen. Für die Parteivorsitzende hatte das nicht nur Vorteile.

Wolfratshausen

Als Oppositionspolitikerin hätte sich Merkel eigentlich darüber freuen können, dass die Regierung ins Schlingern geriet und die Wahlchancen der Unionsparteien wuchsen. Eine Mehrheit gemeinsam mit der FDP schien nicht mehr ausgeschlossen zu sein. Innerparteilich verlieh das der

Frage, wer im kommenden Jahr als Spitzenkandidat in den Bundestagswahlkampf ziehen sollte, neues Gewicht. Solange das Rennen als aussichtslos gegolten hatte, zeigten sich die Herren mit der langen westdeutschen Parteikarriere gerne bereit, der Parteivorsitzenden den Opfergang zu überlassen. Das änderte sich nun. Spätestens seit Anfang November 2001 beherrschte die «K-Frage» die unionsinterne Debatte.

Gerade in der CDU galt es als ungeschriebenes Gesetz, dass der jeweilige Parteichef den «ersten Zugriff» auf die Kanzlerkandidatur habe, mehr noch: dass er sie um des eigenen Machterhalts willen auch anstreben müsse. So hielten es Rainer Barzel 1972 und Helmut Kohl 1976. Auch Schäuble hätte sich 2002 so verhalten, wenn die Spendenaffäre nicht dazwischengekommen wäre. Nur einmal, 1980, hatte der CDU-Vorsitzende dem Kollegen von der CSU das Feld überlassen müssen, was sich am Ende nicht zu seinem Nachteil ausgewirkt hatte: Zwei Jahre später war Kohl Bundeskanzler.

Merkel wusste all das, und sie handelte danach. Viele Christdemokraten, vor allem aus der Führungsriege, rechneten dagegen gar nicht erst mit ihr als möglicher Kanzlerin. Sie hatten ihren Aufstieg an die Parteispitze im Frühjahr 2000 zwar nicht verhindern können, aber sie beruhigten sich mit der vermeintlichen Gewissheit, dass Merkel ohnehin nur eine Vorsitzende auf Abruf sei.

Den ersten Versuchsballon hatte schon Anfang 2001 der Fraktionsvorsitzende Friedrich Merz aufsteigen lassen. «Es liegt in der Natur der Sache, dass der Fraktionsvorsitzende in Frage kommt», sagte er über die K-Frage zu einem Zeitpunkt, als sich Merkel wegen des Verbrecherplakats und der Steinewerfer-Debatte ohnehin in der Defensive befand.[74] Damit war aus der latenten Rivalität zwischen Parteivorsitzender und Fraktionsvorsitzendem ein offener Konflikt geworden, wenn auch noch ohne praktische Konsequenzen: Der Union wurden kaum Siegeschancen zugetraut, und auch Merz galt nicht als das größte politische Schwergewicht. Die akute Phase der Debatte begann, als sich Anfang November der CSU-Landesgruppenchef Michael Glos hervorwagte und die Jagd auf Merkel eröffnete: Er schlug Wolfgang Schäuble als Kanzlerkandidaten vor. Ernst nehmen musste man diesen konkreten Vorschlag nicht, aber Glos wollte die CDU-Vorsitzende provozieren und den ewig zögerlichen eigenen Parteichef Stoiber aus der Reserve locken.[75]

Die Parteivorsitzende unterschätzte das Problem zunächst. Sie glaubte, die innerparteilichen Fronten hätten sich seit der Spendenaffäre nicht

3. Opposition (1998–2005)

wesentlich verändert. Die einflussreichen Landesvorsitzenden, die ihren Kurs der Erneuerung mitgetragen hatten, wähnte sie auf ihrer Seite. Umso erstaunter nahm sie am 8. Dezember eine Meldung des Berliner *Tagesspiegel* zur Kenntnis. Demnach hatte der Saarländer Müller in einem Hintergrundgespräch mit Journalisten geäußert, eine Reihe führender Unionspolitiker wolle Merkel in der K-Frage zum Aufgeben bewegen. Am Rande des Dresdener Parteitags vom 2. bis 4. Dezember 2001, auf dem das Thema offiziell ausgespart blieb, hätten sie eine gemeinsame Strategie vereinbart.[76]

Die Sache mit der Strategie stimmte, der Zeitpunkt – wie sich sehr viel später herausstellte – nicht ganz. Das entscheidende Treffen hatte schon etwas früher stattgefunden, nämlich im Rahmen einer Zusammenkunft des «Andenpakts», in dem sich Merkels westdeutsche Generationsgenossen zusammengeschlossen hatten. Der Braunschweiger Wirtschaftsanwalt Bernd Huck, «El secretario general» des «Pacto andino», wie er sich selbst nannte, lud den Kreis schon vor dem Dresdener Parteitag zu einem Treffen ein, um die Frage der Kanzlerkandidatur zu besprechen. Merkel hatte in der Runde durchaus auch Fürsprecher. Die Debatte wogte hin und her, aber am Ende fiel die Entscheidung für Stoiber. Nach den Regeln des Andenpakts hieß das: Von nun an galt es als gemeinsame Aufgabe, eine Kandidatur Merkels zu verhindern.[77]

Es war nicht so, dass die Parteivorsitzende zu diesem Zeitpunkt von der Existenz des Andenpakts nichts wusste, anders als die Öffentlichkeit, die erst 2003 davon erfuhr. Der Niedersachse Wulff hatte ihr vor nicht allzu langer Zeit davon erzählt, mit einem gewissen Stolz. Das ganze Ausmaß der Bedrohung erkannte Merkel allerdings nicht, zumal sie in Wulff einen ihrer Unterstützer sah. *Ich habe den Andenpakt unterschätzt*, sagte sie später einmal.[78] Nach und nach meldeten sich Andinos und andere Merkel-Skeptiker, um ihre Bedenken gegen eine Kanzlerkandidatur der Parteichefin zu artikulieren. Nicht alle spielten mit offenen Karten. Es waren viel Verlegenheit und Herumgedruckse im Spiel während der zweieinhalb Jahre, in denen Merkel nur als Parteivorsitzende agierte, ohne Hausmacht in der Fraktion. Nie war das Bündnis der westdeutschen Generationsgenossen Merkels so stark wie in jener Phase. Bald begann der Zusammenhalt jedoch zu bröckeln, weil machtpolitische Interessen und inhaltliche Positionierungen auseinanderliefen. Merkel gab für sich die Parole aus, der Pakt habe nur so viel Macht, wie sie ihm zubillige.[79]

Als einer der Ersten offenbarte sich der Generalsekretär der baden-

Junge Wilde: Die Andinos Roland Koch und Günther Oettinger mit JU-Chef Klaus Escher und dem Bundestagsabgeordneten Ronald Pofalla (von rechts).

württembergischen CDU. Volker Kauder ließ Merkel früh wissen, dass sein Landesverband für Stoiber votieren werde. *Schade*, lautete die bald legendäre Antwort der Parteivorsitzenden.[80] Kauders Offenheit zahlte sich später aus. Merkel brauchte Verbündete aus dem Südwesten, wo ihr Rückhalt stets geringer blieb als andernorts. Sie machte Kauder 2002 zum Ersten Parlamentarischen Geschäftsführer der Bundestagsfraktion, 2004 zum Generalsekretär der Partei und schließlich 2005 für 13 Jahre zum Fraktionsvorsitzenden. Wäre es nach ihr gegangen, hätte er das Amt noch länger behalten.

In der Öffentlichkeit ließ sich kaum einer der Merkel-Gegner mit kritischen Äußerungen über die Parteivorsitzende zitieren. Umso unverblümter versuchten die vermeintlichen Parteifreunde in Hintergrundgesprächen mit Journalisten, die angebliche Unfähigkeit der eigenen Parteivorsitzenden herauszustreichen. Besonders eifrig tat sich in dieser Disziplin der Fraktionsvorsitzende Merz hervor, obwohl er selbst gar nicht als ernsthafter Anwärter auf die Kanzlerkandidatur galt.[81] Die Propaganda verfing. Bald war auch in den Zeitungen zu lesen, dass die CDU-Chefin ihren Job einfach nicht könne. Gerügt wurde auch ihr

3. Opposition (1998–2005)

notorisches Misstrauen gegenüber Parteifreunden – eine Haltung, zu der sie allen Grund hatte.

Völlig bedeckt hielt sich ein Mann, der als nachträglich kooptiertes Mitglied des Andenpakts intern so vehement wie kaum ein anderer für eine Kandidatur Stoibers plädiert hatte: Roland Koch.[82] Der Politiker, der sich für den kommenden Kanzler hielt, sah in den guten Umfragewerten eine Gefahr. Sollte Merkel antreten und ins Kanzleramt einziehen, dann würde sie dort lange bleiben; Koch unterschätzte seine Rivalin nicht. Einen Kandidaten Stoiber betrachtete er als kleineres Übel. Der Bayer hatte im September seinen 60. Geburtstag gefeiert, er war mithin 17 Jahre älter als der Hesse, für den damit die Aussicht auf eine spätere Nachfolge gewahrt blieb. Koch brauchte ohnehin noch Zeit, um Gras über seine Verwicklung in die Spendenaffäre wachsen zu lassen.

Was die Gegner der Parteivorsitzenden irritierte, war die verblüffend gute Laune, mit der Merkel aus den Weihnachtsferien zurückkehrte – einem Jahreswechsel, der den Deutschen den Abschied von der D-Mark und die Einführung des Euro brachte. Hatten ihr, bis auf Koch, nicht inzwischen allzu viele gesagt, dass sie sowieso keine Chance auf die Kanzlerkandidatur habe? Setzte sie etwa darauf, in einem persönlichen Gespräch dem ewig zaudernden Stoiber die Nominierung noch abringen zu können? Diese Befürchtung hegten viele aus dem Andenkreis, sie kannten ja den Bayern. An Dreikönig erschien ein Interview, in dem Merkel frohgemut erklärte: *Ich bin bereit zur Kanzlerkandidatur.*[83] Tags darauf ging sie in die Talkshow des Moderators Reinhold Beckmann, damals das Format für menschelnde Bekenntnisse. Dort erläuterte sie wie selbstverständlich, was sie *als Bundeskanzlerin* dereinst zu tun gedenke. Und sie äußerte Zuversicht, dass die K-Frage in einem *sehr persönlichen, sehr freundschaftlichen Gespräch* mit Stoiber geklärt werden könne. Die stolze Volkspartei CDU dürfe den Anspruch nicht aufgeben, den Kanzlerkandidaten zu stellen.[84]

Zusätzlich beunruhigte, dass sich Merkel neuerdings bei dem Berliner Prominentenfriseur Udo Walz die Haare machen ließ und eine behutsame Korrektur ihrer Frisur in die Wege leitete, worüber der Coiffeur indiskreterweise öffentlich plauderte.[85] Auch das wurde als Anzeichen gewertet, dass sich Merkels Karriereplanung nicht im Amt der Parteivorsitzenden erschöpfte. Sie zeigte sich noch nicht einmal davon beeindruckt, dass die CSU-Bundestagsabgeordneten am 8. Januar auf ihrer winterlichen Klausur in Wildbad Kreuth, fassungslos über die frohgemuten

Interviews der CDU-Chefin, den eigenen Parteivorsitzenden als Kanzlerkandidaten vorschlugen.

All dies führte dazu, dass Roland Koch jetzt doch Nerven zeigte. Ursprünglich hatte er geplant, aus der Distanz seines Tiroler Skiurlaubs zu beobachten, wie seine Verbündeten die Arbeit für ihn erledigten. Aber nun war er sich seiner Sache nicht mehr sicher. Am 9. Januar rief er bei Merkel an. Das Gespräch zog sich in die Länge, und an Lautstärke fehlte es nicht. Mit anderen Worten: Die beiden Spitzenpolitiker brüllten sich an. Vom «Schreitelefonat» war später die Rede. Koch erläuterte, Merkel genieße nicht den Rückhalt der Partei, sie habe keinerlei Aussicht auf die Kandidatur und auch kein Anrecht darauf. «Wir werden das nicht machen», sagte er. «Lassen Sie es nicht darauf ankommen.»[86] Zugleich kündigte Koch an, dass er entgegen seinen ursprünglichen Absichten den Skiurlaub nun doch abbrechen und zur bevorstehenden Vorstandsklausur im Magdeburger Parkhotel «Herrenkrug» erscheinen werde. Es lief also auch für ihn nicht alles nach Plan, was wiederum Merkels Vertraute unbändig freute.[87]

Am Telefon gab sich Merkel unbeeindruckt. Sie berief sich auf das verabredete Procedere: Im Frühjahr werde ein persönliches Gespräch zwischen den Vorsitzenden der beiden Schwesterparteien die gewünschte Klärung herbeiführen. Eine frühere Entscheidung, so hatte sie stets erklärt, könne nur den vorzeitigen Verschleiß des Kandidaten zur Folge haben. Aber natürlich erkannte sie, dass die Ereignisse den Plan über den Haufen geworfen hatten. In Magdeburg drohte, das wusste Merkel nun, eine Abrechnung mit der Parteivorsitzenden. Das Drehbuch der Wortmeldungen war schon entworfen, was die Vorsitzende freilich erst im Nachhinein erfuhr.

Also startete die CDU-Vorsitzende die wohl spektakulärste Geheimaktion in der Geschichte der CDU-Bundesgeschäftsstelle. Unter allergrößter Diskretion organisierten die Mitarbeiter einen Charterflug nach München und – mit falschem Namen – ein Hotelzimmer am Flughafen. Einen Firmenbesuch in Sachsen-Anhalt, der im Vorfeld der Magdeburger Klausur eingeplant war, sagten sie unter einem Vorwand ab. Nur Merkels engstes Umfeld wusste Bescheid: Baumann, Christiansen, Hausmann, Meyer. Es gab in diesem Kreis auch wütenden Widerspruch: Sie könne doch nicht der verlogenen Bande um Koch nachgeben und jetzt dem Bayern Stoiber die Kanzlerkandidatur antragen.[88] Aber Merkel hatte sich entschieden, sie kalkulierte nicht aus dem Bauch, sondern ganz

3. Opposition (1998–2005)

kühl vom Ende her. Sie wollte nicht gezwungen werden, sondern Augenhöhe wahren. Der Erfolg war alles andere als sicher. Aber die Alternative, die wahrscheinliche Niederlage in Kauf zu nehmen, schien ihr noch riskanter zu sein. Da konnten auch die Mitarbeiter noch von ihr lernen.

Als alles vorbereitet war, rief Merkel noch von Berlin aus bei Stoiber in der Staatskanzlei an: Ob sie ihn am Abend in München treffen könne, am Flughafen? Er wich zunächst aus, auch weil er Merkels Botschaft nicht erfasste. «In diesem Telefonat haben wir wohl etwas aneinander vorbeigeredet», räumte er später selbst ein.[89] Sein Sprecher Ulrich Wilhelm war schon damals der bessere Merkel-Interpret. Der Gesprächswunsch könne nur eines bedeuten, sagte er zu seinem Chef: Merkel wolle ihm die Kanzlerkandidatur antragen. Die Episode werde in die Geschichte der Unionsparteien eingehen, das könne er nicht am Flughafen machen.[90] Damit hatte Wilhelm erfunden, was als «Wolfratshausener Frühstück» in die Geschichtsbücher einging: Stoiber lud die CDU-Vorsitzende in einem zweiten Telefonat für den nächsten Morgen zu sich nach Hause ein.

Die kurzfristige Verabredung stellte die Ehefrau des Ministerpräsidenten, Karin Stoiber, vor gewisse Schwierigkeiten: Sie hatte erst in der Nacht zuvor, auf der Rückfahrt von einem großen Neujahrsempfang, von ihrem Mann erfahren, dass Angela Merkel am nächsten Morgen zum Frühstück kommen werde. Zum Glück öffneten die Läden in Wolfratshausen bereits morgens um sieben. So war alles aufgetischt, «ordnungsgemäß», wie Stoiber es später nannte: Marmelade, Wurst, Käse, Semmeln, Brezen, gekochtes Ei.[91]

Pünktlich um 8 Uhr klingelte Merkel an diesem Freitag, dem 11. Januar 2002, an der Tür. Schon eine Stunde später war alles geregelt. In die Versuchung des Nachgebens, wie Stoibers Unterstützer befürchteten, geriet der Hausherr gar nicht erst. Merkel bot ihm unumwunden die Kanzlerkandidatur an. Sie hätte das gerne gemacht, sagte sie ganz offen. Aber sie kenne die Mehrheitsverhältnisse und respektiere sie auch. Sie werde im Wahlkampf voll mitziehen. Stoiber nahm ohne Zögern an. Lange hatte er sich bedeckt gehalten und in die Debatte der Schwesterpartei nicht offen eingegriffen. Es hatte wahre Pilgerfahrten von Christdemokraten gegeben, die Stoiber bedrängt hatten, sich endlich öffentlich zu erklären. Der CSU-Vorsitzende hatte den Christdemokraten stets gesagt, das müssten sie zunächst mit ihrer eigenen Parteichefin ausmachen.

Die Frondeure um Koch hatten das als Zögern gedeutet und befürchtet, Stoiber werde in einem Gespräch mit Merkel womöglich klein beigeben. Die Sorge war nicht unbegründet. In Stoibers Umfeld gab es viel Skepsis gegenüber einer Kanzlerkandidatur: Die Umfragewerte der Unionsparteien hatten noch nicht die Höhen erreicht, auf die sie dann im Laufe des Frühjahrs klettern sollten. Mit einem Kandidaten Stoiber, so nahmen viele in den eigenen Reihen an, würden die Unionsparteien zwar ein besseres Ergebnis erzielen als mit Merkel – schon weil ihm eine größere Wirtschaftskompetenz zugeschrieben wurde, schließlich galt er als der Manager der erfolgreichen Bayern AG. Aber für einen Sieg würde es womöglich trotzdem nicht reichen. Es stand zu befürchten, dass ein CSU-Kandidat abermals scheitern könnte wie Franz Josef Strauß im fernen Jahr 1980. Die Aura der Unbesiegbarkeit drohte Schaden zu nehmen, sowohl in Bezug auf die Partei als auch auf ihren Vorsitzenden. So kam es am Ende auch. Aber mit Merkels Einlenken hatte sich die Debatte fürs Erste erledigt. Stoiber hätte jetzt kaum noch zurückzucken können, selbst wenn er es gewollt hätte.

Die Kandidaten für die wichtigsten Ministerposten galten damals schon als gesetzt: Schäuble und Merz würden Äußeres und Finanzen übernehmen, mithin die beiden prestigeträchtigsten Ressorts. Lothar Späth, der Vorstandsvorsitzende der Jenoptik AG und frühere baden-württembergische Ministerpräsident, wurde fürs Wirtschaftsressort gehandelt, der niedersächsische Oppositionsführer Christian Wulff fürs Arbeitsministerium. Merkel würde im Falle des Wahlsiegs nicht ins Kabinett eintreten, sondern als Parteivorsitzende weiterhin die gesamte Bandbreite der Politik vertreten.[92] Dass dies nach Lage der Dinge auch die Übernahme des Fraktionsvorsitzes einschließen könnte, mochte als nicht weiter problematisch gelten, weil der bisherige Amtsinhaber Merz für einen Kabinettsposten vorgesehen war. Ein Personaltableau für den Fall einer Wahlniederlage besprachen die beiden Spitzenpolitiker in Wolfratshausen allerdings noch nicht, anders als oft kolportiert und von Merz unterstellt. Man setzte auf Sieg.[93]

Die Parteivorsitzende hatte den letztmöglichen Zeitpunkt gewählt, zu dem sie noch als Handelnde auftreten konnte, und stärkte damit sogar ihre Position, was die meisten Beobachter und auch einige Parteifreunde erst mit einer gewissen Verzögerung bemerkten. Niemand musste dem CSU-Vorsitzenden erklären, dass er einen Wahlsieg im September nur mit der loyalen Unterstützung Merkels erringen konnte. Denn Stoiber hatte als CSU-Generalsekretär unter Strauß erlebt, wie die Kanzlerkandidatur des Bayern damals auch an mangelnder Unterstützung durch die große Schwesterpartei gescheitert war. Auch der *Spiegel* analysierte, das größte Risiko für Stoibers Kandidatur liege in einer Fortsetzung der Führungskrise in der CDU, sprich: in den Attacken von Merkels Gegnern.[94]

Also galt die Loyalität des Bewerbers seit dem Frühstück von Wolfratshausen nicht mehr dem Andenpakt, der seine Kandidatur herbeigeführt hatte, sondern Merkel. Als Erster bekam das Roland Koch zu spüren. Er versuchte, seinen Vertrauten Franz Josef Jung, der wegen der hessischen Spendenaffäre als Chef der Staatskanzlei zurückgetreten war, während des Wahlkampfs in der CDU-Zentrale zu platzieren. Merkel legte ihr Veto ein, und Stoiber sprang ihr sofort bei. Den Job des Wahlkampfberaters übernahm stattdessen der frühere Journalist Michael Spreng, dessen Strategie wie die Merkels auf die politische Mitte zielte. Nachdem die K-Frage entschieden war, kam es auf den Hessen nicht mehr an.

Die Zusammenarbeit zwischen Stoiber und Merkel im Wahlkampf entwickelte sich tatsächlich vertrauensvoll. Die CDU-Vorsitzende beriet den Kandidaten in den regelmäßigen Telefonkonferenzen klug und fair. Sie versuchte nie, ihn zu hintergehen, zeigte sogar menschliches Mitgefühl. Als das zweite Fernsehduell gegen Amtsinhaber Schröder für Stoiber nicht gut lief, meldete sie sich gleich im Anschluss: Falls er jemanden zum Reden brauche – sie sei gerade bei einem Italiener, sie hätten das Lokal für sich.[95] Eine dauerhafte Freundschaft entwickelte sich aus dieser taktischen Allianz allerdings nicht. Wie schwer sich Stoiber mit der für ihn kaum deutbaren Frau aus dem Osten tat, offenbarte der Kanzlerkandidat in der Talkshow von Sabine Christiansen: Er sprach die Moderatorin gleich zweimal versehentlich mit «Frau Merkel» an.[96] Der Bayer und die Ostdeutsche bewegten sich in so unterschiedlichen Sprachwelten, dass sich Merkel der Dolmetscherdienste des Stoiber-Sprechers Ulrich Wilhelm bediente; bisweilen rief sie ihn an und bat ihn, er möge dieses oder jenes seinem Chef doch bitte erklären. So sehr lernte sie ihn darüber schätzen, dass sie ihn drei Jahre später zum Chef des Bundespresseamts machte.

Von Wolfratshausen begab sich Merkel sofort nach Magdeburg zur CDU-Vorstandsklausur. Im «Herrenkrug» trat die als Kandidatin verhinderte Merkel auf, als sei ihr Verzicht das Selbstverständlichste von der Welt. *Ich glaube, dass die Geschlossenheit der Union mit dem Kanzlerkandidaten Edmund Stoiber hervorragend herzustellen ist*, eröffnete sie einer verblüfften Öffentlichkeit mit scheinbar unerschüttertem Selbstbewusstsein.

Die Frage, ob sie jetzt eine Schwächung in ihrer Rolle als Parteivorsitzende befürchte, parierte sie entschlossen: *Ich fürchte mich vor gar nichts.* Viele Journalisten hielten das zur Schau gestellte Selbstbewusstsein der Parteichefin an diesem Tag für bloße Fassade, sie hatten den Clou des Schachzugs noch nicht erkannt. «Das ‹Experiment›, das Angela Merkel personifiziert hat, ist gescheitert», urteilte etwa die *Süddeutsche Zeitung*. Andere sahen sich in ihrer Einschätzung bestätigt, die Parteivorsitzende habe nach der Spendenaffäre die Rolle der Trümmerfrau erfüllt und könne nun gehen. Nach verbreiteter Analyse war Merkel als Frau «vor die gläserne Wand gerannt», also an den Seilschaften der Männer gescheitert.[97]

Es dauerte allerdings nicht lange, bis sich eine andere Deutung durchsetzte. Merkel habe in ihrer Lage die bestmögliche Entscheidung getroffen, hieß es nun. Sie sei eine «Stehauffrau», und die souveräne Art, wie sie Stoiber die Kandidatur überließ, habe sie «zur unumstrittenen Chefin in ihrer Partei gemacht». Selbst Koch sah sich genötigt, in Interviews sehr freundlich über die Rivalin zu reden.[98] Merkel hatte sich geschickt aus der Schusslinie der Heckenschützen genommen. Während sie eiserne Loyalität zum Kandidaten demonstrierte und die kameradschaftliche Zusammenarbeit lobte, wich die anfängliche Begeisterung für Stoiber bald deutlicher Ernüchterung. Den Zauderer lähme die Angst vor Fehlern, hieß es.[99] Seine eckigen Talkshow-Auftritte und die wenig geschmeidige Art im persönlichen Kontakt mit Wählern wurden bald negativ vermerkt. Das änderte allerdings nichts daran, dass die Unzufriedenheit mit der rot-grünen Regierung anhielt und die Umfragewerte der Unionsparteien weiter stiegen. Bald breitete sich eine Stimmung aus, als sei dem künftigen Kanzler Stoiber mitsamt einer Partei- und Fraktionsvorsitzenden Merkel der Sieg kaum noch zu nehmen. Bei Besuchen in Paris oder London wurde der Bayer schon als der künftige Kanzler behandelt. Sozialdemokraten und Grüne in den Ministerien begannen, sich für den Fall eines möglichen Regierungswechsels beruflich abzusichern.

3. Opposition (1998–2005)

Oppositionsführerin

Als im März 2002 abermals eine kontroverse Bundesratsabstimmung anstand, blieben die Reihen der Union anders als bei der Steuerreform vor zwei Jahren halbwegs geschlossen. Diesmal ging es um das Zuwanderungsgesetz, das Merkel ebenfalls aus rein parteitaktischen Gründen blockierte. Im heraufziehenden Wahlkampf konnte der brandenburgische Vizepremier Jörg Schönbohm seiner Parteichefin nicht in den Rücken fallen, er wollte allerdings auch nicht seine Potsdamer Koalition mit den Sozialdemokraten platzen lassen. Daher protestierte er nur halblaut, als Ministerpräsident Manfred Stolpe im Plenarsaal der Länderkammer mit Ja stimmte. Umso vernehmlicher schimpften die christdemokratischen Regierungschefs darüber, dass Bundesratspräsident Klaus Wowereit das zweifelhafte Votum wie eine Zustimmung wertete. Der Saarländer Peter Müller nannte die sorgsam geplante Empörung später öffentlich ein «politisches Theater». Der Punkt ging trotzdem an die Union: Das Bundesverfassungsgericht verwarf später Wowereits Entscheidung, und nach der Bundestagswahl einigten sich die Parteien auf ein stark abgeschwächtes Gesetz.[100]

Auch Wahlen konnte die CDU nun wieder gewinnen. Zum Unglück für Rot-Grün fand der einzige größere Test vor der Bundestagswahl im wirtschaftsschwachen Sachsen-Anhalt statt, das der stets traurig dreinblickende Sozialdemokrat Reinhard Höppner seit vier Jahren mit einer von der PDS tolerierten Minderheitsregierung, dem «Magdeburger Modell», mehr schlecht als recht verwaltete. Bei der Landtagswahl am 21. April verlor die SPD rund 15 Prozentpunkte, Merkels CDU gewann ebenso viel hinzu. Der Christdemokrat Wolfgang Böhmer, ein bedächtiger Gynäkologe aus Wittenberg, stieg zur allgemeinen Überraschung ins Amt des Ministerpräsidenten auf. *Es gibt eine klare Wechselstimmung im Land*, konnte Merkel nun unwidersprochen behaupten.[101] Ihrem neuen Verbündeten Stoiber stiegen die guten Umfragewerte, über die sich die Union nun auch auf Bundesebene freuen konnte, allerdings zu Kopf. «In 96 Tagen ist der rot-grüne Spuk in Berlin vorbei», rief er auf dem Wahlparteitag der CDU Mitte Juni, während Merkel vor Übermut warnte.[102]

Die Vorsicht der Parteivorsitzenden erwies sich als berechtigt. In den letzten Wahlkampfwochen kamen zwei Themen auf, die dem amtierenden Bundeskanzler Gerhard Schröder einen Vorteil verschafften. Zum einen zeichnete sich im Laufe des Sommers immer deutlicher ab, dass der amerikanische Präsident George W. Bush nach der militärischen Intervention in Afghanistan auch einen Krieg im Irak führen wollte. Gerhard Schröder legte sich, nachdem er sich der Unterstützung des französischen Präsidenten Jacques Chirac versichert hatte, beim SPD-Wahlkampfauftakt am 5. August auf dem Hannoveraner Opernplatz auf einen «deutschen Weg» fest: «Dieses Land wird unter meiner Führung Abenteuern nicht zur Verfügung stehen»[103] – eine Linie, die der Sozialdemokrat fünf Monate später in einem Goslarer Theater bekräftigte, weshalb beide Orte in der kollektiven Erinnerung zum «Goslarer Marktplatz» verschmolzen. Stoiber und Merkel kritisierten die Instrumentalisierung des weltpolitischen Themas zu Wahlkampfzwecken, einer inhaltlichen Festlegung wichen sie zu diesem Zeitpunkt aber noch aus. Solche Wortakrobatik konnte die Entschiedenheit von Schröders Positionierung nicht wirksam neutralisieren.

Hinzu kam das Wasser. An dem Montag, an dem Schröder in Hannover seine Irak-Rede hielt, begann es in der Tschechischen Republik kräftig zu regnen. Moldau und Elbe schwollen bedrohlich an. Eine Woche später folgten auch im Erzgebirge extreme Niederschläge. Aus allen Richtungen strömte die Flut auf die sächsische Landeshauptstadt Dresden zu, während die Behörden die Gefahr völlig unterschätzten. Hauptbahnhof, Semperoper und Zwinger waren überschwemmt, aus ganzen Stadtteilen mussten die Bewohner flüchten. Insgesamt forderte das Hochwasser in Mitteleuropa 45 Todesopfer, davon 21 in Sachsen. Der Sachschaden betrug allein in Deutschland rund neun Milliarden Euro, wovon sechs Milliarden auf den Freistaat entfielen.

Schröder reagierte schnell. Schon einen Tag, nachdem sich das volle Ausmaß der Naturkatastrophe abzeichnete, besuchte der Bundeskanzler die stark betroffene Stadt Grimma, wo er medienwirksam in Gummistiefeln durch die Fluten watete und rasche Hilfe versprach. Stoiber konnte nicht mithalten, schon weil er als bayerischer Ministerpräsident für konkrete Unterstützung in Sachsen gar nicht zuständig war. Zwei Tage nach Schröder besuchte auch er das Hochwassergebiet. Weil er sich in Dresden zunächst vom Hubschrauber aus einen Überblick verschaffte, entstand der Eindruck, der Überflieger bevorzuge die sichere Distanz der Vogelperspektive. Und als er dann doch in Gummistiefeln die überflutete Innenstadt erkundete, wirkte er wie ein schlechter Imitator des Bundeskanzlers.[104]

Krieg und Flut wendeten den Wahlkampf so deutlich zu Schröders Gunsten, dass nun auch Pannen im Regierungslager kaum noch ins Gewicht fielen. So schmolz in den letzten fünf Wochen vor der Wahl der Vorsprung Stoibers dahin. Deshalb schien es Merkel am Ende geraten zu sein, auch für den Fall einer Niederlage machtpolitisch vorzubauen. Am Tag vor der Wahl flog sie nach München, um gemeinsam mit Stoiber das Oktoberfest zu eröffnen. Der Bayer verbreitete Siegeszuversicht, als er vom Münchener Oberbürgermeister Christian Ude die erste Maß entgegennahm. Im Anschluss bat Merkel um ein Gespräch in der Staatskanzlei. Sie eröffnete dem CSU-Vorsitzenden, dass sie auch im Fall einer Niederlage die Unionsfraktion im Bundestag anführen wolle. Stoiber, der mit einem Sieg rechnete und am Tag vor der Wahl unter Hochspannung stand, hielt das noch immer für eine eher hypothetische Frage. Merkels Wunsch sei nachvollziehbar, sagte er, mit Merz könne das allerdings schwierig werden. Die CDU-Chefin entgegnete, das solle er mal ihre Sorge sein lassen.[105]

Die Gewissheit war längst gewichen, als sich Merkel und Stoiber mit ihren engsten Vertrauten am Wahlsonntag in der Berliner CDU-Zentrale einfanden. Es herrschte gleichwohl eine herzliche Atmosphäre, umso mehr, als die Hochrechnungen der ARD noch um 18.45 Uhr eine Mehrheit für Union und FDP voraussagten; das ZDF sah die politischen Lager gleichauf. In entsprechend euphorischer Stimmung trat Stoiber gemeinsam mit Merkel vor die wartenden Journalisten und Parteifreunde im Foyer der CDU-Zentrale. «Eines steht jetzt schon fest: Die CDU, die CSU, die Union, wir haben die Wahl gewonnen», sagte Stoiber. «Ich will noch kein Glas Champagner [sic!] öffnen», fügte er immerhin hinzu. Merkel äußerte sich vorsichtiger: *Jetzt warten wir mal den weiteren Verlauf des Abends ab.*[106]

Sie sollte mit ihrer Zurückhaltung wieder einmal Recht behalten. Während die «Berliner Runde» der Parteivorsitzenden im Fernsehen diskutierte, also zwischen 20.15 Uhr und 21 Uhr, drehten sich die Hochrechnungen. Das vorläufige amtliche Endergebnis wies für Union und SPD schließlich je 38,5 Prozent aus, die Sozialdemokraten hatten einen Vorsprung von 6000 Stimmen. Weil die Grünen deutlich vor der FDP lagen und die PDS die Fünf-Prozent-Hürde verfehlte, reichte es für eine Fortsetzung der rot-grünen Koalition. Schröder blieb Kanzler, Fischer Außenminister, Stoiber bayerischer Ministerpräsident.

Nach der Fernsehrunde zogen sich Merkel und Stoiber unter sechs Augen mit Friedrich Merz zurück. Anders als der Bayer annahm, hatte die CDU-Chefin nach der Münchener Unterredung vom Vortag noch nicht mit dem Fraktionsvorsitzenden gesprochen. Dass die Union die Wahl verloren hatte, stand ja jetzt erst fest. Nun eröffneten die beiden Parteivorsitzenden dem konsternierten Merz, dass er sein Amt nicht behalten könne. Der Sauerländer war vollkommen überrascht. Merkel und Stoiber boten ihm als Kompensation das Amt des Parlamentspräsidenten an, was er sofort ablehnte.[107]

Am Montag nach der Wahlniederlage kam es in den Parteigremien zu einer kontroversen Debatte. Zum Entsetzen vieler Parteifreunde wetterte Merz im Präsidium, Merkel sei zur Führung der Fraktion nicht fähig. Er hatte nicht verstanden, dass die Sache schon entschieden war. Der Vorschlag Kochs, für Merz den Posten eines herausgehobenen Ersten Stellvertreters in der Fraktion zu schaffen, löste die Kontroverse nicht. Stoiber, der mit Verspätung in Berlin eintraf, gab ein klares Votum für Merkel ab. Es kostete Merz' Freunde, darunter den früheren Vorsitzenden Schäuble, noch einige Mühe, dem Sauerländer eine Kampfkandidatur auszureden. Tags darauf ließ sich Merkel ohne Gegenkandidaten mit 92,2 Prozent der Stimmen zur Fraktionsvorsitzenden wählen.[108]

Merz war, anders als er glaubte, nicht einfach nur hintergangen worden. Mit der Wahlniederlage hatte sich schlichtweg die Faktengrundlage für die Postenverteilung geändert. Indem sich Merz von diesem Gang der Dinge überrascht zeigte, demonstrierte er ein weiteres Mal eklatante Mängel in der Beherrschung der politischen Grundrechenarten. Das galt nicht nur, weil sich Merkel schon im Vorfeld der Unterstützung einflussreicher Parteifreunde versichert hatte, während Merz untätig blieb. Der Sauerländer verkannte auch, dass Merkels Anspruch auf die Fraktionsspitze «in gewisser Weise selbstverständlich» war, wie Stoiber im Rückblick zutreffend feststellte: «Im Falle der Bestätigung von Rot-Grün musste sie aus ihrer Sicht die Rolle der Oppositionsführerin im Bundestag übernehmen – so wie es auch Helmut Kohl zur Vorbereitung seiner Kanzlerschaft einst getan hatte.» Anderenfalls wäre auch ihr Parteivorsitz in Gefahr gewesen. Zudem fühlte sich der Bayer der Chefin der Schwesterpartei verpflichtet, weil sie ihn im Wahlkampf so loyal unterstützt hatte. Da CDU und CSU gemeinsam über den Vorsitz in der Bundestagsfraktion entscheiden, gab Stoibers Parteinahme den Ausschlag. In dieser Frage konnte keine der beiden Schwesterparteien die andere übergehen, deshalb ließ sie sich nicht mit einem Mehrheitsentscheid in Partei oder Fraktion regeln. Auch das hatte Merz offenbar nicht verinnerlicht.[109]

3. Opposition (1998–2005)

Hätte ein männlicher Westdeutscher die Vereinigung von Partei- und Fraktionsvorsitz beansprucht wie einst Barzel, Kohl oder Schäuble, so wäre das vermutlich als ein Ausweis intakter politischer Instinkte durchgegangen. Die ostdeutsche Frau dagegen galt nun auch den Medien als «Parteivorsitzende mit Killerinstinkt».[110] Auf längere Sicht schadete ihr das nicht, im Gegenteil: Sie verschaffte sich Respekt.

Merkel erlangte nun eine ähnliche Position wie Helmut Kohl nach der Wahlniederlage des Spitzenkandidaten Franz Josef Strauß im Jahr 1980. Niemand lastete ihr den Misserfolg vom 22. September an, die Fehler in der Schlussphase des Wahlkampfs schrieb die Öffentlichkeit allein dem unbeholfenen Stoiber zu. Sie gewann zum Parteivorsitz das Amt der Fraktionsvorsitzenden hinzu und bezog mit ihren Vertrauten das repräsentative Büro im Jakob-Kaiser-Haus mit dem weiten Blick über Reichstag und Spree. Das Alltagsgeschäft der Partei konnte sie ihrem Generalsekretär überlassen und sich im Parlament die großen Rededuelle mit dem Bundeskanzler liefern. In den eigenen Reihen besaß sie die Prokura, mit der Regierung über Kompromisse zu verhandeln, die in Bundestag und Bundesrat auch Bestand haben würden. Im Nachhinein strahlte der Stern von Wolfratshausen noch heller: Nun galt es vollends als genialer Schachzug, dass Merkel die aussichtslose Kandidatur dem Bayern überlassen hatte, um ihrerseits unbeschädigt in die nächste Kampagne ziehen zu können.

Einen Automatismus bedeutete das jedoch nicht. Merkels Widersacher in der Union gaben das Spiel noch nicht verloren. Sollte Rot-Grün während der Legislaturperiode scheitern, galt nach wie vor Stoiber als der Kanzler der Wahl – und das umso mehr, als er die bayerische Landtagswahl ein Jahr später mit gut 60 Prozent der Stimmen gewann, was der CSU eine Zweidrittelmehrheit im Landtag verschaffte. Weil er sich als Regierungschef der Reserve sah, lehnte Stoiber im März 2004 nach langem Zögern sogar ein bereits mit Frankreich und Großbritannien abgestimmtes Angebot Gerhard Schröders ab, als Chef der Europäischen Kommission nach Brüssel zu gehen.[111] Für den regulären Wahltermin 2006 hielt sich Koch als möglicher Bewerber bereit. Die Frage, ob Merkel nun automatisch erste Anwärterin auf die Kanzlerkandidatur sei, beantwortete Schäuble im *Stern* mit einem klaren Nein. «Das ist nicht die Haltung der Union», sagte er.[112]

Mit der Absetzung des Fraktionsvorsitzenden Merz machte sich Merkel einen Feind fürs Leben. Die Niederlage konnte er nie verwinden. Während Merkel in solchen Situationen den Habitus der kühlen Sachlichkeit wahrte, konnte Merz seine Gefühle nicht zügeln, wie es häufiger bei Männern in Spitzenpositionen geschieht. Nach zwei Monaten rechnete er in einem Zeitungsinterview mit Merkel ab. Er habe seinen Verabredungen mit der Parteichefin «nie ein übermäßiges Gewicht beigemessen», wetterte Merz, «weil ich Frau Merkel in solchen Situationen mittlerweile kenne».[113] Trotzdem ließ er sich als Fraktionsvize einbinden und entwickelte für die Partei ein Steuerkonzept. Nach zwei Jahren gab er jedoch alle herausgehobenen Funktionen ab, nach weiteren fünf Jahren auch sein Bundestagsmandat. Aus der Position des Wirtschaftsanwalts verfolgte er fortan jedes Detail von Merkels Politik und dozierte in vertraulichen Runden darüber, wie er es als Kanzler besser gemacht hätte. Doch fürs Erste galt Merz nicht mehr als Gefahr, ebenso wenig wie Schäuble, der gleichfalls als Fraktionsvize unter Merkel diente.

Wie stark Merkels Position inzwischen war, zeigte auch ein Treffen, das vier Wochen nach der Wahl in den Berliner Räumen des Fernsehsenders Sat.1 stattfand. Der frühere Verkehrsminister Matthias Wissmann hatte, zur mäßigen Begeisterung seiner Kollegen, die Partei- und Fraktionsvorsitzende zu einer Zusammenkunft des Andenpakts eingeladen.[114] Zu innigen Freundschaftsbekundungen führte die Zusammenkunft nicht. Aber Merkel war inzwischen zu stark, um sie einfach ignorieren zu können, und die Geschlossenheit des Bündnisses begann zu bröckeln. Seine Aura des Bedrohlichen war spätestens mit diesem Treffen perdu.

Agenda

Abermals durchkreuzte die rot-grüne Regierung die Pläne von Angela Merkel zur Erneuerung der CDU, wie schon vier Jahre zuvor, als sie noch Generalsekretärin gewesen war. Denn Schröder und Fischer legten zum zweiten Mal einen fulminanten Fehlstart hin, der viele Christdemokraten wieder zu einer verfrühten Selbstgewissheit verleitete: Wie Helmut Kohl 1998 seine Abwahl als einen Irrtum der Geschichte ansah, so hielt sich nun auch Stoiber ungeachtet seiner Niederlage für einen Kanzler im Wartestand, dessen Stunde bald kommen werde.

Die Arbeitslosenquote, die zu Beginn der ersten rot-grünen Regierungszeit gesunken war, stieg seit anderthalb Jahren wieder an, von 7,6 Prozent im April 2001 auf rund 9 Prozent zum Zeitpunkt der Bundes-

3. Opposition (1998–2005)

tagswahl. Es schien nur eine Frage der Zeit zu sein, bis sie den bisherigen Höchststand von 1998 übertreffen würde, der zur Abwahl Kohls beigetragen hatte. Im Wahlkampf 2002 hatte Schröder diese Zahlen weithin ignoriert. Und weil die Regierung bis kurz vor der Wahl fest mit einer Niederlage gerechnet hatte, hatte sie sich auch kein Konzept gegen die Wirtschaftsmisere zurechtgelegt, die nun auch Staatshaushalt und Sozialkassen in Schieflage brachte. Schröder setzte ganz im Gegenteil auf ein «Weiter so». In den Koalitionsverhandlungen bremste er seinen Finanzminister Eichel, der weitere Einsparungen verlangte, um den Haushalt ins Lot zu bringen, mit einem brüsken «Lass' mal gut sein, Hans».[115]

Die Regierung kam umso mehr in Bedrängnis, als Deutschland mit seinen schlechten Wirtschaftsdaten weithin alleine dastand und als der «kranke Mann Europas» galt. Seit 1990 hatte sich die Bundesrepublik in ihrer ökonomischen Entwicklung von den Nachbarländern entkoppelt. Anders als in Westeuropa belasteten die Folgekosten der Wiedervereinigung den Staatshaushalt und aufgrund politischer Entscheidungen vor allem auch die Sozialkassen, was zu höheren Lohnnebenkosten führte.

Weil ringherum alles blühte, wurde der Regierung die Alleinschuld an der deutschen Misere zugeschoben. Selbst in den Feuilletons kam es zu ungewohnten Gefühlsausbrüchen. «Bürger, auf die Barrikaden!», rief der Jurist und emeritierte Geschichtsprofessor Arnulf Baring. Er ermunterte die Deutschen zu einem Steuerboykott, zu «aktivem und passivem Widerstand», zu «empörten Revolten».[116] Das traf eine in jenen Wochen weit verbreitete Stimmung. Die SPD, die bei der Bundestagswahl noch 38,5 Prozent der Stimmen erreicht hatte, fiel in den Umfragen auf rund 30 Prozent zurück.

Natürlich musste die Oppositionsführerin Merkel das Thema aufgreifen. *Diese Regierung hat sich an die Macht gemogelt und geschwindelt*, der Kanzler habe im Wahlkampf die schlechte Wirtschaftslage verschwiegen, kritisierte sie mit gespielter Naivität auf dem CDU-Parteitag Mitte November in Hannover.[117] Die Debattenlage setzte Merkel stark unter Druck, einen härteren Kurs gegen die Regierung einzuschlagen. Deshalb machte sie sich nun Roland Kochs Idee zu eigen, im Bundestag einen Untersuchungsausschuss «Vorsätzlicher Wahlbetrug» einzurichten.[118] Merkels Zweifel am Sinn dieses Gremiums, das bald nur noch «Lügenausschuss» hieß, sollten sich allerdings schnell bewahrheiten.

Außerhalb der Regierungszentrale wusste zu diesem Zeitpunkt niemand, dass Schröders engste Mitarbeiter bereits einen Kurswechsel vorbereiteten. Sein Kanzleramtsminister Frank-Walter Steinmeier legte schon Anfang Dezember ein erstes Papier unter dem Titel «Auf dem Weg zu mehr Wachstum, Beschäftigung und Gerechtigkeit» vor. Soweit die Vorschläge den Arbeitsmarkt betrafen, beruhten sie auf den Konzepten des VW-Personalvorstands Peter Hartz aus der Zeit vor der Wahl. Und sie nahmen bereits wesentliche Elemente der später so umstrittenen «Agenda 2010» vorweg.

Als das Papier zwei Wochen später die Öffentlichkeit erreichte,[119] wiegelten Kabinettsmitglieder noch ab. «Ich glaube, es wird keine Revolution geben», sagte Wolfgang Clement, den Schröder bereits mit Blick auf nötige Reformen als neuen «Superminister» für Wirtschaft und Arbeit installiert hatte.[120] Gleichwohl begann die Regierung, das Publikum auf den Kurswechsel einzustimmen. Einen weiteren Schritt tat Schröder in seiner Neujahrsansprache zum Jahreswechsel 2002/03, in der er Mut zu «grundlegenden Veränderungen» verlangte.[121]

Mit Blick auf den Wahlkalender unterblieben konkrete Schritte vorerst. Die schlechte Performance der SPD bescherte der CDU trügerische Erfolge. Anfang Februar konnte Roland Koch, der 1999 mit der Kampagne gegen den Doppelpass an die Macht gekommen war, sogar eine absolute Mehrheit der Landtagssitze erringen. Er stand auf dem Höhepunkt seines Erfolgs, doch erwuchs ihm nun ein Konkurrent aus dem alten Andenpakt: Der 43 Jahre alte Christian Wulff gewann die Wahl in Niedersachsen gegen Sigmar Gabriel. Dass sich die beiden nun gegenseitig zu übertrumpfen versuchten, konnte Merkel nur recht sein. Obendrein hatte Wulff demonstriert, dass Wahlen auch mit einem moderaten Kurs zu gewinnen waren und nicht nur mit brachialer Konfrontationsrhetorik, wie Koch sie pflegte.

Gerhard Schröder nahm die SPD-Niederlagen als ein weiteres Zeichen, dass er jetzt handeln musste. Von den «bittersten Niederlagen meines Lebens» sprach er anschließend. Am 14. März gab der Kanzler vor dem Bundestag eine Regierungserklärung ab, die in der Geschichte der Bundesrepublik einen Bruch markierte. «Wir werden Leistungen des Staates kürzen, Eigenverantwortung fördern und mehr Eigenleistung von jedem Einzelnen abfordern müssen», lautete der zentrale Satz. Merkel kritisierte im Anschluss die Rede, die Schröder später das Amt kosten sollte, als zu wenig ambitioniert. Der Kanzler habe nur *punktuelle Antworten* gegeben, *der große Wurf für die Bundesrepublik Deutschland war das mit Sicherheit nicht*.[122]

Zunächst wirkte das Konzept ohnehin nicht allzu kontrovers, im Gegenteil: In den Medien fand es ganz überwiegend positive Resonanz. Nach vier Jahren voller unentschlossener Richtungsänderungen schien Schröder nun seinen Kurs in der Wirtschafts- und Sozialpolitik gefunden zu haben und das Versprechen einer «Neuen Mitte» einzulösen. Dass die Umfragewerte der SPD auf bescheidenem Niveau verharrten, tat der Begeisterung keinen Abbruch: Schröder stieg zum erfolgreichen «Krisenkanzler»[123] und neuen Helden auf. Angesichts des spektakulären Kursschwenks sah die Debatte um die Wahlkampflügen nun endgültig aus wie Erbsenzählerei, und das, obwohl Schröder jetzt tatsächlich Einschnitte ankündigte, von denen im Wahlkampf keine Rede gewesen war. Als der Kanzler schließlich Anfang Juli im Untersuchungsausschuss zu den Vorwürfen vernommen wurde, konnte er sie lässig an sich abperlen lassen. Die Oppositionsführerin Merkel stand da wie ein naives Schulmädchen, das das politisch Wesentliche nicht sah und deshalb mit dem Kleingedruckten kam.

Krieg

Seine politische Wiederauferstehung hatte Schröder noch einem weiteren Thema zu verdanken. Sechs Tage nach seiner Agenda-Rede begannen die Vereinigten Staaten mit dem Angriff auf den Irak, von dem er die Bundesrepublik ferngehalten hatte. Im Wahlkampf hatte Merkel lediglich die innenpolitische Instrumentalisierung des außenpolitischen Themas kritisiert. Nun stellte sie sich explizit auf die Seite der Vereinigten Staaten. Der Kanzler hatte bereits bei seinem Goslarer Auftritt im Januar 2003 das unmissverständliche Nein der Bundesregierung formuliert, zu einem direkten Schlagabtausch kam es Anfang Februar auf der Münchener Sicherheitskonferenz: Dort schleuderte Außenminister Fischer dem amerikanischen Verteidigungsminister Donald Rumsfeld seine berühmt gewordenen Worte entgegen, er sei «nicht überzeugt» von den Argumenten für den Krieg.[124] Anders als Schröder ließ der überzeugte Transatlantiker aber erkennen, wie schwer ihm die Distanzierung vom wichtigsten Bündnispartner fiel.

Merkel blieb von den Argumenten der Bundesregierung unbeeindruckt. Deren Festlegung, als nichtständiges Mitglied des UN-Sicherheitsrats jede Militärintervention abzulehnen, kritisierte sie. Sie schwäche die westliche Drohkulisse gegenüber dem irakischen Machthaber Saddam Hussein. *Sie haben durch Ihre Haltung, die Einigkeit nicht befördert hat, den Krieg im Irak wahrscheinlicher und nicht unwahrscheinlicher gemacht.*[125]

Ende Februar 2003 flog Merkel in Begleitung eines größeren Journalistentrosses nach Washington, um die dortige Regierung ihrer Unterstützung zu versichern. *Schröder spricht nicht für alle Deutschen*, hatte sie einige Tage vorher in der *Washington Post* geschrieben.[126] Vor Ort traf sie zwar nicht den Präsidenten George W. Bush, dafür aber den Vizepräsidenten, den Verteidigungsminister und die Nationale Sicherheitsberaterin. Das war für eine Oppositionspolitikerin ein mit ungewöhnlich vielen Prominenten bestücktes Programm, wie die *New York Times* vermerkte.[127] Rot-Grün reagierte empört: Merkel falle der Regierung im Ausland in den Rücken. Tatsächlich war ein solches Verhalten bislang nicht üblich gewesen. Auch innerhalb der Unionsparteien war der Kriegskurs umstritten. Vom CSU-Vorsitzenden Edmund Stoiber über den nordrheinwestfälischen Landesvorsitzenden Jürgen Rüttgers bis zum alten Rivalen Friedrich Merz[128] reichte die Phalanx der Kritiker.

Der Schulterschluss mit den Vereinigten Staaten entsprach durchaus Merkels persönlichen Ansichten, schließlich betrachtete die einstige DDR-Bürgerin die Vereinigten Staaten als einen Sehnsuchtsort ihres freiheitlichen Lebensgefühls; ihr Lebensgefährte hatte gleich nach der Wiedervereinigung ein Jahr lang im kalifornischen San Diego gearbeitet. Auch mochte der antiamerikanische Grundton der deutschen Debatte die Parteivorsitzende ebenso irritieren wie die verbreitete Neigung, das eigene Land wie eine Art große Schweiz aus dem Weltgeschehen herauszuhalten.

Das Thema kam der Oppositionsführerin indes vor allem auch politisch-taktisch zupass: Zweifel an der ideologischen Zuverlässigkeit der Ostdeutschen konnten die Transatlantiker in den Unionsparteien nun nicht mehr anmelden. Hier konnte sie sich als Außenpolitikerin profilieren, weil die rot-grüne Regierung mit dem mächtigen Verbündeten kaum noch sprach, und sie konnte Skeptikern in den eigenen Reihen beweisen, dass sie die nötige Skrupellosigkeit für ihren Spitzenjob besaß: Dafür gab es kaum ein besseres Mittel als das Befürworten eines Kriegs. Auf einmal standen ihre Kritiker als die Ängstlichen da, die sich zudem an der Westbindung als dem Erbe Konrad Adenauers vergingen.

Obwohl ihre Argumentation klar darauf hinauslief, im Zweifelsfall auch die Bundeswehr nach Bagdad zu schicken, formulierte sie diese letzte Konsequenz nie explizit. So gelang es Merkel gegen alle Wahrscheinlichkeit, die bellizistische Episode vom Frühjahr 2003 später weithin vergessen zu machen. Der Lerneffekt fiel wieder einmal sehr gründlich aus: Im Vergleich zu Schröder zeigte sie sich als Kanzlerin gegenüber neuen Auslandseinsätzen sogar skeptischer.

Ruck

Fürs Erste aber fügten sich Irakfrage und Sozialreformen in das Konzept außen- und wirtschaftspolitischer Profilierung, mit dem Angela Merkel ihre Position an der Spitze von Partei und Fraktion festigte und eine Kanzlerkandidatur für 2006 vorbereitete. Im Umgang mit den Agenda-Reformen setzte sie dabei auf eine Doppelstrategie. Zum einen wollte sie die Regierung an Reformeifer überbieten, das staatliche Sicherungssystem noch viel radikaler als Schröder auf den Kopf stellen. Auch hier ging sie wie in der Irakfrage aufs Ganze, zeigte sich entschlossener als die vermeintlichen Hardliner aus der eigenen Partei.

Zum anderen signalisierte sie Kompromissbereitschaft gegenüber der Regierung. In der Theorie größtmögliche Veränderungen zu verlangen, in der Praxis aber jede Neujustierung zu verhindern, wie es ihr Stellvertreter Merz verlangte: Das schien ihr weder in der Sache noch der Bevölkerung gegenüber plausibel zu sein. *Besser ein Kompromiss mit Schwächen als gar nichts tun*, hielt sie ihren innerparteilichen Gegnern vor. Absichtlich *das Land vor die Wand fahren zu lassen*: Das werde es mit ihr nicht geben.[129]

Was den Umbau des deutschen Sozialsystems betraf, hatte Merkel schon vorgesorgt. Zu Jahresbeginn hatte sie eine Kommission eingesetzt, die für die CDU eigene Vorschläge erarbeitete. Den Vorsitz führte der frühere Bundespräsident Roman Herzog, der in seiner «Ruck-Rede» schon 1997 grundlegende Reformen in der Bundesrepublik gefordert und die Debatte um den angeblich drohenden Niedergang des Landes maßgeblich mit angestoßen hatte. Nun sollte er liefern, Ende September legte er seine Vorschläge vor. Eine feste Gesundheitsprämie sollte an die Stelle prozentualer Beiträge treten, um die Krankheitskosten von den Löhnen zu entkoppeln und so die Beschäftigungskrise zu überwinden. Auch eine Anhebung des Renteneintrittsalters schlugen Herzog und seine Kommissionskollegen vor.

Zeit und Ort ihrer eigenen Inszenierung wählte Merkel mit Bedacht: den 3. Oktober, den 13. Jahrestag der Deutschen Einheit, im barocken Schlüterhof des Deutschen Historischen Museums. Als Motivation für ihren Reformeifer führte sie die eigene Biographie an. Sie zog jetzt auch öffentlich den Vergleich zwischen der aktuellen Lage der Bundesrepublik und der Krise in der Spätzeit der DDR. *Wir, das ist die Wahrheit, leben von der Substanz. Für diese bittere Wahrheit haben die, die in der früheren DDR gelebt haben, durch leidvolle Erfahrung übrigens ein sehr feines Gespür entwickelt.*[130]

Das war starker Tobak für eine konservative Partei. Bismarck hatte den deutschen Sozialstaat erfunden, Adenauer und Kohl hatten ihn ausgebaut, von der dynamischen Rente bis zur Pflegeversicherung, auch gegen den Widerstand von Verfechtern des Marktes wie Ludwig Erhard. Wenngleich es vor dem Hintergrund hitziger Reformdebatten damals nicht jeder verstand: Merkel war im Begriff, einen Frontalangriff auf jenes Sicherheitsversprechen zu starten, dem die westdeutsche Christdemokratie ihre Wahlerfolge seit Bestehen der Republik zu verdanken hatte. *Risiko statt falscher Sicherheit*, das hatte sie schon bei ihrem Amtsantritt als Generalsekretärin fünf Jahre zuvor angekündigt. Nun war sie dabei, den Satz im Konkreten auszubuchstabieren – und sich zugleich jenes Profil in der Wirtschaftspolitik zu verschaffen, das ihr im Ringen um die Kanzlerkandidatur für 2002 gefehlt hatte. Aber bevor dieser Prozess auf dem Leipziger Parteitag Anfang Dezember 2003 seinen Höhepunkt erreichte, kam noch ein weiterer Konflikt mit Parteifreunden hinzu.

Tätervolk

Zwei Tage nach Merkels Rede im Museum fand auch im Bürgerhaus der osthessischen Gemeinde Neuhof eine Feier zum Tag der deutschen Einheit statt. Der damalige CDU- und spätere AfD-Bundestagsabgeordnete Martin Hohmann hielt die Festrede. Auch er sprach im apokalyptischen Ton der Zeit über die Krise des deutschen Sozialstaats. Seine Schlussfolgerungen unterschieden sich aber radikal von den Ideen seiner Parteivorsitzenden. Nicht in der Koppelung der Sozialabgaben an die Löhne sah er die Schwierigkeit, sondern darin, «dass man als Deutscher in Deutschland keine Vorzugsbehandlung genießt». Der Grund dafür liege

3. Opposition (1998–2005)

in zu hohen Überweisungen an die Europäische Union und in den Zahlungen an Opfer des Nationalsozialismus, die dringend «der gesunkenen Leistungsfähigkeit des deutschen Staates anzupassen» seien. Hohmann forderte «wenigstens Gleichbehandlung von Ausländern und Deutschen». Das Problem sei «eine allgegenwärtige Mutzerstörung im nationalen Selbstbewusstsein, die durch Hitlers Nachwirkungen ausgelöst wurde», erläuterte er. «Im Kern bleibt der Vorwurf: Die Deutschen sind das ‹Tätervolk›.» Mit «neurotischem Eifer» stellten sich seine Landsleute selbst «als größte Schuldige aller Zeiten» dar. Im Gegenzug warf Hohmann nun die Frage auf: «Gibt es auch beim jüdischen Volk, das wir ausschließlich in der Opferrolle wahrnehmen, eine dunkle Seite in der neueren Geschichte?» Es folgte eine ausführliche Herleitung, warum die bolschewistische Revolution mit Millionen Toten im Kern das Werk von Juden gewesen sei. Diese Passage, die rund ein Drittel der ganzen Rede ausmachte, mündete schließlich in die Sätze: «Daher könnte man Juden mit einiger Berechtigung als ‹Tätervolk› bezeichnen. Das mag erschreckend klingen. Es würde aber der gleichen Logik folgen, mit der man Deutsche als Tätervolk bezeichnet.» Daraus folgerte Hohmann, «dass der Vorwurf an die Deutschen schlechthin, ‹Tätervolk› zu sein, an der Sache vorbeigeht», und er schloss seine Ansprache mit dem Ausruf: «Gerechtigkeit für Deutschland, Gerechtigkeit für Deutsche.»[131]

Soweit bekannt, protestierte niemand aus dem mehr als hundertköpfigen Publikum. Auch als die örtliche CDU den Redetext ins Internet stellte, erregte er zunächst keinen Anstoß. Erst als das deutsch-jüdische Internetportal *haGalil* gut drei Wochen später darauf aufmerksam machte und von «antisemitischen Argumentationen der übelsten Sorte» sprach, berichtete am 30. Oktober der Hessische Rundfunk. Andere Medien folgten. Die Parteivorsitzende ließ sich den Text sofort kommen, und sie reagierte entsetzt.[132] In Grundzügen wussten Merkel und ihre Fraktionskollegen schon vorher von Hohmanns kruden Ansichten, seine Kritik an der Zwangsarbeiter-Entschädigung hatte er sogar im Plenum des Bundestags geäußert. In der Klarheit, wie Hohmann es in seiner Rede formulierte, sah sich Merkel nun aber zum ersten Mal mit dem Denken der äußersten Rechten in der Bundesrepublik konfrontiert.

Hohmann bezog sich in seiner Argumentation ausdrücklich auf ein Buch des umstrittenen Bibliotheksdirektors der Bielefelder Soziologen, Johannes Rogalla von Bieberstein: *Jüdischer Bolschewismus* war ein Jahr zuvor in der «Edition Antaios» des rechtsnationalen Publizisten Götz

Kubitschek erschienen – bei jenem Mann also, der ab 2015 als zentrale Figur der rechtspopulistischen Bewegung zum Gegenstand großformatiger Zeitungsporträts avancieren sollte; 2001 war der vormalige Redakteur der Wochenzeitung *Junge Freiheit* und Gründer eines «Instituts für Staatspolitik» wegen extremistischer Bestrebungen als Oberleutnant der Reserve aus der Bundeswehr entlassen worden.

Merkel war konsterniert, gleichwohl zögerte sie zunächst, den Abgeordneten aus der Fraktion auszuschließen. In der Sitzung des Parteipräsidiums am 3. November warnten auch andere führende Christdemokraten vor einem solchen Schritt. Das ergebe nur in Verbindung mit einem Parteiausschluss Sinn, ein solches Verfahren sei aber langwierig und mit ungewissen Erfolgsaussichten behaftet. An die Vorsitzende richteten sie eine klare Botschaft: Ein Ausschluss Hohmanns würde ihr einigen Ärger mit dem rechten Parteiflügel bereiten. Deshalb beließ sie es zunächst dabei, Hohmann zu rügen, ihn als Berichterstatter für die Zwangsarbeiter-Entschädigung abzuziehen und vom Innen- in den Umweltausschuss zu versetzen. Die Fraktion zeigte sich tags darauf gespalten: Den einen ging schon die Rüge zu weit, den anderen reichte sie bei weitem nicht aus. Entsprechend dünn fiel der Beifall für Merkel aus.[133]

Diese zögerliche Linie ließ sich nicht durchhalten. Am Tag der Fraktionssitzung kündigte der sozialdemokratische Verteidigungsminister Peter Struck die Entlassung des Bundeswehrgenerals und KSK-Kommandeurs Reinhard Günzel an, der den CDU-Abgeordneten für dessen «Mut zur Wahrheit und Klarheit» schriftlich beglückwünscht hatte.[134] Das erhöhte den Druck auf Merkel: Wenn schon ein Lob für die Rede als Entlassungsgrund ausreichte, warum dann nicht die Ansprache selbst?

Zur Wochenmitte entschloss sich Merkel allem Anschein nach zur Trennung von Hohmann. Aber sie wollte sich erst absichern, bevor sie an die Öffentlichkeit ging. Sie telefonierte, sammelte Verbündete in der Partei. Nur mit dem zuständigen Landesvorsitzenden sprach sie nicht. Roland Koch verurteilte zwar am folgenden Sonntag, dem 9. November, auf einer Gedenkfeier zum 65. Jahrestag der Pogromnacht in der Frankfurter Westend-Synagoge die Äußerungen Hohmanns. Gleichwohl warb er um Verständnis dafür, dass der Streit «in den eigenen Reihen» ausgetragen werden müsse, und wandte sich damit indirekt gegen Forderungen nach einem Parteiausschluss Hohmanns. Daraufhin verließ ungefähr ein Viertel der Anwesenden aus Protest den Saal.[135] Als Merkel ihre Kehrtwende tags darauf öffentlich machte, argwöhnte Koch, die Chefin habe ihn absichtlich in diese Situation gebracht. Als wahrscheinlicher darf gelten, dass Merkel – wohl nicht zu Unrecht – befürchtete, der Landesvorsitzende würde ihr Vorgehen zu torpedieren versuchen.[136]

Am Montagabend ließ sich Merkel ihren Plan vom Fraktionsvorstand absegnen, dann warb sie mit einem Brief an die Orts- und Kreisvorsitzenden für ihre Position. Am folgenden Freitag, dem 14. November, trafen sich die Abgeordneten früh um acht Uhr zu einer Sondersitzung, ziemlich genau zwei Wochen, nachdem der Redetext allgemein bekannt geworden war. Von 248 Parlamentariern votierten 195 für den Ausschluss Hohmanns. Die übrigen stimmten mit Nein oder enthielten sich, machten ihren Stimmzettel ungültig oder erschienen gar nicht erst zur Sitzung. Merkel erreichte also die nötige Zweidrittelmehrheit, aber sie durfte die vielen fehlenden Stimmen getrost als Misstrauensvotum gegen sich werten. «Noch so ein Sieg, und sie ist erledigt», hieß es in der Fraktion, und Teilnehmer der CDU-Präsidiumssitzung am folgenden Montag wussten von «eisiger Stimmung» zu berichten.[137]

Ein Vorwurf lautete, Merkel habe sich bloß dem Druck der Verlegerin Friede Springer gebeugt, die den entschlossenen Kampf gegen Antisemitismus als ein Erbe ihres verstorbenen Mannes betrachtete. Dass eine Partei- und Fraktionsvorsitzende aus eigenem Antrieb eine solche Haltung einnahm, konnten sich einige Abgeordnete offenbar nicht vorstellen. All jene, die auf ein Einbinden des rechten Randes setzten, sahen sich von der Vorsitzenden brüskiert. Zum ersten Mal brach hier ein Grundkonflikt zwischen Merkel und dem konservativen Flügel der Partei offen aus, der später in der Kontroverse über den Umgang mit der AfD wiederkehren sollte.

Die Vorsitzende selbst zog aus dem Verlauf der Affäre den entgegengesetzten Schluss. Nicht den Bruch mit Hohmann wertete sie als Fehler, sondern ihr anfängliches Zögern. Fortan reagierte sie in geschichtspolitischen Fragen schnell und glasklar. 2007 tadelte sie den baden-württembergischen Ministerpräsidenten Günther Oettinger, weil er den Amtsvorgänger und einstigen Marinerichter Hans Filbinger zu einem «Gegner des NS-Regimes» erklärte. 2009 kritisierte sie öffentlich den aus Deutschland stammenden Papst Benedikt XVI., weil er die Exkommunikation des Holocaust-Leugners Richard Williamson aufhob, eines britischen Bischofs und Angehörigen der traditionalistischen Piusbruderschaft. Auch in diesen Fällen rumorte es in der Partei gewaltig, aber am Ende setzte sich Merkel durch.

In den verbleibenden zwei Wochen bis zum Parteitag kämpfte Merkel an zwei Fronten: Sie hatte sich für ihr Verhalten in der Hohmann-Affäre zu rechtfertigen, und sie hatte die Partei von ihrem sozialpolitischen Reformprogramm zu überzeugen. Letzteres half ihr dabei, den Streit um den Abgeordneten vergessen zu machen. Ihr Plan zum Umbau des Wohlfahrtsstaats wirkte für die Verhältnisse der alten Bundesrepublik so spektakulär, dass er alle Aufmerksamkeit auf sich zog und die Kritik wegen des Umgangs mit Hohmann bald verdrängte, übrigens auch die Kontroverse um den Irakkrieg. Das galt umso mehr, als Kanzler Schröder wegen seiner Reformen nun in der eigenen Partei immer mehr unter Druck geriet.

Leipzig

Umso glanzvoller erschien Merkels historischer Auftritt am 1. Dezember 2003 auf dem CDU-Parteitag in Leipzig, der Stadt, in der sie als Studentin vier Jahre lang gelebt hatte und in der noch immer alte Straßenbahnen aus tschechoslowakischer Produktion zum Tagungsort, der Neuen Messe weit außerhalb der Stadt, rumpelten. Die Parteivorsitzende ließ die radikalen Vorschläge der Herzog-Kommission fast unverändert beschließen, darunter vor allem die Gesundheitsprämie. Hinzu kam das Konzept für eine radikal vereinfachte Einkommensteuer, bei der sich alle Formalitäten auf einem Bierdeckel erledigen ließen. Es stammte vom stellvertretenden Fraktionsvorsitzenden Friedrich Merz, den Merkel ein letztes Mal einbinden konnte. Aus Sicht der Kritiker ergab sich daraus ein Steuer- und Abgabensystem, bei dem die schlecht bezahlte Krankenschwester zwar bereits den vollen Beitrag zur Krankenversicherung entrichtete, ihre Nachtzuschläge aber nicht länger steuerfrei waren.

Der Leipziger Parteitag markierte, je nach Perspektive, den Höhe- oder Tiefpunkt in Merkels Bestreben, das alte westdeutsche Sozialsystem zu überwinden. Die programmatischen Festlegungen hatten eine starke taktische Komponente. Merkel hatte kühl analysiert, aus welchen Gründen ihr starke Kräfte in Partei und Bevölkerung zwei Jahre zuvor die Kanzlerkandidatur nicht zugetraut hatten. Das lag zunächst einmal daran, dass kaum jemand der früheren Frauen- und Umweltministerin die nötige ökonomische Kompetenz zutraute, um die wichtigste europäische Wirtschaftsnation anzuführen. Gegen ihre eigentliche Natur hatte sie mit

3. Opposition (1998–2005)

der Einsetzung der Herzog-Kommission im Februar 2003 eine Reformdebatte initiiert, die zu den Leipziger Beschlüssen im Dezember führte. Sie wusste, dass sie den amtierenden Bundeskanzler an Reformeifer noch übertreffen musste, was fürs Erste in der Öffentlichkeit verfing: Nicht nur in Wirtschaftskreisen galt die sozialdemokratische Agendapolitik, die Schröder später das Amt kostete, noch als viel zu wenig ambitioniert, waren die CDU-Beschlüsse auf einmal das Maß aller Dinge. Kaum mehr als zwei Monate nach Edmund Stoibers glänzendem Wahlsieg in Bayern, der sich auch in anderer Hinsicht als Anfang seines politischen Endes entpuppen sollte, war Merkel auf dem besten Weg, ihm in Sachen Kanzlerkandidatur den Rang abzulaufen. Die Haltung, die sie in Sachen Irakkrieg gezeigt hatte, trat hinzu: Mangelnde Härte oder ein fehlendes Profil in der Außenpolitik konnte ihr keiner mehr vorwerfen, erst recht nicht die traditionellen Transatlantiker in der eigenen Partei.

Allerdings kam die Parteivorsitzende mit den Leipziger Beschlüssen ihrem persönlichen Weltbild sehr nah. Dass Wohlstand erst erarbeitet werden müsse und dass die Deutschen sich anstrengen sollten, um im globalisierten Wettbewerb mitzuhalten: Dieses kulturprotestantische Konzept von Wirtschaft und Arbeitswelt lag schon ihrem ersten Zeitungsbeitrag als Pressesprecherin des Demokratischen Aufbruchs zugrunde, und es schien noch in ihren späten Reden als Bundeskanzlerin auf. Von der Überlegenheit der Marktwirtschaft über Methoden der staatlichen Wirtschaftssteuerung musste die frühere DDR-Bürgerin ohnehin niemand überzeugen. Die Erfahrung von 1989/90 lehrte sie, dass der Erfolg eines Staatswesens entscheidend von seiner wirtschaftlichen Leistungsfähigkeit abhing und dass Stillstand auf lange Sicht den Untergang bedeuten konnte. Dabei unterschätzte sie jedoch die Beharrungskräfte der westdeutschen Gesellschaft.

Eine festgefügte wirtschaftspolitische Ideologie im Sinne irgendeiner ökonomischen Schule verband sich mit diesem preußischen Leistungsethos bei Merkel allerdings nicht. Anders als etwa in Menschenrechts- und Demokratiefragen, wo sie sich notfalls ein hartes und schnelles Urteil zutraute, verfolgte sie hier keine ein für alle Mal festgefügte Agenda. Sie musste sich ihre Haltung in jedem Einzelfall erarbeiten, je nach Zeitströmung und strategischer Situation. Insofern gingen Vergleiche mit Margaret Thatcher, der britischen Premierministerin der Jahre 1979 bis 1990, völlig fehl, auch wenn Merkel während der Euro-Krise bisweilen als die «Eiserne Lady» des Kontinents galt. Ob nun irgendwelche Beitrags-

oder Steuersätze um ein paar Prozent höher oder niedriger ausfielen und wie die Balance zwischen Markt und gestaltendem Staat im Einzelnen aussehen sollte, das blieben für sie Fragen, die dem politischen Kompromiss immer zugänglich sein mussten.

Gerade die Steuerpolitik behandelte sie mit einer Nonchalance, die Freund und Feind bisweilen verärgerte, und im kleinen Kreis machte sie sich gelegentlich über die erregten Debatten lustig, die süddeutsche Parteifreunde über die Erbschaftsteuer führten: Im Osten war das Thema mangels hinterlassener Vermögen ohnehin nicht relevant. Diese Haltung erleichterte es ihr, die Konsequenzen der Leipziger Beschlüsse für die praktische Politik nach der Regierungsübernahme drastisch zurückzufahren.

«Leipzig», wie es bald hieß, bedeutete einen Bruch mit den sozialkonservativen Wurzeln der CDU, die der Partei über Jahrzehnte ihre Wahlerfolge gesichert hatten. Auch das unterschätzte Merkel: Die Konservativen hatten ihren Anhängern nie gepredigt, dass das Lebensglück allein im sozialen Aufstieg zu finden sei. Vielmehr hingen sie noch lange der Idee einer gottgewollten Ordnung an, in der für jeden ein Platz zu finden sei, der sein Leben mit Anstand führte. Ausgerechnet diejenigen, die den deutschen Sozialstaat auf dem Prinzip des Statuserhalts aufgebaut hatten, rückten von diesem Prinzip nun ab.

Mit Merkel trat erstmals eine Anwärterin auf die Kanzlerschaft auf, die liberale Ideen sowohl in der Wirtschafts- als auch in der Gesellschaftspolitik verfocht. Dafür hatte es in der alten Bundesrepublik keine passende politische Kombination gegeben, weil Schwarz-Gelb das Konservative mit dem Wirtschaftsliberalen verband und Rot-Grün die Orientierung am Sozialstaat mit gesellschaftspolitischer Liberalität. Daher war die Frage, ob Merkel 1990 in die falsche Partei übergewechselt war, nicht richtig gestellt. Sie nahm in ihren politischen Positionen eine Entwicklung vorweg, die wenig später fast alle Demokratien erfasste: die politische Frontstellung zwischen einem liberal-kosmopolitischen und einem sozial-nationalen Milieu – etwa in Frankreich zwischen Emmanuel Macron als Galionsfigur des urbanen Milieus und Marine Le Pen als Favoritin abgehängter Regionen oder in Polen zwischen der in den Großstädten populären Bürgerplattform Donald Tusks und der Bewegung der Kaczyński-Brüder, die zumindest am Anfang vor allem auf dem Land ihre Erfolge feierte. Auch das machte Merkel zu einem perfekten Hassobjekt für die Populisten.

Die Partei folgte der Vorsitzenden in Leipzig nahezu geschlossen,

3. Opposition (1998–2005)

wohl auch, weil viele angesichts des Zeitgeists das Grundlegende dieses Kurswechsels gar nicht erfassten. Mit ein paar Zugeständnissen, was den Sozialausgleich bei der Gesundheitsprämie betraf, hatte Merkel sogar die Sozialausschüsse der Partei auf Linie gebracht. Den Widerspruch der bayerischen CSU konnte sie vorerst ignorieren, da es sich um einen CDU-Parteitag handelte. Erst ein Jahr später, bei den ersten Vorbereitungen für ein gemeinsames Wahlprogramm, trat der CSU-Gesundheitsexperte Horst Seehofer aus Protest gegen die Gesundheitsprämie als Fraktionsvize zurück. Damit begann eine lang anhaltende Rivalität.

Auf dem Parteitag selbst protestierte nur ein einziger wirklich prominenter Christdemokrat gegen Merkels Pläne: Norbert Blüm, der während der gesamten Regierungszeit Kohls als Sozialminister gedient hatte. «Das ist plattgewalzte Gerechtigkeit, eine auf den Kopf gestellte Solidarität», brüllte er mit hochrotem Kopf. Die Delegierten reagierten erst mit eisigem Schweigen, dann mit dem Ruf: «Ideologie!» Blüm erlebte hier eine Demütigung, über die er lange Zeit am liebsten gar nicht mehr sprach.[138] Später gab ihm die Geschichte Recht, so empfand er es zumindest. Der frühere Generalsekretär Heiner Geißler hatte sich schon zuvor über die «typisch Ossi-liberale Position» mokiert, die Merkel aufgrund ihrer DDR-Erfahrung einnehme: Alles, was die Kommunisten bekämpft hätten, müsse gut sein, also auch der ungebremste Kapitalismus.[139]

Wie auch immer die Christdemokraten das Leipziger Reformprogramm im Einzelnen bewerteten: Den Vorwurf, die CDU habe unter Merkels Führung keine eigene Programmatik, konnte der Parteivorsitzenden nun niemand mehr machen.

Nach dem Parteitag folgte der zweite Teil von Merkels Plan: die Zustimmung zu Schröders Agenda-Gesetzen. In einer langen Nachtsitzung vom 14. auf den 15. Dezember einigten sich Regierung und Opposition im Vermittlungsausschuss von Bundestag und Bundesrat auf einen Kompromiss, wobei allerdings die Ministerpräsidenten der Union eine größere Rolle spielten als Merkel selbst; schon war von einer «informellen großen Koalition» die Rede.[140] Dabei legte die Opposition ihren Fokus vor allem auf Nebenschauplätze wie das Vorziehen der geplanten Steuersenkungen, was ihr politisch aber nicht schadete: Aus Merkels Sicht ging es um den Nachweis, der Regierung irgendetwas abgerungen zu haben und trotzdem nicht für eine Reformblockade in Deutschland verantwortlich gemacht zu werden. Insofern hatte sie sich gegen Hardliner in den eigenen Reihen durchgesetzt.

Am 19. Dezember 2003, dem letzten Sitzungstag vor der Weihnachtspause, beschlossen Bundestag und Bundesrat eine der größten Sozialreformen der bundesdeutschen Geschichte mit den Stimmen von SPD, Grünen und CDU/CSU. Die Sozialdemokraten stritten schon damals über die neuen Gesetze, es ließ sich aber noch nicht absehen, dass sich der Protest im folgenden Jahr vor allem an der Zusammenlegung von Arbeitslosen- und Sozialhilfe entzünden würde. Die Oppositionsführerin konnte beruhigt in die Ferien fahren. In ihrer neuen Position als Partei- und Fraktionsvorsitzende hatte sie sich schneller konsolidiert als erwartet. Bei den Sozialreformen und in der Irakfrage war es ihr gelungen, ihre harte Linie gegen die Männer in der Partei durchzusetzen. Vor allem aber standen die Unionsparteien zum Jahreswechsel in den Umfragen bei 48 Prozent, die Sozialdemokraten nur bei 28 Prozent. Die Machtübernahme schien bloß noch eine Frage der Zeit zu sein.

Merkels Präsident

Nach dem Beschluss über die Agenda-Reformen rückte ein für Merkel höchst heikles Thema ins Licht der Berliner Öffentlichkeit: die Frage, wer bei der Wahl des Bundespräsidenten im kommenden Mai auf den sozialdemokratischen Amtsinhaber Johannes Rau folgen sollte. Das Wahlgremium, die Bundesversammlung, besteht je zur Hälfte aus den Bundestagsabgeordneten und aus Entsandten der Länderparlamente. Durch die Serie von SPD-Niederlagen bei Landtagswahlen besaßen Union und FDP jetzt eine knappe Mehrheit. Merkel wollte sie nutzen, auch zur Vorbereitung einer möglichen schwarz-gelben Regierung nach der Bundestagswahl 2006: ganz so, wie die Wahl Gustav Heinemanns 1969 als Probelauf der sozialliberalen Koalition gegolten hatte. Außerdem suchte sie einen Kandidaten zu verhindern, der ihr nach der erhofften Übernahme der Kanzlerschaft womöglich Probleme bereiten würde.

Ein Kandidat, der beide Ziele gefährden konnte, hieß Wolfgang Schäuble. Er hatte sich als rauflustiger Fraktionsvorsitzender beim früheren Koalitionspartner FDP nicht gerade beliebt gemacht. Und es stand bei ihm nicht zu erwarten, dass er sich auf die rein repräsentativen Facetten des Amtes beschränken würde. Genau deshalb brachten ihn Merkels Gegner ins Spiel. Der Hesse Roland Koch pries den für Außenpolitik

3. Opposition (1998–2005)

zuständigen Fraktionsvize zu Silvester als idealen Bewerber,[141] der Bayer Edmund Stoiber lud ihn Anfang Januar demonstrativ zur Klausur der CSU-Bundestagsabgeordneten nach Wildbad Kreuth ein. Stoiber selbst, den Merkel gern ins Schloss Bellevue abgeschoben hätte, mochte nicht kandidieren.[142] Er hatte noch nicht die Hoffnung aufgegeben, Bundeskanzler zu werden.

Auch wenn Schäuble das im Nachhinein abstritt: Ihm gefiel es, dass ihn die Merkel-Kritiker ins Spiel brachten. Er sah sich von Kohl auf unfaire Weise um das Amt des Bundeskanzlers gebracht, die Rolle des Staatsoberhaupts versprach späte Genugtuung. Sollte es jemals eine Chance für ihn gegeben haben, machten Koch und Stoiber sie mit ihrem öffentlichen Werben jedoch zunichte: Einen Kandidaten durchzuwinken, den die Unionsseite bereits gesetzt hatte, das wollte die FDP auf keinen Fall mitmachen. Schäuble diente von Anfang an nur als Objekt in einem Machtspiel. Die Verantwortung dafür trug aber nicht Merkel.

Die CDU-Vorsitzende selbst hielt sich bedeckt, auf eine Weise, die Schäuble als äußerst demütigend empfand. Sogar auf gemeinsamen Reisen sprach sie das Thema nicht an, ihr Stellvertreter allerdings auch nicht. «Sie wollte Schäuble nie, aber sie wollte ihn nicht selbst verhindern», bilanzierte dessen Biograph.[143] Seine Kandidatur mochte sie nicht offensiv torpedieren, weil sie wusste, dass ihr das negativ ausgelegt würde. Sie wollte sich aber auch nicht mit einem Bewerber in Verbindung bringen, den sie aus machtpolitischen Gründen nicht wollen konnte und der in der Bundesversammlung möglicherweise durchfallen würde. Dann drohte die Gefahr, dass sich die FDP bei der Suche nach einem Ersatzkandidaten von der Union abwenden und mit den Regierungsparteien gemeinsame Sache machen könnte.

Ein Scheitern der Union bei der Präsidentenwahl hätte das Ende von Merkels Karriere bedeuten können. Schon erfahrenere Politiker hatten sich bei der Kür des Staatsoberhaupts verkalkuliert, zum Beispiel Konrad Adenauer, der sich selbst 1959 zum Bundespräsidenten machen wollte, oder Helmut Kohl, der 1994 seinen Kandidaten Steffen Heitmann wegen relativierender Äußerungen zum Holocaust zurückziehen musste; Heitmann trat später wegen Merkels Flüchtlingspolitik aus der CDU aus. Das Grundgesetz stellt dem Mehrheitsführer oder der Mehrheitsführerin in der Bundesversammlung die schwer lösbare Aufgabe, die Person auszuwählen, die dann protokollarisch über ihm oder ihr selbst steht.

Merkel wich jeder Festlegung zunächst mit dem Hinweis aus, sie wolle die Hamburger Bürgerschaftswahl am 29. Februar abwarten – dabei hingen die Mehrheitsverhältnisse im Wahlgremium von dem Stadtstaat gar nicht mehr entscheidend ab. Sie hielt sich an die eigene Terminvorgabe. Zwei Tage nach Schließung der Wahllokale hielt ihr Dienstwagen vor einem Charlottenburger Wohnhaus. Nach einem Essen in der Grunewalder Wohnung des BDI-Hauptgeschäftsführers hatte sich ihr Fahrer ein regelrechtes Autorennen mit dem Kamerateam eines privaten Fernsehsenders geliefert, in dem vergeblichen Bemühen, unerkannt zu der Dachgeschosswohnung des FDP-Vorsitzenden Guido Westerwelle zu gelangen. Wenig später kam der CSU-Vorsitzende Stoiber hinzu. Vor der Haustür versammelten sich im Verlauf des Abends immer mehr Journalisten und Kameraleute. Die Presseleute wunderten sich, «wie man es derart auffällig anstellen kann, sich geheim zu treffen».[144]

Die endgültige Entscheidung über den Kandidaten für die Präsidentenwahl fiel an diesem Abend noch nicht, anders als es sich hinterher im kollektiven Gedächtnis festsetzte. Aber es gelang Merkel, die entscheidende Weiche zu stellen. Westerwelle lehnte eine Kandidatur Schäubles erwartungsgemäß ab. Merkel tat überrascht. Sie beriet sich mit Stoiber, die beiden Unionspolitiker fragten schließlich nach den Wunschkandidaten des Freidemokraten. Der nannte den Steuerrechtler Paul Kirchhof, Siemens-Chef Heinrich von Pierer sowie den in der Öffentlichkeit nahezu unbekannten früheren Sparkassenpräsidenten und aktuellen Direktor des Internationalen Währungsfonds, Horst Köhler.

Tags darauf trafen sich die Führungsgremien der drei beteiligten Parteien am Abend zu eigens anberaumten Sitzungen. Am muntersten ging es bei der CDU zu. Koch und Merz äußerten schon bei der Ankunft öffentlich ihren Unmut. «Chaotisch» verlaufe der gesamte Prozess der Kandidatenfindung, kritisierte der hessische Ministerpräsident. Zu diesem Zeitpunkt dachte er wohl noch, er könne Merkel als Verliererin vom Platz schicken. Wolfgang Schäuble sah gleichwohl, dass sich seine Chancen verflüchtigten, und hielt ein Plädoyer in eigener Sache: Man dürfe sich solche Entscheidungen nicht vom kleineren Partner diktieren lassen. Unklar blieb, ob er noch eine Bewerbungsrede formulierte oder schon ein bitteres Wort des Abschieds vom so sehnsüchtig erstrebten Amt. Aber Merkel hatte im Vorfeld ihre Unterstützer mobilisiert. Jürgen Rüttgers, Peter Müller, Ole von Beust argumentierten in ihrem Sinn. Sie nannten schon die Vorstellung «lächerlich», dass die FDP für Schäuble stimmen könnte. Die Sache war gelaufen.[145]

3. Opposition (1998–2005)

Dann ging es um neue Namen. Auch hier hielt Merkel sich bedeckt. Am Ende einer wilden Debatte stand eine Dreierliste: Klaus Töpfer, der frühere Umweltminister und jetzige Direktor des Umweltprogramms der Vereinten Nationen; Annette Schavan, baden-württembergische Kultusministerin und Merkel-Vertraute; schließlich Horst Köhler, die einzige Schnittmenge mit der Liste des FDP-Vorsitzenden – was aber im CDU-Präsidium zu diesem Zeitpunkt nur die Parteichefin wusste. Hier dachten die meisten, die Vorsitzende werde wohl ihren Vorgänger Töpfer favorisieren oder ihre Vertraute Schavan. Deshalb fühlten sich die meisten nicht bemüßigt, Köhlers Eignung kritisch zu debattieren; den interessengeleiteten Einwand von Merz, man dürfe Köhler von dem wichtigen internationalen Posten nicht abziehen, wischte Merkel mit dem unzutreffenden Hinweis beiseite, der Kandidat strebe ohnehin keine zweite Amtszeit beim Währungsfonds an.[146]

Gegen ein Uhr nachts meldete sich Merkel bei der CSU. Die Schwesterpartei hatte ihre Präsidiumssitzung längst beendet. Stoiber reagierte auf den Namen Köhler äußerst positiv: Wirtschaftskompetenz und internationale Erfahrung, das sagte ihm zu. Da es sich um einen Bewerber mit CDU-Parteibuch handelte, konnte niemand behaupten, die stolze Union sei vor der kleinen FDP eingeknickt. Also verkündete Merkel zwischen ein und zwei Uhr nachts ihrem Präsidium den Vollzug. *Ich habe den Spielraum genutzt, den Sie mir gegeben haben*, sagte sie scheinheilig.[147]

Die erfolgreiche Präsidentenkür Horst Köhlers stärkte die Oppositionsführerin enorm. Selbst Leute, die Merkels Umgang mit dem Kandidaten Schäuble kurz zuvor noch als schäbig gegeißelt hatten, rühmten jetzt ihre taktische Meisterleistung. Der Erfolg der CDU-Vorsitzenden strahlte umso heller, als sich Kanzler Gerhard Schröder wegen des wachsenden Widerstands gegen seine Sozialreformen genötigt sah, auf den SPD-Vorsitz zu verzichten, der ihm fünf Jahre zuvor nach dem Abgang Lafontaines zugefallen war. Nun sollte Franz Müntefering die Basis mit dem bunten Strauß der Agenda-Gesetze versöhnen. Merkel hingegen hatte auf dem Leipziger Parteitag das Konzept für eine Radikalreform beschließen lassen. Und sie hatte mit dem IWF-Chef Köhler nach verbreiteter Einschätzung auch den idealen Präsidenten für eine Zeit gefunden, in der apokalyptische Beschreibungen der ökonomischen Krise die Debatten bestimmten: Der *Spiegel* begann in der Ausgabe nach der Kandidatenkür eine Serie über den wirtschaftlichen Abstieg Deutschlands.[148]

Medien lobten die «Physikerin der Macht» für ihren «furchtlosen

Machtinstinkt», die Literaturkritikerin Ursula März rief in der *Frankfurter Rundschau* die «Stunde des Merkelismus» aus. Kommentatoren bewunderten «Angela Thatcher», oder sie wetterten gegen «Angela Machiavelli». Die *taz* analysierte, das Unbeholfene, harmlos Anmutende sei bei Merkel wie einst bei Kohl wesentlicher Teil des Erfolgsrezepts. «Dieses Image funktioniert wie eine Tarnkappe», schrieb das Blatt. «Es verstellt den Blick auf die kalt, genau berechnende Machtpolitikerin.»[149] Während Koch und Merz vor der entscheidenden Gremiensitzung noch davon ausgingen, dass Merkel im Chaos der Präsidentenwahl untergehen würde, hielt sie schon alle Fäden fest in der Hand. Wieder unterschätzten die Gegner die Frau aus dem Osten, wie bei deren Aufstieg an die Parteispitze in der Spendenaffäre oder beim Griff nach dem Fraktionsvorsitz im Anschluss an die Bundestagswahl.

Nun galt es als Tatsache, dass Merkel als Kanzlerkandidatin für 2006 gesetzt sei. Entsprechend äußerte sich nicht nur der Thüringer Ministerpräsident Dieter Althaus, sondern auch der brandenburgische CDU-Chef Jörg Schönbohm, der zwei Jahre zuvor noch Stoiber unterstützt hatte. Merkel selbst bereitete sich strategisch auf eine mögliche Regierungsübernahme vor. Sie gab auf einmal menschelnde Interviews und gewährte dem Publikum sorgsam dosierte Einblicke in ihr Innenleben. So ließ sie wissen, dass sie einst den Berufswunsch Eiskunstläuferin gehegt habe: *Früher wollte ich immer Dinge tun, die ich nicht konnte. Das ist heute sicher anders.*[150]

Die Ruhmesarien steigerten sich, als die Wahl am 23. Mai reibungslos verlief und Horst Köhler trotz der knappen Stimmenverhältnisse schon im ersten Wahlgang die absolute Mehrheit errang. Da Merkel nun allgemein als die künftige Kanzlerin gesehen wurde, publizierten deutsche und internationale Zeitungen große Reportagen über sie und ihr Umfeld. Der *Spiegel* indes warf nach der Köhler-Wahl einen kritischen Blick auf das Prinzip der «konstruktiven Obstruktion», mit der Merkel das Wirken der rot-grünen Regierung begleitete: «Sie will irgendwie blockieren, irgendwie mitmachen und dabei Regierung und Wähler möglichst über die wahren Absichten im Unklaren lassen.»[151]

Machtpolitisch mochten die Entscheidungen, die zwischen Dezember 2003 und Mai 2004 Merkels Ruf als Machtpolitikerin festigten, höchst erfolgreich gewesen sein. Inhaltlich erwiesen sie sich als sehr kurzlebig: Mit der auf dem Leipziger Parteitag beschlossenen Kopfpauschale verlor die CDU beinahe die folgende Bundestagswahl, und der von Merkel aus-

3. Opposition (1998–2005)

Die Präsidentenkür Horst Köhlers galt als Meisterstück der Machiavellistin Merkel. Die Ruhmesarien steigerten sich, als die Wahl im Bundestag reibungslos verlief. Die SPD-Kandidatin Gesine Schwan gratulierte.

erkorene Präsident Köhler trat 2010 unter bizarren Umständen zurück. Sein mangelndes politisches Gespür für die Erfordernisse des überparteilichen Amtes stellte Köhler schon kurz nach seiner Nominierung unter Beweis, als er sagte, es werde unter seiner Amtsführung «hoffentlich jemand von der CDU – Frau Merkel – Bundeskanzlerin».[152]

Fürs Erste tauchte der Glorienschein der erfolgreichen Machiavellistin noch im Juli die Feier zu Merkels 50. Geburtstag in ein günstiges Licht. Abermals erschienen überall große Würdigungen ihrer Persönlichkeit, die *Bild*-Zeitung druckte sogar eine ganze Serie.[153] Allerdings rief das Setting der Feier bei den Traditionalisten der Bonner Republik einige Irritation hervor. Merkel lud nicht in eine schicke Event-Location, sondern ins nüchterne Foyer der Parteizentrale. Die Festrede hielt der Hirnforscher Wolf Singer, der den freien Willen des Menschen unter Verweis auf biochemische Prozesse relativierte. Das schien Merkels Absage an große Utopien zu legitimieren.

Die Oppositionsführerin gab an diesem Abend ihrem designierten Koalitionspartner Guido Westerwelle zudem die Gelegenheit, seinen Lebensgefährten und späteren Ehemann Michael Mronz in die politische Öffentlichkeit einzuführen. Das Paar war zwar auch vorher schon gemeinsam zu gesellschaftlichen Terminen erschienen, diesmal aber berichteten die Medien breit. «FDP-Chef Westerwelle liebt diesen Mann», titelte die *Bild*-Zeitung.[154] Damit hatte die CDU-Chefin vorsorglich ein Thema geklärt, das im Fall einer schwarz-gelben Machtübernahme einiges Stirnrunzeln bei konservativen Wählern hätte hervorrufen können. Sie tat dies zu einem Zeitpunkt, zu dem es risikoarm geworden war: An der Spitze der beiden größten deutschen Städte standen schwule Bürgermeister, die über ihre sexuelle Orientierung entweder offen redeten oder seit neuestem reden ließen: Klaus Wowereit in Berlin und Ole von Beust in Hamburg.

Herbst des Missvergnügens

Vom 19. Juli 2004 an verschickte die Bundesagentur für Arbeit die ersten Fragebögen für das neue Arbeitslosengeld II, bald nur noch «Hartz IV» genannt. Insgesamt 16 Seiten an Formularen hatten die Antragsteller auszufüllen, eng bedruckt mit Fragen, die konkrete Lebensumstände ausleuchten sollten. Das betraf nicht nur die Befragten selbst, sondern auch die mit ihnen in einem Haushalt lebenden Personen, die nach dem neuen Sprachgebrauch eine «Bedarfsgemeinschaft» bildeten. So prüften die Behörden beispielsweise, ob der Hilfsbedürftige eine zu große oder zu teure Wohnung nutzte, ob er sein Auto verkaufen musste, ob ererbte Wertgegenstände die engen Grenzen des «Schonvermögens» überschritten.[155]

Was zuvor unter dem abstrakten Namen einer «Zusammenlegung von Arbeitslosen- und Sozialhilfe» als positiv gegolten hatte, zeigte nun seine Schattenseiten. Während die bisherigen Empfänger von Sozialhilfe eine solche Ausforschung persönlicher Details längst kannten, erlebten die zuvor bessergestellten Empfänger der alten Arbeitslosenhilfe einen Schock. In Panik gerieten nun nicht nur die Arbeitslosen selbst, sondern mehr noch die Beschäftigten: Sie befürchteten, bei einem möglichen Jobverlust schon nach zwölf Monaten zu einem solchen Offenbarungseid vor den Behörden gezwungen zu sein und jedwede Arbeit annehmen zu müssen. Bei der damals hohen Arbeitslosigkeit war das eine durchaus reale Gefahr. Der Sozialdemokrat Ludwig Stiegler behauptete mit Blick auf die ge-

3. Opposition (1998–2005)

hobene Mittelschicht: «Wenn ein Akademiker lange arbeitslos ist und sich dann immer noch als Akademiker begreift, irrt er sich.»[156]

Schon eine Woche nach Beginn des Formularversands, am 26. Juli, protestierten in Magdeburg rund 600 Menschen gegen das Hartz-Regime. Mit ihrer «Montagsdemonstration» erinnerten sie ganz bewusst an den Widerstand gegen die SED-Herrschaft im Herbst 1989. Eine weitere Woche später kamen schon 6000 Teilnehmer, das Thema erreichte die überregionalen Medien.[157] Bald griff der Protest auf andere Städte über, die Zahl der Demonstranten stieg weiter an. Die Absetzbewegungen der Opposition ließen nicht lange auf sich warten. Obwohl die Union den Reformen zugestimmt hatte, kritisierte die CSU sogleich das rot-grüne «Bürokratiemonster». Die FDP verlangte eine Verschiebung der Reform, die als «superbürokratische Streichorgie» daherkomme, wie Parteivize Rainer Brüderle formulierte.[158] Die SPD erwog, den Begriff «Hartz» nicht mehr zu verwenden, weil er «zu hart» klinge.[159]

Merkels Gegner in den Unionsparteien ergriffen die Gelegenheit, der Parteivorsitzenden in den Rücken zu fallen und ihren Reformkurs zu attackieren. «Die Proteste gegen die Hartz-Gesetze haben bei vielen in der Union die Zweifel genährt, ob Merkels rigorose Umbaupläne richtig sind», analysierte der *Spiegel*.[160] Obwohl sämtliche Ministerpräsidenten der Union dem Vermittlungsergebnis im Bundesrat zugestimmt hatten, wechselte nun ein Landespolitiker nach dem anderen die Seiten, auch wegen der bevorstehenden Landtagswahlen. Die Merkel-Kritiker folgten damit einem alten bundesrepublikanischen Impuls, den die Vorsitzende offenkundig unterschätzt hatte: Was die Wähler bei der einen der beiden traditionellen Volksparteien nicht bekamen, versuchten sie von der jeweils anderen zu erlangen.

Das hatte in den langen Wohlstandsjahrzehnten der Bundesrepublik gut funktioniert, selbst dann noch, als das Wirtschaftswunder eigentlich schon an sein Ende gelangt war. Dem Muster folgten die Wähler zunächst auch im Streit um Schröders Agenda-Reformen. Erst mit einiger Verzögerung setzte sich die Erkenntnis durch, dass Merkel das alte Schema nicht mehr bediente. Damit endete der Aufschwung der CDU. Und die bayerische CSU tat alles, um die Wählerschaft auf die angebliche soziale Grausamkeit der Schwesterpartei aufmerksam zu machen.

Der Angriff begann Anfang August bei einem Treffen des CSU-Vorsitzenden Stoiber mit Sozialpolitikern seiner Partei. Stoiber äußerte Zweifel, ob Merkel und Westerwelle das «Duo der Zukunft» seien. «Die können

Schröder und Fischer nicht das Wasser reichen. Wir haben es nicht mit Leichtmatrosen zu tun», sagte er Teilnehmern zufolge.[161] Leichtmatrosen: Das Wort wurde allgemein so verstanden, als wolle Stoiber damit einen Schwulen und eine kinderlose Frau aus Ostdeutschland charakterisieren. Fortan richtete Merkel einigen Ehrgeiz darauf, den bayerischen Rivalen seinerseits als Leichtmatrosen zu entlarven.

Erschwerend kam der Wahlkalender hinzu. Die großen CDU-Erfolge in der chaotischen Anfangsphase von Rot-Grün lagen jetzt fünf Jahre zurück. An den damaligen Traumergebnissen würde das Publikum die CDU bei den nun anstehenden Wahlen messen. Für die zwangsläufigen Verluste würde die Parteivorsitzende sich rechtfertigen müssen. Schon die Europawahl im Juni 2004 galt als Dämpfer für Merkel, weil die Union trotz ihrer stolzen 44,5 Prozent um mehr als vier Punkte unter dem Resultat von 1999 lag. Bei der Thüringer Landtagswahl am selben Tag verlor die Union sogar acht Punkte. Der Abwärtstrend setzte sich nach der Sommerpause fort. In Brandenburg und Sachsen stürzte die CDU um 7,1 beziehungsweise 15,8 Prozentpunkte ab. In beiden Ländern gelang rechtsextremen Parteien der Einzug in den Landtag, der DVU in Brandenburg und der NPD in Sachsen.

Der sächsische Ministerpräsident Georg Milbradt sprach nach den Verlusten bei der Landtagswahl im CDU-Präsidium offen aus, Hartz IV sei im Osten zum Synonym für die Angst vor dem sozialen Abstieg geworden, nach dem Motto: «Ihr habt uns abgeschrieben – und zwar auf Dauer.» Der brandenburgische CDU-Vorsitzende Jörg Schönbohm äußerte, der ganze Wahlkampf sei «verharzt» gewesen. Merkel selbst musste einräumen, der Osten habe *den Erfolg der sozialen Marktwirtschaft noch nicht erlebt*. Allerdings richtete sich Milbradts Kritik auch gegen die CSU, die durch penetrante Kritik an Merkel die Wut über die Sozialreformen von der SPD auf die CDU umgelenkt habe. Es sei den Bayern offensichtlich egal, ob die Schwesterpartei Wahlen gewinne, resümierte er.[162]

Wer gehofft hatte, die CSU würde ihr Sperrfeuer nun einstellen, wurde enttäuscht. Parteichef Stoiber und der Berliner Fraktionsvize Horst Seehofer fühlten sich durch die ostdeutschen Wahlergebnisse in ihrer Ansicht bestärkt, dass der Angriff auf das tradierte westdeutsche Sozialmodell den Charakter der Union als Volkspartei der kleinen Leute gefährde. Für die Krankenversicherung schlugen sie ein «Stufenprämienmodell» vor, das sich grundlegend von Merkels Kopfpauschale unterschied. Die CSU wollte die Beiträge anders als die CDU-Chefin nicht vom Arbeitseinkom-

3. Opposition (1998–2005)

men entkoppeln. Es begann ein selbstzerstörerischer Streit, der Merkel als Parteivorsitzende an den Rand des Scheiterns brachte und die Umfragewerte der Union binnen kurzer Frist abschmelzen ließ. Hatte die Union nach der Köhler-Wahl im Mai noch bei fast 50 Prozent gelegen, so war sie nach der Sommerpause bereits in die mittleren Vierziger abgesackt, um zum Jahreswechsel unter 40 Prozent zu notieren.

Die Erosion von Merkels Macht rief ihre alten Gegner auf den Plan. Stoiber und Koch, die wortreich die Wahlniederlagen bedauerten, konnten in Wahrheit ihr Glück kaum fassen. Sie witterten die Chance, der CDU-Vorsitzenden die Kanzlerkandidatur doch noch zu entreißen. Von einer «Treibjagd auf Angela Merkel» schrieben Zeitungen, vom «einsamen Kampf» einer «Abstürzenden», von einer «Entzauberung» oder dem «Herbst der Winterkönigin». Der Oppositionsführerin werde nun das selbstgewählte Image einer deutschen Margaret Thatcher «zum Verhängnis», sie betreibe «Realitätsverweigerung».[163] Viele, die im Jahr zuvor Merkels Leipziger Reformprogramm bejubelt hatten, folgten nun abermals dem Herdentrieb: Sie erweckten den Eindruck, als hätten sie das Scheitern schon lange kommen sehen, weil Merkel das politische Geschäft nicht beherrsche.[164]

Die nächste Eskalation der Krise verursachte ein Mann, der seit zwei Jahren gar kein Spitzenamt mehr innehatte. Merkel, die sich wieder einmal mit einer Serie von Regionalkonferenzen um Rückhalt in der Partei bemühte, erfuhr davon am 11. Oktober in Sindelfingen. Ihr Büro informierte sie per SMS über eine Vorabmeldung der *Bild*-Zeitung: Der alte Widersacher Friedrich Merz werde tags darauf seinen Rücktritt vom Posten des stellvertretenden Fraktionsvorsitzenden erklären. Die Medien interpretierten den Schritt genauso, wie Merz es beabsichtigt hatte: als einen Frontalangriff auf die Chefin, ausgerechnet in einem Moment, in dem ihre Position ohnehin geschwächt war. Sachlich ließ sich das kaum rechtfertigen. Im Streit um das CDU-Reformprogramm hatte Merz anders als die CSU auf der Seite Merkels gestanden.

Der zweite Schlag folgte wenige Tage später: Wolfgang Schäuble lehnte es ab, als Nachfolger von Merz in der Fraktion die Zuständigkeit für die Finanz- und Wirtschaftspolitik zu übernehmen. Merkel betraute daraufhin die damals wenig bekannten Abgeordneten Ronald Pofalla und Michael Meister mit den beiden Themen, worüber sich ausgerechnet die Anhänger der beiden Verweigerer Merz und Schäuble beschwerten.

Der Eindruck, dass Merkels Macht erodiere, verstärkte sich wenig später in Baden-Württemberg. Der 65 Jahre alte Ministerpräsident Erwin Teufel, seit 13 Jahren im Amt, kündigte auf Drängen der Widersacher um Landtagsfraktionschef Günther Oettinger seinen Rückzug an. Obwohl Oettinger mit seinen wirtschafts- und gesellschaftspolitisch liberalen Positionen der Bundesvorsitzenden in der Sache eigentlich nahestand, zählte er als Mitglied des Andenpakts zu ihren machtpolitischen Gegnern. Merkel hatte sich seit ihrem Deal mit Kauder mit dem als konservativ geltenden Flügel der baden-württembergischen CDU verbunden, dem sowohl Teufel als auch dessen Kultusministerin und Wunschnachfolgerin Annette Schavan angehörten. Der von Merkel enttäuschte und verbitterte Schäuble und dessen Schwiegersohn Thomas Strobl bildeten darüber hinaus einen eigenen Einflussbereich.[165]

Außenstehenden mochten die Verhältnisse in der südwestdeutschen Christdemokratie undurchsichtig erscheinen, so viel aber verstanden alle: Als die Merkel-Vertraute Schavan Anfang Dezember in einem Mitgliederentscheid den Kampf um die Teufel-Nachfolge verlor, erlitt damit auch die Bundesvorsitzende eine Niederlage. Während der Kampagne sah sich Schavan mit abwertend gemeinten Hinweisen konfrontiert, sie lebe mit einer Frau zusammen. Indem sie das als «Rufmord» bezeichnete, verärgerte sie indes auch jenen Teil der Öffentlichkeit, der in einer homosexuellen Veranlagung keineswegs eine Charakterschwäche sah.

Schon im Oktober begann eine Gegenbewegung. Neben einem Merkel-Foto titelte die *Bild*-Zeitung: «Gemobbt, weil sie eine Frau ist?»[166] Namhafte Christdemokratinnen stellten sich öffentlich hinter Merkel, die Regionalkonferenzen brachten den erhofften Zuspruch von der Basis, der neue niedersächsische Ministerpräsident Christian Wulff intervenierte zugunsten der Gescholtenen. Selbst der sonst gern merkelkritische Vorsitzende der Jungen Union, Philipp Mißfelder, bezog Stellung gegen das von der CSU verlangte Rollback in der Sozialpolitik.[167]

Auch das Bild in den Medien hellte sich allmählich auf. Das hatte mit den üblichen Wellenbewegungen zu tun, getreu der Merkel'schen Lebensweisheit, dass sich Glück und Unglück im Leben stets die Waage halten. Und es hing mit dem Solidarisierungseffekt zusammen, den die Anti-Merkel-Kampagnen der Macho-Männer in liberaleren Milieus auslösten – zumal die Widersacher wieder einmal überzogen und sich damit selbst im Weg standen.

Sogar bei der CSU setzte, auch durch den Rückgang der Umfragewerte, ein Ermattungseffekt ein. Im November einigten sich Merkel und

3. Opposition (1998–2005)

Stoiber in langem Ringen auf einen Kompromiss zur Gesundheitsreform. Das Ergebnis geriet so kompliziert, dass ihm jede Wahlkampftauglichkeit abging, und es unterschied sich fast nur noch durch den gewaltigen bürokratischen Aufwand vom bisherigen System. Das alles verstand in der Öffentlichkeit niemand. Aber für Merkel erfüllte die Einigung ihren Zweck. Beim gemeinsamen Auftritt mit Stoiber vor der Bundespressekonferenz konnte sie tags darauf behaupten, sie habe ihre Vorstellungen durchgesetzt. «Wir akzeptieren die Prämie»: Das war das Zugeständnis des Bayern. «Allerdings eine kleine Prämie»: Damit beharrte er darauf, Merkel geschrumpft zu haben.[168] Der zurückgetretene Fraktionsvize Merz merkte giftig an, bei der Wahl zwischen Links- und Rechtsverkehr könne man nicht einfach beschließen, künftig über den Grünstreifen zu fahren.[169] Ähnlich sahen es Unternehmer und Manager, die von ihrer Leipziger Heldin nun maßlos enttäuscht waren.[170]

Die Lesart, die CSU habe sich weitgehend durchgesetzt, wurde indes eine Woche später von deren eigenem Gesundheitsexperten dementiert: Aus Protest gegen die Einigung legte Horst Seehofer seine Funktion als stellvertretender Fraktionsvorsitzender nieder. Das galt zunächst als ein weiterer Tiefschlag gegen die Partei- und Fraktionsvorsitzende. Bis zum CDU-Parteitag zwei Wochen später in Düsseldorf stabilisierte sich Merkels Position dank des mit der CSU gefundenen Kompromisses zwar leidlich, sie galt nun sogar wieder als die klare Favoritin für die nächste Kanzlerkandidatur. Gleichwohl erhielt sie bei ihrer zweiten Wiederwahl als Parteivorsitzende mit 88,4 Prozent das schlechteste Ergebnis ihrer 18-jährigen Amtszeit.

Den Schlusspunkt des katastrophalen zweiten Halbjahrs 2004 setzte schließlich kurz vor Weihnachten der Rücktritt ihres Generalsekretärs Laurenz Meyer, der Vergünstigungen durch seinen früheren Arbeitgeber einräumen musste, den Stromkonzern RWE. Ihn ersetzte nun der aus Baden-Württemberg stammende konservative Merkel-Vertraute Kauder, der zuvor Erster Parlamentarischer Geschäftsführer der Bundestagsfraktion gewesen war.

Kurzsichtige Kommentatoren glaubten im Dezember noch immer, Merkel stehe nach dem Rückzug ihrer vermeintlich unverzichtbaren Stellvertreter Merz und Seehofer vor dem politischen Aus. Sie übersahen, dass sich die machtpolitische Ausgangslage für die Anwärterin aufs Kanzleramt sogar verbessert hatte. Ihre Widersacher hatten sich durch die Rücktritte selbst auf die Ersatzbank begeben. Das Agieren der Spielführerin konnten sie fortan nur noch aus dem Off kommentieren. In ihrer Selbstüberschätzung hielten sie sich für unersetzlich, doch die Vorsitzende konnte nun ihre eigenen Gefolgsleute auf einflussreiche Positionen in der Fraktion bringen.[171]

Im neuen Jahr führte der Waffenstillstand zwischen den Unionsparteien zu einem allmählichen Aufschwung der Umfragewerte, die bis Mai wieder auf 45 Prozent stiegen. Ihren Frieden hatte die CSU mit Merkel allerdings nicht gemacht. Als sich die bayerischen Bundestagsabgeordneten Anfang Januar 2005 in Kreuth trafen, bereicherten sie den politischen Wortschatz um eine neue Vokabel: Sie bezeichneten die Vorsitzende der Schwesterpartei als «Zonenwachtel».[172] Das verriet eine gehörige Frustration über die Zähigkeit, mit der die Parteichefin seit nunmehr fünf Jahren allen Anfeindungen widerstanden hatte.

Merkels Stellung innerhalb der Union blieb prekär. Wenn sie sich allmählich verbesserte, dann lag das vor allem an der galoppierenden Krise der Regierungspartei SPD. Am 1. Januar 2005 traten die Hartz-Reformen endgültig in Kraft, und durch die geänderte Statistik übersprang die Zahl der Arbeitslosen erstmals die Fünf-Millionen-Marke. Die auch daraus resultierende schlechte Stimmung im Land entlud sich nun mit ganzer Wucht über den Sozialdemokraten, die Querelen innerhalb der Union traten fürs Erste in den Hintergrund. In den Umfragen stabilisierte sich die SPD zwar bei knapp über 30 Prozent, aber selbst mit den rund zehn Prozent der Grünen war das weit von einer Mehrheit entfernt. Zu allem Überfluss scheiterte im März die Wiederwahl der sozialdemokratischen Ministerpräsidentin Heide Simonis in Schleswig-Holstein an einem anonymen Überläufer. Unter den zehn westdeutschen Bundesländern besaßen jetzt nur noch drei eine SPD-geführte Landesregierung: das winzige Bremen, das mittelgroße Rheinland-Pfalz – und die stolze Hochburg der Partei, Nordrhein-Westfalen. Hier stand am 22. Mai 2005 die entscheidende Landtagswahl an.

4. Kanzlerin auf Probe (2005–2008)

Machtwechsel

Angela Merkel wusste schon seit dem Nachmittag aus den Nachwahlbefragungen, dass ihre Partei die Landtagswahl in Nordrhein-Westfalen gewonnen hatte. Ein Plus von knapp acht Prozent für die CDU, ein Minus von fast sechs Prozent für die SPD: Das genügte, um einer Koalition von CDU und FDP im Landtag eine satte Mehrheit zu verschaffen. Der sozialdemokratische Ministerpräsident Peer Steinbrück war abgewählt, so viel stand fest. Die Schuld lag nach allgemeinem Dafürhalten nicht bei ihm, sondern beim Bundeskanzler und dessen Reformpolitik.

Zunächst mochte Merkel an diesem 22. Mai 2005 noch denken, sie habe einen sehr zwiespältigen Triumph errungen. In Nordrhein-Westfalen würde nun ein eigenes Machtzentrum der Christdemokratie entstehen, mit Jürgen Rüttgers an der Spitze. Der Christdemokrat hatte sich als Oppositionschef zum obersten Arbeiterführer des Bundeslands aufgeschwungen und die Reformpläne seiner Parteivorsitzenden entsprechend skeptisch begleitet. Neben Stoiber, Koch und Wulff trat damit ein weiterer Anwärter, der sich die Kanzlerschaft zutraute.

Merkels Sorgen erwiesen sich als unbegründet. Kurz nach Schließung der Wahllokale machte der SPD-Vorsitzende Franz Müntefering eine Ankündigung, mit der niemand gerechnet hatte: Seine Partei strebe vorgezogene Neuwahlen an, sagte er, «es ist an der Zeit, dass in Deutschland die Verhältnisse geklärt werden». Für alle, die das nicht glauben konnten, trat zwei Stunden später Gerhard Schröder im Bundeskanzleramt vor die Fernsehkameras. «Für die aus meiner Sicht notwendige Fortsetzung der Reformen», sagte er, «halte ich eine klare Unterstützung durch eine Mehrheit der Deutschen für unabdingbar.»[1]

Das hieß: Schröder und Müntefering wollten es nun wirklich wissen. Erst am Nachmittag hatten die beiden den Schritt, den sie schon vor dem Wahlsonntag erwogen hatten, in einem langen Vieraugengespräch beschlossen. Damit überrumpelten sie die allermeisten Sozialdemokraten und auch den grünen Außenminister und Vizekanzler Joschka Fischer, den sie erst in der letzten Stunde vor der öffentlichen Bekanntgabe informierten. Fischer hielt die Ankündigung für einen Fehler, Kanzleramtschef Steinmeier ebenso.

Angela Merkel begriff sofort: Der Bundeskanzler nahm ihr fürs Erste die größten Probleme ab. Seit diesem Abend erlebte das Publikum eine völlig verwandelte CDU-Vorsitzende. Hatte sie der Öffentlichkeit zuvor meist ihren neutral-nichtssagenden Gesichtsausdruck vorgeführt, so sah man in ihren Augen nun ein Leuchten, das tief von innen heraus kam, auch wenn sie den Effekt durch kosmetische Maßnahmen unterstützte. Längst hatte sie eingesehen, dass sie für das angestrebte Amt der Bundeskanzlerin gewisse Kompromisse in Bezug auf ihr Äußeres machen musste, und behutsam mit der Veränderung von Frisur, Makeup und Kleidung begonnen. Nun brachte sie den Prozess rascher zum Abschluss als geplant. So wie in den Wochen dieses Wahlkampfs strahlte Merkel niemals zuvor und niemals danach. Von einer «Verwandlung» sprachen die Kommentatoren, die Vorsitzende sei «so attraktiv wie nie», geradezu «erblüht».[2]

Unter dem Zeitdruck, den Schröder herbeigeführt hatte, war der Parteivorsitzenden die Kandidatur nicht mehr zu nehmen. Die Umfragen wie auch die ganze Konstellation des Wahlkampfs ließen einen Triumph für die Unionsparteien erwarten. Schröder hatte der Oppositionsführerin ungeahnte Spielräume eröffnet. Sie vergaß nie, dass er ihr beim Einzug ins Kanzleramt – wenn auch ungewollt – geholfen hatte. Nach der Machtübernahme verbot sie ihren Vertrauten jedes hämische Wort über den Vorgänger, und als 2015 die erste umfassende Schröder-Biographie erschien, stellte sie sich als Lobrednerin zur Verfügung. Die Agenda-Politik rühmte sie bei jeder denkbaren Gelegenheit, allerdings auch aus parteipolitischem Interesse, weil sie die SPD damit so schön ärgern konnte.[3] Außerdem beherzigte sie die Lehre, die sie aus dem Scheitern des Vorgängers zog: niemals vorzeitig aufzugeben.

Merkel wusste zwar, dass auf dem Weg zum Wahltermin noch Risiken lauerten. Aber sie zog nicht die Gefahren ins Kalkül, die sie am Ende fast den Sieg gekostet hätten. Dass sie schon als die sichere Siegerin galt, drehte die Beweislast um: Medien und Öffentlichkeit behandelten Merkel wie eine Amtsinhaberin, der sie präzise Positionsbestimmungen abverlangten, während Schröder in die Rolle des Herausforderers schlüpfte, der mit

4. Kanzlerin auf Probe (2005–2008)

bloßer Kritik an der Gegenseite durchkam. Dass viele Journalisten einen Regierungswechsel bereits als Fait accompli betrachteten, wirkte sich – anders als oft vermutet – nicht zu Merkels Gunsten aus. Hinzu kam, dass Merkels ambitioniertes Reformangebot an der Nachfrage auf dem Wählermarkt vorbeiging: Schröder war ja ins Straucheln geraten, weil er aus Sicht vieler Wähler zu viel und nicht etwa zu wenig verändert hatte. Beides zusammen führte am Ende fast zu Merkels Niederlage.

Schon eine Woche nach dem nordrhein-westfälischen Wahlabend ließ sich die CDU-Vorsitzende von den Parteigremien als Kanzlerkandidatin nominieren. Vor der Presse wählte sie anschließend, entgegen ihrer Stimmungslage, die gewohnt nüchterne Tonart. Dem selbstbezogenen Habitus, mit dem Schröder und Fischer in die Bonner Regierungsgebäude eingezogen waren, setzte sie ostentativ ein protestantisches Pflichtbewusstsein entgegen und formulierte einen Satz, der sich gleichermaßen als Ausdruck von Demut und Anmaßung interpretieren ließ.

Ich will Deutschland dienen, sagte Angela Merkel, als sie an diesem 30. Mai 2005 erklärte, warum sie Kanzlerin der Bundesrepublik Deutschland werden wolle.[4] Angesichts der Lage des Landes, die allgemein als desolat eingeschätzt wurde, mochte eine solche Formulierung angemessen erscheinen. Zugleich nahm Merkel eine Anleihe beim brandenburgischen Kurfürsten und preußischen König Friedrich II., der – zumindest in der Theorie – die Maxime vertrat: «Ich will der erste Diener meines Staates sein.»[5]

Den Grundton für den Wahlkampf hatte Merkel damit angestimmt. Sie wollte keine unerfüllbaren Erwartungen wecken, die nach dem Sieg zu einer Belastung werden konnten. Das Steuerkonzept ihres früheren Stellvertreters Friedrich Merz griff sie nicht mehr auf. Schließlich vertrug sich das Risiko gewaltiger Einnahmeausfälle schlecht mit dem bedenklichen Zustand, in dem sich der deutsche Staatshaushalt befand. Schon zum vierten Mal in Folge lag die Neuverschuldung auch im Jahr 2005 über der Grenze von drei Prozent des Sozialprodukts, die der Euro-Stabilitätspakt vorsah. Dass die Arbeitsmarktreform kurzfristig nicht zu Einsparungen führte, sondern durch die Besserstellung der früheren Sozialhilfeempfänger sogar Mehrausgaben verursachte, verschärfte die Lage weiter.

Gegen starken innerparteilichen Widerstand präsentierte Merkel am 11. Juli gemeinsam mit dem CSU-Vorsitzenden Edmund Stoiber ein Wahlprogramm der Zumutungen. Der Spitzensteuersatz sollte, anders als zunächst angekündigt, statt auf 36 nur auf 39 Prozent sinken. Das mochte der Mehrheit der Wähler noch gleichgültig sein. Eine Sensation war jedoch der Vorschlag, die Mehrwertsteuer von 16 auf 18 Prozent zu erhöhen. Mit einem derart unpopulären Programmpunkt war noch nie eine Partei in den Wahlkampf gezogen. Lautstark wetterte die SPD im Wahlkampf gegen die neue «Merkel-Steuer», bei den Koalitionsgesprächen im Herbst stimmte sie dann allerdings einer noch stärkeren Anhebung auf 19 Prozent zu.[6]

Mit dem Wahlprogramm verwandelte sich Merkel keineswegs in eine Sozialdemokratin, auch wenn der *Spiegel* die Kandidatin nun als «Reformerin light» verspottete.[7] Ganz im Gegenteil nahm sie ihre Forderungen nach einem umfassenden Umbau des Sozialsystems wieder auf und verschärfte sie in Teilen sogar noch, indem sie neben anderen Belastungen nun auch noch die höhere Mehrwertsteuer in Aussicht stellte. Sie wollte den Deutschen ihre missliche Lage in aller Drastik vor Augen führen und die Notwendigkeit radikaler Veränderungen verdeutlichen, um eine «Spirale des Niedergangs» à la DDR zu vermeiden.[8] «Sozial ist, was Arbeit schafft», lautete der zentrale Satz des Programms.[9] Wenige Tage später sagte Merkel ungewohnt angriffslustig in einem Interview: *Falsche Versprechungen überlasse ich Schröder.*[10] Manch ein Kommentator rühmte das «Ende der Voodoo-Ökonomie», also der Annahme, Steuersenkungen könnten sich auf dem Weg über eine wirtschaftliche Belebung wie von selbst finanzieren.[11]

Gerhard Schröder kam unterdessen mit dem Vorhaben, die eigene Abwahl voranzutreiben, ein gutes Stück voran. Am 1. Juli sprach ihm der Deutsche Bundestag das Misstrauen aus. Union und FDP folgten dem Wunsch des Kanzlers geschlossen. Unter den Abgeordneten von SPD und Grünen konnte sich nur knapp die Hälfte zu einer Enthaltung durchringen, die übrigen stimmten für Schröders Verbleib im Amt und damit gegen den Neuwahl-Plan. Die letzte Entscheidung über die Parlamentsauflösung lag nun beim Bundespräsidenten, der beurteilen musste, ob der Kanzler tatsächlich den Rückhalt im Bundestag verloren hatte. Nach einer Anstandsfrist von knapp drei Wochen gab der von Merkel gekürte Bundespräsident Horst Köhler, der sich schon während seiner Kandidatur für einen baldigen Regierungswechsel ausgesprochen hatte, die vorzeitige Auflösung des Parlaments bekannt, die dritte in der Geschichte der Bundesrepublik; er verband das mit einem dramatischen Appell über den Reformbedarf im Land. Verfassungsrechtlich mochte Köhlers Entscheidung

4. Kanzlerin auf Probe (2005–2008)

problematisch erscheinen, politisch gab es nach zwei Monaten Wahlkampf kaum noch eine Alternative.

Hinsichtlich der vorgezogenen Wahl herrschte nun Gewissheit. Damit verschwand der letzte Hauch von Unernst, der über den Phantasien einer schwarz-gelben Regierung schwebte. Er wich der harten Konfrontation eines echten Wettstreits, verbunden mit einem prüfenden Blick auf das künftige Führungspersonal. In Bezug auf Merkel kamen nun erste Zweifel auf. So verwechselte die Kandidatin in zwei Interviews brutto und netto. Niedrigere Beiträge zur Arbeitslosenversicherung bedeuteten *für die Arbeitnehmer ein Prozent mehr Bruttolohn*, mutmaßte sie. Erst fiel das nicht einmal den fragenden Journalisten auf, aber mit tätiger Mithilfe der damals noch instinktsicheren SPD-Wahlkämpfer wuchs sich der Fauxpas zu einem Großthema aus. Er weckte fatale Erinnerungen an einen ähnlichen Fehltritt des glücklosen SPD-Kanzlerkandidaten Rudolf Scharping elf Jahre zuvor.[12]

Dann folgten Querschläge aus den eigenen Reihen. Schon länger forderten Unionspolitiker gegen Merkels Willen einen separaten Wahlkampf für Ostdeutschland. Nun demonstrierten der brandenburgische Innenminister Jörg Schönbohm und der CSU-Vorsitzende Stoiber, was sie sich darunter vorstellten: eine aggressive Polemik, die das ostdeutsche Wahlvolk von der CDU noch mehr entfremdete, als es Merkels Programm ohnehin schon tat. Fälle von Kindstötungen in Ostbrandenburg veranlassten Schönbohm zu der Bemerkung, für die Taten sei eine «von der SED erzwungene Proletarisierung» verantwortlich.[13] Stoiber schimpfte unterdessen bei einem Auftritt im württembergischen Allgäu mit Blick auf die ostdeutschen Wahlumfragen, in denen die CDU zeitweise hinter der neu gegründeten Linkspartei zurückblieb: «Ich akzeptiere nicht, dass der Osten bestimmt, wer in Deutschland Kanzler wird. Die Frustrierten dürfen nicht über Deutschlands Zukunft bestimmen.»[14] Wenige Tage später sagte er im niederbayerischen Deggendorf über ostdeutsche Wähler der umbenannten PDS: «Nur die dümmsten Kälber wählen ihre Metzger selber.»[15]

Als wäre das nicht schon schlimm genug, brachte Stoiber die Kanzlerkandidatin noch viel mehr in die Bredouille. Der bayerische Ministerpräsident wollte sich nicht festlegen, ob und in welcher Funktion er nach gewonnener Wahl in ein Kabinett Merkels eintreten würde. Er bestand aber darauf, dass sie ihm für den Fall der Fälle eine Position als Superminister für ökonomische Fragen freihielt. Das führte zum schwersten

Fehler des gesamten Wahlkampfs, der Merkels Aufstieg zur Regierungschefin beinahe vereitelt hätte. Stoibers Unentschlossenheit verzögerte nicht nur die Präsentation des Schattenkabinetts, «Kompetenzteam» genannt. Sie machte es Merkel auch unmöglich, einen gestandenen Politiker mit dem zentralen Bereich Wirtschaft und Finanzen zu betrauen. Deshalb brauchte sie einen Platzhalter, vorzugsweise aus Wirtschaft oder Wissenschaft. Der gerade ausgeschiedene Siemens-Chef Heinrich von Pierer lehnte ab. Also blieb der damals 62 Jahre alte Ex-Verfassungsrichter und Steuerexperte Paul Kirchhof, den Merkel als Berater in der CDU-Spendenaffäre kennengelernt hatte. Am 17. August stellte sie das Kompetenzteam vor, und sie bekräftigte, der Wissenschaftler solle im Fall des Wahlsiegs tatsächlich Finanzminister werden. Alle Augen richteten sich nun auf ihn.[16]

Kirchhofs Ideen für ein Steuergesetzbuch lagen näher an der Bierdeckelsteuer des Merkel-Widersachers Merz als an den Aussagen des aktuellen Wahlprogramms. Der politisch unerfahrene Verfassungsjurist gab sich keine Mühe, das zu überspielen. Für die Einkommensteuer schlug er drei Stufen von 15, 20 und 25 Prozent und den Wegfall aller Vergünstigungen etwa für Nacht- oder Sonntagszuschläge vor. In einem Zeitungsinterview bezeichnete er einen Steuersatz von 25 Prozent als «Obergrenze».[17] Die Kanzlerkandidatin sah sich genötigt, ihrem Schattenminister offen zu widersprechen: Sie beharrte auf dem Wahlprogramm mit einem Eingangssteuersatz von 12 und einem Spitzensteuersatz von 39 Prozent, also einer deutlich stärkeren Progression zulasten der oberen Einkommensgruppen. Doch alle Klarstellungen halfen nichts: Kirchhof blieb für Merkels Wahlkampf ein Problem.

Der Bundeskanzler zögerte nicht, die Schwachstelle der gegnerischen Kampagne auszunutzen. Den Schattenminister Merkels nannte er, an anti-akademische Ressentiments anknüpfend, den «Professor aus Heidelberg» und kennzeichnete ihn damit als einen weltfremden Gelehrten, der aus der Perspektive seiner idyllischen Universitätsstadt die Nöte der normalen Bevölkerung nicht sah.[18] Schröders Attacke zeigte auch deshalb so durchschlagende Wirkung, weil Kirchhofs Konzept an Merkels inzwischen abgemilderte Kopfpauschale erinnerte: Die von Schröder zitierte Sekretärin sollte jetzt nicht nur denselben Kassenbeitrag zahlen wie ihr Chef, sondern auch einen ähnlichen Steuersatz entrichten. Dass Kirchhof «offene Flanken für polemische Angriffe» biete, konstatierte nun auch der politisch klügere Manager Heinrich von Pierer.[19] Um das Schlimmste zu

4. Kanzlerin auf Probe (2005–2008)

verhindern, stellte er sich für die letzten drei Wochen doch noch als wirtschaftspolitischer Chefberater der Kanzlerkandidatin zur Verfügung.

All dies ließ die Siegesgewissheit von Schwarz-Gelb schon im August merklich schwinden. Von den Höchstwerten des Frühsommers sank die Union in den meisten Umfragen auf nur noch gut 40 Prozent, was zusammen mit der FDP zwar noch eine knappe Regierungsmehrheit ergab, angesichts des sinkenden Trends aber beunruhigte. Erste Politiker von Union und SPD liebäugelten öffentlich mit einer großen Koalition, für die viele Wähler ohnehin Sympathien hegten. Merkel versuchte die demobilisierende Debatte zu ersticken, auch weil sie ihre Reformziele in solch einer Konstellation nicht meinte verwirklichen zu können.

In der Öffentlichkeit und einem Teil der Medien war die Begeisterung für die Neuwahlen rasch verflogen. Das Magazin *Stern* behauptete zehn Tage vor der Wahl zwar noch, Merkel könne «eigentlich» nicht mehr verlieren. Doch die Gewissheit war längst gewichen. Ein Kommentator analysierte, viele Wähler wollten Schröder nicht mehr, seien aber auch von Merkel nicht überzeugt. Die Kandidatin wolle von den Deutschen «mehr, als sie sagt». Die Personalie Kirchhof lege dies so weit offen, «dass viele Menschen nun erschrecken». Der Berliner *Tagesspiegel* fragte knapp: «Ist sie zu schnell für das Land?»[20]

Als die Demoskopen gut eine Woche vor der Wahl ihre letzten Umfragen veröffentlichten, war der Vorsprung der Union gegenüber der SPD von rund 20 Prozentpunkten im Frühsommer auf nur noch sieben bis neun Punkte geschrumpft. Die zunächst nicht veröffentlichten Daten aus der letzten Vorwahlwoche zeigten später, dass sich der Trend am Schluss sogar noch verstärkte. Das lag nicht nur an Merkels Wahlprogramm der Zumutungen. Eine beträchtliche Zahl von Wählern traute das Amt des Bundeskanzlers einer Frau nicht zu, die noch dazu aus dem Osten kam.[21] In der konkreten Entscheidungssituation stellten sich offenbar viele Bundesbürger die Frage: Kann die das überhaupt?[22]

Die Kandidatin wusste also, dass es knapp werden könnte. Wie knapp, das ahnte sie jedoch nicht: Die Union lag bei der Wahl am 18. September 2005 nur um gut 400 000 Stimmen oder einen Prozentpunkt vor der SPD. Es stand 35,2 zu 34,2 Prozent, als um 1.35 Uhr in der Nacht endlich das vorläufige amtliche Endergebnis feststand. Mit ihrem Wahlkampf hatte Merkel den sicher geglaubten Sieg für die Union beinahe verspielt.

Elefantenrunde

Angela Merkel setzte ihren neutralen Gesichtsausdruck auf, den Blick, den sie schon zu Schulzeiten für brenzlige Lagen eingeübt hatte. Das Millionenpublikum an den Fernsehschirmen konnte ihr in der Diskussionsrunde der Parteivorsitzenden am Wahlabend beim Abwägen der Optionen zusehen: Verfügte der Kanzler über Informationen, die ihr fehlten? Oder hatte sie etwas übersehen? Anhaltspunkte dafür fand sie nicht. Es dauerte deshalb nicht lange, bis sie sich wieder gefangen hatte, und der Ausbruch des Kanzlers erleichterte ihr das sogar. Dass sie sich an Herausforderungen aufrichtete, das hatte Merkel mit Gerhard Schröder gemein.

Der Amtsinhaber zeigte sich an diesem Abend euphorisiert. Viele Kommentatoren hatten ihn abgeschrieben. Nun hatte er gleichgezogen, ging auf Augenhöhe mit der Herausforderin aus einer beispiellosen Aufholjagd hervor. Dass es für den Erhalt der Kanzlerschaft trotzdem nicht reichen könnte, weil am Ende einige wenige Mandate zum ersten Platz fehlten, das drang in diesen Stunden nicht zu ihm durch. Er maß das Ergebnis an den Umfragen, nicht an der Realität. Womöglich klammerte er sich auch an die Hoffnung, dass die Aufrechnung aller Überhang- und Ausgleichsmandate am Ende zumindest ein Patt erzeugen könnte, zumal der Tod eines Kandidaten in Dresden eine Nachwahl erforderlich machte. Ein vorläufiges Endergebnis gab es zu dieser Stunde noch nicht, nur Hochrechnungen.

Schröder ging gar nicht darauf ein, dass seine Partei im Vergleich zur vorausgegangenen Wahl gut vier Prozentpunkte verloren und die rotgrüne Regierungsmehrheit eingebüßt hatte, dass sie zudem knapp hinter der Union lag. «Gemessen an dem, was in dieser Republik gesagt und geschrieben wurde, gibt es einen eindeutigen Verlierer, und das ist nun wirklich Frau Merkel», hob der ausnehmend gut gelaunte Bundeskanzler an, der schon während Merkels Eingangsworten mit höhnischem Grinsen seine Fingernägel inspiziert hatte. Das ging auch gegen die beiden Moderatoren, die er für die Berichterstattung während des Wahlkampfs in Haftung nahm.

Es sei «eindeutig, dass niemand außer mir in der Lage ist, eine stabile Regierung zu stellen», fuhr er fort. «Glauben Sie im Ernst, dass meine Partei auf ein Gesprächsangebot von Frau Merkel bei dieser Sachlage einginge, in dem sie sagt, sie möchte Bundeskanzlerin werden? Ich meine,

4. Kanzlerin auf Probe (2005–2008)

wir müssen die Kirche doch mal im Dorf lassen. Die Deutschen haben doch in der Kandidatenfrage eindeutig votiert. Das kann man doch nicht ernsthaft bestreiten.» Natürlich stehe es der CDU-Chefin frei, mit FDP und Grünen ins Geschäft zu kommen. «Aber sie wird keine Koalition unter ihrer Führung mit meiner sozialdemokratischen Partei hinkriegen, das ist eindeutig, machen Sie sich da gar nichts vor.»[23]

Merkel antwortete ganz kühl. *Es ist schlicht und ergreifend so, dass Sie heute Abend nicht gewonnen haben. Nach ein paar Tagen Nachdenken wird das auch in der Sozialdemokratie als die Realität ankommen.* Das geschah dann auch. Ganz selbstverständlich war das freilich nicht.

Was auch immer mit dem Bundeskanzler durchgegangen sein mochte, in einem Punkt traf Schröder das allgemeine Empfinden sehr wohl: Merkel ging keineswegs als strahlende Gewinnerin aus der Wahl hervor, und das war zumindest in Teilen selbstverschuldet, weil die Liberale aus dem Osten über die sozialkonservativen Traditionen ihrer Partei einfach hinweggegangen war. Das Problem war nicht nur die Prozentzahl selbst, das nach damaligen Maßstäben katastrophal schlechte Abschneiden der Union, fast so miserabel wie bei Kohls Abwahl 1998. Die Schwierigkeit lag vor allem in dem Verlust von Optionen: Die gewünschte Koalition mit der FDP konnte die Union nicht bilden, die Parteien kamen zusammen nur auf 287 von 614 Sitzen. «Merkels Traum vom Durchregieren ist geplatzt», meldeten die Nachrichtenagenturen, die F.A.Z. sprach von einem «geraubten Sieg».[24]

Noch in der Nacht suchte Merkel mit ihren Getreuen nach einer neuen Strategie. Schröders Auftritt half. Dass der Amtsinhaber den Anspruch der Unionsparteien auf das Kanzleramt bestritt, zwang die Parteifreunde zum Schulterschluss mit der gebeutelten Parteichefin: Ein offener Streit um die Person an der Spitze hätte die Position von CDU und CSU im Clinch mit der SPD geschwächt. Hätten die Sozialdemokraten das Vorrecht der stärkeren Fraktion auf den Kanzlerposten vorbehaltlos akzeptiert, dann wären in der Union zumindest sehr kritische Debatten um die eigene Vorsitzende aufgekommen. Nun aber hatte der sozialdemokratische Bundeskanzler zum zweiten Mal ungewollt zugunsten der CDU-Vorsitzenden eingegriffen, nach der Ankündigung vorgezogener Wahlen im Mai. «Ins neue Amt hat ihr letztlich Gerhard Schröder verholfen», kommentierte die *Zeit*.[25] Wie so oft in ihrer Karriere profitierte Merkel von der mangelnden Fähigkeit männlicher Kollegen, ihre Affekte zu kontrollieren.

Schröder versuchte, die Folgen seines Tuns im Nachhinein zu korrigieren. Aber da war es zu spät. Er sandte drei Tage nach der Wahl – offenbar ohne Absprache mit seinem Parteivorsitzenden – einen Emissär zu Stoiber, um zu sondieren, ob die CSU ohne die CDU in ein Bündnis mit der SPD eintreten würde. Stoiber wies das Ansinnen als «abstrus» zurück.[26] Müntefering erkundete derweil eine andere Option: eine Ampelkoalition mit FDP und Grünen. Er schrieb Briefe an die Parteivorsitzenden und bot attraktive Ministerien an. Die Grünen reagierten hinhaltend, Westerwelle, der ein solches Bündnis bereits am Wahlabend klar ausgeschlossen hatte, wählte die kühlste Form der Abfuhr: Er ließ über die Sekretariate ausrichten, dass er nicht mit Müntefering sprechen wolle. Damit rettete er Merkel die Kanzlerschaft.[27] Es blieb nun als einzige Möglichkeit eine Koalition aus Union und SPD, in der die Sozialdemokraten nicht den Kanzler stellen konnten.

So tief saß die Irritation über den unerwartet knappen Sieg bei Merkel jedoch nicht, dass ihre machtpolitischen Instinkte versagt hätten. Schon zwei Tage nach der Wahl ließ sie sich als Fraktionsvorsitzende wiederwählen. Es galt die Zeit zu nutzen, solange der Druck der SPD die Union zur Geschlossenheit zwang. Das wirkte: 98,7 Prozent der Abgeordneten votierten für sie. Ein «Kitt aus Trotz und Wut» hielt die Reihen der Union angesichts von Schröders Chuzpe zusammen.[28]

Während der folgenden beiden Wochen bis zur Nachwahl in Dresden blieb es bei der neuen «Berlin-Blockade» zwischen Schröder und Merkel, die gleichermaßen das Amt des Bundeskanzlers beanspruchten.[29] Zwei erste Sondierungsgespräche zwischen Union und SPD blieben ergebnislos. Die CDU-Vorsitzende versuchte ihre Position zu stärken, indem sie ihrerseits ein Bündnis mit FDP und Grünen ins Spiel brachte. Diesmal waren es die Grünen, die rasch absagten und so die Drohkulisse der CDU-Vorsitzenden einstürzen ließen. Sie wollten sich nicht für Merkels taktische Manöver einspannen lassen.

Erwartungsgemäß verschob das Dresdener Ergebnis vom 2. Oktober die Sitzverteilung nicht. Für die SPD übernahm nun der Parteivorsitzende Müntefering die Aufgabe, die Realitäten zu akzeptieren und der CDU-Vorsitzenden zum Amt der Bundeskanzlerin zu verhelfen. Merkel fragte an, ob man sich unterhalten könne. Am 9. Oktober, exakt drei Wochen nach der Wahl, trafen sich die beiden Nüchternen am späten Nachmittag im Jakob-Kaiser-Haus des Deutschen Bundestags, wo ihre Büros übereinander lagen, unter vier Augen. Müntefering eröffnete seiner

4. Kanzlerin auf Probe (2005–2008)

Kollegin von der CDU, das zentrale Hindernis für ein mögliches Regierungsbündnis sei deren Idee einer Neuen Sozialen Marktwirtschaft, also einer Generalrevision des hergebrachten bundesdeutschen Wohlfahrtsstaats. Wenn sie in der Lage sei, davon Abstand zu nehmen, könne man im Gespräch bleiben. Merkel reagierte auf ihre Art. Sie sagte weder Ja noch Nein, sondern schaute den SPD-Kollegen an und fragte nur: *Wann können wir uns treffen?* Damit war das Thema erledigt. Sie kam nie wieder auf den radikalen Umbau des Sozialstaats zurück, den sie auf dem Leipziger Parteitag propagiert und noch im Wahlkampf vertreten hatte. Binnen kurzem entwickelten Merkel und Müntefering, «die Kühle und der Trockene», ein enges Vertrauensverhältnis.[30]

Es folgte ein Treffen zu viert. Müntefering brachte den nunmehr auf Abruf regierenden Kanzler Schröder mit, Merkel den CSU-Vorsitzenden Stoiber. Mit Augenzwinkern sagte Müntefering, wenn Schröder Kanzler werde, dürfe sich die Union drei Ministerien aussuchen. Damit lockte er Stoiber aus der Reserve: Wenn Merkel es werde, habe die SPD den ersten Zugriff auf zwei Ministerien. So kam man ins Geschäft. Müntefering verlangte Äußeres und Finanzen, die Ressorts, die dann Frank-Walter Steinmeier und Peer Steinbrück erhielten, die «Stones». Er fürchtete zwar, damit das für die SPD so wichtige Arbeitsressort preiszugeben, aber die Sorge war unbegründet. Edmund Stoiber wollte die Wirtschaft, aufgewertet durch Technologie, aber ohne Soziales, für sich selbst. Also konnte die SPD Arbeit und Soziales beanspruchen. Daraufhin mischte sich zum ersten Mal Merkel in die Ressortverteilung ein: Sie wollte unbedingt das Familienressort, das sie dann mit der Niedersächsin Ursula von der Leyen besetzte. Dass die Union die Wahl 2002 auch wegen der Frauen verloren hatte, war ihr sehr wohl bewusst. Schröder akzeptierte nun rasch, dass das Ende seiner Kanzlerschaft gekommen war. In den Verhandlungen, an denen er noch teilnahm, agierte er als der Ehemalige.[31]

Damit war klar: Nach sieben männlichen Vorgängern sollte erstmals eine Frau das große Land im Herzen Europas regieren. «Es ist ein Mädchen», titelte die *taz* zu einem Kinderbild der zukünftigen Kanzlerin.[32] Die Schwierigkeiten, die Merkel auf dem Weg zu überwinden hatte, schrieb das Blatt vor allem ihrem Geschlecht zu: «So wie sie hat noch kein Wahlsieger um die Selbstverständlichkeit gekämpft, ins Kanzleramt einzuziehen.»[33] Politiker von CSU und SPD versuchten nun sogar eine Debatte loszutreten, ob der designierten Kanzlerin unter den obwaltenden Umständen – also einem Patt zwischen den beiden Regierungsfraktionen – überhaupt die im Grundgesetz fixierte Richtlinienkompetenz zustehe.[34]

Am 10. Oktober trat Merkel mit ostentativer Nüchternheit zum ersten Mal als designierte Kanzlerin vor die Presse. Vor allem ausländische Journalisten interessierten sich für die menschliche Seite. «Frau Merkel, Sie werden Kanzlerin, wie geht es Ihnen?», erkundigte sich die Berichterstatterin der *International Herald Tribune*, und eine dänische Fernsehkorrespondentin wollte wissen: «Sind Sie jetzt glücklich?» Die künftige Regierungschefin ließ sich auf Fragen zur Befindlichkeit nicht ein. *Ich hab' doch schon gesagt, ich bin guter Stimmung. Aber ich weiß, was vor uns liegt.*[35]

Noch während die Koalitionsverhandlungen liefen, veränderten zwei Personalien die Geschäftsgrundlage radikal, und zwar zu Merkels Gunsten, wie sich mit einiger Verzögerung zeigen sollte. Zunächst kündigte Franz Müntefering am 31. Oktober seinen Rückzug vom SPD-Vorsitz an, nachdem der Parteivorstand gegen seinen Willen die frühere Juso-Chefin Andrea Nahles für das Amt der Generalsekretärin nominiert hatte. Für ein Ministeramt stand er weiterhin zur Verfügung. Die Sozialdemokraten einigten sich auf den brandenburgischen Ministerpräsidenten Matthias Platzeck als neuen Parteivorsitzenden. Lebensalter, naturwissenschaftliches Studium und brandenburgische Herkunft verbanden ihn mit Merkel. Für einen kurzen Augenblick mochte es scheinen, als würden die beiden damals noch recht großen Volksparteien von einem ostdeutschen Traumpaar geführt, als gebe der Osten im vereinten Deutschland nun die Richtung vor. Womöglich würde sich die Koalition, die aus Ernüchterung geboren war, doch noch zu einer Regierung des Aufbruchs entwickeln.[36]

Auch die SPD selbst berauschte sich an der Personalie, wie oft bei der Wahl eines Parteivorsitzenden: 99,4 Prozent der Delegierten stimmten auf einem Parteitag Mitte November für Platzeck. Merkel machte sich die Begeisterung nicht zu eigen, und wieder behielt sie recht: Der neue SPD-Chef trat schon fünf Monate später zurück, nach zwei Hörstürzen sowie einem Nerven- und Kreislaufzusammenbruch. Auf ihn folgte der rheinland-pfälzische Ministerpräsident Kurt Beck. Anders als Merkel zunächst befürchten musste, schadeten die Turbulenzen jedoch nicht der Koalition, sondern vielmehr allein der SPD.

Nur einen Tag nach Münteferings Rückzug wartete der CSU-Vorsitzende Stoiber mit einer Neuigkeit auf, über die bereits Gerüchte kursiert hatten: Der ewige Zauderer teilte mit, dass er das für ihn freigehaltene

4. Kanzlerin auf Probe (2005–2008)

Amt des Berliner Wirtschaftsministers nun doch nicht antreten und lieber bayerischer Ministerpräsident bleiben wolle. Offiziell begründete er das mit Müntefferings Teilrückzug: Wenn die SPD jetzt Parteivorsitz und Regierungsamt trenne, werde er das als CSU-Chef genauso halten und sich nicht in ein Kabinett einbinden lassen. Außerdem beklagte er einen zu engen Zuschnitt des neuen Großressorts, was die Kompetenzen in der Forschungspolitik betraf. Als wahrer Grund galt jedoch, dass Stoiber das Risiko eines Sprungs nach Berlin ebenso scheute wie die Einordnung in die Kabinettsdisziplin unter einer künftigen Kanzlerin, die ihre Machtposition in den Wochen seit der Wahl spürbar gefestigt hatte. Der Kabinettstisch werde nicht der Ort der großen politischen Weichenstellungen sein, sondern «der fachlichen Umsetzung der Regierungspolitik unter Führung der Kanzlerin», schrieb Stoiber in erstaunlicher Deutlichkeit: Offenbar hatte er zuvor geglaubt, Merkel werde in ihrer eigenen Regierung nicht die Führung übernehmen.[37]

Der Rückzieher schadete vor allem dem bayerischen Ministerpräsidenten. In München düpierte er nicht nur die Nachfolgekandidaten, die sich bereits in Stellung gebracht hatten. Auch in der Breite der Partei machte er sich mit der abermaligen Demonstration seines Wankelmuts unmöglich. Mit der Härte und Entschlossenheit der designierten Kanzlerin, so schien es jedenfalls, konnte er es nicht aufnehmen. Und wie sollte Stoiber die Berliner Regierungsarbeit künftig kritisieren, nachdem er es verschmäht hatte, selbst die Verantwortung zu übernehmen? Durch den Versuch, jedes Risiko zu vermeiden, riskierte Stoiber seine politische Glaubwürdigkeit. Das Ende seiner Karriere rückte näher. Merkel musste ihn als Rivalen nicht mehr fürchten. Die Verwerfungen in SPD und CSU machten sie freier.[38]

Die Koalition mit den Sozialdemokraten half Merkel, sich von den unpopulärsten Teilen ihres Reformprogramms zu lösen. Dass die umstrittenen Steuerkonzepte nun in der Schublade blieben, konnte sie problemlos dem Nein der SPD zuschreiben. Wie sehr gerade die Altbundesbürger zwar in der Theorie nach einem Ruck riefen, sich praktisch aber gegen jede Veränderung sperrten, das hatte Merkel erst nach der fast verlorenen Wahl vom September wirklich begriffen, sie verinnerlichte es nun umso mehr. Eine «Sozialdemokratisierung» der CDU war damit, anders als oft behauptet, freilich nicht verbunden. Die künftige Kanzlerin gab vielmehr ihren Versuch auf, die sozialstaatliche Orientierung eines Konrad Adenauer oder Helmut Kohl zu überwinden. Von einer «Renaissance der sozialen

Wurzeln der Unionsprogrammatik» sprach der Wahlforscher Matthias Jung zutreffend.[39]

In der Gesellschaftspolitik setzte die erste Merkel-Regierung allerdings neue Themen, die gerade für die CDU einen Kulturbruch bedeuteten. Die neue Familienministerin Ursula von der Leyen trieb den Ausbau von Betreuungsplätzen und ein Elterngeld voran, das Berufstätigen eine einjährige Auszeit nach der Geburt eines Kindes ebenso erleichtern sollte wie den anschließenden Wiedereinstieg in den Beruf; zugleich animierten zwei Zusatzmonate für Väter erstmals auch Männer, für den Nachwuchs zu pausieren. Merkel vertrat dieses Programm anfangs selbst nicht offensiv, sie ließ von der Leyen aber gewähren. Nur im Notfall griff die Kanzlerin unterstützend ein, als etwa der katholische Augsburger Bischof Walter Mixa behauptete, die Ministerin degradiere Frauen zu «Gebärmaschinen».[40] Damit leitete sie einen Kulturwandel ein, der den deutschen Muttermythos zurückdrängte und das Land an internationale Standards heranführte. Noch 1965 hatte der christdemokratische Familienminister Franz-Josef Wuermeling, der die ermäßigten Bahntickets für kinderreiche Familien erfand, die Berufstätigkeit der Frauen als gemeinschaftszersetzend bezeichnet. Zugleich berief der neue Innenminister Wolfgang Schäuble eine Islamkonferenz ein, womit er faktisch anerkannte, dass dieses religiöse Bekenntnis zu Deutschland gehörte. Aufgrund seines konservativen Profils konnte Schäuble das tun, ohne größeren Widerstand zu erzeugen.

Alles in allem fiel der Koalitionsvertrag keineswegs so ambitionslos aus, wie hinterher viele behaupteten. Auch was das Personal betraf, erwies sich das erste Kabinett Merkel als eines der stärksten in der Geschichte der Bundesrepublik, auch was die SPD-Minister betraf.

Damit war der Weg frei. Der Deutsche Bundestag wählte am 22. November 2005 die 51 Jahre alte Abgeordnete Angela Dorothea Merkel, geborene Kasner, als erste Frau an die Spitze der deutschen Regierung. Auf der Besuchertribüne saßen Unterstützerinnen wie die Verlegerin Friede Springer und die Fernsehmoderatorin Sabine Christiansen, die aus Buchstabenkeksen die Abkürzung «CDU» zusammenstellten. In der Reihe davor verfolgten Merkels Eltern die Wahl ihrer Tochter zur Bundeskanzlerin, mitsamt der Geschwister Irene und Marcus, für Merkels Verhältnisse «ein fast privates Vergnügen».[41] Nur der Ehemann Joachim Sauer fehlte, er verfolgte das Geschehen am Fernseher.

Zum ersten Mal absolvierte Merkel dieses Ritual: die Wahl im Bun-

4. Kanzlerin auf Probe (2005–2008)

Auf der Besuchertribüne saßen Unterstützerinnen wie Isa von Hardenberg, Inga Griese, Sabine Christiansen und Friede Springer. Sie stellten aus Buchstabenkeksen die Abkürzung «CDU» zusammen.

destag, die Ernennung durch den Präsidenten, das Ablegen des Amtseids, die Ernennung der Minister, schließlich deren Vereidigung im Parlament. Viermal legte sie an diesem Tag die Strecke zwischen Reichstag und Schloss Bellevue zurück. Bei der Wahl fehlten am Ende 51 Stimmen aus den Koalitionsfraktionen, jeder neunte Abgeordnete von Union und SPD verweigerte ihr die Zustimmung. Angesichts der übergroßen Mehrheit trübte das den Triumph nur kurzfristig.

Angela Merkel hatte an diesem Tag das Unwahrscheinliche geschafft. Sie war nun nicht nur die jüngste Person, die in Deutschland je an der Spitze der Regierung stand, sondern auch die erste Frau und die erste Ostdeutsche in diesem Amt. Die Achtung vor ihrem Durchhaltewillen war inzwischen beträchtlich gestiegen. Trotzdem galt sie vielen nur als eine Kanzlerin des Übergangs. Dass sie am Ende so lange regieren würde wie die CDU-Ikonen Adenauer und Kohl, das lag an diesem Tag wohl für die meisten außerhalb jedes Vorstellungsvermögens.

Kanzlerin

Angela Merkel bezog nun das Kanzleramt im Berliner Spreebogen, jenes überdimensionierte Stück Herrschaftsarchitektur, das der Architekt Axel Schultes einst für Helmut Kohl entworfen hatte. Gerhard Schröder war gut viereinhalb Jahre zuvor als erster Hausherr in den Neubau eingezogen, nach einem Zwischenspiel im früheren Staatsratsgebäude der DDR. Die «Berliner Republik» war noch jung, ihre Rituale formbar, der Stil ihrer Repräsentation nicht festgelegt. Das galt umso mehr, als Schröder noch in Bonn zum Regierungschef aufgestiegen war und als «Basta-Kanzler» einen betont männlichen Führungsstil gepflegt hatte, der inzwischen aus der Zeit gefallen schien; auch das mochte ein Grund für sein Scheitern gewesen sein. Für Merkel war es Chance und Herausforderung zugleich, dass sie das Amt weitgehend neu definieren konnte, aber auch musste.

Am Ende ihrer langen Amtszeit war die weibliche Wendung «Bundeskanzlerin» so selbstverständlich geworden, dass jüngere Leute nur halb ironisch fragten, ob man sich einen männlichen Kanzler überhaupt vorstellen könne. Selbstverständlich war das am Anfang nicht. Deutschland war in dieser Hinsicht kein Vorreiter. Von den wichtigeren westlichen Ländern hatten zu diesem Zeitpunkt Großbritannien, Frankreich, Polen und Israel bereits eine Frau als Ministerpräsidentin gehabt, Italien, Spanien und die Vereinigten Staaten hingegen nicht. Auch in Indien oder Pakistan war schon sehr viel früher eine Frau an der Macht gewesen als in der Bundesrepublik. Noch im Januar 2017 lebten jedoch nur 6,6 Prozent der Weltbevölkerung in Ländern mit einer Staats- oder Regierungschefin. Zu einer Selbstverständlichkeit war es auch im internationalen Maßstab noch nicht geworden, dass eine Frau die Regierungsgeschäfte führte. Es gab kein festgefügtes Rollenmodell, dem Merkel hätte folgen können.

Das begann mit Äußerlichkeiten wie Kleidung und Frisur. Auch bei Männern wurde darüber diskutiert, allerdings seltener. Allenfalls registrierte die Öffentlichkeit die Verwandlung Helmut Kohls, als seine Altersweitsichtigkeit die Brille erübrigte oder als er vom unvorteilhaften Zweireiher zum modischeren Anzug mit nur einer Knopfreihe wechselte. Die Haare Gerhard Schröders stiegen erst zu einem Diskussionsthema auf, als der Kanzler gegen die Darstellung gerichtlich vorging, sie seien möglicherweise gefärbt. Unter den SPD-Vorsitzenden erregte Rudolf Schar-

4. Kanzlerin auf Probe (2005–2008)

ping einiges Aufsehen, als er auf seinen Bart verzichtete, und Kurt Beck galt auch wegen seines Mecki-Haarschnitts als Provinzler. Der CDU-Politiker und Merkel-Vertraute Peter Altmaier ging zu Beginn seiner Laufbahn davon aus, dass er wegen einer Hasenscharte und seiner Leibesfülle nicht in die erste Reihe der Politik aufsteigen könne. Außenminister Heiko Maas wurde dafür kritisiert, dass er bei einer Klausurtagung der SPD mit Lederjacke und weißen Sneakers vor die Presse trat.

Insgesamt bestätigten solche Ausnahmen aber doch die Regel: Ein Mann brauchte Debatten über sein Äußeres normalerweise kaum zu fürchten. Angela Merkel dagegen fand sich als Politikerin fast vom ersten Tag an mit Kritik an ihrem Erscheinungsbild konfrontiert. Weggefährten aus der Nachwendezeit können sich bei aller sonstigen Wertschätzung noch heute darüber echauffieren, dass die stellvertretende Regierungssprecherin der DDR mit wallenden Röcken und vermeintlichen «Jesuslatschen» auftrat. Es wurde weithin übersehen, dass auch darin schon eine Anpassung an vermeintlich geforderte Weiblichkeit lag – für eine Frau, die in ihrer Zeit als Wissenschaftlerin viel lieber Pulli, Cordhose und robustes Schuhwerk trug. Sich ein Business-Kostüm überzustreifen, kam ihr freilich umso weniger in den Sinn, je mehr sie zu einer Veränderung ihres Outfits aufgefordert wurde. Das für Frauen entworfene Pendant zum verrufenen «Präsent»-Anzug war ihr schon in der DDR ein Graus gewesen. Wenn ihre Berater sie zu einem Relaunch ihres Outfits aufforderten, pflegte sie zu entgegnen, sie sei kein Model, sondern eine Politikerin.[42]

Das alles bedeutet freilich nicht, dass sich Angela Merkel über ihr Äußeres keine Gedanken gemacht hätte, im Gegenteil. Spätestens seit der Übernahme des Parteivorsitzes im Frühjahr 2000, die mit der Perspektive auf eine mögliche Kanzlerschaft verbunden war, leitete sie eine behutsame Veränderung ein – so behutsam, dass es in der zeitgenössischen Beobachtung kaum auffiel und erst im Rückblick auf den Fotos klar zu erkennen ist. Wie eine Uniform trug sie nun die Jacken der Hamburger Designerin Bettina Schoenbach, bei der bereits die Fernsehmoderatorin und Merkel-Unterstützerin Sabine Christiansen einkaufte. Inga Griese, die Lifestyle-Kolumnistin der *Welt*, rühmte wenig später Schoenbach und deren Kundinnen: «Ihre Entwürfe sind so elegant und pragmatisch wie die Frauen, die sie tragen.»[43] Dass der entscheidende Hinweis auf die Modeschöpferin aus diesem Kreis kam, liegt daher nahe. Aber auch Joachim Sauer soll einmal bemerkt haben, die damalige Hamburger Grünen-Politikerin Krista Sager trage immer so schöne Jacken.[44]

Damit war das Outfit gefunden, das die Kanzlerin bis ans Ende ihrer Amtszeit begleitete. «Sie sah würdevoll und elegant aus und blieb zugleich ihrem pragmatischen Typ treu», jubelte *Welt*-Autorin Griese. «Frauen an der Macht können nicht daherkommen wie Männer an der Macht. Sie müssen nicht nur angezogen sein, sondern gekleidet.» Schoenbach selbst erläuterte, in Hosenanzügen werde sie wahrgenommen. «Im Kleid bin ich Objekt.» Ungeachtet ihres schlichten Schnitts bestünden die Jacken, wie die Leserinnen und Leser erfuhren, aus bestem Material, Wolle und Kaschmir der italienischen Firma Loro Piana.[45] Dazu trug Merkel meist eine schwarze Hose und bequeme schwarze Schuhe mit leichtem Absatz. Bei Dienstreisen im Flugzeug tauschte sie die bunten Blazer gegen eine dunkle Strickjacke.

Der größte Vorteil dieser Dienstkleidung bestand in ihrer Beständigkeit, ähnlich den immer gleichen Anzügen der männlichen Konkurrenz. Das Outfit wurde gelegentlich milde bespöttelt, jedoch mangels Neuigkeitswert nicht mehr zum großen Thema gemacht. Anlass für Interpretationen boten allenfalls die wechselnden Farben. Der Kleiderschrank der Kanzlerin, hieß es nun, müsse aussehen wie ein Bücherregal mit den Bändchen der legendären «edition suhrkamp»: das immer gleiche Format in sämtlichen Farben des Regenbogens. Das Modeportal *stylight* rechnete 2014 aus, dass Merkel am häufigsten Grün trug, in 22 Prozent der Fälle. Auch Rot, Blau oder Lachsrosa kamen häufiger vor. Für Trauerfälle hielt die Kanzlerin stets eine dunkle Version im Büro bereit. Meist entschied sie sich für die Version mit drei Knöpfen (76 Prozent), gelegentlich für vier Knöpfe (20,5 Prozent), nur ganz selten für zwei (3,5 Prozent).[46] Dazu trug sie oft dezente Halsketten der Designer Ulrike und Hans-Peter Weyrich aus Idar-Oberstein, die ihre Funktion noch perfekter erfüllten. Nie wurde darüber geredet, mit einer einzigen Ausnahme: Als Merkel beim TV-Duell im Wahlkampf 2013 mit einem Modell in den Nationalfarben Schwarz-Rot-Gold zu sehen war, gab es für ein paar Tage kaum ein anderes Thema als die «Deutschlandkette» der Kanzlerin, bald auch «Schlandkette» genannt.[47]

Wie weise die Entscheidung für ein Einheits-Outfit war, zeigte sich immer dann, wenn Angela Merkel doch einmal die Garderobe wechselte. Bei festlichen Anlässen wie der Eröffnung des neuen Osloer Opernhauses oder dem Auftakt der Bayreuther Festspiele schien das unvermeidlich zu sein, schließlich konnte sich die Kanzlerin dort schlecht in Bürokleidung sehen lassen. In Oslo entschied sie sich 2008 für ein Abendkleid, dessen

4. Kanzlerin auf Probe (2005–2008)

sehr tiefer Ausschnitt der hergebrachten Etikette entsprach. Einer mit solchen Konventionen kaum noch vertrauten Öffentlichkeit bot der angeblich zu freizügige Auftritt der deutschen Regierungschefin tagelang Gesprächsstoff.[48] Ähnlich ging es, als auf ihrem hellen Bayreuther Kleid im Wahlkampf 2005 ein dunkler Schweißfleck unter den Achseln zu sehen war; dass der Bayerische Rundfunk auf seiner Homepage ein bearbeitetes Foto veröffentlichte, auf dem der Fleck nicht zu sehen war, rief den Protest des Deutschen Journalistenverbands hervor.[49]

Aufsehen erregte bisweilen auch Merkels Urlaubsgarderobe, wobei das Auffällige gerade deren Unauffälligkeit war. Erst im Sommer 2017 fiel der Boulevardpresse auf, dass die Kanzlerin in den Ferien stets das gleiche Outfit trug: Auf dem Sessellift saß sie mit dreiviertellanger Cargohose und rotkariertem Hemd, dazu trug sie je nach Temperatur einen schwarzen Fleecepulli. Eine tief in die Stirn gezogene Baseballmütze sollte, wie es viele Prominente halten, öffentliches Aufsehen verhindern, was freilich nicht ausschloss, dass alljährlich ein paar Paparazzi-Fotos den Weg in die Öffentlichkeit fanden. Nun reiste sogar ein *Bild*-Reporter aus dem politischen Ressort eigens nach Südtirol, um sich – wie Merkel eingekleidet – im Lift fotografieren zu lassen.[50]

Zum Abschluss brachte Merkel im Wahlkampf 2005 schließlich auch die bereits seit Jahren eingeleitete Veränderung ihrer Frisur. Hier hielt sie bis zum Ende ihrer Amtszeit ebenfalls an der einmal gefundenen Lösung fest. Damit das äußere Erscheinungsbild auch bei einem langen Arbeitstag voller öffentlicher Auftritte vor Kameras unverändert blieb, ließ sich Merkel nun auf Schritt und Tritt von der Visagistin Petra Keller begleiten, die auf Auslandsreisen in der Delegationsbroschüre als «Persönliche Assistentin» der Bundeskanzlerin firmierte.

Eine Weile brauchte Merkel, bis sie das Problem mit ihren Händen löste, und noch ein bisschen länger dauerte es, bis die Öffentlichkeit davon Notiz nahm. Auch Männern, die regelmäßig in der Öffentlichkeit auftreten, stellt sich das Problem: Wohin mit den Händen, wenn man nicht selbst redet und gestikuliert, sondern zuhört oder für ein Foto posiert? Man kann die Arme unmotiviert herunterbaumeln lassen, man kann sie abwehrend verschränken, man kann die Hände falten wie zum Gebet. Nichts davon sieht gut aus. Also begann die Kanzlerin, bei Auftritten im Stehen ihre Fingerkuppen aufeinanderzudrücken und die Hand so zur Raute zu formen: *Es war ja immer die Frage, wohin mit den Armen. Es zeigt auch eine gewisse Liebe zur Symmetrie.*[51] Die Geste mochte ihr auch helfen,

Ein typisches Politikerproblem: «Es war ja immer die Frage, wohin mit den Armen», klagte die Kanzlerin. Sie löste es mit der Raute.

gerade zu stehen; *diese Haltung ist die Position, in der ich automatisch den Oberkörper aufrecht halte.*[52] Die Anregung dafür wurde deshalb mit Merkels Schwester, der Ergotherapeutin, in Verbindung gebracht; eine weitere Theorie schrieb die Idee einer PR-Agentur zu; und schließlich nahm auch eine *Stern*-Fotografin für sich in Anspruch, der CDU-Vorsitzenden schon bei einem Shooting im Jahr 2002 diese Handhaltung nahegelegt zu haben.[53] Darüber hinaus kursierten bald mehr oder weniger abstruse Theorien, welche tiefenpsychologischen Hinweise die Raute geben könne oder welche geheimen Zeichen die Kanzlerin damit aussenden wolle.

Beim breiten Publikum galt die «Merkel-Raute» alsbald als das Symbol der Verlässlichkeit einer in sich ruhenden Kanzlerin, sie wurde mehr noch als die bunten Jacken zu einem Markenzeichen. So nahm es kaum wunder, dass die CDU in Merkels erfolgreichstem Bundestagswahlkampf 2013 («Sie kennen mich») damit warb und die Raute in einem Großformat von 70 mal 20 Metern als Plakat an der Fassade der Parteizentrale anbringen ließ.

Stand Merkel unter großem Druck, neigte sie dazu, mit den Fingern zu knibbeln oder auf den Nägeln zu kauen, sogar auf der Regierungsbank im Bundestag, was ihre politischen Gegner hinter vorgehaltener Hand sogleich gegen sie verwandten. Auch manche Medien machten diese Angewohnheit zum Thema. Befragte Experten versicherten, das sei entgegen älterer Meinung kein Hinweis auf ernste psychische Probleme.[54] Aber die bloße Thematisierung dieser Frage erweckte den gegenteiligen Eindruck und eröffnete einen Assoziationsraum, der mit weiblicher Schwäche konnotiert war: Nägelkauen, das schien doch vorzugsweise eine Angewohnheit kleiner Mädchen zu sein, die sich vor allem fürchteten. Vor allem jenen, die der Kanzlerin beständig ihr Zögern und Zaudern vorhielten, passte das gut ins Konzept.

Wenn sie Machtbewusstsein zeigte und die Dinge bestimmte, war es freilich auch wieder nicht recht. Aus «Kohls Mädchen» wurde nun «Mutti», wie es alsbald vor allem unter Christdemokraten vom konservativen Parteiflügel hieß – spätestens, seit sich Merkel auf dem Stuttgarter CDU-Parteitag 2008 selbst als sparsame «schwäbische Hausfrau» präsentiert hatte. Dabei schwang die Unterstellung mit, die Kinderlose lasse nun die Erziehungsgelüste, die sie daheim nicht befriedigen konnte, an rund 80 Millionen Deutschen aus. Lange Zeit konnten die Jungs aus der westdeutschen CDU gar nicht glauben, dass sich eine Frau an der Spitze ihrer Partei behaupten könne, und die rot-grüne Macho-Fraktion um Gerhard Schröder und Joschka Fischer zeigte sich noch weniger bereit, sie als Oppositionsführerin ernst zu nehmen.

Noch schwerer fiel es Merkel anfangs, belastbare Kontakte in die Männerwelt der Wirtschaft aufzubauen. Umso mehr hielt sie den wenigen Managern die Treue, die sie schon in ihrer Zeit als Ministerin ernst genommen hatten. Erst nach ihrem Aufstieg ins Kanzleramt wurde sie schließlich von den Konzernführern umschwärmt, das blieb freilich eine brüchige Treue, die sich in Krisenzeiten schnell verflüchtigen konnte. Umgekehrt ließ das Versagen der Bank- oder Automanager auch Merkels Zutrauen in den Berufsstand weiter schwinden.

Allerdings stellten sich diejenigen, die den Begriff «Mutti» benutzten, selbst kein gutes Zeugnis aus: Demnach war wahlweise die CDU oder gar die deutsche Bevölkerung eine Ansammlung quengelnder Kinder, die der lenkenden Vernunft einer fürsorglichen Mutter bedurften. Nach der Ankunft der Flüchtlinge im Herbst 2015 kam eine weitere Konnotation hinzu: Wie Mutter Teresa kümmere sie sich um die Neuankömmlinge, während sie die eigenen Landsleute im Stich lasse, so hieß es nun bei ihren Kritikern. «Mutti muss weg», skandierten Demonstranten auf ostdeutschen Marktplätzen im Wahlkampf 2017. Merkel selbst äußerte sich zu dem «Mutti»-Etikett nur selten und knapp: *Ich habe gelernt, damit zu leben.*[55]

Vieles, was Merkel tat oder unterließ, wurde sogleich unter Gender-Gesichtspunkten betrachtet, und zwar ganz besonders von jenen Kritikern, die einen «Genderwahn» sonst ablehnten. Das betraf vor allem die Auswahl der Mitarbeiter. Es war im politischen Berlin durchaus nichts Ungewöhnliches, eine Frau als Büroleiterin oder Pressesprecherin zu beschäftigen. Arbeiteten die engsten Mitarbeiterinnen aber einer weiblichen Chefin zu, wurde daraus sogleich ein «Girlscamp», um das sich wilde Verschwörungstheorien rankten. Dass es sich bei den übrigen Vertrauten überwiegend um Männer handelte, die naheliegenderweise jünger waren als ihre Chefin, konnte diesen vermeintlichen Makel nicht ausgleichen. Es bot ganz im Gegenteil den Anlass für die nächste süffisante Etikettierung: Von einer «Boygroup» war die Rede, ganz so, als würde sich die neue Herrscherin des Kanzleramts eine Art Harem halten, mit männlichen Gefährten bestückt.

Merkel selbst kommentierte das alles nicht. Als Parteivorsitzende und in den ersten Kanzlerjahren hielt sie sich mit Äußerungen zur Frauenfrage so eisern zurück wie später der erste afroamerikanische US-Präsident Barack Obama mit Interventionen zur Rassendiskriminierung. Ihr innerliches Befremden über den Feminismus der alten Bundesrepublik, das sie als Frauenministerin in den frühen neunziger Jahren an den Tag gelegt hatte, mochte gleichwohl der Einsicht gewichen sein, dass gerade in der westdeutschen Gesellschaft noch zahlreiche Männlichkeitsrituale fortbestanden. Weichen stellte sie durchaus, nicht nur durch die Familienpolitik ihrer Ministerin von der Leyen: Die sechs Kabinettsposten, die in ihrer ersten Regierung der CDU zustanden, besetzte sie zur Hälfte mit Frauen, während die SPD trotz ihrer acht Ressorts ebenfalls nur auf drei Ministerinnen kam.

Je stärker Merkel sich machtpolitisch etablierte, desto mehr bekannte sie sich zu ihrer Identität als Frau. Fast könnte man von einem Outing sprechen, nachdem sie in der frühen Zeit als CDU-Vorsitzende ihr Frausein fast versteckt hatte. So veranstaltete sie Anfang 2009, kurz vor ihrer ersten Wiederwahl, zum 90. Jahrestag des Frauenwahlrechts einen großen Empfang im Kanzleramt. Und kurz vor der Abgabe des Parteivorsitzes im Jahr 2018 stichelte sie ganz offen gegen die fortbestehende Herrschaft der Männer in vielen Bereichen der deutschen Gesellschaft,[56] und als Symbol ihrer frauenpolitischen Hinterlassenschaft galt alsbald das Foto, das sie mit ihrer damaligen Wunschnachfolgerin Annegret Kramp-Karrenbauer und der designierten EU-Kommissionspräsidentin Ursula

4. Kanzlerin auf Probe (2005–2008)

von der Leyen im Schloss Bellevue zeigte. Die Hinwendung zum Frauenthema zahlte sich auch wahltaktisch aus. Votierten die Wählerinnen zu Beginn ihrer Kanzlerschaft noch unterproportional für die CDU, so waren sie später unter den Unionswählern überrepräsentiert: Bei Merkels letzter Wiederwahl 2017 stimmten 36 Prozent der Frauen für die Unionsparteien, aber nur 30 Prozent der Männer.[57]

Hingegen fielen Merkels Bekenntnisse zu ihrer ostdeutschen Herkunft bis zum Ende ihrer Amtszeit zurückhaltender aus. Das hatte auch arithmetische Gründe: Während Frauen immerhin die Hälfte der Wählerschaft stellten, machten die Ostdeutschen nur ungefähr ein Fünftel der gesamtdeutschen Bevölkerung aus, und während die Akzeptanz von Frauenthemen in der Öffentlichkeit wuchs, nahm das Interesse am Osten beim westdeutschen Publikum ab; die Überheblichkeit verstärkte sich sogar noch, bedingt durch die Wahlerfolge der AfD in den östlichen Bundesländern. Und während die Frauen in Bezug auf die Gleichstellungspolitik relativ homogene Interessen vertraten, fielen die ostdeutschen Milieus sehr stark auseinander.

Merkel konnte, erst recht mit ihrer Herkunft aus dem Pfarrhaus, gar nicht im selben Maße wie als Frau auch als typische Ostdeutsche auftreten. Sie galt vielen der früheren DDR-Bürger schon vor dem Flüchtlingsjahr 2015 als Verräterin und Überläuferin in den Westen, umgekehrt fremdelte sie mit der Mentalität vieler ihrer ostdeutschen Landsleute und sagte das mit der Zeit immer offener. Geradezu vorwurfsvoll klang, was sie in ihrer Festrede zum Tag der deutschen Einheit am 3. Oktober 2019 formulierte: Freiheit bedeute, *Verantwortung dafür, die eigenen Grenzen zu suchen und damit auch dann zurechtzukommen, wenn etwas nicht so wie erhofft gelingt, ohne die Enttäuschung sofort dafür woanders abzuladen.*[58] Während sie nach Anfangsschwierigkeiten bei Frauen beständig höhere Zustimmungswerte erzielte als bei Männern, fiel ihre Beliebtheit im Osten sogar immer weiter hinter ihre Popularität im Westen zurück: Erhielt die Union unter ihrer Führung 2017 im Westen immerhin noch 34,1 Prozent der Stimmen, waren es im Osten nur 27,6 Prozent.[59]

Der Blick auf die Frau an der Spitze der Regierung änderte sich auch bei der SPD, einer Partei, die trotz aller Bekenntnisse zur Gleichberechtigung in ihren Führungspositionen länger männlich geprägt blieb als die CDU. Die Älteren um Schröder hatten Merkel nicht ernst genommen, weil sie eine Frau war. Bei den Jüngeren setzte bald eine Überkompensation ein, die der Selbstverzwergung der «Mutti»-Fraktion bei den Christdemokraten ähnelte: Sozialdemokraten wie Sigmar Gabriel, Olaf Scholz oder Andrea Nahles verfielen ins entgegengesetzte Extrem und glaubten, das Ende der Kanzlerschaft Merkels abwarten zu müssen, bis einer der ihren wieder die Chance auf den Einzug in die Regierungszentrale haben könnte. So gab es bei den Kanzlerkandidaturen statt eines Wettstreits eher den Versuch, dem scheinbar aussichtslosen Opfergang irgendwie auszuweichen.

Normalität

Auch als Kanzlerin behielt Merkel ihr Zuhause in der Biedermeierwohnung gegenüber dem Pergamonmuseum, die sie noch als Generalsekretärin bezogen hatte: Am Kupfergraben 6. Ein Berliner Kaufmann namens Johann Traugott Börner hatte das Gebäude 1832 errichten lassen, als eines von drei historischen Wohnhäusern, die heute zwischen riesigen Repräsentationsbauten wie den Staatlichen Museen oder der Humboldt-Universität etwas verloren wirken.[60] Die Wohnung im Kanzleramt mochte Merkel nicht beziehen; die Villa in Dahlem, die ihr Vorgänger Gerhard Schröder bis zur Fertigstellung der Regierungszentrale im Jahr 2001 genutzt hatte, war mittlerweile vom Bundespräsidenten belegt.[61]

Die neue Kanzlerin wollte in ihrem Leben so viel Normalität wie möglich bewahren, was freilich nicht nur durch die exponierte Lage des Hauses konterkariert wurde, sondern auch dadurch, dass nun das Bundeskriminalamt aus Sicherheitsgründen vier andere Wohnungen im selben Gebäude anmietete. Während an Merkels Klingel der Name ihres Ehemanns stand, «Prof. Sauer», versahen die Sicherheitsbeamten ihre Apartments für alle Passanten sichtbar mit Phantasienamen: «Lustig», «Ganz», «Schön», «Lustig». Vor der Tür stand fortan die Polizei, auf dem Weg ins Kanzleramt ließ sich Merkel meist kurz nach sieben Uhr morgens am Seiteneingang in einer kleinen Nebenstraße abholen.

Das Gebäude gehörte ursprünglich dem Immobilien-Investor Heinz Meermann, der auch Objekte auf der Insel Usedom besaß und seine Firma 2008 aus Geldnöten an die spanische Chamartín-Gruppe verkaufte. Wie der *Stern* berichtete, zahlte Merkel schon 2005, als die Berliner Immobilienpreise ihren historischen Tiefpunkt erreichten, in der prominenten Lage eine stolze Monatsmiete von 20 Euro pro Quadratmeter.[62] In dem

4. Kanzlerin auf Probe (2005–2008)

Haus unterhielt zeitweise auch ihr früherer Chef, der einstige DDR-Ministerpräsident Lothar de Maizière, seine Büroräume als Rechtsanwalt, bevor er in eine Gemeinschaftskanzlei am Kurfürstendamm umzog.[63] Zu den wenigen Mitbewohnern zählte der 2013 verstorbene SPD-Politiker Ottmar Schreiner, der die Agenda-Politik Gerhard Schröders bekämpft und damit indirekt zu Merkels Aufstieg ins Kanzleramt beigetragen hatte. Dass der Nachtmensch gern zu später Stunde französische Chansons hörte und Kartoffeln briet, störte den empfindlichen Kanzlergatten: Wie Schreiner in einer Talkshow berichtete, stand Joachim Sauer eines Abends in Pantoffeln vor seiner Tür, um sich über die Lärm- und Geruchsbelästigung zu beschweren.[64]

Sauer war offenkundig auch nach Merkels Aufstieg ins höchste Regierungsamt nicht bereit, seine persönliche Lebensführung der prominenten Rolle seiner Frau unterzuordnen. Für den Mann an der Seite der ersten Bundeskanzlerin gab es kein erprobtes Rollenmodell. Zuvor hatten die bundesdeutschen Kanzlergattinnen bei allen Unterschieden des persönlichen Temperaments stets als abhängige Variable ihres Ehemanns gegolten, gegebenenfalls mit ehrenamtlich-humanitärem Engagement; der erste Bundeskanzler Konrad Adenauer war bei Amtsantritt schon Witwer gewesen.

Nun trat zum ersten Mal eine Regierungschefin an, deren Ehemann ein eigenständiges Leben als herausragender Wissenschaftler führte. Sauer setzte dieses Leben nicht nur fort, er zelebrierte seine Eigenständigkeit auf geradezu demonstrative Weise. Das Fernbleiben bei der Vereidigung seiner Frau im Bundestag beschäftigte die Medien tagelang. Auf ihrer ersten Auslandsreise amüsierte sich Angela Merkel im Flugzeug vor Journalisten: Sie habe es ihrem Mann gleich gesagt, dass ihn seine Abwesenheit viel mehr in den Mittelpunkt der Aufmerksamkeit rücken werde, als es ein Erscheinen je vermocht hätte. Erst bei der vierten und letzten Wahl zur Kanzlerin entschied er anders. Nur zu ganz wenigen politischen Terminen begleitete er seine Frau, wobei offenblieb, ob das wegen der Prominenz des jeweiligen Gesprächspartners geschah oder wegen der persönlichen Sympathie, die ihm das Ehepaar Merkel/Sauer entgegenbrachte.

So vermied es Sauer, als «First Husband» öffentlich in Erscheinung zu treten. Das war klug. Das Paar führte weiterhin, soweit es sich von außen beurteilen lässt, eine typische Beziehung zweier vielbeschäftigter Berufstätiger. Die Kanzlerin sagte dazu: *Oft werde ich gefragt, wer entscheidet, wann mein Mann mitkommt und wann nicht. Die Antwort ist: Mein Mann*

Joachim Sauer vermied es, als «First Husband» in Erscheinung zu treten. Eine Ausnahme war der alljährliche Besuch der Bayreuther Festspiele.

entscheidet das.[65] Auch Interviews gab Sauer nur sehr selten und ausschließlich in seiner Rolle als Wissenschaftler. Andere Anfragen lehnte er höflich, aber bestimmt ab: «Ich habe mich entschlossen, keine Interviews zu geben und auch keine Gespräche mit Journalisten zu führen, die nicht durch meine Tätigkeit als Hochschullehrer und Forscher, sondern durch die politische Tätigkeit meiner Frau motiviert sind.»[66] Die wenigen Anlässe, bei denen sich die beiden öffentlich zeigten, waren wie bisher ganz überwiegend kultureller Natur. Nicht nur bei den sommerlichen Festspielen in Bayreuth und Salzburg, sondern auch im Berliner Alltag konnten Opern-, Theater- oder Konzertbesucher das Paar gelegentlich in Augenschein nehmen.

4. Kanzlerin auf Probe (2005–2008)

Merkels Streben nach Normalität stieß im neuen Amt freilich an engere Grenzen als zuvor. Am Ende ihrer ersten Wahlperiode beschrieb der *Spiegel*-Journalist Alexander Osang die Versuche der Kanzlerin, dem Korsett ihres Amtes zu entfliehen, sei es beim Baden in Hohenwalde oder dem gescheiterten Unterfangen, das Kanzleramt ohne ihre Sicherheitsbeamten zu verlassen.[67] Hinterher legte Regierungssprecher Ulrich Wilhelm allerdings Wert auf die Feststellung, dass der alte VW Golf des Ehepaars Merkel/Sauer nicht in Rot, sondern in Silbermetallic lackiert sei; offenbar fürchtete er die politische Konnotation von Osangs revolutionärer Farbangabe.[68] Dass Merkel nur noch ihren Mann ans Steuer lässt, seit sie die Regierungsgeschäfte führt, sagte sie einmal selbst.[69]

Allerdings zeichneten sich gelungene Fluchten womöglich dadurch aus, dass sie auch ein Reporter nicht bemerkte. In Berlin begegnete man Merkel während ihrer langer Amtsjahre immer wieder an Orten, an denen man sie nicht vermutete – ob es nun in der «Schwarzen Pumpe» war, einer Szenekneipe aus der Wendezeit in der Nähe von Merkels zweiter Berliner Wohnung, oder beim Besorgen von Weihnachtsgeschenken in der «Manufactum»-Filiale, einem Lieblingsort des grünen Bürgertums. Unbeobachtet bleibt sie selbstverständlich auch in solchen Situationen nicht, sonst stünde darüber nichts in diesem Buch.

Auch Urlaubsreisen sind bei einer Kanzlerin allenfalls Inszenierungen von Normalität. Eine Regierungschefin ist immer im Dienst, sie muss erreichbar bleiben, und sie wird auch in den Ferien von einem Tross aus Sicherheitsleuten und einem kleinen Büro begleitet. Das Luxuriöse hatte Merkel unterwegs noch nie gesucht, das Exotische sehr wohl, wenn sie etwa als DDR-Bürgerin in den Kaukasus fuhr. Für Letzteres blieb nun kein Raum mehr, für das Bodenständige schon. Den Sommerurlaub verbrachte sie während ihrer Amtszeit meist in Südtirol, im abgelegenen Sulden zu Füßen der Ortlergruppe. Dort wohnte sie in einem kleinen Hotel mit 30 Zimmern, in dem das teuerste Doppelzimmer während der 2010er Jahre zur Hauptsaison rund 200 Euro kostete, die obligatorische Halbpension inklusive.

Das Hotel an der Südküste der italienischen Insel Ischia, in dem Merkel oft die Ostertage verbrachte (gelegentlich fuhr sie nach La Gomera), ist zwar geringfügig teurer, aber weit vom Luxus der Urlaubsquartiere anderer Regierungschefs entfernt – etwa der Villa des langjährigen italienischen Ministerpräsidenten Silvio Berlusconi an der Costa Smeralda. Statt Golf zu spielen, wanderte Merkel mit ihrem Mann in den Bergen.

Im Winter mietete sie sich meist, landestypisch etwas teurer, in einem schnörkellosen Vier-Sterne-Hotel im Engadin ein. Alle Urlaubsziele haben eines gemeinsam: Sie liegen in der gleichen oder einer ähnlichen Zeitzone wie Deutschland, erlaubten also ständigen Kontakt mit Berlin und im Notfall eine schnelle Rückreise, und befinden sich doch abgeschieden auf einer Insel oder im Gebirge.

An ihren kulinarischen Vorlieben hatte Merkel das Publikum schon vor Beginn ihrer Kanzlerschaft gelegentlich teilhaben lassen. In den Interviews, die sie während der neunziger Jahre im Jahresrhythmus der Fotografin Herlinde Koelbl gab, entwickelte sich die Frage nach dem Pflaumenkuchen zu einem Running Gag: Wie oft sie in den zurückliegenden zwölf Monaten zum Backen gekommen sei, wollte Koelbl stets wissen. Viel zu selten, lautete sinngemäß die immer gleiche Antwort.[70] Andernorts plauderte Merkel über Kartoffelsuppe und Rouladen. Natürlich wollte sie damit ihr bodenständiges Image festigen, allzu sehr verstellen musste sie sich dafür nicht. Bei ihren Parisbesuchen monierten dortige Korrespondenten bisweilen fehlende kulinarische Raffinesse, wenn sie etwa nach einem gehobenen französischen Menü zu später Stunde noch in die Radieschen biss, die eigentlich nur als Dekoration herumlagen. Bei Koalitionsrunden im Kanzleramt ließ die Kanzlerin gern Buletten servieren, für den Fußballtrainer Jogi Löw gab es dessen Lieblingsgericht Cordon bleu, und beim umstrittenen Geburtstagsessen für den Bankmanager Josef Ackermann bewirtete die Küche des Kanzleramts die Gäste mit immer noch recht bodenständigem Spargel und Kalbsfilet.

Das entsprach im Ganzen dem bescheidenen Stil der alten Bundesrepublik. Weder das Haus Helmut Schmidts in Hamburg-Langenhorn noch die Bleibe Helmut Kohls in Ludwigshafen-Oggersheim strahlte auch nur einen Hauch von Luxus aus; auch das Gehalt einer Bundeskanzlerin – das 1,67-Fache der Besoldungsgruppe B 11, zu Merkels Zeiten rund 250 000 Euro im Jahr – nimmt sich im Vergleich zu Wirtschaftsführern bescheiden aus, worunter die Amtsinhaberin im Gegensatz zu manchem anderen Politiker nicht litt. Lediglich Gerhard Schröder zelebrierte zu Beginn seiner Amtszeit eine Vorliebe für teure Anzüge und Zigarren, und er bekannte öffentlich, einen guten Wein von einem schlechten unterscheiden zu können. Es bekam ihm nicht.

Im Magazin der *Süddeutschen Zeitung* wurde Merkel einmal vom früheren Tennisstar Boris Becker gefragt, wen sie gerne zu einer Dinnerparty

4. Kanzlerin auf Probe (2005–2008)

einladen würde. *Dinnerpartys veranstalte ich nicht*, stellte die Kanzlerin erst einmal klar. *Aber zu einem Abendessen würde ich gerne Vicente del Bosque einladen.* Das war nur auf den ersten Blick eine Aussage zum Thema Fußball. Wahrscheinlich hätte Merkel auch jenseits des Sports kaum jemanden gefunden, dessen Lebensentwurf dem ihrigen so sehr ähnelte. Der spanische Nationaltrainer machte seine Mannschaft erst zum Weltmeister und dann zum Europameister, er erreichte im Fußball ungefähr so viel wie Merkel in der Politik. Gleichwohl behielt er seine Etagenwohnung in einer Madrider Neubausiedlung bei. «Nur der gewinnt, der intelligent und bescheiden ist», äußerte er.[71]

Nähe zur Populärkultur versuchte Merkel indes nicht einmal zu heucheln. *Ich bin nie sehr weit gekommen mit der Popmusik*, erklärte sie freimütig in einem großen Interview, das sie über ihre Liebe zu den Musikdramen Richard Wagners gab.[72] Daran war nicht nur die Leidenschaft für die Oper potenziell anstößig, wurde doch das erste schwarz-grüne Bündnis auf Landesebene in Hamburg als «Koalition der Opernbesucher» verspottet, was heißen sollte: ohne Sinn für die breite Mehrheit der Bevölkerung. Auch ein Bekenntnis zum historisch belasteten Wagner wäre früheren Kanzlern als zu heikel erschienen. Ihre Vorgänger hatten stets einen Sicherheitsabstand zu den Bayreuther Festspielen eingehalten. Bei der nüchternen Merkel indes schien niemand zu fürchten, der Walkürenritt erwecke bei ihr «das Bedürfnis, in Polen einzumarschieren», wie der New Yorker Filmemacher Woody Allen die Gefahren der Wagner'schen Musik einmal umschrieben hatte.[73]

Regieren

Im engeren Umfeld setzte Merkel auf vertrautes Personal. Natürlich nahm sie Beate Baumann ins Kanzleramt mit, ihre Büroleiterin seit 14 Jahren, die alle Unbill von der Chefin fernhielt. In Fernsehfilmen wurde es gelegentlich so dargestellt, als sei Merkel ohne ihre wichtigste Beraterin geradezu hilflos, als lasse sie sich in kritischen Situationen – etwa im Flüchtlingsherbst 2015 – von ihr die Entscheidungen diktieren.[74] Wenn das Kanzleramt nach der Ausstrahlung solcher «Doku-Dramen» die Information streute, in der Morgenrunde schenke die Kanzlerin ihrer Büroleiterin den Kaffee ein und nicht umgekehrt, dann durfte man das getrost auch als Hinweis darauf verstehen, wer hier noch andere Dinge in der Hand behielt als bloß den Griff der Kaffeekanne.[75]

Im Gegensatz zu ihrer Chefin, die an entscheidenden Wendepunkten oft auch große Risiken einging, riet die Büroleiterin meistens zu Vorsicht und Zurückhaltung. In kritischen Situationen empfahl sie im Zweifel, lieber gar nichts zu tun, dann könne man nichts falsch machen. Tatsächlich gehörte die Fähigkeit, eisern zu schweigen und dabei die Nerven nicht zu verlieren, zu den wichtigsten Erfolgsrezepten der Kanzlerin Merkel. Christdemokraten von heißerem Temperament konnten darüber rasend werden, manche von ihnen empörten sich über Baumann mehr als über Merkel selbst. Von der Öffentlichkeit hielt sich die Büroleiterin auch nach dem Umzug in die Regierungszentrale strikt fern. Wenn sie die Kanzlerin doch einmal auf Veranstaltungen begleitete, konnte es passieren, dass es kaum jemand bemerkte: Die vollkommene Unauffälligkeit ihrer Erscheinung zählt zu ihren auffälligsten Charaktermerkmalen. Mit Journalisten sprach sie nur selten und unter dem Siegel äußerster Verschwiegenheit.

Das war bei Eva Christiansen anders, die schon in der Parteispendenaffäre knapp sechs Jahre zuvor ihre Bewährungsprobe als Pressesprecherin bestanden hatte. Sie wurde nun nicht Regierungssprecherin und – damit verbunden – Chefin des Bundespresseamts, wie man vielleicht erwarten konnte, sondern sie ging an Merkels Seite ins Kanzleramt, zunächst als Referatsleiterin für Medienberatung, später als Abteilungsleiterin für politische Planung. Es schmälerte Christiansens Bedeutung nicht, dass sie nach der Regierungsübernahme erst einmal in Babypause ging und zunächst nur halbtags zurückkehrte: Die neue Familienpolitik ihrer Ministerin von der Leyen praktizierte Merkel auch im eigenen Umfeld.

Die übrigen Posten in ihrer Umgebung besetzte Merkel allerdings mit Männern, das galt vor allem für die Leiter der wichtigen Abteilungen im Kanzleramt. Ähnlich wie bei den Frauen bevorzugte sie einen bestimmten Typus des sachorientierten, persönlich unauffälligen Mitarbeiters, der sein Ego nicht allzu sehr vor sich hertrug. Als «minimalinvasiv» bezeichnete der Journalist Bernd Ulrich einmal den Stil der Merkel-Vertrauten.[76] Erstaunlicherweise wuchs dieser Typus immer wieder nach, auch wenn Merkel ihre Zuarbeiter der ersten Stunde ziehen lassen musste und die Nachfolger nicht immer an die Qualität ihres frühen Beraterkreises heranreichten.

Die Außenpolitik übernahm Christoph Heusgen, ein aus dem Rhein-

4. Kanzlerin auf Probe (2005–2008)

land stammender Karrierediplomat mit CDU-Parteibuch, der Ökonomie studiert und nach einer Tätigkeit im Büro des Außenministers Klaus Kinkel zuletzt den Politischen Stab des EU-Außenbeauftragten und vormaligen Nato-Generalsekretärs Javier Solana geleitet hatte. Zwölf Jahre lang blieb Heusgen der wichtigste Berater und Vertraute Merkels in Fragen der internationalen Beziehungen, so lange wie keiner seiner Kollegen im Kanzleramt, bis er sich 2017 – kurz vor dem Ruhestand – mit dem Botschafterposten bei den Vereinten Nationen in New York belohnen ließ. Heusgen, wie Merkel ein überzeugter Transatlantiker, brachte genau jene Kenntnisse und Verbindungen mit, über die Merkel noch nicht verfügte. Bisweilen verdächtigte ihn der sozialdemokratische Koalitionspartner, die eigentlich treibende Kraft hinter Merkels harter Haltung gegenüber russischer Machtpolitik zu sein.

Für die Europapolitik griff Merkel auf eine bewährte Kraft aus dem Kanzleramt zurück: Sie machte den Karrierebeamten Uwe Corsepius, der schon seit Kohls letzter Amtsperiode in der Regierungszentrale arbeitete und zuletzt für europäische Wirtschaftspolitik zuständig war, zum Abteilungsleiter. Da wusste sie noch nicht, wie prägend das Thema für ihre Amtszeit werden sollte. Unter den neuen Umständen mochte man sich fragen, ob Corsepius für den Posten die richtige Besetzung war: Niemand machte ihm die Fachkompetenz streitig, doch trat er gerade zu Beginn der Euro-Krise in den Verhandlungen bisweilen so rechthaberisch auf, typisch deutsch in den Augen der anderen, dass er einiges zur Verhärtung der Positionen beitrug.

Als sich Anfang 2011 für Deutschland die Chance bot, den einflussreichen Posten des Generalsekretärs beim Europäischen Rat der Regierungschefs zu übernehmen, schickte Merkel ihn nach Brüssel und ersetzte ihn wiederum durch einen Beamten aus dem Haus: Nikolaus Meyer-Landrut, Frankreichkenner und Onkel der Sängerin gleichen Nachnamens, übernahm den Posten mitten in der Krise. Als er 2015 Botschafter in Paris wurde, kehrte Corsepius zurück; manche meinten, die Brüsseler Jahre hätten ihn geschmeidiger gemacht. Die Zeit der deutschen Dominanz in der Europäischen Union neigte sich ohnehin dem Ende zu.

Noch weniger ließ sich erahnen, welche herausgehobene Rolle der wirtschaftspolitische Berater bald spielen sollte – zumal die Rolle des Sherpas für die G8-Treffen der wichtigsten westlichen Industrienationen zunächst bei Bernd Pfaffenbach verblieb, dem Staatssekretär im Wirtschaftsministerium, der die Aufgabe schon für Gerhard Schröder erledigt hatte. Ins Kanzleramt holte sich Merkel einen aufstrebenden Mitarbeiter des Bundesbankpräsidenten Axel Weber, den 37 Jahre alten und sehr jungenhaft wirkenden Jens Weidmann. Er hatte in Bonn bei Weber und dem Geldtheoretiker Manfred Neumann promoviert, zwei orthodoxen Vertretern klassischer deutscher «Ordnungspolitik», die gestaltende Eingriffe der Politik oder gar der Notenbank ins Wirtschaftsleben strikt ablehnten.

Das mochte für Merkel wie eine Empfehlung wirken, im Verlauf von Banken- und Euro-Politik zeigte sich aber, dass die protestantisch-pragmatische Wirtschaftsethik der Bundeskanzlerin, bei aller Abneigung gegen Schuldenmacherei, nicht deckungsgleich war mit den Doktrinen der deutschen Volkswirtschaftslehre. Als Weidmann 2011 schließlich als Präsident in die Bundesbank zurückkehrte (und zu der von Merkel gebilligten geldpolitischen Euro-Rettung fortan auf Distanz ging), setzte sie den unideologischen, in den Vereinigten Staaten geschulten Lars-Hendrik Röller an seine Stelle. Er hatte aus ihrer Sicht zudem den Vorzug, dass er der Öffentlichkeit und den Journalisten anders als Weidmann so weit wie möglich aus dem Weg ging.

Zum Kanzleramtsminister machte Merkel zur allgemeinen Überraschung einen alten Vertrauten: Thomas de Maizière, den sie in der Wendezeit als West-Berater der «Allianz für Deutschland» und der ersten DDR-Regierung kennengelernt hatte; die Öffentlichkeit hatte eher mit Norbert Röttgen gerechnet, dem aber aus Sicht der Kanzlerin die Regierungserfahrung fehlte. Die Sache musste sehr schnell gehen, weil Merkel durch die frühe Nominierung der sozialdemokratischen Minister unter Druck stand. Sie gestand de Maizière gerade vier Stunden Bedenkzeit zu. Mit ihm hatte sie immer Kontakt gehalten, auch in der Zeit, als er Staatskanzleien und Ministerien in Schwerin und Dresden leitete. Der Spross einer Hugenottenfamilie galt als Idealbild eines pflichtbewussten Beamten. Kritiker merkten an, dass er den Staat bisweilen allzu sehr idealisierte oder für die erste Reihe der Politik nicht geboren war. Beides musste für die Leitung des Bundeskanzleramts kein Nachteil sein.

Wenn es in Deutschland eine Aufgabe gab, die womöglich noch nervenaufreibender war als der Job der Bundeskanzlerin, dann diese: Rund um die Uhr musste de Maizière im Einsatz sein, auch abends und am Wochenende, um all jene Akten abzuarbeiten, zu deren Studium die Kanzlerin selbst zeitlich nicht in der Lage war – und vor allem, um mögliche Konflikte zwischen Ministerien, Koalitionsparteien und Fraktionen frühzeitig zu erkennen und zu entschärfen. Wenn das gelang, bemerkte es

4. Kanzlerin auf Probe (2005–2008)

niemand, wenn es schiefging, machten zumindest die Eingeweihten sofort den «Chef BK» verantwortlich. Niemand hielt den Job in Merkels langer Amtszeit mehr als vier Jahre durch; als Belohnung winkte ein vollwertiges Ministeramt oder – im Fall Ronald Pofallas – ein Vorstandsposten bei der staatseigenen Bahn.

Zum Regierungssprecher berief Merkel, für viele überraschend, ein CSU-Mitglied: den Amtschef im bayerischen Wissenschaftsministerium, Ulrich Wilhelm. Den 44-Jährigen hatte sie während des Bundestagswahlkampfs 2002 als Pressesprecher des damaligen Kanzlerkandidaten Stoiber kennengelernt. Wilhelm verfügte nicht nur über fernsehtaugliches Aussehen und Formulierungsgabe, er war auch ein eminent politischer Kopf, der schon für Stoiber die Aufgabe übernommen hatte, die jeweils nächsten Schritte der CDU-Vorsitzenden vorauszuahnen und zu deuten. Wilhelm wusste sehr gut, wie er Informationen zum Wohl der Chefin unter die Journalisten bringen konnte.

Den Vorsitz der CDU behielt Merkel selbstverständlich. Die Partei konnte sie auch als Bundeskanzlerin weiterhin führen, ja, sie musste es nach eigenem Verständnis sogar: Dass ihr Vorgänger 2004 den SPD-Vorsitz abgegeben hatte, betrachtete sie als schweren Fehler. Gleichwohl brauchte sie einen loyalen Statthalter, der das Alltagsgeschäft im Adenauerhaus führte. Sie fand ihn zunächst in Ronald Pofalla, der unter den jungen Merkel-Getreuen am meisten zu Polarisierung und Freund-Feind-Denken neigte. Für einen Generalsekretär erschien dieses Temperament sehr passend, weniger indes für den Posten des Kanzleramtsministers, den Pofalla vier Jahre später übernahm: Der Aufgabe, Streitigkeiten innerhalb des Regierungslagers zu schlichten statt zu verschärfen, wurde er in dieser Funktion nicht immer gerecht.

Einen Nachfolger brauchte Merkel an der Spitze der Unionsfraktion im Bundestag. Das war alles andere als trivial, weil die Fraktion stets das schwächste Glied in ihrem Machtgefüge blieb. Dass die Bundestagsabgeordneten im Schnitt konservativer waren als die übrigen Funktionsträger der Partei, hat auch mit dem deutschen Wahlrecht zu tun: Als relativ stärkste Partei eroberte die CDU weiterhin viele Direktmandate im ländlichen Raum. Weil ihre Wahlergebnisse aber insgesamt zurückgingen, fielen ihr darüber hinaus kaum noch Listenmandate zu. Großstädtisch-liberale Wahlkreise, in denen oft Sozialdemokraten und später auch Grüne das Direktmandat eroberten, waren deshalb in der Unionsfraktion unterrepräsentiert.

Einen ihrer alten Vertrauten vom liberalen Parteiflügel zum Fraktionsvorsitzenden zu machen schied für Merkel deshalb von vornherein aus: Er hätte die Fraktion niemals hinter sich gebracht. Sie brauchte für die Aufgabe einen loyalen Konservativen – und fand ihn in Volker Kauder. Der 56 Jahre alte Christdemokrat, als Kind von Donauschwaben in Baden-Württemberg aufgewachsen, war ein strenggläubiger Protestant mit Affinität zur evangelikalen Bewegung. Für ihn sprach aus Sicht der Kanzlerin, dass er im Streit um die Kanzlerkandidatur 2002 mit offenen Karten gespielt hatte. Während andere zu tricksen versuchten, hatte er als Generalsekretär der Südwest-CDU der Parteichefin ins Gesicht gesagt, dass sein Landesverband ihre Kanzlerkandidatur nicht unterstützen werde. Bereits 2004 hatte ihn Merkel deshalb zum CDU-Generalsekretär gemacht, jetzt stieg er zum Fraktionsvorsitzenden auf. Das blieb bis zuletzt eine undankbare Position: Die Konservativen sahen in ihm den Mann, der Merkels Willen rücksichtslos umsetzte, und die Liberalen betrachteten ihn nach wie vor nicht als einen der ihren. Nach 13 Jahren an der Spitze der Abgeordneten führte das 2018 schließlich zu seinem Sturz, der die Endphase von Merkels Regierungszeit einleitete.

Da die CDU bereits die Kanzlerin und ihren Amtschef stellte, blieben ihr darüber hinaus nur vier Ministerposten. Ihren Vorgänger im Parteivorsitz band Merkel als Innenminister ein; das war eine naheliegende Entscheidung, schließlich hatte Schäuble das Amt schon einmal innegehabt, und er versprach in dieser Funktion die konservative Flanke besonders gut zu sichern. Das Verteidigungsministerium ging an den Hessen Franz Josef Jung, einen Vertrauten des Merkel-Rivalen Roland Koch, schließlich konnte die Kanzlerin dem Landesverband einen Berliner Posten nicht verweigern. So blieben nur zwei Positionen, über die sie relativ frei verfügen konnte. Zur Bildungsministerin machte sie ihre alte Freundin Annette Schavan. Im Familienministerium setzte sie mit der Berufung der niedersächsischen Sozialministerin Ursula von der Leyen jenen politischen Akzent, um dessentwillen sie das Ressort in den Koalitionsverhandlungen für die CDU reklamiert hatte.

So blieben fürs Erste noch keine Posten in der allerersten Reihe für die Mitglieder jener «Boygroup» der inzwischen nicht mehr ganz jungen Bundestagsabgeordneten, die ihre Hoffnungen früh auf die Parteichefin Merkel gesetzt hatten. Dafür standen in der großen Koalition zu wenige Ämter zur Verfügung, dafür war auch Merkels innerparteiliche Macht noch nicht gefestigt genug. Ronald Pofalla konnte sie immerhin mit den

4. Kanzlerin auf Probe (2005–2008)

Parteigeschäften betrauen. Norbert Röttgen stieg zum Ersten Parlamentarischen Geschäftsführer der Bundestagsfraktion auf, Hermann Gröhe wurde deren Justiziar, Eckart von Klaeden außenpolitischer Sprecher. Hildegard Müller, eine der wenigen Frauen in der Runde, kam als Staatsministerin ins Kanzleramt, für Peter Altmaier fiel der Posten eines Parlamentarischen Staatssekretärs im Innenministerium ab. Der ältere Peter Hintze, der Merkel in die westdeutsche Politik eingeführt hatte, wurde zwar nur Parlamentarischer Staatssekretär im Wirtschaftsministerium, aber zugleich Vorsitzender der einflussreichen nordrhein-westfälischen Landesgruppe im Bundestag, was seine wahre Bedeutung für Merkels Machtsystem schon eher wiedergab.

Geradezu mythisch überhöht wurde in den frühen Jahren von Merkels Kanzlerschaft die allmorgendliche Besprechung im Kanzleramt, die «Morgenlage». An ihr nahmen normalerweise die Vertrauten Baumann und Christiansen teil, Kanzleramtschef de Maizière und Regierungssprecher Wilhelm, Staatsministerin Müller und Planungsstab-Chef Matthias Graf von Kielmansegg, der später von Christiansen abgelöst wurde, darüber hinaus Michael Wettengel, Leiter der Zentralabteilung im Kanzleramt, früherer Schäuble-Vertrauter und intimer Kenner aller Personalien. Gelegentlich kamen CDU-Generalsekretär Pofalla, Fraktionschef Kauder und dessen parlamentarischer Geschäftsführer Röttgen hinzu – der freilich ähnlich wie sein Nachfolger Altmaier öffentlich den Eindruck unwidersprochen ließ, er sei jedes Mal dabei.

Nicht einmal über die Zusammensetzung zu reden, das entsprach zugleich dem ehernen Gesetz, aus der Runde niemals etwas auszuplaudern. So ungewöhnlich, wie Journalisten oder Merkel-Kritiker in den Unionsparteien manchmal taten, war das freilich nicht: Auch die Vorgänger Schröder und Kohl hatten selbstverständlich ihre engen Zirkel, in denen sie das politische Vorgehen vertraulich besprachen. Hier konnte die Regierungschefin offen diskutieren, das Für und Wider von Entscheidungsalternativen abwägen, und sie musste nicht befürchten, dass unfertige Gedankensplitter an die Öffentlichkeit gelangten. Anders ließ sich ja überhaupt nicht regieren. Die Mitglieder eines solchen Kreises besaßen mehr Einfluss auf den Gang der Politik, als es sich in ihren oft zweitrangigen Amtsbezeichnungen ausdrückte, oft sogar mehr als die Minister im Kabinett. Sie bezahlten dafür mit dem Verzicht auf Selbstdarstellung in der Öffentlichkeit.

Je länger Merkels Kanzlerschaft währte, desto weniger Aufsehen wurde um diese «Morgenlage» gemacht – wenngleich die Runde noch in den Fernsehspielen über den Flüchtlingsherbst 2015 eine zentrale Rolle spielte.[77] Das nachlassende Interesse hatte allerdings auch damit zu tun, dass sich die Runde in ihrem Charakter veränderte und in ihrer Bedeutung relativierte. Im Zuge der politischen Großkrisen etablierten sich andere Beratungszirkel bis hin zum «Corona-Kabinett», zudem neigte Merkel mit zunehmender Amtsdauer dazu, manche Entscheidung nur mit sich selbst oder allenfalls mit ihrer Büroleiterin auszumachen. Hier zeigten sich gewisse Parallelen zum Vorvorgänger Kohl.

Wie der Pfälzer zeichnete sich Merkel über weite Strecken ihrer Amtszeit durch eine nahezu unerschöpfliche körperliche Belastbarkeit aus. Ohne ein gewisses Maß an Durchhaltevermögen gelangt kein Politiker in eine Spitzenposition, Menschen mit ausgeprägtem Schlafbedürfnis oder geringer Stressresistenz scheitern gewöhnlich in einem früheren Stadium ihrer politischen Karriere. Demokratische Auswahlprozesse mit ihren Anforderungen von endlosen Nachtsitzungen bis zu strapaziösen Wahlkämpfen stellen insofern immer auch ein archaisches Kräftemessen dar. Trotzdem bleiben selbst in Führungsämtern bemerkenswerte Unterschiede, was die Kondition betrifft. Politiker wie etwa Horst Seehofer und Sigmar Gabriel, immerhin auch Parteivorsitzende, Ministerpräsidenten und Inhaber wichtiger Regierungsämter im Bund, pflegten fest vereinbarte Termine nicht selten ohne Angabe von plausiblen Gründen abzusagen, weil sie schlichtweg keine Lust mehr hatten. Und Gerhard Schröder flüchtete sich 2005 auch deshalb in Neuwahlen, weil er buchstäblich am Ende seiner physischen und psychischen Kräfte war. Die Belastungen der Kanzlerschaft konnte ihm sogar das Fernsehpublikum mühelos ansehen.

Merkel wäre die Letzte gewesen, die sich darüber erhoben hätte. Schließlich war sie nach dem Tod von Helmut Schmidt und Helmut Kohl neben Schröder die Einzige im Land, die beurteilen konnte, was das hieß: an der Spitze der Regierung zu stehen. Als ihre Leute am Wahlabend zu später Stunde begannen, den Wahlverlierer Schröder zu verhöhnen, wurde sie sehr ernst: Sieben Jahre seien eine lange Zeit in diesem Amt.[78] Viele in- und ausländische Politiker waren Merkel an Durchhaltevermögen unterlegen. Dass sie endlose Koalitionsrunden oder Brüsseler Verhandlungsnächte am Ende so oft für sich entschied, jedenfalls mit Formelkompromissen auf dem Papier, das lag auch an ihrer Konstitution. Die anderen wollten irgendwann einfach nach Hause gehen, während sie den Eindruck erweckte, ewig weiterverhandeln zu können. Natürlich waren auch ihre

4. Kanzlerin auf Probe (2005–2008)

Kräfte endlich. Aber sie schrieb sich lange Zeit die Fähigkeit zu, an den Wochenenden den Schlaf nachzuholen oder sogar vorsorglich zu speichern, den sie unter der Woche der Politik opfern musste: *Ich habe gewisse kamelartige Fähigkeiten.*[79]

Das bedeutete freilich nicht, dass das Wochenende immer frei blieb: Wahlkampfauftritte, Festreden, internationale Treffen oder Koalitionsrunden am Sonntagabend störten die Entspannung, von den vielen Telefonaten aus der uckermärkischen Datsche gar nicht zu reden. Die sportliche Aktivität beschränkte sich am Ende auf gelegentliche Wanderungen im Oster- und Sommerurlaub, den Skilanglauf gab Merkel nach einem Unfall zum Jahreswechsel 2013/14 auf. Spätabends nach getaner Arbeit saß sie mit Vertrauten bisweilen noch beim Wein. Manch einer, der erst später zum engeren Kreis hinzustieß, wunderte sich darüber, weil es zum Bild der preußisch-puritanischen Kanzlerin nicht recht passen wollte; auch Nato-Generalsekretär Jens Stoltenberg hielt Merkels Ausdauer beim Weißweintrinken für erwähnenswert.[80]

Das alles hinterließ, wie bei jedem Kanzler, auch körperliche Spuren, «Spuren der Macht», wie die Fotografin Herlinde Koelbl ihren Bildband betitelt hatte. Wie bei den männlichen Vorgängern wuchs mit dem politischen auch Merkels körperliches Gewicht. Das hing nicht zuletzt mit der Erbarmungslosigkeit des Wochenablaufs zusammen. In Sitzungswochen des Bundestags sah das Programm normalerweise so aus: montags Parteigremien, dienstags Fraktion, mittwochs Kabinett, donnerstags Plenardebatte, gegebenenfalls mit Regierungserklärung. Ansonsten: Reden und Auftritte überall im Land, Wahlkämpfe, Koalitionsausschuss, Verhandlungen mit den Ministerpräsidenten. Dazu Besuche im Ausland mit der Regierungsmaschine, bei außereuropäischen Zielen oder internationalen Gipfeln gern mit großer Delegation und Journalistentross, und Empfang von ausländischen Besuchern, oft zur Vorbereitung der immer zahlreicher werdenden Treffen gleich welcher Art, vom Europäischen Rat in Brüssel über die Zusammenkünfte der G8 und G20 bis zu den gemeinsamen Regierungskonsultationen mit Ländern wie Frankreich, Italien, Spanien, Russland, Polen, Israel, Indien, China. War ein solches «Format», wie es im Diplomatenjargon heißt, erst einmal etabliert, ließ es sich ohne größere Brüskierung des Partners nicht wieder abschaffen. Die Zeit dazwischen füllte das, was der Normalbürger als die eigentliche Arbeit begreifen mochte: Aktenstudium, Telefonate, Beratungen mit Vertrauten.

So selten wie möglich versäumte Merkel ihre Termine. Fest vereinbarte

Auftritte sagte sie fast nie ab, praktisch immer kam sie pünktlich und hasste Unpünktlichkeit bei anderen. Umso mehr deutete es auf den Ernst der Lage, wenn sie doch einmal absagte. Ihre Auslandsreisen plante sie stets so, dass sie zu den Sitzungen von Fraktion oder Parteivorstand wieder in Berlin war – zumindest, solange sie als CDU-Chefin amtierte.

Die Sorge, Abwesenheit könne Kontrollverlust bedeuten, hatte Folgen für die Reiseplanung. Kaum einer dieser Trips dauerte länger als zwei, keiner länger als drei Tage. Bei größeren Entfernungen saß Merkel bisweilen genauso lange im Flugzeug, wie sie sich vor Ort aufhielt. Unter Kohl hatten ausgedehnte Reisen nach Ostasien oder nach Lateinamerika noch eine volle Woche gedauert, touristisches Besichtigungsprogramm eingeschlossen. Darauf verzichtete Merkel aus doppelter Vorsicht: Sie wollte sich nicht dem Verdacht aussetzen, Vergnügungsreisen zu unternehmen, vor allem aber wollte sie zu Hause nichts anbrennen lassen. Nie fühlte sie sich sicher, auch nicht auf dem Höhepunkt ihrer Macht. Das zählte zu den Geheimnissen ihrer langen Regierungszeit.

Außenkanzlerin

So selten ein Kanzlerwechsel in der stabilitätsorientierten Kultur der Bundesrepublik auch sein mochte: Die Choreographie der ersten Amtswochen mit ihren Antrittsbesuchen folgte einem weitgehend festgelegten Schema. Trotz des konventionellen Ablaufs verschob Merkel die Gewichte, zunächst vorsichtig, dann immer deutlicher. Viele der Konfliktlinien, die später die Großkrisen ihrer Kanzlerschaft prägten, zeichneten sich hier in ersten Andeutungen ab, manche Fehleinschätzungen musste sie später korrigieren. Mit manchen Grundüberzeugungen ihrer Vorgänger Helmut Kohl und Gerhard Schröder brach sie, teils aus eigenem Antrieb, teils aufgrund der Zeitläufte.

Schon in den ersten Tagen war vieles anders als früher. In Brüssel besuchte sie zuerst die Nato, dann erst die Institutionen der Europäischen Union: Das verkehrte die Prioritäten ihrer Vorgänger ins Gegenteil. Für die ehemalige DDR-Bürgerin hatte das transatlantische Verhältnis zu den Vereinigten Staaten von Amerika Vorrang vor einer immer engeren Union der Europäer, die für sie ohnehin keine Herzensangelegenheit war – und an die sie auch realpolitisch immer weniger glaubte, seit das Projekt einer

4. Kanzlerin auf Probe (2005–2008)

EU-Verfassung an Volksabstimmungen in Frankreich und den Niederlanden gescheitert war.

Sie verbrüderte sich nicht mit Paris, vielmehr suchte sie den Kontakt zu den «neuen» Europäern, dem britischen Premier Tony Blair und dem frisch gewählten polnischen Präsidenten Lech Kaczyński. Das verhalf ihr im Dezember, nicht einmal einen Monat nach ihrer Wahl, zum ersten großen Triumph ihrer Amtszeit: Sie schaffte es, auf ihrem ersten EU-Gipfel eine Einigung im Streit um den neuen EU-Haushalt herbeizuführen, in dem sich vor allem Frankreich mit seiner Verteidigung der Agrarsubventionen und das Vereinigte Königreich mit seinem Beharren auf seinem Beitragsrabatt ineinander verkeilt hatten. Weil sie sich im Vorfeld nicht eindeutig auf eine Seite gestellt hatte, nahmen ihr beide die Rolle der ehrlichen Vermittlerin ab.

Im neuen Jahr ging es auf der Weltbühne weiter. Volle drei Stunden Gesprächszeit gewährte ihr Anfang Januar 2006 in Washington Präsident George W. Bush, der sich damit für Merkels Solidarität in der Irakfrage revanchierte. Merkel sah darin nicht Anbiederung, sondern den Versuch, das aus ihrer Sicht von Schröder leichtfertig beschädigte Verhältnis zur Führungsmacht der freien Welt zu reparieren. Zugleich kritisierte sie, wenn auch in diplomatischen Worten, die Zustände im Gefangenenlager Guantanamo.[81]

Neue Akzente, allerdings unter umgekehrten Vorzeichen, setzte Merkel auch im Verhältnis zu den illiberalen Großmächten im Osten: also zu Russland, das für ihren Vorgänger als «lupenreine Demokratie» durchging, oder zum offenen Einparteiensystem Chinas.[82] Bereits bei ihren Antrittsbesuchen praktizierte die Kanzlerin einen neuen, nüchterneren Stil, und sie thematisierte bei allen fortbestehenden Geschäftsinteressen auch Menschenrechtsfragen wie unter ihren Vorgängern allenfalls Willy Brandt. Hinter verschlossenen Türen ging sie ihre Gesprächspartner hart an, wie zumindest ihr Umfeld glaubhaft versicherte.[83] Dass hier etwas wirklich Neues entstand, dass Merkel eine echte Konfrontation in Kauf zu nehmen bereit war und damit auch den Konflikt mit ihrem sozialdemokratischen Außenminister, das zeigte sich für die Öffentlichkeit in aller Konsequenz erst gut ein Jahr nach Amtsantritt.

Am 21. Januar 2007 stattete Merkel dem russischen Präsidenten Wladimir Putin im Badeort Sotschi am Schwarzen Meer einen Besuch ab. Zum dritten Mal fuhr sie als Kanzlerin nach Russland, den G8-Gipfel in Sankt Petersburg nicht mitgerechnet. Aber diese Visite hatte es in sich.

«Ich hoffe, der Hund erschreckt Sie nicht», sagte der russische Präsident Putin bei einem Besuch Merkels in Sotschi 2007. Das klang, als sei er sich der Wirkung seiner Herrschaftsgeste durchaus bewusst.

Putin empfing sie im Beisein seiner Labradorhündin Connie, dabei war Merkels Angst vor Hunden nach einem Hundebiss in der Boulevardpresse breit diskutiert worden und damit allgemein bekannt. *Obwohl, wie ich glaube, der russische Präsident genau wusste, dass ich nicht gerade begierig darauf war, seinen Hund zu begrüßen, brachte er ihn mit. Man sieht ja, wie ich mich tapfer bemühe, Richtung Putin zu gucken und nicht Richtung Hund.*[84] Putin selbst äußerte nach Angaben von Ohrenzeugen: «Ich hoffe, der Hund erschreckt Sie nicht.»[85] Das klang, als sei er sich der Wirkung seiner Herrschaftsgeste durchaus bewusst – auch wenn er noch neun Jahre später in einem Interview mit der *Bild*-Zeitung beteuerte, von Merkels Abneigung gegen Hunde nichts gewusst zu haben.[86]

Dieser Tag markiert zugleich den Beginn einer sehr besonderen Beziehung. Bei allen Unterschieden des Charakters und der politischen Positionierung gab es zwischen Merkel und Putin auch biographische Parallelen. Putin war im Mai 2000 erstmals zum russischen Präsidenten gewählt worden, fast gleichzeitig mit Merkels Aufstieg an die Spitze einer der stärksten westeuropäischen Volksparteien. Der ehemalige Geheimdienstmann hatte die ostdeutsche CDU-Chefin schon 2002 in Moskau

4. Kanzlerin auf Probe (2005–2008)

empfangen. Schon diese erste Begegnung war zu einem Kräftemessen geraten. Putin habe getestet, wie lange sie seinem Blick standhalte, notierten Chronisten.[87]

Beide lagen in Bezug auf das Alter nur knapp zwei Jahre auseinander. Sie beherrschten die Sprache des jeweils anderen, Merkel war als Siegerin der Russisch-Olympiade 1970 nach Moskau gefahren, Putin hatte in den späten achtziger Jahren als KGB-Agent in Dresden gelebt. Sie schätzten die jeweils andere Kultur, ohne deshalb die politischen Positionen ihres Gegenübers zu billigen. Sie konnten aufgrund ihrer langjährigen Arbeitsbeziehung so schonungslos offen miteinander reden, wie es in den internationalen Beziehungen selten ist. Und sie hielten einander für einigermaßen berechenbar: Was auch immer der russische Präsident tat, die Kanzlerin konnte es sich meist aus rationalem Machtinteresse erklären.

Die persönliche Geschichte, die Merkel mit Russland verband, führte auch zu ganz spezifischen Abwehrreaktionen: Dem Niedersachsen Schröder blieben die inneren Verhältnisse des Landes gleichgültig, der russophilen Ostdeutschen nicht. Merkel sah in den Russen kein Volk, das zur Demokratie nicht fähig sei. Für sie war das Land mehr als nur ein Gegenstand abstrakter weltpolitischer Strategien. Wenn es um Moskau oder Tiflis ging, dann hatte sie – anders als die meisten Westdeutschen – aufgrund ihrer frühen Reisen sehr konkrete Menschen mit ihren Wünschen und Hoffnungen vor Augen. Gleichwohl stellte sie ihre besondere Nähe zu dem Land öffentlich nicht zur Schau, das hätte manchen westdeutschen Christdemokraten verunsichern können.

Den aktuellen Hintergrund der Spannungen mit Russland bildeten Anfang 2007 die Pläne des US-Präsidenten George W. Bush, in den osteuropäischen Nato-Mitgliedstaaten ein Raketenabwehrsystem zu installieren. Merkel sprach sich dafür aus, die Raketenabwehr *als eine Nato-Aufgabe insgesamt zu sehen*, allerdings – wie üblich – ohne sich mit letzter Konsequenz festzulegen. Außenminister Steinmeier äußerte sich hingegen ablehnend, weshalb ihn die Osteuropäer des Antiamerikanismus ziehen. Der Konflikt zwischen «altem» und «neuem» Europa, der anlässlich des Irakkriegs aufgebrochen war, schien sich nun mitten durch die deutsche Regierung zu ziehen.[88]

Putin ging seinerseits noch einen Schritt weiter. Er setzte drei Wochen nach dem Treffen von Sotschi auf der Münchner Sicherheitskonferenz zu einer Frontalattacke gegen den Westen an und stellte die Nato-Osterweiterungen der zurückliegenden Jahre als einen Bruch von Versprechen dar, die der Westen im Zuge der deutschen Wiedervereinigung gegeben habe. Die Hand für eine gemeinsame Sicherheitsarchitektur, die er mit seiner Bundestagsrede sechs Jahre zuvor ausgestreckt habe, sei nicht ergriffen worden. Damit hatte er insofern recht, als keiner der westlichen Politiker eine befriedigende Antwort auf die Frage gegeben hatte, welche Rolle Russland im neuen europäischen Bündnissystem eigentlich spielen sollte.

Die Verfechter der alten sozialdemokratischen Entspannungspolitik, zu denen auch Steinmeier zählte, hatten durchaus Verständnis für die Position des russischen Präsidenten. Am Morgen nach Putins Münchner Auftritt konnte man beim Hotelfrühstück in Weimar den fast 85 Jahre alten Egon Bahr erleben, der trotz schwerer Erkältung große Genugtuung zeigte: Endlich habe jemand ausgesprochen, welche Fehler die westliche und vor allem die amerikanische Politik nach dem Epochenwechsel von 1990/91 gemacht hätten.[89]

Auch Merkel blieb von Putins Gegenoffensive nicht unbeeindruckt. Gut ein Jahr später traf sie ihn in Moskau, kurz bevor er das Präsidentenamt aus verfassungsrechtlichen Gründen 2008 vorübergehend an seinen Vertrauten Dmitri Medwedjew übergab. Kurz darauf sprach sich die deutsche Kanzlerin auf einer Kommandeurstagung der Bundeswehr gegen die von den Vereinigten Staaten geforderte Aufnahme Georgiens und der Ukraine in den «Membership Action Plan» aus, der de facto einen Automatismus zur Nato-Mitgliedschaft der beiden Länder bedeutet hätte: *Ich bin der Meinung, ein Land sollte nur Mitglied der Nato sein, wenn nicht nur eine augenblickliche politische Führung diese Mitgliedschaft befürwortet, sondern wenn es auch eine qualitativ bedeutsame Unterstützung der Nato-Mitgliedschaft in der Bevölkerung gibt. Länder, die selbst in regionale oder innere Konflikte verstrickt sind, können aus meiner Sicht nicht Mitglied der Nato sein.*[90]

Diese Position setzte Merkel drei Wochen später auf dem Nato-Gipfel in Bukarest gegen den erbitterten Widerstand des US-Präsidenten George W. Bush durch. Es handelte sich um eine der wichtigsten Entscheidungen ihrer Amtszeit, wie sich wenig später in den Konflikten um Georgien und die Ukraine zeigen sollte. Wären die beiden Länder bereits Mitglied der Nato gewesen, hätte der Westen nur die Wahl zwischen zwei schlechten Alternativen gehabt: entweder einen großen Krieg zu riskieren oder die Beistandspflicht nach Artikel 5 des Bündnisvertrags durch Nichteingreifen vollständig zu entwerten. So gesehen, hatte die Entscheidung von Bukarest die Nato fürs Erste gerettet.

4. Kanzlerin auf Probe (2005–2008)

Einen Vorgeschmack auf den späteren Ukrainekonflikt gab im Sommer 2008 die Georgienkrise, als sich der latente Konflikt um die abtrünnigen Provinzen Abchasien und Südossetien zu einem heißen Krieg entwickelte. Von russischen Aggressionen provoziert, ließ der georgische Präsident Michail Saakaschwili georgische Truppen bis in die südossetische Hauptstadt vorrücken. Russland antwortete mit einer Gegenoffensive, die auf die Unterbrechung der georgischen Magistrale zwischen Tiflis und dem Schwarzen Meer zielte.

Damit trat der Fall ein, vor dem Merkel auf dem Bukarester Nato-Gipfel gewarnt hatte. Am 15. August traf sie den neuen russischen Präsidenten Medwedjew in Sotschi, zwei Tage später besuchte sie Saakaschwili in Tiflis. Während die Atmosphäre in der Sommerhitze des Badeorts am Schwarzen Meer eisig blieb, erklärte sie in der Hauptstadt der Kaukasusrepublik: *Georgien wird, wenn es das will, und das will es ja, Mitglied der Nato sein.*[91] Ihre große Skepsis gegenüber Saakaschwili, so schien es, wich einem Gefühl der Solidarität – auch wenn Merkel mit ihrem Satz nur die Formulierung wiederholte, mit der sie in Bukarest die Georgier über die verweigerte Nato-Mitgliedschaft hinweggetröstet hatte.[92]

Einen Abzug russischer Truppen verlangte Merkel allerdings nur in Bezug auf das georgische Kernland. Was die beiden abtrünnigen Republiken betraf, so ließ sie deren künftigen Status offen: Die territoriale Integrität Georgiens bezeichnete sie lediglich als «Ausgangspunkt» von Verhandlungen. Auch gefror ihr Gesichtsausdruck zunehmend, als sich Saakaschwili auf der gemeinsamen Pressekonferenz gegen Russland in Rage redete. Realpolitisch blieb ihre Visite ohnehin folgenlos. Zwischen Merkels Besuchen in Sotschi und Tiflis hatte der französische Staatspräsident Sarkozy in seiner Eigenschaft als EU-Ratspräsident bereits ein Waffenstillstandsabkommen zwischen den Konfliktparteien vermittelt.

Ihren ersten Chinabesuch absolvierte Merkel relativ spät, im Mai 2006, nachdem sie schon je zweimal die Vereinigten Staaten und Russland besucht hatte. Es wurde der Beginn einer ganz besonderen Beziehung. Bei aller Distanz zum politischen System bewunderte die Kanzlerin die wirtschaftliche Dynamik in der Volksrepublik, die ihrer Ansicht nach im grellen Kontrast zur mangelnden Veränderungsbereitschaft der Deutschen stand.[93] Anders als Schröder trat sie – ähnlich wie in Moskau – nicht mehr allein als Handelsreisende auf. Natürlich nahm sie eine große

Wirtschaftsdelegation mit, aber sie kritisierte unfaire Konkurrenz und traf sich mit Vertretern der Zivilgesellschaft.

Ende September 2007, ein halbes Jahr nach dem Putin-Eklat auf der Sicherheitskonferenz, empfing sie im Kanzleramt den Dalai Lama, das Oberhaupt der tibetischen Exilregierung, den – nebenbei bemerkt – eine Freundschaft mit ihrem Rivalen Roland Koch verband. Merkels Vorgänger Kohl und Schröder hatten solche Begegnungen stets vermieden – aus Rücksicht auf China, das darin einen Angriff auf die Zugehörigkeit Tibets zur Volksrepublik sah. Obwohl die Kanzlerin das Treffen als *privaten Gedankenaustausch*[94] deklarierte und alsbald auch versichern ließ, sie stelle die territoriale Integrität Chinas nicht in Frage, folgten die Reaktionen aus Peking prompt: Begegnungen auf fast allen Ebenen wurden abgesagt. Die deutsche Wirtschaft beschwerte sich über die Kosten von Merkels moralischer Außenpolitik, Außenminister Steinmeier zeigte sich verstimmt und äußerte, er sei «kein Krawallmacher» – im Gegensatz zur Regierungschefin, sollte das heißen.[95]

Hintersinnige Kritik formulierte wieder einmal Gerhard Schröder: Die Kanzlerin lasse sich gegenüber Peking und Moskau «von größerer Emotionalität» leiten, weil sie aus der DDR komme.[96] Damit bediente er das Klischee von weiblicher Emotion und männlicher Rationalität, obwohl es sich in Wahrheit umgekehrt verhielt: Mit ihrem kühlen Verstand obsiegte Merkel vielfach gegen gefühlsgesteuerte Männer wie Schröder. Auch in der Außenpolitik setzte sie dem kumpelhaft-gefühligen Umgang mit autoritären Herrschern einen äußerst sachlichen Ton entgegen.

Vier Monate währte in Peking die Verstimmung über den Empfang des Dalai Lama in Berlin. Erst Mitte Februar beendeten Merkel und der chinesische Premierminister Wen Jiabao in einem Telefonat die Phase des Schweigens, wobei Steinmeiers Umfeld wissen ließ, der Außenminister habe in mühsamer Kleinarbeit das von Merkel zerbrochene Porzellan gekittet.

Innerhalb der Koalition hatte die Angelegenheit ein Nachspiel. Ein halbes Jahr später kam der Dalai Lama abermals nach Berlin, diesmal empfing ihn eine Sozialdemokratin: Entwicklungshilfeministerin Heidemarie Wieczorek-Zeul, ihrerseits eine Freundin wertegebundener Außenpolitik. Solche Treffen unterhalb der Chefebene gefährdeten zwar nicht das Verhältnis zu Peking, aber in diesem Fall den Koalitionsfrieden. Denn Vize-Regierungssprecher Thomas Steg, ebenfalls ein Sozialdemokrat,

4. Kanzlerin auf Probe (2005–2008)

kündigte den Termin mit der Ministerin ganz arglos vor der Bundespressekonferenz an und zog sich damit den Zorn des Außenministers zu: Steinmeier war über die Verabredung seiner Parteifreundin nicht im Bilde gewesen und witterte eine Intrige der Kanzlerin. So war es aber nicht. Die Ministerin hatte den Termin aus eigenem Antrieb arrangiert.[97]

Mit dem Antrittsbesuch in der Türkei ließ sich die neue Kanzlerin fast ein Jahr Zeit, bis Oktober 2006. Ihr Verhältnis zu dem Land am Bosporus war aus der Oppositionszeit vorbelastet wie kaum ein anderes, Merkel hatte hier einen offenen Bruch mit der Politik der beiden Vorgänger vollzogen. Helmut Kohl hatte der Türkei Verhandlungen über einen möglichen EU-Beitritt versprochen, Gerhard Schröder hatte diesen Schritt auf europäischer Ebene förmlich mit beschlossen. Nahezu zeitgleich mit Merkels Aufstieg zur Fraktionsvorsitzenden und Oppositionsführerin in Deutschland hatte in der Türkei die damals als gemäßigt islamistisch geltende AKP Ende 2002 die Parlamentswahl gewonnen, deren Anführer Recep Tayyip Erdoğan war zum Ministerpräsidenten aufgestiegen.

In den meisten europäischen Hauptstädten galt der neue Regierungschef damals als Hoffnungsträger für eine durchgreifende Demokratisierung des Landes: Die Entmachtung der kemalistischen Eliten schien die Möglichkeit zu eröffnen, den Einfluss des Militärs zu begrenzen und zugleich die religiös orientierten Teile der Bevölkerung auf eine verträgliche Weise ins politische System zu integrieren. Entsprechend freundlich empfingen Schröder und sein Außenminister Joschka Fischer den politischen Aufsteiger, als er – damals noch gar nicht Ministerpräsident – zwei Wochen nach seinem Wahlsieg die Bundesrepublik besuchte; für ein Treffen mit der Oppositionsführerin blieb keine Zeit.

Denn Merkel verfolgte damals schon andere Pläne. Bereits im Januar 2000, mitten in der Spendenaffäre, hatte sich die Generalsekretärin gemeinsam mit dem Parteivorsitzenden Schäuble auch in der Türkeipolitik von Kohl abgesetzt. In ihrer «Norderstedter Erklärung» bezeichnete die Partei die Entscheidung, dem Land den Status eines EU-Beitrittskandidaten zu verleihen, als «zumindest verfrüht».[98] Wolfgang Schäuble sah hier eine Chance, sich gegen die Regierung Schröder/Fischer zu profilieren. Zwei Jahre später leitete Merkel den endgültigen Bruch mit Kohls Türkeipolitik ein. Parallel zu Erdoğans Berlinbesuch schrieb ihr Fraktionsvize Schäuble ein Papier, in dem er eine EU-Vollmitgliedschaft der Türkei von vornherein ablehnte und stattdessen eine «privilegierte Partnerschaft» vorschlug – ein Konzept, das Merkel sogleich übernahm.[99]

In der Türkei wurde die beschönigende Formel indes so verstanden, wie sie auch gemeint war: als eine schroffe Absage an das Land, das jahrhundertelang zum Konzert der europäischen Mächte gehört hatte. Entsprechend große Aufmerksamkeit fand die Reise, die Merkel als Oppositionsführerin Anfang 2004 in das Land unternahm, gut anderthalb Jahre vor ihrem Amtsantritt als Kanzlerin und kurz bevor sie die Idee der «privilegierten Partnerschaft» förmlich als Programmatik von CDU und CSU beschließen ließ. Ihr Anti-Türkei-Kurs und die Abkehr von Kohl fanden in der deutschen und türkischen Öffentlichkeit breite Aufmerksamkeit, sie galten als überwiegend innenpolitisch motiviert. Nach dem spektakulären Bruch mit dem hergebrachten deutschen Sozialstaat auf dem Leipziger Parteitag und der Unterstützung für den völkerrechtswidrigen Krieg der Vereinigten Staaten gegen den Irak im Jahr zuvor galt die Abkehr von der Türkei nunmehr als das dritte große Thema, mit dem sich Merkel als Hardlinerin präsentierte, um ihre Position innerhalb der Unionsparteien zu festigen.

Die außenpolitische Community urteilte damals überwiegend negativ über das Verhalten der CDU-Vorsitzenden gegenüber der Türkei, deren Einbindung in europäische Strukturen schon aus geostrategischen Gründen geboten schien. Merkels Umfeld legte später zwar größten Wert auf die Feststellung, dass sie die Beitrittsverhandlungen immer nur als Parteipolitikerin abgelehnt habe, in ihrer Funktion als Bundeskanzlerin hingegen den gemeinschaftlichen Beschlüssen der Europäischen Union gefolgt sei.[100]

Aus dieser feinsinnigen Unterscheidung sprach aber eine gehörige Portion schlechtes Gewissen. Den proeuropäischen Kräften in der Türkei zog die deutsche Bundeskanzlerin mit ihrer Festlegung jedenfalls den Boden unter den Füßen weg: Es wurde immer deutlicher, dass das Land selbst bei noch so großen demokratischen und rechtsstaatlichen Anstrengungen keinerlei Aussicht haben würde, jemals ein gleichberechtigtes Mitglied der europäischen Staatengemeinschaft zu sein. Auch galt es zunächst als zweifelhaft, ob die Ostdeutsche Merkel den besonderen Charakter wirklich erfasst hatte, der den Beziehungen beider Länder angesichts von rund drei Millionen Türkeistämmigen in den westlichen Bundesländern zukam.

Zu einem Schwur ganz anderer Art kam es bald in der Nahostpolitik: Als sich im Sommer 2006, gut ein halbes Jahr nach Merkels Amtsantritt, im Südlibanon die Hisbollah und Israel bekämpften, schickte die deut-

4. Kanzlerin auf Probe (2005–2008) **309**

Am 18. März 2008 sprach Merkel als erste ausländische Regierungschefin vor der Knesset, dem israelischen Parlament. «Die Sicherheit Israels ist für mich niemals verhandelbar», sagte sie. «Das dürfen in der Stunde der Bewährung keine leeren Worte bleiben.»

sche Regierungschefin erstmals die Bundeswehr zu einem Einsatz in die Region, auf Wunsch und mit Billigung Israels. Auch wenn es sich nur um einen Marineeinsatz vor der Küste handelte, war das eine historische Zäsur: Gut 60 Jahre nach dem Holocaust begab sich deutsches Militär in den Nahen Osten, um den jüdischen Staat zu beschützen. Damit bekam das bundesdeutsche Bekenntnis zum Existenzrecht Israels eine neue Dimension.

Knapp zwei Jahre später wurde die Kanzlerin noch deutlicher. Am 18. März 2008 sprach sie als erste ausländische Regierungschefin vor der Knesset, dem israelischen Parlament. Ihre Rede hatte es in sich. *Jede Bundesregierung und jeder Bundeskanzler vor mir waren der besonderen historischen Verantwortung Deutschlands für die Sicherheit Israels verpflichtet,* begann sie noch recht konventionell. *Diese historische Verantwortung Deutschlands ist Teil der Staatsräson meines Landes,* fuhr sie fort, um dann in aller Deutlichkeit hinzuzufügen: *Das heißt, die Sicherheit Israels ist für mich als deutsche Bundeskanzlerin niemals verhandelbar. Und wenn das so ist, dann dürfen das in der Stunde der Bewährung keine leeren Worte bleiben.*[101]

Vor dem Hintergrund, dass sich Israel zu diesem Zeitpunkt durch die potenzielle Atommacht Iran bedroht fühlte, besaß dieses Bekenntnis durchaus praktische Relevanz. Entsprechend gespalten reagierte die deutsche Öffentlichkeit. Der spätere Bundespräsident Joachim Gauck rückte bei einem Staatsbesuch in Israel vor Journalisten von Merkels Positionsbestimmung ab. Das «Staatsräson»-Wort könne die Bundeskanzlerin noch in «enorme Schwierigkeiten» bringen, sagte er 2012, zu diesem Zeitpunkt allerdings vor dem Hintergrund einer völlig veränderten politischen Lage: Mit Benjamin Netanjahu war 2009 ein Hardliner an die Spitze der Regierung gelangt.[102] Später ließ Gauck indes durchblicken, dass diese Äußerung ein Fehler gewesen sei – schon weil ein Präsident nicht den Eindruck erwecken sollte, eine Neben-Außenpolitik in Opposition zur Regierungschefin zu betreiben.

Den Höhepunkt ihres frühen Ansehens als Außenkanzlerin verdankte Merkel einem Zufall des Kalenders: Im Jahr 2007 übernahm Deutschland zum fünften Mal den Vorsitz in der Gruppe der führenden Industrienationen, damals noch G8. Im ersten Halbjahr hatte Deutschland zudem die EU-Ratspräsidentschaft inne. Merkel nutzte die ungewöhnliche Doppelrolle für ihre persönliche Profilierung, und sie hatte ihre Strategie von langer Hand geplant. Im Rahmen der G8 setzte sie auf ein Thema, in dem sie sich als Naturwissenschaftlerin und frühere Umweltministerin heimisch fühlte und das sie tatsächlich für eine Überlebensfrage der Menschheit hielt: die internationale Klimapolitik. Dass sie in der Lage war, auf diesem Gebiet komplizierte Kompromisse auszuhandeln, hatte sie 1995 auf dem Berliner Klimagipfel bewiesen. Schon Ende 2006 begann sie deshalb, das Publikum mit großen Interviews auf die Thematik einzustimmen. Den Kulminationspunkt bildete das Gipfeltreffen der Staats- und Regierungschefs, das Anfang Juni im Ostseebad Heiligendamm stattfinden sollte, also in ihrer politischen Heimat Mecklenburg-Vorpommern.

Nach schwierigen Verhandlungen konnte Merkel die Früchte der Entspannungspolitik ernten, die sie gegenüber dem Präsidenten der Vereinigten Staaten betrieben hatte: Sie gewann den skeptischen George W. Bush für eine Abschlusserklärung, der zufolge die G8-Staaten eine Halbierung der globalen Emissionen bis 2050 «ernsthaft in Betracht ziehen» wollten.[103] Allenthalben wurde sie nun als «Klimakanzlerin» gefeiert. Den vagen Gipfelbeschlüssen folgten allerdings keine konkreten Taten, erst recht nicht daheim in Deutschland, wo es den Wählern wehtun oder der lebenswichtigen Autoindustrie schaden könnte. Der drohende Zusammenbruch des

4. Kanzlerin auf Probe (2005–2008)

Ihr Ansehen als Außenkanzlerin verdankte Merkel dem G8-Gipfel 2007 in Heiligendamm. Sie brachte den US-Präsidenten dazu, eine Halbierung des CO_2-Ausstoßes bis 2050 «ernsthaft in Betracht zu ziehen».

Weltfinanzsystems verschob ein Jahr später die Prioritäten, anderes schien nun dringlicher zu sein. Im Dezember 2009, auf der Klimakonferenz in Kopenhagen, gelang nicht einmal mehr ein Formelkompromiss. Merkel sah, dass auf diesem Feld für sie nichts zu gewinnen war. Auf dem nächsten deutschen G7-Gipfel nahm sie das Klimathema 2015 zaghaft wieder auf. Erst 2019 kehrte es mit voller Wucht zurück, und nun stand Merkel nicht mehr als die Klima-Heldin da.

Komplizierter lagen die Dinge in der Europäischen Union. Kurz vor Merkels Amtsantritt, im beginnenden deutschen Wahlkampf des Frühsommers 2005, hatten Franzosen und Niederländer den Entwurf einer EU-Verfassung in Volksabstimmungen mit jeweils deutlicher Mehrheit abgelehnt. Damit war der Versuch, auf dem Weg vom Staatenbund zum europäischen Bundesstaat ein gutes Stück voranzuschreiten, fürs Erste gescheitert. Die beiden Länder waren zu wichtig, um über die Voten einfach hinwegzugehen. Die europäischen Institutionen verordneten sich eine «Reflexionsphase». Früh zeichnete sich ab, dass es während der deutschen Ratspräsidentschaft zu einem Anlauf für einen neuen, bescheideneren Verfassungsvertrag kommen würde. Schon im Sommer 2006 wurde dieser Zeitplan offiziell beschlossen.

Ihr europapolitisches Gesellenstück hatte Merkel schon im Dezember 2005 mit dem Kompromiss zum EU-Haushalt abgeliefert, doch dieses Mal stand sie vor einer größeren Herausforderung. Sie sah sich als die Frau, die praktische Aufräumarbeiten übernehmen musste, um die sich europapolitische Visionäre wie Helmut Kohl oder Joschka Fischer nicht gekümmert hatten. Der größte Widerstand kam inzwischen aus Polen, wo die Zwillingsbrüder Lech und Jarosław Kaczyński die Ämter des Präsidenten und des Premierministers übernommen hatten: Unter der Parole «Quadratwurzel oder der Tod» forderten die beiden Politiker, dass das Stimmgewicht des Landes auf gar keinen Fall hinter den Status quo zurückfallen dürfe. Entsprechend intensiv bemühte sich Merkel um das östliche Nachbarland. Überhaupt entfaltete die Kanzlerin im Zuge ihrer Ratspräsidentschaft eine Reisediplomatie, die zu einem dauerhaften Kennzeichen ihrer EU-Politik wurde: Bis zum Ende ihrer Kanzlerschaft gab es kaum ein wichtiges Treffen der europäischen Staats- und Regierungschefs, das sie nicht durch Besuche in den Partnerländern oder durch Einladungen nach Berlin intensiv vorbereitet hätte. Nicht nur das Gewicht Deutschlands als größtem Mitgliedstaat, sondern auch diese Vorgehensweise verschaffte ihr für lange Zeit eine Führungsrolle, die sie indes nicht immer ausfüllte.

Alles in allem gewann Merkel in der Außenpolitik erstaunlich schnell Profil, nicht nur mit Blick auf das heimische Publikum, sondern auch in Bezug auf die Regierenden in Moskau oder Peking, die mit einem machtbewussten Auftritt umzugehen wussten. Als schwächliche Schröder-Nachfolgerin konnten sie diese Frau jedenfalls nicht abtun. Nach einer Phase der Spannungen näherten sich die Positionen wieder an, weshalb Menschenrechtler nach anfänglicher Freude das Agieren der Kanzlerin zunehmend kritisch verfolgten. Was die Beziehungen zu Russland betraf, verschaffte sich Merkel mit ihrer sachlich-distanzierten Diplomatie eine Mittelposition zwischen den skeptischen Osteuropäern und den EU-Mitgliedsländern im Westen und Süden, denen das Thema keine existenziellen Sorgen bereitete. Das ermöglichte ihr, in der Ukrainekrise 2014 die Europäer beisammenzuhalten.

Der Blitzstart in der Außenpolitik hatte der neuen Kanzlerin zunächst jubelnde Hundert-Tage-Bilanzen verschafft. Die Umfragewerte der Union waren zu diesem Zeitpunkt auf 40 Prozent angestiegen, die enttäuschenden 35 Prozent der Bundestagswahl schienen vergessen zu sein. Kommentatoren rühmten den neuen Stil, die «freundliche Sachlichkeit und sanfte Entschlossenheit».[104] Die Art, mit der Merkel zuvor die innerparteilichen Konkurrenten vom Andenpakt im Zaum gehalten hatte, übertrug sie nun auf die Staats- und Regierungschefs anderer Länder. Das Lob rührte aber auch daher, dass sie wieder einmal unterschätzt worden war. Wie schon bei ihrem Amtsantritt als Umweltministerin würdigten kundige Beobachter ein weiteres Mal, dass sie sich – im Gegensatz zu manchem Vorgänger – bei Auslandsreisen auf Englisch verständigen konnte.[105] Außerdem hatten die Leute von der präpotenten Art und der Basta-Politik eines Gerhard Schröder fürs Erste genug. Selbst sozialdemokratische Regierungsmitglieder, vorzugsweise Frauen, lobten die freiere Atmosphäre im Kabinett.[106] Und schließlich verdankte Merkel ihre Popularität auch dem Umstand, dass die Außenpolitik von den vielen ungeklärten Fragen im Innern ablenkte.

Innenpolitik

Spätestens ab dem Frühjahr 2006 ließen sich die innenpolitischen Konfliktthemen jedoch nicht mehr aufschieben. In erster Linie betraf das den Streit über die Gesundheitspolitik, den Union und SPD bei den Koalitionsverhandlungen vertagt hatten. Hier eine Einigung zu erzielen, galt für Merkel zunächst als das «Gesellenstück ihrer Regentschaft».[107] Es ging darum, den Anstieg der Lohnnebenkosten zu verlangsamen und dadurch die Wirtschaft zu beleben. Bei Merkels Amtsantritt im November 2005 hatte Deutschland die vierthöchste Arbeitslosenquote aller EU-Länder. Das bestimmte weiterhin das öffentliche Bewusstsein, auch wenn die Zahl der Beschäftigungslosen schon im Frühjahr zu sinken begann: Im Mai ging sie so stark zurück wie seit 1990 nicht mehr. Noch in ihrer Haushaltsrede vom Juni 2006 bezeichnete Merkel die Bundesrepublik als «Sanierungsfall», was wiederum die SPD verärgerte, die das so auffasste, wie es gemeint war: als Attacke auf die rot-grüne Regierungszeit.[108]

Nach zwei Nachtsitzungen fanden die Koalitionspartner am Morgen des 3. Juni eine vorläufige Einigung zur Gesundheitsreform: Ein neu zu gründender «Gesundheitsfonds» sollte künftig einen einheitlichen Beitragssatz bei den Versicherten einsammeln und anschließend an die Krankenkassen verteilen. Kassen, die damit nicht auskämen, könnten einen Zusatzbeitrag erheben, wahlweise prozentual oder als Pauschale. Der Sinn des Modells mochte sich für Außenstehende nicht erschließen, doch konnten damit beide Seiten ihr Gesicht wahren: Die SPD behauptete, sie habe einen Schritt zur einheitlichen Bürgerversicherung für alle getan, während die CDU so tat, als sei der Zusatzbeitrag bereits ein Einstieg in ihre Gesundheitsprämie.[109]

Die christdemokratischen Ministerpräsidenten verlangten sogleich Nachbesserungen, der Stuttgarter CDU-Regierungschef Günther Oettinger nannte die Reform sogar «gescheitert».[110] Das legte wiederum die SPD der Kanzlerin als Mangel an Führungsstärke aus. Noch während Merkel gemeinsam mit den beiden anderen Parteichefs Beck und Stoiber den Kompromiss präsentierte, polterte der SPD-Fraktionsvorsitzende Peter Struck: Merkel halte sich nicht an Absprachen, indem sie dem Druck der eigenen Länderchefs nachgebe. «Das darf nicht oft passieren. Das darf eigentlich gar nicht passieren», sagte Struck, dem es dabei nicht bloß um Sachpolitik ging. Er bediente ganz bewusst das Klischee von der schwachen Frau, die sich nicht durchsetzen könne. Von «gekränkten Alphamännchen» schrieb die *taz*.[111] Die Jagdsaison auf Merkel war ein weiteres Mal eröffnet.

So hielt die Einigung zur Gesundheitsreform nicht lange vor. Das Projekt musste die Kanzlerin aufgrund des anhaltenden Zwists ins Folgejahr verschieben, die Ministerpräsidenten äußerten weiterhin Kritik. Für kurzfristige Ablenkung sorgte die Fußball-Weltmeisterschaft in Deutschland, die angesichts des guten Wetters und der gelösten Stimmung als «Sommermärchen» in die Geschichte einging. Schon früh hatte sich die Kanzlerin auf ein Ereignis vorbereitet, das für die erste Frau an der Spitze einer deutschen Regierung besondere Herausforderungen bereithielt. Ihr Vorgänger Gerhard Schröder hatte für dieses Ereignis bereits eine vor Männerschweiß triefende Kampagne unter dem Arbeitstitel «FC Deutschland 06» vorbereitet.[112] Die neue Kanzlerin betrieb Fußball-PR auf ihre eigene Art. Schon zu Neujahr hatte Merkel in einem Interview über ihre Fußballbegeisterung gesprochen, im März den Bundestrainer Jürgen Klinsmann im Kanzleramt empfangen. Den Beginn der Weltmeisterschaft begleitete sie abermals mit Interviews.

Die sommerliche Freude verflog freilich rasch. Bis zum Herbst stürzte die Union in den Umfragen auf weniger als 30 Prozent ab. Merkels persönliche Beliebtheit sank auf den niedrigsten Wert ihrer gesamten Amtszeit, selbst auf dem Tiefpunkt der Euro-Krise oder des Flüchtlingsstreits sollte sie beim Publikum mehr Zuspruch finden als jetzt. Nur langsam wurde es besser. Anfang Oktober einigten sich die Unterhändler in einer weiteren quälenden Nachtsitzung auf einen neuen Gesundheitskompromiss, nach weiteren Veränderungen passierte der mehr als 500 Seiten um-

4. Kanzlerin auf Probe (2005–2008)

Das Thema Fußball barg für eine Frau an der Spitze der Regierung besondere Herausforderungen. Merkel bewältigte sie auf ihre Weise. 2010 gratulierte sie dem Nationalspieler Mesut Özil zum Sieg im Länderspiel gegen die Türkei.

fassende Gesetzentwurf im Januar 2007 das Kabinett und im März den Bundestag. Danach verschwand das Thema, bei dem Merkel nichts mehr zu gewinnen hatte, rasch aus der Öffentlichkeit. Die anziehende Konjunktur verbesserte die Finanzen der Krankenkassen von selbst.

Allmählich gewann die Kanzlerin auch innenpolitisch wieder Boden unter den Füßen. Auf dem Parteitag Ende November 2006 stimmten 93 Prozent der Delegierten für eine weitere Amtszeit der CDU-Vorsitzenden, das waren immerhin fast fünf Prozentpunkte mehr als zwei Jahre zuvor. Die innerparteilichen Gegner standen sich nun selbst im Weg. Der konservative Platzhirsch Roland Koch und der liberale Newcomer Christian Wulff hielten sich mit ihren Ambitionen gegenseitig in Schach. Der neue nordrhein-westfälische Ministerpräsident Jürgen Rüttgers inszenierte sich als Arbeiterführer und positionierte sich in der Sozialpolitik links von Merkel. Er verlangte, die Hartz-Reform teilweise rückgängig zu machen und das Arbeitslosengeld 1 an Ältere wieder länger auszuzahlen. Die Delegierten auf dem Parteitag quittierten das zwar mit dem schlechtesten Wahlergebnis aller Merkel-Stellvertreter, aber in der Sache setzte sich Rüttgers am Ende durch.

Während alle Welt im ersten Halbjahr 2007 auf Merkels Außenpolitik sah, festigte sich die Macht der Kanzlerin weiter. Es begann im Januar mit dem Sturz Edmund Stoibers auf der Klausurtagung der CSU-Landtagsfraktion in Wildbad Kreuth. Auf die Frage einer Journalistin kündigte Stoiber leichtfertig seinen Verbleib im Amt bis zur übernächsten Landtagswahl im Jahr 2013 an, also für fast sieben weitere Jahre. Das war selbst jenen zu viel, die bereit gewesen waren, ihm nach seinem Berliner Rückzieher noch eine Gnadenfrist zu gewähren. Kurz zuvor war überdies bekannt geworden, dass Stoibers Büroleiter das Privatleben der Fürther Landrätin Gabriele Pauli ausspioniert hatte, weil die CSU-Politikerin eine Urabstimmung über den Spitzenkandidaten für die nächste Landtagswahl verlangt hatte. Nun blieb Stoiber keine andere Wahl, als für den Herbst 2007 den Verzicht auf seine beiden Spitzenämter anzukündigen. Die Konkurrenten Erwin Huber und Günther Beckstein teilten sich die Nachfolge auf: Huber wurde CSU-Vorsitzender, Beckstein bayerischer Ministerpräsident. Damit war Merkel einen langjährigen Konkurrenten los.

Nur zwei Wochen später erkannte auch der einfache Abgeordnete Friedrich Merz die Zeichen der Zeit. Wenige Tage nach dem Bundestagsbeschluss über die von ihm abgelehnte Gesundheitsreform teilte er mit, er werde bei der nächsten Wahl nicht mehr für den Deutschen Bundestag kandidieren. Nach seinem Abschied vom Fraktionsvorsitz zog er damit die logische Konsequenz. Gegen Merkel, das hatte er mühsam gelernt, konnte er vorerst nichts ausrichten. «Es ist nicht Gift, sondern Geduld, mit der Merkel die Herren erledigt», kommentierte der Journalist Hajo Schumacher.[113]

Nach zwei Monaten folgte die Selbstdemontage des baden-württembergischen Ministerpräsidenten Günther Oettinger, eines Mitglieds des Andenpakts. Der politische Betrieb befand sich gerade in den Osterferien, als er kurz nach den Feiertagen im Freiburger Münster eine Trauerrede auf seinen verstorbenen Vorgänger Hans Filbinger hielt. Der Christdemokrat hatte 1978 wegen seiner Vergangenheit als Marinerichter am Ende des Zweiten Weltkriegs zurücktreten müssen. Oettinger hielt es

4. Kanzlerin auf Probe (2005–2008)

für nötig, den Toten offensiv zu verteidigen und gleichsam zum Widerstandskämpfer zu erklären: «Hans Filbinger war kein Nationalsozialist, im Gegenteil: Er war ein Gegner des NS-Regimes.» Diese falsche Geschichtsdeutung rief sofort energischen Widerspruch hervor.

Oettinger verteidigte seine Rede zunächst trotzig, bis ihn zwei Tage nach der Trauerfeier ein Anruf Merkels von der Insel Ischia ereilte; er selbst hielt sich gerade mit seiner Familie im badischen Freizeitpark Rust auf. Den Gesprächsinhalt ließ die CDU-Vorsitzende von der Parteizentrale öffentlich machen: Sie habe dem Parteifreund gesagt, *dass ich mir gewünscht hätte, dass neben der Würdigung der großen Lebensleistung von Ministerpräsident Filbinger auch die kritischen Fragen im Zusammenhang mit der Zeit des Nationalsozialismus zur Sprache gekommen wären, insbesondere mit Blick auf die Gefühle der Opfer und Betroffenen.*[114]

Merkel hatte gelernt, allen Tendenzen zur Geschichtsrelativierung in den eigenen Reihen sofort deutlich entgegenzutreten. Oettinger brauchte allerdings noch ein paar Tage bis zur endgültigen Einsicht. Zu einer klaren Entschuldigung rang er sich erst vier Tage nach der Rede durch, als bereits der Zentralrat der Juden in Deutschland seinen Rücktritt vom Amt des Ministerpräsidenten verlangte. Tags darauf sagte der Protestant sogar einen Besuch bei Papst Benedikt XVI. in Rom ab, um in Berlin an der Sitzung des CDU-Präsidiums teilzunehmen. «Ich halte meine Formulierung nicht aufrecht, sondern ich distanziere mich davon», stellte er gleich bei der Ankunft klar.[115] Diesmal blieb die Kritik an der Parteivorsitzenden verhalten. Dass Oettinger einen haarsträubenden Fehler begangen hatte, mochten selbst viele Merkel-Kritiker nicht bestreiten. Sogar Georg Brunnhuber räumte das schließlich ein, einflussreicher Chef der baden-württembergischen CDU-Bundestagsabgeordneten und Organisator des abgesagten Papstbesuchs. Seine Kritik an Merkel nahm er später zurück: «Angela hat uns gerettet.»[116]

Der schon zuvor nicht unumstrittene Oettinger hatte seine Position durch die Angelegenheit deutlich verschlechtert. Hinzu kamen ungeschickte Interviews, in denen er seine Eignung für Berliner Ämter mit dem geringen Niveau der dortigen Politik begründete: «Die kochen ja auch nur mit Wasser.»[117] Nach der Bundestagswahl 2009 lobte ihn Merkel ins Amt des deutschen EU-Kommissars weg, wo er sogar an Profil gewann. An seine Stelle rückte der baden-württembergische CDU-Fraktionsvorsitzende Stefan Mappus, ein Freund des Merkel-Vertrauten Volker Kauder, den er sogar zum Patenonkel seines älteren Sohns gemacht hatte. Mappus präsentierte sich als Freund der klaren Kante, er ließ Demonstrationen gegen das Bahnhofsprojekt Stuttgart 21 zusammenprügeln und warb mit robusten Methoden für längere Atomlaufzeiten, kurz bevor in Japan ein Kernkraftwerk außer Kontrolle geriet. Letztlich trug Merkel mit ihrer schwäbischen Rochade ungewollt dazu bei, dass anderthalb Jahre später ein grüner Ministerpräsident in die Stuttgarter Staatskanzlei einzog.

Die Wahlniederlage des Hessen Roland Koch komplettierte im Januar 2008 das Fiasko der CDU auf Länderebene; zu Merkels Glück hatten es ihre Kritiker so angestellt, dass die Verantwortung dafür an ihnen selbst hängen blieb. So war es auch in Wiesbaden. In dem Land, das nie eine zuverlässige CDU-Hochburg gewesen war, schwächelte die Partei bedenklich. Daher setzte Koch auf eine abgewandelte Neuauflage des Anti-Ausländer-Wahlkampfs, der ihm neun Jahre zuvor den Weg in die Staatskanzlei geebnet hatte. Den Anlass bot ein Vorfall in München: Zwei junge Migranten mit griechischer und türkischer Staatsbürgerschaft beschimpften auf einem U-Bahnhof einen Rentner, der sie auf das Rauchverbot aufmerksam machte, als «deutsches Arschloch» und verletzten ihn durch Fußtritte schwer. Koch verlangte daraufhin in der *Bild*-Zeitung härtere Strafen gegen minderjährige Gewalttäter: «Wir haben zu viele junge kriminelle Ausländer.»[118] Diesmal überreizte er jedoch das Thema. Der Niedersachse Wulff, der sich im eigenen Wahlkampf um sanfte Töne bemühte, grenzte sich schroff ab. Vor einer Sitzung des Präsidiums ging er auf die wartenden Journalisten zu. «Kinder sind Kinder», sagte er, «die Strafmündigkeit zu verändern, halte ich für falsch.»[119] Damit dokumentierte er zugleich vor laufenden Fernsehkameras, dass der Andenpakt nunmehr Geschichte war und Merkel sich vor dem Herrenklub nicht mehr zu fürchten brauchte.

Am Wahlabend stürzte die hessische CDU um zwölf Prozentpunkte ab. Roland Koch verlor damit nicht nur seine absolute Mehrheit im Landtag, sondern auch die Chance auf eine Koalition mit der FDP. Eigentlich wäre das auch eine Niederlage für Merkel gewesen, doch aufgrund seiner Wahlkampagne zog Koch nun alle Kritik auf sich. Er stellte sich bereits auf seinen Auszug aus der Staatskanzlei ein. Durch das Ungeschick der SPD blieb ihm das erspart: Erst plauderte deren Bundesvorsitzender Kurt Beck den Plan, die Parteifreundin Andrea Ypsilanti mit Hilfe der Linkspartei zur Ministerpräsidentin zu machen, vor der Zeit aus. Dann vereitelten vier Quertreiber in der SPD-Fraktion aus überwiegend persön-

4. Kanzlerin auf Probe (2005–2008)

lichen Motiven die Wahl Ypsilantis.[120] Koch wusste jedoch, dass ihm dieses sozialdemokratische Fiasko nur eine Gnadenfrist gewährte. Zwar gewann er die Neuwahl, die aufgrund der unklaren Mehrheitsverhältnisse nötig wurde. Gleichwohl trat er im Sommer 2010 von seinen politischen Ämtern zurück. Unterdessen entstanden neue Konstellationen, die Merkels Absichten entgegenkamen. So schloss der Hamburger Bürgermeister Ole von Beust im Frühjahr 2008 das erste schwarz-grüne Bündnis auf Landesebene.

Unter den Ministerpräsidenten der Union musste Merkel nur noch zwei Rivalen fürchten. Der Niedersachse Christian Wulff hatte am Tag von Kochs Niederlage seine Landtagswahl mit einer betont liberalen Kampagne gewonnen. An der persönlichen Rivalität änderte das nichts, inhaltlich stärkte es Merkels Kurs. Die Kanzlerin nahm den Konkurrenten endgültig aus dem Rennen, indem sie ihn zwei Jahre später ins Amt des Bundespräsidenten hievte.

Größere Probleme bereiteten der Kanzlerin zunächst die Konflikte, die der nordrhein-westfälische Ministerpräsident Jürgen Rüttgers entfachte, der Mann also, dessen Düsseldorfer Wahlsieg vom Mai 2005 erst zu den vorgezogenen Bundestagswahlen geführt und Merkel ins Amt gebracht hatte. Seither suchte er sich in dem sozialdemokratisch geprägten Bundesland zu profilieren, indem er die Kanzlerin wirtschaftspolitisch von links, nicht von rechts attackierte. Das machte seine Vorstöße gefährlich.

Seine Kampagne für eine Revision der Hartz-Reformen untergrub die Position des sozialdemokratischen Arbeitsministers Franz Müntefering. Nun gerieten die Dinge auch in der SPD ins Rutschen, der Vorstoß fand sogleich die Zustimmung des Parteivorsitzenden Kurt Beck. Habituell eher ein Konservativer, wusste der Pfälzer um die Brisanz des Themas gerade in der bodenständigen Wählerschaft: Dass einem Beschäftigten nach jahrzehntelangem Arbeitsleben genauso wenig Unterstützung zustand wie einem Berufsanfänger, widersprach allen Grundsätzen des statussichernden deutschen Sozialstaats.

Merkel wehrte den Vorstoß zunächst ab. So sehr die Kanzlerin die Pläne zu einer weitergehenden Liberalisierung des deutschen Wirtschafts- und Sozialsystems nach der knapp vermiedenen Wahlkatastrophe von 2005 auch eingemottet hatte: Die bereits beschlossenen Reformen wollte sie nicht zurückdrehen. Den vereinten Kräften von Rüttgers und Beck hatte sie allerdings wenig entgegenzusetzen. Vom 12. auf den 13. November 2007 einigte sich die Koalition in einer Nachtsitzung darauf, älteren

Arbeitslosen wieder für einen längeren Zeitraum das höhere Arbeitslosengeld 1 zu zahlen, bis sie auf die Grundsicherung nach Hartz IV zurückfielen.

Damit düpierte Merkel ihren sozialdemokratischen Arbeitsminister Müntefering, der tags darauf seinen Rücktritt vom Amt des Arbeitsministers erklärte, um seiner krebskranken Frau zur Seite zu stehen. Zu Beginn der Debatte hatte die Kanzlerin ihm noch versichert, sie werde die christdemokratischen Attacken gegen die Hartz-Reformen aufhalten. Nun machte sie, die einst viel radikalere Einschnitte verlangt hatte, sich einen schlanken Fuß. Ähnlich erging es einem Projekt, das Union und SPD im Koalitionsvertrag vereinbart hatten: der Anhebung des Rentenalters von 65 auf 67 Jahre bis 2030. Den Vorschlag hatte in den Verhandlungen einer der CDU-Vertreter gemacht; Müntefering war sofort einverstanden gewesen, weil er von der Notwendigkeit dieses Vorhabens angesichts einer steigenden Lebenserwartung überzeugt war. Öffentlich verteidigen musste den unpopulären Schritt dann allein er als zuständiger Fachminister. Merkel hielt sich aus der Debatte, in der für sie nichts zu gewinnen war, weitgehend heraus. Sie hätte sie wohl auch aus eigenem Antrieb nie angestoßen, das entsprach nicht ihrem reaktiven politischen Stil.

Ein halbes Jahr nach der Verlängerung des Arbeitslosengeldes setzte sich das Zurückdrehen von Sozialreformen fort, diesmal in der Rentenpolitik. Da die nächste Bundestagswahl nur noch gut ein Jahr entfernt war, setzte die Koalition im April 2008 die Rentenformel außer Kraft, damit die Altersbezüge um 1,1 Prozent statt der ursprünglich vorgesehenen 0,46 Prozent steigen konnten. Nach Jahren der Nullrunden sollten die Rentner am Aufschwung der Wirtschaft teilhaben. Weitergehende Korrekturen der rot-grünen Sozialpolitik blockte Merkel allerdings ab. Als Rüttgers ein halbes Jahr nach dem Beschluss über das Arbeitslosengeld den nächsten Vorstoß unternahm und die Rente für Geringverdiener aufbessern wollte, ging Merkels damals noch getreuer Parlamentarischer Geschäftsführer Norbert Röttgen energisch dazwischen: Er sah die «Prinzipien der christlichen Soziallehre» in Gefahr, den «Vorrang der Eigenverantwortung des Einzelnen» vor der Hilfe durch die Solidargemeinschaft.[121]

Dritter Teil:
Krisenjahre: die Weltpolitikerin
(2008–2021)

1. Finanzkrise (2008–2009)

Linsensuppe

Als das Wichtigste getan war, aß Angela Merkel einen Teller Linsensuppe. Soeben hatte sie die weitreichendste Entscheidung ihrer bisherigen Amtszeit getroffen und mit hergebrachten Positionen gebrochen. Nach den vergleichsweise ruhigen Anfängen ihrer Regierungszeit begannen die Jahre der Krisenkanzlerin, in denen mehrfach die Grundfesten der vertrauten Ordnung in Frage standen und die Politik zu bislang unvorstellbaren Mitteln greifen musste. Dieser 10. Oktober 2008, ein Freitag, war ein Wendepunkt ihrer Kanzlerschaft: Um die deutschen Banken zu retten und den Geldverkehr im Land am Leben zu halten, sollte der Staat eine unvorstellbare Summe an möglichen Krediten und Garantien bereitstellen, so hatten es Merkel und ihre engsten Vertrauten soeben beschlossen. Die Summe belief sich schließlich auf eine halbe Billion Euro, fast doppelt so viel wie damals der jährliche Bundeshaushalt.

Zu dieser Stunde, am frühen Abend, war alles auf den Weg gebracht, die Arbeit verteilt, der Zeitplan festgezurrt. In der Rekordzeit von nur einer Woche wurde das gesamte Gesetzgebungsverfahren bewältigt. Im Kanzleramt war nach den Sitzungen dieses Nachmittags Ruhe eingekehrt, die Börse in Frankfurt stand im Begriff zu schließen, sie öffnete erst am Montagmorgen wieder, was der Politik rund 60 Stunden Luft verschaffte. In dieser Lage bestellte Merkel aus der Küche der Regierungszentrale die Linsensuppe, die dort tiefgefroren bereitlag, und aß sie gemeinsam mit ihrer Vertrauten Beate Baumann am Besprechungstisch ihres Arbeitszimmers im siebten Stock des Kanzleramts. *Um in einer solchen Ausnahmesituation etwas ganz Alltägliches zu tun. So etwas ist mir immer wichtig.*[1]

Nur wenige Stunden zuvor, um 15.30 Uhr, hatte die entscheidende Sitzung begonnen, sofort nach Merkels Rückkehr von einer CDU-Regionalkonferenz in Dresden. Neben der Regierungschefin und ihrer Büroleiterin nahmen Kanzleramtsminister Thomas de Maizière daran teil, ihr

Wirtschaftsberater Jens Weidmann und ihr Regierungssprecher Ulrich Wilhelm. Mit Finanzminister Peer Steinbrück, der in Washington mit seinen Kollegen aus den wichtigsten Industrienationen beriet, stand Merkel in telefonischem Kontakt.

Knapp vier Wochen waren seit der unkontrollierten Insolvenz der amerikanischen Investmentbank Lehman Brothers vergangen – Wochen, in denen sich die deutsche Regierungschefin in Trippelschritten der neuen Realität angenähert hatte: dem drohenden Zusammenbruch des Weltfinanzsystems, das sich ohne Hilfe des Staates nicht mehr aus seiner Krise befreien konnte. Sollte die Geldversorgung zusammenbrechen, so fürchteten die Experten im Kanzleramt, dann müsse die Bundeswehr in deutschen Städten womöglich Suppenküchen aufstellen, um die Versorgung der Bevölkerung zu gewährleisten.

Auch in Deutschland sollte deshalb ins Werk gesetzt werden, was andere Länder bereits vollzogen oder zumindest angekündigt hatten: einen Rettungsschirm für die angeschlagenen Banken aufzuspannen, um das Vertrauen der Märkte zurückzugewinnen und den Geldverkehr zwischen den Instituten wieder in Gang zu bringen. Noch nie war die Bundesrepublik ein solches finanzielles Risiko eingegangen, nur dreimal war ein Gesetz mit solchem Tempo beschlossen worden: anlässlich der Energiekrise des Jahres 1973, des RAF-Terrors 1977 und der Rinderseuche BSE um die Jahrtausendwende.

Tags darauf, am Samstag, wollte sich Merkel mit dem französischen Präsidenten Nicolas Sarkozy besprechen, der Termin zur Einweihung einer Gedenkstätte für den früheren Präsidenten Charles de Gaulle in dessen einstigem Wohnort Colombey-les-deux-Églises war lange geplant. Am Sonntag wollten die Staats- und Regierungschefs der Euro-Zone und Großbritanniens bei einem Sondertreffen in Paris ihre nationalen Pläne zur Bankenrettung koordinieren. Anschließend, in der Nacht, sollte Merkels Wirtschaftsberater Jens Weidmann gemeinsam mit Finanz-Staatssekretär Jörg Asmussen, mit dem er studiert hatte, das «Finanzmarktstabilisierungsgesetz» ausformulieren, in Zusammenarbeit mit einer Anwaltskanzlei.

Am Montag würde das Bundeskabinett darüber beschließen, danach war eine Pressekonferenz geplant. Schon am Mittwoch würde der Bundestag erstmals über das Gesetz beraten, am Donnerstag die Fraktionen und die Ministerpräsidenten. Am Freitag beschloss das Parlament den Rettungsschirm für die Banken, zwei Stunden später folgte die Länderkammer, nach weiteren zwei Stunden unterschrieb bereits der Bundespräsident. Anschließend legte die Bundesdruckerei eine Sonderschicht ein: Mit der Veröffentlichung im Bundesgesetzblatt trat das potenziell teuerste Gesetz in der Geschichte der Bundesrepublik in Kraft, fast genau eine Woche, nachdem Merkel den Plan gefasst und ihre Linsensuppe gegessen hatte.

Regieren auf Sicht

Erste Anzeichen, dass ein ernstes Problem mit Immobilienkrediten in den Vereinigten Staaten auftreten könnte, hatte Merkel ein Jahr zuvor nur am Rande zur Kenntnis genommen, wie die meisten Politiker und Ökonomen: Schon im Sommer 2007 gerieten die amerikanische Investmentbank Bear Sterns, die deutsche IKB-Bank und schließlich das britische Institut Northern Rock in ernste Schwierigkeiten. In England kam es sogar zu einem «Bank Run», einem Ansturm von Kunden, die an den Schaltern ihre Einlagen zurückforderten. Das Eingreifen der Notenbanken führte indes dazu, dass die Schlangen vor den Filialen rasch wieder verschwanden. Für Außenstehende mochte es im Herbst 2007 scheinen, als handele es sich um eine überschaubare Krise, die erfolgreich eingedämmt worden sei.

So war es aber nicht. Im Herbst 2008 kehrten die Probleme im Finanzsektor mit sehr viel größerer Wucht zurück. Für alle sichtbar wurde das spätestens, als die amerikanische Regierung am 7. September 2008 die beiden größten Hypothekenbanken des Landes verstaatlichte, Fannie Mae und Freddie Mac. Eine Woche später musste die viertgrößte Investmentbank des Landes, Lehman Brothers, Gläubigerschutz nach Kapitel 11 des amerikanischen Insolvenzrechts beantragen, mit anderen Worten: Sie war zahlungsunfähig. Diesmal reagierten Präsident George W. Bush und sein Finanzminister Hank Paulson anders: Sie entschlossen sich, nicht mit staatlichen Hilfen einzugreifen und das Institut pleitegehen zu lassen. Dafür gab es im Wesentlichen zwei Gründe. Zum einen gewann die Regierung zunehmend den Eindruck, die Bankmanager würden einfach so weitermachen wie gehabt, wenn sie sich auf Rettung durch den Staat verlassen könnten. Zum anderen waren die Geschäfte von Lehman – anders als im Fall der beiden Hypothekenbanken – nicht in den Vereinigten Staaten konzentriert, sondern weltweit verteilt. Washington wollte nicht mit eigenem Geld ausländische Gläubiger vor Verlusten bewahren.

Die Rechnung ging nicht auf. Die Regierung der Vereinigten Staaten beging einen «Jahrhundert-Fehler», wie nicht nur deutsche Medien im Rückblick urteilten.[2] Der 15. September 2008 gilt seither als einer der Wendepunkte der jüngeren Weltgeschichte. Nicht nur Banken, auch ganzen Staaten drohte das finanzielle Aus, Immobilienbesitzer verloren ihre Häuser, der politische Extremismus nahm weltweit zu. Für den Moment mussten die Bankmanager jederzeit mit der Insolvenz weiterer Institute rechnen, deshalb halfen sie sich nicht mehr gegenseitig kurzfristig mit Krediten aus. Ohne die Möglichkeit, sich auf diesem «Interbankenmarkt» zu refinanzieren, drohte auch bislang stabilen Instituten der Zusammenbruch. Daher entschloss sich die Regierung in Washington tags darauf, beim nächsten Pleitekandidaten anders zu verfahren: Den Versicherungskonzern AIG übernahm sie in staatliche Obhut, statt ihn in die ungeordnete Insolvenz zu schicken.

Einige Wochen später fasste die deutsche Bundeskanzlerin die Zusammenhänge treffend zusammen: *In den USA wurden über Jahre hinweg in unverantwortlicher Weise Immobilienkredite an Bankkunden vergeben, bei denen keine Aussicht auf normale Rückzahlung des Darlehens bestand. Alle Beteiligten verließen sich auf ständig steigende Immobilienpreise und niedrige Zinsen. Die Risiken aus diesen Krediten wurden weiterverkauft, neu verpackt, weltweit gestreut und waren damit der Keim der weltweiten Finanzmarktkrise. Traditionsreiche Investmentbanken mit klangvollen Namen sind in den USA von einem auf den anderen Tag vom Markt verschwunden. Aus der amerikanischen Immobilienkreditkrise ist inzwischen eine globale Finanzmarktkrise geworden. Das Vertrauen – die wichtigste Währung der Finanzmärkte – ist verloren gegangen. Die Banken misstrauen sich gegenseitig und gewähren sich kaum noch Kredite. Angesichts der besonders engen Verflechtung der Akteure im Finanzbereich sind inzwischen auch solide Institute von der Finanzmarktkrise betroffen, und Deutschland ist davon nicht ausgenommen.*[3]

Bis sich Merkel zu diesen Erkenntnissen durchrang, hatte es allerdings eine Weile gedauert. Sie betrachtete die Krise zunächst als ein rein amerikanisches Phänomen und dann, als sie schon nach Deutschland übergegriffen hatte, als ein Problem, das die Banken unter sich selbst auszumachen hatten. Den deutschen Staat sah sie nicht in der Pflicht. Zwei Tage nach der Lehman-Pleite musste sich Merkel in der Haushaltsdebatte des Bundestags der Generalaussprache über ihre Politik stellen. Routiniert hielt sie an diesem 17. September 2008 ihre vorbereitete Ansprache, die von der Bildungsrepublik Deutschland bis zum Afghanistaneinsatz der Bundeswehr nahezu alle gängigen Themen behandelte.

In Bezug auf die Bankenkrise beschränkte sie sich auf einige wenige Bemerkungen – in der irrigen Annahme, *dass sich im Fall des Kreditinstituts Lehman Brothers das Engagement deutscher Kreditinstitute glücklicherweise in einem überschaubaren Rahmen hält*. Daraus zog sie die Schlussfolgerung: *Deshalb sind die Auswirkungen auf die übrige Wirtschaft in Deutschland bisher gering.* Immerhin fügte sie in gewohnter Vorsicht das Wort «bisher» ein. Zugleich verwies sie auf die Regulierungsbemühungen, die es seit den ersten Krisenzeichen im Vorjahr gegeben habe; tatsächlich stand der Entfesselung der Marktkräfte unter der rot-grünen Vorgängerregierung deren zaghafte Einhegung unter einer christdemokratischen Regierungschefin gegenüber.[4]

Weitere anderthalb Wochen wiegten sich Merkel und ihr sozialdemokratischer Koalitionspartner in der Illusion, dass auf dem europäischen Kontinent kein akuter Handlungsbedarf gegeben sei. Während Finanzminister Paulson und Notenbankchef Ben Bernanke in den Vereinigten Staaten bereits am Tag nach Merkels Regierungserklärung ein groß angelegtes Rettungsprogramm im Umfang von 700 Milliarden Dollar auflegten, blieb der deutsche Finanzminister Steinbrück noch eine Woche später der Sprachregelung seiner Kanzlerin treu. «Zum Glück halten sich die Engagements deutscher Banken bei Lehman Brothers in einem überschaubaren Rahmen», sagte er am 25. September in einer Regierungserklärung. Die Ursache des Problems verortete er einzig «in einer aus meiner Sicht unverantwortlichen Überhöhung des Laisser-faire-Prinzips im angloamerikanischen Bereich», ohne auch nur zu erwähnen, dass sein Vorgänger Hans Eichel während der rot-grünen Regierungszeit die deutsche Bankenregulierung – dem Zeitgeist entsprechend – in ähnlicher Weise gelockert hatte. Über mögliche Auswirkungen auf deutsche Banken verloren weder er noch Merkel ein Wort, und sie erwähnten nicht das Institut, das wenige Tage später die Krise mit voller Wucht nach Deutschland bringen sollte: Hypo Real Estate, abgekürzt HRE.[5]

Die in der breiten Öffentlichkeit nahezu unbekannte Bank beanspruchte Merkels volle Aufmerksamkeit erstmals am Wochenende der bayerischen Landtagswahlen vom 28. September 2008. Es war das erste von unzähligen Wochenenden in den folgenden Jahren, an denen Merkel bis zur Öffnung der Börsen am jeweiligen Montagmorgen hektisch nach Krisenlösungen suchen musste. Die HRE zählte – obschon kaum jemand davon Notiz nahm – zu den 30 im Deutschen Aktienindex vertretenen Großunternehmen, sie war einer der bedeutendsten Immobilienfinanzierer Europas und als solcher vielfältig mit anderen Instituten verflochten. Ihr Geschäft machte sie vor allem mit auf Baukrediten beruhenden Anleihen, sogenannten Pfandbriefen, die als etwas bieder, aber besonders krisenfest gegolten hatten. Als Sicherheit dienten schließlich Immobilien, von denen man annahm, dass sie im Wert steigen, aber nicht fallen könnten. Auch deshalb kauften deutsche Institute so bereitwillig Wertpapiere aus den Vereinigten Staaten, die auf Baukrediten beruhten, und veräußerten sie ohne Gewissensbisse an ihre Kunden.

Nur noch nebenbei verfolgte Merkel die Nachrichten aus Bayern: Nach 46 Jahren verlor die CSU ihre absolute Mehrheit im Landtag. Fünf Jahre zuvor hatte sie eine Zweidrittelmehrheit der Mandate errungen, was den Vorsitzenden Edmund Stoiber zu dem Übermut verführt hatte, sein Land nach Herzenslust reformieren zu können und dabei keinerlei Rücksicht auf liebgewonnene Traditionen nehmen zu müssen; er schaffte sogar das eigene höchste Gericht ab und verwies bayerische Kläger auf den Bundesgerichtshof in Karlsruhe, als seien sie gewöhnliche Bundesbürger wie alle anderen auch. Für die beiden Nachfolger, Ministerpräsident Günther Beckstein und Parteichef Erwin Huber, bedeutete der Wahlabend das politische Ende. Die CSU-Niederlage bereitete den Boden für den Wiederaufstieg des alten Merkel-Rivalen Horst Seehofer an die Münchener Partei- und Regierungsspitze.

Zu anderen Zeiten hätte das Wahldebakel der Schwesterpartei eine größere Debatte über die Mitschuld der CDU-Vorsitzenden ausgelöst, die sich im Wahlkampf dem bayerischen Ruf nach einer Steuersenkung verweigert hatte. Aber die Umstände waren nicht gewöhnlich. Während die CSU um ihre politische Zukunft rang, versammelte sich an diesem 28. September bei der Bankenaufsicht BaFin an der Lurgiallee im Frankfurter Norden eine Krisenrunde.[6] Neben Jochen Sanio, dem Chef der Behörde, nahmen die Vorstandsvorsitzenden von Commerzbank und Deutscher Bank daran teil, Martin Blessing und Josef Ackermann, dazu der Präsident des Bankenverbands, Blessings Vorgänger Klaus-Peter Müller. Die Politik hielt zunächst größtmöglichen Abstand, Finanz-Staatssekretär Jörg Asmussen kam erst nachmittags hinzu. Die Kanzlerin und ihr Finanzminister ließen sich lediglich aus der Ferne auf dem Laufenden halten. Im Rückblick mag die Zusammensetzung der Runde kurios erscheinen: Sanios Aufsicht hatte offenkundig versagt, das Institut Blessings und Müllers musste wenig später staatliche Hilfen beanspruchen, auch Ackermanns eigenes Haus ging aus der Krise keineswegs so glanzvoll hervor, wie der Vorstandschef damals suggerierte.

An jenem Sonntagabend standen solche Erkenntnisse den Verantwortlichen allerdings noch nicht klar vor Augen, auch der Kanzlerin nicht. Vorerst ging es darum, die Krisenbank HRE aufzufangen, damit die Finanzmärkte am Montagmorgen nicht in die Krise stürzten. Die Konstellation wiederholte sich in den folgenden Wochen, Monaten und Jahren oft: Der Begriff «Rettungsroutine» stieg später in der Euro-Krise zum «Wort des Jahres» auf. In jener Nacht war das Procedere für alle Beteiligten neu. Den Finanzbedarf des notleidenden Instituts schätzten die Beteiligten auf rund 35 Milliarden Euro, eine riesige Summe – und doch viel zu wenig, wie sich nur eine Woche später herausstellte. Die Finanzbranche sträubte sich zunächst dagegen, einen Teil der Risiken zu übernehmen. Nach Mitternacht griff die Kanzlerin schließlich selbst ein. Um 0.45 Uhr telefonierte sie mit Ackermann über die Summe, mit der sich der Finanzsektor an der Rettungsaktion beteiligen sollte. Zehn Milliarden Euro forderte sie zunächst. *Achteinhalb*, sagte sie schließlich nach längerem Hin und Her. Der Bankmanager erbat sich Bedenkzeit. Eine halbe Stunde später rief er zurück. «Wir machen das», sagte er. Den weitaus größten Teil der Ausfallgarantie, nämlich 26,5 Milliarden Euro, übernahm die öffentliche Hand.[7]

Noch immer glaubte Merkel, sie könne die Krise mit solch einer überschaubaren Aktion lösen. Die Nachrichten des nächsten Tages belehrten sie eines Schlechteren. Das Repräsentantenhaus in Washington lehnte den Rettungsplan der dortigen Regierung fürs Erste ab, was die Lage weiter destabilisierte. In den Banken herrschte blanke Panik. Der Zinssatz für kurzfristige Kredite zwischen den Instituten schnellte auf elf Prozent empor, eine nie gekannte Zahl. Am Mittwochabend erklärte der Bankmanager Josef Ackermann auf einer Sponsorenveranstaltung im Frankfurter Städel-Museum, der Staat sei jetzt am Zug. Tags darauf veröffentlichte das *Handelsblatt* ein Interview mit Christine Lagarde, der Finanzministerin Frankreichs, das gerade die EU-Ratspräsidentschaft innehatte. Sie schlug einen europäischen Rettungsschirm im Volumen von 300 Milliarden Euro vor, was einem deutschen Anteil von rund 75 Milliarden Euro entsprochen hätte. Merkel indes wollte noch immer nicht mitmachen: Sie ließ über die *Bild*-Zeitung wissen, was sie tags zuvor schon im Kabinett kundgetan hatte: Ein Blankoscheck dieser Art sei mit ihr nicht zu machen.[8]

Den 300-Milliarden-Plan ließ Sarkozy daraufhin zwar fallen; offiziell behauptete er, Lagardes Vorstoß sei mit ihm nicht abgestimmt gewesen. Aber der Präsident drängte weiterhin auf eine europäische Lösung, er ergriff die Initiative und brachte die deutsche Kanzlerin in die Defensive. Der Franzose lud die Staats- und Regierungschefs der vier großen europäischen Wirtschaftsnationen für Samstag, den 4. Oktober, in den Élysée-Palast ein. Neben Nicolas Sarkozy und Angela Merkel nahmen der britische Premier Gordon Brown und der italienische Ministerpräsident Silvio Berlusconi daran teil. Angesichts des deutschen Widerstands kam es nicht zu konkreten Beschlüssen.

Dennoch überstand Merkels Linie des Abwartens das verlängerte deutsche Feiertagswochenende nicht. In Paris erfuhr sie von neuen Problemen bei der HRE. Am Freitag und Samstag arbeiteten sich Mitarbeiter der Deutschen Bank durch die Bücher der Hypothekenbank, und am Samstagnachmittag sickerte durch, dass die bereitgestellten 35 Milliarden Euro bei weitem nicht ausreichen würden, um eine Insolvenz der Bank abzuwenden. Die HRE selbst verbreitete eine Ad-hoc-Mitteilung ähnlichen Inhalts, ohne zuvor die Regierung zu informieren. Die Kanzlerin sah darin einen weiteren Vertrauensbruch: Da die Börsen am Wochenende ohnehin geschlossen waren, gab es aus ihrer Sicht keinen Grund für die übereilte Information der Anleger.

Am Sonntag, dem 5. Oktober, kam es noch schlimmer. Für den Nachmittag hatte Merkel zum Koalitionsgipfel ins Kanzleramt geladen. Es sollte um Themen gehen, die kurz zuvor ganz oben auf der Agenda gestanden hatten, um die Neuregelung der Erbschaftsteuer zum Beispiel. Das alles war nun zweitrangig. Denn im Laufe des Tages erfuhr die Kanzlerin über ihren Wirtschaftsberater Weidmann, dass die Bundesbank erhöhte Bargeldabhebungen an den deutschen Geldautomaten verzeichnete. Vor allem der größte verfügbare Schein, die 500-Euro-Note, war begehrt. Das galt als ein klares Zeichen, dass die Bankkunden mit dem Geld nicht ihre Wochenendeinkäufe tätigen, sondern ihre Ersparnisse vor einem möglichen Bankencrash in Sicherheit bringen wollten.

Bundesbank und Finanzaufsicht rieten deshalb zu einer staatlichen Garantie der Spargeguthaben, wie sie Frankreich und Italien schon ausgesprochen hatten. Die Entscheidung stand rasch fest, sie fiel so schnell wie

1. Finanzkrise (2008–2009)

Am 5. Oktober 2008 garantierten die Kanzlerin und ihr Finanzminister Peer Steinbrück den Bürgern ihre Spareinlagen. Wer den Ernst der Krise noch nicht begriffen hatte, den weckte der dramatische Auftritt auf.

kaum eine andere im Zuge der Finanzkrise. Das lag allerdings auch daran, dass Merkel sie nicht in ein Gesetz goss. Es wurden keine konkreten Summen genannt, keine genauen Regularien bestimmt. Das Wort der Regierung sollte genügen. Zuletzt stritten sich Merkel und ihr sozialdemokratischer Finanzminister Peer Steinbrück nur noch um die Frage, wer als Weltretter auftreten sollte. Schließlich gingen um 14.30 Uhr beide gemeinsam vor die Kameras, was die Dramatik der Situation unterstrich. *Wir sagen den Sparerinnen und Sparern, dass ihre Einlagen sicher sind. Auch dafür steht die Bundesregierung ein*, versprach Merkel. «Dies ist ein wichtiges Signal, damit es zu einer Beruhigung kommt», fügte Steinbrück hinzu.[9]

Nachfragen von Journalisten, wie denn die Bundesrepublik mit ihrem Jahreshaushalt von damals gut 280 Milliarden Euro im Bedarfsfall für Sparguthaben in Höhe von mehreren Billionen Euro einstehen wolle, blockte der Regierungssprecher ab, erst am Telefon und am Montag auch vor laufenden Kameras in der Bundespressekonferenz. «Ich möchte an Sie appellieren, die Wirkung dieser Aussage jetzt nicht durch das Stellen von unterschiedlichsten Detailfragen noch einmal zu relativieren», sagte Ulrich Wilhelm.[10] Der Appell an die Journalisten, zugunsten der Staatsräson auf kritische Nachfragen zu verzichten, erinnerte von Ferne an die Nachrichtensperre während des RAF-Terrorismus der siebziger Jahre. Vor allem aber verdeutlichte er den Ernst der Lage, genauso wie die Garantie der Spareinlagen selbst. Wer das Ausmaß der Finanzkrise bislang nicht begriffen hatte, die seit wenigen Wochen die Politik in Washington und jetzt auch in Berlin in Atem hielt, den weckte der dramatische Auftritt der Kanzlerin und ihres Finanzministers auf.

Die Probleme bei der HRE waren damit nicht behoben. Abermals galt es, vor der Öffnung von Banken und Börsen am Montag eine Lösung zu finden. Noch während Merkel mit den Koalitionsspitzen im Kanzleramt über Alltagsfragen beriet, kamen Bankenchefs und Finanzaufsicht abermals zu einer Krisensitzung zusammen, diesmal im Berliner Finanzministerium in Anwesenheit des Ressortchefs Steinbrück. Die Kanzlerin ließ sich auf dem Laufenden halten. Gegen 23 Uhr willigten die Bankmanager ein, weitere 15 Milliarden Euro an Garantien für die HRE bereitzustellen. Ein letztes Mal kam Merkel mit ihrer Linie durch, den Staat so weit wie möglich außen vor zu lassen. Am Montag schimpfte sie auf einer Veranstaltung der Senioren-Union in Wiesbaden erstmals öffentlich darüber, *was unverantwortliche Banker überall auf der Welt angerichtet haben*. Nachmittags informierte sie in Berlin die Vorsitzenden der Bundestagsfraktionen. Die Kanzlerin habe «bis zum Schluss geglaubt, dass Deutschland immun ist», kritisierte anschließend der Grüne Fritz Kuhn.[11] Die Analyse traf zu.

Denn nun kam die Krise mit voller Wucht in Deutschland an. Die Garantie der Spareinlagen und die neuerliche HRE-Rettung schienen ihre Wirkung zu verfehlen. Schon am Montag verloren die deutschen Aktien abermals mehr als sieben Prozent an Wert. Längerfristige politische Strategien erübrigten sich – dafür war es zu spät. Niemand wusste, was der nächste Tag bringen würde, ob die vertraute Welt bis zum Abend Bestand haben würde oder ob sie nur mit Beschlüssen zu bewahren wäre, die bisher außerhalb der politischen Vorstellungskraft gelegen hatten. Allmählich begann Merkel umzusteuern. Aber noch hatte sie ihre Sprache für die Krise nicht gefunden. Mehrere Zeitungen prägten dafür das Wort vom «Regieren auf Sicht».[12]

Am 7. Oktober 2008, einem Dienstagnachmittag, gab Merkel eine Regierungserklärung im Bundestag ab, die erste, seit die Probleme des

Finanzmarkts in Deutschland voll angekommen waren. Sie hielt eine leidenschaftslose Rede, typisch für sie in der Frühphase einer Krise, in der sie ihre Linie noch nicht gefunden hat. Andere, etwa der Vorgänger Gerhard Schröder, mochten imstande sein, Unsicherheit durch entschlossene Rhetorik zu übertünchen, etwa durch den Begriff der «uneingeschränkten Solidarität» mit den Vereinigten Staaten nach den Anschlägen vom 11. September 2001. Merkel pflegte den entgegengesetzten Weg zu gehen und jede Festlegung zu vermeiden, die sie später bereuen könnte.

Sie bekräftigte die Garantie der Sparguthaben, sie benannte die Immobilienkredite in den Vereinigten Staaten und das Versagen der Banker als Ursache der Krise: *Die Lage auf den internationalen Finanzmärkten ist ernst. Sie ist in dieser Form noch nie da gewesen. Sie stellt vieles, was als selbstverständlich galt, infrage. Sie bestätigt manches, was mit Gier, verantwortungsloser Spekulation und Missmanagement im Finanzsektor verbunden wird.* Doch statt Lösungsansätze zu präsentieren, sagte sie nur, was sie ablehnte: eine gesamteuropäische Lösung des Problems, bei der *27 Mitgliedstaaten einen Schirm spannen und alle in einen Fonds einzahlen.*[13]

Der Auftritt des Tages blieb Norbert Röttgen vorbehalten, dem Ersten Parlamentarischen Geschäftsführer der Unionsfraktion. Er hielt in der Sondersitzung des Parlaments die Grundsatzrede zur Krise, die viele von der Kanzlerin erwartet hatten, ein Plädoyer für die soziale Marktwirtschaft traditionellen Stils und gegen die «liberale Marktgläubigkeit» der zurückliegenden Epoche. Vor allem aber lieferte Röttgen eine Begründung, warum der Staat Pleitebanken beispringen müsse: Es gehe «nicht um private Interessen, sondern um Interessen des öffentlichen Gemeinwohls», das Funktionieren der Finanzmärkte sei ein «öffentliches Gut». Nur wenige Monate zuvor hatte der CDU-Politiker kaum verhohlen die sparsame Rhetorik der Kanzlerin kritisiert und ihr ein leuchtendes Beispiel entgegengehalten: den Präsidentschaftskandidaten der Demokraten in den Vereinigten Staaten, Barack Obama. Jetzt gab er eine praktische Kostprobe dessen, was er meinte.[14]

Im Laufe der Woche zeichnete sich immer deutlicher ab, dass Hilfen für einzelne Banken nicht mehr ausreichten. Um die Akteure auf den Finanzmärkten davon zu überzeugen, dass keine Bank mehr pleitegehen würde, brauchte es einen umfassenden Rettungsschirm, wenn schon nicht europäisch, dann zumindest national. Nur drei Tage später fiel die Entscheidung: Am Freitag, dem 10. Oktober, brachte Merkel den Rettungsschirm für die deutschen Banken auf den Weg, der am Ende eine halbe

Billion Euro umfassen sollte. Es war der Tag, den sie in ihrem Büro mit einem Teller Linsensuppe beschloss.

Die Ereignisse der nächsten Tage folgten dem beschlossenen Ablaufplan. Am Sonntag steckten die Regierungschefs der Euro-Staaten und Großbritanniens den Rahmen für die nationale Bankenstabilisierung ab. Am Montag beschloss das Bundeskabinett in einer Sondersitzung das deutsche «Finanzmarktstabilisierungsgesetz», das Merkel anschließend der Öffentlichkeit präsentierte. Eine Pointe setzte ihr alter Widersacher Friedrich Merz: Er stellte am selben Tag, an dem sich das Versagen des Kapitalismus vor aller Augen dokumentierte, sein Buch mit dem Titel *Mehr Kapitalismus wagen* vor.[15]

Als am Mittwoch, dem 15. Oktober, dann erstmals der Bundestag über das Rettungspaket debattierte, hatte Angela Merkel ihre Sprachregelung gefunden. Die Zaghaftigkeit ihres Auftritts in der Vorwoche suchte sie vergessen zu machen. *Die Weltwirtschaft erlebt in diesen Wochen ihre schwerste Bewährungsprobe seit den 20er-Jahren des letzten Jahrhunderts. Letzte Woche waren Schlüsselmärkte unseres Wirtschaftssystems, die Geldmärkte, praktisch funktionsunfähig*, sagte sie nun, nachdem sie wochenlang die Bedeutung des Geschehens für Deutschland relativiert und die Notwendigkeit eines internationalen Vorgehens bestritten hatte. *Vorgestern haben mehrere Regierungen umfassende und abgestimmte Maßnahmen auf den Weg gebracht. Auch Deutschland hat gehandelt.* Es folgte der Satz, der eine weitere Kehrtwende im Weltbild von Angela Merkel bedeutete. *Der Staat war und ist die einzige Instanz, um das Vertrauen zwischen den Banken wiederherzustellen*, sagte die Frau, die so lange auf die Selbstregulierungskräfte des Kapitalismus vertraut hatte. Sie sprach von Exzessen der Märkte und dem Staat als Hüter der Ordnung. Später trat die Formulierung hinzu, es dürfe kein Finanzmarktprodukt ohne Kontrolle mehr geben.[16]

Am selben Tag unterlief der Kanzlerin indes eine schwere Panne: Sie schlug in ihrer Rede vor, den früheren Bundesbankpräsidenten Hans Tietmeyer mit der Leitung eines Expertengremiums zur Reform der Finanzmärkte zu betrauen. «Das ist ja genau der Richtige», rief Grünen-Fraktionschefin Renate Künast spontan dazwischen.[17] Sie hatte recht. Tietmeyer hatte jahrelang im Aufsichtsrat der Pleitebank HRE gesessen, ohne von den dort schlummernden Risiken irgendetwas zu bemerken. Zudem war er einer der Autoren des «Lambsdorff-Papiers» von 1982 gewesen, mit dem der damalige FDP-Wirtschaftsminister den Bruch der Koalition mit der SPD eingeleitet hatte. Es galt als Programmschrift des in Verruf geratenen «Neoliberalismus», einer Entfesselung der Marktkräfte nach dem Vorbild der britischen Premierministerin Margaret Thatcher und des US-Präsidenten Ronald Reagan – jener Politik also, die mit der Finanzkrise nach allgemeinem Urteil gerade ihr Fiasko erlebte.

Aus Sicht vieler Sozialdemokraten zeigte der nicht abgestimmte Personalvorschlag, dass die Bundeskanzlerin seit 2005 nur aus taktischen Gründen von ihren weitreichenden Reformplänen abgerückt, im Herzen aber eine Marktradikale geblieben war. Das mochte übertrieben sein. Doch ganz falsch lagen sie mit der Analyse nicht, dass Merkel das Ausmaß des Paradigmenwechsels zu dieser Stunde womöglich noch nicht ganz erfasst hatte – und dass sie auch später sehr eigene Schlüsse aus den aktuellen Krisenerfahrungen zog. Die Personalie Tietmeyer ließ sie nach Protesten des Koalitionspartners allerdings schnell fallen.

Nur zwei Tage nach der Einbringung beschloss der Bundestag schon das Gesetz, niemand widersprach der Fristverkürzung. Noch am selben Freitag wurde es vom Bundespräsidenten unterzeichnet und im Bundesgesetzblatt veröffentlicht, am Samstag trat es in Kraft. *Noch nie wurde ein so umfangreiches Gesetzesvorhaben mit einem so ehrgeizigen gesetzgeberischen Zeitplan auf den Weg gebracht.*[18]

Neue Unbill bereitete der Kanzlerin der Vorstandssprecher der Deutschen Bank, Josef Ackermann. Obwohl er das Rettungspaket maßgeblich mit eingefädelt hatte, begann er schon am folgenden Wochenende, sich davon zu distanzieren – jedenfalls, was sein eigenes Haus betraf. «Die Deutsche Bank benötigt kein Kapital vom Staat», betonte er in der *Bild am Sonntag*. Vor Führungskräften der Deutschen Bank sagte er sogar: «Es wäre eine Schande, wenn wir zugeben müssten, dass wir Geld von den Steuerzahlern brauchen.»[19] Damit erweckte er zum Ärger der Kanzlerin den Eindruck, dass die Inanspruchnahme von Staatsgarantien ehrenrührig sei, was auch andere Banken von der Annahme der Hilfen abhalten und damit die stabilisierende Wirkung des Gesetzes zerstören konnte. Ackermanns Äußerungen seien «absolut unverständlich und inakzeptabel», ließ sie ihren stellvertretenden Regierungssprecher sogleich erklären.[20] Zu allem Überfluss plauderte der Bankmanager später beiläufig im Fernsehen über ein Essen, das Merkel wenige Monate vor der Lehman-Pleite anlässlich seines 60. Geburtstags gegeben hatte. Nach der Bankenrettung erschien die Einladung in einem ganz anderen Licht, und die Kanzlerin musste die Ausgaben für Spargel und Kalbfleisch bei den Haushältern im Bundestag rechtfertigen. Wieder einmal hatte sie eine Lektion über die Verlässlichkeit von Wirtschaftskapitänen gelernt.

Mit den Beschlüssen über das Hilfspaket endete die akute Krise auf den Kapitalmärkten, allmählich kehrte das Vertrauen zwischen den Banken zurück. Dass abermals ein Institut im Nichts versinken könnte wie Lehman Brothers, schien durch die staatlichen Garantien in den verschiedenen Ländern ausgeschlossen zu sein. Am 3. November nahm die Commerzbank als bedeutendstes Institut die staatlichen Hilfen offiziell an. Die weitere Debatte über eine Regulierung des Finanzsektors verlagerte sich auf die internationale Ebene.

Mit der Bankenkrise hatte für eine Weile das Bestehen des globalen Finanzsystems auf dem Spiel gestanden, und mit ihm der Fortbestand einer Welt, wie sie die Menschen in den westlichen Gesellschaften seit Jahrzehnten für selbstverständlich hielten. Eine Zeit der Unsicherheit und des ständigen Krisenmanagements begann.

Lehren aus Lehman

Während der akuten Krisenphase erwartete man Zusammenbruch oder Rettung in überschaubarer Frist. Noch ahnte kaum jemand, welche wirtschaftlichen und politischen Folgen der Bankencrash langfristig nach sich ziehen sollte. Daraus entwickelten sich nicht nur die Staatsschuldenkrisen in vielen europäischen Ländern, sondern auch die politischen Eruptionen des kommenden Jahrzehnts. In Großbritannien führten nicht zuletzt die Verwerfungen durch die Finanzkrise zum Austritt aus der Europäischen Union. In den Vereinigten Staaten trug der Unmut der Millionen Hausbesitzer, die durch die Krise ihre Bleibe verloren, entscheidend zur Wahl des Präsidenten Donald Trump bei. In anderen Ländern stiegen rechtspopulistische Parteien auf, von denen man zuvor angenommen hatte, sie seien im Niedergang begriffen.

Die Deutschen, die relativ rasch über die Krise hinwegkamen, machten sich kaum eine Vorstellung davon, welche Schneise der Verwüstung sie in anderen Ländern hinterließ. Das galt nicht nur für die Krisenländer des europäischen Südens, wo eine halbe Generation von Jugendlichen ohne Arbeit blieb. Auch unmittelbare Nachbarländer wie die Niederlande oder Tschechien brauchten viele Jahre, bis sie annähernd an den Aufschwung der Vorkrisenzeit anknüpfen konnten. Ungarische Hausbesitzer hatten Mühe, ihre Kredite in Fremdwährungen noch zu bedienen. In der Bundesrepublik nahmen das alles selbst politisch informierte Kreise bestenfalls auf dem Umweg über die politische Instabilität wahr, die daraus folgte. Zwar wurde der Lehman-Zusammenbruch anfangs oft mit dem «schwarzen Freitag» von 1929 verglichen, der die schwerste Weltwirtschaftskrise der Geschichte ausgelöst und in Deutschland zum Untergang der Demokratie und zur Entfesselung eines Weltkriegs beigetragen hatte. Doch war das hierzulande bald vergessen.[21]

Umgekehrt reichten die tieferen Ursachen der Finanzkrise nach Merkels Analyse sehr weit in die jüngere Geschichte zurück, bis zu der Strategie der hohen öffentlichen und privaten Verschuldung, mit der Politiker von Helmut Schmidt bis Ronald Reagan nach dem Ende der Nachkriegskonjunktur in den frühen siebziger Jahren versucht hatten, weiterhin hohe Wachstumsraten zu erzwingen; die Vereinigten Staaten forcierten diese Politik nach den Anschlägen vom 11. September 2001, um einen neuen Konjunktureinbruch zu vermeiden. *Es geht in der Konsequenz darum, dass sich Staaten nicht verleiten lassen dürfen, sich Wirtschaftswachstum über Schulden erkaufen zu wollen.*[22]

Fürs Erste aber relativierte die Finanzkrise viele Themen, die in gewöhnlichen Zeiten die Agenda monatelang beherrscht hätten. Den Grundsatzstreit um die Erbschaftsteuer, den ein Urteil des Bundesverfassungsgerichts ausgelöst hatte, legte die Regierungskoalition überraschend schnell bei. Es sollte nicht der Eindruck entstehen, dass sich die Regierung trotz der epochalen Krise im Klein-Klein des innenpolitischen Streits verlor. Ebenso beiläufig sagte die Regierung wegen des Kurssturzes an den Aktienmärkten den seit Jahren vorbereiteten Börsengang der Deutschen Bahn ab.

Nicht nur die Kanzlerin, auch die übrigen Akteure wussten, dass jeder falsche Schritt den Untergang der vertrauten Welt bedeuten konnte. Je höher ein Politiker in der Hierarchie stand und über je mehr Informationen er verfügte, desto besorgter schien er zu sein. Beruhigend war das nicht, jedenfalls nicht für die Medienleute, die in jenen Tagen aus Berlin berichteten. In der Bevölkerung kam davon wenig an. Das Muster wiederholte sich in den Krisen der kommenden Jahre, erst mit der Flüchtlingsdebatte 2015 begann sich das zu ändern. Man mochte das beunruhigend finden und der geringen ökonomischen Kompetenz vieler Deutscher zuschreiben. Dennoch half die Ruhe der Bevölkerung der Kanzlerin, selbst wenn sie sich eher aus Gleichgültigkeit als aus heroischer Gelassenheit speiste: Sie trug maßgeblich dazu bei, dass Deutschland im folgenden Jahrzehnt einen Hort der Stabilität in Europa und der Welt bildete – so lange zumindest, wie die Probleme abstrakt blieben.

18 Jahre zuvor hatte die DDR ihren Beitritt zur Bundesrepublik vollzogen, der Angela Merkel zu einer Bürgerin des Westens machte. Nun stand das kapitalistische System, das die Ostdeutsche damals sehr bewundert hatte, vor dem möglichen Zusammenbruch. Merkel konnte sich besser als westliche Führungskräfte auf eine solche Krisensituation einstellen. Im Wendejahr 1989/90 hatte sie erlebt, wie ein scheinbar festgefügtes System innerhalb kürzester Zeit zusammengebrochen war. Der Umstand, dass eine Osteuropäerin an der Spitze des größten westeuropäischen Landes stand, prägte das Krisenmanagement der Bundesregierung auch in den Folgejahren. Das hatte Vorteile, weil Merkel die Neuartigkeit der Lage in ihrem vollen Ausmaß erfasste. Es hatte aber auch Nachteile, weil sie den bewährten Mechanismen westlicher Krisenstrategien mehr als nötig misstraute.

Es bleibt eine offene Frage, ob eine gemeinsame europäische Rettungsaktion die dramatischen Krisen der Folgezeit zumindest abgeschwächt hätte. Kurzfristig wäre das Vertrauen der Finanzmärkte gewiss schneller und nachhaltiger zurückgekehrt. Mittelfristig hätte das wohl auch die negativen Folgen für die Realwirtschaft gemindert, die Staatsdefizite nicht so schnell ansteigen lassen und die Krisenfolgen nicht so ungleich auf die europäischen Länder verteilt. Langfristig hätte es womöglich dazu beigetragen, die Zentrifugalkräfte in der Union zu bändigen und die Gemeinschaftswährung gar nicht erst an den Rand des Bruchs zu bringen.

Auch lässt sich nur spekulieren, wie der Herzenseuropäer Helmut Kohl in dieser Lage gehandelt hätte. Anders als später in der Staatsschuldenkrise äußerte er sich nach dem Bankencrash nicht öffentlich, was auch daran liegen mochte, dass er seit einem schweren Sturz im Februar 2008 kaum noch sprechen konnte. Im Unterschied zu Kohl betrachtete die Vernunfteuropäerin Merkel eine gesamteuropäische Krisenlösung jedenfalls mit großem Misstrauen.

Schon bei der Rettung der gescheiterten EU-Verfassung hatte sich Merkel in der Rolle der Auspützerin gesehen, die Kohls hochfliegenden Europa-Enthusiasmus in praktikable Realpolitik übersetzen musste. Das wiederholte sich jetzt in der Bankenkrise – und später in den Krisen der Währungsunion und des grenzenlosen Schengen-Raums, also der Flücht-

1. Finanzkrise (2008–2009)

lingsfrage. Hinzu kam, dass die Kanzlerin zunächst nicht einsehen mochte, warum sie in europapolitischen Fragen den Franzosen so viel mehr Einfluss zubilligen sollte als den übrigen vier großen Mitgliedstaaten: Italien und Spanien innerhalb des Euro, Großbritannien und Polen außerhalb. Schließlich befremdete sie der hyperaktive Politikstil des erst 2007 ins Amt gekommenen Sarkozy, der sie eher an nervöse Widersacher aus der CDU erinnerte als an einen internationalen Staatsmann. Ihre Berater kolportierten seinerzeit, sie schaue Filme mit dem ewig zappeligen Komiker Louis de Funès, um den französischen Kollegen besser zu verstehen.[23]

Merkel hatte auch handfestere Gründe für ihr Zögern. Solange sie selbst noch nicht zur halbwegs sicheren Einschätzung eines Phänomens gefunden hatte, pflegte sie weitreichende Festlegungen zu vermeiden, so hielt sie es auch in anderen Großkrisen. Hinzu kam, dass es unpopulär sein würde, die Fehlleistungen hoch bezahlter Bankmanager mit Staatshilfen in mehrstelliger Milliardenhöhe zu honorieren, während man bei den Anliegen der gewöhnlichen Bevölkerung schon um ein paar Hundert Millionen Euro stritt.

In Teilen der eigenen Partei kam eine grundsätzliche Abneigung gegen staatliche Eingriffe ins Marktgeschehen hinzu, die vor allem in der Bundestagsfraktion verbreitet war. Als es im folgenden Frühjahr um die Enteignung der verbliebenen HRE-Aktionäre ging, die sogar noch eine Entschädigung für ihre wertlos gewordenen Anteile erhielten, führte Innenminister Wolfgang Schäuble verfassungsrechtliche Bedenken ins Feld. Noch größer wären vermutlich die Einwände gegen gesamteuropäische Hilfsprogramme gewesen.

Mit dem deutschen «Finanzmarktstabilisierungsgesetz» vom Oktober 2008 rief Merkels Regierung den Banken-Rettungsfonds SoFFin ins Leben. Er bestand sieben Jahre lang, bis seine Aufgaben Ende 2015 doch noch auf die europäische Ebene übergingen. Von den insgesamt zur Verfügung gestellten 480 Milliarden Euro nahmen die Banken maximal 170 Milliarden Euro in Anspruch. Zu den Hauptnutznießern zählten neben HRE und IKB mehrere Landesbanken sowie die Commerzbank, an der sich der Staat im Januar 2009 beteiligte. Beim SoFFin betrugen die offenen Verbindlichkeiten zum Zeitpunkt der Abwicklung noch 22 Milliarden Euro. Die Rettung der Banken kostete mithin weniger als befürchtet, aber doch mehr als die Rettung der Staaten in der Euro-Krise: Bis zur Drucklegung dieses Buches floss für sie kein einziger Cent.[24]

Schwäbische Hausfrau

Ende 2008 rückten die Auswirkungen der Krise auf die «Realwirtschaft», wie es auf einmal hieß, ins Blickfeld der Kanzlerin. Die Prognosen für 2009 wurden immer düsterer, am Ende schrumpfte das deutsche Sozialprodukt um fünf Prozent, so stark wie noch nie in der Geschichte der Bundesrepublik. Auch hier reagierte Merkel eher, als dass sie zu den treibenden Kräften gezählt hätte. Andere Europäer, allen voran abermals Sarkozy, drängten auf massive staatliche Konjunkturhilfen. Gemeinsam mit ihrem Finanzminister setzte sich die deutsche Regierungschefin indes gegen aus ihrer Sicht allzu üppige Ausgabenprogramme zur Wehr. Anfang November stimmte sie einem ersten, vergleichsweise bescheidenen Konjunkturpaket zu. Neben ein paar kleineren Steuervergünstigungen, etwa für Handwerkerleistungen im Haushalt, umfasste es vor allem eine Verlängerung des Kurzarbeitergelds von 12 auf 18 Monate. Das war eine Maßnahme, die am Ende sogar Geld sparte: Die Beschäftigten in die Arbeitslosigkeit zu schicken, wäre den Staat erheblich teurer gekommen.

Das Gesetz hatte noch gar nicht alle parlamentarischen Hürden genommen, da erhöhte sich bereits der Druck auf die Kanzlerin, sehr viel mehr Geld in die darbende Wirtschaft zu pumpen. Am 1. Dezember erschien der *Spiegel* mit dem Titel «Angela mutlos. Das gefährliche Zaudern der Kanzlerin in der Wirtschaftskrise».[25] Es war der Tag, an dem auf dem Messegelände neben dem Stuttgarter Flughafen die Delegierten des CDU-Bundesparteitags zusammenkamen. Wieder einmal bestätigte sich die Regel, dass Druck bei der Kanzlerin vor allem auch Gegendruck erzeugte: Merkel blieb hart, sie präsentierte sich nach der Bankenrettung ein zweites Mal als «Madame Non».

In ihrer Parteitagsrede kleidete sie diese Haltung in ein Bild, das ihr lange nachhängen sollte: *Man hätte hier in Stuttgart, in Baden-Württemberg, einfach nur eine schwäbische Hausfrau fragen sollen. Sie hätte uns eine ebenso kurze wie richtige Lebensweisheit gesagt, die da lautet: Man kann nicht auf Dauer über seine Verhältnisse leben. Das ist der Kern der Krise.* Zu oft habe man Experten geglaubt, die gar keine Experten gewesen seien, statt einfach der praktischen Vernunft zu folgen. Viele Vorschläge für Konjunkturprogramme widersprächen sich selbst, auch dürfe die Regierung eines alternden Landes das Ziel eines ausgeglichenen Haushalts nicht aus dem Blick verlieren.[26]

Oft war in der Folgezeit zu lesen, Merkel habe sich in Stuttgart selbst als eine «schwäbische Hausfrau» vorgestellt. Dabei war sie offenkundig keine Schwäbin, und als kinderlose, stets berufstätige Physikerin hatte sie wenig Hausfrauliches, auch wenn manche Männer mit dem Spitznamen «Mutti» das Gegenteil suggerierten. Dennoch brachte dieses Bild ihre ökonomischen Auffassungen auf den Punkt. Mit der Formel von der *schwäbischen Hausfrau* öffnete Merkel einen Einblick in ihr wirtschaftspolitisches Denken, das von handfestem Alltagsverstand und kulturprotestantischen Prägungen beherrscht war. Das lutherische Elternhaus mit seiner Kultur des Fleißes und des Maßhaltens prägte praktische Lebensführung und wirtschaftspolitische Grundhaltung der Kanzlerin, ganz unabhängig von Religiosität im engeren Sinn.

An solchen Ansichten hielt Merkel auch in den Folgejahren eisern fest: Exzessives Schuldenmachen und das Leben über die eigenen Verhältnisse haben die aktuelle Krise erst verursacht; Deutschland und Europa müssen den Wohlstand, den sie an ihre Bürger verteilen, erst einmal selbst erwirtschaften. Gern zitierte sie aus Statistiken, dass die Europäer sieben Prozent der Weltbevölkerung stellten und ein Viertel der globalen Wirtschaftsleistung erbrächten, aber stolze 50 Prozent aller Sozialleistungen an ihre Bürger verteilten.

Erfahrungen aus der Wendezeit spielten dabei eine Rolle. Aus Merkels Sicht war die DDR vor allem deshalb untergegangen, weil sie über ihre Verhältnisse gelebt und Sozialleistungen gewährt hatte, für die es keine ökonomische Grundlage gab. Als Bürgerin des postkommunistischen europäischen Ostens blickte die Kanzlerin kritisch auf Westeuropäer, die ein Recht auf stetig steigenden Wohlstand einklagten, während vielen Polen oder Tschechen für sehr viel bescheidenere Gehälter sehr viel mehr Anstrengungen abverlangt wurden.

Als Merkel ein halbes Jahr nach dem Stuttgarter Parteitag zum Gipfeltreffen der G8 ins italienische L'Aquila flog, zeigte sie den mitreisenden Journalisten einen nachgelassenen Aufsatz des gerade verstorbenen deutsch-britischen Soziologen Ralf Dahrendorf aus der Zeitschrift *Merkur*. Er trug den Titel: «Nach der Krise: Zurück zur protestantischen Ethik?» Darin attackierte der Gelehrte den grassierenden «Pumpkapitalismus», der sich mit dem Prinzip der Ratenzahlung durchgesetzt habe und den es auf «ein allenfalls verträgliches Maß» zurückzuführen gelte. Die Sätze Dahrendorfs entsprachen ganz und gar Merkels wirtschaftspolitischen Überzeugungen.[27]

Mit viel Häme nahm die Öffentlichkeit die Rede auf: Wie sollte sich eine «schwäbische Hausfrau» zwischen all den weitblickenden Weltökonomen von Nicolas Sarkozy bis Gordon Brown behaupten können, ganz abgesehen vom designierten US-Präsidenten Barack Obama? In der Frage schwang das Klischee weiblichen Zögerns mit, das die Kritiker in einen Gegensatz zu kraftvollem männlichem Krisenmanagement stellten.

Dabei erforderte es ein viel größeres Durchhaltevermögen, den immer wütenderen Rufen von Freund und Feind bis auf weiteres standzuhalten. So sehr man über Merkels Zögern bei der Bankenrettung streiten mochte, in der Frage der Konjunkturprogramme behielt sie am Ende recht: Andere Länder hatten noch lange unter den viel höheren Schulden zu leiden, die sie im Zuge der Krisenbekämpfung aufhäuften, und ihre Volkswirtschaften gingen dennoch schwächer aus der Rezession hervor als die deutsche.

Kritiker hielten der Kanzlerin in späteren Jahren der Finanz- und Schuldenkrise vor, eine ideologische «Austeritätspolitik» zu betreiben, ein angeblich «neoliberales» Sparen um jeden Preis. Umgekehrt behaupteten Parteifreunde, die sich selbst als konservativ bezeichneten, sie betreibe zielgerichtet eine «Sozialdemokratisierung» der CDU. Beide Interpretationen gingen fehl. Im engeren Sinn ideologisch dachte Merkel in Wirtschaftsfragen nie, nicht einmal zu Zeiten von Bierdeckelsteuer und Gesundheitsprämie. Es blieb ihr unverständlich, dass die ökonomische Wissenschaft jedes konkrete Alltagsphänomen ins Korsett zweier konkurrierender Weltanschauungen zwängte. Ihre Skepsis gegenüber den Wirtschaftsprofessoren verstärkte sich durch die Finanzkrise, die kaum einer der hochdekorierten Akademiker vorausgesehen hatte.

Nach dem Parteitag gab Merkel ihren kategorischen Widerstand gegen ein weiteres Konjunkturprogramm allerdings bald auf. Ursprünglich hatten Union und SPD verabredet, auf einem Koalitionsgipfel Anfang Januar über etwaige weitere Maßnahmen beraten zu wollen. Aber die Diskussion gewann schon im Dezember an Fahrt. Außenminister Frank-Walter Steinmeier übernahm in seiner Funktion als SPD-Kanzlerkandidat den Vorschlag der Automobilindustrie, den deutschen Konsumenten mittels einer «Abwrackprämie» für Altautos den Kauf eines Neuwagens schmackhaft zu machen, um das Wegbrechen der Auslandsmärkte zu kompensieren. Angesichts des gewaltigen Krisenszenarios mochte das auf den ersten Blick wie eine Kleinigkeit aussehen, die Maßnahme zielte indes auf die Branche, die im Zentrum des deutschen Wirtschaftsmodells stand.

In ihrer Neujahrsansprache zum Jahreswechsel 2008/09 öffnete Merkel die Tür zu einem zweiten Konjunkturprogramm bereits einen Spaltbreit. *Ich entscheide nicht danach, wer gerade am lautesten ruft. Denn es ist Ihr Geld, das Geld der Steuerzahler, für das wir in der Politik Verantwortung tragen*, sagte sie zwar. Aber sie fügte hinzu: *Wir machen das, was Arbeitsplätze sichert und schafft.*[28]

Gleich nach der Weihnachtspause einigte sich der Koalitionsausschuss unter Leitung Merkels auf eine lange Liste größerer und kleinerer Stimulanzien, die das Kabinett sogleich in konkrete Beschlüsse goss. Um einen zusätzlichen Konjunktureffekt zu erzielen, durften Länder und Kommunen das Geld allerdings nicht für ohnehin geplante, also für sinnvolle und vordringliche Projekte ausgeben. Das erhöhte das Risiko von Fehlinvestitionen: Fast intakte Straßen wurden neu asphaltiert, während die schlimmsten Schlaglochpisten weiter auf ihre Sanierung warteten. Weil Merkel vor Beginn der Finanzkrise eigentlich die Bildungspolitik zur neuen Priorität ausgerufen hatte, damit aber an den Ministerpräsidenten gescheitert war, verkaufte sie die konjunkturbedingte Renovierung von Hörsälen und Schultoiletten als Beitrag zur «Bildungsrepublik Deutschland».[29]

Dieses Konjunkturpaket hatte Merkel ursprünglich nicht gewollt, weder als Ganzes noch viele der Einzelmaßnahmen. Die Wünsche von CSU und SPD, Wirtschaftsverbänden und Teilen der CDU hatten sich in der Verhandlungslogik wechselseitig hochgeschaukelt. Hier zeigten sich exemplarisch die Mechanismen des Systems Merkel: Sie ließ sich zu den Zugeständnissen so demonstrativ zwingen, dass auch ihre Kritiker sie nicht persönlich für die Abkehr von eigenen wirtschaftspolitischen Grundsätzen haftbar machen konnten. Zudem profitierte sie spätestens bei der Bundestagswahl im September von den Beschlüssen, die man durchaus auch als Wahlgeschenke auffassen konnte.

Die Regierung finanzierte das Konjunkturpaket durch neue Schulden in Höhe von 36,8 Milliarden Euro. Finanzminister Steinbrück, der ursprünglich noch vehementer als Merkel dem Wunsch nach Mehrausgaben entgegengetreten war, hatte ebenfalls noch im alten Jahr ein Einlenken signalisiert: Es sei klüger, die Tür ein wenig zu öffnen, als dass sie eingetreten werde.[30] Im Gegenzug wollte die Merkel-Regierung eine «Schuldenbremse» für die öffentlichen Haushalte im Grundgesetz verankern, was nach Verhandlungen mit den Ländern im Zuge der «Föderalismusreform II» tatsächlich gelang: Noch im Jahr 2009 stimmten Bundestag und Bundesrat der Verfassungsänderung jeweils mit Zweidrittelmehrheit zu.

Es erschien zunächst wie eine bizarre Selbstbeschwörung, dass die Regierung ausgerechnet im Jahr der höchsten Schuldenaufnahme seit Bestehen der Bundesrepublik für die Zukunft haushaltspolitische Enthaltsamkeit gelobte. Hinzu kam, dass auch die neuen Regeln eine Ausnahme für den Fall einer «schweren Rezession» vorsahen. Trotzdem haben sich Bund, Länder und Kommunen bis zur Corona-Krise an die Vorgaben der Schuldenbremse gehalten.

Eine Grundsatzdebatte über Merkels wirtschaftspolitischen Kurs entzündete sich dann an einem Thema, das in der Praxis ganz unbedeutend blieb. Bereits am zweiten Januarwochenende, kurz vor den Koalitionsbeschlüssen zum Konjunkturpaket, traf sich die CDU-Führung in Erfurt zur Klausur. Jürgen Rüttgers, seit knapp vier Jahren nordrhein-westfälischer Ministerpräsident, reiste mit einem eigenen Vorschlag an: Er befürwortete einen «Deutschlandfonds», der Kredite an notleidende Unternehmen vergeben und die Firmen im Notfall sogar in staatliche Obhut übernehmen sollte. Damit wollte er den Wählern signalisieren, dass der Staat nicht nur verantwortungslose Bankmanager zu retten bereit war, sondern auch Arbeiter und ihre Jobs in der Fabrik.

Die Gralshüter des Wirtschaftsliberalismus empörten sich über die Idee, Merkel drehte jedoch schnell bei. Zum Ende des Treffens beschloss die CDU-Führung eine «Erfurter Erklärung», die wesentliche Teile von Rüttgers' Vorschlag enthielt. Im Zuge des Konjunkturpakets entstand daraus ein kurzlebiger «Wirtschaftsfonds Deutschland», der auch wegen der raschen Überwindung der Krise nur geringe Beträge auszahlte und nach nicht einmal zwei Jahren seine Arbeit beendete. Politisch besaß das Thema gleichwohl hohe Symbolkraft: Hatte Merkel noch fünf Jahre zuvor den fast völligen Rückzug der öffentlichen Hand aus dem Wirtschaftsleben propagiert, so näherte sie sich nun dem Idealbild des fürsorglichen Staates an – wenn auch in Trippelschritten und oft gedrängt von den eigenen Parteifreunden. Zerrissen hat das die CDU nicht. Nicht nur wegen ihres überbordenden Machtpragmatismus, sondern auch, weil die Krisenpolitik eine Rückkehr zu der väterlichen Fürsorge des Amtsvorgängers Konrad Adenauer bedeutete.[31]

Das zweite Konjunkturpaket schloss die akute Phase der Krisenbewältigung in Deutschland ab. Das bedeutete allerdings nicht, dass die positive Wirtschaftsentwicklung der folgenden Jahre bereits absehbar gewesen wäre. Die deutsche Wirtschaftsleistung ging 2009 im Vergleich zum Vorjahr um fünf Prozent zurück, wie die Regierung in ihrer Prognose von Ende April erstmals offiziell einräumte. Das war der tiefste Einbruch seit Bestehen der Bundesrepublik. In wichtigen Exportbranchen fielen die Auftragsrückgänge sogar noch drastischer aus, da die Folgen der Finanzkrise in wichtigen Absatzmärkten wie den Vereinigten Staaten deutlich stärker auf die Nachfrage durchschlugen als in der Bundesrepublik selbst.

Auf einmal kehrten sich die Verhältnisse um. Die östlichen Bundesländer blieben aufgrund ihres geringen Exportanteils von der Krise weitgehend verschont. Die erfolgsverwöhnten Kommunen Süddeutschlands erlebten dagegen einen Schock angesichts des drohenden Zusammenbruchs ihrer von der Ausfuhr stark abhängigen Leitbranchen Automobil- und Maschinenbau. Die Kommunen standen nicht nur ohne Gewerbesteuer-Einnahmen da, sie mussten den Firmen sogar Vorauszahlungen zurückerstatten. Viele Beschäftigte fürchteten erstmals im Leben um ihre Jobs.

Der Finanzminister plante für 2009 schließlich mit einem Defizit von rund 49 Milliarden Euro, für das Folgejahr sogar mit rund 86 Milliarden Euro. Die Krise wirkte sich doppelt auf die öffentlichen Haushalte aus: Einerseits brachen die Einnahmen aus Steuern ein, andererseits stiegen die Ausgaben für Soziales, Kurzarbeitergeld und Konjunkturpakete. Mehr als ein Viertel des Haushalts finanzierte der Bund 2010 durch neue Schulden, so viel wie nie in der Geschichte der Bundesrepublik.

Anderthalb Jahre nach der Entscheidung über das Konjunkturpaket beschloss Merkel mit ihrem neuen Koalitionspartner FDP umfangreiche Sparmaßnahmen. Erst ganz allmählich stellte sich heraus, dass das scheinbar so unmoderne Deutschland aufgrund seines hohen Industrieanteils besser aus der Krise herauskam als andere westliche Volkswirtschaften, die dem Zeitgeist gemäß viel stärker auf die Finanzbranche und andere Dienstleistungen gesetzt hatten. Von 2010 an befeuerte dann die europäische Staatsschuldenkrise die deutsche Sonderkonjunktur: Weil sich die Bundesrepublik nach dem Bankencrash weniger hoch verschuldet hatte als andere Länder, galt sie als sicherer Hafen für Anleger. Staat und Unternehmen konnten sich zu extrem günstigen Konditionen finanzieren. Ohne den Niedergang anderer Länder wäre das in diesem Maß nicht möglich gewesen.

Das alles ließ sich im Frühjahr 2009 nicht absehen, auch wenn sich die deutsche Öffentlichkeit aufgrund der relativ stabilen Beschäftigungslage durch den Wirtschaftseinbruch kaum aus der Ruhe bringen ließ. Ein paar politische Folgen zeitigte die Krise gleichwohl. Anfang Februar trat Wirtschaftsminister Michael Glos überraschend zurück. Der CSU-Politiker zog wegen seiner passiven Rolle in der Krise viel Kritik auf sich, zudem hatte er sich mit seinem neuen Parteivorsitzenden Horst Seehofer überworfen. Sein Schritt richtete sich nicht gegen Merkel, sondern gegen Seehofer, der zunächst glaubte, er könne das Gesuch des Ministers einfach ablehnen. Glos räumte rückblickend ein: «Ich hatte kaum eine Ahnung, was die Aufgaben dieses Ministeriums sind.»[32] Er stand damit symbolisch für die strukturelle Schwäche des Wirtschaftsressorts, das Merkel und ihren wechselnden Finanzministern beim Krisenmanagement freie Hand ließ. Selbst durchsetzungsfähige Machtpolitiker wie der SPD-Vorsitzende Sigmar Gabriel konnten sich in dem Ministerium nicht profilieren.

Glos' Rücktritt bescherte der Kanzlerin einen ganz besonderen Kabinettskollegen: Am 9. Februar ließ sie die Ernennungsurkunde für Karl-Theodor zu Guttenberg ausfertigen, den erst 37-jährigen Jungstar der CSU. Der Oberfranke, Sohn eines schwerreichen Dirigenten, gehörte seit 2002 dem Bundestag an, wo er sich vor allem mit Außenpolitik beschäftigte. In den Fokus eines breiteren Publikums geriet er, als er Ende 2007 in einer Kampfkandidatur den Vorsitz der oberfränkischen CSU errang und ein Jahr später zum Generalsekretär der Partei aufstieg. Er galt in der Berliner Szene als großes politisches Talent. Seehofer baute den Jungpolitiker, der vor allem konservative Kreise faszinierte, gezielt auf: So wollte er sich andere Konkurrenten in der CSU vom Leib halten. Ein willkommener Nebeneffekt bestand darin, dass Guttenberg bald als möglicher Anwärter aufs Kanzleramt gehandelt wurde und damit auch eine Gefahr für Merkel zu werden versprach.

Dem neuen Wirtschaftsminister bot sich rasch die erste Gelegenheit für einen großen Auftritt. Durch die Krise gerieten der amerikanische Autokonzern General Motors und die europäische Tochter Opel in Schwierigkeiten. Ende Februar lag ein Sanierungskonzept des Opel-Aufsichtsrats vor, dem allerdings zwei entscheidende Dinge fehlten: die Zustimmung des Mutterkonzerns und nötige Finanzmittel in Höhe von mehr als drei Milliarden Euro. Das Thema geriet alsbald in den Mittelpunkt des heraufziehenden Bundestagswahlkampfs, die Debatte um Staatshilfen begann.

Der sozialdemokratische Kanzlerkandidat Frank-Walter Steinmeier fuhr sofort ins Opel-Stammwerk nach Rüsselsheim und versicherte die Arbeiter im röhrenden Sound seines früheren Vorgesetzten Gerhard Schröder der sozialdemokratischen Rückendeckung.

Es gibt in der deutschen Politik kaum eine männlichere Figur als den Regierungschef, der sich in Hemdsärmeln in die Fabrik begibt. Das Auto, Inbegriff aller Männerträume, dazu die Arbeiter mit Schweiß, Schwielen und Schnäuzer: Auf dieser Klaviatur spielten Merkels Rivalen und brachten die Kanzlerin damit in eine schwierige Lage: Nicht nur Steinmeier, sondern auch CDU-Ministerpräsidenten wie der mühsam wiedergewählte Koch oder Rüttgers, der in Bochum ebenfalls ein Opel-Werk zu beschützen hatte. Zunächst reihte sich hier auch der neue Wirtschaftsminister ein, der Mitte März mit großer Pressebegleitung nach New York flog, um mit dem Management von General Motors zu verhandeln. Als einziges Ergebnis brachte er ein Foto mit, das ihn mit weit ausgebreiteten Armen auf dem grell erleuchteten Times Square zeigte: Mir gehört die Welt.

Direkte Staatshilfen für eine erfolglose Automarke widersprachen Merkels politischen Instinkten. Nichts zu tun verbot sich in der Wahlkampfsituation allerdings auch. Am 31. März hatte sich Merkel entschieden, und sie tat, was sie in solch einer Lage immer tut: Sie zeigte sich vor Ort und ließ Selfies mit der Opel-Familie entstehen. Bei ihrem Besuch in Rüsselsheim sang ein Kinderchor mit Bezug auf das Firmenemblem: «Der Blitz kommt aus 'ner Welt, wo Freundschaft und Familie zählt.» Verzweifelte Manager flehten die Regierungschefin mit brüchiger Stimme um Hilfe an. Merkel sprach von der Suche nach einem Investor und dann den entscheidenden Halbsatz: *Natürlich mit staatlicher Hilfe, ich sage das ausdrücklich zu.* Allerdings fügte sie, als ihr die Chefs den Prototyp des neuen Elektroautos vorstellten, einen typischen Merkel-Satz hinu: *Dann strengense sich mal an!*[33]

Für Merkel schob sich nun ein anderes Großthema in den Vordergrund, das die breitere Öffentlichkeit noch kaum in den Blick nahm. Überall auf der Welt hatte die Finanzkrise die Staatsdefizite vergrößert, hatten Konjunkturpakete die Schulden weiter in die Höhe getrieben, obwohl eine übermäßige Kreditaufnahme aus Merkels Sicht die Hauptursache des Debakels gewesen war. Auch sie selbst musste sich das vorhalten lassen, teils von Leuten, die wenige Wochen zuvor ihre angeblich übergroße Sparsamkeit kritisiert hatten. So entdeckte der *Spiegel*, der Anfang Dezember nach einer großzügigen staatlichen Ausgabenpolitik

Es gibt in Deutschland kaum eine männlichere Figur als den Regierungschef, der sich in Hemdsärmeln in die Fabrik begibt. Merkel löste das Problem 2009 bei Opel auf ihre Art: «Dann strengense sich mal an», mahnte sie.

gerufen hatte, plötzlich die Kostenseite solcher Maßnahmen. «Wann ist der Staat eigentlich pleite?», fragte das Magazin Ende Januar.[34]

Mitte Februar hielt Merkel in der Berliner Industrie- und Handelskammer eine wirtschaftspolitische Grundsatzrede, in der sie ihre Sorgen deutlich ansprach, ob wegen der vielen Rettungs- und Konjunkturpakete auf die Bankenkrise womöglich eine Schuldenkrise folgen könne: *Woanders werden im Augenblick dramatisch mehr Schulden gemacht als bei uns.*[35] Das betraf vor allem die Vereinigten Staaten und das Vereinigte Königreich, wo Staat und Notenbank das Land jeweils mit frischem Geld überfluteten, um die Konjunktur wieder in Gang zu bringen. Es zielte aber auch auf viele Länder der Euro-Zone, die ihre Staatsausgaben wegen der Krise kräftig ausweiteten, ohne dass ihnen das Instrument der Notenpresse selbst zu Gebote stand.

So reiste Merkel zu den Treffen der 20 wichtigsten Wirtschaftsnationen, die sich erst infolge der Finanzkrise auf der Ebene der Staats- und Regierungschefs konstituiert hatten, deshalb vor allem mit dem Ruf nach einer Exit-Strategie, also dem Ausstieg aus der hohen Kreditaufnahme. Er blieb ebenso unerhört wie der Wunsch, es dürfe kein Finanzmarktprodukt unreguliert bleiben. Das Finanzmarktregime blieb auf dem alten Kontinent weitaus laxer als in den Vereinigten Staaten: Schärfere Regeln hätten kurzfristig noch mehr Banken in Schwierigkeiten gebracht, auch in Deutschland.

Für die Idee einer globalen Schuldenbremse zeigten sich Merkels Gesprächspartner noch weniger empfänglich, zu unterschiedlich lagen die Interessen. Politiker und Ökonomen aus den Vereinigten Staaten, die im eigenen Land die Krise erfolgreich mit einer neuen Geldschwemme bekämpften, hielten Merkels Vorschläge für den Ausfluss einer kruden deutschen Stabilitätsideologie. Da in den alternden Gesellschaften des Westens riesige Mengen an Kapital nach Anlagemöglichkeiten suchten, schien die Aufnahme immer neuer Kredite kein praktisches Problem darzustellen. Man fürchtete viel eher einen weiteren Einbruch der Konjunktur, wenn die Staaten ihre Ausgaben plötzlich wieder einschränkten. Die Verwerfungen, die eine solche Politik auslöste, zeigten sich erst später.

Gespenstischer Wahlkampf

So erlebte Deutschland im Sommer 2009 einen beinahe gespenstischen Wahlkampf. Die Bundesrepublik durchlitt, zumindest in ihren westlichen Teilen, den tiefsten Wirtschaftseinbruch ihrer Geschichte, doch im Alltag war davon wenig zu spüren. Trotz des nur knapp vermiedenen Zusammenbruchs des Finanzkapitalismus verharrte das Land in stoischer Gelassenheit. Während andernorts in Europa das politische Spitzenpersonal bereits wankte, hatte Angela Merkel in Deutschland durch die Krise sogar an Ansehen gewonnen, mehr noch: Sie war erst eigentlich zur Kanzlerin gereift.

Vor dem Zusammenbruch der Lehman-Bank im September 2008 hatte Merkel fast schon als Regierungschefin auf Abruf gegolten. Ihre Anfangserfolge auf europäischem und internationalem Parkett hatten sich verbraucht, innenpolitische Projekte fehlten – abgesehen von der unpopulären Erhöhung des Renteneintrittsalters oder der Teilrücknahme der Hartz-Reformen. Die gesellschaftspolitische Modernisierung, die sich mit der Familienministerin Ursula von der Leyen verband, blieb innerhalb der eigenen Partei umstritten. Merkel geriet mit ihrem Politikstil, der zwar nicht auf Werte und Ziele verzichtete, wohl aber auf weit ausgreifende Politikentwürfe, an Grenzen.

Ihr Profil als Kanzlerin gewann sie erst in der Abfolge von Krisen, die mit einer gewissen Verzögerung auf den großen Umbruch von 1989/90 folgten und die fortan nicht mehr abrissen. Erst diese Herausforderungen von außen verwandelten den Erhalt des Status quo in eine Errungenschaft. Das verband sie mit Helmut Schmidt, der im Angesicht von Wirtschaftskrisen und Terrorgefahr für viele Deutsche zur Leitfigur geworden war. Allerdings strahlte Merkel weniger als Schmidt eine Aura der alternativlosen Entschiedenheit aus. Ihre Antworten auf neue Krisen bereitete sie tastend vor, bevor sie den einmal gefundenen Plan dann umso konsequenter vertrat.

Im Kampf um ihre erste Wiederwahl hielt Merkel an der Strategie fest, die im Kern noch aus der Zeit vor der Finanzkrise stammte. Schon im Sommer 2008 hatte ihr enger Vertrauter Peter Hintze im kleinen Kreis angedeutet, dass die Kampagne auf einen reinen Personenwahlkampf für die Kanzlerin hinauslaufen werde. Bei jedem anderen Amtsinhaber wäre das eine Selbstverständlichkeit gewesen. Doch in Merkels Fall hatten sich innerparteiliche Gegner über das Konzept empört, weil sie die Frau aus dem Osten offenbar noch immer für einen Irrtum der Geschichte hielten, den man vor den Stammwählern der Christdemokratie quasi verstecken müsse.[36]

Aufhorchen lässt der frühe Zeitpunkt, zu dem Merkels Wahlkampfstrategie schon feststand. Selbst Bewunderer ihres Regierungsstils nahmen oft nur die flexible Reaktion auf kurzfristig wechselnde Situationen wahr, nicht den langfristig angelegten Plan. Dabei lässt sich Merkels Erfolg nur aus der Kombination beider Elemente erklären, getreu der Maxime des Militärschriftstellers Carl von Clausewitz, dass eine gute Strategie stets taktisch auf die Friktionen der wirklichen Welt reagieren muss. Das Muster wiederholte sich in späteren Wahlkämpfen.

Ihr half die Neigung der Deutschen, vor den Unwägbarkeiten eines Kanzlerwechsels zurückzuschrecken und sich am Bewährten festzuhalten. Diese Risikoscheu ihrer Landsleute hätte Merkel 2005 fast die sicher geglaubte Kanzlerschaft gekostet, als Amtsinhaberin profitierte sie davon 2009, 2013 und mit Einschränkungen auch 2017. Auf die Beruhigung der Gemüter arbeitete sie allerdings auch zielstrebig hin. Unpopuläre Entscheidungen traf sie entweder lange genug vor einem Wahltermin, oder sie verschob die Beschlussfassung in die neue Legislaturperiode. Wenn sie später etwa in Brüssel über die Laufzeit von Euro-Rettungsschirmen verhandelte, behielt sie den heimischen Wahlkalender stets im Blick und suchte die Fristen so zu legen, dass kontroverse Beschlüsse nicht in die Nähe einer deutschen Bundestagswahl gerieten. So gelang es ihr auch beim Management der Finanzkrise, die umstrittenen Bestandteile der kurzfristigen Krisenbekämpfung rechtzeitig vor dem Wahlkampf abzuschließen.

Die politische Konkurrenz sah sich zu dieser Form von längerfristiger Strategiebildung nicht in der Lage. Anfang September 2008 hatten sich die Führungsgremien der SPD zur politischen Rentrée am Schwielowsee nahe Potsdam getroffen. Kurz zuvor war durchgesickert, dass Außenminister Frank-Walter Steinmeier der Spitzenkandidat der Partei für die Wahl im Folgejahr sein würde. Das überraschte niemanden, und es entsprach der Absicht des Parteivorsitzenden Beck. Allerdings legte der Pfälzer Wert darauf, dass er selbst aus scheinbar freien Stücken den Kandidaten bestimmte. Das hatten Steinmeiers Indiskretionen unmöglich gemacht. Deshalb trat Beck am Schwielowsee Hals über Kopf zurück. Die engere Parteiführung zog sich zur Beratung in den Gasthof Landhaus Ferch zurück. Dort erwarteten die Wirtsleute für den Nachmittag jedoch eine Reisegruppe, weshalb sie die Führungsriege der ältesten deutschen Partei nach draußen schickten. Der Beschluss über die Nachfolgeregelung fiel im Stehen auf dem Parkplatz: Steinmeier würde wie angekündigt Merkel herausfordern, Müntefering ein weiteres Mal den Parteivorsitz übernehmen.

Den Kandidaten Steinmeier musste Merkel nur begrenzt fürchten. Er verkörperte das Bedächtige und Konsensuale so sehr wie sie selbst, so dass sich den Wählern die Frage stellte, wozu ein Wechsel überhaupt nötig sei. Zudem war der eigentliche Erfinder der Agenda-Politik traditionsbewussten Sozialdemokraten noch mehr verhasst als Merkel den Gegnern in den eigenen Reihen, ohne dass er sich auf einen ähnlichen Machtpragmatismus seiner Partei stützen konnte. Obendrein führte er den Wahlkampf aus einer großen Koalition heraus, in der die SPD alle wesentlichen Entscheidungen mitgetragen hatte, mehr noch: in der alle Wohltaten wie das verlängerte Arbeitslosengeld der CDU zugerechnet wurden, während Zumutungen wie die Rente mit 67 an der SPD hängenblieben.

So konnte Merkel mit ihrem Generalsekretär Ronald Pofalla erstmals erfolgreich das Konzept der «asymmetrischen Demobilisierung» erproben, das auf den Mannheimer Wahlforscher Matthias Jung zurückging.[37] Sie verzichtete darauf, die eigenen Anhänger durch eine konfrontative Zuspitzung der Kampagne zu mobilisieren. Je mehr die Wahl als eine Richtungsentscheidung erschien, so das Kalkül, desto stärker würden auch die Anhänger der politischen Konkurrenz zur Stimmabgabe motiviert. Stattdessen suchte sie die politischen Leidenschaften stillzustellen, zum Beispiel, indem sie Programmpunkte der SPD oder der Grünen zumindest teilweise übernahm. Eine niedrigere Wahlbeteiligung nahm sie bewusst in Kauf: Sie würde den anderen Parteien mehr schaden als der CDU, deren überwiegend ältere Anhänger verlässlich wählen gingen.

Die «asymmetrische Demobilisierung» blieb bis zum Schluss einer der umstrittensten Aspekte von Merkels Regierungsstil. Kritiker warfen ihr vor, eine Aushöhlung der Demokratie voranzutreiben. Tatsächlich zeigten sich die Schattenseiten dieses Konzepts, als seit 2013 mit der «Alternative für Deutschland» eine neue Polarisierung in die Politik Einzug hielt und die Wahlbeteiligung wieder stieg – allerdings nicht zugunsten der konsensorientierten liberaldemokratischen Parteien, die dem Aufstieg der AfD zumindest in vielen ostdeutschen Regionen wenig entgegenzusetzen hatten.

Merkels Regierungsstil war jedoch nicht die tiefere Ursache solcher gesellschaftlichen Entwicklungen, sondern eher ein Folge davon: Die Profile von Union und SPD verschwammen auch deshalb, weil sich in der Gesellschaft neue Spaltungen etwa zwischen Kosmopoliten und Protektionisten herausbildeten, die quer zu den Konfliktlinien zwischen den klassischen Volksparteien lagen. Dieser Prozess vollzog sich in vielen westlichen Demokratien auch ohne das Zutun einer Konsenskanzlerin, und die SPD trug gewiss den größeren Teil zu ihrem eigenen Niedergang bei.

Zu den Neuerungen dieses Bundestagswahlkampfs zählten auch ein paar von der Kanzlerin selbst gewährte, wohl dosierte Einblicke in ihre Persönlichkeit. Lange Zeit hatte sich die Frau aus Brandenburg öffentlich so dargestellt, als sei sie ein Mann aus dem Münsterland. Das hatte ihr 2005 bei Frauen und Ostdeutschen unterdurchschnittliche Wahlergebnisse eingebracht, ohne die Hardliner unter den westdeutschen Konservativen mit ihr zu versöhnen. Jetzt plante sie ein öffentliches Bekenntnis zu ihren Identitäten, zunächst in Bezug auf das Thema, das mehrheitsfähiger war: auf ihre Rolle als Frau.

Anfang 2009, zum Auftakt des Wahljahres, richtete sie im Kanzleramt die Feier zum 90. Jahrestag des Frauenwahlrechts aus, die Feministin Alice Schwarzer gab dazu einen Sammelband heraus, der die Kanzlerschaft Merkels als krönenden Abschluss einer langen historischen Emanzipationsbewegung darstellte: *Damenwahl. Vom Kampf um das Frauenwahlrecht zur ersten Kanzlerwahl.* Ungefähr zur gleichen Zeit gab Merkel gemeinsam mit der Autorin Jana Hensel ein Interview, in dem sie mit gespielter Arglosigkeit erklärte: *Ich glaube, dass ich, je länger ich in der Politik bin, mein Frausein sogar offener thematisiere.*[38]

Ähnlich zielgerichtet verfuhr Merkel mit ihrer ostdeutschen Herkunft. Hier agierte sie allerdings vorsichtiger und verpackte das Bekenntnis zunächst in ein zwiespältiges Kompliment an die westdeutsche Bevölkerungsmehrheit: *Wenn ich durch die alten Bundesländer reise, sehe ich viele Stadthallen, Schulen, Verwaltungsgebäude aus den Sechziger- und Siebzigerjahren, wohingegen im Osten vieles neu ist.*[39] Der Satz verursachte im Osten einigen Wirbel, weil er als eine Absage an den Aufbau Ost aufgefasst wurde. In Wahrheit war er ein Affront gegen allzu selbstgewisse Westdeutsche, denen die Politikerin aus Templin generös Aufbauhilfe anbot. Über die erfolgsverwöhnten Schwaben lästerte sie angesichts der krisenbedingten Einbrüche in der dortigen Exportindustrie auf einem Wahlkampftermin in Weimar sogar spitz: *Mal gucken, wie die in Baden-Württemberg reagieren auf so eine Krise.*[40]

Offensiver ging Merkel das Thema eine Wahlperiode später an. Im achten Jahr ihrer Kanzlerschaft fühlte sie sich sicher genug, vor Publikum über den ostdeutschen Kultfilm par excellence zu sprechen: *Die Legende von Paul und Paula* aus dem Jahr 1973. Damit sandte sie eine Botschaft gleich auf mehreren Ebenen. Sie schwelgte beim Gespräch mit dem Filmregisseur Andreas Dresen in Erinnerungen an den DDR-Alltag und demonstrierte damit, dass ihr ostalgische Gefühle nicht fremd waren. Zugleich demonstrierte sie, dass sie im Jahr ihres Schulabschlusses jene Sehnsucht nach einem besseren und freien Leben teilte, die der Film transportierte, dass sie also durchaus nicht systemkonform gewesen war. Und schließlich deutete sie zumindest an, dass sie sich mit der Figur der unkonventionellen Frau identifizierte, die sich konventionellen Beziehungsmodellen nicht fügte.[41]

Auch an anderen Stellen ließ sie ihre ostdeutsche Herkunft stärker durchblicken als zuvor. Im Magazin der *Süddeutschen Zeitung* antwortete sie auf die Frage nach dem «größten Mist», den sie als Jugendliche gebaut habe: *Mit einem neuen Trainingsanzug aus einem Westpaket in eine harzige Baumhöhle zu kriechen.*[42] Für einen solchen Satz mochten dann auch westdeutsche Leser die kleine Angela am liebsten in den Arm nehmen –

auch wenn ihnen der Gedanke, dass es Westwaren zu schonen galt, weniger geläufig war.

Zugleich bekannte sich Merkel zu westdeutschen Traditionen. Sie nutzte das 60-jährige Jubiläum der Bundesrepublik, um sich in die Nachfolge der Parteiheroen Konrad Adenauer und Helmut Kohl zu stellen. Sie besuchte den hinfälligen Kohl anderthalb Monate vor der Bundestagswahl in seinem Oggersheimer Haus und ließ ein amtliches Foto des Treffens verbreiten. Sie fuhr in den nostalgischen Waggons des TEE Rheingold durchs alte Westdeutschland und machte Halt am Haus Adenauers in Rhöndorf bei Bonn, verband das aber mit dem Gedenken an den bevorstehenden 20. Jahrestag des Mauerfalls. *Ein Drittel der Geschichte der Bundesrepublik gehen wir nun schon gemeinsam*: Diesen etwas umständlichen Satz wiederholte sie wieder und wieder. Er sollte ihre eigene Biographie in die größere Kontinuität der bundesdeutschen Geschichte stellen.[43]

Zu den einschneidenden Veränderungen im Wahlkampf 2009 zählte schließlich der Umgang mit der Koalitionsfrage. Als Oppositionsführerin hatte Merkel fünf Jahre lang zielgerichtet auf ein Bündnis mit der FDP hingearbeitet. Sie war mit dem Vorsitzenden Westerwelle Cabrio gefahren, hatte ihm auf ihrer eigenen Geburtstagsfeier 2004 die Gelegenheit zum Coming-out geboten. Diesmal blieb sie auf Abstand. Sie ließ während der Wahlkampagne offen, mit wem sie ihre Kanzlerschaft vom Herbst an fortführen würde. Die schwarz-gelbe Option würde bei einer entsprechenden Mehrheit wohl unvermeidlich sein, schon mit Blick auf die kulturelle Distanz, die einen gewichtigen Teil der Christdemokraten noch immer von den Grünen trennte.

Einem möglichen Bündnis mit den Grünen, die sie im Parlament stets betont zuvorkommend behandelte, galt indes die persönliche Vorliebe der Kanzlerin. Im kleinen Kreis ließ sie das wenig später erstaunlich offen durchblicken, wenn sie etwa eine Episode aus dem Wahlkampf erzählte. In Stralsund, ihrem eigenen Wahlkreis, sei ein westdeutscher Tourist auf sie zugekommen: Er wolle so gerne eine schwarz-grüne Regierung, was er denn dafür wählen solle. Sie habe sich auf die Zunge gebissen und tapfer gesagt, was sie in allen Interviews sage: Dass mit beiden Stimmen CDU wählen müsse, wer sie als Kanzlerin behalten wolle.[44]

Im Notfall blieb immer noch die Zusammenarbeit mit der SPD, und kaum etwas schadete dem Kandidaten Steinmeier bei dessen eigener Anhängerschaft mehr als die Perspektive auf weitere vier Jahre als Juniorpartner Merkels. Die Wähler entschieden im September nicht so sehr die Frage, ob die Kanzlerin im Amt bleiben würde. Das schien 2009 so sicher zu sein wie in den folgenden Wahlkämpfen. Von den Prozentzahlen hing nur ab, mit wem sie künftig regieren würde.

Diese Ausgangslage verschaffte der FDP einen taktischen Vorteil, und zwar zulasten von CDU und CSU. Eine Woche vor der Wahl legte sich Westerwelle endgültig auf die Präferenz fest, die ohnehin die naheliegende war: auf das klassische Bündnis mit der Union. «Wir sind nicht die Mehrheitsbeschaffer von Rot-Grün», sagte er.[45] Das nützte Merkel insofern, als ihrem Herausforderer Steinmeier endgültig die einzige Machtperspektive verbaut war: ein theoretisch mögliches Dreierbündnis mit Grünen und FDP. Andererseits schadete Westerwelles Festlegung der Kanzlerin, weil sie den Wählern verdeutlichte: Ihre Präferenz für eine schwarz-gelbe Koalition konnten sie nur durch eine Stimme für die FDP zum Ausdruck bringen. Dadurch machte Westerwelle die Wahl zu einem Referendum über die große Koalition: Wer seinen Unmut über das Bündnis von Union und SPD zum Ausdruck bringen wollte, aus welchen Gründen auch immer, der musste nach dieser Logik die FDP wählen. Nach den Wahlanalysen folgten diesem Aufruf zur Protestwahl sogar Arbeiter, Arbeitslose oder Ostdeutsche – traditionell eher FDP-ferne Wählergruppen, bei denen die Partei diesmal zweistellige Ergebnisse erzielte.[46]

Schwarz-Gelb

Angela Merkel zögerte sogar am Abend ihres schwarz-gelben Wahlsiegs, dem 27. September 2009. Die SPD-Spitzenleute hatten ihre Niederlage schon eingestanden, die Grünen ihre Oppositionsrolle angenommen. Mehrfach schalteten die Fernsehsender in die CDU-Zentrale, vergebens, weil nichts zu sehen war als eine blaue Wand. Die Parteivorsitzende verharrte in den oberen Räumen und beriet sich mit ihren Vertrauten.

Um 19.04 Uhr kam sie dann doch, in aller Demut. Sie wusste, dass der Wahlausgang für sie Gefahren barg. Sorgen machte ihr weniger das zweitschlechteste Unions-Ergebnis der Geschichte, unterboten nur von Adenauer bei der ersten Bundestagswahl: Mit 33,8 Prozent erhielten CDU und CSU weniger Stimmen als vier Jahre zuvor, obwohl schon das damalige Ergebnis als enttäuschend gegolten hatte. Anders als damals musste Merkel Kritik vom konservativen Parteiflügel kaum fürchten. Schließlich galt es diesmal nicht, Kompromisse mit den Sozialdemokraten zu schließen, sondern in einer neuen Koalition langgehegte Wünsche zu verwirklichen: Als Oppositions- und Protestpartei gewann Westerwelles FDP diesmal 14,6 Prozent der Stimmen, so dass die alte schwarzgelbe Regierungsmehrheit aus Helmut Kohls Tagen wiederauferstand. Merkel brauchte sie, um ihre innerparteiliche Position zu festigen und den Ruf einer Übergangskanzlerin abzustreifen. Sie bereitete aber auch neue Probleme.

Merkel sorgte sich vor allem um die Frage, ob sie ihre Popularität als Konsenskanzlerin in das neue Bündnis mit den Liberalen hinüberretten könnte. *Mein Verständnis war und ist es*, sagte sie an diesem Abend in der Parteizentrale, *dass ich die Bundeskanzlerin aller Deutschen sein möchte.*[47] Es war der klassische Satz, den Bundespräsidenten am Tag ihrer Wahl sagen. Für eine Regierungschefin, die mitten im Parteienstreit steht, klang er ungewöhnlich.

Am nächsten Tag machte Merkel gerade so weiter. Als sie am frühen Nachmittag abermals vor die Presse trat, wäre ein unbeteiligter Beobachter nur wegen der vielen Übertragungswagen vor der Tür auf die Idee gekommen, dass am Vortag eine Bundestagswahl stattgefunden hatte, dass daraus eine neue Koalition hervorgehen würde, dass Merkel dieses schwarz-gelbe Bündnis noch vier Jahre zuvor mit der Aussicht auf einen Politikwechsel verbunden hatte. Denn auf die Frage, ob die Republik mit dem neuen Partner eine andere Bundeskanzlerin kennenlernen werde, gab sie eine sehr typische Antwort: *Sie werden mich so kennenlernen, wie ich bin.*[48]

Wieder einmal zeigte sich Merkel nicht bereit, um des kurzfristigen Triumphes willen ihre Popularität aufs Spiel zu setzen. Sie wusste, dass sie ihre Wiederwahl vor allem dem Umstand zu verdanken hatte, dass viele Deutsche sie inzwischen als Garantin der Beständigkeit schätzten. Zugleich erkannte die Kanzlerin auch die Risiken, die der neue Koalitionspartner für ihre Popularität barg. Das schwarz-gelbe Bündnis kam vier Jahre zu spät: Mit dem wirtschaftsliberalen Reformprogramm, das die FDP noch immer vertrat, hatte die Kanzlerkandidatin Merkel im Jahr 2005 beinahe Schiffbruch erlitten und sich dann umso energischer davon abgewandt.

Die meisten Journalisten wollten an diesem Tag nach der Wahl wissen, wann endlich die sogenannten Grausamkeiten im Sozialen kämen, die alle

1. Finanzkrise (2008–2009)

von Schwarz-Gelb erwarteten. Merkel antwortete darauf nur: *Ich werde darauf achten, dass die Mehrheitsfähigkeit der CDU nicht gestört wird durch den Koalitionsvertrag.*[49]

Weil die CDU immer behauptet hatte, die Koalition mit der FDP sei ihr «Wunschbündnis», lag der Kanzlerin an einem raschen Abschluss der Koalitionsverhandlungen. Tatsächlich beendete die Amtsinhaberin die Gespräche so schnell wie nie, innerhalb von knapp vier Wochen. Dabei spielte auch die Ermattung eine Rolle, in die Merkel nach Bundestagswahlen regelmäßig verfiel. Die Monate des Krisenmanagements nach dem Finanzcrash, der erste Wahlkampf aus dem Amt der Kanzlerin heraus, das alles zehrte an den Kräften. Im Nachhinein hieß es, die Eile und die Oberflächlichkeit der Verhandlungen hätten geradewegs in den Dauerstreit mit der FDP geführt. Doch hatten sich die beiden Parteien inzwischen so stark auseinanderentwickelt, dass sich die Differenzen auch mit noch so langen Gesprächen wohl nicht hätten aus der Welt schaffen lassen.

Das betraf vor allem das Kernthema, mit dem die FDP den Wahlkampf bestritten hatte: den Wunsch nach einer grundlegenden Steuerreform. Das Ziel waren, wie es im Programm wörtlich hieß, «einfache, niedrige und gerechte Steuern».[50] Als politisch durchsetzbar galt ein solcher Schritt allenfalls, wenn der Wegfall aller Vergünstigungen durch ein kräftiges Absenken der allgemeinen Steuersätze kompensiert würde. Ein mittlerer zweistelliger Milliardenbetrag würde dem Fiskus dadurch entgehen, und das in Zeiten, in denen der Staatshaushalt durch die Folgen der Finanzkrise ohnehin strapaziert war. Die Realpolitikerin Merkel zeigte keinerlei Neigung, populäre Steuervergünstigungen zu streichen und den eigenen Handlungsspielraum durch Einnahmeausfälle einschränken zu lassen. Das allzu forsche Auftreten der FDP half ihr bei der Abwehr: Es weckte Widerstände, nicht zuletzt bei den CDU-Ministerpräsidenten. Und es machte vergessen, dass der Wunsch nach Steuersenkungen auch Bestandteil von Merkels eigenem Wahlprogramm gewesen war.

Die Aussichten der Kanzlerin, die Wünsche der FDP abzuwehren, standen also von vornherein gut. Sie verbesserten sich nochmals dadurch, dass der FDP-Vorsitzende Westerwelle auf Anraten seines Mentors Hans-Dietrich Genscher das Amt des Außenministers anstrebte. Dadurch kam Merkel gar nicht erst in die Verlegenheit, über Steuerfragen mit einem FDP-Finanzminister streiten zu müssen. Stattdessen platzierte sie zur allgemeinen Überraschung jetzt Wolfgang Schäuble in dem Ressort, um die Steuerpläne der FDP zu vereiteln. Der Wunsch, die FDP wieder auf Normalmaß zurechtzustutzen, einte Merkel mit ihren innerparteilichen Kritikern: Gerade weil sie in den abtrünnigen Wählern Fleisch vom Fleische der CDU erblickten, sannen sie auf Revanche.

Merkels Entscheidung für Schäuble als Finanzminister war riskant, aber wohlkalkuliert. Im Amt des Innenministers hatte sich der Badener nach Anfangserfolgen wie der Einberufung einer Islamkonferenz mit immer schärferen Vorschlägen etwa zur gezielten Tötung von Terrorverdächtigen ins Abseits gestellt. Seine Initiativen zu staatlichen Online-Durchsuchungen privater Computer trugen maßgeblich zu den kurzzeitigen Erfolgen einer neuen «Piratenpartei» bei, die mit dem Ruf nach Freiheit im Internet sogleich in mehrere Landesparlamente einzog. Niemand hätte Merkel damals gezwungen, Schäuble wieder zum Minister zu machen, erst recht nicht in diesem zentralen Ressort, das einem Vizekanzleramt gleichkommt. Schäuble erlebte einen späten Wiederaufstieg, mit dem er kaum noch gerechnet hatte. Über seine Reaktion auf die Berufung zum Finanzminister berichtete Merkel ihren Vertrauten: *Es war die reine Freude.*[51]

Zur Eindämmung der FDP konnte Merkel die Eigenwilligkeit des Mannes gut gebrauchen, zu dem sie seit fast zwei Jahrzehnten ein hochkomplexes Verhältnis unterhielt. Als alter Kohl-Minister, der im Ruf eines Konservativen stand, galt er nicht als Erfüllungsgehilfe der Kanzlerin. So konnte er den Wünschen des Koalitionspartners mit eigener Autorität entgegentreten und verhindern, dass sich der CDU-Wirtschaftsflügel mit der FDP verbündete. Dass die Entscheidung auch Risiken barg, offenbarte sich später: In der Euro-Krise und in der Flüchtlingsdebatte geriet Merkel mehrfach mit ihrem Minister aneinander.

Bei den Koalitionsverhandlungen stritten Merkel und Seehofer mit Westerwelle bis zuletzt um die Steuerfrage. Am 23. Oktober 2009, knapp vier Wochen nach der Wahl, einigten sie sich, längst ermattet, um zwei Uhr früh in den nüchternen Räumen der nordrhein-westfälischen Landesvertretung. Der FDP gestand Merkel am Ende den Satz zu, die Koalition wolle «den Einkommensteuertarif zu einem Stufentarif umbauen», den die Partei als einfacher empfand: Die Steuersätze sollten nicht mehr allmählich mit den Einkünften anwachsen, sondern an einigen wenigen Einkommensgrenzen sprunghaft ansteigen. Die Neuregelung solle «möglichst» zum 1. Januar 2011 in Kraft treten, also in gut einem Jahr, und die geplante Entlastung um 24 Milliarden Euro «im Laufe der Legislaturperiode» erfolgen.[52]

Was solche Sätze angesichts der damaligen Rekordverschuldung wert waren, verdeutlichte der künftige Finanzminister Schäuble in ersten Interviews, als der Koalitionsvertrag zwar schon ausgehandelt, aber noch gar nicht unterschrieben war. «Wir fahren weiter auf Sicht», erklärte er. Man wolle Steuersenkungen «versuchen». Über die Vorteile eines Stufentarifs sei er sich «nicht so ganz sicher».[53]

Westerwelle und seine Parteifreunde waren noch immer zu berauscht von ihrem Wahlsieg, um die kommenden Gefahren wahrzunehmen. Nach elf Jahren in der Opposition verfügte kaum einer von ihnen über Erfahrungen im Regierungsgeschäft auf Bundesebene. Zudem überschätzten die Akteure ihre Verhandlungsposition. In der alten Regierung hatte die SPD zumindest theoretisch eine andere Machtoption im Bundestag besessen, für die FDP galt das nicht.

Noch etwas übermüdet von der Verhandlungsnacht traten die drei Parteivorsitzenden am Samstagvormittag vor die Bundespressekonferenz. Auch hier blieb Merkel so kühl wie nach der Wahl. Auf die Frage, was anders sei als 2005, sagte sie nur: *Ich bin wahrscheinlich älter und reifer geworden.* Sie machte sogleich deutlich, dass sie den diplomatischen Novizen Westerwelle auch in der Außenpolitik einzurahmen gedachte. Der designierte Vizekanzler formulierte für ihren Geschmack allzu forsch: «Wir wollen, dass Deutschland ein atomwaffenfreies Land wird.» Merkel fügte gleich zweimal hinzu: *Im Gespräch mit unseren Partnern.* Das ließ sich durchaus als Hinweis verstehen, dass der Neuling die Gepflogenheiten auf internationalem Parkett noch nicht ganz beherrsche.

In der Gesundheitspolitik überließ es Merkel ihrem neuen Teilzeitverbündeten Seehofer, die FDP einzuhegen. «In der Gesundheit ändert sich zunächst einmal gar nichts», sagte der CSU-Vorsitzende zum liberalen Wunsch nach Einführung der Kopfpauschale, von der sich Merkel längst verabschiedet hatte. Die Kanzlerin hörte mit dem leeren Gesichtsausdruck zu, den sie so virtuos beherrscht wie kaum jemand in der Politik. Wenn Seehofer die Eindämmung der FDP übernahm, konnte es für sie nur von Nutzen sein. Zudem ließ der Streit zwischen den beiden kleinen Koalitionsparteien alle Optionen offen. Das sicherte der CDU-Vorsitzenden genügend Spielraum für situative Politik nach ihrem Geschmack.[54]

Machtpolitisch kam es ohnehin auf das Personaltableau an. Jetzt fielen die Grenzen, die das Wahlergebnis von 2005 der Kanzlerin auferlegt hatte. Die «Boygroup», die sie seit ihrer Zeit als Oppositionsführerin begleitete, rückte in Schlüsselpositionen ein. Merkel machte Ronald Pofalla zum Kanzleramtschef, Norbert Röttgen zum Umweltminister, Hermann Gröhe zum CDU-Generalsekretär und Peter Altmaier zum Ersten Parlamentarischen Geschäftsführer der Unionsfraktion. Zunächst sollte Merkels Vertrauter Peter Hintze als Staatsminister ins Kanzleramt wechseln, er blieb dann aber Staatssekretär im Wirtschaftsministerium und Vorsitzender der einflussreichen nordrhein-westfälischen CDU-Landesgruppe im Bundestag. Merkels Vertraute Annette Schavan durfte das Bildungsressort behalten. Viele der Merkel-Getreuen waren schon während der neunziger Jahre die treibenden Kräfte der schwarz-grünen Pizza-Connection gewesen, auch darüber hätte ein FDP-Politiker ins Grübeln kommen können. Gröhe ließ es sich nicht nehmen, bei seinem ersten Auftritt als Generalsekretär die Wandlung der Grünen positiv zu würdigen.

Der FDP überließ Merkel vergleichsweise unbedeutende Ministerien. Die Kompetenzen des Außenministeriums waren schon unter den Vorgängern mehr und mehr ins Kanzleramt abgewandert. Rainer Brüderle bekam das einflussarme Wirtschaftsministerium. Sabine Leutheusser-Schnarrenberger betrachtete die Rückkehr ins Justizministerium eher als persönliche Genugtuung denn als politische Gestaltungsaufgabe. Der junge Niedersachse Philipp Rösler erhielt die undankbare Aufgabe, das Gesundheitswesen zu verwalten. Schließlich übernahm der bisherige FDP-Generalsekretär Dirk Niebel das Entwicklungsressort, dessen Abschaffung seine Partei im Wahlkampf versprochen hatte.

Die Abgabe des Wirtschaftsressorts fiel Merkel und Seehofer auch deshalb leicht, weil sich der bisherige Amtsinhaber Karl-Theodor zu Guttenberg in den wenigen Monaten seiner Amtszeit allzu vorwitzig gezeigt hatte. Ihn suchte Merkel im schwierigen Verteidigungsressort zu neutralisieren, ein Interesse, das Seehofer inzwischen mit ihr teilte. Den Entsandten ihres Rivalen Roland Koch konnte Merkel, wie die Machtverhältnisse inzwischen lagen, als Verschiebemasse behandeln: Franz Josef Jung musste zugunsten der Guttenberg-Rochade weichen und nach vier unauffälligen Jahren im Verteidigungsministerium das Arbeitsressort übernehmen.

Die ehrgeizige Familienministerin Ursula von der Leyen konnte ihm nachfolgen, als er nach nur einem Monat wegen eines Angriffs auf Zivilisten in Afghanistan zurücktrat, den er noch im alten Amt zu verantworten

1. Finanzkrise (2008–2009)

gehabt hatte. Koch musste nicht nur den Abgang seines Berliner Vertrauten erdulden. Als Ersatz für das große Arbeitsressort bekam sein Landesverband nur noch das kleine Familienministerium. Selbst dorthin konnte Merkels Intimfeind keinen engen Vertrauten entsenden: Merkel entschied sich aus eigener Macht für Kristina Schröder, die als junge Frau im Koch-Lager über wenig Rückhalt verfügte. Das zeigte, wie sehr der Einfluss des Ministerpräsidenten geschwunden war.[55]

Die überraschendste Personalie betraf den Posten des deutschen EU-Kommissars. Merkel hatte die Frage, die seit der Europawahl vor mehr als vier Monaten anstand, bis zu den Koalitionsverhandlungen offen gehalten. Über viele Kandidaten wurde spekuliert, nur nicht über denjenigen, auf den ihre Wahl schließlich fiel: Günther Oettinger, den baden-württembergischen Ministerpräsidenten. Dabei ging es nicht nur ums Wegloben eines politischen Gegners aus dem Andenpakt, sondern auch um die Aussichten für die Landtagswahl in anderthalb Jahren und um die Wünsche von Merkels südwestdeutschen Verbündeten Kauder und Schavan. Dass die Nachfolge in der Stuttgarter Staatskanzlei dem bisherigen Fraktionsvorsitzenden Stefan Mappus zufallen würde, war absehbar. Auch die charakterlichen Defizite, die wenig später zu seinem Scheitern führten, blieben kundigen Beobachtern nicht verborgen. Insofern trug Merkel eine Mitverantwortung für den Machtverlust der baden-württembergischen CDU im Frühjahr 2011. Weil abermals ein «Konservativer» strauchelte, schlug das nicht zu ihrem Nachteil aus.

Schließlich musste sich Merkel im Folgejahr einen neuen Regierungssprecher suchen. Der Amtsinhaber Ulrich Wilhelm wollte als Intendant zum Bayerischen Rundfunk wechseln. Auf ihn folgte der Fernsehmoderator Steffen Seibert, der bislang im ZDF das «heute journal» präsentiert hatte. Die Kanzlerin und ihre engsten Mitarbeiterinnen konnten ihr Glück kaum fassen, dass Seibert zusagte. Gut aussehend, sympathisch, populär, von schneller Auffassungsgabe, ein liberales juste milieu des deutschen Bürgertums verkörpernd: Das schien die ideale Besetzung für die Vermittlung ihrer Botschaften zu sein. Zu einem *policy maker* wurde Seibert nicht, aber im Lauf der Zeit zu einem engen Vertrauten.[56]

Mit der Personalie offenbarte Merkel zudem, was vielen Beobachtern lange verborgen geblieben war: Dass sie auch eine Medienkanzlerin war, auf eine andere, vielleicht sogar effektivere Art als ihr Vorgänger Schröder. Je länger sie ihr Amt ausübte, desto wichtiger wurden dabei ikonische Bilder, die das Bundespresseamt arrangierte – ob sie nun 2009 den Alt-

Dritter Teil: Krisenjahre: die Weltpolitikerin (2008–2021)

Vertraute: Seit 1992 leitet Beate Baumann das Büro Angela Merkels und lotste die Chefin durch alle Untiefen. Im Jahr 2010 kam Regierungssprecher Steffen Seibert hinzu, er beherrschte die Inszenierung der Medienkanzlerin virtuos.

kanzler Helmut Kohl zu einer Art Versöhnungstreffen in Oggersheim besuchte oder 2015 dem Präsidenten der Vereinigten Staaten mit ausgebreiteten Armen die Welt erklärte. Hintergrundgespräche mit Textjournalisten dosierte sie im Laufe ihrer Kanzlerschaft hingegen immer sparsamer, sie wollte ihre Botschaften selbst kontrollieren.

Trotz der Koalitionsverhandlungen nahm sich Merkel die Zeit, das wiedererstandene Neue Museum gegenüber ihrer Wohnung persönlich zu eröffnen. Dort produzierte sie schöne Bilder mit der Pharaonin Nofretete. Das politische Wirken der Ägypterin ist bis heute von Geheimnissen umwittert. Als sicher gilt: Neben Kleopatra verfügte sie von allen Politikerinnen der Antike über das solideste Machtbewusstsein. Dass sie in diesem Punkt kaum zurückstand, hatte Merkel ein weiteres Mal unter Beweis gestellt.[57]

Am 28. Oktober 2009 ließ sie sich im Bundestag ein zweites Mal zur Kanzlerin der Bundesrepublik Deutschland wählen. Sie war die erste Regierungschefin, die während ihrer Amtszeit den einen Koalitionspartner einfach gegen den anderen austauschte; in den Kabinetten Konrad

1. Finanzkrise (2008–2009)

Adenauers waren lediglich Parteien hinzugekommen oder weggefallen. Diese machtpolitische Flexibilität prägte fortan die Erwartungshaltung gegenüber ihrer Kanzlerschaft. Anders als bei der ersten Wahl vermieden auch ihre Unterstützer jegliches Triumphgebaren, auf der Besuchertribüne wurden diesmal keine Buchstabenkekse gereicht.

Im Rückblick erschien das einer neuen Legislaturperiode angemessen, die der Kanzlerin besondere Probleme bereiten sollte: Merkel bekam es mit einem schwierigen Koalitionspartner zu tun, der nicht nur Ideologie vor Pragmatismus stellte, sondern auch reihenweise handwerkliche Fehler machte und intern ständig stritt. CDU, CSU und FDP konnten sich nur auf so wenige neue Gesetze einigen, dass juristische Fachverlage ihre Loseblattsammlungen kaum ergänzen mussten und deshalb über schlechte Geschäfte klagten. Diese Konstellation fiel auch auf Merkel selbst zurück, deren persönliche Popularitätswerte schon bald nach der Wahl sanken und bis zum Herbst 2012 auf niedrigem Niveau verharrten: So negativ wirkte sich später nicht einmal die Flüchtlingsdebatte auf die Beliebtheit der Kanzlerin aus. Zeitweise galt es im Berliner Betrieb fast schon als sicher, dass aus der nächsten Bundestagswahl ein Sozialdemokrat als Sieger hervorgehen würde.

Den Auftakt der neuen Regierung prägte, neben dem öffentlich ausgetragenen Dauerstreit um die Steuerpolitik, vor allem ein Faktor: die bevorstehende Landtagswahl in Nordrhein-Westfalen am 9. Mai 2010. In dem größten Bundesland regierte seit fünf Jahren Jürgen Rüttgers, ebenfalls in einem Bündnis mit der FDP. Seinen Wahlsieg von 2005 hatte er dem Streit um die Hartz-Reformen des damaligen Kanzlers Schröder zu verdanken, der daraufhin die vorgezogenen Neuwahlen auf Bundesebene ausrief. Diesmal fürchteten die Regierungen in Berlin und Düsseldorf, unpopuläre Berliner Beschlüsse könnten das Rüttgers-Kabinett wieder hinwegfegen. Also beschlossen Merkel und Westerwelle, bei den großen Themen im ersten halben Jahr ihrer Regierungszeit weithin untätig zu bleiben. Weder in der Steuerfrage noch bei der Verlängerung der Atomlaufzeiten kam es zu einer Festlegung.

Umso mehr Aufmerksamkeit erregten die wenigen Beschlüsse, die das neue Bündnis zum Auftakt seiner Regierungszeit tatsächlich fasste. Als Sofortmaßnahme einigte sich die Regierung auf eine Art kleines Konjunkturpaket mit Vergünstigungen für die jeweils eigene Klientel, das den beschönigenden Namen «Wachstumsbeschleunigungsgesetz» trug. Es umfasste Erleichterungen bei der Erbschaftsteuer und einen höheren Kinderfreibetrag bei der Einkommensteuer, der vor allem Besserverdienenden zugutekam. Im kollektiven Gedächtnis blieb das Gesetz wegen eines scheinbar nebensächlichen Punktes haften: Die Koalition erfüllte den langgehegten Wunsch vor allem der bayerischen CSU, auf Hotelübernachtungen wie im benachbarten Österreich nur noch den ermäßigten Mehrwertsteuersatz von sieben Prozent zu erheben, denn im Grenzgebiet klagten die Beherbergungsbetriebe über einen angeblichen Wettbewerbsnachteil. Auch die bayerischen Grünen hatten sich die Forderung zu eigen gemacht.

Weil aber auch die FDP auf die niedrigere Hotelsteuer gedrängt hatte, entlud sich die öffentliche Entrüstung allein an ihr, die ohnehin schon den Ruf einer Klientelpartei genoss. Die übrigen Befürworter der Steuererleichterung traten höflich schweigend zur Seite, und die Kanzlerin brachte sich mit dem Gesetz ohnehin nicht in Verbindung. Erschwerend kam hinzu, dass die FDP im Vorjahr – wie auch die CSU – Großspenden von einer Firma angenommen hatte, die dem Milliardär August Baron von Finck gehörte, einem Miteigentümer der Mövenpick-Hotels und späteren Förderer der AfD.[58] Alsbald galt die Neuregelung als «Mövenpick-Steuer» und die FDP als «Mövenpick-Partei».

So befand sich Merkels neuer Partner schon in der Defensive, als das Bundesverfassungsgericht Anfang Februar eine Neuberechnung der Regelsätze für Hartz-IV-Empfänger verlangte. Sofort begann eine Debatte über höhere Leistungen, die den Parteivorsitzenden Westerwelle alarmierte: Er witterte den Versuch der Unionsparteien, die Steuerpläne der FDP unter Verweis auf entstehende Mehrkosten endgültig zu kippen. In einem Zeitungsbeitrag machte er seinem Zorn ungezügelt Luft: «Wer dem Volk anstrengungslosen Wohlstand verspricht, lädt zu spätrömischer Dekadenz ein.»[59]

Damit überzog er endgültig. Mit dem Begriff verbanden selbst historische Laien ein Luxusleben in der Oberschicht, das sich mit dem damaligen Hartz-IV-Satz von 359 Euro pro Monat schwerlich finanzieren ließ. Die Kombination aus «Mövenpick-Steuer» und «spätrömischer Dekadenz» bewirkte, dass eine breite Öffentlichkeit den FDP-Vorsitzenden als nicht mehr satisfaktionsfähig ansah. Umweltminister Röttgen ließ in Gegenwart eines Journalisten die Bemerkung fallen, Westerwelle sei nunmehr «irreparabel beschädigt».[60] Die Analyse traf zu. Diesen Umstand laut auszusprechen war aus Merkels Perspektive für ein stabiles Regieren allerdings nicht hilfreich.

2. Euro (2010–2013)

Griechenland

Die Kanzlerin befand sich noch in den schwierigen schwarz-gelben Koalitionsverhandlungen, als am 20. Oktober 2009 eine Meldung aus Griechenland eintraf: Die neue sozialistische Regierung des Ministerpräsidenten Giorgos Papandreou gab bekannt, dass die konservativen Vorgänger die Haushaltszahlen gefälscht hatten, mit Hilfe der amerikanischen Investmentbank Goldman Sachs, wie sich später herausstellte. Nicht auf die erwarteten 3,7 Prozent des Sozialprodukts werde das Staatsdefizit im aktuellen Jahr belaufen, sondern bei 12 bis 13 Prozent.

Das erschütterte das Vertrauen in den griechischen Staat: Nach diesem Eingeständnis musste der Athener Finanzminister wesentlich höhere Zinsen zahlen als zuvor, um überhaupt noch Geldgeber zu finden, was die Haushaltslage weiter verschlechterte. Eine Abwärtsspirale drohte. Es zeigte sich, dass sich durch den Bankencrash des vorausgegangenen Jahres etwas Grundlegendes geändert hatte: Die Finanzkrise schärfte den Blick für Risiken. Anleger gingen nicht mehr selbstverständlich davon aus, dass Anleihen von Staaten der Euro-Zone sicher seien.

Darin sah Angela Merkel zunächst kein Thema, das sie unmittelbar betraf. Zwar hatte sie mehr als jede andere Führungsfigur davor gewarnt, die Ausgabenpolitik im Zuge der Finanzkrise nicht zu übertreiben, um nicht in eine neue Schuldenkrise hineinzulaufen. Diese Warnungen richteten sich jedoch vor allem an die Regierungen der bedeutenden Volkswirtschaften. Dass eine neue Großkrise ausgerechnet vom kleinen Griechenland ausgehen würde, damit rechnete die Kanzlerin nicht. Im Gegenteil: Sie erwartete für die neue Legislaturperiode keine Dramen in der Europapolitik, anders als in den vier Jahren zuvor. Mit viel Mühe und diplomatischem Geschick hatte sie in ihrer ersten Amtszeit nach dem Scheitern der EU-Verfassung den Vertrag von Lissabon über die Hürden gebracht, der das europäische Institutionengefüge neu ordnete, und sie durfte annehmen, das würde auch für den Rest ihrer Kanzlerschaft die schwierigste Brüsseler Aufgabe bleiben.

Aber die Kanzlerin täuschte sich, wie viele andere auch. Der Unterschied zwischen der vorausgegangenen Haushaltskrise in Lettland, die den Rest der EU nicht in Mitleidenschaft gezogen hatte, und den aktuellen griechischen Problemen bestand unter anderem darin, dass Riga noch nicht Mitglied der Euro-Zone war, Athen dagegen sehr wohl. Die Aussicht, das Land im Südosten des Kontinents werde die Währungsunion womöglich verlassen müssen, bedrohte den Euro als Ganzes: Investoren schreckten jetzt auch vor dem Kauf von Staatsanleihen anderer Mitgliedstaaten zurück, die ebenfalls als Kandidaten für einen möglichen Austritt aus der Gemeinschaftswährung galten.

Bald nach dem Jahreswechsel musste sich die deutsche Kanzlerin ein erstes Mal korrigieren. Am 11. Februar 2010 bekundete sie gemeinsam mit den übrigen Staats- und Regierungschefs der EU den Willen, wenn nötig einzugreifen: *Die Mitgliedstaaten des Euro-Währungsgebietes werden im Bedarfsfall entschlossen und koordiniert handeln, um die Finanzmarktstabilität im gesamten Euro-Währungsgebiet zu wahren.*[1] Merkel knüpfte ihre Zustimmung allerdings an Bedingungen, vor allem daran, dass die griechische Regierung ihr Haushaltsdefizit im Jahr 2010 um vier Prozentpunkte verringern müsse. Verantwortung, Solidarität, Konditionalität: Die Prinzipien, auf denen Merkel in der europäischen Staatsschuldenkrise fortan beharrte, fanden sich schon in diesem frühen Dokument.

Mit den strengen Bedingungen, die Merkel durchsetzte, bewirkte sie vor allem eines: Die griechische Regierung wollte das Hilfsangebot zunächst nicht annehmen, was die Krise weiter verschärfte. Inzwischen hatte die deutsche Kanzlerin auch erkennen lassen, dass sie eine Beteiligung des Internationalen Währungsfonds (IWF) zur Bedingung für ein Hilfsprogramm machen wollte. Als einzige Institution, so argumentierte Merkel, verfüge der IWF über hinreichende Erfahrung im Umgang mit Staatsschuldenkrisen. Vor allem aber pflegte er bislang einen harten Sanierungskurs durchzusetzen: In Lettland beispielsweise verschlimmerte die Sparpolitik die Wirtschaftslage kurzfristig so sehr, dass ungefähr jeder zehnte Einwohner das Land aus schierer Existenznot verließ.

Nach dem Bankencrash von 2008 hatte die Kanzlerin jetzt ihre zweite Großkrise zu bewältigen. Auch hier zeigte sich ein wirtschaftspolitisches Grundverständnis. Mehr als ihre Vorgänger Konrad Adenauer oder Helmut Kohl war die frühere DDR-Bürgerin bereit, an die Kraft des Kapita-

2. Euro (2010–2013)

lismus und an die höhere Vernunft der Märkte zu glauben, auch unter dem Einfluss ihrer Berater und mit Blick auf den Koalitionspartner FDP. In ihren Augen ging von den wachsenden Zinsaufschlägen, die Griechenland und bald auch andere Euro-Länder für ihre Staatsanleihen bezahlen mussten, ein heilsamer Druck auf die betroffenen Regierungen aus, mit den nötigen Reformen endlich zu beginnen. Die scheinbar neutrale Instanz des Marktes würde die Erfolge und Misserfolge des Strukturwandels nüchterner beurteilen können als zum Beispiel die Europäische Kommission in Brüssel. Deren Strafmaßnahmen bei Verstößen gegen die im Stabilitäts- und Wachstumspakt festgelegten Stabilitätskriterien waren in der Vergangenheit regelmäßig ins Leere gelaufen, zumindest, wenn es um große und einflussreiche Mitgliedstaaten wie Deutschland oder Frankreich ging.

In diesen Ansichten bestärkte sie ihr Wirtschaftsberater Jens Weidmann, der ihr auch Urlaubslektüren zu Finanzfragen empfahl. Obwohl Merkel wirtschaftliche Themen in letzter Konsequenz nicht als Gewissensfragen ansah und stets zu Kompromissen und Kursänderungen bereit blieb, wenn es Sachlage oder politisches Umfeld erforderten: Hier ging es um eine grundsätzliche Kontroverse zwischen ökonomischen Weltanschauungen, die in den folgenden Jahren den ganzen Kontinent spaltete. Merkel geriet darüber nicht nur mit den südeuropäischen EU-Ländern in Konflikt, sondern auch mit Frankreich und den Vereinigten Staaten von Amerika.[2]

In der griechischen Frage mochte zudem der Wunsch eine Rolle spielen, die Debatte über eventuell nötige Hilfen auf die Zeit nach der nordrhein-westfälischen Landtagswahl am 9. Mai 2010 zu verschieben. Zu diesem Zeitpunkt ließ sich nicht absehen, dass die Krise der Gemeinschaftswährung die europäische Politik bis zum Herbst 2012 beschäftigen und 2015 noch einmal mit Wucht zurückkehren sollte – nach der Wahl einer neuen griechischen Regierung unter dem Ministerpräsidenten Alexis Tspiras und seinem Finanzminister Yanis Varoufakis.

Zu den endlosen Sitzungen mit europäischen Kollegen, die während der kommenden zwei Jahre folgten, erschien die deutsche Kanzlerin mit detaillierten Aufstellungen zu Wirtschaftsdaten und Produktivitätszahlen im Gepäck. Aus ihrer Sicht bestand das Problem darin, dass Griechenland schlichtweg mehr Güter konsumierte als es selbst herstellte. Wenn ein Abbau dieses Ungleichgewichts durch die Abwertung der eigenen Landeswährung aufgrund der Euro-Mitgliedschaft nicht mehr möglich war, so lautete Merkels Lektion, dann müsse das Gleichgewicht eben durch eine vorübergehende Anpassung von Preisen und Löhnen nach unten wiederhergestellt werden.

Nur gelegentlich wandte Merkel ihre Zahlenakrobatik ins Populistische, etwa auf einer Parteiveranstaltung im sauerländischen Meschede im Mai 2011: *Es geht auch darum, dass man in Ländern wie Griechenland, Spanien, Portugal nicht früher in Rente gehen kann als in Deutschland, sondern dass alle sich auch ein wenig gleich anstrengen. Wir können nicht eine Währung haben, und der eine kriegt ganz viel Urlaub und der andere ganz wenig.*[3] In Bezug auf den Renteneintritt, der in Griechenland auch das Fehlen anderer Sozialleistungen kompensierte, mochte sie recht haben: Die Griechen konnten sich tatsächlich sehr viel früher in den Ruhestand zurückziehen als andere Europäer. In Bezug auf andere Ansprüche wie den Jahresurlaub galt das nicht, sie fielen deutlich bescheidener aus als im Norden. Eine Unterstützung für Arbeitslose gab es in Griechenland bis zur Krise überhaupt nicht. Das Problem des Landes bestand ganz im Gegenteil in einem unzureichend ausgebauten Sozialstaat, was klientelistische Strukturen förderte und dadurch die wirtschaftliche Öffnung behinderte.

Wie schon in der Finanzkrise unterschätzte Merkel abermals die Irrationalität der Märkte, wie selbst Getreue später zugaben. Vor der Krise hatten die Investoren die Risiken zu gering veranschlagt, nun übertrieben sie die Gefahren. Sie unterschieden auch nicht zwischen den spezifischen Ursachen, die in den einzelnen Mitgliedstaaten die Probleme hervorriefen. Um echte Misswirtschaft ging es vor allem in Griechenland. Irland hatte unter dem Zusammenbruch seines Bankensystems zu leiden, Spanien unter dem Ende eines überdimensionierten Immobilienbooms, Portugal unter der Krise seines Billiglohn-Modells angesichts neuer Konkurrenz aus Osteuropa. Italien konnte bis zuletzt seine Schulden selbst bedienen und sogar noch Garantien für andere eingehen.

Dennoch sprachen manche Börsenhändler pauschal von den «Pigs-Staaten», von «Schweinen» also, was sich auf die Anfangsbuchstaben von Portugal, Italien, Griechenland und Spanien bezog. Dabei wäre keines dieser Länder ohne den vorausgegangenen Bankencrash und ohne den griechischen Haushaltsbetrug zu diesem Zeitpunkt in akute Schwierigkeiten geraten. Die Krise begann ausgerechnet dort, wo sie am allerschwersten zu beherrschen war: in Griechenland mit seinen unzureichenden staatlichen Strukturen. Es dauerte lange, bis die Berater der Bundeskanzlerin daraus ihre Schlussfolgerungen zogen.

2. Euro (2010–2013)

Das lag wohl auch daran, dass Merkel und die Deutschen seit 1948 nie die Erfahrung gemacht hatten, das hilflose Opfer von Währungsspekulationen zu sein. Darauf wies gelegentlich Jean-Claude Trichet, der damalige Präsident der Europäischen Zentralbank, in seinen Gesprächen mit der Kanzlerin hin. Die Bundesbürger hielten die Stabilität der D-Mark wahlweise für etwas Naturgegebenes oder für ein eigenes Verdienst. Franzosen oder Italiener besaßen eine völlig andere geldpolitische Erinnerung: Sie hatten nie eine Hyperinflation und Geldvernichtung erlebt wie die Deutschen 1923 oder 1948, die italienische Lira zum Beispiel erfuhr von ihrer Einführung im Königreich Piemont-Sardinien 1816 bis zu ihrer Ablösung durch den Euro 2002 keinen einzigen Währungsschnitt, beim französischen Franc wurden 1960 lediglich zwei Nullen gestrichen. Die beiden Währungen waren gleichwohl viel häufiger den nicht immer rationalen Schwankungen auf den Märkten ausgeliefert. Italienische oder französische Politiker sahen es als selbstverständlich an, dass man im Krisenfall politisch gegensteuern musste.

Merkel brachte sich durch ihr Zuwarten in eine innenpolitisch heikle Situation, weil die am Ende doch nicht vermeidbaren Hilfsbeschlüsse immer näher an den Wahltermin in Nordrhein-Westfalen heranrückten. Gegen ihren Finanzminister Schäuble, der schon Anfang März öffentlich die Gründung eines eigenen Europäischen Währungsfonds ins Spiel gebracht hatte,[4] bestand sie auf der Beteiligung des Internationalen Währungsfonds. Mit ihrer Billigung einigten sich die Finanzminister am 11. April auf Einzelheiten solcher Unterstützungsmaßnahmen. Aber solange die Verhandlungen zwischen IWF und griechischer Regierung nicht abgeschlossen seien, ließ Merkel wochenlang verkünden, könne und müsse die deutsche Politik nicht entscheiden.

Ende April 2010 zeichnete sich jedoch ab, dass ein weiteres Abwarten nicht mehr möglich war. Merkel musste eingreifen, wie es ihr Finanzminister Schäuble schon seit zwei Monaten nahelegte. Die griechische Regierung beantragte angesichts ihrer wachsenden Not am 23. April endlich offiziell ein Hilfsprogramm. Die Entscheidung fiel auf den für die Kanzlerin ungünstigsten Zeitpunkt, gut zwei Wochen vor der Düsseldorfer Wahl. Kurz darauf musste Merkel zur Kenntnis nehmen, dass die Ratingagentur Standard & Poor's die griechischen Staatsanleihen auf Schrottstatus herabstufte. Sie empfing die Präsidenten von Währungsfonds und Weltbank im Kanzleramt, um über kurzfristige Hilfsbeschlüsse zu beraten.

Am 29. April flog Merkel in ihrer Funktion als CDU-Chefin dennoch zu Wahlkampfauftritten nach Siegen und nach Hürth bei Köln, als wäre nichts geschehen. Sie machte es wie stets in Situationen, in denen sich das Ende nicht absehen lässt: Sie sagte zu Griechenland kaum etwas, jedenfalls nichts, worauf man sie später hätte festlegen können. Solange sich die Kanzlerin ihre Strategie für eine neue Lage nicht zurechtgelegt hatte, agierte sie stets zögerlich und beantwortete Fragen ausweichend.

Nach ihrer Rückkehr in die Hauptstadt begann sie, die Öffentlichkeit auf die neue Lage einzustimmen. Damit war der Weg frei für den Hilfsbeschluss der Finanzminister am Sonntag, dem 2. Mai, eine Woche vor der Landtagswahl: insgesamt 110 Milliarden Euro von den Staaten der Währungsunion und vom IWF. Die Kanzlerin und CDU-Vorsitzende sagte ihre Wahlkampftermine ab. Damit setzte sie das letzte Zeichen, dass die Landtagswahl in Nordrhein-Westfalen nicht unter gewöhnlichen Umständen stattfinden würde. Alles Bemühen, jede Verunsicherung mit Blick auf den Machterhalt in Düsseldorf zu vermeiden oder zumindest für eine Niederlage ihres Rivalen Rüttgers nicht verantwortlich gemacht zu werden, war vergebens gewesen. Statt nach Alsdorf bei Aachen oder nach Mönchengladbach begab sich Merkel am Montag in die Fernsehstudios, um ihre Kehrtwende zu erklären – mit Sätzen, die sie am Mittwoch im Bundestag wiederholte: *Es geht um nicht mehr und weniger als um die Zukunft Europas und damit um die Zukunft Deutschlands in Europa.*[5]

Die gewöhnlichen Wahlkampfthemen relativierten sich nun, eine Affäre um bezahlte Gesprächstermine des Ministerpräsidenten oder die Debatte um ein mögliches schwarz-grünes Bündnis am Rhein. Die verbleibenden sechs Tage ging es im Wahlkampf um die Zukunft des Euro und die Zahlungsfähigkeit ganzer Staaten. Inzwischen konnte sich Griechenland nicht mehr am Markt refinanzieren und seinen Zahlungsverpflichtungen ohne Hilfe von außen nicht mehr nachkommen. Was das im Einzelnen bedeutete, wusste auch die deutsche Kanzlerin mangels historischer Präzedenzfälle nicht genau. Zu befürchten war das Schlimmste: Da die Geldschöpfung durch die Privatbanken im Euro-Raum an die Hinterlegung vermeintlich sicherer Staatsanleihen gekoppelt war, drohte der Zusammenbruch sowohl von Kreditinstituten als auch der Geldversorgung in Griechenland. Um eigenes Geld in Umlauf bringen zu können, hätte das Land jedoch den Euro als Währung aufgeben und zur Drachme zurückkehren müssen.

Banken in den übrigen Euro-Ländern drohte die Pleite, weil sie große

Mengen griechischer Staatsanleihen hielten. Das galt vor allem für Institute in Frankreich, auch darin vermutete Merkel ein Motiv der Pariser Regierung, den griechischen Staat vor dem Zusammenbruch zu bewahren. Obendrein fürchtete sie den Dominoeffekt, die Ansteckung anderer, zuvor stabiler Länder. Anleger könnten ihr Geld dort zurückziehen oder sogar gezielt auf deren wirtschaftlichen Absturz spekulieren, wenn mit Griechenland erst einmal das Exempel für ein Ausscheiden aus der Euro-Zone statuiert war. Zerbrach die Gemeinschaftswährung, waren auch die Guthaben der deutschen Sparer nicht mehr sicher. Ohne Eingreifen der Politik drohte eine Situation wie anderthalb Jahre zuvor, als der amerikanische Präsident George W. Bush die Investmentbank Lehman Brothers in die Insolvenz schlittern ließ. Nichts zu tun war auch für Merkel keine Option mehr.

Mit der griechischen Pleite kehrte die Krise zurück und mit ihr Angela Merkel in der Rolle der Krisenkanzlerin. Ausgerechnet die Politikerin, die als Erste vor Problemen in überschuldeten Staaten gewarnt hatte, hatte nun als Letzte einen Lösungsvorschlag parat.

Unverzüglich ließ Merkel den deutschen Bürgschaftsanteil in Höhe von 22,4 Milliarden Euro im Bundeskabinett absegnen. Schon am Freitag derselben Woche, also am 7. Mai 2010, stimmten Bundestag und Bundesrat im Eilverfahren zu, der Bundespräsident fertigte das Gesetz sogleich aus. Das alles erinnerte an die dramatischen Wochen im Herbst 2008, als die Finanzkrise ihren Höhepunkt erreicht hatte. Wieder trat Merkel gemeinsam mit dem Koalitionspartner auf, nur dass es sich diesmal nicht um Finanzminister Steinbrück von der SPD handelte, sondern um Außenminister Westerwelle von der FDP. Die Kanzlerin holte ihn vor die Kameras, um ihn sichtbar einzubinden. Sie wusste, dass von hier die größte Gefahr drohte: Ausgerechnet in der Krise Europas koalierte sie mit einer Partei, deren tragende Kräfte jeden Staatseingriff in die Märkte unter Sozialismusverdacht stellten. Unter Druck gesetzt wurde die Kanzlerin auch von einem Teil der Medien. Die *Bild*-Zeitung druckte ihre Schlagzeilen wochenlang im Schrifttypus griechischer Spezialitätenrestaurants und prangerte die angebliche Geldverschwendung an.

Auf der anderen Seite warfen Proeuropäer der Kanzlerin vor, sie habe durch wochenlange Hilfsverweigerung die Zuspitzung der Krise erst herbeigeführt. So sahen es auch ihr Finanzminister Schäuble und, wie sich bald zeigte, ihr Vorgänger Helmut Kohl. Dazwischen stand eine Regierungschefin, die sich damals in der Öffentlichkeit zugutehielt, durch ihren langen Widerstand überhaupt erst eine ökonomisch tragfähige Lösung durchgesetzt zu haben, allerdings zu sehr harten Bedingungen: Die Zinsen, die Griechenland anfangs bezahlen musste, lagen erheblich über den Sätzen, zu denen sich der Rettungsfonds an den Märkten refinanzierte. Die übrigen Europäer machten mit der Euro-Rettung also zunächst Gewinn; es dauerte, bis sie sich zu einer Rückgabe dieser Überschüsse an die Athener Regierung bereitfanden.

Merkels erstes Hilfsprogramm kam zu spät, und es war zu klein: Als die Bundestagsabgeordneten am Freitag vor der nordrhein-westfälischen Wahl über die Hilfen für Griechenland abstimmten, waren die Ereignisse über das Gesetz schon hinweggegangen. Die Zusagen allein für Griechenland reichten nicht aus, um die Märkte zu beruhigen und ein Übergreifen der Krise auf andere Euro-Staaten zu verhindern. Noch am Abend dieses 7. Mai 2010, gleich nach dem Parlamentsbeschluss, flog Merkel nach Brüssel. Die Kanzlerin musste dem Drängen des französischen Präsidenten Nicolas Sarkozy nachgeben und einer großen Lösung zustimmen. In Grundzügen einigten sich die Staats- und Regierungschefs auf einen Rettungsfonds für die gesamte Euro-Zone, nicht mehr allein für Griechenland. Jetzt ging es nur noch um dessen Größe. Aus Brüssel reiste die Kanzlerin zunächst ab, ohne eine Stellungnahme vor der Presse abzugeben. Die Öffentlichkeit wollte sie vor der Schließung der nordrhein-westfälischen Wahllokale nicht beunruhigen. Den Samstag verbrachte sie in Moskau, bei den russischen Siegesfeiern zum 65. Jahrestag des Kriegsendes.

Kehrtwende

Am späten Sonntagnachmittag, die Landtagswahl war jetzt fast vorüber, telefonierte Angela Merkel noch einmal mit dem französischen Präsidenten Nicolas Sarkozy. Sie überraschte ihn gewaltig. An diesem 9. Mai 2010 versuchte sie nichts mehr hinauszuschieben, und sie wollte Sarkozy auch nicht mehr herunterhandeln, im Gegenteil. *Das reicht nicht*, sagte sie zu den Summen, die der Franzose vorschlug. Sie nannte eine unglaubliche Zahl, gemessen an ihrer bisherigen Verhandlungsposition: Mit bis zu 440 Milliarden Euro sollten die Mitgliedsländer der Währungsunion im Krisenfall für andere Staaten einstehen. Sarkozy und seine Berater, die das Telefonat mithörten, konnten es kaum fassen. So hatten sie Merkel in keinem der vorausgegangenen Krisengespräche erlebt. «Wir wären bereit gewesen, weniger zu akzeptieren», sagte später ein Mitarbeiter des Élysée. In den Verhandlungen war die Kanzlerin zuvor stets als «Madame Non» aufgetreten, als «Frau Nein», die Hilfen für die Krisenländer erst lange hinauszögerte und dann so wenig Geld wie möglich bereitstellen wollte. Deshalb hatte der Präsident das Gespräch eher vorsichtig eröffnet.[6]

440 Milliarden Euro, davon 27 Prozent aus Deutschland, das war nun Merkels Wort. Dieser 9. Mai 2010 bedeutete einen tiefgreifenden Einschnitt in der Art und Weise, wie Deutschland mit den Risiken in der Euro-Zone umging. Nicht zum ersten Mal reagierte die Kanzlerin auf einen eigenen Fehler durch eine Art Überkompensation: Sie wollte sich nicht ein weiteres Mal korrigieren müssen, deshalb zielte sie jetzt auf die große Lösung statt auf weiteres Stückwerk.

Wieder hatte Merkel eine dramatische Wende vollzogen, ganz ähnlich wie gut anderthalb Jahre zuvor, als sie sich nach langem Widerstand zu einem riesigen Hilfsfonds für die deutschen Banken bereitfand und anschließend ihren Teller Linsensuppe aß. Diesmal ließ sich der Zeitpunkt ihres Sinneswandels besonders leicht erklären: Kurz nach dem Telefonat zwischen Merkel und Sarkozy schlossen in Nordrhein-Westfalen die Wahllokale, negative Auswirkungen auf das CDU-Ergebnis im größten Bundesland würden die Garantien nicht mehr haben.

Mit Merkels Einlenken war die auf drei Jahre befristete «Europäische Finanzstabilisierungsfazilität» geboren, kurz EFSF, aus der später der dauerhafte «Europäische Stabilitätsmechanismus» hervorging, abgekürzt ESM. Die Gegner der Hilfsprogramme warfen der Kanzlerin einen Verrat an den eigenen Prinzipien und das Überschreiten selbst gezogener roter Linien vor. Die Proeuropäer glaubten hingegen, die deutsche Kanzlerin habe durch ihren langen Widerstand die Krise verschlimmert und jene gewaltigen Hilfen erst nötig gemacht, denen sie endlich zustimmte. In jedem Fall traf sie eine Entscheidung, die sie sich noch fünf Monate zuvor niemals hätte vorstellen können. Später sagte einer ihrer engsten Mitarbeiter: «Wenn man mir im Dezember gesagt hätte, es wird einen Euro-Rettungsfonds geben, dann hätte ich gesagt: Leute, habt ihr sonst noch Phantasien?»[7]

In Brüssel trafen sich noch am Sonntag die Finanzminister der Euro-Zone, um die Einzelheiten des geplanten Rettungsschirms auszuhandeln. Kaum in der europäischen Hauptstadt eingetroffen, musste sich der deutsche Ressortchef Schäuble ins Krankenhaus einliefern lassen, weil er nach einem Routineeingriff, der bei Querschnittsgelähmten regelmäßig nötig ist, ein Medikament nicht vertrug. Nach den formalen Vertretungsregeln hätte Merkel eigentlich ihren Wirtschaftsminister nach Brüssel schicken müssen. Dem politischen Leichtmatrosen Rainer Brüderle von der FDP traute sie die Fortführung der Verhandlungen indes nicht zu, zumal der Koalitionspartner dem Hilfsprogramm allzu kritisch gegenüberstand. Offiziell ließ die Kanzlerin erklären, Brüderle sei nicht erreichbar gewesen. Stattdessen schickte sie ihren neuen Innenminister und alten Vertrauten Thomas de Maizière, der gerade das Wochenende bei seiner Familie in Dresden verbrachte. Die Flugbereitschaft der Bundeswehr holte ihn in der sächsischen Landeshauptstadt ab; um 20 Uhr traf er in der schon laufenden Sitzung in Brüssel ein. Auf dem Weg zum Flughafen hatte ihn Schäuble telefonisch aus dem Krankenhaus über den Verhandlungsstand informiert.

Kaum hatten die Wahllokale in Nordrhein-Westfalen geschlossen, wurden erste Details des europäischen Rettungsfonds öffentlich bekannt. Nur wenige Stunden blieben bis zur Öffnung der Börse in Tokio um zwei Uhr früh mitteleuropäischer Zeit: Das war der Takt, dem sich die Kanzlerin wie schon in der Bankenkrise abermals unterwerfen musste. Die EFSF, so beschlossen es die Finanzminister an diesem Abend, sollte die bilateralen Hilfen an Griechenland ersetzen und allen Mitgliedstaaten offenstehen, die ihre Schulden nicht bedienen oder ihr Bankensystem nicht aus eigener Kraft stabilisieren konnten. Um die Kredite ausreichen zu können, sollte der Rettungsfonds wiederum selbst auf dem Kapitalmarkt Anleihen aufnehmen.

Damit er dies zu verträglichen Konditionen tun konnte, mussten alle Euro-Länder Bürgschaften übernehmen, deren Höhe sich an Einwohnerzahl und Wirtschaftskraft orientierte. Im Vergleich zu seiner Größe leistete Deutschland also nicht mehr oder weniger als die übrigen Mitgliedstaaten. Von Merkels Zustimmung hing trotzdem alles ab: Ohne die Mitwirkung der bedeutendsten europäischen Volkswirtschaft wäre die Garantieerklärung in den Augen der Kapitalmärkte wertlos gewesen. Später nahmen noch Irland, Portugal und Zypern die Hilfen in Anspruch, für seinen Bankensektor auch Spanien. Bis auf Griechenland konnten alle Krisenländer ihre Programme zu den ursprünglich vereinbarten Konditionen erfolgreich beenden. Bis zum Ende von Merkels Amtszeit wurden die Bürgschaften nicht in Anspruch genommen, anders als die Bankenrettung kostete die Stabilisierung des Euro fürs Erste keinen Cent.

Nach der nordrhein-westfälischen Landtagswahl organisierte Merkel die innenpolitische Zustimmung zu den Brüsseler Rettungsbeschlüssen. Auf ein Eilverfahren verzichtete sie diesmal, um den Eindruck eines außerordentlichen Notstands nicht noch zu verstärken. Am 21. Mai 2010 stimmte der Bundestag der Gründung der EFSF mit der Regierungsmehrheit zu. Nur sieben Abgeordnete der Union und drei Parlamentarier der FDP verweigerten die Ja-Stimme. Das waren zwar mehr «Abweichler» als bei den ersten Hilfen für Griechenland zwei Wochen zuvor, aber deutlich weniger als bei späteren Abstimmungen über europäische Hilfsprogramme. Der Schreck über den drohenden Wertverlust des eigenen Geldes saß noch tief genug, um auch die Skeptiker zu beeindrucken. Damit trat eine Pause im Euro-Krisenmanagement ein.

Vernunfteuropäerin

Kurz vor ihrer Kehrtwende hatte Merkel zu allem Überfluss auch noch nach Ludwigshafen fahren müssen. Die nachträgliche Feier zu Helmut Kohls 80. Geburtstag fiel in eine dramatische Phase der deutschen Europapapolitik. Seine neue Ehefrau hatte wissen lassen, nach Berlin könne der Altkanzler nicht kommen. Also musste sich die Nachfolgerin am 5. Mai nach Ludwigshafen begeben, zwei Tage vor der Parlamentsabstimmung über die Hilfen für Griechenland und vier Tage vor dem entscheidenden Telefonat mit Sarkozy. Die Kanzlerin freute sich nicht auf dieses Zusammentreffen. Vom früheren Bundeskanzler war Kritik an Merkels Zögern bei der Euro-Rettung zu erwarten.

Dass Kohl darüber wirklich sprechen würde, dass er angesichts seiner angegriffenen Gesundheit überhaupt etwas sagen würde, damit war allerdings nicht fest zu rechnen. Aber er tat es. «Ich habe wenig Verständnis für die aktuelle Frage Griechenland», sagte er mit schwacher Stimme. «Viele bei uns tun, als ginge sie das gar nichts an. Natürlich ist das alles schwierig. Aber wir müssen jetzt alles tun.» Er sei «heute mehr denn je überzeugt, dass die europäische Einigung für Europa und übrigens auch für uns eine Frage von Krieg und Frieden ist und dass der Euro für uns ein Stück Friedensgarant ist». Eingeleitet hatte er die Passage mit Jugenderinnerungen aus dem Zweiten Weltkrieg. Merkel selbst hatte ihre Formulierung, ein Scheitern des Euro bedeute das Scheitern Europas, in diesen Tagen noch nicht ersonnen. Es sollte noch zweieinhalb Jahre dauern, bis eine Versöhnung mit Kohl möglich war, der seiner Nachfolgerin vor allem auch deren Rolle in der Spendenaffäre nachtrug.[8]

Eine Herzenseuropäerin war Merkel nie gewesen, das lag schon in ihrer Sozialisation begründet. Der einstigen DDR-Bürgerin blieb Kohls europäisches Pathos fremd. Sie konnte gut nachvollziehen, dass arme Slowaken keine Bürgschaften für vergleichsweise reiche Griechen eingehen wollten. Vor allem aber sah sie sich als die Frau, die für den großen Visionär Kohl die praktischen Aufräumarbeiten übernehmen musste. Sie hatte die gescheiterte EU-Verfassung geerbt und die Überreste mühsam in den Lissabon-Vertrag hinübergerettet. Nun trug sie schwer an den Folgen von Kohls Entschluss, die Währungsunion ohne Politische Union einzuführen. Wenige Jahre später, in der Flüchtlingsdebatte, zeigten sich ähnliche Konstruktionsmängel im Schengen-System der offenen Binnengrenzen.

Daraus erwuchsen auch Merkels Konflikte mit Schäuble. So zerrüttet das Verhältnis des Finanzministers zu Kohl sein mochte: Der Europapolitik des Altkanzlers blieb er treu, eine engere Integration Kerneuropas strebte er an. Die Krise sah er als Chance und das Schuldendrama als ein Vehikel, um einen festeren Zusammenhalt der Euro-Zone durchzusetzen. Für den Juristen Schäuble bedeutete das zugleich Kontrolle und klare Regeln. Im Tausch gegen Finanzhilfen hätte sich das auf dem Höhepunkt der Finanzkrise womöglich sogar verwirklichen lassen.

Schäuble zielte auf Einvernehmen mit Sarkozy, den er aus der gemeinsamen Zeit als Innenminister kannte. Ein Zerwürfnis mit Frankreich widersprach seinem europapolitischen Denken. Dem portugiesischen Finanzminister erläuterte er im Vertrauen, er solle sich keine Sorgen machen, man werde seinem Land so oder so helfen; dass dabei eine Fernsehkamera in der Nähe war, hatte er freilich übersehen. In der Regierung verstand sich der nunmehr 67-Jährige als ein Aufpasser, der darüber wachte, dass die Jüngeren das europapolitische Erbe Adenauers und Kohls nicht verspielten. Seine spätere Härte gegenüber den Griechen erklärte sich daraus, dass er in ihnen die Zerstörer seines europäischen Einigungswerks sah. Zudem hoffte er, der durch ein Ausscheiden Griechenlands ausgelöste Schockeffekt würde die restlichen Euro-Staaten enger zusammenrücken lassen.

Merkel hingegen wollte keine neuen europäischen Institutionen schaffen, sie wollte nicht die Ausweitung der Brüsseler «Gemeinschaftsmethode», also eine supranationale Entscheidungsfindung durch die EU-

2. Euro (2010–2013)

Institutionen. Sie behielt die Beschlüsse lieber unter der Kontrolle der Regierungschefs, was dem größten und wichtigsten Mitgliedsland faktisch eine Vetomacht selbst in Fragen sicherte, die formal gar nicht der Einstimmigkeit bedurften.

Es gab für den Verzicht auf die Gemeinschaftsmethode aber auch einen praktischen Grund: Mehr als der Betrag von 60 Milliarden Euro, den die EU-Kommission zum Euro-Rettungsschirm beisteuerte, ließ sich aus Gemeinschaftsmitteln damals gar nicht mobilisieren, den Rest mussten die Nationalstaaten aufbringen. Und schließlich verlangte das deutsche Verfassungsgericht, dass die Haushälter des Bundestags die Kontrolle über den deutschen Anteil an den Garantien behielten. Auf kaum etwas waren ihre Beamten so stolz wie auf die Leistung, die Hilfsbeschlüsse gerichtsfest formuliert zu haben: Hätte das Verfassungsgericht die Rettungsschirme wieder eingeklappt, das Chaos an den Märkten und in den Staaten wäre kaum auszudenken gewesen.[9] Schon beim Formulieren der Rettungsbeschlüsse fühlte Merkel womöglich bei den Karlsruher Richtern vor, wie weit sie gehen könne. «Karlsruhe» war eine Vokabel, die auch bei den europäischen Verhandlungspartnern geradezu traumatische Wirkung entfaltete, allen voran in Paris, wo man sich eine solche Beschränkung politischer Entscheidungsgewalt gar nicht vorstellen konnte.

So balancierte Merkel die nationalen Interessen in der Runde der Regierungschefs aus, auch im vorerst letzten Griechenland-Drama 2015, als sie das Risiko eines griechischen Ausscheidens nüchtern kalkulierte und von dem gefährlichen Schritt lieber Abstand nahm. In den fünf Jahren zwischen 2010 und 2015 verkehrten sich die Positionen Merkels und Schäubles in der griechischen Frage in ihr jeweiliges Gegenteil.

Die Meinungsverschiedenheiten zwischen der Kanzlerin und ihrem Finanzminister führten in der Euro-Krise zu einem Misstrauen, wie es zwischen Merkel und dem Sozialdemokraten Steinbrück in der Finanzkrise nie bestanden hatte. Es kursierte das Gerücht, das Kanzleramt frage gelegentlich in anderen europäischen Hauptstädten nach, welche Position Schäuble in den Brüsseler Krisenrunden vertreten habe.[10] Trotzdem ließ Merkel ihren Minister nicht fallen, als er in der heikelsten Stunde krankheitsbedingt ausfiel. Schäuble berichtete später, zweimal habe er der Kanzlerin in dieser Zeit seinen Rücktritt angeboten, und zweimal habe sie abgelehnt.[11] Er mochte ihren Treuebekenntnissen trotzdem nicht trauen, selbst als sie vor allen Abgeordneten der Bundestagsfraktion beteuerte, er habe alle Zeit für seine Regeneration. Erst als die Kanzlerin die Ehefrau Schäubles anrief, glaubte er es.[12]

Merkel tat gut daran, an Schäuble festzuhalten. Ein Austausch des kranken Ministers wäre ihr als weiterer Beweis ihrer machtpolitischen Kaltherzigkeit ausgelegt worden, und zwar von allen Seiten: von den Konservativen, die Schäuble als einen der ihren ansahen, und von den Europafreunden, die ihn als Bewahrer des Einigungsprojekts schätzten. Als Schutzschild gegen die Anwürfe konnte Schäuble der Kanzlerin noch nützlich sein, gerade im Konflikt mit den alten Kohl-Fans vom rechten Parteiflügel, die jegliche Hilfe für Griechenland ablehnten und damit paradoxerweise den völligen Bruch mit Kohls europäischen Idealen verlangten.

Allerdings gab sich Merkel nicht der Illusion hin, dass sie sich damit Schäubles Unterstützung für alle Zeiten sichern könne. Dazu war das Verhältnis zu kompliziert. Beide hörten nie auf, versteckte taktische Hintergedanken hinter dem Handeln und Reden des jeweils anderen zu vermuten. Die Beziehung zwischen den beiden Ausnahmepersönlichkeiten blieb in ihrer spezifischen Mischung aus Rivalität und Abhängigkeit eine der ungewöhnlichsten in der deutschen Politik – auch weil Merkel nun das Amt ausübte, für das Schäuble in den Augen vieler der legitime Anwärter gewesen war.

Düsseldorfer Debakel

Die Macht in Nordrhein-Westfalen konnte Merkel mit ihrer europapolitischen Verzögerungstaktik nicht retten. Als die Wahllokale am 9. Mai um 18 Uhr schlossen, hatten CDU und FDP ihre Regierungsmehrheit verloren. Die CDU büßte satte zehn Punkte ein und kam nur noch auf 34,6 Prozent. Die SPD-Spitzenkandidatin Hannelore Kraft bildete nach einigem Zögern eine rot-grüne Minderheitsregierung mit Duldung durch die Linkspartei, vorgezogene Neuwahlen machten zwei Jahre später die Tolerierung entbehrlich.

Für Merkel und die schwarz-gelbe Bundesregierung bedeutete das den Verlust der Mehrheit im Bundesrat. Im ersten halben Jahr hatte das Kabinett Merkel/Westerwelle aus Rücksicht auf die Landtagswahl kaum gesetzgeberische Aktivitäten entwickelt, jetzt machte der Ausgang dieser

2. Euro (2010–2013)

Wahl solche Initiativen vollends unmöglich. Für die Kanzlerin war das nicht nur von Nachteil: Unliebsame Vorhaben des Koalitionspartners konnte sie jetzt unter Verweis auf die Länderkammer ausbremsen. Und weil dem Ministerpräsidenten Jürgen Rüttgers genügend eigene Fehler unterlaufen waren, konnte der Misserfolg nicht allein der Berliner Regierungschefin angelastet werden. Mit Rüttgers verabschiedete sich abermals ein Konkurrent und Quälgeist der Kanzlerin von der politischen Bühne. Nicht zum ersten und auch nicht zum letzten Mal zog Merkel aus einer Niederlage ihrer eigenen Partei einen persönlichen Nutzen.

Am 25. Mai kündigte auch noch der Hesse Roland Koch seinen Rücktritt von allen politischen Ämtern an. Das bescherte der Kanzlerin zwar eine Neuauflage der Debatte, sie dulde keine Konkurrenz innerhalb der CDU, doch ließ sie ihren gefährlichsten Rivalen jetzt endgültig hinter sich. Kochs späterer Misserfolg als Manager des Baukonzerns Bilfinger verhinderte jegliche Mythenbildung.

Am wenigsten kalkulieren konnte die Kanzlerin die Folgen der nordrhein-westfälischen Wahl mit Blick auf ihren verunsicherten Koalitionspartner FDP, dessen Umfragewerte seit der Bundestagswahl auf die Hälfte gesunken waren. Wegen der Landtagswahl hatten sich die Funktionsträger der Partei mit Kritik am eigenen Vorsitzenden noch zurückgehalten, nun musste Merkel tatenlos zusehen, wie Guido Westerwelle in den eigenen Reihen immer mehr an Rückhalt verlor. Gerade ein Jahr hielt der Parteivorsitzende noch durch, den die Kanzlerin trotz aller sachlichen Differenzen als eine Stütze des Regierungsbündnisses ansah.

Es dauerte nach Schließung der nordrhein-westfälischen Wahllokale gerade 19 Stunden und 30 Minuten, bis Angela Merkel den zentralen Programmpunkt der FDP öffentlich einkassierte. Am Tag nach der Wahl redete sie in der Parteizentrale über die Staatsverschuldung und den Zwang zur Konsolidierung. Dann sprach sie ihr lange erwartetes Machtwort: *Das heißt, dass Steuersenkungen auf absehbare Zeit nicht umsetzbar sein werden.*[13] Damit fand die Kanzlerin zu ihrer protestantischen Wirtschaftsethik zurück, die sich eng mit der Absage an Schuldenmacherei verband. Sie tat es in einer Situation, in der Westerwelle ohnehin als Verlierer und realitätsferner Illusionist dastand, weil er in dem halben Jahr seit der Regierungsbildung nichts hatte durchsetzen können und weil die griechische Schuldenkrise zeigte, wohin Steuersenkungen auf Pump führen können. Wieder einmal hatte Merkel mit ihrem Machtwort gewartet, bis die Situation dafür reif war.

Mit einem Satz entwand die Kanzlerin ihrem Koalitionspartner dessen wichtigstes Thema für die ganze Wahlperiode. Westerwelle nahm es hin. Damit nicht der Eindruck entstand, er beuge sich der Kanzlerin, schob er die Schuld auf die neue Blockade in der Länderkammer: «Wir müssen zur Kenntnis nehmen, dass durch die veränderten Mehrheitsverhältnisse im Bundesrat dieses Projekt nicht leichter geworden ist.»[14] Seine innerparteilichen Kritiker warfen ihm später vor, dass er sich nicht gegen Merkel gewehrt und die Koalition nicht sofort aufgekündigt habe. Den entscheidenden Fehler machte Westerwelle indes nicht an diesem 10. Mai 2010, er hatte ihn in den Monaten und Jahren zuvor begangen: durch die monothematische Ausrichtung der Partei auf das Steuerthema, trotz der veränderten politischen Lage nach der Finanzkrise. Die Fähigkeit zur pragmatischen Orientierung an der jeweils gegebenen Realität, die Merkel auszeichnet, ging dem FDP-Vorsitzenden ab. Mit der Zuspitzung der griechischen Schuldenkrise in den Tagen vor der Düsseldorfer Landtagswahl war endgültig klar geworden, dass der Staat auch in Deutschland kein Geld erübrigen konnte.

Finanzminister Schäuble rechnete zu diesem Zeitpunkt mit einer Neuverschuldung von rund 86 Milliarden Euro für das laufende Jahr, fast das Doppelte im Vergleich zum Vorjahr und so viel wie noch nie in der Geschichte der Bundesrepublik. Insgesamt planten Bund, Länder und Gemeinden mit neuen Krediten in Höhe von vier Prozent des Sozialprodukts, mehr als der Euro-Stabilitätspakt erlaubte. Die Gesamtverschuldung erreichte am Ende des Jahres den historischen Höchststand von 80 Prozent der jährlichen Wirtschaftsleistung, auch dieser Wert lag um ein Drittel über den Vorgaben. Eine Steuersenkung um die von der FDP geforderten 24 Milliarden Euro pro Jahr hätte womöglich den ganzen Kontinent ins Chaos gestürzt, so sahen es Merkel und Schäuble: Die Entwicklung Deutschlands zum Stabilitätsanker in der Krise hätte daran scheitern können.

Ausnahmezustand

Am 31. Mai 2010, drei Wochen nach der nordrhein-westfälischen Landtagswahl, saß Merkel in ihrem Dienstwagen, auf dem Weg zum militärischen Teil des Flughafens Tegel. Ein Besuch der deutschen Fußball-Nationalmannschaft stand an, die sich im Südtiroler Trainingslager auf die bevorstehende Weltmeisterschaft in Südafrika vorbereitete. Die Kanzlerin durfte auf einen entspannten Ausflug hoffen. Da rief der Bundespräsident an. Horst Köhler informierte die Regierungschefin, er werde wenig später seinen Rücktritt öffentlich verkünden. Merkel ließ sich ins Kanzleramt zurückbringen, den Besuch bei den Fußballern sagte sie ab. Sie begriff sofort, welches Problem ihr der amtsmüde Präsident bereitete: Mitten in einer Krisenzeit musste sie ein neues Staatsoberhaupt auswählen, und das Scheitern dieses Präsidenten würde als ihre persönliche Niederlage gewertet. Schließlich hatte Merkel 2004 in der Privatwohnung des FDP-Vorsitzenden Westerwelle die Köhler-Kür vorbereitet, als Vorgriff auf eine schwarzgelbe Regierung.

Inzwischen hatte sich diese Koalition realisiert, aber von einem Wunschbündnis konnte keine Rede mehr sein. Die wirtschaftsliberale Politik, für die Köhlers Kandidatur stand, galt spätestens seit der Finanzkrise als diskreditiert. Um Merkels Präsidenten war es einsam geworden im Schloss Bellevue, erst recht seit seiner Wiederwahl im Jahr zuvor. In der Bevölkerung flogen ihm gerade wegen seines bisweilen etwas unbeholfenen Auftretens viele Sympathien zu, im politischen Betrieb hatte er seinen Kredit jedoch mit unglücklichen Ausflügen in die Tagespolitik verspielt. Den letzten Anstoß zum Rücktritt gab ein Interview, in dem Köhler die Sicherung deutscher Wirtschaftsinteressen zu den Aufgaben der Bundeswehr zählte.[15] Außerhalb der außenpolitischen Community rief er damit einen Sturm der Entrüstung hervor, obwohl die Regierung in ihrer offiziellen Bundeswehr-Strategie denselben Gedanken formuliert hatte. Von der Kanzlerin fühlte er sich in dieser Debatte allein gelassen. Jetzt trat er ausgerechnet zu dem für Merkel ungünstigsten Zeitpunkt zurück, als wären Euro-Krise und Düsseldorfer Wahlniederlage nicht Probleme genug. Die Kanzlerin suchte nach einer Lösung, die den Schaden begrenzte und zugleich machtpolitischen Gewinn versprach.

Wenn es eine politische Aufgabe gab, an der Merkel regelmäßig scheiterte, dann war es die Auswahl des Bundespräsidenten. Schon 2004 hatte ihr die Kür eines schwarz-gelben Kandidaten viel Kritik aus der eigenen Partei eingebracht, weil viele lieber Wolfgang Schäuble als Staatsoberhaupt gesehen hätten. 2012 und 2017 würde sie mit Joachim Gauck und Frank-Walter Steinmeier Bewerber akzeptieren müssen, die sie kurz zuvor noch abgelehnt hatte. Wieder stand sie vor der unmöglichen Aufgabe, die Person auszuwählen, die nach dem Protokoll über ihr stehen würde.

Als Favoritin fürs Präsidentenamt galt in der Öffentlichkeit die Arbeitsministerin von der Leyen, die bereits die Gratulationen der Parteivorsitzenden Seehofer und Westerwelle entgegennahm.[16] Auch Finanzminister Schäuble war wie üblich für den Posten im Gespräch. Doch es kam anders. Am Tag nach Köhlers Rücktritt telefonierte Merkel mit Hannover.[17] Sie vereinbarte mit dem Ministerpräsidenten Christian Wulff, einem ihrer Stellvertreter im Parteivorsitz, für den Abend ein Gespräch im Kanzleramt. Wulff ließ die Karten für das Konzert der «Scorpions» auf dem Hannoveraner Messegelände verfallen, das er an diesem Tag eigentlich besuchen wollte. Um 19.31 Uhr stieg er mit seiner Frau Bettina in den ICE nach Berlin. Er rechnete angeblich mit dem Angebot, ein Berliner Ministerium zu übernehmen. Dass Merkel ihn für das Amt des Bundespräsidenten nominieren könnte, habe er auf der Zugfahrt «nicht in Erwägung» gezogen, behauptete er im Rückblick. Sie tat es aber. *Was ist eigentlich mit dir? Könntest du dir das vorstellen? Du bist lange dabei, du hast viel Erfahrung*, sagte Merkel nach Wulffs Angaben.[18]

Wulff behauptete später, er wisse nicht, warum Merkel ihn nominiert habe und nicht von der Leyen. Dabei lag das Kalkül der Kanzlerin ebenso offen zutage wie das Interesse des Niedersachsen selbst. *Man wird sagen, dass ich dich abschiebe*, prognostizierte sie im Gespräch, wie es Wulff darstellte.[19] Fast alle ihrer parteiinternen Widersacher aus den Ländern waren während des zurückliegenden Dreivierteljahres aus dem innenpolitischen Machtkampf ausgeschieden: Der Baden-Württemberger Oettinger hatte sich als EU-Kommissar nach Brüssel schicken lassen, der Nordrhein-Westfale Rüttgers die Landtagswahl verloren, der Hesse Koch war zurückgetreten. Die Vakanz im Schloss Bellevue bot die willkommene Gelegenheit, auch den letzten verbliebenen Konkurrenten auf eine ungefährliche Position wegzuloben. Wenn sie Wulff zum Präsidenten machte, konnte ihr obendrein niemand vorwerfen, sie wolle dem Rivalen etwas Böses tun. Das Machtbewusstsein der Kanzlerin war durch die Köhler-Krise jedenfalls nicht beeinträchtigt.

Auch für den Niedersachsen hatte die Sache ihren Reiz. Schließlich amtierte er schon seit sieben Jahren als Regierungschef in Hannover, und länger als zwei Wahlperioden hatte sich zuletzt kaum ein deutscher Ministerpräsident im Amt gehalten. Wollte er nicht so enden wie Koch und in seinem Bundesland allmählich verdorren, bot das Amt des Bundespräsidenten den idealen Absprung – zumal der Zeitpunkt, um Merkel im Regierungsamt zu beerben, ohnehin verstrichen war. Nur drei Tage nach Köhlers Rücktritt stellten die Koalitionsspitzen ihren Bewerber öffentlich vor.

Die Ambitionen von der Leyens waren damit vereitelt. Zwei Tage lang hatte die Kanzlerin ihre Weggefährtin in dem Glauben gelassen, sie sei die Favoritin für das Amt. Im Gegensatz zu anderen Kandidaten sah die Arbeitsministerin das Präsidentenamt nicht als Abschiebeposten. Sie hätte die Aufgabe gern übernommen, als erste Frau, als oberste Erzieherin und Erklärerin der Nation.

Entsprechend verletzt zeigte sie sich hinterher. Sie verhielt sich fortan nur noch in Grenzen loyal. Um eine Frauenquote für Aufsichtsräte durchzusetzen, die Merkel mit Rücksicht auf den Koalitionspartner FDP ablehnte, paktierte sie kurz vor der nächsten Wahl sogar mit der grünen Opposition. Um den Streit zu entschärfen, musste die Kanzlerin den Punkt schließlich ins Wahlprogramm aufnehmen, im neuen Bündnis mit der SPD wurde er dann Gesetz. Bei der nächsten Regierungsbildung forderte von der Leyen für sich das Verteidigungsministerium offensiv ein, was Merkel bei der Verteilung der Kabinettsposten in einige Schwierigkeiten brachte. Zu den Ereignissen um die Präsidentenkür äußerte sich von der Leyen aber nie öffentlich, anders als ihr politischer Entdecker Wulff.

Die glanzlose Wirkung des machttaktischen Spiels verstärkte die Opposition durch geschicktes Agieren. An dem Mittwoch, an dem sich Merkel längst für Wulff entschieden hatte, bekam sie eine SMS des SPD-Vorsitzenden Sigmar Gabriel. Er fragte an, ob sie sich Joachim Gauck als Konsenskandidaten vorstellen könne, den ersten Beauftragten für die Stasi-Unterlagen. Die Idee ging auf den Grünen-Politiker Jürgen Trittin zurück, und sie war genial: Als ehemaliger DDR-Bürgerrechtler stand Gauck den Grünen nahe, er sympathisierte auch mit der SPD, sein Freiheitspathos gefiel der FDP, als Antikommunisten achteten ihn die Unionsanhänger.

Fürs Erste genügte die Personalie Gauck, um Merkel auch bei der eigenen Anhängerschaft noch weiter in Misskredit zu bringen. Ihr Hannoveraner Personalvorschlag wirkte im Vergleich zum Helden der friedlichen Revolution kleinlich und rein parteitaktisch motiviert. Schließlich hatte Merkel erst Anfang des Jahres eine sehr persönliche Lobrede zu Gaucks 70. Geburtstag gehalten. Zu der Feier war sie in Begleitung ihres Ehemanns gekommen und lange geblieben, beides hatten die Anwesenden als Zeichen von Sympathie und persönlicher Wertschätzung gedeutet. Gegen Gauck als Staatsoberhaupt aber hatte sie Einwände, die auch noch bestanden, als ihr der Koalitionspartner FDP zwei Jahre später den Kandidaten aufzwang. Jetzt, im Juni 2010, blieb ein verheerender Eindruck zurück. Das galt umso mehr, als Gabriel die knappe SMS-Antwort der Kanzlerin öffentlich machte. *danke für die info und herzliche grüße am*, schrieb sie zurück, wobei das Kürzel «am» für Angela Merkel stand.[20] Es dauerte eine Weile, bis sie ihrem späteren Vizekanzler den Vertrauensbruch verzieh.

Wehrpflicht

Die Schwierigkeiten in der Koalition blieben allerdings bestehen. Dazu zählte die langsame Annäherung an die triste haushaltspolitische Realität. Das Jahr 2010 stand noch im Zeichen der Rekordverschuldung und entsprechender Sparzwänge, die aus der Finanzkrise von 2008 resultierten. Die europäische Staatsschuldenkrise verschärfte den Druck, die Zeit der hohen Kreditaufnahme zu beenden. Also traf sich Merkel mit den Koalitionsspitzen am ersten Juniwochenende zu einer «Sparklausur», die bereits vor dem überraschenden Köhler-Rücktritt anberaumt worden war. Nun ging es umso mehr darum, zumindest den Eindruck von Handlungsfähigkeit zu erwecken.

Mehr als 80 Milliarden Euro an neuen Schulden wollte Merkels Regierung im aktuellen Haushaltsjahr aufnehmen. Um 26,6 Milliarden Euro sollte der Fehlbetrag in den kommenden vier Jahren sinken. Das Ziel mochte bescheiden erscheinen, angesichts der widerstreitenden Wünsche innerhalb der Koalition gestaltete sich das Sparen indes schwierig genug. Die FDP setzte Einschnitte bei Hartz-IV-Empfängern durch: Die Runde beschloss, für sie keine Beiträge mehr zur Rentenversicherung zu zahlen, das Elterngeld zu streichen und den Zuschlag abzuschaffen, der den Übergang vom Arbeitslosengeld I in die Grundsicherung abfedern sollte. Außerdem fielen Förderprogramme für Arbeitslose weg.

Schwerer als beim Zurückfahren der Ausgaben tat sich die Koalition bei der Suche nach neuen Einnahmequellen. Um die Kürzungen im Sozialen auszubalancieren, favorisierten viele in der CDU einen höheren Spitzensteuersatz. Dagegen stemmte sich die FDP. Dafür akzeptierte sie einen Strauß neuer Abgaben, die eher einer rot-grünen Programmatik zu entsprechen schienen. So befürwortete die Runde eine Transaktionssteuer auf Finanzgeschäfte, die sich aber – wie zu erwarten – auf internationaler Ebene nicht durchsetzen ließ. Zudem erfand die Regierung im Vorgriff auf die geplante Verlängerung der Atomlaufzeiten eine neue Steuer auf Brennelemente, die einen Teil der Zusatzgewinne abschöpfen sollte. Auch diese Einnahmequelle versiegte, weil das Verfassungsgericht die Steuer sieben Jahre später kippte.

So stand den Belastungen für die Arbeitslosen am Ende nur ein einziger Beschluss gegenüber, der auch Unternehmen und Besserverdienende traf: eine Steuer auf Flugtickets, die Umweltverbände jahrelang gefordert hatten und die jetzt ausgerechnet eine schwarz-gelbe Koalition beschloss. Eine übermüdete und sichtlich angeschlagene Kanzlerin behauptete tags darauf, die Regierung habe *eine beträchtliche Beteiligung der Wirtschaft an den notwendigen Sanierungsanstrengungen* beschlossen.[21]

Die wichtigste Entscheidung dieser Nacht fand zunächst gar nicht die gebührende Aufmerksamkeit. Vom Verteidigungsminister verlangte Schäubles sozialdemokratischer Finanz-Staatssekretär Werner Gatzer, in seinem Ressort zwei Milliarden Euro jährlich einzusparen. Karl-Theodor zu Guttenberg erklärte das zunächst für ausgeschlossen, bis er, in die Ecke gedrängt, sagte: «Wenn das so ist, dann ist die Wehrpflicht nicht zu halten.» Es folgte eine kurze, aber hitzige Debatte unter den Unionsvertretern. Merkel beendete die Diskussion mit dem Satz: *Wir können doch nicht an einem Sonntagnachmittag die Wehrpflicht abschaffen.* Guttenberg zeigte sich beleidigt, in den folgenden Tagen machten Rücktrittsgerüchte die Runde, was das ohnehin verheerende Echo auf die Kabinettsklausur weiter verdunkelte.[22]

Abermals profilierte sich der fränkische Adlige mit einer radikalen Geste. Ganz neu war der Vorschlag freilich nicht. Bis zum Herbst sollte eine eigens eingesetzte Kommission ohnehin Vorschläge für eine grundlegende Reform der Bundeswehr machen. Viele Nachbarländer waren den Schritt längst gegangen, von Frankreich bis Österreich hatten sie sich ebenfalls von der Wehrpflicht befreit. Sinkende Einberufungszahlen ließen die Wehrgerechtigkeit erodieren, und angesichts der Anti-Terror-Einsätze in fernen Ländern schien die klassische Landesverteidigung keine Rolle mehr zu spielen.

Wählerwirksam war der Schritt ohnehin: Dass junge Männer zuletzt neun Monate im Wehr- oder Zivildienst vergeudeten, war weder bei den

Betroffenen selbst noch bei deren Angehörigen populär. Hinzu kam eine Zeitstimmung, die in einem möglichst frühen Berufseintritt einen entscheidenden Faktor für die Wettbewerbsfähigkeit des Landes sah, aus diesem Grund wurde in den meisten Bundesländern auch die Gymnasialzeit verkürzt und an den Hochschulen das dreijährige Bachelor-Studium eingeführt.

Für die Kanzlerin gab es wenig Grund, sich einem populären Vorstoß zu widersetzen, auch wenn sie ihn aus eigenem Antrieb nicht riskiert hätte. Sie verhielt sich nicht viel anders als im Streit um Abtreibung oder Ehe für alle: Sie ließ Guttenberg gewähren, ohne sich den Vorschlag selbst zu eigen zu machen. Der Minister solle bis zum Herbst *ohne Denkverbote* einen Vorschlag für die Bundeswehrreform unterbreiten, erklärte sie eine Woche nach der Sparklausur, nicht ohne fürs Protokoll hinzuzufügen: *Ich bin im Übrigen eine Anhängerin der Wehrpflicht, die der Bundeswehr und der Bundesrepublik Deutschland gutgetan hat.*[23] Da der Vorschlag jetzt von einem Helden der Konservativen in der Partei kam, war von dieser Seite wenig Widerstand zu erwarten, zumindest entlud sich der Zorn zunächst auf dem Minister und nicht auf der Kanzlerin. So empörte sich in der F.A.Z. ein Leserbriefschreiber darüber, «dass gerade ein als Mann mit Prinzipien geltender Verteidigungsminister der Unionsparteien die Axt an die Wehrpflicht legt».[24]

Einwände kamen auch von linksliberaler Seite: Sie bezogen sich auf die Frage, ob eine Berufsarmee zu einem Staat im Staate werden könne wie die Reichswehr der Weimarer Zeit. Das Argument erinnerte daran, dass ursprünglich die Wehrpflichtarmee ein revolutionäres und das Söldnerheer ein konservatives Instrument gewesen war. Erst später, als Guttenbergs Intervention längst vergessen war, verbuchten konservative Merkel-Kritiker den angeblichen Verrat an eigenen Idealen auf dem Konto der Kanzlerin.

Dazu trug auch dazu bei, dass die Karriere des Ministers bald aus einem anderen Grund endete. Acht Monate später, im Februar 2011, erhob ein Juraprofessor schwere Vorwürfe gegen Guttenberg: Er habe weite Teile seiner Doktorarbeit abgeschrieben. Das bekräftigte das Bild eines Blenders, das sich viele Kritiker von dem Minister gemacht hatten. Eine Woche nach Beginn der Debatte sah sich Merkel genötigt, das Kabinettsmitglied in Schutz zu nehmen: Sie habe Guttenberg als Minister bestellt *und nicht als wissenschaftlichen Assistenten*.[25] Mindestens dreimal versicherte sie selbst oder über ihren Sprecher, sie habe zu Guttenberg

2. Euro (2010–2013)

volles Vertrauen. Das dämpfte zwar nicht die Empörung in der akademischen Welt, aber Merkels Rezeptur bewährte sich einmal mehr: Als Guttenberg am 1. März 2011 zurücktrat, scheiterte er vor aller Augen an sich selbst, nicht an der mangelnden Loyalität der Kanzlerin.

Seine letzte Hochstapelei im Amt bestand in der Behauptung, er hinterlasse «ein weitgehend bestelltes Haus». Tatsächlich stand es sehr schlecht um das von ihm angestoßene Großprojekt, die Bundeswehr in eine Berufsarmee umzuwandeln. Daher entsandte Merkel ihren Weggefährten de Maizière in das krisenanfällige Ressort. Nachdem sich der politische Jungstar mit der operativen Umsetzung seiner handstreichartig durchgesetzten Reform überfordert gezeigt hatte, fielen die Probleme auf die Kanzlerin und ihren Vertrauten zurück.

Fürs Erste rettete sich Merkel nach der Sparklausur vom Juni 2010 nur mit knapper Not in die erste Sommerpause ihrer schwarz-gelben Regierungszeit. Viele Kommentatoren forderten bereits den Rücktritt des gesamten Kabinetts, die Beliebtheitswerte der Kanzlerin sanken auf einen neuen Tiefstand. Resignieren mochte die Amtsinhaberin indes nicht. *Im Augenblick können Sie ganz fest davon ausgehen, dass Sie mich nach den Ferien wiedersehen*, antwortete sie auf die Frage nach ihrer politischen Zukunft, als sie sich Mitte Juli mit der üblichen Pressekonferenz in den Urlaub verabschiedete.[26] Während des Sommers dachte sie über ein Rettungsprogramm nach, diesmal für sich selbst.

Lagerkanzlerin

Aus den Ferien kam Merkel mit einem Plan zurück. Der Weg zur Festigung ihrer Macht, so hatte sie analysiert, konnte vorerst nur über eine Stabilisierung der Koalition mit der FDP führen. Also wechselte sie Stil und Ton. Sie wählte die Verlängerung der Atomlaufzeiten als Signal, um den Freidemokraten zu einem Erfolg zu verhelfen und das schwarz-gelbe Lager vom rot-grünen abzugrenzen. Sie tat das nicht, weil ihr das Thema zu diesem Zeitpunkt besonders am Herzen gelegen hätte. Aber anders würden sich die Konflikte in der Koalition nicht befrieden und die anstehenden Landtagswahlen in Baden-Württemberg, Rheinland-Pfalz und Sachsen-Anhalt nicht gewinnen lassen, zu dieser Einschätzung war die Kanzlerin über die Sommerferien gelangt. Würde in Stuttgart der Grüne

Winfried Kretschmann neuer Ministerpräsident oder gar ein No-Name-Kandidat der SPD, würde es ein Debakel sein. Die Maxime vom zurückliegenden Wahlabend, sie wolle *die Bundeskanzlerin aller Deutschen sein*, legte Merkel vorerst beiseite.[27]

Längere Atomlaufzeiten hatten Union und FDP bereits im Koalitionsvertrag festgeschrieben, allerdings ohne Jahreszahlen. Die konkrete Entscheidung schoben sie vor sich her, wegen der erwarteten Widerstände aus der Bevölkerung und der Uneinigkeit innerhalb der Regierung. Umweltminister Röttgen hatte schon zu Jahresbeginn verlangt, die Laufzeiten um nicht mehr als acht Jahre zu verlängern; die CDU müsse sich «gut überlegen, ob sie gerade die Kernenergie zu einem Alleinstellungsmerkmal machen will».[28] Das provozierte nicht nur die FDP und den Wirtschaftsflügel der eigenen Partei, sondern alle, die sich um den Zusammenhalt der Koalition sorgten. Auf der anderen Seite misstrauten auch die Umweltverbände dem Minister, der kurz vor Amtsantritt noch geschrieben hatte, das Beharren auf dem isolierten nationalen Ausstieg aus der Kernenergie sei «ebenso ignorant wie gefährlich».[29]

Merkel selbst behandelte das Thema vor allem taktisch. Als ehemalige Umweltministerin, die in den frühen neunziger Jahren den Streit um die Castor-Transporte auszufechten hatte, wusste sie um die Atomängste vieler Westdeutscher. Ob die ehemalige DDR-Bürgerin deren ganzes Ausmaß erfasste, bleibt fraglich. Die Gefahren hielt die Naturwissenschaftlerin wohl für beherrschbar. Programmatisch hatte sie das Publikum schon zwei Jahre zuvor auf das Festhalten an der Atomenergie vorbereitet: Als steigende Energiepreise im Sommer 2008 kurzzeitig eine Umfragemehrheit für längere Laufzeiten ergaben, verstieg sich ihr Generalsekretär Ronald Pofalla zu dem Satz: «Kernkraft ist für die CDU Öko-Energie.»[30]

Noch vor Beginn der Parlamentssaison versammelte Merkel am 5. September 2010 die Koalitionsspitzen im Kanzleramt. Die Sitzung nahm einen kuriosen Verlauf. Statt auf einen Kompromiss der Mitte und Mäßigung zuzusteuern, überboten sich die Beteiligten mit Forderungen nach immer längeren Laufzeiten. Umweltminister Röttgen stand nach seinem wiederholten öffentlichen Vorpreschen allein, mehr noch: Ihn in die Schranken zu weisen, zählte neben dem Entgegenkommen gegenüber der FDP zu den Hauptmotiven der üppigen Laufzeitverlängerung. Die Rolle des Antreibers innerhalb der Union übernahm Volker Kauder, der Vorsitzende der Unionsfraktion, auf dessen Posten Röttgen nach der

Bundestagswahl geschielt hatte. Nun war die Stunde gekommen, es dem Umweltminister heimzuzahlen. «Es gab einen sportlichen Ehrgeiz zu zeigen, dass Norbert Röttgen nicht der Herr im Haus ist», sagte einer der Beteiligten.[31] So kam es zu dem Beschluss, dass die Kraftwerke im Schnitt zwölf Jahre länger laufen sollten als nach den alten rot-grünen Ausstiegsplänen. Um 4.30 Uhr in der Nacht schloss die Regierung eine entsprechende Vereinbarung mit den Energiekonzernen.

Hier etablierte sich auch in der Innenpolitik ein Muster, das aus dem Krisenmanagement der Finanz- und Euro-Krise bekannt war: Übermüdete Politiker trafen wichtige Entscheidungen zu nachtschlafender Zeit. Erst wenn die körperlichen Kräfte nachließen und die ersten Beteiligten endlich ins Bett kommen wollten, wuchs die Kompromissbereitschaft. Die Kanzlerin befand sich bei diesem Verfahren wegen ihres guten Durchhaltevermögens lange im Vorteil. Der Qualität der Entscheidungen tat das allerdings nicht immer gut, und je länger Merkel amtierte, desto häufiger mussten die Beschlüsse hinterher nachgebessert werden.

In der Atomfrage kam das starke Entgegenkommen der Regierung auch für die Kraftwerksbetreiber überraschend. Noch zwei Wochen zuvor glaubte eine Gruppe von 40 deutschen Wirtschaftsführern, die Kanzlerin mit Anzeigen in deutschen Zeitungen unter Druck setzen zu müssen. Um ein Haar hätte die Kampagne kontraproduktiv gewirkt: Sie setzte Merkel und ihre Regierung abermals dem Verdacht aus, dem Werben einer einzelnen Klientelgruppe erlegen zu sein. Diesen Eindruck suchten die Kanzlerin und ihre Verbündeten zu entkräften, indem sie zugleich die Pläne für die Steuer auf Brennelemente konkretisierten: Die Konzerne sollten wenigstens einen Teil der Zusatzgewinne an den Staat zurückgeben.

In den folgenden Wochen und Monaten erlebte das Land einen Anflug von Nostalgie. Auf Autos oder Haustüren prangten wieder die rotgelben Aufkleber aus den achtziger Jahren, «Atomkraft? Nein danke»; das demonstrative Bekenntnis zur Atomenergie war der Popularität Merkels nicht förderlich. Es blieb zunächst eine offene Frage, wie sie dieses Image wieder ablegen könnte. Die Antwort ließ indes nur ein halbes Jahr auf sich warten.

Zunächst nutzte Merkel zehn Tage später den großen Auftritt in der Generaldebatte des Bundestags. Sie hielt ihre erste schwarz-gelbe Rede, mit der sie den politischen Betrieb komplett überraschte. Zum Symbol machte sie den Streit um den immens aufwändigen Tiefbahnhof in der baden-württembergischen Landeshauptstadt, genannt Stuttgart 21: *Die Grünen sind immer für die Stärkung der Schiene. Wenn es aber einmal um einen neuen Bahnhof geht, sind sie natürlich dagegen*, begann sie, um dann grundsätzlich fortzufahren: *Es kann nicht sein, dass die ganze linke Seite dieses Hauses nichts dazu beiträgt, dass der Technologiestandort Deutschland wirklich zum Leben erweckt wird, und gegen alles und jedes ist.*[32] Die ganze linke Seite: Das klang wie in Zeiten härtester Lagerkonfrontation.

Die Hardliner auf allen Seiten konnten ihr Glück kaum fassen. «Beim Energiegipfel hat sie alles richtig gemacht», schwärmte der CDU-Wirtschaftspolitiker Michael Fuchs. «Jetzt nimmt sie ihre Rolle als Parteikanzlerin an», sagte ein führender SPD-Politiker. «Das war die Abschiedsrede von der großen Koalition», freute sich ein Kollege von der FDP. Merkel habe späte Einsicht gezeigt, sagten jene im Regierungslager, die Schwarz-Gelb für ein Projekt hielten – und jene in der Opposition, die sich nach klaren Fronten sehnten. Die Kanzlerin habe nach einem Jahr endlich erkannt, dass sie in der neuen Koalition nicht so weitermachen könne wie bisher. Dass eine schwarz-gelbe Kanzlerin nicht erwarten könne, in allen politischen Milieus gleichermaßen populär zu sein.[33]

Das blieb eine Fehlinterpretation. Merkel verwandelte sich in eine schwarz-gelbe Lagerkanzlerin aus Pragmatismus, nicht aus Überzeugung. Situatives Regieren, gesunder Menschenverstand: So interpretierten Merkel-Kenner auch in diesen Tagen das Handeln der Kanzlerin. Ihre Getreuen verteidigten die Chefin zugleich gegen den Vorwurf, sie habe mit ihrem schwarz-gelben Bekenntnis zu lange gewartet und das Elend der Koalition dadurch selbst verursacht: Westerwelle sei zunächst ein Oppositionspolitiker gewesen, übermütig, kaum regierungsfähig. Erst der Blick in den Abgrund habe ihn zur Vernunft gebracht. Von einer Rückkehr zum Wirtschaftsliberalismus des Leipziger Parteitags, von Merkels endgültiger Häutung mochte außer den freudig erregten Atomlobbyisten kaum jemand sprechen. «Die wahre Merkel», sagte einer, der sie gut kannte, «die gibt es immer nur in Abhängigkeit von bestimmten Situationen.»[34]

Fukushima

Am Morgen des 11. März 2011, einem Freitag, erreichten Deutschland die Nachrichten über ein Seebeben vor der japanischen Pazifikküste und beängstigende Bilder von bis zu 15 Meter hohen Wellen. Das war für sich genommen schon eine Katastrophe mit Tausenden von Toten, aber es hätte die deutsche Politik nicht in Zugzwang gebracht. Im Laufe des Vormittags erhielt Merkel erste Meldungen, die auf Probleme in dem direkt am Meer gelegenen Atomkraftwerk Fukushima hindeuteten. So hieß es um 10.46 Uhr deutscher Zeit, das Kühlsystem sei ausgefallen. Um 12.03 Uhr war von einem Brand die Rede, um 12.16 Uhr von der Ausrufung des Notstands.

Wenig später entschloss sich die japanische Regierung, die Umgebung des Kraftwerks evakuieren zu lassen; um 15.40 Uhr meldete die Deutsche Presse-Agentur, dass die Batterien des Kühlsystems nur noch für wenige Stunden reichen würden. Merkel und viele andere CDU-Politiker verstanden, was das hieß: In der ohnehin atomskeptischen deutschen Bevölkerung drohte sich Unmut aufzubauen gegen eine Regierung, die erst kurz zuvor die Laufzeiten für die deutschen Atomkraftwerke verlängert hatte – mit der Begründung, in einem hoch entwickelten Land wie Deutschland oder eben auch Japan handele es sich um eine vollkommen sichere Technologie.

Als die ersten Informationen über Probleme im japanischen Atomkraftwerk eintrafen, war Merkel auf dem Weg nach Brüssel zu einem Sondergipfel der Euro-Zone. Gegen elf Uhr trafen die europäischen Spitzenpolitiker im Ratsgebäude ein, es ging dort vornehmlich um den «Euro-Plus-Pakt» und die Zukunft der Währungsunion. In der anschließenden Pressekonferenz versprach die Kanzlerin in Bezug auf den Tsunami in Japan lediglich Hilfe durch Experten des Technischen Hilfswerks für die Opfer von Flut und Erdbeben. Die Probleme im Atomkraftwerk standen noch nicht im Fokus.

Für die Mehrzahl der europäischen Kollegen änderte sich das auch in den Folgetagen nicht. Die meisten EU-Mitgliedstaaten verfügten entweder wie Italien oder Österreich gar nicht über Atomkraftwerke, oder es gab wie in Frankreich kaum Streit um die Technologie. Zwar fassten in der Folge auch Länder wie Schweden, Belgien oder die nicht zur EU gehörende Schweiz Ausstiegsbeschlüsse, die später zum Teil wieder revidiert

Das Atomunglück in Japan 2011 schürte in Deutschland besondere Ängste. «Das war's», sagte Merkel im Kreis von Vertrauten über die Zukunftsaussichten der Atomenergie.

wurden; doch hatten die dortigen Regierungen nicht kurz zuvor die Laufzeiten verlängert. Mit der politischen Krise, die Fukushima in Deutschland auslöste, stand Merkel im Kreis ihrer Kollegen allein.

In der Nacht zum Samstag beschlossen die Staats- und Regierungschefs die Grundzüge des dauerhaften Euro-Rettungsschirms ESM. Die Kollegen erlebten eine ungewohnt konziliante Bundeskanzlerin. Merkel verfolgte während der Brüsseler Sitzungen die Nachrichten aus Japan aufmerksam. Um 18.33 Uhr meldeten die Agenturen steigende Strahlung in einem Turbinengebäude, um 19.47 Uhr berichteten sie, die japanische Regierung erwäge das Ablassen von radioaktivem Dampf, um den Druck in einem Reaktor zu senken. Es gab wenig Gewissheit. Aber gerade die Widersprüchlichkeit der Angaben und die offenkundige Hilflosigkeit der Betreiberfirma Tepco schürten Panik in Deutschland. *Das war's*, sagte Merkel im Kreis von Vertrauten über die Zukunftsaussichten der Atomenergie in Deutschland.[35]

Die Kanzlerin erkannte: Der Atomunfall in Japan würde während der kommenden Tage die Aufmerksamkeit des deutschen Publikums fesseln, die Stunde für ein Einlenken bei der Euro-Rettung war deshalb so günstig wie nie. *Wir haben uns insgesamt auf Grundzüge des ESM geeinigt*, erläuterte Merkel den Journalisten auf ihrer zweiten Brüsseler Pressekonferenz um 1.30 Uhr. Dort gab es zwar ein paar pflichtschuldige Fragen zu Details des Rettungsschirms. Doch in der breiteren Öffentlichkeit interessierte das zu diesem Zeitpunkt niemanden.[36]

Am Samstag war Merkel wieder in Berlin. Immer dramatischer klangen die Nachrichten aus Japan. Der Vormittag verging mit Meldungen über eine Explosion, die eine Reaktorhülle abgesprengt und Radioaktivität freigesetzt habe. Der japanische Regierungssprecher, der in den Folgetagen zum Gesicht der Katastrophe wurde, nannte die Lage zum ersten Mal sehr ernst. Am Nachmittag und Abend folgten Informationen über eine geplante Notkühlung mit Meerwasser, die Ausweitung der Evakuierungszone auf 20 Kilometer, die Ausgabe von Jod an die Bevölkerung, hohe Strahlungswerte und den Ausfall eines weiteren Kühlsystems.

Angesichts dieser Nachrichten traf sich Merkel am späten Samstagnachmittag im Kanzleramt mit Außenminister Westerwelle, Umweltminister Röttgen, dem neuen Innenminister Hans-Peter Friedrich von der CSU und ihrem Kanzleramtschef Pofalla zu einer Lagebesprechung. Die Runde ging ohne einen fertigen Plan auseinander. Als Merkel und Westerwelle gegen sieben Uhr abends gemeinsam vor die Presse traten, hielt sich die Kanzlerin noch alle Optionen offen. *Ich verstehe jeden, der sich angesichts dieses Unglücks auch bei uns zuhause in Deutschland Sorgen macht*, sagte sie nur. Allerdings ließ sie bereits die Argumentation durchblicken, mit der sie später ihre abrupte Kurskorrektur in der Energiepolitik rechtfertigte: *Wenn schon in einem Land wie Japan mit sehr hohen Sicherheitsanforderungen und hohen Sicherheitsstandards nukleare Folgen eines Erdbebens und einer Flutwelle augenscheinlich nicht verhindert werden können, dann kann auch ein Land wie Deutschland mit ebenfalls hohen Sicherheitsanforderungen und Sicherheitsstandards nicht einfach zur Tagesordnung übergehen. Die Ereignisse seien deshalb* ein Einschnitt für die Welt.[37]

Zur selben Zeit tagte auch in Stuttgart eine Krisenrunde. Der baden-württembergische Ministerpräsident Stefan Mappus scharte die Spitzen von Kabinett und Landespartei um sich. Auf den Straßen der Landeshauptstadt demonstrierten bereits rund 60 000 Menschen gegen die Atomkraft. Der bis dahin so selbstgewisse Christdemokrat, der sich trotz seiner erst 44 Jahre als Konservativer alten Stils verstand, geriet in Panik. Neben seinen Kollegen in Bayern und Hessen hatte er im vorausgegangenen Sommer zu den treibenden Kräften bei der Verlängerung der Laufzeiten gehört. Jetzt stand ihm eine Landtagswahl bevor, seine erste als Ministerpräsident. Seine Popularität hatte bereits durch den rabiaten Umgang mit Gegnern des Bahnprojekts Stuttgart 21 gelitten.

Zudem hatte er gerade den Rückkauf von Anteilen des Energieversorgers EnBW durch das Land eingefädelt, im Alleingang und zunächst am Parlament und dem zuständigen Finanzminister vorbei. Daraus würde ein Verlustgeschäft werden, sollte der Konzern seine Atomkraftwerke früher als geplant stilllegen müssen. Dennoch führte an einem Kurswechsel in der Atomfrage kein Weg vorbei, wollte die CDU die Wahl nicht verloren geben, befanden Mappus und seine Berater. Die Runde im Staatsministerium war uneins über die Zukunft der Atomkraft, aber es lag auf der Hand: Irgend etwas musste geschehen, und zwar mit Hilfe der Bundeskanzlerin.[38]

Als Mappus mit Merkel telefonierte, blieb vom hartleibigen Atombefürworter kaum etwas übrig. Er habe nervös gewirkt, gar panisch, verbreitete das Umfeld der Kanzlerin hinterher; der Ministerpräsident stellte es im Rückblick anders dar. Jedenfalls verlangte er, die Berliner Regierungschefin müsse etwas tun. Er selbst erklärte sich zur sofortigen Abschaltung des Kraftwerks Neckarwestheim 1 bereit, wenig später ließ er Philippsburg 1 folgen. Er versuchte sogar, schneller zu sein als Merkel. Schon am selben Tag kündigte er die Einberufung einer Expertenkommission an, die in Baden-Württemberg alle Kraftwerke auf ihre Sicherheit überprüfen sollte. «Kernkraftwerke, die nicht den Sicherheitsansprüchen genügen, werden abgeschaltet», sagte er.[39] Bei Auftritten in den verbleibenden zwei Wahlkampfwochen fügte er einen Satz hinzu, der ihm zuvor nie über die Lippen gekommen war: «Wir müssen die Ängste der Bürgerinnen und Bürger ernst nehmen.»[40] Der bayerische Ministerpräsident Horst Seehofer, um das Gespür für Stimmungen im Wahlvolk selten verlegen, schwenkte noch schneller um als Mappus. Der Hesse Volker Bouffier exponierte sich weniger. Er regierte damals mit der FDP und hatte seine schwarz-grüne Wende noch vor sich. In den Beratungen des Wochenendes waren sich die drei Ministerpräsidenten indes einig: Wir müssen reagieren. Die Kanzlerin sah nun ihrerseits keinen Grund mehr, in der Atomfrage päpstlicher zu sein als die drei Atompäpste aus den südlichen Bundesländern.[41]

2. Euro (2010–2013)

Ein weiterer Faktor kam ins Spiel: die Entschlossenheit der FDP und ihres Vorsitzenden Guido Westerwelle, sich nicht ein weiteres Mal von der Kanzlerin treiben zu lassen. Das Debakel des Vorjahres sollte sich nicht wiederholen, als Merkel nach der verlorenen nordrhein-westfälischen Landtagswahl im Alleingang die Steuersenkungspläne des Koalitionspartners kassiert hatte. Die FDP konnte aber nur die Initiative behalten, wenn sie der neuen Anti-Atom-Bewegung ein Stück weit entgegenkam, so viel hatte Westerwelle übers Wochenende begriffen. Seinen Generalsekretär Christian Lindner ließ er einen Präsidiumsbeschluss vorbereiten: «Die Kernkraft war und ist für uns nur eine zeitlich befristete Brückentechnologie bis zu ihrem endgültigen Auslaufen.»[42]

Am Sonntagabend, aus Japan trafen noch immer widersprüchliche Nachrichten ein, ging es nach den Telefonaten des Tages mit persönlichen Krisentreffen weiter. Zunächst bat Merkel den ARD-Journalisten Ulrich Deppendorf zum Interview ins Kanzleramt. *Ich kann heute nicht erkennen, dass unsere Kernkraftwerke nicht sicher sind, sonst müsste ich ja mit meinem Amtseid sie sofort abschalten.*[43] Damit ließ sie eine mögliche Kursänderung durchaus offen («heute»), mehr noch: Sie deutete sogar an, dass sie der Amtseid bei einer veränderten Lage zu einem Atomausstieg verpflichten könnte.

Nach dem Fernsehauftritt kam die Stunde der konkreten Beschlüsse. Gegen 21 Uhr trafen sich die Koalitionsspitzen abermals im Kanzleramt. Dann stand das Moratorium fest: Die Regierung würde die erst vor einem halben Jahr beschlossene Laufzeitverlängerung vorerst aussetzen und die ältesten Kraftwerke bis auf weiteres stilllegen. Verkünden wollte Merkel die Entscheidung erst bei einem Treffen mit den Ministerpräsidenten am Dienstag. Die Runde verabredete bis auf weiteres Stillschweigen.

Am Montagvormittag tagten in der Berliner Parteizentrale die Gremien der CDU. Im Präsidium, dem engsten Führungskreis, hielt Umweltminister Norbert Röttgen einen engagierten Vortrag. Er sah sich in der Einschätzung bestätigt, die ihm zuvor so viel Kritik eingebracht hatte: In der Energiepolitik stehe die Zukunft der Union als Volkspartei auf dem Spiel. Er warnte geschmackvollerweise vor einem «Tsunami», der die Union zu überrollen drohe.[44] Die Ereignisse gaben ihm recht. Aber er machte den Fehler, das allzu demonstrativ zur Schau zu stellen. Den Rechthaber liebt das Publikum nicht, und die Kanzlerin mochte es schon gar nicht, wenn einer ihrer früheren Getreuen vor Publikum schlauer sein wollte als sie selbst.

In der Präsidiumssitzung wies Merkel den Tsunami-Vergleich zurück, inhaltlich stimmte sie ihrem Minister zu. Arbeitsministerin von der Leyen, Bundestagspräsident Norbert Lammert und der nordrhein-westfälische Fraktionschef Karl-Josef Laumann bekannten sich zu der neuen Linie. Fraktionschef Kauder und der Hesse Bouffier blieben skeptisch.[45] Finanzminister Schäuble fürchtete um die Einnahmen aus der Brennelemente-Steuer. Niemand hielt ein entschiedenes Plädoyer gegen das Moratorium. Die Nachrichten aus Japan ließen die Skeptiker vorerst verstummen. Die Agenturmeldungen kündeten am Vormittag vom Ausfall einer weiteren Kühlfunktion, mittags von Problemen mit Brennstäben, der Einleitung von Meerwasser und einer «teilweisen Kernschmelze». Abends hieß es, die Brennstäbe lägen komplett frei, und die Kraftwerksbetreiber leiten das zur Notkühlung verwendete Meerwasser in radioaktiv verseuchter Form wieder in den Ozean ein.

Die Meldungen, die Merkel während der Präsidiumssitzung las, betrafen nicht nur die Ereignisse aus Japan. Die Kanzlerin erfuhr auch Erstaunliches über sich selbst: «Regierung erwägt Aussetzen des Kernkraft-Beschlusses.» Westerwelle hatte seinen Vorsatz, nicht als Getriebener dazustehen, in die Tat umgesetzt und das Schweigegebot vom Vorabend missachtet. Noch vor Beginn der FDP-Präsidiumssitzung gab er Zitate für die Deutsche Presse-Agentur frei. «Wir brauchen eine neue Risikoanalyse», verkündete er. Und zu der Frage, ob es ein Moratorium geben könne: «Ja, ich kann mir das vorstellen.»[46] Merkel ärgerte sich über den Vertrauensbruch. Sie ging aus dem Raum und rief bei Westerwelle an, der dafür ebenfalls das Treffen seiner Parteiführung verlassen musste.

Ausgerechnet das Vorpreschen des einst atomfreundlichen FDP-Vorsitzenden trug dazu bei, dass der Abschied von der Atomenergie eine Eigendynamik gewann. Am Nachmittag trat Merkel gemeinsam mit ihrem Vizekanzler vor die Presse, um das Moratorium offiziell zu verkünden: Die Regierung werde *die erst kürzlich beschlossene Verlängerung der Laufzeiten der deutschen Kernkraftwerke aussetzen.* Noch mehr kam es auf den Nachsatz an. *Damit kein Zweifel entsteht: Die Lage nach dem Moratorium wird eine andere sein als die Lage vor dem Moratorium.*[47]

In der Koalition sahen das keineswegs alle so. Am selben Tag traf sich der liberale Wirtschaftsminister Rainer Brüderle mit der Spitze des Bundesverbandes der Deutschen Industrie. Ursprünglich sollte es bei dem Termin ganz allgemein um Industriepolitik gehen, jetzt fragten die Manager den Minister nach dem soeben vermeldeten Moratoriumsplan. Brüderle suchte seine Zuhörer zu beruhigen, indem er das Vorhaben zum bloßen Wahlkampfmanöver erklärte und andeutete, dass sich die Industrie um die Zukunft der Atomenergie nicht zu sorgen brauche.[48] Der Minister schätzte die Lage nicht nur völlig falsch ein. Er gab auch eine jener Vorhersagen ab, die zu ihrer Nichterfüllung selbst beitragen: Als das Protokoll der Sitzung gut eine Woche später bekannt wurde, empörten Brüderles Sätze die Öffentlichkeit. Falls die Regierung je beabsichtigt haben sollte, nach der baden-württembergischen Landtagswahl das Moratorium einfach wieder aufzuheben, so war dieser Weg durch die unbedachten Äußerungen des FDP-Politikers endgültig versperrt.

Am Dienstag trafen die Ministerpräsidenten, in deren Bundesländern sich Kraftwerke befanden, zu einem ersten «Atomgipfel» im Kanzleramt ein. Den meisten von ihnen konnte es nun gar nicht schnell genug gehen mit der Stilllegung älterer Meiler. Vor der Sitzung zeichnete sich ein Aus für vier oder fünf Anlagen ab, am Ende stieg die Zahl auf sieben; keines dieser Kraftwerke ging nach dem Ende des Moratoriums wieder ans Netz. Bereits tags zuvor hatte Merkel das Wort von einer «Energiewende» beiläufig in den Mund genommen, jetzt wurde sie deutlicher: *Wir wollen die Zeit des Moratoriums nutzen, um die Energiewende zu beschleunigen.*[49] Das Verb «beschleunigen» sollte zum Ausdruck bringen, dass die Regierungsparteien den Umstieg auf erneuerbare Energien angeblich immer gewollt und die Atomenergie ohnehin nur als «Brückentechnologie» betrachtet hätten. Das entsprach zwar der förmlichen Beschlusslage, nicht aber der subjektiven Einschätzung vieler Wirtschaftspolitiker und Manager, vor allem in den Energiekonzernen. Im Ernst hatte sich keiner von ihnen auf ein baldiges Ende der Atomkraft eingestellt. Sie warnten in apokalyptischem Ton vor großflächigen Stromausfällen, die später nicht eintraten.

Der Anteil der erneuerbaren Energien, vor allem der Windkraft, wuchs in der Folgezeit schneller als erwartet. Allerdings sicherte der plötzliche Abschied von der Atomkraft der klimaschädlichen Kohleverstromung vorläufig das Überleben, weshalb sich der Rückgang des Kohlendioxid-Ausstoßes empfindlich verlangsamte. Auch stiegen die Strompreise, weil die finanzielle Förderung von Wind- und Solarstrom noch nicht an den neuen Boom angepasst war, und vielerorts formierte sich Widerstand gegen neue Windräder oder Stromleitungen. Die Kanzlerin fühlte sich in ihrem Urteil über den politischen Wankelmut der Deutschen bestätigt: Sie hatte den verbreiteten Ängsten vor dem Atom nachgegeben, nun beklagte sich die Bevölkerung über die zwangsläufigen Folgen.

Der weitere Weg war damit vorgezeichnet. Sechs Tage nach dem japanischen Beben rechtfertigte Merkel ihren Kurswechsel vor dem Bundestag. Dabei bediente sie sich der Argumentationsmuster, die sie fortan unermüdlich wiederholte. Fukushima zeige, *dass etwas, was nach allen wissenschaftlichen Maßstäben für unmöglich gehalten wurde, doch möglich werden konnte. Wenn in einem so hoch entwickelten Land wie Japan das scheinbar Unmögliche möglich, das absolut Unwahrscheinliche Realität wurde, dann verändert das die Lage.*[50]

Am 22. März, elf Tage nach dem Tsunami, versammelte Merkel abermals die Ministerpräsidenten um sich und legte das Procedere endgültig fest. Eine «Ethikkommission» sollte über die Zukunft der Energieversorgung in Deutschland beraten. Die Leitung übernahmen Klaus Töpfer, langjähriger Exekutivdirektor des UN-Umweltprogramms und Merkels Vorgänger im Amt des Umweltministers, sowie Matthias Kleiner, der Präsident der Deutschen Forschungsgemeinschaft. Dem 17-köpfigen Gremium gehörten neben früheren Politikern und aktiven Wissenschaftlern nur je ein Industriemanager und Gewerkschafter an, dafür mehrere Vertreter der Kirchen, die unter dem Schlagwort von der «Bewahrung der Schöpfung» den neuen Kurs in der Atomfrage verlässlich unterstützten.[51]

Der Rest war Vollzug. Mitte April besprach Merkel mit den Ministerpräsidenten erstmals die Grundzüge der künftigen Energiewende, Ende Mai nahm sie den Abschlussbericht der Ethikkommission in Empfang. Nach einem weiteren Treffen mit den Länderchefs beschloss das Bundeskabinett am 6. Juni die nötigen Gesetzesänderungen.

Die Kanzlerin begründete ihren Kurswechsel sehr wohl, anders als oft behauptet. Ob man ihr die angegebenen Gründe abnehmen mochte oder nicht: Immer wieder trug sie das Argument vor, die japanische Erfahrung zeige, dass die Risiken der Kernenergie auch in einem Hochtechnologieland nicht sicher beherrscht werden könnten; das Unglück von Tschernobyl hatte die DDR-Bürgerin offenkundig als Fehlleistung des kommunistischen Systems verbucht. Als sich der Bundestag am 9. Juni in erster Lesung mit der schier endlosen Liste der zu ändernden Gesetze befasste, fügte sie hinzu: *Das Restrisiko der Kernenergie kann nur der akzeptieren, der überzeugt ist, dass es nach menschlichem Ermessen nicht eintritt. Wenn es aber eintritt, dann sind die Folgen sowohl in räumlicher als auch in zeitlicher Dimension so verheerend, dass sie die Risiken aller anderen Energieträger bei weitem übertreffen.*[52]

Im Bundestag stimmte am 30. Juni auch die Opposition aus SPD und

Grünen den Gesetzen zu, nicht jedoch die Linkspartei, die einen Sozialausgleich für die steigenden Strompreise vermisste und ein Betriebsverbot für Atomkraftwerke ins Grundgesetz aufnehmen wollte. Für Merkel löste sich damit ein strategisches Problem. Seit der Laufzeitverlängerung vom September 2010 hatte sich die Frage gestellt, wie die Konsenskanzlerin von der Festlegung auf das kontroverse Atomthema wieder herunterkommen könnte. Unter gewöhnlichen Umständen hätte eine Revision ihrer Energiepolitik das Lockmittel sein können, mit dem sie die Grünen nach der folgenden Bundestagswahl für eine Koalition hätte gewinnen können. Die Nachrichten aus Japan boten schon vorher die Gelegenheit zu einer Rückkehr in den gesellschaftlichen Mainstream.

Das kurzfristige Ziel hatten die Rettungsbemühungen zu diesem Zeitpunkt schon verfehlt: Die baden-württembergische Landtagswahl am 27. März war für die CDU verloren gegangen. Der Kanzlerin gereichte das nicht zum Nachteil. Der traurige Ministerpräsident Stefan Mappus, den Merkel zumindest indirekt selbst ins Amt gebracht hatte, galt als ein weiterer lebender Beweis, dass die CDU mit betont konservativen Positionen keine Wahlen mehr gewinnen könne. Dass Merkel von einer breiteren Öffentlichkeit weder für die Verlängerung der Atomlaufzeiten noch für die fatale Personalauswahl in Baden-Württemberg zur Rechenschaft gezogen wurde, hatte sie ganz wesentlich der Katastrophe von Fukushima zu verdanken. Für sie war das japanische Unglück politisch eine günstige Gelegenheit, die sie beherzt ergriff.

Allein Konservative und Vertreter des Wirtschaftsflügels in der eigenen Partei legten ihr das negativ aus. Das erstaunte in doppelter Hinsicht. Zum einen ließ sich mit einigem Recht fragen, was an der Nutzung einer Energieform konservativ sein sollte, mit der ursprünglich die SPD utopische Zukunftshoffnungen verbunden hatte, während die Unionsparteien erst mit Verzögerung folgten. Zum anderen waren es ausgerechnet konservative Galionsfiguren wie Stefan Mappus und Horst Seehofer, die nach Fukushima die Initiative zur Atomwende ergriffen. Merkel sah keinen Grund, sich den Wünschen in den Weg zu stellen. «Da hat sie sich ganz pragmatisch gesagt: Warum soll ich jetzt päpstlicher sein als die?», formulierte ein Vertrauter im Rückblick.[33] So verlief die Debatte ähnlich wie nach Guttenbergs Ausstieg aus der Wehrpflicht: Die Merkel-Kritiker brachten es fertig, die Entscheidungen ihrer eigenen Protagonisten der Kanzlerin in die Schuhe zu schieben.

Libyen

Ausgerechnet in den Tagen des japanischen Reaktorunglücks wurde Merkel von den Folgen einer Entwicklung eingeholt, die knapp drei Monate zuvor in Tunesien begonnen hatte: Am 17. Dezember 2010 übergoss sich der Gemüsehändler Mohamed Bouazizi in der Stadt Sidi Bouzid mit Benzin und zündete sich selbst an, um gegen willkürliche Schikanen der Behörden zu protestieren; zweieinhalb Wochen später erlag er seinen schweren Verletzungen. Der Vorfall löste eine Protestbewegung gegen den autokratisch regierenden Präsidenten Ben Ali aus, der das Land Mitte Januar 2011 verlassen musste.

Mit der Revolution in Tunesien begann der «Arabische Frühling», der bald auf andere Länder übergriff. In Ägypten trat am 11. Februar der langjährige Machthaber Hosni Mubarak zurück. Zwei Wochen später besuchte Merkels Außenminister Guido Westerwelle die Demonstranten auf dem Tahrir-Platz in Kairo, um seine Solidarität mit der Freiheitsbewegung zu bekunden. Die Kanzlerin selbst blieb skeptischer. Aus ihrer Sicht drohte der Westen Hoffnungen zu wecken, die er am Ende nicht erfüllen konnte, wie sie rückblickend im kleinen Kreis sagte.[54]

Mit Sorge schaute Merkel vor allem auf Libyen. Anders als die Präsidenten in Tunesien oder Ägypten wich der dortige Machthaber Muammar al-Gaddafi vor den Demonstranten nicht zurück. Im Gegenteil: Am 22. Februar kündigte er an, «Libyen zu säubern, Meter für Meter, Haus für Haus, Wohnung für Wohnung, Straße für Straße, Mensch für Mensch, bis das Land von allem Dreck und aller Unreinheit frei ist».[55] Daraufhin entschloss sich die Kanzlerin zu einem ungewöhnlichen Schritt: Nach einem Telefonat mit dem Präsidenten der Vereinigten Staaten forderte sie gemeinsam mit Barack Obama den Diktator am 26. Februar zum Rücktritt auf.[56] Was geschehen würde, wenn Gaddafi dem Wunsch wie zu erwarten nicht folgte, ließen die beiden offen. Eine militärische Intervention stand nicht im Raum: Zwar äußerten erste Kongressabgeordnete in Washington den Wunsch nach einer Flugverbotszone zum Schutz der Zivilbevölkerung, aber Obama und seine Berater blieben skeptisch. Auch die Strategen im Pentagon verspürten wenig Neigung, sich abermals in ein militärisches Abenteuer zu stürzen.[57]

Die Lage veränderte sich im März, als Merkel gerade vollauf mit anderen Themen beschäftigt war: Sie bereitete in Berlin den Ausstieg aus der

2. Euro (2010–2013)

Auf dem Tahrir-Platz in Kairo demonstrierten die Menschen 2011 für die Demokratie. Die deutsche Kanzlerin blieb skeptisch: Sie wollte keine Hoffnungen wecken, die der Westen nicht erfüllen konnte.

Atomenergie vor, und sie signalisierte in Brüssel ihre Zustimmung zum dauerhaften Euro-Rettungsschirm ESM. In der libyschen Frage sahen sich derweil die westlichen Politiker unter Zugzwang gesetzt, die Gaddafi lange unterstützt hatten. Während Washington noch zögerte, wollten der französische Präsident Sarkozy und der britische Regierungschef David Cameron die Aufständischen durch die Ausrufung einer Flugverbotszone vor dem Zugriff des Diktators schützen und dafür auch militärische Mittel einsetzen. Sie standen unter dem Druck der jeweiligen nationalen Öffentlichkeit, in Frankreich führte der Intellektuelle Bernard-Henri Lévy die Kampagne für die Intervention an.[58]

Merkel reagierte nervös. Die Zeiten, in denen sie Sympathien für den Krieg der Vereinigten Staaten im Irak hatte durchblicken lassen, lagen lange zurück. Im Denken der Kanzlerin hatte die Skepsis gegenüber Militäreinsätzen außerhalb des Nato-Gebiets längst die Oberhand gewonnen. Das lag nicht nur an der geringen Popularität solcher Interventionen unter den Deutschen in Ost und West, sondern auch an der ernüchternden Bilanz: Weder im Irak noch – unter deutscher Beteiligung – in Afghanistan war es trotz hohen Einsatzes gelungen, stabile Verhältnisse herbeizuführen, auch nicht in Somalia. Im Kosovo war jedenfalls keine Befriedung in Sicht, die auf absehbare Zeit einen Abzug der Truppen erlauben würde.

Mit zunehmendem Misstrauen blickte die Kanzlerin auf die Akteure, die der Westen auf diese Weise unterstützte: Wenn überhaupt, konnten Deutsche und Europäer aus ihrer Sicht allenfalls Hilfe zur Selbsthilfe leisten, indem sie Soldaten und Polizisten ausbildeten oder Waffen lieferten, wie es im Fall der irakischen Kurden einige Jahre später geschah. Journalisten nannten diese Konzeption alsbald die «Merkel-Doktrin». Sie entsprach einer nüchternen Analyse der Lage, konnte aber auch als Ausdruck einer gewissen Doppelmoral gelten.[59]

Im Fall Libyens vertrat die Bundesregierung diese Position so klar wie selten zuvor. Schon am 9. März, zwei Tage vor dem Erdbeben in Japan, hatte sich Merkel nach der wöchentlichen Kabinettssitzung mit Westerwelle und dem neuen Verteidigungsminister de Maizière besprochen, alle drei stimmten in ihrem Misstrauen gegenüber einer Militäraktion überein.[60] Nach den Beratungen der europäischen Staats- und Regierungschefs am 11. März in Brüssel bezog Merkel diese Position auch öffentlich. *Ich habe aus meiner Skepsis nie einen Hehl gemacht. Ich bin grundsätzlich skeptisch, weil man immer das Ende bedenken muss.* Eine Hintertür ließ sie sich offen: *Wenn die Voraussetzungen alle gegeben sind, können wir betrachten, ob es infrage kommt – Ja oder Nein.*[61] Zu diesem Zeitpunkt glaubte die Kanzlerin noch, sie befinde sich im Einklang mit der Führung in Washington. Aus einem ersten Gespräch mit Verteidigungsminister Robert Gates hatte de Maizière die Botschaft mitgenommen, dass der Kollege eine Militäraktion genauso kritisch sah wie er selbst.

Das stimmte, was Gates' persönliche Einschätzung betraf. Allerdings änderte Präsident Obama wenig später seine Meinung. Für den Abend des 15. März beraumte er eine Sitzung im *Situation Room* des Weißen Hauses ein, also an dem Tag, an dem Merkel im Berliner Kanzleramt mit den Ministerpräsidenten über die Atomwende beriet. Außenministerin Hillary Clinton, Interventionen eher zugeneigt als der Kollege aus dem Verteidigungsressort, hatte sich inzwischen die Zustimmung mehrerer arabischer Staaten zu einer möglichen Militäraktion gesichert. UN-Botschafterin Susan Rice und die Präsidentenberaterin Samantha Power redeten ebenfalls in diesem Sinn auf Obama ein. Sollten Gaddafis Truppen die Großstadt Bengasi belagern, befürchteten sie ein Massaker. Sie verglichen ein solches Szenario in einer gewagten Analogie sogar mit dem Völkermord in Ruanda; sollten die Vereinigten Staaten nicht eingreifen, würden sie sich hinterher für die Folgen verantworten müssen. Unter den Beratern des Präsidenten plädierten die Älteren tendenziell gegen eine

Intervention, die Jüngeren und die Frauen tendenziell dafür. Am Ende ließ sich der Präsident umstimmen.[62]

Merkel erfuhr davon erst, als es für einen Kurswechsel zu spät war; obendrein mochte Obamas Wankelmut die deutsche Kanzlerin ein weiteres Mal in ihrem skeptischen Blick auf den Präsidenten der Vereinigten Staaten bestärken. Weder Obama noch Clinton hielten es für nötig, Merkel oder Westerwelle auf direktem Weg ins Bild zu setzen. So benachrichtigte lediglich UN-Botschafterin Rice ihren deutschen Kollegen Peter Wittig, der die Information wiederum nach Berlin weiterreichte. Dort drang sie wegen der Zeitverschiebung erst am Nachmittag des 16. März durch.[63] Die deutsche Position ließ sich inzwischen kaum noch revidieren, selbst wenn die Regierung das in Betracht gezogen hätte. Am Vormittag hatte Westerwelle vor dem Bundestag die Abneigung gegenüber einer Militäraktion öffentlich bekräftigt, in ähnlichen Worten wie Merkel wenige Tage zuvor: «Die Bundesregierung betrachtet ein militärisches Eingreifen in Form einer Flugverbotszone mit großer Skepsis.»[64] Auch hatten Merkels Mitarbeiter mittlerweile ein Interview mit der *Saarbrücker Zeitung* freigegeben, das tags darauf erscheinen sollte. Darin positionierte sich die Kanzlerin sehr eindeutig gegen einen Militäreinsatz: *Eine militärische Intervention sehe ich skeptisch. Als Bundeskanzlerin kann ich uns da nicht in einen Einsatz mit äußerst unsicherem Ende führen.*[65]

Ihre besondere Relevanz gewann die Frage dadurch, dass Deutschland zu diesem Zeitpunkt als nichtständiges Mitglied dem Sicherheitsrat der Vereinten Nationen angehörte. Sollte das Gremium eine Resolution beschließen, die einen Militäreinsatz legitimierte, würde sich die Aufmerksamkeit auf das deutsche Abstimmungsverhalten richten. Merkel konnte nicht unauffällig abseitsstehen. Erschwerend kam hinzu, dass ihr Außenminister Westerwelle die Kampagne für einen ständigen deutschen Sitz im Sicherheitsrat wieder aufgenommen hatte. Zu seinem Pech entwickelte sich die Debatte über den Libyen-Einsatz allerdings auf eine Weise, die mögliche Vorbehalte der westlichen Vetomächte eher verstärkte als ausräumte: Es zeigte sich, wie schwer sich die Bundesrepublik mit ihrer weltpolitischen Positionierung nach innen und außen tat.

Um 17 Uhr Berliner Zeit, kurz nachdem die Bundesregierung vom Kursschwenk in Washington erfahren hatte, begann an diesem 16. März 2011 in New York bereits eine erste Sitzung des Sicherheitsrats. Trotz stundenlanger Beratungen führte sie noch zu keinem Ergebnis. Inzwischen zeichnete sich jedoch ab, dass Russland gegen einen Einsatz zum Schutz der Zivilbevölkerung, der nicht auf einen Regimewechsel in Libyen zielte, kein Veto einlegen würde. Vermutlich würde sich dann auch China einer solchen Resolution nicht in den Weg stellen.

Ein deutsches «Nein» stand für Merkel nicht zur Debatte. Die Frage war lediglich, ob sich die Bundesrepublik mit einer Enthaltung von der Militäraktion distanzieren oder auf eine Zustimmung einschwenken würde, um keinen Bruch mit den westlichen Verbündeten zu riskieren. Aus Sicht der Kanzlerin gab es wenig Zweifel: Anders als etwa das kleine Portugal, das dem Sicherheitsrat zu diesem Zeitpunkt ebenfalls angehörte, müsste sich ein großes Land wie die Bundesrepublik an einer Intervention auch selbst beteiligen, wenn es ihr zugestimmt hatte. Das aber wollte Merkel um jeden Preis vermeiden. Ihre Skepsis war noch in einer anderen Hinsicht berechtigt, wie sich wenig später zeigen sollte.

Sarkozy drückte aufs Tempo. Noch am Abend desselben Tages verschickte er einen Brief an die Mitglieder des Sicherheitsrats, in dem er für einen neuen, nunmehr mit Washington abgestimmten Resolutionsentwurf warb. Demnach sollten die Alliierten «alle notwendigen Maßnahmen zum Schutz der Zivilbevölkerung» ergreifen dürfen.[66] Es wurde Donnerstag, am Vormittag hielt Merkel im Bundestag ihre Regierungserklärung zum gerade erst beschlossenen Atom-Moratorium. Westerwelle nutzte die Gelegenheit, um in Bezug auf Libyen die Stimmung in den Fraktionsspitzen zu sondieren. Auch bei SPD, Grünen und Linken überwogen erwartungsgemäß die Bedenken gegen einen Militäreinsatz. Um 14 Uhr rief der Minister im Auswärtigen Amt seine Berater zusammen; hier gab es unterschiedliche Ansichten, am Ende blieb Westerwelle aber bei seiner Meinung.[67]

Im Anschluss verständigte sich Merkel mit Westerwelle und de Maizière endgültig auf diese Linie. Aus New York traf die beruhigende Nachricht ein, dass auch ohne die deutsche Stimme eine Mehrheit für die Intervention zustande käme. Das gab der Kanzlerin und ihren Ministern die Gewissheit, dass der Ärger der Verbündeten begrenzt bleiben würde. Dem Generalsekretär der Nato versprach die deutsche Regierung, als Kompensation für die Nichtbeteiligung in Libyen das Bündnis an anderer Stelle zu entlasten, etwa in Afghanistan. Damit waren die Würfel gefallen. Gegen 18 Uhr New Yorker Zeit, da brach in Berlin bereits der Freitag an, begann am diesem 17. März 2011 die Abstimmung. Der deutsche Botschafter Peter Wittig enthielt sich der Stimme.

Damit endete die Debatte in der deutschen Öffentlichkeit allerdings nicht, im Gegenteil: Sie fing jetzt überhaupt erst an. Von den hektischen Abstimmungen zwischen Berlin und Paris, Washington und New York hatten die Deutschen kaum etwas mitbekommen, zu sehr standen sie im Bann der spektakulären Kehrtwende Merkels in der Atompolitik. Jetzt aber geriet die Regierung in die Kritik – weniger des breiten Publikums als vielmehr der transatlantisch geprägten außenpolitischen Community. In schrillem Tonfall attackierten deren Wortführer die angebliche Fehlentscheidung der Regierung. «Die tragenden Säulen der Unionspolitik werden mit diesem Verhalten in einer Mischung aus Orientierungslosigkeit und Unfähigkeit zerstört», klagte etwa der frühere Verteidigungsminister Volker Rühe. Die Regierung habe einen «schweren Fehler von historischer Dimension mit unvermeidlichen Spätfolgen» begangen.[68] Auch in vielen Zeitungen hieß es, noch nie habe sich Deutschland an der Seite Russlands und Chinas gegen alle seine westlichen Verbündeten gestellt, der Schaden für die transatlantischen Beziehungen sei unermesslich.

Theoretisch hätte sich eine solche Debatte für die Kanzlerin zu einem größeren Problem auswachsen können, gerade in der eigenen Partei. Praktisch hatte sie das Glück, über einen in taktischen Fragen weniger bewanderten Außenminister zu verfügen. Weil Westerwelle die Entscheidung viel offensiver verteidigte als die Kanzlerin, zog er alle Kritik auf sich. Eine Medienöffentlichkeit, die das Erzählmuster von der Versagerpartei FDP längst verinnerlicht hatte, spielte bereitwillig mit.

Erst als sich das Scheitern der Libyen-Mission vor aller Augen offenbarte, bekannte sich Merkel immer vernehmbarer zur verweigerten Zustimmung im Sicherheitsrat. Sie durfte sich vor allem deshalb bestätigt fühlen, weil sich Frankreich, Großbritannien und die Vereinigten Staaten nicht auf den Schutz der Zivilbevölkerung beschränkten, sondern im Verlauf des Einsatzes immer offener den Sturz Gaddafis betrieben und am Ende auch erreichten. Damit überdehnten sie das UN-Mandat. Mit bemerkenswerter Nonchalance erläuterte der französische Verteidigungsminister Gérard Longuet schon Mitte April im Fernsehen, das Vorgehen überschreite «sicherlich» bereits die Resolution des Sicherheitsrats.[69] Der Auswärtige Ausschuss des britischen Unterhauses legte fünf Jahre später einen vernichtenden Bericht über den Einsatz vor, der sogar in Zweifel zog, ob Gefahren für Zivilisten in dem beschriebenen Ausmaß überhaupt bestanden hatten.[70] Obama nannte es im Rückblick den «größten Fehler» seiner Amtszeit, dass er «nicht für den Tag nach der Intervention in Libyen geplant» habe.[71] Eines solchen Planes hätte es freilich auch nicht bedurft, wenn sich die Vereinigten Staaten an den Wortlaut der Resolution gehalten, sprich: den Sturz Gaddafis gar nicht erst herbeigeführt hätten.

Merkel sah in diesem Verhalten der Nato-Verbündeten rückblickend einen entscheidenden Wendepunkt im Verhältnis des Westens zu Russland: Putin hatte sich konstruktiv gezeigt, indem er keinen Widerspruch einlegte, und erhielt es mit einem Bruch des Mandats honoriert. Noch Ende 2019 kam sie in einer Grundsatzrede über das westliche Verteidigungsbündnis darauf zurück: *Wir erinnern uns: 2011 – da waren wir nichtständiges Mitglied im Sicherheitsrat – gab es den Nato-Einsatz zur Flugraumüberwachung in Libyen. Deutschland hat sich damals enthalten. Das Mandat wurde überdehnt. Es war eines der letzten Mandate im Sicherheitsrat, die es gab. Russland hat sich seitdem selten wieder beteiligt, und der Sicherheitsrat ist seitdem ziemlich handlungsunfähig geworden. Wir haben damals gesehen, dass dieses Mandat überdehnt wurde, dass Gaddafi sozusagen verjagt wurde und dass in Libyen Instabilität ausbrach. Auch heute ist noch keine politische Lösung in Sicht.»*[72] Sehr viel später, Anfang 2020, empfing sie die Konfliktparteien zu einer Libyenkonferenz im Berliner Kanzleramt. Gerade weil sie sich an der militärischen Intervention samt Regime Change nicht beteiligt hatte, galt Merkel jetzt als geeignete Vermittlerin. Sie durfte es durchaus als Genugtuung verstehen für alle Polemiken, mit denen die Kritiker sie 2011 überzogen hatten.[73]

Die Kanzlerin leistete posthum auch Abbitte bei ihrem Außenminister, den sie anfangs mit der unberechtigten Kritik alleine gelassen hatte. *Gemeinsam trafen wir die Entscheidung zur Enthaltung im Sicherheitsrat der Vereinten Nationen,* sagte sie 2016 in ihrer Trauerrede auf den früh verstorbenen Westerwelle.[74] Damit ließ sie zugleich durchscheinen, dass ihr persönliches Verhältnis zu ihm stets besser gewesen war, als es in der Öffentlichkeit während der gemeinsamen Regierungsjahre schien. Der FDP-Politiker war 2001 an die Spitze der Partei gerückt, ein Jahr später als Merkel in der CDU. Die beiden arbeiteten zielstrebig auf ein gemeinsames Regieren hin, bis die fast verhinderte Wahlsiegerin 2005 notgedrungen ein Bündnis mit der SPD schließen musste. Selbst während der schwierigen gemeinsamen Regierungsjahre hielt die professionelle Beziehung. Als Bedrohung ihrer Kanzlerschaft sah die Regierungschefin eher jene Kräfte in der FDP, die zum Zeitpunkt der Libyen-Abstimmung den Sturz ihres Parteivorsitzenden betrieben.

Libyen-Einsatz, Atomwende, dauerhafter Euro-Rettungsschirm: Im

März 2011 häuften sich die Krisen wie selten zuvor in Merkels Amtszeit. Kaum jemand nahm jedoch in diesen Tagen besonders Notiz von einem Ereignis, dessen Folgen die Kanzlerin am Ende vor eine der größten Herausforderungen ihrer politischen Laufbahn stellen sollte: Inzwischen hatte die Protestbewegung in der arabischen Welt auch Syrien erreicht, und in der Stadt Daraa nahe der jordanischen Grenze gingen die syrischen Ordnungskräfte am Tag der New Yorker Libyen-Abstimmung zum ersten Mal mit Waffengewalt gegen die Demonstrationen vor. Fünf Menschen starben. Das Datum gilt im Rückblick als der Beginn des syrischen Bürgerkriegs, der Millionen Menschen in die Flucht trieb.

Marktkonforme Demokratie

Im Verlauf des Jahres 2011 kehrte die Euro-Krise allmählich ins Zentrum der Aufmerksamkeit zurück. Die Stabilisierung, die durch die Beschlüsse über den Rettungsfonds vom Mai 2010 eingetreten war, hatte nicht lange vorgehalten. Bald wurde den Beteiligten klar, dass sie eine Lösung für die Zeit nach dem Auslaufen des provisorischen Hilfsprogramms brauchten. Mehr als andere betraf das die deutsche Kanzlerin. Denn der Hilfsfonds EFSF war auf drei Jahre angelegt, und Merkel hatte ursprünglich am allerwenigsten einen unbefristeten Rettungsfonds befürwortet. Inzwischen war den Akteuren allerdings klar, dass die Probleme innerhalb dieser Zeit nicht gelöst sein würden. Und das Letzte, was Merkel brauchen konnte, war eine Debatte über neue Rettungsprogramme mitten im nächsten Bundestagswahlkampf 2013.

Also hatte sie schon bald nach den provisorischen Hilfsbeschlüssen für Griechenland mit den Vorbereitungen für einen dauerhaften EU-Hilfsfonds begonnen. Sie stellte allerdings Bedingungen: Sie knüpfte künftige Garantien an strengere Regeln für die teilnehmenden Länder, und tatsächlich setzte sie in Brüssel neue Abmachungen mit so klingenden Namen wie «Sixpack» oder «Fiskalpakt» durch, die den Schuldengrenzen des Maastricht-Vertrags mehr Geltung verschaffen sollten. Ein lange währender Grundsatzstreit begann, deutsches Stabilitätsdenken kollidierte mit der französischen Tradition eines lenkenden Staates und der angelsächsischen Idee einer expansiven Geld- und Haushaltspolitik.

Zu einer ersten Einigung mit Frankreich war Merkel erstaunlich

Im normannischen Seebad Deauville verkündeten Merkel und Sarkozy im Oktober 2010 ihre Einigung über die weitere Euro-Politik. Andere Mitgliedstaaten beschwerten sich über das deutsch-französische «Diktat».

schnell gelangt, wenn auch mit der Folge, dass sich die übrigen Europäer über das deutsch-französische «Diktat» beschweren. Sarkozy hatte erkannt, dass Frankreich nicht gegen, sondern nur mit Deutschland seinen Einfluss in Europa und der Welt geltend machen konnte. Er schloss mit Merkel einen Kompromiss, den die beiden am 18. Oktober 2010 nach einem Strandspaziergang im normannischen Seebad Deauville auch öffentlich verkündeten; seit den ersten Griechenland-Beschlüssen war knapp ein halbes Jahr vergangen. Merkel akzeptierte, dass es bei Verstößen gegen die Haushaltsregeln keine automatischen Sanktionen geben sollte, ohne dass darüber in Brüssel politisch entschieden würde. Im Gegenzug stimmte Sarkozy einer deutschen Idee zu, gegen die seine Berater ursprünglich heftig opponiert hatten: Bei künftigen Rettungsaktionen sollten nicht nur die Staaten einspringen, es sollten sich auch private Gläubiger – also vor allem die Banken – an den Kosten beteiligen. Für die Zukunft könnten die Staaten das bereits in den Ausgabebedingungen ihrer Anleihen festschreiben, für die Gegenwart ließ sich das nur auf dem Verhandlungsweg durchsetzen.

Die Bankenbeteiligung entsprach zwar Merkels seit der Finanzkrise immer wieder vorgebrachtem Mantra, wonach Haftung und Risiko in einer Marktwirtschaft stets zusammengehören müssten. Kurzfristig verschärfte sie jedoch die Krise, weil Investoren erst recht vor dem Kauf von Staatsanleihen der Krisenländer zurückschreckten. So trug das Beharren der deutschen Kanzlerin dazu bei, dass sich die Lage vorerst nicht beruhigte. Im April 2011 fiel der Wert der griechischen Staatsanleihen so stark, dass sich rechnerisch eine Verzinsung von 24 Prozent ergab. Ein zweites Hilfsprogramm für das Land wurde vorbereitet, und Merkel versuchte dabei, erstmals die Banken in Haftung zu nehmen.

Innenpolitisch geriet die Kanzlerin durch zwei Rücktritte in Bedrängnis. Im Februar kündigte Bundesbankpräsident Axel Weber seine Demission an, im September folgte der aus Deutschland stammende Chefvolkswirt der Europäischen Zentralbank, Jürgen Stark, beide aus Protest gegen den Kauf von Staatsanleihen durch die Notenbank, den sie als Staatsfinanzierung durch die Hintertür betrachteten. Kurzfristig heizte das die Stimmung unter den Gegnern der Hilfsprogramme weiter an, die in Weber und Stark ihre Helden sahen. Langfristig erleichterte es der Kanzlerin das Leben: Ihr Wirtschaftsberater Jens Weidmann, der jetzt zum Bundesbankpräsidenten aufrückte, tat sich zwar ebenfalls mit Kritik hervor, agierte in der Praxis aber geschmeidiger. Im Kanzleramt selbst gab es jetzt einen Ratgeber weniger, der eher nationalen Alleingängen zuneigte. Den Nachfolger Lars-Hendrik Röller zog es weit weniger in die Öffentlichkeit.

Zu einem ernsten Risikofaktor für den Euro entwickelte sich unterdessen die Implosion des Koalitionspartners FDP. Da sich die Umfragewerte der Partei konstant unterhalb der Fünf-Prozent-Marke bewegten, konnte sich Westerwelle nicht mehr halten. Auf dem Rostocker Parteitag im Mai 2011 musste er die Ämter des Parteivorsitzenden und Vizekanzlers abgeben, um sich auf die Rolle des Außenministers zu beschränken. Merkel verlor ihren zuletzt halbwegs berechenbaren Partner. An seine Stelle trat in beiden Funktionen der unerfahrene Philipp Rösler, der erst anderthalb Jahre zuvor als Gesundheitsminister die Bühne der Bundespolitik betreten hatte. Andere mögliche Bewerber wie der Generalsekretär Christian Lindner hielten sich vornehm zurück, weil sie wussten, dass angesichts der Lage an der Parteispitze nicht viel zu gewinnen war.

So gab es niemanden mehr, der in der FDP den wachsenden Widerstand gegen die Euro-Politik der Regierung eindämmen konnte. Schon auf dem Rostocker Parteitag stimmte rund ein Drittel der Delegierten einem Antrag gegen den permanenten Rettungsfonds ESM zu. Das ermutigte die Protagonisten, nach der Sommerpause einen neuen Anlauf zu unternehmen: Im September kündigten sie einen Mitgliederentscheid über den ESM an. Drei Monate lang paralysierte die Debatte den Koalitionspartner der Union, bis Mitte Dezember endlich das Ergebnis feststand: Der Aufstand gegen den Euro scheiterte. Am Chaos in der Partei änderte das nichts. So konnte sich Merkel ihrer Regierungsmehrheit ausgerechnet in der heikelsten Phase der europäischen Krise nicht sicher sein, was zu ihrem Zögern und Zaudern in den Brüsseler Verhandlungen erheblich beitrug. Überall in Europa wurde gefragt, wie teuer die liberale Regierungsbeteiligung den Kontinent gekommen sei.

Auch das Bundesverfassungsgericht beschränkte die Handlungsfreiheit Merkels. Schon lange neigten die Karlsruher Richter zu Skepsis gegenüber dem europäischen Integrationsprozess. Formal argumentierten sie mit den Befugnissen des Bundestags, solange eine vergleichbare demokratische Legitimation auf europäischer Ebene nicht gegeben war. Dahinter stand aber auch das institutionelle Eigeninteresse, nicht alle Kompetenzen an die Kollegen des Europäischen Gerichtshofs in Luxemburg abzugeben, und ältere Traditionen: Weil die Deutschen früh einen Rechtsstaat, aber spät eine Demokratie eingeführt hatten, neigen sie weit mehr als andere westliche Länder dazu, Gerichtsurteile über politische Entscheidungen zu stellen; die Erfahrungen mit dem Nationalsozialismus hatten diese Tendenz noch verstärkt. «Karlsruhe», wie es bald in ganz Europa mit ängstlichem Unterton hieß, verhinderte am Ende zwar keinen der Schritte, die der Stabilisierung der europäischen Gemeinschaftswährung dienen sollten. Aber die Richter erschwerten den Weg, und sie gaben den Kritikern neue Hebel in die Hand – obwohl die Präambel des Grundgesetzes das «vereinte Europa» ausdrücklich als Ziel beschwört.

Ein skeptisches Verfassungsgericht im Rücken, einen unsicheren Kantonisten als Koalitionspartner an der Seite, ein schwieriges Parlament als Gegenüber: Merkels Handlungsspielraum in der Euro-Krise war auf vielfältige Weise eingeschränkt. Womöglich machte das deutsche Verfassungsgefüge die Lösung der Staatsschuldenkrise teurer, indem es die Unsicherheit verlängerte und die Märkte verunsicherte. Darauf spielte die Bundeskanzlerin an, als sie bei einem Besuch des portugiesischen Ministerpräsidenten Pedro Passos Coelho Anfang September 2011 eine der umstrittensten Bemerkungen ihrer Amtszeit machte: *Insofern werden wir Wege finden, die parlamentarische Mitbestimmung so zu gestalten, dass sie trotzdem noch marktkonform ist.*[75]

Das ließ sich in der Tat so verstehen, als wolle Merkel die im Grundgesetz nicht erwähnten Finanzmärkte über das Demokratieprinzip stellen. Gemeint hatte sie etwas anderes, was im Kern auch die linksliberalen Kritiker des verunglückten Satzes wünschten: den Willen, für den europäischen Zusammenhalt die nötigen Schritte zu ergreifen und die Solidarität mit den Krisenländern nicht dadurch zu gefährden, dass der Bundestag als einzelnes nationalstaatliches Parlament demokratisch legitimierte Entscheidungen der europäischen Regierungschefs stets aufs Neue hinterfragen konnte.

Eine dauerhafte Krisenlösung war nach wie vor nicht in Sicht, auch wenn das griechische Parlament am 29. Juni 2011 in einem fünfstündigen Abstimmungsmarathon die geforderten Reformen billigte, einen Tag, bevor der Deutsche Bundestag den Atomausstieg endgültig beschloss. Daraufhin stimmte Merkel auf einem EU-Sondergipfel am 21. Juli dem zweiten Hilfsprogramm für das krisengeschüttelte Land im Grundsatz zu. In der Nacht zuvor hatte sie im Berliner Kanzleramt mit dem französischen Präsidenten Sarkozy um die Einzelheiten des «freiwilligen» Forderungsverzichts privater Gläubiger gerungen. Zu vorgerückter Stunde kam aus Frankfurt noch EZB-Präsident Jean-Claude Trichet hinzu, was den Ernst der Lage erst richtig betonte. Damit entwertete Merkel die Gipfelbeschlüsse, die eigentlich ein beruhigendes Signal an die Finanzmärkte senden sollten, und machte daraus eine endlose Kaskade finanztechnischer Details. Auf ihrer Brüsseler Pressekonferenz blickte selbst die sonst so detailversessene Kanzlerin nicht mehr durch. *Rollover, discount bond exchange 30 Jahre, discount bond exchange über insurance mechanism 15 Jahre, bond exchange 30 Jahre. Das werden Sie sich als Fachleute, was mancher von Ihnen ja ist, noch einmal anschauen.*[76] Offenbar erschloss sich die Finanztechnik, die Angela Merkel überforderte, auch den Marktakteuren nicht: Die gewünschte Beruhigung trat nicht ein.

Mit wachsender Besorgnis blickte Merkel auf das größte und bedeutendste der krisenbedrohten Länder: Der italienische Ministerpräsident Silvio Berlusconi machte weiterhin keinerlei Anstalten, seine Popularität durch krisendämpfende Gesetzesbeschlüsse zu schmälern. Erst ein mahnender Brief des EZB-Präsidenten Trichet führte Anfang August 2011 zu einer ersten Ankündigung von Sparmaßnahmen. Anlass war ein Kursrutsch an den Börsen, die am 5. August europaweit an einem Tag so stark einbrachen wie seit der Bankenkrise vom Herbst 2008 nicht mehr.

Zu der Verunsicherung trugen auch die wachsenden innenpolitischen

Der Italiener Berlusconi machte keine Anstalten, seine Popularität durch Reformen zu schmälern. Im November 2011 musste er zurücktreten: Viele Italiener glaubten, die deutsche Kanzlerin habe ihn gestürzt.

Schwierigkeiten bei, in die Merkel durch ihre Euro-Politik geriet. Die deutsche Debatte fokussierte sich während der Sommerpause zunehmend auf die Frage, ob die schwarz-gelbe Regierung bei der Abstimmung über die Erweiterung des provisorischen Rettungsschirms EFSF am 29. September eine eigene «Kanzlermehrheit» erringen würde; der dauerhafte Rettungsschirm ESM, gegen den die FDP-Rebellen opponierten, stand erst im Folgejahr zur Abstimmung. Merkels Vertrauter Peter Altmaier, als Parlamentarischer Geschäftsführer für die Organisation der Mehrheiten zuständig, bearbeitete die Skeptiker in Einzelgesprächen und bekochte sie in seiner geräumigen Berliner Gründerzeitwohnung.

Die Nerven lagen blank. Kanzleramtsminister Ronald Pofalla fuhr in der Woche der Abstimmung den Abgeordneten Wolfgang Bosbach an, der seine Abneigung gegenüber der Euro-Rettung den ganzen Sommer über in Talkshows verbreitet hatte: «Ich kann Deine Fresse nicht mehr sehen. Ich kann Deine Scheiße nicht mehr hören.»[77] Aus Pofallas Sicht sonnte sich der Abgeordnete, der als Innenpolitiker gar kein Fachmann für Währungsfragen war, in einer Prominenz, die er allein seiner Opposition gegen die Mehrheitslinie verdankte. Nach den Gesetzen der Aufmerksamkeitsökonomie räumten viele Medien «Abweichlern» selbstverständlich mehr Platz ein als den Kollegen, die für die Hilfspakete stimmten – was die allermeisten von ihnen keineswegs aus Opportunismus taten, sondern nach reiflicher Abwägung von Chancen und Risiken. Die Auseinandersetzung zwischen Befürwortern und Gegnern der Euro-Politik nahm emotionale Züge an, die einen sanften Vorgeschmack auf die späteren Auseinandersetzungen in der Flüchtlingsfrage gaben.

Auch Angela Merkel selbst zeigte Nerven. In einer Sitzung des Fraktionsvorstands legte sie Ende August einen denkwürdigen Gefühlsausbruch hin: Sie werde nicht die historische Schuld auf sich nehmen, dass der Euro scheitere, sagte sie, und sie warnte vor einem Dominoeffekt, falls Griechenland die Gemeinschaftswährung verlassen sollte.[78] Damit hatte sie eines der leitenden Prinzipien ihrer Euro-Politik erstmals vor größerem Publikum formuliert.

Am 29. September 2011 votierten im Bundestag 315 Abgeordnete von CDU/CSU und FDP für die Erweiterung des provisorischen Rettungsschirms EFSF, das waren vier Stimmen mehr als die Kanzlermehrheit. Elf Abgeordnete der Union und drei Parlamentarier der FDP verweigerten die Zustimmung. Wegen der fragilen Lage hatten die Fraktionsspitzen sogar das Ergebnis der Probeabstimmungen am Vorabend geheim gehalten. Nun aber ließ die innenpolitische Spannung nach, zumal drei Wochen zuvor das Bundesverfassungsgericht erste Beschwerden gegen die Euro-Rettung zurückgewiesen hatte.

Zu einer nachhaltigen Beruhigung der Anleihemärkte führte das jedoch nicht. Auf zwei Krisengipfeln im Oktober einigte sich Merkel mit den übrigen europäischen Staats- und Regierungschefs auf weitere Einzelheiten der neuen Griechenland-Hilfen und die Beteiligung der privaten Gläubiger mit einem nominalen Forderungsverzicht von 50 Prozent.[79] Das erhöhte wiederum die Unruhe in Bezug auf andere Länder wie Italien, weil Anleger nun auch hier mit Zahlungsausfällen rechnen mussten. Daher erhielten die Finanzminister den Auftrag, die Finanzkraft des EFSF durch die Mobilisierung von privatem Kapital zu erhöhen («Hebelung»). Auch dadurch beruhigte sich die Krise allerdings nicht.

Tränen in Cannes

In dieser Lage stand Anfang November 2011 das Gipfeltreffen der 20 wichtigsten Wirtschaftsnationen in Cannes bevor.[80] Es sollte den Blick eigentlich wieder frei machen für die Zukunft: Der französische Staatspräsident Nicolas Sarkozy wollte sich vor der Wahl im kommenden Mai als souveräner Weltpolitiker inszenieren. Dass daraus nichts werden würde, erfuhr die deutsche Kanzlerin am 31. Oktober gegen 19.20 Uhr, einem Montagabend, wenige Tage vor ihrer Abreise an die Côte d'Azur: Der griechische Ministerpräsident Papandreou kündigte in Athen vor den sozialistischen Parlamentsabgeordneten an, über die Bedingungen des neuen Hilfsprogramms ein Referendum abzuhalten.

Merkel wurde von dieser Neuigkeit vollkommen überrumpelt: Erst fünf Tage zuvor hatte sie mit Papandreou in Brüssel bis vier Uhr morgens die letzten Einzelheiten des Programms ausgehandelt und bei den Banken einen Verzicht auf die Hälfte ihrer Forderungen durchgesetzt. Am Ende hatte sich Papandreou persönlich für Merkels Einsatz bedankt und mit keinem Wort von der Idee einer Volksabstimmung gesprochen. Aber nach seiner Rückkehr war er mit Demonstrationen und Streiks konfrontiert worden sowie mit meuternden Abgeordneten aus der eigenen Partei. In seiner Not hoffte er, die Spar- und Reformauflagen durch die Befragung der griechischen Wähler legitimieren oder abschütteln zu können.

Merkel telefonierte sofort mit Sarkozy. Die beiden einigten sich schnell: Sie zitierten den griechischen Ministerpräsidenten für Mittwoch, den Vorabend des G20-Gipfels, nach Cannes. Parallel dazu sprach Finanzminister Schäuble mit seinem griechischen Amtskollegen Evangelos Venizelos, der sich nach der Referendumsankündigung mit starken Bauchschmerzen vorübergehend ins Krankenhaus begeben hatte. Eilig beschlossen die Finanzminister der Euro-Zone, sämtliche Hilfen für Griechenland bis auf weiteres zu suspendieren.

Das Krisentreffen mit dem griechischen Ministerpräsidenten begann am frühen Abend des 2. November in einem Sitzungsraum des Palais des Festivals, in dem alljährlich im Mai die glamourösen Filmfestspiele stattfinden. Merkel und Sarkozy waren schon vor Ort, als Papandreou und der erkrankte Venizelos eintrafen. Sarkozy legte los. Er schimpfte und tobte: Alles hätten die Europäer getan, um den Griechen zu helfen, jetzt würden sie von der Athener Regierung betrogen. Dann stellte Merkel die

2. Euro (2010–2013)

Griechen vor die Alternative, entweder im Euro zu bleiben oder die Gemeinschaftswährung zu verlassen. Wenn Papandreou glaube, er müsse seine Politik durch ein Referendum legitimieren, dann könne er sein Volk nur über diese Alternative abstimmen lassen – und zwar spätestens im Dezember, um eine längere Unsicherheit zu vermeiden. An den Bedingungen für einen Verbleib werde sich nichts mehr ändern. *Wir müssen entscheiden*, sagte Merkel. Sie stellte sich nur gegen ein Referendum, in dem es allein um die Annahme der Sparauflagen gehen sollte – nicht gegen eine Abstimmung über das Gesamtpaket der Euro-Mitgliedschaft, auch wenn das in der Öffentlichkeit damals anders ankam.[81]

Mehrere Teilnehmer berichteten hinterher, sie hätten noch nie eine derart angespannte und schwierige Sitzung erlebt wie jene, in der Merkel und Sarkozy auf einmal für ein griechisches Referendum über den Verbleib in der Euro-Zone plädierten. Allerdings blieb unklar, ob Merkel den Austritt Griechenlands tatsächlich als Option betrachtete oder ob sie gemeinsam mit Sarkozy nur «psychologische Kriegsführung» betrieb, wie es ein französisches Regierungsmitglied formulierte[82] – in der sicheren Annahme, die Athener Regierung werde die Euro-Mitgliedschaft des Landes nicht aufs Spiel setzen.

Jedenfalls wirkte die Drohung. Nach dem Treffen nahm der EU-Kommissionspräsident José Manuel Barroso den griechischen Finanzminister Venizelos, den starken Mann der Sozialisten, zur Seite. «Wir müssen das Referendum killen», sagte er; offenbar hatte Barroso in der Zwischenzeit bereits der konservativen griechischen Opposition die Zustimmung zu einer Expertenregierung abgerungen. Noch in der Nacht flog Venizelos mit seinem Premier nach Athen zurück. Kaum angekommen, gab er eine Erklärung ab: Die Euro-Mitgliedschaft des Landes sei eine historische Errungenschaft, die man nicht in einem Referendum zur Disposition stellen dürfe. Das bedeutete für Papandreou das politische Ende. Wenige Tage später kam ein Technokraten-Kabinett unter dem Nachfolger Lucas Papademos ins Amt.

Papandreou blieb nicht der einzige Regierungschef, der in Cannes seinen Posten verlor. Am Rand des Gipfels zitierten Merkel und Sarkozy auch den italienischen Ministerpräsidenten Berlusconi zu sich. Er hatte am Mittwochabend in Rom, vor der Abreise nach Frankreich, Reformen angekündigt – zu spät, zu zögerlich, wie nicht nur die europäischen Politiker fanden, sondern auch die Käufer römischer Staatsanleihen. Unter dem vereinten Druck der Märkte und der Kollegen akzeptierte er eine

Überwachung seines Landes durch den Internationalen Währungsfonds. Aber es war vorbei. Die materiellen Vorteile für seine Wähler, auf denen sein politischer Erfolg beruhte, konnte er nicht mehr bieten.

Wenige Tage später kündigte Berlusconi seinen Rücktritt an. Am 16. November ernannte Staatspräsident Giorgio Napolitano den Mailänder Wirtschaftsprofessor Mario Monti zum Ministerpräsidenten einer Übergangsregierung aus parteifernen Fachleuten. Viele Italiener glaubten, Napolitano habe in Absprache mit Merkel bereits seit dem Sommer die Ablösung Berlusconis betrieben.[83] Der unerhörte Vorgang besaß eine historische Dimension: In der europäischen Öffentlichkeit erschien Merkel als eine Politikerin, die auf die Regierungsbildung in anderen Ländern entscheidenden Einfluss nahm. In Italien wurden ihre Aktivitäten fortan sehr genau verfolgt – ob sie nun 2013 den, wie sie sagte, «Florenzer Oberbürgermeister» Matteo Renzi als neuen Hoffnungsträger im Kanzleramt empfing oder während der Regierungsbildung 2019 mit dem moderaten Ministerpräsidenten Giuseppe Conte telefonierte.[84]

Die schwerste Stunde stand der deutschen Kanzlerin in Cannes allerdings noch bevor. Die Szene spielte sich abermals in einem Sitzungsraum des Palais des Festivals ab, draußen regnete es in Strömen, die Stimmung war längst am Tiefpunkt angelangt. Sarkozy und der amerikanische Präsident Obama redeten mit vereinten Kräften auf die Kanzlerin ein. Obama verstand nicht, warum die Europäer es nicht so machten wie die Vereinigten Staaten in der Bankenkrise nach 2008, als Staat und Notenbank die Märkte mit einer gewaltigen Geldschwemme beruhigten. Er fürchtete eine Rezession in Europa, die auf die andere Seite des Atlantiks übergreifen und seine Wiederwahl im Herbst 2012 gefährden könnte. Tatsächlich begann sich die Wirtschaftslage in Europa wegen der Unsicherheit um den Euro einzutrüben.[85]

In dieser Lage wollten Obama und Sarkozy den europäischen Rettungsschirm noch einmal aufstocken, und dafür hatten sie einen Plan: Sie wollten die Guthaben der Europäer beim Internationalem Währungsfonds zur Krisenbekämpfung einsetzen. Dafür war in Deutschland allerdings die Bundesbank zuständig, und deren Präsident Jens Weidmann lehnte den Vorschlag strikt ab. Auch vom Koalitionspartner FDP, der CDU/CSU-Bundestagsfraktion und dem Verfassungsgericht war Widerspruch zu befürchten. Obama und Sarkozy insistierten gleichwohl.

Da begann die Kanzlerin zu weinen. Bislang war ihr das erst einmal vor Publikum passiert, als Kanzler Kohl vor versammeltem Kabinett die

2. Euro (2010–2013)

Auf dem G20-Gipfel 2011 in Cannes drängte Obama die deutsche Kanzlerin in die Enge, bis sie zu weinen begann. Beim Herausgehen legte er ihr die Hand auf die Schulter. Es sah aus, als wolle er die Deutsche trösten.

Pläne der damaligen Umweltministerin gegen den Sommersmog zerpflückte. Diesmal war sie in einer ähnlichen Situation, so empfand sie es wohl. Wieder einmal verlangten mächtigere Politiker von ihr Unmögliches. Der Präsident der Vereinigten Staaten und die übrigen Regierungschefs forderten ein Zugeständnis, das innenpolitisch das Ende ihrer Kanzlerschaft bedeuten konnte. So sagte sie es nun auch. Ihre Mehrheit sei fragil. Wenn sie von den Euroskeptikern gestürzt werde, komme ein Nachfolger, der gewiss weniger Bereitschaft zu Hilfsaktionen zeigen werde. *Das ist nicht fair. Ich kann nicht an Stelle der Bundesbank entscheiden. Ich kann das nicht machen. Ich gehe so ein hohes Risiko nicht ein, ohne etwas von Italien zu bekommen. Ich bringe mich nicht selbst um.*[86]

Damit war die Sitzung zu Ende. Beim Herausgehen legte Obama der Kanzlerin die Hand auf die Schulter, der Fotograf des Weißen Hauses hielt die Szene fest. Es sah aus, als wolle er die Deutsche trösten. Am nächsten Morgen kam niemand mehr auf das Thema zurück. Merkels Tränen hatten die Beteiligten davon überzeugt, dass der deutschen Regierungschefin tatsächlich die Hände gebunden waren, dass sie ihren begrenzten Handlungsspielraum nicht bloß vorschob. Umgekehrt zog auch die Kanzlerin ihre Konsequenzen, nach denen sie wenig später handelte. Für den Moment sah alles nach einem Chaos ohne Ende aus.

In Cannes erreichte die Gemeinschaft der Europäer ihre dunkelste Stunde. Kaum jemand hätte sich in jenen Tagen darauf festlegen wollen, dass es die Währung in einigen Jahren noch geben würde. Für Merkel selbst neigte sich das bislang schwierigste Jahr ihrer Kanzlerschaft dem Ende zu. Mehr noch als im Vorjahr erschien die Regierungschefin als Getriebene der Euro-Krise, ein Ausweg zeichnete sich trotz hektischer Rettungsbemühungen immer weniger ab. Recht machen konnte sie es niemandem: Während die einen sie als Eiserne Lady sahen, die egoistisch ihr Portemonnaie festhielt und die Zukunft Europas gefährdete, erschien sie den anderen als die Frau, die gutes deutsches Geld in einem Fass ohne Boden versenkte. Merkels Beliebtheitswerte verharrten auf dem niedrigen Stand, den sie seit dem schwarz-gelben Fehlstart im Vorjahr erreicht hatten, sie lagen deutlich niedriger als später im Streit um die Flüchtlingspolitik.[87]

Cannes markierte einen Wendepunkt in Merkels Umgang mit der Euro-Krise, das neue Jahr 2012 wurde das Jahr der Entscheidungen. Die Kanzlerin musste nach der Bankenkrise ein weiteres Mal lernen, dass auch die freien Märkte nicht immer so rational funktionierten, wie sie sich das vorgestellt hatte. Ihr Ruf nach Gläubigerbeteiligung, so plausibel er zunächst erscheinen mochte, hatte das Chaos eher vergrößert als verkleinert, und in der angstgetriebenen Atmosphäre jener Monate unterschieden die Akteure an den Finanzmärkten nicht mehr zwischen den sehr unterschiedlichen Verhältnissen in den einzelnen Mitgliedstaaten. Zugleich musste Merkel zur Kenntnis nehmen, dass auch die Möglichkeiten für eine politische Lösung begrenzt blieben. In den Krisenländern stieß der Reformkurs auf wachsenden Widerstand in der Bevölkerung, in Deutschland engten die fragile Koalition, das Verfassungsgericht und die Rolle der Bundesbank den Handlungsspielraum der Kanzlerin ein.

Eine erste Konsequenz zog Merkel bei einem Treffen mit Sarkozy und Monti am 24. November in Straßburg, drei Wochen nach dem Debakel von Cannes: Die drei signalisierten zum ersten Mal, dass womöglich die Europäische Zentralbank das Vakuum füllen könnte, das durch die politische Blockade entstanden war. Der französische Präsident äußerte nach dem Gespräch vor der Presse, «dass wir uns weder negativ noch positiv mit Forderungen an die EZB richten», und Merkel stimmte sogleich zu:

Dem kann ich mich nur anschließen. Für deutsche Ohren mochte das zunächst nach einem Sieg der reinen Lehre von der politischen Unabhängigkeit der Notenbank klingen, gemeint war aber genau das Gegenteil: Die Politik würde der EZB nicht bei dem Versuch in den Arm fallen, die Stabilität des Währungsraums durch eigene Maßnahmen wie den Kauf von Staatsanleihen zu sichern. Die volle Tragweite dieses Bekenntnisses zeigte sich acht Monate später, als sich der neue EZB-Präsident Mario Draghi zur Verteidigung des Euro um jeden Preis bekannte.[88]

Deutlicher wurde Merkel Ende Februar 2012, also weitere zwei Monate später, in der Bundestagsdebatte über das so mühsam ausgehandelte zweite Hilfsprogramm für Griechenland: *Als Bundeskanzlerin der Bundesrepublik Deutschland soll und muss ich zuweilen Risiken eingehen; Abenteuer darf ich aber nicht eingehen: Das verbietet mein Amtseid.*[89] Damit legte sie ein sehr weitgehendes Bekenntnis zum Zusammenhalt der Euro-Zone ab. Um die Formulierung hatten ihre Berater vorher lange gerungen, die Öffentlichkeit erkannte zunächst nicht die volle Tragweite – auch weil zunächst innenpolitische Fragen dominierten, bevor das griechische Problem zum Sommer mit voller Wucht zurückkehrte.[90] In der Zwischenzeit bewahrheitete sich Merkels Satz, dass sich kleine Probleme in den Vordergrund drängen, wenn die großen Schwierigkeiten pausieren.

Wulff und Gauck

Merkels kleines Problem, das zum Jahresauftakt ganz groß wurde, trug den Namen Christian Wulff. Seit gut anderthalb Jahren war der Niedersachse inzwischen Bundespräsident, ein Politiker, der sich in dem Amt sichtlich wohler fühlte als zuvor der Wirtschaftsfachmann Horst Köhler. Die CDU-Vorsitzende schien mit ihrer zweiten, abermals machttaktisch motivierten Personalentscheidung für das Schloss Bellevue mehr Glück zu haben als mit der ersten. Eine Kontroverse hatte Wulff allein mit einem Satz ausgelöst, der sich an eine Äußerung des früheren Innenministers Schäuble anlehnte: «Der Islam gehört inzwischen auch zu Deutschland.» Auf Widerspruch stieß er damit vor allem bei rechtskonservativen Merkel-Kritikern in der Union. Die Kanzlerin selbst reagierte zunächst mit wohlwollendem Schweigen; drei Jahre später, als die ersten Pegida-

Demonstranten gegen eine angebliche «Islamisierung des Abendlands» protestierten, machte sie sich den Satz ausdrücklich zu eigen: *Das ist so; dieser Meinung bin ich auch*.[91]

Schon im Dezember 2011, wenige Wochen nach dem Gipfeldrama von Cannes, musste Merkel eine Meldung der *Bild*-Zeitung über einen privaten Hauskredit für Wulff zur Kenntnis nehmen.[92] Daraus entwickelte sich eine Affäre, in der es zwar nicht um strafrechtlich Relevantes ging, aber um die Frage, ob sich das Verhalten des Bundespräsidenten mit der Würde seines Amtes vertrug. Schon während Wulffs Zeit als Ministerpräsident hatte es Vorwürfe gegeben, er trenne nicht klar genug zwischen dienstlichen und privaten Belangen. Dabei ging es zunächst um einen Florida-Urlaub kurz vor seiner Wahl zum Bundespräsidenten, für den er ein kostenloses Flug-Upgrade in Anspruch nahm und im Haus seines – wie er später sagte – «väterlichen Freundes» Egon Geerkens wohnte, eines Osnabrücker Juweliers und Immobilieninvestors.

Auf eine parlamentarische Anfrage hin hatte seine Staatskanzlei mitgeteilt, es habe «in den letzten zehn Jahren keine geschäftlichen Beziehungen» zu Geerkens gegeben. Jetzt kam heraus, dass sich Wulff das Geld für einen privaten Hauskauf von Geerkens Ehefrau geliehen hatte. Das bedeutete, dass er dem Landtag nicht die volle Wahrheit gesagt hatte. Eilig ließ Merkel am Tag darauf ihren Regierungssprecher wie einst im Fall Guttenberg versichern, sie habe «volles Vertrauen» in Person und Amtsführung des Bundespräsidenten.[93] Erst als sie dem Staatsoberhaupt später ihr «vollstes» Vertrauen ausrichten ließ, galt das als Indiz, dass Wulff vor dem Rücktritt stand.

Die Sache war damit jedoch nicht ausgestanden. Zu seinem Unglück hatte Wulff nicht nur versucht, den Chefredakteur der *Bild*-Zeitung von einer Berichterstattung abzuhalten, sondern ihm auch noch auf die Mailbox gesprochen, so dass seine Drohungen im Wortlaut dokumentiert waren. «Bin grad auf dem Weg zum Emir», begann Wulff, der gerade einen Staatsbesuch in Kuwait absolvierte. Sodann kündigte er einen Strafantrag an, «die Anwälte sind beauftragt», und er verlangte, die Veröffentlichung zu verschieben, bis er nach Deutschland zurückgekehrt sei und ein persönliches Gespräch mit der Redaktion stattgefunden habe. «Dann können wir entscheiden, wie wir den Krieg führen.»[94]

Zudem stellte sich heraus, dass Wulff den Geerkens-Kredit stillschweigend durch ein zinsgünstiges Geldmarktdarlehen der Stuttgarter BW-Bank abgelöst hatte; das Institut gehörte dem Land Baden-Württemberg, das damals von seinem engen politischen Weggefährten Günther Oettinger regiert wurde. Außerdem hatte das Staatsoberhaupt nicht nur einen, sondern eine ganze Reihe von Urlauben auf den Anwesen von vermögenden Freunden und Bekannten verbracht, die gegenüber dem Land Niedersachsen zugleich Geschäftsinteressen verfolgten. Wulff beauftragte schließlich eine Anwaltskanzlei mit der Beantwortung der unzähligen Medienanfragen. In einem Fernsehinterview begab sich der Präsident Anfang Januar persönlich in die Scharmützel um jedes Detail, damit zog er das Amt des Staatsoberhaupts noch weiter ins Lächerliche.

Christian Wulff beklagte im Rückblick eine «Jagd» auf seine Person.[95] Tatsächlich entwickelten die journalistischen Recherchen am Ende eine Eigendynamik, die sich von der Bedeutung der jeweiligen Vorwürfe vollkommen löste. Allerdings hatte der Präsident nach Kräften zu dem Bild eines Politikers beigetragen, der jeden Vorteil mitnahm und die Nähe der Schönen und Reichen suchte. Wulff und seine 14 Jahre jüngere Ehefrau Bettina inszenierten sich als Glamour-Paar der Politik, lange Zeit in bereitwilliger Zusammenarbeit mit der *Bild*-Zeitung, von deren immerwährender Treue der Politiker offenbar ausging. Auch als die beiden mit ihren damals sieben und zwei Jahre alten Söhnen, von denen der Ältere einer früheren Beziehung der Präsidentengattin entstammte, ins Schloss Bellevue einzogen, stellten sie ihre moderne Patchwork-Familie demonstrativ in der Öffentlichkeit zur Schau. Das Auftreten des präsidialen Paares zeigte gewisse Parallelen um Verhalten des gestürzten Boulevard-Helden Karl-Theodor zu Guttenberg und seiner Frau Stephanie, einer geborenen Gräfin von Bismarck-Schönhausen, die sich ebenfalls als Berliner Gesellschaftspaar hatten feiern lassen.

Wulff bot damit das exakte Gegenbild zum Habitus der Kanzlerin, der jedermann abnahm, dass sie an Glanz und Glitzer nicht im Geringsten interessiert war. Darin lag wohl auch der Grund, dass Wulffs Scheitern der Regierungschefin langfristig nicht schadete, sondern ganz im Gegenteil Merkels völlig anderen persönlichen Stil im Kontrast dazu umso angenehmer erscheinen ließ.

Als die Staatsanwaltschaft Hannover ein Ermittlungsverfahren ankündigte, musste Wulff am 17. Februar 2012 zurücktreten. Dass sich der oberste Repräsentant des Staates in Verhören rechtfertigen, dass er womöglich gar vor Gericht erscheinen musste, war schlechterdings nicht vorstellbar. Auch wenn sich der strafrechtliche Vorwurf der Vorteilsannahme am Ende als nicht haltbar erwies, sah doch kaum jemand in

Am 17. Februar 2012 trat Christian Wulff als Bundespräsident zurück. Zum zweiten Mal war ein von Merkel ausgewähltes Staatsoberhaupt gescheitert.

Wulff ein unschuldiges Opfer: Mit der Würde des präsidialen Amtes vertrug sich sein Verhalten schlecht. Zum zweiten Mal war ein von Merkel ausgewählter Bundespräsident gescheitert.

Trotzdem folgte die Kanzlerin bei der Suche nach einem Nachfolger dem vertrauten Muster der politischen Zweckmäßigkeit, auch wenn die veränderten Mehrheitsverhältnisse in der Bundesversammlung diesmal nur einen überparteilichen Kandidaten zuließen. Abermals setzte sie zunächst auf ein Abschiebemanöver: Sie versuchte, den unbequemen Verfassungsgerichtspräsidenten Andreas Voßkuhle ins Schloss Bellevue wegzuloben, der seine Kompetenzen aus ihrer Sicht allzu sehr ins Politische überdehnte und die deutsche Europapolitik gefährdete; noch sieben Jahre später negierte er in einer Entscheidung zu den Anleihekäufen der Europäischen Zentralbank den Vorrang des Europäischen Gerichtshofs. Da Voßkuhle als Verfassungsrichter von den Sozialdemokraten nominiert worden war, so Merkels Kalkül, würde ihn die SPD kaum ablehnen können.

Noch am Freitag, dem Tag von Wulffs Rücktritt, versuchte die Kanzlerin den Juristen zu erreichen. Er ging nicht ans Telefon. Am Samstag nahm Voßkuhle den Anruf der Kanzlerin endlich entgegen, nach kurzer

Bedenkzeit sagte er aber ab: Er war offenkundig nicht gewillt, die Position des politisch einflussreichen Richters gegen die rein repräsentative Funktion im Schloss Bellevue einzutauschen; im Jahr darauf porträtierte ihn der *Spiegel* als «Merkels Chef».[96]

Aus Merkels Sicht blieben zwei aussichtsreiche Kandidaten für einen überparteilichen Konsens: der frühere Bundesumweltminister Klaus Töpfer und der ehemalige Ratsvorsitzende der Evangelischen Kirche in Deutschland, Wolfgang Huber. Töpfer wäre schon aufgrund seines früheren Ressorts ein schwarz-grüner Kandidat gewesen, Huber aufgrund seines SPD-Parteibuchs ein schwarz-roter Bewerber. Merkels aktueller Koalitionspartner, die kriselnde FDP, konnte beides nicht wollen. Dagegen schien die SPD, die zwei Jahre zuvor den Kandidaten der Grünen, Joachim Gauck, favorisiert hatte, diesmal zu Verhandlungen mit der Union bereit zu sein. Es gab für Merkel zunächst keinen Grund, nervös zu werden – auch wenn am Sonntagmittag, zwei Tage nach Wulffs Rücktritt, eine Koalitionsrunde im Kanzleramt ergebnislos blieb.

Doch der seit neun Monaten glücklos amtierende FDP-Vorsitzende Philipp Rösler beschloss, in die Offensive zu gehen und der Kanzlerin eins auszuwischen. Am Rande der Beratungen, die Partei- und Fraktionsspitzen im Kanzleramt über die Präsidentenfrage führten, holte er sich in einer Telefonkonferenz vom eigenen Parteipräsidium das Mandat, diesmal den rot-grünen Kandidaten Gauck zu unterstützen. Merkel erfuhr davon aus Agenturmeldungen.[97] Entsprechend verärgert reagierte sie. Sie brüllte ihren Stellvertreter an und drohte mit Koalitionsbruch. Rösler hatte sie überrumpelt, ohne dass sich damit allerdings eine erkennbare Strategie verband. Es ging um Revanche, weil sich der FDP-Vorsitzende von der Union gedemütigt fühlte, im Regierungsalltag und jetzt durch die Personalvorschläge fürs Präsidentenamt. Das schwarz-gelbe Bündnis stand wieder einmal auf der Kippe.[98]

Rösler konnte und wollte nicht zurückweichen. SPD und Grüne legten sich jetzt erst recht auf Gauck fest, sie freuten sich über den Riss innerhalb der schwarz-gelben Koalition. Daher blieb Merkels Wutausbruch folgenlos, die Kanzlerin musste beidrehen. Als sie sich mit dem CSU-Vorsitzenden und der Spitze der Unionsfraktion beriet, brummte Horst Seehofer nur: «Wir stimmen zu.»[99] Nun ging alles ganz schnell. Merkel ließ sich die Kehrtwende in einer Telefonkonferenz des CDU-Präsidiums absegnen. Anschließend rief sie den nunmehr designierten Präsidenten Gauck persönlich auf dem Handy an. Sie erreichte ihn im

Den Menschen Joachim Gauck hatte Angela Merkel immer geschätzt, aber als Bundespräsidenten wollte sie ihn auch 2012 nicht haben. Und trotzdem erging es ihr mit dem neuen Staatsoberhaupt besser als erwartet.

Taxi, er war auf dem Rückweg von einem Auftritt in Wien gerade auf dem Flughafen Berlin-Tegel gelandet. «Sie fahren den neuen Präsidenten, wir ändern die Richtung», sagte Gauck dem Chauffeur mit der ihm eigenen Eitelkeit.[100] Um 20 Uhr präsentierte Merkel gemeinsam mit den Parteivorsitzenden von CDU, CSU, SPD, Grünen und FDP ihren Kandidaten der Öffentlichkeit.

Das ohnehin angespannte Verhältnis der Bundeskanzlerin zum liberalen Koalitionspartner verschlechterte sich durch den Eklat um die Präsidentenfrage weiter. Es machte die Sache aus Merkels Sicht nicht besser, dass Rösler seinen Triumph öffentlich zelebrierte. Drei Tage nach seinem denkwürdigen Coup ließ sich der FDP-Vorsitzende vom Fernsehmoderator Markus Lanz in politische Untiefen führen. Ein Einspielfilm erinnerte an Röslers Ankündigung aus der Bewerbungsrede um den FDP-Vorsitz, er wolle politische Konkurrenten langsam weichkochen wie einen Frosch, damit sie die Hitze nicht wahrnähmen und sich widerstandslos garen ließen. «Wann hat Frau Merkel gemerkt, ich bin der Frosch?», fragte Lanz. Statt auszuweichen und die Schlussfolgerungen dem Publikum zu überlassen, wie es die politische Klugheit verlangt hätte, entgegnete Rösler munter: «Schätzungsweise bei der besagten Telefonschaltkonferenz des

CDU-Präsidiums.» Aus Merkels Sicht stand das Urteil über den Enddreißiger damit fest. Ihren Regierungssprecher ließ sie so knapp wie unmissverständlich erklären: «Tiergleichnisse sind denkbar ungeeignet für die Beschreibung des Verhältnisses der Kanzlerin zu ihrem Vizekanzler.»[101]

So wählte die Bundesversammlung mit den Stimmen aller Parteien außer der Linken Joachim Gauck am 18. März 2012 zum elften Bundespräsidenten. An den Gründen, aus denen Merkel den von ihr eigentlich geschätzten Gauck nicht im Schloss Bellevue sehen wollte, hatte sich in den zurückliegenden zwei Jahren wenig geändert: Sie fürchtete nach wie vor, der selbstverliebte Vortragsreisende könne sich in politisch schwierigen Zeiten als *loose cannon* erweisen, als ein unberechenbarer Risikofaktor. In der Anfangszeit schienen sich ihre Vorbehalte sogar zu bestätigen. Schon Ende Mai, zwei Monate nach seiner Wahl, problematisierte Gauck bei seinem Antrittsbesuch in Israel die Aussage Merkels, die Sicherheit des jüdischen Staates sei Bestandteil der deutschen Staatsräson; im Nachhinein betrachtete er das selbst als einen Anfängerfehler.[102] Im Folgejahr sagte das Staatsoberhaupt seine Reise zu den Olympischen Spielen im russischen Sotschi aufgrund der Menschenrechtslage ab, sehr zum Ärger einer Kanzlerin, die sich gerade um eine Entspannung des Verhältnisses bemühte.[103] Im Flüchtlingsherbst 2015 sprach er schließlich vom weiten Herz und den begrenzten Möglichkeiten der Deutschen, was allgemein als Kritik an Merkels Politik gedeutet wurde.[104]

Im Ganzen erging es der Kanzlerin mit Gauck jedoch viel besser als von ihr erwartet. Nach den Rücktritten von Horst Köhler und Christian Wulff gab es wieder einen angesehenen Bundespräsidenten, von dem es hieß, er habe die Würde des Amtes wiederhergestellt. Die große Mehrheit der Bevölkerung fühlte sich wohl mit dem Pfarrer aus Rostock, und von dieser Zufriedenheit profitierte auch die Kanzlerin. Fünf Jahre später wünschte sie sogar, Gauck möge sich für eine Wiederwahl zur Verfügung stellen, um ihr die Mühen einer neuerlichen Präsidentenkür zu ersparen.

Röttgen

Als die Bundesversammlung am 18. März 2012 zur Gauck-Wahl zusammentrat, dachten Merkel und die übrigen Spitzenpolitiker schon an ein ganz anderes Thema: Vier Tage zuvor hatte die rot-grüne Minderheitsregierung im nordrhein-westfälischen Landtag keine Mehrheit für ihren Haushalt gefunden, das bedeutete Neuwahlen im Mai. Der Kanzlerin hätte das einigermaßen gleichgültig sein können, da zwei Jahre nach der Abwahl der CDU-geführten Regierung ohnehin kaum jemand ein Comeback erwartete. Spannend wurde die Sache dadurch, dass es um die Zukunft ihres Umweltministers ging. Norbert Röttgen hatte sich in dem Bundesland um den Aufbau einer eigenen Hausmacht bemüht, 2009 gegen einen alten WG-Freund den Vorsitz des CDU-Bezirksverbands Mittelrhein errungen und 2010 in einer Urwahl gegen Armin Laschet die Führung des gesamten Landesverbands übernommen. Die vorgezogene Wahl brachte den alten Weggefährten und neuen Rivalen der Kanzlerin in eine schwierige Lage: Er wollte Minister in Berlin bleiben, konnte aber als Landesvorsitzender die wenig aussichtsreiche Düsseldorfer Spitzenkandidatur schlecht ausschlagen.

Merkel und der CSU-Vorsitzende Seehofer redeten am Rande der Präsidentenwahl im Bundestagsbüro der Kanzlerin auf ihn ein: Er müsse sich im Wahlkampf festlegen, in jedem Fall nach Düsseldorf zu wechseln, ganz gleich, ob er Ministerpräsident werde oder Oppositionsführer. Alles andere verschlechtere die Wahlchancen der Union.[105] Das traf zweifellos zu, indes witterte Röttgen zu Recht einen Versuch der beiden Parteichefs, einen unbequemen Rivalen aus der Bundespolitik zu entfernen. Er widersetzte sich. Im Wahlkampf wich er dem Thema aus: Da er die Wahl ohnehin gewinnen und zum Ministerpräsidenten aufrücken werde, erklärte er, stelle sich die Frage nach der Oppositionsführerschaft überhaupt nicht. Allerdings rutschte ihm in einem Interview die unglückliche Formulierung heraus, darüber entschieden «bedauerlicherweise» die Wähler.[106] Am Ende versuchte er die Kanzlerin für eine mögliche Niederlage in Mithaftung zu nehmen, indem er die Landtagswahl zu einer Abstimmung über die Berliner Euro-Politik erklärte. Das nahm er zwar tags darauf zurück, doch durfte sein Verhältnis zu Merkel nunmehr als endgültig zerrüttet gelten.

Röttgen verlor, und das sogar deutlicher als erwartet. Mit 26,3 Prozent kam die CDU bei der Wahl am 13. Mai 2012 auf ihr historisch schlechtestes Ergebnis in dem Bundesland. Als Merkel tags darauf in der Berliner Parteizentrale mit Röttgen vor die Presse trat, fragten die Journalisten geradeheraus, ob sie ihren Weggefährten im Amt belassen wolle. Die Kanzlerin antwortete mit einem komplizierten Satz, der alles andere als ein «Ja» bedeutete: *Die Kontinuität der Aufgabenerfüllung ist notwendig, um die Energiewende vernünftig gestalten zu können.*[107] Deutlicher wurde der CSU-Vorsitzende Horst Seehofer. Er schob am Abend im Gespräch mit dem Fernsehmoderator Claus Kleber dem gescheiterten Spitzenkandidaten Röttgen die gesamte Schuld für die Krise der Unionsparteien zu. Durch dessen Unentschlossenheit zwischen Berlin und Düsseldorf sei der CDU-Vorsprung in Nordrhein-Westfalen «weggeschmolzen wie ein Eisbecher, der in der Sonne steht». Das eigentliche Interview war zu diesem Zeitpunkt zwar schon beendet, aber die Kamera lief trotzdem weiter, und Seehofer schickte die später legendären Worte hinterher: «Sie können das alles senden.»[108]

Merkel ließ Taten folgen. Für Dienstag, 17 Uhr, bestellte sie den Minister ins Kanzleramt ein und legte ihm den Rücktritt nahe. Es entwickelte sich ein lautstarker Streit. Der Minister warf seiner Chefin vor, sie habe ihn schon während des Wahlkampfs nicht hinreichend gegen Seehofers Angriffe in Schutz genommen. Ob Merkel ihrerseits die eigenen Nöte betonte («Jetzt geht es um mich») oder vor allem auf Röttgens «Beratungsresistenz» abhob, darüber gingen hinterher die Darstellungen im Umfeld der Beteiligten auseinander.[109] Am Ende gab Merkel ihrem Minister einen Tag Bedenkzeit. Tags darauf nahm sie ihn nach der Kabinettssitzung zur Seite. Röttgen machte klar, dass er nicht selbst zurücktreten werde. Daraufhin antwortete Merkel, sie werde ihn entlassen. In einer Stellungnahme von bemerkenswerter Eiseskälte informierte sie um 16.30 Uhr die Öffentlichkeit. Das Statement dauerte nicht einmal zwei Minuten: Die Energiewende sei *ein zentrales Vorhaben dieser Legislaturperiode*, deshalb brauche es einen *personellen Neuanfang.*[110]

Tatsächlich war Röttgen durch seine Niederlage in Nordrhein-Westfalen geschwächt. Er galt spätestens seit seinen atomkritischen Äußerungen von Anfang 2010 in Teilen der Wirtschaft als Reizfigur, zugleich misstrauten manche Umweltaktivisten immer noch dem Mann, der 2006 mit einem Wechsel zum Industrieverband BDI geliebäugelt und 2011 in einer Buchveröffentlichung die Atomkraft verteidigt hatte. Trotzdem war Merkels Verweis auf die Energiewende bestenfalls die halbe Wahrheit. Über die machtpolitischen Gründe schwieg sich die Kanzlerin aus: Nicht nur Seehofer oder der Fraktionsvorsitzende Kauder, auch sie selbst hatte Rechnungen mit dem einstigen Weggefährten offen, der für sie zur Belastung geworden war.

Für die Öffentlichkeit waren das alles keine nachvollziehbaren Rücktritts- oder gar Entlassungsgründe. Röttgen hatte nicht das Parlament über einen Militäreinsatz falsch unterrichtet wie der frühere Verteidigungsminister Franz Josef Jung, er hatte nicht den Präsidenten der Vereinigten Staaten mit Adolf Hitler verglichen wie die einstige Justizministerin Herta Däubler-Gmelin. Das Publikum blieb daher einigermaßen ratlos zurück.

Kurzfristig schadete der Kanzlerin die Kaltblütigkeit, mit der sie sich von Röttgen trennte. Die Entlassung erschien als ein Akt von ungewöhnlicher Brutalität, den sie ohnehin nur an einem früheren Verbündeten vollziehen konnte; bei ihren alten Rivalen musste sie stets abwarten, bis sie von selbst ins Verderben liefen. Kaum je trat der machtpolitische Imperativ, dem Merkel folgte, in derart schonungsloser Offenheit zutage. Die förmliche Entlassung eines Ministers war in der Bundesrepublik nur sehr selten vorgekommen, der letzte Fall lag zehn Jahre zurück: Der Sozialdemokrat Gerhard Schröder hatte sich 2002 von seinem Verteidigungsminister Rudolf Scharping getrennt, der sich kurz vor einem gefährlichen Bundeswehreinsatz mit seiner Lebensgefährtin im Swimmingpool fotografieren ließ.

So hatte sich Merkel am folgenden Dienstag einer turbulenten Sitzung der Unionsfraktion zu stellen. Auch Kollegen, die dem Umweltminister in Richtungsfragen nicht nahestanden, kritisierten die Umstände seiner Entlassung, etwa der nordrhein-westfälische Abgeordnete Wolfgang Bosbach. Dabei spielte auch der Regionalproporz eine Rolle: Der größte Landesverband der CDU verlor sein einziges eigenständiges Bundesministerium, es blieb nur Ronald Pofalla als Chef des Kanzleramts. Angesichts der massiven Kritik mussten die beiden wichtigsten CDU-Minister, Wolfgang Schäuble und Ursula von der Leyen, die Regierungschefin während der Fraktionssitzung in Schutz nehmen: Sie nannten die Röttgen-Entlassung «verständlich».[111] Bei der förmlichen Übergabe der Entlassungsurkunde fand schließlich Bundespräsident Gauck tröstende Worte für den Ausgeschiedenen, dem er auch für die Zukunft einen Platz im politischen Gefüge wünschte.[112] Immerhin ließ es Merkel zu, dass er auf Vermittlung ihres einflussreichen Vertrauten Peter Hintze anderthalb Jahre später den Vorsitz im Auswärtigen Ausschuss des Parlaments übernehmen konnte.[113]

Zu Röttgens Nachfolger machte die Kanzlerin ihren treuen Weggefährten Peter Altmaier, der als Parlamentarischer Geschäftsführer der Unionsfraktion bislang die Mehrheiten für die Euro-Abstimmungen organisiert und dabei bewiesen hatte, dass er trotz seiner liberalen Überzeugungen auch mit Exponenten des konservativen Parteiflügels umgehen konnte. Er hatte kaum noch zu hoffen gewagt, in seiner politischen Karriere jemals das Amt eines Bundesministers zu bekleiden, entsprechend groß waren Freude und Dankbarkeit. Weitergehende Ambitionen waren von ihm anders als bei Röttgen fürs Erste nicht zu befürchten, nicht nur, weil er aus einem ungleich kleineren Landesverband stammte. «Ein Politiker, der so aussieht wie ich, kann es in der heutigen Mediendemokratie nicht in die erste Reihe schaffen», hatte er selbst mit Blick auf sein Übergewicht und eine angeborene Spalte in der Oberlippe einmal gesagt, und als Hemmnis sah er auch sein Single-Dasein ohne Partner oder Partnerin: «Der liebe Gott hat es so gefügt, dass ich unverheiratet und allein durchs Leben gehe.»[114]

Nach der Amtsübergabe ließ die Kritik an Röttgens Entlassung bald nach. Denn die innenpolitischen Querelen der zurückliegenden Zeit hatten nur verdeckt, dass die europäische Staatsschuldenkrise auf eine weitere Klippe zusteuerte.

Ende der Hegemonie

Das zweite Hilfsprogramm für Griechenland, dem der Bundestag erst im Februar zugestimmt hatte, hielt nicht lange vor. Die Athener Technokratenregierung, die nach dem gescheiterten Referendumsplan ins Amt gekommen war, hatte nach nur vier Monaten ihre Mehrheit im Parlament verloren. Ausgerechnet Andonis Samaras, der Vorsitzende von Merkels konservativer Schwesterpartei Nea Dimokratia, machte Neuwahlen zur Voraussetzung für weitere Sparmaßnahmen. Sie fanden am 6. Mai 2012 statt, eine Woche vor der Landtagswahl in Nordrhein-Westfalen, die den deutschen Umweltminister das Amt kostete.

Zum Glück für die Gemeinschaftswährung zog ein anderes Ereignis viel Aufmerksamkeit von den Athener Turbulenzen ab: Am selben Tag gewann in Frankreich der Sozialist François Hollande die Stichwahl um das Präsidentenamt gegen den konservativen Amtsinhaber Sarkozy, der sich zuletzt zu einem leidlich verlässlichen Verbündeten Merkels in der Europapolitik entwickelt hatte. Zu Jahresbeginn hatten sich Merkel und Sarkozy sogar darüber verständigt, dass die Deutsche im französischen Wahlkampf auftreten sollte. Als der Präsident merkte, dass ihm der Ruf eines Berliner Erfüllungsgehilfen schadete, lud er die Kanzlerin allerdings wieder aus: «Der Wahlkampf ist Sache der Franzosen.»[115]

Der Sieg Hollandes bedeutete für Merkel eine Zäsur. Der Kandidat hatte ihren Ruf nach einem Abbau der Staatsschulden und einem wettbewerbsfähigeren Europa offen kritisiert und damit illusionäre Erwartungen geweckt. Auf der Brüsseler Bühne gingen die Zeiten, in denen Merkel im Verein mit Sarkozy die Szene weithin dominiert hatte, vorerst zu Ende, nicht nur wegen Hollande. Auch die Wünsche des neuen italienischen Ministerpräsidenten Mario Monti konnte sie nicht mehr so umstandslos ignorieren wie die Ansinnen des Vorgängers Berlusconi. Schließlich handelte es sich um einen seriösen Fachmann, zu dessen Amtsübernahme sie selbst beigetragen hatte.

Der Pariser Machtwechsel konnte nur vorübergehend vergessen machen, dass die griechischen Probleme abermals außer Kontrolle gerieten. Die beiden ehemaligen Volksparteien, Sozialisten und Konservative, erlebten bei der Wahl am 6. Mai ein Debakel. Sie verloren sage und schreibe 45 Prozentpunkte und kamen gemeinsam nur noch auf ein Drittel der Stimmen. Binnen zehn Tagen scheiterten alle Versuche einer Regierungsbildung, so dass der Staatspräsident abermals Neuwahlen ausschrieb, diesmal für den 17. Juni. Die Nervosität an den Finanzmärkten und in den europäischen Hauptstädten stieg. Sollten die Parteien, die zu einer Kooperation mit den europäischen Institutionen bereit waren, abermals keine Mehrheit erhalten, drohte ein unkontrolliertes Ausscheiden Griechenlands aus dem Euro – mit unabsehbaren Folgen für andere Krisenländer. Die Lage in Ländern wie Italien, Spanien oder Portugal war zu diesem Zeitpunkt zu fragil, als dass sie sich hätten abschirmen können. Manche Beobachter glaubten daher, die neuerliche Wahl in Athen bringe die Gemeinschaftswährung so sehr in Gefahr wie kein Ereignis davor oder danach.[116]

Nach den Turbulenzen des Vorjahrs hatten die beteiligten Institutionen beschlossen, sich auf etwaige Risiken vorzubereiten: Experten von EZB, Euro-Gruppe, EU-Kommission und IWF arbeiteten seit Januar 2012 an einem Notfallplan für das mögliche Ausscheiden der Griechen aus dem Euro. Der «Plan Z» entstand unter größter Geheimhaltung, niemals tauschte die Arbeitsgruppe schriftliche Dokumente aus; auch die Staats- und Regierungschefs kannten das Krisenszenario nicht. Nach außen wurde die Existenz eines «Plan B» stets energisch dementiert. Tatsächlich strebte kein Einziger der Beteiligten ein griechisches Ausscheiden aus dem Euro an. Ganz im Gegenteil hatte der Plan neben der Vorbereitung für den Ernstfall noch eine weitere Funktion: Er sollte intern dokumentieren, wie verheerend die Auswirkungen sein würden. Diese Botschaft verfehlte ihre Wirkung nicht, auch nicht bei der Kanzlerin.

Am Abend des 5. Juni, knapp zwei Wochen vor der Wahl in Griechenland, empfing Merkel den EU-Kommissionspräsidenten José Manuel Barroso im Kanzleramt. Merkel fragte, ob Brüssel für den Ernstfall vorbereitet sei. Der Kommissionspräsident bejahte und bot an, ihr den Plan zu zeigen. Sie entgegnete, sein Wort genüge ihr. Barroso fügte noch hinzu, ein Ausscheiden Griechenlands würde zu einem Desaster führen, aber Samaras werde die Wahl gewinnen. Genau das sei das Problem, entgegnete Merkel: Der konservative Parteifreund verschrotte im Wahlkampf das mit den Institutionen vereinbarte Sanierungsprogramm.[117]

Beide behielten auf ihre Weise recht. Tatsächlich ging Samaras aus der Wahl am 17. Juni als Sieger hervor, die Nea Dimokratia legte zehn Prozentpunkte zu und kam auf knapp 30 Prozent der Stimmen. Gemeinsam mit den zwölf Prozent der sozialdemokratischen Pasok, die immerhin nicht weiter abstürzte, genügte das aufgrund des griechischen Wahlrechts für eine Mehrheit der Parlamentsmandate. Die linke Syriza-Partei des erst 37 Jahre alten Polit-Aufsteigers Alexis Tsipras, die vor der Mai-Wahl noch eine unbedeutende Splittergruppe gewesen war, wuchs zwar auf 27 Prozent der Stimmen an, blieb aber bei der Regierungsbildung außen vor. So wenig das Wahlergebnis ein kraftvolles Bekenntnis zu den Reformprogrammen war, so eindeutig stimmten die Griechen doch für Parteien, die einen Verbleib in der Gemeinschaftswährung befürworteten. Da Merkel das Land nicht aktiv aus der Euro-Zone verstoßen wollte, waren damit die Würfel fürs Erste gefallen.[118]

Am Tag nach der griechischen Wahl begann im mexikanischen Los Cabos das Gipfeltreffen der 20 führenden Industrie- und Schwellenländer. Merkel wählte für ihre Reise sicherheitshalber einen noch knapperen Zeitplan als sonst. Sie blieb in Berlin, bis sie die Athener Wahlergebnisse kannte – was ihr die Gelegenheit bot, sich in ihrer Wohnung am Kupfergraben noch das Europameisterschafts-Vorrundenspiel Deutschlands gegen Dänemark anzuschauen, das die DFB-Mannschaft im ukrainischen Lemberg 2:1 gewann. Erst um Mitternacht flog sie ab. Auch andere hielten sich für den Fall bereit, dass die griechische Wahl zu neuen Turbulenzen führte. EZB-Präsident Mario Draghi verharrte an seinem Schreibtisch in Frankfurt, Euro-Gruppenchef Jean-Claude Juncker in Luxemburg, EU-Währungskommissar Olli Rehn in Brüssel.

Es wirkte einigermaßen bizarr, dass Merkel diese entscheidenden Stunden in einem abgeschirmten Badeort verbrachte, der sonst Gästen aus den Vereinigten Staaten als gehobenes Feriendomizil diente. Aus den Fenstern des Tagungshotels ging der Blick hinaus aufs Meer, wo Patrouillenboote des mexikanischen Militärs das Strandvergnügen in diesen Tagen empfindlich störten. Nach Baden war den beteiligten Staats- und Regierungschefs ohnehin nicht zumute, auch Merkel nicht, die in der Nähe ihrer uckermärkischen Datsche gern in den See sprang.

Die Deutschen gingen fast schon zu Bett, als Merkel am Montag den Präsidenten der Vereinigten Staaten zu einem bilateralen Gespräch traf.[119] Barack Obama präsentierte ihr an diesem 18. Juni 2012 ein Papier, das er zuvor mit dem neuen italienischen Ministerpräsidenten Mario Monti abgestimmt hatte: Wenn die Finanzmärkte gegen ein Euro-Land spekulierten, sollte die EZB automatisch dessen Staatsanleihen kaufen. Abermals hatte der Präsident mit einer europäischen Regierung gegen die deutsche Kanzlerin konspiriert, gut ein halbes Jahr nach dem Eklat von Cannes. Merkel konnte darauf nicht eingehen, die Unabhängigkeit der Notenbank galt in Deutschland als sakrosankt, vor allem in den Regierungsparteien.

Als Obama und Sarkozy die Kanzlerin in Cannes bedrängt hatten, war sie noch in Tränen ausgebrochen, jetzt reagierte sie nur verärgert – so sehr, dass sich Obama umgehend für Rückzug entschied. Er rettete die Situation, indem er seinen Wirtschaftsberater Michael Froman fragte, warum er die anderen Delegationen nicht vorab über das Papier informiert habe. Froman, der später die Verhandlungen über das transatlantische Handelsabkommen TTIP führte, gestand das vermeintliche Versäumnis ein. Damit war der Vorschlag vorerst vom Tisch. Es sollte nur noch zweieinhalb Monate dauern, bis der EZB-Rat am 6. September tatsächlich ein weitreichendes Kaufprogramm für Staatsanleihen beschloss. Aber das beruhte auf einer eigenen Entscheidung der Zentralbank, nicht auf einer politischen Vorgabe der Regierungschefs. Damit war es für Merkel nicht nur akzeptabel, sondern angesichts der kritischen Lage sogar willkommen.

Als die Kanzlerin am Mittwoch wieder in Berlin-Tegel landete, waren die Probleme der Euro-Zone alles andere als gelöst. In der Folgewoche stand ein EU-Gipfel an, sofort im Anschluss wurde im Bundestag über den dauerhaften Rettungsschirm ESM abgestimmt. Im Vorfeld besuchte Merkel am 26. Juni die Fraktionssitzung des Koalitionspartners FDP. Die Abgeordneten fragten nach der Möglichkeit von Euro-Bonds, gemeinsamen europäischen Staatsanleihen also. Merkel sagte, es sei auch in bislang 63 Jahren Bundesrepublik nicht zu gemeinsamen Anleihen der Länder gekommen. Deshalb werde es so etwas auch in Europa nicht geben, und sie fügte hinzu: *Solange ich lebe.*[120] Das wurde sogleich als harsche Absage an ein engeres Zusammenrücken der Europäer interpretiert.

Am 28. Juni, auf dem EU-Gipfel, rang Merkel in einer der mittlerweile üblich gewordenen Brüsseler Abend- und Nachtsitzungen um eine Einigung zur geplanten europäischen Bankenunion. Immer zäher gestalteten sich die Verhandlungen. Erst ließ die Kanzlerin die angekündigte Pressekonferenz absagen, dann das übliche Hintergrundgespräch mit den deutschen Korrespondenten, das sie traditionell zum Abschluss des ersten Gipfeltags gab. Um 4.50 Uhr am Morgen verließ sie übermüdet das Ratsgebäude, in der belgischen Hauptstadt dämmerte schon der neue Tag herauf. Beim Hinausgehen sprach sie nur ein paar knappe Worte in die Fernsehkameras: Alles, was beschlossen wurde, bleibe *im Rahmen unserer Methoden.*[121] Nichts Neues also.

Die Öffentlichkeitsarbeit übernahmen andere. Der französische Präsident Hollande ließ auf seiner Pressekonferenz wissen, man habe sich auf Sofortmaßnahmen für Spanien und Italien geeinigt. Der italienische Ministerpräsident Mario Monti sprach von einer Vertiefung der Währungsunion: Er sehe schon Euro-Bonds am Horizont aufscheinen. All das klang nach einem gewaltigen Rückzieher der Deutschen. Berliner Regierungskreise dementierten sofort, auch die Kanzlerin widersprach, allerdings erst am Freitagmittag auf ihrer Presskonferenz zum Abschluss des zweiten Gipfeltages. Da hatte sich das Bild von einer Niederlage der deutschen Kanzlerin längst durchgesetzt.

Dabei trug der Beschluss durchaus Züge eines fairen Kompromisses. Von Eurobonds stand in den Beschlüssen nichts. Angela Merkel lernte aus dieser Erfahrung. Nie wieder verließ sie am ersten Abend eines Brüsseler Gipfels das Ratsgebäude ohne eine Pressekonferenz, wie müde sie sein mochte. Die gewohnten Hintergrundgespräche fielen dem neuen Prinzip zum Opfer. Je weiter ihre Regierungszeit voranschritt, desto weniger ließ Merkel solche Blicke hinter die Kulissen zu.

Nur kurz konnte die Kanzlerin in ihrem angestammten Brüsseler Hotel Amigo ausruhen, nach wenigen Stunden ging der Gipfel am Freitagmorgen weiter. Am frühen Nachmittag flog sie nach Berlin zurück. Gegen 16.30 Uhr traf sie im Reichstagsgebäude ein, um vor der Abstimmung über ESM und Fiskalpakt zunächst die Koalitionsfraktionen zu besuchen. Um 17.45 Uhr begann eine völlig übermüdete Kanzlerin ihre 20-minütige Regierungserklärung. Sie argumentierte aus der Defensive heraus: Die Brüsseler Beschlüsse zu den Banken seien an strikte Bedingungen geknüpft, auch wenn *durch die Kommunikation heute leider* Zweifel erzeugt worden seien.[122]

Der körperlichen Erschöpfung Merkels entsprach die politische Ermattung, die im Abstimmungsergebnis zum Ausdruck kam: Die Koalition verfehlte knapp die symbolisch wichtige Kanzlermehrheit, also die absolute Mehrheit der Mandate. Das zeigte, wie geschwächt die Position der Kanzlerin war – auch wenn das Ergebnis politisch folgenlos blieb, weil die beiden europafreundlichen Oppositionsparteien SPD und Bündnis 90/Die Grünen fast geschlossen für den ESM stimmten. In wichtigen Fragen konnte Merkel zunehmend auf wechselnde Mehrheiten setzen, auch wenn sie das nie bewusst anstrebte: Die Entwicklung hatte schon mit den ersten Euro-Beschlüssen und mit dem Atomausstieg begonnen, und sie sollte sich 2015 in der Flüchtlingsfrage fortsetzen.

Griechische Lösung

Für Merkel zeichnete sich immer deutlicher ab, dass das politische Improvisieren in der Euro-Krise an ein Ende gelangte, wegen der neuen Kräfteverhältnisse in Europa wie aus innenpolitischen Gründen. Das galt umso mehr, als der Termin der nächsten Bundestagswahl im Herbst des kommenden Jahres unaufhaltsam heranrückte. Einen wichtigen Schritt hatten die Regierungschefs mit der Errichtung des ESM getan. Aber die griechische Frage blieb offen, da das Land durch die beiden Wahlkämpfe des Jahres die angestrebten Haushaltsziele verfehlt hatte. Merkel beriet sich den Sommer über mit vielen politischen und ökonomischen Kapazitäten aus ganz Europa und darüber hinaus. An Versuchen der Einflussnahme fehlte es nicht. Ende Juli besuchte der Washingtoner Finanzminister Timothy Geithner seinen deutschen Amtskollegen Schäuble in dessen Urlaubsquartier auf der Insel Sylt. Er wollte ihm die Zustimmung zu einer Politik des lockereren Geldes abringen, mit der die Vereinigten Staaten bislang noch jeden Wirtschaftseinbruch abgefedert hatten. Schäuble entgegnete, dass der Weg zu einer enger integrierten Fiskalunion nur über den Ausschluss Griechenlands führe. Als Geithner abreiste, war er besorgter denn je.[123]

Ähnlichen Druck übte die ökonomische Großmacht im Osten aus. Im Vorfeld der deutsch-chinesischen Regierungskonsultationen, zu denen Merkel Ende August nach Peking flog, sandte die dortige Regierung deutliche Signale nach Berlin. China hatte die Einführung der europäischen Gemeinschaftswährung von Beginn an begrüßt, weil das Land seine einseitige Abhängigkeit von den Vereinigten Staaten reduzieren wollte. Auch in der Euro-Krise wich die Pekinger Führung von dieser Linie nicht ab, sie kaufte südeuropäische Staatsanleihen und half, die Spekulation einzudämmen. Der Investor George Soros ging sogar schon 2010 so weit zu sagen, die Volksrepublik habe mit ihren Käufen den Euro gerettet.[124] Nun erklärte die chinesische Regierung den Umgang mit Griechenland zum Testfall: Sie machte der Bundesregierung klar, dass sie ein Ausscheiden Griechenlands aus dem Euro als «message of failure» ansehen werde, als eine deutliche Botschaft also, dass die Gemeinschaftswährung gescheitert sei.[125]

Merkels Umfeld konfrontierte die Kanzlerin mit zwei Theorien. Die eine handelte vom «infizierten Bein»: Man müsse Griechenland amputieren, damit der Rest der Euro-Zone gesunde. Dieser Idee neigte Finanzminister Schäuble zu. Dagegen stand die «Dominotheorie»: Wenn Griechenland falle, würden andere Krisenländer mitgerissen, womöglich selbst Schwergewichte wie Italien oder gar Frankreich. Der Euro wäre am Ende, mit schwerwiegenden Folgen für Finanzmärkte und Wirtschaft, schließlich auch für die politische Stabilität. Daran glaubten nicht nur Washington und Peking, sondern auch die Mitglieder des EZB-Direktoriums.

Am 25. Juli 2012 besuchte Merkel wie üblich die Eröffnungspremiere der Bayreuther Festspiele. Selbst seriöse Medien notierten mit kritischem Ton, dass sie dasselbe Kleid trug wie einige Jahre zuvor.[126] Vier Tage später traf sie in ihrem Südtiroler Urlaubsquartier ein. Nicht zum ersten Mal nutzte sie den räumlichen Abstand, um zu einer jener Entscheidungen zu kommen, die sie mit sich allein auszumachen pflegte. Der britische *Economist* illustrierte das Dilemma in seiner Ausgabe vom 11. August. Das Titelbild zeigte eine grübelnde Kanzlerin über einer Mappe mit der Aufschrift «Wie man den Euro zerbricht». Die Schlagzeile lautete: «In Versuchung, Angela?» Trotz der reißerischen Aufmachung kam die Redaktion zu dem Ergebnis, «Rettung wäre billiger als der Zusammenbruch». Dabei seien die politischen Kosten einer neuen «Balkan-Hölle» in der Rechnung noch gar nicht enthalten. Weil ein Bruch der Gemeinschaftswährung nicht im deutschen Interesse liege, werde die Kanzlerin ihn am Ende verhindern.[127]

Die Würfel waren schon gefallen, als die Ausgabe des *Economist* erschien. Mitte August kehrte Merkel aus Südtirol nach Berlin zurück. Intern wurde sie deutlicher. In einer Runde mit Beratern erklärte sie zu den Folgen eines griechischen Ausscheidens aus dem Euro: *Ihr sagt alle: sorry, am Ende wissen wir es nicht. Wenn ihr es nicht wisst, dann werde ich das Risiko nicht eingehen.*[128] Und einen weiteren Leitgedanken ihrer Politik sprach Merkel in kleiner Runde aus: *Ich bin eine Pragmatikerin und eine Freundin des Schäubleschen Denkens, das besagt, man soll die Sachen vom Ende her denken und nicht von der momentanen Popularität her. Entscheidend ist nicht, was heute in der Presse steht, sondern wie die Menschen in zwei Jahren darüber denken werden.*[129] Mit anderen Worten: Sich heute für eine harte Linie gegenüber Griechenland beklatschen zu lassen und später abgewählt zu werden, weil die Deutschen im Währungschaos ihre Ersparnisse verlieren – eine solche Politik ergäbe noch nicht einmal wahltaktisch einen Sinn.

Äußere Rahmenbedingungen erleichterten Merkels Einlenken. Dazu zählte auch das Agieren der Europäischen Zentralbank. Schon am 26. Juli, zu Beginn der Urlaubszeit, hatte EZB-Präsident Draghi die Märkte mit einem einzigen Satz beruhigt. «Im Rahmen unseres Mandats ist die EZB bereit zu tun, was immer nötig ist, um den Euro zu erhalten», hatte er auf einer Investorenkonferenz in London gesagt.[130] Was immer nötig ist, «whatever it takes»: Stärker ließ sich das Bekenntnis zum Euro nicht formulieren, und tatsächlich gingen die Zinsaufschläge für südeuropäische Staatsanleihen sogleich zurück. Damit war vorläufig ein Ausweg gefunden, der weitere Hilfspakete überflüssig machte.

Weil die Zentralbank in eigener Machtvollkommenheit handelte und den Schritt mit dem Mandat der Währungsstabilität begründete, konnte Merkel das Vorgehen stillschweigend billigen. Nach allem, was man weiß, gab es keinen förmlichen Deal. Draghi hatte aber sachte vorgefühlt, was für die Kanzlerin akzeptabel sein könnte. Bei seinen Gesprächen mit den europäischen Regierungen, so beschrieb es ein Mitarbeiter, sei es zugegangen wie unter Jesuiten: Wichtig sei nicht gewesen, was die Beteiligten sagten, sondern was sie nicht sagten, wogegen sie also keinen Protest erhoben.[131] Der Charme dieser Lösung lag darin, dass sich die Politik nicht unmittelbar einzumischen brauchte, anders als es Franzosen und Italiener mit amerikanischer Unterstützung in Cannes und Los Cabos von der deutschen Regierungschefin verlangt hatten.

Im September wies schließlich das Bundesverfassungsgericht die Eilanträge gegen die Ratifizierung des ESM-Vertrags ab. Der dauerhafte Rettungsschirm konnte damit seine Arbeit aufnehmen, ein weiteres Hindernis bei der Stabilisierung der Euro-Zone entfiel.

Zielgerichtet setzte Merkel symbolpolitische Signale, statt den Kurswechsel offiziell zu verkünden. Am 26. September sprach sie auf einer Feier zum 70. Geburtstag von Wolfgang Schäuble, zu der die Unionsfraktion ins Deutsche Theater lud. Der Schauspieler Ulrich Matthes las Schillers «Bürgschaft» und Kurt Tucholskys Hymne auf die Stadt Berlin, die Schäuble mit seiner Bundestagsrede von 1991 zum Regierungssitz gemacht hatte. Die spätere EZB-Präsidentin Christine Lagarde, jetzt Chefin des Internationalen Währungsfonds und als frühere französische Finanzministerin dem Politiker aus Baden eng verbunden, lobte den Ex-Kollegen mit viel Überschwang. Dann redete Merkel: *Europa, das wissen wir alle, tragen Sie im Herzen.*[132] Für ihre Verhältnisse legte sie damit ein deutliches Bekenntnis ab. Sie betonte den Vorrang des europäischen Einigungswerks und schwenkte in dieser Hinsicht auf den Kurs ihres Finanzministers ein. Damit überwanden die beiden ihren Streit von 2010, als Schäuble zu Beginn der Schuldenkrise für eine entschlossene europäische Lösung eingetreten war, während die Regierungschefin erst gezögert und dann die Beteiligung des IWF erzwungen hatte; in Bezug auf Griechenland waren Schäubles Sympathien allerdings rasch geschwunden.

Zum Zeichen der Versöhnung hatte die Kanzlerin dem Jubilar schon zuvor, nach ihrer «keine Abenteuer»-Rede, einen ungewöhnlichen Vorschlag gemacht. Schäubles Ehefrau hatte ihr vom dem erfolgreichen Film *Ziemlich beste Freunde* berichtet, der auf unbefangene Weise von einem Querschnittgelähmten und seinem Pfleger erzählt, und sie hatte auch erwähnt, dass Wolfgang Schäuble aus Zeitmangel den Film noch nicht gesehen hatte. Merkel verstand sofort und lud ihren wichtigsten Minister ins Kino ein. *Oder ist das jetzt blöd?*, fragte sie ihn zögernd. Worauf Schäuble erwiderte: «Ha, warum sollen wir eigentlich nicht ins Kino gehen?» So besuchten die beiden im Frühjahr 2012 ein Kino nahe des Alexanderplatzes. Sie redeten nicht viel, weil sie sich anschließend im Restaurant noch ein Fußballspiel ansahen. Die Geste genügte.[133]

Am Tag nach Schäubles Geburtstagsfeier folgte eine noch erstaunlichere Versöhnung. Im Lichthof des Deutschen Historischen Museums organisierte die Konrad-Adenauer-Stiftung einen Festakt zum 30-jährigen Jahrestag von Helmut Kohls Machtübernahme 1982. Den 25. Jahrestag hatte Merkel 2007 unbeachtet verstreichen lassen. Diesmal passte der

Termin der Kanzlerin ins Programm, sie hatte sich in Kohls Sinn entschieden: Griechenland sollte im Euro bleiben. Wie hätte sie die neue Linie gegenüber den konservativen Kritikern besser absichern können als mit Hilfe des Altbundeskanzlers? Merkel lobte *Helmut Kohls pro-europäische Haltung*, der Jubilar revanchierte sich: «Es lebe Europa!»[134]

Zwei Wochen später, am 9. Oktober, flog Merkel zum ersten Mal seit Beginn der Krise nach Athen. Sie besuchte ihren konservativen Amtskollegen Samaras, der mittlerweile die Fortführung der Sparprogramme akzeptierte. Lange hatten die Berater der deutschen Kanzlerin über den richtigen Zeitpunkt für eine solche Reise nachgedacht. Merkel sorgte für Bilder, die sie zuvor vermieden hatte. Jetzt galten sie ihr als erwünscht. Im Flugzeug bekannte sie sich vor mitreisenden Journalisten zur Dominotheorie, wonach ein Ausscheiden Griechenlands den Euro als Ganzes gefährden könne, und sie zeigte sich als entschiedene Gegnerin der Hypothese vom infizierten Bein, das es nur abzutrennen gelte, damit der übrige Währungsraum gesunde. Wenn einem ständig der Fuß wehtue, sagte sie, könne man eine Amputation leicht für *die beste Lösung* halten. Das sei fast immer ein Trugschluss: Weder könne man hinterher besser laufen, noch werde man schmerzfrei leben.[135]

Den Kurswechsel, den Merkel vollzog, begleitete ein bemerkenswert plötzlicher Meinungsumschwung in der deutschen Öffentlichkeit. Im ZDF-Politbarometer vom Oktober 2012 befürwortete nun eine knappe Mehrheit von 46 Prozent der Befragten einen Verbleib Griechenlands in der Währungsunion. 45 Prozent sprachen sich dagegen aus. Zwei Monate zuvor hatte das Verhältnis noch bei 61 zu 31 Prozent zugunsten eines Ausscheidens gelegen.[136] Nur gut ein Jahr war seit der umstrittenen Abstimmung über die Erweiterung des provisorischen Rettungsschirms EFSF im Sommer 2011 vergangen, dem Höhepunkt der Euro-Skepsis in der Bundesrepublik. Jetzt glaubte nach einer Allensbach-Umfrage bloß noch eine Minderheit von 21 Prozent der Deutschen, dass die Mitgliedschaft in der Europäischen Union ihrem Land vor allem Nachteile bringe.[137] Auch Bundestagsabgeordnete der Koalition verzeichneten einen starken Rückgang von Protestmails aus der Bevölkerung. Schon im Spätsommer war aus Merkels Umgebung zu hören, die Euro-Krise solle vor Beginn des Bundestagswahljahrs 2013 aus dem Blick der Öffentlichkeit rücken. Das war weitgehend gelungen.

2. Euro (2010–2013)

Alternative für Deutschland

Die Gründung einer Anti-Euro-Partei konnte Merkel gleichwohl nicht verhindern. Am 6. Februar 2013 trafen sich im Gemeindesaal der Christuskirche in Oberursel 18 Männer, um den fünf Monate alten «Verein zur Unterstützung der Wahlalternative 2013» in eine Partei umzuwandeln. Als Sprecher hatte sich Bernd Lucke etabliert, ein bis dahin weithin unbekannter Professor der Volkswirtschaft an der Hamburger Universität, der mit Frau und fünf Kindern ein Reihenhaus in Winsen an der Luhe bewohnte. Luckes Vorschlag, die neue Partei «Alternative für Deutschland und Europa (ADE)» zu nennen, fand keine Mehrheit. Nach Beschwerden seiner Mitstreiter musste er ihn in «Alternative für Deutschland (AfD)» ändern.[138]

Schon in der Namensdebatte zeigte sich also ein nationalistischer Ton, der auch beim anfänglichen Kernthema der Partei stets mitschwang: der Fundamentalkritik am Euro. Als die AfD im April ihren ersten Parteitag abhielt, formulierte sie in einem äußerst knapp gehaltenen Wahlprogramm als zentrale Forderung «die geordnete Auflösung des Euro-Währungsgebietes».[139]

Die AfD richtete sich von Anfang an nicht nur gegen eine bestimmte Politik, sondern vor allem auch gegen die Person, die sie verkörperte: gegen Angela Merkel. Bereits der Name der neuen Gruppierung spielte auf das Wort der Bundeskanzlerin vom Frühjahr 2010 an, das Hilfsprogramm für Griechenland sei *alternativlos*. Schon lange hatten Wirtschaftsliberale und Nationalkonservative die CDU-Vorsitzende zu einer Lieblingsfeindin erkoren. Die einen warfen ihr die angebliche «Sozialdemokratisierung» der Partei vor, die anderen stießen sich beispielsweise daran, dass Merkel schon 2010 ihren Regierungssprecher verkünden ließ, die islamophoben Thesen des Bestsellerautors Thilo Sarrazin seien für die Integrationsdebatte «überhaupt nicht hilfreich».[140] Die Kanzlerin galt in diesen Kreisen als die Frau, die den deutschen Konservatismus verraten hatte, während das moderate Spektrum eher mit gelassenem Wohlwollen auf sie schaute.

Die Wut der Merkel-Hasser richtete sich gegen eine Politik, die angeblich «rote Linien» überschritt, das Land oder den ganzen Kontinent ruinierte. Erschwerend kam hinzu, dass keine der etablierten politischen Kräfte gegen Merkels Entscheidungen opponierte. Weil die Oppositionsparteien SPD und Grüne die europäische Integration als Teil der deutschen Staatsräson ansahen, stimmten sie in den meisten Fällen den Bürgschaften für überschuldete Mitgliedstaaten zu. Beide hatten sie um ihr Ja zur Westbindung zu lange gerungen, um diese Grundsatzentscheidung für einen kurzfristigen Effekt in Frage zu stellen.

Anfangs kamen in der AfD zwei Grundströmungen zusammen. Die einen, etwa der Publizist Konrad Adam oder der frühere CDU-Politiker Alexander Gauland, argumentierten eher nationalkonservativ und sahen in Merkel die Politikerin, die hergebrachte Vorstellungen über Nation oder Familie verriet. Die anderen, neben Lucke der frühere BDI-Präsident Hans-Olaf Henkel oder der Tübinger Wirtschaftsprofessor Joachim Starbatty, fuhren vordergründig vor allem ökonomisches Geschütz gegen die Kanzlerin auf. Viele von ihnen hatten die Einführung des Euro von Anfang an kritisiert. Sie warnten vor einer «Transfer-Union» mit Finanzströmen von Nord nach Süd. Für ein heterogenes Gebilde wie den Euro-Raum sei eine gemeinsame Geldpolitik gar nicht möglich. Allerdings ging auch diese Fraktion von der Prämisse aus, allein der im 19. Jahrhundert gegründete Nationalstaat sei der legitime Rahmen allen Wirtschaftens; insofern war die spätere Entwicklung der Partei im Denken ihrer Gründer schon angelegt.[141]

In der breiteren Öffentlichkeit verfingen die rein ökonomischen Argumente ohnehin kaum. Die Fünf-Prozent-Hürde überschritt die AfD erst, als sie offen ans nationale Ressentiment appellierte. Deshalb nahmen es die Parteigründer um Lucke zumindest billigend in Kauf, wenn ihr angebliches Plädoyer für «ein anderes Europa» als Stellungnahme «gegen Europa» verstanden wurde. Ohne die seriöse Aura der Professoren hätte eine Partei rechts der Union vermutlich nicht entstehen können. So wurden sie zu Geburtshelfern einer politischen Bewegung, die ihnen immer mehr entglitt.

Bei der Bundestagswahl im September 2013 ging Merkels Kalkül noch auf: Die Beruhigung der Euro-Krise trug dazu bei, dass die neue Formation knapp an der Fünf-Prozent-Hürde scheiterte. Dann half der AfD allerdings der Zufall des Wahlkalenders: Ein Jahr danach, im Spätsommer 2014, standen auf einen Schlag drei ostdeutsche Landtagswahlen an. In Brandenburg, Sachsen und Thüringen erhielt die Partei auf Anhieb um die zehn Prozent der Stimmen. Das bedeutete bereits im Jahr vor der Flüchtlingsdebatte den politischen Durchbruch. Hier sammelte die AfD ein Protestpotenzial ein, das sich aus vielen Quellen speiste. Anders als

Merkels parteiinterne Kritiker behaupteten, setzte es sich nicht in erster Linie aus früheren Anhängern der CDU zusammen. In Brandenburg etwa hatten von den 88 000 AfD-Wählern den Analysen zufolge nur 18 000 zuvor für die Christdemokraten gestimmt. Die Übrigen wechselten von Linkspartei, FDP, SPD, DVU oder dem Lager der Nichtwähler. Nur die Grünen, die gesellschaftspolitisch den größtmöglichen Gegenpol zur AfD markierten, blieben gegen Abwanderung immun.[142] Obwohl sich unter den Funktionären der neuen Partei einige frühere CDU-Mitglieder einreihten, war sie doch etwas grundlegend anderes als eine Rechtsabspaltung der Union.

Die Sorgen, die sich westdeutsche Linksliberale angesichts der Wiedervereinigung um die demokratische Kultur des Landes gemacht hatten, schienen sich mit der Verzögerung eines Vierteljahrhunderts zu bestätigen, zumal sich in den übrigen Ländern Ostmitteleuropas ähnliche Tendenzen abzeichneten. Die Auseinandersetzung mit diesem Phänomen prägte die Spätphase von Merkels Regierungszeit.

Zwischenbilanz Euro

Die Gründung der AfD änderte nichts daran, dass die akute Phase der Euro-Krise spätestens seit dem Herbst 2012 vorüber war. Die Frage ist, ob man dieses Ergebnis nicht früher und zu geringeren Kosten hätte haben können. Was wäre geschehen, wenn Merkel bereits im Frühjahr 2010 dem Drängen des französischen Präsidenten Sarkozy oder ihres Vor-Vorgängers Kohl nachgegeben und umfangreichen Hilfen für Griechenland zugestimmt hätte? Hätten dann weitere Euro-Staaten gar nicht erst das Vertrauen der Investoren verloren, vor allem nicht Italien mit seiner beträchtlichen Wirtschaftskraft oder Spanien mit seiner damals noch recht geringen Staatsverschuldung? Hatte der von Merkel initiierte Schuldenschnitt für Griechenland die Panik an den Märkten erst richtig befeuert? Wäre es bei einer anderen deutschen Politik gar nicht zu einem Euro-Drama gekommen und zur gesellschaftlichen Großkrise in Südeuropa?

Es war ein gewichtiger Vorwurf, dass Merkel die Krise auf dem Kontinent noch angeheizt hatte, der gewichtigste, den man ihr in der bisherigen Amtszeit machen konnte. Das Thema beschäftigte die Europafreunde in der Union. Der einzige CDU-Politiker, der darüber offen sprach, war der von Merkel entlassene Umweltminister Norbert Röttgen. «Wenn wir so das Signal gegeben hätten, dass die EU zusammensteht, wäre eine Vertrauenskrise gar nicht erst entstanden», sagte er Ende 2012, als sich die Krise einigermaßen beruhigt hatte. «Mit dem Wissen von heute spricht einiges dafür, dass dieses Signal seine Wirkung nicht verfehlt hätte.» Der Ex-Minister fügte hinzu: «Wer das damals schon gesagt hat, und zu denen gehöre ich nicht, darf die damalige Haltung der Bundesregierung heute kritisieren.»[143]

Ähnlich ließ sich der polnische Außenminister Radosław Sikorski vernehmen. Er stand als Mitglied der wirtschaftsliberalen polnischen Bürgerplattform nicht im Verdacht, einer grenzenlosen Schuldenmacherei das Wort reden zu wollen. «Das Dringen Berlins auf Einsparungen und Reformen ist verständlich, aber wenn der Druck zu groß ist, dann würgt das das Wirtschaftswachstum ab», sagte er im Herbst 2012. «Gerade hier sind sehr schwere Fehler gemacht worden. Zum Beispiel in den ersten Hilfspaketen für Griechenland wurden sehr tiefe Einschnitte erzwungen im Austausch für Darlehen zu einem sehr hohen Prozentsatz. Die Reparatur dieser Fehler wird Europa ziemlich viel kosten.»[144] Schon im Jahr zuvor hatte Sikorski in einer Rede geäußert, deutsche Macht fürchte er weniger als deutsche Untätigkeit – und damit auf die Debatte um die Bundesrepublik als widerstrebenden Hegemon angespielt, der seine Rolle in Europa nicht ausfülle.[145]

Die Fragen lassen sich im Nachhinein schwer beantworten. Wirtschaftspolitisch «alternativlos» war Merkels Kurs womöglich nicht. Das Wort benutzte die Kanzlerin ohnehin viel zurückhaltender als ihr Vorgänger, der «Basta»-Politiker Gerhard Schröder. 2004 nannte sie die auf dem Leipziger Parteitag beschlossene Kopfpauschale für die Krankenversicherung *alternativlos*, 2007 verwendete sie den Begriff für den europäischen Einigungsprozess. Im Februar 2009 sagte sie dann über die Enteignung von Aktionären der Krisenbank HRE: *Wir haben das sorgfältig abgewogen. Ich halte dieses Vorgehen für alternativlos.* Letztmals formulierte sie zu den ersten Griechenland-Hilfen Anfang Mai 2010 vor dem Bundestag: *Die zu beschließenden Hilfen für Griechenland sind alternativlos, um die Finanzstabilität des Euro-Gebietes zu sichern.* Schon zwei Wochen später schwächte sie die Formulierung in der Regierungserklärung zum provisorischen Hilfsfonds EFSF ab. *Deshalb gab es zur Sicherung der Stabilität des gesamten Euro-Raums keine vernünftige Alternative.*[146]

Die Europaausgabe des US-Magazins *Time* nahm die Kanzlerin un-

2. Euro (2010–2013)

mittelbar nach dem Juni-Gipfel zur Bankenunion in Schutz. «Warum es alle lieben, Angela Merkel zu hassen – und warum alle falsch liegen», lautete der Titel. Im Text hieß es dann: «Sie hat gute Gründe für ihren Widerstand gegen große Pläne und die Akzeptanz kleinerer Bewegungen.»[147] Die linksliberale römische Zeitung *La Repubblica* kommentierte im August den sich abzeichnenden Kurswechsel geradezu euphorisch. «Ist das nun eine Verwandlung von der Patriotin zur Europäerin? Oder ist es die Anpassung an den ‹Zeitgeist›, mit Hollande und Monti anstelle von Sarkozy und Berlusconi?», fragte das Blatt, um die Antwort gleich selbst zu geben: «Wahrscheinlich von beidem etwas. Nicht erst seit gestern zeigt Angela Merkel einen Charakter, der fähig ist zur Wende und zu gewagten Sprüngen.»[148]

Bei allen Kosten, die Merkels Kurs ökonomisch verursacht haben mochte: Politisch bleibt es erstaunlich, wie sie die zeitweise sehr widerstrebenden Deutschen an die Politik der Euro-Rettung heranführte, bis sie im günstigen Augenblick unter das Thema einen vorläufigen Schlusspunkt setzte. Die Kanzlerin selbst äußerte im Gespräch mit dem Kommissionspräsidenten Barroso einmal, sie könne den jeweils nächsten Schritt mit Blick auf die heimischen Europaskeptiker immer erst dann gehen, wenn er sich als Ultima Ratio darstellen lasse.[149] So gewöhnte sie ihre Landsleute ganz langsam an die neue Realität.

Mehr noch als über Merkel sagt das etwas über die Deutschen aus, deren Haltung zu Europa stets viel ambivalenter war, als es Umfragewerte verrieten. Sie teilten sich nicht in zwei scharf geschiedene Lager, in Umfragen zeigten sich viele Bundesbürger selbst hin- und hergerissen. So gaben 54 Prozent der Befragten im ARD-Deutschlandtrend vom Juli 2012 an, sie könnten sich eine gemeinsame Haftung für die Schulden aller Euro-Staaten vorstellen. Vier von fünf Befürwortern knüpften das aber an klare Regeln. Das hätte letztlich mehr Kompetenzen für die EU bedeutet, was eine Mehrheit der Deutschen aber ablehnte, wenn man sie explizit danach fragte. Wahrscheinlich war es so, wie der Demoskop Matthias Jung vermutete: Die Deutschen mochten mit den Einzelheiten am liebsten nicht behelligt werden. Sie wollten ihre Währung behalten und die Bewohner der Krisenländer nicht leiden sehen, aber kosten sollte es möglichst nichts. Das schuf Raum für politische Führung, den Merkel allerdings nur bedingt ausfüllte – oder vielleicht auch nur bedingt ausfüllen wollte.[150]

Zu Hause ein wankelmütiges Volk, eine erodierende Koalition und eine nach Prestigegewinn strebende Opposition, in den europäischen Hauptstädten auftrumpfende Kollegen und in Washington ein drängender Präsident Obama, dazu die Experten, die sich um den richtigen Kurs zur Krisenbewältigung stritten: Immer wieder sah es so aus, als könnten der Kanzlerin die Fäden entgleiten.

Doch während die Krise in anderen europäischen Ländern von den Niederlanden bis Griechenland zahlreiche Regierungen zu Fall brachte, hielt sich die Mehrheit der Deutschen in schwierigen Situationen lieber ans Bewährte. Das lag nicht nur daran, dass das Land während der Turbulenzen um den Euro wirtschaftlich geradezu erblühte, sondern auch an tief sitzenden Ängsten, aus denen ein großes Bedürfnis nach Sicherheit erwuchs.[151] Deshalb stieg ausgerechnet der Zeit der Euro-Wende die Popularität der Kanzlerin auf neue Höhen, nachdem sie während der beiden zurückliegenden schwarz-gelben Regierungsjahre auf die tiefsten Werte ihrer gesamten Regierungszeit gesunken war. Schon im Sommer 2012 hatten sich 66 Prozent der Deutschen mit Merkels politischer Arbeit zufrieden gezeigt, so viele wie seit der Bundestagswahl 2009 nicht mehr. Auch 60 Prozent der Grünen-Wähler und immerhin noch 50 Prozent der SPD-Wähler fanden Merkels Krisenkurs gut.[152]

Auf dem CDU-Parteitag Anfang Dezember in Hannover, der die Christdemokraten bereits aufs Wahljahr einstimmen sollte, spielte das Thema nur noch eine untergeordnete Rolle. Die Parteivorsitzende befasste sich damit erst spät in ihrer Rede. *Ich könnte es mir jetzt leicht machen. Ich könnte sagen: Im Grunde ist der Euro doch gerettet, jedenfalls so gut wie.* Damit sprach sie aus, was im Land wohl viele dachten, um dann fortzufahren: *Doch ich sage hier ausdrücklich: Wir sollten vorsichtig bleiben.*[153] So hielt sie vor allem sich selbst auf der sicheren Seite. Zugleich deutete sie an, dass die Deutschen eine bewährte Krisenkanzlerin noch über den Wahltermin im September 2013 hinaus brauchen könnten. Auch deshalb wies sie ihr Volk gelegentlich auf die weiter bestehenden Risiken hin. Die sozialdemokratische Opposition mied dagegen das Europathema. Die Kanzlerin erschien ihr auf diesem Feld als unangreifbar, auch weil sich die SPD staatstragend verhalten und ihrer Politik an entscheidenden Punkten zugestimmt hatte.

Für einen kurzen Moment sah es sogar danach aus, als wolle Merkel das tun, was sie im Frühjahr 2010 vermieden hatte: die Gunst der Krise nutzen, um die europäische Einigung ein gutes Stück voranzubringen. Ungewohnt pathetisch bekannte sie sich Anfang November vor dem

2. Euro (2010–2013)

Europaparlament zu einer engeren Integration. *Ich setze mich dafür ein, dass wir im Dezember einen ehrgeizigen Fahrplan für eine erneuerte Wirtschafts- und Währungsunion beschließen. Ich bin dafür, dass eines Tages die Kommission so etwas ist wie eine europäische Regierung. Ich bin dafür, dass der Rat so etwas ist wie eine zweite Kammer. Ich bin dafür, dass das europäische Parlament für die europäischen Zuständigkeiten eintritt. Anders wird es nach meiner Auffassung auf die lange Strecke gar nicht gehen.*[154] Das war geradezu ein Bekenntnis, die Europäische Union langfristig vom Staatenbund zu einem Bundesstaat umzubauen, also jene «Vereinigten Staaten von Europa» zu schaffen, die Merkels Ministerin Ursula von der Leyen schon im Vorjahr gefordert hatte.[155]

Bis zum Brüsseler Dezembergipfel sechs Wochen später blieb von diesen Ideen nichts übrig. Abermals vollzog Merkel eine Kehrtwende, und ein weiteres Mal äußerte sie sich dazu nicht öffentlich.[156] Im Vorfeld des Gipfels hatte sich gezeigt, dass der Weg zu einer engeren Integration schwieriger sein würde als gedacht – und dass er mit neuen finanziellen Ansprüchen vor allem der Franzosen gepflastert wäre. Damit wollte Merkel die Deutschen vor der Wahl nicht belasten.

So entstand eine paradoxe Situation. Zwar predigte Merkel, dass die Welt nicht schlafe, dass Europa dringend Reformen brauche, dass sie mithalten müssten im globalen Wettbewerb. Wenn es jedoch um konkrete Veränderungen im eigenen Land ging, tat sie nichts. Mehr noch: Ihre hohen Sympathiewerte waren nicht zuletzt dem Umstand geschuldet, dass sie den Deutschen nicht bloß alle Zumutungen vom Leib hielt, sondern im Grunde jede Art von Beunruhigung. Auch zwei Jahrzehnte nach dem Fall des Eisernen Vorhangs dominierte noch immer das alte Sicherheitsdenken die Perspektive der Westdeutschen. Das hatte die Physikerin, die ihre politische Karriere im Systembruch von 1989/90 begann, spät begriffen, dafür aber umso mehr verinnerlicht. Darüber wurde sie zur Konservativen.

3. Ukraine (2013–2015)

Vor dem Triumph

Die Frau, die 2005 gegen alle Wahrscheinlichkeit ins Kanzleramt gelangt war, stand mittlerweile in ihrem achten Amtsjahr. Ihre Regierungszeit dauerte bereits länger, als irgendjemand zu Beginn vermutet hätte. Gleichwohl stand früh fest, dass sie bei der Bundestagswahl 2013 abermals als Kanzlerkandidatin der Union in den Wahlkampf ziehen würde. Bemerkenswert beiläufig hatte sie das schon im Sommer 2011 durchblicken lassen, als sie in einem Fernsehinterview über das Führungsproblem der oppositionellen Sozialdemokraten lästerte. *Also, ich hoffe doch, dass ich einen Gegenkandidaten von der SPD bekomme zur nächsten Bundestagswahl*, sagte sie – und setzte stillschweigend voraus, dass sie als Kandidatin bereits gesetzt sei.[1]

Was den Gegenkandidaten von der SPD betraf, so hatte die Kanzlerin mit ihrer spöttischen Bemerkung einen Punkt getroffen. Als Anwärter galten zunächst der SPD-Vorsitzende Sigmar Gabriel und der vormalige Außenminister Frank-Walter Steinmeier. Beiden fehlte zum damaligen Zeitpunkt der Wille. Gabriel haderte mit seiner geringen Popularität, Steinmeier wollte nicht zum zweiten Mal eine fast sichere Niederlage auf sich nehmen. In dieser Lage kehrte auf einmal ein politischer Ruheständler durch einen Bestsellererfolg unerwartet in die politische Arena zurück: Peer Steinbrück, der anerkannte Finanzminister des Krisenjahrs 2008, lieferte in seinem Buch *Unterm Strich* eine Abrechnung mit der eigenen Partei, für die ihn das Publikum bejubelte. Teils berauschte er sich selbst an der Perspektive einer Kanzlerkandidatur, teils wurde ihm die Rolle zugeschrieben. Vom früheren Bundeskanzler Helmut Schmidt ließ er sich in einem Doppelinterview für den *Spiegel* die höheren Weihen erteilen: «Er kann es», lautete die Schlagzeile.[2]

Nachdem Informationen über Gabriels Unlust in die Öffentlichkeit gesickert waren und sich das Umfragehoch der SPD nach Merkels erfolgreicher Griechenland-Wende vollends verflüchtigt hatte, bekam die Kanzlerin früher als angekündigt den erwarteten Gegenkandidaten. Schon Ende September 2012, ein Jahr vor der Wahl, riefen die Sozialdemokraten Steinbrück überstürzt zum Merkel-Herausforderer aus.[3] Die Kanzlerin reagierte mit der üblichen Gelassenheit, auch wenn sie nicht dazu neigte, ihr jeweiliges Gegenüber zu unterschätzen. Diesmal konnte sie indes beruhigter sein als jemals davor oder danach: Sie durfte in Ruhe verfolgen, wie Steinbrück nahezu unvorbereitet in eine ebenso unprofessionell agierende Parteizentrale einzog.

Parallel zum Niedergang der oppositionellen SPD geriet auch Merkels Koalitionspartner, die FDP, immer tiefer in die Krise. Vom neuen Vorsitzenden Philipp Rösler hatten sich die meisten in der Partei längst abgewandt. So ging Merkel mit einem stark angeschlagenen Partner in die Wahl, eine Fortsetzung der Koalition galt auch vielen Unionspolitikern als unwahrscheinlich und wenig wünschenswert. Selbst Exponenten des konservativen Flügels mochten nicht mehr von einem Wunschbündnis sprechen. Die FDP nach ihrem Rekordergebnis von 14,6 Prozent im Jahr 2009 wieder auf Normalmaß zurechtzustutzen und verlorene Wähler zurückzugewinnen, das galt flügelübergreifend als Ziel der Union. Deshalb war niemand bereit, «Leihstimmen» an die FDP abzugeben.

Hinzu kam, dass sich der erst vom Vizekanzler zum Fraktionschef degradierte, jetzt als Spitzenkandidat reaktivierte FDP-Politiker Rainer Brüderle bald Sexismusvorwürfen ausgesetzt sah, in der Schlussphase des Wahlkampfs war er zudem durch einen schweren Sturz beeinträchtigt. Einmal mehr hatte sich ein älterer westdeutscher Mann, der mit seiner volksverbundenen Leutseligkeit den Gegentypus zu Merkel verkörperte, aus dem Rennen genommen. Dass er eine Woche vor der Wahl eine verzweifelte Leihstimmen-Kampagne begann, machte das Desaster perfekt. Merkel konnte dem Koalitionspartner nicht mehr helfen, selbst wenn sie es gewollt hätte. An alternativen Koalitionspartnern fehlte es freilich nicht.

Die Gefahren im Wahlkampf kamen von unerwarteter Seite, sie waren außenpolitischer Natur. Anfang Juni begann der britische *Guardian*, Dokumente über den US-Auslandsgeheimdienst NSA zu veröffentlichen, die ihm der Whistleblower Edward Snowden zugespielt hatte. Der Verdacht stand im Raum, dass die Vereinigten Staaten massenhaft E-Mails und Telefongespräche deutscher Staatsbürger ausspioniert hatten. Für Merkel war der Skandal im Wahlkampf eine Gefahr. Mit demonstrativer

Nähe zu den Vereinigten Staaten hatte sie ihre Laufbahn als Außenpolitikerin begonnen, ihre Sympathiebekundungen für den Irakkrieg hätten sie fast die politische Karriere gekostet, das nötigte sie im Wahlkampf zu besonderer Vorsicht. Sie musste öffentlich auf Abstand gehen in einem Moment, in dem sich ihr Verhältnis zum US-Präsidenten Barack Obama gerade zu verbessern begann.

In Obamas erstem Wahlkampf fünf Jahre zuvor hatte die deutsche Kanzlerin dem demokratischen Präsidentschaftskandidaten noch einen Auftritt vor dem Brandenburger Tor verweigert. Sie blieb lange skeptisch gegenüber dem politischen Stil des in Deutschland so populären Politikers, der seinen umjubelten Auftritt schließlich ein Stück weiter westlich an der Siegessäule zelebrierte: Der hohe Ton seiner Reden barg aus Merkels Sicht bereits den Keim künftiger Enttäuschungen, er widersprach allen Prinzipien eines klugen Erwartungsmanagements. Die erste Amtszeit Obamas mit den quälenden Debatten über die Gesundheitsreform mochte sie in ihrer Einschätzung bestätigen.

Hinzu kam, dass der auf Hawaii geborene Staatsmann zunächst eine pazifische Außenpolitik betrieb und den Alten Kontinent weithin ignorierte. Auf einen bilateralen Besuch in der deutschen Hauptstadt verzichtete er während der ersten vier Jahre ganz. Er kam lediglich im Frühjahr 2009 zum Nato-Gipfel nach Baden-Baden und besuchte im selben Jahr das Konzentrationslager Buchenwald, um seine Kairoer Rede an die muslimische Welt mit einer symbolischen Geste an die jüdische Gemeinschaft auszubalancieren; die Idee, dafür nach Israel zu fahren, hatte er zuvor verworfen.[4] Ein Treffen mit der Kanzlerin im Dresdener Residenzschloss stand nicht im Zentrum der Reise.[5] Erst in seiner zweiten Amtszeit ging Obama auf die Europäer zu, und zur anfänglich so misstrauischen deutschen Kanzlerin sollte er spätestens in der Ukrainekrise 2014 ein enges Vertrauensverhältnis entwickeln.

Am 19. Juni 2013, zu Beginn des deutschen Wahlkampfs, kam Obama endlich zu dem lange ersehnten Besuch nach Berlin. Als Präsident und Kanzlerin vor die Presse traten, war die NSA-Affäre das dominierende Thema. Um die Kritik an den Vereinigten Staaten diplomatisch einzukleiden, wies Merkel durchaus zu Recht darauf hin, dass viele Rechtsfragen im weltweiten Netz noch ungeklärt seien: *Das Internet ist für uns alle Neuland.*[6] Mit dem ungeschickt formulierten Satz zog sie freilich die Häme der gesamten Netzgemeinde auf sich, was das Spionagethema fürs Erste in den Hintergrund drängte. Zwei Wochen danach, am 1. Juli, wurde ihr Regierungssprecher deutlicher: «Abhören unter Freunden, das ist inakzeptabel. Das geht gar nicht.»[7] Später wiederholte Merkel den Satz persönlich.

Die Kanzlerin spielte in jenen Wochen politisches Theater, aber auf andere Weise, als die Öffentlichkeit annahm. Die Scheinheiligkeit bestand nicht darin, dass sie öffentlich Forderungen erhob, die sie in Washington nicht durchsetzen konnte. Es war schlimmer: Sie gab sich empört bei einem Thema, das sie nach Lage der Dinge überhaupt nicht empörte. In den internen Gesprächen mit Obama zeigte sich Merkel nur verärgert darüber, dass für sie «ein PR-Problem» in der deutschen Öffentlichkeit entstanden sei, «nicht wegen des Abhörens selbst», berichtete später der Präsidentenberater Ben Rhodes.[8] Obwohl die Enthüllung ursprünglich von angelsächsischen Medien ausging, wurde die Debatte in kaum einem Land mit so viel naiver Empörung geführt wie in Deutschland.

Dass sich die letzte verbliebene Supermacht bei ihren Spionageaktivitäten in aller Welt robuster Methoden bediente, erst recht seit den Anschlägen vom 11. September 2001, darüber gaben sich die Kenner der Materie in Berlin keinen Illusionen hin. Das Interesse der deutschen Dienste, diesen Zustand zu beenden, hielt sich in Grenzen: Für sie bedeutete die Kooperation mit den Vereinigten Staaten die willkommene Möglichkeit, die eigenen rechtlichen oder technischen Grenzen zu überwinden. Es blieb unklar, ob die NSA und ihre deutschen Partner tatsächlich in dem Umfang deutsches Recht verletzten, wie es nach den Snowden-Enthüllungen schien. Entsprechende Ermittlungsverfahren stellte die Bundesanwaltschaft im Herbst 2017 ein. Unangenehm blieben für Merkel am Verhalten der Vereinigten Staaten drei Dinge: dass sie es nicht vermochten, die Informationen ihrer Geheimdienste zu schützen; dass dies ausgerechnet vor einer Bundestagswahl geschah; dass sie keine öffentlichen Zugeständnisse fürs deutsche Publikum machten.

Immerhin zeigte der erfahrene Wahlkämpfer Obama auf seine Weise Verständnis für die Nöte der Kanzlerin: Er ließ aus der Luft gegriffene Schutzbehauptungen der deutschen Regierung unwidersprochen, und er nahm demonstrative Gesten des Missfallens nicht übel. Am 2. Juli 2013 griff Merkels Außenminister Guido Westerwelle zu einem unter Verbündeten ungewöhnlichen Schritt: Er bestellte den US-Botschafter ein. Anfang August schickte die Kanzlerin eine Delegation deutscher Regierungsbeamter nach Washington. «Die US-Seite hat uns den Abschluss eines No-Spy-Abkommens angeboten», sagte ihr Amtschef Ronald Pofalla

3. Ukraine (2013–2015)

im August nach einer Sitzung des Parlamentarischen Kontrollgremiums.[9] Ob es ein solches Angebot jemals gab und wie ernst es gemeint war, blieb offen. Jedenfalls bekam die Kanzlerin gut fünf Monate später einen offiziellen «Ergebnisvermerk» über das Scheitern der Verhandlungen auf den Tisch, zwei Wochen später teilte sie das dem Bundestag mit. Welche Gefahren Merkel hier für sich witterte, zeigte noch ihr Auftritt vor dem NSA-Untersuchungsausschuss im Februar 2017: Wie eine Musterschülerin hatte sie sich präpariert, penibel alle Zitate und Protokollnotizen zusammengestellt. Vor lauter Aufregung nannte sie beim Abgleich der persönlichen Daten versehentlich ihren Mädchennamen. *Mein Name ist Angela Dorothea Kasner*, sagte sie.[10]

Weit weniger Beachtung fand in der heimischen Öffentlichkeit dagegen ein Konflikt mit Obama, der langfristig viel ernstere Folgen nach sich zog. Irritiert hatte die deutsche Kanzlerin schon im Vorjahr eine Festlegung zur Kenntnis genommen, zu der sich der US-Präsident in Bezug auf den syrischen Bürgerkrieg hatte hinreißen lassen: Sollte der dortige Machthaber Baschar al-Assad gegen die eigene Bevölkerung Giftgas einsetzen, dann überschreite er eine «rote Linie»; das werde «enorme Konsequenzen» haben.[11] Eine solche Festlegung widersprach allem, was sich Merkel als Maxime des eigenen Handelns auferlegte: sich so viele Optionen wie möglich so lange wie möglich offenzuhalten. Hinzu kam, dass die Kanzlerin militärische Interventionen ohnehin skeptisch sah.

Im Sommer 2013, kurz vor der Bundestagswahl, trat der Ernstfall ein. Am 21. August starben in der Stadt Ghuta Hunderte Menschen bei einem Giftgasangriff, exakt ein Jahr nach Obamas Rote-Linie-Rede. Das brachte den Präsidenten in Zugzwang, und es blieb zunächst unklar, wie er reagieren würde. Merkel schickte fürs Erste ihren Außenminister vor. «Eine solche Beteiligung ist weder nachgefragt worden, noch wird sie von uns in Betracht gezogen», erklärte Westerwelle mit Blick auf die mögliche Entsendung deutscher Soldaten.[12] Merkels Regierungssprecher ergänzte, der Außenminister habe für die «gesamte Bundesregierung» gesprochen: «Wir ziehen einen Militärschlag nicht in Betracht.»[13]

Es brauchte in Washington nicht viel Überzeugungsarbeit. Obama war angetreten, die Vereinigten Staaten aus ihren verlustreichen Auslandseinsätzen herauszuführen, er wollte sie nicht in neue Abenteuer hineinziehen. Nach der Rhetorik der «roten Linie» fiel das schwer. Am Ende half der russische Präsident Wladimir Putin aus, der weder an einem Eingreifen der Vereinigten Staaten noch an einer weiteren Schwächung Assads interessiert sein konnte: Er vermittelte als Gastgeber des G20-Gipfels Anfang September in Sankt Petersburg einen Kompromiss, der die Vernichtung der syrischen Chemiewaffen vorsah, und rettete damit den Präsidenten der Vereinigten Staaten aus seinem Dilemma.[14]

Syrien sollte später für Angela Merkel noch eine besondere Rolle spielen, für den Moment war es ein sehr fernes Thema. Beim Fernsehduell zwischen Merkel und Steinbrück, kurz vor der Abreise der Kanzlerin nach Sankt Petersburg, stand der Konflikt nicht im Vordergrund. Im Gedächtnis blieben zwei Sätze. *Mit mir wird es keine Pkw-Maut geben*, wehrte Merkel eine außerhalb Bayerns sehr unpopuläre CSU-Forderung ab, der sie dann doch nachgab: Das Vorhaben scheiterte am Ende nicht an ihr, sondern am Europäischen Gerichtshof. Und sie sprach das Argument offen aus, das eine relative Mehrheit der deutschen Wählerschaft hinter ihr versammelte: *Sie kennen mich*, sagte sie.[15] In Zeiten internationaler Krisen vertrauten die Deutschen auf das Urteilsvermögen einer Frau, die zwar zu erstaunlichen Wendungen fähig war, die aber in den fünf Krisenjahren seit 2008 bewiesen hatte, dass sie das Land einigermaßen glimpflich durch die weltpolitischen Stürme zu führen vermochte. Die Überraschung sollte allerdings in der nächsten Legislaturperiode folgen.

Im Zenit

Am Wahlabend feierte die CDU-Spitze ausgelassen wie nie. Alle kamen sie an diesem 22. September 2013 auf die Bühne: Fraktionschef Volker Kauder griff sich das Mikro, Arbeitsministerin Ursula von der Leyen tanzte. Generalsekretär Hermann Gröhe schwenkte ein Deutschland-Fähnchen, das ihm Merkel sofort aus der Hand nahm: Bei allem Jubel sollte nichts nach einem neuen deutschen Triumphalismus aussehen. Es ertönte ein Lied der «Toten Hosen», einer Punkband, ausgerechnet hier, im Haus der erfolgreichsten konservativen Partei des Kontinents. Schon das zeigte, was sich in der Gesellschaft verändert hatte. «An Tagen wie diesen wünscht man sich Unendlichkeit», sang Kauder. «In dieser Nacht der Nächte, die uns so viel verspricht, erleben wir das Beste, kein Ende ist in Sicht.» Auch die Parteivorsitzende Merkel bewegte sich vorsichtig im Takt der Musik. Sie hatte, ungewöhnlich für einen politischen Anlass, sogar ihren Ehemann mitgebracht.

Tatsächlich hatten Merkel und ihre Leute an diesem Abend allen Grund zum Feiern. 41,5 Prozent der Stimmen für die Unionsparteien: Das bedeutete nicht bloß einen Zugewinn von 7,7 Punkten im Vergleich zur vorausgegangenen Wahl, es war auch ein Resultat jenseits aller Wahrscheinlichkeiten und langfristigen Trends. Überall in Europa schrieben Journalisten und Politologen das Ende der Volksparteien herbei, erklärten die klassischen Zweierkoalitionen für überholt und erläuterten, wieso Wahlergebnisse jenseits der 40 Prozent ein längst versunkenes Phänomen seien. Jetzt erzielte Merkel das Ergebnis, das Helmut Kohl bei seiner letzten erfolgreichen Wiederwahl 1994 eingefahren hatte, fast zwei Jahrzehnte zuvor. Sie erreichte es nach einer Wahlperiode, in der sie zwischenzeitlich beinahe abgeschrieben war, weil sie in der Schuldenkrise keinen Kompass zu haben schien und ihre schwarz-gelbe Koalition im Chaos versank. Einmal mehr hatte sich das Durchhalten ausgezahlt, waren die Untergangspropheten im Unrecht gewesen.

Skeptiker unter Parteifunktionären und Journalisten glaubten, das Regieren werde nun schwieriger. Die AfD verpasste zwar knapp den Einzug ins Parlament, doch machte sie Merkels bisherigem Partner FDP entscheidende Stimmen abspenstig und verdammte ihn zur außerparlamentarischen Opposition, zum ersten Mal seit Bestehen der Bundesrepublik. So trugen ausgerechnet die Kritiker der Euro-Rettung dazu bei, dass Merkel künftig mit SPD oder Grünen regieren musste, zwei Parteien, die sich zumindest in den Wahlprogrammen europafreundlicher gaben als die Kanzlerin selbst. Einem von ihnen werde Merkel auch auf anderen Politikfeldern schmerzliche Zugeständnisse machen müssen, hieß es.

In Wahrheit bot der Abschied von der FDP der Kanzlerin die willkommene Gelegenheit, ihre politische Basis nach vier schwierigen Jahren wieder zu verbreitern. Am leichtesten würde das im Bündnis mit den Grünen gelingen. Für diese Kombination sprach manches, nicht zuletzt die verbreitete Annahme, dass eine große Koalition auf Dauer die Demokratie gefährde. Zugleich hatte das vierjährige Bündnis mit der FDP gezeigt, dass diese Kombination das Risiko einer gesellschaftlichen Polarisierung barg, die plötzlich wieder linke Mehrheiten hervorbringen konnte: Im neu gewählten Bundestag verfügte Rot-Rot-Grün über 320 von 631 Stimmen. Dass daraus auf Bundesebene vorerst keine Regierungskoalition hervorging, lag vor allem an der skeptischen Haltung der Linkspartei gegenüber Westbindung und Nato-Mitgliedschaft, die aus Sicht von SPD und Grünen zur Staatsräson der Bundesrepublik gehörten.

Innerhalb der Unionsparteien blieb die schwarz-grüne Option umstritten. Der Fraktionsvorsitzende Kauder und Kanzleramtschef Ronald Pofalla waren skeptisch. Auch CSU und Arbeitnehmerflügel bevorzugten eine Koalition mit der SPD, die in sozial- und industriepolitischen Fragen größere Übereinstimmung versprach als ein Bündnis mit den akademischen Bildungseliten des ökologisch orientierten Bürgertums. Zu den Befürwortern von Schwarz-Grün zählten dagegen die Landesvorsitzenden aus Baden-Württemberg, Nordrhein-Westfalen und Rheinland-Pfalz: Thomas Strobl, Armin Laschet, Julia Klöckner. Strobls Schwiegervater Wolfgang Schäuble hatte sich schon lange um Kontakte zu den Grünen bemüht und bereits 1994 als Fraktionschef die Wahl der ersten grünen Bundestags-Vizepräsidentin ermöglicht.

Am Ende scheiterte Schwarz-Grün vor allem am mangelnden Mut der neuen grünen Fraktionsführung und dem mangelnden Willen des Spitzenkandidaten Jürgen Trittin. Ihm kam trotz seines Rücktritts vom Fraktionsvorsitz das entscheidende Wort bei den Verhandlungen zu, weil nur er in der Lage war, den linken Flügel der Partei für ein solches Bündnis zu gewinnen. Im Nachhinein sagten führende CDU-Politiker, sie hätten zu spät begriffen, dass sie früher um Trittin hätten werben müssen.[16]

Die Entscheidung fiel in der Nacht vom 15. auf den 16. Oktober, gut drei Wochen nach der Wahl. Gegen 17 Uhr versammelte Merkel die Delegationen zu ihrem zweiten Sondierungsgespräch in der Parlamentarischen Gesellschaft, je sieben Leute von CDU und CSU, acht von den Grünen. Sechs Stunden lang verhandelten sie gemeinsam. Hinterher lobten alle die Atmosphäre als professionell. Aber die Grünen zeigten sich für das neuartige Bündnis noch nicht bereit. Anderthalb Stunden lang zogen sie sich nachts zu internen Beratungen zurück. Dann stand die Entscheidung fest. «Es reicht nicht», sagte die zweite Spitzenkandidatin Katrin Göring-Eckardt übermüdet in die Fernsehkameras.[17] «Herr Trittin hat's verhindert», bedauerte Schäuble später.[18] Angeblich gab es Hinweise von Seiten der Grünen, beim Scheitern einer großen Koalition könne man es noch mal versuchen.

Merkel glaubte daran nicht. Für sie war das Scheitern der schwarz-grünen Sondierungen eine persönliche Niederlage, mehr als es die Öffentlichkeit damals wahrnahm. *Es gibt Situationen in der Geschichte, da ist eine Tür auf. Und die ist dann wieder zu*, sagte sie den grünen Unterhändlern zum Abschied, wie sich Teilnehmer erinnern.[19] Später kam sie in einer Parteitagsrede darauf zurück: *Schade drum.*[20]

Für Merkel selbst, die bereits mit zwei verschiedenen Koalitionspartnern regiert hatte, war die Gelegenheit tatsächlich vorbei. Vier Jahre später erhielten Union und Grüne nicht genügend Stimmen für eine gemeinsame Mehrheit, und ein Dreierbündnis scheiterte an der widerspenstigen FDP. Immerhin kam in Hessen, das am 22. September zugleich einen neuen Landtag gewählt hatte, ein schwarz-grünes Bündnis zustande, das erste in einem Flächenland. Drei Jahre später folgte Grün-Schwarz in Baden-Württemberg. Damit war der Weg frei. Im Jahr 2013 hatte es an einem solchen Vorlauf noch gefehlt, Vorstellungen und Mentalitäten eines Teils der Anhängerschaft lagen in beiden Parteien weit auseinander. Das erste schwarz-grüne Bündnis auf Landesebene war Ende 2010 in Hamburg nach nur zweieinhalb Jahren gescheitert.

Merkel blieb nichts anderes übrig, als zum zweiten Mal in ihrer Kanzlerschaft eine große Koalition mit der SPD einzugehen. Im Vergleich zu 2005 hatten sich die Verhältnisse geändert. Die beiden Volksparteien waren damals annähernd gleich stark gewesen, jetzt zählte die Union fast doppelt so viele Abgeordnete wie die SPD. Und niemand zog mehr grundsätzlich die Befähigung Merkels für das Amt der Regierungschefin in Zweifel, wie es ihr Vorgänger Schröder am Wahlabend acht Jahre zuvor getan hatte. Wichtiger noch waren die Lehren aus der chaotischen schwarz-gelben Regierungszeit: Diesmal wollte Merkel den Koalitionsvertrag lieber gründlich und langsam verhandeln als oberflächlich und schnell, um künftiges Konfliktpotenzial von vornherein zu verringern. Außerdem schlossen die Beteiligten aus dem Debakel der FDP, dass die Parteien zentrale Wahlversprechen auch erfüllen müssten: Schließlich waren die Freidemokraten nicht zuletzt daran gescheitert, dass sie eine große Steuerreform versprochen und dann noch nicht einmal das Finanzressort übernommen hatten.

Ganz gleich, ob das die richtigen Lehren waren oder nicht: Merkel handelte entsprechend.

CDU und CSU gingen mit einem Bündel von Wahlversprechen in die Koalitionsverhandlungen, an deren Verwirklichung sie ursprünglich selbst nicht geglaubt hatten. Die Frauenunion war auf dem vorausgegangenen CDU-Parteitag mit ihrer Forderung erfolgreich gewesen, Müttern oder Vätern von Kindern, die vor 1992 geboren waren, bei der Rente ein zweites Jahr als Erziehungszeit anzurechnen. Arbeitsministerin von der Leyen hatte eine verbindliche Quote für Frauen in Aufsichtsräten mit der Drohung ins Wahlprogramm gebracht, ein solches Gesetz andernfalls mit den Stimmen der Opposition zu beschließen und zurückzutreten – ein glatter «Putsch» gegen die Kanzlerin, wie es hieß.[21] Schließlich hatten die Unionsparteien nach langen Debatten eine verbindliche Lohnuntergrenze ins Programm geschrieben, also eine Art Mindestlohn.

Der Wirtschaftsflügel der Union hatte vor der Wahl stillgehalten, weil er mit einer Fortsetzung des schwarz-gelben Bündnisses rechnete und darauf setzte, dass die Vorhaben ohnehin an der FDP scheitern würden. «Es war noch nie der Fall, dass Wahlversprechen eins zu eins in ein Regierungsprogramm übernommen werden», hatte sich der Chef des CDU-Wirtschaftsrats im Wahlkampf noch beruhigt.[22] Er täuschte sich. In den Verhandlungen stellten die künftigen Koalitionspartner ihre Wünsche nicht gegeneinander, sie addierten sie einfach. Für jeden Punkt, den sie den eigenen Parteifreunden zugestehen musste, billigte Merkel auch der SPD eine ihrer Forderungen zu. Besonders eklatant war das in der Rentenpolitik: Für die «Mütterrente» der Union bekam die SPD ihre «Rente mit 63». Zu Merkels Schaden war das nicht. Die Popularität der Kanzlerin konnten solche Beschlüsse nur steigern. Noch größere Zustimmung fand in der Bevölkerung der Mindestlohn, den es in den allermeisten westlichen Industrienationen bereits gab.

Wichtiger als die Kompromisse in der Sache waren ohnehin die Personalfragen, die Merkels Spielraum in den Folgejahren bestimmten. Zuallererst konnte Merkel an ihrem Finanzminister Schäuble festhalten, weil die SPD sich das Ressort nicht griff: Deren Parteichef Gabriel wollte sich nicht als strenger Kassenwart unbeliebt machen, er zog das Wirtschaftsministerium vor, um der SPD wieder mehr ökonomische Kompetenz zu verschaffen. Natürlich besetzten die Sozialdemokraten auch das Arbeitsministerium, mit ihrer bisherigen Generalsekretärin Andrea Nahles. Für die vormalige Ressortchefin Ursula von der Leyen, die immerhin als mögliche Merkel-Nachfolgerin galt, musste die Kanzlerin daher nach einer neuen Verwendung suchen. Mit einem zweitrangigen Posten wollte sich von der Leyen aber nicht abspeisen lassen. Da das Auswärtige Amt der SPD und das Innenministerium einem Juristen vorbehalten waren, blieb das Verteidigungsministerium, das gleichfalls die Gelegenheit für Auftritte auf der Weltbühne bot. Dass sie die erste Frau in dem Amt sein würde, versprach zusätzliche Aufmerksamkeit.

Daraus folgte wiederum, dass der bisherige Verteidigungsminister weichen musste, Merkels langjähriger Weggefährte Thomas de Maizière. Sein Ansehen hatte zuletzt in dem Skandal um ein gescheitertes Drohnenprojekt gelitten. Gerade deshalb empfand er seine Ablösung als demütigend, erkennbar widerwillig kehrte er ins Innenministerium zurück. Es fiel ihm schwer, sich in das Ressort wieder einzugewöhnen. Dort hatte der CSU-Politiker Hans-Peter Friedrich zu weichen, der zunächst ins Agrarressort wechselte, dort aber bald zurücktreten musste: Er hatte bei den Sozialdemokraten über Ermittlungen gegen deren Abgeordneten Sebastian Edathy geplaudert, aus gutem Willen zwar, aber trotzdem rechtswidrig. Dass Merkel ihn fallen ließ, nahmen ihr in der CSU gleichwohl viele übel.

Schneller als de Maizière fügte sich Peter Altmaier in sein Schicksal, ein weiterer Wegbegleiter Merkels. Er hatte als Umweltminister seine späte Berufung gefunden und musste sich in den Maschinenraum zurückrufen lassen, als Chef des Kanzleramts. Auch diese Entscheidung folgte der Not; der bisherige Amtsinhaber Pofalla wollte nicht weitermachen. Ihren bisherigen Statthalter in der Parteizentrale, CDU-Generalsekretär Gröhe, belohnte Merkel nach dem bewährten Verfahren mit einem Ministerposten, dem für Gesundheit. Damit war die Liste der Ressorts, die Merkel in ihrer Funktion als CDU-Vorsitzende freihändig zu vergeben hatte, fast schon erschöpft. Bildungsministerin blieb die Mathematikerin Johanna Wanka, die Anfang des Jahres die Merkel-Vertraute Annette Schavan ersetzt hatte.

Der Rücktritt Schavans war eine Spätfolge der Affäre um die abgekupferte Doktorarbeit des CSU-Jungstars Guttenberg gewesen. In der Folge hatten Plagiatsjäger die Dissertationen nahezu aller deutschen Politiker durchforstet, auch bei Schavan waren sie fündig geworden. Obwohl der Fall als weniger schwerwiegend galt, erkannte ihr die Universität den Doktortitel ab. Da es ausgerechnet die Bildungsministerin traf, die noch dazu den fränkischen Plagiator seinerzeit kritisiert hatte, war eine Demission unausweichlich. Merkel nahm den Rücktritt im Februar 2013, gut ein halbes Jahr vor der Wahl, mit dem Ausdruck größten Bedauerns an und entschädigte sie bald darauf mit dem Posten der Botschafterin beim Heiligen Stuhl. Der Kontrast zum unterkühlten Hinauswurf des Umweltministers Röttgen im Jahr zuvor konnte nicht schärfer sein.

Hier zeigte sich, dass Merkel auch in der Politik zu Freundschaften fähig war. Eine breitere Öffentlichkeit hatte davon anlässlich des Guttenberg-Rücktritts Notiz genommen: Die Kanzlerin und ihre Ministerin lächelten sich in tiefem Einverständnis zu, als die SMS des Ministers während eines Besuchs der Computermesse Cebit auf Merkels Handy einging.[23] Auch im Sommer 2018, als sie über die Abgabe des Parteivorsitzes nachdachte, beriet sich Merkel in der Uckermark mit Schavan.[24]

Gleichwohl ließ sich nicht übersehen, dass Merkels Personaltableau nach acht Jahren im Kanzleramt und 13 Jahren an der Parteispitze deutlich geschrumpft war. Es zeigten sich die Verschleißerscheinungen einer langen Regierungszeit. Anders als vier Jahre zuvor gelang es der Kanzlerin nicht mehr, alle Positionen mit alten Getreuen zu besetzen. Eckart von Klaeden, Ronald Pofalla und die frühere Staatsministerin Hildegard Müller verlor sie an den Lobbyismus, Peter Hintze erkrankte im Lauf der Legislaturperiode schwer. Norbert Röttgen und Annette Schavan waren aus sehr unterschiedlichen Gründen als Minister abhandengekommen, Thomas de Maizière diente nur noch bedingt als eine Stütze des Merkel'schen Machtsystems. Ohne Einschränkungen blieb aus dem alten Umfeld im Grunde nur Peter Altmaier übrig, den Merkel daher mit Aufgaben überhäufte.

Am 17. Dezember 2013 wählte der Bundestag Angela Merkel ein drittes Mal zur Kanzlerin der Bundesrepublik Deutschland. Ihre neue Amtszeit begann innenpolitisch ungewohnt ruhig. Zwei Jahre lang, bis zur Flüchtlingsdebatte, blieben die Umfragewerte der Parteien auf dem Niveau der Bundestagswahl festgefroren, der bislang übliche Absturz der Regierenden blieb zunächst aus. Aber mit dem Tag ihres größten Wahltriumphs begann der politische Abstieg der Kanzlerin, schon bevor die nächste Großkrise heraufzog. Ihr Wunsch, nach den Koalitionen mit SPD und FDP ein neuartiges Bündnis mit den Grünen einzugehen, war nicht in Erfüllung gegangen. Die Neuauflage der großen Koalition beschleunigte den Wandel des Parteiensystems. Und nach den leidlich überstandenen Krisen des Finanzsystems und des Euro-Raums setzte sich die Erosion der vertrauten Weltordnung in einer Weise fort, die auch für eine noch so erfahrene Regierungschefin kaum zu beherrschen war.

Der Bruch

Zunächst maß die Kanzlerin dem Schmerz in ihrer Hüfte keine allzu große Bedeutung bei. Seit einem Jahrzehnt verbrachte sie die Weihnachtsferien im Oberengadin.[25] Sie wohnte im Hotel «Schweizerhof» in Pontresina, einem Neubau mit geradlinigen Formen, gehoben, aber keineswegs luxuriös. Der Aufenthalt gehörte zu ihrem Jahresablauf wie die Osterferien am Südzipfel der Insel Ischia oder der Sommerurlaub in

3. Ukraine (2013–2015)

einem versteckten Winkel Südtirols. Zu den anderen Jahreszeiten wanderte sie, auch im Winter praktizierte Merkel eine gemächliche Sportart: den Skilanglauf. Wenn Journalisten darüber schrieben, schwang gelegentlich Häme mit. Schließlich tastete sich die Kanzlerin auch durchs politische Gelände meist mit äußerster Vorsicht. So schien sie es in freier Natur ebenfalls zu halten.

Ausgerechnet dabei zog sich Merkel die Verletzung zu. Als die Kanzlerin beim Langlauf stürzte und auf die Hüfte fiel, hielt sie das erst einmal für harmlos. Mehr als eine gewöhnliche Prellung schien sie nicht davongetragen zu haben. Nach ihrer Rückkehr ins heimische Berlin zeichnete sie wie gewohnt die Neujahrsansprache auf. Erst als die Schmerzen nicht nachließen, ließ sie das Gelenk am 3. Januar durchleuchten: Das Röntgenbild zeugte, wie es der Regierungssprecher formulierte, von «einer sogenannten Infraktion, einem unvollständigen Bruch, im linken hinteren Beckenring». Dafür gibt es, neben Schmerzmitteln, nur eine einzige Therapie: Bettruhe. Die Ärzte rieten der Kanzlerin, sich drei Wochen lang möglichst wenig zu bewegen, und sie hielt sich daran.[26]

Seit der Amtsübernahme vor acht Jahren war Merkel nie für längere Zeit ausgefallen, nicht einmal nach einer Meniskusoperation im Jahr 2011 hatte sie pausiert. Diesmal sagte sie Termine in Serie ab, was sie sonst allenfalls in Zeiten größter Krisen tat. Ein wenig Ruhe hatte Merkel bitter nötig. Sie durchlebte ein Formtief, wie immer nach Bundestagswahlen. Vielen Politikern geht es so, dass nach dem Adrenalinschub des Wahlkampfs alle Energien weichen. In Merkels Fall kam erschwerend hinzu, dass die zurückliegende Wahlperiode die anstrengendste ihrer bisherigen politischen Karriere gewesen war, eingeklemmt zwischen einem schwierigen Koalitionspartner und der Krise der europäischen Gemeinschaftswährung.

Die Verletzung erzwang jene Ruhepause, die Merkel sich selbst nicht gegönnt hätte – ähnlich wie zu Beginn ihrer Amtszeit als Frauenministerin im Januar 1991, als sie sich bei einem Sturz das Bein gebrochen hatte. Die Kanzlerin nutzte jetzt die unerwartete Muße. Sie las dicke Bücher, darunter *Die Schlafwandler* des australischen Historikers Christopher Clark über das Abgleiten der europäischen Mächte in den Ersten Weltkrieg und *Die Verwandlung der Welt*, das fast 1600 Seiten umfassende Hauptwerk des Konstanzer Globalhistorikers Jürgen Osterhammel aus dem Jahr 2009. In dem Gelehrten fand sie einen Bruder im Geiste und so reifte der Entschluss, ihn zur bevorstehenden Feier ihres 60. Geburtstags als Festredner einzuladen. Dass diesmal ein Historiker sprach und nicht wie zum 50. ein Hirnforscher, musste als Indiz dafür herhalten, dass sich die Naturwissenschaftlerin in eine geschichtsbewusste weltpolitische Akteurin verwandelt hatte.

In Wahrheit kreisten beide Vorträge jedoch um dasselbe Thema, die Beschränktheit des menschlichen Wollens und Wirkens. Osterhammel weitet den Blick seines Fachs ins Globale, und er lehnt die großen Würfe der Geschichtsdeutung ab, seien es westliche Theorien von einer allumfassenden Modernisierung oder die östlichen Lehren des Kommunismus. Das entsprach der Vorstellungswelt einer Kanzlerin, die sich zunehmend in den Sphären der Weltpolitik bewegte und zugleich eine Politik der kleinen Schritte bevorzugte – was nur scheinbar ein Widerspruch war, weil gerade die globale Vernetzung jedes radikale Umsteuern erschwerte.[27]

Es dauerte nicht lange, bis die Erkenntnisse aus der winterlichen Lektüre eine aktuelle Anwendung fanden. Während Merkels erzwungener Ruhepause baute sich die politische Krise um die Ukraine bereits auf, die Europa bald in einen neuen Ost-West-Konflikt führen sollte. Die ostdeutsche Politikerin hatte die Entwicklung so wenig vorhergesehen wie die meisten europäischen Kollegen, trotz ihres besonderen Interesses an den Oppositionsbewegungen im östlichen Europa. Die mangelnde Aufmerksamkeit gerade der deutschen Öffentlichkeit mochte auch damit zusammenhängen, dass der Beginn des Konflikts mit den letzten Tagen der schwarz-roten Koalitionsverhandlungen zusammenfiel. Am 27. November 2013 hatte Merkel bis fünf Uhr früh die letzten Details des Vertrags mit der SPD verhandelt, am 29. November flog sie morgens in die litauische Hauptstadt Vilnius, zu einem EU-Gipfel mit den östlichen Nachbarländern der Union. Eigentlich sollten dort die Assoziierungsabkommen mit den sowjetischen Nachfolgerepubliken Georgien, Moldawien und – wegen der Größe am bedeutsamsten – Ukraine unterzeichnet werden.

Der Präsident aus Kiew überlegte es sich im letzten Moment jedoch anders. Eine Woche zuvor, auf dem Weg zu einem Besuch in Wien, hatte Wiktor Janukowytsch die Vorbereitungen für das Abkommen gestoppt. Als die Staats- und Regierungschefs nun im Rittersaal des litauischen Großfürsten-Palasts beisammensaßen, verlangte er mehr Geld. «Wir benötigen sehr schnell Hilfen von mehreren Milliarden Euro», sagte er. Die Kanzlerin meldete sich zu Wort: *Ich komme mir vor wie auf einer Hochzeit, auf der der Bräutigam in der letzten Minute neue Bedingungen*

3. Ukraine (2013–2015)

stellt. Sie betrachtete das ukrainische Staatsoberhaupt als einen korrupten Oligarchen, der die Zukunft seines Landes zwischen Europa und Russland an den Meistbietenden verkaufte. Was sie unterschätzte, war der geostrategische Konflikt, der dahinterstand, und der Druck, den der russische Präsident Wladimir Putin auf Janukowytsch ausübte.[28]

Dabei hatte es seit der «Orangenen Revolution» in der Ukraine von 2004 an Warnzeichen und Versuchen russischer Einflussnahme nicht gefehlt. Auf dem Bukarester Nato-Gipfel 2008 hatten die Westeuropäer mit der deutschen Bundeskanzlerin an der Spitze die sofortige Aufnahme der Ukraine in den «Membership Action Plan», der einen Automatismus zur Vollmitgliedschaft in Gang gesetzt hätte, gegen den Willen der Vereinigten Staaten und der Osteuropäer verhindert. Aus Merkels Sicht hatten sie damit, was die Rücksichtnahme auf russische Interessen betraf, ihre Schuldigkeit getan.

Noch im selben Jahr beschlossen die Staats- und Regierungschefs der Europäischen Union ihr Konzept einer «Östlichen Partnerschaft», das Assoziierungsverträge mit den Nachfolgestaaten an der westlichen Peripherie der Sowjetunion vorsah. Ähnlich wie bei Merkels Idee einer «privilegierten Partnerschaft» mit der Türkei handelte es sich um einen Trostpreis für Länder, denen die Vollmitgliedschaft in der Union auf Dauer versagt bleiben sollte. Das geschah weniger aus Rücksicht auf Russland als aus innereuropäischen Motiven. Außer in einigen osteuropäischen Ländern gab es nirgends politische Mehrheiten für eine Aufnahme der Ukraine in die EU, die große Mehrheit der Bevölkerung lehnte jede neuerliche Erweiterung der Union ab.

Allerdings vermieden es die europäischen Politiker, die Absage gegenüber dem prowestlichen Teil der ukrainischen Öffentlichkeit klar zu kommunizieren. Diese Unaufrichtigkeit blieb eine Konstante im Verhältnis zu den östlichen Nachbarn. Dass schon der Trostpreis einer Assoziierung dem Moskauer Machthaber zu weit gehen könnte, kam den Akteuren nicht in den Sinn. Die weitergehenden Sicherheitsbedürfnisse Russlands, ob nun objektiv vorhanden oder subjektiv empfunden, hatte der Westen unterschätzt. Aus Moskauer Sicht war die Hand, die Putin mit seiner Bundestagsrede im fernen Jahr 2001 ausgestreckt hatte, nicht ergriffen worden, was schon 2007 zum Wutausbruch des Präsidenten auf der Münchener Sicherheitskonferenz und anderthalb Jahre später zum aggressiven Vorgehen Russlands im Konflikt um die abtrünnigen georgischen Republiken geführt hatte.

Die innenpolitische Lage in der Ukraine stand zuletzt bei Merkel und anderen westlichen Politikern nicht mehr im Zentrum der Aufmerksamkeit. Nach der Orangenen Revolution von 2004 hatten die alten Eliten aus der Sowjetzeit ihre Machtposition wieder festigen können, Anfang 2010 wurde Janukowytsch doch noch Präsident. Der russische Regierungschef Putin, der 2012 ins Amt des Staatsoberhaupts zurückkehrte, hielt die Gefahr eines Abgleitens der Ukraine in die westliche Einflusssphäre nunmehr für gebannt. Er unterschätzte den Primat privater Geschäftsinteressen im Denken Janukowytschs. Der ukrainische Präsident empfing Brüsseler Entsandte als erste Gäste nach seinem Amtsantritt und ließ sich von ihnen detailliert vorrechnen, welche finanziellen Vorteile er aus einem Abkommen mit der EU ziehen könne. Doch wiegte sich der Kreml noch immer in der Gewissheit, der Oligarch Janukowytsch werde der EU nicht die nötigen Zugeständnisse bei Demokratie und Menschenrechten anbieten.

Erst im Sommer 2013 änderte sich die Einschätzung in Moskau, die Konsequenzen folgten prompt: Am 29. Juli warnte die russische Verbraucherschutzbehörde vor dem Verzehr ukrainischer Schokolade aus den Fabriken des prowestlichen Oligarchen Petro Poroschenko. In den Verhandlungen zwischen Kiew und Brüssel rückte daraufhin die Bereitschaft der EU in den Mittelpunkt, den Rückgang des Russlandgeschäfts finanziell zu kompensieren. Die geforderten Summen erschienen der EU jedoch maßlos übertrieben. Die EU tat sich schwer, einen Drittstaat großzügig mit Hilfen zu versorgen, die sie kurz zuvor eigenen Mitgliedsländern wie Griechenland nur gegen harte Auflagen gewährt hatte. Andererseits hatte sie ein großes Interesse daran, die Demokratisierung an ihrer östlichen Peripherie zu unterstützen.[29]

Die Wende bahnte sich am 9. November 2013 an, bei einem Treffen zwischen Putin und Janukowytsch auf einem Militärflughafen in der Nähe von Moskau. Der russische Präsident lockte mit Vergünstigungen und drohte mit Sanktionen, er ließ den ukrainischen Präsidenten möglicherweise auch wissen, welche Informationen er über ihn in der Hand hielt. Der Weg zu Janukowytschs Kehrtwende zwölf Tage später beim Treffen mit der EU in Vilnius schien nun vorgezeichnet zu sein.

Die deutsche Kanzlerin verhielt sich lange bemerkenswert passiv. Bundestagswahl und Koalitionsgespräche banden ihre Aufmerksamkeit. Mit Putin telefonierte sie während dieser Zeit nur ein einziges Mal, Mitte Oktober, ohne dabei näher auf die ukrainische Frage einzugehen. Direkten Kontakt zu Janukowytsch suchte sie nicht, sie sorgte sich allenfalls um Menschenrechtsfragen: In den wenigen öffentlichen Verlautbarungen zum Thema stellte die Bundesregierung die Forderung nach einer Freilassung Julia Timoschenkos, einer Protagonistin der orangen Revolution und früheren Ministerpräsidentin, in den Mittelpunkt. Das erschien mindestens im Rückblick als eine absurde Fokussierung auf einen Nebenschauplatz. Wie selbstverständlich ging die Berliner Politik immer noch davon aus, dass die Kiewer Führung die EU-Assoziierung dringend wünsche und die EU deshalb ihrerseits Bedingungen stellen könne. Dass es sich längst umgekehrt verhielt, registrierten die Europäer spät.

Erst nach dem Scheitern des Assoziierungsabkommens wechselte Merkel in Vilnius die Tonlage. Die Europäer müssten *in Zukunft noch stärker mit Russland darüber reden, wie wir aus dem Entweder-Oder herauskommen,* sagte sie nun. *Darin liegt auch eine Aufgabe für Deutschland.*[30] Das war, nur wenig verklausuliert, ein Eingeständnis eigener Versäumnisse. Dass ausgerechnet in dieser kritischen Phase Anfang Dezember der Entschluss des Bundespräsidenten Joachim Gauck bekannt wurde, wegen der Menschenrechtslage in Russland nicht zu den Olympischen Winterspielen nach Sotschi zu fahren, konterkarierte Merkels Bemühen um Vermittlung. In dieser Zeit engagierte sie sich mit ersten Telefonaten, die sie während des Winters mit dem Präsidenten Janukowytsch, dem ukrainischen Oppositionspolitiker Klitschko, dem russischen und dem US-Präsidenten führte. Ihr Augenmerk richtete sich vorerst darauf, die ukrainische Opposition zu unterstützen und sie zugleich in gemäßigten Bahnen zu halten.

Schon kurz nach der ersten Ankündigung Janukowytschs, das Assoziierungsabkommen nicht zu unterschreiben, hatten sich auf dem zentral gelegenen Maidan-Platz im Zentrum Kiews die ersten Demonstranten versammelt. Die Kundgebungen schwollen in den kommenden Wochen immer weiter an, am 1. Dezember protestierten Schätzungen zufolge zwischen 400 000 und 800 000 Menschen, eine Woche später sprach die Opposition von einer Million Demonstranten. Einen Kurswechsel oder gar den Sturz der Regierung bewirkte das zunächst noch nicht.

Die Gunst der Kanzlerin galt dem Profiboxer Vitali Klitschko, den sie und ihre Kollegen aus der Europäischen Volkspartei als Anwärter auf das Präsidentenamt betrachteten. Merkels bisheriger Kanzleramtsminister Pofalla, der seit Jahren Kontakt zu osteuropäischen Oppositionellen pflegte, hatte sich mehrfach mit Klitschko getroffen. Die Perspektive blieb vorerst

Seit Ende 2013 demonstrierten auf dem Maidan-Platz in Kiew Hunderttausende für das Assoziierungsabkommen mit der EU. Auf den Konflikt mit Russland war der Westen nicht vorbereitet.

ein Machtwechsel bei der nächsten ukrainischen Präsidentenwahl Anfang 2015, keineswegs eine schnellere Ablösung des Regimes. Auch darauf war Merkels wiederholte Aussage gemünzt, ein Abschluss des Assoziierungsabkommens sei an *keinerlei zeitliche Konditionen* gebunden.[31]

So dachte noch immer kaum jemand an die Ukraine, als drei führende Politiker auf der Münchener Sicherheitskonferenz am 31. Januar und 1. Februar 2014 einen Kurswechsel in der deutschen Sicherheitspolitik forderten. Wieder konterkarierte Joachim Gauck die Pläne der Kanzlerin. Der Bundespräsident suchte schon länger nach einer Gelegenheit, die deutsche Zurückhaltung in internationalen Konflikten an prominenter Stelle zu kritisieren. Der Anlass kam mit der Einladung zur Sicherheitskonferenz. Ein halbes Jahr lang bereitete Gauck seine Rede vor, unterstützt von seinem Planungschef Thomas Kleine-Brockhoff, einem Transatlantiker und vormaligen Mitarbeiter des German Marshall Fund. Anders als im Fall der Sotschi-Absage ließen Gaucks Beamte das Redemanuskript dem Kanzleramt frühzeitig zukommen, dazu auch dem Außen- und Verteidigungsministerium.

Während Merkels Beamte offenbar Schweigen für das Klügste hielten,

3. Ukraine (2013–2015)

sprangen Außenminister Steinmeier und Verteidigungsministerin von der Leyen auf die Initiative an und bereiteten für ihre Münchener Auftritte Reden mit ähnlicher Stoßrichtung vor. Verteidigungsministerin von der Leyen sagte, Deutschland könne sich nicht «immer dezent zurückhalten, wenn es um militärische Einsätze geht». Außenminister Steinmeier erläuterte, eine Politik militärischer Zurückhaltung dürfe «nicht missverstanden werden als ein Prinzip des Heraushaltens». Bundespräsident Gauck mahnte: «Die Folgen des Unterlassens können ebenso gravierend wie die Folgen des Eingreifens sein.» Die Aktion der drei Spitzenpolitiker speiste sich aus vielen Motiven. Sie richtete sich zumindest implizit gegen die Kanzlerin und ihre Politik der militärischen Zurückhaltung, die spätestens seit der Libyen-Enthaltung im Sicherheitsrat knapp drei Jahre zuvor als neue «Merkel-Doktrin» galt.[32]

Der erste Anwendungsfall für eine größere weltpolitische Rolle Deutschlands folgte rasch, auch wenn sich im Verhältnis zu Russland die Anwendung militärischer Gewalt verbot. Denn in der Ukraine nahmen die Ereignisse keineswegs den gemächlichen Verlauf, mit dem die deutsche Bundeskanzlerin gerechnet hatte. Trotz des Winterwetters harrten die Demonstranten auf dem Maidan wochenlang aus. Mitte Februar versuchte Janukowytsch, den Platz durch die Ordnungskräfte räumen zu lassen, dabei verloren Schätzungen zufolge rund 80 Menschen ihr Leben. Das rigide Eingreifen von Polizei und Militär bewirkte das Gegenteil des Erwünschten: Die Lage Janukowytschs war unhaltbar geworden, am 21. Februar setzte er sich ins russische Exil ab. Die Bildung des neuen Kabinetts unter dem Ministerpräsidenten Arsenij Jazenjuk am 27. Februar und die Wahl des Putin-Gegners Petro Poroschenko zum Staatspräsidenten am 25. Mai machten den Weg frei für das Assoziierungsabkommen mit der EU, dessen politischer Teil am 21. März unterzeichnet wurde. Der wirtschaftliche Teil folgte am 27. Juni.

So weit entsprach der Verlauf der Ereignisse den Hoffnungen und Erwartungen der deutschen Kanzlerin. Allerdings sah der russische Präsident der Entwicklung nicht tatenlos zu. Schon wenige Tage nach Janukowytschs Flucht besetzten angebliche «Selbstverteidiger der russischsprachigen Bevölkerung» das Regionalparlament der zur Ukraine gehörenden Krim, am 1. März ließ Putin vom russischen Föderationsrat den Einsatz russischer Streitkräfte beschließen. Nur zwei Wochen später ergab eine – mehrfach vorverlegte – Volksabstimmung über den künftigen Status der Halbinsel angeblich eine Mehrheit von rund 96 Prozent für den Anschluss an Russland. Es gab im Westen Stimmen, die angesichts der engen historischen Bindungen der Krim an Russland dafür Verständnis äußerten. Das änderte freilich nichts daran, dass es sich um einen klaren Bruch des Völkerrechts handelte.

Kurz darauf verlor die ukrainische Regierung auch die Kontrolle über das Industrierevier im Osten des Landes mit seinem hohen russischen Bevölkerungsanteil. Am 6. April 2014 besetzten prorussische Separatisten verschiedene Amtsgebäude. Ukrainische Truppen hatten mit einer ersten Gegenoffensive nur begrenzten Erfolg, zumal die Separatisten offensichtlich Hilfe aus Moskau erhielten. In den Städten Donezk und Lugansk folgte Anfang Mai eine Volksabstimmung über die Unabhängigkeit von der Ukraine. Anders als die Krim, die Russland ganz offiziell annektierte, blieb die Ostukraine in einem hybriden Schwebezustand.

Im Zentrum des Krisenmanagements

Mit Putins Intervention hatte Merkel zu diesem Zeitpunkt so wenig gerechnet wie die meisten anderen westlichen Politiker oder außenpolitischen Experten. Noch Ende Februar hatte sie auf einem Flug nach Israel vor mitreisenden Journalisten gesagt, dass sie sich ein militärisches Eingreifen der Russen nicht vorstellen könne.[33] Wenige Tage später war sie eines Schlechteren belehrt. In diesen ersten Märztagen des Jahres 2014 endete die außenpolitische Routine, und es begann eine neue Phase der Konfrontation.

Über Außenpolitik debattierten die Deutschen nun so leidenschaftlich wie seit dem Streit um die Ostverträge in den frühen siebziger Jahren nicht mehr. Die Meinungsumfragen zeigten ein ambivalentes Bild: Eine Mehrheit verurteilte zwar das russische Vorgehen, zugleich konnte aber ein großer Teil der Bundesbürger das russische Bedrohungsgefühl nachvollziehen. Sehr einhellig fiel die Abneigung gegen jedwede Form des militärischen Engagements aus: Anfangs sprachen sich 75 Prozent der Befragten gegen eine stärkere Militärpräsenz der Nato in Osteuropa aus, direkte Waffenlieferungen an die Ukraine (wie zeitweise vom US-Kongress gefordert) lehnten sogar 89 Prozent ab.[34] Anders als oft vermutet, steckte dahinter wohl weniger eine romantische Russlandsehnsucht, sondern eher eine historisch begründete Angst, sich mit dem großen Nach-

3. Ukraine (2013–2015)

barn im Osten anzulegen. Die Kanzlerin ärgerte sich darüber, dass vor allem die Ostdeutschen so wenig Verständnis für den Freiheitswillen der Ukrainer aufbrachten.[35]

Dass der Beginn des Konflikts zeitlich mit dem Gedenken an den Beginn des Ersten Weltkriegs vor hundert Jahren zusammenfiel, trug zur Dramatisierung zusätzlich bei: Es schürte die Sorge, dass die Beteiligten wie schon 1914 einen großen Krieg beginnen könnten, ohne dazu mit letzter Absicht entschlossen zu sein. Insofern war diese historische Parallele beunruhigender als die Erinnerung an den planvoll herbeigeführten Zweiten Weltkrieg, die sonst in der bundesdeutschen Geschichtskultur dominierte.[36]

Im Mittelpunkt der Krisendiplomatie stand Angela Merkel, die sich mit den Vereinigten Staaten eng abstimmte. Im Sommer 2014 wertete das US-Internetportal *Vox* die Zahl der Telefongespräche mit ausländischen Staats- und Regierungschefs aus, über die der US-Präsident seit Jahresbeginn öffentlich Rechenschaft abgelegt hatte. «Der ausländische Regierungschef, mit dem Obama bei weitem am häufigsten telefonierte, war die deutsche Kanzlerin Angela Merkel», schrieb das Magazin. Zur Illustration fügte die Redaktion eine Landkarte bei, auf der Deutschland ganz dunkel eingefärbt war, während vermeintlich wichtigere Länder wie China die blasseste Farbe trugen: Gerade zweimal hatte der Präsident mit Peking telefoniert.[37]

Für Obama lag es nahe, das Krisenmanagement in der Ukrainefrage auf fremde Schultern zu legen, und das nicht nur, weil Merkel den russischen Präsidenten besser kannte als alle ihre westlichen Kollegen und weil Deutschland am ehesten in der Lage war, zwischen den unterschiedlichen Positionen von Ost- und Westeuropäern zu vermitteln.[38] Obama stand auch innenpolitisch unter Druck. Er hatte vor allem seine erste Wahl im Jahr 2008 nicht zuletzt der Kriegsmüdigkeit der Bevölkerung zu verdanken gehabt – und seinem Versprechen, die Vereinigten Staaten aus internationalen Konflikten stärker herauszuhalten. Von seinem Nachfolger Donald Trump trennte ihn das Bekenntnis zum Multilateralismus, aber nicht der wachsende Unwille, Lasten für andere Staaten zu übernehmen: Er fand, dass die Europäer ihre Konflikte in erster Linie selbst lösen sollten.

Andererseits waren viele der republikanischen Abgeordneten und Senatoren stark vom Denken des Kalten Krieges geprägt. Sie forderten ein möglichst hartes Vorgehen und befürworteten direkte Waffenlieferungen an die ukrainische Armee. Das hätte eine unkalkulierbare Eskalation des Konflikts bedeutet. Auch das ließ es aus Obamas Sicht klüger erscheinen, der deutschen Bundeskanzlerin die Initiative zu überlassen, so wie es aus Merkels Perspektive dafür sprach, das Heft des Handelns in europäischer Hand zu behalten.

Dutzende Male telefonierte Merkel im Krisenjahr 2014 mit dem russischen Präsidenten, das Bundespresseamt gab zu 27 dieser Gespräche öffentliche Erklärungen ab. Viermal trafen sich die beiden in dieser Zeit persönlich, stets auf neutralem Boden – Anfang Juni in Frankreich beim Gedenken an die Landung der Alliierten 1944, Mitte Juli in Brasilien anlässlich der Fußball-Weltmeisterschaft, Mitte Oktober in Mailand beim Asien-Europa-Gipfel, im November auf dem G20-Treffen in Brisbane. Vor einer Reise nach Moskau schreckte Merkel mangels Erfolgsaussicht vorerst zurück, das Risiko einer Demütigung durch Putin erschien ihr zu hoch. Stattdessen entwickelte sie nun eine spezielle Art der Telefondiplomatie, die kaum historische Vorbilder hatte. Neben Putin und Obama zählte auch der ukrainische Präsident Poroschenko zu ihren Gesprächspartnern, bald kam der französische Präsident Hollande hinzu.

Ungewöhnlich war nicht nur das Procedere als solches, sondern auch die Art und Weise, wie die Kanzlerin die Telefonate führte. Wieder und wieder hielten sich die Gesprächspartner wechselseitig die immer gleichen Argumente vor, hörten sich mit stoischer Geduld die immer gleichen Ausflüchte an, beriefen sich auf die dürren Floskeln in den bereits mühsam ausgehandelten Dokumenten. Für die Mitarbeiter, die den Gesprächen regelmäßig zuhörten, muss das Procedere gelegentlich groteske Züge angenommen haben. Die nötigen Erfahrungen hatte Merkel im Kampf mit innerparteilichen Konkurrenten ähnlicher Macho-Qualität gesammelt und ihre Taktik in den Verhandlungen über die Euro-Rettungspakete perfektioniert. Das Ringen mit Widersachern wie Roland Koch oder Silvio Berlusconi hatte sie auf die Konfrontation mit Wladimir Putin vorbereitet – nicht bezüglich der politischen Inhalte, aber was die Verhandlungstaktik betraf.

Es machte die Gespräche kaum angenehmer, dass Merkel und Putin mittlerweile gelernt hatten, sich gegenseitig zu akzeptieren. Putin kannte jetzt Merkels Zähigkeit, er wusste, dass mit ihr als führender Politikerin Europas auf absehbare Zeit zu rechnen war – schon wegen der wirtschaftlichen Stärke des Landes, das sie vertrat. Merkel misstraute zwar nach wie vor Putins Absichten, sie betrachtete den Präsidenten aber als einen be-

3. Ukraine (2013–2015)

rechenbaren Politiker, der sich innerhalb seines Koordinatensystems zweckrational verhielt. Die beiden konnten sich stets einschätzen, auch wenn sie das Agieren der jeweils anderen Seite nicht billigten. Dass der frühere Geheimdienstler Putin mehr als andere an der reinen Essenz der Macht interessiert war, weniger an Äußerlichkeiten, mochte aus Merkels Sicht sogar für ihn sprechen.

Die Telefonate des Jahres 2014 hatten oft den Charakter von Duellen, es ging zur Sache. «Putin redet viel, manchmal endlos, weit mehr als die Hälfte der Zeit», berichten Beamte, die bei den Gesprächen mithörten. In heiklen Situationen werde er «sehr emotional, leidenschaftlich, auch wütend». Es blieb offen, ob sich dahinter echte Gefühlsausbrüche verbargen oder bloßes Kalkül. Einschüchtern konnte er die Kanzlerin jedenfalls nicht mehr. Sie antwortete knapper als er, kühler, aber in der Sache mindestens genauso klar. «Sie sagen sich alles ins Gesicht», erzählten die Mitarbeiter, auch wenn sich die Kanzlerin und der Präsident am Telefon gar nicht sehen konnten, womöglich erleichterte das die Sache sogar. Offen gingen die beiden miteinander um, den gängigen Konventionen der Diplomatie folgten sie dabei nicht. Mit anderen Worten: Gelegentlich brüllten sie auch.[39]

Mehr als für jedes andere Telefonat galt das für das Gespräch, das die beiden am Abend des 2. März 2014 führten, dem Sonntag nach dem russischen Einmarsch auf der Krim. Die Erklärung, die das Bundespresseamt im Anschluss herausgab, enthielt keinerlei Floskel der Beschwichtigung. Die angeblich so zögerliche Kanzlerin zeigte sich entschlossen. Das Dokument las sich, als ringe Merkel in jedem Satz um größtmögliche Schärfe: Sie habe dem Präsidenten «vorgeworfen», mit der «unakzeptablen» Intervention gegen das Völkerrecht zu «verstoßen», hieß es darin etwa.[40] Einen kleinen Erfolg gab es immerhin zu vermelden: Putin willigte ein, in einer Kontaktgruppe mitzuarbeiten und das Geschehen mit Hilfe einer «fact finding mission» unter Leitung der OSZE aufzuklären. Das änderte nichts an der Annexion der Krim. Aber was den Konflikt in der Ostukraine betraf, führte das Verfahren bei Verhandlungen in der weißrussischen Hauptstadt Minsk im September immerhin zu einer ersten Vereinbarung, auf die alle späteren Friedensbemühungen Bezug nehmen konnten.

Noch ein Beschluss fiel in den ersten Tagen der Krise unter Merkels maßgeblicher Beteiligung: Die Runde der wichtigsten westlichen Industrienationen tagte von nun an wieder ohne Russland, sie verwandelte sich von der G8 in die G7 des Kalten Krieges zurück. Das Gremium aus vier

Europäern, zwei Nordamerikanern und einem Japaner verstand sich auch als eine Wertegemeinschaft, im Gegensatz zur neueren Runde der G20, der Staaten mit ganz unterschiedlicher innerer Verfassung angehörten. Statt im Badeort Sotschi, der Sommerresidenz des russischen Präsidenten an der Schwarzmeerküste, fand das diesjährige Treffen nun ganz schlicht in Brüssel statt. Die Entscheidung stieß auf so viel Kritik wie kaum eine andere, die Merkel während der Krise um die Ukraine traf. Ihr Außenminister hatte noch kurz zuvor betont, die G8 seien das einzige Format, in dem der Westen mit Russland spreche. «Sollten wir wirklich dieses einzige Format opfern?», fragte er in einem Fernsehinterview.[41] Unmittelbar danach beschlossen die sieben westlichen Staats- und Regierungschefs unter Einschluss Merkels, die Vorbereitung des Sotschi-Gipfels auszusetzen.

Wer darin Anzeichen für anhaltende Divergenzen zwischen der Kanzlerin und ihrem Außenminister erkennen wollte, sah sich jedoch getäuscht. In der ukrainischen Frage agierten die beiden Politiker gemeinsam. Das neue Einvernehmen war erstaunlich genug: Noch in der ersten großen Koalition hatten Merkel und Steinmeier in der Russland- und Chinapolitik einander misstraut. Paradoxerweise war das Vertrauen zwischen ihnen gerade in der schwarz-gelben Zeit gewachsen, als der Sozialdemokrat gar nicht der Regierung angehörte, sondern die größte Oppositionsfraktion anführte. Während die Kanzlerin um die Zustimmung des Koalitionspartners FDP zu den europäischen Rettungspaketen bangen musste, unterstützte die SPD ihre Politik an entscheidenden Punkten. Das wusste Merkel zu schätzen.

Hinzu kam, dass sich auf beiden Seiten die außenpolitischen Positionen verändert hatten. Merkel hatte auf offensive Demonstrationen ihrer Menschenrechtspolitik zunehmend verzichtet, wachsender Pragmatismus prägte ihr Verhältnis zu den Regierungen in Moskau oder Peking. Umgekehrt gab sich Steinmeier alle Mühe, in dieser Frage die ihm zugeschriebene Nähe zu seinem früheren Chef, dem Putin-Freund Gerhard Schröder, abzustreifen. Vor allem aber waren die Entwicklungen rund um die Ukraine so brandgefährlich, dass Einigkeit des Führungspersonals nottat. Beide waren professionell genug, das zu erkennen.

Angela Merkel musste vor allem die Europäer beisammenhalten, das blieb auch in der ukrainischen Frage wie zuvor in der Schuldenkrise die größte Herausforderung. Auf der einen Seite standen diesmal osteuropäische Mitgliedstaaten. Sie fürchteten um ihre Sicherheit, eine Sorge, die westliche Politiker in Bezug auf das Baltikum teilten: In Estland, Lettland

3. Ukraine (2013–2015)

und Litauen lebten beträchtliche russische Minderheiten, die als Vorwand für eine Moskauer Intervention hätten dienen können, zumal viele von ihnen russische Wurzeln besaßen. Ganz sicher konnten sich die baltischen Politiker in dieser Frage jedenfalls nicht sein, zumal es sich bei ihren Staaten wie bei der Ukraine um frühere Sowjetrepubliken handelte, im Unterschied zu allen übrigen Mitgliedern von EU und Nato. Zudem schienen immer wieder Zweifel auf, ob sich die Bündnispartner im Konfliktfall tatsächlich an die Beistandspflicht des Nato-Vertrags gebunden fühlten. Gerade in den großen westeuropäischen Ländern schien die Neigung, für Riga in den Krieg zu ziehen, wenig ausgeprägt zu sein.

Hier hatte es Merkel auf der anderen Seite mit Westeuropäern zu tun, die sich von Russland nicht bedroht fühlten und die kein Problem darin sahen, weiter ihre Geschäfte zu machen, sogar mit Rüstungsgütern wie im französischen Fall. Ökonomische Interessen wogen schwer, gerade in der Bundesrepublik. Zwar spielte der Export nach Russland für die deutsche Wirtschaft im Ganzen keine ausschlaggebende Rolle. Aber gerade einige der großen Konzerne hatten sich stark engagiert, sie verschafften sich über den Ostausschuss der deutschen Wirtschaft Gehör. Zudem hing eine Reihe kleinerer ostdeutscher Betriebe besonders vom Russlandgeschäft ab. Die Manager deuteten Merkels Härte als Ausdruck eines gefühlsduseligen Menschenrechtsaktivismus, dem sie den robusten Einsatz des Vorgängers Gerhard Schröder für deutsche Wirtschaftsinteressen gegenüberstellten. Öffentlich kommentierte Merkel diese Stimmen nie, aber ihr Umfeld ließ deutlich erkennen, dass die Haltung vieler Manager die Kanzlerin empörte. Bis sie selbst wegen ihres Festhaltens am deutschrussischen Pipelineprojekt Nord Stream 2 bei westlichen Verbündeten massiv in die Kritik geriet, sollte es noch eine Weile dauern.

Angesichts der divergierenden Interessen bestand Merkels größte Leistung in der Ukrainekrise vermutlich darin, die Europäer hinter einer gemeinsamen Position zu versammeln. Tatsächlich gelang es, gemeinsam Sanktionen gegen Russland nicht nur in Gang zu bringen, sondern auch deren turnusmäßige Verlängerung stets aufs Neue zu beschließen und die osteuropäischen Mitgliedstaaten damit von gefährlichen Alleingängen abzuhalten. Dass der Kanzlerin das glücken werde, glaubten am Anfang nicht einmal wohlmeinende Kommentatoren. «Sie riskiert eine persönliche Blamage. Zu führen und vorgeführt zu werden liegt manchmal nah beieinander», hieß es etwa.[42]

Putin irrte sich indes, wenn er glaubte, dass sich die Europäische

Union zerstreiten werde. Am 6. März trafen sich die Staats- und Regierungschefs in Brüssel, um erstmals über die Reaktion auf die Krim-Annexion zu beraten. Zunächst setzten die Europäer die Gespräche über Visa-Erleichterungen für Russland und ihre Vorbereitungen für den G8-Gipfel aus. Als zweite Stufe fassten sie Reiseverbote, das Einfrieren von Vermögenswerten und die Absage des bevorstehenden EU-Russland-Gipfels ins Auge; elf Tage später beschlossen die Außenminister diese Maßnahmen endgültig. Schließlich drohten die Europäer für den Fall, dass Russland die Lage weiter destabilisiere, mit weitreichenden Folgen «in einer Reihe von Wirtschaftsbereichen», sprich: mit weiteren Sanktionen.[43]

Diesen umstrittensten Teil der Brüsseler Beschlüsse setzte die EU am 31. Juli in Kraft. Er betraf vor allem militärische Güter und Ausrüstungen für die Ölindustrie, sollte aber auch russischen Firmen den Zugang zum Finanzmarkt erschweren. Putin reagierte mit Einfuhrbeschränkungen für EU-Agrarprodukte, die einige Produzenten empfindlich trafen, allerdings auch die Lebensmittelpreise in Russland ansteigen ließen. Das führte nicht dazu, dass sich die russische Bevölkerung gegen den Präsidenten wandte; Umfragen zufolge hielt ihm eine Mehrheit sogar zugute, an einem Wiederaufstieg Russlands zur Großmacht zu arbeiten.

In erster Linie ging es den Europäern ohnehin um das Signal, zusammenzustehen, der Verletzung des Völkerrechts nicht einfach tatenlos zuzuschauen – und vor allem auch zu verhindern, dass die Osteuropäer oder die Falken im amerikanischen Kongress unbedachte Alleingänge unternahmen. Gleichwohl kritisierten transatlantisch gestimmte Publizisten eine angebliche Appeasement-Politik der Kanzlerin, die den Anschluss der Krim an Russland faktisch hinnehme und den Status quo in der Ostukraine vorerst einfriere. Doch folgt ein Konflikt mit einer atomaren Supermacht eigenen Gesetzen, und Merkel ging in Wort und Tat schon erheblich weiter, als es daheim die Mehrheit in Wirtschaft und Gesellschaft befürwortete.

Wie stets brauchte die Kanzlerin einige Zeit, um für die deutsche Öffentlichkeit eine Sprachregelung zu finden, die sie dann umso offensiver vertrat. Diesmal kam die Stunde am 13. März 2014, drei Tage vor dem Referendum auf der Krim, mit dem Russland die Annexion der Halbinsel zu legitimieren versuchte. Merkel nahm in einer Regierungserklärung zum EU-Gipfel ausdrücklich Bezug auf die Analogien zum Ersten Weltkrieg, die in der Publizistik kursierten, schon das erschien ungewöhnlich genug. Putin habe *einen Konflikt um Einflusssphären vom*

Zaun gebrochen, wie wir ihn eigentlich aus dem 19. oder 20. Jahrhundert kennen, einen Konflikt, den wir für überwunden gehalten hatten. Der russische Präsident stelle *das Recht des Stärkeren gegen die Stärke des Rechts*.[44] Das fand nicht nur den Beifall der Union und der sich allmählich von Gerhard Schröder emanzipierenden SPD, sondern vor allem der Grünen, deren Menschenrechtsaktivisten sich klar auf die ukrainische Seite stellten. Die breiteste Zustimmung fand indes der zweite Teil der Merkel'schen Doppelstrategie: *Militärisches Vorgehen ist keine Option.*[45] Im Umgang mit der Atommacht Russland verstand sich das eigentlich von selbst. Dass Merkel es ausdrücklich erwähnte, verdeutlichte den Ernst der Lage – ganz ähnlich, wie einst die Garantie der Sparguthaben deren Gefährdung vor Augen geführt hatte.

Der Ausschluss militärischer Mittel galt nur in Bezug auf die Ukraine, nicht in Bezug auf die Garantien der Nato für ihre östlichen Mitgliedstaaten. Alle Beteiligten wussten: Würde das Bündnis zu seinen Beistandspflichten in Bezug auf das Baltikum nicht stehen, wäre es am Ende. Unter Merkels maßgeblicher Mitwirkung entwickelten die Nato-Mitglieder ein System rollierender Truppenverlegungen und Manöver, das bestehende Vereinbarungen mit Russland nicht verletzte und gleichwohl die Solidarität mit den Verbündeten deutlich machte. Im August flog die Kanzlerin eigens nach Lettland, um ihre Unterstützung zu demonstrieren. Die Beistandspflicht nach Artikel 5 des Nato-Vertrags stehe nicht nur auf dem Papier, sagte sie, vielmehr müsse sie *im Zweifelsfall natürlich auch mit Leben gefüllt werden. Darauf müssen wir uns vorbereiten, und diese Vorbereitungen müssen stärker sein, als wir es noch vor einigen Jahren gedacht haben.*[46]

Von der Normandie nach Minsk

Die Phase der akuten Krisenreaktion ging allmählich zu Ende, aber eine Lösung des Konflikts lag nach wie vor in weiter Ferne. Die westlichen Reaktionen auf das russische Vorgehen hatten den Präsidenten in Moskau nicht von seinem Kurs abgebracht. Die Krim blieb annektiert, die Lage in der Ostukraine fragil. Kurz nach der Europawahl Ende Mai bot sich für Merkel eine Gelegenheit, die seit vielen Wochen geübte Telefondiplomatie durch persönliche Gespräche zu ergänzen: Am 6. Juni trafen sich in der Normandie die Staats- und Regierungschefs nahezu aller am Zweiten Weltkrieg beteiligten Staaten, um der Landung der Alliierten vor 70 Jahren zu gedenken.

In die Vorbereitungen schaltete sich Merkel intensiv ein.[47] Sie ermutigte den französischen Präsidenten, Putin zu dem Treffen einzuladen. Am 24. Mai führte sie ein Telefonat mit dem russischen Staatsoberhaupt, erstmals gemeinsam mit Hollande. Die beiden europäischen Spitzenpolitiker, die sich so lange misstrauisch beäugt hatten, kamen sich über die Zusammenarbeit in der Ukrainefrage nun näher. Merkel telefonierte in den folgenden Tagen auch mit dem frisch gewählten ukrainischen Präsidenten Poroschenko, den Hollande ebenfalls zu den Gedenkfeiern in der Normandie bat. Der Franzose tat alles, um als Gastgeber den geeigneten Rahmen für das ukrainische Krisenmanagement zu schaffen. Er ließ eigens das klassizistische Schloss in Bénouville herrichten, das einen Blick auf die im Juni 1944 schwer umkämpfte Pegasus-Brücke über den Caen-Kanal bot. Die französische Diplomatie arrangierte in enger Absprache mit den Deutschen die Choreographie der Gespräche.

Zum ersten Mal seit Beginn der Ukrainekrise traf Merkel persönlich mit Putin zusammen. Sie achtete darauf, dass es nicht wie ein Versöhnungstreffen aussah, und schaute für die Fotografen besonders grimmig drein. Im Gespräch bleiben, ohne die Annexion zu billigen: Diese Botschaft wollte sie auch optisch kommunizieren. Vor allem aber gelang es Merkel und Hollande, Putin zum ersten Mal mit seinem neuen ukrainischen Amtskollegen Poroschenko zusammenzubringen. Unmittelbar bevor um zwölf Uhr das große Mittagessen zum Gedenken an den D-Day begann, setzten sich die beiden in einem Raum des Schlosses zusammen, Merkel und Hollande kamen hinzu.

Das «Normandie-Format» war geboren, das fortan den Rahmen für das weitere Krisenmanagement bildete. Die Last der Konfliktbewältigung lag nun nicht mehr allein auf Merkels Schultern. Für die Kanzlerin hatte es gleich mehrere Vorteile, Hollande einzubinden. So konnte sie Irritationen über die neue deutsche Großmachtrolle abmildern, die zögerlichen West- und Südeuropäer in die Abwehrstrategie gegen Putin einbinden und ein Stück weit die Spaltung der EU aus der Zeit der Euro-Krise überwinden. Es schien zunächst so, als hauche die Bedrohung von außen der Europäischen Union neues Leben ein.

Doch die Beruhigung hielt nicht lange vor. Sechs Wochen später, am 17. Juli, verschwand eine Boeing 777 der Malaysian Airlines mit 298 Men-

3. Ukraine (2013–2015)

Beim Gedenken an die Landung in der Normandie versuchte Merkel im Juni 2014, zwischen dem ukrainischen Präsidenten Poroschenko und seinem russischen Kollegen Putin zu vermitteln. Die französischen Gastgeber hatten das Treffen akribisch vorbereitet.

schen an Bord über der Ostukraine von den Radarschirmen. Wie eine Untersuchungskommission später feststellte, hatten die dortigen Rebellen eine aus Russland gelieferte Rakete auf die in Amsterdam gestartete Maschine mit der Flugnummer MH 17 abgefeuert. Merkel telefonierte nach dem Abschuss nicht nur mit Poroschenko und Putin, sie rief auch den niederländischen Ministerpräsidenten Mark Rutte sowie weitere Regierungschefs von Ländern an, deren Staatsbürger ums Leben gekommen waren. Auch der französische Präsident François Hollande ließ sich nun endlich davon überzeugen, die geplante Lieferung französischer Hubschrauberträger nach Russland zu stornieren. Später zahlte Frankreich knapp eine Milliarde Euro an Moskau zurück und verkaufte die Schiffe nach Ägypten.

Der Vorfall fiel in eine Zeit, in der ukrainische Regierungstruppen gerade versuchten, von den prorussischen Rebellen besetzte Gebiete zurückzuerobern. Am 12. August schickte Russland einen Konvoi mit 280 Lastwagen in Richtung der umkämpften Gebiete, angeblich mit Hilfsgütern. Zur gleichen Zeit häuften sich Meldungen, wonach Soldaten ohne Hoheitszeichen sowie militärische Ausrüstung aus Russland über die unkontrollierte Grenze in die Ostukraine gelangten. Die russische Seite behauptete später, es könne sich allenfalls um Soldaten auf Urlaub handeln. Am 24. August mussten die ukrainischen Regierungstruppen erstmals zurückweichen; offenbar hatte Moskau militärische Verstärkung geschickt, um eine Niederlage der Separatisten abzuwenden. Die Gefahr eines offenen Krieges zwischen der Ukraine und Russland, mit unabsehbaren Weiterungen, erschien in diesen Tagen so akut wie selten.

Wieder entfaltete die Kanzlerin ihre telefonischen Aktivitäten. Wie schon in der Euro-Krise arbeitete sie sich tief in die Einzelheiten ein: Mit Frontverläufen, belagerten Städten, der Lage strategisch wichtiger Straßen machte sie sich vertraut. Auf dem Weg zu ihrem Solidaritätsbesuch in Riga erklärte sie den mitreisenden Journalisten die ukrainischen Verhältnisse in allen Einzelheiten. Seit einem halben Jahr stand das Thema nun auf dem ersten Platz ihrer politischen Agenda, die innenpolitischen Debatten um Mindestlohn oder Rente mit 63 verblassten dagegen nicht nur für Merkel selbst, sondern auch in der öffentlichen Wahrnehmung. Die Welt sei ein Saustall, schrieb der Journalist Nico Fried in der *Süddeutschen Zeitung*, «und irgendjemand hat dieser Bundesregierung das Kehrwochenschild an die Tür gehängt».[48]

Am 23. August flog Merkel schließlich selbst nach Kiew, um in den pompösen stalinistischen Regierungsgebäuden ihre Gespräche zu führen. Sie reiste in doppelter Mission. Einerseits wollte sie dem Land in jenen heiklen Tagen westliche Unterstützung zusichern, was *die territoriale Integrität und das Wohlergehen der Ukraine* betraf. Andererseits diente die Reise dem Zweck, Poroschenko von unüberlegten Aktionen abzuhalten. Die Kraft dürfe *natürlich nicht in militärische Auseinandersetzungen fließen*, man müsse sie vielmehr in einen baldigen Waffenstillstand investieren.[49]

Die deutsche Vermittlung führte immerhin dazu, dass sich die Kontaktgruppe aus Vertretern Russlands, der Ukraine, der Separatisten und der OSZE am 5. September 2014 auf einen Waffenstillstand einigte. Die Konfliktparteien hielten sich zwar nie ganz an die Absprachen, in der zweiten Schlacht um den Flughafen Donezk brachen sie die Vereinbarung bald sogar ganz offen. Gleichwohl schien die Gefahr einer Eskalation zu einem internationalen Konflikt nun nicht mehr so groß zu sein wie zuvor.

Mitte Oktober traf Merkel den russischen Präsidenten am Vorabend des EU-Asien-Gipfels in Mailand. Stundenlang ließ Putin, aus Serbien

3. Ukraine (2013–2015)

kommend, die Kanzlerin warten. Um 23.15 Uhr konnte sie den russischen Präsidenten endlich in einem nüchternen Konferenzraum ihres Mailänder Hotels empfangen; dem Ukrainer Poroschenko hatte sie zuvor noch Zutritt zu ihrer Suite gewährt. Viel mehr als Symbolik ergab das Treffen nicht, als es nach zweieinhalb Stunden tief in der Nacht zu Ende ging. Ähnlich verlief einen Monat später eine weitere Zusammenkunft auf dem G20-Gipfel im australischen Brisbane. Diesmal kam Merkel in Putins Hotel, die Unterredung begann wie geplant noch vor 22 Uhr und dauerte rund vier Stunden. Mit ihren Argumenten konfrontierten sich die beiden diesmal auch öffentlich: Putin gab vorher der ARD ein Interview, Merkel hielt tags darauf eine Rede bei einem Thinktank in Sydney. Zum wiederholten Male warf sie Russland ein Denken in Einflusssphären nach Art des 19. Jahrhunderts vor.[50]

Dem CDU-Parteitag zum Jahresende in Köln konnte Merkel mit gelassenem Selbstbewusstsein entgegensehen. Dass ihr der Wirtschaftsflügel ein Bekenntnis zum Abbau der «Kalten Progression» abrang, also zu Steuersenkungen, ertrug sie in dem Bewusstsein, dass es sich angesichts der weltpolitischen Krisen um ein drittrangiges Problem handele; umgesetzt wurde der Beschluss in der Wahlperiode ohnehin nicht mehr. Mit 96,72 Prozent der Stimmen, dem zweitbesten Ergebnis ihrer 18 Jahre währenden Amtszeit, wählten die Delegierten Merkel abermals zur CDU-Vorsitzenden. Für die Spekulation, sie werde ihre Ämter im Laufe des Jahres 2015 womöglich in andere Hände legen, ließ das nur noch wenig Spielraum. In ihrer Parteitagsrede sprach Merkel sogar über künftige Koalitionen, sie schimpfte über den aktuellen Partner SPD, nahm den früheren Alliierten FDP in Schutz und ließ Sympathien für ein mögliches Bündnis mit den Grünen erkennen. Die meisten Zuhörer verstanden das so, als steuere sie schon jetzt auf eine abermalige Kandidatur im Jahr 2017 zu.[51]

In der Ukraine ließ die nächste Konfrontation nicht lange auf sich warten. Schon im Januar flammten die Kämpfe wieder auf, Anfang Februar waren 6000 bis 8000 ukrainische Soldaten in dem Städtchen Debalzewe eingeschlossen, dessen Namen die deutsche Kanzlerin nun flüssig buchstabieren lernte. Das war rund ein Viertel der einsatzfähigen Kräfte, die der Regierung in Kiew überhaupt zur Verfügung standen. Die neuerliche Eskalation der Lage ließ in den Vereinigten Staaten unter republikanischen Politikern, angeführt vom einflussreichen Senator John McCain, den Wunsch nach direkten Waffenlieferungen an die ukrainische Armee aufkommen. Das setzte den US-Präsidenten Obama unter einen Druck, dem er bei einem anhaltenden Vorrücken der prorussischen Separatisten wohl kaum standgehalten hätte.

In dieser Lage entschloss sich Merkel zu einem ungewöhnlich gewagten Schritt. Seit dem Beginn der Krise vor nunmehr knapp einem Jahr hatte sie es bei allem Engagement vermieden, persönlich zu Putin nach Moskau zu reisen. Allzu groß erschien ihr die Gefahr, mit leeren Händen zurückzukehren. Jetzt musste sie das Risiko eingehen. Auf die Reise begab sie sich nicht allein, sondern gemeinsam mit dem französischen Präsidenten. Und sie schob vorher einen Besuch in der Ukraine ein, auch das gehörte zur symbolischen Choreographie der Vermittlung im mittlerweile bewährten «Normandie-Format».

Eine Woche begann, die selbst erfahrenen Außenpolitikern den Atem verschlug – und die wieder einmal die robuste körperliche Konstitution der Kanzlerin auf die Probe stellte. Am 6. Februar 2015, einem Donnerstag, flogen Merkel und Hollande zu Poroschenko nach Kiew. Am Freitag besuchten sie Putin in Moskau. Am Montag reiste Merkel zu einem schon länger geplanten Treffen mit Obama nach Washington. Zwischen den drei Terminen kehrte sie jeweils nach Berlin zurück. Am Samstag schob sie einen Besuch der Münchener Sicherheitskonferenz ein, auf der ein Jahr zuvor noch eine sehr theoretische Debatte über eine aktivere deutsche Außenpolitik geführt worden war. Daraus war inzwischen bitterer Ernst geworden. So persönlich wie nie zuvor versuchte die Kanzlerin im Hotel «Bayerischer Hof» ihre Strategie für die Ukrainekrise zu erklären.

Senatoren aus Washington erkundigten sich in scharfem Ton, warum Merkel partout keine Waffen an die ukrainische Regierung liefern wolle. Die Deutsche antwortete mit einem großen historischen Exkurs. Sie erinnerte an ihre Zeit in der DDR während des Kalten Krieges. Niemand habe damals geglaubt, man könne den Ostdeutschen mit militärischen Mitteln zu einem Leben in Freiheit verhelfen. Die Vereinigten Staaten seien nicht in den Krieg gezogen, als die Berliner Mauer gebaut wurde. Stattdessen hätten sie einen langen Atem bewiesen. Dieses *Stangehalten* der Vereinigten Staaten habe *dazu geführt, dass ich heute hier sitze*. Der Erfolg von Sanktionen lasse sich nicht nach zwölf Monaten beurteilen, langfristig seien demokratische Systeme überlegen; sie sei deshalb überrascht, *wie schnell wir verzagt sind*. Waffenlieferungen könnten nicht dazu führen, *dass Präsident Putin so beeindruckt ist, dass er glaubt, militärisch zu verlieren, es sei denn – über es sei denn möchte ich nicht sprechen*; womöglich lag ihr der Hinweis auf Atomwaffen auf der Zunge, den sie dann doch

3. Ukraine (2013–2015)

lieber unterdrückte.[52] Der *Spiegel* urteilte anschließend, Merkel habe sich zu einer «lupenreinen Realpolitikerin» gewandelt, vom früheren außenpolitischen Idealismus sei keine Spur mehr geblieben.[53] Ob das als Lob oder als Tadel zu werten war, hing vom Standpunkt des Betrachters ab. Jedenfalls hatte Merkels Vermittlung Erfolg. Von ihren beiden Kurzbesuchen in Kiew und Moskau brachte sie gemeinsam mit Hollande die Bereitschaft zu Verhandlungen mit.

Am 11. Februar 2015 trafen sich die Staats- und Regierungschefs des «Normandie-Formats» in der weißrussischen Hauptstadt Minsk. Zunächst stimmte die Kanzlerin in der deutschen Botschaft mit Hollande die Verhandlungslinie ab, dann besprachen sich die beiden mit Poroschenko, schließlich begaben sie sich zu Putin in die große Runde. Um 18.30 Uhr begannen die eigentlichen Verhandlungen im Palast der Unabhängigkeit, einem Protzbau, den der örtliche Diktator Lukaschenko erst kurz zuvor im Sowjetstil hatte errichten lassen.

Die ganze Nacht über verhandelte Merkel mit den Kontrahenten, den bereitstehenden Alkohol rührte sie nicht an. Putin und Poroschenko begaben sich zwischendurch zu einem Vieraugengespräch hinaus. Um 6.30 Uhr am Morgen schien eine Einigung zu stehen, nach zwölf Stunden währenden Verhandlungen. Weitere anderthalb Stunden später kehrte die Ukraine-Beauftragte der OSZE jedoch mit einer niederschmetternden Nachricht von den ostukrainischen Separatisten zurück, die an den Verhandlungen nicht unmittelbar teilnahmen und sich daher in einem benachbarten Veranstaltungs- und Gästehaus bereithielten: Diese prorussischen Rebellen wollten das Resultat der Verhandlungen nicht akzeptieren. Merkel redete gemeinsam mit Hollande und Poroschenko auf Putin ein, der daraufhin mit den Abtrünnigen telefonierte. Zwei Stunden später stimmten sie dem ausgehandelten Dokument ohne Änderungen zu. Gegen elf Uhr vormittags konnten Merkel und Hollande in Minsk vor die Presse treten und die Einigung präsentieren, nach nunmehr fast 17 Stunden Verhandlungen ohne Schlaf. Das sei die härteste Nacht seines Lebens gewesen, sagte Putin hinterher.[54]

Damit endete nach rund einem Jahr die Phase, in der das Management der Ukrainekrise den obersten Platz auf Merkels Agenda einnahm. Zwar wurden die Vereinbarungen von «Minsk II» niemals vollständig umgesetzt, immer wieder kam es zu kleineren Gefechten. Auch in den Folgejahren sprach die Kanzlerin häufig mit den Konfliktparteien, wann immer es ihr nötig schien, selbst in Phasen, in denen sie sich anderen

Großkrisen gegenübersah. Aber die Mitteilungen, die das Bundespresseamt nach diesen Gesprächen herausgab, ließen die frühere Schärfe vermissen. Meist beschränkten sie sich auf die stereotyp wiederholte Mahnung an alle Beteiligten, sich an die Vereinbarungen aus Minsk zu halten. Der Punkt, an dem sich die Feindseligkeiten zu einem Konflikt mit unabsehbaren Konsequenzen hätten ausweiten können, schien fürs Erste überwunden zu sein.

Für Merkel persönlich wie für Deutschland als Ganzes brachte dieses Jahr eine grundlegende Veränderung. Auf die Verantwortung für Europa war eine neue Verantwortung in der Welt gefolgt – oder wenigstens eine ergänzende Rolle neben den Vereinigten Staaten. Die deutsche Kanzlerin galt spätestens jetzt als Weltpolitikerin ersten Ranges. Der amerikanische Schriftsteller und Starjournalist George Packer porträtierte «die mächtigste Frau der Welt», wie sie schon seit Längerem hieß, Ende 2014 im *New Yorker* auf sage und schreibe 20 eng bedruckten Seiten.[55] Anders als in den beiden früheren Amtszeiten brach ihre Popularität nicht ein, obwohl die Halbzeit der Legislaturperiode nahte.

Während sich Merkel in Minsk um die Einhegung des Ukrainekonflikts bemühte, drängte schon das nächste Großthema nach vorn: Abermals stand der Verbleib Griechenlands in der Währungsunion zur Debatte. Sofort nach der Einigung von Minsk reisten Merkel und Hollande nach Brüssel weiter, diesmal ohne den Umweg über die nationalen Hauptstädte. Knapp drei Stunden blieben Merkel im Flugzeug, um auszuruhen und sich auf neue Themen vorzubereiten. Am Nachmittag begann in der belgischen Hauptstadt der informelle EU-Gipfel, auf dem nicht nur die Ukraine ein Thema war, sondern vor allem auch die griechische Frage. Merkel hielt die Zeit ihres Eingreifens für gekommen, um ein Auseinanderfallen der Europäischen Union zu verhindern.

Tsipras

Als Merkel völlig übernächtigt am Nachmittag dieses 12. Februar 2015, einem Donnerstag, im Brüsseler Ratsgebäude eintraf, lernte sie einen neuen Kollegen kennen. Alexis Tsipras, der Vorsitzende der sozialistischen Partei Syriza, hatte zweieinhalb Wochen zuvor die griechische Parlamentswahl gewonnen, mit dem Versprechen, die mit den europäischen Geldgebern vereinbarten Sparprogramme aufzugeben. Zum ersten Mal stand kein Vertreter der Traditionsparteien, der konservativen Nea Dimokratia oder der sozialdemokratischen Pasok, an der Spitze der Regierung. Rund zehn Milliarden Euro pro Jahr wollte der neue Ministerpräsident zusätzlich ausgeben, im Vergleich zu der Haushaltsplanung, die der Vorgänger mit der EU vereinbart hatte.

Griechenland war nur der jüngste, bislang spektakulärste Fall in einer ganzen Serie von Wahlen, die in Europa die politische Landkarte umpflügten – infolge von Bankencrash, Schuldenkrise und dem, was Merkels Kritiker die «Austeritätspolitik» nannten. Wer zu Beginn der Krise an der Macht gewesen war, hatte Pech gehabt und wurde abgewählt. In einer ersten Phase hatten sich die traditionellen Volksparteien wechselseitig abgelöst. Mit dem griechischen Wahlergebnis erreichte die Revolution des europäischen Parteiensystems die zweite Phase, neue Formationen traten an die Stelle der etablierten Parteien: in Frankreich bald die «En Marche»-Bewegung des späteren Präsidenten Emmanuel Macron, in Spanien die linke Podemos- oder die liberale Ciudadanos-Partei – und in Griechenland die Syriza, eine Abkürzung für die «Koalition der radikalen Linken».

Bei der dortigen Neuwahl, die nach der gescheiterten Kür eines neuen Staatspräsidenten nötig geworden war, trat der in Berlin schon 2012 befürchtete Syriza-Sieg nun wirklich ein. Die etablierten griechischen Parteien litten unter einem Problem, das bereits Merkels Vorgänger Gerhard Schröder beschrieben hatte: «Die unangenehmen Folgen der Reform spüren Sie sofort, die positiven Wirkungen erst in drei bis vier Jahren. Dadurch entsteht eine Lücke, in die demokratisch legitimierte Politik hineinfallen kann.»[56] Vieles sprach dafür, dass das auch auf die Lage in Griechenland zutraf.

Beim regulären Wahltermin anderthalb Jahre später hätte der konservative griechische Premier vermutlich gute Chancen auf seine Wiederwahl gehabt. Nach Jahren des wirtschaftlichen und sozialen Niedergangs zeigte sich ein erster Aufwärtstrend. Der Rückgang des Sozialprodukts war gestoppt, der Staatshaushalt wies ohne den Schuldendienst erstmals einen kleinen Überschuss auf, auch die Zahl der Arbeitslosen sank. Die allermeisten Griechen spürten den zarten Aufschwung zur Jahreswende 2014/15 allerdings noch nicht in ihrem Alltag, die Geduld der Bevölkerung ging zu Ende.

Am Tag nach der Wahl einigte sich Tsipras mit der kleinen rechtspopulistischen Partei «Unabhängige Griechen» auf eine Koalitionsregierung, einen weiteren Tag später stellte er sein Kabinett vor. Zum Finanzminister berief er den Athener Wirtschaftsprofessor Yanis Varoufakis, einen Mann, der zwar als Wissenschaftler unter linken Ökonomen ein gewisses Renommee besaß, von der praktischen Tagespolitik aber wenig verstand, was indes auch auf viele seiner konservativen Fachkollegen in Deutschland zutraf (die freilich nicht Minister wurden). Wieder einmal sollten die Gehversuche eines Professors in der Politik scheitern. Zunächst jedoch genoss Varoufakis die Aufmerksamkeit der internationalen Medien, weit mehr noch als Tsipras. Der Mann, der das Hemd über der Hose trug und dazu eine Lederjacke, der scheinbar als Einziger der Austeritätspolitik Merkels die Stirn bot, stieg in kurzer Zeit zu einem internationalen Popstar auf. Geradezu ikonographischen Status bekam ein Foto, das ihn mit seiner Frau auf der Terrasse mit Blick zur Akropolis zeigte.[57]

Schon drei Tage nach seiner Ernennung erklärte Varoufakis bei einem Besuch des Eurogruppen-Chefs Jeroen Dijsselbloem in Athen, er werde mit der «Troika» von Internationalem Währungsfonds, Europäischer Zentralbank und Brüsseler Kommission nicht mehr zusammenarbeiten. Regierungschef Tsipras musste in Telefonaten mit Kommission und Zentralbank klarstellen, dass damit nur der verhasste Name «Troika» gemeint sei, die Arbeit der «Institutionen» aber weitergehe.

Am 5. Februar, eine Woche vor Merkels Gewalttour nach Minsk und Brüssel, kam Varoufakis zum Antrittsbesuch nach Berlin. Finanzminister Schäuble bemäntelte seine Abneigung nur notdürftig mit einer diplomatischen Floskel. «We agree to disagree», sagte er in der anschließenden Pressekonferenz, zu der so viele Journalisten kamen wie zu kaum einer anderen in Schäubles Amtszeit als Finanzminister.[58] Schon das ärgerte Merkels wichtigsten Minister: dass das Publikum einen Mann so feierte, der aus seiner Sicht überhaupt keine Substanz hatte. Noch in seinem Abschiedsinterview als Finanzminister fast drei Jahre später versetzte ihn das Thema in Wallung.[59] Dazu trug auch Varoufakis' selbstbewusster Einstand in der Euro-Gruppe am 11. Februar bei. Statt mit den Kollegen zu diskutieren, hielt er einen einstündigen Vortrag über die Fehler der bisherigen Rettungsprogramme. Die übrigen Ressortchefs sprachen hinterher spöttisch von der «Antrittsvorlesung» des Professors mit dem Spezialgebiet Spieltheorie.

So realitätsfern der Auftritt des neuen griechischen Finanzministers auch erscheinen mochten: Er entwickelte sich alsbald zum Hoffnungsträger all jener, die Merkels Euro-Politik von Anfang an abgelehnt hatten,

3. Ukraine (2013–2015)

«We agree to disagree», stellte der deutsche Finanzminister Schäuble beim Antrittsbesuch seines griechischen Kollegen Varoufakis im Februar 2015 fest. Daraus wurde keine Freundschaft mehr.

weil sie das Credo der Kanzlerin von der Hilfe gegen Reformen nicht akzeptierten. Sie sahen darin lediglich den Ausdruck einer lutherischen Verzichtsideologie, wahlweise auch eines neoliberalen Glaubensbekenntnisses, wonach Staaten sich vor allem als Marktakteure in einem internationalen Wettbewerb definieren sollten. Dieser Vorwurf gegen Merkels Euro-Politik kam nicht nur von links, auch führende Politiker und Ökonomen aus den Vereinigten Staaten kritisierten die deutsche Kanzlerin hart dafür, dass sie die Krise nicht einfach ohne weitere Vorbedingungen mit Geld der solventeren Mitgliedsländer und der Notenbank bekämpfte – wenngleich bei Barack Obama das Verständnis für die Nöte der Berliner Regierungschefin allmählich wuchs, auch weil durch die Zusammenarbeit in der Ukrainekrise das Vertrauen zwischen den beiden gewachsen war.

Die harte Haltung des deutschen Finanzministers speiste sich indes nicht aus einer antieuropäischen Gesinnung, im Gegenteil: Kaum jemand in der deutschen Politik war der europäischen Integration, bis hin zur Aufgabe der einzelstaatlichen Souveränität, so stark verpflichtet wie Wolfgang Schäuble. Nur schwebte ihm dabei anders als der Kanzlerin ein engeres Kerneuropa vor, ein Verbund von Staaten mit ähnlichen Voraussetzungen, und er betrachtete als studierter Jurist die Einhaltung gemeinsam beschlossener Regeln als unverzichtbares Element eines künftigen europäischen Bundesstaates. So konnte es kaum verwundern, dass ihm die Euro-Mitgliedschaft Griechenlands nach allen Erfahrungen der zurückliegenden fünf Jahre als Hindernis für seine europäische Vision galt. Zudem hoffte er, das drohende Chaos nach einem griechischen Ausscheiden aus der Gemeinschaftswährung könne als heilsamer Schock dienen, um ein engeres Zusammenrücken der verbleibenden Länder zu erzwingen. Das war ein Spiel mit hohem Risiko, das Merkel weder für vertretbar noch für wünschenswert hielt – auch weil für die Frau, die um den Beitrag der Polen, Tschechen und Ungarn zu ihrer persönlichen Freiheit wusste, ein Rückzug auf die Gründungsmitglieder der Europäischen Gemeinschaften gar nicht infrage kam.

So versuchte die Kanzlerin einmal mehr, sich als Stimme der Weltvernunft zwischen den entfesselten Leidenschaften zu präsentieren. Aus ihrer Sicht barg das Zerwürfnis Gefahren. Noch während des Athener Wahlkampfs hatte der *Spiegel* unter Berufung auf Merkels Umfeld berichtet, die deutsche Regierungschefin wolle «eher den Ausstieg Griechenlands aus der Währungsunion hinnehmen, als einer neuen Linksregierung größere Zugeständnisse zu machen». In den Agenturmeldungen wurde daraus eine «Berliner Drohkulisse», eine Einmischung von außen in den Wahlkampf eines anderen Landes, die nur zu einer Trotzreaktion führen könne.[60] Das rief Turbulenzen an den Börsen hervor. Auf die Neuwahl-Ankündigung hatten die Akteure an den Finanzmärkten noch gelassen reagiert, im Vertrauen darauf, dass die deutsche Bundeskanzlerin an ihrer Entscheidung von 2012 zum Verbleib des Landes in der Euro-Zone festhalten werde. Die *Spiegel*-Story erschütterte diese Gewissheit. Entsprechend aufgebracht reagierte die Kanzlerin, zumal der Bericht in diesem Fall offenbar keine Grundlage hatte: Für einen Kurswechsel gab es keine belastbaren Indizien.[61]

Die Meldung traf nur insofern zu, als Merkel einer neuen griechischen Regierung die Reformauflagen nicht einfach erlassen konnte – schon mit Blick auf die Regierungen anderer Krisenländer wie Portugal oder Spanien, die ebenfalls radikale Sparprogramme umgesetzt hatten und unter dem Druck linker Oppositionsbewegungen standen. Empört hätte das auch die Garantiegeber in Osteuropa, deren Bevölkerungen teils über ein erheblich geringeres Durchschnittseinkommen verfügten als die Griechen. Seit 2012 war auch das Risiko gesunken, dass Banken und Staaten in der übrigen Euro-Zone nach einem griechischen Ausscheiden umkippen würden wie Dominosteine. Die Währungsunion hatte sich wieder gefestigt, sie hatte zum 1. Januar sogar ein neues Mitglied aufgenommen: Litauen trat der Gemeinschaftswährung bei, als letzter der drei baltischen Staaten, die in einer engen Anbindung an Europa auch eine Rückversicherung gegen russische Expansionsgelüste sahen.

Im Konflikt mit Russland lag allerdings ein Grund, warum Merkel im Jahr 2015 ein Ausscheiden Athens womöglich noch mehr fürchtete als drei Jahre zuvor. Sie sah die Gefahr, dass Griechenland nach einem Euro-Aus unter russischen Einfluss geraten könnte. Schließlich verfügt es über enge historische Verbindungen nach Moskau, die im Westen oft übersehen wurden: Die beiden Länder verband die Zugehörigkeit zum orthodoxen Christentum und der Gebrauch einer aus dem Altgriechischen hervorgegangenen Schrift. Putins Großmachtpolitik ließ Anklänge an die Idee von Moskau als einem «dritten Rom» erkennen, die auf die Tradition des griechischen Konstantinopel Bezug nahm. Auch waren rund 50 000 griechische Kommunisten nach ihrer Niederlage im Bürgerkrieg 1949 in die Sowjetunion oder ihre Satellitenstaaten geflüchtet und nach dem Ende der Militärdiktatur 1974 nach Griechenland zurückgekehrt.

Eine weitere Destabilisierung des ohnehin fragilen östlichen Mittelmeerraums wollte die zur Weltpolitikerin gewandelte Kanzlerin nicht riskieren, zumal bereits zu diesem Zeitpunkt eine wachsende Zahl von Flüchtlingen aus dem Nahen Osten über die Ägäis nach Griechenland kam. Auch das neue Einvernehmen mit Frankreich, das sich gegen einen Ausschluss Athens wandte, galt es aus übergeordneten Gründen zu bewahren. Und schließlich hatte sich das Risiko zwar verringert, dass ein griechisches Euro-Aus die Währungsunion als Ganzes zum Einsturz bringen könnte, gebannt war die Gefahr aber keineswegs. Ausschließen mochten ein solches Szenario auch die Wirtschaftsexperten nicht, die so forsch den Athener Euro-Austritt forderten. Der Münchener Ökonom Hans-Werner Sinn, einer der schärfsten Kritiker der Hilfsfonds für angeschlagene Euro-Länder, hatte das schon 2012 indirekt eingestanden – auf die Frage, ob ein Bundeskanzler Sinn anders entscheiden würde als die Amtsinhaberin. «Macht Merkel etwas falsch? Ich glaube, nichts Gravierendes», antwortete er einem Reporter. «Ich möchte nicht in ihrer Haut stecken.»[62]

Für Merkel galt nach wie vor: Sie wollte an einem Auseinanderbrechen Europas nicht schuld sein und nicht als diejenige Frau in die

Geschichte eingehen, die das Lebenswerk ihres Vorgängers leichtfertig zerstörte. Das hätten ihr dann auch diejenigen in der eigenen Partei zum Vorwurf gemacht, die sie jetzt noch zu größtmöglicher Härte gegenüber Griechenland aufforderten. Die Euro-Skeptiker würden ihr zudem die dann verlorenen bisherigen Hilfsgelder vorhalten. Sollte Griechenland ausscheiden, dann durfte das nur aus eigenem Antrieb geschehen, indem Tsipras die Auflagen eines neuen Hilfsprogramms rundheraus ablehnte. Die Frage blieb, ob die übrigen Europäer, also insbesondere Deutschland, dem griechischen Premier eine Brücke bauen würden. Die deutsche Kanzlerin war dazu bereit, der französische Präsident sowieso. Merkels Finanzminister sah das anders, er zielte in den Verhandlungen auf Konfrontation.

Als die Kanzlerin aus Minsk kommend in Brüssel eintraf, war es höchste Zeit für ein Eingreifen. Nur gut zwei Wochen verblieben bis zum 28. Februar, dem Tag, an dem das geltende Hilfsprogramm auslief. Schon den traditionellen «Doorstep», das Statement beim Betreten des Ratsgebäudes durch den Hintereingang, nutzte sie für ein Symbol der Entspannung: *Europa ist darauf ausgerichtet, und das ist auch der Erfolg Europas, einen Kompromiss zu finden. Kompromisse geht man ein, wenn die Vorteile die Nachteile überwiegen. Deutschland ist dazu bereit.*[63] Kurz vor Mitternacht, im Anschluss an den Gipfel und ihr erstes Zusammentreffen mit Tsipras, fügte sie wohlwollende Worte über den griechischen Premier hinzu. *Wir haben uns freundlich begrüßt, ich habe ihn zu seiner Wahl beglückwünscht und habe ihm gesagt, dass von meiner Seite aus alle Bereitschaft besteht, gut zusammenzuarbeiten.* Als würde das nicht genügen, sagte sie ein weiteres Mal: *Es war sehr freundlich.*[64] Merkels Vermittlungsbemühungen brachten ein konkretes Ergebnis hervor: Tsipras ließ eine Überprüfung seiner Haushaltszahlen durch die Experten aus Brüssel, Frankfurt und Washington zu.

Die Einigkeit hielt nicht lange vor, oder besser: Sie überstand nicht den nächsten Zusammenprall zwischen Schäuble und Varoufakis, der wenige Tage später beim Treffen der Euro-Gruppe folgte. «Am 28., 24 Uhr, isch over», äußerte der deutsche Finanzminister in alemannischem Englisch.[65] Der niederländische Eurogruppen-Chef Dijsselbloem wandte sich unter Umgehung des griechischen Finanzministers direkt an den Athener Premier. Man einigte sich auf den Entwurf eines Schreibens, mit dem Griechenland förmlich die provisorische Verlängerung des Hilfsprogramms beantragen sollte. Varoufakis, der den Brief offiziell abschicken musste und das am 19. Februar auch tat, nahm jedoch eigenmächtig Veränderungen vor.

Das rief abermals Schäuble auf den Plan. «Der Brief aus Athen ist kein substantieller Lösungsvorschlag», ließ sein Sprecher wissen, in einer schriftlichen Mitteilung, die an Härte ihresgleichen suchte.[66] Wieder griff Merkel ein. Sie telefonierte mit Tsipras, danach verhandelten die Finanzminister weiter. Am 20. Februar, gut eine Woche vor Ablauf der Frist, verlängerte die Euro-Gruppe das bestehende Hilfsprogramm um vier Monate. Der Beschluss löste das Problem nicht, er vertagte es nur; der Konflikt zwischen der Kanzlerin und ihrem Finanzminister schwelte weiter.

Schon in den ersten Märzwochen mehrten sich abermals die Zeichen für eine Konfrontation, die Stimmung in anderen Ländern begann sich gegen die Deutschen zu wenden: «The German Übermacht», so fasste der *Spiegel* das Empfinden vieler Europäer zusammen.[67] Die Syriza-nahe Zeitung *I Avgi* («Die Morgenröte») karikierte den deutschen Finanzminister in einer Wehrmachtsuniform aus dem Zweiten Weltkrieg und legte ihm Zitate über Griechenland in den Mund, die der Sprache der nationalsozialistischen Judenmörder entstammten. Schäubles Sprecher nannte den Cartoon «widerwärtig».[68]

Merkel war entsetzt über die Zeichnung, aber auch über die Rolle, in die Deutschland nun zu geraten drohte. Sie telefonierte mit Tsipras, um ihn zu einem Antrittsbesuch nach Berlin einzuladen. In der aufgeheizten Debatte setzte sie damit bewusst ein politisches Signal. Die Kanzlerin wollte Griechenland im Euro halten.[69] Es war ihr dritter Versuch nach 2010 und 2012. Am 23. März kam Tsipras ins Kanzleramt und begrüßte zunächst eine Gruppe von Demonstranten, die vor dem Gebäude gegen Merkels Euro-Politik protestierten, erst dann schritt der griechische Premier mit der deutschen Amtskollegin die militärische Ehrenformation ab.

Merkel nahm es gelassen. Mehr noch: Tsipras war ihr im Grunde sympathisch. Anders als Varoufakis zeigte sich der Premier zu Pragmatismus und überraschenden Wendungen fähig. Die Kanzlerin wollte ihm helfen. Sie sah in seiner Wahl mittlerweile nicht nur eine Gefahr, sondern auch eine Chance. Die Erfahrungen mit der alten griechischen Politelite waren ernüchternd gewesen. Auch dem Vorgänger Andonis Samaras, immerhin einem Partner der CDU in der konservativen Europäischen Volkspartei, hatte sie erst mit einiger Mühe das Bekenntnis zu den Reformprogrammen abgerungen, die er dann nur teilweise einlöste. Von Tsipras versprach sich Merkel zumindest die Möglichkeit zu einem neuen Aufbruch. Gerade einem Linkspolitiker sollte es doch möglich sein, endlich die griechischen Reeder angemessen zu besteuern oder die Auslandsvermögen reicher Landsleute zur Sanierung des Staatshaushalts heranzuziehen. Das würde auch die deutsche Kanzlerin von dem Vorwurf befreien, immer nur auf Kürzungen für verarmte griechische Rentner oder hilfsbedürftige Patienten in Athener Kliniken zu bestehen. Ausgerechnet diesen Teil der Erwartungen erfüllte Tsipras allerdings nicht.[70]

Die Kanzlerin sah die objektiven Schwierigkeiten, in denen Tsipras steckte. Er hatte die Wahl mit unerfüllbaren Versprechen gewonnen. Nun konnte er schwerlich von einem Tag auf den anderen davon abrücken. Noch weniger durfte er den Eindruck erwecken, dass er vor den Angriffen eines deutschen Finanzministers zurückwich; solche öffentlichen Wortmeldungen machten das Nachgeben nicht leichter. Merkel agierte nach der großen symbolischen Geste, dem Empfang des griechischen Premiers in Berlin, wochenlang wieder aus dem Hintergrund. Ritt Schäuble seine rüden Attacken, beruhigte sie die europäischen Kollegen; ließ Tsipras mangelnde Kompromissbereitschaft erkennen, redete sie ihm freundlich ins Gewissen. Tsipras' viel kritisierte Aktion, zugunsten der klammen Zentralregierung das Geld der Kommunen und Sozialversicherungen heranzuziehen, nötigte ihr sogar Respekt und ein wenig Neid ab: So etwas könnte eine Bundeskanzlerin in Deutschland niemals durchsetzen, und es bewies echten Machtwillen. Hier zeigte sich, dass Tsipras sein Amt behalten und nicht im Strudel eines Euro-Abschieds untergehen wollte. Das machte ihn berechenbar, deshalb werde es am Ende einen Deal mit ihm geben, sagte Merkel ihren Beratern.[71]

Am 26. April entglitt den Regierungschefs abermals ein Treffen ihrer Finanzminister, das diesmal in der lettischen Hauptstadt Riga stattfand. Varoufakis schwänzte das offizielle Abendessen mit den europäischen Amtskollegen. Eine breitere Öffentlichkeit erfuhr das auch deshalb, weil er auf der Straße einem deutschen Journalisten begegnete. Hinterher ließ er wissen, er habe mit Freunden und Mitarbeitern «eine viel bessere Zeit verbracht» als mit den europäischen Ministern.[72] Nun war das Maß voll. Tsipras konnte den Ressortchef aus Gründen der Gesichtswahrung zwar noch nicht entlassen, er entschloss sich aber, ihn zu entmachten. Fortan führte der stellvertretende Außenminister Euklid Tsakalotos die Verhandlungen.

Für Beobachter mochte es scheinen, als verfahre Merkel mit ihrem

Finanzminister ähnlich. Sie habe Schäuble das Heft des Handelns entrissen, verlautete aus dessen Umgebung. Der Minister selbst ließ seine Haltung zur Linie der Regierungschefin vorerst im Unklaren und verlegte sich auf eine Taktik der verbalen Nadelstiche. Die faktische Entmachtung des Kollegen Varoufakis vermochte ihn nicht zu besänftigen. Am 10. Mai legte er den Griechen in einem Zeitungsinterview nahe, über ihren Verbleib in der Euro-Zone eine Volksabstimmung abzuhalten. «Am Ende war und ist es eine souveräne Entscheidung des griechischen Volkes, welchen Weg es gehen will», sagte er. Dass er auf ein ablehnendes Votum hoffte, ging aus dem Ton seiner Äußerungen deutlich hervor.[73]

Ende Mai hatten die Irritationen ein Ausmaß erreicht, das die deutsche Kanzlerin zu öffentlich wahrnehmbaren Reaktionen bewog. Am 21. und 22. Mai 2015 trafen sich die europäischen Staats- und Regierungschefs in Riga zu einem Gipfel, der eigentlich der östlichen Partnerschaft gewidmet sein sollte. Nach dem fragilen Kompromiss von Minsk trat die ukrainische Frage jedoch hinter das griechische Thema zurück. Statt mit Putin und Poroschenko suchten Merkel und Hollande diesmal das gemeinsame Gespräch mit dem griechischen Premier Tsipras. Das Bundespresseamt verbreitete hinterher ein offizielles Foto, das neben einem etwas sauertöpfisch schauenden Hollande die deutsche Kanzlerin in sehr heiterer Stimmung mit Tsipras zeigte. Wieder einmal betrieb die Medienkanzlerin Merkel ihre Öffentlichkeitsarbeit mit Bildern, nicht mit Worten.

Einer Lösung standen nicht mehr nur die Haltung Athens und der Widerstand Schäubles im Weg. Inzwischen fanden auch die «Institutionen», wie die einstige «Troika» jetzt hieß, keine einheitliche Linie mehr. Der Internationale Währungsfonds machte einen Schuldenschnitt zur Bedingung für weitere Hilfen, weil Athen die Kreditlast sonst langfristig nicht tragen könne. Die Europäische Zentralbank lehnte einen solchen Haircut ab, da sie selbst in beträchtlichem Umfang griechische Staatsanleihen hielt, die sie nicht in den Wind schreiben wollte. Die EU-Kommission wiederum lehnte aus Rücksicht auf die griechische Regierung schärfere Sparvorgaben ab, also die einzige Möglichkeit, um zwischen den beiden anderen Positionen zu vermitteln. Schließlich fiel es dem Athener Premier innenpolitisch schon schwer genug, sich auf ein Festhalten an den bisherigen Vereinbarungen einzulassen.

Merkel sah in dieser Lage nur einen Ausweg: Sie lud die Chefs der «Institutionen», also Christine Lagarde, Mario Draghi und Jean-Claude Juncker, für den späten Abend des 1. Juni ins Berliner Kanzleramt ein.

Auch der französische Präsident Hollande war dabei, nicht aber die Finanzminister. Tatsächlich gelang ein Kompromiss: Der IWF ließ sich auf eine langsamere Schuldenrückführung ein, die EZB auf gestreckte Laufzeiten für die Hilfskredite, die Kommission auf etwas schärfere Vorgaben für die Verringerung der griechischen Sozialausgaben. Die Zustimmung aus Athen zu dem Kompromisspaket stand freilich noch aus.

Bei ihren Vermittlungsversuchen hatte Merkel nicht nur den 30. Juni im Blick, den Tag, an dem das bestehende Hilfspaket für Griechenland endgültig auslief. Sie dachte auch an den 7. und 8. Juni, die Tage, an denen sie die Staats- und Regierungschefs der sieben wichtigsten westlichen Industrienationen im oberbayerischen Schloss Elmau zum Gipfeltreffen empfing. Noch immer verfolgte sie das Trauma von Cannes, jenes trüben G20-Gipfels, auf dem Präsident Obama die Kanzlerin mit seinem Wunsch nach entschlosseneren Euro-Hilfen in einen Tränenausbruch getrieben hatte.

Auch in Elmau drängte Obama die deutsche Kanzlerin zu einer großzügigeren Griechenland-Rettung, schon wegen der Gefahren, die vom neuerlichen Aufflackern der Euro-Krise für die Weltwirtschaft und damit auch für die Konjunktur in den Vereinigten Staaten ausgingen. Die Ereignisse der zurückliegenden Wochen hatten jedoch auch Washington dem Gedanken näher gebracht, dass der Schlüssel für die Krisenlösung nicht nur in Berlin, sondern auch in Athen zu suchen sei – und dass das Problem vielleicht doch nicht so einfach zu lösen sei, wie man jenseits des Atlantiks lange gedacht hatte. Zu dieser milderen Sicht trug auch das verbesserte Verhältnis zwischen Merkel und Obama bei.

So konnte Merkel in Oberbayern tatsächlich eine kurze Auszeit von der griechischen Tragödie nehmen. Einem bilateralen Stelldichein mit Obama im Biergarten des nahegelegenen Bergdorfs Krün folgte eine wohldurchdachte Inszenierung im Park des Tagungshotels. Sie gipfelte in einem vom Bundespresseamt verbreiteten Foto, das den US-Präsidenten lässig in Rückenansicht auf einer Bank zeigte, vor sich die deutsche Kanzlerin, die ihm mit rotem Blazer und weit ausgebreiteten Armen die Welt erklärte.

Tatsächlich konnte Merkel als Gastgeberin an ihren Erfolg vom Heiligendammer G8-Gipfel acht Jahre zuvor anknüpfen und für kurze Zeit wieder ins Kostüm der Klimakanzlerin schlüpfen. 2007 hatte sie dem damaligen Präsidenten George W. Bush das Bekenntnis abgerungen, eine Begrenzung der Erderwärmung auf zwei Grad «ernsthaft in Betracht zu

3. Ukraine (2013–2015)

ziehen».[74] Diesmal legte sie gemeinsam mit Obama die Regierungen der großen westlichen Länder auf das Ziel fest, bis zum Jahr 2100 komplett auf fossile Energieträger zu verzichten; was die Europäische Union selbst betraf, so zog die Brüsseler Kommission den Zielpunkt vier Jahre später auf 2050 vor.[75]

Kaum war der Gipfel vorüber, beherrschte wieder die griechische Frage die Debatte. Der *Stern* schrieb von den «Schicksalstagen einer Kanzlerin», die «nicht das Ende Europas verantworten» wolle. Der *Spiegel* machte am 20. Juni mit dem angeblich bevorstehenden «Beben» auf: «Europas Scheitern: Was es kostet und was danach kommt.»[76] Die Zukunft des ganzen Kontinents schien auf dem Spiel zu stehen, als sich die Staats- und Regierungschefs der Europäischen Union am 25. und 26. Juni im Brüsseler Ratsgebäude trafen. *Nicht auf der Tagesordnung des Europäischen Rates steht Griechenland*, behauptete die Kanzlerin vorher im Bundestag, was allenfalls in formaler Hinsicht zutraf.[77]

Gegen Merkels Willen hatte Ratspräsident Donald Tusk auf griechischen Wunsch vorher noch einen Sondergipfel der Euro-Zone nach Brüssel einberufen. Nach nur vier Stunden gingen die Teilnehmer ergebnislos auseinander, denn die Kanzlerin wollte die Frage vorerst auf der Ebene der Finanzminister belassen, die in der Zwischenzeit wieder zusammengekommen waren. Varoufakis und Tsakalotos hatten dort, so die deutsche Einschätzung, bewusst unfertige Papiere präsentiert, um das Problem auf die Agenda der Regierungschefs zu heben. Von ihnen erwartete die Öffentlichkeit nun eine Entscheidung der griechischen Frage. Aber Merkel machte das Spiel nicht mit. Sie verwies auf die Hilfsbeschlüsse für Zypern im März 2013: Selbst in jenen dramatischen Stunden, als die Banken des Inselstaats bereits geschlossen waren, hätten sich die Regierungschefs nicht eingemischt und die Verhandlungen den Experten der drei Institutionen sowie den Finanzministern überlassen.[78]

Beim Abendessen stritten Merkel und ihre Kollegen stundenlang über ein anderes Thema, das zu diesem Zeitpunkt noch nicht im Fokus der deutschen Öffentlichkeit stand: über die wachsende Zahl von Flüchtlingen, die in Italien und Griechenland ankamen, und deren Verteilung auf die übrigen Länder des Kontinents. In einem dramatischen Hilferuf vor den Kollegen beklagte sich der innenpolitisch bedrängte römische Premier Matteo Renzi über die mangelnde Solidarität der anderen Mitgliedstaaten. Die Kanzlerin nahm das sehr ernst. Nachts vor der Presse nannte sie die Flüchtlingsfrage *die größte Herausforderung, die ich jeden-*

falls in meiner Amtszeit bezüglich der Europäischen Union gesehen habe. Das hieß: größer als die griechische Frage, in der auch vor diesem Hintergrund eine einvernehmliche Lösung vorzuziehen war. Die meisten der anwesenden Journalisten wollten das freilich nicht hören. Sie fragten unverdrossen nach dem Schuldenstreit und werteten Merkels Ausführungen über das vermeintlich ferne Flüchtlingsproblem als Ausweichmanöver.[79]

Am nächsten Morgen fand sich die deutsche Regierungschefin dann doch zu einem kurzen Treffen zur Griechenlandfrage bereit, als Zeichen des guten Willens, ohne sich auf Einzelheiten einzulassen. 20 Minuten sprachen sie und Hollande im Büro der französischen Delegation mit Tsipras. Hinterher sagte sie, beide hätten sie den Premier *sehr ermuntert, das außergewöhnlich großzügige Angebot der Institutionen jetzt auch anzunehmen.*[80] Die Entscheidung selbst sollte nun einen Tag später bei den Finanzministern fallen, also drei Tage, bevor das Hilfsprogramm für Athen endgültig auslief. Die Krise steuerte auf einen neuen Höhepunkt zu. So gespannt war die Lage seit den ersten Hilfsbeschlüssen für Griechenland fünf Jahre zuvor nicht mehr gewesen, nicht einmal, als im Sommer 2012 schon einmal ein Ausscheiden des Landes aus der Euro-Zone zur Debatte gestanden hatte. Gleichwohl verabschiedete sich Merkel in Brüssel von Tsipras mit dem Gefühl, dass die Einigung über ein neues Hilfspaket jetzt näher gerückt sei.

Griechischer Showdown

Hier irrte Merkel, wie auch die meisten anderen irrten. Die Kanzlerin war erst seit wenigen Stunden wieder in Berlin, da ließ sich Tsipras mit ihr und Hollande verbinden. Zum ersten Mal sprach er davon, die griechischen Wähler über die neue Griechenland-Vereinbarung abstimmen zu lassen. Wie selbstverständlich ging die deutsche Kanzlerin davon aus, der Athener Kollege werde seinen Wählern die Annahme empfehlen. So war es aber nicht. Erst als Tsipras gegen Mitternacht das Referendum öffentlich ankündigte, erfuhr sie: Die Empfehlung lautete «Nein». Merkel hatte die innenpolitischen Zwänge unterschätzt, in denen Tsipras steckte: Würde er zum «Ja» raten und damit scheitern, wäre seine Karriere beendet. Die Nein-Empfehlung bewahrte ihm Handlungsfreiheit, wie sich später zeigen sollte. Für den Moment aber schienen der Kanzlerin die Fäden des Krisenmanagements zu entgleiten. Zum ersten Mal stimmten die Bürger eines Mitgliedslandes über ihr Prinzip in der Staatsschuldenkrise ab, Hilfe gegen Reformen. Das Scheitern von Merkels gesamter Euro-Politik stand als Möglichkeit im Raum.

Merkel hatte geglaubt, sie habe zum griechischen Ministerpräsidenten eine belastbare Arbeitsbeziehung aufgebaut. Umso mehr war sie nun empört, wie selten in ihrer Amtszeit. Ihrem Ärger machte sie am folgenden Montag, dem 29. Juni, im CDU-Präsidium Luft: Tsipras' Politik sei *hart und ideologisch*, er lasse sein Land *sehenden Auges gegen die Wand fahren*.[81] Das Referendum strapazierte zudem eine Tugend, die Merkel eigentlich zur Genüge besitzt: Geduld. Am Tag nach Tsipras' nächtlicher Fernsehansprache beschlossen die Finanzminister der Euro-Gruppe, alle Vermittlungsbemühungen einzustellen. «Das gegenwärtige Hilfsprogramm wird am 30. Juni auslaufen», erklärten sie; die Verantwortlichen würden «alles dafür tun, um die Finanzstabilität der Euro-Zone sicherzustellen». Der Beschluss fiel fast einstimmig, nur Griechenland selbst schloss sich nicht an. Damit erschien ein Ausscheiden des Landes aus der Euro-Zone fast schon als beschlossene Sache, so sah es zumindest der deutsche Finanzminister.[82]

Solange in Griechenland der Wahlkampf für das Referendum lief, erübrigten sich alle Verhandlungen. So sah es die Kanzlerin, und so sagte sie es auch wenige Tage später im Bundestag. Europa als Ganzes, behauptete sie, sei durch die Vorgänge in Griechenland nicht in Gefahr. Im Gegensatz zu ihrem Vizekanzler und Wirtschaftsminister, dem SPD-Politiker Sigmar Gabriel, legte sie sich aber nicht darauf fest, dass ein Sieg des «Nein» zwangsläufig zu einem Ausscheiden Griechenlands aus der Euro-Zone führen werde. Lediglich eine Einigung *um jeden Preis* lehnte sie ab, was die Tür zu Kompromissen weit offen ließ.[83] Es folgte eine Woche des Wartens, in der das deutsche Publikum das griechische Wort für Nein kennenlernte: όχι.

Gut eine Woche lang, bis zur Schließung der Wahllokale am Abend des 5. Juli, verharrte Europa in gespannter Erwartung. Es geschah, was die Kanzlerin nach ihrer zyprischen Erfahrung eher als Chance für eine Einigung denn als Ende aller Verhandlungen ansah: Griechenland rückte einem Stillstand des Zahlungsverkehrs ein ganzes Stück näher. Bevor am Montag die Kreditinstitute öffneten, verhängte der formal noch amtierende Finanzminister Varoufakis nach anfänglicher Weigerung schließlich doch Kapitalverkehrskontrollen, jeder Bankkunde konnte nur noch 60 Euro pro Tag von seinem Konto abheben.

Auch das hielt die griechische Bevölkerung nicht davon ab, das vermeintlich letzte Angebot der verhassten Institutionen abzulehnen. Am Sonntagnachmittag hatte die deutsche Kanzlerin aufgrund von ersten Prognosen noch gehofft, es könne womöglich für ein Ja reichen. Ausgerechnet die Langschläfer, die gut ausgebildeten Akademiker in den Städten, stimmten jedoch mit Nein. So fiel das Ergebnis am Ende weit deutlicher aus als erwartet. Nur 62,5 Prozent der Berechtigten nahmen an der Abstimmung teil, doch von ihnen stimmten 61,31 Prozent mit Nein. Im Rückblick betrachtet mochte sich darin ein letztes Aufbäumen ausdrücken, ein Akt der Selbstachtung, bevor man sich ins Unvermeidliche fügte. Es handelte sich aber auch um eine Art Plebiszit für Alexis Tsipras, das dem Regierungschef weitgehend freie Hand gab: Wenn es nun auch ihm nicht gelang, die Mitgliedschaft in der Euro-Zone ohne die geforderten Bedingungen zu erhalten, dann würde es niemandem gelingen. Das «Nein» der Griechen half dem Premier, in Brüssel «Ja» zu sagen: Von *Hyperdialektik* sprach Merkel im kleinen Kreis, erst zweifelnd, dann anerkennend.[84]

Auf die ökonomischen Verwerfungen, die ein plötzlicher Austritt nach sich ziehen würde, hatte die zurückliegende Woche bereits einen unangenehmen Vorgeschmack gegeben. Die große Mehrheit der Griechen wollte den Euro behalten, bei allem Widerstand gegen Steuererhöhungen, Rentenkürzungen oder angebliche Fremdbestimmung. In Athen gab es nur einen einzigen maßgeblichen Amtsträger, der das anders sah: Finanzminister Varoufakis. Er hantierte bereits mit Plänen, die von der Europäischen Zentralbank nur noch spärlich bereitgestellten Euros durch eine Übergangswährung in Form von Schuldscheinen zu ersetzen.

Merkel telefonierte den ganzen Abend, aber nicht mit Tsipras. Der griechische Regierungschef rief vorerst nur in Paris an und bat dort um Hilfe. Wie französische Medien später berichteten, sagte Hollande sinngemäß: Du musst mir helfen, damit ich dir helfen kann. Und er stellte die Bedingung: Varoufakis muss weg.[85] Tatsächlich musste er gehen: Nachdem sich Tsipras die Rückendeckung durch das Plebiszit geholt hatte, konnte er diesen Schritt machtpolitisch riskieren. Nachfolger wurde Euklid Tsakalotos, der als stellvertretender Außenminister für Wirtschaftsbeziehungen die Verhandlungen mit der Euro-Gruppe faktisch bereits seit April geführt hatte. Tsakalotos, Gründungsmitglied der Syriza-Partei und erklärter Marxist, zugleich aber mit dem konservativen Nationalbankpräsidenten befreundet, zeigte sich im Unterschied zu Varoufakis bereit, sich auf die Einzelheiten der Materie einzulassen und pragmatisch zu verhandeln. Der Personalwechsel sandte ein Signal an die übrigen Euro-Staaten, dass Tsipras nach dem Referendum nun eine Einigung anstrebte. Nachdem die Uhren gut eine Woche angehalten worden waren, eröffnete sich ein Zeitfenster für Verhandlungen. Bis Angela Merkel es nutzte, dauerte es noch ein paar Tage.

Erst am Dienstag um 15.35 Uhr meldete sich Tsipras in Berlin. Da hatte er schon mit Putin gesprochen, bei dem er bereits im April zu Besuch gewesen war. Die wenig subtile Drohung, die er damit aussandte, brauchte er gar nicht auszusprechen: Sollte die EU das Land fallen lassen, dann öffnete sie damit russischem Einfluss die Tür. Ökonomisch, so viel stand seit dem Frühjahr fest, konnte Putin nicht bieten, was die EU bisher leistete. Das geostrategische Argument blieb gleichwohl von Belang. Merkel nahm auch Berichte sehr ernst, wonach syrische und irakische Flüchtlinge in Griechenland nichts mehr zu essen bekämen, weil die Regierung die zuständigen Firmen nicht mehr bezahle. Ihr Regierungssprecher erklärte am Tag nach dem Referendum auf die Frage nach einem neuen Hilfspaket, «dass heute die Voraussetzungen dafür nicht gegeben sind»; dass sich daran etwas ändern könne, schloss er freilich nicht aus.[86] Es machte die Sache indes nicht besser, dass sich Tsipras unterdessen bei einem Auftritt im Europaparlament von Links- und Rechtsradikalen feiern ließ und damit eine Wutrede des Liberalen Guy Verhofstadt provozierte.

Die Dinge gerieten jedoch in Bewegung. Ein weiteres Mal meldete sich der Präsident der Vereinigten Staaten, wie schon in Elmau drängte er auf einen Kompromiss mit den Griechen. Am späten Dienstagnachmittag, es war inzwischen der 7. Juli, flog Merkel zu Hollande nach Paris. Von dort ging es abends weiter zur Runde der Staats- und Regierungschefs nach Brüssel. Zum Auftakt gab es wiederum ein kurzes Dreiertreffen zwischen Merkel, Hollande und Tsipras, das erste seit der Referendumsankündigung. Die Griechen versprachen, konkrete Vorschläge am nächsten Tag nachzureichen. Die litauische Präsidentin Dalia Grybauskaitė lästerte daraufhin, für die Athener Regierung sei «immer mañana», die Griechen wollten die Dinge stets auf Morgen verschieben.[87] Die Regierungschefs vertagten sich schließlich auf Sonntag, den 12. Juli. Innerhalb von fünf Tagen musste die Entscheidung fallen.

Inzwischen waren französische Experten auf dem Sprung nach Athen, darunter der Pariser Vertreter im Verwaltungsrat des Rettungsfonds ESM, um für die Griechen einen erfolgversprechenden Hilfsantrag zu schreiben. Der deutsche Minister Schäuble missbilligte die Hilfestellung, er hatte mit den Griechen abgeschlossen und wollte jetzt deren Euro-Austritt. Merkel ließ dagegen wissen, es komme auf den Inhalt des Antrags an und nicht auf die Autorschaft: *Wer aufschreibt, ist mir egal.*[88] Die Kanzlerin wollte den Bruch vermeiden, sofern es denn irgend ging. Wenn die Griechen sich nicht selbst aus dem Euro herauskatapultierten, würde sie nicht diejenige sein, die sie schubste.

Allerdings war sie selbst zunächst nicht sicher, wie Athen sich verhalten würde. Als sie am Mittwoch, dem 8. Juli, morgens zu einer lange geplanten Balkanreise aufbrach, über Tirana und Belgrad nach Sarajewo, zweifelte sie noch. Ihr europapolitischer Berater trug einen ersten Antragsentwurf der Griechen mit sich herum, nur eine einzige Seite, aus seiner Sicht völlig unzureichend. Am Donnerstagnachmittag wendete sich das Blatt. Es zeichnete sich ab, dass die griechische Regierung mit Hilfe der Franzosen tatsächlich einen verhandlungsfähigen Antrag formulierte. Die Erwartungen der Institutionen wurden erfüllt, in Teilen sogar mehr als das. Die Nachricht erreichte die Kanzlerin ausgerechnet in Sarajewo – der Stadt, von der die Urkatastrophe des 20. Jahrhunderts ihren Ausgang genommen hatte.[89]

Nach nicht einmal zwei Stunden Flug traf die Kanzlerin wieder zu Hause am Regierungsterminal in Berlin-Tegel ein, sofort ließ sie sich ins Kanzleramt fahren. Jetzt ging die Arbeit erst richtig los. Aus Sicht Merkels war es die Arbeit an einer Einigung. Aus Sicht ihres Finanzministers ging es darum, die Gelegenheit für einen Ausschluss Griechenlands aus der Währungsunion zu nutzen, bevor sie wieder verstrich.

Noch am Abend dieses 9. Juli trafen sich im Kanzleramt die Koalitionsspitzen. Merkel und Schäuble waren dabei, für die SPD kamen der Parteivorsitzende Gabriel und Außenminister Steinmeier. Schäuble schlug für den Fall, dass sich die griechische Regierung den geforderten Reformauflagen verweigern sollte, ein zeitlich befristetes Ausscheiden Griechenlands aus dem Euro vor. Merkel und die SPD-Politiker erkannten nicht sofort die volle Sprengkraft des Vorschlags. Sie sahen Schäubles Idee als theoretisches Gedankenspiel für einen unrealistischen Fall, weil die Griechen ohnehin niemals freiwillig auf die Gemeinschaftswährung verzichten würden. Sie verstanden nicht, dass der Finanzminister darin ein erstrebenswertes Ziel sah, für das er notfalls auch Kompromissvorschläge der

Griechen vom Tisch wischen wollte. Deshalb widersprachen sie nicht, was vor allem dem SPD-Vorsitzenden noch viel Ärger bereiten sollte.

Schäuble wollte die Griechen loswerden, nicht aus antieuropäischer Gesinnung, sondern weil er seine Vision eines enger integrierten Kerneuropa retten wollte; abermals folgte er seiner Vorstellung, dass der Abschied von Athen dabei nur hilfreich sein könne. Das war eine Vabanque-Strategie höchsten Grades und daher überhaupt nicht nach Merkels Geschmack. Auch wenn es nach außen so wirken mochte: Es handelte sich hier nicht um ein Spiel mit verteilten Rollen, bei dem Schäuble nur aus taktischen Gründen als Scharfmacher und Merkel als die Kompromissbereite auftrat, wie von einigen Beobachtern vermutet, sondern um einen handfesten Konflikt zwischen der Kanzlerin und ihrem Finanzminister, der brandgefährlich werden konnte.[90]

Wie tief der Graben war, zeigte sich an einem Papier, das Schäubles Mitarbeiter für das Treffen der Euro-Gruppe am Samstag, dem 11. Juli, vorbereiteten. «Kommentar zu den jüngsten griechischen Vorschlägen» lautete die harmlos klingende Überschrift.[91] Für den Fall, dass die Schuldentragfähigkeit nicht gegeben und eine glaubwürdige Umsetzung der Reformen nicht gesichert sei, sollte den Griechen ein vorübergehender Euro-Austritt «angeboten» werden. Das ging nach dem Verständnis von Merkel und den SPD-Ministern über das am Donnerstagabend im Kanzleramt Besprochene hinaus: Schließlich ließ sich die langfristige Schuldentragfähigkeit höchst unterschiedlich beurteilen. So, wie Schäuble das Papier formuliert hatte, beinhaltete es bereits den Fahrplan für den Abschied der Griechen aus der Euro-Zone, und so wurde es in der EU auch aufgefasst. Die Empörung war groß, weltweit. Unter dem Hashtag #ThisIsACoup, «Das ist ein Staatsstreich», entrüstete sich die Netzgemeinde über Schäubles Vorgehen: Die Deutschen, sollte das heißen, hätten das Kommando über die Zukunft Griechenlands übernommen, an den Institutionen in Athen und Brüssel vorbei.[92]

Im Kreis der europäischen Finanzminister trieb der deutsche Ressortchef Schäuble den Plan trotzdem voran. Er wollte die Griechen mit so harten Bedingungen konfrontieren, dass sie das neue Rettungsprogramm gar nicht annehmen konnten. Nun schlug er einen Treuhandfonds mit Sitz in Luxemburg vor, in den die Erlöse aus den griechischen Privatisierungen fließen und der als Sicherheit für die Hilfskredite dienen sollte. Griechische Staatsbetriebe zu verkaufen, um das Geld sofort ins Ausland zu schicken: Darauf konnte sich keine Athener Regierung einlassen.

Zweimal tagten die Finanzminister, bevor die Regierungschefs zusammenkamen. Am Ende hinterließen sie ihren Vorgesetzten ein Papier, in dem Schäubles Vorschlag immerhin vorkam, wenn auch in eckigen Klammern. Das bedeutete nach den Brüsseler Gepflogenheiten: Darüber gibt es keinen Konsens.[93]

Als das Treffen der Regierungschefs am Sonntagnachmittag begann, hatten sich die Verhandlungen festgefahren. Es stand an diesem 12. Juli 2015 nicht nur Griechenland gegen die Mehrheit der Euro-Länder, sondern auch Deutschland gegen Frankreich, die Kanzlerin gegen ihren Finanzminister. Merkel geriet in eine schwierige Lage: Schäubles Widerstand gefährdete die Zustimmung der Unionsabgeordneten im Bundestag, sollte ein neues Hilfspaket zustande kommen. Und er ließ die Kanzlerin in Europa als eine Frau dastehen, die Griechenland nun doch mutwillig aus der Gemeinschaftswährung treiben wollte. Die französische Zeitung *Le Monde* schrieb, Hollande wolle Griechenland in der Gemeinschaftswährung halten, um die Vormacht der deutschen Stabilitätsideen im Euro-Raum zu brechen.[94] Für Merkel kam es darauf an, beides zu erreichen: das Festhalten an Athen und an der Sparpolitik.

Es begannen dramatische Verhandlungen in wechselnden Konstellationen, die 17 Stunden lang dauerten, von nachmittags um kurz nach vier bis zum nächsten Morgen um kurz nach neun. Dreimal zog sich am Abend und in der Nacht eine Viererrunde zurück, so hatte es sich Ratspräsident Donald Tusk überlegt: Er selbst, Tsipras, Merkel, Hollande. Irgendwann sagte Tsipras, er würde gern seinen Finanzminister Tsakalotos hinzuziehen. Dann müsse sie jetzt ja wohl Schäuble holen, entgegnete die deutsche Kanzlerin. Die Stimmung gefror, aber Merkel hatte bloß gescherzt. Tsakalotos durfte kommen.[95]

Am Ende hing alles an Schäubles Privatisierungsfonds. Dass er seinen Sitz nicht in Luxemburg, sondern in Griechenland selbst haben sollte, war schnell klar. Auch wurde Tsipras zugestanden, dass er einen Teil des Geldes für Investitionen verwenden dürfe. Aber wie viel? Der griechische Premier wollte die Hälfte, Merkel nur ein Zehntel, die anderen schlugen ein Viertel vor. Die Kanzlerin plädierte für eine Vertagung, doch Tusk lehnte ab. Er sah nicht ein, dass die Gespräche wegen ein paar Milliarden Euro scheitern sollten, wenn ein neues Hilfspaket im Umfang von 86 Milliarden Euro im Grundsatz schon Konsens war. Nun eilten die Sozialdemokraten zu Hilfe. Euro-Gruppenchef Dijsselbloem bat seinen deutschen Parteifreund Gabriel, bei der Kanzlerin zu intervenieren. Das geschah, und es wirkte. Um kurz vor neun Uhr vormittags erreichte die Nachricht, dass es eine Einigung gab, den großen Saal, in dem die übrigen Staats- und Regierungschefs zunehmend nervös auf die Kollegen aus der Viererrunde warteten – bis auf die Litauerin und den Slowenen, die entnervt abgereist waren.

Mehr noch als Merkel hatte sich Tsipras bewegt. Von den meisten Versprechen, die er den Griechen vor dem Referendum gemacht hatte, musste er schon in seinem Hilfsantrag abrücken, im Laufe der Nacht dann von den übrigen. Zwischendurch telefonierte er immer wieder mit seinen Leuten in Athen. Wie für Merkel ging es für ihn darum, den innenpolitischen Rückhalt im eigenen Lager nicht zu verlieren. Am Ende der Nacht hatte sich das griechische Nein in ein Ja verwandelt.[96]

Am Montagmorgen um 9.21 Uhr trat Merkel im deutschen Pressesaal vor die Mikrofone und gab den Erfolg der Verhandlungen bekannt: *Ich glaube, dass die Vorteile die Nachteile eindeutig überwiegen.*[97] Damit war die akute Phase der Euro-Krise beendet. Allmählich erholte sich die Wirtschaft in den Krisenländern. Irland, Portugal und Zypern konnten sich bald wieder auf den Märkten finanzieren. Aufwärts ging es auch in Spanien, das ohnehin nur für die Banken ein Hilfsprogramm in Anspruch genommen hatte. Und Griechenland bekam statt provisorischer Hilfen bis November, die man vor dem Referendum ins Auge gefasst hatte, ein ganz neues Hilfsprogramm, das bis zum Sommer 2018 lief, also bis nach der nächsten Bundestagswahl. Wie schon 2012 hatte Merkel das Thema für den nächsten Wahlkampf unschädlich gemacht.

Alexis Tsipras brachte die neuen Reformgesetze mit Hilfe der Opposition durch das Athener Parlament, anschließend holte er sich über eine Neuwahl die nachträgliche Legitimation für seinen atemberaubenden Kurswechsel. Für Griechenland begann eine Phase der politischen Stabilisierung. Die Wirtschaftsleistung, die durch die Unsicherheiten des ersten Halbjahrs 2015 geschrumpft war, wuchs wieder. Der laufende Staatshaushalt erwirtschaftete Überschüsse. Als das Hilfsprogramm im August 2018 auslief, konnte sich das Land wieder selbst auf den Kapitalmärkten finanzieren. Zwar verlor Tsipras die nächste Wahl im Sommer 2019 gegen den Konservativen Kyriakos Mitsotakis, aber dieser Regierungswechsel verlief undramatisch. Insofern hatte Merkel mit ihrer Politik in der Staatsschuldenkrise Erfolg. Offen bleibt wie schon 2012 die Frage, ob früheres und entschlosseneres Handeln die Kosten für die Krisenländer reduziert hätte.

Innerparteilich bedeuteten die neuerlichen Griechenland-Hilfen für Merkel eine Belastung. Schäuble drehte nicht sofort bei, noch Tage und Wochen nach dem Brüsseler Gipfel beharrte er in Interviews auf seiner Sicht – und heizte den Unmut innerhalb der Unionsparteien damit weiter an. Erst als der Bundestag fünf Wochen später über das neue Paket abstimmte, lenkte er ein und warb um Zustimmung. Seinem Kurswechsel mochten nicht alle Parlamentarier aus den eigenen Reihen folgen: 63 Abgeordnete von CDU und CSU stimmten mit Nein, ein Fünftel der gesamten Fraktion, so viele wie noch nie bei einem Votum über Merkels Euro-Politik. Aufgrund der großen Mehrheit, die beide Koalitionsparteien zusammen im Bundestag besaßen, gerieten die Beschlüsse dadurch nicht in Gefahr. Die vielen Gegenstimmen zeigten aber, wie sehr sich die Weltpolitikerin Merkel in ihrer dritten Amtszeit von ihrer innenpolitischen Basis entfernt hatte.

4. Flüchtlinge (2015–2016)

Rostock

Am Montag, dem 13. Juli 2015, traf Angela Merkel nach der durchwachten Nacht der dritten Griechenland-Rettung wieder in Berlin ein. Keine 48 Stunden nach ihrer Rückkehr brach sie zu einem Termin auf, den manch anderer Politiker unter solchen Umständen abgesagt hätte: Am Mittwoch um 13.15 Uhr wurde sie in der Paul-Friedrich-Scheel-Schule in der Rostocker Südstadt erwartet. In ruhigeren Zeiten, vor dem neuerlichen Aufflackern der Griechenland-Krise, hatte sie einen «Bürgerdialog» unter dem Titel «Gut leben in Deutschland» ersonnen, der bereits seit dem Frühjahr lief. Sie wollte die Wünsche und Prioritäten der Deutschen erforschen, durchaus auch mit Blick auf künftige Wahlkämpfe. In die Bundestagswahl 2017 zog die CDU-Chefin tatsächlich mit einer Kampagne, die aus dem Bürgerdialog abgeleitet war: «Für ein Deutschland, in dem wir gut und gerne leben.»

Kaum ein deutscher Politiker arbeitete seinen Terminkalender so diszipliniert ab wie die Kanzlerin, die Unzuverlässigkeit auch bei anderen nicht ausstehen konnte. Wie sie gelegentlich erläuterte, pflegte sie ihre Zusagen sparsam zu dosieren. Aber wenn sie ihr Wort gegeben hatte, hielt sie es ein. Sonst wären die Schüler und Lehrer, die sich wochenlang auf den Besuch vorbereitet hatten, zu Recht enttäuscht.[1] Hinzu kam: Gerade weil Absagen nicht Merkels Stil waren, hätten sie leicht als Krisenzeichen gedeutet werden können.

Also begab sich die Kanzlerin nach Rostock. Größere Risiken schien der Termin nicht zu bergen. Im Nahkontakt mit den Bürgern hatte Merkel bislang überwiegend gut abgeschnitten, ihre bisweilen etwas hölzerne Art entwickelte im direkten Gegenüber einen eigenen Charme, auch die Strenge mancher Hinweise, wenn sie etwa einem jungen Arbeitslosen riet: *Lernen Sie einen Beruf, denn auf eine gutverdienende Frau sollten Sie nicht warten.*[2] Auch der Termin in der Rostocker Schule verlief nach Plan,

«Och, komm, Du hast das doch prima gemacht», tröstete Merkel die Schülerin Reem Sahwil im Juli 2015. «Ich glaube nicht, dass es da ums Prima-Machen geht», gab der Moderator zurück. Die Begegnung in Rostock entwickelte sich zu einem PR-Desaster.

bis sich eine 15-jährige Schülerin zu Wort meldete, die vier Jahre zuvor mit ihren Eltern aus dem Libanon nach Deutschland gekommen war: Reem Sahwil berichtete von drohender Abschiebung und fehlender Zukunftsperspektive. Sie habe Pläne, wolle studieren wie die übrigen Schüler auch. Doch über das Bleiberecht der Familie war immer noch nicht entschieden. Der Vater durfte seit Jahren nicht arbeiten, Besuche bei der Verwandtschaft im Libanon waren unmöglich.

Merkel, der die schlaflosen Griechenland-Nächte sichtlich nachhingen, reagierte, wie sie es gelegentlich tat: kühl belehrend, mit einem Hang zu abstrakter Sprache. Im Umgang mit erwachsenen Arbeitslosen mochte ihr die Methode durchaus Sympathien einbringen, im Gespräch mit einer Minderjährigen führte sie zu einem PR-Desaster. Die Kanzlerin bedauerte lediglich die lange Verfahrensdauer und versprach für die Zukunft schnellere Entscheidungen. Ein Bleiberecht für langjährig Geduldete wollte sie aber nicht in Aussicht stellen, nicht einmal eine Prüfung des Einzelfalls sagte sie zu. *Es werden manche wieder zurückgehen müssen.*

Reem Sahwil konnte das gar nicht anders verstehen, als dass ihr die Bundeskanzlerin höchstpersönlich mit der Abschiebung in den Libanon drohte, weg von ihrer Rostocker Schule, den Mitschülern, die sie zur Klassensprecherin gewählt hatten, und der besonderen Betreuung, die sie wegen einer Gehbehinderung benötigte. Sie fing an zu weinen. Merkel sah das, unterbrach den Fluss ihrer Belehrungen – und sagte einen Satz, der das Debakel noch verschlimmerte: *Och, komm. Du hast das doch prima gemacht.* Nun griff der Moderator ein. «Ich glaube nicht, Frau Bundeskanzlerin, dass es da ums Prima-Machen geht, sondern das ist eine sehr belastende Situation», sagte er. *Das weiß ich,* antwortete Merkel, nun fast pampig. *Und deshalb möchte ich sie trotzdem einmal streicheln.* Anschließend kam sie auf die Lösung des Nahostkonflikts zu sprechen, damit *eure Länder wieder eine gute Heimat für euch werden.* Das sagte sie einem Mädchen, dessen selbst empfundene Heimat in Mecklenburg lag.[3]

Kein Termin des gesamten Bürgerdialogs erregte so viel Aufmerksamkeit wie dieser. In den sozialen Medien galt das Video als Beleg für die Herzlosigkeit der Regierungschefin. Relativierend kommentierte die politische Korrespondentin der *taz*, die Aufzeichnung zeige in erster Linie «eine erschöpfte und überarbeitete Frau, die sich vermutlich auf dem ganzen Weg zu diesem Termin gefragt hat, warum sie sich das antun muss».[4] Solche Erwägungen halfen der Kanzlerin jetzt auch nicht mehr. Die Episode prägte sich ein. Nicht dass sich Merkels spätere Entscheidung, die Flüchtlinge vom Balkan nicht abzuweisen, allein aus dem Rostocker Erlebnis gespeist hätte. Aber die Kanzlerin registrierte doch, dass sich die Haltung zumindest eines relevanten Teils der Deutschen seit der Asyldebatte der frühen neunziger Jahre grundlegend gewandelt hatte. Die Härten, die mit der Ausweisung gut integrierter Einwanderer verbunden sind, fanden schwindende Akzeptanz. Damit erschien die Frage am Horizont: Wie könnte die deutsche Öffentlichkeit reagieren, wenn auf einmal eine größere Zahl von Flüchtlingen mit körperlicher Gewalt zurückgeschickt oder abgewiesen würde?

Hass im Herzen

Zum Zeitpunkt des Rostocker Eklats war das Land noch weit davon entfernt, die Flüchtlingsfrage als das bestimmende politische Thema anzusehen. Das griechische Schuldendrama hatte die Aufmerksamkeit der Deutschen in den zurückliegenden Wochen vollständig absorbiert. Die meisten Bürger, so der Befund von Medienwissenschaftlern, können sich nicht mehr mit mehreren politischen Themen zur gleichen Zeit auseinandersetzen. Die zeitliche Beanspruchung durch Beruf, Familie und neue Medien trägt ihren Teil dazu bei, auch das zurückgehende politische Interesse.[5] In gewisser Weise korrespondierte das mit einer Feststellung Angela Merkels: Die Anforderungen an eine Bundeskanzlerin, pflegte sie gelegentlich zu sagen, seien im Grunde immer gleich. Wenn es gerade kein großes Thema gebe, würden eben kleinere Themen groß gemacht. Daraus folgt im Umkehrschluss: Eine Politikerin kann sich gar nicht sämtlichen Problemfeldern zur gleichen Zeit zuwenden. Sie würde obendrein riskieren, bislang unbeachtete Missstände ins grelle Scheinwerferlicht zu rücken, ohne Lösungen anbieten zu können. Deshalb neigt pragmatische Politik in vielen Fällen dazu, erst in der Krise auf ein Thema zu reagieren: Nur dann ist das Problem so evident, dass sich Konsequenzen durchsetzen lassen. In der Flüchtlingsfrage sollte sich diese Logik allerdings als fatal erweisen.

In Deutschland war die Zahl der Asylbewerber lange Zeit zurückgegangen, seit der Bundestag 1993 das Grundrecht auf Asyl eingeschränkt hatte und 1997 das Dubliner Übereinkommen in Kraft getreten war, das den Staaten an den Außengrenzen der EU die Hauptverantwortung für die Aufnahme von Flüchtlingen zuwies. Waren auf dem Höhepunkt des Bosnienkriegs 1992 noch fast 440 000 Flüchtlinge in die Bundesrepublik gekommen, so registrierten die Behörden zwischen 2006 und 2009, also während Merkels erster Amtsperiode, nur noch rund 30 000 Neuankömmlinge pro Jahr. Damit war das Asylthema aus den öffentlichen Debatten verschwunden. Deshalb nahmen Bundespolitiker und Journalisten in den Folgejahren den zunächst langsamen, dann steileren Anstieg der Zahlen kaum zur Kenntnis. Das Bundesamt für Migration und Flüchtlinge registrierte im Jahr 2013 bereits fast 130 000 und 2014 sogar mehr als 200 000 Anträge. Von den Asylbewerbern kam zuletzt ein Fünftel aus dem Bürgerkriegsland Syrien. Ein weiteres Fünftel stammte aus Albanien und den noch nicht zur EU gehörenden Republiken des früheren Jugoslawien, für deren Bürger trotz kultureller Nähe und oft guter Deutschkenntnisse damals kein Weg der legalen Arbeitsmigration in die Bundesrepublik führte.

Schon 2014 signalisierten Bürgermeister und Landräte, dass die Möglichkeiten der Unterbringung allmählich erschöpft seien. Auch Merkel sprach in ihrer Kölner Parteitagsrede desselben Jahres über *völlig neue Herausforderungen für die Kommunen*, die sich daraus ergäben.[6] Im September 2014 willigte der Bundesrat mit den Stimmen des grün regierten Baden-Württemberg ein, die früheren jugoslawischen Teilrepubliken Bosnien-Herzegowina, Mazedonien und Serbien als sichere Herkunftsländer einzustufen, was eine vereinfachte Ablehnung von Asylbegehren ermöglichte. Vorausgegangen waren lange Verhandlungen zwischen Merkels Kanzleramtsminister Peter Altmaier und dem Stuttgarter Ministerpräsidenten Winfried Kretschmann. Im Gegenzug gestand Merkel eine bessere Integration der übrigen Asylbewerber zu, vor allem eine deutlich schnellere Arbeitsaufnahme.

In den großen Städten und Ballungszentren, vor allem in Westdeutschland, blieb das Phänomen nahezu unbemerkt. Weder die Bürger des früheren Jugoslawiens, die schon als Gastarbeiter in Deutschland gelebt hatten, noch die Flüchtlinge aus dem relativ westlich geprägten Syrien fielen im Straßenbild sonderlich auf. Ganz anders verhielt es sich in kleineren Orten, besonders in Ostdeutschland: Dort handelte es sich oftmals um die ersten Fremden am Ort, sieht man von Vertriebenen nach dem Krieg, vietnamesischen Vertragsarbeitern der DDR-Zeit oder einzelnen Westdeutschen der Nachwendezeit ab, denen ähnliches Misstrauen entgegenschlug. So stieg der Ausländeranteil in Thüringen zwischen 1991 und 2018 um sage und schreibe 728 Prozent, in Hamburg hingegen nur um 45 Prozent – ganz einfach, weil in Hamburg vorher schon mehr Einwanderer lebten.[7] Das veränderte Lebenswelt und Straßenbild im Osten spürbar, so hielten sich auf zuvor leeren Plätzen plötzlich Menschen auf. Der sächsische Ministerpräsident Stanislaw Tillich bemerkte einmal spöttisch, jetzt würden seine Landsleute einmal sehen, dass man den Abend nicht zwangsläufig daheim vor dem Fernseher verbringen müsse, sondern auch vor die Tür gehen könne: «Im Urlaub gefällt uns das doch auch, oder?»[8]

In dieser Stimmungslage fand auf Initiative des wegen Einbruchdiebstahls, Drogenhandels und Körperverletzung vorbestraften Aktivisten Lutz Bachmann über Facebook eine Gruppierung zusammen, die sich alsbald «Patriotische Europäer gegen die Islamisierung des Abendlandes» nannte, kurz «Pegida» – und das zu einem Zeitpunkt, zu dem die Einwanderung nach Deutschland so christlich geprägt war wie selten zuvor oder danach: Aus Polen, Bulgarien, Rumänien oder dem nur in Teilen muslimisch geprägten westlichen Balkan kamen die meisten Neuankömmlinge; erst langsam stieg die Zahl der Syrer, die Wanderungsbilanz mit der Türkei wies sogar einen negativen Saldo auf.[9]

Die Initiative hatte seit Ende Oktober 2014 Demonstrationen auf dem Platz vor der Dresdener Semperoper organisiert. Die Teilnehmerzahl wuchs, kurz vor Weihnachten kamen nach Polizeiangaben rund 15 000 Menschen. Schon in den Anfängen beschimpften sie die Medien als «Lügenpresse» und verunglimpften Politiker als «Volksverräter». Später kam ein sogenannter Merkel-Galgen hinzu, der die Kanzlerin mit einem Strick um den Hals zeigte. Trotz der vergleichsweise geringen Teilnehmerzahlen riefen die Demonstrationen ein immenses mediales Echo hervor. Am 15. Dezember fuhr der brandenburgische AfD-Vorsitzende Alexander Gauland mit einem gemieteten Kleinbus nach Dresden, um – angeblich nur als «Beobachter» – seine Nähe zu der neuen Bewegung zu demonstrieren und die eigene Partei aus ihrem Umfragetief herauszuholen.

Bereits in den letzten Tagen des Jahres 2014 zeigte sich, wie sehr diese Ereignisse die Kanzlerin irritierten, wegen des menschenverachtenden Tons, aber auch wegen des verheerenden Echos, das sie international auslösten. Zuvor waren die Neujahrsansprachen der deutschen Regierungschefs allenfalls durch ihre vollständige Austauschbarkeit und den einschläfernden Ton aufgefallen. Diesmal allerdings waren die Journalisten sofort hellwach, als das Bundespresseamt den Redetext wie üblich am 30. Dezember vorab an die Redaktionen schickte. Im Zentrum ihrer Ansprache nahm Merkel auf die Pegida-Demonstrationen Bezug: *Folgen Sie denen nicht, die dazu aufrufen. Denn zu oft sind Vorurteile, ist Kälte, ja, sogar Hass in deren Herzen!*[10] Wenig später ließ sie ein weiteres Stoppsignal an die aggressiven Islamfeinde folgen. Als sie am 12. Januar gemeinsam mit dem türkischen Ministerpräsidenten Ahmet Davutoğlu im Kanzleramt vor die Presse trat, sagte sie mit Bezug auf den früheren Bundespräsidenten Christian Wulff: *Der Islam gehört zu Deutschland. Das ist so. Dieser Meinung bin ich auch.*[11]

Das waren neue Töne, und sie nahmen vorweg, was einen Teil der Öffentlichkeit im folgenden Spätsommer so überraschte. «Was haben sie Merkel bloß in den Tee getan?», fragte eine Journalistin der *Zeit*.[12] Auf den ersten Blick mochte die Verwandlung Merkels in eine Klartext-Kanzlerin überraschen. Doch zählte die Abgrenzung gegenüber allen Formen von Rassismus, Antisemitismus oder Geschichtsverleugnung seit jeher zu den Kontinuitätslinien ihrer Politik. Und sie trat solchen Tendenzen lieber zu früh als zu spät entgegen, seit sie 2003 zu zögerlich mit dem damaligen CDU- und späteren AfD-Abgeordneten Martin Hohmann umgegangen war.

Das Thema blieb, auch wenn die Pegida-Kundgebungen allmählich kleiner wurden. Stattdessen häuften sich gewaltsame Übergriffe auf Asylbewerber und deren Unterkünfte. Im Frühjahr 2015 trat der Bürgermeister von Tröglitz im südlichen Sachsen-Anhalt zurück, weil die Gegner einer von ihm befürworteten Flüchtlingsunterkunft vor seinem Privathaus aufmarschierten. Wenig später kam es zu einem Brandanschlag auf das Gebäude, in dem die Asylbewerber unterkommen sollten. Die Suche nach den Tätern wurde gut ein Jahr später ergebnislos eingestellt.

Am 19. April 2015 sank im Mittelmeer ein Flüchtlingsschiff. Dabei starben, wie die Bergung des Wracks im folgenden Jahr bestätigte, mindestens 845 Menschen, nur 28 überlebten. Es war das bislang schlimmste Unglück dieser Art. Schon am Folgetag berief EU-Ratspräsident Donald Tusk einen Sondergipfel zur Flüchtlingspolitik ein. Als die Staats- und Regierungschefs am 23. April in Brüssel eintrafen, erlebten sie eine verwandelte deutsche Bundeskanzlerin. Jahrelang hatte sie in der europäischen Flüchtlingspolitik eisern die Dublin-Verordnung verteidigt, die den Erstaufnahmeländern die alleinige Zuständigkeit für die Bearbeitung von Asylanträgen zuschob; das belastete einseitig die Staaten mit offenen Seegrenzen wie Italien oder Griechenland, und es entlastete Binnenländer wie Deutschland. Auf einmal trat Merkel für einen Mechanismus ein, der die Flüchtlinge nach Bevölkerungszahl und Wirtschaftskraft auf ganz Europa verteilen würde: *Ich glaube, dass die Dublin-Regeln verändert werden müssen.*[13]

Die Kanzlerin sah, dass die Lage in Südeuropa außer Kontrolle geriet und den Zusammenhalt der EU zu sprengen drohte. Das galt nicht nur für das überforderte Griechenland, sondern auch für Italien, wo das Flüchtlingsproblem die Stabilität der reformorientierten, proeuropäischen Regierung Matteo Renzis gefährdete. Vor allem aber lag der neue Kurs im Interesse Deutschlands. Die steigende Zahl von Flüchtlingen in der Bundesrepublik hing damit zusammen, dass das Dublin-System längst nicht mehr funktionierte. Wegen der Zustände in den griechischen Lagern hatte das Bundesverfassungsgericht Rückführungen in das Land untersagt. Italien führte die Registrierungen so lückenhaft durch, dass sich im Einzelfall die Zuständigkeit des Landes für ein Asylverfahren ohnehin nicht mehr nachweisen ließ. Von einem Profiteur des Status quo hatte sich Deutschland zu einem Leidtragenden entwickelt.

Drei Viertel aller Asylbewerber entfallen auf fünf Mitgliedstaaten, sagte Merkel in Brüssel.[14] Zu diesen fünf Staaten zählte mittlerweile auch Deutschland. Eine faire Lastenverteilung in der Flüchtlingspolitik verlangte die Berliner Regierung also erst in dem Moment, in dem sie selbst davon profitieren würde. Schon in der Staatsschuldenkrise und in den Griechenland-Gesprächen war Merkel vor allem in Südeuropa als eine Politikerin wahrgenommen worden, die deutsche Interessen einseitig und rücksichtslos durchsetzte.

800 000

Merkels Rostocker Auftritt mit der libanesischen Schülerin fiel in die Phase, in der die Flüchtlingsfrage die öffentliche Debatte in Deutschland noch nicht dominierte. Aber die Aufregung über das griechische Euro-Drama ebbte nach der Brüsseler Einigung von Mitte Juli 2015 rasch ab. Bald danach galt die mediale Aufmerksamkeit ganz den steigenden Flüchtlingszahlen. Bereits im Mai hatte Innenminister Thomas de Maizière die Öffentlichkeit darauf eingestimmt, dass für das laufende Jahr 2015 nunmehr mit rund 450 000 Flüchtlingen zu rechnen sei, also mit doppelt so vielen wie im Vorjahr. Im August zeigte sich, dass auch diese Voraussage zu niedrig gegriffen war. Der Innenminister sah sich wachsendem Druck ausgesetzt, dies öffentlich einzugestehen und eine neue Zahl zu nennen. Vor allem die Bundesländer drängten in diese Richtung, weil sie eine offizielle Prognose als Grundlage für den Ausbau der Aufnahmekapazitäten benötigten.

Hinzu kam, dass das Nürnberger Bundesamt für Migration und Flüchtlinge, kurz Bamf, seit 2014 eine stetig wachsende Zahl von Asylbegehren nicht entschied und neuerdings sogar damit überfordert war, die Anträge überhaupt entgegenzunehmen. Schließlich hatte die Behörde angesichts sinkender Asylzahlen ihre Kapazitäten stark verringert und seit 2005 zusätzlich Integrationsaufgaben übernommen, um den Wegfall des

4. Flüchtlinge (2015–2016)

Die Flüchtlinge aus Syrien kamen, weil ihre Heimat – hier die Stadt Aleppo – von Krieg und Bürgerkrieg verwüstet wurde. Anders als die Menschen vom Balkan konnte man sie nicht ohne weiteres zurückschicken, selbst wenn man es wollte.

Kerngeschäfts zu kompensieren. Ein Umsteuern war politisch kaum erwünscht, denn schnellere Entscheidungen bargen Konfliktstoff: Sie hätten sowohl die Zahl der Flüchtlinge mit Bleiberecht erhöht als auch die Zahl der Abschiebungen. Das eine wäre bei den Gegnern der Flüchtlingsaufnahme auf Protest gestoßen, das andere bei den Befürwortern.

Für de Maizière, der noch immer mit seiner Rückversetzung ins Innenministerium haderte, stand die wachsende Zahl der syrischen Flüchtlinge auch deshalb nicht so sehr im Fokus, weil er sein Augenmerk auf die Neuankömmlinge vom westlichen Balkan richtete. Diese Arbeitsmigranten, die wegen der restriktiven deutschen Einwanderungspolitik den Umweg über das Asylverfahren wählten, machten bis weit ins Jahr 2015 hinein einen beträchtlichen Teil der Asylbewerber aus. Es gelang tatsächlich, die Zahl der Antragsteller aus Albanien und dem früheren Jugoslawien stark zu verringern.

Die Genugtuung über diese vermeintlichen Erfolge trug dazu bei, dass de Maizière und seine Mitarbeiter, die im April den Umzug ihres Dienstsitzes zu bewältigen hatten, die neue Lage erst mit Verzögerung wahrnahmen: dass nämlich auf der «Balkanroute» die Asylbewerber vom Balkan selbst eine immer geringere Rolle spielten. Stattdessen kamen nun Menschen aus Syrien, dem Irak und Afghanistan, drei Ländern, die seit Jahren von Krieg und Bürgerkrieg verwüstet wurden. Viele der Flüchtlinge hatten schon lange in den Lagern der Nachbarländer ausgeharrt. Dort verschlechterten sich die Lebensumstände zusehends, auch mangels westlicher Hilfe, und die Aussicht auf eine Rückkehr in die Heimat schwand. Flüchtlinge aus Aleppo, Mossul oder Kabul ließen sich aber viel schwerer zurückschicken als Asylbewerber aus dem friedlichen Tirana.

Am 19. August gab der Innenminister dem öffentlichen Druck schließlich nach. Um kurz nach zwölf Uhr hatte der Bundestag dem neuen Hilfsprogramm für Griechenland endgültig zugestimmt, um 17 Uhr trat de Maizière in seinem Ministerium vor die Kameras. «Wir müssen damit rechnen, dass in diesem Jahr bis zu 800 000 Menschen als Asylbewerber oder Flüchtlinge zu uns nach Deutschland kommen», sagte er und fügte einen Satz hinzu, der spätere Äußerungen der Bundeskanzlerin vorwegnahm: «Wir werden diese Herausforderung meistern.»[15] Merkel hatte ihm geraten, die höchste realistische Zahl zu nennen: Sie wollte sich nicht ein weiteres Mal korrigieren müssen.[16]

De Maizière haderte später selbst mit diesem Schritt. Seine Prognose, sagte der Innenminister Ende September in einem Gespräch mit der *Washington Post*, sei als Einladung missverstanden worden, sich bitte zu beeilen, weil nach den 800 000 die Tür geschlossen würde.[17] Wenn es überhaupt einen Anziehungseffekt gab, dann spielte dieser Faktor vermutlich eine größere Rolle als später die umstrittenen Selfies der Kanzlerin mit Flüchtlingen. Deshalb war es eine als Selbstkritik getarnte Rechtfertigung, dass Merkel im Herbst erklärte: *Als wir im Sommer sagten, es sei mit bis zu 800 000 Flüchtlingen zu rechnen, entstand in fernen Ländern der falsche Eindruck, Deutschland warte auf 800 000 Flüchtlinge.*[18]

Der Effekt hielt sich jedoch in Grenzen: Ein Jahr später ergab die abschließende Auswertung der Flüchtlingszahlen, dass 2015 rund 890 000 Schutzsuchende nach Deutschland gekommen waren, also deutlich weniger als die zwischenzeitlich vermuteten 1,1 Millionen – zumal rund 50 000 Neuankömmlinge bereits weitergereist waren. Damit lagen die endgültigen Zahlen relativ nah an den – wenn auch bewusst hoch gegriffenen – Prognosen.

Heidenau

Inzwischen wuchs auch der Druck auf Merkel selbst, ihr Schweigen in der Flüchtlingsfrage zu brechen. Während ihrer fast zehnjährigen Amtszeit hatte es die Kanzlerin absichtsvoll vermieden, sich mit dem kontroversen Asylthema mehr als nötig in Verbindung zu bringen. Auch das Zusammentreffen mit der Schülerin Reem Sahwil in Rostock war alles andere als geplant gewesen. Nun aber mehrten sich die Stimmen, die Regierungschefin müsse selbst eine Flüchtlingsunterkunft besuchen, sich ein Bild der Lage verschaffen und eine Richtung vorgeben. Merkel zögerte noch immer. Den ersten, zaghaften Schritt unternahm sie im ZDF-Sommerinterview am 16. August: *Diese Fragen werden uns sehr, sehr viel mehr noch beschäftigen als die Frage Griechenlands und die Stabilität des Euro.* Sie kündigte an, alle Personalreserven zu mobilisieren, die Lager für die Erstaufnahme auszubauen, mit den Staaten des westlichen Balkans besser zusammenzuarbeiten und Initiativen auf europäischer Ebene zu ergreifen.[19]

Am folgenden Wochenende sollten in Heidenau am südlichen Stadtrand von Dresden die ersten Flüchtlinge ihre Notunterkunft in einem früheren Baumarkt beziehen. Dagegen demonstrierten am 21. August auf einer von der NPD angemeldeten Kundgebung Rechtsextremisten aus der Region, auch mit Gewalt. Zunächst zogen sie zum Privathaus des Bürgermeisters, eines CDU-Politikers, und beschimpften ihn als «Volksverräter». Dann versuchten sie die Zufahrt zum Baumarkt zu blockieren und bewarfen Polizeibeamte mit Steinen, Flaschen und Böllern. Nachdem sie schon Freitagnacht randaliert hatten, schritten sie am Samstag abermals zur Tat. Erst am Sonntag beruhigte sich die Lage, wohl auch deshalb, weil es sich bei den Gewalttätern um vermeintlich brave Bürger handelte, die am Montag wieder einer geregelten Arbeit nachzugehen hatten.

Der überforderten oder unwilligen sächsischen Polizei gelang es nicht, Sicherheit und Ordnung wiederherzustellen, mehr noch: Sie versuchte Demonstrationen demokratischer Kräfte zu unterbinden, darunter auch ein «Willkommensfest» für die Flüchtlinge. Die Behörden begründeten das Versammlungsverbot mit einem «polizeilichen Notstand». Die vorhandenen Einsatzkräfte seien nicht in der Lage, «der prognostizierten Lageentwicklung gerecht zu werden».[20] Das rief bundesweit ein verheerendes Echo hervor, die Gewerkschaft der Polizei sprach von einem «Offenbarungseid für den Rechtsstaat»,[21] das Bundesverfassungsgericht hob das Versammlungsverbot im Nachhinein als rechtswidrig auf. Insgesamt verfestigte sich der Eindruck, dass der Rechtsstaat versage. Die martialischen Bilder mit den brennenden Feuerwerkskörpern gingen um die Welt. «Das ganze Land blickt schaudernd auf Heidenau», schrieb die Regionalzeitung.[22] Die Vorfälle bewirkten, was ihre Urheber gewiss nicht beabsichtigten: Sie führten in der liberaldemokratischen Öffentlichkeit eine Solidarisierung mit den Flüchtlingen herbei und machten eine restriktivere Aufnahmepolitik nahezu unmöglich, weil sie zu diesem Zeitpunkt als Zurückweichen vor rechtsextremistischen Straftätern aufgefasst worden wäre.

Als erster Bundespolitiker kam bereits am Montag, dem 24. August, der sozialdemokratische Vizekanzler Sigmar Gabriel nach Heidenau. Im Zuge seiner «Sommerreise», die er alljährlich in Begleitung von Journalisten unternahm, war er an diesem Tag ohnehin in Dresden. Er wusste die Gelegenheit zu einem wirksamen Auftritt zu nutzen, sprach vom «rechtsradikalen Mob» und dem «Pack, das sich hier herumgetrieben hat». Die Täter nannte er die «undeutschesten Typen, die ich mir vorstellen kann». Man müsse solche Leute «hinter Gitter bringen».[23] Die sächsische Justiz folgte diesem Rat nicht: Es gab am Ende nur wenige Verurteilungen.[24]

Die Kanzlerin geriet unter Zugzwang. Auch sie hatte einen Termin in der Nähe, am Mittwoch wollte sie die Uhrenmanufaktur in Glashütte besuchen. Nun konnte sie den Rufen, sie möge endlich ein Flüchtlingsheim besuchen, kaum noch ausweichen, erst recht nach den Ausschreitungen vom Wochenende und dem Auftritt des Vizekanzlers. Also fuhr sie nach Heidenau. «Volksverräterin» schimpften Gegendemonstranten, «Du blöde Schlampe» oder «Zeig' dein hässliches Gesicht». Auch der Ruf «Wir sind das Pack» war zu hören, eine Anspielung auf Gabriels Wortwahl zwei Tage zuvor. Das alles spielte sich vor laufenden Kameras, also vor den Augen der Weltöffentlichkeit ab. Wegen des kurzen Vorlaufs war der Termin organisatorisch schlecht vorbereitet, doch der Konfrontation mit den Gegendemonstranten hätte Merkel auch sonst kaum ausweichen können.[25]

Der rohe, ungefilterte Hass verfehlte seine Wirkung auf die Kanzlerin nicht. Das gleiche Gebaren hatte sie schon an den Pegida-Demonstranten des vergangenen Winters abgestoßen, jetzt erlebte sie es persönlich und vor Ort. Die Demonstranten wollten keine sachliche Debatte über die richtige Flüchtlingspolitik führen, das pure Ressentiment trieb sie an. Merkel sah sich in ihrer Entschlossenheit bestärkt, dieser Stimmung nicht nachzugeben. Schon vor Ort antwortete sie scharf: *Es gibt keine Toleranz gegenüber denen, die nicht bereit sind zu helfen, wo rechtlich und menschlich Hilfe geboten ist.*[26] Das war weit mehr als eine pflichtschuldige Verurteilung von Gewalt und Fremdenhass.

Schon am nächsten Tag stieg der Druck auf die Kanzlerin weiter, für die Flüchtlinge mehr zu tun. In einer Nothaltebucht der österreichischen Ostautobahn, nahe der ungarischen Grenze, wurde ein Lastwagen mit toten Flüchtlingen entdeckt. Wie sich herausstellte, waren 71 Menschen ums Leben gekommen, darunter Iraker, Afghanen, Syrer und Iraner. Der Vorfall schockierte die deutsche Öffentlichkeit, und er zeigte, wie gefährlich der Grenzübertritt auch in Zeiten wachsender Flüchtlingszahlen immer noch war. Zwar waren die Kontrollen an der österreichischen Ostgrenze mit dem ungarischen Schengen-Beitritt Ende 2007 entfallen, doch fahndete die Polizei weiterhin im Land nach Flüchtlingen, die gemäß den Dublin-Regeln eigentlich in Ungarn hätten bleiben müssen. Es ließ sich absehen, dass eine Verschärfung der Grenzkontrollen das Geschäft der Schleuser fördern und weitere Todesopfer zur Folge haben würde.

«Wir schaffen das»

In dieser Lage rückte die sommerliche Pressekonferenz näher, die Merkel – ebenso wie ihr Vorgänger – einmal im Jahr zu «Aktuellen Themen der Innen- und Außenpolitik» gab. Sie hatte den Termin in diesem Jahr wegen der Griechenland-Verhandlungen weit hinausgeschoben. Der folgende Montag, der 31. August, war der letztmögliche Tag, an dem von «Sommer» noch zweifelsfrei die Rede sein konnte. Merkel wusste, dass sie um eine grundsätzliche Stellungnahme zur Flüchtlingspolitik nicht mehr herumkommen würde, und sie war entschlossen, die Herausforderung anzunehmen. Um 13.30 Uhr ging es los.

In ihrem Eingangsstatement präsentierte Merkel ein Konzept, das den Schutz für Kriegsflüchtlinge mit dem Ruf nach mehr Abschiebungen abgelehnter Asylbewerber und nach Reformen in der Verwaltung verband, von entschlackten Bauvorschriften für Unterkünfte bis zu neuen Strukturen in der Flüchtlingsbehörde. Wer die Mitschrift der hundert Minuten langen Pressekonferenz mit dem Abstand einiger Jahre noch einmal liest, wird daraus schwerlich die viel zitierte «Einladung» aller Mühseligen nach Deutschland herauslesen können. *Wir werden gleich auch über Erstaufnahme-Einrichtungen, Bearbeitungsdauer, Rückführungen, faire Verteilung in Europa, sichere Herkunftsländer, Bekämpfung von Fluchtursachen sprechen*, begann Merkel.

Bevor sie auf diese Punkte im Detail einging, schickte sie indes zwei Klarstellungen voraus. Erstens: *Es gilt das Grundrecht politisch Verfolgter auf Asyl.* Zweitens: *Wir wenden uns mit der ganzen Härte unseres Rechtsstaates gegen die, die andere Menschen anpöbeln, die andere Menschen angreifen, die ihre Unterkünfte in Brand setzen oder Gewalt anwenden wollen.* Sodann sprach sie über konkrete Schritte: Beschleunigung der Asylverfahren und schnelle Rückführung abgelehnter Bewerber vor allem aus den Balkanstaaten; faire Lastenverteilung zwischen Bund, Ländern und Kommunen; neue Anstrengungen zur Integration derjenigen, die mit hoher Wahrscheinlichkeit bleiben können. Ganz ausdrücklich in Bezug auf diesen Dreiklang fügte sie hinzu: *Deutschland ist ein starkes Land. Das Motiv, mit dem wir an diese Dinge herangehen, muss sein: Wir haben so vieles geschafft – wir schaffen das. Wir schaffen das, und dort, wo uns etwas im Wege steht, muss es überwunden werden, muss daran gearbeitet werden.*[27]

«Wir schaffen das»: Der Satz verselbständigte sich wie kein zweiter während der langen Kanzlerschaft Merkels. Er löste sich aus dem konkreten Kontext und entwickelte sich zum Synonym für eine angeblich naive Willkommenskultur: Wir schaffen es, im Alleingang die ganze Welt zu retten. Der Hass auf die Flüchtlinge verband sich fortan mit einem Hass auf Merkel, der mit der Parole «Merkel muss weg» noch im Wahlkampf zwei Jahre später auf ostdeutschen Marktplätzen widerhallte und die fast schon abgeschriebene Anti-Merkel-Partei AfD im September 2017 mit 12,6 Prozent der Stimmen in den Bundestag brachte. Der Hass auf Merkel wurde zum Kristallisationspunkt einer neuen Emotionalisierung und Polarisierung der deutschen Politik, die sich ausgerechnet an einer vermeintlich emotionslosen Kanzlerin festmachte.

Vorerst ließ sich kein Ende der Ausnahmesituation absehen, und noch immer fanden viele Bürger, die Kanzlerin verhalte sich gegenüber den Flüchtlingen zu abwehrend. Rasend schnell verbreitete sich seit dem 2. September, nur zwei Tage nach Merkels sommerlicher Pressekonferenz, ein Foto in den sozialen Medien: Es zeigte den Leichnam des im Alter von zwei Jahren ertrunkenen syrischen Jungen Aylan Kurdi, der an der türkischen Mittelmeerküste nahe Bodrum angeschwemmt worden war.

Bevor die Familie den riskanten Fluchtversuch übers Meer wagte, hatten sich Verwandte vergeblich um eine legale Übersiedlung nach Kanada bemüht. Der Vorfall erhöhte den Druck auf die westlichen Regierungen, Opfer des syrischen Bürgerkriegs aufzunehmen. Selbst der zuvor hartleibige britische Premier David Cameron gab nun ein wenig nach. «Als Vater haben mich die Bilder des toten Jungen sehr bewegt», sagte er. «Großbritannien ist eine moralische Nation, die stets ihre moralischen Verpflichtungen erfüllt. Wir nehmen Tausende auf, und wir werden weiterhin Tausende aufnehmen.»[28]

Nicht nur aus der Ägäis trafen erschreckende Bilder ein, sondern auch vom Budapester Ostbahnhof. Der größte Knotenpunkt des ungarischen Zugverkehrs hatte sich inzwischen zu einem Sammelpunkt für Flüchtlinge entwickelt, die auf ihrem Weg über die Balkanroute gestrandet waren. Immer dramatischer klangen die Fernseh- und Zeitungsberichte über das Schicksal der Menschen, die in Budapest unter elenden Bedingungen campierten. Ungarn mit seinen rund zehn Millionen Einwohnern registrierte im Jahr 2015 fast 180 000 Asylbewerber, im Verhältnis zur Einwohnerzahl waren das so viele wie nirgends sonst in der Europäischen Union, sogar mehr als in Schweden; Deutschland belegte in dieser Statistik nur den sechsten Rang.[29] Der ungarische Premierminister Viktor Orbán, ein Mitglied von Merkels Europäischer Volkspartei, hatte darauf im Sommer mit Gesetzesverschärfungen und der Errichtung eines Zaunes an der Grenze zu Serbien reagiert. Nun schien es, als wolle er die Lage bewusst eskalieren lassen.

Die Nacht der Entscheidung

Am Freitag, dem 4. September, machte einer der in Budapest gestrandeten Flüchtlinge einen weitreichenden Vorschlag: Warum nicht einfach zu Fuß bis zur österreichischen Grenze marschieren?, fragte der 25 Jahre alte Syrer Mohammad Zatareih seine Leidensgenossen.[30] Mehr als tausend von ihnen machten sich entlang der Autobahn auf den Weg, in der Folge wuchs der Zug weiter an. Angela Merkel reiste an diesem Tag durch Deutschland, sie absolvierte Parteitermine in Nordrhein-Westfalen sowie Schul- und Unternehmensbesuche in Bayern; allerdings besuchte sie nicht den Festakt zum 100. Geburtstag des langjährigen CSU-Vorsitzenden Franz Josef Strauß, was ihr die Schwesterpartei übelnahm. Da sie fürchtete, dass die Lage in Ungarn eskalieren könnte, hatte sie ihren stellvertretenden Büroleiter mitgenommen. Um 18.30 Uhr traf sie im Kölner «Festhaus Flora» ein, wo die CDU Nordrhein-Westfalen ihr 70-jähriges Bestehen feierte. Auf dem Programm stand eine Rede der Parteivorsitzenden.

Schon am Vormittag in der Bundespressekonferenz war der Umgang des ungarischen Ministerpräsidenten Viktor Orbán mit den Flüchtlingen das dominierende Thema gewesen. Merkel ließ ihren Sprecher verkünden, das Land habe «die rechtlich verbindliche Pflicht», die Flüchtlinge «ordnungsgemäß zu registrieren, zu versorgen und die Asylverfahren unter Beachtung der europäischen Standards in Ungarn selbst durchzuführen». Die Bundesregierung gehe davon aus, «dass Ungarn als Teil der westlichen Wertegemeinschaft seinen rechtlichen und seinen humanitären Verpflichtungen ebenso gerecht werden wird wie Deutschland».[31] Das Thema sprach die Kanzlerin nun auch in ihrer Kölner Rede an, sie wurde deutlicher – und persönlicher: *Es ist schwierig zu sehen, dass diejenigen, die uns vor 25 Jahren die Grenze aufgemacht haben, heute zum Teil sehr hart sind zu denen, die zu uns kommen wollen und erkennbar Hilfe brauchen.*[32]

Sofort nach der Rede nahm Bernhard Kotsch, der stellvertretende Büroleiter, die Kanzlerin zur Seite. Der österreichische Bundeskanzler Werner Faymann wollte Merkel dringend sprechen. Kaum saß sie im Auto, auf dem Weg zum Kölner Flughafen, ließ sie sich mit dem Amtskollegen verbinden. Ungefähr eine Dreiviertelstunde zuvor war ein Schreiben des ungarischen Botschafters bei Faymann eingegangen. Knapp tausend Flüchtlinge hätten sich auf den Weg zur österreichischen Grenze gemacht, man bitte um Einschätzung der Lage. Für den Kanzler war klar: Orbán wollte ihm die Entscheidung zuschieben, ob die Ungarn den Zug gewaltsam stoppen oder in Richtung Westen durchlassen sollten. Im ersten Fall wäre mit brutalen Szenen zu rechnen, Toten gar, jedenfalls mit unschönen Bildern. Das kam für den Sozialdemokraten Faymann und seine Leute nicht in Frage.

Also blieb die zweite Variante: die Aufnahme in Österreich. Dazu mochte sich der Kanzler nur bereitfinden, wenn auch Deutschland einen beträchtlichen Teil der Schutzsuchenden in seine Obhut nahm. Deshalb wollte er nicht entscheiden, ohne mit Merkel gesprochen zu haben, und deshalb hatte er auch Orbán nicht durchstellen lassen, der sich bereits persönlich gemeldet hatte (und am selben Abend noch einem Fußball-

4. Flüchtlinge (2015–2016)

Länderspiel beiwohnen musste). Orbán hatte damit die Last der Verantwortung auf die westlichen Kollegen verschoben, die ihn wegen seiner Flüchtlingspolitik kritisierten. Merkel stimmte dem österreichischen Bundeskanzler zu: So entschlossen, wie sich die Flüchtlinge auf den Weg nach Westen gemacht hatten, wären sie ohne Gewalt nicht zu stoppen.

Die Kanzlerin telefonierte weiter, auch im Flugzeug auf dem Rückweg von Köln nach Berlin. Keiner der Hauptbeteiligten hielt sich an diesem entscheidenden Freitagabend in Berlin auf. Innenminister de Maizière lag mit hohem Fieber im Bett. Kanzleramtschef Peter Altmaier reiste gerade nach Evian am Genfer See, wo er am folgenden Vormittag auf einem deutsch-französischen Managertreffen sprechen sollte. Außenminister Frank-Walter Steinmeier absolvierte ein Routinetreffen mit seinen europäischen Amtskollegen in Luxemburg. Der Vizekanzler und SPD-Vorsitzende Sigmar Gabriel saß zu Hause in Goslar, CSU-Chef Horst Seehofer in seinem Wochenendhaus im Altmühltal.

Als erstes sprach Merkel mit Altmaier. Der Amtschef hatte inzwischen eine Mail des ungarischen Botschafters in Berlin erhalten und mit ihm telefoniert. Nun erst erfuhr Merkel das ganze Ausmaß des Plans, den sich Orbán und der Chef seiner Staatskanzlei ausgedacht hatten. Ungarn könne die Registrierung der Asylbewerber nicht mehr garantieren, ließ der Botschafter wissen. Man werde sie daher in Bussen zur österreichischen Grenze schicken. Von 4000 bis 6000 Flüchtlingen war inzwischen die Rede, in einer einzigen Nacht. Kurz nach dem Telefonat zwischen Merkel und Altmaier machte Orbáns Staatskanzleichef das Vorgehen schon öffentlich.

Merkel wollte sich absichern, Rückhalt gewinnen, Unterstützung auch von anderen europäischen Regierungen bekommen. Sie hatte wenig Zeit, zu wenig, wie sich bald herausstellte. Eigentlich wollte sie erst am nächsten Tag entscheiden. Nicht aus Zögerlichkeit, sondern aus politischem Kalkül: Bei einem schnellen und einsamen Vollzug stünde sie hinterher ohne Verbündete da. Deutsche Politiker würden sich aus der Verantwortung stehlen, europäische Kollegen die Unterstützung verweigern, wenn Merkel die Hauptlast der Krisenbewältigung bereits auf sich genommen hatte. Doch es blieb ihr kaum eine Wahl. Faymann flehte sie um schnelles Handeln an, schließlich würden die Busse aus Ungarn in wenigen Stunden an der Grenze sein. Orbán hatte Merkel eine Falle gestellt.

Sodann rief die Kanzlerin ihren Außenminister Steinmeier in Luxemburg an. Sie sprach hinterher von einem ausführlichen Telefonat, Steinmeier von einer kurzen Information. Der Sozialdemokrat wäre, wie er es im Nachhinein darstellte, auch zu einer Zurückweisung bereit gewesen. Er ließ seine Beamten die Rechtslage prüfen, das Ergebnis teilten die Juristen noch im Laufe des Abends mit: Das europäische Recht sehe ein «Selbsteintrittsrecht» der Vertragsstaaten vor. Jedes Land, das von der Dublin-Regel begünstigt werde, dürfe auf die daraus resultierenden Vorteile freiwillig verzichten.[33]

Anschließend erreichte die Kanzlerin den SPD-Vorsitzenden Sigmar Gabriel daheim in Goslar. Ob er einverstanden sei, bis zu 8000 Flüchtlinge vom Budapester Bahnhof nach Deutschland zu holen? Gabriel stimmte nach eigenen Angaben zu, nachdem er sich nach Steinmeiers Einverständnis erkundigt hatte: Wenn es eine Ausnahme bleibe. Merkel entgegnete, das sei auch ihre Absicht. Ein kurzer Wortwechsel über die dramatischen Bilder am Bahnhof und auf der Autobahn folgte. Länger als fünf Minuten dauerte das Gespräch nicht, weil es aus Gabriels Sicht um eine einmalige humanitäre Aktion für die im Budapester Bahnhof festsitzenden Flüchtlinge ging, deren Behandlung durch die ungarischen Behörden immer unerträglicher wurde. Später, am Rande einer dramatischen Nachtsitzung des Koalitionsausschusses zum Thema Grenzkontrollen, zog Merkel ihren Stellvertreter zur Seite: «Herr Gabriel, aber eines versprechen Sie mir: Zäune bauen wir nicht», sagte sie. Der Sozialdemokrat empfand die Szene als bewegend; die Behauptung, die Kanzlerin besitze kein Wertekorsett, hatte er ohnehin für Unsinn gehalten.[34]

Stutzig machte den Vizekanzler an diesem 4. September allenfalls eine Nebenbemerkung Merkels: Den CSU-Vorsitzenden Seehofer könne sie nicht erreichen, vielleicht wolle er sich auch gar nicht erreichen lassen.[35] Merkel hatte ihm eine SMS mit der Bitte um ein Telefonat geschickt. Seehofer reagierte nicht. Dann versuchte es Altmaier von Evian aus über Seehofers Amtschefin in München. Auch sie erreichte den Vorgesetzten nicht. Hinterher sagte Seehofer, er habe sein Handy über Nacht abgestellt, wie immer an freien Tagen. Wer ihn wirklich habe erreichen wollen, der hätte die Polizei schicken können. Andere meinten, Seehofer habe sich bewusst taub gestellt: So blieb er frei, Merkels Schritt im Nachhinein zu kritisieren; ob auch die Kanzlerin kein Interesse hatte, sich ein «Nein» abzuholen, blieb Spekulation.

Die deutsche Regierungschefin gab dem österreichischen Kollegen Faymann nach ihren Telefonaten grünes Licht für die Aufnahme der Flüchtlinge. Daraufhin rief er bei Orbán an, nach elf Uhr abends, seit

4. Flüchtlinge (2015–2016)

dem Schreiben des ungarischen Botschafters waren dreieinhalb Stunden vergangen. Die Menschen von der Autobahn dürften kommen, teilte Faymann mit. Am nächsten Morgen meldete sich endlich der CSU-Vorsitzende Seehofer bei Merkel. Gerade erst habe er gesehen, behauptete er, dass sie ihn habe erreichen wollen. Er sagte sinngemäß, was er wenige Tage später auch öffentlich erklärte: «Das war ein Fehler, der uns noch lange beschäftigen wird. Ich sehe keine Möglichkeit, den Stöpsel wieder auf die Flasche zu kriegen.»[36]

Als Nächstes telefonierte Merkel die europäischen Kollegen ab. Ihr Europaberater Uwe Corsepius kontaktierte seinen Pariser Kollegen. Der französische Präsident François Hollande, den Merkel spätestens seit den Minsker Ukraine-Verhandlungen im Frühjahr zu ihrem Verbündeten gemacht hatte, sagte die symbolische Übernahme von tausend Flüchtlingen zu. Sonst gewann die deutsche Kanzlerin niemanden, das Problem war ja durch den österreichischen und deutschen Selbsteintritt gelöst. Griechenland und Italien fühlten sich ohnehin belastet genug, Spanien hatte sich das Problem durch ein robustes Grenzregime vom Leib gehalten. Der Brite Cameron zeigte sich nach seiner Offerte aus der Wochenmitte zu keinen weiteren Zugeständnissen bereit, die Osteuropäer taten das ohnehin nicht. Nur Skandinavier und Niederländer nahmen weiterhin Schutzsuchende auf, ohne dass es darüber formale Absprachen gab. Fortan begleitete die Kanzlerin der Vorwurf, sie habe die übrigen Europäer in ihre Entscheidung nicht schon während der Nacht eingebunden oder gar die Einberufung eines Sondergipfels verlangt, während Orbán bereits die Busse an die Grenze schickte.

Angela Merkel dachte an diesem Samstag darüber nach, vor die Fernsehkameras zu treten wie bei der Garantie der Sparguthaben im Herbst 2008. Am Ende entschied sie sich dagegen: zu dramatisch.[37] Stattdessen gab Altmaier als Chef des Kanzleramts auf der Rückreise nach Berlin ein kurzes Statement auf dem Genfer Flughafen ab und antwortete am Abend im ARD-Brennpunkt auf Fragen. Die umstrittenste Entscheidung ihrer Amtszeit erläuterte Merkel zunächst nicht öffentlich.

Willkommenskultur

Derweil spielten sich auf dem Münchener Hauptbahnhof erstaunliche Szenen ab. Als am Samstagmittag die ersten Flüchtlinge aus Ungarn eintrafen, wurden sie mit Jubel empfangen. Man sah an diesem 5. September 2015 selbstgemalte Schilder mit der Aufschrift «Welcome to Munich», syrische Kinder bekamen von Passanten Stofftiere zugesteckt. Der Münchener Oberbürgermeister Dieter Reiter, ein Sozialdemokrat, sagte: «Wenn man die glücklichen Gesichter sieht, weiß man, dass wir richtig handeln.»[38] Die Bilder, die am entscheidenden Freitag den Zug der Flüchtlinge auf der ungarischen Autobahn zeigten, riefen Gefühle wach: Vor allem die Älteren sahen sich an die Trecks der geflüchteten und vertriebenen Deutschen erinnert, die am Ende des Zweiten Weltkriegs ihre Heimat hatten verlassen müssen. Von einer neuen deutschen «Willkommenskultur» war nun die Rede. Die Kanzlerin folgte der Stimmung in dieser Anfangszeit eher, als sie bewusst zu befördern.

Ungewohnt positiv berichteten jetzt die Medien, darunter die *Bild am Sonntag*, von der man es vielleicht am wenigsten erwartete. «Merkel beendet die Schande von Budapest», jubelte das Blatt.[39] Die *Frankfurter Allgemeine Sonntagszeitung* kommentierte, nicht die Kanzlerin ziehe Flüchtlinge an, sondern Deutschland – «weil es ein reiches und freundliches Land ist». Merkel sei nun einmal das Gesicht dieses Landes in der Welt.[40] Auch Unternehmensverbände zeigten sich erfreut über den Zustrom überwiegend junger Menschen, die Deutschlands demographische Probleme verringern und den absehbaren Mangel an Arbeitskräften lindern könnten. Dass sie das Land «jünger und attraktiver» machten, hatte Vizekanzler Gabriel schon beim Besuch des Asylbewerberheims im sächsischen Heidenau gesagt.[41] Während sich die einen über die neue deutsche Leichtigkeit freuten, beklagten andere einen angeblich typisch deutschen Realitätsverlust. Insgesamt überwog in jenen Tagen das Positive, auch in der internationalen Bewertung: Die *New York Times* kommentierte, Merkel rage über alle anderen europäischen Führer hinaus, weil sie aufgrund ihrer Biographie als einzige einen Sinn für die Herausforderungen der Stunde habe, und das *Time Magazine* ernannte die «Kanzlerin der freien Welt» im Dezember zur «Person des Jahres».[42]

Mehr als zwei Jahrzehnte zuvor, als der Bürgerkrieg in Bosnien eine geringere Zahl von Schutzsuchenden ins Land gebracht hatte, war die

Aufnahmebereitschaft noch schwach ausgeprägt gewesen, am Ende beschloss der Bundestag eine Einschränkung des Asylrechts. Geändert hatte sich seit den neunziger Jahren auch die Wortwahl. Sprach man seinerzeit von «Asylanten», was bald als abwertend galt, so war inzwischen von «Flüchtlingen» die Rede, was immerhin das Vorliegen realer Fluchtgründe unterstellte. Absurd erschien der Rat der Gesellschaft für deutsche Sprache, besser von «Geflüchteten» als von «Flüchtlingen» zu sprechen, da Begriffe mit der Endung «ling» generell abschätzig klängen – also auch «Liebling» oder «Schmetterling», wie Spötter anmerkten.

Organisatorisch war die Bundesrepublik auf die Ankunft der Flüchtlinge allerdings schlecht vorbereitet, und das, obwohl der Innenminister bereits zweieinhalb Wochen zuvor ziemlich exakt die Zahl der Neuankömmlinge vorausgesagt hatte. In den folgenden Wochen trafen bis zu 10 000 Menschen pro Tag in Bayern ein. Sie mussten befördert, untergebracht, verpflegt werden. Die praktische Seite funktionierte gut, dank ehrenamtlicher Helfer und föderaler Strukturen.

Zugleich behinderte ebendieser Föderalismus die zentrale Erfassung und Koordination. Die einzelnen Verwaltungsebenen tauschten ihre Informationen untereinander nicht aus: angeblich nur aus Gründen des Datenschutzes, in Wahrheit aber auch, weil keine Körperschaft der jeweils anderen einen Einblick in ihre Interna gewähren wollte. Zur Verwirrung trug zusätzlich bei, dass die Flüchtlingsbehörde Bamf schon mit der bloßen Annahme der Asylanträge überfordert war. Deshalb ging das Bundesinnenministerium dazu über, provisorische Zahlen aus der «Erstaufnahme Asyl» («Easy») zu veröffentlichen. Allerdings lagen diese Angaben deutlich zu hoch, weil viele Flüchtlinge mehrfach registriert wurden oder in andere Staaten der EU weiterreisten, ohne sich abzumelden. So dauerte es fast ein volles Jahr, bis die Zahl der Flüchtlinge aus dem Jahr 2015 bekannt war. In der Zwischenzeit schossen die Spekulationen ins Kraut.

Aufgrund der verschleppten Asylverfahren herrschte auch Unklarheit über die Frage, wie viele der Schutzbegehren berechtigt waren. Kritiker sprachen irreführend von einer Anerkennungsquote zwischen einem und zwei Prozent, das bezog sich indes auf das individuelle politische Asyl nach Artikel 16a des Grundgesetzes. Die Gesamtschutzquote unter Einschluss der Bürgerkriegsflüchtlinge nach der Genfer Konvention lag 2016, als die meisten Anträge entschieden wurden, bei fast zwei Dritteln, für syrische Staatsangehörige zeitweise bei fast hundert Prozent. Gleichwohl trugen Verwaltungschaos und unklare Kommunikation maßgeblich dazu bei, dass der Eindruck entstand, der Staat habe die Kontrolle über die Situation verloren.

Spät begann Merkel gegenzusteuern. Am 18. September, zwei Wochen nach der dramatischen Entscheidungsnacht, machte sie Frank-Jürgen Weise zum Chef des Bamf. Er hatte ein Jahrzehnt zuvor schon die Arbeitsvermittlung in Deutschland reformiert, die seinerzeit einen ähnlich schlechten Ruf genoss wie nun die Flüchtlingsbehörde. Am 7. Oktober betraute die Kanzlerin ihren Amtschef Peter Altmaier mit der «politischen Gesamtkoordinierung aller Aspekte der aktuellen Flüchtlingslage». Das war zugleich ein Misstrauensvotum gegenüber ihrem langjährigen Vertrauten Thomas de Maizière, der als Minister nicht nur für einen Teil des Verwaltungschaos verantwortlich war, sondern in der Flüchtlingspolitik zeitweise sogar gegen sie arbeitete. Altmaiers Aufstieg zur Allzweckwaffe resultierte nicht zuletzt daraus, dass Merkel nach zehn Regierungsjahren nicht mehr über allzu viele alte Getreue verfügte.

Als Leiter seines Stabes für die Flüchtlingspolitik holte Altmaier einen Beamten, den er aus der gemeinsamen Zeit im Innenministerium kannte: Der frühere Sozialdemokrat Jan Hecker, mittlerweile Richter am Bundesverwaltungsgericht, war einst von Otto Schily ins Sicherheitsressort geholt worden; im Kanzleramt sollte er später als Nachfolger des langjährigen Merkel-Vertrauten Christoph Heusgen zum außenpolitischen Chefberater aufsteigen. Der ebenso unideologische wie unprätentiöse Jurist, der über ein europapolitisches Thema promoviert und sich neben seinen anspruchsvollen Hauptjobs auch noch habilitiert hatte, verkörperte nahezu perfekt den Typus des Beraters, mit dem sich Merkel gerne umgab.

Mit ihrem öffentlichen Schweigen am ungarisch-österreichischen Wochenende hatte sich Merkel abermals dem Vorwurf ausgesetzt, dass sie ihre Politik nicht hinreichend erkläre. Ihr Vorgehen folgte dem üblichen Muster: Bis sie sich eine Sprachregelung zurechtgelegt hatte, sagte sie lieber nichts. Erst dann ging sie in die Offensive, sprach im Bundestag, reiste durchs Land, besuchte gegebenenfalls eine Talkshow. Diesmal fuhr sie das volle Programm, zudem argumentierte sie emotionaler als je zuvor. Sie tat das, was ihre Kritiker immer verlangt hatten – und brachte sich genau dadurch in Schwierigkeiten.

Schon am Montag, dem 7. September, legte sie los. Am Vorabend hatte der Koalitionsausschuss getagt, Merkel präsentierte mit ihrem Vize Gabriel im Kanzleramt die Ergebnisse. Seehofer fehlte, er nahm an einer

Beerdigung teil. Bevor die Kanzlerin auf die technischen Details einging, sprach sie zur aktuellen Lage: *Wir haben ein bewegendes, ja zum Teil atemberaubendes Wochenende hinter uns.* Sie lobte Bürger und Behörden für ihr Engagement, *das uns ein Stück weit auch stolz machen kann auf unser Land.* Auch die internationale Anerkennung für Deutschlands Offenheit sei *etwas sehr Wertvolles, wenn man einen Blick in unsere Geschichte wirft.* Sie freue sich, *dass Deutschland auch ein Land geworden ist, mit dem viele Menschen außerhalb Deutschlands Hoffnungen verbinden.*[43]

Am Mittwoch trat die Kanzlerin im Bundestag auf. Der Zufall wollte es, dass ausgerechnet in dieser Woche die Generalaussprache über den Bundeshaushalt angesetzt war. Merkel musste sich also abermals festlegen, ob sie wollte oder nicht, neun Tage nach ihrer Pressekonferenz, fünf Tage nach ihrer Entscheidung, die Grenzen zu Österreich und Ungarn nicht zu schließen. Verglichen mit der Stimmung im Plenum, zählte die Kanzlerin noch immer eher zu den Zögerlichen, im Kontrast auch zum Vizekanzler mit seinem «Wir helfen»-Button. Die grüne Fraktionschefin Katrin Göring-Eckardt kritisierte, dass die Regierung die EU-Außengrenzen immer noch abschotten wolle, statt für Flüchtlinge «sichere Wege nach Europa» zu schaffen.[44]

Merkel entwarf so klar wie selten die Grundlinien, die sie in der Flüchtlingsfrage bewegten. Wie zuvor sprach sie über Fördern und Fordern bei der Integration, über Hilfe für Kriegsflüchtlinge und die Zurückweisung von sogenannten Wirtschaftsflüchtlingen. Die mit Abstand längste Passage ihrer Rede widmete sie der Rolle Europas. *Die Bewältigung der aktuellen Flüchtlingskrise gelingt nicht allein auf nationaler Ebene. Sie ist eine Herausforderung für die Europäische Union.* Sodann sprach sie klar aus, dass es ihr vor allem auch um die Abschottung der EU nach außen ging, was ihr – das war später fast vergessen – von Anfang an deutliche Kritik von linker Seite eintrug. *Wir müssen viel enger mit den Transit- und Herkunftsstaaten zusammenarbeiten*, dabei werde sie *auch das Gespräch mit der Türkei intensivieren müssen.* Sie wolle *eine vernünftige Kooperation mit der Türkei in der Flüchtlingsfrage finden*, um die Flucht über die Ägäis zu beenden.[45] Am Vortag hatte sie mit dem türkischen Ministerpräsidenten Ahmet Davutoğlu telefoniert, einem besonnenen Mann, mit dem sie sich gut verstand, besser als mit dem autokratischen Präsidenten Recep Tayyip Erdoğan.

Finanzminister Schäuble, der prominenteste Konservative in der Regierung, hatte ihr zu den Gesprächen mit der Türkei geraten, so stellte

Der «Flüchtlingsdeal» mit dem türkischen Präsidenten Recep Tayyip Erdoğan machte die Kanzlerin politisch angreifbar.

er es später dar. «Ich habe der Kanzlerin gesagt, Sie müssen selber mit Erdoğan reden, das hilft gar nichts», sagte er ein halbes Jahr später bei einem Auftritt in Hamburg. «Am Anfang, das war irgendwann in der Sommerpause, hat sie gesagt, dann kriege ich wieder die Debatte mit den Kurden und dann wollen sie wieder Beitrittsverhandlungen und, und, und. Ich habe gesagt, Frau Merkel, es hilft alles nichts.»[46] Das mochte man als einen Versuch werten, der Kanzlerin beizuspringen, die sich wegen ihres «Türkei-Deals» mittlerweile scharfer Kritik ausgesetzt sah. Man konnte es freilich auch als einen Vertrauensbruch sehen, denn selten hatte sich ein Kabinettsmitglied so indiskret über interne Gespräche mit der Kanzlerin geäußert: Auf ihre – wenn auch umstrittene – Strategie, wie sie Flüchtlinge künftig fernhalten wollte, war sie demnach noch nicht einmal selbst gekommen.

Zum Abschluss ihrer Bundestagsrede kam Merkel auf die europäische Rolle Deutschlands zu sprechen. Immer wieder gebe es in der EU Herausforderungen, *bei denen es ganz besonders auf uns ankommt, auf Deutschland, auf Deutschlands Kraft und auf Deutschlands Stärke*. Auch in der Euro-Krise seien sich die Staaten nicht immer einig gewesen, *da stand Deutschland manchmal ganz schön alleine da*. Zugleich habe man immer wieder erlebt, *dass es genau diese Bereitschaft und diese Kraft Deutschlands sein kann, die schließlich den Weg für eine europäische Lösung freimacht.*[47]

Am Abend wurde Merkel auf dem Berliner Jahresempfang der katholischen Kirche für ihre Flüchtlingspolitik gefeiert. Tags darauf stand der zweite Teil des Programms an, das sie oft absolvierte, wenn sie in einer Krise ihren Kurs gefunden hatte: die Reise zu den Originalschauplätzen. Die mittelalterliche Regel, dass Herrschaft durch Reisen und körperliche Präsenz ausgeübt werde, ist im Medienzeitalter zurückgekehrt. Nur wer vor Ort ist, kann damit dokumentieren, dass er oder sie die realen Probleme kennt und sich ihrer anzunehmen verspricht. In der Flüchtlingsfrage hielt sich Merkel mehr denn je daran. Noch auf Jahre hinaus sprach sie mit Betroffenen und Helfern oder stattete Ortsbesuche ab, von den zahlreichen Auslandsreisen ganz zu schweigen. Was sie wochen- und monatelang durch den verweigerten Besuch eines Flüchtlingslagers versäumt hatte, übertrieb sie nun: Auch in dieser Art der Überkompensation lag eine Kontinuität.

Da eine längere Abwesenheit vom Regierungssitz wegen der angespannten Lage nicht ratsam erschien, fiel die Wahl – mit kurzer Planungszeit – auf zwei Orte in Berlin. Für Donnerstag war ein Mittagstermin in Spandau angekündigt, Merkel besuchte eine Außenstelle der Flüchtlingsbehörde und eine Erstaufnahme der Arbeiterwohlfahrt. Anschließend fuhr sie nach Kreuzberg, wo sie in der Nähe der Marheineke-Markthalle eine Schule besuchte, in der Flüchtlinge unterrichtet wurden. Dieser zweite Termin verlief unspektakulär.

Anders verhielt es sich in Spandau, in der Unterkunft der Arbeiterwohlfahrt. Auch dort wurde die Kanzlerin freundlich empfangen, aber so sehr, dass es sich zu einem Problem für sie auswuchs. Am Vortag war sie im Bundestag noch für eine zu große Zurückhaltung gegenüber den Neuankömmlingen kritisiert worden, die Betroffenen selbst sahen das offenbar anders: Mehr und mehr Flüchtlinge drängelten sich nach vorn, um sich mit Merkel zu fotografieren. Der Umjubelten war es offenbar recht, also ließen es auch die Sicherheitsbeamten geschehen. Im Grunde war es Routine. Denn Selfies gewährte die so reservierte Kanzlerin auch bei anderen Anlässen, etwa auf Parteitagen, obwohl sie wie keiner ihrer Vorgänger ihr öffentliches Bild zu kontrollieren suchte. Handyfotos für den privaten Gebrauch stellten keine Bedrohung dar. Soweit es die Aufnahmen selbst betraf, funktionierte das auch dieses Mal. Doch Pressefoto-

In Berlin-Spandau machte Merkel im September 2015 ein Selfie mit dem syrischen Abiturienten Anas Modamani. Das Foto brachte beiden viel Ärger ein. Die Kanzlerin verteidigte sich politisch, der Flüchtling setzte sich juristisch zur Wehr.

grafen hielten fest, wie sich die Kanzlerin mit den Flüchtlingen fotografieren ließ. Überliefert sind auf diese Weise die Bilder der Kanzlerin mit drei Flüchtlingen, und zwar mit dem damals 40-Jährigen Shaker Kedida aus dem Nordirak, dem gleichaltrigen Hassan Alasad aus Aleppo und dem jungen Abiturienten Anas Modamani, ebenfalls aus Syrien.[48]

An kaum etwas machte sich später, als die Stimmung gegen die Flüchtlinge umschlug, der Hass auf die Kanzlerin so sehr fest wie an diesen drei Fotos. Merkel wurde zum Objekt persönlicher Diffamierung, wie es das seit den Kampagnen gegen den Emigranten Willy Brandt in den sechziger Jahren nicht mehr gegeben hatte; manches erinnerte an die Hetze gegen demokratische Politiker in der Weimarer Republik. Wer zum Zeitpunkt der Flüchtlingsdebatte weniger als 50 Jahre alt war, hatte so etwas noch nicht erlebt. Auf ostdeutschen Marktplätzen wurde die Regierungschefin als «Schlampe» beschimpft, ein «Merkel-Galgen», der die Kanzlerin am Strick zeigte, fand auf Pegida-Demonstrationen willige Abnehmer. Die sozialen Medien füllten sich mit wüsten Tiraden gegen die Frau, die angeblich planvoll an einer «Umvolkung»

Deutschlands arbeite. Die Parole «Merkel muss weg» wurde zu einer Art Refrain beim Wiederaufstieg der AfD. Unter den Demokraten führte das freilich zu einem Solidarisierungseffekt, zu einer Popularität, die Merkel trotz aller Erosion ihrer Macht über die letzten Kanzlerinnenjahre trug.

Merkel habe mit den Bildern die Flüchtlinge «eingeladen», hieß es. Dabei hatten sich die meisten längst auf den Weg nach Mitteleuropa gemacht. Schon am Budapester Ostbahnhof war, vor der Berliner Entscheidungsnacht, der Ruf «Angela, Angela» zu hören gewesen.[49] Wenn überhaupt irgendwelche Fotos einen Anziehungseffekt ausgeübt hätten, äußerte Merkel im Rückblick, dann seien es die Bilder jubelnder Deutscher vom Münchener Bahnhof gewesen: *Die Bilder, die um die Welt gingen, waren nicht die von meinem Besuch in der Erstaufnahmeeinrichtung. Sondern die Bilder, die um die Welt gingen, waren die von den Bürgerinnen und Bürgern, die am Morgen nach dieser Entscheidung die Menschen in München und anderswo am Bahnhof empfangen haben, die ganz selbstverständlich geholfen haben.*[50]

Das traf zu, wie auch Journalisten urteilten, die Merkels Flüchtlingspolitik kritisch betrachteten.[51] Der größte Anstieg der Flüchtlingszahlen auf der Balkanroute zeigte sich bereits in der Zeit vor den umstrittenen Selfies der Kanzlerin. Auch die Google-Suchen nach Asylmöglichkeiten in Deutschland waren in dieser frühen Zeit am stärksten angestiegen, wie eine Auswertung später ergab.[52] Viele unter Merkels Gegnern beeindruckte das nicht. Wann immer sich ein islamistischer Terroranschlag ereignete, wurde der Syrer Modamani in sozialen Medien der Urheberschaft bezichtigt: Seht her, die Kanzlerin lässt sich mit einem Attentäter fotografieren. Es kostete den jungen Flüchtling einige Mühe, juristisch erfolgreich gegen die Unterstellungen vorzugehen.[53]

Grenzschließung?

Nur zwei Tage nach dem Spandauer Ortstermin, eine Woche nach der dramatischen Entscheidung über das Budapester Ultimatum, stand am 12. und 13. September 2015 das nächste Krisenwochenende an. Merkel geriet unter Druck, ihren Kurs zu revidieren. Innenminister aus unionsgeführten Ländern drängten sie, auch Kommunalpolitiker, die bei der

Aufnahme von Flüchtlingen an Kapazitätsgrenzen stießen. Sie hofften, die Regierungschefin ohne öffentliches Aufsehen zu einer Änderung ihrer Flüchtlingspolitik bewegen zu können, gesichtswahrend und aus scheinbar freien Stücken.

Horst Seehofer, der seinen Protest bislang nur durch Abwesenheit kundgetan hatte, äußerte sich dagegen öffentlich. Er gab dem *Spiegel* den Satz vom Stöpsel und der Flasche zur Veröffentlichung frei, mit dem er schon intern die Entscheidung der Kanzlerin kritisiert hatte.[54] Der CSU-Vorsitzende ließ sich dabei offenkundig vom innerparteilichen Machtkampf mit dem aufstrebenden Finanzminister Markus Söder leiten, dem damaligen Hardliner und späteren Konsenspolitiker, den der 66-jährige Seehofer unbedingt als Nachfolger verhindern wollte – und von der Sorge um die absolute Mehrheit der Partei in Bayern. Wie sehr der Parteivorsitzende unter Druck stand, zeigen die Wortmeldungen anderer CSU-Politiker. Söder warnte vor der Aufnahme von «Bürgerkriegern», der frühere Innenminister Hans-Peter Friedrich nannte die Aufnahme der Flüchtlinge «blauäugig und naiv».[55]

Nach dem rechtsradikalen Mob von Heidenau und dem ungarischen Premier Orbán trat abermals ein Akteur auf den Plan, der Merkel den Weg in eine restriktivere Flüchtlingspolitik unmöglich machte, selbst wenn sie ihn hätte beschreiten wollen. Auf Letzteres deutete wenig hin; noch am Samstagvormittag verteidigte Merkel ihre Flüchtlingspolitik auf einem «offenen Mitgliederkongress» der CDU. Für die Sitzung der Parteigremien am Montag ließ sie ein Papier vorbereiten, das ein Einwanderungsgesetz für Deutschland forderte, die Bundesrepublik als «Einwanderungsland» bezeichnete und eine erleichterte Einbürgerungsperspektive versprach.[56]

Zudem sollte ein «Spurwechsel» vom Asylverfahren in die Arbeitsmigration geprüft werden. Damit erkannte die CDU an, dass sich die Grenze zwischen der Flucht vor Krieg oder Verfolgung und der Migration aus ökonomischen Motiven nicht immer so scharf ziehen ließ, wie es die Vereinfacher suggerierten, mehr noch: dass das Land vom oft geschmähten Typus des «Wirtschaftsflüchtlings», der mit seiner Arbeitskraft das Sozialprodukt steigern wollte, materiell mehr profitieren könnte als von politisch Verfolgten, die man ja ganz bewusst aus rein humanitären Motiven aufnahm. Es sollten diejenigen, «die unserem Sozialsystem nützen, bevorzugt werden gegenüber jenen, die es ausnutzen», hatte der damalige bayerische Innenminister Günther Beckstein schon im Jahr 2000 ge-

4. Flüchtlinge (2015–2016)

sagt[57] – und dabei rhetorisch eine Linie gezogen, die sich in der Praxis nicht immer leicht ausmachen ließ. Das galt umso mehr, als bei allen Debatten um ausländische IT-Experten der Bedarf an geringer qualifizierten Arbeitskräften massiv unterschätzt worden war. Aus Syrien kämen nicht nur Ärzte, merkten Kritiker von Merkels Flüchtlingspolitik oft an. Das stimmte. Aber die Bundesrepublik brauchte eben nicht nur Ärzte, sondern auch Paketzusteller, Pflegekräfte oder Servicepersonal in Gaststätten und Hotels.

Angesichts wachsenden Widerstands begann Merkel jedoch, Abstriche zu machen. Das Projekt eines Einwanderungsgesetzes ließ sie bald wieder fallen, jedenfalls für die laufende Legislaturperiode. Kurzfristig rückten mögliche Grenzkontrollen in den Fokus, Ministerpräsidenten und Kommunalpolitiker drängten darauf.

Für dieses zweite Septemberwochenende hatte die Kanzlerin besser vorgebaut als für das erste. Sie bat die Parteivorsitzenden Gabriel und Seehofer sowie die Minister Altmaier, de Maizière und Steinmeier um telefonische Erreichbarkeit. Für halb sechs Uhr berief sie am Samstagnachmittag eine Telefonkonferenz mit den fünf Politikern ein.[58] Es ging um das weitere Vorgehen in der Flüchtlingsfrage. Teilnehmer berichteten hinterher, niemand habe der Einführung von Grenzkontrollen widersprochen, auch die Kanzlerin nicht. Aber das war nicht das Entscheidende. Maßgeblich war, ob dabei Flüchtlinge pauschal zurückgewiesen werden sollten. Und hier ging das Verständnis der Beteiligten erheblich auseinander.[59]

Befristete Grenzkontrollen an und für sich verstießen noch nicht gegen das Schengen-Abkommen, auch wenn der Vertragstext dafür weit gedehnt werden musste. Nach Artikel 23 konnte ein Mitgliedsland «im Falle einer schwerwiegenden Bedrohung der öffentlichen Ordnung oder inneren Sicherheit» für einen begrenzten Zeitraum an seinen Grenzen systematische Personenkontrollen durchführen – für höchstens 30 Tage oder so lange, wie die «schwerwiegende Bedrohung» andauerte. Diese Klausel nutzten die Mitgliedstaaten nach Gutdünken, ob nun die Bundesrepublik für den Elmauer G7-Gipfel die Grenze nach Österreich kontrolliert hatte oder ob französische Polizisten später in Zügen aus Italien nach Passagieren mit dunkler Hautfarbe fahndeten.

Die Information, dass in der Koalition eine Grenzschließung erwogen werde, blieb nicht geheim. Journalisten, die davon Wind bekamen, fragten beim Innenministerium nach. Das setzte die Beteiligten unter Zeitdruck: Die Regierung musste die Nachricht entweder dementieren oder die Grenzschließung zeitnah vollziehen, sonst drohte eine Panikreaktion von Flüchtlingen, die in letzter Minute nach Deutschland gelangen wollten. Es entstand eine Situation wie in der Finanz- und Schuldenkrise, als die Politik jeweils bis zur Börsenöffnung in Ostasien eine Einigung hatte erzielen müssen.

Unter diesen Umständen besprach sich der noch immer gesundheitlich angeschlagene de Maizière am Sonntagnachmittag im Lagezentrum des Berliner Innenministeriums mit seinen Beamten. Staatssekretäre, Abteilungsleiter, der Chef der Bundespolizei waren an diesem 13. September 2015 anwesend, der Bamf-Chef zugeschaltet, die Kanzlerin hielt sich für Telefonate bereit. Die Runde stritt, ob Deutschland wenigstens die Flüchtlinge vom Balkan zurückweisen dürfe. Sicherheitsexperten bejahten, Fachleute fürs Verfassungsrecht verneinten: Laut Dublin-Abkommen müsse Deutschland zunächst bestimmen, welches EU-Land für ein Asylverfahren zuständig sei. Erst dann dürfe es den Flüchtling zurückschicken, exakt in dieses Land. Den Einwand, die Dublin-Regeln seien ohnehin außer Kraft, mochten die Beamten nicht akzeptieren. Wenn Dublin nicht mehr gelte, womit wollten dann die Hardliner die Zurückweisung der Flüchtlinge begründen?

Dreimal rief de Maizière während der Sitzung bei der Kanzlerin an.[60] Den Inhalt der Gespräche kennen bis heute nur die Kanzlerin und ihr Minister, die Teilnehmer der Sitzung konnten ihn indes erahnen. Denn de Maizière kam mit Fragen zurück. Sie bezogen sich vor allem auf zwei Punkte: Wäre eine Zurückweisung der Flüchtlinge rechtlich abgesichert, drohte also eine Niederlage vor Gericht? Würden unschöne Bilder entstehen, würde die öffentliche Meinung also gegen die Regierung aufgebracht? Auf beide Fragen hatte Dieter Romann, Chef der Bundespolizei und stärkster Befürworter einer unterschiedslosen Zurückweisung, keine Antwort. Er konnte nicht sagen, wie sich Bundespolizisten beispielsweise verhalten würden, wenn ihnen Flüchtlinge mit kleinen Kindern auf dem Arm gegenüberstünden.[61] In letzter Konsequenz ging es um die Alternative, die ein paar Monate später die AfD-Vorsitzende Frauke Petry ins Spiel brachte. Sie sagte, ein Bundespolizist müsse «notfalls auch von der Schusswaffe Gebrauch machen», um illegale Grenzübertritte zu verhindern.[62] Schließlich wollte Merkel noch wissen, wie lange es bei einer Grenzschließung dauern würde, bis keine Flüchtlinge mehr über die Balkanroute nachdrängten. Davon hing ab, wie sehr ein deutscher Alleingang die ohnehin fragilen Länder der Region in Not brächte. Auch dazu erhielt die Kanzlerin keine verlässliche Auskunft.

Da Merkel weder einen Rechtsbruch begehen noch die Öffentlichkeit gegen sich aufbringen wollte, stand die Entscheidung damit fest. In den vorbereiteten Einsatzbefehl für die Bundespolizei fügten die Beamten einen entscheidenden Satz ein: Bei «Vorbringen eines Asylbegehrens» sei die Einreise zu gestatten, auch wenn «aufenthaltslegitimierende Dokumente» fehlten.[63] Aus Sicht der Hardliner hatte die ganze Aktion damit ihren Sinn verloren. Anhänger einer liberalen Flüchtlingspolitik konnten das anders sehen: Um die ankommenden Asylbewerber ordnungsgemäß zu registrieren und das Verwaltungschaos zu beenden, mochten befristete Kontrollen durchaus einen Sinn ergeben.

Angela Merkel war bei ihrer Linie geblieben, die Polizeibehörden hatten sich zu beugen. Man hat das später auf die reine PR-Frage reduziert, die Kanzlerin habe nicht in schlechtem Licht erscheinen und deshalb keine Verantwortung übernehmen wollen. Aber konnte sie eine Entscheidung mittragen, deren rechtliche und faktische Konsequenzen die Verantwortlichen nicht zu Ende gedacht hatten?

Was de Maizière anschließend vor der Presse sagte, klang zunächst martialisch. «Deutschland führt in diesen Minuten vorübergehend wieder Grenzkontrollen an den Binnengrenzen ein», sagte er. «Ziel dieser Maßnahme ist es, den derzeitigen Zustrom nach Deutschland zu begrenzen und wieder zu einem geordneten Verfahren bei der Einreise zurückzukehren.» Deutschland werde weiterhin die Vorgaben zum Schutz von Flüchtlingen beachten, die Bundesrepublik sei nach den EU-Regeln jedoch für den «allergrößten Teil der Schutzsuchenden nicht zuständig».[64] Was das genau bedeutete, ließ er bewusst im Vagen. Die Einschränkungen im Einsatzbefehl erwähnte er nicht. Dafür wies der SPD-Vorsitzende Gabriel in einer anschließenden Schaltkonferenz seiner Parteispitze ausdrücklich darauf hin, dass «Kontrolle» nicht «Schließen» bedeute;[65] bis sich diese Erkenntnis in der Öffentlichkeit durchsetzte, dauerte es angesichts der bewusst unklaren Mitteilung de Maizières eine Weile.

Das Nein zur Grenzschließung blieb unter Merkel-Kritikern die umstrittenste Entscheidung der Kanzlerin im Verlauf der Flüchtlingsdebatte, umstrittener als die Antwort auf Orbáns Ultimatum eine Woche zuvor. Nicht alle wollten allerdings so weit gehen wie Seehofer mit seiner Äußerung, nach dem vermeintlichen Fehler des ersten Septemberwochenendes sei nichts mehr zu retten. Die Besonneneren unter den Verfechtern einer restriktiveren Flüchtlingspolitik billigten die Aufnahme der Ungarn-Flüchtlinge. Sie hielten der Kanzlerin aber vor, dass sie diese Entscheidung nicht zur Ausnahme erklärt habe. «Wir haben damit Europas Ehre gerettet», sagte Finanzminister Schäuble Ende November. «Aber es war eine Ausnahmesituation. Und vielleicht ist das kommunikativ nicht genügend klar geworden.»[66]

An eine solche Klarstellung dachte Angela Merkel jedoch nicht. Wortwahl und Habitus der Kanzlerin beschäftigten die Gemüter des breiten Publikums in den folgenden Tagen mehr als der nur halböffentlich geführte Streit um Grenzkontrollen. Zwei Tage nach der Krisenrunde im Innenministerium empfing Merkel in Berlin ihren Schicksalsgenossen aus der ungarischen Nacht, den österreichischen Amtskollegen Faymann. Anschließend wurde sie gefragt, ob sie falsche Signale eines allzu offenen Deutschlands in die Welt gesandt habe. Sie verwies auf die Ausschreitungen von Heidenau als ein Leitmotiv ihres Handelns. *Gerade auch nach den Vorfällen, die wir in Heidenau hatten*, gehe es nun darum, *ein bestimmtes deutsches Gesicht, stellvertretend für viele Bürgerinnen und Bürger, zu zeigen.* Lobend erwähnte sie erneut die Szenen vom Münchner Hauptbahnhof. *Da hat die Welt gesagt: Das ist aber eine schöne Geste. Das kam aus dem Herzen der Menschen.* Darauf ließ sie das stärkste Statement ihrer gesamten Amtszeit folgen. *Ich muss ganz ehrlich sagen: Wenn wir jetzt noch anfangen müssen, uns dafür zu entschuldigen, dass wir in Notsituationen ein freundliches Gesicht zeigen, dann ist das nicht mein Land.*[67] Ganz wohl war ihr bei der Sache wohl selbst nicht. Anschließend fragte sie im Aufzug ihren Regierungssprecher, ob sie zu weit gegangen sei. Steffen Seibert verneinte.

Motive

Dann ist das nicht mein Land: Das blieb einer der ungewöhnlichsten Sätze in Merkels gesamter Amtszeit, und er schien die Möglichkeit eines Rücktritts anzudeuten.[68] Nicht dieses Misstrauensvotum gegenüber dem eigenen Land erwies sich jedoch als Problem, sondern das Wort vom «freundlichen Gesicht» und ähnliche Formulierungen, die sie in jenen Wochen gebrauchte. Sie erweckten bei Anhängern wie Gegnern den Eindruck, Merkel habe sich von einem Tag auf den anderen von einer

4. Flüchtlinge (2015–2016)

Kopf- in eine Bauchpolitikern verwandelt, das Reich des rationalen Kalküls verlassen und sich ohne Rücksicht auf die politischen Folgen humanitären Gefühlen hingegeben. Im protestantischen Elternhaus habe sie eine Idee von christlicher Nächstenliebe aufgesogen, so hieß es nun, manche verglichen sie sogar mit Mutter Teresa, der Ordensschwester, die in die indischen Elendsviertel gegangen war.

Dabei traf Merkel ihre Entscheidungen auch hier in der für sie typischen Mischung aus pragmatischen Erwägungen und einigen wenigen politischen Grundüberzeugungen, die sehr viel mehr mit ihrer sehr spezifischen Prägung durch die DDR zu tun hatten als mit religiösen oder humanitären Gesichtspunkten. Es verhielt sich ganz anders, als viele glaubten: Merkel entschied auch in jenen Wochen ganz nüchtern und verstandesmäßig, und sie unterschätzte die Emotionen in Teilen der Bevölkerung wie auch unter Parteifreunden.

Zunächst spielte die Frage eine Rolle, was eine Grenzschließung praktisch bedeutet hätte, vor dem Hintergrund der biblischen Szenen, die sich in jenen Tagen abspielten. Einen Vorgeschmack darauf gab es schon: In Bad Reichenhall hatte die Polizei versucht, eine Brücke zu sperren. Die Flüchtlinge sprangen daraufhin einfach ins Wasser. Hätte die Bundespolizei auf Menschen schießen sollen, so wurde in Merkels Umfeld gefragt, auch auf Kinder? Die schiere Zahl der Neuankömmlinge, ihre Verzweiflung und der daraus resultierende Wille machten es jedenfalls unwahrscheinlich, dass sie ohne weiteres vom Grenzübertritt abzuhalten wären. Auch Innenminister de Maizière, der später mit der Kanzlerin über die Flüchtlingspolitik stritt, urteilte im Rückblick: «Eine konsequente Zurückweisung wäre zudem nur möglich gewesen unter Inkaufnahme von sehr hässlichen Bildern, wie Polizisten Flüchtlinge, darunter Frauen und Kinder, mit Schutzschilden und Gummiknüppeln am Übertreten der Grenze nach Deutschland hindern.»[69]

Wie sollte das technisch vor sich gehen, und welches Bild würde es im In- und Ausland abgeben, wenn Deutschland mit Räumpanzern und Wasserwerfern gegen notleidende Flüchtlinge aus dem syrischen Bürgerkrieg vorginge? Der Schock, den die Toten im Lastwagen und der tote Junge am Strand bei vielen Bundesbürgern ausgelöst hatten, hatte darauf schon die Antwort gegeben. International hätte ein solches Vorgehen den Eindruck noch bestätigt, der sich wenige Wochen zuvor im griechischen Schuldendrama herausgebildet hatte: Die Deutschen mit ihrer kaltherzigen «Eiskönigin» an der Spitze schotteten sich egoistisch von den Problemen des übrigen Europa ab, bei der rücksichtslosen Verteidigung eigener Interessen nahmen sie tote Syrer genauso in Kauf wie zuvor die Not der Griechen. Der Chef der Bundespolizei mochte solche Aspekte aus seiner fachlichen Sicht ausblenden können, eine deutsche Bundeskanzlerin konnte es nicht – auch wenn Kritiker versuchten, die Sorge um das Bild der Bundesrepublik nach innen und außen als reines PR-Denken abzutun.

Es ging, wie fast immer bei Merkel, um eine Abwägung in der konkreten Situation, nicht um eine Politik der offenen Arme jederzeit und überall. Den Ausschlag gab, dass die Flüchtlinge bereits vor der Tür standen. Hätten sich die Opfer des Bürgerkriegs zum jetzigen Zeitpunkt vom Mittelmeer erst auf den Weg gemacht, dann wäre die Lage ganz anders gewesen: Die Flüchtlinge, die ein halbes Jahr später nach der Schließung der Balkanroute im griechischen Grenzort Idomeni strandeten, interessierten die deutsche Kanzlerin wenig.

Zur Debatte stand aus Merkels Sicht auch die Zukunft der offenen Grenzen in Europa. Nach der Staatsschuldenkrise hatte sich nun ein weiteres Mal gezeigt, dass Merkel für die unvollendeten europäischen Projekte ihres Vorvorgängers Helmut Kohl geradezustehen hatte. Auf die Euro-Krise folgte die Schengen-Krise: Im einen Fall hatte Europa eine gemeinsame Währung ohne den politischen Rahmen geschaffen, im anderen Fall einen grenzenlosen Raum ohne ein gemeinsames Asylsystem. Ähnlich wie beim Euro wollte Merkel auch in Bezug auf das Schengen-System nicht die Frau sein, die das europäische Einigungswerk sprengte. Mindestens ebenso sehr wie die Währung standen die offenen Grenzen für die praktisch erfahrbare Einigung des Kontinents. Schon der 17-jährige Helmut Kohl hatte im Jahr 1947 mit Gesinnungsgenossen an der pfälzisch-elsässischen Grenze bei Weißenburg symbolisch einen Schlagbaum hochgestemmt.[70]

Auch wenn kleinere Länder wie Österreich, Dänemark oder Schweden im weiteren Verlauf des Jahres Grenzkontrollen einführten, auch wenn Deutschland von diesem Recht in Einzelfällen Gebrauch machte: Hätte das große Land im Zentrum Europas in dieser Lage das Schengen-System grundsätzlich in Frage gestellt, wäre es nach der Analyse der Kanzlerin nicht nur das Ende des grenzenlosen Europa gewesen, sondern auch das Ende des Binnenmarkts in seiner hoch entwickelten Form: Die Kontrolle jedes einzelnen Lastwagens mit unkalkulierbaren Wartezeiten, wie es vor Kohls Grenzöffnung üblich gewesen war, hätte die europaweiten Lieferketten mit der inzwischen gängigen Just-in-Time-Produktion zerrissen.

4. Flüchtlinge (2015–2016)

Der größte Leidtragende wäre Deutschland mit seiner florierenden Exportproduktion gewesen, die auf Zulieferer aus den Nachbarländern existenziell angewiesen war.

Hinzu kam ein außenpolitisches Argument. Sollten Österreich und Deutschland ihre Grenzen schließen, zugleich aber weiterhin Flüchtlinge über die Ägäis und durch Griechenland nachkommen, fürchtete Merkel um die Stabilität der Balkanstaaten. Sie wollte aber keine neue «Balkan-Hölle» riskieren – eine Frage, die schon in der griechischen Staatsschuldenkrise eine Rolle gespielt hatte.[71] In einer turbulenten Sitzung der Unionsfraktion warnte sie Mitte Oktober vor «verheerenden Folgen» für die Balkanländer, auf einer CDU-Regionalkonferenz Anfang November sprach sie in diesem Zusammenhang sogar von drohenden «militärischen Konflikten».[72] Dass solche Folgen ausblieben, als die betroffenen Länder in einer abgestimmten Aktion ein halbes Jahr später die Grenzen tatsächlich schlossen, widerlegte das Argument nicht: Inzwischen waren die Flüchtlingszahlen längst drastisch zurückgegangen, auch durch die von der Kanzlerin eingefädelten Gespräche mit der Türkei: Hier zeigte sich wie später in der Corona-Krise ein «Präventions-Paradox».

Merkels europapolitischer Plan bestand nun darin, statt chaotischer und nicht abgestimmter Grenzschließungen durch die einzelnen Nationalstaaten eine gemeinsame Grenzsicherung nach außen zu erreichen, die dann auch eine Verteilung der verbleibenden Flüchtlinge über die gesamte EU ermöglichen könnte. Sie wollte durch den Selbsteintritt der Deutschen für Europa Zeit kaufen bis zur Etablierung eines gesamteuropäischen Systems der Grenzsicherung.[73] In der Zwischenzeit musste eine Koalition der Willigen die Flüchtlinge aufnehmen, zu ihr zählten in der Anfangszeit auch Österreich und Schweden, zwei Länder, die ebenso wie Ungarn im Verhältnis zu ihrer Bevölkerungszahl deutlich mehr Flüchtlinge aufnahmen als Deutschland.[74]

Nötig war dafür allerdings ein Schritt, der Merkel noch viele Schwierigkeiten bereiten sollte. Die meisten der Flüchtlinge kamen aus der Türkei über den kurzen Seeweg auf die griechischen Inseln und damit in die EU. Daher schien eine Grenzsicherung in diesem Bereich nur durch die Gespräche mit der Regierung in Ankara möglich zu sein, die Merkel gegen starken Widerstand im Inland wie auf europäischer Ebene durchsetzte. Der gewünschte Erfolg trat ein: Die Flüchtlingszahlen gingen tatsächlich stark zurück, sie erreichten nie wieder die Höchstwerte vom Herbst 2015. Was das für die Flüchtlinge hieß und mit welchen Methoden die türkische

Polizei sie von der Weiterreise nach Europa abhielt, interessierte die Öffentlichkeit in den meisten EU-Staaten – und Angela Merkel selbst – nur am Rande.

Schwerer wog politisch, dass sich Merkel mit dem Abkommen in die Abhängigkeit des immer autokratischer regierenden Präsidenten Recep Tayyip Erdoğan begab. Auf die Inhaftierung deutscher Staatsbürger konnte sie in der Folgezeit nicht mit der nötigen Härte reagieren. Als die EU im März 2016 das Flüchtlingsabkommen mit der Türkei ratifizierte, war die deutsche Kanzlerin am selbst erklärten Ziel. Ein halbes Jahr lang hatte sie mit bemerkenswerter Nervenstärke aller Kritik standgehalten. Sie zahlte dafür aber einen hohen politischen Preis, von dem noch zu reden sein wird: Die Kollateralschäden in Deutschland und andernorts waren beträchtlich.

Innerhalb der EU kam es über die Flüchtlingsfrage zu einer Umkehrung der Koalitionen: Die Südeuropäer, mit denen die deutsche Kanzlerin in der Euro-Krise viele Kontroversen ausgefochten hatte, standen nun an ihrer Seite, weil sie allesamt zu den stark belasteten Erstaufnahmeländern zählten. Die Osteuropäer, mit denen Merkel so lange eine Seelenverwandtschaft verspürt hatte, wurden zu erbitterten Gegnern. Vermutlich hätten sie indes auch eine Grenzschließung durch Deutschland als einen Ausdruck von Bigotterie heftig kritisiert, die Opfer der Kanzlerin angekreidet und eine Kontinuität zur angeblichen Hartherzigkeit in der Griechenland-Krise hergestellt. Allen voran gilt das für den ungarischen Ministerpräsidenten Orbán, der die deutsche Kanzlerin in jener Septembernacht ganz bewusst in eine No-win-Situation brachte – ein Schachzug in seinem «Kulturkampf mit den liberalen Demokratien», wie es der Journalist Robin Alexander formulierte.[75] Dass Deutschland am 22. September im Rat der Innenminister eine Mehrheitsentscheidung zur Flüchtlingsverteilung erzwang, die sich nie umsetzen ließ, machte die Sache freilich nicht besser.

Grenzen innerhalb Europas nicht zu schließen: Das berührte neben allem pragmatischen Abwägen auch tieferliegende Prägungen und Grundüberzeugungen der früheren DDR-Bürgerin, und es blieb, auch im Gespräch mit engen Vertrauten, ein Leitmotiv in jenen Septembertagen, zumal es in der entscheidenden Nacht um eine ganz besondere Grenze ging: Die Öffnung des Zauns zwischen Ungarn und Österreich im Sommer 1989 hatte maßgeblich zum Untergang der DDR beitragen, sie zählte mithin zu den Ereignissen, die der 35 Jahre alten Physikerin seinerzeit die persönliche Freiheit gebracht hatten. Wie wichtig ihr das war, zeigte auch die Rückversicherung bei ihrem Vizekanzler, keine Zäune zu errichten. Das Argument hielt sie dem ungarischen Amtskollegen noch auf einem EU-Gipfel im Oktober entgegen: *Ich habe zu lange hinter einem Zaun gelebt, als dass ich mir das noch einmal zurückwünsche.*[76] Selbst in ihrer Dankesrede für den Kissinger-Preis kam sie Anfang 2020 darauf zurück, wiederum mit Bezug auf die Flüchtlingsfrage. *Dass ich kein Freund von Mauern bin, versteht sich auch vor dem Hintergrund meiner Biographie von selbst.*[77]

Die Ausreisewelle, die vom «Paneuropäischen Picknick» bei Ödenburg über die Botschaftsflüchtlinge von Prag und Budapest schließlich bis zum Fall der Mauer führte, hielt aus Merkels Sicht indes noch eine weitere Lehre bereit: Menschen, die sich einmal in Bewegung gesetzt haben, kann man nicht mehr aufhalten. Dem DDR-Regime war das trotz Schießbefehl und der Grenzschließung zur Tschechoslowakei nicht gelungen.

Mindestens so sehr wie um die ankommenden Flüchtlinge ging es der Kanzlerin um die Gesellschaft daheim, um deren Offenheit und Liberalität. Vor dem Beginn ihrer Kanzlerschaft hatte Merkel das ökonomische Reformprogramm des Leipziger Parteitags formuliert, das bei allen taktischen Komponenten aus ihrer Sicht auch den Aufbruch zu etwas Neuem bedeuten sollte. Kurz vor dem mutmaßlichen Ende ihrer Kanzlerschaft sah sie die Ankunft der Flüchtlinge als eine Probe für die Bereitschaft der deutschen Gesellschaft, sich auf Ungewohntes einzulassen. Anlässlich des Integrationsgipfels Mitte November im Kanzleramt äußerte sie die Vermutung, dass die deutsche Gesellschaft *vielleicht auch eine gewisse Sehnsucht danach hat, dass sie vielfältiger werden möchte, dass sie also auch andere Eindrücke aufnimmt und durchaus bereit ist, das auch als Bereicherung zu verstehen.*[78]

In beiden Fällen, 2003 wie 2015, hat Merkel die Offenheit ihrer Landsleute für Veränderungen überschätzt und sich an den Rand des Machtverlusts gebracht. Dass gerade unter den Ostdeutschen, die ihre Freiheit einer Grenzöffnung verdankten, sehr viele diesen Zug ins Offene nicht teilten, sollte das Verhältnis zwischen ihr und den früheren Landsleuten nachhaltig zerrütten, und zwar von beiden Seiten.

Die Kanzlerin wolle, schrieb die *Süddeutsche Zeitung* im September 2015, «eine Art politische Animateurin für ein modernes, weltoffenes Deutschland sein, das sich und mehr noch das Ausland überrascht», wofür die Bilder vom Münchener Hauptbahnhof ebenso standen wie das

Sommermärchen der Fußball-Weltmeisterschaft 2006 zu Beginn ihrer Amtszeit.[79] Noch vor der Wahl Donald Trumps zum Präsidenten der Vereinigten Staaten begann Merkel, an ihrem liberalen Erbe zu arbeiten. Als Antwort auf die Globalisierung wollte sie keine Abschottung, weder ökonomisch noch politisch. Sie wollte, dass die Deutschen den Wettstreit mit anderen Weltregionen beherzt aufnahmen. In den Folgejahren trat sie deshalb auch dem selbst in der eigenen Partei wachsenden Bestreben, sich von der aufsteigenden Wirtschaftsmacht China protektionistisch abzuschotten, lange Zeit entgegen.[80]

Neben alle staatspolitischen Erwägungen trat, je schärfer sich die Debatte entwickelte, ein persönliches Motiv: ein ausgeprägter Eigensinn. Von Kindheit an zählte er zu Angela Merkels Charaktereigenschaften. Der ständige Zwang, der im Bildungssystem der DDR von oben ausgeübt wurde, förderte den Willen, sich nicht anzupassen und die geistige Eigenständigkeit zu bewahren. Druck erzeugte bei ihr, in Anlehnung an physikalische Gesetze, stets Gegendruck. Nicht zuletzt daraus bezog sie in den frühen 2000er Jahren den inneren Antrieb, den innerparteilichen Gegnern zu widerstehen. Während der Spätphase ihrer Kanzlerschaft sah sie erst recht keinen Grund, von ihren Überzeugungen abzugehen. Ihr selbst gesetztes Ziel von zehn Amtsjahren hatte sie erreicht, eine neuerliche Kandidatur plante sie zu diesem Zeitpunkt eher nicht, das gab ihr eine innere Freiheit.

Die Klügeren unter den Kritikern ihrer Flüchtlingspolitik kannten diese Mechanismen, und sie wussten: Je heftiger die Kanzlerin öffentlich aus den eigenen Reihen angegriffen wurde, desto weniger konnte sie auch nach objektiven politischen Maßstäben ihren Kurs ohne Gesichts- und Machtverlust ändern. Der CSU-Vorsitzende Seehofer nahm auf diesen Zusammenhang keine Rücksicht, er trug durch seine Anwürfe mehr als jeder andere dazu bei, dass Merkel an ihrer Position zumindest verbal demonstrativ festhielt. Im Konkreten, nicht auf der symbolischen Ebene nahm sie Korrekturen vor. Wichtiger als das Schicksal der Flüchtlinge draußen war ihr offenkundig das symbolische Bekenntnis zur inneren Liberalität der Bundesrepublik.

Zu der Trotzreaktion trug auch das Verhalten der Sicherheitsbehörden bei. Dass Polizei und Geheimdienste aus ihrer jeweiligen Eigenlogik heraus andere Prioritäten setzten als eine politische Generalistin im Kanzleramt, mochte noch angehen. Dass sie indes mehr oder weniger offen gegen die Regierungspolitik arbeiteten und eine gezielte Öffentlichkeitsarbeit in diesem Sinn betrieben, überschritt die Grenze des bislang Üblichen. Vertreter der Geheimdienste kritisierten in Hintergrundgesprächen mit Journalisten die Flüchtlingspolitik der Kanzlerin, sie warnten vor gewaltbereiten Islamisten und Gefahren für die öffentliche Sicherheit. Viele der Akteure hatten das Schengen-System des grenzenlosen Europa von Beginn an nicht gewollt und Gelegenheiten wie den G7-Gipfel Anfang Juni in den bayerischen Alpen genutzt, um vorübergehend wieder Grenzkontrollen einzuführen – allerdings gemeinsam mit Österreich, nicht einseitig gegen das Nachbarland gerichtet. Auch dieses Verhalten der Sicherheitsorgane erschwerte einen Kurswechsel der Kanzlerin: Sie konnte deren eigenmächtiges Handeln schlecht durch nachträgliche Zustimmung legitimieren.

Wirkungen

Mit wachsender Fassungslosigkeit verfolgte Merkel, was ihre Kritiker aus dem Satz «Wir schaffen das» machten. Was hätte sie sonst sagen sollen, wurde in ihrem Umfeld gefragt: Wir schaffen das nicht? Wäre das angemessen gewesen für eine Kanzlerin, die eine Verantwortung fürs Gelingen trug? Hinzu kam die Legende, sie habe eine Grenze «geöffnet», die sie lediglich nicht schloss, und sie habe Menschen «eingeladen», die bereits unterwegs waren. Nicht dass sich Merkel nach 25 Jahren in der gesamtdeutschen Politik noch irgendwelchen Illusionen über die Mechanismen öffentlicher Erregung hingegeben hätte. Aber wie eine postfaktische Wahrnehmung nicht nur in AfD-Zirkeln kursierte, sondern später beinahe zum Mainstream wurde: Das erschütterte sie weit mehr, als sie nach außen zu erkennen gab. Es trug stark dazu bei, dass sich ihre Haltung in der Flüchtlingspolitik verfestigte – und dass sie im folgenden Jahr viel ernsthafter als öffentlich wahrgenommen den Verzicht auf eine vierte Kanzlerkandidatur erwog.

Persönlich mochte die Trotzreaktion verständlich sein, politisch erwies sie sich als fatal. Nicht wegen der Entscheidungen selbst, sondern aus Gründen der Kommunikation. Je länger die Debatte andauerte, desto mehr verzichtete Merkel darauf, ihre Politik zu erklären und zu begründen: Sie hielt das, wie sie bisweilen erstaunlich offen durchblicken ließ, ohnehin für zwecklos.[81] Erschwerend kam hinzu, dass sie der Tragfähigkeit des pragmatischen Arguments in der Öffentlichkeit nicht traute: Die Schuldenkrise hatte zu viel Europaskepsis hervorgebracht, die Anwürfe anderer europäischer Regierungschefs waren zu scharf, die Rede von «Schengen» zu abstrakt, als dass das breite Publikum etwa die Bewahrung offener Grenzen in Europa als plausibles Argument für Merkels Flüchtlingspolitik akzeptiert hätte.

Deshalb konzentrierte sich Merkel auf den humanitären Aspekt, in Teilen war sie dabei auch eine Getriebene der öffentlichen Wahrnehmung. Damit sprach sie besonders den kirchlich gebundenen Teil der Unionswählerschaft an. Das führte der Kanzlerin neue Verbündete zu, zu denen sie bislang ein eher distanziertes Verhältnis gepflegt hatte. Kardinal Reinhard Marx, der neue Vorsitzende der katholischen Bischofskonferenz und Erzbischof von München und Freising, unterstützte entschieden die Flüchtlingspolitik der Kanzlerin, was die CSU besonders ärgerte.

Die Kanzlerin unterschätzte jedoch, wie tief die Angst vor dem Fremden als eine Art Urinstinkt bei vielen Menschen sitzt, so tief, dass dagegen mit Argumenten schwer anzukommen ist. Das unterschied die Flüchtlingsfrage vom Streit um die Euro-Rettung, bei der es letztlich um abstrakte Finanztechnik ging, die sich auf das Lebensgefühl der Bürger nicht unmittelbar auswirkte. Zehn Jahre Kanzlerschaft hatten sie gelehrt, dass eine Spitzenpolitikerin gegen einmal etablierte Vorurteile und Klischees wenig ausrichten kann, erst recht nicht in einer gewandelten Öffentlichkeit, in der klassische Medien unter Druck gerieten. Merkels Reaktion, sich nicht mehr auf jeden Anwurf einzulassen, war nicht untypisch für eine Regierungschefin in der Spätphase ihrer Karriere. Politisch blieb dieser Defätismus trotzdem ein Fehler.

Dabei erwies sich die Flüchtlingspolitik, was die messbaren Kennziffern betrifft, im Ganzen als ein Erfolg. Schon drei Jahre später hatten 35 Prozent der Neuankömmlinge aus dem Jahr 2015 einen Arbeitsplatz gefunden, die Quote lag höher als bei jeder Flüchtlingskohorte zuvor.[82] Die günstige Konjunktur, der demographische Wandel und der Boom gering qualifizierter Dienstleistungsjobs trugen zur Aufnahmefähigkeit des Arbeitsmarkts bei. Von wenigen Ausnahmefällen abgesehen, verlief die Integration erstaunlich geräuschlos.

Der Kollateralschaden bestand im Aufstieg der zuvor schon totgesagten AfD und in der Polarisierung des gesellschaftlichen Klimas. Im europäischen Maßstab betrachtet, lässt sich der Erfolg der Rechtspopulisten indes bei weitem nicht nur der deutschen Kanzlerin zuschreiben.

Schließlich war die FPÖ in Österreich schon im Jahr 2000 zur Regierungspartei aufgestiegen, bei der französischen Präsidentenwahl gelangte Jean-Marie Le Pen 2002 in die Stichwahl, und die italienische Lega Nord trat bereits 1994 in ein Kabinett des Medienunternehmers Silvio Berlusconi ein. Aber in Deutschland, wo die Erinnerung an die nationalsozialistischen Menschheitsverbrechen bislang als Bollwerk gegen den Rechtspopulismus gewirkt hatte, diente die Flüchtlingsdebatte des Herbstes 2015 doch als Katalysator.

Das war nicht nur ein Problem von CDU und CSU. Auch Linkspartei, SPD und zeitweise die FDP verloren Wähler an die neue Formation. Allein die Grünen, als Partei des liberal-kosmopolitischen Milieus der Gegenpol zur AfD, blieben weitgehend immun. Darüber hinaus machten sie der CDU viele Wähler abspenstig, wann immer sich Christdemokraten in den Folgejahren von Merkels Mitte-Kurs wegbewegten. In dieser neuen Konstellation vermochte es die Kanzlerin, die Wahlergebnisse der CDU bis zuletzt deutlich über dem Durchschnitt anderer Mitte-Rechts-Parteien in Europa zu halten: Sogar bei den Parlamentswahlen 2017 errang die angebliche Verliererin Angela Merkel in Deutschland 1,4 Prozentpunkte mehr als der so sehr gefeierte Wahlsieger Sebastian Kurz zur gleichen Zeit in Österreich.

Eine große Rolle beim Aufstieg der AfD spielten die ostdeutschen Landsleute der Kanzlerin, die seit dem Beitritt der DDR zur Bundesrepublik einen Integrationsprozess durchliefen, der manche Parallelen zur Lage von Einwanderern aufwies. Bei weitem nicht alle, aber überproportional viele von ihnen sahen sich zurückgesetzt durch die Fürsorge, die Merkel den Flüchtlingen zuteilwerden ließ. Das geschah zu einem Zeitpunkt, ein Vierteljahrhundert nach der Wende, als im Osten ein für Integrationsprozesse typisches Phänomen zu registrieren war: Eine Generation nach der Ankunft in der neuen Gesellschaft kommt es zu einem Rückschlag, weil sich Enttäuschungen eingestellt und Hoffnungen nicht erfüllt haben. Viele beschleicht dann das Gefühl, dass sie nicht erreicht haben, was ihnen eigentlich zusteht. Der Mühen dieses Integrationsprozesses blieb sich Merkel immer bewusst, auch wenn sie darüber öffentlich nur selten sprach.[83]

Die politische Polarisierung verschwand auf absehbare Zeit nicht mehr. Auch wenn es zwischendurch ruhigere Phasen gab, ließen sich die Reflexe aus der Flüchtlingsdebatte immer wieder mobilisieren. Diesen Effekt unterschätzte die Kanzlerin. Das Thema brachte die Regierungschefin in eine Lage wie einst der Nato-Doppelbeschluss den SPD-Kanzler

Helmut Schmidt oder Hartz IV den Vorgänger Gerhard Schröder, nur unter umgekehrten parteipolitischen Vorzeichen: Es verfestigte sich der ohnehin latent vorhandene Eindruck, sie sei eine Kanzlerin «in der falschen Partei». Die Skeptiker am rechten Rand der Union wandten sich ab, auch der wieder auferstandenen FDP des Vorsitzenden Christian Lindner diente sie als Feindbild.

Auf der anderen Seite bildete sich nun endgültig der Typus des Linksmerkelianers aus dem rot-grünen Spektrum heraus, der Merkels Liberalität und Pragmatismus bewunderte. Jede ideologische Attacke, die alte weiße Männer aus den westdeutschen Unionsparteien gegen Merkel führten, verstärkte bei dieser Gruppe die Solidarisierung mit der Gescholtenen. Nur wenige dieser Wähler brachten es indes übers Herz, der Kanzlerin zuliebe tatsächlich für die Union zu stimmen – umso weniger, je lauter sich die innerparteilichen Gegner von Merkels Flüchtlingspolitik artikulierten.

Der Flüchtlingsherbst markierte eine Zäsur im Verhältnis zwischen Merkel und der deutschen Wählerschaft, die über das konkrete Ereignis weit hinausging. Ein Jahrzehnt lang hatte der Erfolg der Regierungschefin auf einem paradoxen Arrangement beruht. Sie hatte sich 1989/90 nach dem Scheitern der statischen DDR den Eintritt in eine dynamische Gesellschaft erhofft und musste dann sehen, dass ihre Landsleute eine sehr geringe Veränderungsbereitschaft zeigten.

Dieser Mentalität kam Merkel, nachdem sie den Wahlsieg 2005 mit einem pointierten Veränderungswahlkampf fast verspielt hätte, sehr weit entgegen. Merkel behielt ihre Vorbehalte von nun an weitgehend für sich. Die Deutschen wählten sie, weil sie sich bei ihr in Sicherheit wähnten und sich mit Einzelheiten nicht beschäftigen mussten. Dieses Einverständnis erinnert an den Werbespruch einer Bank: «Leben Sie! Wir kümmern uns um die Details.» Genau die Eigenschaften, die Merkel mit ihren Wählern eigentlich nicht teilte, machten ihre Kanzlerschaft lange Zeit so populär. «Sie kennen mich»: Das war der Satz, mit dem sie nur zwei Jahre zuvor ihren bislang größten Wahlerfolg eingefahren hatte.

Damit war es nun vorbei. Die Kanzlerin konnte die Zumutungen der Welt nicht mehr von den Deutschen fernhalten, vielleicht wollte sie es gegen Ende ihrer Amtszeit auch nicht mehr. Von einem «Rendezvous mit der Globalisierung» sprach Finanzminister Schäuble, eine Formulierung, die Merkel selbst in kleinen Runden bisweilen übernahm. *Wenn wir außenpolitisch etwas nicht tun, dann kann das innenpolitisch gravierende*

Folgen haben: Das hielt sie ihrem Volk nun vor. Das werde die Realität des 21. Jahrhunderts sein, fügte sie noch hinzu, *das ist der Anfang und nicht das Ende einer Entwicklung.*[84] Wie früher werde es nie wieder werden, sagte sie erst hinter vorgehaltener Hand,[85] später dann immer lauter und in aller Öffentlichkeit. Nach dem Bankencrash und in der Euro-Krise hatte ein Abgrund zwischen dem Krisenbewusstsein der politischen Entscheidungsträger und der erstaunlichen Ruhe der Deutschen geklafft. Darin lag ein Faktor der Stabilität, aber auch ein Anlass zur Sorge: Was würde geschehen, wenn sich das latente Krisenbewusstsein in die so berüchtigte deutsche Angst verwandelte? Das sollte sich nun zeigen.

Herbst des Missvergnügens

Je weiter der Herbst voranschritt, desto mehr wuchs die Unruhe in den Unionsparteien, zumal die Zahl der in Deutschland ankommenden Flüchtlinge weiterhin stieg. Selbst linksliberale Medien fragten: «Weiß sie, was sie tut?»[86] In der Sitzung der Unionsfraktion am 13. Oktober äußerten Abgeordnete zum ersten Mal offene Kritik. Nachdem die Zahl der Asylbewerber vom Balkan zurückgegangen war, stammte der größte Teil der Neuankömmlinge jetzt aus den Bürgerkriegsländern Syrien, Irak und Afghanistan. Die Schutzbedürftigkeit konnte man den meisten von ihnen kaum absprechen, was in den Augen der Skeptiker den Nachteil hatte, dass eine rasche Rückkehr immer unwahrscheinlicher wurde. Hatten die Bilder der Flüchtlingstrecks anfangs mitfühlende Erinnerungen an die Vertreibung der Deutschen geweckt, so schoben sich nun andere Assoziationen in den Vordergrund: Von einer «Völkerwanderung» war die Rede, wie sie angeblich schon der antiken Hochkultur den Garaus gemacht habe, was freilich im Widerspruch zur jüngeren historischen Forschung stand.[87]

Schon die nackten Zahlen warfen die Frage auf, wo und wie das alles enden sollte. Waren in den acht Monaten von Januar bis August rund 400 000 Schutzsuchende nach Deutschland gekommen, so belief sich die Zahl allein in dem einen Monat September 2015 auf 164 000, im Oktober auf 181 000 und im November sogar auf 206 000. Als Plattform der CDU-internen Debatte diente nun eine Serie von «Zukunftskonferenzen», die schon lange vor dem September anberaumt worden waren. Auch dort fiel das Echo keineswegs nur negativ aus. Auf den westdeutschen Mitgliederforen in Wuppertal, Stade und Darmstadt gab es zwar viele kritische Fragen, aber auch viel Zustimmung, vor allem von kirchlich engagierten Christdemokraten und – mehr noch – Christdemokratinnen.

Nur in Ostdeutschland, bei dem Termin in Schkeuditz bei Leipzig, stand Merkel am 14. Oktober auf verlorenem Posten. Vereinzelter Zuspruch wurde vom wütenden Ton der Ablehnung übertönt. Man müsse «Merkel entthronen», hieß es dort. Die Kanzlerin habe «Schleusen geöffnet», alle kämen ins «Schlaraffenland Deutschland».[88] Für Merkel war es das erste Erlebnis dieser Art, fast alle Auftritte der Kanzlerin und Parteivorsitzenden in Ostdeutschland folgten fortan diesem Muster, dass sie gegen eine Wand wütenden Protests anreden musste – eines Protests, der sich von sachlichem Widerspruch oft weit entfernte und in wüste Beschimpfungen abglitt.

In der Gesamtbevölkerung, vor allem im Westen, blieb die Zustimmung zu Merkels Politik den ganzen Herbst über gleichwohl relativ hoch. Millionen Menschen engagierten sich in der Flüchtlingshilfe, und sei es nur mit einmaligen Sachspenden. Merkels Popularitätswerte sanken zwar, sie erreichten ihren Tiefpunkt aber erst nach dem Jahreswechsel, als die Flüchtlingszahlen schon wieder zurückgingen. Selbst dann sanken sie nicht auf ein so niedriges Niveau ab wie in den Zeiten der schwarz-gelben Koalition zwischen 2010 und 2012.[89] Eine Umfrage im Auftrag des *Stern* ergab Mitte Oktober großen Rückhalt unter den CDU-Anhängern: 82 Prozent der Befragten attestierten der Kanzlerin, sie sei christdemokratischen Grundsätzen treu geblieben, 81 Prozent befürworteten eine abermalige Kanzlerkandidatur.[90]

Nicht alle verbliebenen oder neu gewonnenen Anhänger Merkels mochten zwar die Einschätzung teilen, es sei «fast unvorstellbar, dass sie unklug handelt».[91] Aber eine große Mehrheit der Deutschen teilte auch nicht die Ansicht, sie habe «den Verstand verloren» oder betreibe gar absichtsvoll eine «Umvolkung» des Landes, wie es in sozialen Netzwerken, bei der AfD oder bei Pegida hieß. Dass Merkel nach dem Empfinden vieler zum ersten Mal öffentlich Haltung zeigte, trug ihr neuen Respekt ein. Über «Das Ende des Biedermeiers» jubelte etwa der *Spiegel*.[92] Claus Peymann, der Intendant des Berliner Ensembles, lobte das «überraschende» Agieren der Kanzlerin, «ganz gegen ihre Natur», indirekt verglich er ihre Gesten in der Flüchtlingsfrage mit dem Kniefall Willy Brandts in Warschau.[93] Das Lob verdichtete sich nach Merkels kerzengeradem Auftritt in der Talkshow «Anne Will» am 7. Oktober.

4. Flüchtlinge (2015–2016)

Der Auftritt in der Talkshow von Anne Will am 7. Oktober 2015 brachte Merkel viel Lob ein. Dass sie diesen Schritt ins Fernsehen überhaupt tat, deutete jedoch auf ein gehöriges Maß an Bedrängnis hin.

Dass sie diesen Schritt ins Fernsehen überhaupt tat, deutete nach ihren üblichen Reaktionsmustern auf ein gehöriges Maß an Bedrängnis hin. Zu den Skeptikern gesellten sich nun auch einige Spitzenpolitiker. Auf die Dauerkritik der CSU folgte zur Überraschung vieler eine Wortmeldung des Bundespräsidenten. Beim Festakt zum Nationalfeiertag am 3. Oktober in Frankfurt am Main sagte Joachim Gauck einen Satz, den die Kritiker von Merkels Flüchtlingspolitik fortan gern zitierten: «Unser Herz ist weit. Aber unsere Möglichkeiten sind endlich.»[94] Die Sprachregelung übernahm auch der FDP-Vorsitzende Christian Lindner, der die Flüchtlingspolitik der Kanzlerin im September noch eher wohlwollend begleitet hatte, nun aber genau registrierte, wie die Stimmung zu kippen begann.[95] Einen Monat später folgte der frühere Kanzler Gerhard Schröder, der den Kurs der Nachfolgerin im September noch gelobt hatte. «Frau Merkel hatte Herz, aber eben keinen Plan», sagte er bei einem Vortrag am 9. November. Ausgerechnet der Bauchpolitiker Schröder bemühte in Bezug auf die kühl kalkulierende Nachfolgerin ein gängiges Klischee über angebliche weibliche Emotionalität.[96]

Schließlich folgte am 11. November, auf der Veranstaltung eines europapolitischen Think-Tanks in Berlin, Finanzminister Schäuble: «Lawinen kann man auslösen, wenn irgendein etwas unvorsichtiger Skifahrer an den Hang geht und ein bisschen Schnee bewegt.» Kaum jemand bezweifelte, dass mit dem Bild die Bundeskanzlerin gemeint war, zumal deren knapp zwei Jahre zurückliegender Langlauf-Unfall vielen noch in Erinnerung war.[97] Einige glaubten sogar, Schäuble bringe sich aus staatspolitischer Verantwortung als Ersatzkanzler für den Fall ins Spiel, dass Merkel an ihrer Flüchtlingspolitik scheitern sollte.[98] Ursula von der Leyen und Thomas de Maizière, die einst für eine freiwillige Machtübergabe in fernerer Zukunft gehandelt worden waren, kamen für eine mögliche Nachfolge kaum noch in Frage, weil sie in ihren Ministerämtern zuletzt wenig Fortune bewiesen hatten. Schäuble ließ den Andeutungen, wie schon in der Spätphase Helmut Kohls, zwar keine Taten folgen. Aber mit seinem Verhalten trug er dazu bei, die Position der Kanzlerin weiter zu untergraben.

War Schäuble in Merkels Machtspiel schon immer eine unabhängige Variable gewesen, so traf dies zur Überraschung des Publikums neuerdings auch auf de Maizière zu. An dem Septemberwochenende, an dem Merkel die Zurückweisung von Flüchtlingen an der Grenze ablehnte, hatte er noch zurückgesteckt. Er scheute auch weiterhin die direkte Konfrontation. Aber im Ministerium arbeitete er während der kommenden Wochen auf eine restriktivere Flüchtlingspolitik hin. Er tat, was man klassischerweise mit der Rolle eines Innenministers verband.

Zum Eklat kam es Anfang November. Merkel unternahm einen Anlauf, den Streit mit der CSU über die Flüchtlingspolitik zu beenden. Ein «Ultimatum» Seehofers, die Politik der offenen Grenzen bis zum 1. November aufzugeben, wies sie zwar zurück. Aber sie berief für den Abend des 31. Oktober ein Treffen der Unionsparteien ein, das eine Einigung in der Koalition vorbereiten sollte. In der Runde wiederholte Seehofer seine Kritik an Merkels Entschluss, im September die Grenze zu Österreich nicht zu schließen, nur noch beiläufig: «Du weißt, dass ich diese Entscheidung falsch fand, weil dadurch immer mehr Flüchtlinge gekommen sind.» Merkel entgegnete: *Ich weiß, dass du das immer behauptest, aber die wären sowieso gekommen.* Was die Aufarbeitung der Vergangenheit betraf, ließen es beide dabei bewenden.[99]

Nun diskutierte man nach vorn, über «Transitzonen» vor allem, zentrale Unterkünfte also, in denen Flüchtlinge mit geringer Bleibeperspektive ausharren sollten, bis über ihren Asylantrag entschieden wäre. Merkel

4. Flüchtlinge (2015–2016)

akzeptierte den Vorschlag bereitwillig, weil sie wusste, dass er an der SPD scheitern würde, mit der sie ihn tags darauf zum ersten Mal besprach. Wichtiger wurde für den weiteren Verlauf der Vorstoß der Unionsparteien, den Familiennachzug zu begrenzen: Flüchtlinge, die nur ein behelfsmäßiges («subsidiäres») Aufenthaltsrecht in Deutschland genossen, sollten ihre Kinder sowie die Partnerin oder den Partner nicht mehr nach Deutschland holen dürfen. Das bedeutete nicht nur, dass die Betroffenen auf Jahre hinaus von ihren engsten Familienangehörigen abgeschnitten sein würden. Es stand auch in scharfem Widerspruch zu einer Warnung, die Gegner einer liberalen Flüchtlingspolitik sonst gern aussprachen: dass alleinstehende junge Männer eine Gefahr für die öffentliche Sicherheit und Ordnung darstellten.

Am Dienstag, dem 3. November, trat Merkel gemeinsam mit Seehofer vor der Unionsfraktion auf. Anders als Mitte Oktober äußerten die Abgeordneten keine offene Kritik mehr. Die Kanzlerin sprach in Bezug auf das gemeinsame Papier der Union von einer «guten Agenda». Seehofer gestand ihr zu, dass der Flüchtlingszuzug nicht mit einer einzelnen Maßnahme zu bewältigen sei. Fraktionschef Kauder lobte die «bemerkenswerten Reden» der beiden. Die Beteiligten hatten eingesehen, so schien es, dass weiterer Streit die Wahlaussichten für 2017 schmälern werde.[100]

Am Donnerstagabend traf sich Merkel im Kanzleramt mit den Vorsitzenden der beiden anderen Regierungsparteien, Gabriel und Seehofer, um endgültig eine Lösung zu finden. Auch an diesem 5. November erlebte die Kanzlerin beide Gesprächspartner als konstruktiv. Seehofer stimmte einer Abschwächung des Transitzentren-Vorschlags zu. Gabriel akzeptierte die Einschränkung beim Familiennachzug in dem Glauben, es handele sich um eine nachgeordnete Frage: Nur 1700 Flüchtlinge genossen zu diesem Zeitpunkt den nachrangigen Schutzstatus, die Übrigen würden nicht betroffen sein. Alles sah nach einer Kompromissformel aus, mit der Merkel die CSU zufriedengestellt hatte, ohne die SPD vor deren Parteitag im Dezember zu brüskieren.[101]

So stellte sich die Kanzlerin darauf ein, am 7./8. November zum ersten Mal seit mehr als zwei Monaten ein halbwegs ruhiges Wochenende zu verbringen. Von einem neuen «Konsens» in der Flüchtlingspolitik war die Rede.[102] Dazu gab es guten Grund, allerdings nur bis Freitagmorgen. Da bestätigte ein Sprecher des Innenministeriums eine Recherche der F.A.Z., wonach künftig alle Syrer nur noch den schwächeren Schutzstatus erhalten, mithin vom Familiennachzug ausgeschlossen sein sollten.[103] In einem

Radiointerview begründete de Maizière, gerade auf Auslandsreise in Albanien, seine neue Line. «Andere Staaten geben in solchen Lagen auch nur eine Sicherheit für einen Aufenthalt für eine begrenzte Zeit», sagte er. «Und das werden wir in Zukunft mit den Syrern auch tun, indem wir ihnen sagen: Ihr bekommt Schutz, aber den sogenannten subsidiären Schutz – das heißt zeitlich begrenzt und ohne Familiennachzug.»[104]

Wie sich herausstellte, hatte der Minister schon am Dienstag, also gleich nach den Beratungen der Parteispitzen, der Flüchtlingsbehörde eine entsprechende Weisung erteilt. Merkel wusste davon nichts, de Maizière hatte die Regierungschefin über den weitreichenden Schritt nicht informiert. Da ihn die Kanzlerin nicht mehr in ihre Spitzengespräche einband, seit sie die Koordination der Flüchtlingspolitik auf Altmaier übertragen hatte, traf er seine Entscheidungen nun ebenfalls eigenständig. Die Kompromisse zwischen Merkel, Seehofer und Gabriel kannte er nur aus zweiter Hand. Ob er glaubte, in deren Sinn zu handeln, oder ob er sich unwissend stellte, um seine Agenda zu verfolgen, blieb offen. Einiges spricht für die zweite Version.

In der SPD herrschte helle Aufregung, die Kanzlerin musste reagieren. Erst ließ sie Altmaier dem SPD-Vorsitzenden per SMS versichern, es bleibe alles beim Alten. Um 11.09 Uhr twitterte dann ihr Regierungssprecher: «betr. Schutz für syrische Flüchtlinge: Eine Änderung d. Entscheidungspraxis d. BAMF ist noch nicht erfolgt. Es bleibt bei bisheriger Praxis.» Eine Viertelstunde später folgte wiederum Altmaier, ebenfalls auf Twitter: «Wichtig: BMI hat vorhin klargestellt, dass Entscheidungspraxis des Bamf für Flüchtlinge aus Syrien nicht ändert.» Am Abend ruderte de Maizière persönlich im Fernsehen zurück. Der Innenminister war desavouiert, er hatte sich das aber aus Merkels Sicht selbst zuzuschreiben.[105]

Die Sache hatte ein Nachspiel, von dem die Öffentlichkeit erst sehr viel später erfuhr. Die Kanzlerin bestellte den Innenminister zum Vier-Augen-Gespräch ins Kanzleramt ein. Sie fragte, welche Absichten er verfolge. Auch wollte sie wissen, ob er mit ihrer Flüchtlingspolitik noch einverstanden sei. Der Minister sagte Ja. Alles andere wäre eine Frage der Richtlinienkompetenz, mithin ein Entlassungsgrund gewesen. So blieb er im Amt.[106] Aber mit dem Vertrauensverhältnis, das die beiden lange gepflegt hatten, war es vorbei.

Der Schaden für die Kanzlerin war angerichtet. Bei den Sozialdemokraten hatte die Affäre viel Misstrauen geweckt, und Seehofer sah sich um das entscheidende Zugeständnis gebracht, das er beim Koalitionsgipfel am Donnerstag errungen hatte: Die harten Dementis machten bis auf weiteres jede Hoffnung zunichte, den Schutzstatus für die Syrer herabzustufen und dadurch den Familiennachzug in großem Maßstab zu begrenzen. Merkel stand jetzt bei ihren innerparteilichen Kritikern wieder als die Frau da, die Hunderttausende von Familienangehörigen nach Deutschland «einlud». Die befriedende Wirkung, die von den Kompromissen der Vorwoche hatte ausgehen sollen, hatte sich ins Gegenteil verkehrt. Seehofers Revanche sollte bald folgen.

Bayerische Demütigung

Am Freitag, dem 13. November, kehrte der Terror nach Europa zurück. Bei Anschlägen in Paris und Umgebung starben 130 Menschen, die meisten davon im Konzertsaal Bataclan bei einem Auftritt der Band «Eagles of Death Metal». Es war klar, dass ein islamistischer Anschlag in Europa die Debatte über Merkels Flüchtlingspolitik neu beleben würde. Die Haupttäter waren vor Jahrzehnten in Belgien oder Frankreich geboren und dort auch aufgewachsen, ihre Eltern waren aus Marokko eingewandert. Es handelte sich um «homegrown terrorism», um ein inländisches Phänomen, das mit der spezifischen Geschichte dieser beiden Länder zusammenhing. Die Kritiker der Kanzlerin argumentierten ungeachtet dieses Umstands, dass aufgrund der lückenhaften Registrierung der Flüchtlinge auch terroristische «Gefährder» nach Deutschland gelangt sein könnten. Die Radikaleren unter ihnen sahen die Einwanderung aus muslimisch geprägten Ländern schon für sich genommen als Gefahr.

Der französische Präsident François Hollande, bisher ein Verbündeter Merkels in der Flüchtlingspolitik, reagierte mit drastischen Maßnahmen. Er verhängte den Ausnahmezustand und führte vorübergehend Grenzkontrollen ein, fast zwei Jahre blieben sie in Kraft. Merkel reagierte auf ihre Weise. Als sie vier Tage nach dem Anschlag die Teilnehmer der Integrationskonferenz im Kanzleramt empfing, äußerte sie fast trotzig den Satz von der Sehnsucht der Gesellschaft, vielfältiger zu werden.

In dieser Stimmung fuhr sie eine Woche nach den Pariser Anschlägen, am 20. November, zum CSU-Parteitag nach München, um ihr traditionelles Grußwort an die Delegierten der Schwesterpartei zu richten. Niemand konnte erwarten, dass sie ausgerechnet bei dieser Gelegenheit ihre

Der CSU-Vorsitzende Seehofer demütigte die Kanzlerin auf dem Parteitag im November 2015 wie ein Schulmädchen. Das führte fürs Erste dazu, dass sich die Öffentlichkeit mit Merkel solidarisierte.

Linie ändern würde, auf dem Terrain ihres größten Widersachers. In ihrer Rede wandte sie sich klar gegen eine *einseitig festgelegte, eine nationale Obergrenze* für die Anzahl der Flüchtlinge; gegen ihr Wort vom September, das Grundrecht auf Asyl kenne *keine Obergrenze*, machte die CSU seit zwei Monaten mobil, wobei Seehofer eine konkrete Höchstzahl von 200 000 Schutzsuchenden pro Jahr erst sechs Wochen später nannte. Dagegen setzte Merkel in München ihr Konzept einer europäischen und multilateralen Lösung: *Mit diesem Ansatz schaffen wir es, im Gegensatz zu nationalen Obergrenzen, im Interesse aller zu handeln – im Interesse Europas, der Helfer im Inland und der Flüchtlinge.*[107]

Seehofer ließ die Rede der CDU-Vorsitzenden nicht auf sich beruhen. Noch bevor Merkel das Podium verlassen hatte, ergriff er selbst das Wort. Zu Beginn sah es aus wie eine kurze Abmoderation: Seehofer bedankte sich, scheinbar höflich, für die Anerkennung der bayerischen Leistungen bei der Flüchtlingsaufnahme, und er betonte den gemeinsamen Willen, die Zahl der Neuankömmlinge zu «reduzieren». Dann aber sprach er immer länger, und er redete sich in Rage: Er forderte unter anhaltendem Beifall der Delegierten abermals eine Obergrenze ein und warf Merkel vor, das «nationale Interesse» nicht hinreichend zu berücksichtigen. Drohend fügte er hinzu: «Wir sehen uns bei diesem Thema wieder.»[108]

4. Flüchtlinge (2015–2016)

Volle zehn Minuten dauerte die Philippika des CSU-Vorsitzenden, Merkel stand derweil neben ihm wie ein Schulmädchen, das vom Lehrer für seine Verfehlungen vor der Klasse gedemütigt wird. Reagieren konnte sie nicht, weil ihr kein Mikrofon zur Verfügung stand, und sie war zu sehr überrumpelt worden, um das Podium rechtzeitig verlassen zu können. Anfangs quittierte sie Seehofers Sätze noch mit Kopfnicken, dann froren ihre Gesichtszüge ein. Die zuerst locker zusammengefalteten Hände rutschten nach oben und umgriffen schließlich fest die Ellenbogen, als wolle sich Merkel gegen die Attacken panzern. Auf der Bühne wahrte sie die Form und nahm von Seehofer sogar noch einen Blumenstrauß entgegen, den sie freilich sofort wieder aus der Hand gab. Auf dem kürzesten Weg eilte sie aus dem Saal, um den Rückweg nach Berlin anzutreten.

Doch Seehofer hatte sich verschätzt. Merkels Demütigung durch die Schwesterpartei führte zumindest fürs Erste dazu, dass sich die CDU-Mitglieder mit ihrer Vorsitzenden solidarisierten – ein Muster, das in Merkels Karriere oft wiederkehrte. Das gebot in diesem Fall schon die Selbstachtung der Christdemokratie. Wer in der Partei jetzt noch die Flüchtlingspolitik der Vorsitzenden kritisierte, begab sich moralisch in die Nähe eines Mannes, der soeben alle Grenzen der Höflichkeit und des bürgerlichen Anstands ignoriert hatte.

Das kam nicht mehr in Frage, zumal die Demoskopen anhaltend hohe Zustimmungswerte für die Kanzlerin meldeten. «Auch die Flüchtlingskrise ändert nichts daran, dass Angela Merkel als starke Kanzlerin angesehen wird», analysierten etwa die Meinungsforscher aus Allensbach am Bodensee.[109] Die Union stieg in den Umfragen um drei Punkte auf 39 Prozent, was fast schon wieder ihrem Wahlergebnis von 2013 entsprach. Zurückgeführt wurde das auf die Pariser Gewalttaten, die in der breiten Bevölkerung offenbar ganz anders wirkten als auf die Merkel-Kritiker in der Union: «Nach den Anschlägen in Paris ist eingetreten, was bisher schon nach allen früheren Terrorakten zu registrieren war – die führende ‹staatstragende› Partei erhält größeres Vertrauen.»[110]

Im Vergleich zu Seehofer erschien nun die Kanzlerin als die mit der nötigen Härte ausgestattete Politikerin, die in der Lage war, dem eigenen Volk zugunsten einer langfristigen politischen Strategie auch Zumutungen abzuverlangen. Sie brachte die Nervenstärke auf, vom Beginn der Flüchtlingsdebatte im Spätsommer bis zum Abschluss des Abkommens mit der Türkei im folgenden Frühjahr ein volles halbes Jahr lang an ihrer Linie festzuhalten, die Flüchtlingsfrage nicht an der deutschen, sondern an der europäischen Außengrenze zu lösen – wie immer man das moralisch bewerten mochte. Der CSU-Vorsitzende hingegen gab das Bild eines ängstlichen, weichen, von Panik getriebenen Mannes ab, der aus Furcht vor dem Rivalen Markus Söder und möglichen Wahlerfolgen der AfD die Nerven verlor.

So hatte sich die Position der Bundeskanzlerin zu ihrem zehnjährigen Amtsjubiläum am 22. November, das sie nicht öffentlich beging, wieder ein wenig gefestigt. Hinzu kam, dass ihre Türkei-Strategie erste, wenn auch angreifbare Ergebnisse zeitigte: Vertreter der Europäischen Union und der Türkei einigten sich am 30. November auf einen «Aktionsplan zur Begrenzung der Zuwanderung über die Türkei», die EU sagte eine Zahlung von bis zu drei Milliarden Euro zu.[III] Tatsächlich ging die Zahl der Menschen, denen die Flucht über das Ägäische Meer gelang, nun erstmals zurück. Zunächst war indes nicht ganz klar, ob das mit dem einsetzenden Winterwetter zusammenhing oder mit den Vereinbarungen zwischen Brüssel und Ankara.

Seehofers Grenzüberschreitung half der Kanzlerin noch über den CDU-Parteitag Mitte Dezember in Karlsruhe hinweg. Wochen- und monatelang hatte das politische Berlin darüber spekuliert, ob Merkel diesen Termin angesichts der innerparteilichen Turbulenzen heil überstehen würde. Anders als ihr Vorgänger Helmut Kohl war sie nie eine Politikerin gewesen, die in völligem Einklang mit der CDU stand und die Delegiertentreffen als quasi-religiöses Hochamt zelebrieren konnte. Im Gegenteil, ihre Fähigkeit, sich der Mehrheitsstimmung der Deutschen anzuschmiegen, führte ähnlich wie beim sozialdemokratischen Vorgänger Helmut Schmidt zu Kollisionen mit der eigenen Partei. Doch seit der Übernahme des Parteivorsitzes vor 15 Jahren war es der CDU-Chefin meist gelungen, Konflikte rechtzeitig vor Parteitagen zu entschärfen.

Diesmal griff das Wort von der «Befriedung» sogar noch zu kurz. Gemessen an den vorausgegangenen Debatten feierte Merkel in Karlsruhe einen Triumph. Sie hielt an diesem 14. Dezember 2015 eine Rede, die sie zum Wohle der eigenen Partei wie der Demokratie in Deutschland besser im September schon vorgetragen hätte. Nun endlich versuchte sie, ihre Flüchtlingspolitik in die Traditionslinien der CDU einzuordnen. Sie nannte Adenauers Plädoyer für die Freiheit, Erhards Wohlstand für alle, Kohls blühende Landschaften als Beispiele, dass es die Identität der Bundesrepublik ausmache, *Größtes zu leisten*, ohne *Ängstlichkeit und Pessimismus*. Sie nahm die Perspektive des Jahres 2025 ein: *Wenn in zehn Jahren jemand feststellen würde, dass wir uns nicht einmal vier Monate Zeit gelassen haben, um eine solche Aufgabe zu bewältigen, und schon vorher die Flinte ins Korn geworfen haben, wie würde man über uns denken?* Sie sprach vom *unglaublichen Jahr 2015*, von den Ukraine-Verhandlungen, von der griechischen Krise und eben von den Flüchtlingen. Sie lobte ihren Kritiker Schäuble für sein Wort vom Rendezvous mit der Globalisierung. Sogar auf Gott bezog sie sich, «fast so, als sei er auch mal Bundeskanzler gewesen», wie die *Süddeutsche Zeitung* spottete.[112]

Die Delegierten applaudierten lange, nicht nur, weil die Parteitagsregie es erforderte, sondern auch, weil Merkel ihnen nach allen Irritationen des zurückliegenden Jahres so etwas wie Orientierung vermittelte. «So dankbar sind die da unten der da oben vielleicht noch nie gewesen», notierte der *Tagesspiegel*.[113] Und das, obwohl Merkel ihren Kritikern kaum ein Zugeständnis machte bis auf die weiche Formulierung, sie wolle die Zahl der Flüchtlinge *deutlich begrenzen*. In Zahlen ließ sich die Zustimmung freilich nicht messen, weil diesmal keine Neuwahl der Parteispitze anstand.

Obendrein rief das amerikanische *Time Magazine* die deutsche Regierungschefin in seiner Weihnachtsausgabe zur «Person des Jahres» aus. Im Stil eines Ölgemäldes prangte Angela Merkel auf dem Titel, auf zwei Dutzend Seiten porträtierte das Blatt die «Kanzlerin der freien Welt». Am selben Tag bejubelte Roger Cohen, Kolumnist der *New York Times*, die Regierungschefin der ««Wir schaffen das»-Nation», die er den zögerlichen Vereinigten Staaten entgegenstellte. In Deutschland lobte der *Stern* die Kanzlerin als «Die Fremde», die ihrem Volk zum ersten Mal etwas zumute und der Dauerkritik standhalte. Die *Bild*-Zeitung schließlich erschien am 30. Dezember mit einem doppelseitigen Plakat, das Merkel samt schwarz-rot-goldener «Wir schaffen das»-Banderole ins Zentrum rückte, während die übrigen Akteure des Jahres vom griechischen Ministerpräsidenten Alexis Tsipras bis zum türkischen Präsidenten Recep Tayyip Erdoğan bloß als Staffage dienten.[114] In der Silvesternacht dieses bewegten Jahres hatte Merkel allen Grund, wieder optimistisch in die Zukunft zu schauen.

Silvester und die Folgen

Der Jahreswechsel schien zunächst keine Neuigkeiten zu bieten. Über die Feiertage geschah nichts, es gab weder eine Naturkatastrophe noch eine größere innenpolitische Debatte in dieser nachrichtenarmen Zeit. Am Neujahrsmorgen, einem Freitag, meldeten die Radionachrichten einen durchschnittlichen Verlauf der Silvesternacht mit den üblichen Toten und Schwerverletzten durch das Amateurfeuerwerk, das seit jeher als europäisch-heidnisches Kulturgut galt. Die einzige Ausnahme schien München zu sein, wo aufgrund einer Terrorwarnung der Hauptbahnhof stundenlang gesperrt worden war. Offenbar handelte es sich um einen Fehlalarm.

Auch in Köln teilte die Polizei am Neujahrstag mit, der Jahreswechsel sei ruhig verlaufen. Dann meldeten sich jedoch rund 30 Frauen, die sexuelle Übergriffe in der Silvesternacht anzeigten. Da es sich offenbar nicht um Einzeltaten handelte, gründete die Polizei am 2. Januar eine Ermittlungsgruppe. Einen Tag später nahm sie in der Nähe des Hauptbahnhofs fünf Männer fest, die Frauen bedrängt und Männer bestohlen haben sollten. Der *Kölner Stadt-Anzeiger* griff das Thema in der Ausgabe vom 4. Januar größer auf, einem Montag, dem ersten regulären Arbeitstag im neuen Jahr. Das Blatt berichtete von einem «Mob offenbar außer Kontrolle geratener junger Männer», die sich «johlend über ihre Opfer hergemacht haben sollen».[115]

Der Kölner Polizeipräsident sprach nun von «Straftaten in einer völlig neuen Dimension».[116] In der Nähe des Kölner Doms hätten sich rund tausend Männer versammelt, die «dem Aussehen nach aus dem arabischen oder nordafrikanischen Raum stammen». Unklar blieb zunächst, woran «Nordafrikaner» eigentlich zu erkennen sein sollten; erst mit einiger Verzögerung stellte sich heraus, dass die Polizei bereits seit Jahren den Typus eines «nordafrikanischen Intensivtäters» («Nafri») ausgemacht hatte – Menschen, die oft seit Jahren ohne Arbeitserlaubnis in Deutschland lebten. Am Abend beschäftigte sich dann erstmals die «Tagesschau» mit dem Thema, am Dienstag folgten die überregionalen Zeitungen, am Dienstagabend sendete das ZDF sogar ein «Spezial», um den Vorwurf der Nachrichtenunterdrückung zu entkräften.

Nun erreichte das Thema auch die Kanzlerin. Die glücklichen Wochen seit dem Parteitag waren vorbei. Sofort erfasste Merkel, welche Folge die Debatte für die Haltung der Deutschen zu ihrer Flüchtlingspolitik nach

4. Flüchtlinge (2015–2016)

Nach der Kölner Silvesternacht 2015/16 kippte die Flüchtlingsdebatte von einem Extrem ins andere.

sich ziehen würde. Sie habe damit gerechnet, dass die Stimmung irgendwann umschlagen würde, sagte sie später. Aber sie ahnte nicht, dass es so früh und so plötzlich geschehen würde. Und sie wusste, dass sie kaum gegenhalten konnte. Das lag nicht nur am dürftigen Kenntnisstand über den genauen Verlauf der Kölner Nacht.

Schwerer wog, dass jeder Versuch Merkels, das Geschehen einzuordnen, als Relativierung und Selbstrechtfertigung aufgefasst worden wäre. Sie konnte nicht sagen, dass die Täter überwiegend einer Personengruppe entstammten, die es nach den Maximen ihres «Wir schaffen das» nicht mehr geben sollte: Menschen, die aufgrund fehlender Möglichkeiten zur legalen Arbeitsmigration auf dem Weg über das Asyl einreisen, dann jahrelang auf eine Entscheidung über ihren Antrag warten müssen und auch im Falle einer Ablehnung in Deutschland bleiben, weil die Herkunftsländer an einer Rückkehr nicht mitwirken – und sich dabei über Jahre hinweg weder sinnvoll beschäftigen noch in die Gesellschaft integrieren können, weil sie nicht arbeiten dürfen und jederzeit mit einer Abschiebung rechnen müssen. Hingegen hatten sich Syrer, Iraker oder Afghanen, die erst nach Merkels Entscheidungen ins Land gekommen waren, nach den verfügbaren Erkenntnissen an den Übergriffen allenfalls marginal beteiligt. Zu verdanken hatte Merkel ihre prekäre Lage auch der Nachlässigkeit der Kölner Polizei, die in der Nacht kaum eingegriffen hatte, weil sie derartige Exzesse womöglich für Folklore nach Art des Karnevals hielt.[117]

Die Kanzlerin telefonierte noch an dem Dienstag, an dem die Silvesternacht zum wichtigsten innenpolitischen Thema wurde, mit der Kölner Oberbürgermeisterin Henriette Reker. Die parteilose Politikerin war in ihrem Wahlkampf zum Opfer einer Messerattacke geworden, weil sie die Flüchtlingspolitik der – so der Attentäter – «irren Kanzlerin» unterstützte. Für die öffentliche Kommunikation bediente sich Merkel anschließend einer ungewohnt drastischen Vokabel: Sie nannte die Vorfälle in der Silvesternacht *widerlich*. So stand es in einer eigens herausgegebenen Pressemitteilung, so wiederholte es ihr Regierungssprecher tags darauf, und etwas variiert sagte sie es am Donnerstag persönlich, anlässlich einer Pressekonferenz mit ihrem rumänischen Amtskollegen: *Das sind widerwärtige kriminelle Taten.* Es sei eine sehr ernsthafte Frage, *ob es gemeinsame Verhaltensmuster gibt, ob es in Teilen von Gruppen auch so etwas wie Frauenverachtung gibt.*[118]

Nahezu von einem Tag auf den anderen kippte die Flüchtlingsdebatte von einem Extrem ins andere, im Unterschied zum vorausgegangenen Herbst zeigte sich nun erstmals auch die liberale akademische Mittelschicht der Linksmerkelianer irritiert. Eine Debatte, die zuvor mit eher abstrakten politischen und ökonomischen Argumenten geführt worden war, verschob sich buchstäblich über Nacht auf das Feld des Alltagslebens und des persönlichen Sicherheitsempfindens. Tausend junge Muslime, die sich über deutsche Frauen hermachten: Das erschien wie eine Bestätigung der schlimmsten Phantasien, die radikale Islamkritiker zuvor ausgemalt hatten, und wie ein Menetekel jener «Überflutung», von der die Merkel-Gegner seit mehr als einem Vierteljahr sprachen.

Mit letzter Sicherheit konnte nie aufgeklärt werden, was in der Kölner Silvesternacht tatsächlich geschah.[119] Das verstärkte den Eindruck des Bedrohlichen indes noch. Nun ging es nicht mehr um rational zu debattierende Fragen, wie Flüchtlinge zu registrieren und «Gefährder» zu erkennen seien, wie groß Integrationschancen und -kosten ausfallen würden, ob für Flüchtlinge mehr getan werde als für Einheimische. Es ging jetzt um Emotionen, und das war gerade für die nüchterne Kanzlerin die größte Gefahr.

Die verzögerte Berichterstattung setzte Polizei, Politik und Medien dem Vorwurf aus, sie wollten etwas verschweigen, was in das positive Bild der Flüchtlingseinwanderung nicht passte. Der zeitliche Verzug mochte in Teilen tatsächlich der Unsicherheit geschuldet sein, wie mit dem Geschehen umzugehen sei, zumal auf unklarer Faktengrundlage. Ebenso gewiss trug aber auch das verlängerte Wochenende samt dürftig besetzter Redaktionen und Pressestellen zu der Empörungswelle bei, die jetzt die Kanzlerin überrollte. In der Folge wollten Zeitungen und Sender jeden Verdacht ausschließen, sie würden Verfehlungen von Migranten unterschlagen. Der Presserat änderte ein Jahr später seine Richtlinie, unter welchen Umständen über die Nationalität von Tatverdächtigen berichtet werden solle. War das bisher erst der Fall, wenn «für das Verständnis des berichteten Vorgangs ein begründbarer Sachbezug besteht», so galt das nun bereits bei einem sehr viel weiter definierten «begründeten öffentlichen Interesse».[120]

Von nun an wurden Straftaten, die normalerweise als Kriminalfall behandelt und traditionell in den seriösen Medien in der Sparte Vermischtes berichtet werden, zu einem Thema für die politischen Seiten, weil sie ein Asylbewerber begangen hatte – etwa, als ein Dreivierteljahr später in Freiburg ein afghanischer Flüchtling eine Studentin nach versuchter Vergewaltigung in einen Fluss warf, wo sie ertrank. Die Zahl solcher Sexualmorde geht in Deutschland langfristig zurück, zuletzt kontinuierlich von 18 Fällen im Jahr 2014 auf 4 Fälle im Jahr 2019; ein Einfluss der Flüchtlingseinwanderung ließ sich statistisch nicht nachweisen.[121]

An die Stelle einer womöglich übertrieben akzentuierten «Willkommenskultur» trat jetzt ein noch viel schlechter begründeter Pessimismus. Die Annahme, dass Merkels Flüchtlingspolitik in jeder Hinsicht gescheitert sei, breitete sich aus. Überall fühlten sich die Kritiker der Kanzlerin ermutigt, einstige Verbündete fielen von ihr ab. Am 20. Januar beschloss Österreich eine Obergrenze von 37 500 Flüchtlingen pro Jahr. Freilich entsprach das, auf Deutschland hochgerechnet, einer Zahl von rund 350 000 Flüchtlingen. Das waren fast doppelt so viele, wie die CSU zugestehen wollte, und weit mehr, als von nun an tatsächlich kamen. Gleichwohl schien es, als werde die deutsche Kanzlerin von ihren letzten europäischen Verbündeten verlassen. Schweden hatte bereits im November nach langem Zögern wieder Grenzkontrollen eingeführt, um die Zahl der Neuankömmlinge zu verringern.

Am Abend der österreichischen Grenzschließung diskutierte Merkel in Wildbad Kreuth mit den Landtagsabgeordneten der CSU. Zum letzten Mal tagten die Parlamentarier in dem früheren Kurhaus der bayerischen Könige, das die parteinahe Hanns-Seidel-Stiftung kurz darauf wegen drastischer Mietsteigerungen aufgeben musste: Das war ein weiteres Symptom für den Überlebenskampf der Partei, die aktuelle Umfragewerte von rund 45 Prozent als katastrophal empfand, um den Verlust der absoluten Mehrheit fürchtete und auch deshalb den Kampf gegen die Flüchtlingspolitik der Kanzlerin so verbissen führte. Von einer «Diskussion» auf Augenhöhe konnte in Kreuth daher keine Rede sein. Fast drei Stunden lang saß Merkel mit den Parlamentariern zusammen. Es meldeten sich 26 Abgeordnete zu Wort, allesamt kritisierten sie die Kanzlerin. Merkel blieb hart: Wenn Österreich oder Schweden ihre Grenzen schlössen, so erläuterte sie ihr zentrales europapolitisches Motiv, dann sei das etwas anderes als im Fall des wirtschaftlich bedeutendsten Landes in der Mitte des Kontinents. Seehofer sagte in der Sitzung gar nichts, stattdessen klagte er im Fernsehen über das mangelnde Entgegenkommen der Berliner Regierungschefin. Am nächsten Tag fügte er vor den Abgeordneten in Kreuth hinzu: «Kanzler im fortgeschrittenen Amtsstadium glauben nur noch an sich selbst.»[122]

Knapp eine Woche später bekam Merkel einen Brief von Seehofer, den der Ministerpräsident – ungewöhnlich genug – zuvor im bayerischen Kabinett hatte beschließen lassen: Sollte die Kanzlerin auf den Wunsch nach einer Obergrenze nicht reagieren, würde Bayern beim Bundesverfassungsgericht klagen. Zu diesem Zweck hatte sich Seehofer eigens mit einem Gutachten des früheren Verfassungsrichters Udo Di Fabio bewaffnet, das unter Merkels Kritikern seither als Beleg dafür galt, dass deren gesamte Flüchtlingspolitik rechtswidrig sei. Doch bei präziser Lektüre ließen sich aus dem Dokument keine überragenden Erfolgsaussichten für eine Klage herauslesen. Das «politische Gestaltungsermessen» des Bundes sei «nur begrenzt justiziabel», schrieb di Fabio. Obwohl Merkel auf die Forderungen der CSU nicht einging, verzichtete die bayerische Staatsregierung auf den Gang nach Karlsruhe.[123]

Das hinderte Seehofer nicht daran, in Bezug auf Merkels Flüchtlingspolitik wenig später von einer «Herrschaft des Unrechts» zu sprechen.[124] Das lag nah am Begriff des «Unrechtsstaats», und es war ein ungeheuerlicher Vorwurf. Der bayerische Ministerpräsident begab sich damit, wie die Juristen Stephan Detjen und Maximilian Steinbeis später zeigten, tief hinein in rechtlich haltlose Denkmuster der Neuen Rechten und der AfD. Wie sich solche Verschwörungstheorien bis in die Mitte der Gesellschaft hinein festsetzen konnten, das gehörte zu Merkels Desillusionierungen in ihrer späten Amtszeit. Seehofer, der ab 2018 im Innenressort als «Verfassungsminister» amtierte, nahm die Unterstellung niemals förmlich zurück, geschweige denn, dass er sich dafür entschuldigt hätte.[125]

So sehr Merkel in der Praxis die restriktiven Teile ihrer «Wir schaffen das»-Politik betonte: Ein symbolischer Kurswechsel, gar ein Schuldeingeständnis in Bezug auf ihre angeblich verfehlte Politik wurde durch das Agieren der CSU-Spitze nur noch unwahrscheinlicher. Das galt umso mehr, als es in Sachsen abermals zu fremdenfeindlichen Übergriffen kam: Am 18. Februar wurden in Clausnitz weinende Flüchtlinge von einem pöbelnden Mob empfangen. Drei Tage später steckten Unbekannte in Bautzen eine noch nicht bezogene Flüchtlingsunterkunft in Brand. Anfang März erregte ein Vorfall in Bayern viel Aufsehen: Ein aus dem Kongo stammender Pfarrer verließ nach Morddrohungen seine Gemeinde in Zorneding östlich von München. In den ersten sieben Monaten des Jahres 2016 registrierte das Bundeskriminalamt 665 Straftaten gegen Asylunterkünfte, davon 118 Gewaltdelikte und 55 Brandstiftungen.[126]

Durchbruch der AfD

Am 13. März 2016 standen drei Landtagswahlen an, in Baden-Württemberg, Rheinland-Pfalz und Sachsen-Anhalt. Seit Beginn der Flüchtlingsdebatte galt dieser Sonntag als der Termin, an dem sich das Schicksal der Kanzlerin entscheiden könnte. In Magdeburg hatte die CDU die Regierungsmacht zu verteidigen, in Stuttgart den Status als stärkste Partei, in Mainz richteten sich große Erwartungen auf die christdemokratische Spitzenkandidatin Julia Klöckner, die in den Umfragen zunächst weit vorne lag. Sollten sich diese Hoffnungen für die Partei nicht erfüllen, so hieß es, würde sich Merkel kaum halten können. Nicht einkalkuliert waren in dieser Rechnung allerdings die Fehler, die Kritiker der Merkel'schen Flüchtlingspolitik abermals machten.

Drei Tage nach dem Auftritt der CDU-Vorsitzenden bei der CSU in Kreuth machte die rheinland-pfälzische Kandidatin Klöckner einen «Plan A2» zur Verringerung der Flüchtlingszahlen bekannt, dem sich der weithin unbekannte baden-württembergische Spitzenkandidat Guido Wolf anschloss: Tagesaktuelle Kontingente solle es geben und «Grenzzentren», in denen die Neuankömmlinge bis zur Entscheidung über ihren Asylantrag ausharren müssten. Klöckner sprach von einer «Ergänzung» zu Merkels Politik, nicht von einem Gegenentwurf. Das war Wortklauberei. In Wahrheit handelte es sich um nichts anderes als den Versuch, sich im Wahlkampf von der Kanzlerin abzusetzen.

Solche Anläufe von Landespolitikern, eine Kampagne gegen die Linie der eigenen Bundespartei zu führen, hatten in der Vergangenheit fast nie Erfolg gehabt. Die Wähler fassten die Manöver so auf, wie sie auch gemeint waren: als opportunistische Anbiederung. Auf SPD-Seite hatte sich das im Streit um die Hartz-Reformen gezeigt: Während der niedersächsische Ministerpräsident Sigmar Gabriel 2003 gescheitert war, weil er sich vom amtierenden Bundeskanzler distanzierte, hatte sein brandenburgischer Amtskollege Matthias Platzeck 2004 seine Regierungsmehrheit halten können, indem er die Berliner Linie beherzt verteidigte.

Diese Rolle nahmen nun in den westlichen Bundesländern die Amtsinhaber aus dem rot-grünen Lager ein. Der baden-württembergische Ministerpräsident Winfried Kretschmann, ein Grüner, lobte Merkels Flüchtlingspolitik unentwegt. In einem Zeitungsinterview sagte er, es sei außer Merkel «weit und breit niemand in Sicht», der die Europäische Union noch zusammenhalten könne: «Deshalb bete ich jeden Tag dafür, dass die Bundeskanzlerin gesund bleibt.»[127] Seine rheinland-pfälzische Kollegin Malu Dreyer, eine Sozialdemokratin, verzichtete auf religiöse Bekenntnisse. Gleichwohl machte sie deutlich, dass sie die Linie der Kanzlerin teilte – und dass sie willens war, die Integration der Flüchtlinge zum Erfolg zu führen.

Die Kanzlerin hielt auch in den Landtagswahlkämpfen an ihrer Flüchtlingspolitik fest. Bei ihren Auftritten in den beiden westlichen Bundesländern verteidigte sie ihren Kurs offensiv, zuletzt auf einer viel beachteten Kundgebung im rheinland-pfälzischen Bad Neuenahr. Gegen den österreichischen Außenminister Sebastian Kurz und die Schließung der Balkanroute teilte sie aus: *Das ist nicht die Lösung des Gesamtproblems.* Es gab, wie die Lokalzeitung meldete, «stürmischen Applaus für die Kanzlerin».[128] Beim sachsen-anhaltischen Wahlkampfabschluss in Halle fasste sich Merkel kürzer. *Wie wir das mit den Flüchtlingen hinbekommen, darüber will ich heute gar nicht so viel reden,* sagte sie vor nur halb besetztem Saal.[129] Offenkundig hatte sie es aufgegeben, die Widerstrebenden unter ihren ostdeutschen Landsleuten zu überzeugen.

So nahte der Wahltag, der angeblich das Ende der Merkel-Ära einläuten sollte. Tatsächlich geschah wieder einmal nichts, jedenfalls nichts, was die Machtposition der Kanzlerin kurzfristig gefährdete. Die CDU verlor zwar in allen drei Ländern beträchtlich, aber weil sich die jeweiligen Spitzenkandidaten so deutlich von Merkel abgegrenzt hatten, konnte die Kanzlerin tun, als habe sie damit wenig zu schaffen. In Baden-Württemberg und Rheinland-Pfalz behaupteten sich die Amtsinhaber, die Merkels Flüchtlingspolitik vehement verteidigt hatten: der Grüne Kretschmann und die Sozialdemokratin Dreyer.

Verteidigungsministerin Ursula von der Leyen sagte am Wahlabend in der Fernsehsendung «Anne Will», die Flüchtlingspolitik der Kanzlerin habe gewonnen. Merkel selbst formulierte den Gedanken tags darauf etwas vorsichtiger: Es sei *schön, wenn es gesamtgesellschaftlich eine Zustimmung gibt.*[130] Diese Sichtweise schlug sich auch in vielen Zeitungskommentaren nieder. Die *Süddeutsche Zeitung* etwa notierte: «Wenn diese Wahlen Merkels Schicksalswahlen waren, dann scheint es eben Merkels Schicksal zu sein, immer weiter Kanzlerin zu bleiben.»[131]

Gleichwohl bedeuteten die Wahlen eine Zäsur für das Land. Die AfD zog nun auch in Parlamente der westdeutschen Flächenländer ein, nicht ganz knapp wie zuvor in den Stadtstaaten Hamburg und Bremen, sondern mit deutlich zweistelligen Ergebnissen. In Sachsen-Anhalt wurde sie mit 24,3 Prozent sogar zweitstärkste Partei, im Süden des Landes belegte sie vielerorts den ersten Platz, mit Wahlkreisergebnissen von bis zu 31,9 Prozent.

Das veränderte das politische System. In allen drei Ländern kamen Regierungsmehrheiten nur in ungewohnten Konstellationen zustande. In Baden-Württemberg hatte sich die CDU in die Rolle des Juniorpartners unter einem grünen Ministerpräsidenten zu fügen. Immerhin konnte sie sich damit trösten, nach einem fünfjährigen grün-roten Intermezzo überhaupt wieder an der Regierung beteiligt zu sein. In Rheinland-Pfalz musste die Sozialdemokratin Dreyer ihr rot-grünes Bündnis um die FDP erweitern. Am gravierendsten war der Einschnitt in Sachsen-Anhalt: Weil es zu einer «großen» Koalition der früheren Volksparteien nicht mehr reichte, brauchten CDU und SPD die Grünen als dritten Partner. Das labile Bündnis, nach den schwarz-rot-grünen Nationalfarben des afrikanischen Landes Kenia-Koalition genannt, wurde allein durch seine Alternativlosigkeit zusammengehalten.

An diesem 13. März 2016 erlebte Deutschland «die heftigste Erschütterung, die dramatischste Verschiebung seit den Reichstagswahlen vom 14. September 1930», schrieb der Historiker Paul Nolte – seit jener Wahl also, die nach dem leichtfertig herbeigeführten Ende der letzten parlamentarischen Regierung der Weimarer Republik die NSDAP auf einen Schlag zur zweitstärksten Partei machte und die Bildung einer parlamentarischen Mehrheitsregierung verhinderte.[132] Das mochte übertrieben sein, und doch war dieser Wahlsonntag ein Menetekel: Auch auf Bundesebene wurde es bald schwieriger, überhaupt noch eine Regierung zu bilden. Es ließ sich kaum bestreiten, dass das etwas mit Merkel und ihrer Politik zu tun hatte. Die Meinungsumfragen jener Wochen ergaben zwar, dass sich die Deutschen in ihren Grundeinstellungen kaum radikalisiert hatten und dass die Mehrheit der Wähler nach wie vor keine überzeugende personelle Alternative zu Angela Merkel sah.[133] Die Flüchtlingsdebatte hatte jedoch dazu geführt, dass sich latent vorhandene Stimmungen nun offen und oft auch hemmungslos artikulierten.

Der Aufstieg der AfD bedeutete zugleich eine Art europäischer Normalisierung der Bundesrepublik im negativen Sinn. Ihre hohen ostdeutschen Ergebnisse entsprachen dem Muster anderer postkommunistischer Länder, in denen rechtspopulistische Bewegungen längst regierten. In westlichen Ländern hatten solche Parteien viel früher Wahlerfolge verbucht, die nicht selten deutlich höher ausfielen als nun die AfD-Resultate in Westdeutschland. Es schien, als endete die kulturelle Hegemonie jener Mittelschichten, die vom langen Aufschwung der Nachkriegszeit profitiert und die gesellschaftliche Liberalisierung getragen hatten.

Der Historiker Nolte sprach von den «gebildeten und engagierten Mittelklassen», die das «System Merkel» stützten – ganz gleich, ob sie nun Union, SPD oder die Grünen wählten. «‹Merkel muss weg› wendet sich nicht nur gegen die Flüchtlingspolitik, sondern gegen das liberale Modell in Wirtschaft und Gesellschaft, das die Ära Merkel geprägt hat.» Nun verbündeten sich Konservative und neue Unterschichten, West- und Ostdeutsche, Rechte und Linke, Menschen, die sich von den tonangebenden Schichten des Landes missachtet fühlten, zu einem Protest gegen Globalisierung und Kapitalismus, für Nation und starken Staat.[134]

Anders als gewohnt lud Merkel die CDU-Gremien fünf Wochen später tatsächlich zu einer Wahlanalyse. Was sie präsentierte, stützte ihre Linie. Es referierte wie gewohnt Matthias Jung, Vorstand der Forschungsgruppe Wahlen. In Baden-Württemberg, so hatte er es schon vor regionalen Parteigremien vorgetragen, habe die CDU 4,5 Prozentpunkte an die Grünen verloren und 4,7 Punkte an die AfD; nun dürfe sich jeder fragen, welche Klientel leichter zurückzugewinnen sei. Der Anti-Flüchtlings-Kurs der örtlichen CDU habe AfD-Wähler in ihrem Ressentiment bestärkt und erst recht zur Stimmabgabe für die Protestpartei ermutigt, gemäßigte CDU-Wähler dagegen in die Arme des vertrauenswürdigen grünen Ministerpräsidenten Kretschmann getrieben.[135]

Türkisches Dilemma

Mit ihrem Versuch, statt nationaler Grenzschließungen die Europäische Union nach außen abzuschotten, war Merkel in diesen Tagen noch nicht am Ziel. Aber sie war weit vorangekommen. Die Zahl der Flüchtlinge, die über die Ägäis nach Griechenland kamen, ging bereits seit der Einigung auf den EU-Türkei-Aktionsplan Ende November stark zurück. Das wirkte sich auch auf Deutschland aus: Im Dezember 2015 erreichten nur noch 127 000 Neuankömmlinge die Bundesgrenzen, ein Drittel weniger als im Vormonat. Im Januar 2016 waren es nur noch 92 000, im Februar 61 000 und im März schließlich 21 000 Flüchtlinge, danach pendelten sich die Werte auf etwas mehr als 15 000 Menschen pro Monat ein.

Bereits vor den deutschen Landtagswahlen hatte indes der österreichische Außenminister und spätere Bundeskanzler Sebastian Kurz eine Konferenz der Balkanstaaten nach Wien einberufen, auf der er am 24. Februar gemeinsam mit seinen Amtskollegen die Schließung der Grenzen vereinbarte, von Mazedonien beginnend bis nach Österreich. Das Vorgehen war in dieser Form auch deshalb möglich, weil sich durch die Verhandlungen mit der Türkei die Zahl der nachkommenden Flüchtlinge erheblich reduziert hatte; es wäre kaum durchzuhalten gewesen, wenn weiterhin Flüchtlinge in großer Zahl in Griechenland angekommen wären.

Durch die Parallelität der Ereignisse entstand in Teilen der Öffentlichkeit jedoch der Eindruck, nicht Merkels Türkei-Abkommen, sondern allein Kurz' Initiative zur Schließung der Balkangrenzen habe bewirkt, dass die Flüchtlingszahlen nun weiter zurückgingen. Der Österreicher galt den rechten Merkel-Kritikern fortan als Held, doch die Kanzlerin widersprach. *Wenn Sie mich fragen, ob die Schließung der Balkanroute das Problem gelöst hat, sage ich klar Nein*, beharrte sie ein halbes Jahr später in einem Interview. *Sie hat in den Wochen, bevor das EU-Türkei-Abkommen in Kraft trat, zwar dazu geführt, dass weniger Flüchtlinge in Deutschland ankamen – aber dafür 45 000 in Griechenland.* Umgerechnet auf die deutsche

Einwohnerzahl wären das 360 000 Neuankömmlinge gewesen, *also fast doppelt so viele, wie wir im schwierigsten Monat November hatten*.[136]

Das Vorgehen der Balkanländer besorgte die Griechen, die nun ein Flüchtlingselend im eigenen Land befürchteten. Der Athener Ministerpräsident Alexis Tsipras entdeckte in der deutschen Kanzlerin jetzt endgültig eine Verbündete. Die Bilder der gestrandeten Flüchtlinge an der griechisch-mazedonischen Grenze bei Idomeni gingen um die Welt. Anfang März musste sich Merkel dafür rechtfertigen, warum sie die Verzweifelten nicht nach Deutschland einreisen ließ, anders als zuvor die Leidensgenossen vom Budapester Ostbahnhof. *Ich glaube, die Situation ist nicht vergleichbar*, sagte sie kühl. *Es gibt Übernachtungsmöglichkeiten und Aufenthaltsmöglichkeiten in Griechenland, und die müssen auch von den Flüchtlingen genutzt werden.*[137]

Nur fünf Tage nach den deutschen Landtagwahlen, am 18. März 2016, stimmten die Staats- und Regierungschefs der Europäischen Union in Brüssel dem Flüchtlingsabkommen mit der Türkei förmlich zu. In großen Teilen der deutschen Öffentlichkeit wurde der Vertragsabschluss jedoch nicht als Erfolg gewertet. Auf dem Umweg über Ankara kehrte die Flüchtlingsdebatte nach Deutschland zurück, und zwar auf eine Weise, die niemand vorhergesehen hatte.

Das NDR-Satiremagazin «extra 3» präsentierte am 17. März 2016, dem Vorabend des Vertragsabschlusses, ein Lied auf Erdoğan («Erdowie, Erdowo, Erdowahn»), nach einer Melodie der Popsängerin Nena («Irgendwie, irgendwo, irgendwann»). Es beschrieb in salopper Sprache, aber im Wesentlichen zutreffend das Gebaren des türkischen Politikers. «Ein Journalist, der was verfasst, das Erdoğan nicht passt, ist morgen schon im Knast», dichteten die Autoren zum Beispiel.[138] Die Attacke richtete sich indes weniger gegen den Präsidenten der fernen Türkei als gegen die Kanzlerin im heimischen Berlin. Denn erst die Verhandlungen um das Flüchtlingsabkommen mit der Europäischen Union machten Erdoğans Methoden zu einem Thema der deutschen Innenpolitik.

Vom «Deal» mit einem sinistren Potentaten war nun allenthalben die Rede. Merkel habe das Offenhalten der europäischen Binnengrenzen auch mit humanitären Argumenten begründet, nun überlasse sie der Türkei die schmutzige Sicherung der Außengrenzen, argumentierten die Kritiker von links. Merkels Gegner von rechts hegten ohnehin eine Aversion gegen das muslimisch geprägte Land am Bosporus. Das Ergebnis war auf beiden Seiten des innenpolitischen Grabens das gleiche: Merkel stand im

4. Flüchtlinge (2015–2016)

Verdacht, die Türkei zu schonen, um ihren «Flüchtlingsdeal» nicht zu gefährden.

Jetzt entwickelten die Dinge eine eigene Dynamik. Gleich zweimal bestellte das türkische Außenministerium den deutschen Botschafter wegen der «extra 3»-Sendung ein. Dass der türkische Präsident gegen die Satire mit diplomatischen Mitteln vorging, griffen wiederum andere Fernsehunterhalter auf. Am 31. März erläuterte der Moderator Jan Böhmermann im Spartensender ZDFneo den Unterschied zwischen straffreier politischer Satire und strafrechtlich relevanter Schmähkritik. Um zu demonstrieren, was man auch in Deutschland «nicht machen» dürfe, trug er ein Gedicht über Erdoğan vor: «Am liebsten mag er Ziegen ficken», hieß es darin etwa, «die dumme Sau hat Schrumpelklöten», der Mann sei «pervers, verlaust und zoophil».[139]

Das war eine Form der Satire, die den türkischen Präsidenten nicht erheiterte und die auch nicht dem Humor der deutschen Bundeskanzlerin entsprach. Heikel war die Sache vor allem wegen einer Rechtsnorm, von deren Existenz die Regierungschefin erst jetzt erfuhr: Paragraph 103 des deutschen Strafgesetzbuchs stellte die «Beleidigung von Organen und Vertretern ausländischer Staaten» unter Strafe. Die Strafverfolgung hing nach Paragraph 104a von einer Ermächtigung durch die Bundesregierung ab. Merkel musste also fürchten, dass Erdoğan einen entsprechenden Strafantrag stellte und sie in die missliche Lage brachte, sich zwischen dem Wohlwollen des türkischen Präsidenten und der Kunstfreiheit entscheiden zu müssen.

Drei Tage nach der Böhmermann-Sendung telefonierte sie mit dem türkischen Ministerpräsidenten Davutoğlu. In Merkels Umgebung versicherte man, der Termin sei schon lange vereinbart gewesen. Die Kanzlerin setzte auf Beschwichtigung. Im Gespräch mit Davutoğlu nannte sie das Gedicht «bewusst verletzend», was ihr Sprecher am nächsten Mittag vor der Bundespressekonferenz ungefragt mitteilte – offenkundig in der Hoffnung, Erdoğan damit besänftigen und einen Strafantrag abwenden zu können.[140] Den Anschein der Vorverurteilung nahm Merkel in Kauf. Damit überschritt sie eine Grenze. Sie tat, was der deutsche Botschafter in der «Extra 3»-Affäre aus gutem Grund strikt abgelehnt hatte: Sie bewertete die Arbeit deutscher Medien, statt die Justiz über etwaige Beleidigungsvorwürfe urteilen zu lassen.

Zudem schätzte Merkel den türkischen Präsidenten falsch ein. Wenig später ging beim Auswärtigen Amt eine Verbalnote des türkischen Botschafters ein, in der er eine Strafverfolgung verlangte. Nach einigen Tagen Bedenkzeit gab Merkel dem Antrag der Türkei statt, gegen den Willen der sozialdemokratischen Kabinettsmitglieder. Um ihre Entscheidung mitzuteilen, lud Merkel zu einem Pressestatement, als habe sie die Beteiligung an einem Krieg zu verkünden, die Spargutachten zu garantieren oder einen Minister zu entlassen; manche Zeitungen änderten am nächsten Tag das gewohnte Layout der Titelseite, um die bedeutende Nachricht angemessen zu würdigen. Merkel ließ nicht nur wissen, dass sie dem türkischen Gesuch stattgebe. Sie kündigte auch an, den umstrittenen Paragraphen 103 noch in dieser Legislaturperiode abzuschaffen.[141]

Die Kanzlerin konnte in dieser Sache nichts mehr gewinnen, nur noch den Schaden begrenzen. Sie leistete öffentlich Abbitte für die beiden fatalen Worte aus dem Telefongespräch mit Davutoğlu: *Wenn ich mich in den letzten Tagen über etwas ärgere, dann darüber, dass ich am 4. April von ‹bewusst verletzend› gesprochen habe und damit der Eindruck entstanden ist, dass hier meine persönliche Bewertung irgendetwas zählt. Das war im Rückblick betrachtet ein Fehler.*[142] Zwei Tage später flog Merkel nach Gaziantep in der Nähe der syrischen Grenze, um das türkische Engagement bei der Versorgung von Flüchtlingen zu würdigen.

Damit hatte sie die akute Phase der Böhmermann-Krise beendet. Der Vorwurf, sie habe sich mit ihrer Flüchtlingspolitik in die Hände eines Despoten begeben, verfolgte sie weiter. Er kehrte mit Erdoğans harscher Repression nach dem Putschversuch im Juli ebenso zurück wie mit der Inhaftierung des deutschen Korrespondenten Deniz Yücel im folgenden Februar. Erst als Yücel Anfang 2018 freikam und Erdoğan das Verhältnis zu den Europäern etwas entspannte, trat das Thema eine Zeitlang in den Hintergrund. Merkel blieb an dieser Stelle jedoch verletzlich.

Die Kanzlerin handelte aus realpolitischem Kalkül, gewiss nicht aus persönlicher Sympathie für Erdoğan. Schon der geschmacklose Präsidentenpalast, den sich der Staatschef gegen diverse Gerichtsurteile in einem Naherholungsgebiet der Hauptstadt Ankara hatte errichten lassen, entsprach ganz und gar nicht dem Stil einer Politikerin, die in Berlin eine biedermeierliche Etagenwohnung bewohnte. Merkels Berater lästerten über das befremdliche Verhalten des Potentaten: Selbst im kleinen Kreis hielt er Schaufensterreden wie in der Öffentlichkeit, er reagierte oft impulsiv, äußerte sich teils beleidigend, auch wenn er das manchmal wieder zurücknahm.[143]

Das unterschied ihn von dem überlegteren Wladimir Putin, zu dem

4. Flüchtlinge (2015–2016)

Merkel gleichfalls eine höchst komplizierte Beziehung unterhielt. Anders als in Putins Fall trat ein Sprachproblem hinzu: Merkel und Erdoğan beherrschten die jeweils andere Sprache nicht, auch auf Englisch vermochte sich das türkische Staatsoberhaupt nicht zu verständigen. So blieben sie auf Dolmetscher angewiesen – im wörtlichen wie im übertragenen Sinn: Als es um die Freilassung des Korrespondenten Yücel ging, schickte die Kanzlerin ihren Amtsvorgänger Gerhard Schröder als Vermittler in die Türkei, der sich im Umgang mit autoritären Machthabern nicht nur leichter tat, sondern vor allem auch anders als Merkel einen EU-Beitritt des Landes immer befürwortet hatte.

Denn in der Krise des Jahres 2016 stellte sich auch die Frage, ob der türkischen Abwendung von Europa nicht eine europäische Abwendung von der Türkei vorausgegangen war, für die Merkel eine beträchtliche Mitverantwortung trug. Was hier Ursache und was Folge war, darüber gingen die Meinungen auseinander. Die einen sahen in Erdoğans Radikalisierung den Beweis, dass sie mit ihrer Skepsis gegenüber einem türkischen EU-Beitritt schon immer richtig gelegen hatten. Die anderen glaubten, vor allem die Deutschen hätten eine große Chance verpasst, indem sie gegenüber der Türkei immer nur Abwehr signalisierten: Am Ende hatten die prowestlichen Kräfte in der Türkei, die auf eine Annäherung an Europa setzten, ihren Landsleuten nichts mehr anzubieten. Brüssel wies einem Land die Tür, das jahrhundertelang dem Konzert der europäischen Großmächte angehört hatte, das sich unter Atatürk durchgreifender modernisiert hatte als andere postosmanische Länder wie Griechenland oder Bulgarien. Die abwehrende Haltung führte dazu, wie der F.A.Z.-Herausgeber Jürgen Kaube hervorhob, dass in der Türkei die Zustimmung zu einer EU-Mitgliedschaft von mehr als 80 auf gut 30 Prozent sank.[144]

Merkel besaß in dieser Frage kein reines Gewissen. Als Oppositionsführerin hatte sie das Modell einer «privilegierten Partnerschaft» statt einer EU-Mitgliedschaft ins Spiel gebracht, und damit nahm sie entscheidenden Einfluss innerhalb der größten Parteienfamilie, der Europäischen Volkspartei. So unrealistisch eine türkische Vollmitgliedschaft auf kurze Frist auch erscheinen mochte: Die ostentative Ablehnung durch die wichtigste Mitte-Rechts-Partei des Kontinents, überwiegend innenpolitisch motiviert, trug alle Züge einer barschen Zurückweisung. In der Krise des Jahres 2016 kommentierte einer von Merkels engen Beratern solche Vorhaltungen bemerkenswert defensiv: In ihrer Funktion als Kanzlerin habe

Merkel die Verhandlungen über einen türkischen EU-Beitritt niemals torpediert, lediglich in ihrer Eigenschaft als CDU-Vorsitzende sei sie für eine privilegierte Partnerschaft eingetreten. Nach einer forschen Verteidigung der Chefin klang das nicht.[145]

Ausgerechnet die Frau, die immer größtmögliche Distanz zur Türkei gehalten hatte, sah sich nun dem Vorwurf allzu großer Nähe ausgesetzt. Dabei war das Meinungsbild, wie mit autoritären Herrschern umzugehen sei, in Deutschland höchst widersprüchlich. Es gab Verfechter einer moralischen Außenpolitik ohne Kompromisse, die im Grunde verlangten, dass die Bundesregierung nur noch mit zweifelsfrei liberaldemokratischen Regierungen zusammenarbeiten dürfe. Andere legten in Bezug auf verschiedene Länder sehr unterschiedliche Maßstäbe an: Während sie im Umgang mit dem russischen Präsidenten Putin mehr Entgegenkommen verlangten, forderten sie in Bezug auf die Türkei mehr Härte. Dabei war auch Islamfeindlichkeit im Spiel.

Unschuldig war Merkel an dieser Diskurslage indes nicht: Ihre allmähliche Wandlung von der Verfechterin einer stark werteorientierten Außenpolitikerin zu einer weltpolitischen Pragmatikerin bot viele Angriffsflächen. Auch in Bezug auf die Erwartungen, die Merkel mit ihrer idealistischen Rhetorik in der Flüchtlingspolitik geweckt hatte, diagnostizierte die *Zeit* einen «politischen Ermüdungsbruch» in der Böhmermann-Affäre: «Nach einem rätselhaft idealistischen Halbjahr ist die Kanzlerin im Morast der Realpolitik gelandet, sie hofiert einen zunehmend autoritären Potentaten, bezahlt ihn dafür, dass er ihr die Drecksarbeit abnimmt.»[146]

Merkel selbst sah sich nicht in sumpfigem Gelände, sondern in Bezug auf die Sicherung der europäischen Außengrenzen am Ziel. Um reine Gesinnungspolitik war es ihr in dieser Frage ohnehin nie gegangen, eher um die innere Liberalität des Landes und um den Fortbestand eines grenzenlosen Europa. In der ersten Frage hatte sie ungewollt Gegenkräfte auf den Plan gerufen, beim zweiten Aspekt war sie erstaunlich weit vorangekommen (auch wenn temporäre Grenzschließungen in Europa aus anderen Gründen bald zu einer gängigen Übung werden sollten): Tatsächlich erreichten nur noch relativ wenige Flüchtlinge die griechischen Inseln in der Ägäis, wobei offenblieb, ob das allein am Türkei-Abkommen lag oder ob sich wegen der abwehrenden Haltung in Europa von vornherein weniger Schutzsuchende auf den Weg machten. Merkel selbst zeigte sich irritiert darüber, dass ihre Kritiker von rechts den Rückgang der Flüchtlingszahlen kaum zur Kenntnis nahmen und darüber hinaus alles taten, um die Integrationschancen der bereits im Land lebenden Neubürger schlechtzureden. *Was mich irritiert, ist, dass ich manchmal fast so etwas wie eine Freude am Scheitern beobachte,* sagte sie bald darauf in einem Interview.[147]

Außenpolitisch wurde die Lage für Merkel nicht leichter. Anfang Mai ließ Erdoğan seinen gemäßigten Ministerpräsidenten Davutoğlu fallen, mit dem die Kanzlerin gut zurechtgekommen war. Wenige Tage später trat auch der österreichische Bundeskanzler Faymann zurück, Merkels engster Verbündeter während des Flüchtlingsherbstes 2015. Nach einem Intermezzo mit dem früheren Bahnmanager Christian Kern als Regierungschef brachten vorgezogene Parlamentswahlen ein Jahr später den ärgsten Widersacher der deutschen Regierungschefin ins Kanzleramt am Ballhausplatz: den vormaligen Außenminister Sebastian Kurz.

Die innenpolitische Debatte fokussierte sich nun wieder auf den anhaltenden Streit der Schwesterparteien CDU und CSU über die Flüchtlingspolitik. Von einem «Versöhnungstreffen» zwischen beiden Parteispitzen war die Rede, wobei der Streit um die Modalitäten ähnliche Formen annahm wie bei Begegnungen zwischen Nord- und Südkorea: Beide Seiten wollten nicht auf gegnerischem Terrain zum Showdown erscheinen, Seehofer verweigerte die Reise nach Berlin und Merkel den Besuch in München. Ein Treffpunkt in der Mitte sollte es sein, auf neutralem Boden.

Am Ende einigten sich die Kontrahenten auf einen Ort in unmittelbarer Nähe Berlins. Sie trafen sich am 24. und 25. Juni auf der Potsdamer Halbinsel Hermannswerder. Zumindest in Bezug auf den Ort hatte sich Merkel durchgesetzt, allerdings aus einem gewichtigen Grund: Am Tag davor, dem 23. Juni, fand in Großbritannien die Volksabstimmung über einen EU-Austritt statt. Obwohl Merkel nicht mit einem Erfolg der Brexit-Befürworter rechnete, wollte sie auf Nummer sicher gehen und in der Nähe des Kanzleramts bleiben.

5. Annus horribilis (2016–2017)

Brexit

Auf das Ergebnis war Merkel tatsächlich nicht vorbereitet. Dass eine knappe Mehrheit von 51,9 Prozent der Briten für den Austritt aus der Europäischen Union stimmen, dass damit zum ersten Mal in der Geschichte ein Land die Gemeinschaft verlassen würde, hätte sie im Ernst nicht für möglich gehalten. Das galt allerdings auch für die meisten anderen Europäer – und für die Befürworter des Brexits selbst: Sie schienen von ihrem Erfolg am meisten verwirrt zu sein, allen voran ihr prominentester Kopf Boris Johnson. Anders als bei gewöhnlichen Parlamentswahlen gab es am Abend mangels Erfahrungswerten keinerlei Hochrechnungen, so dass das Ergebnis tatsächlich erst am frühen Freitagmorgen feststand. Merkel begann an diesem 24. Juni 2016 sogleich zu telefonieren, mit dem französischen Präsidenten Hollande, mit dem EU-Ratspräsidenten Tusk, mit ihren Ministern. Sie konsultierte die Fraktionsspitzen. Für 12.30 Uhr setzte sie ein kurzes Pressestatement an, für 13 Uhr wurde eine Sondersitzung der CDU/CSU-Bundestagsfraktion einberufen.[1]

Fraktionschef Kauder nannte das Resultat eine «unfassbare Entscheidung». In Bezug auf David Cameron sagte er, was Merkel dachte und über den Amtskollegen nicht öffentlich sagen durfte: Das Desaster habe schon begonnen, als der Premier mit seinen britischen Konservativen 2009 die Europäische Volkspartei verlassen hatte und ins Lager der Europaskeptiker übergelaufen war. Wer ständig schlecht über Europa rede, brauche sich über das Ergebnis am Ende nicht zu wundern, so Kauder. Politische Führung sei das jedenfalls nicht.[2] Merkel und ihr Fraktionschef betrachteten Cameron als einen politischen Leichtmatrosen, der ohne Not das fatale Referendum angesetzt hatte, angstgetrieben wie Seehofer in der Flüchtlingsdebatte.

Merkel propagierte nun das Gegenteil von Camerons gescheiterter Vabanque-Politik: Vorsicht. Ihr oberstes Ziel war es, die verbleibenden

27 Mitgliedstaaten beisammenzuhalten; sie verfolgte einen «inklusiven Ansatz», wie es bald hieß. Die Versuche forscher Proeuropäer, die nach dem Ausscheiden der renitenten Briten die Integration eines engeren Kerneuropa vorantreiben wollten, hielt sie für zu riskant und wenig wünschenswert. Auf der anderen Seite konnte die Antwort auf den Brexit auch nicht ein Zurückschrauben der Integration sein. Mit dieser Methode des Nachgebens hatte Cameron den Erosionsprozess gerade beschleunigt. Die deutsche Kanzlerin mahnte deshalb in ihrem ersten Statement, *keine schnellen und einfachen Schlüsse aus dem Referendum in Großbritannien zu ziehen, die Europa nur weiter spalten würden.*[3]

In den folgenden Wochen und Monaten entwickelte Merkel eine rege Reisediplomatie. Gut zwei Wochen nach dem britischen Referendum traf sie sich heimlich mit Jarosław Kaczyński, dem starken Mann der polnischen Politik, im brandenburgischen Schloss Meseberg, dem Gästehaus der Bundesregierung; die Öffentlichkeit erfuhr davon erst ein Dreivierteljahr später.[4] Polen hatte mit Großbritannien seinen engsten Verbündeten bei der Abwehr weiterer Integrationsschritte verloren. Zugleich blieb es nicht nur auf europäische Finanzhilfen angewiesen, es suchte die Nähe zu EU und Nato auch als Rückversicherung gegenüber dem wachsenden Machtstreben Russlands. Umgekehrt hatte Merkel ein großes Interesse daran, dass sich nach den Briten nicht auch noch die Polen weiter aus Europa herausbewegten.

Als wenig hilfreich betrachtete sie deshalb eine Initiative ihres sozialdemokratischen Außenministers Frank-Walter Steinmeier, der die Kollegen der fünf anderen Gründerstaaten der Europäischen Wirtschaftsgemeinschaft in der Berliner Villa Borsig empfing, während die Kanzlerin knapp 40 Autokilometer weiter südlich auf der Potsdamer Halbinsel Hermannswerder mit CSU-Chef Seehofer um die Zukunft der Unionsparteien rang. Das Treffen von Deutschen, Franzosen, Italienern und den drei Benelux-Staaten weckte den Verdacht, hier solle tatsächlich so etwas wie ein Kerneuropa geschaffen werden.

Merkel selbst lud dagegen den französischen Präsidenten François Hollande und den italienischen Premier Matteo Renzi ins Kanzleramt ein, um gemeinsam mit dem Ratspräsidenten Donald Tusk über die Lage zu beraten. Auch dieses Treffen rief in anderen Hauptstädten Besorgnis hervor, es war jedoch inklusiv gemeint: Merkel hatte sich bewusst gegen jene deutsch-französische Zweisamkeit entschieden, mit der sie seit den Minsker Friedensgesprächen vor gut einem Jahr europäische Politik be-

5. Annus horribilis (2016–2017)

trieben hatte. Sie wollte nicht den Eindruck erwecken, als werde über die Zukunft Europas zwischen Berlin und Paris entschieden. Aus dem Tandem wurde daher eine Troika, jedenfalls bis zu Renzis selbst verschuldetem Sturz ein halbes Jahr später. Während Merkel kaum noch hoffte, dass Hollande aus seiner Lethargie erwachte, schätzte sie Renzi als Reformer und konstruktiven Europäer. Mit Tusk saß auch ein Osteuropäer am Tisch, wenngleich er nicht die aktuelle polnische Regierung vertrat.

Bei aller zur Schau gestellten Gelassenheit vollzog Merkel in den Gesprächen des Wochenendes einen Kurswechsel. Das zeigte sich, als sie am Dienstag eine Regierungserklärung vor dem Bundestag abgab und anschließend zum Treffen der europäischen Staats- und Regierungschefs nach Brüssel flog. Sie spielte jetzt nicht mehr auf Zeit. Deutlicher als bisher drängte sie darauf, dass die Briten möglichst zügig ihren Abgang organisierten. Zuerst müsse London einen förmlichen Austrittsantrag stellen, dann könnten *die Verhandlungen beginnen, nicht vorher, weder formell noch informell.* Das war, wie die F.A.Z. bemerkte, «fast schon ein Adieu» an die Briten.[5] Hier hatte Merkel die Position der EU-Kommission übernommen, sie musste einsehen: Das von ihr anfänglich propagierte Abwarten hätte unkalkulierbare Fliehkräfte unter den 27 verbleibenden Mitgliedstaaten auslösen können.

Der Eindruck, die übrigen Europäer hielten die Briten verzweifelt fest, wäre für die Zukunft der EU ebenso fatal gewesen wie eine Dynamik, in der das Königreich weitreichende Zugeständnisse erreichen könnte: Eine solche «Rosinenpickerei» lehnten Merkel und andere Kontinentaleuropäer ab, um nicht weitere Exit-Kandidaten zu ermutigen. Wenn die Briten ihren Austritt bereits vor Beginn der Verhandlungen unwiderruflich erklären mussten – was sie im Frühjahr 2017 taten –, gerieten sie automatisch in die schwächere Position.

Beschlüsse trafen Merkel und ihre Amtskollegen an diesem 28. und 29. Juni in Brüssel noch nicht. Sie vereinbarten aber für Mitte September ein außerordentliches Treffen in Bratislava, der Hauptstadt der Slowakei, die im zweiten Halbjahr den Ratsvorsitz innehatte. Seit 2004 hatten die Staats- und Regierungschefs aufgrund der gestiegenen Sicherheitsanforderungen fast nur noch in Brüssel getagt. Doch das dortige Ratsgebäude war seit Beginn der Euro-Krise zum Inbegriff trostloser Nachtsitzungen und endloser Streitereien geworden. Bilder aus der freundlichen Stadt an der Donau sollten ein positiveres Bild der Gemeinschaft vermitteln.

Tatsächlich fand der Gipfel von Bratislava aber gar nicht viel Aufmerksamkeit, weil es wenig kontrovers verlief. Gerade darin lag ein Erfolg für Europa, den sich die Kanzlerin zu guten Teilen selbst zuschrieb: Den ganzen Sommer über, nur durch den Urlaub in Südtirol unterbrochen, hatte sie europäische Staats- und Regierungschefs besucht oder empfangen. Ende August war sie abermals mit Hollande und Renzi zusammengetroffen, diesmal auf einem Flugzeugträger vor der italienischen Insel Ventotene, auf der Antifaschisten während des Zweiten Weltkriegs ein Manifest «Für ein freies und einiges Europa» verfasst hatten.

In der Rangfolge der politischen Aufgaben rutschte der Brexit dann schnell nach unten. Dank der Einigkeit der Europäer, an der Merkel einen gewichtigen Anteil hatte, schien er bald nur noch ein Problem der Briten selbst zu sein, deren Parlament sich über die Frage heillos zerstritt.

Bei allen Verdiensten um den Zusammenhalt der Europäer wurde Merkel immer wieder mit einer beunruhigenden Frage konfrontiert: Hatte sie mit ihrer Flüchtlingspolitik den Brexit womöglich befördert? Zum ersten Mal sah sie sich dem Vorwurf wenige Stunden nach Bekanntwerden des Brexit-Votums ausgesetzt, in der Sondersitzung der CDU/CSU-Fraktion am 24. Juni. Die Frage stellte die Leipziger Abgeordnete Bettina Kudla – ausgerechnet die Frau also, die der Kanzlerin drei Monate später in krassester AfD-Diktion vorwarf, eine «Umvolkung Deutschlands» zu betreiben; für die Wahl 2017 wurde sie im Wahlkreis Leipzig I nicht mehr als Direktkandidatin nominiert und durch den früheren Radsportler Jens Lehmann ersetzt. Merkel wies den Vorwurf in der Fraktionssitzung mit ungewöhnlicher Schärfe zurück. *Den Schuh ziehe ich mir nicht an*, sagte sie. Die Debatten im Vereinigten Königreich hätten mit der Arbeitsmigration aus osteuropäischen EU-Staaten zu tun, nicht mit den Flüchtlingen.[6]

Tatsächlich hatten die Briten eine erregte Debatte um rund eine Million Einwanderer aus Osteuropa geführt, während in Deutschland mindestens genauso viele Menschen mit polnischem Migrationshintergrund lebten, die gar nicht auffielen; genaue Zahlen sind wegen der engen Verflechtung beider Länder schwer zu ermitteln. Auf der Insel galt der fähige «polnische Klempner» als Angstgegner einheimischer Handwerksbetriebe, die oft für überteuerte Preise undichte Fenster oder tropfende Wasserhähne einbauten. Das unterschied die Insel freilich von der Bundesrepublik – schließlich hatte Merkel auf die Frage, was sie an Deutschland besonders schätze, einmal gesagt: *Ich denke an dichte Fenster! Kein anderes Land kann so dichte und so schöne Fenster bauen.*[7] Eine Rolle mag bei den britischen Friktionen auch gespielt haben, dass das Land nach der EU-Osterweiterung seinen Arbeitsmarkt für Polen und andere Osteuropäer sofort und vorbehaltlos öffnete, während sich Deutschland eine Übergangsfrist ausbedungen hatte.

Am Ende setzte sich eine andere Interpretation des britischen Abstimmungsergebnisses durch: Zum ersten Mal habe sich in aller Schärfe die kulturelle Spaltung der entwickelten Industrienationen gezeigt – in ein urbanes Milieu, das von der Globalisierung profitiere, und der Bevölkerung in kleineren Städten oder auf dem Land, die sich von den tonangebenden Eliten nicht mehr repräsentiert fühle. Nicht nur eine geographische, auch eine soziale Kluft tat sich auf: 64 Prozent der Arbeiter und Arbeitslosen votierten für den Brexit, hingegen nur 43 Prozent der Wählerinnen und Wähler mit höherer Bildung.[8]

Das bedeutete nicht, dass die Bewegung der Europa- und Globalisierungsskeptiker nur von den objektiv Ärmsten getragen war. Wahlanalysen auch aus anderen Ländern zeigten: Viele der Protestwähler hatten das Gefühl, nicht die Anerkennung zu bekommen, die ihnen eigentlich zustehe – auch wenn sie materiell gar nicht zu klagen hatten. Innerhalb der kommenden 15 Monate zeigte sich das Phänomen auch in anderen Ländern. In den Vereinigten Staaten wurde Donald Trump Präsident, in Frankreich kam Marine Le Pen in der ersten Runde der Präsidentenwahl auf den zweiten Platz. In Österreich verfehlte ein FPÖ-Bewerber den Einzug in die Wiener Hofburg nur knapp, in den Niederlanden beeinflusste Geert Wilders trotz eines eher bescheidenen Wahlergebnisses die Politik der übrigen Parteien maßgeblich. In Deutschland zog die AfD im September 2017 mit 12,6 Prozent der Stimmen in den Bundestag ein.

Die neue soziale Frage erwischte die deutsche Kanzlerin unvorbereitet. Zwar hatte sie seit dem Amtsantritt 2005 die Agenda der ökonomischen Liberalisierung hintangestellt und ihren Frieden mit dem westdeutschen Konsensmodell gemacht. Im Kern blieb sie aber eine Vertreterin der postmaterialistischen urbanen Milieus, gegen die sich nun der Hass der tatsächlich oder vermeintlich Abgehängten richtete. Wenn Vertreter der AfD über ein angeblich «links-grün versifftes Deutschland» schimpften, dann zielten sie damit auch auf Merkel, die Kanzlerin, deren unerfüllter koalitionspolitischer Wunsch mutmaßlich in einem Bündnis mit den Grünen bestand, der Elitenpartei schlechthin.[9]

Terror in Deutschland

Am 13. Juli 2016 brach die Kanzlerin zu einer ungewöhnlich langen Reise auf. Volle 72 Stunden wollte sie Berlin fernbleiben, um Kirgistan und die Mongolei zu besuchen. Die Gelegenheit schien günstig, denn im Berliner Politikbetrieb hatte die Sommerpause bereits begonnen. Es gab keine Sitzungen, in denen ein Aufstand gegen die Kanzlerin oder Parteivorsitzende hätte ausbrechen können.

Anlass der Reise war der Asem-Gipfel, das Treffen der asiatischen und europäischen Staaten, in Ulan Bator. Es galt, den wenigen halbwegs demokratischen Ländern der Region den Rücken zu stärken, und der Gipfel bot die Gelegenheit zu informellen Gesprächen mit zahlreichen Staatschefs. Es ging auch um die Rolle der EU in der Welt: In den Augen der Asiaten wäre ein Treffen mit Europäern ohne die wichtigste europäische Politikerin wertlos gewesen, es hätte mangelndes Interesse signalisiert und den Stellenwert der Brüsseler Gemeinschaft auf dem aufstrebenden Kontinent nicht vergrößert.

Der eigentliche Anlass trat aber bald in den Hintergrund. Unterwegs erreichten die Kanzlerin so viele überraschende Nachrichten, dass diese Reise als eine ihrer ungewöhnlichsten gelten darf. Am erwartbarsten war noch, dass die Queen die Tory-Politikerin Theresa May zur neuen britischen Premierministerin ernannte. Merkel ließ sich abends aus dem Hotel in Bischkek mit Downing Street No. 10 verbinden, um der frischgebackenen Kollegin zur Wahl zu gratulieren. Besonders herzlich gestaltete sich die Beziehung zu May nicht, eher geschäftsmäßig. Außer einer bemerkenswerten Nervenstärke verband die beiden nicht viel, und in den anstehenden Brexit-Verhandlungen hatte Merkel keine Geschenke zu verteilen.

In Ulan Bator zog längst der Morgen herauf, als im fernen Nizza ein Lkw in die Menschenmenge fuhr, die am späten Abend auf der Promenade des Anglais den französischen Nationalfeiertag beging. Zwei Kilometer weit raste der Wagen den breiten Fußgängerstreifen direkt am Meer entlang und überrollte Hunderte von Menschen, bis sich der Fahrer schließlich auf der Höhe des berühmten Hotel «Negresco» einen Schusswechsel mit der Polizei lieferte und dann beim Palais de la Méditerranée tödlich getroffen wurde. 86 Passanten starben, mehr als 400 wurden verletzt. Am Steuer saß ein Tunesier, der seit elf Jahren in Frankreich lebte,

5. Annus horribilis (2016–2017)

von seiner Familie als nichtreligiös beschrieben wurde und wegen psychischer Probleme in Behandlung gewesen war. Merkel beriet sich mit dem französischen Außenminister Jean-Marc Ayrault, der in der Sitzungsjurte des Asem-Treffens den Platz neben ihr einnahm. Von der *Solidarität aller hier anwesenden Länder im Kampf gegen den Terrorismus* sprach sie vor Journalisten und davon, *dass wir diesen Kampf trotz aller Schwierigkeiten gewinnen werden*.

Gegen halb fünf Uhr früh am nächsten Morgen erfuhr Merkel in ihrer Villa Nr. 5 des «Asem Village» von Ulan Bator, dass türkische Militärs gegen die Regierung Erdoğans putschten. Ob sie damit Erfolg haben würden oder nicht, blieb zunächst unklar. Merkel wollte schnell reagieren, um sich nicht dem Vorwurf des opportunistischen Abwartens auszusetzen und Erdoğan damit zu verprellen. «Die demokratische Ordnung in der Türkei muss respektiert werden», twitterte Regierungssprecher Steffen Seibert – und kurz darauf, um Missverständnisse auszuschließen: «Unterstützung für die gewählte Regierung.» So sahen es auch die übrigen Politiker, die sich in Ulan Bator versammelt hatten. «Alles muss getan werden, um Menschenleben zu schützen», fügte Seibert hinzu. Wer wollte, konnte das bereits als einen Hinweis an Erdoğan verstehen, es mit etwaiger Repression nicht zu übertreiben.[10]

Als Merkel die Rückreise nach Berlin antrat, neigte sich die Nacht des Putsches in der Türkei schon dem Ende zu. Inzwischen war Erdoğan von Ankara nach Istanbul geflogen und hatte auf dem dortigen Flughafen eine Rede gehalten. Es zeichnete sich ab, dass der Putsch gescheitert war. Zwei Stunden, nachdem die Regierungsmaschine in Berlin gelandet war, trat Merkel im Kanzleramt vor die Presse. *Für politische Veränderungen muss im Rahmen der politischen Institutionen und gemäß der demokratischen Regeln geworben werden*, sagte sie. Schon das war ein kaum verhohlener Hinweis, dass ihr die Mittel der Putschisten, militärische Gewalt, weit weniger sympathisch schienen als deren Ziel, die Entmachtung Erdoğans. Dann wurde sie noch deutlicher: *Gerade im Umgang mit den Verantwortlichen für die tragischen Ereignisse der letzten Nacht kann und sollte sich der Rechtsstaat beweisen*.[11] Sie selbst wird kaum erwartet haben, dass dieser Wunsch in Erfüllung ging. Erdoğan nutzte ganz im Gegenteil den Putschversuch, um mit tatsächlichen oder vermeintlichen Gegnern abzurechnen. Das bekamen bald auch deutsche Staatsbürger zu spüren.

Als seien der Anschlag in Nizza und der Putsch in der Türkei nicht genug, ereigneten sich in der Woche nach Merkels Rückkehr zwischen dem 19. und 24. Juli 2016 vier Gewalttaten, die abermals die Kritik an ihrer Flüchtlingspolitik befeuerten. In einer Regionalbahn südlich von Würzburg ging ein minderjähriger Flüchtling mit einem Beil und einem Messer auf vier Chinesen aus Hongkong los, die gerade von einem Ausflug nach Rothenburg ob der Tauber zurückkehrten, und attackierte auf der Flucht eine Passantin; er verletzte seine Opfer so schwer, dass sie bis zu vier Monate im Krankenhaus verbringen mussten. In einem Reutlinger Imbiss fügte ein 21-jähriger Syrer seiner 45-jährigen Lebensgefährtin, einer Polin, mit einem Dönermesser tödliche Kopfverletzungen zu; beide arbeiteten in dem türkischen Lokal. In der Altstadt des mittelfränkischen Ansbach zündete ein 27-jähriger Syrer vor einem Weinlokal eine Rucksackbombe; es gab 15 Verletzte, der Attentäter starb. Anders lag, wie sich allerdings erst nach ein paar Stunden herausstellte, der Fall eines 18-jährigen Amokläufers in einem Münchener Einkaufszentrum. Zu beklagen waren neben neun Toten auch fünf Verletzte, zu denen weitere 32 hinzukamen, weil durch unprofessionelles Krisenmanagement überall in der Stadt Panik ausbrach.

Die vier Taten unterschieden sich stark – zu stark, um unter normalen Umständen miteinander in Verbindung gebracht zu werden. Den Münchener Anschlag hatte ein junger Deutscher mit iranischen Wurzeln begangen, der über «ausländische Untermenschen» in der Bundesrepublik geklagt hatte. Im schwäbischen Reutlingen handelte es sich um eine Beziehungstat ohne politisches Motiv. Die beiden fränkischen Attacken von Würzburg und Ansbach hatten einen islamistischen Hintergrund. Beide Täter stammten, wie auch im Reutlinger Fall, aus Syrien, sie alle waren jedoch vor Merkels umstrittener Entscheidung vom September 2015 nach Deutschland eingereist. In einer Erhebung des Forsa-Instituts urteilten auch deshalb 69 Prozent der Befragten, Merkels Flüchtlingspolitik sei nicht mitverantwortlich für die Anschläge.[12]

In vielen Medien und für eine lautstarke Minderheit der Bevölkerung spielten solche Differenzierungen jedoch kaum eine Rolle. Die islamistischen Attacken von Würzburg und Ansbach verschmolzen mit der Beziehungstat von Reutlingen und dem rechtsradikalen Amoklauf von München zu einem übergreifenden Bedrohungsszenario. Gerade die Häufung kleinerer Vorfälle erweckte ähnlich wie nach der Kölner Silvesternacht den Eindruck, dass sich der Alltag in Deutschland durch eine wachsende Zahl von Migranten grundlegend verändere. Dass in zwei Fällen auch Messer eine Rolle spielten, passte ins Zerrbild von AfD-Anhängern,

5. Annus horribilis (2016–2017)

wonach muslimische «Messermänner» allzeit gewaltbereit durch deutsche Städte marodierten. Dabei blieb die Gewaltkriminalität in Deutschland auf lange Sicht rückläufig, auch wenn sie 2016 kurzfristig leicht anstieg.[13]

Merkel geriet abermals unter Druck. Sie musste sich erklären, als sie vier Tage nach dem Ansbacher Anschlag, am 28. Juli 2016, ihre Sommer-Pressekonferenz abhielt, elf Monate nach dem historischen «Wir schaffen das»-Auftritt. Wieder verteidigte sie ihre Flüchtlingspolitik auf ganzer Linie, jedenfalls auf der so wichtigen verbalen und symbolischen Ebene. Zwar nannte sie die Taten syrischer Flüchtlinge eine Verhöhnung des Aufnahmelands, und sie behauptete, es sei *völlig egal*, ob die Täter vor oder nach ihrer Grenz-Entscheidung ins Land gekommen seien. Damit hatte sie jedoch auf elegante Art daran erinnert, dass die Täter gerade nicht ihrer «Einladung» gefolgt waren. Mehrfach wiederholte sie den Satz *Wir schaffen das*, und selbstbewusst fügte sie hinzu: *Wir haben im Übrigen in den letzten elf Monaten bereits sehr, sehr viel geschafft.*[14] Der Auftritt löste erneut eine heftige Debatte innerhalb der Unionsparteien aus, vor allem CSU-Politiker kritisierten die Kanzlerin. Dagegen sprang ihr der Bundespräsident diesmal bei. «Ich mag mir eine Regierungschefin nicht vorstellen, die vor das Volk tritt und sagt: Wir schaffen das nicht», bemerkte Joachim Gauck. «Warum sollte man eine solche Person wählen?»[15]

Auch in der breiten Öffentlichkeit machte die Kanzlerin mit ihrem Auftritt Eindruck. Leitartikler begannen die Ansicht zu äußern, Merkel werde bei der Bundestagswahl in einem Jahr gewiss wiedergewählt.[16] Trotz aller Turbulenzen des zurückliegenden Jahres schien es innerhalb und außerhalb der CDU keine ernsthafte Alternative zu geben. Das Problem der CSU, wie sie nach fast einem Jahr härtester Merkel-Kritik für die Kanzlerin in einen Wahlkampf ziehen wollte, schien auf die Bayern selbst zurückzufallen. Dass die Amtsinhaberin im September 2017 wieder antreten würde, galt sowieso als ausgemacht – nicht nur wegen fehlender personeller Alternativen in der CDU, sondern auch, weil die Regierungschefin ihre politische Karriere gewiss nicht beenden wollte, ohne dass das Urteil über ihre Flüchtlingspolitik gesprochen war.

Die Politiker und Journalisten im Berliner Betrieb täuschten sich, auch diejenigen, die Merkel aus großer Nähe beobachteten. Wie immer nutzte die Kanzlerin den Urlaub in Südtirol zum Nachdenken. Nach ihrer Rückkehr machte sie Ende August im ARD-Sommerinterview mit einem einzigen Satz klar, dass ihre abermalige Kandidatur noch nicht als vollendete Tatsache anzusehen sei: *Über die Frage, wie ich mich bezüglich einer weiteren Kanzlerkandidatur entscheide, werde ich zum gegebenen Zeitpunkt ja dann auch Bericht erstatten oder die Aussage machen.*[17] Der verworrene Satzbau deutete nach allen Regeln der Merkel-Psychologie darauf hin, dass hier tatsächlich etwas in ihr arbeitete, über das sie in der Öffentlichkeit noch nicht reden wollte.

Der Satz machte von einem Moment auf den anderen aus einem vermeintlichen Fait accompli eine offene Frage, die in den folgenden drei Monaten die Berichterstatter immer wieder beschäftigte. Das barg Risiken für Merkel, die Unsicherheit hätte ihre Position unterminieren können. Doch das Gegenteil trat ein. Angehörige des liberalen CDU-Flügels wie die Landesvorsitzenden Julia Klöckner, Volker Bouffier, Annegret Kramp-Karrenbauer oder Armin Laschet sprachen sich sogleich für eine abermalige Kandidatur Merkels aus. Klöckner sagte, was viele dachten: «Wenn Sie mich nach meiner persönlichen Meinung fragen, kann ich mir keinen anderen vorstellen als Angela Merkel.»[18]

Der CSU-Vorsitzende Seehofer reagierte verärgert. «Ich halte das für eine selten dämliche Diskussion», sagte er.[19] Es hieß, er habe die offizielle Nominierung eigentlich bis zum Frühjahr hinauszögern wollen, um Zeit für ein gesichtswahrendes Einlenken zu gewinnen. Das zeugte von wenig Realitätssinn, weil sich Merkel vor dem CDU-Parteitag im Dezember festlegen musste, ob sie für eine Wiederwahl als Parteivorsitzende antreten wollte oder nicht. Das Feilschen um Zeitpläne zeigte Seehofers Not.

Geständnisse

Volle drei Monate ließ die Kanzlerin die CDU über ihre Kandidatur im Ungewissen. Die Zeit nutzte sie für eine Diskursbegradigung in der Flüchtlingsfrage. In einem Interview suchte sie die Bedeutung des umstrittenen Satzes *Wir schaffen das* zu relativieren: *Manchmal denke ich aber auch, dass dieser Satz etwas überhöht wird, dass zu viel in ihn geheimnisst wird. So viel, dass ich ihn am liebsten kaum noch wiederholen mag, ist er doch zu einer Art schlichtem Motto, fast zu einer Leerformel geworden.*[20] Die Kanzlerin distanzierte sich damit weniger von dem viel zitierten Satz selbst als von der Interpretation, die er während des zurückliegenden Jahres erfahren hatte.

Die Art, wie ihr ein Jahr lang das Wort im Mund verdreht worden war, hatte Merkel ernsthaft erschüttert, wenngleich sie sich das öffentlich kaum anmerken ließ. Auch das trug dazu bei, dass sie den Verzicht auf eine weitere Kanzlerkandidatur ins Auge fasste. Zugleich führte die völlig überzogene Polemik dazu, dass Merkel sich fortan auch gegen berechtigte Kritik immunisierte. Das war psychologisch nachvollziehbar, für eine Politikerin aber gefährlich.

Fehler räumte Merkel nun, im Herbst 2016, ein. Aber sie bezog das nicht auf die akute Phase der Flüchtlingsdebatte, sondern auf die Periode davor. Den Zeitpunkt für ihr Bekenntnis wählte sie mit Bedacht, es war der Montag nach den Wahlen zum Berliner Abgeordnetenhaus, der letzten Landtagswahl in diesem Jahr. Wieder einmal hatte sie sich an der Seite eines Wahlverlierers in der CDU-Bundeszentrale zu präsentieren.

Merkels Eingeständnis kulminierte in einem einzigen Satz: *Wenn ich könnte, würde ich die Zeit um viele Jahre zurückspulen.*[21] Das bedeutete: Die eigentlichen Fehler hatte sie schon gemacht, bevor das Anwachsen der Flüchtlingszahlen ins allgemeine Bewusstsein drang. Sie hatte die offenkundige Unfähigkeit der Flüchtlingsbehörde Bamf hingenommen, in angemessener Frist über anhängige Asylanträge zu entscheiden – weil jede Beschleunigung in die eine oder andere Richtung einen Teil der Öffentlichkeit verprellt hätte. Ihr war die Überforderung Italiens oder Griechenlands durch das Dublin-System lange gleichgültig – weil Deutschland von den Regeln profitierte. Sie hatte Versuche, den syrischen Bürgerkrieg zu beenden, nur halbherzig unterstützt – weil ein militärisches Eingreifen ohnehin ausgeschlossen und die Erfolgsaussicht daher sehr eingeschränkt war. Die Liste ließe sich lange fortsetzen.

Die Selbstdiagnose traf zu, und sie zielte ins Zentrum von Merkels eigenem Politikstil. Zwar galt die Fähigkeit, die Dinge vom Ende her zu denken, seit jeher als eine herausragende Tugend der Kanzlerin. Das hieß aber auch: Dinge, die ihr als schwer realisierbar erschienen, wollte sie nicht versprechen, und politische Initiativen, mit denen sie auf allzu großen Widerstand stoßen könnte, unterließ sie lieber ganz. Vorausschauend ein Thema zu bearbeiten, das ins Bewusstsein der breiten Öffentlichkeit noch gar nicht vorgedrungen war, und es dadurch ohne Not zum Gegenstand kontroverser Debatten zu machen, zählte nicht zu ihrem politischen Repertoire.

Das war ein Ausfluss ihres pragmatischen Verständnisses von Politik. Merkel pflegte im kleinen Kreis gern zu sagen, die Zahl der politischen Schwierigkeiten bleibe im Kern immer gleich: Wenn es gerade keine großen Themen gebe, dann würden stattdessen die kleinen Probleme auf einmal ganz groß. Das ist in der Tat ein Grundmuster aller politischen Prozesse. Missstände gibt es immer und überall. Erstaunlich ist weniger das Ausbleiben von Reformbemühungen. Angesichts der stets begrenzten Ressource Aufmerksamkeit ist vielmehr erklärungsbedürftig, auf welchen einzelnen Missstand die Gesellschaft plötzlich und unerwartet ihren Fokus richtet.[22]

Merkels Bekenntnis war zum gegebenen Zeitpunkt auch bequem. Fast alle Fehlentscheidungen, die vor dem Sommer 2015 gefallen waren, hatte sie nicht allein zu verantworten. Sie nahm also einen großen Teil der in- und ausländischen Politik in Mithaftung. Mehr noch: Gegen viele Maßnahmen, die sie im Rückblick für erforderlich hielt, wären die Kritiker ihrer Flüchtlingspolitik damals schon Sturm gelaufen. Eine Revision der Dublin-Regeln zulasten Deutschlands hätten sie ebenso abgelehnt wie eine schnellere Anerkennung und Integration von Asylbewerbern mit Bleibeperspektive. Wer wollte, konnte aus Merkels vermeintlicher Selbstbezichtigung daher auch eine Schuldzuweisung an ihre politischen Gegner herauslesen. Von den eigentlich umstrittenen Entscheidungen, die sie seit dem September 2015 getroffen hatte, rückte sie keinen Millimeter ab. Ihr Auftritt konnte den Streit mit der CSU also nicht befrieden.

Ein erster Schlussstrich unter das Flüchtlingsjahr 2015 bot sich auch deshalb an, weil Merkels Innenminister Thomas de Maizière eine Woche nach Merkels Bekenntnis die endgültigen Einreisezahlen bekanntgab. Demnach waren im Verlauf des Jahres insgesamt 890 000 Flüchtlinge nach Deutschland gekommen, von denen rund 50 000 anschließend in andere Staaten weiterzogen. 840 000 Flüchtlinge in einem einzigen Jahr: Das war zwar der höchste Wert seit den Vertreibungen nach dem Krieg, aber er lag deutlich unter der einen Million, von der die Regierung zwischenzeitlich ausgegangen war.[23]

Ins Zentrum ihrer Flüchtlingspolitik stellte die Kanzlerin nun das, was sie die Bekämpfung von Fluchtursachen nannte und was in der Praxis bedeutete, Menschen den Weg nach Europa zu verbauen. Am 9. Oktober 2016 brach Merkel zu einer größeren Afrikareise auf, der in den kommenden Jahren weitere folgten. Sie führte nach Mali, Niger und Äthiopien. Während der Stopp in Mali vor allem dem dortigen Bundeswehreinsatz geschuldet war und der Besuch in der äthiopischen Hauptstadt Addis Abeba der neuen Zentrale der Afrikanischen Union galt, wählte Merkel die Station in Niger ganz bewusst. Das Land zählt zu den ärmsten Staaten

5. Annus horribilis (2016–2017)

der Welt, auf dem Index der menschlichen Entwicklung nahm es den zweitletzten Platz ein. Als Herkunftsland von Flüchtlingen kommt es daher kaum in Betracht, schon weil die Bürger die hohen Kosten für Reisen und Schlepper nicht bezahlen können.

Versorgung und Weitertransport der Migranten hatten sich aber mangels anderer Einnahmequellen zu einem bedeutenden Wirtschaftsfaktor entwickelt: Aufgrund seiner zentralen Lage diente das Land als Drehscheibe der Migrationsbewegungen von den westafrikanischen Küstenländern zum Mittelmeer, wo die Boote schließlich nach Italien übersetzten. Aus der später hitzig geführten innenpolitischen Debatte, ob man die Flüchtlinge dort aus Seenot retten oder ertrinken lassen solle, hielt sich die angeblich so großherzige deutsche Kanzlerin dann weitgehend heraus – anders als ihr CSU-Kontrahent Seehofer, der sich drei Jahre später als Innenminister für die Aufnahme der Geretteten einsetzte, sehr zum Ärger der eigenen Partei.

Nur fünf Stunden hielt sich Merkel in Niger auf, doch der Besuch beeindruckte sie nachhaltig. Noch auf ihren Reisen des kommenden Jahres berichtete sie mitfliegenden Journalisten von ihren Erlebnissen in der Hauptstadt Niamey und der Begegnung mit dem Staatspräsidenten Mahamadou Issoufou, einem nahezu gleichaltrigen Mathematiker und Bauingenieur. Sie verglich ihre eigene Aufgabe mit den unglaublichen Herausforderungen, vor denen der Amtskollege in dem afrikanischen Land stand – ob es nun um die flächendeckende Versorgung mit Schulen ging oder um die enormen Sicherheitsprobleme, die sich aus der Lage zwischen dem terrorgeplagten Mali und der instabilen Tschadsee-Region ergaben. Sie setzte die Erschütterungen, die eine Million Neuankömmlinge in Deutschland auslösten, in Relation zu den ungleich größeren Schwierigkeiten des armen afrikanischen Landes. Im Vergleich dazu, stellte sie fest, stehe Deutschland vor geradezu harmlosen Problemen.

Für Merkel bedeuteten die afrikanischen Reisen buchstäblich die Entdeckung eines neuen Kontinents, den sie sich auf die ihr eigene Art erschloss, durch die Begegnung mit Politikern und das Studium von Statistiken. Zuvor hatte sie sich nur marginal mit den südlichen Nachbarn Europas beschäftigt, anders als etwa ihr Vorgänger Willy Brandt, der einst den Nord-Süd-Dialog initiierte, oder der von ihr ausgewählte Bundespräsident Horst Köhler, dessen Afrika-Interesse im Berliner Betrieb bisweilen als etwas skurril galt. Erst die Flüchtlingsfrage rückte der Kanzlerin die geographische Nähe ins Bewusstsein. Besonders deutlich zeigte sich das, als sie im März 2017 von Kairo nach Tunis flog. Fasziniert schaute sie aus dem Fenster hinunter, erst auf die Insel Kreta und dann zum Vulkan Ätna auf Sizilien: Dass man auf einem Flug von Nordafrika nach Nordafrika die meiste Zeit an europäischen Küsten entlangfliegt, war auch vielen Delegationsmitgliedern nicht bewusst.

Derweil stand die Kanzlerin innenpolitisch vor einem Problem, das im Vergleich zu den nigrischen Schwierigkeiten harmlos erscheinen mochte: der Auswahl eines neuen Bundespräsidenten. Bereits vor der Sommerpause hatte Amtsinhaber Joachim Gauck bekanntgegeben, dass er sich nicht für weitere fünf Jahre bewerben wolle. Angesichts seines fortgeschrittenen Lebensalters und der großen Wertschätzung, die er zu diesem Zeitpunkt genoss, hätte er in einer zweiten Amtszeit an Ansehen nur verlieren können. Doch mit seiner Entscheidung brachte er die Parteivorsitzenden, Angela Merkel voran, in Verlegenheit. Da das neue Staatsoberhaupt ein halbes Jahr vor der nächsten Bundestagswahl bestimmt werden sollte, würde jede Absprache als ein Signal für künftige Koalitionsabsichten gewertet. Dass sich die Zusammensetzung der Bundesversammlung durch die Wahlen in Mecklenburg-Vorpommern und Berlin nach der Sommerpause noch verändern könnte, hatten die Parteien zum willkommenen Vorwand genommen, die unliebsame Frage erst einmal zu vertagen.

Nun aber, nach den Wahlen, ließ sich das Problem nicht mehr aufschieben. Schon am 1. Oktober 2016 brachte SPD-Generalsekretärin Katarina Barley den populären Außenminister Frank-Walter Steinmeier als Kandidaten ihrer Partei ins Spiel, drei Wochen später legte sich Parteichef Sigmar Gabriel endgültig fest: Steinmeier sei der Kandidat der SPD. Zunächst erntete er in der eigenen Partei viel Kritik für das vermeintliche Vabanque-Spiel, aber wie sich herausstellte, setzte er Merkel mit seinem Vorpreschen gehörig unter Druck. Die Kanzlerin hatte diesmal zu lange gezögert. Sie wollte nach ihren drei Präsidentschaftsniederlagen kein Risiko eingehen und strebte eine Vollkasko-Lösung an. Einen reinen CDU-Kandidaten in eine Abstimmung mit ungewissem Ausgang zu schicken, lehnte sie daher ab. So ließ sie sich zunächst nicht bedrängen, den von vielen Christdemokraten favorisierten Bundestagspräsidenten Norbert Lammert zu nominieren. Mitte Oktober nahm sich Lammert selbst aus dem Spiel und verschlechterte damit Merkels Verhandlungsposition, weil ihr nun eine taktische Rückfalloption verbaut war.

Eine ernsthafte Möglichkeit war eine Kandidatur von Lammert für

5. Annus horribilis (2016–2017)

die Kanzlerin ohnehin nie gewesen, anders als in der Öffentlichkeit viele glaubten. Sie verspürte wenig Neigung, sich von dem selbstverliebten Bochumer und alten Widersacher künftig Belehrungen aus dem Schloss Bellevue erteilen zu lassen. Zudem setzte sie auf eine schwarz-grüne Lösung mit Blick auf künftige Koalitionsmöglichkeiten, zumal CDU, CSU und Grüne in der Bundesversammlung über eine eigene Mehrheit verfügten. Genau daran hatte jedoch Seehofer kein Interesse, weil die Grünen der CSU in Bayern wie niemand sonst den Status der Heimatpartei streitig machten. Merkels Überlegung, den 68-jährigen baden-württembergischen Ministerpräsidenten Winfried Kretschmann zum Staatsoberhaupt zu machen, scheiterte daher an Seehofers Veto: Einen aktiven Grünen-Politiker wollte er nicht wählen.

Also setzte Merkel auf die ebenfalls 68 Jahre alte Marianne Birthler. Auch sie war zwar Grünen-Mitglied, besaß aber seit ihrer Amtszeit als Beauftragte für die Stasi-Unterlagen von 2000 bis 2011 einen überparteilichen Nimbus, der sich auch aus ihrer Vergangenheit als DDR-Bürgerrechtlerin speiste. Aufgrund ihrer Vita schien sie eine ideale Nachfolgerin für Joachim Gauck zu sein, beide hatten die Behörde für die Stasi-Unterlagen geleitet – das entsprach Merkels wenig kreativer Neigung, Bewährtes einfach zu wiederholen, selbst wenn es ihr ursprünglich aufgezwungen worden war. Noch dazu erschien es reizvoll, 68 Jahre nach Gründung der Bundesrepublik erstmals eine Frau zur Bundespräsidentin zu wählen. Die Idee scheiterte an der Kandidatin selbst. Birthler bat sich Bedenkzeit aus. Dann teilte sie der Kanzlerin mit, dass sie sich das Amt nicht zutraue. Allerdings hatten auch die Grünen nichts unternommen, sie zu einer Annahme der Kandidatur zu bewegen: Da Birthler wenig politische Erfahrung besaß und in manchen Fragen sehr konservative Positionen vertrat, sah die Parteispitze – anders als bei Kretschmann – hier eher ein Risiko als eine Chance.

Damit waren Merkels Optionen erschöpft. Sie hatte nun kaum noch eine andere Wahl, als auf den Personalvorschlag der SPD einzuschwenken und der Personalie Steinmeier zuzustimmen. An einem Sonntagabend, dem 13. November, musste sie sich im Kanzleramt fügen, in einer Runde mit Gabriel und Seehofer, der in Steinmeier das kleinere Übel und den abermaligen Misserfolg Merkels nicht ohne Genugtuung sah; so war es schon fünf Jahr zuvor bei der Kür Joachim Gaucks gewesen. Am Montag informierte Merkel die Parteigremien. Ihr Finanzminister Schäuble sprach unverblümt von einer «Niederlage» der Unionsparteien.[24] Welche Bedeutung der Personalie diesmal zukam, zeigte sich ein Jahr später nach dem für Merkel so prekären Ausgang der Bundestagswahl: Bei der Regierungsbildung spielte das Staatsoberhaupt diesmal eine so aktive Rolle wie noch nie in der Geschichte der Bundesrepublik.

Trump

Angela Merkel sah, wie zahlreiche andere Deutsche, viel fern in der Nacht vom 8. auf den 9. November 2016. Sie verfolgte, dass sich die Mehrheit in einem Bundesstaat nach dem anderen Donald Trump zuneigte, dem populistischen Kandidaten, der in den Vorwahlen bereits gegen alle Erwartungen die Republikanische Partei gekapert hatte. Sie sah, dass die Demoskopen trotzdem noch lange an der Prognose festhielten, Hillary Clinton werde nach Auszählung aller Stimmen am Ende doch in Führung liegen. Am Morgen hatte sie die Gewissheit: Die Bürger der Vereinigten Staaten hatten Donald Trump zu ihrem 45. Präsidenten gewählt, einen unbeherrschten und politisch unerfahrenen Mann, den der Historiker Christopher Clark mit dem deutschen Kaiser Wilhelm II. verglich.[25] Trump lag am Ende zwar drei Millionen Stimmen hinter Clinton zurück, aber er hatte im Gremium der Wahlleute einen satten Vorsprung von 77 Stimmen.

Als Merkel am 9. November vor die Fernsehkameras trat, brachte sie den Zäsurcharakter der Wahl in aller Kälte und Klarheit zum Ausdruck, und sie formulierte Bedingungen für die künftige Kooperation: *Deutschland und Amerika sind durch Werte verbunden: Demokratie, Freiheit, Respekt vor dem Recht und der Würde des Menschen, unabhängig von Herkunft, Hautfarbe, Religion, Geschlecht, sexueller Orientierung oder politischer Einstellung. Auf der Basis dieser Werte biete ich dem künftigen Präsidenten der Vereinigten Staaten von Amerika, Donald Trump, eine enge Zusammenarbeit an.*[26]

Die Wahl Trumps veränderte die Grundlagen des transatlantischen Verhältnisses. Sie bedeutete einen Bruch mit vielem, was die Außenpolitik der Bundesrepublik seit ihrer Gründung geprägt hatte, die enge Bindung an die Vereinigten Staaten war schließlich seit jeher Bestandteil der bundesdeutschen Staatsräson gewesen, auch über das Ende des Kalten Krieges hinweg. Vor allem aber musste auch die Kanzlerin selbst ihr

5. Annus horribilis (2016–2017)

außenpolitisches Koordinatensystem neu ausrichten. Der einstige Sehnsuchtsort USA war stets ein Fixpunkt für sie geblieben, viel stärker als etwa für den Europapolitiker Kohl. Das Abrücken der rot-grünen Bundesregierung von dem traditionellen Verbündeten im zweiten Irakkrieg 2003 hatte sie noch gegeißelt.

Nun ermahnte sie den neu gewählten Präsidenten der Vereinigten Staaten. Dieser Ton ließ sich durchaus als Anmaßung auffassen. Später beschwerten sich Mitarbeiter aus dem Weißen Haus bisweilen, die deutsche Kanzlerin trete in Telefonaten mit Trump allzu herablassend auf, wenn der Präsident etwa Wissenslücken in Bezug auf den Ukrainekonflikt offenbare.[27] Viele fanden zunächst, dass sich der französische Präsident Emmanuel Macron nach seinem Amtsantritt im Folgejahr geschickter verhielt: Er umgarnte Trump mit demonstrativ freundlichen Gesten. Belastbare Zugeständnisse erreichte er mit dieser Methode allerdings auch nicht.

Am Tag von Trumps Amtseinführung zwei Monate später setzte Merkel bewusst einen Kontrapunkt und kommentierte die Inauguration auf ihre Weise. Wie geplant fuhr sie nach Potsdam, um das neu errichtete Museum Barberini am Alten Markt zu eröffnen, und sie nahm in ihrer Rede indirekt auf die Ereignisse in Washington Bezug: *Das Museum Barberini steht für gelebte Werte, für Verantwortung, für Großherzigkeit, für Weltoffenheit und vieles mehr.*[28] Damit sprach sie genau jene Ideale an, die Donald Trump aus ihrer Sicht verriet.

Merkels harscher Ton zielte nicht nur auf die Stimmungslage in der deutschen Wählerschaft, er gründete auch auf ihrer Analyse der Lage. Demnach handelte es sich bei Trump um eine Persönlichkeit mit festgefügten Ansichten, die sich durch noch so viel freundliches Zureden nicht verändern ließen. Sie studierte das Interview, das der Geschäftsmann Trump im Jahr 1990 dem Magazin *Playboy* gegeben hatte. Fast alles, was er den Europäern im Allgemeinen und den Deutschen im Besonderen immer noch vorwarf, fand sich bereits dort: Sie nutzten die Vereinigten Staaten bloß aus, schimpfte er, indem sie ihnen Autos zu unfairen Preisen verkauften und sich im Gegenzug unter den Verteidigungsschirm der Vereinigten Staaten duckten.

Der Illusion, den neuen Präsidenten mit welchen Methoden auch immer von dieser Weltsicht abzubringen, gab sich Merkel nicht hin.[29] Als sie im Frühjahr 2017 zum ersten Mal zu Trump nach Washington flog, versuchte sie es immerhin noch. Sie brachte deutsche Konzernchefs und deren amerikanische Auszubildende mit, und sie hoffte, über die Präsidententochter Ivanka Trump Einfluss nehmen zu können, die sich unter anderem für Frauenrechte engagierte. Bei der zweiten Visite ein Jahr später verzichtete Merkel dann auf jegliches Drumherum und ließ es bei einem nüchternen Gespräch bewenden.

Aber nicht nur Trump selbst, auch die Analyse des Wahlergebnisses hatte das Zeug dazu, Merkels Weltbild zu erschüttern. Ähnlich wie bei der Brexit-Abstimmung deuteten auch in den Vereinigten Staaten die Wahlanalysen darauf hin, dass sich in dem Resultat die tatsächlichen oder gefühlten Globalisierungsverlierer zu Gehör brachten. Parallel zu den Verwerfungen in den postsozialistischen Gesellschaften brach sich nun auch im alten Westen eine nostalgische Sehnsucht nach einer angeblich besseren Vergangenheit Bahn – oder zumindest der ängstliche Wunsch, das Erreichte zu verteidigen. In sozialen Fragen verschwammen die Grenzen zwischen dem neuen Rechtspopulismus und der traditionellen Linken.

Merkel musste mit der enormen Erwartungshaltung umgehen, die angesichts des bevorstehenden Machtwechsels in Washington auf ihr lastete, fast mehr noch in den Vereinigten Staaten als in Deutschland selbst. «Donald Trumps Wahl lässt Angela Merkel als die letzte Verteidigerin des freien Westens zurück», schrieb die *New York Times*. «Der Anbruch der Pax Germanica: Ob man es mag oder nicht, Angela Merkel ist jetzt die Wächterin über die Normen, Werte und Institutionen der Atlantischen Allianz», verkündete die Fachzeitschrift *Foreign Policy*. «Anführerin der freien Welt? Auch das noch!», stöhnte in Deutschland hingegen die *Zeit*, was die Stimmungslage der Kanzlerin einigermaßen treffend wiedergab.[30]

Ihren Höhepunkt erreichten die Merkel-Festspiele mit dem Abschiedsbesuch des scheidenden Präsidenten Barack Obama vom 16.–18. November 2016 in Berlin. Das Zusammentreffen galt als eine Art *translatio imperii*, als eine Übertragung der westlichen Führungsrolle von dem charismatischen Präsidenten auf die bodenständige Kanzlerin. Selbstverständlich war das nicht, wenn man bedenkt, wie verständnislos sich die beiden anfangs gegenübergestanden hatten. In seiner ersten, pazifisch geprägten Amtszeit hatte Obama die deutsche Hauptstadt gemieden, am Ende der zweiten Periode machte er sie zu einem zentralen Ort für die Inszenierung seines Abschieds.

Obama lobte die deutsche Kanzlerin, wie es noch selten ein ausländisches Staatsoberhaupt getan hatte. Von «meiner wunderbaren Freundin und meiner Verbündeten» sprach er, um mit Blick auf die zurückliegen-

5. Annus horribilis (2016–2017)

Seit der Wahl Donald Trumps galt Angela Merkel, hier auf dem G7-Gipfel in Kanada 2018, als letzte Verteidigerin des freien Westens.

den Jahre hinzuzufügen: «Ich hätte mir keine standfestere, zuverlässigere Partnerin auf der Weltbühne vorstellen können.» Das war als Lob nicht nur für die Kanzlerin, sondern auch für ihr Land gemeint: «Wenn Sie ein Modell haben wollen, um zu sehen, was möglich ist, wenn Sie eine friedliche, dynamische Gesellschaft schaffen wollen, dann sehen Sie sich Berlin an, sehen Sie sich Deutschland an, sehen Sie auf Frau Bundeskanzlerin Merkel.» Kaum verhüllt sprach er sich für eine vierte Amtszeit der deutschen Regierungschefin aus. «Wenn ich hier wäre und deutsch wäre, dann würde ich für sie stimmen», sagte er, um auf Nachfrage noch deutlicher zu werden: «Wenn sie sich entscheidet, erneut zu kandidieren, wird sie tatsächlich große Verantwortung haben. Ich wünschte, ich könnte ihr helfen und ihr ihre Last erleichtern. Aber sie ist eine harte Frau. Sie ist tough. Ich weiß, was es heißt, das hier zu übernehmen. Sie ist zäh.»[31]

Merkel reagierte kühl – weil es ihre Art ist, aber auch aus Kalkül. *Klar, wenn man mit jemandem zusammengearbeitet hat, fällt der Abschied auch schwer*, sagte sie über Obama nur. *Aber wir sind alle Politiker, und Demokratie lebt vom Wechsel.* Der Frage, wie sie sich als vermeintliche Anführerin der freien Welt jetzt fühle, wich sie aus: *Glücklicherweise gibt es noch sehr viele, die sich dem gleichen Ziel verschrieben haben.*[32]

So sehr ihr die Vernunft auch sagen musste, dass die ihr zugeschriebene Rolle das Amt und das Land überforderten, so sehr sie ursprünglich auch dazu neigte, nicht ein weiteres Mal zu kandidieren: Tief im Innern mag sie sich angesichts der Elogen mit der Idee von der eigenen Unersetzlichkeit angefreundet haben. Darin lag eine besondere Gefahr für eine Politikerin, deren Erdverbundenheit immer eine ihrer größten Stärken gewesen war. Sie hatte sich eigentlich vorgenommen, sich in dieser Frage niemals dem späten Helmut Kohl anzunähern, der das Kanzleramt niemandem zutraute außer sich selbst.

Das Aufhören hatte Merkel viel ernsthafter in Betracht gezogen, als es der Öffentlichkeit ins Bewusstsein drang, allerdings hatte sie einen solchen Schritt zu lange hinausgezögert und zu schlecht vorbereitet. Sie habe *unendlich viel darüber nachgedacht*, ob sie noch einmal antreten solle, sagte sie später selbst.[33] Einmal in diesem Herbst, so wurde berichtet, habe sie in sehr kleiner Runde übers Aufhören sogar gesprochen, über jenen Abgang aus freien Stücken, der ihr immer vorgeschwebt hatte, im Gegensatz zu den Vorgängern. Ihr Ehemann Joachim Sauer soll geantwortet haben, wenn sie ihr Amt aus freien Stücken aufgebe, dann dürfe die Eitelkeit, die Erste zu sein, gerade nicht den Ausschlag geben.[34] Vor der Verantwortung zu fliehen, war ihre Sache nicht.

Viele Kommentatoren glaubten damals, die Kanzlerin müsse wieder antreten, um ihre Flüchtlingspolitik noch zu einem für alle sichtbaren Erfolg zu führen und den «Merkel muss weg»-Rufen nicht zu weichen. Tatsächlich betrachtete sie die Erfahrung, wie man ihr in dieser Frage das Wort verdreht hatte, als ein Argument fürs Aufhören. Über ihre Flüchtlingspolitik würde nicht sie selbst entscheiden, sondern die Geschichte.[35] Sie wusste, was bei einer abermaligen Kandidatur im Wahlkampf blühen würde. Und sie wusste auch, dass sie bei einem Wahlsieg womöglich für weitere vier Jahre ans Kanzleramt gebunden war, weil das Grundgesetz eine freiwillige Amtsübergabe erschwerte. Es entsprach zudem ihrem demokratischen Grundverständnis, das Mandat bis zum Ende zu erfüllen.

Spätestens seit ihrer triumphalen zweiten Wiederwahl im Jahr 2013 hatte Merkel alles erreicht, was sich eine Politikerin in ihrer Karriere erträumen konnte. Als gescheitert würde man eine Frau nicht mehr betrachten, die erst im Alter von 36 Jahren in die gesamtdeutsche Politik eingetreten war, gegen alle Wahrscheinlichkeit den CDU-Vorsitz und das Kanzleramt erobert, mit verschiedenen Koalitionspartnern regiert, die Finanz- und Euro-Krise überstanden hatte. Das Bewusstsein, dass sie sich

5. Annus horribilis (2016–2017)

Nach allem, was man weiß, redete US-Präsident Barack Obama im November 2016 während des dreistündigen gemeinsamen Abendessens im Hotel Adlon auf die deutsche Kanzlerin ein, im kommenden Jahr für die Wiederwahl zu kandidieren.

kein weiteres Mal bewerben müsse, gab ihr die Souveränität, im Umgang mit Kritikern von Seehofer bis Trump keine Konzessionen mehr zu machen. In jenem Herbst 2016 konnte man sie jedenfalls beobachten, wie sie auf dem Weg in die Parlamentssitzungen fröhlich, entspannt und vergnügt wie nie die Treppen des Reichstagsgebäudes erklomm. Man möchte fast glauben, sie habe sich damals schon gegen eine abermalige Kandidatur entschieden.[36]

Nun ging das nicht mehr, jedenfalls nicht ohne weiteres. «Sie muss noch mal ran», analysierte die *Süddeutsche Zeitung*, noch bevor Merkel ihre Entscheidung bekanntgegeben hatte.[37] Ob man Obamas Elogen und die Kommentare der Medien in den Vereinigten Staaten nun überzogen fand oder nicht: Fest stand, dass Merkel für den Augenblick die einzige halbwegs unangefochtene Regierungschefin eines größeren westlichen Landes mit liberaldemokratischen Überzeugungen war. Die Briten laborierten an den Folgen des Brexit-Votums, die Franzosen hatten in einem halben Jahr eine Präsidentenwahl mit ungewissem Ausgang zu bestehen, das Schicksal des italienischen Premiers hing vom Ausgang eines bevorstehenden Referendums ab. Selbst mit Blick auf die nächstkleineren Länder sah die Lage nicht viel besser aus. Polen besaß eine Regierung mit zweifelhaftem Verhältnis zum Rechtsstaat, der spanische Premier war gerade erst mit knapper Not an die Spitze einer wackeligen Minderheitsregierung gewählt worden, die bevorstehenden niederländischen Parlamentswahlen konnten einen Vormarsch der Rechtspopulisten mit sich bringen. Beim Nachholtermin für die österreichische Präsidentenwahl Anfang Dezember schien ein Sieg des FPÖ-Kandidaten durchaus möglich zu sein.

In dieser Lage hätte ein Rückzug Merkels so ausgesehen, als verlasse die letzte Lotsin mit einigermaßen verlässlichem Navigationssystem das sinkende Schiff der westlichen Demokratie. Nach allem, was man weiß, redete auch der Präsident der Vereinigten Staaten während des dreistündigen gemeinsamen Abendessens im Hotel Adlon am 16. November 2016 in diesem Sinn auf sie ein.[38] Noch nie hatte sich Obama so viel Zeit für ein Tête-à-Tête mit Merkel genommen, das Bundespresseamt verbreitete im Anschluss ein ikonographisches Foto. Man sah die beiden ganz alleine an einem runden Tisch, an dem es noch nicht einmal weitere Stühle gab, die Kanzlerin kerzengerade und aufmerksam, der Präsident lässig zugewandt. Die Lichtführung ließ Merkel als die kommende Frau hell erstrahlen, während der scheidende Staatsmann im Halbdunkel saß. Neben sich hatte sie eine Mappe liegen, von der man nicht wusste, ob sie die Speisekarte enthielt, ein Arbeitspapier oder die Ernennungsurkunde zur Weltstaatsfrau.

Kanzlerin der freien Welt

Bei der Frage, ob sie wieder antreten solle, zählte für Merkel das weltpolitische Argument mehr als die innenpolitischen Streitereien um die Flüchtlingspolitik. Zuwarten konnte sie nicht mehr. Am 20. November tagten die CDU-Gremien, um den bevorstehenden Parteitag vorzubereiten. Spätestens jetzt musste die Vorsitzende mitteilen, ob sie sich wieder für das Amt zur Verfügung stellte, das faktisch an die Kanzlerkandidatur gekoppelt war.

Nach der Vorgeschichte verwunderte es kaum, dass Merkel merkwürdig matt auftrat, als sie ihre Entscheidung für die abermalige Kandidatur öffentlich verkündete. Ich bleibe, weil ringsherum die vertraute Welt untergeht: Das konnte sie nicht sagen, ohne den zu vermeidenden Untergang durch ihre apokalyptischen Prognosen selbst zu befördern. Also redete sie über Dinge, von denen sie selbst nicht überzeugt war, was angesichts ihrer mangelnden Verstellungskünste wiederum jeder sah. Auf die Frage, was sie denn in weiteren vier Amtsjahren noch erreichen wolle, fiel ihr irgendetwas mit Digitalisierung ein. Das Thema besaß zweifellos große Bedeutung, auch für Merkel, doch gab es gewiss nicht den Ausschlag für ihre neuerliche Kandidatur.

Die Nachfragen der Journalisten legten die Risiken der Entscheidung offen. Natürlich konfrontierten sie Merkel mit ihrem frühen Bekenntnis, sie wolle *nicht als halbtotes Wrack* aus der Politik scheiden. Ob die Kanzlerin in vier Jahren nach derselben Logik für eine fünfte Amtszeit antreten müsse, wollte eine Reporterin wissen, die mit einer solchen Frage einst den bayerischen Ministerpräsidenten Edmund Stoiber zu Fall gebracht hatte. Der Bayer war töricht genug gewesen, seinen Verbleib im Amt für weitere sechs Jahre anzukündigen. Den Fehler beging Merkel nicht, aber ihre laue Antwort ließ erkennen, dass sie von Zweifeln selbst nicht frei war.[39]

Die Entscheidung, die Merkel am 20. November bekanntgab, führte sie geradewegs in ihren bislang schwierigsten Wahlkampf. Bis zum Schluss begleiteten die Schreihälse der «Merkel muss weg»-Fraktion ihre Auftritte. Es folgte die schwierigste Regierungsbildung der bundesdeutschen Geschichte, weil außer den Grünen keine Partei mit der CDU-Vorsitzenden koalieren wollte. Mehr als ein Jahr später, im Schlamassel der Sondierungs- und Koalitionsgespräche, schrieb die *Zeit* über sie: «Merkel, das ist das Bitterste für sie, hat all das selbst kommen sehen, auch deshalb hatte sie so lange gezögert, noch einmal zur Wahl anzutreten, nun ist sie fast da, wo sie nie hinkommen wollte.»[40]

Einen Befreiungsschlag brachte die Bekanntgabe der abermaligen Kandidatur nicht. Die Krise der westlichen Demokratien setzte sich fürs Erste fort. Der italienische Premier Matteo Renzi, in den Merkel so viele europäische Hoffnungen gesetzt hatte, trat am ersten Dezemberwochenende zurück. Er hatte den Verbleib im Amt leichtsinnigerweise an ein Referendum über die Verkleinerung des Senats geknüpft, das tief in politische Pfründen eingriff und daher starke Widerstände hervorrufen musste, ohne kurzfristig praktischen Nutzen für das wirtschaftlich darbende Land zu entfalten. Nach einer kaum handlungsfähigen Übergangsregierung unter Renzis Parteifreund Paolo Gentiloni, der in seiner nüchtern-verbindlichen Art der deutschen Kanzlerin sehr ähnelte, übernahmen anderthalb Jahre später die Populisten von links und rechts gemeinsam die Macht. Das Debakel im drittgrößten Land der Euro-Zone wurde nicht durch den knappen Sieg des Grünen Alexander van der Bellen bei der Präsidentenwahl im kleinen Österreich aufgewogen, zumal es auch dort ein Jahr später zu einem Regierungswechsel kam: Fortan regierte der Jungkonservative Sebastian Kurz, der Held aller Merkel-Skeptiker in CDU und CSU, in einer Koalition mit der rechtspopulistischen FPÖ.

Anders als auf dem Höhepunkt der Flüchtlingsdebatte im Vorjahr verschaffte der Kanzlerin nicht einmal der CDU-Parteitag in Essen vom 5. bis zum 7. Dezember 2016 Erleichterung. Schon bei der Wiederwahl zur Vorsitzenden erhielt Merkel bescheidene 89,5 Prozent, ihr zweitschlechtestes Ergebnis überhaupt und ihr schlechtestes seit dem Einzug ins Kanzleramt. Schwerer wog, dass ihre innerparteilichen Kritiker um den ambitionierten Finanz-Staatssekretär Jens Spahn einem Antrag der Jungen Union zur Mehrheit verhalfen, der eine Abschaffung der doppelten Staatsbürgerschaft forderte: In Deutschland geborene Kinder ausländischer Eltern sollten sich als Volljährige wieder für einen der beiden Pässe entscheiden müssen, wie es bis 2014 der Fall gewesen war. Merkel selbst hatte auf dem Parteitag nicht dagegen plädiert, das überließ sie ihrem Innenminister de Maizière. Dafür sprach sie hinterher in alle Fernsehkameras: Sie halte den Beschluss für falsch, es werde bis zur Wahl keine Änderungen mehr geben, und sie glaube auch nicht, dass die Union mit dem Thema Wahlkampf machen solle. Damit markierte sie den größtmöglichen Abstand zur Parteitagsmehrheit.

Das konnte sie sich zu diesem Zeitpunkt auch deshalb leisten, weil sich ihre Popularität in der Gesamtbevölkerung nach den Irritationen des zurückliegenden Jahres wieder im Aufwind befand. Im Politiker-Ranking des *Spiegel* legte sie sieben Prozentpunkte zu, zum ersten Mal seit Langem überholte sie ihren Finanzminister Schäuble. Nun stand sie unangefochten auf Platz zwei der Beliebtheitsskala, übertroffen nur vom designierten Präsidenten Steinmeier. Zum Jahreswechsel erreichten die Unionsparteien in den Umfragen ein Zwischenhoch von rund 37 Prozent, während die SPD auf 20 Prozent absackte.[41]

Merkel konnte also einigermaßen optimistisch ins Wahljahr schauen, als sie am Abend des 19. Dezember 2016 einen ihrer letzten Termine vor Weihnachten absolvierte: Die Sozialdemokratin Aydan Özoğuz, Staats-

5. Annus horribilis (2016–2017)

Das Attentat auf den Weihnachtsmarkt entfachte Ende 2016 die Diskussion um Merkels Flüchtlingspolitik aufs Neue. «Es sind Merkels Tote», twitterte ein AfD-Politiker.

ministerin für Integration im Kanzleramt, verlieh Medaillen an Menschen, die sich um die Integration von Einwanderern verdient gemacht hatten. Merkel nutzte die Gelegenheit, die Alteingesessenen abermals zu mehr Offenheit aufzufordern: Integration sei keine Einbahnstraße, *sondern die, zu denen man kommt, müssen auch ein bisschen offenen Herzens und neugierig sein.*[42] Anschließend machte sie Selfies mit den Preisträgern.

Als Merkel um Viertel nach acht anfing zu sprechen, wusste sie schon, dass etwas vorgefallen war. Nach dem Ende der kurzen Ansprache nahm die stellvertretende Regierungssprecherin die Kanzlerin zur Seite: Auf dem Weihnachtsmarkt an der Berliner Gedächtniskirche sei ein Lastwagen in eine Menschenmenge gerast, inzwischen scheine festzustehen, dass der Fahrer in voller Absicht gehandelt hatte. Es war ein Terroranschlag, der erste dieser Art auf deutschem Boden, nach dem Muster von Nizza fünf Monate zuvor. Am Ende zählte man zwölf Tote und 55 Verletzte.

Das Attentat entfachte die Diskussion um Merkels Flüchtlingspolitik aufs Neue. Das Jahr schien zu enden, wie es mit der Silvesternacht von Köln begonnen hatte. Wegen der laufenden Ermittlungen formulierte Merkel im Konjunktiv, für den Fall, dass ein Flüchtling die Tat begangen haben sollte: *Dies wäre besonders widerwärtig gegenüber den vielen, vielen*

Deutschen, die tagtäglich in der Flüchtlingshilfe engagiert sind.[43] Widerwärtig: Die Kanzlerin benutzte dasselbe Wort wie am Jahresanfang, um den größtmöglichen Abstand zwischen sich und das Ereignis zu legen. Vielleicht geriet ihr der Abstand diesmal allzu groß: Sie empfing die Angehörigen der Opfer erst ein Jahr später im Kanzleramt, nachdem diese mit einem offenen Brief auf sich aufmerksam gemacht hatten.

Auch diesmal half ihr die Maßlosigkeit ihrer Gegner. «Es sind Merkels Tote!», twitterte Marcus Pretzell, AfD-Landeschef in Nordrhein-Westfalen und Lebensgefährte der Bundesvorsitzenden Frauke Petry. Der niederländische Rechtspopulist Geert Wilders verbreitete ein Bild, das Merkel mit aufgerissenem Mund und blutverschmierten Händen zeigte. Das verfehlte seine Wirkung nicht. Auch distanzierte Zeitgenossen, die im Jubel des Flüchtlingsherbsts skeptisch geblieben waren, sprangen der Kanzlerin nun zur Seite: Wer im Flüchtling als solchem die Gefahr sehe, so hieß es nun, der bekräftige die Logik des Heiligen Krieges.[44]

Anders als die Kölner Silvesternacht beeinflusste der Anschlag vom Breitscheidplatz die gesellschaftliche Debatte nicht nachhaltig, denn die unterschiedlichen Lager fühlten sich in ihren jeweiligen Ansichten bestätigt. Die Suggestion von Köln, nun werde sich das Alltagsleben in Deutschland kulturell verändern, ging von diesem Ereignis nicht aus. Das Problem war nicht Merkels Flüchtlingspolitik, sondern das Versagen der Ermittlungsbehörden, bei denen wichtige Informationen über den Täter, einen seit 2011 in Europa lebenden Tunesier, abermals im Gestrüpp föderaler Kompetenzen verloren gegangen waren. Wenige Tage später erschoss die italienische Polizei den Attentäter in der Nähe von Mailand.

Ende des Westens?

Die Ereignisse des Jahres 2016, vor allem die Wahl Donald Trumps zum Präsidenten der Vereinigten Staaten von Amerika, veränderten Merkels Blick auf die Welt grundlegend. Nicht dass die Kanzlerin die Herausforderungen unterschätzt hätte, vor denen Deutschland, Europa und der Westen schon seit geraumer Zeit standen. Aber sie hatte doch stets daran geglaubt, dass sich die Aufgaben durch Zuversicht und Veränderungsbereitschaft bewältigen ließen. Zweimal war sie dafür beträchtliche persönliche Risiken eingegangen, seither nie wieder: zwischen 2003 und

5. Annus horribilis (2016–2017)

2005, als sie eine ambitionierte wirtschafts- und sozialpolitische Reformagenda verfocht, und im Flüchtlingsjahr 2015, als sie für ein weltoffenes Deutschland stritt.

Die Ergebnisse stimmten sie schon damals skeptisch, ob der alte Westen, vor allem das wohlstandsgesättigte alte Europa, den Herausforderungen durch die aufstrebenden Gesellschaften gewachsen sein würde – oder ob er so enden würde wie einst die kommunistischen Systeme, die an ihrer eigenen Erstarrung zugrunde gegangen waren. Aber das schien ein längerfristiger Prozess zu sein, und obendrein war es ja nicht ausgeschlossen, dass in einem Land wie China mit wachsendem Wohlstand auch der Wunsch nach Freiheit und Mitsprache aufkeimen würde. Die Trägheit der Bundesbürger, die zu Merkels Wahlerfolgen erheblich beitrug, musste jedenfalls nicht das Ende der liberalen Demokratie bedeuten. Dieser Rest an Optimismus schwand spätestens mit der Wahl Donald Trumps dahin.

Das galt auch für die Frage, welche Lehren die Weltgemeinschaft eigentlich aus den Katastrophen des 20. Jahrhunderts gezogen hatte. Bei dem Thema, was das nationalsozialistische Erbe für die Staatsräson der Bundesrepublik bedeutete, hatte die Kanzlerin wahrlich keine Nachhilfe nötig. Neu war allerdings, dass sie nun selbst Parallelen zog zwischen der Spätphase der Weimarer Republik und den gegenwärtigen politischen Verhältnissen. Tatsächlich hing von der gemeinsamen Handlungsfähigkeit der demokratischen Parteien vor dem Hintergrund eines erstarkenden Rechtsextremismus alles ab. Die christdemokratische Kanzlerin sah das erstaunlicherweise klarer als manche Linksliberale auch in den Medien, die lange Zeit allzu leichtfertig mit Warnungen vor dem Faschismus hantiert hatten und nun, als es ernst wurde, vom eigenen Alarmismus abgestumpft waren.

Um das ganze Ausmaß der drohenden Katastrophe zu verdeutlichen, griff Angela Merkel indes bald noch viel tiefer in die Geschichte zurück. Abermals inspirierte sie dazu die Lektüre eines historischen Sachbuchs, der beinahe tausendseitigen Studie des Berliner Politikwissenschaftlers Herfried Münkler über den Dreißigjährigen Krieg, die im November 2017 erschien, also ziemlich genau ein Jahr nach der Wahl Donald Trumps. Wenige Monate später dozierte die Kanzlerin darüber vor größerem Publikum, erst in einer Sitzung der CDU/CSU-Bundestagsfraktion. Mit dem Augsburger Religionsfrieden von 1555, so ging das Argument, hätten die blutigen Konfessionskriege in Mitteleuropa ihr Ende gefunden. *Aber dann war die Generation, die das ganze Elend vor dem Religionsfrieden erlebt hatte, gestorben*, erläuterte Merkel vor der Fraktion. *Und es kam eine neue Generation, die sagte, wir wollen nicht so viele Kompromisse machen.* Auf dem Katholikentag kurz darauf wurde sie noch deutlicher. Neue Akteure hätten gedacht: *Hier kann ich noch eine kleine Forderung mehr stellen, und da kann ich noch ein bisschen härter herangehen. Und schwupp – schon war die ganze Ordnung im Eimer, und der Dreißigjährige Krieg brach aus.* Am 13. Juli 2018, kurz nach der mit knapper Not überstandenen deutschen Regierungsbildung, empfing sie Münkler zu einem zweistündigen Gespräch über das Thema im Kanzleramt.[45]

Die Parallele, auf die Merkel zielte, lag auf der Hand: Zwischen dem Augsburger Religionsfrieden und dem Ersten Prager Fenstersturz, der die Katastrophe des Dreißigjährigen Krieges auslöste, lagen 63 Jahre; seit dem Ende des Zweiten Weltkriegs waren zum Zeitpunkt der Wahl Donald Trumps 71 Jahre vergangen. Tatsächlich war die Generation der Politiker, die ihr politisches Koordinatensystem an der Logik des «Nie wieder» ausgerichtet hatte, in den westlichen Ländern von der Bühne abgetreten. Man mochte über den autoritären Stil eines Charles de Gaulle ebenso streiten wie über die Machenschaften eines Giulio Andreotti: An dem eisernen Willen ihrer Generation, dass der nationalistische Furor sein Haupt nicht abermals erheben dürfe, konnte es keinen vernünftigen Zweifel geben.

Nun aber verloren die Institutionen des Multilateralismus, die den Lehren aus einem mörderischen Krieg entsprungen waren – Uno, Nato, EU – zusehends an Bindekraft, da kaum noch Zeitzeugen des Zweiten Weltkriegs lebten.[46] Ausgerechnet Merkel, die zur europäischen Einigung nie die emotionale Bindung eines Konrad Adenauer oder Helmut Kohl aufgebaut hatte, verwandelte sich in eine Verteidigerin dieses Projekts, zumindest, was den Erhalt des Status quo betraf. Sie mochte als die letzte westliche Politikerin gelten, die noch über eine eigene Diktaturerfahrung verfügte; dass der etwas ältere polnische Mehrheitsführer Jarosław Kaczyński oder der jüngere ungarische Premier Viktor Orbán ganz andere Schlüsse aus dieser Vergangenheit zogen, stand auf einem anderen Blatt.

Aus dieser düsteren Weltsicht resultierte im November 2016 Merkels Entscheidung, sich um eine vierte Amtszeit als Bundeskanzlerin zu bewerben. Parteipolitisch erwies sich dieser Entschluss als wenig glücklich. Was ihr persönliches Ansehen im In- und Ausland betraf, profitierte Merkel von der düsteren Erwartung indes enorm. Mit Preisen und Ehrungen wurde sie fortan überschüttet, und sie zögerte nicht, die meisten davon anzunehmen. Den Höhepunkt mochte aus ihrer Sicht Ende Mai 2019 eine Rede an der Harvard-Universität markieren, ein persönlicher Triumph im Land Donald Trumps. Aber auch die Mehrzahl der Deutschen bekundete in Meinungsumfragen stets aufs Neue, Merkels Verbleib im Amt bis zum Herbst 2021 zu wünschen, also den längstmöglichen Zeitraum, den sich die Kanzlerin selbst als «Restlaufzeit» noch zugestanden hatte.

Anders als in der Finanz- oder Euro-Krise war das Bewusstsein, welchen Anfechtungen die vertraute Welt inzwischen ausgesetzt war, nun tatsächlich in breite Bevölkerungskreise vorgedrungen, und Merkel galt als eine der letzten Garantinnen des liberaldemokratischen Prinzips. So bot nun nicht mehr die erstaunliche Ruhe der Bundesbürger, sondern deren wachsende Besorgnis die Voraussetzung dafür, dass der Kanzlerin noch jener selbstbestimmte Abgang gelingen könnte, den sie durch ihre abermalige Kanzlerkandidatur schon verspielt zu haben schien.

Schulz

Die Gepflogenheiten wollen es so, dass sich der künftige Bundespräsident bei den Bundestagsfraktionen vorzustellen hat. Am Nachmittag des 24. Januar 2017 waren die Abgeordneten der CDU/CSU an der Reihe, zu einer früheren Uhrzeit als sonst, weil der Konsenskandidat Steinmeier anschließend noch zu den Grünen musste. Die Kanzlerin saß wie üblich an der Stirnseite. Die Befragung des bedächtigen Sozialdemokraten, dessen Wahl als beschlossene Sache galt, konnte die Abgeordneten nicht von ihren Smartphones ablenken. So verbreitete sich eine gewisse Unruhe im Saal, als um 14.34 Uhr der Branchendienst *Meedia*, sonst nicht für politische Exklusivmeldungen bekannt, eine überraschende Neuigkeit verbreitete.

Über den Großhandel war das Internetportal an eine Ausgabe des *Stern* gelangt, der in dieser Woche unangekündigt einen Tag früher erschien als sonst. Auf dem Cover des Magazins, das die Abgeordneten nun zu sehen bekamen, prangte das Gesicht des SPD-Vorsitzenden Sigmar Gabriel. «Der Rücktritt» lautete die Schlagzeile, und weiter: «SPD-Chef Sigmar Gabriel über seinen Verzicht auf die Kanzlerkandidatur, seinen Nachfolger, seine Vorwürfe gegen Merkel und sein neues privates Glück».

Der Name des Nachfolgers lautete Martin Schulz, bis vor kurzem Präsident des Europäischen Parlaments, jetzt auf einmal designierter Parteivorsitzender und Kanzlerkandidat.[47]

Auch für Merkel war die Information noch frisch, sie war erst unmittelbar vor der Veröffentlichung von Gabriel informiert worden, ebenso wie dessen Stellvertreter an der SPD-Spitze. Die parallel tagenden Bundestagsabgeordneten der Sozialdemokratie waren genauso überrumpelt wie die Koalitionspartner von der Union. In der Fraktionssitzung ließ sich die Kanzlerin nichts anmerken. Als «gelassen interessiert» beschrieben Teilnehmer ihre Reaktion auf die Nachricht. Das entsprach ihrer politischen Grundhaltung: Über Dinge, an denen sie nichts ändern konnte, brauchte sie sich nicht den Kopf zu zerbrechen.

Wie sich herausstellte, hatte Gabriel auch den Auserwählten Martin Schulz erst drei Tage zuvor über seine Entscheidung informiert, bei einem Treffen im rheinland-pfälzischen Montabaur. Tags darauf empfing er den befreundeten Chefredakteur des *Stern* zum Interview. Über eine mögliche Kanzlerkandidatur von Martin Schulz war im alten Jahr viel spekuliert worden. Seit der Jahreswende hatte Gabriel allerdings sehr beflissen den Eindruck erweckt, dass er diesmal selbst antreten werde. Er wollte die Stabübergabe als einen Akt des freien Willens erscheinen lassen und nicht der Getriebene sein. Mit dem *Stern*-Interview, flankiert von einem langen Porträtgespräch mit der *Zeit*, strebte Gabriel nach der Deutungshoheit.

Im Vorfeld hatte Gabriel eigens Meinungsumfragen in Auftrag gegeben, sie bescheinigten ihm abermals eine geringe Popularität. Durch Steinmeiers Wechsel ins Schloss Bellevue bot sich nun die Gelegenheit zur Übernahme des Außenamts, das eine Aufbesserung der Beliebtheitswerte versprach. Die Folgen für ihren Wahlkampf konnte Merkel zu diesem Zeitpunkt schwer abschätzen. Mit Schulz hatte sie während dessen Brüsseler Zeit gut zusammengearbeitet. Zwar hatte er ihre Austeritätspolitik kritisiert, die Hilfspakete aber immer unterstützt. Im Streit um unionsweite Spitzenkandidaturen für die Europawahl 2014 hatte er freilich gemeinsam mit dem luxemburgischen Ex-Premier Jean-Claude Juncker die widerstrebende deutsche Kanzlerin ausmanövriert.

Viele Medien bewerteten die Erfolgsaussichten der Schulz-Rochade zunächst zwiespältig: Ein weiteres Mal sei es zur Sturzgeburt eines Kanzlerkandidaten gekommen, der nun ohne jede Vorbereitung in einen Wahlkampf einsteigen müsse, noch dazu ohne Mandat und Rederecht im

5. Annus horribilis (2016–2017)

Bundestag. Immerhin galt es als wahrscheinlich, dass die SPD mit Schulz auf bessere Werte kommen würde als mit dem ungeliebten Gabriel. Der ungestüme Schulz werde die Konfrontation suchen und die Einschläferungstaktik der Kanzlerin konterkarieren.

Die Ausrufung des SPD-Kanzlerkandidaten ließ es für CDU und CSU ratsam erscheinen, ihren Konflikt über die Flüchtlingspolitik für die Zeit des Wahlkampfs einzufrieren. Auf einer Sitzung in München erklärten die Präsidien der beiden Parteien am 6. Februar 2017 die CDU-Vorsitzende zur gemeinsamen Kanzlerkandidatin. Grau und ermattet saßen Merkel und Seehofer im Anschluss vor den Fernsehkameras, und sie gaben sich auch keine Mühe, die gegenseitige Abneigung zu verbergen. Eher gequält bekannte sich der CSU-Chef zur Kanzlerin als gemeinsamer Kandidatin: «Ich darf als Parteivorsitzender der CSU Ihnen mitteilen, dass ich mit Zustimmung meines Parteivorstandes und heute auch mit Zustimmung meines Präsidiums der Bundeskanzlerin Angela Merkel die Unterstützung der CSU für den anstehenden Bundestagswahlkampf für ihre Kandidatur als Bundeskanzlerin der Bundesrepublik Deutschland erklärt habe, mit erkennbarer anhaltender Zustimmung beider Präsidien.» Dabei brachte er es fertig, in einem einzigen Satz vierzehnmal «äh» zu sagen.[48]

An diesem Tag dachten viele Politiker und Journalisten zum ersten Mal, Merkel könne die Wahl auch verlieren. In den knapp zwei Wochen, die seit der Ausrufung des SPD-Kanzlerkandidaten vergangen waren, hatte sich Erstaunliches getan. Anhänger und Medien hatten schon Schulz' erste Rede am 29. Januar bejubelt. Alsbald kam ein Plakat mit einem stilisierten Kopf von Martin Schulz in Umlauf, das an die Kampagne für Barack Obama erinnerte, nur dass der Schriftzug «Hope» durch «MEGA» ersetzt worden war: *Make Europe Great Again*, eine Erwiderung auf die Parole Donald Trumps: *Make America Great Again*. Auch der offizielle Slogan der SPD, «Zeit für Gerechtigkeit», verfing zunächst. «Mit Martin Schulz hat Angela Merkel endlich wieder einen Gegner», schrieb der *Stern* jetzt euphorisch, der *Spiegel* sprach von einer «Merkeldämmerung» und titelte: «Kippt sie?» Die *taz* erklärte es «für möglich, vielleicht sogar für wahrscheinlich, dass Martin Schulz der nächste Bundeskanzler wird», allerdings in einem Text, in dem sie das Auf und Ab der politischen Konjunkturen selbst thematisierte.[49] In den Umfragen erreichte die SPD Ende Februar ihren Höchststand von rund 32 Prozent, während die Union auf 31 Prozent absackte.[50]

Nach der Nominierung des SPD-Kandidaten Martin Schulz Anfang 2017 glaubten viele Politiker und Journalisten zum ersten Mal, dass Angela Merkel die Bundestagswahl verlieren könnte. Erst die saarländische Landtagswahl Ende März beendete den Schulz-Hype.

Der Hype verriet viel über Merkel und den Gemütszustand der Deutschen. Gegensätzliche Emotionen flogen Schulz in dieser Anfangsphase zu. Auf der einen Seite standen entschiedene Proeuropäer, viele junge Leute aus dem akademischen Milieu, die das verdruckste Europäertum der Euro-Retterin Merkel leid waren und in Schulz den Vorkämpfer für die Einheit des Kontinents sahen. Auf der anderen Seite erhofften sich Gegner der Merkel'schen Flüchtlingspolitik von der Schulz-Kandidatur die lange ersehnte Chance zum Sturz der Kanzlerin.

Da der SPD-Politiker in dieser Phase einen diffusen Gerechtigkeitsbegriff propagierte und seine Positionen ansonsten in der Schwebe ließ, vergraulte er keine der Zielgruppen. Er zog sowohl von den Grünen als auch von der AfD Sympathien ab, von den beiden Parteien, die in Bezug auf Liberalität und Weltoffenheit entgegengesetzte Positionen besetzten. Beide verloren in den Umfragen deutlich an Zuspruch, so sehr, dass die Grünen um ihren Wiedereinzug in den Bundestag bangten und die etablierten Parteien die Hoffnung hegten, dass die AfD doch noch an der

5. Annus horribilis (2016–2017)

Fünf-Prozent-Hürde scheitern könnte. Der Rückgang der Kleinen ließ sich auch auf die Erwartung zurückführen, dass es bei dieser Bundestagswahl tatsächlich zu einem Kopf-an-Kopf-Rennen zwischen Merkel und ihrem Herausforderer kommen werde. Dabei spielte nicht zuletzt ein diffuses Bedürfnis nach Erneuerung eine Rolle: Merkels trister Auftritt mit Seehofer hatte den Eindruck verstärkt, dass zwölf Kanzlerjahre bei allen Verdiensten der Amtsinhaberin genug seien.

Unter den zunehmend nervösen Christdemokraten gab es viele, die Merkel dazu drängten, die Herausforderung anzunehmen und bereits zu diesem frühen Zeitpunkt in eine konfrontative Kampagne einzutreten. «Die Kanzlerin tut sich schwer, in den Wahlkampf zu finden», war in der *Süddeutschen Zeitung* zu lesen, «in der CDU fürchten manche, es könne bald zu spät sein.»[51] Merkel selbst hielt an ihrem vorgefassten Plan jedoch ungerührt fest. Je deutlicher sich Schulz von der Agenda-Politik Gerhard Schröders absetzte, desto mehr lobte sie jetzt dessen Reformen. Und sie machte weiter Außenpolitik. Im Februar ließ sie sich mit dem gutaussehenden kanadischen Premier Justin Trudeau im Restaurant des Berliner Regent-Hotels am Gendarmenmarkt fotografieren, im März empfing sie den französischen Präsidentschaftskandidaten Emmanuel Macron im Kanzleramt, einen Tag später flog sie nach Washington, um zum ersten Mal Donald Trump von Angesicht zu Angesicht zu begegnen. Das alles war für den Vorwahlkampf Botschaft genug: Merkel setzte sich als Frontfrau des liberalen Westens in Szene.

Nach Wochen der innenpolitischen Defensive schien das Konzept der Kanzlerin Ende März endlich aufzugehen. Der Schulz-Hype endete so abrupt, wie er begonnen hatte. Bei der Landtagswahl im Saarland erzielte die CDU mit 40,7 Prozent ein Ergebnis wie zu besten Volkspartei-Zeiten, während die SPD nur 29,6 Prozent der Stimmen bekam. Die AfD schnitt sehr schwach ab und schaffte bloß ganz knapp den Einzug in den Landtag. Mit Annegret Kramp-Karrenbauer hatte eine Ministerpräsidentin gesiegt, deren pragmatischer Politikstil den Idealen der Kanzlerin sehr nahekam.

Sechs Wochen später setzte sich die innenpolitische Erfolgssträhne der Kanzlerin fort. Unerwartet gewann Anfang Mai der erst 43 Jahre alte CDU-Landesvorsitzende Daniel Günther die Wahl in Schleswig-Holstein. Er zählt zwar zu einer Alterskohorte in der Union, die ihre Karrierepläne damals schon auf die Zeit nach Merkel ausrichtete. Inhaltlich lag er aber auf einer Linie mit der Kanzlerin, als Verfechter pragmatischer Alltagspolitik und gesellschaftspolitischer Liberalität. Zudem eröffnete er der Union für die Zeit nach der Bundestagswahl eine neue Koalitionsoption: Mit den bundespolitisch weit prominenteren Anführern der örtlichen Grünen und der FDP, Robert Habeck und Wolfgang Kubicki, ging er ein Regierungsbündnis ein. Es hieß «Jamaika», nach den schwarz-gelb-grünen Landesfarben des Karibikstaats.

Eine weitere Woche später, Mitte Mai, gelang der CDU schließlich ein Triumph in Nordrhein-Westfalen. Auch hier war ein Sieg der Partei eher nicht erwartet worden. Sie stieg im Vergleich zur vorausgegangenen Wahl um sieben auf 33 Prozent, während die SPD um acht auf 31 Prozent fiel. Unverhofft gelang dem 56-jährigen Armin Laschet, zuletzt als glücklos abgestempelt, der Aufstieg zum Ministerpräsidenten und möglichen Anwärter auf das Kanzleramt. Auch er repräsentierte inhaltlich den Merkel-Flügel. Während seiner kurzen Zeit im Bundestag, zwischen 1994 und 1998, hatte er sich als Mitglied der Bonner «Pizza-Connection» mit Kollegen von CDU und Grünen getroffen. Aufgrund seiner liberalen Ansichten zur Einwanderungs- und Integrationspolitik sowie seiner Position als bundesweit erster Integrationsminister eines Bundeslands (2005–2010) verspotteten ihn parteiinterne Kritiker als «Türken-Armin». Für Merkels Gegner in der CDU war Laschets Sieg deshalb ein empfindlicher Rückschlag. «Natürlich hätte ich versucht, dich zu stürzen, wenn du verloren hättest», sagte der Westfale Spahn dem siegreichen Rivalen ins Gesicht.[52]

Anlass zur Sorge gab Merkel das koalitionspolitische Signal, das von dem nordrhein-westfälischen Wahlergebnis ausging. Weil die FDP im Heimatverband des merkelkritischen Bundesvorsitzenden Christian Lindner so gut abschnitt, gab es kaum eine Alternative zu einer schwarz-gelben Koalition, die beide Beteiligte eher fürchteten. Das Modell war seit dem Debakel der Jahre 2009 bis 2013 so in Verruf geraten, dass die Aussicht auf eine Neuauflage die Wähler abschrecken könnte. Ein solches Bündnis drohte die Kanzlerin aber auch politisch zu fesseln, nicht nur in der Flüchtlingspolitik. So sehr sich der Parteivorsitzende Lindner abstrakt zu Europa bekannte: Konkret sprach er sich gegen alle Vorschläge zur Vertiefung der Währungsunion aus. Das erschien umso misslicher, als sich in den Wochen vor der Bundestagswahl das Fenster für eine ambitioniertere Europapolitik öffnete.

Macron

Schon im März hatten die Wahlen zur Zweiten Kammer der niederländischen Generalstaaten bei vielen Europäern einen Seufzer der Erleichterung hervorgerufen. Die «Freiheitspartei» des Rechtspopulisten Geert Wilders kam zwar auf den zweiten Platz, ihr Resultat blieb mit 13 Prozent aber weit hinter dem befürchteten Triumph zurück. Trotz Verlusten konnten sich die Rechtsliberalen des Premiers Mark Rutte auf dem ersten Platz behaupten. Gleichwohl kam es auch hier zu einer Zersplitterung des Parteiensystems. Am härtesten traf es die Sozialdemokraten, die auf knapp sechs Prozent herabsanken. Es profitierten die ehemals kleineren Parteien, allen voran die Grünen mit ihrem jugendlichen Spitzenkandidaten Jesse Klaver; in Amsterdam wurden sie zur stärksten Kraft. Es dauerte volle sieben Monate, bis sich die beiden liberalen und zwei christdemokratische Parteien zu einer Regierung zusammenrauften, wobei sie allerdings im Koalitionsvertrag eine Bremse gegen «mehr Europa» einbauten.

Wichtiger war die Wahl des französischen Staatspräsidenten am 23. April und 7. Mai. Auch hier erodierte das klassische Parteiensystem. Die Sozialisten blieben nach der glücklosen Amtszeit Hollandes weit abgeschlagen, der konservative Kandidat geriet durch eine Affäre um die Beschäftigung von Familienmitgliedern aus öffentlichen Geldern ins Abseits. Im ersten Wahlgang kamen die rechtspopulistische Kandidatin Marine Le Pen und der europakritische Linkspopulist Jean-Luc Mélenchon zusammen auf mehr als 40 Prozent der Stimmen. So fiel die Entscheidung im zweiten Wahlgang zwischen Le Pen und dem erst 39 Jahre alten Emmanuel Macron, der unter Hollande als Wirtschaftsminister gedient und ein Jahr zuvor seine Bewegung «En Marche» gegründet hatte. Merkel wusste: Ein Sieg Le Pens hätte für Europa die politische Katastrophe bedeutet. So sahen es auch diejenigen Franzosen, die Macron am 7. Mai mit Zweidrittelmehrheit zum Präsidenten wählten.

Inhaltlich mochten sich Merkel und Macron einigermaßen nahestehen. Gesellschaftspolitische Modernität, verbunden mit einer maßvollen wirtschaftspolitischen Liberalisierung: Dieses Programm favorisierte auch die Kanzlerin. Aber stilistisch unterschieden sich die beiden Politiker fundamental. Das Pathos Macrons und sein Hang zum effektvollen Auftritt waren Merkel fremd. Am Wahlabend zu den Klängen der Europahymne in heroischer Einsamkeit durch den Ehrenhof des Louvre zu schreiben: Eine solche Inszenierung wäre der Kanzlerin nicht in den Sinn gekommen, sie hätte auch zur politischen Kultur der Bundesrepublik nicht gepasst.

Die Begeisterung, die Macron mit seiner Kampagne unter jungen Leuten entfacht hatte, erinnerte an den Wahlkampf Barack Obamas im Jahr 2008. In beiden Fällen betrachtete Merkel die überschäumenden Hoffnungen mit Skepsis. Sie hielt Obama in dessen erster Amtsperiode für einen Schaumschläger, dessen große Visionen zwangsläufig an der Realität zerschellen mussten. Erst in der zweiten Amtszeit des Präsidenten hatten sich die beiden angenähert, angesichts weltpolitischer Krisen fielen Stilfragen nicht mehr ins Gewicht. Auch in Bezug auf Macron konnte sich Merkel keine politischen Geschmacksurteile leisten. Auf ihm ruhte die Hoffnung auf ein zukunftsfähiges Frankreich und ein stabiles Europa. Man glaubte damals, für eine Festigung der europäischen Institutionen öffne sich nun ein klar umrissenes Zeitfenster: zwischen der Bundestagswahl im Herbst 2017 und der Europawahl im Frühjahr 2019. Bei einer raschen Regierungsbildung in Deutschland könnte es von November an losgehen.

Davon blieb am Ende nicht viel übrig: Als sich die neue deutsche Regierung ein halbes Jahr nach der Bundestagswahl im Frühjahr 2018 lustlos konstituierte, hatte sich das Fenster fast schon wieder geschlossen. Weil die große Koalition im neuen Bundestag nur noch eine knappe Mehrheit hatte, musste Merkel auf die Skeptiker in der eigenen Fraktion Rücksicht nehmen; unklar blieb, wie weit sie Macrons Ideen überhaupt teilte. Zwischenzeitlich verdunkelten die Sondierungsgespräche mit der FDP die Aussichten weiter. Kurz vor der Bundestagswahl kolportierte die französische Zeitung *Le Monde* ein Zitat des Präsidenten über Merkel: «Wenn sie sich mit den Liberalen verbündet, bin ich tot.»[53]

Nicht nur innenpolitische Rücksichten und persönliche Skepsis veranlassten Merkel zu ihrer reservierten Reaktion auf die französischen Avancen. Es ging ihr auch um den Zusammenhalt der übrigen Europäer. Vor allem im Norden des Kontinents gab es starken Widerstand gegen Macrons Ideen für eine engere Währungsunion. Die neue Regierung in den Niederlanden war nicht die einzige, die sich gegen mehr Vergemeinschaftung positioniert hatte. Insgesamt acht Finanzminister einer selbsternannten «neuen Hanse» schrieben im Frühjahr 2018 einen Brief ähnlichen Inhalts nach Brüssel. Zudem betrachteten die Regierungen Polens, Ungarns oder Tschechiens die französischen Pläne aus einem anderen

Grund mit Skepsis: Sie fürchteten eine dauerhafte Spaltung Europas, und Macron tat alles, um ihren Argwohn zu nähren – ob es um die Abwehr von Arbeitskräften aus den östlichen Mitgliedstaaten ging oder um sein Veto gegen eine EU-Erweiterung auf dem Balkan.

Auf der internationalen Bühne stahl der neue Präsident der deutschen Kanzlerin indes die Schau. Der Sieg des Franzosen, der Merkels Flüchtlingspolitik stets gelobt hatte, mochte auf den ersten Blick aussehen wie ein Triumph der Kanzlerin. Er verschob aber die Gewichte. Dass Macron innenpolitische Reformen ankündigte und sich zu Europa bekannte, zeitigte den gewünschten Effekt: Frankreich kehrte als einflussreicher Akteur auf die internationale Bühne zurück. Begünstigt wurde das durch die weltpolitische Lage. Nach dem Ausscheiden Großbritanniens war Frankreich unter den EU-Mitgliedstaaten die einzige Atommacht und das einzige ständige Mitglied im UN-Sicherheitsrat. Das verlieh dem Land in Zeiten klassischer machtpolitischer Krisen zusätzliches Gewicht.

Die Phase der deutschen Halbhegemonie über Europa schien fürs Erste vorbei zu sein. Das mochte aus Merkels Sicht nicht nur nachteilig sein: Der überragende Einfluss, der Deutschland seit der Euro-Krise wider Willen zugewachsen war, hatte die Gespenster der Vergangenheit wachgerufen. Allerdings ließ das Auftreten des jugendlichen Franzosen die 62-jährige, seit fast zwölf Jahren amtierende Kanzlerin buchstäblich alt aussehen. Ältere Beobachter erinnerten an den jungen Tony Blair, dessen Wahl zum britischen Premierminister 1997 zur Niederlage des Dauerkanzlers Kohl im Jahr darauf beigetragen hatte.[54]

Zäsuren

Auch in ihren Strategien gegenüber dem Präsidenten der Vereinigten Staaten unterschieden sich Merkel und Macron erheblich. Während der Franzose auf persönlichen Charme und inhaltliche Härte setzte, blieb die Deutsche im Symbolischen distanziert und im Konkreten verhandlungsbereit – etwa, wenn es um Zölle ging. Für den Moment überwog das gemeinsame Entsetzen über die neue US-Politik, auch wenn Donald Trump die Bundesrepublik weit mehr attackierte als jedes andere westliche Land: Wenn er die Ausbeutung der Amerikaner durch ausländische Mächte be-

Dritter Teil: Krisenjahre: die Weltpolitikerin (2008–2021)

Merkel wusste, was sie dem Freiheitsdrang der Polen persönlich zu verdanken hatte. Auch wenn sie völlig andere Schlüsse aus der Geschichte zog als die PiS-Partei von Ministerpräsidentin Beata Szydło, ließ sie den Gesprächsfaden nie abreißen.

klagte, sah er in Deutschland einen Hauptgegner. Schon im Januar hatte die *Bild*-Zeitung ein bemerkenswertes Interview mit dem frisch vereidigten Präsidenten veröffentlicht, in dem er abermals die deutsche Kanzlerin und deren Flüchtlingspolitik kritisierte. Neu war, dass er die Nato rundheraus als «obsolet» bezeichnete.[55]

Merkel telefonierte wenige Tage später mit Trump, und sie versuchte, die Irritationen um die Verteidigungsallianz einzufangen: Die beiden Politiker erklärten anschließend, sie seien sich «über die fundamentale Bedeutung einig, die das Nato-Bündnis für die transatlantischen Beziehungen hat und über die wichtige Rolle, die es bei der Bewahrung von Frieden und Stabilität spielt».[56] In dem Telefonat kritisierte Merkel auch das Einreiseverbot, das Trump als erste politische Maßnahme gegen die Bürger einiger überwiegend muslimischer Länder verhängt hatte. In jenen Tagen hatte sie sich ein weiteres Mal vertraulich mit Jarosław Kaczyński getroffen, dem Vorsitzenden der polnischen Mehrheitspartei, diesmal in Warschau. Polen suchte die Nähe zu den Europäern, weil es dem transatlantischen Schutzschirm unter Trump nicht mehr traute.

5. Annus horribilis (2016–2017)

In den Frühsommerwochen nach der französischen Wahl sah sich Merkel in ihrer Befürchtung bestätigt, Trump werde seine Ankündigungen sehr wohl in die Tat umsetzen, anders als viele glaubten. Ende Mai traf die Kanzlerin den Präsidenten auf dem G7-Gipfel im sizilianischen Taormina. Auf dem Hinweg hatte Trump erstmals in Brüssel bei Nato und EU Station gemacht, die Bilanz der Reise fiel aus europäischer Perspektive verheerend aus. Der neue Präsident stellte nicht nur Vereinbarungen in Frage, er verhielt sich auch höchst rüpelhaft. Während des Kurzbesuchs bei der EU kritisierte Trump mehrfach die deutschen Handelsüberschüsse («schlecht, sehr schlecht»), im Nato-Hauptquartier drängte er den montenegrinischen Premierminister zur Seite, um sich einen Platz in der ersten Reihe zu verschaffen.

Der Zufall wollte es, dass für den Tag nach Merkels Rückkehr aus Taormina ein Termin im Münchner Stadtteil Trudering angesetzt war. Dort ging an diesem 28. Mai die «Festwoche» zu Ende, eine Art kleines Oktoberfest im Frühjahr. Vier Monate vor der Bundestagswahl wollten CDU und CSU ihre Versöhnung öffentlich zelebrieren, auch um den trostlosen Auftritt Merkels und Seehofers bei der Nominierung der gemeinsamen Kanzlerkandidatin vergessen zu machen. Merkel begab sich für diesen Termin auf bayerisches Terrain, Seehofer verzichtete im Gegenzug auf Angriffe in der Flüchtlingspolitik. Unter normalen Umständen wäre das Innenleben der Unionsparteien an diesem Tag das beherrschende Thema gewesen. Dass es anders kam, lag an Merkels frischen Eindrücken aus Taormina. Im Bierzelt von Trudering benannte sie die Zäsur im transatlantischen Verhältnis in aller Offenheit: *Die Zeiten, in denen wir uns auf andere völlig verlassen konnten, sind ein Stück weit vorbei.*[57]

Ihr sozialdemokratischer Herausforderer Schulz versuchte, das Zitat ins Lächerliche zu ziehen: Was, bitte schön, solle «ein Stück weit» bedeuten? Dem Ernst der Lage wurde seine Polemik nicht gerecht. Merkel hatte sich den Satz sehr gründlich überlegt, und seine Tragweite ließ sich kaum überschätzen.[58] Womöglich empfand Merkel den Zäsurcharakter von Trumps Präsidentschaft besonders stark, weil sie die Vereinigten Staaten als Mutterland der westlichen Demokratie zuvor geradezu idealistisch überhöht hatte. Für einen beträchtlichen Teil des deutschen Publikums hingegen bestätigte der Aufstieg des New Yorker Immobilienunternehmers ohnehin nur antiamerikanische Vorurteile. Viele Leute sprachen über den «Trumpel» im Weißen Haus, als sei die Zukunft des Westens ein geeignetes Sujet für Kalauer. Von Merkel, einer Freundin des trockenen

Humors, die Politiker wie Trump in vertrauter Runde gern imitierte, hörte man keine derartigen Witze. Dafür war die Lage aus ihrer Sicht zu ernst.

Die folgenden Ereignisse bestärkten Merkel in ihrer Einschätzung. Am 1. Juni 2017 kündigte Trump im Garten des Weißen Hauses den Ausstieg der Vereinigten Staaten aus dem Pariser Klimaabkommen an. Gut einen Monat später empfing die Kanzlerin den Präsidenten dann in Deutschland, die Staats- und Regierungschefs der weltweit wichtigsten Wirtschaftsnationen trafen sich in Hamburg zum Gipfeltreffen der G20. Ursprünglich hatte Merkel gehofft, dort als Gastgeberin kurz vor der Bundestagswahl glänzen zu können. Aber mit Trump funktionierte ihre Methode nicht mehr, geduldig um Spiegelstriche in Abschlusspapieren zu ringen und anschließend ein paar Halbsätze als Verhandlungserfolg zu verkaufen. So musste sie den Präsidenten in Hamburg ziehen lassen, ohne von ihm auch nur verbale Zugeständnisse erhalten zu haben. Der Gipfel ging mit einem offenen Dissens beim Klimaschutz zu Ende. In der Wirtschaftspolitik einigten sich die Kontrahenten zwar darauf, dass sie «Protektionismus und unfaire Handelspraktiken» ablehnten. Da Trump jedoch gerade das bestehende Freihandelssystem als «unfair» betrachtete, war diese Zusage nichts wert.[59]

Merkels Erfolglosigkeit wäre vermutlich zu einem größeren Problem im Wahlkampf geworden, hätten nicht linksautonome Randalierer fast alle Aufmerksamkeit vom eigentlichen Gipfelgeschehen abgezogen, begünstigt durch eine verfehlte Einsatztaktik der Hamburger Polizei. Die Gewalttäter zündeten zuerst Autos in den noblen Elbvororten an, zertrümmerten dann Schaufenster in der Fußgängerzone von Altona, um sich schließlich im Schanzenviertel zu verbarrikadieren. Nachdem die Polizei am ersten Abend bloße Verstöße gegen das Vermummungsverbot übermäßig hart geahndet hatte, blieb sie bei den gewaltsamen Ausschreitungen tags darauf erstaunlich untätig. Die Kritik daran traf jedoch nicht die Gastgeberin Merkel, sondern den sozialdemokratischen Bürgermeister Olaf Scholz. Dass die Kanzlerin ihn öffentlich verteidigte, machte sie noch unangreifbarer. Die öffentliche Debatte kreiste so sehr um die Gewaltausbrüche, dass kaum noch jemand über die Erfolglosigkeit in der Runde der Staats- und Regierungschefs sprach.

Zum Eindruck eines Epochenwechsels trug auch der Tod Helmut Kohls bei. Merkel fuhr gerade mit ihrer Vertrauten Annette Schavan zu einem Besuch beim Papst in Rom, als sie die Nachricht vom Tod ihres frühen Förderers und späteren Gegners erreichte. Sie rief bei Maike Kohl-

Richter an, der zweiten Frau des Altkanzlers, die zuletzt den Zugang zu ihrem Ehemann streng reglementiert hatte und im Verdacht stand, bei der Einladung des ungarischen Merkel-Gegners Viktor Orbán in den Oggersheimer Bungalow die treibende Kraft gewesen zu sein. Wie sich herausstellte, hatte die Witwe den Ablauf der Trauerfeier geplant, ohne die Kanzlerin dabei zu berücksichtigen. Kohl-Richter bereitete einen europäischen Staatsakt vor, in Absprache mit dem EU-Kommissionspräsidenten Jean-Claude Juncker. Durch dieses Format wollte sie die Mitwirkung deutscher Repräsentanten verhindern. Das zielte nicht nur auf Merkel, sondern auch auf den Bundespräsidenten: Als Steinmeier nach dem Regierungswechsel 1998 sein Büro im Kanzleramt bezog, hatte er die Vorgänger bezichtigt, gezielt Akten vernichtet zu haben.[60]

In Bezug auf Merkel änderte Kohl-Richter ihren Plan, wohl auch auf Anraten von Vertrauten, die das demonstrative Aussperren der amtierenden Bundeskanzlerin missbilligten. Beim europäischen Staatsakt blieb es. Er fand am 1. Juli im Plenarsaal des Europaparlaments in Straßburg statt, dann reiste der Sarg auf einem Schiff zur Beisetzung nach Speyer. Anders als bei der Trauerfeier für Helmut Schmidt trat Merkel nicht als Hauptrednerin auf. Gleichwohl hielt sie eine sehr persönliche Ansprache. Dass sie sich an Kohl *abgearbeitet und gerieben* habe, gestand sie offen ein, auch sei es *nicht immer leicht* gewesen, mit Argumenten durchzudringen. Sie lobte das Engagement des Vorgängers für das Berliner Holocaust-Mahnmal, weil es auch ihr Anliegen war, und sprach ihn direkt an mit einem Dank *für die Chancen, die Sie mir gegeben haben*. Europapolitisch rückte sie bemerkenswert deutlich von ihm ab. Jede Generation müsse *ihre eigenen Antworten finden, wie sie Europa zukunftsfest macht.*[61]

Auch wenn sich Kohl schon lange kaum noch hatte artikulieren können: Sein Tod symbolisierte für manche den endgültigen Untergang einer alten, angeblich besseren Zeit. Der massige Pfälzer hatte die Sicherheiten der alten Bundesrepublik, nach denen sich nun viele zurücksehnten, buchstäblich verkörpert. Selbst der von den Zeitgenossen einst hart kritisierte «Reformstau» der späten Kohl-Ära gewann im Rückblick eine gewisse Attraktivität, weil sich viele Deutsche inzwischen vom Tempo des Wandels überfordert fühlten. Dass Helmut Kohl auch ein Modernisierer gewesen war, daran erinnerte drei Monate später der Tod seines langjährigen CDU-Generalsekretärs Heiner Geißler, der sich 1989 mit seinem einstigen Förderer überworfen hatte. Er hatte den Aufstieg der Nachwuchspolitikerin Merkel mit Wohlwollen verfolgt, wobei er deren liberale Ansichten in der Gesellschaftspolitik mehr schätzte als in der Wirtschaftspolitik; schließlich hatte er im Zusammenhang mit dem Leipziger Parteitag von der «typisch ossi-liberalen» Einstellung der CDU-Vorsitzenden gesprochen.[62] Der Abschied von einer Generation, die die alte Bundesrepublik geprägt hatte, verstärkte in diesen Wochen den Eindruck einer Zeitenwende.

Ehe für alle

An einem Abend Ende Juni 2017 machte Merkel zum ersten Mal so etwas wie Wahlkampf. Auf Einladung der Zeitschrift *Brigitte* sprach sie wie schon vier Jahre zuvor im Talkshow-Format vor dem Publikum des Maxim-Gorki-Theaters, durchsetzt mit vielen Journalisten. Das Gespräch plätscherte dahin, bis ein Zuschauer eine Frage stellte, mit der Merkel eigentlich rechnen musste. Sie war ihr schon auf ähnlichen Bürgerforen begegnet. Ulli Köppe, ein 28 Jahre alter Eventmanager aus Berlin, wollte wissen: «Wann darf ich meinen Freund ‹Ehemann› nennen, wenn ich ihn denn heiraten möchte?»

Merkel hätte einer Festlegung ausweichen, den Fragesteller vertrösten können. Aber sie hielt einen ziemlich langen und ziemlich verworrenen Vortrag, in dem es um ein Bekehrungserlebnis ging. Sie habe neulich in ihrem Stralsunder Wahlkreis ein lesbisches Paar getroffen, sagte sie, das Pflegekinder bei sich aufgenommen habe. Das sei doch immerhin besser, als wenn der Nachwuchs von den leiblichen Eltern misshandelt werde. Deshalb habe sie ihre Haltung zum Adoptionsrecht für homosexuelle Paare überdacht. In der Frage der Eheschließung legte sie ihre eigene Position nicht fest, stieß die Tür zu einer Gesetzesänderung aber weit auf: Sie wünsche sich eine Diskussion, die *eher in Richtung einer Gewissensentscheidung geht*.[63] Das war eine Sensation: Es würde eine Bundestagsabstimmung ohne Koalitions- und Fraktionszwang geben, die zweifellos zugunsten der «Ehe für alle» ausgehen musste. Denn alle übrigen Fraktionen und eine beträchtliche Minderheit der Unionsabgeordneten befürworteten den Kursschwenk, weshalb die Führung von CDU und CSU ein offenes Votum immer abgelehnt hatte.

Den Anstoß zur neuerlichen Debatte hatten die Grünen gegeben, die auf einem Parteitag eine Woche zuvor die «Ehe für alle» zur Bedingung für jede erdenkliche Regierungsbeteiligung gemacht hatten. Eine übervorsichtige Parteispitze hatte noch versucht, dem Kölner Bundestagsabgeordneten Volker Beck den Antrag auszureden, weil sie das Thema nicht für mehrheitsfähig hielt. Sie täuschte sich gewaltig. Umgehend erklärten auch FDP und SPD, sie wollten nur in eine Regierung eintreten, die ein entsprechendes Gesetz verabschiede. Die Union geriet unter Zugzwang.

Merkel verständigte sich mit dem CSU-Vorsitzenden Seehofer darauf, das Thema zur Gewissensfrage zu erklären, und verkündete die neue Linie bereits Stunden vor dem *Brigitte*-Talk intern vor den Parteigremien der CDU. Mit ihrer Antwort am Abend wollte sie die Öffentlichkeit ganz behutsam auf den Kurswechsel einstimmen. Sie hatte nicht im Blick, dass im Bundesrat bereits ein beschlussreifer Gesetzentwurf rot-grün regierter Länder lag. Nun überrumpelte die SPD die Kanzlerin: Die Sozialdemokraten stellten diese Vorlage im Bundestag zur Abstimmung. Schon am Freitag sollte die Entscheidung fallen, morgens um acht Uhr, vor Eintritt in die reguläre Tagesordnung.

So geschah es. Mit 393 zu 226 Stimmen beschloss der Bundestag am frühen Morgen des 30. Juni 2017 die Abschaffung des Eheverbots für Homosexuelle. Nun konnten in Deutschland alle Menschen ihren Partner oder ihre Partnerin heiraten, unabhängig vom eigenen Geschlecht. Die Kanzlerin stimmte dagegen. In der Plenardebatte ergriff sie nicht das Wort, dafür gab sie im Anschluss ein Statement im Fernsehen ab: Ihre Überzeugung sei, dass sich der Schutz der Ehe in Artikel 6 des Grundgesetzes auf Mann und Frau beziehe. *Und deshalb habe ich heute auch dem Gesetzentwurf nicht zugestimmt.* Trotzdem hoffe sie, dass nach dem Beschluss nicht nur gegenseitiger Respekt, sondern auch *ein Stück gesellschaftlicher Friede* einkehre.[64]

Wieder einmal bekam das Publikum ein Lehrstück Merkel'scher Machtpolitik geboten. Auf kurze Sicht gab die Kanzlerin kein gutes Bild ab. Die Schnoddrigkeit, mit der sie das Thema behandelt hatte, rief spontanen Unmut auf beiden Seiten hervor. Irritiert zeigten sich nicht nur viele Konservative in der Union, denen Merkel im Streit um die Homo-Ehe lange nachgegeben hatte, weil sie das Thema für zweitrangig hielt. Den herablassenden Ton nahmen ihr auch die Nutznießer der Entscheidung übel, bei allem Jubel über die historische Wende. «Vielen Dank für nichts», schimpfte der Hamburger SPD-Abgeordnete Johannes

Kahrs im Bundestag, damit traf er eine verbreitete Stimmung in der Community. Doch auf lange Sicht hatte die Kanzlerin abermals einen gesellschaftspolitischen Konflikt erfolgreich entschärft. Sie besänftigte die Gegner der «Ehe für alle», indem sie sich scheinbar zum Kurswechsel zwingen ließ, und sie befriedete die Befürworter, indem sie das von ihnen Gewünschte geschehen ließ.

Rückkehr der Flüchtlinge

Merkwürdig still blieb es in der Frühphase des Wahlkampfs um die Flüchtlingspolitik. Zwei Ereignisse deuteten darauf hin, dass bei diesem Thema eine harte Linie nicht unbedingt wahlkampftauglich war. Am 31. Mai gab es in Kabul einen schweren Terroranschlag mit 80 Toten in der Nähe der deutschen Botschaft, die ihre Arbeit daraufhin vorübergehend einstellen musste. Am selben Tag kam es in Nürnberg zu Krawallen, als Berufsschüler gegen die Rückführung eines Mitschülers nach Afghanistan protestierten. Sofort setzte die Kanzlerin die Abschiebeflüge in das Bürgerkriegsland aus. Dass ein Land sicher sei, in dem selbst Diplomaten unter militärischem Schutz nicht mehr arbeiten konnten, ließ sich schwerlich behaupten, solange die Öffentlichkeit noch unter dem frischen Eindruck des Anschlags stand.

Merkel hielt es gleichwohl nicht für vielversprechend, die Erfolge ihrer Flüchtlingspolitik offensiv zu bewerben. Das hätte die Frage abermals in den Mittelpunkt der Debatte gerückt und die Kritiker sofort wieder auf den Plan gerufen. Der Nutznießer eines solchen Wahlkampfs, so sah sie es, wäre die AfD gewesen. Merkel hegte die illusionäre Hoffnung, sie könne das Flüchtlingsthema aus dem Wahlkampf heraushalten, wie es ihr 2013 mit der Euro-Rettung gelungen war. «Für ein Deutschland, in dem wir gut und gerne leben», lautete stattdessen der aus dem Bürgerdialog abgeleitete CDU-Slogan. Die SPD-Führung kam zu einem ähnlichen Schluss, und bis weit in den Juli hinein hielt auch sie sich beim Flüchtlingsthema zurück, das die Anhängerschaft beider Volksparteien spaltete.

Es kam anders, und dafür trugen aus Merkels Sicht zwei Männer den größten Teil der Verantwortung: Martin Schulz versuchte, das Thema in seiner Verzweiflung gegen die Kanzlerin zu instrumentalisieren, und der

5. Annus horribilis (2016–2017)

Fernsehmoderator Claus Strunz rückte die Frage ins Zentrum des Fernsehduells vor der Wahl.

Schulz begann seinen Versuch am 23. Juli mit einem Besuch an den Ankunftsorten der Flüchtlinge in Süditalien, den er mit einem Interview in der *Bild am Sonntag* flankierte. «2015 kamen über eine Million Flüchtlinge nach Deutschland – weitgehend unkontrolliert», sagte er. «Damals öffnete die Kanzlerin die Grenzen nach Österreich. Aus gutgemeinten humanitären Gründen, aber leider ohne Absprache mit unseren Partnern in Europa. Wenn wir jetzt nicht handeln, droht sich die Situation zu wiederholen.»[65] Vor lauter Hilflosigkeit, so sah es Merkel, zerrte ihr glückloser Herausforderer das Flüchtlingsthema auf die politische Bühne zurück, und er bemühte dafür Argumente, die nah an der Wortwahl der Populisten lagen. Zudem malte er ein Bedrohungsszenario für die nahe Zukunft aus: Abermals laufe eine orientierungslose Kanzlerin Gefahr, die Kontrolle über die Situation zu verlieren. Damit bot er der AfD eine Vorlage. Prompt stieg die Protestpartei in den Umfragen wieder an, während linksliberale SPD-Wähler zu den Grünen flüchteten. Die Sozialdemokraten sackten weiter ab.

Nach den Sommerferien in Südtirol begann Merkel mit dem eigentlichen Wahlkampf. Sie mutete sich ein gewaltiges Programm zu. Vom Auftakt in Dortmund am 12. August 2017 bis zum Abschluss am 22. September in München absolvierte sie 55 Kundgebungen, davon 16 in den östlichen Bundesländern. Sie gab viele Interviews, nicht nur in überregionalen Medien, auch viele Regionalzeitungen wurden von ihr bedacht. Bisweilen ging die Initiative zu den Gesprächen sogar vom Regierungssprecher aus, ohne dass es eine entsprechende Anfrage gegeben hatte. Auch in der *taz* trat Merkel erstmals als Interviewpartnerin auf, es war eine vertrauensbildende Maßnahme in Hinblick auf mögliche Bündnisse mit den Grünen und auch ein Fischen nach Stimmen bei den Anhängern ihrer Flüchtlingspolitik.[66] In Hintergrundkreisen mit Journalisten machte sie sich rarer als in früheren Wahlkämpfen, sie wollte im O-Ton sprechen, nicht über Vermittler.

Denn eines wusste die Kanzlerin durchaus: Der Wahlkampf würde diesmal besondere Herausforderungen für sie bereithalten. Dass keine gewöhnliche Kampagne zu erwarten stand, hatte sie schon bei der Verkündung ihrer Kandidatur im November 2016 gesagt. Sie zog daraus ihre eigenen Schlüsse. Auf die Schmähkritik an ihrer Person wollte sie nicht argumentativ eingehen, ihre Omnipräsenz sollte als Antwort auf die Anfechtungen genügen. Standhalten, so lautete die Parole vor allem auf ostdeutschen Marktplätzen. Überall hatten sich Schreihälse aufgebaut, die ihr teils zu den Auftritten hinterher reisten. Sie hielten Plakate der AfD oder sogar Propagandamaterial der NPD in den Händen; sie lärmten mit Trillerpfeifen; sie waren gut organisiert, rücksichtslos und enthemmt. Sie schmähten die Kanzlerin als «Volksverräterin» oder «Schlampe», ihr gemeinsamer Refrain lautete: «Merkel muss weg!» Die Leisen, die überall noch die Mehrheit stellten, ließen es geschehen. Merkel tat so, als nehme sie den Protest gar nicht wahr, sie ignorierte das Gebrüll der Demonstranten wie später die Zwischenrufe der AfD im Bundestag. Immer stärkere Lautsprecher mussten herbeigeschafft werden, damit die Kanzlerin mit ihrer Stimme gegen die Lärmkulisse ankam. Oft wirkte es grotesk, wie sie vorne über Details der Rentenpolitik dozierte, während hinten im Publikum der «Merkel-Galgen» gezeigt wurde.

Mehr Breitenwirkung als die Pöbeleien auf den Marktplätzen entfaltete das Fernsehduell, das sich Merkel Anfang September mit ihrem Herausforderer lieferte, wie gewohnt ganz in der Nähe ihrer früheren Arbeitsstätte in Berlin-Adlershof. Vier Jahre zuvor hatte sie sich die Wiederwahl noch mit dem Satz sichern können: *Sie kennen mich.* Daran waren angesichts ihrer Flüchtlingspolitik einige Zweifel aufgekommen, im Guten wie im Schlechten. Gleichwohl ließ Merkel auch diesmal alle Kritik an sich abtropfen. Doch die Moderatoren, vor allem Claus Strunz von Sat.1, stellten die Flüchtlingspolitik in den Mittelpunkt. Eine volle Stunde befragten sie Merkel und Schulz zu diesem Komplex, so dass nur noch 30 Minuten für alle anderen Themen übrig blieben.[67] Nun rückten die Flüchtlinge endgültig ins Zentrum des Wahlkampfs.

Zum Fiasko der Großen trug allerdings auch bei, dass sich Merkel und Schulz in dem Gespräch überhaupt nicht stritten. Mit ihrem harmonischen Auftritt erweckten sie den Eindruck, eine neuerliche große Koalition zwischen Union und SPD sei schon ausgemachte Sache. Dass die Kanzlerin allen Kontroversen auswich, brauchte niemanden zu wundern. Aber auch Schulz hatte sich alle Aggressionen von seinen übervorsichtigen Beratern austreiben lassen. So nahm er gleich in seiner ersten Antwort den durchaus legitimen Vorwurf zurück, die Kanzlerin begehe mit ihrer einschläfernden Wahlkampfführung einen Anschlag auf die Demokratie. Stattdessen beteiligte er sich nun selbst an der Chloroform-Kampagne. Eine Karikatur zeigte anderntags Merkel und Schulz harmonisch auf einer Parkbank. «Dein Auftritt war toll, Martin», sagte die Kanzlerin,

5. Annus horribilis (2016–2017)

und der Kandidat entgegnete: «Deiner auch, Angela.» Die Zeichnung trug die ironische Bildunterschrift: «Der Wahlkampf tritt in die heiße Phase.»[68]

Da der Wettstreit zwischen Union und SPD längst entschieden schien, richtete sich die Aufmerksamkeit jetzt auf die Kleinen. FDP und Grüne stilisierten die Wahl erfolgreich zu einer Entscheidung zwischen Schwarz-Gelb und Schwarz-Grün. Beide warben mit dem Argument, die AfD dürfe nicht zur drittstärksten Kraft im Bundestag aufsteigen. Das verfing. Sowohl die im Aufwind segelnde FDP als auch die zuletzt glücklosen Grünen verzeichneten in den letzten Wochen des Wahlkampfs deutliche Zugewinne. Sie gingen allerdings nicht zulasten der AfD, sondern auf Kosten der beiden großen Parteien. Auch Merkels CDU hatte darunter zu leiden.

Die AfD profitierte zudem von zwei Provokationen ihrer beiden künftigen Fraktionsvorsitzenden. Ende August kündigte Alexander Gauland auf einer Kundgebung im thüringischen Eichsfeld an, seine Partei wolle die Integrations-Staatsministerin Aydan Özoğuz «in Anatolien entsorgen». Zwei Wochen später kam eine E-Mail ans Licht, in der Alice Weidel Regierungsmitglieder als «Schweine» bezeichnete, die «nichts anderes als Marionetten der Siegermächte» seien. Über die Vorfälle berichteten die Medien in der Schlussphase des Wahlkampfs zeitweise ausführlicher als über die Kampagnen der übrigen Parteien. Die große Aufmerksamkeit schadete der AfD nicht, sie förderte vielmehr deren weiteren Aufstieg. Auch das registrierte die Kanzlerin mit Befremden.[69]

So endete einer der eigentümlichsten Wahlkämpfe in der Geschichte der Bundesrepublik, der mit dem Hype um den Sozialdemokraten Martin Schulz begann, dann zu einem Triumph für Angela Merkel zu werden schien, um schließlich für beide im Missvergnügen zu enden. Es war ein Wahlkampf, in den Merkel ursprünglich gar nicht mehr hatte ziehen wollen, den sie dann trotz der veränderten Umstände mit den bewährten Methoden führte. Unübersehbar hatten auch in der vermeintlich stabilen Bundesrepublik neue politische Zeiten begonnen. Es schien im Auge des Betrachters zu liegen, ob Merkel die Zeichen dieser neuen Zeit verkannte oder ob sie ganz im Gegenteil die Frau war, die noch am ehesten für die Stabilität der vertrauten Welt einstehen konnte.

6. Dämmerung (2017–2020)

Grenzen der Macht

Nur wenige Hundert Meter liegen zwischen Angela Merkels Wohnung am Kupfergraben und der Mensa Süd im historischen Hauptgebäude der Humboldt-Universität, wo die Kanzlerin ihre Stimme zur Wahl des 19. Deutschen Bundestags abgab, gegen halb drei Uhr nachmittags. Es nieselte leicht an diesem 24. September 2017. Als sie in ihre Wohnung zurückkehrte und sich wenig später im Auto zur Parteizentrale der CDU begab, trafen die ersten einigermaßen zuverlässigen Nachwahlbefragungen ein. Sie bestätigten, was sich in den allerletzten Wochen des Wahlkampfs bereits abgezeichnet hatte: Die Unionsparteien kamen nach einem Verlust von fast neun Punkten nur noch auf knapp 33 Prozent. Damit fielen sie sogar noch hinter ihr schwaches Ergebnis von 2009 zurück, schlechter hatten sie bislang nur bei der ersten Bundestagswahl im Jahr 1949 abgeschnitten. Auch die Suche nach einem Partner versprach schwierig zu werden: Der SPD stand mit gut 20 Prozent eine historische Niederlage bevor, seit 1890 hatte sie nur bei einer einzigen freien Wahl ein schlechteres Ergebnis erhalten, im November 1932. Die bislang außerparlamentarische FDP und die Grünen gewannen zwar etwas mehr Stimmen als erwartet, für ein Zweierbündnis einer der beiden Parteien mit der Union reichte das aber nicht.

Vor allem zog nun zum ersten Mal seit der unmittelbaren Nachkriegszeit eine Partei in den Deutschen Bundestag ein, die zumindest in Teilen rechtsextrem war. Die AfD errang bundesweit fast 13 Prozent der Stimmen und in Sachsen mit 27,0 Prozent sogar den ersten Platz knapp vor der CDU. Eine «Schande für Deutschland» hatte Finanzminister Schäuble die Partei schon 2014 genannt, vor der Flüchtlingsdebatte, weil sie Vorurteile gegen Ausländer und Minderheiten schüre.[1] Seither hatte sich die AfD immer weiter radikalisiert. Ihre Exponenten äußerten sich inzwischen offen rassistisch und in meist fanatischem Ton. Die Partei hatte eine postfaktische Parallelgesellschaft aufgebaut, in deren Weltbild «Messermänner»

Zum ersten Mal seit der unmittelbaren Nachkriegszeit zog 2017 eine Partei in den Bundestag ein, die zumindest in Teilen rechtsextrem war. Unter den anfangs 94 AfD-Abgeordneten waren 84 Männer.

marodierend durch deutsche Städte zogen und «Kopftuchmädchen» den Sozialstaat ausbeuteten. Eine zentrale Rolle in diesem Universum nahm die Bundeskanzlerin ein: Angela Merkel, davon zeigten sich Funktionäre und Anhänger überzeugt, habe 2015 die Flüchtlinge «eingeladen», weil sie den Plan einer «Umvolkung» verfolge. Im Wahlkampf hetzte die Partei gegen «Lügenpresse» und «Systemparteien», und ein Jahr später sprach der Vorsitzende Alexander Gauland ganz offen davon, dass er einen Systemwechsel anstrebe.[2]

Für sich genommen mochte das Ergebnis der Unionsparteien im Vergleich zu Merkels Befürchtungen noch einigermaßen glimpflich ausgefallen sein. Der Vorsprung der Union gegenüber der SPD schrumpfte im Vergleich zur vorigen Wahl zwar ein wenig, mit mehr als zwölf Prozentpunkten fiel er immer noch größer aus als bei allen Wahlen zwischen 1961 und 2009. Daher glaubte Merkel, dass ihr die anderen den Regierungsanspruch kaum bestreiten könnten. Zudem versicherten Wahlforscher ganz unterschiedlicher Prägung am Tag nach der Wahl, dass das Unionsergebnis im langfristigen Trend recht ansehnlich sei.[3] Die Ausnahme war das gute Resultat von 2013 gewesen, nicht das von 2017. In vielen anderen europäischen Ländern kam kaum noch eine Traditionspartei auf Wahlergebnisse von mehr als 30 Prozent.

Merkel erlebte bereits zum dritten Mal, dass ihr Ergebnis hinter den Erwartungen zurückblieb, auch das erklärte ihre Routine an diesem Abend, die nicht nur zur Schau gestellt war. Eine Bestätigung mochte Merkel darin sehen, dass ihre Kritiker deutlich schlechter abgeschnitten hatten als die Kollegen, die ihr in der Flüchtlingspolitik die Treue hielten: Den größten Einbruch erlebte die CSU in Bayern, wo im Gegenzug die AfD ihre besten westdeutschen Ergebnisse erzielte. Nach Merkels Analyse hatte der Parteivorsitzende Seehofer seinen Wählern so lange eingehämmert, dass die eigene Regierung in Berlin die falsche Politik betreibe, bis sie es schließlich glaubten und die Rechtspopulisten wählten.

Diese Argumente reichten indes nicht aus, um die Enttäuschung vieler Christdemokraten zu dämpfen, noch weniger ließen sie sich der Öffentlichkeit vermitteln. Als Merkel rund 50 Minuten nach Schließung der Wahllokale im Foyer der Parteizentrale sprach, empfanden viele Zuschauer den Auftritt als unangemessen routiniert. Zunächst steuerte sie das Rednerpult an, das sie bei Landtagswahlen benutzte, wenn sich neben ihr ein Spitzenkandidat für seine Niederlage rechtfertigen musste – ganz so, als habe sie auch heute bloß die Resultate anderer zu kommentieren. Aber diesmal ging es um sie selbst. *Natürlich hatten wir uns ein wenig ein besseres Ergebnis erhofft*, sagte sie. «Ein wenig»: Das klang allzu beschönigend angesichts eines Verlusts von fast neun Prozentpunkten, wie auch immer sich der Rückgang erklären ließ. Was souverän wirken sollte, erweckte zumindest bei einem Teil des Publikums den Eindruck, Merkel leide nach zwölf Amtsjahren unter einem ähnlichen Realitätsverlust wie der späte Helmut Kohl.

Im Modus der Beschwichtigung fuhr sie fort: *Und deshalb freue ich mich mit Ihnen, dass wir die strategischen Ziele unseres Wahlkampfs erreicht haben. Wir sind stärkste Kraft als CDU und CSU, wir haben einen Auftrag, eine Regierung zu bilden, und gegen uns kann keine Regierung gebildet werden. Und das ist nach zwölf Jahren Regierungsverantwortung durch die Union alles andere als selbstverständlich, dass wir wieder stärkste Kraft geworden sind.* Der begeisterte Jubel der Jungunionisten verstärkte noch den surrealen Anstrich der Szene.[4]

Als einzigen Wermutstropfen mochte die Parteivorsitzende gelten lassen, was sie an dem Wahlergebnis tatsächlich am meisten störte: dass den Rechtsradikalen der Einzug in den Bundestag gelungen war. *Wir wollen die Wählerinnen und Wähler der AfD zurückgewinnen durch Lösen der Probleme, durch Aufnehmen ihrer Sorgen, auch ihrer Ängste zum Teil, aber vor allem eben durch gute Politik.*[5] Mit dem Hinweis, die Ängste der AfD-Anhänger nur «zum Teil» aufnehmen zu wollen, ließ sie ihre Abneigung gegenüber einer angstgetriebenen Politik erkennen – ganz ähnlich wie ihr Vorgänger Helmut Schmidt, der die Angst zeitlebens als einen schlechten Ratgeber angesehen hatte. Im kleinen Kreis hatte sie 2010, auf dem ersten Höhepunkt der Euro-Krise, einmal über die Befindlichkeiten ihrer europäischen Kollegen gesprochen. Was denn ihre Angst sei, wurde sie gefragt. *Die Ängste der Männer*, antwortete sie prompt.[6]

Nach dem Auftritt im Adenauerhaus fuhr Merkel ins Fernsehstudio, zur Berliner Runde der Parteivorsitzenden. Der SPD-Kandidat Martin Schulz, der auf Anraten seiner Mitarbeiter zuletzt allzu konfliktscheu agiert hatte, schaltete nach Schließung der Wahllokale plötzlich in den Kampagnenmodus um. Auf einmal holte er den Vorwurf hervor, den er im TV-Duell bereits zurückgenommen hatte: dass die Kanzlerin mit ihrem weichgespülten Wahlkampf die Demokratie beschädigt habe. Und er wiederholte, was er kurz zuvor in der Parteizentrale unter dem seligen Jubel der Parteifreunde verkündet hatte: dass der Platz der SPD jetzt in der Opposition sei, nicht in der Regierung. Das Spektakel, das Schulz nun abzog, erinnerte von Ferne an den Wahlabend vor zwölf Jahren, als Gerhard Schröder der CDU-Vorsitzenden Merkel das Recht auf die Nachfolge bestritten hatte.[7]

Im Anschluss an die Fernsehrunde kehrte die Kanzlerin, anders als üblich, noch einmal in die CDU-Zentrale zurück. Sie wollte die CSU für alle sichtbar in die Verantwortung für Niederlage und Regierungsbildung einbinden, umso mehr, als sich der Parteivorsitzende Seehofer am Wahlabend einem vereinbarten Telefonat entzogen hatte. Also zerrte sie Joachim Herrmann zu sich auf die Bühne, den CSU-Spitzenkandidaten für die Bundestagswahl und Anwärter auf das Amt des Innenministers. Am Rand der Wahlparty stand ein trauriger Weggefährte der Kanzlerin: Der noch amtierende Innenminister Thomas de Maizière wusste, dass diese Konstellation wahrscheinlich das Ende seiner Karriere bedeuten würde.

Am nächsten Tag verliefen die Sitzungen von Präsidium und Vorstand der CDU für Merkel erstaunlich unspektakulär, dem alten Machtreflex folgend, dass die Partei im Angesicht einer schwierigen Regierungsbildung zusammenhalten müsse. In die anschließende Pressekonferenz ging die Kanzlerin mit der Grundhaltung des Vorabends. *Ich wusste, dass das ein besonderer Wahlkampf wird. Ich fühle mich darin bestätigt, was mir im Herbst 2016 auch durch den Kopf gegangen ist*: Damit spielte sie auf die Argumente an, die sie beinahe von einer abermaligen Kanzlerkandidatur abgehalten hätten. Kritische Nachfragen, sie habe durch ihren Wohlfühl-Wahlkampf den Aufstieg der AfD gefördert, bügelte sie in genervtem Ton ab: *Aber wenn ich nun auch dafür verantwortlich bin, dann – in Gottes Namen*.[8]

Für alles und jedes war sie seit dem Herbst 2015 zur Rechenschaft gezogen worden, die überzogene Kritik hatte zu einer Immunisierung auch gegenüber berechtigten Einwänden geführt. Das barg besondere Gefahren für eine Politikerin, die ihre Stärke immer aus einer außergewöhnlichen Erdverbundenheit bezogen hatte. Als abgehoben empfand das Publikum vor allem Merkels Antwort auf die Frage, ob sie ihre Kampagne falsch angelegt habe: *Ich kann nicht erkennen, was wir jetzt anders machen müssten*.[9]

Von vielen Seiten stand Merkel nun in der Kritik. Am wenigsten mochte das aus Richtung der AfD überraschen. Der künftige Fraktionsvorsitzende Alexander Gauland rief auf der Wahlparty seiner Partei den Anhängern zu: «Wir werden sie jagen, wir werden Frau Merkel oder wen auch immer jagen, und wir werden uns unser Land und unser Volk zurückholen.»[10] Aber auch die frisch gewählte SPD-Fraktionschefin Andrea Nahles schlug ein paar Tage später ganz neue Töne an. «Ab morgen kriegen sie in die Fresse», sagte sie über die Kollegen aus den Unionsparteien. Sie meinte das scherzhaft, gleichwohl signalisierte der Satz die Vorfreude der Sozialdemokraten auf die künftige Oppositionsrolle.[11] Auch der SPD-Vorsitzende Martin Schulz legte sich fest: «Ganz klar, in eine Regierung von Angela Merkel werde ich nicht eintreten.»[12]

Auf einen Ministerposten unter Merkel war schließlich auch der FDP-Vorsitzende Christian Lindner nicht erpicht, was er aus taktischen Gründen indes nicht so laut sagte. Uneingeschränkt regierungswillig zeigten sich allein CDU/CSU und Grüne, die zusammen auf 41,8 Prozent der Stimmen und 313 von 709 Mandaten kamen. Die viel gerühmte Stabilität der Bonner und auch der frühen Berliner Republik hatte sich verflüchtigt. Es begann die schwierigste Regierungsbildung seit Inkrafttreten des Grundgesetzes vor fast 70 Jahren.

Dass es bei den Berliner Koalitionsgesprächen nicht nur um innenpolitische Streitfragen ging, daran erinnerte am zweiten Tag nach der Bundestagswahl der französische Staatspräsident Emmanuel Macron. In einer

Rede an der Sorbonne breitete er seine Vision von der Zukunft Europas aus. Der Auftritt in einem Hörsaal der Traditionsuniversität richtete sich vor allem an die Adresse Deutschlands. Bewusst hatte der Präsident den Wahltermin im Nachbarland abgewartet, um nicht in den Verdacht parteipolitischer Einmischung zu geraten. In manchen Punkten waren seine Ideen gar nicht so weit von deutschen Vorstellungen entfernt. Das galt jedenfalls dort, wo es um Grenzschutz und Asyl ging, um Forschung und Bildung oder mit erheblichen Einschränkungen auch um die Außen- und Verteidigungspolitik. Sogar ein Bekenntnis zur EU-Erweiterung auf dem Balkan legte er ab, die er zwei Jahre später torpedierte.[13]

Bei Macrons Vorschlägen, die Euro-Zone mit einem gemeinsamen Haushalt und einem eigenen Finanzminister auszustatten, zog Merkel allerdings zunächst nicht mit. Alles, was nur entfernt nach Umverteilung und einem Einflussverlust der nationalen Parlamente aussah, würde sie im neuen Bundestag nicht mehr durchbekommen. Merkel musste nicht nur Rücksicht auf die gewachsene Zahl der Skeptiker in der Unionsfraktion nehmen, im Fall einer Jamaika-Regierung würde auch die FDP gegen die Vorschläge opponieren; obendrein war es ihr auch kein Herzensanliegen. Die Kanzlerin versprach dem Präsidenten nach dessen Angaben zwar, eine konstruktive Rolle einzunehmen: *Ich werde nicht diejenige spielen, die schon alles erlebt und gesehen hat.*[14] Mit dem Mittel der Negation brachte sie ihren Gemütszustand ziemlich präzise zum Ausdruck: In ihrem Leben, von der DDR-Zeit bis zur Kanzlerschaft, hatte sie große politische Visionen zu oft scheitern sehen. Die schwierige Regierungsbildung tat ein Übriges: Sie blockierte die Entscheidungsfindung so lange, bis Macron innenpolitisch selbst in Bedrängnis geriet.

Schon vor den ersten Koalitions-Sondierungen spürte Merkel die neuen Grenzen ihrer Macht. Bei der Wiederwahl zum Fraktionsvorsitzenden erhielt ihr Vertrauter Volker Kauder das bisher schlechteste Ergebnis, nur 180 von 246 Abgeordneten stimmten für ihn. Einige Wochen später musste auch ihre alte Weggefährtin Annette Schavan zurückstecken und auf die Kandidatur für den Vorsitz der Konrad-Adenauer-Stiftung verzichten. An die Spitze einer Stiftung, die nicht zuletzt Promotionsförderung betreibt, konnte schlecht eine Frau rücken, die ihren Doktortitel aufgrund von Plagiatsvorwürfen verloren hatte: Auch hier hatte die Kanzlerin ihr politischer Instinkt verlassen, in der Welt der Wissenschaft brachte sie mit dem Personalvorschlag nicht nur notorische Kritiker gegen sich auf.[15]

An förmliche Koalitionsverhandlungen konnte Merkel vorerst nicht denken, zu unerprobt war das Jamaika-Modell. So gab es erst einmal Sondierungen, und auch sie mussten drei Wochen warten, bis zur Landtagswahl in Niedersachsen am 15. Oktober. In Hannover hatte die rot-grüne Regierung ihre Mehrheit verloren, weil eine Grünen-Abgeordnete zur CDU übergelaufen war. Zunächst sah alles nach einem gelungenen Coup für die Christdemokraten aus. Jetzt drehte sich die Stimmung, nicht bloß, weil die Leute keine Verräter mögen, sondern auch, weil die Bundestagswahl den Eindruck hinterließ, mit der Kanzlerin und ihrer Partei gehe es bergab. Die CDU konnte in Hannover zwar in die Regierung eintreten, aber anders als erhofft nur als kleinere Partnerin. Die Serie der christdemokratischen Wahlsiege, die Ende März im Saarland begonnen hatte, war fürs Erste zu Ende.

Am selben Tag wie die Niedersachsen wählten auch die Österreicher. Die Koalition aus sozialdemokratischer SPÖ und christdemokratischer ÖVP war zerbrochen, weil Vizekanzler Reinhold Mitterlehner, nach deutschen Maßstäben ein liberaler Merkel-Mann, vom eigenen Außenminister Sebastian Kurz zum Rücktritt gedrängt worden war. Der erst 31 Jahre alte Kurz, seit jeher Gegner der deutsch-österreichischen Flüchtlingspolitik vom Herbst 2015, machte aus der Partei eine «Liste Sebastian Kurz» und strebte eine Koalition mit der rechtspopulistischen FPÖ an, wie es sie von 2000 an schon gegeben hatte. Damit war Österreich, lange der verlässlichste Verbündete der deutschen Kanzlerin in der Flüchtlingspolitik, ins Lager ihrer Gegner übergelaufen.

Der neue Bundeskanzler Kurz wurde rasch zum Helden der Merkel-Kritiker in den Unionsparteien, sofern er es nicht längst schon war – und das, obwohl sein Wahlergebnis in Österreich hinter dem Resultat der Unionsparteien in Deutschland zurückblieb. Nicht nur Jens Spahn, Parlamentarischer Staatssekretär im Finanzministerium und Hoffnungsträger der Merkel-Skeptiker, ließ kaum eine Gelegenheit aus, sich mit dem Österreicher fotografieren zu lassen. Nähe demonstrierten auch CSU und FDP. Zu den erklärten Kurz-Fans zählten der CSU-Verkehrsminister Alexander Dobrindt und der FDP-Vorsitzende Christian Lindner. Der paneuropäische Schulterschluss richtete sich vor allem gegen die 63-jährige Merkel und sollte eine jungkonservative Wende à la Kurz auch für Deutschland vorbereiten.[16]

Angela Merkel und Sebastian Kurz schienen nicht nur angesichts eines Altersunterschieds von 32 Jahren für zwei unterschiedliche Generationen zu stehen, sondern auch für zwei unterschiedliche politische Entwürfe, über die Flüchtlingsfrage im engeren Sinn hinaus. Kurz wollte mit den Rechtspopulisten koalieren, Merkel wollte sich von ihnen abgrenzen; die Deutsche inszenierte sich als rationale Sachwalterin des politischen Pragmatismus, der Österreicher als Anführer einer neuen politischen Bewegung; die CDU-Vorsitzende strebte nach Mehrheiten in der politischen Mitte, der ÖVP-Chef führte – zunächst jedenfalls – einen Lagerwahlkampf.

Zumindest nach außen nahm Merkel den Kult gelassen, den manche um den jungen Kanzler machten. *Irgendwann bemerkt man an sich selbst, dass man mit jedem Tag ein bisschen mehr in Richtung des Älteren hinüberrutscht. Das gehört einfach zum Leben dazu*, sagte sie beim Antrittsbesuch des österreichischen Kanzlers im Januar 2018.[17] Es mochte ihr eine Genugtuung sein, dass ausgerechnet Kurz gut zwei Jahre später ein Bündnis mit den Grünen eingehen musste. An seiner Migrationspolitik hielt er dabei zwar weitgehend fest, aber in der Umweltpolitik machte er sich zum Vorreiter eines ambitionierten Klimaschutzes, den viele seiner deutschen Fans gerade bekämpften.

Merkel nutzte das Warten auf die Sondierungsgespräche, um ein weiteres Mal den Konflikt mit der CSU zu entschärfen und eine gemeinsame Position der Unionsparteien für die Verhandlungen mit FDP und Grünen zu formulieren. Fast zwei Wochen lang rang sie mit Seehofer. Am 8. Oktober stand abends um 21.50 Uhr der Kompromiss: Die beiden Kontrahenten einigten sich auf einen «Richtwert» von 200 000 Flüchtlingen im Jahr, der aber nicht «Obergrenze» heißen durfte. Was geschehen würde, falls die Zahl der Neuankömmlinge diesen Wert überstieg, blieb offen. Zusätzlich verlangte Seehofer, in anderen EU-Staaten registrierte Asylbewerber gar nicht erst ins Land zu lassen. Damit konnte er sich bei Merkel nicht durchsetzen, weshalb er selbst einräumte: «Die Zurückweisung an der Grenze ist eine hochkomplizierte, auch juristische Angelegenheit, die eine Reform des Dublin-Verfahrens voraussetzen würde.»[18] Diese Erkenntnis hielt allerdings nur acht Monate vor, bis Seehofer das Thema erneut aufgriff und Merkels Kanzlerschaft fast an ein vorzeitiges Ende brachte.

6. Dämmerung (2017–2020)

Jamaika

Drei Tage nach der niedersächsischen Wahl, am 18. Oktober, begannen die Sondierungen zwischen CDU, CSU, FDP und Grünen. Am Anfang stand ein vorsichtiges Herantasten. Als Geste des guten Willens stattete der CSU-Vorsitzende Seehofer am Vorabend der Parteizentrale der Grünen einen Besuch ab, am nächsten Morgen ging er zur FDP. In der Parlamentarischen Gesellschaft, dem ehemaligen Palais des Reichstagspräsidenten, bereiteten sich dann die Unterhändler in internen Sitzungen auf die Verhandlungen vor. Die ersten beiden Tage vergingen mit Zweiergesprächen, erst dann trafen sich alle Parteien gemeinsam. Es bedurfte sieben solcher Sitzungen im großen Kreis, bis am 3. November alle Themen auch nur ein einziges Mal angesprochen waren.

Von echten Verhandlungen konnte in dieser Phase kaum die Rede sein. Zumindest gab es schöne Fotos, denn auf der Spreeseite verfügt die Parlamentarische Gesellschaft über einen Balkon, der sich von der Straße gut einsehen lässt. Vom ersten Tag an präsentierten sich hier gut gelaunte Unterhändler, diese Bilder vermittelten der Öffentlichkeit den Eindruck, dass die Gespräche gut liefen. Wirkliche Fortschritte gab es kaum. Auch über kleinste Zwischenstände informierten die Akteure die Öffentlichkeit per Twitter, parallel dazu gaben sie ständig Interviews, denen wiederum die Gegenseite in den Verhandlungen widersprach.

Nur eine prominente Politikerin der möglichen Regierungsparteien beteiligte sich nicht an dem Schaulaufen, sie verschwand für zwei Wochen fast ganz aus der Öffentlichkeit: Angela Merkel. So hatte sie es zwar stets während laufender Koalitionsgespräche gehalten, aber diesmal fiel das angesichts der medialen Dauerpräsenz aller übrigen Unterhändler besonders auf. Teilnehmer der Gespräche berichteten, in den Runden sei Merkel gleichwohl die dominierende Person, auch wenn sie selbst nicht viel rede. Sie sammelte vor allem die Positionsbestimmungen der anderen ein und lotete mögliche Schnittmengen aus. Eigene Vorschläge machte sie kaum.

Das verwunderte gerade jene, die in Jamaika ein «Projekt» sahen. Die Wahlprogramme von FDP und Grünen eröffneten bei mindestens zwei gesellschaftlichen Großthemen die Chance auf Versöhnung über Lagergrenzen hinweg: In der Migrationspolitik hätte Merkel eine Kombination von restriktiverem Asylrecht und erleichterter Arbeitsmigration entwickeln, in der Klimapolitik den Grünen ambitionierte Ziele und der FDP markt-

Von den Verhandlungen über eine Jamaika-Koalition, die Ende 2017 im früheren Palais des Reichstagspräsidenten stattfanden, gab es schöne Bilder. An Jürgen Trittin von den Grünen scheiterten sie nicht.

wirtschaftliche Mittel anbieten können. Aber sie vermied es, mit solchen Visionen voranzugehen. Sie wollte keine Erwartungen wecken, um sie hinterher im Klein-Klein der Spiegelstriche zu enttäuschen. Und sie misstraute von Anfang an dem Verhandlungspartner Christian Lindner, so berichteten später Vertraute, die eine solche Skepsis zunächst nicht teilten.

Spätestens seit Lindner im Herbst 2015 aus taktischen Motiven die Flüchtlingspolitik Merkels frontal attackiert hatte, war das Verhältnis der angeblichen «Wunschpartner» zerrüttet. Warnungen hatte die Kanzlerin wohl auch von ihrem früheren Vizekanzler Westerwelle erhalten, zu dem sie bis zu dessen Tod 2016 ein freundschaftliches Verhältnis unterhalten hatte. Der FDP-Politiker konnte ihr in den düstersten Farben ausmalen, mit welchen Methoden Lindner den Niedergang der Partei noch weiter befördert habe, um sich hinterher der Trümmer zu bemächtigen und die Alleinherrschaft zu erringen.[19] Auch das Auftreten der FDP in den Sondierungsrunden überzeugte die Kanzlerin nicht. Viele von Lindners Leuten kannten sich nach vier Jahren parlamentarischer Abstinenz mit den Einzelheiten der Fachthemen kaum aus. Hingegen lobte Merkel nach dem Ende der Verhandlungen im kleinen Kreis die Grünen für deren Faktenkenntnis: Die verteidigungspolitische Sprecherin zum Beispiel kenne jede Afghanistan-Resolution in- und auswendig. Das mochte den anderen bisweilen auf die Nerven gehen, aber es entsprach dem Naturell der Kanzlerin und erleichterte die Suche nach fein ziselierten Kompromissen.[20]

Und schließlich sah Merkel als Machtpolitikerin das objektive Interesse Lindners: Ihm musste daran gelegen sein, die Partei erst einmal im Bundestag zu konsolidieren und nicht schon wieder in einer Regierungsbeteiligung zu verschleißen. Auch deshalb hielt es Merkel für die beste Taktik, die FDP erst einmal in langwierige Sondierungsgespräche hineinzuziehen und ihr keinen Vorwand zum Abbruch der Verhandlungen zu liefern. Je länger Lindner das Spiel mitmachen musste, umso höher würde für ihn der Preis eines Ausstiegs werden.[21]

Nach der konstituierenden Sitzung des Bundestags am 24. Oktober wurde Merkel vom Bundespräsidenten förmlich entlassen und kommissarisch mit der Fortführung der Amtsgeschäfte beauftragt – ein Routinevorgang, der angesichts ihrer prekären Situation diesmal besondere Aufmerksamkeit erregte. Am 3. November sprach sie zum ersten Mal öffentlich über die Sondierungen: *Ich glaube nach wie vor, dass wir die Enden zusammenbinden können.* Nun begannen die ernsthaften Verhandlungen, in wechselnden Formaten, auch jenseits der großen Runde. «Die Entscheidung rückt näher», titelte eine Zeitung schon am 4. November. Der FDP-Vorsitzende Lindner sandte widersprüchliche Signale, in der Tendenz klang er zuversichtlich. «Aus Jamaika kann etwas werden», sagte er am zweiten Novemberwochenende.[22]

Mitte November schien die «Woche der Entscheidung» anzubrechen,[23] so signalisierten es die Unterhändler. Für den 17. und 18. November hatte Merkel eine Klausur des CDU-Vorstands anberaumt, um die versprochene Wahlanalyse nachzuholen und nun auch über das Verhandlungsergebnis zu befinden. Die Grünen terminierten parallel einen Sonderparteitag. Auch Interviews zu den Ergebnissen hatten die Hauptakteure bereits fest vereinbart. Am Donnerstag, dem 16. November, sollte es nun wirklich zu einer Einigung kommen, spätestens in der Nacht.

Daraus wurde nichts, die Gespräche zogen sich hin.[24] Lindner musste enttäuscht feststellen, dass sich die anderen nicht zerstritten. Schon am

Mittwoch einigten sich die Spitzen von Union und Grünen auf einen Kompromiss zum Kohleausstieg. Mit der ganzen Macht des historischen Arguments drängte Merkel den Ministerpräsidenten des stark betroffenen Landes Nordrhein-Westfalen, Armin Laschet, zum Kompromiss: Sie verwies auf den Bruch der letzten parlamentarischen Regierung in der Weimarer Republik, die sich 1930 über ein Viertelprozent Beitragserhöhung für die Arbeitslosenversicherung zerstritten hatte. Die Regierungsbildung im wichtigsten Land Europas dürfe jetzt nicht an einem Gigawatt Kohlestrom scheitern. Laschet lenkte ein, zur Überraschung des FDP-Vorsitzenden.[25]

Deshalb schlug Lindner jetzt einen härteren Ton gegenüber Merkel an. In den Gesprächen über die Europapolitik verlangte er, einen Passus aus dem niederländischen Koalitionsvertrag des rechtsliberalen Premiers Mark Rutte zu übernehmen: keine gemeinsamen Schulden, kein gemeinsamer Krisenmechanismus. Nicht nur die Kanzlerin stieß er damit vor den Kopf, sondern auch die Europapolitiker der FDP. Er musste wissen, dass sich Merkel darauf nicht einlassen konnte. Auch sie wollte zwar nicht für die Schulden anderer Euro-Länder haften, aber sie wollte sich mit Blick auf die anstehenden Verhandlungen nicht von vornherein fesseln lassen. Es sei ein Unterschied, ob die Niederlande so etwas beschlössen oder das größte Land der Euro-Zone, argumentierte sie. Die Frage blieb vorerst offen.

Danach ging es um die Flüchtlingspolitik. Spätestens jetzt würde der Konflikt zwischen CSU und Grünen eskalieren, hoffte Lindner. Aber so kam es nicht. Die Grünen wollten um jeden Preis in die Regierung, für die damalige Führungsgeneration schien es die letzte Chance zu sein. Auch Seehofer brauchte eine Einigung, denn nach dem CSU-Debakel bei der Bundestagswahl konnte er seine Karriere nur noch durch die Flucht auf einen Berliner Ministerposten retten. Eine Achterrunde saß beisammen, je zwei Vertreter der beteiligten Parteien. Seehofer zeigte Verständnis für die grünen Nöte und fragte ganz offen in die Runde, wie sich die Grünen einen Kompromiss beim umstrittenen Thema des Familiennachzugs für Flüchtlinge vorstellen könnten.

Lindner witterte Gefahr. Dass sich Union und Grüne nach dem Kohleausstieg auch noch bei ihrem zweiten großen Streitthema einig würden, wollte er nicht riskieren. Er griff ungefragt ein: Wenn die CSU hier umfalle, werde die FDP die harte Linie gegen den Familiennachzug vertreten. Das widersprach zwar seinen eigenen Ankündigungen: Wer selbst für seinen Lebensunterhalt aufkomme, der solle die Familie nachholen dürfen, hatte Lindner immer gesagt. Doch bei der CSU zeigte Lindners Kursschwenk die gewünschte Wirkung. Von einer weichen Linie war nun keine Rede mehr. Die Partei konnte und wollte sich in der Migrationspolitik nicht rechts überholen lassen, jedenfalls nicht innerhalb des demokratischen Spektrums.

Trotzdem wollten Union und Grüne die Verhandlungen nicht platzen lassen. Aber Lindner hoffte weiter auf einen Misserfolg, für den er nicht selbst die Verantwortung übernehmen müsste. Als er gegen fünf Uhr am Freitagmorgen den Verhandlungsort verließ, äußerte er sich deshalb optimistischer denn je. Das Jamaika-Bündnis nannte er ein «historisches Projekt», das an ein paar Stunden nicht scheitern dürfe. Er kündigte nun an, die Gespräche über die gesetzte Frist hinaus fortzusetzen. Die CDU-Vorstandsklausur fiel aus und damit fürs Erste auch die von Merkel versprochene Wahlanalyse.

Am Samstagmorgen stellte Lindner öffentlich ein Ultimatum: Bis Sonntag, 18 Uhr, müsse Schluss sein. Ein paar Stunden länger zog es sich an diesem 19. November 2017 dann doch. Die letzte Runde fand in der baden-württembergischen Landesvertretung statt, auf dem Terrain der Grünen. Am frühen Abend redeten die Parteispitzen abermals über Flüchtlinge, Europa, Abschaffung des Solidarzuschlags. Der FDP-Chef wurde immer wütender. Er sah die FDP vor die Alternative gestellt, wie 2009 mit wertlosen Formelkompromissen abgespeist oder für die Unregierbarkeit des Landes verantwortlich gemacht zu werden. Da Lindner eine Wiederholung des alten Fehlers vermeiden wollte, beging er einen neuen: Als die Unterhändler gegen elf Uhr abends ein letztes Mal zusammenkamen, erklärte er die Gespräche für gescheitert. Es habe keinen Sinn mehr weiterzureden. Damit wollte Merkel ihn nicht durchkommen lassen. *Was ist denn jetzt der Grund?*, fragte sie. Lindner antwortete allgemein: Der Gedanke von Innovation, Wettbewerb und Modernisierung finde sich im bisher Vereinbarten nicht wieder. «Er konnte nicht sagen, was er wollte», kommentierte ein Unterhändler der Grünen.[26]

Dann schaute Merkel auf ihr Handy. Die Presse melde schon das Scheitern der Gespräche, sagte sie.[27] Seehofer ergriff das Wort: «Es ist jetzt 23.26 Uhr. Ich halte die Zeit fest, weil jetzt eine Entwicklung eintritt, die weit über Deutschland und Europa hinaus Bedeutung hat und deren Ende wir nicht absehen können.»[28] Lindner antwortete, man solle im Guten voneinander scheiden. Gemeinsam mit seinem Stellvertreter

Kubicki stand er auf, reichte den anderen sechs Unterhändlern die Hand und verließ den Raum. Merkel gab ihm auf den Weg: *Das muss man vor sich selber und vor dem Land verantworten.*[29] Seine Delegation schien auf die neue Lage vorbereitet zu sein, die wartenden FDP-Unterhändler verschwanden mit Mänteln und Rollkoffern.

Merkel blieb zurück, gemeinsam mit ihrem Fraktionschef Kauder, den CSU-Politikern Seehofer und Dobrindt, den Grünen Göring-Eckardt und Özdemir. Um 23.48 Uhr meldeten die Agenturen, ein FDP-Sprecher habe den Abbruch der Verhandlungen bestätigt. Im selben Moment baute sich Lindner unten vor der Tür der Landesvertretung für die Fernsehkameras auf. Er verlas eine vorbereitete Erklärung: «Es ist besser, nicht zu regieren, als falsch zu regieren.» Merkel und die verbliebene schwarz-grüne Runde verfolgten die Szene auf dem Fernseher im Sitzungsraum.

«Angela Merkel war richtig ernst, wie man sie ganz, ganz selten erlebt», berichtete hinterher der CSU-Vorsitzende Seehofer. «Sie war wirklich getroffen.»[30] Zwischen den verbliebenen Unterhändlern im Raum wich die Schockstarre bald einer schwarz-grünen Verbrüderung. Die gemeinsamen Verhandlungen, die Verweigerungshaltung der FDP hatten Union und Grüne zusammengeschweißt. Unten im Foyer mischten sich die Journalisten unter die Politiker, im Chaos der Nacht hatte niemand an die sonst üblichen Absperrungen gedacht. Im Hinausgehen sagte Merkel auf die Frage, warum sie nicht länger bleiben wolle: *Zu viele Journalisten.* Ob sie sauer sei auf die FDP? *Ich bin nicht sauer, ich bin bedächtig.*[31]

Freimütig sprachen Schwarze und Grüne in ihrem ersten Impuls vom Wunsch nach raschen Neuwahlen. Ein kurzer, harter Wahlkampf über die Frage, wer in diesem Land eigentlich noch regieren wolle, getrennt geführt von Union und Grünen, um sich hinterher zu einer Koalition zu vereinigen: Das sollte für eine Mehrheit reichen. Wer würde nach all den Wochen ergebnisloser Verhandlungen noch FDP oder SPD wählen, die Parteien, die ihre staatspolitische Verantwortung aus 68 Jahren Bundesrepublik auf einmal vergessen zu haben schienen?

Große Koalition

Die Kanzlerin wechselte nun in den Kampfmodus. In den Wochen seit der Bundestagswahl hatte sie ermattet gewirkt, während der Jamaika-Sondierung war sie aus der Öffentlichkeit fast verschwunden. Nun kehrte die Energie zurück. Sollte das neuartige Bündnis nicht zustande kommen, sei die Ära Merkel zu Ende, hatte es geheißen. Nun aber, da die FDP alle Empörung auf sich zog, schlossen sich die Reihen in der CDU um sie. Selbstbewusst trug Merkel noch in der Nacht ihr Statement vor, die übrigen Unterhändler der Unionsparteien scharten sich um sie und machten betrübte Gesichter. Den Gedanken an Rücktritt ließ sie nicht aufkommen: *Ich als Bundeskanzlerin, als geschäftsführende Bundeskanzlerin, werde alles tun, dass dieses Land auch durch diese schwierigen Wochen gut geführt wird.* Am folgenden Abend deutete sie in Fernsehinterviews ihre Zukunftspläne noch deutlicher an. Falls keine Regierungsmehrheit zustande komme, seien ihr Neuwahlen lieber als eine Minderheitsregierung. Und sie sei bereit, ihre Partei noch einmal in den Wahlkampf zu führen.[32]

Zum Zeitpunkt der Ausstrahlung war sie allerdings schon beim Bundespräsidenten gewesen, und sie wusste bereits, dass es mit einer Neuwahl nicht so leicht werden würde. Denn bei ihren frohgemuten Neuwahl-Erwägungen hatte Merkel, wie selbst Vertraute später einräumten, die Verfassungslage nicht voll im Blick. Das Grundgesetz setzt vor eine mögliche Parlamentsauflösung den Versuch einer Kanzlerwahl. Sie erfordert im ersten und im zweiten Wahlgang die absolute Mehrheit, im Erfolgsfall darf das Staatsoberhaupt den Bundestag gar nicht mehr nach Hause schicken. Nur wenn das Parlament einen Regierungschef erst im dritten Wahlgang mit relativer Mehrheit bestimmt, kann der Präsident zugunsten von Neuwahlen entscheiden. Verpflichtet ist er dazu nicht.

Merkels Problem bestand nun zum einen darin, dass die beiden Regierungsverweigerer FDP und SPD sie gar nicht loswerden wollten, sondern ganz im Gegenteil eine Minderheitsregierung unter ihrer Führung forderten. Einiges sprach dafür, dass wenigstens ein Teil der sozial- und freidemokratischen Abgeordneten die Kanzlerin im Fall der Fälle auch wählen würde, schon weil sie bei einer Neuwahl um ihre frisch errungenen Mandate fürchten mussten. Für Merkel hieß das: Sie könnte schon im ersten Wahlgang eine absolute Mehrheit erhalten und bliebe dann auf unabsehbare Zeit in einer Minderheitsregierung gefangen, die aus ihrer

Sicht ein unkalkulierbares Risiko bedeutete. Fürs Erste blieb der Weg zu Neuwahlen also versperrt.

Die Frage erübrigte sich zum anderen auch aus politischen Gründen. Bundespräsident Frank-Walter Steinmeier wollte keine Neuwahlen und teilte das gleich am Montagnachmittag auch öffentlich mit. Bei der Regierungsbildung des Jahres 2017 kam dem Staatsoberhaupt eine Rolle zu wie noch nie in der Geschichte der Bundesrepublik. Einen Parteiführer nach dem anderen, einzeln oder in Gruppen, empfing er in seinem Dienstzimmer, hinter sich eine Urschrift des Grundgesetzes demonstrativ aufgebaut, so dass der Blick jedes Gesprächspartners während der gesamten Unterredung unweigerlich auf die Verfassung fiel. Das entscheidende Gespräch mit der Bundeskanzlerin fand gleich am Montagmittag statt, gerade zwölf Stunden nach dem «Jamaika-Aus», wie bald die geläufige Floskel lautete.[33]

Dass Steinmeier mit seiner Intervention Erfolg hatte, lag auch an der SPD. Die Führungsgremien der Partei legten sich am Montagmorgen zwar in einem einstimmig gefassten Beschluss darauf fest, sich auch unter den neuen Umständen nicht an einer Koalition zu beteiligen. «Wir stehen für den Eintritt in eine große Koalition nicht zur Verfügung», sagte der Parteivorsitzende Martin Schulz.[34] Aber schon in der Fraktionssitzung am Nachmittag deutete sich eine Wende an. Die Abgeordneten hatten einen aufreibenden Wahlkampf hinter sich, die Umfragewerte der Partei hatten sich seither nicht verbessert. Sie verspürten wenig Lust, in Neuwahlen das gerade errungene Mandat schon wieder zu gefährden. Schulz drehte bei.

So begann abermals eine quälende Regierungsbildung, mit dem Unterschied, dass die Unterhändler diesmal nicht nur vor die Koalitionsverhandlungen eine Sondierung schalteten, sondern vor die Sondierung noch eine Vorsondierung. Zwischen den einzelnen Schritten mussten bei der SPD jeweils Parteitage stattfinden, ganz am Schluss eine Mitgliederbefragung. Am 7. Dezember dieses nicht enden wollenden Wahljahrs 2017 beschlossen die Sozialdemokraten auf dem Berliner Messegelände «ergebnisoffene» Gespräche mit der Union, die kurz vor Weihnachten stattfanden und Anfang Januar in förmliche Sondierungen mündeten.

Die SPD hatte im Wahlkampf kein zugkräftiges Großthema aufgebaut, anders als vier Jahre zuvor mit dem Mindestlohn, so konnten die Unterhändler ihren Parteifreunden keinen überzeugenden Erfolg vorweisen. Daher stimmte am 21. Januar 2018 nur eine knappe Mehrheit

6. Dämmerung (2017–2020)

von 56 Prozent der Delegierten auf einem Parteitag in Bonn für die Aufnahme förmlicher Koalitionsverhandlungen, und auch das nur unter der Maßgabe, dass es in der Gesundheits-, Arbeitsmarkt- und Flüchtlingspolitik weitere Zugeständnisse der Union geben müsse, die dann allerdings sehr bescheiden ausfielen. So ungewiss war die Entscheidung, dass viele Bundesbürger den Parteitag stundenlang live verfolgten, als sei es das Endspiel einer Fußball-Weltmeisterschaft. Auch Merkel konnte nichts anderes tun, als sich in ihr Schicksal zu ergeben und die Beschlüsse der SPD abzuwarten.

Nach weiteren kräftezehrenden Nachtsitzungen fand der Showdown vom 6. auf den 7. Februar in der Berliner CDU-Zentrale statt. Teilnehmer berichteten, dass Merkel in eine Decke gehüllt durchs Gebäude «geisterte». Die Verteidigungsministerin von der Leyen zog es vor, auf dem Fußboden ein Nickerchen zu machen, und der seit Wochen schwer erkältete SPD-Vorsitzende Schulz ließ sich zwischendurch ins Hotel fahren. Die anderen mussten warten.[35]

Bei den Sachthemen einigten sich die Unterhändler schnell, zum Schluss ging es nur noch um Personalien. Merkel spielte gegenüber den eigenen Leuten wohl nicht mit offenen Karten. Dass die SPD diesmal auf dem Außen- und Finanzministerium gleichermaßen bestehen würde, hatte ihr Schulz schon lange vor der abschließenden Verhandlungsrunde gesagt.[36] Allerdings verlangte die SPD am Ende auch ihr angestammtes Ressort Arbeit und Soziales, auf das der CSU-Vorsitzende Horst Seehofer spekuliert hatte. Die Suche nach einem Kompromiss blieb zunächst ergebnislos. Das übliche Reißverschlussverfahren, wonach die Parteien abwechselnd den Zugriff auf einen Posten ihrer Wahl haben sollten, lehnten die Beteiligten diesmal ab.

Den entscheidenden Vorschlag machte der SPD-Vorsitzende Martin Schulz, der das Problem durch sein Streben ins Außenamt selbst verursacht hatte: Eigentlich wäre seinen Parteifreunden der Posten des Chefdiplomaten gar nicht so wichtig gewesen wie das Finanz- und das Arbeitsressort. Der Parteichef brachte Seehofer nun für das Innenressort ins Spiel. Das war eine erstaunliche Kehrtwende, da Schulz auf dem Parteitag zwei Wochen zuvor noch so getan hatte, als werde die SPD in den Koalitionsverhandlungen für eine liberale Flüchtlingspolitik kämpfen. Nun schob er ausgerechnet den Mann ins zuständige Ressort, der für das genaue Gegenteil stand. Merkel mochte das zu diesem Zeitpunkt noch für eine gute Idee halten, um Seehofer einzubinden: Sollte er doch zeigen, ob er die von ihm propagierten einfachen Lösungen in der Asylfrage wirklich zustande brachte.

In der CSU regte sich infolgedessen kaum Kritik am Koalitionsvertrag. Bei den Sozialdemokraten brach hingegen ein Sturm der Entrüstung über Martin Schulz herein, der sich ins populäre Außenamt retten und dafür sogar den Parteivorsitz der altehrwürdigen Sozialdemokratie ganz schnöde abgeben wollte, wie er nun verkündete – und das, obwohl er den Eintritt in ein Kabinett Merkel am Tag nach der Bundestagswahl kategorisch ausgeschlossen hatte. Das ließ sich nicht durchhalten: Nach wenigen Tagen erklärte er seinen Verzicht auf den Ministerposten, auch mit Blick auf das anstehende Mitgliedervotum über den Koalitionsvertrag.

Entsprechend matt waren schon die Präsentationen des Sondierungsergebnisses wie des Koalitionsvertrags durch die übermüdeten Parteivorsitzenden ausgefallen. Merkel und Schulz wirkten fahrig und orientierungslos, allein Seehofer versuchte mit dem Versprechen von sozialer und innerer Sicherheit einen roten Faden einzuziehen.[37] In der Folge erlebte die Kanzlerin eine der härtesten Phasen ihrer bisherigen Regierungszeit. Dreieinhalb Wochen lang, bis zum 4. März, musste sie tatenlos abwarten, wie die gut 460 000 SPD-Mitglieder über ihr Schicksal als Kanzlerin entscheiden würden. Der Juso-Vorsitzende Kevin Kühnert, in Merkels Umfeld der «niedliche Kevin» genannt, machte gegen die neuerliche Koalition mobil.

Anders als in den Jamaika-Gesprächen, anders auch als in den dramatischen Wochen der Finanz- oder Euro-Krise agierte sie nicht mehr selbst. Bei öffentlichen Auftritten gelang es ihr kaum noch, mit ruhiger Gelassenheit die Hände zur Raute zu formen, vielmehr knibbelte sie wieder häufiger mit den Fingernägeln herum.[38] Die Frau, die angeblich nie mit früheren Entscheidungen haderte, schien ihren Entschluss, erneut für das Kanzleramt zu kandidieren, längst zu bereuen. Würde am Ende auch die SPD ein Bündnis mit ihr ausschlagen, stünde sie ohne Mehrheit da und müsste als Gescheiterte abtreten – oder eine kraftlose Minderheitsregierung anführen. Das wäre schlimmer als der Abgang Helmut Kohls, dessen Amtszeit immerhin mit einer klaren Abwahl zu Ende gegangen war.

Zudem musste sich Merkel in der eigenen Partei heftiger Kritik erwehren, weil sie das Finanzressort der SPD überlassen hatte. Ihre Parteifreunde trauerten dem bisherigen Amtsinhaber Wolfgang Schäuble nach, der sich gleich nach der Wahl ins Amt des Bundestagspräsidenten geflüchtet hatte: In dem erwarteten Jamaika-Bündnis, so die verbreitete Annahme, würde die FDP nach den Erfahrungen der Jahre 2009 bis 2013 nie und nimmer

6. Dämmerung (2017–2020)

einen Finanzminister Schäuble akzeptieren. Schäuble selbst beteuerte hingegen stets, dass er aus anderen Gründen den Entschluss zum Wechsel in das repräsentative Amt gefasst hatte.[39] Zu oft war er in seiner Karriere von den Entscheidungen anderer abhängig gewesen, als dass er ein weiteres Mal als Getriebener erscheinen wollte. Entsprechend oft strichen Unionspolitiker nun heraus, wie wichtig das Amt an der Spitze des Parlaments nach dem Einzug der AfD in den Bundestag geworden sei.

Das Finanzministerium ließ sich nun nicht mehr zurückholen. Wenn aufstrebende Jungpolitiker wie der Bundestagsabgeordnete Carsten Linnemann raunten, der Verzicht auf das Ressort bedeute den Anfang vom Ende der CDU als Volkspartei, verfolgten sie einen anderen Zweck: Sie wollten die Kanzlerin unter Druck setzen, ihre Kritiker bei der Besetzung der verbliebenen Kabinettsposten zu berücksichtigen. Der Trick funktionierte, wenn auch in Grenzen. Es war schon ungewöhnlich genug, dass Merkel einen CDU-Sonderparteitag hatte ansetzen müssen, um die Zustimmung zum Koalitionsvertrag einzuholen. Obendrein ließ sie sich auch zu der Zusage nötigen, die Kabinettsliste bereits vor der Entscheidung der Delegierten bekanntzugeben. Der Druck führte zu dem gewünschten Ergebnis: Ihren bisherigen Widersacher, den Finanz-Staatssekretär Jens Spahn, machte sie zum Gesundheitsminister. Das Risiko schien überschaubar zu sein: In dem Ressort würde Spahn aufgrund des Koalitionsvertrags eine Politik umsetzen müssen, die vielen seiner bisherigen Positionen widersprach. Er nutzte die Gelegenheit indes für einen Imagewandel vom kalten Neoliberalen zum mitfühlenden Konservativen.

Im Gegenzug musste sich Merkel von zwei langjährigen Weggefährten trennen: Für Jens Spahn wich Hermann Gröhe aus dem Gesundheitsministerium, für Horst Seehofer hatte Thomas de Maizière das Innenministerium zu räumen. Als kalte Machtpolitikerin, die alte Weggefährten ungerührt fallen ließ, wollte Merkel gleichwohl nicht erscheinen, anders als bei der viel kritisierten Entlassung Norbert Röttgens sechs Jahre zuvor: «Wenige Tage später hat sie mich zum Essen eingeladen, und wir haben uns lange ausgesprochen», berichtete de Maizière später.[40]

Alle diese unerfreulichen Zwänge wurden durch eine Personalie aufgewogen, die innerhalb und außerhalb der Partei als Befreiungsschlag galt: Merkel machte die bisherige saarländische Ministerpräsidentin Annegret Kramp-Karrenbauer zur CDU-Generalsekretärin. Noch nie war ein deutscher Politiker aus einer herausgehobenen Regierungsfunktion in dieses scheinbar untergeordnete Parteiamt gewechselt. Und noch nie hatte Merkel jemanden mit eigenem Gewicht in der Parteizentrale geduldet. Damit signalisierte die Vorsitzende, dass hier eine mögliche Nachfolgerin bereitstand, die zugleich der Partei wieder mehr Geltung verschaffen sollte. Kramp-Karrenbauer schien dafür besonders geeignet zu sein, weil sie sozialpolitisch weiter links und gesellschaftspolitisch weiter rechts stand als Merkel, also im Ganzen konservativer war und die Tradition der alten westdeutschen CDU besser verkörperte.

Der Vorschlag für die Rochade war von Kramp-Karrenbauer selbst gekommen, die zunächst für einen Ministerposten im Gespräch gewesen war. Merkel hatte sofort zugestimmt. Partei, Medien und Öffentlichkeit reagierten überwiegend positiv. So entspannt und befreit, wie Merkel bei der offiziellen Vorstellung Kramp-Karrenbauers am 19. Februar auftrat, knapp zwei Wochen nach der eher verdrucksten Präsentation des Koalitionsvertrags, hatte man sie schon seit vielen Wochen nicht mehr erlebt. Dabei übersah sie sogar, dass sie selbst einmal das Amt innegehabt hatte: Sie stellte die Saarländerin als die erste weibliche Generalsekretärin in der Geschichte der CDU vor.[41]

Von nun an schien Merkel wieder in der Offensive zu sein. Trotz aller Debatten über das Verhandlungsgeschick der Vorsitzenden stimmten auf dem Parteitag nur 27 von rund tausend Delegierten gegen eine Neuauflage der großen Koalition, also nicht einmal drei Prozent. Auch dem Ausgang des SPD-Mitgliedervotums sah die Kanzlerin nun etwas zuversichtlicher entgegen, wenngleich bei ihr und ihren Vertrauten eine Unsicherheit blieb. Am Ende sprachen sich die Sozialdemokraten mit einer Mehrheit von 66 Prozent für die Annahme des Koalitionsvertrags aus.

Der Kanzlerin stand endlich der Weg zur Wiederwahl offen, nach dem schwierigsten halben Jahr ihrer bisher gut zwölfjährigen Amtszeit. Am 14. März wählten die Abgeordneten die Frau aus der Uckermark zum vierten Mal zur Kanzlerin der Bundesrepublik Deutschland. Abermals absolvierte sie das altbekannte Ritual. Nach ihrer Wahl, aber vor der Ernennung des Kabinetts hatte sie wie üblich ganz allein auf der Regierungsbank Platz zu nehmen, was angesichts der politischen Lage den Eindruck einer sehr einsamen Kanzlerin verstärkte. Als sie anschließend zur Ernennung der Minister ein weiteres Mal zum Bundespräsidenten ins Schloss Bellevue fuhr, bot sich ein ungewohntes Bild: Von ihr selbst abgesehen, blieben nur zwei Kabinettsmitglieder auf ihrem bisherigen Posten, Verteidigungsministerin Ursula von der Leyen von der CDU und Entwicklungshilfeminister Gerd Müller von der CSU. Alle übrigen Ressortchefs kamen neu in ihr jeweiliges Amt. Auch das war ein Symbol, dass mit diesem mutmaßlich letzten Kabinett Merkel bereits eine neue Zeit begann.

Um 13.41 Uhr hatte der letzte Minister seinen Amtseid abgelegt, der neue Bundestagspräsident Schäuble schloss die Sitzung. Merkel zog sich in ihr kleines Büro auf der Rückseite des Plenarsaals zurück. Es gab Sekt. Die engere Familie war dabei, zum ersten und mutmaßlich letzten Mal auch der Ehemann Joachim Sauer, der seinen Sohn Daniel mitbrachte. Die 89-jährige Mutter Herlind Kasner wurde von Roland Resch begleitet, einem alten Weggefährten aus der Kommunalpolitik, der in den frühen neunziger Jahren für die Grünen das Amt des brandenburgischen Bildungsministers versehen hatte. Zu der Runde gesellten sich Regierungssprecher Steffen Seibert, Büroleiterin Beate Baumann und Medienberaterin Eva Christiansen. Merkel hatte von allen den kürzesten Weg, sie traf als Erste in dem Zimmer ein. Durch die offene Tür konnten alle beobachten, wie sie dort saß und auf die anderen wartete. Die Erschöpfung der zurückliegenden Monate war ihr anzusehen.[42]

Zurückweisung

Die Ruhe in dem so mühsam gezimmerten Regierungsbündnis währte nur kurz. Die großen Reden zum Auftakt waren bald vergessen. Das betraf zunächst den neuen Aufbruch für Europa, von dem nach dem Sturz des SPD-Vorsitzenden Martin Schulz kaum noch jemand sprach. Aber auch bei den beiden Großthemen, der Einwanderungs- und der Klimapolitik, ging es kaum voran. Das lag vor allem an der bevorstehenden bayerischen Landtagswahl im Herbst. Die CSU lag in Umfragen nur noch knapp über 40 Prozent. Die Panikstimmung in München lähmte das Berliner Regierungsbündnis nicht nur, sie drohte es alsbald auch zu sprengen.

Merkel war gerade auf dem Rückflug vom G7-Gipfel im kanadischen Québec, als sie den «Masterplan» ihres Innenministers Horst Seehofer zur Asylpolitik las; er hatte ihr das Papier kurz vor der Abreise zukommen lassen. Doch so harmlos, wie es klang, war das Papier nicht. Gleich nach ihrer Rückkehr am frühen Sonntagmorgen, es war der 10. Juni, rief sie den

Ressortchef an. Mit allen Punkten des umfangreichen Papiers sei sie einverstanden, sagte sie, nur mit diesem einen nicht: Seehofer wollte Flüchtlinge, die in einem anderen EU-Land bereits registriert worden waren, an der Grenze sofort zurückweisen, und zwar ohne vorherige Absprache mit den Regierungen der Partnerstaaten. Nicht unilateral vorzugehen und Grenzen nicht einseitig zu schließen, das hatte seit nunmehr fast drei Jahren stets zu den obersten Maximen der Merkel'schen Flüchtlingspolitik gehört.

Seehofer wusste, was er mit seiner Initiative auslösen würde. Als geschwächter CSU-Vorsitzender stand er unter dem Druck des neuen bayerischen Ministerpräsidenten Markus Söder und des CSU-Landesgruppenchefs Alexander Dobrindt. Er konnte und wollte deshalb nicht zurückweichen. Die offizielle Vorstellung des Papiers, ursprünglich für Montag anberaumt, sagte er immerhin ab. Am Dienstag tagte turnusmäßig die CDU/CSU-Bundestagsfraktion. Merkel und ihr treuer Fraktionschef Volker Kauder hatten die Sitzung schlecht vorbereitet. Ein Dutzend Abgeordnete meldeten sich zu Wort, sie alle sprachen für Seehofer und gegen die Kanzlerin.[43] Als Angela Merkel am Mittwoch im Kanzleramt einen lange geplanten Integrationsgipfel abhielt, fehlte der Bayer. Stattdessen empfing er in seinem Innenministerium gleich gegenüber den österreichischen Bundeskanzler Sebastian Kurz, den Verfechter einer restriktiven Einwanderungspolitik und Widersacher der deutschen Amtskollegin.[44]

Am Donnerstag schrieben CDU und CSU, die sich Schwesterparteien nannten, Geschichte: Sie tagten erstmals in getrennten Fraktionssitzungen. Durchs Berliner Regierungsviertel wehte ein Hauch des Kreuther Trennungsbeschlusses von 1976, in dem Franz Josef Strauß die Aufkündigung der Fraktionsgemeinschaft angedroht hatte. Diesmal gingen Merkel und ihre Leute besser vorbereitet in das Treffen der christdemokratischen Abgeordneten. Der Druck der CSU trug dazu bei, die Reihen in der CDU zu schließen, ebenso eine Äußerung Söders in der Diktion Donald Trumps, der Multilateralismus in den internationalen Beziehungen sei «obsolet», Deutschland müsse jetzt einseitig vorgehen. Das brachte sogar den Bundestagspräsidenten Schäuble und den Außenpolitiker Röttgen zu Solidaritätsbekundungen mit der Kanzlerin.[45]

Bei der CSU machte das keinen Eindruck, im Gegenteil. Auch dort versteifte sich die Haltung. In einer Vorbesprechung der engeren CSU-Führung hatte Seehofer über die Kanzlerin gesagt: «Ich kann mit der Frau

6. Dämmerung (2017–2020)

nicht mehr arbeiten.»[46] Nun stellte er der Regierungschefin ein Ultimatum: Am kommenden Montag werde er die Grenzschließung anordnen, wenn Merkel bis dahin nicht nachgebe. Dann aber, so die allgemeine Annahme, müsste die Kanzlerin ihn entlassen, schon um die «Würde des Amtes» nicht zu beschädigen, wie Schäuble später formulierte.[47] Im Gegenzug würde die CSU ihre Minister zurückziehen, die Regierung wäre am Ende.

Aber die Stimmung begann zu kippen. Am 17. Juni, eine Woche nach Beginn des Streits, holte sich Merkel die Rückendeckung ihrer Stellvertreter im CDU-Vorsitz. Die Zeitungen berichteten tags darauf über erste Zweifel in der CSU an der Eskalationsstrategie.[48] Die Bedenken sollten in der Folgezeit weiter wachsen. Als der Flüchtlingsstreit in seine dritte Woche ging, fiel die Popularität des Ministerpräsidenten Söder sogar in den bayerischen Umfragen hinter die Beliebtheitswerte der Bundeskanzlerin zurück. Der Münchner Regierungschef begann sich daraufhin mit dem Gedanken an einen Kompromiss anzufreunden. Sein Berliner Parteifreund Seehofer folgte ihm dabei nicht. Immerhin gewährte er der Kanzlerin am 18. Juni eine zweiwöchige Frist bis zum Ende des Monats, um das Problem auf europäischer Ebene zu lösen.[49] Angela Merkel selbst formulierte an diesem Tag erstmals den Satz, den sie in den Folgewochen unverdrossen wiederholte: Sie werde *nicht unilateral, nicht unabgesprochen und nicht zu Lasten Dritter* handeln.[50]

Unverzüglich begann die Kanzlerin mit ihrer europapolitischen Offensive. Noch am Montag empfing sie den neuen italienischen Premier Giuseppe Conte zu einem Antrittsbesuch im Kanzleramt, der seit kurzem an der Spitze einer europaskeptischen Koalition von Rechts- und Linkspopulisten stand. Tags darauf traf sie sich mit dem Pariser Präsidenten Macron zu einem deutsch-französischen Ministerrat im Gästehaus Meseberg. Die beiden wichtigsten europäischen Politiker einigten sich auf Grundzüge einer Reform der Euro-Zone, einen eigenen Investitionshaushalt inbegriffen.[51] Kritiker argwöhnten sofort, die Kanzlerin kaufe sich die Unterstützung des Franzosen, um mit einem Kompromiss zur Flüchtlingspolitik den Streit mit der CSU zu entschärfen und ihre Kanzlerschaft zu retten. Zwar hatte sie schon eine Woche vor Beginn des neuen Flüchtlingsstreits Grundzüge einer lange erwarteten «Antwort auf Macron» skizziert,[52] Tempo und Tonlage wurden jetzt freilich von ihrer Not diktiert.

Am 28. Juni fuhr Merkel zum EU-Gipfel nach Brüssel, die Regierungskrise währte nun schon zweieinhalb Wochen, bis zum Ablauf des

CSU-Ultimatums blieben der deutschen Kanzlerin nur wenige Tage. Spät in der Nacht ließ sich der römische Premier Conte vom temporären Merkel-Verbündeten Macron ein Kompromisspapier in die Feder diktieren: An den Außengrenzen der EU sollte es künftig «kontrollierte Zentren» geben, in denen Asylbegehren vor der Weiterreise in die Mitgliedsländer geprüft würden; im Ablehnungsfall sollten die Flüchtlinge in «regionale Ausschiffungsplattformen» verbracht werden, die in Staaten außerhalb der EU einzurichten wären.[53] Das Konzept wurde nie umgesetzt, weil sich weder innerhalb noch außerhalb der EU irgendein Staat zur Einrichtung solcher Zentren bereitfand. Fürs Erste konnte Merkel indes verkünden, die Maßnahmen seien *mehr als wirkungsgleich* mit Seehofers Zurückweisungsplänen, was Letztere hinfällig mache.[54]

Die deutsche Kanzlerin hatte das gesamte Treffen der 28 Staats- und Regierungschefs für die Rettung ihrer innenpolitischen Machtbasis in Geiselhaft genommen. Oft ließ sich so etwas nicht wiederholen. Für dieses eine Mal klappte es, weil die Kollegen ein eigenes Interesse hatten: Die liberaldemokratischen Regierungen konnten nicht wollen, dass das größte Land in der Mitte Europas ins politische Chaos abglitt. Und es zeigte sich, dass die Internationale der Nationalisten keine gemeinsamen Ziele verfocht. Flüchtlinge aus Deutschland zurückgeschickt zu bekommen, das gefiel auch Seehofers angeblichen Verbündeten nicht, dem Österreicher Sebastian Kurz oder dem neuen italienischen Innenminister Matteo Salvini.

Die CSU hätte jetzt gesichtswahrend einlenken und die Brüsseler Beschlüsse zu ihrem eigenen Erfolg erklären können. Der christsoziale Europapolitiker Manfred Weber versuchte das mit den Worten, seine Partei habe die EU «gerockt».[55] Seehofer sah das anders. Mit ihm rang Merkel nach ihrer Rückkehr am Samstag zwei Stunden lang im Kanzleramt. Das Treffen brachte nur ein einziges konkretes Ergebnis: Am nächsten Tag prangte auf den Titelseiten vieler Zeitungen ein Foto, das Merkel und Seehofer in schlechter Stimmung auf dem Balkon des Kanzleramts zeigte, Merkel mit entnervten Gesichtszügen und einem Weinglas in der Hand. Hätte die Kanzlerin den Streit mit der CSU am Ende verloren, wäre das Bild zur Illustration ihres Scheiterns geworden. So aber bewirkte es einen Solidarisierungseffekt: Eine Mehrheit der Wähler hielt zu der von Seehofer bedrängten Kanzlerin.

Der Berliner CSU-Minister fühlte sich von seinen Münchner Parteifreunden im Stich gelassen. Erst hatten sie ihn auf den Baum gejagt, nun

6. Dämmerung (2017–2020)

begannen sie früher als er wieder hinunterzusteigen. Das wollte er nicht mit sich machen lassen. Also griff er zum letzten, riskanten Mittel: Er drohte mit seinem Rücktritt vom CSU-Vorsitz. In diesem Fall wirkte das, weil seine Nachfolge-Aspiranten die Führung der Partei zu diesem Zeitpunkt nicht übernehmen wollten. Aus Sicht des Münchner Ministerpräsidenten Söder oder des Berliner Landesgruppenchefs Dobrindt taugte Seehofer immer noch dafür, die Verantwortung für die absehbare bayerische Wahlniederlage im Oktober zu übernehmen. Als sich die CSU-Sitzung immer länger hinzog, gingen die Mitglieder der von Merkel für denselben Abend einberufenen CDU-Gremien schließlich nach Hause. Eine Einigung war in dieser Nacht nicht mehr zu erwarten.

Am nächsten Tag kam die Bundestagsfraktion abermals zu einer Sondersitzung zusammen, diesmal tagten die Abgeordneten von CDU und CSU wieder gemeinsam. Am Anfang nahm Generalsekretärin Kramp-Karrenbauer die Bundeskanzlerin zur Seite. Sie war von Markus Kerber angesprochen worden, dem Staatssekretär für Heimatpolitik bei Seehofer und langjährigen Vertrauten des jetzigen Parlamentspräsidenten: Ob es nicht eine gute Idee wäre, wenn der Politik-Veteran Wolfgang Schäuble zwischen den Kontrahenten Merkel und Seehofer zu vermitteln versuchte? Der Mann an der Spitze des Bundestags mochte in dem Konflikt als neutrale Instanz gelten, schließlich war er weder als Freund der Merkel'schen Flüchtlingspolitik noch als U-Boot der CSU aufgefallen. Merkel stimmte zu.

Also traf sie an diesem 2. Juli 2018 um 16 Uhr mit Seehofer zusammen, in Schäubles riesigem Amtszimmer auf der einsamen Präsidialebene des Reichstagsgebäudes, was der Szene etwas Entrücktes gab. Das Gespräch verlief in ruhiger Atmosphäre, niemand brüllte. Im Kern, so analysierte Schäuble später, sei es um Rechthaberei gegangen. Auch er selbst sei davon bisweilen nicht frei, merkte Schäuble im Rückblick selbstironisch an, deshalb könne er das beurteilen. Das Gespräch kreiste um die Frage, ob eine Zurückweisung an der deutschen Grenze von europäischem Recht gedeckt sei oder nicht. Schäuble verzichtete auf moralische Appelle und führte das Gespräch ganz an der Sache entlang. Der Jurist und zweimalige Innenminister drohte, die Dublin-Verordnung hervorzuziehen, die das umstrittene Thema der Rückführungen regelte; er hatte sich vorsorglich mit dem Dokument bewaffnet. Damit brach er das Eis. Die Kontrahenten winkten lachend ab.[56] Im Anschluss einigten sie sich auf eine gesichtswahrende Lösung: Die Asylbewerber sollten nicht direkt an der Grenze zurückgewiesen werden, sondern aus «Transitzentren» auf deutschem Territorium. Dort sollte eine «Fiktion der Nichteinreise» gelten, ein rechtliches Konstrukt, das auf Flughäfen bereits angewandt wurde. Und schließlich sollte die Rückführung nicht einseitig erfolgen, sondern aufgrund von Verwaltungsvereinbarungen, die mit den Nachbarländern abzuschließen wären.

Damit war die Regierungskrise abgewendet. Als sich die Verhandlungsdelegationen von CDU und CSU anschließend im Adenauerhaus in größerer Runde trafen, war die Zustimmung nur noch Formsache. Im Anschluss gaben Merkel und Seehofer getrennte Statements ab. Der CSU-Politiker nahm seine Rücktrittsankündigung vom Vorabend mit den Worten zurück: «Diese klare Übereinkunft erlaubt mir, dass ich das Amt des Bundesministeriums [sic!] des Innern, für Bau und Heimat weiter führe.»[57] Das klang, als sei es die ganze Zeit alleine um seine persönliche Zukunft gegangen – ein Eindruck, den er kurz darauf mit der Erfolgsmeldung unterstrich, an seinem 69. Geburtstag seien 69 Afghanen abgeschoben worden.[58] Die große Mehrzahl der Kommentatoren befand, die «Kämpferin» Merkel habe sich «spektakulär durchgesetzt» und sei «alles andere als am Ende», hingegen fehle dem Innenminister die «sittliche Reife» für sein Amt.[59]

Tatsächlich entsprach der Formelkompromiss der multilateralen Linie Merkels. Verträge zur Rücknahme von Flüchtlingen schlossen in der Folgezeit nur Merkels sozialliberale Freunde unter den europäischen Regierungschefs ab, etwa der neue spanische Premier Pedro Sánchez oder ihr griechischer Gefährte Alexis Tsipras. Seehofers angebliche Verbündete in den Haupt-Herkunftsländern Österreich und Italien verweigerten sich.

Die Ankündigung des Innenministers, bei einem Scheitern der Vereinbarungen gehe der ganze Streit von vorne los, blieb jedoch eine leere Drohung. Denn Söder schaltete nach dem Scheitern der Berliner Kamikaze-Aktion radikal um: Er gab fortan den milden Versöhner und rettete für den bayerischen Wahlkampf, was noch zu retten war. Am Ende kam die CSU immerhin noch auf 37 Prozent, was nach all den Querelen nunmehr als achtbares Ergebnis galt. Die Partei verlor an die Grünen genauso viele Stimmen wie an die AfD, von der sich Söder scharf abgrenzte. Die Rückwendung der Christsozialen zur politischen Mitte sollte sich als eine bleibende Konsequenz aus dem Flüchtlingsstreit erweisen: Fortan war es der bayerische Ministerpräsident, der den moderaten Kurs der Kanzlerin gegen Anwürfe vom rechten Rand der CDU verteidigte.

Maaßen

Die politische Polarisierung im Land, die der von der CSU angezettelte Flüchtlingsstreit abermals angefacht hatte, war mit der Einigung zwischen Merkel und Seehofer jedoch nicht befriedet. Das zeigte sich, als in der Nacht vom 25. auf den 26. August auf dem Chemnitzer Stadtfest der 35-jährige Deutsch-Kubaner Daniel H. in einem Handgemenge mit Asylbewerbern durch Messerstiche getötet wurde. In der Stadt machte alsbald das Gerücht die Runde, der Getötete habe eine «deutsche Frau» vor sexueller Belästigung durch Migranten schützen wollen.

Daraufhin versammelte sich am Nachmittag des 26. August, einem Sonntag, am zentral gelegenen Karl-Marx-Denkmal eine Gruppe von Rechtsextremisten, die teils von auswärts angereist waren. Sie zeigten den Hitlergruß, riefen Nazi-Parolen, griffen Polizisten an und verfolgten Passanten, die sie für Migranten hielten. Das alles ließ sich auch einem Video entnehmen, das alsbald im Internet kursierte. Die sächsische Polizei wurde der Lage auch an den kommenden Tagen kaum Herr. Zu dem Eindruck, dass sie womöglich gar nicht durchgreifen wollte, trug auch die Vorgeschichte bei: Kurz zuvor waren Beamte in Dresden gegen Journalisten vorgegangen, die über eine Anti-Merkel-Demonstration berichten wollten. Nach öffentlichen Protesten entschloss sich die Chemnitzer Staatsanwaltschaft dann doch, mehr als 200 Ermittlungsverfahren einzuleiten.

Merkel reagierte schnell. Ihren Regierungssprecher ließ sie mitteilen: «Solche Zusammenrottungen, Hetzjagden auf Menschen anderen Aussehens, anderer Herkunft, oder der Versuch, Hass auf den Straßen zu verbreiten, das nehmen wir nicht hin, das hat bei uns in unseren Städten keinen Platz.»[60] Statt um die Sache selbst drehte sich die Debatte nun um die Frage, ob der Begriff «Hetzjagden» zutreffe. Darüber stritt sich die Kanzlerin alsbald auch mit dem sächsischen Ministerpräsidenten und CDU-Landesvorsitzenden Michael Kretschmer, der nach den AfD-Erfolgen bei der zurückliegenden Bundestagswahl um seine Wiederwahl im kommenden Jahr fürchtete. *Wir haben Videoaufnahmen darüber, dass es Hetzjagden gab, dass es Zusammenrottungen gab, dass es Hass auf der Straße gab*, beharrte Merkel. «Es gab keine Hetzjagd», behauptete dagegen Kretschmer.[61]

Zu einer Krise der Berliner Regierungskoalition wuchs sich die Debatte aus, als Verfassungsschutzpräsident Hans-Georg Maaßen eingriff. Er ließ sich in der *Bild*-Zeitung vom 7. September mit Zweifeln an der Darstellung der Kanzlerin zitieren. «Es liegen dem Verfassungsschutz keine belastbaren Informationen darüber vor, dass solche Hetzjagden stattgefunden haben», formulierte er. Es gebe auch keine Belege für die Authentizität des Videos, vielmehr sprächen «gute Gründe» für eine «gezielte Falschinformation», um «möglicherweise die Öffentlichkeit von dem Mord in Chemnitz abzulenken».[62]

Das war gleich in mehrfacher Hinsicht starker Tobak. Ein politischer Beamter widersprach öffentlich der Bundeskanzlerin, die Zitate hatte er angeblich sogar mit Seehofers Innenministerium abgestimmt. Er redete die rechtsextremistischen Umtriebe klein, deren Bekämpfung zu seinen Dienstpflichten als Chef des Bundesamts für Verfassungsschutz zählte. Und er tat das, ohne für seine Behauptungen belastbare Belege zu haben. Denn obwohl Maaßen seine Mitarbeiter das folgende Wochenende durcharbeiten ließ, um im Nachhinein Anhaltspunkte für seine Thesen zu suchen, konnte er nichts vorweisen. Er habe nicht behaupten wollen, dass das Video «im Wortsinne» gefälscht sei, ließ er am Montag wissen.

Dass Merkel den illoyalen Beamten lieber heute als morgen losgeworden wäre, bezweifelte kaum jemand im Regierungsviertel. Maaßen hatte nicht erst mit seinen Äußerungen in der *Bild*-Zeitung mangelnde Loyalität bewiesen. Er hatte bereits im Herbst 2015 halböffentlich gegen die Flüchtlingspolitik der Kanzlerin opponiert, und er sympathisierte als CDU-Mitglied mit dem rechtskonservativen «Berliner Kreis» der Partei. Auf dem Höhepunkt ihrer Macht hätte Merkel womöglich eine Entlassung Maaßens gegen den formal zuständigen Innenminister durchsetzen können. Aber geschwächt, wie sie war, wollte sie darüber keinen neuen Konflikt mit Seehofer vom Zaun brechen.

Sie hoffte, der sozialdemokratische Koalitionspartner werde für sie die Arbeit erledigen. Gerade das aber wollte die SPD-Vorsitzende Nahles auf gar keinen Fall tun: für eine Kanzlerin, die sich nicht traute, abermals die Kastanien aus dem Feuer holen. Obwohl sich Maaßen am Abend des 12. September vor dem Innenausschuss des Bundestags nur zu einem halbherzigen Bedauern durchrang, erhoben die Sozialdemokraten im Anschluss keine Rücktrittsforderungen. Sprach man am nächsten Vormittag mit Merkel-Vertrauten, so konnten sie ihre Enttäuschung darüber kaum verbergen.[63]

Aber die SPD konnte diese Linie nicht durchhalten. Aus den eigenen

6. Dämmerung (2017–2020)

Reihen wurde der Druck so groß, dass die Parteiführung wenige Stunden später dann doch die Ablösung Maaßens verlangte. Bei einem Krisentreffen beschlossen die Koalitionsspitzen kurz darauf, den Beamten als Chef des Verfassungsschutzes abzuberufen und ihn mit höherer Besoldung als Staatssekretär ins Innenministerium zu versetzen. Das rief wiederum in der SPD einen Sturm der Entrüstung hervor. Nahles musste ihre Zustimmung zu dem Kompromiss zurückziehen. Merkel und Seehofer erklärten sich sofort zu Neuverhandlungen bereit. Nun sollte Maaßen im Innenministerium nicht mehr Staatssekretär werden, sondern nur noch Sonderberater, ohne einen Anstieg der Bezüge. In einem ungewöhnlichen Akt der Selbstbezichtigung erklärte Merkel, sie habe *zu wenig an das gedacht, was die Menschen zu Recht bewegt*, als sie beschloss, Maaßen für sein Fehlverhalten auch noch zu befördern. *Das bedauere ich sehr.*[64]

Dabei lieferte Maaßen selbst alsbald den Beleg, wie berechtigt das Misstrauen gegen ihn gewesen war: In einer Abschiedsrede vor dem «Berner Club» europäischer Geheimdienstchefs behauptete er sechs Wochen später, «linksradikale Kräfte in der SPD» hätten seine Ablösung betrieben, Deutschland verfolge eine «idealistische, naive und linke Ausländer- und Sicherheitspolitik».[65] Ein Verfassungsschutzpräsident, der rechtsextremistische Straftaten verharmloste, Teile der staatstragenden SPD aber als «linksradikal» verunglimpfte, war auch für nachfolgende Verwendungen nicht mehr tragbar: Seehofer versetzte seinen designierten Sonderberater umgehend in den einstweiligen Ruhestand. Maaßen begann daraufhin eine zweite Karriere als Vortragsredner vor AfD-affinem Publikum. Merkel hatte zwar am Ende Recht behalten, sich aber zunächst von Seehofer vorführen lassen. Der bedeutsamste Kollateralschaden lag in der weiteren Destabilisierung des Koalitionspartners. In der Öffentlichkeit wurde vor allem die SPD-Vorsitzende Andrea Nahles für die verunglückte Maaßen-Beförderung verantwortlich gemacht, was ihre Position an der Parteispitze weiter schwächte.

Abschiede

Zu ihrem demonstrativen Mea Culpa in der Causa Maaßen hatte sich die Kanzlerin an jenem 24. September auch deshalb genötigt gesehen, weil am nächsten Tag ein wichtiger Termin anstand: Die CDU/CSU-Bundestagsfraktion stimmte über ihren Vorsitzenden ab. Anders als im Jahr zuvor musste sich der Merkel-Vertraute Volker Kauder diesmal einem Gegenkandidaten stellen. Schon vier Wochen früher, am 27. August, war Ralph Brinkhaus im Kanzleramt erschienen: einer der stellvertretenden Fraktionsvorsitzenden, zuständig für Haushalt und Finanzen, einer breiteren Öffentlichkeit nahezu unbekannt. Er sagte der Kanzlerin ganz offen, dass er sich um den Fraktionsvorsitz bewerben wolle, und bat sie, ihn vorzuschlagen. Merkel nahm ihn nicht ernst, und das nicht nur, weil in jenen Tagen der Mob in Chemnitz tobte. Ihr musste schon die Idee, sie könne ihren alten Weggefährten Kauder fallen lassen, vollkommen abwegig erscheinen. Sie glaubte auch nicht, dass Brinkhaus bei einer Kampfkandidatur ernsthafte Chancen hätte. So sahen es auch die allermeisten Journalisten.

Als die Abgeordneten am 25. September zusammenkamen, um zu wählen, hatte sich Merkel gleichwohl besser als gewohnt vorbereitet. Sie bediente sich für die kurze Ansprache, mit der sie Kauder vorschlug, eines Sprechzettels. Der Fraktionsvorsitzende wirkte in seiner Bewerbungsrede fahrig. Die Stimmung in der Fraktion hatte sich in der Vorwoche durch die Debatte um die Besoldung des scheidenden Geheimdienstchefs Maaßen nochmals verschlechtert. Vor allem aber hatte Brinkhaus, nachdem er bei der Kanzlerin abgeblitzt war, seine Bewerbung gut vorbereitet und mit vielen Abgeordneten gesprochen.[66]

Nach dem Wahlgang kehrte Merkel mit betretenem Gesicht in den Fraktionssaal zurück: Ihr Kandidat Kauder hatte nur 112 Stimmen erhalten, der Herausforderer hingegen 125. Brinkhaus hatte gesiegt und damit einen Pfeiler aus dem Machtsystem der Kanzlerin herausgebrochen. Draußen warteten die Journalisten, deren Urteil schon feststand: Spätestens dieser Tag markierte den Anfang vom Ende der Regierungszeit Merkels. Dann kam die Kanzlerin heraus, sie setzte ihr neutrales Gesicht auf. *Das ist eine Stunde der Demokratie, in der gibt es auch Niederlagen, und da gibt es auch nichts zu beschönigen*, sagte sie nüchtern. Sie wolle nun Brinkhaus, *wo immer ich das kann, auch unterstützen.*[67]

6. Dämmerung (2017–2020)

Einst herrschte Harmonie zwischen dem Fraktionsvorsitzenden Kauder und seinem Stellvertreter Brinkhaus. Im September 2018 stürzte der Vize den Chef und brach einen Pfeiler aus Merkels Machtsystem, zumindest sah es am Anfang so aus.

Tags darauf wurde der Regierungssprecher gefragt, ob Merkel jetzt im Bundestag die Vertrauensfrage stellen werde. «Ein ganz klares Nein», antwortete Seibert. Einen weiteren Tag später trat Merkel in der Konrad-Adenauer-Stiftung auf. Sie tat, als sei nichts geschehen. Abends, auf einer Veranstaltung in Augsburg, kündigte sie sogar an, sie werde sich im Dezember wieder um den CDU-Vorsitz bewerben. Noch nicht einmal eine fünfte Kanzlerkandidatur im fernen Jahr 2021 mochte sie ausschließen: Der Zeitpunkt, sich in dieser Frage zu erklären, sei *mit Sicherheit noch nicht erreicht.*[68] Das entsprach zwar der politischen Grundregel, sich nicht vorzeitig zur Lame Duck zu erklären, es wirkte aber einigermaßen bizarr in einer Lage, in der die Zeitungen bereits politische Nachrufe auf die Kanzlerin druckten.[69] Kaum jemand hätte in diesen Tagen damit gerechnet, dass Merkel noch bis zum regulären Wahltermin im Herbst 2021 im Amt bleiben könnte.

Merkels Unbeeindruckbarkeit beeindruckte die einen und verwunderte die anderen. Nach der Niederlage in der Fraktion mehrten sich die Anzeichen, dass sich die Verhältnisse auch in der Partei gegen die Vorsitzende kehren könnten. Tatsächlich hatte auch Merkel selbst bereits während des Sommers, vor dem Maaßen-Debakel und der Kauder-Abwahl, über ihr innenpolitisch schlimmstes Jahr als Kanzlerin intensiv nachgedacht.

In den Ferien war sie regelrecht abgetaucht. Über die *Neue Südtiroler Tageszeitung* erfuhr das deutsche Publikum, dass die Regierungschefin nicht in ihr angestammtes Südtiroler Hotel fahren werde. Die Zimmer fürs Sicherheitspersonal seien wieder storniert worden, lediglich Joachim Sauer und einer seiner Söhne würden für einige Tage vorbeischauen.[70] Das Rätselraten über den Verbleib der Kanzlerin hielt noch eine Weile an, bis sich herausstellte: Tatsächlich verbrachte Angela Merkel den warmen und trockenen Rekordsommer zum größten Teil in der Uckermark. Zwischendurch besuchte sie in München und Bayreuth insgesamt vier Wagner-Opern. Vor der Rückkehr ins Kanzleramt war sie samt Ehemann für ein Wochenende zu Gast am andalusischen Sommersitz des neuen spanischen Premierministers Pedro Sánchez, um mit dem gleichgesinnten sozialistischen Premier die Flüchtlingsfrage zu diskutieren.

Ihre unter dem Schock der Trump-Wahl getroffene Entscheidung, 2017 abermals für das Kanzleramt zu kandidieren, schien sie längst zu bereuen. Auf entsprechende Nachfragen reagierte sie dünnhäutig. Nur einmal, in der Talkshow «Anne Will», öffnete sie zu Beginn des Asylstreits die Tür einen Spalt breit – auf die Frage, ob sie mit ihrem Entschluss nun hadere: Sie habe gar keine Zeit, über so etwas nachzudenken. Das war alles andere als ein Nein.[71]

So dachte Merkel in der Uckermark über das Undenkbare nach. Stets hatte sie betont, dass Kanzleramt und Parteivorsitz zusammengehörten und Gerhard Schröder sich durch seinen Rücktritt als SPD-Chef 2004 auch um seine Zukunft als Kanzler gebracht habe. Nun war eine Situation eingetreten, in der vielleicht nur noch ein Verzicht auf den Parteivorsitz das würdige Ende der Kanzlerschaft ermöglichen könnte. Merkel sprach darüber während des Sommers in Hohenwalde auch mit ihrer engsten politischen Vertrauten, der als Vatikan-Botschafterin gerade ausgeschiedenen Annette Schavan.[72] Sie habe sich den Rückzug von der CDU-Spitze schon im Sommer *überlegt*, formulierte sie im Nachhinein.[73] «Überlegt» hieß wohl nicht «entschieden»: Der Verzicht blieb vorerst nur eine Option. Merkel legte sich nicht fest, nicht einmal gegenüber sich selbst.

Bald waberten Gerüchte, dass beim Parteitag womöglich ein Gegen-

6. Dämmerung (2017–2020)

Im Sommer 2018 dachte Merkel in der Uckermark über das Undenkbare nach: die Aufgabe des Parteivorsitzes. Sie beriet sich mit Annette Schavan, ihrer engsten politischen Freundin (hier ein Bild von 2007).

kandidat die CDU-Chefin herausfordern und ihr zumindest ein schwaches Wahlergebnis bescheren könnte. Zunächst kündigten drei weithin Unbekannte an, sie wollten für den Parteivorsitz kandidieren. Schon das zeugte von einer Machterosion. Früh verdichteten sich indes die Anzeichen, dass es auch prominentere Bewerber geben könnte. Der Kanzlerin blieb das nicht verborgen. Spätestens Mitte Oktober erfuhr sie vom Vorsitzenden der Europäischen Volkspartei, dem Franzosen Joseph Daul, dass sich ihr alter Rivale Friedrich Merz mit Schützenhilfe von Wolfgang Schäuble auf eine Kandidatur vorbereite. Am 11. Oktober spekulierte die *Süddeutsche Zeitung* in ihrer Online-Ausgabe über eine mögliche Kandidatur des Sauerländers – und darüber, dass bei einer Wahlniederlage in Hessen niemand wisse, «was dann bis zum Parteitag Anfang Dezember passieren wird».[74] Auch Merkel-Anhänger zweifelten, ob die Vorsitzende abermals antreten solle.[75]

Die Kanzlerin wartete die hessische Wahl am 28. Oktober ab. Die CDU verlor gut elf Punkte und kam nur noch auf 27 Prozent, die Grünen stiegen um fast neun Punkte auf knapp 20 Prozent. Das reichte für die Fortsetzung des schwarz-grünen Bündnisses unter Führung des

Christdemokraten Volker Bouffier, weshalb trotz der Verluste kaum noch jemand mit einem Rückzug Merkels vom Parteivorsitz rechnete. Am Nachmittag hatte die Kanzlerin, wie an Wahltagen üblich, mit ihrer Generalsekretärin telefoniert. Sie werde am Wahlabend sicherlich nach Merkels Kandidatur gefragt, sagte Kramp-Karrenbauer, was sie denn antworten solle? *Du kannst dich auf Augsburg berufen*, antwortete die Parteivorsitzende.[76] Gemeint war der Auftritt vor vier Wochen, bei dem Merkel angekündigt hatte, sie wolle sich abermals um den CDU-Vorsitz bewerben. Ein ausführliches Gespräch über das weitere Vorgehen vereinbarten die beiden Frauen für Mitte der Woche.

Zur Überraschung Kramp-Karrenbauers wollte Merkel dann aber am nächsten Morgen schon reden, sie schickte eine SMS. Gegen 8.50 Uhr betrat die Vorsitzende in der Parteizentrale das Büro der Generalsekretärin, kurz vor Beginn der Präsidiumssitzung. Sie sprach über die Gefahr, dass sie auf dem Parteitag ein schlechtes Ergebnis bekomme, und über die Gerüchte, dass Merz eine Kandidatur von langer Hand vorbereitet habe. Kurzum: Merkel sagte, dass sie nicht antreten werde. Für Kramp-Karrenbauer war es ein Schock. Sie erfuhr die Neuigkeit gerade zehn Minuten vor den anderen führenden Christdemokraten, und sie zögerte, sich um die Nachfolge zu bewerben. Merkel ermutigte sie.

Im Präsidium wiederholte sich der Schockeffekt, wobei die Nachricht so schnell nach außen drang, dass die Mitglieder des anschließend tagenden Vorstands bereits vorgewarnt waren. Kramp-Karrenbauer profitierte von dem kleinen Vorsprung, den ihr die scheidende Chefin verschafft hatte. Sie hatte sich sammeln können, nun erklärte sie relativ gefasst ihre Kandidatur. Es gab Applaus. Der 38 Jahre alte Gesundheitsminister Jens Spahn, der seit Jahren auf die Merkel-Nachfolge hingearbeitet hatte, wirkte dagegen überrumpelt. Unvorbereitet kündigte er seine Bewerbung an, Beifallsbekundungen blieben aus.[77] Unterdessen hatte Merz über die *Bild*-Zeitung durchsickern lassen, dass er antreten wolle. Tags darauf erklärte er das auch persönlich, einen weiteren Tag später feierte er in einem nur 20-minütigen Auftritt vor der Bundespressekonferenz sein Comeback in der politischen Öffentlichkeit.

Obwohl es drei Kandidaten gab, hieß der Wettbewerb um die Merkel-Nachfolge sogleich das «Duell». Spahns Rolle relativierte sich, weil auf einmal wieder die viel grundsätzlichere Alternative zu Merkel zur Wahl stand. Es zeigte sich, dass Merz seit seiner Entthronung als Fraktionsvorsitzender im fernen Jahr 2002 nur auf diesen Moment gewartet hatte,

6. Dämmerung (2017–2020)

Nach der Aufgabe des Parteivorsitzes wurde Merkel gefeiert, wo sie hinkam. Auch das Gedenken an das Ende des Ersten Weltkriegs, gemeinsam mit dem französischen Präsidenten Macron im November 2018 bei Compiègne, galt als Bestandteil einer Abschiedstournee.

volle 16 Jahre lang. Öffentlich rang er sich eine Würdigung von Merkels Leistungen ab, insgeheim hielt er die Amtszeit der ostdeutschen Physikerin offenbar noch immer für einen Irrtum der Geschichte. Gelegentlich ließ er durchblicken, dass er sich stets überlegt hatte, wie er es anders, mutmaßlich besser gemacht hätte. Ihm fehlte bis zuletzt jedes Verständnis, woher die ostdeutsche Physikerin kam und was sie prägte.

Im Kern hätte ein Sieg des Sauerländers bedeutet, Merkels Erbe zu dementieren. So sah es auch die scheidende Parteivorsitzende selbst. Offiziell hielt sie sich indes aus dem parteiinternen Wahlkampf heraus. Während die drei Bewerber auf «Regionalkonferenzen» mit CDU-Mitgliedern diskutierten, kommentierte sie den Wettstreit mit keinem einzigen Wort. Dafür wurde sie nun gefeiert, wo immer sie hinkam; es wirkte wie eine verfrühte Abschiedstournee der Weltpolitikerin. Ovationen gab es auf dem Kongress der Europäischen Volkspartei wie bei einer Gedenkfeier zum Jahrestag der Pogromnacht in der Berliner Synagoge an der Rykestraße, gewürdigt wurde ihr gemeinsames Gedenken mit Macron im Eisenbahnwaggon von Compiègne, hundert Jahre nach Ende des Ersten

Weltkriegs, ebenso wie ihr ungewohnt leidenschaftlicher Auftritt in der Haushaltsdebatte des Bundestags.[78]

Hatte sie vielen Journalisten bis zum Tag der Hessenwahl schon fast als gescheitert gegolten, so lobten die Zeitungen nun ihre wagemutige Wende im letzten noch möglichen Moment. Der Vorgang erinnerte an das Wolfratshausener Frühstück von 2002, als sie einer erzwungenen Niederlage zuvorkam, indem sie ihrem CSU-Rivalen Stoiber scheinbar freiwillig die Kanzlerkandidatur antrug.

Innerhalb der Partei fiel der Abschiedsschmerz allerdings nicht ganz so einhellig aus wie in der nationalen und internationalen Öffentlichkeit. Die Sehnsucht nach einem Bruch mit Merkel und ihrem liberalen Kurs war offenkundig groß, der Merkel-Kritiker Merz lieferte sich bis zum Schluss ein Kopf-an-Kopf-Rennen mit der Generalsekretärin Kramp-Karrenbauer – und das trotz der Fehler, die ihm in der Kampagne unterliefen. Der markige Redner Merz, der als Wirtschaftsanwalt, Aufsichtsrat und ehemaliger Fraktionschef über keinerlei Erfahrungen in der politischen Exekutive oder der operativen Führung von Unternehmen verfügte, häufte Missgeschick auf Missgeschick, schlecht beraten von politisch unerfahrenen PR-Leuten aus der Wirtschaft. Er konnte selbst naheliegende Fragen nach seinen Vermögensverhältnissen nicht parieren, brachte erst die Abschaffung des Individualgrundrechts auf Asyl ins Spiel und nahm die Forderung am nächsten Tag zurück. Er bereitete sich oft schlecht vor, weil er sich ohnehin für kaum schlagbar hielt. Kramp-Karrenbauer führte hingegen die professionellere Kampagne, und sie strengte sich mehr an.

Trotz des Grundsatzkonflikts taten vier Wochen lang alle Beteiligten offiziell so, als ginge es um nichts als um frisch erblühte innerparteiliche Demokratie, frei von Hass und Hader aus alten Zeiten. Das änderte sich erst zwei Tage vor der entscheidenden Abstimmung, als in der F.A.Z. ein Interview mit Bundestagspräsident Schäuble erschien. «Eine Mehrheit für Merz wäre das Beste für das Land», ließ er wissen.[79] Das war insofern keine Überraschung, als jeder in Berlin um die persönliche Freundschaft zwischen ihm und Merz wusste; bei Schäubles 75. Geburtstag im Jahr zuvor war Merz auch zum privaten Teil der Feier eingeladen gewesen. Die öffentliche Parteinahme erweckte nun allerdings den Eindruck, als gehe es hier tatsächlich um die späte Rache all jener, die sich von Merkel um ihre persönlichen Karrierechancen betrogen sahen. Auch mochte man Schäubles Intervention als ein Zeichen interpretieren, dass im Merz-Lager die Nerven blank lagen und man dort um den Sieg des Kandidaten fürchtete.

6. Dämmerung (2017–2020)

Es war also alles offen, als Merkel am 6. Dezember 2018 zum Parteitag in Hamburg eintraf. Nur kurz besuchte sie den Presseabend in einem Kaispeicher der Hafencity. Anders als sonst üblich thronte sie nicht stundenlang an einem abgetrennten Tisch mit den Chefredakteuren. Sie beschränkte sich auf eine kurze Begrüßung, in der sie abermals wissen ließ, sie wolle sich aus der Entscheidung völlig heraushalten. Anschließend steuerte sie auf eine Gruppe von ausschließlich weiblichen Korrespondentinnen zu, führte dort eine angeregte Unterhaltung und verließ die Veranstaltung ungewöhnlich früh. Ihre Leute machten allerdings den Eindruck, als bereiteten sie sich auf eine Niederlage vor. Abschiedsstimmung lag über der Szene, nicht nur, was den Parteivorsitz betraf.

Der Eindruck verstärkte sich am nächsten Morgen noch, als der offizielle Teil des Parteitags in den Hamburger Messehallen begann. Merkel beschloss ihre fast 19-jährige Amtszeit mit einer Abschiedsrede von dosierter Emotionalität. *Ich weiß sehr wohl, dass ich Eure Nerven damit sehr auf die Probe gestellt habe*, sagte sie über ihre Art, nicht auf jede Attacke des politischen Gegners gleich zu reagieren.[80] Fast zehn Minuten lang applaudierten die Delegierten, es war trotz der Zurückhaltung der scheidenden Vorsitzenden ein höchst emotionaler Moment. Merkels langjährigem CDU-Bundesgeschäftsführer Klaus Schüler flossen die Tränen. Die Büroleiterin Baumann, die Medienberaterin Christiansen, der Regierungssprecher Seibert: Sie alle verfolgten das Geschehen wie immer von ihren versteckten Plätzen hinter der Gästetribüne, und ihre Gesichter verrieten die Ahnung des nahenden Endes.

Bei den Bewerbungsreden der Nachfolgekandidaten blieb Merkel nur die Rolle der Zuschauerin. Kramp-Karrenbauer sprach subjektiv, emotional, auf den Punkt, jedenfalls besser als erwartet. Merz las vom Blatt ab, schaute selten auf, begann mit abstrakten Ausführungen über Geschichte und Weltpolitik, jedenfalls nahm er den Saal nicht mit. Die Saarländerin hielt eine der besten Reden ihrer Karriere, der Sauerländer eine seiner schlechtesten. Das Entsetzen im Merz-Lager war groß, die Spannung stieg. Der erste Wahlgang brachte keine Entscheidung. Kramp-Karrenbauer erhielt 450 Stimmen, Merz 392, Spahn 157. Im zweiten Wahlgang schwenkten die Delegierten der Jungen Union mehrheitlich von Spahn zu Kramp-Karrenbauer um, die den JU-Vorsitzenden Paul Ziemiak zu ihrem Generalsekretär machte. Das Endergebnis war knapp, aber eindeutig: 517 Delegierte stimmten für Kramp-Karrenbauer, 482 für Merz.

Aus Merkels Gesicht sprach Erleichterung, aus den Zügen ihrer Getreuen unbändige Freude. Es ging an diesem Tag nicht nur um die Frage, ob Merkel ein bisschen kürzer oder länger das Amt der Bundeskanzlerin versehen werde. Sondern darum, ob die eigene Partei die Merkel-Ära zum Irrtum der Geschichte erklärte und die Uhren wieder zurückstellte auf den Tag, an dem Angela Merkel nach der Macht gegriffen hatte. Anschließend, beim Parteiabend, bot sich den Anwesenden ein bezeichnendes Bild. Merkel thronte in der Mitte des Tisches, Kramp-Karrenbauer und deren Mann neben sich, gegenüber Spahn und dessen Ehemann, allesamt angeregt ins Gespräch vertieft, als sichtbares Zeichen, dass sich durch Merz' Kandidatur das Verhältnis zwischen Gesundheitsminister und Kanzlerin deutlich entspannt hatte. An den beiden Enden der Tafel saßen bedröppelt Merz und Schäuble, zwei Politiker der Vergangenheit, wie es nun schien.

Klimakanzlerin

Die Stunde der Wahrheit kam mit der Europawahl am 26. Mai 2019. Die Unionsparteien fielen im Vergleich zur Bundestagswahl weiter zurück und erhielten nur noch knapp 29 Prozent der Stimmen, im Gegenzug verdoppelte sich das Ergebnis der Grünen auf gut 20 Prozent. Während sich die Union in Personalstreitigkeiten verzehrte, traten die Grünen geschlossen auf. Als Oppositionspartei mussten sie sich auf Bundesebene nicht mit praktischer Politik die Finger schmutzig machen, vor allem aber profitierten sie davon, dass nach dem Dürresommer 2018 die Klimapolitik auf einmal wieder ganz oben auf der politischen Agenda stand.

Seit die schwedische Schülerin Greta Thunberg im Januar 2019 auf dem Weltwirtschaftsforum in Davos eine viel beachtete Rede gehalten hatte, gingen auch in Deutschland jeden Freitag Jugendliche auf die Straße, um eine wirkungsvollere Politik gegen die Erderwärmung einzufordern. Der extrem heiße und trockene Sommer im zurückliegenden Jahr 2018 hatte das Thema ins Zentrum der Aufmerksamkeit gerückt. Wer in jener Zeit über Deutschland flog, der sah statt des gewohnten Grün ein verdorrtes Ocker, das fast schon an eine Wüste denken ließ. Ein Übriges tat Rezo, ein 26 Jahre alter Youtube-Star mit blau gefärbten Haaren, der acht Tage vor der Europawahl in einem Video mit dem provokativen Titel

6. Dämmerung (2017–2020)

Auf der UN-Klimakonferenz im September 2019 ließ sich Merkel mit Greta Thunberg fotografieren. Ihr internationales Engagement gegen die Erderwärmung konnte die Versäumnisse im eigenen Land nicht überdecken.

«Die Zerstörung der CDU» vor allem mit der Klimapolitik der Bundesregierung abrechnete und sie dabei mit konservativen Wertvorstellungen konfrontierte: In seiner eigenen Firma toleriere er keine Mitarbeiter, die sich ständig Ziele setzten und sie anschließend nicht einhielten, sagte er mit Blick auf die Politik, die ihre eigenen Klimavorgaben ständig verfehle. Was er vortrug, war gewiss provokant und einseitig formuliert. Es beruhte aber, zumindest beim Klimathema, auf einer zutreffenden Darstellung der Fakten.[81]

Die CDU unter der Führung Kramp-Karrenbauers und ihres Generalsekretärs Paul Ziemiak reagierte kopflos. Schon die Klimastreiks der Schüler hatte die Parteichefin mit einer Ermahnung wegen des Schuleschwänzens abgefertigt, ohne auf die Klimasorgen in der Sache ernsthaft einzugehen. Nun sickerte die Nachricht aus der Parteizentrale, man habe als Antwort auf den Youtuber ein Video mit Philipp Amthor aufgenommen, einem gleichaltrigen CDU-Bundestagsabgeordneten aus Vorpommern, der dank seines altklugen Auftretens eine gewisse Prominenz erlangt hatte, die indes nicht frei von Peinlichkeit war. Aus Angst vor einer Blamage wurde dieses Video jedoch nie veröffentlicht. Stattdessen verbreiteten die Christdemokraten einen achtseitigen «Faktencheck» als pdf-Dokument. Hohn und Spott ergossen sich in den Tagen vor der Europawahl über die Partei und deren Kommunikationsstil aus dem Zeitalter von Büroklammer und Faxgerät.

Als Kramp-Karrenbauer am Montag nach der Europawahl vor die

Journalisten trat, um sich für die Niederlage zu rechtfertigen, folgte der nächste Tritt in den Fettnapf. Am Ende einer quälend langen Pressekonferenz, nach ungefähr einer Stunde, kritisierte sie den Aufruf von Youtubern, nicht CDU oder SPD zu wählen, mit dem Hinweis auf die Gepflogenheit klassischer Medien in der Bundesrepublik, keine direkten Wahlempfehlungen abzugeben. Sofort baute sich in den sozialen Medien eine Debatte auf, ob die Parteichefin die Meinungsfreiheit beschränken wolle, und Kramp-Karrenbauer glaubte, darauf mit einem Tweet reagieren zu müssen: Der Vorwurf sei absurd, «worüber wir aber sprechen müssen, sind Regeln, die im Wahlkampf gelten».[82] Damit machte sie die Sache nur noch schlimmer, vor allem tat sie, was Merkel bei allen Missgeschicken ihrer frühen Jahre stets vermieden hatte: Sie beging denselben Fehler mehrfach, vor der Wahl und hinterher gleich wieder.

Selbst wer bis dahin noch an eine Zukunft für CDU und SPD geglaubt hatte, bekam nun den Eindruck, dass für die Volksparteien als Dinosaurier des analogen Zeitalters im 21. Jahrhundert nichts mehr zu gewinnen sei. Digitaler Analphabetismus und klimapolitische Ignoranz verbanden sich auf denkbar ungünstige Weise. Es stimmte zwar, dass das Debakel in Teilen auch den Zugeständnissen geschuldet war, die Kramp-Karrenbauer dem rechten Parteiflügel glaubte machen zu müssen. Aber sie hatte diese konservativen Duftmarken nun einmal gesetzt, von der Flüchtlings- bis zur Klimapolitik, und deshalb wurde sie damit verbunden.

Aufs stille Genießen verlegte sich derweil die von allen parteipolitischen Lasten befreite Bundeskanzlerin. Nicht nur, dass sie zwei Tage nach der Europawahl dem US-Nachrichtensender CNN ein großes Interview zur weltpolitischen Lage gab.[83] Bereits kurz nach Bekanntwerden des Rezo-Videos war sie bei einer «Kaffeetafel» des Bundespräsidenten zum Geburtstag des Grundgesetzes belauscht worden, wie sie in munterer Runde ihrer Sympathie für den aufgeweckten Youtuber Ausdruck verlieh.[84] Ganz falsch war ihre Maxime, dass Wahlen in der politischen Mitte gewonnen werden, offenbar nicht gewesen, auch nicht ihr Engagement für die internationale Klimapolitik, das von der Bonner Klimakonferenz des fernen Jahres 1995 über den Heiligendammer G8-Gipfel von 2007 bis zur bevorstehenden Klimakonferenz der Vereinten Nationen anno 2019 reichte.

Freilich waren die Schülerdemonstrationen wie die Attacken des Youtubers auch eine Abrechnung mit ihrer eigenen Politik. Schon auf internationaler Ebene hatte sie das Thema nicht so durchgängig vorangetrieben, wie es die Bezeichnung «Klimakanzlerin» suggerierte. Nachdem auf der Kopenhagener Klimakonferenz 2009 eine Einigung am Widerstand Chinas und der Vereinigten Staaten gescheitert war, sie mit dem Thema also nichts mehr gewinnen konnte, investierte sie nicht mehr allzu viel politisches Kapital. Gewiss lag das auch daran, dass Finanz- und Euro-Krise alle politischen Energien banden – und in vielen Ländern solche ökonomischen Verheerungen anrichteten, dass den meisten Regierungen an Wirtschaftswachstum um nahezu jeden Preis gelegen war. Ein Faktum bleibt das Pausieren in der Klimapolitik gleichwohl.

Größer waren die Versäumnisse in Deutschland selbst. Selbst in den Zeiten, in denen sich die Kanzlerin auf internationalen Gipfeltreffen für ihre Klimabeschlüsse feiern ließ, tat sie dort, wo es ein persönliches politisches Risiko bedeutet hätte, vergleichsweise wenig. Die neue Klimadebatte rückte die Unterlassungen nun in ein grelles Licht. Im zurückliegenden Jahr 2018 hatte Deutschland 858 Millionen Tonnen CO_2-Äquivalente emittiert. 2005, im Jahr von Merkels Amtsantritt, waren es 993 Millionen Tonnen gewesen.[85] Die Einsparung blieb deutlich hinter den Vorgaben zurück, und das selbst gesetzte Ziel der Bundesregierung, im Jahr 2020 volle 40 Prozent weniger Treibhausgase auszustoßen als 1990, schien vor der Corona-Krise in unerreichbarer Ferne zu liegen. Der größte Teil der bereits erzielten Minderung war noch immer dem Niedergang der ostdeutschen Industrie in den frühen neunziger Jahren zu verdanken.[86]

Die Bilanz fiel für die einzelnen Bereiche höchst unterschiedlich aus. Am schlechtesten war es um den Verkehrssektor bestellt. Hier waren die Emissionen nicht nur nicht gesunken, sondern sogar leicht gestiegen. Die stetig wachsende Mobilität der Bevölkerung und der unaufhaltsam zunehmende Gütertransport machten jeden Fortschritt zunichte, der durch sparsamere Autos oder den Ausbau der klimafreundlichen Bahn erzielt wurde. Die Manager der deutschen Autokonzerne verschlossen vor Megatrends wie dem Klimaschutz oder einem veränderten Konsumverhalten lange Zeit die Augen. Wie sich im Herbst 2015 herausstellte, hatte besonders der Volkswagen-Konzern die verschärften Grenzwerte für Stickoxide bei Dieselfahrzeugen umgangen, indem er mit einer Abschaltvorrichtung auf den Teststand weit geringere Emissionen vortäuschte als im Normalbetrieb, und zwar ungleich drastischer als bei den schon immer leicht geschönten Angaben zu Spritverbrauch und CO_2-Ausstoß. Dieser «Diesel-Skandal» erschütterte das Vertrauen in die Branche nachhaltig, auch in den Augen der Kanzlerin.

Trotzdem hielt Merkel immer wieder ihre schützende Hand über die deutsche Leitbranche, etwa wenn es wie 2013 in Brüssel allzu scharfe EU-Grenzwerte für den durchschnittlichen CO_2-Ausstoß der Kfz-Flotten zu verhindern galt. Das hätte deutsche Premium-Hersteller wie Audi, Daimler oder BMW mit ihren großen Fahrzeugen mehr getroffen als Peugeot, Renault oder Fiat. Für Merkels Engagement hätte es der vielfältigen personellen Verflechtungen wohl gar nicht bedurft: Hans-Christian Maaß, der ihr als westdeutscher Berater im Wendejahr 1990 den Weg in die Politik geebnet hatte, leitete jahrelang die Hauptstadtrepräsentanz des Volkswagen-Konzerns; ihr ehemaliger Regierungssprecher Thomas Steg zeichnete nach seinem Ausscheiden für die Regierungsbeziehungen der Wolfsburger verantwortlich; ihr früherer Staatsminister Eckart von Klaeden heuerte bei Daimler an; Hildegard Müller, einst ebenfalls Staatsministerin im Kanzleramt, trat nach einigen anderen Stationen an die Spitze des Verbands der Automobilindustrie.

Dass Merkel den Anliegen ihrer einstigen Vertrauten und deren jetziger Arbeitgeber ein so offenes Ohr widmete, hatte vor allem mit der Abhängigkeit des ganzen Landes von der Branche zu tun, die sich in den oft zitierten 800 000 Arbeitsplätzen bei Autobauern und Zulieferern nur unzureichend ausdrückt. Schließlich hängen Wertschöpfung und Konsum ganzer Regionen an den Fabriken, auch handelt es sich oft um gut bezahlte und gewerkschaftlich abgesicherte Jobs. Deshalb steckt eine deutsche Regierungschefin immer im Dilemma: Selbst wenn sie weiß, dass mittel- und langfristig Veränderungen nötig sind, wird sie kurzfristig ihre schützende Hand über die deutschen Autobauer halten. Die erste Frau auf dem Posten konnte es sich noch viel weniger leisten, im Vergleich zum «Autokanzler» Gerhard Schröder als ein Risiko für den Wirtschaftsstandort Deutschland zu gelten.

Im Vergleich zum Verkehrssektor stand bei den Klimazielen die Stromproduktion besser da. Der Ausbau der erneuerbaren Energien, vor allem der Windenergie, hatte seit der 2011 ausgerufenen «Energiewende» beträchtliche Fortschritte gemacht. Allerdings wurde ein großer Teil des grünen Stroms dafür benötigt, den Wegfall der zwar riskanten, aber CO_2-neutralen Atomenergie zu kompensieren. Deshalb blieb in Deutschland der Anteil der Kohlekraftwerke relativ hoch, jener Form der Elektrizitätserzeugung, die am meisten zur Erderwärmung beiträgt. Der «Kohleausstieg» hatte daher bei den Koalitionsverhandlungen im Winter 2017/18 eine wichtige Rolle gespielt, vor allem allerdings in den gescheiterten Jamaika-Gesprächen. Für die SPD hatte das Thema eine geringere Priorität als für die Grünen; an die konkrete Umsetzung der Reduktionsziele war das vierte Kabinett Merkel mehr als ein Jahr nach Amtsantritt noch nicht gegangen.

Jetzt, nach dem Debakel bei der Europawahl, sollte alles ganz schnell gehen. In einer Sitzung der Unionsfraktion ließ die Kanzlerin am 5. Juni wissen, es dürfe in der Klimapolitik kein *Pillepalle* mehr geben.[87] Auch das konnte, wer wollte, als Spitze gegen Kramp-Karrenbauer verstehen, die vor der Europawahl eine CO2-Steuer noch strikt abgelehnt hatte und dafür von ihrem innerparteilichen Konkurrenten Armin Laschet kritisiert worden war. Ganz entgegen ihrer Gewohnheit betrieb Merkel damit ein Erwartungsmanagement, das seine Enttäuschungen selbst produzierte.

Schnell ging es jetzt tatsächlich, ungewohnt schnell für Berliner Gewohnheiten. Bald nach der Sommerpause, am 20. September, einigte sich die Koalition nach einer kräftezehrenden Nachtsitzung auf ein «Klimapaket». Es enthielt tatsächlich den Einstieg in eine CO2-Bepreisung, allerdings zunächst nicht in Form eines Handelssystems mit festgesetzten Höchstmengen, sondern mit einem anfänglichen Fixpreis von bescheidenen zehn Euro. Entgegen landläufigen Erwartungen hatte sich vor allem die kriselnde SPD gegen einen höheren Tarif zur Wehr gesetzt, weil sie den Zorn des Wahlvolks fürchtete. *Politik ist das, was möglich ist*, beschied eine übermüdete Kanzlerin die Kritiker lapidar.[88]

Freilich mochte Merkel bereits im Kalkül haben, dass das Gesetz der Zustimmung des Bundesrats bedurfte, wo die Grünen eine wichtige Rolle spielten und Nachbesserungen einfordern konnten: Als zum Jahresende die endgültige Entscheidung anstand, war die Partei an sage und schreibe 11 von 16 Landesregierungen beteiligt. Im Dezember setzte der Vermittlungsausschuss von Bundestag und Bundesrat den Einstiegspreis für die CO2-Emissionen auf 25 Euro je Tonne herauf. Im Januar 2020 einigten sich Bund und Länder schließlich auch auf einen konkreten Ausstiegsplan aus der Kohleverstromung bis spätestens zum Jahr 2038, und nach einem Urteil des Verfassungsgerichts hob die Koalition 2021 die Klimaziele abermals an. Damit war unter äußerem Druck doch noch so etwas wie ein klimapolitisches Vermächtnis der Merkel-Jahre entstanden: viel zu langsam aus Sicht der Umweltverbände, aber doch mit einem verbindlichen Einstiegsplan in den CO2-Handel und einem Enddatum für die Stromerzeugung aus Kohle. Die Aufmerksamkeit für das Thema hatte zu diesem Zeitpunkt aufgrund anderer Krisen freilich schon abgenommen.

Neue Freiheit

Auf den Hamburger CDU-Parteitag vom Dezember 2018 folgte eine neue Phase von Merkels Kanzlerschaft. Wer Merkel in den Monaten nach dem Parteitag auf Reisen begleitete, der erlebte eine Frau, die bereits auf irritierende Weise dem politischen Alltag entrückt war. Sie strahlte eine Gelassenheit aus, die im auffallenden Kontrast zur Übervorsicht ihrer frühen Jahre stand. Andererseits zeigten sich bei der körperlich so robusten 64-Jährigen nun doch die Spuren des Amtes, was die physische Leistungsfähigkeit betraf. Auf Langstreckenflügen saß sie nicht mehr durchweg putzmunter zwischen übermüdeten Journalisten, bisweilen drehten sich die Rollen sogar um.

Mit wachsender Distanz betrachtete sie das Wirken ihrer Nachfolgerin im Parteivorsitz. Seit ihrer knappen Wahl versuchte Annegret Kramp-Karrenbauer, auf den unterlegenen Parteiflügel zuzugehen. Mit einem «Werkstattgespräch Migration» setzte sie sich von Merkels Flüchtlingspolitik ab, was ihr die Kanzlerin übelnahm. Sie machte sich auf einer Karnevalsveranstaltung über Genderdebatten lustig. Und ausgerechnet sie als Saarländerin formulierte eine «Antwort an Macron», die man in Paris als schroffe Zurückweisung interpretierte.[89]

Hatte Kramp-Karrenbauer im Wettstreit mit Merz noch als die liberale Merkel-Anhängerin gegolten, die bei der Parteirechten auf Ablehnung stieß, so erschien sie nach gewonnener Wahl als eine altbackene Konservative aus der Provinz, die das Rad der Geschichte zurückdrehen wollte. Ihr Plan ging nicht auf: Sie wollte zunächst den rechten Parteiflügel befrieden, der mit Merkel gehadert hatte, um rechtzeitig vor der nächsten Bundestagswahl wieder um die politische Mitte werben zu können. Das war aber zu schematisch gedacht, und dafür wechselten die politischen Konjunkturen inzwischen zu schnell: Bevor sie mit dem Manöver überhaupt richtig begonnen hatte, waren ihr die Wechselwähler aus der politischen Mitte schon abhandengekommen.

Friedrich Merz, dem an einem raschen Abschied von Merkel gelegen war, hatte die Parteichefin schon Anfang 2019 dazu gedrängt, die Machtfrage zu stellen: Nur mit einer raschen Ablösung Merkels auch als Kanzlerin, so das Argument, könne sie ihr Momentum nach dem Parteitag nutzen, vor allem aber mit einem Amtsbonus in die nächste Bundestagswahl gehen. Merkel hielt das nicht für eine gute Idee, nicht nur, weil sie

6. Dämmerung (2017–2020)

Einen vorläufigen Höhepunkt erreichten die Merkel-Festspiele mit ihrer Rede an der Harvard-Universität Ende Mai 2019. Ihr Plädoyer für internationale Zusammenarbeit wurde als Kritik am US-Präsidenten Donald Trump verstanden.

ihre Amtszeit in Würde beenden wollte und Kramp-Karrenbauer inzwischen auch inhaltlich auf Abwegen sah. Sie bezweifelte, ob ein solches Manöver mit dem sozialdemokratischen Koalitionspartner zu machen sei – und warnte im kleinen Kreis vor dem Risiko, das vorgezogene Neuwahlen für die politische Stabilität bedeuten könnten: In den zwei Monaten zwischen einer Auflösung des Bundestags und der Wahl könnten sich ganz eigene Dynamiken entwickeln.

Dass sie entschlossen sei, bis zum regulären Wahltermin im Herbst 2021 im Amt zu bleiben, machte Merkel auch der Parteivorsitzenden klar. Mitte Mai 2019, noch vor dem Debakel bei der Europawahl, beendete Kramp-Karrenbauer daraufhin öffentlich die Spekulationen. Die Kanzlerin sei für die ganze Legislaturperiode gewählt, erläuterte sie in einem Interview. «Ich kann also für mich ausschließen, dass ich auf einen früheren mutwilligen Wechsel hinarbeite.»[90] In gewisser Weise verhielt sie sich wie Wolfgang Schäuble, der sich in der Spätphase Helmut Kohls ebenfalls den Plänen des Kanzlers gefügt hatte. Als ihre eigene Schuld sah Merkel das nicht: Sie konnte mögliche Anwärterinnen auf die Nachfolge nur in eine günstige Startposition bringen, bewähren mussten sie sich selbst.

Parteiauftritte im Europawahlkampf, die sich inzwischen selbst manch ein früherer Merkel-Kritiker wieder wünschte, lehnte die Kanzlerin ab. Auch das wurde als Misstrauensvotum gegen Kramp-Karrenbauer gedeutet, vor allem aber entsprang es Merkels Entschlossenheit, den Abschied vom Parteivorsitz in aller Konsequenz zu vollziehen. Bei Auftritten wurde sie nun wie ein Elder Statesman gefeiert, als sei sie für die Niederungen der Alltagspolitik gar nicht mehr verantwortlich. Sie setzte ihre eigenen Prioritäten und nahm auch in der internationalen Politik weniger Rücksichten als zuvor.

In den Beliebtheits-Rankings belegte sie auch dank dieses Abstands von der Parteipolitik wieder einen der vorderen Plätze. Einen vorläufigen Höhepunkt erreichten die Merkel-Festspiele mit einer Rede, die sie kurz nach der für ihre Partei so blamablen Europawahl auf einer Absolventenfeier der Harvard-Universität hielt, für Zusammenarbeit und internationale Verantwortung: *Mehr denn je müssen wir multilateral statt unilateral denken und handeln, global statt national, weltoffen statt isolationistisch. Kurzum: Gemeinsam statt allein*, sagte sie. *Dazu gehört, dass wir Lügen nicht Wahrheiten nennen und Wahrheiten nicht Lügen.* Das alles war auch auf den amerikanischen Präsidenten Donald Trump gemünzt, und so wurde es in der Weltöffentlichkeit verstanden.[91]

Vermächtnisse

Der Abschwung Kramp-Karrenbauers und der Aufschwung der Klimapolitik waren nicht die einzigen Folgen der Europawahl. Bei der SPD zog das Wahldebakel weit gravierendere Konsequenzen nach sich als bei der CDU: Das Mobbing, das es schon vor der Wahl gegen die Partei- und Fraktionsvorsitzende Nahles gegeben hatte, wuchs sich zu einem offenen Aufstand aus. Wenige Tage nach einer turbulenten Fraktionssitzung, in der praktisch alle Redner der Chefin das Misstrauen aussprachen, verkündete Nahles ihren Rückzug von allen politischen Ämtern. Durch eigene Fehler hatte sie dazu ein gutes Stück beigetragen. Dass ausgerechnet Abgeordnete, die keineswegs zum linken Parteiflügel zählten, ihren Sturz maßgeblich vorantrieben, erwies sich jedoch als kurzsichtig: Mit der

6. Dämmerung (2017–2020)

Realpolitikerin, die mit einer leidenschaftlichen Parteitagsrede die Zustimmung der Sozialdemokraten zu einer abermaligen großen Koalition überhaupt erst möglich gemacht hatte, brach ein entscheidender Pfeiler des Regierungsbündnisses weg. Der Rückzug der SPD-Chefin habe «das Ende der großen Koalition eingeläutet», schrieben die Kommentatoren, als sei das schon eine vollendete Tatsache.[92]

Erschwerend kam hinzu, dass sich die SPD für die Bestimmung der Nahles-Nachfolge sehr viel Zeit genehmigte. Erst Ende November, ein halbes Jahr nach dem Rücktritt der SPD-Chefin, stand fest: Das Amt August Bebels an der Spitze der Partei übernahmen die weithin unbekannte schwäbische Bundestagsabgeordnete Saskia Esken und der frühere nordrhein-westfälische Finanzminister Norbert Walter-Borjans, ein politischer Ruheständler, der einst durch den Kampf gegen Schweizer Schwarzgeldkonten bekannt geworden war.

Bereits zum dritten Mal in dieser Amtszeit sah alles danach aus, als stünde die Kanzlerschaft Angela Merkels unmittelbar vor dem Ende. Doch so kam es nicht. Erstaunlich schnell gelang es den regierungsfreundlichen Genossen, die neue Parteispitze einzurahmen und von etwaigen Ausstiegsplänen abzubringen. Das wurde durch die verheerenden Umfragewerte von rund 13 Prozent erleichtert. Kein Parteivorsitzender konnte riskieren, die ohnehin geschrumpfte Bundestagsfraktion um ein weiteres Drittel zu dezimieren. Die Abgeordneten selbst, ohne die ein Sturz der Kanzlerin nicht möglich war, verspürten noch weniger Neigung zum politischen Suizid. So machte die neue Parteispitze einfach weiter – in einer Form von Hyperdialektik, die an das Vorgehen des griechischen Premiers Tsipras erinnerte: Er hatte ein Referendum gegen das europäische Hilfsprogramm genutzt, um am Ende genau dieses Programm durchzusetzen.

Bei der SPD konnte Merkel nur zuschauen, bei einer anderen Personalentscheidung redete sie aktiv mit: Nach der Europawahl waren auch die europäischen Führungsämter neu zu besetzen, allen voran die Spitze der Kommission. Ihren offenen Widerstand gegen das Spitzenkandidaten-Prinzip hatte die deutsche Kanzlerin inzwischen aufgeben müssen. Doch waren die Bewerber diesmal weithin unbekannt, anders als zuvor Jean-Claude Juncker und Martin Schulz. Deshalb ließen sich der deutsche CSU-Politiker Manfred Weber und der niederländische Sozialdemokrat Frans Timmermans, zwei überzeugte Proeuropäer, leichter übergehen. Gegen Weber legte der französische Präsident Macron sein Veto ein, weil er die Idee der Spitzenkandidaten ablehnte, aber auch, weil er einem noch so gemäßigten CSU-Politiker nicht traute. Für kurze Zeit sah es so aus, als käme nun Timmermans zum Zug, angeblich, um das demokratische Prinzip zu retten – obwohl die Sozialdemokraten die Wahl nicht gewonnen hatten. Dagegen setzten sich jedoch die Osteuropäer zur Wehr: Als EU-Kommissar hatte Timmermans die Rechtsstaatsverfahren gegen Ungarn und Polen vorangetrieben.

Ein Sondergipfel der Staats- und Regierungschefs ergab Anfang Juli die Lösung, die für die Hauptbeteiligten womöglich gar nicht so überraschend war: Macron brachte die deutsche Verteidigungsministerin Ursula von der Leyen für den Posten ins Spiel, ein Name, der nach Teilnehmerangaben schon bei dem deutsch-französischen Versöhnungstreffen ein Jahr zuvor auf Schloss Meseberg gefallen war[93] – was den Gedanken nahelegt, dass Merkel in den Verhandlungen um Weber und Timmermans womöglich ein Stück weit politisches Theater gespielt hatte. Die Nominierung der deutschen Ressortchefin galt allgemein als Befreiungsschlag, nicht nur für von der Leyen selbst, deren nationale Karriere auf ein totes Gleis geraten war, sondern auch für Europa; nur die deutsche SPD lehnte, im Gegensatz zu vielen ihrer europäischen Schwesterparteien, die Nominierung einer Deutschen für das Brüsseler Spitzenamt trotzig ab.

Nicht ganz trivial war indes die Frage, wer nun auf den Posten der Berliner Verteidigungsministerin nachrücken sollte. «Die Bundeskanzlerin plant keine Kabinettsumbildung»: Mit diesem knappen Satz hatte Merkels Sprecher ein halbes Jahr zuvor alle Spekulationen vom Tisch gewischt, Friedrich Merz könne womöglich in die Regierung einrücken.[94] Der Sauerländer kam für die Kanzlerin auch diesmal nicht in Frage, als ernsthafte Option galt indes Jens Spahn, der als Gesundheitsminister zuletzt zu einer halbwegs friedlichen Koexistenz mit Merkel gefunden hatte, bei allen fortbestehenden Meinungsverschiedenheiten über die Flüchtlingspolitik von 2015.

Das hätte freilich für die seit der Europawahl angezählte Parteichefin Kramp-Karrenbauer eine neue Konkurrenz bedeutet, weshalb sich die Saarländerin in ihrer Not entschloss, nun doch in die Regierung einzutreten und das Wehrressort zu übernehmen. Hatte sie zuvor stets beteuert, der Partei unabhängig vom konkreten Regierungshandeln wieder eigenes Gewicht verschaffen zu wollen, begab sie sich nun doch in die Kabinettsdisziplin. Das bedeutete zugleich das Eingeständnis, dass sich eine Regierungspartei schwer gegen die eigene Regierung profilieren kann – eine Erfahrung, die parallel dazu auch die SPD machte.

6. Dämmerung (2017–2020)

An ihrem 65. Geburtstag im Juni 2019 schien es, als habe Merkel ihr politisches Erbe gerettet: Die neue Verteidigungsministerin Annegret Kramp-Karrenbauer galt trotz allem als wahrscheinliche Nachfolgerin, die neue EU-Kommissionspräsidentin Ursula von der Leyen verwaltete ihr europapolitisches Erbe.

Aber zunächst schien es so, als habe Merkel, die an diesem Tag 65 Jahre alt wurde und damit das traditionelle Rentenalter erreichte, durch günstige Umstände und ohne viel eigenes Zutun ihr Erbe auf glückliche Weise geregelt. Am 17. Juli 2019 verdichtete sich dieser Eindruck in einem eindrucksvollen Bild: Anlässlich der Entlassung und Ernennung der Verteidigungsministerin saßen drei Frauen beim Bundespräsidenten im Schloss Bellevue einträchtig nebeneinander: Ganz rechts die Bundeskanzlerin, in der Mitte Ursula von der Leyen, die von nun an ihr europäisches Erbe verwalten würde, und ganz links Annegret Kramp-Karrenbauer, die trotz aller Widrigkeiten als die wahrscheinlichste Nachfolgerin Merkels an der Spitze der deutschen Regierung galt. Der Eindruck der Harmonie wurde noch dadurch verstärkt, dass auf einem häufig gedruckten Foto alle drei ihre Beine im ähnlichen Winkel übereinandergeschlagen oder gekreuzt hatten.[95]

Dass auch die Weitergabe des Kanzlerinnenamts nun so greifbar nahe gerückt schien, hatte freilich einen anderen Grund – denselben, der auch für die ungewohnte sitzende Anordnung beim Bundespräsidenten verantwortlich war: Angela Merkel war zuletzt mehrfach bei längerem Stehen in der Öffentlichkeit von rätselhaften Zitterattacken heimgesucht worden. Ein erstes Mal war ihr das zwei Jahre zuvor bei einem Besuch in Mexiko passiert, weitab von der deutschen Öffentlichkeit. Jetzt aber geschah es bei Besuchen des ukrainischen Präsidenten und des finnischen Premiers in Berlin, dazu im Schloss Bellevue bei der Übergabe des SPD-geführten Justizministeriums. Fortan zog es Merkel vor, bei derlei Anlässen zu sitzen. Offiziell erklärte ihr Sprecher die Attacken damit, dass sie aus Angst vor dem Zittern abermals zittere; Ärzte und Psychologen äußeren in diversen Medien die unterschiedlichsten Theorien. Ein Zeichen, dass die Strapazen der 14 Amtsjahre wie die Anfechtungen der jüngsten Zeit an Merkel nicht spurlos vorübergingen, waren die Anfälle allemal.

Rechte Gefahr

Der Eindruck, dass die Stabilität des politischen Systems weiter ins Rutschen geriet, entsprang in diesem schwierigen Jahr 2019 nicht nur Merkels angeschlagener Gesundheit, der Krise der CDU und der Selbstzerstörung der SPD. Auch die Bedrohung von rechts gewann eine neue Qualität. Am 2. Juni ermordete ein Rechtsextremist den Kasseler Regierungspräsidenten Walter Lübcke, einen Christdemokraten, der energisch für Merkels Flüchtlingspolitik eingetreten war. Es war in der Bundesrepublik der erste Mordanschlag auf einen führenden staatlichen Repräsentanten seit dem RAF-Terror und der erste überhaupt, der von Rechtsextremisten verübt wurde. Die Reaktionen darauf fielen zunächst erstaunlich verhalten aus.

Die Serie der Bluttaten riss indes nicht ab. Am 9. Oktober versuchte ein 27 Jahre alter Attentäter, am Feiertag Jom Kippur in die Synagoge von Halle an der Saale einzudringen und die dort versammelten Mitglieder der jüdischen Gemeinde zu töten. Nachdem ihm das nicht gelungen war, erschoss er eine unbeteiligte Passantin und den Gast eines Döner-Imbisses. Am 19. Februar 2020 schließlich attackierte ein 43-jähriger Hanauer in seiner hessischen Heimatstadt die Gäste zweier Shisha-Bars und tötete zehn Menschen. Diesmal reagierte Merkel schnell und energisch, auch wenn ihr manche vorwarfen, dass sie nicht sofort an den Tatort fuhr. *Rassismus ist ein Gift*, sagte sie in einem eilends anberaumten Pressestatement.[96] Tatsächlich begannen jetzt auch die Sicherheitsbehörden, die Bedrohung durch den Rechtsterrorismus ernster zu nehmen. Innenminister Horst Seehofer äußerte sich in diesem Sinn, ebenso der neue Chef des Verfassungsschutzes. Dass die Behörde jahrelang von einem Mann geleitet worden war, der die Gefahren verharmloste und selbst mit manchen Positionen der Extremisten sympathisierte, erschien im Rückblick noch unfassbarer als ohnehin schon. Darin lag auch ein schweres politisches Versagen der Kanzlerin. Merkel setzte in dieser Zeit freilich ein Zeichen: Sie besuchte im Dezember 2019 zum ersten Mal in ihrem Leben das Konzentrationslager Auschwitz.

Der Terror fiel zusammen mit den ostdeutschen Landtagswahlen. Brandenburger und Sachsen bestimmten am 1. September ein neues Parlament, die Thüringer am 27. Oktober. Angesichts der Erfolge der AfD bei der zurückliegenden Bundestagswahl stellte sich die bange Frage, ob die Partei in einem oder sogar mehreren der Bundesländer zur stärksten politischen Kraft aufsteigen werde. Das führte zu einer Polarisierung. Sie nutzte einerseits der AfD, die Ergebnisse zwischen 23,4 und 27,5 Prozent der Stimmen einfuhr. Andererseits profitierte jeweils die Partei des Ministerpräsidenten.

Denn die Wähler, die den Vormarsch der Rechtsaußen-Partei stoppen wollten, waren überall in der Mehrheit, und viele von ihnen entschieden sich für den sichersten Weg: die jeweils stärkste Partei aus dem demokratischen Spektrum zu unterstützen. Das half in Brandenburg der SPD, in Sachsen der CDU, in Thüringen der Linken – und in Sachsen-Anhalt anderthalb Jahre später abermals der CDU. In Brandenburg und Sachsen glückte das Manöver, allerdings kam es zu Koalitionen, die den Umbruch des Parteiensystems spiegelten: CDU und SPD mussten sich in beiden Ländern nicht nur miteinander, sondern zusätzlich mit den Grünen zu einer Kenia-Koalition verbünden, um überhaupt noch eine Regierungsmehrheit zustandezubringen. Komplizierter lagen die Dinge in Thüringen, und zwar aus Gründen, für die Merkel eine Mitverantwortung trug. Auch unter ihrer Führung hatte die CDU stets das Mantra beschworen, dass sie eine Zusammenarbeit mit AfD und Linker gleichermaßen ausschließe. Um auch den äußersten rechten Parteiflügel auf eine Abgrenzung nach rechts festlegen zu können, glaubte die Parteispitze so tun zu müssen, als seien die Parteien an den vermeintlichen Enden des politischen Spektrums beide gleich verabscheuenswert. Die langjährige Parteichefin selbst, die manch ein Verschwörungstheoretiker als eine leidlich getarnte Nachlassverwalterin Erich Honeckers betrachtete, konnte bei der Aufweichung dieses Tabus am allerwenigsten voranschreiten. Für eine Zusammenarbeit mit der Linken sprachen sich Christdemokraten aus Schleswig-Holstein oder Brandenburg aus – und zeitweise auch aus Thüringen.

Hier gehörte der populäre Ministerpräsident anders als in Sachsen oder Brandenburg der Linkspartei an, weshalb die politische Polarisierung zwischen Amtsinhaber und Protestpartei dazu führte, dass Linke und AfD zusammen 51 der 90 Landtagssitze einnahmen. Ein Hauch von Weimar wehte durch das Landtagsplenum im Erfurter Süden, die Erinnerung an die Reichstagswahl vom Juli 1932, als eine «negative Mehrheit» von NSDAP und KPD eine reguläre Parlamentsarbeit endgültig unmöglich machte. Es fiel freilich schwer, den pragmatischen Regierungschef Bodo Ramelow ernsthaft auf eine Stufe mit dem Stalin-Anhänger Ernst Thälmann zu stellen, der die parlamentarische Demokratie bekämpft und die gemäßigte Sozialdemokratie als seinen politischen Hauptfeind betrachtet hatte.

Das galt erst recht angesichts der Bedrohung, die sich auf der anderen Seite des Spektrums auftat: Der AfD-Fraktionsvorsitzende Björn Höcke, ein Gymnasiallehrer aus Hessen, agierte als Exponent des vom Verfassungsschutz beobachteten, rechtsextremistischen «Flügels» der Partei. Spätestens seit einem Auftritt im Dresdener Ballhaus Watzke, bei dem er im Habitus eines nationalsozialistischen Propagandaministers eine «erinnerungspolitische Wende um 180 Grad» verlangt hatte, genoss er bundesweit einen zweifelhaften Ruhm. Es erschien absurd, die ohnehin obsolete Äquidistanz-Theorie ausgerechnet in dem Bundesland mit der radikalsten AfD und der moderatesten Linkspartei aufrechtzuerhalten.

Freilich geriet das Problem für Merkel und die meisten anderen Politiker bald nach der Wahl aus dem Blick. Wichtiger für die Stabilität der Bundesregierung schien der Mitgliederentscheid der SPD zu sein, und in Thüringen würden sich die Probleme schon regeln. Zunächst wurde spekuliert, dass Ramelow einfach geschäftsführend im Amt bleiben könne, schließlich hatte er den Landeshaushalt für das kommende Jahr 2020 vorsorglich bereits vor der Wahl durchs Parlament gebracht. Und selbst als der Ministerpräsident auf einer förmlichen Wiederwahl im Landtag beharrte, sahen die Bundesspitzen der Parteien darin keine größere Schwierigkeit. Schließlich genügte im dritten Wahlgang eine einfache Mehrheit: Damit Ramelow mit den Stimmen seiner rot-rot-grünen Minderheitskoalition wieder ins Amt kam, brauchte sich die CDU daher

6. Dämmerung (2017–2020)

bloß zu enthalten, sie musste also nicht gegen ihren eigenen Abgrenzungsbeschluss verstoßen.

Wer so dachte, der unterschätzte indes die Fliehkräfte, die in der ostdeutschen CDU wirkten. Nicht wenige Landtagsabgeordnete sahen in der Flüchtlingspolitik der Kanzlerin aus dem Jahr 2015 eine größere Gefahr als in einer Kooperation mit der AfD. Hinzu kam, dass der Thüringer Partei- und Fraktionsvorsitzende Mike Mohring seine Wahlniederlage nicht akzeptieren mochte und nach Mitteln und Wegen suchte, doch wieder ins machtpolitische Spiel zu kommen – erst durch Avancen an die Linke, nach einem Veto aus Berlin dann durch ein böses Spiel mit Rechts.

Den entscheidenden Anstoß gab indes die FDP, der mit Ach und Krach der Einzug in den Landtag gelungen war. Ihr Fraktionsvorsitzender Thomas Kemmerich, der Chef einer Friseurkette, gab bekannt, für das Amt des Ministerpräsidenten kandidieren zu wollen. Warnungen, er könne durch Stimmen der AfD tatsächlich ins Amt kommen, ignorierte er – offenkundig, weil er sich an einem solchen Szenario gar nicht störte. So kam es am 5. Februar 2020 tatsächlich: Weil die AfD ihrem eigenen Kandidaten absichtsvoll die Stimme verweigerte, gewann Kemmerich den dritten Wahlgang mit 45 zu 44 Stimmen gegen Ramelow; fast alle Abgeordneten von CDU und FDP votierten für ihn, zu verdanken hatte er seine Mehrheit aber vor allem den 22 Abgeordneten der AfD. Statt unter diesen Umständen das Amt gar nicht erst anzutreten, nahm er die Wahl ohne Zögern an und ließ sich von Höcke beglückwünschen.

Die Bundesvorsitzenden von CDU und CSU, Kramp-Karrenbauer und Söder, verurteilten die Wahl sofort klar und unmissverständlich; FDP-Chef Christian Lindner lavierte. Die deutlichsten Worte formulierte Merkel, die gerade auf Dienstreise in Südafrika weilte. Sie mahnte, *dass dieser Vorgang unverzeihlich ist und deshalb das Ergebnis rückgängig gemacht werden muss. Es war ein schlechter Tag für die Demokratie. Es war ein Tag, der mit den Werten und Überzeugungen der CDU gebrochen hat.*[97] Entgegen den Gepflogenheiten bei Pressekonferenzen im Ausland begann sie ihr Statement mit der Kritik an der Thüringer Wahl und kam erst danach auf ihren Besuch in Südafrika zu sprechen.

Einige Kommentatoren und parteiinterne Kritiker warfen Merkel daraufhin vor, sie habe sich nach der Abgabe des Parteivorsitzes in CDU-Belange gar nicht mehr einmischen dürfen. Das Argument hatte freilich etwas Haarspalterisches: Schließlich ist es durchaus ein Thema für die

Bundeskanzlerin, wenn in einem Bundesland ein Regierungschef mit Hilfe einer Partei an die Macht kommt, die rechtsextremistische Positionen vertritt. Merkel formulierte in ihren eigenen Worten jenes «Nie wieder», das seit 1949 als Staatsräson der Bundesrepublik galt. Stoßen mochten sich selbst Wohlmeinende an der Formulierung, der Vorgang müsse «rückgängig gemacht» werden: Das Problem bestand ja gerade darin, dass sich zwar das Ergebnis der Wahl revidieren, der Schaden für die politische Kultur aber nicht komplett ungeschehen machen ließ.

So alternativlos Merkels Reaktion aus Sicht einer deutschen Regierungschefin gewesen sein mochte, einen ungewollten innerparteilichen Kollateralschaden zog sie gleichwohl nach sich. Das Aufsehen, das die Weltpolitikerin Merkel mit ihrem Machtwort sofort erregte, demonstrierte einmal mehr die relative Machtlosigkeit der Frau, die in ihrem Schatten die Geschäfte der CDU führte: Annegret Kramp-Karrenbauers. Merkels Intervention schuf das Problem nicht, rückte es aber ins grelle Scheinwerferlicht. Das galt umso mehr, als Kramp-Karrenbauer nicht liefern konnte, sprich: es nicht schaffte, den thüringischen Landesverband zu einer Umkehr zu bewegen. Obwohl sie – ungeschickterweise, wie man im Rückblick sagen muss – nach Erfurt fuhr, holte sie sich bei den dortigen Parteifreunden nur eine demütigende Abfuhr.

Für Kramp-Karrenbauer war das Maß damit voll: Sie kündigte wenige Tage später, am 10. Februar, ihren Rückzug vom Parteivorsitz an, nur gut ein Jahr nach ihrer Wahl auf dem Hamburger Parteitag. Bei der Kanzlerin revanchierte sie sich für die Überrumpelung vom vorvergangenen Herbst, indem sie Merkel nun ihrerseits erst kurz von den Gremiensitzungen über ihre Absichten unterrichtete. Der Versuch, durch die vorzeitige Übertragung des Parteivorsitzes eine geregelte Machtübergabe einzuleiten, durfte nun als misslungen gelten – allerdings auf andere Weise, als es Merkel befürchtet hatte: Zumindest für den Moment war die Ämtertrennung nicht daran gescheitert, dass der Kanzlerin ohne das Parteiamt die Machtbasis entglitt, sondern vielmehr daran, dass die Nachfolgerin gegenüber einer weltweit anerkannten Regierungschefin überhaupt nicht durchdrang. Dass Kramp-Karrenbauer auch selbst viele Fehler machte, steht auf einem anderen Blatt.

Zunächst glaubte sie, die Nachfolgefrage noch selbst regeln und bis zum regulären Parteitag zehn Monate später aufschieben zu können. Davon war bald keine Rede mehr. Am 18. Februar kündigte Merkels entlassener Umweltminister Norbert Röttgen seine Kandidatur für den

6. Dämmerung (2017–2020)

Parteivorsitz an, am 25. Februar folgten mit Friedrich Merz und dem nordrhein-westfälischen Ministerpräsidenten Armin Laschet die beiden Schwergewichte, Letzterer im Doppelpack mit dem Gesundheitsminister Jens Spahn als designiertem Stellvertreter, dem drittplatzierten Vorsitz-Kandidaten aus der vorausgegangenen Runde. Kramp-Karrenbauers Idee, Merz gegen Merkels Willen zum Bundesminister zu machen und ihn so von der Kandidatur abzubringen, war an dem Sauerländer selbst gescheitert. Die Wahl wurde nun doch vorgezogen und auf den 25. April terminiert. Wieder schien ein spektakulärer Kampf um Merkels Erbe bevorzustehen, diesmal mit dem liberalen Merkel-Mann Laschet als klarem Favoriten. Es dauerte indes nur wenige Tage, bis eine Krise ungeahnten Ausmaßes den Kampf um den CDU-Vorsitz vollkommen in den Schatten stellte.

7. Corona (2020–2021)

Lockdown

Es war das erste Mal. Noch nie in ihrer Amtszeit hatte die Kanzlerin, die sich sonst nur zu Neujahr direkt ans Volk wandte, jenseits des Jahreswechsels eine Fernsehansprache gehalten. Aber die Corona-Pandemie änderte alles. Am Mittwoch, dem 18. März 2020, war Angela Merkel auf den Bildschirmen im Land zu sehen, rund 25 Millionen Menschen schauten zu. Sie redete einfach, klar und auf den Punkt. Selten zuvor, so wurde vielerorts registriert, sei sie bei einem öffentlichen Auftritt so sehr sie selbst gewesen, in ihrer Rolle als Naturwissenschaftlerin, aber auch als Verkünderin einer Botschaft, von der sie überzeugt war, ohne taktische Rücksichten und Hintergedanken.

Es ist ernst. Nehmen Sie es auch ernst: So lautete der zentrale Satz, den Merkel im Verlauf der Ansprache leicht abgewandelt noch zweimal wiederholte. Und sie fügte hinzu: *Seit der Deutschen Einheit, nein, seit dem Zweiten Weltkrieg gab es keine Herausforderung an unser Land mehr, bei der es so sehr auf unser gemeinsames solidarisches Handeln ankommt.*[1]

Binnen kürzester Frist veränderte sich das Alltagsleben. Für absehbare Zeit erlebten die Deutschen jetzt Dinge, die bislang selbstverständlich gewesen waren, ein letztes Mal: In Berlin konnte man am 8. März noch in die Oper gehen, am 15. März abends die Kneipe besuchen, am 22. März auswärts zu Mittag essen. Kontaktbeschränkungen im privaten Raum kamen hinzu, allerdings keine generelle Ausgangssperre wie in Italien, Spanien oder Frankreich. Als Merkel und die Ministerpräsidenten am 22. März die vorerst letzten Lockdown-Beschlüsse fassten, hatte die Bevölkerung ihre Aktivitäten zu einem beträchtlichen Teil bereits eingeschränkt, arbeiteten viele Beschäftigte schon seit einer oder zwei Wochen von zu Hause aus. Auch Merkel musste das zwölf Tage lang notgedrungen tun, weil ein Arzt, der sie gegen Pneumokokken geimpft hatte, positiv getestet worden war.

Merkel erntete für ihren Auftritt zunächst überschwängliches Lob. Die *New York Times* verlieh der deutschen Regierungschefin den Ehrentitel «die berühmte Kein-Nonsens-Kanzlerin», im Kontrast zum eigenen Präsidenten Donald Trump, der die subkutane Gabe von Desinfektionsmittel als probate Abwehrstrategie empfahl. Merkel sah sich bei diesem Thema als Naturwissenschaftlerin in ihrem Element: Dass man mit dem Virus nicht verhandeln konnte, anders als viele ihrer juristisch geschulten Kollegen offenbar glaubten, leuchtete ihr unmittelbar ein. Und sie verstand, dass sich Forschung stets weiterentwickelt, Hypothesen verwirft und neue Theorien aufstellt. Von der Politik verlangt das die Bereitschaft zum Strategiewechsel, was sie in der Öffentlichkeit angreifbar macht.

Der Gesundheitsminister brachte das Prinzip von Versuch und Irrtum wenig später auf die Formel, «dass wir nämlich miteinander in ein paar Monaten wahrscheinlich viel werden verzeihen müssen».[2] Der Versuch, schon im Voraus eine Entschuldigung für künftige Fehler einzuholen, fiel später jedoch auf die Regierung zurück. Denn bald zeigte sich, dass Merkels politischer Stil für die Bewältigung einer Naturkatastrophe weniger geeignet war als für die vielen Krisen zuvor. Abzuwarten und auszusitzen, in endlosen Nachtsitzungen um Kompromisspapiere zu ringen und durch schieren Zeitablauf eine Beruhigung der Gemüter herbeizuführen: Das alles genügte nicht mehr in einer Lage, in der sich das Virus schnell verbreitete und die Bevölkerung im zähen Halb-Lockdown des Winters 2020/21 zunehmend verzweifelte. Vorausschauendes Handeln gegen Widerstände durchzusetzen, auch wenn es ein hohes politisches Risiko bedeutete: Das wurde auch jetzt nicht zu einer Stärke der Kanzlerin, wie sich besonders bei der Impfstoffbeschaffung zeigte. Es gelang ihr auch nicht, zu motivieren und Perspektiven aufzuzeigen – nicht zuletzt, weil sie selbst die Dinge recht düster sah.

Zum Zeitpunkt der Fernsehansprache beherrschte das Corona-Virus erst seit ungefähr zwei Wochen alle Diskussionen im Land. Am 4. Januar hatte die *Süddeutsche Zeitung* in einer winzigen Meldung über eine «bisher nicht identifizierte Lungenkrankheit» berichtet, die in der zentralchinesischen Großstadt Wuhan aufgetreten sei.[3] Ein erster Ausbruch bei einem bayerischen Autozulieferer ließ sich Ende Januar eingrenzen, und eine zentrale Quarantäne für Wuhan-Heimkehrer im südpfälzischen Germersheim sollte weitere Fälle verhindern. Die meisten Deutschen glaubten zunächst nicht daran, dass es auch daheim zu einem Gesundheitsnotstand kommen könnte. Dazu trugen die – tatsächlichen oder

7. Corona (2020–2021)

Erst die Meldungen aus Italien und die Bilder von Lastwagen des Militärs, die Mitte März 2020 in Bergamo Leichen abtransportierten, führten den Deutschen das Ausmaß der Bedrohung vor Augen.

vermeintlichen – Fehlalarme der zurückliegenden Jahre bei. Rinderwahn, Sars, Mers, Schweine- oder Vogelgrippe: Oft hatten Experten verheerende Folgen vorausgesagt, die dann nicht eintraten. Deshalb mochten Politiker und weite Teile der Öffentlichkeit auch diesmal den Warnungen der Fachleute nicht glauben; auch eine 2013 dem Bundestag vorgelegte Analyse des regierungsamtlichen Robert-Koch-Instituts zum Risiko einer Pandemie war weithin unbeachtet geblieben.[4]

Die Wahrnehmung wandelte sich in den Tagen, in denen das politische Berlin auf die Kandidaten für den CDU-Vorsitz schaute. Am 25. Februar 2020, dem Faschingsdienstag, hatte Gesundheitsminister Spahn noch an der Seite des nordrhein-westfälischen Ministerpräsidenten Armin Laschet seine Bewerbung als Parteivize verkündet, am Aschermittwoch sprach er zum ersten Mal vom Beginn einer allgemeinen Corona-Epidemie in Deutschland.[5] Laschet suchte den Krisenstab im Landkreis Heinsberg auf, wo sich das Virus nach einer Karnevalssitzung verbreitet hatte. Inzwischen hatten die italienischen Behörden erste Gemeinden in der Lombardei unter Quarantäne gestellt.

Anzeichen, dass auch für die Kanzlerin das Virus in den Mittelpunkt rückte, nahmen die Bundestagsabgeordneten von CDU und CSU am 3. März wahr: Merkel gab in der Fraktionssitzung niemandem mehr die Hand.[6] Die konkreten Vorbereitungen auf die kommende Pandemie überließ sie einem gemeinsamen Krisenstab von Gesundheits- und Innenministerium. Einem Exportstopp für medizinische Schutzausrüstung, den andere europäische Länder als unsolidarischen Akt auffassten, stellte sich die Kanzlerin ebenso wenig in den Weg wie den Grenzkontrollen zu den meisten Nachbarstaaten, die Innenminister Horst Seehofer verhängte.

Erst die Meldungen aus Italien und die Bilder von Lastwagen des Militärs, die in Bergamo Leichen abtransportierten, führten den Deutschen das Ausmaß der Bedrohung vor Augen. Merkel verhielt sich zunächst, wie sie es in der Frühphase solcher Krisen stets zu tun pflegte: Sie schwieg. Aus ihrer Sicht kam es mehr noch als fünf Jahre zuvor in der Flüchtlingsfrage aufs Erwartungsmanagement an. Sollte sich die Krise verschlimmern, mussten in der Kommunikation immer noch Steigerungsmöglichkeiten bleiben: Wer wie der französische Präsident schon früh von einem «Krieg» sprach, konnte sich rhetorisch kaum noch überbieten. Obendrein fürchtete Merkel den Vorwurf, den Gesundheitsminister in den Schatten stellen zu wollen. Und schließlich galt wie eh und je: Bevor Merkel ihre Sprachregelung nicht gefunden hatte, würde sie nicht vor die Fernsehkameras treten.

«Kein Auftritt, keine Rede, keine Führung in der Krise: Die Kanzlerin und das Corona-Chaos», titelte die *Bild*-Zeitung am 11. März, einem Mittwoch.[7] Tatsächlich bezog Merkel nun erstmals ausführlich Stellung, nachdem sie zwei Tage zuvor auf einer deutsch-griechischen Wirtschaftskonferenz nur knapp auf die Lage eingegangen war. Jetzt begab sie sich in die Bundespressekonferenz. Schon der Ort war ungewöhnlich, suchte Merkel ihn doch sonst nur für ihre alljährliche Sommer-Pressekonferenz auf. Sie sagte öffentlich, was sie tags zuvor schon hinter den verschlossenen Türen des Fraktionssaals erklärt hatte: Wenn es keine Impfung gebe, dann werde *ein hoher Prozentsatz der Bevölkerung – Experten gehen von 60 Prozent bis 70 Prozent aus – infiziert.* Wichtig sei, *dass wir unser Gesundheitssystem nicht überlasten, sondern die Ausbreitung des Virus verlangsamen. Es geht also darum, Zeit zu gewinnen.* Und sie fügte hinzu: *Die Maßstäbe für unser politisches Handeln ergeben sich aus dem, was uns Wissenschaftler und Experten sagen.*[8]

Konkrete Beschlüsse deuteten sich am Tag danach an, bei Merkels erster Beratung mit den Ministerpräsidenten, der im Verlauf der Pandemie

7. Corona (2020–2021)

Gesichter der Pandemie: Lothar Wieler, Präsident des Robert-Koch-Instituts, der Virologe Christian Drosten und Gesundheitsminister Jens Spahn traten zeitweise fast jede Woche gemeinsam auf.

viele weitere folgen sollten. Die Einschränkungen begannen, wo sie zuvor am wenigsten erwartet worden waren: mit einer Schließung der Schulen. In der Runde warnte der Virologe Christian Drosten, der tags zuvor noch eine andere Meinung vertreten hatte, Schüler übten bei der Virus-Übertragung eine gefährliche Brückenfunktion zwischen den Altersgruppen aus: Schulschließungen seien daher «extrem effizient», um die Verbreitung des Virus einzudämmen, und zwar «je früher, desto besser».[9] Die eigentliche Dynamik ging jedoch nicht von der Wissenschaft aus, sondern vom Wettbewerb der Ministerpräsidenten: Keiner von ihnen wollte sich den Vorwurf einhandeln, er habe zu zögerlich reagiert.

Besonders tat sich der bayerische Regierungschef Markus Söder hervor. Turnusgemäß stand er seit Oktober 2019 für ein Jahr an der Spitze der Ministerpräsidentenkonferenz, was ihm bei den Verhandlungen in der Berliner Regierungszentrale regelmäßig den Platz an der Seite der Kanzlerin verschaffte; später übernahm der Berliner Bürgermeister Michael Müller diese Rolle. An diesem Donnerstag, dem 12. März, preschte Söder zum ersten Mal vor. Während Merkel eine Schließung der Schulen noch als *Option* bezeichnete, und zwar *vorübergehend* und bloß in Regionen mit *dynamischem Ausbruchsgeschehen*, schuf der Münchner Ministerpräsident bereits Fakten: Der Freistaat werde schon tags darauf entscheiden, «dass und wann wir die Schulen und auch die Kitas vor Ostern schließen».[10] Mit seiner Rhetorik der Entschiedenheit suchte Söder auch in der Folgezeit nicht nur zu überdecken, dass Bayern während des gesamten Pandemieverlaufs ein Corona-Hotspot blieb – ähnlich wie Kanzler Sebastian Kurz in Österreich, das durch zögerliches Handeln im Skiort Ischgl zur Verbreitung des Virus in ganz Europa beigetragen hatte. Der Bayer inszenierte sich durch den engen Schulterschluss mit einer stets warnenden Kanzlerin zudem als möglicher Nachfolger.

Angesichts der raschen Ausbreitung des Virus wuchs die Nervosität; im Schnitt steckte während jener Tage ein Infizierter drei weitere Personen an. Schon am Montag, vier Tage nach der Debatte über die Schulschließungen, beriet sich die Kanzlerin abermals mit den Ministerpräsidenten. Die Runde beschloss an diesem 16. März umfangreiche Einschränkungen des öffentlichen Lebens, die Merkel anschließend so detailreich wiedergab, dass das große Ganze fast unterging: *Für den Publikumsverkehr zu schließen sind Bars, Clubs, Diskotheken und ähnliche Einrichtungen, Theater, Opern- und Konzerthäuser, Museen und ähnliche Einrichtungen, Messen, Ausstellungen, Kinos, Freizeit- und Tierparks und Anbieter von Freizeitaktivitäten sowohl innen als auch außen, Spezialmärkte, Spielhallen, Spielbanken, Wettannahmestellen und ähnliche Einrichtungen, Prostitutionsstätten, Bordelle und ähnliche Einrichtungen, der Sportbetrieb auf und in allen öffentlichen und privaten Sportanlagen, Schwimm- und Spaßbädern, Fitnessstudios und ähnlichen Einrichtungen, alle weiteren nicht an anderer Stelle in diesem Papier genannten Verkaufsstellen des Einzelhandels, insbesondere auch Outlet-Center und Spielplätze. Das sind also die Dinge, die geschlossen werden.*[11] Die Pressekonferenz erinnerte an manchen missglückten Auftritt in der Euro-Krise, als sich Merkels Botschaft ebenfalls im technischen Klein-Klein verloren hatte und die gewünschte Wirkung ausgeblieben war. So reifte in Merkels engstem Umfeld der Plan zu einem ganz ungewöhnlichen Schritt: dem Auftritt im Fernsehen am 18. März.

Lockerung

Bis zum Ende der Osterferien, so hatte es Merkel vorgegeben, sollte der Lockdown des Frühjahrs 2020 andauern. Damit erhöhte sie nur die Erwartung, was nach diesem 20. April geschehen würde. Der ursprüngliche Plan, die Lockerungen an eine Maskenpflicht und eine App zur Kontaktverfolgung zu koppeln, scheiterte. Es dauerte, bis medizinische Schutzmasken allgemein verfügbar waren; die hilflose Beschaffungspolitik des Staates zog windige Geschäftemacher an – darunter auch Bundestagsabgeordnete von CDU und CSU, wie sich ein Jahr später herausstellte. Die App ging erst Mitte Juni in Betrieb, aufgrund des strengen Datenschutzes erwies sie sich zudem als nutzlos.

Hatte es zu Beginn des Lockdowns einen Wettlauf der Ministerpräsidenten um möglichst harsche Beschränkungen gegeben, so konkurrierten sie nun um die schnellsten Lockerungen. Als am 20. April das CDU-Präsidium über die Lage beriet, beklagte sich die Bundeskanzlerin über die von den Parteifreunden veranstalteten *Öffnungsdiskussionsorgien* – ein Ausdruck, der bald zum geflügelten Wort avancierte. Daraus wurden bald praktische Öffnungsorgien. Im Lebensgefühl schlug sich das am deutlichsten nieder, als Mitte Mai in den meisten Bundesländern die Gastronomie öffnete. Angesichts des freundlichen Wetters füllten sich rasch die Biergärten und Straßencafés, und dieser Anblick vermittelte den Eindruck, dass die Pandemie im Wesentlichen vorüber sei. Der Sommer entwickelte sich weitaus erfreulicher als erwartet. Zwar hatten die meisten Haushalte ihre geplanten Urlaubsreisen ins Ausland abgesagt oder gar nicht erst gebucht, aber dafür boomte der Deutschland-Tourismus. In den Ostseebädern herrschte ein Rummel wie stets, und manch ein Gastwirt in Merkels heimischer Uckermark war ein Gutteil seiner Zeit damit beschäftigt, angesichts ausgebuchter Tische die überzähligen Buchungsanfragen abzuwimmeln.

Fast das Einzige, was im Alltag noch an die Pandemie erinnerte, waren jene «Alltagsmasken», die man in Ladengeschäften oder öffentlichen Verkehrsmitteln tragen musste. Sie erlangten bisweilen den Status eines modischen Accessoires, farblich abgestimmt auf T-Shirt oder Krawatte. Verboten blieben Großveranstaltungen wie Volksfeste, Popkonzerte oder Messen. Theater und Kinos durften nur mit stark reduzierter Platzkapazität öffnen. Von einer drohenden «zweiten Welle» der Pandemie wurde in der Theorie zwar immer wieder gesprochen, in der Praxis bereiteten sich die meisten staatlichen und privaten Institutionen jedoch auf weitere Öffnungsschritte vor. Der Gang der Ereignisse schien der Fraktion der Lockerer zunächst recht zu geben. Einzelne Corona-Ausbrüche, etwa nach religiösen Feiern oder in einem Gütersloher Schlachtbetrieb, ließen sich eingrenzen.

Deutschland, so sah es für viele aus, war davongekommen. Gerade elf Corona-Tote auf 100 000 Einwohner hatte die Bundesrepublik in der ersten Welle der Pandemie zu verzeichnen, kein Vergleich zu Ländern wie Italien (58 Tote), Spanien (60) oder gar Belgien (86).[12] Nachdem das Frühjahr überstanden war, kannte das Lob für die Deutschen und ihre formidable Regierungschefin im In- und Ausland kaum noch Grenzen. In der Gunst der Bundesbürger stieg Merkel kometenhaft empor: Hatten sich Ende 2019 in Umfragen nicht einmal 49 Prozent mit ihrer Politik zufrieden gezeigt, so betrug die Zustimmungsrate nun mehr als 70 Prozent. Davon profitierte auch ihre strauchelnde Partei: Von Werten deutlich unter 30 Prozent schnellte die Union auf fast 40 Prozent hinauf.[13] Mit Blick auf den 2021 bevorstehenden Bundestagswahlkampf schien das jedoch eine Hypothek zu sein, schließlich würde die plötzlich wieder so populäre Kanzlerin kein weiteres Mal antreten.

Die vermeintliche Krisenresilienz der Deutschen, die sich später als Täuschung erwies, wurde nicht in allen europäischen Hauptstädten mit Wohlwollen registriert, zumal sich die deutsche Exportwirtschaft dank der raschen Stabilisierung des wichtigen chinesischen Absatzmarkts von dem Einbruch im Frühjahr rasch erholte. Das Muster aus der Finanz- und Euro-Krise schien sich zu wiederholen: Das Wort «Krise» bedeute, so das Empfinden von Rom über Paris bis Brüssel, dass Deutschland seine ökonomische Vormachtstellung in Europa weiter ausbaute, während andere litten. Das galt umso mehr, als die Bundesrepublik ihre immense Kreditwürdigkeit nutzte, um die heimische Wirtschaft mit Hilfsprogrammen in ungekannter Dimension zu stützen. Ungefähr die Hälfte aller staatlichen Krisensubventionen in der EU flossen an deutsche Firmen, obwohl das Land nicht einmal ein Fünftel der Einwohner zählt.

Merkel wusste, dass sie auf diese Stimmungslage reagieren musste, sie nutzte die Gelegenheit zur Wahrung ihres europapolitischen Erbes. Schon nach den ersten dramatischen Meldungen aus Italien war die Frage aufgekommen, wie Europa den am schlimmsten von der Gesundheitskrise gebeutelten Ländern unter die Arme greifen könne. Der Ruf nach

Eurobonds, also Anleihen der EU-Länder mit gesamtschuldnerischer Haftung, kehrte zurück. Darauf ließ sich die Kanzlerin zwar nicht ein, aber einem anderen Vorschlag des deutschen und französischen Finanzministers stimmte sie zu: Die Europäische Union sollte ermächtigt werden, im Rahmen ihres Haushalts eigene Schulden aufzunehmen, die in späteren Jahren nach dem dann gültigen Schlüssel der EU-Beiträge von den Mitgliedstaaten wieder beglichen werden sollten. Das blieb hinter der Idee der Eurobonds zurück, weil jedes Land nur für seinen eigenen Anteil haftete. Gleichwohl verlieh die Aufnahme eigener Schulden der EU erstmals ein Element von Staatlichkeit, sie konnte also einen Schritt vom Staatenverbund in Richtung eines Bundesstaates bedeuten. Am 18. Mai 2020 präsentierten Merkel und der französische Präsident Emmanuel Macron den Plan in einer gemeinsamen Pressekonferenz per Video.[14]

Der Protest im Inland blieb diesmal aus, die in der Euro-Krise so skeptische CDU/CSU-Bundestagsfraktion signalisierte Zustimmung. Merkel hatte gut vorgearbeitet, und sie hatte gewichtige Argumente auf ihrer Seite. Anders als in den Jahren nach 2010 ging es nicht um einen peripheren Mitgliedstaat wie Griechenland, diesmal betraf es mit Norditalien eine Region, die noch immer zum industriellen Kern des Kontinents zählt. Zudem ließ sich kaum bestreiten, dass Italien für die Pandemie nicht selbst verantwortlich war. Der europäische Coup zeugte einmal mehr vom Politikstil der Kanzlerin, der auf dem nüchternen Abwägen realpolitischer Möglichkeiten beruhte. In der Staatsschuldenkrise zwischen 2010 und 2012 war eine gemeinsame europäische Schuldenaufnahme nicht durchsetzbar gewesen. Diesmal regierte Merkel mit der im Prinzip europafreundlichen SPD, sie hatte durch ihre Corona-Politik an innerparteilicher Autorität gewonnen und wollte sich kein weiteres Mal um die Wiederwahl bewerben.

Widerstand gegen den Plan gab es aus anderen europäischen Hauptstädten. Der österreichische Kanzler Sebastian Kurz und der rechtsliberale niederländische Premier Mark Rutte setzten sich gemeinsam mit Dänemark und Schweden an die Spitze einer Koalition der selbsternannten «sparsamen Vier», die europäische Krisenhilfen nur als Kredite, aber nicht als Zuschüsse vergeben wollten. Volle vier Tage und Nächte rangen die Staats- und Regierungschefs vom 17. bis zum 21. Juli in Brüssel um die Corona-Hilfen. Am Schluss einigte man sich auf 390 Milliarden Euro an Zuschüssen und 360 Milliarden Euro an Krediten. In den Mitgliedsländern, die das Wiederaufbauprogramm befürworteten, galt Merkel nun als überragende Europäerin, die Verletzungen aus der Euro-Krise und der ersten Phase der Pandemie waren fast vergessen. «Danke schön», titelte die linksliberale französische *Libération* am Tag nach dem Gipfel auf Deutsch.[15]

Was die eigentliche Pandemiebekämpfung betraf, so zeitigte der europäische Wiederaufbaufonds, offiziell «Next Generation EU» genannt, eine fatale Wirkung: Er verstärkte den Eindruck, dass die Viruskrise im Grunde vorbei sei und es jetzt allein um die wirtschaftliche Erholung gehe. Ein ähnliches Signal sandte das deutsche Konjunkturpaket aus, das die Bundesregierung schon Anfang Juni beschlossen hatte. Der Naturwissenschaftlerin Merkel stand zwar vor Augen, dass die Viruskrise mit dem Frühjahrs-Lockdown nicht ausgestanden war. Aber sie kapitulierte vor den Ministerpräsidenten. *Ich bin kurz davor aufzugeben*, so wurde sie aus dem Kreis der Teilnehmer zitiert, als sie am 6. Mai zum vorerst letzten Mal mit den Länderchefs über die Corona-Maßnahmen beriet.[16] Fast vier Monate, bis zum steilen Anstieg der Infektionszahlen am Ende des Sommers, hielt sie sich zurück. Sie agierte wie in der Klimafrage nach dem gescheiterten Kopenhagener Gipfel von 2009, als sie keine Chance zum Handeln mehr sah und das Thema bis zum Elmauer G7-Treffen 2015 nur noch im bescheidenen Rahmen des Petersberger Klimadialogs verfolgte.

Dabei hätte es für eine deutsche Regierungschefin in jenen Monaten mehr als genug zu tun gegeben, um das Land auf den bevorstehenden Herbst und Winter vorzubereiten. Sie hätte die Ministerpräsidenten drängen können, die Ausstattung der Schulen sowohl für pandemiekonformen Präsenzunterricht als auch für digitalen Fernunterricht zu verbessern. Sie hätte den Ausbau der Kapazitäten für Tests und für die Nachverfolgung von Infektionsketten vorantreiben können. Sie hätte dafür sorgen können, schon im Sommer ein System der elektronischen Einreiseanmeldung in Gang zu bringen. In kaum einem Land auf der Welt gelang all dies zugleich. Aber dass sich Deutschland im Herbst auf jedem dieser Gebiete unvorbereitet zeigte, das war dann doch ein klares Versagen der Politik.

Obwohl Merkel die Pandemie nicht für überstanden hielt, leistete sie sich in jenen Wochen und Monaten erstaunliche Nachlässigkeiten. Das betraf auch ihren persönlichen Umgang mit dem Maskenthema. Ausgerechnet die deutsche Kanzlerin, die schärfer als manche Kollegen vor den Gefahren des Virus warnte, vermied länger als andere Regierungschefs das Tragen einer Maske in der Öffentlichkeit. Erst als sie auf einer

7. Corona (2020–2021)

Erst auf Nachfrage begann Angela Merkel, in der Öffentlichkeit eine Maske zu tragen. Das hinderte sie nicht daran, den bulgarischen Ministerpräsidenten Bojko Borissow auf dem Gipfel zum EU-Wiederaufbaufonds im Juli 2020 wegen seiner unbedeckten Nase zu rüffeln.

gemeinsamen Pressekonferenz mit dem französischen Präsidenten Ende Juni darauf angesprochen wurde, änderte sie ihre Mund-Nasen-Politik: Am 2. Juli, bei der Vorbesprechung der Unionsländer für den Bundesrat, verhüllte sie zum ersten Mal in der Öffentlichkeit ihr Gesicht. Gleichwohl erteilte sie Ratschläge zum Umgang mit dem Textil (*heiß bügeln oder in den Backofen oder in die Mikrowelle stecken – auch wenn sich das sozusagen etwas hausfraulich anhört*[17]), und als sie endlich eine Maske trug, verstaute sie diese stets umständlich in einem Gefrierbeutel: Offenbar fürchtete sie, die Maske könne eine Virenschleuder sein.

Statt über neue Einschränkungen wurde über eine weitere Lockerung der Vorsichtsmaßnahmen diskutiert. Theater legten Spielpläne für die Saison 2020/21 vor, als sei die Pandemie endgültig überstanden, Reiseveranstalter bewarben Kreuzfahrten, auf denen es kurz zuvor zu dramatischen Corona-Ausbrüchen gekommen war, Gastronomen blickten angesichts ausgebuchter Freilufttische mit erstaunlicher Sorglosigkeit der Wintersaison in Innenräumen entgegen. Umfragen zufolge ängstigten sich die Deutschen kaum noch wegen des Virus, der Wirtschaftsminister von Mecklenburg-Vorpommern wollte sogar die mildeste Maßnahme abschaffen, die Maskenpflicht im Einzelhandel.

Doch das zeitige Ende des Frühjahrs-Lockdowns hatte ein Infektionsgeschehen zurückgelassen, das zunächst moderat erschien, sich aber wieder aufschaukelte – erst unmerklich, dann dramatisch, wie es im Wesen exponentieller Entwicklungen liegt. Trotz der wenigen Krankheitsfälle fiel den Gesundheitsämtern das Nachverfolgen von Infektionsketten immer schwerer, weil angesichts des unbeschwerten Sommers die Zahl der Sozialkontakte wieder stark zunahm. Zudem stand die Urlaubssaison mit reger Reisetätigkeit bevor. Das Problem waren weniger die touristischen Aufenthalte in abgeschlossenen Apartments oder Hotelzimmern. Als gefährlicher erwiesen sich Familienbesuche, aufgrund verwandtschaftlicher Verbindungen und geographischer Nähe besonders in den Balkanländern: Im Kreis der Angehörigen fällt das Abstandhalten schwer, hinzu kam Nachlässigkeit, die aus geringer Betroffenheit während des Frühjahrs resultierte. Die Politik reagierte erst, als die Reisesaison schon fast vorüber war: Am 6. August verhängte Gesundheitsminister Spahn eine Testpflicht für Rückkehrer aus Risikogebieten, die jedoch schleppend anlief.

Eine lautstarke Minderheit empfand allerdings schon die vergleichsweise milden Einschränkungen des Sommers als zu hart. Gerade weil die Corona-Welle des Frühjahrs in Deutschland so mild verlaufen war, fühlte sie sich in dem Glauben bestärkt, die neuartige Erkrankung sei nicht gefährlicher als die saisonale Grippe. Es zeigte sich, was alsbald als «Präventions-Paradox» in die Debatte einging: Weil sich die Gefahr durch den vorsorglichen Lockdown nicht realisiert hatte, wurde sie gar nicht mehr als solche wahrgenommen.

Im ersten Corona-Schock des März herrschte unter den Deutschen weithin Konsens über die Maßnahmen der Regierung, auch waren Kundgebungen wegen der Restriktionen kaum durchführbar. So kam es zum ersten größeren Protest gegen die Lockdown-Beschlüsse erst, als sie zum Teil schon aufgehoben waren: am 2. Mai in Stuttgart unter dem Namen «Querdenken 711». In den Medien fanden die Proteste eine übergroße Beachtung, die ihrer tatsächlichen Relevanz nicht entsprach: Laut Umfragen hielt eine überwältigende Mehrheit der Bevölkerung nichts davon, die Pandemie einfach laufen zu lassen und den Tod Hunderttausender in Kauf zu nehmen. Einen Höhepunkt erreichten die Proteste am 29. August, als Demonstranten ins Reichstagsgebäude eindringen wollten, und am 18. November, als der Bundestag eine Novelle des Infektionsschutzgesetzes beschloss.[18] Eine Kanzlerin, die eine Nachbesserung der in der Tat dürftigen Rechtsgrundlage erst um ein halbes Jahr verschleppte, um sie dann im Eilverfahren beschließen zu lassen, bot dafür allerdings auch einen willkommenen Anlass.

Die Parteien sortierten sich nach einer kurzen Phase des Zögerns entlang der bekannten Fronten. Hatten sich AfD-Politiker zu Beginn der Pandemie noch für einen möglichst strikten Infektionsschutz ausgesprochen, so entdeckten sie nun die Marktlücke. Konsequent schalteten sie auf einen Anti-Merkel-Kurs um. Die Demonstranten knüpften in Wortwahl und Habitus an den Streit um Merkels Flüchtlingspolitik fünf Jahre zuvor an. Abermals war von einer «Kanzlerdiktatorin» die Rede, die den Deutschen nunmehr in Form des Mund-Nasen-Schutzes einen «Maulkorb» verordne. Die FDP versuchte wie einst, den moderaten Flügel der Widerstandsbewegung einzufangen, und die Grünen stellten sich an die Seite der Kanzlerin.

Unter dem Radar einer breiteren Öffentlichkeit blieben während des Sommers die Verhandlungen mit den Herstellern möglicher Impfstoffe. Zwar hatte die Kanzlerin stets betont, Einschränkungen des öffentlichen Lebens müssten bestehen bleiben, bis ein Impfstoff oder ein Medikament gegen die neue Krankheit existierten. In der Praxis mochte sich aber niemand darauf verlassen, dass binnen weniger Monate tatsächlich ein Vakzin zur Verfügung stehen würde. Politiker wie der britische Premier Boris Johnson, der US-Präsident Donald Trump oder der israelische Premier Benjamin Netanjahu, die ihre Hoffnungen in der Pandemiepolitik vor allem auf baldiges Impfen stützten, galten in Deutschland als unseriöse Illusionisten. Das begann sich erst zu ändern, als im November die Zulassung eines Impfstoffs der Mainzer Firma Biontech in greifbare Nähe rückte. Selbst dann noch gab es erhebliche Zweifel an der praktischen Anwendbarkeit eines Wirkstoffs, der eine Kühlung auf minus 70 Grad Celsius erforderte.

Hatte sich die Bundesrepublik zunächst mit Frankreich, Italien und den Niederlanden zusammengetan, um über Lieferverträge zu verhandeln, so übertrugen die beteiligten Gesundheitsminister diese Aufgabe am 12. Juni der Europäischen Union.[19] Weil Brüssel in der Gesundheitspolitik kaum Zuständigkeiten und deshalb nur wenige fähige Beamte hat, holte Kommissionspräsidentin Ursula von der Leyen dafür eine Frau aus ihrer Elitetruppe, der Generaldirektion Handel: die Italienerin Sandra Gallina. In der Handelspolitik hat die EU die alleinige Kompetenz.

Die zuständigen Beamten sind es gewohnt, mit äußerst harten Bandagen zu verhandeln, bis aus Sicht der Europäer jedes Komma stimmt – ob es um geschützte Ursprungsbezeichnungen für spanischen Schinken oder böhmisches Bier geht, um die Rechte deutscher Unternehmen im brasilianischen Urwald oder um Chlorhühnchen auf dem europäischen Markt.

So lief es auch bei den Impfstoffen. Kaum ein Land schloss mit den Herstellern Verträge, die mit Blick auf Preis und Haftungsfragen so hart verhandelt waren wie diejenigen der EU, besonders auf Drängen der Osteuropäer. Dass es in der Ausnahmesituation einer Pandemie auf anderes ankommt, nämlich auf eine möglichst rasche Verfügbarkeit um nahezu jeden Preis, geriet dabei aus dem Blick. Die Europäische Union und ihre Mitgliedstaaten scheuten davor zurück, in wirklich großem Stil in den Aufbau von Produktionskapazitäten einzusteigen, schon vor der Zulassung der Präparate und auch mit dem Risiko des Scheiterns.[20] Die EU-Kommission agierte anders als die US-Regierung nicht als Investor, wie der SPD-Politiker Karl Lauterbach betonte, sondern als bloßer Kunde; die kriegswirtschaftlichen Methoden der Amerikaner waren den marktgläubigen Europäern fremd, allerdings auch das damit zusammenhängende protektionistische Gebaren.[21]

Die Politiker in Brüssel und Berlin waren nicht zuletzt von der Angst getrieben, sich im Falle eines Misserfolgs für die entstandenen Unkosten verantworten zu müssen. «Die europäischen Behörden waren nicht risikoscheu, aber sie scheuten die falschen Risiken», analysierte der amerikanische Ökonom Paul Krugman. «Sie schienen zutiefst besorgt zu sein, den Pharmakonzernen zu viel Geld zu bezahlen, aber viel weniger besorgt, dass viele Europäer wegen einer langsamen Impfstofflieferung erkranken oder sterben könnten.»[22]

Dauerwelle

Derweil stiegen die Infektionszahlen, ob das nun eine zweite Corona-Welle war oder – wie sogar Wissenschaftler scherzten – eine kontinuierliche «Dauerwelle» mit stetigem Auf und Ab bevorstand. Trotz aller Besorgnis sparte sich die Kanzlerin eine eigene Intervention in der Öffentlichkeit abermals auf, und dann verlegte sie sich zunächst aufs Mahnen statt aufs Handeln. Am 27. Juli schickte sie lediglich ihren Kanzleramtsminister vor, um angesichts steigender Corona-Zahlen zu größerer Vorsicht zu mahnen. Am 6. August meldeten die Gesundheitsbehörden zum ersten Mal seit dem Frühjahr wieder mehr als tausend Neuinfektionen am Tag. Am 28. August warnte Merkel in ihrer jährlichen Sommer-Pressekonferenz: *Man muss damit rechnen, dass manches in den nächsten Monaten noch schwieriger sein wird als jetzt im Sommer. Es ist ernst, unverändert ernst. Nehmen Sie es auch weiterhin ernst!*[23] Am 30. September fügte sie in der Haushaltsdebatte des Bundestags hinzu: *Wir riskieren gerade alles, was wir in den letzten Monaten erreicht haben.*[24] In den CDU-Gremien sagte sie für Weihnachten 19 200 tägliche Neuinfektionen voraus.

Die Infektionszahlen stiegen weiter. Inzwischen war der Inzidenzwert, also die Zahl der wöchentlichen Neuinfektionen pro 100 000 Einwohner, als Maßstab für das Pandemiegeschehen etabliert. Anfang Oktober überschritten einige Regionen die Marke von 50, sie galten nach den im Mai festgelegten Kriterien als «Risikogebiet». Mit einem lebensfremden Automatismus traten nun Regeln in Kraft, die man zuvor für ganz andere Situationen beschlossen hatte, während andererseits dringend Nötiges unterblieb. Das Wort, das Merkels Corona-Strategie den entscheidenden Schlag versetzte, hieß «Beherbergungsverbot»: Wer in einem «Risikogebiet» lebte, durfte andernorts in Deutschland nicht mehr übernachten, weder im Hotel noch in einer einsam gelegenen Ferienwohnung. Die Vorschrift war ursprünglich für lokal begrenzte Corona-Ausbrüche gedacht, nicht für ein flächendeckendes Pandemiegeschehen. Nun aber hätten die deutschen Hoteliers täglich aktualisierte Inzidenzlisten mit ihrem Buchungsstand abgleichen, die Gäste den Risikogebieten zuordnen und gegebenenfalls abweisen müssen.

Dass Merkel auf solchen Regeln beharrte, statt Ausschau nach praktikablen Alternativen zu halten, zeugte von einer gewissen Lebensfremdheit. Ausgerechnet die Kanzlerin, die über weite Strecken ihrer Amtszeit für ihre Bodenhaftung gerühmt wurde, schien sich nun mit dem Alltag vieler Bürger nicht mehr auszukennen. So beklagte sie in einer der vielen Krisenrunden, dass die Leute eigens zum Kurfürstendamm führen, um sich dort für Pizza oder Döner anzustellen; dabei war die einstige Prachtmeile des alten Westberlin noch nie für ihre Imbisskultur berühmt gewesen.

Das Beherbergungsverbot ließ sich nicht durchhalten, es wurde in einem Bundesland nach dem anderen aufgehoben, teils durch politischen Beschluss, teils durch Gerichtsentscheid. Eine Bevölkerung, die sich im Frühjahr aktiv an der Pandemiebekämpfung beteiligt hatte, begann ihren

Glauben an die Weisheit der Regierenden zu verlieren. Maßnahmen, die kein Mensch durchschaute, konnte auch niemand beachten. Und die Lust auf eine weitere Lockdown-Runde war wenig ausgeprägt, zumal ein trüber Herbst bevorstand und kein sonniges Frühjahr.

Zum ersten Mal seit vielen Monaten empfing Merkel die 16 Ministerpräsidenten am 14. Oktober wieder persönlich in Berlin – «physisch», wie das im Gegensatz zu Videokonferenzen nun hieß. Zu dem Treffen brachte sie eine Vorlage mit, die eine erweiterte Maskenpflicht vorsah, Sperrstunden in der Gastronomie, die Schließung von Bars und Teilnehmergrenzen für private Feiern. Noch nicht enthalten war ein Lockdown mit der kompletten Stilllegung von Restaurants und Theatern oder gar Schulen und Läden. Trotzdem verweigerten sich die Länderchefs.

Die Ansagen von uns sind nicht hart genug, um das Unheil von uns abzuwenden, warnte die Kanzlerin in der Runde. *Dann sitzen wir in zwei Wochen eben wieder hier. Es reicht einfach nicht, was wir hier machen.* Die Grundstimmung sei, *dass sich jeder ein kleines Schlupfloch sucht, das ist das, was mich bekümmert.*[25] Öffentlich formulierte sie die Kritik an den eigenen Beschlüssen vorsichtiger, die deutlicheren Worte überließ sie abermals ihrem Kanzleramtsminister.[26] In ihrem wöchentlichen Podcast appellierte sie ein paar Tage später an die Bundesbürger, vorsichtiger zu sein als von den Ministerpräsidenten beschlossen: *Bitte bleiben Sie, wenn immer möglich, zu Hause an Ihrem Wohnort.* Am Samstag danach tat sie, was sie noch nie gemacht hatte: Sie wiederholte einfach den Podcast der Vorwoche, weil sich an der Dringlichkeit des Aufrufs aus ihrer Sicht nichts geändert hatte.[27]

Im Gegensatz zum Frühjahr, als Deutschland in einer vergleichsweise frühen Phase der Pandemie reagiert hatte, ließ die Bundesrepublik nun mehr Zeit verstreichen als andere europäische Länder, die bereits in diesen Tagen schärfere Maßnahmen in Kraft setzten. Dort gingen die Infektionszahlen in der Folgezeit zumindest stark zurück, was im Anschluss vorübergehende Öffnungsschritte möglich machte. Im Nachhinein räumten einige der Ministerpräsidenten ihre Fehleinschätzung ein, am deutlichsten der Thüringer Bodo Ramelow. «Die Kanzlerin hatte recht, und ich hatte unrecht», sagte er knapp drei Monate später.[28]

Doch im Oktober war Deutschland für neuerliche Einschränkungen nicht bereit, und die Art, wie Merkel ihre Ermahnungen vorbrachte, rief eher Widerstand hervor. So kam es, wie sie vorhergesagt hatte: Zwei Wochen später, am 28. Oktober, saßen die Regierungschefs abermals beisammen, diesmal verkündeten sie die Schließung von Gastronomie und Kultureinrichtungen für den Monat November. Während viele Restaurantbetreiber und Intendanten schon für die Wiedereröffnung am 1. Dezember planten, machte Merkel wenig Hoffnung auf eine baldige Änderung der Lage: *Die vier Wintermonate November, Dezember, Januar und Februar sind lang, und selbst den halben März muss man ja noch hinzurechnen, bevor es dann einmal richtig Frühling wird. Dieses Licht am Ende eines Tunnels ist jetzt noch ziemlich weit entfernt.*[29] Im März des Folgejahres verlängerte sie die Durststrecke noch einmal um denselben Zeitraum, mit fast identischen Worten: *Das sind jetzt noch drei, vier schwere Monate: März, April, Mai, Juni.*[30]

Der «Lockdown light», der Schulen und Läden offen ließ, erwies sich als unzureichend, und doch löste er in einer weithin unvorbereiteten Bevölkerung einen Schockeffekt aus. Nur mit Hilfe des Versprechens, den betroffenen Betrieben 75 Prozent ihres Vorjahresumsatzes zu erstatten («Novemberhilfe»), konnten Bund und Länder den möglichen Widerstand ersticken. Das hatte sich die Regierung selbst zuzuschreiben, schließlich hatten Merkels Minister die Illusionen noch im Herbst genährt. «Einen neuen Lockdown brauchen wir nicht», hatte der Wirtschaftsminister und Merkel-Vertraute Peter Altmaier verkündet. Und Jens Spahn, der Kollege aus dem Gesundheitsressort, verstieg sich zu der Aussage: «Mit dem Wissen heute, das kann ich Ihnen sagen, müssen keine Friseure mehr schließen und kein Einzelhandel mehr schließen. Das wird nicht noch mal passieren.»[31]

Nach der Besprechung mit den Ministerpräsidenten formulierte Merkel ganz offen, welche Nützlichkeitserwägungen sie beim «Lockdown light» leiteten. «Institutionen und Einrichtungen, die der Freizeitgestaltung zuzuordnen sind, werden geschlossen», hieß es im Beschluss von Bund und Ländern. «Veranstaltungen, die der Unterhaltung dienen, werden untersagt.»[32] Die Logik dahinter entsprach dem pragmatischen Denken der Kanzlerin in ökonomischen Fragen: All die Ausgaben des Staates für die Bekämpfung der Pandemie und ihrer wirtschaftlichen Folgen mussten am Ende refinanziert werden. Branchen mit geringer Wertschöpfung wie die Gastronomie oder ohnehin subventionierte Betriebe wie die Theater konnte man deshalb leichter schließen als die Kernbereiche von Industrie und Handel. Ein kulturprotestantisches Ethos, wonach erst die Arbeit und dann das Vergnügen komme, mochte hinzutreten.

In den Umfragen blieb die Zustimmung zur Corona-Politik der Bundesregierung fürs Erste hoch, in der Praxis aber zeigte sich die Unlust auf einen trüben Winter-Lockdown allzu deutlich. Hatten sich zum Beispiel die Restaurants im Frühjahr schon in den Tagen vor der offiziellen Schließung geleert, so nutzten die Gäste diesmal das letzte Wochenende in Freiheit noch einmal weidlich aus. Sehr viel weniger Menschen als ein halbes Jahr zuvor arbeiteten von zu Hause aus, und die Mobilität ging zunächst nur unwesentlich zurück.[33] Daher zeichnete sich früh ab, dass der «Lockdown light» über den November hinaus verlängert werden musste. Der Weg dahin war trotzdem steinig. Zu ihrer Besprechung mit den Ministerpräsidenten am 16. November brachte Merkel ein Papier mit, in dem sie Maskenpflicht und Wechselunterricht in den Schulen vorschlug. Weil die Länder die Bildungspolitik aber als ihre letzte ureigene Domäne betrachteten, reagierten sie empört; die Vorbereitung des nächsten Treffens am 25. November nahmen sie dem Kanzleramt aus der Hand. Die Verhandlungen dauerten dann trotzdem sieben Stunden, weil sich die Beteiligten über Nebensächlichkeiten stritten. Dass sie den Lockdown in den Dezember verlängern würden, stand ohnehin fest.

Im Gegenzug stellten Merkel und die Länderchefs mögliche Lockerungen für Weihnachten in Aussicht.[34] Das war eine Ankündigung gegen den internationalen Trend, andere Staaten hatten für die Feiertage bereits besondere Beschränkungen verhängt. Sie hielt auch nicht lange vor: Schon tags darauf kritisierte Merkel im Bundestag die eigenen Beschlüsse, und sie deutete erstmals die Endlichkeit der staatlichen Finanzkraft an: *Es ist ja klar, dass wir diese Art von Hilfen nicht bis Ultimo fortführen können.*[35] Bereits in der Sitzung mit den Ministerpräsidenten hatte sie gewarnt. *Wir haben das Ziel vom November nicht erreicht. Wir gehen in einen Dezember, in dem die Wahrscheinlichkeit, dass wir unser Ziel erreichen, sehr, sehr, sehr klein ist. Wir wissen nicht, wie wir im Januar weitermachen. Und wir geben als Bund für das Ganze 30 oder mehr Milliarden Euro aus. Das war in guten Zeiten 10 Prozent unseres Bundeshaushalts.* In anderen Ländern gebe es nicht 75 Prozent Umsatzerstattung, sondern Ausgangssperren und geschlossene Schulen.[36] Tatsächlich leistete sich die Bundesrepublik mit der Kombination aus «Lockdown light» und «Novemberhilfen» wenig Infektionsschutz für sehr viel Geld, wofür indes die Kanzlerin die Letztverantwortung trug.

Wenig später trat Merkel in der Haushaltsdebatte des Bundestags mit einer Dringlichkeit auf, die sie seit der Fernsehansprache des Frühjahrs

7. Corona (2020–2021)

In zähen Konferenzen rangen Angela Merkel und ihr Gesundheitsminister Jens Spahn mit Länderchefs wie Armin Laschet und Markus Söder. Die Nachtsitzungen wurden zum Symbol für politisches Versagen.

nicht mehr an den Tag gelegt hatte. In drastischen Worten warnte sie am 9. Dezember vor den Familienbesuchen an Weihnachten, die sie kurz zuvor noch in Aussicht gestellt hatte: Es könne dann leicht *das letzte Weihnachten mit den Großeltern* sein, mahnte sie mit fast schon brüchiger Stimme. Auch auf Glühwein und Waffeln ging sie ein. *So hart das ist – und ich weiß, wie viel Liebe dahintersteckt, wenn Glühweinstände oder Waffelbäckereien aufgebaut werden: Das verträgt sich nicht mit der Vereinbarung, dass wir zum Beispiel Essen nur zum Mitnehmen für den Verzehr zu Hause einkaufen.*[37]

Am 11. Dezember meldeten die Gesundheitsämter erstmals fast 30 000 Neuinfektionen, am 16. Dezember mehr als tausend Tote an einem einzigen Tag. Das entsprach, in einem Bild Söders, mehreren Flugzeugabstürzen. Besonders dramatisch entwickelte sich die Lage in Sachsen, wo die Corona-Beschränkungen auf viel Widerstand trafen; ein Teil der dortigen Bevölkerung sei gegenüber den Maßnahmen «regelrecht renitent», stellte Merkels Ostbeauftragter Marco Wanderwitz fest.[38] Ministerpräsident Michael Kretschmer rechtfertigte sich später, den Ernst der Lage habe er erst beim persönlichen Besuch mehrerer Kliniken am 11. Dezember erkannt: «Ich hätte mir gewünscht, dass ich früher gewarnt worden wäre.»[39] Allmählich häuften sich die Berichte aus überlasteten Krematorien, illustriert mit Bildern von gestapelten Särgen.

All dies zeigte Wirkung. Am 13. Dezember beschlossen die Ministerpräsidenten gemeinsam mit Merkel in einer rekordverdächtig kurzen Sitzung, jetzt doch Läden und Schulen zu schließen. Gescheitert war damit der Versuch, die Geschäfte aus ökonomischen Gründen ausgerechnet während des Vorweihnachtsrummels geöffnet zu halten. Die Schuld für die verfehlte Corona-Politik wurde zu diesem Zeitpunkt noch ganz überwiegend bei den Ministerpräsidenten gesehen, der verspätete Lockdown-Beschluss galt als bitterer Sieg der Kanzlerin. «Hat recht behalten», überschrieb die F.A.Z. tags darauf ein Merkel-Porträt. Der *Spiegel* hingegen kritisierte, Merkel habe nicht vermocht, was die Aufgabe einer Politikerin sei: zu überzeugen und sich durchzusetzen.[40]

Das blieb zu diesem Zeitpunkt noch eine Einzelmeinung, doch das Bild einer weisen Kanzlerin, die alles richtig vorausgesehen hatte, trübte sich bald ein. Das lag vor allem an einer Entwicklung, die eigentlich eine gute Nachricht war: Inzwischen hatte die Mainzer Firma Biontech ihren Impfstoff früher als von vielen erwartet zur Einsatzreife gebracht. Am 2. Dezember wurde das Vakzin im Vereinigten Königreich zugelassen, am 11. Dezember in den Vereinigten Staaten. Die Europäische Union lehnte eine rasche Notfallzulassung zunächst ab, zog den Termin unter öffentlichem Druck aber auf den 21. Dezember vor. Am zweiten Weihnachtsfeiertag erhielt die 101-jährige Edith Kwoizalla in einem Halberstädter Altersheim die erste Impfung in Deutschland.

Damit begannen neue Probleme. Die Zulassung des Impfstoffs weckte die Hoffnung auf ein rasches Ende des zähen Winter-Lockdowns. Die Bundesbürger mussten zusehen, wie die Impfkampagnen in Großbritannien, Israel oder den Golfstaaten mit hohem Tempo starteten, bald auch in den Vereinigten Staaten. Die Europäische Kommission geriet für ihre Beschaffungspolitik in die Kritik, und mit ihr die Kanzlerin, die in Brüssel nicht auf mehr Entschlossenheit gedrängt hatte. Fast mehr noch als am Impfstoffmangel selbst störten sich viele Bürger an der chaotischen Organisation. Viele Wochen lang erhielten Angehörige, die für betagte Eltern und Großeltern einen Impftermin organisierten, entweder gar keine oder hinhaltende Auskünfte. In einer Erhebung gaben 29 Prozent der Befragten an, sie hätten 50 und mehr Anläufe für ihren Impftermin unternehmen müssen.[41] Die Bundesländer verwendeten höchst unterschiedliche Systeme, die nur eines gemeinsam hatten: dass sie nicht funktionierten. Das Wort vom «Impfchaos» machte die Runde. Dass auch die Auszahlung der versprochenen Wirtschaftshilfen zunächst schlecht funktionierte, verstärkte den Eindruck eines Staatsversagens.

Mit einem von vielen als selbstherrlich empfundenen Fernsehauftritt heizte Merkel die Empörung Anfang Februar 2021 noch an. Auf die Frage nach Defiziten bei der Impfstoff-Beschaffung antwortete sie kühl: *Also ich glaub', dass im Großen und Ganzen nichts schiefgelaufen ist.*[42] Der Satz erinnerte auf fatale Weise an ihre Behauptung nach dem bescheidenen Wahlergebnis von 2017, sie könne nicht erkennen, was sie jetzt anders machen müsse. Hinzu kam ihre bewährte, aber in Zeiten der Pandemie fatale Gewohnheit, Erwartungen lieber tief zu hängen, damit sie nicht enttäuscht werden konnten. Indem sie einen Abschluss der Impfkampagne erst für Ende September versprach, nahm sie der zermürbten Bevölkerung auch noch die Hoffnung auf einen entspannten Sommer.

Die Nervosität wuchs auch deshalb, weil im Dezember beunruhigende Nachrichten aus Großbritannien eintrafen. Dort hatte sich eine durch Mutation entstandene Variante des Corona-Virus durchgesetzt, die um einiges ansteckender zu sein schien als der ursprüngliche Erreger. Was das für den Verlauf der Pandemie bedeutete, zeichnete sich erst langsam ab. In der Bundesrepublik standen die Zeichen zunächst noch auf Entspannung. Der Höchststand war bei den täglichen Neuinfektionen mit 33 777 Fällen am 18. Dezember erreicht, bei den Sterbefällen mit 1244 Toten am 14. Januar. Danach sanken die Zahlen. Verlassen mochte sich die Kanzlerin auf den Abwärtstrend nicht. Virologen warnten, dass im Frühjahr nach der Impfung der Älteren der Druck auf ein Ende der Corona-Maßnahmen zunehmen werde: Die Kombination von Mutante und Lockerungen könne im zweiten Quartal bis zu 100 000 Neuinfektionen pro Tag bewirken und die Intensivstationen mit noch nicht geimpften, jüngeren Patienten füllen.[43] Merkel teilte diese Sorge.

Trotz der vorübergehend sinkenden Infektionszahlen verlängerten die Ministerpräsidenten auf ihr Drängen den Lockdown mehrfach, wenn auch nach teils quälenden Diskussionen. Immerhin durften am 1. März Friseure wieder öffnen. Auch die Schulen sollten schrittweise wieder ihren Präsenzunterricht aufnehmen. An diesem Punkt hielt sich Merkel für verwundbar. Schon Mitte Januar hatte ihr die Schweriner Ministerpräsidentin Manuela Schwesig in einer der Runden vorgehalten, sie zeige zu wenig Verständnis für die Nöte der Familien. Den Vorwurf empfand

Mit knapper Mehrheit wählte die CDU im Januar 2021 den Merkelianer Armin Laschet zum neuen CDU-Vorsitzenden. Ihr alter Widersacher Friedrich Merz und der von ihr als Minister entlassene Norbert Röttgen unterlagen.

Merkel als unfair, weil er auf ihre Kinderlosigkeit zielte. *Ich lasse mir nicht anhängen, dass ich Kinder quäle*, entgegnete sie – und setzte der Schulöffnung nur noch bescheidenen Widerstand entgegen, obwohl die Klassenzimmer und Pausenhöfe inzwischen als Infektionstreiber galten.[44]

Immer lauter drängten die Wirtschaftsverbände auf eine rasche Öffnung des gesellschaftlichen Lebens. Das arbeitgebernahe Institut der deutschen Wirtschaft vertrat die Ansicht, Todesfälle seien in einem gewissen Maße hinzunehmen.[45] Auch der inzwischen zum CDU-Vorsitzenden gewählte Armin Laschet kritisierte die Linie der Kanzlerin. «Man kann nicht immer neue Grenzwerte erfinden, um zu verhindern, dass Leben wieder stattfindet», sagte er in Bezug auf Merkels Versuch, die Einschränkungen erst bei einer Inzidenz von unter 35 statt wie erwartet unter 50 zu lockern.[46]

Durch ihre unentschlossene Politik hatten sich Merkel und die Ministerpräsidenten im Herbst und Winter in die Lage gebracht, dass in Deutschland bei einem vergleichbaren Niveau an Infektionen deutlich weniger gesellschaftliches und wirtschaftliches Leben möglich war als in anderen Ländern. So verzeichnete die Bundesrepublik von Anfang August bis Ende Januar 58 Corona-Tote auf 100 000 Einwohner, also fast so viele wie Spanien (63) oder Frankreich (68).[47] Die französische Regierung hatte aber nie die Schulen geschlossen, in Spanien und Italien waren Restaurants und Geschäfte nach einem regional gestaffelten System längst wieder geöffnet. Der Wechsel von Öffnen und Schließen, im Fachjargon «Hammer und Tanz» genannt, hatte zu Beginn der Pandemie als probate Strategie gegolten. Jetzt schmähte die Kanzlerin ein solches Vorgehen als «Jo-Jo-Effekt».[48]

Obwohl der Zeitraum, in dem vorübergehende Lockerungen vielleicht realistisch gewesen wären, angesichts der Mutationen längst verstrichen war, sah sich die strenge Corona-Strategin Merkel nun zum taktischen Einlenken genötigt. Beim Treffen mit den Ministerpräsidenten am 10. Februar hatte sie noch hinhaltenden Widerstand gegen die rasche Öffnung der Schulen geleistet und nur die Lockerung bei den Friseuren zugestanden. Zwölf Tage später drehte sie notgedrungen bei. In den CDU-Gremien erklärte sie am 22. Februar, sie verstehe die Sehnsucht der Bürger nach einer Öffnungsstrategie, die aber mit verstärkten Tests verbunden sein müsse. Der Kurswechsel folgte der Logik, an die sich Merkel in ihrer Karriere schon mehrfach gehalten hatte: Bevor die Tür eingetreten wird, ist es klüger, sie einen Spaltbreit zu öffnen. So blieb ihr immerhin noch die Möglichkeit, die Öffnungsschritte zu kontrollieren. Das Vertrauen in die Corona-Politik der Regierung wurde durch das Hin und Her allerdings nicht gestärkt.

Am selben Tag zerfetzte Merkel im Corona-Kabinett mit präzisen Nachfragen die Ankündigung von Gesundheitsminister Spahn, bereits vom 1. März an Schnelltests für alle anzubieten. Dabei wäre die langfristige Entwicklung einer Teststrategie durchaus Chefinnensache gewesen, auch wenn Merkel die Hoffnung vieler Bürger und mancher Politiker nicht teilte, die Pandemie allein durch gezieltes Testen beherrschen zu können. Das öffentliche Ansehen Spahns, der bis zum Jahreswechsel als möglicher Merkel-Nachfolger gegolten hatte, sank durch das Impf- und Test-Debakel auf einen Tiefpunkt. Auf die übertriebenen Lobeshymnen des Vorjahrs folgten nun ebenso maßlose Verrisse. Merkels eigene Popularität blieb dagegen vergleichsweise stabil.

Die eigentlichen Lockerungsbeschlüsse fassten Kanzlerin und Länderchefs am 3. März, obwohl die Zahl der täglichen Neuinfektionen schon seit zwei Wochen wieder stieg. Das Ergebnis war ein regional differenzierter Stufenplan: Am 8. März sollten Einzelhandel und Museen öffnen dürfen, am 22. März dann Außengastronomie und Theater – bei einer lokalen Inzidenz unter 50 nahezu uneingeschränkt, unter 100 mit Auflagen wie Terminvereinbarung oder Tests. Würden diese Werte überschritten, sollte eine «Notbremse» greifen. Das Konzept entsprach den Regeln, die in anderen europäischen Ländern seit Monaten in Kraft waren, allerdings mit zwei entscheidenden Unterschieden: Deutschland beschloss die Lockerung in eine neue Infektionswelle hinein, und es war absehbar, dass sich viele Lokal- und Landespolitiker an die beschlossenen Grenzwerte und Auflagen nicht halten würden. Während Merkel vor allem an der «Notbremse» gelegen war, lag der Fokus der Länder stärker auf den Lockerungen.

Die unterschiedlichen Sichtweisen prallten am 22. März aufeinander, in der zähesten aller zähen Besprechungen Merkels mit den Ministerpräsidenten. Die Kanzlerin beharrte nicht nur auf den bereits beschlossenen Einschränkungen, sie verlangte zusätzlich Ausgangssperren in stark betroffenen Regionen sowie Schulschließungen, wenn nicht genügend Tests zur Verfügung stünden. Nach einer dreistündigen Vorbesprechung der Ministerpräsidenten und vierstündigen Verhandlungen mit der Kanzlerin waren die Gespräche so festgefahren, dass die große Runde erst einmal pausierte. Sechs Stunden lang rang Merkel mit dem Bayern Söder und dem Berliner Müller um eine Lösung, Vizekanzler Scholz war zugeschaltet. Am Ende musste sie auf Ausgangssperren verzichten, dafür sollte es eine «erweiterte Ruhezeit zu Ostern» geben, das öffentliche Leben von Gründonnerstag bis Ostermontag für fünf Tage komplett pausieren, ganz ähnlich, wie es auch Österreich für Teile des Landes plante. Erstmals war nun auch in Deutschland ein kompletter Stillstand von Produktion und Dienstleistungen vorgesehen, sogar Lebensmittelgeschäfte sollten am Gründonnerstag geschlossen bleiben.

Kaum hatte eine übermüdete Kanzlerin nach fast zwölf Stunden Verhandlungen die Pläne nachts um halb drei verkündet, setzte das Trommelfeuer gegen die «Osterruhe» ein. Vor allem die Wirtschaftsverbände machten vor und hinter den Kulissen mobil. All jene bürokratischen Hürden, über die sie sich sonst gern beschweren, führten sie nun zu eigenen Gunsten ins Feld. Allerdings waren weder Merkel noch die Landesregierungen in der Lage, solche Fragen zu beantworten – und die Schließung der Supermärkte bedeutete einen Bruch des Versprechens, die Grundversorgung werde nicht eingeschränkt. So entschloss sich Merkel kaum mehr als 30 Stunden nach dem nächtlichen Beschluss zu einem der spektakulärsten Schritte ihrer Amtszeit: Sie nahm die Entscheidung für die Osterruhe nicht nur zurück, sie entschuldigte sich in aller Form dafür. *Dieser Fehler ist einzig und allein mein Fehler*, sagte sie. *Dafür bitte ich alle Bürgerinnen und Bürger um Verzeihung.*[49]

Das war ein Schritt, der sich nicht beliebig wiederholen ließ. Fürs Erste erfüllte der Canossagang seinen Zweck: Die demonstrative Art, auf die Merkel die Alleinverantwortung auf sich nahm, entwaffnete ihre Kritiker. Die Öffentlichkeit lastete den chaotischen Schlingerkurs ebenso sehr den 16 Ministerpräsidenten an. Und indem Merkel für die Oster-Panne ein demonstratives Schuldbekenntnis abgab, drängte sie den Ärger über schwerwiegendere Versäumnisse wie das schleppende Impfen in den Hintergrund. Die Frage, wie die Strategie gegen das Virus nach Absage der Osterruhe aussehen sollte, blieb jedoch offen. Merkel beantwortete sie wenige Tage später im Fernsehen. Den Ministerpräsidenten drohte sie jetzt plötzlich mit einem Schritt, von dem sie ein ganzes Jahr lang nichts hatte wissen wollen: die Kompetenz für den Infektionsschutz an sich zu ziehen – also, wie es bald hieß, eine «Bundesnotbremse» zu beschließen.

Trotz der von ihr postulierten Dringlichkeit ließ Merkel die zweiwöchige Osterpause fast tatenlos verstreichen. Erst kurz vor dem Ende der Ferien, am 9. April, einigte sie sich mit den Ländern darauf, bundeseinheitliche Regeln zu erlassen. Am 24. April um 0.00 Uhr trat das Gesetz in Kraft, fast fünf Wochen, nachdem die Kanzlerin in nächtlicher Sitzung die angeblich unaufschiebbare Osterruhe hatte beschließen lassen. Im Alltag änderte das neue Gesetz für die meisten Menschen wenig. Am umstrittensten blieb die nächtliche Ausgangssperre zwischen 22 und 5 Uhr in Gebieten mit hohen Infektionszahlen, die jedoch durch Ausnahmen entschärft war.

Und doch geschah etwas Erstaunliches: Noch bevor die «Bundesnotbremse» ihre Wirkung entfalten konnte, begannen die Infektionszahlen stark zu sinken. Experten führten das auf einen vorauseilenden Gehorsam der Bevölkerung zurück – und auf erste Erfolge der Impfkampagne. Seit Anfang April wurden die Vakzine auch von Hausärzten verabreicht, was die Zahl der täglichen Impfungen auf bis zu eine Million emporschnellen ließ. Ende April hatte mehr als ein Viertel der Gesamtbevölkerung eine erste Dosis erhalten, die Versorgung aller Impfwilligen mit einer Erstimpfung bis Juli galt nun allgemein als möglich. Die Beherrschung der Pandemie schien in greifbare Nähe gerückt.

Die Einladung von Markus Söder in den Spiegelsaal von Schloss Herrenchiemsee nahm die scheidende Kanzlerin im Juli 2020 gern an, schließlich erhielt sie die größtmögliche Genugtuung: Ausgerechnet der Chef der Partei, die in der Flüchtlingsfrage ihren Sturz betrieben hatte, machte ihr nun den Hof.

Nachfolge

Das richtete den Blick wieder stärker auf die Zukunft, genauer: auf die Frage, welcher Unionspolitiker sich bei den Wählern um die Nachfolge Merkels im Kanzleramt bewerben solle. Die Unionsparteien befanden sich in einer prekären Lage. Ihr erstaunlicher Aufstieg in den Umfragen, der allein der anfänglichen Popularität von Merkels Corona-Politik geschuldet war, hatte sich längst ins Gegenteil verkehrt. Am Tag von Merkels Oster-Entschuldigung zeichneten die Meinungsforscher aus Allensbach ein trübes Stimmungsbild für die Unionsparteien, die noch auf eine Zustimmung von 28,5 Prozent kamen, nachdem ihnen die Krisenkanzlerin in der ersten Phase der Pandemie hohe Werte von bis zu 40 Prozent verschafft hatte.[50]

Der Parteitag, der über den Nachfolger Kramp-Karrenbauers im CDU-Vorsitz entscheiden sollte, war wegen der Pandemie mehrfach verschoben worden. Im Januar 2021 hatte er schließlich in digitaler Form stattgefunden, und wie schon bei der Wahl der Saarländerin zwei Jahre zuvor zeigte sich abermals die Spaltung der Partei. Wieder unterlag Friedrich Merz nur knapp, und wieder siegte der Bewerber des liberalen Parteiflügels mit einer präzise vorbereiteten Rede, nur dass er diesmal ein Mann war und Armin Laschet hieß. Zwischen Ostern und Pfingsten wollten sich CDU und CSU nun über die Frage der Kanzlerkandidatur verständigen, sprich: die Parteivorsitzenden Armin Laschet und Markus Söder. Den beiden Ministerpräsidenten hatte Merkel im Vorjahr jeweils eine Art Staatsbesuch abgestattet. Die Einladung des Bayern in den Spiegelsaal von Schloss Herrenchiemsee nahm die scheidende Kanzlerin gern an, schließlich erhielt sie die größtmögliche Genugtuung: Ausgerechnet der Chef der Partei, die in der Flüchtlingsfrage ihren Sturz betrieben hatte, machte ihr nun den Hof. In der Düsseldorfer Staatskanzlei fiel das Ambiente prosaischer aus, dafür gab Merkel ihre Sympathien deutlicher zu erkennen: Laschet bringe als Ministerpräsident von Nordrhein-Westfalen viele Qualifikationen mit, sagte sie. *Wenn Sie das größte Land der Bundesrepublik Deutschland in einer Koalition regieren, die effizient arbeitet und die nicht durch besonders viele Streitereien auffällt, dann ist das zumindest ein Rüstzeug, das durchaus Gewicht hat.*[51] Mit den beiden Visiten hatte sich im Sommer 2020 bereits der Eindruck einer Stabübergabe verbunden.

Der Schulterschluss mit Söder und Laschet machte umso deutlicher, wen sie als künftigen CDU-Vorsitzenden und möglichen Bundeskanzler ganz gewiss nicht wollte: ihren alten Rivalen Friedrich Merz, der sich ein weiteres Mal um den Parteivorsitz bewarb. Angesichts der Popularität, die der Kanzlerin in der ersten Phase der Corona-Pandemie zugewachsen war, musste zwar auch er sich in der Öffentlichkeit lobende Worte über die Leistungen der scheidenden Regierungschefin abringen, doch hatte er seinen Frieden mit Merkel und ihrer Politik nicht gemacht. Sogar hinter der coronabedingten Verschiebung des Parteitags witterte er eine Verschwörung unter Beteiligung der scheidenden Kanzlerin: Die Terminverlegung sei «der letzte Teil der Aktion ‹Merz verhindern› in der CDU», sagte er. «Und das läuft mit der vollen Breitseite des Establishments in Berlin.»[52] Einen Punkt hatte Merz allerdings getroffen: Durch die ständigen Verschiebungen erweckte die CDU den Eindruck, sich um die Weichenstellung für die Merkel-Nachfolge herumdrücken zu wollen und ohne die von Teilen der Partei so gern geschmähte Dauerkanzlerin ziemlich blank zu sein.

Inzwischen hatten die Grünen angekündigt, am 19. April ihre Bewerberin für das höchste Regierungsamt vorzustellen. Das setzte die Union unter Zeitdruck. Auf einer Klausurtagung des Fraktionsvorstands kam es am 11. April im Reichstagsgebäude zum Showdown: Söder kündigte seine Bewerbung um die Kanzlerkandidatur offiziell an, ließ aber wissen, dass er eine gegenläufige Entscheidung der Schwesterpartei akzeptieren werde – was er dann erst mit Verzögerung tat. Offenbar hofften beide Kontrahenten auf ein Eingreifen der scheidenden Kanzlerin zu ihren Gunsten. Söder hatte zwischenzeitlich eine Mitwirkung Merkels bei der Kandidatenkür ins Gespräch gebracht, kam darauf aber nicht wieder zurück. Für Laschet fühlte der hessische Ministerpräsident Volker Bouffier dem Vernehmen nach im Kanzleramt vor, holte sich aber eine Abfuhr. *Ich wollte, will und werde mich heraushalten*, erklärte Merkel wenig später auch öffentlich.[53] Gleichwohl konnte sie es sich im Fernsehen nicht verkneifen, auf Nachfrage die laxe Position Nordrhein-Westfalens in Lockdown-Fragen zu kritisieren: *Das erfüllt mich nicht mit Freude*. Das wurde im Laschet-Lager als Foul bewertet, auch wenn Merkels Umfeld eilig versicherte, so sei es nicht gemeint gewesen.[54] Wie schon im Fall Kramp-Karrenbauers entstand der Eindruck, die Kanzlerin mache es ihren möglichen Nachfolgern unnötig schwer.

Merkels Sicht war indes nach wie vor: Sie konnte Aspiranten in günstige Positionen bringen, wie sie es mit Ursula von der Leyen oder Annegret Kramp-Karrenbauer getan hatte. Bewähren mussten sie sich schon selbst – und auch Widerspruch aus dem Kanzleramt aushalten, wenn sie in Sachfragen auf Abstand zu Merkels Politik gingen, wie es etwa Kramp-Karrenbauer mit einem «Werkstattgespräch Migration» in der Flüchtlingsfrage getan hatte. Im akuten Streit hätte ein Eingreifen zugunsten von Laschet nur den Eindruck erweckt, der Rheinländer könne sich ohne Hilfe von oben nicht behaupten.

Der CSU-Vorsitzende Söder wiederum führte mit seiner Bewerbung die innere Spaltung der Schwesterpartei CDU einmal mehr eindrucksvoll vor: Hinter der Fassade von Merkels 16-jähriger Kanzlerschaft hatte sich die Christdemokratie längst in zwei Lager geteilt, für und gegen den Mitte-Kurs der langjährigen Parteichefin. Schon die äußerst knappen Resultate Kramp-Karrenbauers und Laschets bei der Wahl zum Parteivorsitz hatten das demonstriert. Jetzt ergab sich eine paradoxe Situation: Obwohl Söder für Klimaschutz, Frauen- und Migrantenquote eintrat, wurde er mehrheitlich von CDU-Mitgliedern unterstützt, die Merkels liberale Linie entschieden ablehnten. Sie sahen in Söder vor allem den starken Mann, der nach dem Vorbild des österreichischen Bundeskanzlers Sebas-

7. Corona (2020–2021)

Um die Nachfolge der Kanzlerin bewerben sich nur Kandidaten, die ihren Mitte-Kurs stützten: die Grüne Annalena Baerbock und der Sozialdemokrat Olaf Scholz vertreten ebenso wie der Christdemokrat Laschet den gemäßigten Flügel der jeweiligen Partei.

tian Kurz klassische Parteigremien überging, seine inhaltlichen Festlegungen nahmen sie nicht sonderlich ernst.

Gut eine Woche nach Söders offizieller Bewerbung, in der Nacht vom 19. auf den 20. April, gab der CDU-Vorstand nach einer quälenden, mehr als sechs Stunden dauernden Videokonferenz dem eigenen Vorsitzenden nun auch formell Rückendeckung: Mit 31 zu neun Stimmen bei sechs

Enthaltungen votierte das Gremium für Armin Laschet als Kanzlerkandidaten. Von 47 beteiligten CDU-Vorstandsmitgliedern gaben allerdings nur 46 ihre Stimme ab: Alles deutete darauf hin, dass die scheidende Kanzlerin ihrem Abstinenzgelübde treu geblieben war.

Armin Laschet für die Union, Annalena Baerbock für die Grünen, dazu Olaf Scholz für die SPD: Nach der turbulenten Spätphase von Merkels Regierungszeit, in der immer lauter der Ruf nach einem grundlegenden Neubeginn erscholl, bewarben sich für die drei größeren Parteien wiederum allein Vertreter ihres moderaten Mitte-Kurses um die Nachfolge. Auch im internationalen Maßstab hatte sich die Lage entspannt, in Washington war Donald Trump inzwischen durch Joe Biden als Präsident abgelöst worden. Das Erbe einer Bundeskanzlerin, die nie ein symbiotisches Verhältnis zur eigenen Partei gepflegt hatte, hing jedenfalls nicht zwangsläufig davon ab, dass ihr im heimischen Deutschland ein Christdemokrat nachfolgte.

Kassandra

Mit der Fernsehansprache vom Frühjahr 2020 hatte die Kanzlerin den Höhepunkt ihres Ansehens als Kämpferin gegen das Virus erreicht. Die Wucht dieses Auftritts überdeckte für einige Zeit, dass ihr die Fäden schon sehr bald zu entgleiten begannen. Der Lockdown war kaum verhängt, da fing schon die Debatte um seine Lockerung an. Die Konferenzen der Bundeskanzlerin mit den Ministerpräsidenten gestalteten sich immer zäher, sie wurden schnell zum Sinnbild für ein Scheitern der deutschen Corona-Politik. Ausgerechnet in der föderalen Bundesrepublik gelang es nicht, ein regional differenziertes System der Pandemiebekämpfung zu installieren. Das lag auch an spezifischen Defiziten des weltweit einzigartigen «kooperativen Föderalismus»: Die Bundesländer entscheiden fast nichts alleine, stattdessen verständigen sie sich in endlos langsamen Prozessen auf einen kleinsten gemeinsamen Nenner, selbst auf Feldern, für die sie alleine zuständig sind.

Während der Corona-Pandemie traten die Nachteile dieses Systems deutlicher denn je zutage. Die verbreitete Frustration über die deutsche Krisenpolitik resultierte auch aus der Art und Weise, wie Merkel und die Ministerpräsidenten in stundenlangen Sitzungen miteinander rangen, nur um die Ergebnisse gleich im Anschluss wieder zu zerreden. Für Fehlleistungen verantwortlich war im Zweifel niemand. Schon die Ministerpräsidentenkonferenz war kein in der Verfassung vorgesehenes Gremium, das verbindliche Beschlüsse fassen konnte; noch weniger galt das für die Treffen mit der Bundeskanzlerin, die in den Ankündigungen als informelle «Besprechungen» firmierten. Öffentlich beklagte Merkel selbst ihre Machtlosigkeit in dieser Runde aber erst elf Monate später: *Da ist es einfach nicht möglich, dass ich mich als Bundeskanzlerin so durchsetze, als hätte ich ein Vetorecht, wie das zum Beispiel in der Europäischen Union bei Beschlüssen, die Einstimmigkeit erfordern, möglich ist.*[55]

Schon Tage vor jeder Zusammenkunft begann eine hitzige Debatte um Beschränkungen oder Lockerungen, Beschlusspapiere wurden herumgereicht und an die Medien durchgestochen. Für jede erdenkliche Position fand sich ein Ministerpräsident, der sie vertrat, nicht ohne ein paar Tage später das genaue Gegenteil zu behaupten. Irgendwann am Nachmittag begannen dann die Sitzungen, die sich oft bis in die Nacht hinzogen. Es war ein Format, in dem es Merkel seit den endlosen Brüsseler Krisensitzungen während der Euro-Krise zu einer gewissen Meisterschaft gebracht hatte: so lange über Spiegelstrich-Papiere zu feilschen, bis die anderen vor Erschöpfung aufgaben, weil sie dringend ins Bett wollten.

In der Corona-Krise funktionierte das nicht mehr. Kaum waren die Konferenzen beendet, setzte die Vielstimmigkeit der Länderchefs wieder ein, begannen die ersten bei der Umsetzung der Beschlüsse vom vereinbarten Kompromiss wieder abzurücken. Verschärft wurde das Problem durch das Format der Videokonferenz: Vertrauliche Gespräche waren nicht mehr möglich, denn niemand konnte kontrollieren, wer alles mithörte. Auf Medien wie *Bild Live* ließen sich die Debatten quasi in Echtzeit verfolgen, etwa als Merkel im Januar selbst äußerte: *Uns ist das Ding entglitten.* Das verschärfte die Neigung der Beteiligten, sich mehr um Selbstdarstellung als um tragfähige Lösungen zu bemühen.

Alternativlos war Merkels coronapolitische Machtlosigkeit nicht. In einem politischen Kraftakt hätte der Bund über die Pandemiepolitik von Anfang an alleine bestimmen können: Artikel 74 des Grundgesetzes gibt dem Bund die Gesetzgebungskompetenz für alle «Maßnahmen gegen gemeingefährliche oder übertragbare Krankheiten bei Menschen und Tieren».[56] Aber Merkel und ihre Berater verwarfen einen solchen Durchgriff zunächst. Spätestens auf dem Feld der Schulschließungen wäre die Infektionsschutzkompetenz des Bundes mit der Bildungskompetenz der

Länder in Konflikt geraten; *die Schulen und Kitas sind ganz eindeutig und tief verankerte Länderzuständigkeiten.*[57] Vor allem aber scheute Merkel die Konfrontation mit den Einzelstaaten, sie wollte die Ministerpräsidenten lieber einbinden, auch nicht ganz alleine die Verantwortung für Beschlüsse übernehmen – zumal sie die Umsetzung nicht in der Hand hatte, weil dafür Länder und Kommunen in jedem Fall zuständig blieben.

Das zähe Ringen zwischen der Kanzlerin und den Ministerpräsidenten trug seinen Teil dazu bei, dass die anfangs sehr große Zustimmung zur Krisenpolitik immer mehr schwand. Hatte sie zu Beginn der Pandemie noch um die 80 Prozent gelegen, so sank sie den Zahlen aus Allensbach zufolge bis März 2021 auf 30 Prozent; eine satte Mehrheit von 62 Prozent bewertete das Regierungshandeln nun negativ. Auch Merkels persönliche Sympathiewerte gingen zurück, wenngleich nicht so stark.[58]

Trotz aller Fehler, die Bundes- und Landesregierungen in der zweiten und dritten Phase der Pandemie machten, schnitt die Bundesrepublik in der Gesamtbilanz des ersten Corona-Jahres relativ gut ab, was die Opferzahlen betraf. Auch die Wirtschaftsleistung ging mit rund fünf Prozent im Jahr 2020 weniger stark zurück als in vielen anderen europäischen Ländern. Das lag aber vor allem daran, dass der Anteil der vom Lockdown betroffenen Branchen an der Wirtschaftsleistung geringer war als andernorts, Deutschland lebt nun mal mehr von der Industrie und weniger vom Tourismus. Doch die Pandemie legte Schwächen des deutschen Systems schonungslos offen, von der Fax- und Zettelwirtschaft in den Behörden bis zu den Defiziten im Bildungssystem.

Um den Jahreswechsel 2020/21 verzeichnete die Bundesrepublik im Verhältnis zur Einwohnerzahl an manchen Tagen sogar mehr Tote als die Vereinigten Staaten des scheidenden Präsidenten Donald Trump. Ob der Corona-Skeptiker Trump die Regierungsgeschäfte führte oder die Naturwissenschaftlerin Merkel, machte offenbar einen weniger entscheidenden Unterschied als zunächst angenommen. Das lag nicht nur daran, dass wichtige Kompetenzen in beiden Ländern bei den Einzelstaaten lagen. Es hatte auch damit zu tun, dass die Gesellschaften in Europa wie auf dem amerikanischen Kontinent sehr ähnlich auf die Pandemie reagierten. Die asiatischen Länder, auch die demokratisch regierten wie Südkorea oder Taiwan, konnten auf eine stärkere Kultur der Rücksichtnahme setzen. Der westlichen Kultur gereichte in der Krise zum Nachteil, was sie über Jahrhunderte erfolgreich gemacht hatte: der ausgeprägte Individualismus. Der Soziologe Armin Nassehi stellte fest, dass «so etwas wie kollektives

Handeln für eine komplexe moderne Gesellschaft fast unmöglich ist», worin sich freilich eine gewisse europäische Überheblichkeit gegenüber der Komplexität und Modernität des Fernen Ostens ausdrückte.[59]

Die Europäer versagten nicht nur beim Schutz von Menschenleben, sie drohten auch im weltweiten Wettbewerb der Volkswirtschaften zurückzufallen: So sah es eine Bundeskanzlerin, die dafür doch eine Mitverantwortung trug. Während sich die asiatischen Länder von der Krise rasch erholten und die ökonomischen Aussichten selbst für die von Corona gebeutelten Vereinigten Staaten schon vor der erfolgreichen Impfkampagne günstig schienen, drohte der alte Kontinent in seiner Unbeweglichkeit, Selbstbezogenheit und Wohlstandsbequemlichkeit weiter zurückzufallen. Dabei zeigte sich abermals ein Mentalitätsunterschied zwischen Merkel und vielen ihrer Mitbürger. 28 Jahre lang, vom Bau bis zum Fall der Berliner Mauer, hatte die DDR-Bürgerin auf Grenzöffnung und Reisefreiheit gewartet. Damals hatte sie eine Tugend entwickelt, die ihr in der gesamtdeutschen und internationalen Politik oft sehr zupass kam: Geduld. Ihr schien bisweilen das Verständnis dafür zu fehlen, dass manche Bundesbürger diese Geduld nicht aufbrachten, aufgrund der jeweiligen Lebenssituation zum Teil auch nicht aufbringen konnten. Ihr Kanzleramtsminister Helge Braun bestärkte sie in dieser Sichtweise, statt die Perspektive auszubalancieren.

Was die Faktengrundlage und das nüchterne Abwägen von Optionen betraf, machte der Kanzlerin niemand so leicht etwas vor. Aber die Vermittlung dieser Politik, das Werben um Verständnis, das Motivieren wurden auch in der Corona-Krise nicht Merkels Stärke, wenngleich sie sich zeitweise mehr ums Kommunizieren bemühte als jemals zuvor. Echt wirkten ihre Besorgnis und ihre düsteren Erwartungen für die Zukunft, hölzern dagegen oft ihre Mitleidsbekundungen. Angesichts ihrer schwach ausgeprägten Verstellungskünste mochte das auch daran liegen, dass ihr für manches das Verständnis tatsächlich fehlte. *Es tut mir wirklich im Herzen leid* oder *mir bricht das Herz*: Sie benutzte die immer gleichen Formulierungen, ob es nun um einsam Verstorbene in Altenheimen ging oder um das Verbot von Glühweinständen, das ihr Herz wohl nicht ganz so sehr berührte.[60] Diese Beschränktheit ihres rhetorischen Repertoires erwies sich in dieser Großkrise als Nachteil.

So nahmen Teile der Bevölkerung die Kanzlerin als eine bloße Mahnerin wahr, die stets aufs Neue zum Verzicht aufrief, ohne eine Perspektive für ihr alltägliches Leben aufzeigen zu können. Während sich andernorts die Regierenden in Optimismus versuchten, erwartete Merkel stets das Schlimmste und schien aus Sicht ihrer Kritiker selbst Hoffnungszeichen kaum wahrzunehmen. So geriet sie in den Phasen, in denen die Ministerpräsidenten ihr nicht folgten, in die Rolle einer Kassandra am Spielfeldrand.

Die deutschen Defizite konnte kaum jemand so wortreich beklagen wie die Kanzlerin. *Die Schnelligkeit unseres Handelns lässt sehr zu wünschen übrig. Prozesse sind oft sehr bürokratisch und dauern zu lange*, sagte sie Anfang 2021 auf dem virtuellen Weltwirtschaftsforum von Davos. *Nicht gut sahen wir aus, was die Digitalisierung unserer Gesellschaft angeht.*[61] Merkel überging dabei, dass sich eine Regierungschefin, die seit anderthalb Jahrzehnten im Amt war, solche Versäumnisse auch selbst zurechnen musste. Sie gefiel sich noch immer in der Rolle der Außenseiterin, die über die Trägheit des Establishments lästerte, obwohl sie ihm längst angehörte. Politische Größe zeigt sich nicht nur in der richtigen Erkenntnis, sondern auch in der Fähigkeit, Gegenkräfte zu überwinden und Widerstrebende zu gewinnen. Im Unterschied zu den vorausgegangenen Krisen betraf die Corona-Pandemie die Menschen in ihrem konkreten Alltag, und die Handlungsoptionen der Politik waren stärker begrenzt. Das verlieh der Viruskrise eine andere Qualität als den vielen Krisen zuvor, durch die Merkel das Land gesteuert hatte.

Bilanz

Angela Merkel war als eine Kanzlerin der Veränderung angetreten, sie wurde eine Kanzlerin des Bewahrens. Langsam und schmerzhaft begriff sie, wie wenig die Bewohner der westlichen Welt auf das Neue eingestellt waren. Sie wollte, soweit sie das konnte, durchlüften, den Westen Deutschlands und Europas à jour bringen, auf Augenhöhe mit den flinken und lebensdurstigen Menschen zwischen Posen, Shenzhen und Jakarta, ohne autoritären Machthabern in Moskau oder Peking zu viele Zugeständnisse zu machen.

Wollte man Merkel an diesem selbst gesetzten Maßstab ihrer Anfänge messen, wäre sie gescheitert. Das lag nicht so sehr daran, dass ihr innenpolitisches Reformprogramm schon vor ihrem Amtsantritt, im Wahlkampf 2005, an sehr deutschen Befindlichkeiten zerschellte – zum Beispiel daran, dass das skurrile deutsche Gesundheitssystem als unantastbar galt, obgleich Wohlhabende gar nicht in die gesetzliche Krankenversicherung einzahlten und sich mehr als hundert verschiedene Krankenkassen einen teuren und bürokratischen Scheinwettbewerb lieferten, was noch die Impfungen gegen das Corona-Virus behinderte.

Nein: Es war die Weltlage, die Merkels Rolle in der Geschichte neu definierte. Die historische Größe einer Politikerin entspringt nicht ihrem freien Willen, an den Merkel ohnehin nur mit starken Einschränkungen glaubte. Sie ergibt sich daraus, wie sich in ihrer Person die großen Strömungen der Zeit bündeln. Innen- wie außenpolitisch hatte die erste Frau im Kanzleramt mit den langfristigen politischen Folgen jenes Systemumbruchs von 1989/90 zu tun, der ihr einst die persönliche Freiheit gebracht hatte. Die Welt, die sie ursprünglich verändern wollte, geriet so sehr ins Rutschen, dass das Bewahren zur ersten Politikerinnenpflicht avancierte. Die liberale Demokratie, der innere Zusammenhalt des Westens, der den gemeinsamen Gegner verloren hatte, waren bedroht. Wie einst der preußische Konservative Otto von Bismarck auf revolutionäre Weise den deutschen Nationalstaat gründete, so musste sich nun ausgerechnet die

Neue, die Physikerin aus dem Osten, an der Stabilisierung des Alten versuchen.

Dass ausgerechnet sie in diese Rolle hineinwuchs, war alles andere als ein Zufall. Gebürtige Westeuropäer von Friedrich Merz bis Nicolas Sarkozy waren viel zu sehr in den Bahnen des vertrauten Denkens gefangen, um sich auf die neue Weltlage wirklich einstellen zu können. Und der Generation der Jüngeren, einem Sebastian Kurz ohnehin, aber selbst einem Emmanuel Macron, fehlte die Lebenserfahrung, um in allerletzter Konsequenz zu durchdringen, was hier auf dem Spiel stand. Angela Merkel war die letzte Regierungschefin des Westens, deren Biographie tief in den Katastrophen des 20. Jahrhunderts wurzelte.

Das mochte bisweilen dazu führen, dass sie die Dinge während ihrer späten Regierungsjahre allzu düster sah, dass sie im Neuen allzu selten das Gute erhoffte. Aber es stattete sie mit einem wachen historischen Bewusstsein für den Wert des Kompromisses aus, ob sie nun in der Ukrainekrise 2014 Parallelen zum Vorabend des Ersten Weltkriegs zog, in den Koalitionsverhandlungen des Jahres 2017 mit dem Scheitern der Weimarer Republik argumentierte oder im Asylstreit 2018, als sich die Nationalisten aller Länder gegenseitig die Flüchtlinge zuschieben wollten, sogar die Grauen des Dreißigjährigen Krieges heraufbeschwor.

Manche Kritiker wiesen ihr die Verantwortung dafür zu, dass es überhaupt so weit gekommen war: Ihre angeblich übergroße Nachgiebigkeit in der europäischen Staatsschuldenkrise zwischen 2010 und 2012, ihre vermeintlich naive Menschenfreundlichkeit im Flüchtlingsherbst 2015 hätten erst zum Aufstieg des politischen Populismus und zur Krise der westlichen Demokratie geführt: Ohne *Wir schaffen das* kein Brexit-Votum und kein Sieg Donald Trumps, weil die Wähler aus Nordengland und dem Mittleren Westen die Bilder vom Münchner Hauptbahnhof vor Augen gehabt hätten, also deutsche Verhältnisse fürchteten.

Doch der Siegeszug des Rechtspopulismus hatte sich über Jahrzehnte aufgebaut, seine tieferen Ursachen reichten bis zum Ende des Nachkriegsbooms in den siebziger Jahren zurück. Die «nivellierte Mittelschichtsgesellschaft», an die man seit den sechziger Jahren zumindest im europäischen Wohlstandsgürtel zwischen Mailand und Amsterdam fest glaubte, begann sich aufzulösen. Ein Indikator dafür war der Medienwandel: Jene milieu- und parteiübergreifenden Zeitungen, die eine gemeinsame Öffentlichkeit erst herstellten, verloren seit 1980 an Auflage. Wenig später begann der Aufstieg des Privatfernsehens, das nicht nur in den trostlosen Neubausiedlungen des Immobilienunternehmers Silvio Berlusconi die Bewohner mit «Bunga-Bunga» beschallte. Das Internet mit seinen abgeschotteten Teil-Öffentlichkeiten war nicht die Ursache dieser Entwicklungen, aber es war das perfekte Instrument, um sie zu bedienen und weiter zu beschleunigen. Als Merkel im Jahr 2005 Kanzlerin wurde, steckten die sozialen Medien noch in ihren unbedeutenden Anfängen, 16 Jahre später dominierten sie die öffentliche Kommunikation. In diesem Zeitraum wuchs die Nutzerzahl von Facebook, das am Ende schon wieder als altmodisch galt, weltweit von gut einer Million auf rund 2,5 Milliarden.

Parallel dazu vollzog sich der Niedergang der klassischen Volksparteien. Die Sozialdemokratie wandelte sich in den meisten westlichen Ländern von einer Arbeiter- zur Akademikerpartei, sie wurde damit auch zu einem Opfer des eigenen Erfolgs, der Bildungsrevolution seit den sechziger Jahren. Die Mitte-Rechts-Formationen unterlagen seit der wirtschaftsliberalen Revolution Ronald Reagans und Margaret Thatchers in den achtziger Jahren der Versuchung, ihre christlich-sozialen Wurzeln zu verleugnen. In den europäischen und amerikanischen Gesellschaften bildete sich eine neue Polarisierung zwischen einem kosmopolitisch-liberalen und einem national-protektionistischen Milieu heraus. Die Grenze verlief nicht so scharf, wie manche Soziologen behaupten, aber es entstand doch ein Vakuum, in das seit den neunziger Jahren neue Formationen mit wachsendem Erfolg hineinstießen – von Jörg Haiders populistisch gewendeter FPÖ über die SVP Christoph Blochers bis zur Tea Party in den Vereinigten Staaten.

Die Krise der klassischen Volksparteien beschleunigte sich. In Italien war die mächtige Christdemokratie schon 1992 im Schmiergeldskandal «Tangentopoli» untergegangen, später waren auch Sozialisten und Konservative in Frankreich nur noch ein Schatten ihrer selbst, die Reihe ließe sich beliebig fortsetzen. In den Ländern des östlichen Mitteleuropas hatten die westlichen Parteienfamilien ohnehin nie tiefere Wurzeln geschlagen. Deutschland blieb hier bis zuletzt eine bemerkenswerte Ausnahme. Zwar warfen innerparteiliche Gegner der Kanzlerin vor, sie habe «dreimal das jeweils schlechteste Wahlergebnis der Union nach 1949 zu verantworten».[1] Doch mit 32,9 Prozent erzielte Angela Merkel noch bei ihrer letzten Wiederwahl 2017 ein Ergebnis, an das in Ländern mit Verhältniswahlrecht kaum eine Partei heranreichte. Selbst der von ihren Gegnern gefeierte Sebastian Kurz in Österreich konnte das erst nach seiner Loslösung von den Rechtspopulisten überbieten.

Es zeigte sich, was Merkel schon seit Längerem vertreten hatte: Eine Anbiederung an den Nationalismus konnte für die traditionellen Mitte-Rechts-Parteien nur ins Verderben führen. Merkel verfolgte die gegenteilige Linie, sie versuchte die politische Mitte zu besetzen und dort eine Art kultureller Hegemonie zu erreichen. In gewisser Weise knüpfte sie damit an Helmut Kohl an, von dem sie sich als Generalsekretärin in der Spendenaffäre allerdings scharf abgrenzen musste, um der deutschen Christdemokratie das Schicksal der italienischen Schwesterpartei zu ersparen; das war eine ihrer größten Leistungen. Schon damals versuchte sie sich an einer behutsamen Modernisierung des Programms, etwa in der Familienpolitik. Der Umbau des deutschen Steuer- und Sozialsystems, mit dem sie als Kanzlerkandidatin in den Wahlkampf zog, kam jedoch bei der Bevölkerung schlecht an. Als Regierungschefin zog Merkel daraus die Konsequenz, umso entschlossener den Konsens zu suchen, obwohl sich viele in der Partei mehr Polarisierung wünschten.

Bekannt wurde die Methode unter dem Schlagwort der «asymmetrischen Demobilisierung»: Besonders in Wahlkämpfen versuchte die Kanzlerin von nun an Kontroversen zu entschärfen, indem sie Positionen des politischen Gegners zumindest in abgeschwächter Form adaptierte. Eine niedrige Wahlbeteiligung nahm sie bewusst in Kauf, weil andere Parteien mehr litten als die Union, deren Rentnerklientel verlässlich ins Wahllokal strebte. Viele Sozialdemokraten, aber auch manche Kritiker aus den eigenen Reihen sahen darin einen Anschlag auf die Demokratie, weil der Meinungsstreit damit aus der politischen Mitte verbannt und extremistische Kräfte gestärkt würden. Spätestens der Einzug der AfD in den Bundestag und die schwierige Regierungsbildung schienen diesen Vorwurf im Herbst 2017 zu bestätigen.

Die Gefahren der Methode waren in der Tat unübersehbar. Doch gelang es Merkel auf diese Weise immerhin, wenigstens eine der beiden Volksparteien fürs Erste als Stabilitätsanker zu erhalten. Ob ein konfrontativerer Kurs die Demokratie in einem freiheitlichen Sinn belebt hätte, bleibt eine offene Frage; die Erfahrung anderer Länder spricht eher dagegen. Wo herkömmliche Mitte-Rechts-Parteien versuchten, den neu aufgekommenen Rechtspopulisten durch die Übernahme ihrer Positionen das Wasser abzugraben, erreichten sie meist das Gegenteil: Sie leiteten die politischen Fluten auf deren Mühlen.

Bis zum Streit um die Flüchtlingspolitik brachten vor allem zwei Entscheidungen der Kanzlerin den Ruf ein, konservative Positionen über

Bord zu werfen: die Aussetzung der Wehrpflicht und der Ausstieg aus der Atomkraft. In beiden Fällen war Merkel allerdings mehr Getriebene, als dass sie den Kurswechsel aktiv eingeleitet hätte. Bei der Wehrpflicht ergriff ihr Verteidigungsminister Karl-Theodor zu Guttenberg die Initiative, beim Atomthema hatten sich die süddeutschen Ministerpräsidenten durch ihr forsches Eintreten für diese Energieform selbst in eine missliche Lage gebracht. Hinzu kam, dass die meisten Nachbarländer ohnehin keine Rekruten mehr einberiefen und viele Militärexperten angesichts der veränderten Weltlage für Berufsarmeen plädierten, jedenfalls bis zum Beginn des Ukrainekonflikts. Und die gesellschaftliche Zustimmung zur Atomkraft war bis weit in die CDU hinein längst geschwunden, ein wirklich konservatives Thema war sie ohnehin nie gewesen. Der Fehler Merkels bestand eher darin, dass sie im Jahr zuvor aus rein taktischen Gründen den rot-grünen Atomkompromiss gekippt hatte. Das Hin und Her bestärkte den Eindruck von Planlosigkeit.

In der Europapolitik sah sich Merkel mit dem Erbe Helmut Kohls konfrontiert, der eine gemeinsame Währung und offene Grenzen eingeführt hatte, ohne im Gegenzug eine Annäherung der Wirtschafts- und der Einwanderungspolitik durchsetzen zu können. Vor allem die Währungsunion sollte aus Sicht Kohls und des französischen Staatspräsidenten François Mitterrand dem Ziel dienen, das drohende Übergewicht des vereinten Deutschlands durch dessen umso festere Einbindung in ein vereintes Europa auszubalancieren. Am Ende bewirkte der Euro genau das Gegenteil: Der gemeinsame Wirtschaftsraum machte die stärkste Volkswirtschaft noch stärker, weil er ihre Produkte verbilligte und durch den Wegfall des Währungsrisikos den Wettbewerb verschärfte.

Spätestens seit dem Beginn der europäischen Staatsschuldenkrise im Frühjahr 2010 fand sich die Bundesrepublik und damit Merkel in einer Rolle wieder, die sie nie angestrebt hatte: in der Position eines Halbhegemons über den Kontinent – zu stark, um die Balance zwischen den großen Mitgliedstaaten zu wahren, aber zu schwach, um aus eigener Kraft den Zusammenhalt zu sichern. Es dauerte eine Weile, bis Merkel die Verantwortung, die sich daraus ergab, wirklich akzeptiert hatte. Auch hier triumphierte am Ende das notwendige Bewahren über das von ihr zunächst gewünschte Verändern. Der Versuch, die Wettbewerbsfähigkeit der krisengebeutelten Länder zu erhöhen, blieb auf halbem Wege stecken, vielleicht auch, weil er mit untauglichen Mitteln unternommen worden war. Dass Merkel aber einen Zerfall der Euro-Zone und damit auch der

Europäischen Union schon aus geostrategischen Gründen um jeden Preis verhindern musste, zeichnete sich aus ihrer Sicht immer deutlicher ab: Sie konnte nicht für den D-Mark-Nationalismus der Euro-Skeptiker den ohnehin gefährdeten Zusammenhalt des Westens aufs Spiel setzen.

Umgekehrt warfen ihr viele Proeuropäer vor, mit ihrer haushaltspolitischen Orthodoxie das Erbe Helmut Kohls zu verraten. Auch sie mussten allerdings zugestehen, dass der Handlungsspielraum der Kanzlerin begrenzt war – durch den Koalitionspartner FDP, durch widerstrebende Kräfte in den Unionsparteien, durch das Verfassungsgericht und die Bundesbank. Je weiter die Zeit voranschritt, desto stärker genoss sie als Dienstälteste in der Runde der Staats- und Regierungschefs gleichwohl eine unangefochtene Autorität, die sie ganz am Schluss, angesichts der Corona-Pandemie, doch noch für einen europapolitischen Paradigmenwechsel nutzte: für eine gemeinsame Schuldenaufnahme der Europäischen Union.

Über Europa hinaus entwickelte sich Merkel zu einer wichtigen Stimme der Weltpolitik, weit mehr, als es dem deutschen Anteil an der Weltbevölkerung von rund einem Prozent und an der Weltwirtschaftsleistung von zuletzt rund drei Prozent entsprach. Das lag nicht nur an der deutschen Dominanz in Europa, an den Schwierigkeiten Frankreichs und dem Ausscheiden Großbritanniens. Es hatte auch mit ihrer persönlichen Autorität zu tun. Sie war am Schluss weit länger im Amt als jeder andere Regierungschef einer liberalen Demokratie, selbst mit illiberalen Machthabern wie Putin oder Erdoğan konnte sie es aufnehmen, was die Dauer der Regierungszeit betraf.

Zu ihrem weltweiten Ansehen trug aber nicht nur die schiere Länge der Amtszeit bei, sondern auch eine spezielle Art von Charisma. Das Sachliche, Ruhige, Unaufgeregte fand weit über Deutschland hinaus eine wachsende Bewunderung im liberalen Milieu, Merkel wurde zuletzt auch im globalen Maßstab als Antipodin nicht nur der Autokraten, sondern auch der Populisten in den westlichen Demokratien gesehen. Ihr Eintreten für den Multilateralismus oder den Klimaschutz, ihre Flüchtlingspolitik und ihr Agieren in der ersten Phase der Corona-Krise machten sie zu einem vielfach gefeierten Gegenmodell zu Machthabern wie Donald Trump in den Vereinigten Staaten, Boris Johnson in Großbritannien oder Jair Bolsonaro in Brasilien.

Dabei glaubte Merkel selbst am allerwenigsten daran, dass sie den Globus retten könne, weniger aus mangelndem Zutrauen in die eigenen Kräfte, sondern weil sich ihre Weltsicht im Lauf der Amtszeit zunehmend verdüsterte. Die Art, wie ihr in der Flüchtlingsdebatte das Wort im Mund verdreht wurde, die Brexit-Abstimmung, vor allem aber die Wahl Donald Trumps zum Präsidenten der Vereinigten Staaten von Amerika erschütterten ihr Vertrauen auf eine glückliche Zukunft der westlichen Demokratie, die sie als DDR-Bürgerin einst so bewundert hatte. Um ihre vierte Kanzlerschaft bewarb sie sich nicht mehr, weil sie damit positive Ziele verbunden hätte, sondern um Schlimmeres zu verhindern – ganz ähnlich, wie Helmut Kohl mit seiner Kandidatur 1994 sein europapolitisches Erbe absichern wollte. Das überschattete ihre letzte Amtszeit, auch wenn sie den Westen am Schluss in besseren Händen wusste als vier Jahre zuvor, schon weil der Präsident der Vereinigten Staaten jetzt Joe Biden hieß und nicht mehr Donald Trump.

Die liberale Demokratie konnte nur überleben, so fand sie, wenn sie sich den Herausforderungen des 21. Jahrhunderts gewachsen zeigte – mental, gesellschaftlich und vor allem auch wirtschaftlich. Das war ihre Lehre aus dem Untergang der DDR, die bei einer Mehrheit der Bürger die Zustimmung vor allem wegen ihrer ökonomischen, weniger wegen ihrer demokratischen Mängel verlor. Sie bewunderte die ökonomische Dynamik, den technologischen Fortschrittsgeist der Chinesen, bei aller Abneigung gegen das autoritäre Einparteiensystem. Sie war davon überzeugt, dass sich der Westen in dieser Systemkonkurrenz nur behaupten würde, wenn er sich nicht in satter Bequemlichkeit zurücklehnte oder in inneren Konflikten aufrieb.

Ihre Zweifel, ob die westlichen Gesellschaften dazu in der Lage wären, wuchsen im Lauf der Amtszeit noch weiter – wenngleich sie schon früh ihre Erfahrungen mit den Beharrungskräften und Veränderungsängsten der Deutschen gemacht hatte, die im Westen eher aus satter Zufriedenheit und im Osten vor allem aus einem Übermaß an Veränderung resultierten. Anzeichen, dass sie ihre Landsleute auf beiden Seiten für überempfindlich und träge, teils auch für geschichtsvergessen hielt, gab es schon früh. Darüber, was in Deutschland alles falsch lief, konnte sie sich wortreich entrüsten, nicht nur in kleinerer Runde, sondern auch öffentlich, etwa auf dem digitalen Weltwirtschaftsforum Anfang 2021 – ob es nun um die verschleppte Digitalisierung ging, um Probleme mit Großprojekten wie dem Berliner Flughafen oder um die Pannen bei der Flugbereitschaft, die sie auf Auslandsreisen mehrfach in peinliche Situationen brachten.

Daraus sprach die Ernüchterung vieler Amtsjahre. *Ich werde nicht diejenige spielen, die schon alles erlebt und gesehen hat*, versprach sie dem französischen Präsidenten Emmanuel Macron zu Beginn der Zusammenarbeit. Das war eine Art Selbstbeschwörung; offenbar ahnte sie, dass genau in dieser langen Erfahrung eine Gefahr für sie lag. Risikofreudig konnte sie durchaus sein, allerdings nur im entscheidenden Moment wie bei der Trennung von Kohl; im Alltagsgeschäft investierte sie lieber kein politisches Kapital in Vorhaben, die ohnehin an den Beharrungskräften in der Gesellschaft zerschellen würden – ob diese Kräfte nun von den 16 deutschen Ministerpräsidenten vertreten wurden oder von den übrigen Regierungschefs der Europäischen Union, von Unternehmerverbänden oder Gewerkschaften. Bisweilen scheute sie auch die falschen Risiken, etwa bei der Beschaffung von Impfstoffen. Merkels Realitätssinn war schon immer ausgeprägter gewesen als ihr Möglichkeitssinn, mit wachsender Zahl an Amtsjahren verstärkte sich dieser Effekt. Zwar fühlte sie sich von der Flüchtlings- bis zur Frauenfrage am Ende freier, eigene Prioritäten zu artikulieren, doch tat sie es mit zunehmend resignativem Unterton.

Am Schluss zeigten sich bei allen Verdiensten auch die Schattenseiten dieses Regierungsstils immer deutlicher. Eine Kanzlerin, die 16 Jahre lang amtierte, konnte nicht ständig auf die Schwächen des eigenen Landes deuten, ohne dass dabei auch Finger auf sie zurückwiesen. Das war der Fluch einer langen Regierungszeit. Merkel hatte sich immer vorgenommen, nicht als *halbtotes Wrack* aus der Politik auszuscheiden, einen Reformstau hinterlässt sie in vielen Bereichen gleichwohl. Die Versäumnisse bei der Digitalisierung, die Tücken des kooperativen Föderalismus, die teils beklagenswerten Zustände in der Altenpflege oder eine paradoxe Mischung aus Überbürokratisierung und Anarchie, wie sie man sie in früheren Jahrzehnten eher aus Italien kannte: Das alles trat in der zermürbenden zweiten Phase der Corona-Pandemie ans Tageslicht. Ausgerechnet in dem für Merkel so zentralen Wettbewerb mit den asiatischen Ländern, ob autokratisch oder demokratisch regiert, sahen Deutschland und die übrigen westlichen Länder nicht gut aus. Was die Zahl der Corona-Toten anging, lag das Deutschland Angela Merkels – gemessen an der Bevölkerungszahl – im Herbst und Winter 2020/21 sehr viel näher an den Vereinigten Staaten des scheidenden Präsidenten Donald Trump als an China, Südkorea oder Taiwan.

Wenn ich könnte, würde ich die Zeit zurückspulen, hatte Merkel nach dem Flüchtlingsstreit 2015/16 eingestanden – und damit das Problem einer eher reaktiven als aktiven Politik selbst benannt. Das Versäumnis war indes nicht der Unfähigkeit geschuldet, sondern ganz im Gegenteil einem nüchternen Machtkalkül. Kaum etwas ist in der Politik gefährlicher als ein Handeln, das der Zukunft vorausgreifen will; solange nicht eine akute Krise zum Handeln zwingt, lassen sich Veränderungen schwer durchsetzen. Ein Bundeskanzler steht im Schnittpunkt von Interessen, wie schon Helmut Schmidt feststellte. Merkels Talent bestand darin, ihn zu finden und mit zäher Geduld ein klein bisschen zu verschieben.

Nur so konnte es ihr gelingen, 16 Jahre im Amt durchzuhalten, länger als Adenauer und genauso lange wie Kohl. Kaum ein demokratisch gewählter Politiker reichte an sie heran, und Beobachter aus den Vereinigten Staaten fragten bisweilen verwundert, warum die deutsche Verfassung eigentlich keine Amtszeitbegrenzung vorsehe. Aber in den unruhigen Zeiten der großen Globalisierungskrisen, die mit dem Zusammenbruch des Weltfinanzmarkts im Herbst 2008 begannen, bedeutete gerade diese Kontinuität einen Wert an sich. Dass im Zentrum Europas, dieses trotz aller Krisen noch immer so bedeutenden Kontinents, eine Frau an der Macht war, die mit beiden Beinen auf der Erde stand und bei allen Schwächen eine vernunftgeleitete Politik zu verkörpern schien, entfaltete in den unruhigen Zeiten eine ungemein beruhigende Wirkung, für Deutschland und weit darüber hinaus. Einiges deutet darauf hin, dass sich viele Menschen nach dieser Stabilität bald zurücksehnen werden.

Nachbemerkung und Dank

Als mir Detlef Felken, der Cheflektor des Verlags C.H.Beck, auf der Frankfurter Buchmesse im Herbst 2014 das Projekt einer Biografie über Angela Merkel vorschlug, wollte ich zunächst absagen. Ich hatte gerade erst bei Klett-Cotta einen Band über die Kanzlerin herausgebracht und nicht das Gefühl, dass es viel Neues zu sagen gab. Dann kamen die dramatischen 36 Stunden, in denen Merkel zunächst in Minsk um die Zukunft der Ukraine rang und dann in Brüssel um die Rettung des Euro. Kurz darauf sagte ich zu, nicht ahnend, welche Krisen noch folgen würden. Ich danke Detlef Felken und dem Verleger Jonathan Beck, dass sie am Ball geblieben sind.

Mit Angela Merkel begann ich mich um die Jahreswende 1999/2000 intensiver zu beschäftigen. Seit 2002 habe ich sie als Inlandschef der *taz* aus der Ferne der Berliner Redaktionszentrale beobachtet, seit 2008 aus der Nähe – erst für die *taz* als Leiter ihres Parlamentsbüros, dann für die *Frankfurter Allgemeine Sonntagszeitung* als wirtschaftspolitischer Korrespondent. Beiden Zeitungen bin ich zu großem Dank verpflichtet, vor allem meinen Chefredakteurinnen und Herausgebern, aber auch zahlreichen Kolleginnen und Kollegen. Wo ich mich in der Biografie an eigene Zeitungstexte oder mein erstes Merkel-Buch anlehne, ist das in den Fußnoten vermerkt.

Ein besonderer Dank gilt meinen Gesprächspartnern in der Politik. Diese Biografie wäre nicht denkbar ohne die unzähligen Begegnungen, die ich in meiner journalistischen Arbeit mit den Akteuren und Weggefährten hatte, in Interviews und Pressekonferenzen, am Rande von Parteitagen und Parlamentsdebatten, in vertraulichen Gesprächen von Hintergrundkreisen bis zu den Runden mit der Kanzlerin selbst – auf Reisen im Flugzeug, auf internationalen Gipfeltreffen, gelegentlich auch im Kanzleramt. Das alles hat die Darstellung stark beeinflusst, auch wenn auf diese Treffen nicht im Einzelnen verwiesen werden darf. Umso mehr danke ich all jenen, die sich zu Gesprächen speziell für das Buch zur Verfügung stellten.

Soweit sie sich mit einer Veröffentlichung einverstanden erklärten, finden sich die Namen im Quellenverzeichnis.

Dem Zutrauen des Journalisten in die mündliche Überlieferung steht die Skepsis des Historikers der «Oral History» gegenüber. Ich versuche die abwägende Kombination aus beidem, gebe im Zweifel aber der zeitnahen Überlieferung den Vorzug vor einer verblassenden Erinnerung. Eine Gesamtdarstellung wie diese stützt sich auf zahlreiche Vorarbeiten, vor allem auf die Beiträge journalistischer Kolleginnen und Kollegen bei deutschen und internationalen Medien. Mehr noch als in meinen früheren, schmaleren Büchern spielen in einem Buch dieses Umfangs auch akademische Prägungen eine Rolle. Es war ein unschätzbares Privileg, in der historischen Umbruchzeit der frühen neunziger Jahre nicht nur in Berlin leben, sondern an der Humboldt-Universität bei Lehrern wie Heinrich August Winkler und Herfried Münkler studieren zu dürfen.

Die älteren Merkel-Biografien aus der Zeit vor ihrer Kanzlerschaft waren eine wichtige Hilfe, ebenso die Arbeiten zur Alltagsgeschichte der DDR, ob es nun um Wohnungsbesetzungen, Kaukasusreisen oder Pfarrerskinder ging. Während die Herausforderung im ersten Teil der Biografie eher in der Knappheit der Quellen über eine unbekannte junge Physikerin bestand, stellte sich im zweiten Teil das Problem der Auswahl aus einer Überfülle an Material. Ob sich die spätere Forschung im gleichen Ausmaß wie früher auf derzeit noch verschlossene Archivbestände wird stützen können, bleibt eine offene Frage. Gerade Merkel hat peinlichst darauf geachtet, möglichst wenige Spuren vertraulicher Vorgänge zu hinterlassen, auch deshalb regierte sie am liebsten per Telefon und SMS.

Bei der Materialbeschaffung, der Organisation der Termine und den Schlusskorrekturen war mir mein Mitarbeiter Michael Finck eine wertvolle Hilfe. Im Verlag behielt Rosemarie Mayr stets die Übersicht über die Produktionsabläufe, besorgte Bildrechte und kam den Wünschen des Autors wo immer möglich entgegen. Daniel Bussenius war weit mehr als ein Korrekturleser, er hatte immer den Gesamtzusammenhang im Blick. Alexander Goller erstellte nicht nur mit Umsicht das Register, er wies auch kurz vor Drucklegung auf noch bestehende Unstimmigkeiten hin. Der Hersteller Heiko Hortsch brachte die Wünsche des Autors mit den Erfordernissen der Buchproduktion in Einklang. Ulrike Wegner und Katrin Dähn gingen bereits zu einem Zeitpunkt, zu dem das Manuskript noch nicht abgeschlossen war, engagiert an die Pressearbeit.

Am allermeisten trug zu dieser Biografie die Hilfe zweier Freundinnen bei. Teresa Löwe übernahm das Lektorat, was diesmal eine ungleich größere Herausforderung war als bei den schmaleren Bänden zuvor. Sie ermahnte mich zum Straffen und Kürzen, warnte mich vor Um- und Abwegen, diskutierte mit mir über politische und zeitgeschichtliche Wertungen.

Das alles gilt ebenso für Bettina Gaus, die damit noch nicht einmal einer beruflichen Pflicht nachkam. Sie arbeitete sich tagelang durch das Manuskript, als gehe es um ihr eigenes Projekt, bewahrte mich vor Fehleinschätzungen und drängte sanft, den Unterhaltungswert an der einen oder anderen Stelle nicht zu vernachlässigen.

Mit dem übrigen Familien- und Freundeskreis war der Kontakt in dieser Zeit weniger eng: Ich habe mich wegen des Buches ausgesprochen rar gemacht. Dafür bitte ich um Nachsicht, und meiner Mutter danke ich darüber hinaus für die kritische Durchsicht des Manuskripts.

Besonders beeindruckt hat mich Anfang 2019, knapp zwei Monate vor ihrem Tod, eine Begegnung mit Herlind Kasner, der Mutter von Angela Merkel. Nach der Verleihung der Ehrenbürgerschaft an ihre Tochter im Templiner Kulturhaus sprachen wir über ihre Englischkurse an der Volkshochschule, über ihr Engagement für eine Europäische Schule Templin in der Tradition des Joachimsthalschen Gymnasiums. Bevor wir uns verabschiedeten, gab sie mir eine Mahnung auf den Weg: Über ihre Tochter sei so viel Falsches geschrieben worden, das solle ich in meiner Biografie doch bitte vermeiden. Diesen Rat habe ich zu beherzigen versucht.

Wo es nicht gelungen ist, trägt allein der Autor die Verantwortung.

Anmerkungen

Vorwort

1 Rede von Bundeskanzlerin Merkel beim Staatsakt für Bundeskanzler a. D. Helmut Schmidt, Hamburg, 23. 11. 2015.

Erster Teil:
Pfarrhaus und Physik
(1954–1989)

1. Herkunft (1954–1961)

1 Zu Merkels polnischen Vorfahren vgl. Stefan Kornelius, Angela Merkel. Die Kanzlerin und ihre Welt, Hamburg 2013, S. 18 f.; Merkel selbst sprach darüber erstmals auf dem Evangelischen Kirchentag 1995 und später dann in Interviews, z. B. «Mut zu Zwischentönen», Spiegel, 25. 12. 2000. Die polnische Presse machte einen Verwandten in Posen ausfindig, vgl. Piotr Bojarski, Prababcia służąca, dziadek policjant. Poznańscy przodkowie Angeli Merkel [Urgroßmutter Dienstmädchen, Großvater Polizist. Angela Merkels Vorfahren aus Posen], Gazeta Wyborcza, Ausgabe Poznań, 14. 3. 2013.
2 Vgl. Anna Moskal, Im Spannungsfeld von Region und Nation. Die Polonisierung der Stadt Posen nach 1918 und 1945, Wiesbaden 2013.
3 Vgl. Konrad Schuller, Großvaters Krieg, F. A.Z., 23. 3. 2013.
4 Die genaue Verortung des Großvaters zwischen Deutschland und Polen konnte auch Kornelius nicht aufklären; vgl. Stefan Kornelius, Six things you didn't know about Angela Merkel, Guardian, 10. 9. 2013: «The family was proud of its Polish roots. Obviously not grandpa Ludwig who emigrated to Berlin.»
5 Angela Merkel bei der Vorstellung des Buchs «Angela Merkel. Die Kanzlerin und ihre Welt» von Stefan Kornelius, Berlin, 22. 4. 2013.
6 Marcin Rogozinski, Posen: Boom um Angela Merkels polnische Wurzeln, n-ost, 25. 3. 2013, https://cafebabel.com/de/article/posen-boom-um-angela-merkels-polnische-wurzeln-5ae0087bf723b35a145e3a6c/.

7 Angela Merkel, in: Herlinde Koelbl, Spuren der Macht. Die Verwandlung des Menschen durch das Amt, München 1999, S. 39–61, hier S. 49.
8 Vgl. Friedemann Stengel, Die Theologischen Fakultäten in der DDR als Problem der Kirchen- und Hochschulpolitik des SED-Staates bis zu ihrer Umwandlung in Sektionen 1970/71, Leipzig 1998.
9 Zit. nach Evelyn Roll, Die Kanzlerin. Angela Merkels Weg zur Macht, aktualisierte Taschenbuchausgabe Berlin 2009 (zuerst 2001 u. d. T. Das Mädchen und die Macht), S. 16.
10 Ebd.
11 Vgl. zuletzt Lech Słodownik, Das «Merkel-Haus» in Elbing, Der Westpreuße, 3/2017, https://www.der-westpreusse.de/de/03-2017-1.html.
12 Alexander Osang, Das eiserne Mädchen, Spiegel Reporter, 3/2000.
13 Uwe Bahnsen, Als Hamburg wieder aufgebaut wurde, abendblatt.de, 20. 4. 2013.
14 Judy Dempsey, The young Merkel: Idealist's daughter, New York Times, 6. 9. 2005.
15 Roll, Kanzlerin, S. 16.
16 Angela Merkel, Mein Weg. Ein Gespräch mit Hugo Müller-Vogg, aktualisierte Ausgabe Hamburg 2005 (zuerst 2004), S. 43; Hartmut Palmer, «Besser sein als alle anderen», Spiegel, 16. 9. 1991.
17 Zitiert bei Osang, Mädchen; vgl. Claudia Lepp, Wege in die DDR. West-Ost-Übersiedlungen im kirchlichen Bereich vor dem Mauerbau, Göttingen 2015.
18 Zitiert nach Volker Resing, Angela Merkel. Die Protestantin, Leipzig 2009, S. 38.
19 Zur kontroversen Diskussion dieser Frage in der Redaktion der *Frankfurter Allgemeinen Zeitung*: Peter Hoeres, Zeitung für Deutschland. Die Geschichte der F. A. Z., Salzburg 2019, S. 113 ff.
20 Gerd Langguth, Angela Merkel. Biografie, aktualisierte Neuausgabe München 2010 (zuerst 2005), S. 41.
21 Koelbl, Macht, S. 48.
22 Ebd., S. 48.
23 Festschrift 150 Jahre Waldhof, Stephanus-Stiftung 2004, http://www.stephanus.org/fileadmin/user_upload/Presse/Presseinformationen/Informationen_zu_den_Einrichtungen/Festschrift150JahreWaldhof.pdf (dort auch die weiteren Angaben zur Geschichte des Waldhofs).
24 Langguth, Merkel, S. 34.
25 Koelbl, Macht, S. 48.
26 Christiane Hoffmann, Der Pfarrer und die Pfarrerstochter, F. A. S., 11. 3. 3012.
27 Merkel, Weg, S. 45.
28 Roll, Kanzlerin, S. 29.
29 Zit. nach Roll, Kanzlerin, S. 24.
30 Joachim Gauck, Winter im Sommer – Frühling im Herbst. Erinnerungen, München 2009, S. 202.
31 Merkel, Weg, S. 45.
32 Ebd., S. 29.

33 Horst Kasner, «Wir sind einen Weg gegangen». Ansprache am Vorabend des 3. Oktober auf dem Marktplatz zu Templin, Archiv Hans-Ulrich Beeskow.
34 Zit. nach Langguth, Merkel, S. 70.
35 Zit. nach Roll, Kanzlerin, S. 22.
36 Gespräch mit Hans-Ulrich Beeskow, Templin, 12. 12. 2016.
37 Zit. nach Roll, Kanzlerin, S. 25.
38 Zit. nach ebd., S. 17.
39 Vollständigste Quellensammlung, wenn auch mit eigenwilligen Wertungen: Ralf Georg Reuth/Günther Lachmann, Das erste Leben der Angela M., München 2013.
40 Zit. nach Roll, Kanzlerin, S. 27 f.
41 So zum Beispiel der Journalist Alexander Osang nach einem Besuch: Osang, Mädchen.
42 Reuth/Lachmann, Angela M., S. 48.
43 Roll, Kanzlerin, S. 29 f.
44 Martin Machowecz/Stefan Schirmer, «Es wird wieder marodierende Banden geben», Interview mit Uwe Tellkamp, Zeit im Osten, 20. 9. 2012.
45 Vgl. Bettina Ernst-Bertram/Jens Planer-Friedrich, Pfarrerskinder in der DDR, Berlin 2008.
46 Koelbl, Macht, S. 48.
47 Osang, Mädchen.
48 Ebd.
49 Wolfgang Stock, Angela Merkel. Eine politische Biographie, München 2000, S. 41.
50 Osang, Mädchen.
51 Koelbl, Macht, S. 48.
52 Ebd., S. 52.
53 Roll, Kanzlerin, S. 19.
54 Ebd., S. 34.
55 Merkel, Weg, S. 43.
56 Koelbl, Macht, S. 52.
57 Alle Zitate nach Roll, Kanzlerin, S. 20.

2. Schule im Sozialismus (1961–1973)

1 Jürgen Leinemann, «Ich muss härter werden», Porträt über Angela Merkel, Spiegel, 3. 1. 1994.
2 Das Mädchen Angela und ihre Freundinnen, B. Z., 20. 2. 2000, https://www.bz-berlin.de/artikel-archiv/das-maedchen-angela-und-ihre-freundinnen.
3 Zum Folgenden vgl. Evelyn Roll, Und es war Sommer, Interview mit Angela Merkel, SZ-Magazin, 29. 2. 2008.
4 Roll, Kanzlerin, S. 55.
5 Die «Christliche Friedenskonferenz», der Kasner nahestand, billigte den Einmarsch mehrheitlich, was die Organisation jedoch in eine ernste Krise stürzte.

6 Roll, Kanzlerin, S. 56.
7 Merkel, Weg, S. 62.
8 18. Parteitag der CDU Deutschlands, Düsseldorf, 6./7. 12. 2004, Protokoll; Koelbl, Macht, S. 49.
9 Osang, Mädchen.
10 Merkel, Weg, S. 52.
11 Ebd., S. 51
12 Ebd., S. 52.
13 Langguth, Merkel, S. 38.
14 Merkel, Weg, S. 47.
15 Gauck, Winter, S. 107.
16 Koelbl, Macht, S. 49.
17 Merkel, Weg, S. 49
18 Merkel, Weg, S. 51.
19 Gespräch mit Hans-Ulrich Beeskow.
20 Gespräch mit Hans-Ulrich Beeskow.
21 Zu ihren dortigen Mitschülern: Stefan Locke, Die Generation Merkel, F. A. S., 13. 7. 2014.
22 Das kann Schule machen!, Spiegel, 23. 9. 2017; Gespräch mit Erika Benn, Templin, 12. 12. 2016.
23 Gespräch mit Erika Benn.
24 Gespräch mit Erika Benn.
25 Bärbel Makowitz/Eitel Knitter/Martin Kunze, Templin. Eine märkische Stadt im Wandel der Geschichte, Strasburg (Uckermark) 2013, S. 287.
26 Jacqueline Boysen, Angela Merkel. Eine deutsch-deutsche Biographie, Berlin 2001, S. 24 f.
27 Arno Luik, «Das Leben ist erbarmungslos, es deformiert», Interview mit Angela Merkel, Stern, 20. 7. 2000.
28 Zit. nach Roll, Kanzlerin, S. 93 f.
29 Koelbl, Macht, S. 49.
30 Ebd.
31 Ebd.
32 Aktuelle Homepage der Praxis: http://www.ergotherapie-oranienburg.de/.
33 Barbara Bollwahn, Der Bruder, der stille Beobachter, taz, 24. 8. 2005.
34 Zum Eklat um die Kulturstunde vgl. Roll, Kanzlerin, S. 37–43; Langguth, Merkel, S. 55–60.
35 Christian Morgenstern, Sämtliche Galgenlieder, Zürich 1985, S. 282.
36 Osang, Mädchen.
37 Ebd.
38 Vgl. Ilko-Sascha Kowalczuk, Endspiel. Die Revolution von 1989 in der DDR, München 2009, S. 291–297.
39 Koelbl, Macht, S. 49.
40 Das Thema erwähnte Merkel mehrfach, zuletzt 2019: Rede von Bundeskanzlerin Merkel anlässlich des Festakts zum Tag der Deutschen Einheit, Kiel, 3. 10. 2019.

Anmerkungen zu den Seiten 42–50   **727**

3. Studium in Leipzig (1973–1978)

1 «Ich bin ein einfach zu beobachtendes Kind», Interview mit Angela Merkel, Neon, 9/2013; vgl. auch Merkel, Weg, S. 54 f.
2 So auch Osang, Mädchen.
3 Merkel, Weg, S. 50.
4 Roll, Kanzlerin, S. 108.
5 Gauck, Winter, S. 104: «Ich wählte das Studium also nicht, weil ich mich berufen fühlte, auf der Kanzel zu stehen und vom Reich Gottes zu künden, sondern eher aus persönlichen und politischen Gründen. (…) Mein Weg zur Theologie war in der DDR nicht ungewöhnlich.»
6 Merkel, Weg, S. 49 f.
7 «Eines Tages zog sie aus», Interview mit Ulrich Merkel, Focus, 5. 7. 2004.
8 Merkel, Weg, S. 49.
9 https://www.physgeo.uni-leipzig.de/fakultaet/geschichte/#c16416.
10 Merkel, Weg, S. 55.
11 Ebd.
12 Zit. nach Boysen, Merkel, S. 29.
13 Interview mit der Leipziger Volkszeitung, 18. 5. 1993, zit. nach Langguth, Merkel, S. 86.
14 «Ich bin ein …», Neon.
15 Stock, Merkel, S. 48.
16 Marcus Jauer, Die Pädagogik der Angela Merkel, F. A. Z., 17. 3. 2012.
17 Langguth, Merkel, S. 360.
18 «Eines Tages …», Focus.
19 Gunnar Hinck, Herr Merkel aus Dresden, taz, 7. 12. 2016.
20 Osang, Mädchen.
21 Hinck, Herr Merkel.
22 «Eines Tages …», Focus.
23 Merkel, Weg, S. 56.
24 Langguth, Merkel, S. 92.
25 «Eines Tages …», Focus.
26 Roll, Kanzlerin, S. 63.
27 «Eines Tages …», Focus.
28 Koelbl, Macht, S. 49.
29 Gespräch mit Ralf Der, Leipzig, 20. 5. 2019.
30 Gespräch mit Ralf Der.
31 Zit. nach Roll, Kanzlerin, S. 71 f.
32 Vgl. UFZ Umweltforschungszentrum Leipzig-Halle GmbH (Hrsg.), Leipzig Permoserstraße. Zur Geschichte eines Industrie- und Wissenschaftsstandorts, Leipzig 2001.
33 Ralf Der/Angela Merkel/Hans-Jürgen Czerwon, On the influence of spatial correlations on the rate of chemical reactions in dense gases. I. Quantum statistical

theory, in: Chemical Physics 53 (1980), S. 427–435; Ralf Der/Reinhold Haberlandt/Angela Merkel, On the influence of spatial correlations on the rate of chemical reactions in dense systems. II. Numerical results, ebd., S. 437–442.
34 Gespräch mit Ralf Der.
35 Roll, Kanzlerin, S. 77.

4. Berliner Bohème (1978–1989)

1 Beide Zitate: Stock, Merkel, S. 48 f.
2 Ebd., S. 49.
3 Roll, Kanzlerin, S. 101 f.
4 «Ich bin ein …», Neon.
5 Michael Schindhelm, Eine Wonne der Gewöhnlichkeit, taz, 22. 11. 2005.
6 Interview mit der Berliner Morgenpost, zit. nach Boysen, Merkel, S. 38.
7 Langguth, Merkel, S. 100.
8 Boysen, Merkel, S. 38.
9 Zit. nach Roll, Kanzlerin, S. 83.
10 Michael Schindhelm, Roberts Reise, München 2000, S. 286 (im Roman heißt Angela Merkel «Renate»).
11 Mitschrift des Autors.
12 Zit. nach Roll, Kanzlerin, S. 63.
13 «Dann bin ich da eingebrochen», Interview mit Angela Merkel, Spießer, Magazin der Bundeszentrale für politische Bildung, September 2013, https://www.spiesser.de/artikel/dann-bin-ich-da-eingebrochen?page=0,1.
14 Vgl. zum Folgenden: Udo Grashoff, Schwarzwohnen. Die Unterwanderung der staatlichen Wohnraumlenkung in der DDR, Göttingen 2011.
15 Stock, Merkel, S. 54.
16 «Dann bin ich …», Spießer.
17 Sonja Álvarez, Merkels Bude, Tagesspiegel, 25. 9. 2013.
18 Stock, Merkel, S. 54.
19 Koelbl, Macht, S. 50.
20 Stock, Merkel, S. 51.
21 Alexander Osang, Die Schläferin, Spiegel, 9. 11. 2009; Koelbl, Macht, S. 57.
22 Vgl. Frank Bösch, Zeitenwende 1979. Als die Welt von heute begann, München 2019.
23 Ralf Neukirch/Christoph Schult, Der Männerbund, Spiegel, 30. 6. 2003.
24 Angela Merkel im Gespräch mit Journalisten.
25 Zu den Polen-Reisen vgl. Reuth/Lachmann, Angela M., S. 124–127.
26 Deutscher Bundestag, Entschließungsantrag der Fraktion der SPD zur dritten Beratung des Entwurfs eines Gesetzes zu Änderung asylverfahrensrechtlicher, arbeitserlaubnisrechtlicher und ausländerrechtlicher Vorschriften, 12. 11. 1986, http://dipbt.bundestag.de/doc/btd/10/064/1006417.pdf.
27 Merkel, Weg, S. 64.

28 Langguth, Merkel, S. 214.
29 Roll, Kanzlerin, S. 87
30 Ebd., S. 88.
31 Zu den illegalen Reisen durch die Sowjetunion vgl. Cornelia Klauß/Frank Böttcher (Hrsg.), Unerkannt durch Freundesland. Illegale Reisen durch das Sowjetreich, 3. Aufl. Berlin 2011; Jörg Kuhbandner/Jan Oelker (Hrsg.), Transit. Illegal durch die Weiten der Sowjetunion, 3. Aufl. Radebeul 2016.
32 Stock, Merkel, S. 55.
33 Zu den Details der Georgienreise vgl. ebd., S. 54–56.
34 Merkel, Weg, S. 57.
35 «Eines Tages …», Focus.
36 Boysen, Merkel, S. 54.
37 Torsten Richter-Zippack, «Manches Erlebte wühlt mich noch immer auf», Lausitzer Rundschau, 17. 2. 2018.
38 Christoph Schwennicke, Das Glück am Haken: Der ewige Traum vom dicken Fisch, München 2010, S. 165.
39 Sechs Bild-am-Sonntag-Leser interviewten Angela Merkel, BamS, 20. 9. 2009.
40 Ein Gespräch mit Angela Merkel, Brigitte, 18/2005, https://www.brigitte.de/aktuell/gesellschaft/ein-gespraech-mit-angela-merkel-10093406.html.
41 Zeitungsannonce, F. A.Z., 2. 1. 1999.
42 Ulrike Posche, Das Phantom Oper, Stern, 11. 8. 2005.
43 Posche, Phantom.
44 Beckmann, ARD, 10. 1. 2005.
45 Zit. nach Posche, Phantom.
46 Ebd.
47 Merkel beim «Brigitte-Talk», Maxim-Gorki-Theater Berlin, 26. 6. 2017.
48 Beckmann, ARD, 10. 1. 2005.
49 Westwärts streift der Blick, ostwärts streicht das Schiff, Interview mit Angela Merkel, F. A.Z., 25. 7. 2005.
50 «Nur Fußballtrainer sind noch mysteriöser als Dirigenten», Interview mit Sir Simon Rattle, SZ-Magazin, 12. 8. 2016.
51 Zu Merkel und Bayreuth ausführlicher: Ralph Bollmann, Die Deutsche. Angela Merkel und wir, Stuttgart 2013, S. 11–14.
52 Michael Schindhelm, Eine Wonne der Gewöhnlichkeit, taz, 22. 11. 2005.
53 Ost-West-Geschichten einer «interessanten Bundeskanzlerin», Interview, Super Illu, 1. 10. 2010, https://archiv.bundesregierung.de/archiv-de/ost-west-geschichten-einer-interessanten-bundeskanzlerin-647914.
54 Vgl. «Kaffeemaschinen aus Kaulsdorf» – Marzahn-Hellersdorfer Gespräch zur Geschichte am 13. 5. 2009, https://www.berlin.de/ba-marzahn-hellersdorf/aktuelles/pressemitteilungen/2009/pressemitteilung.294739.php.
55 Schindhelm, Wonne.
56 Roll, Kanzlerin, S. 86.
57 Michael Schindelhelm, Roberts Reise, München 2000, S. 291.
58 Roll, Kanzlerin, S. 92 f.; Michael Schindhelm, Der geraubte Schatten, Zeit,

11. 1. 2001; Schindhelm, Roberts Reise, S. 255 (dort nur die Vorwürfe einer Verbindung zu westlichen Geheimdiensten, ohne Hinweis auf die Stasi-Mitarbeit).
59 Hans-Jörg Osten, zit. nach Roll, Kanzlerin, S. 98; zum SED-Anwerbeversuch: Osang, Mädchen; Boysen, Merkel, S. 61.
60 Osang, Schläferin.
61 Roll, Kanzlerin, S. 98.
62 Zit. nach Reuth/Lachmann, Angela M., S. 144.
63 Merkel, Weg, S. 65
64 Roll, Kanzlerin, S. 93.
65 Merkel gepixelt, Spiegel, 1. 10. 2005.
66 Boysen, Merkel, S. 52.
67 Ebd., S. 52 f.
68 Osang, Schläferin. Der Reporter fügt über Osten hinzu: «Es gehe ihm nicht darum, Angela Merkel anzugreifen, sagt Osten, er will nur genau sein. (…) Es ist weder sein Kampf noch der von Angela Merkel, aber was sollen sie machen.»
69 Merkel, Weg, S. 60.
70 Osang, Schläferin.
71 Gespräch mit Ralf Der.
72 Merkel, Weg, S. 61.
73 Osten, zit. nach Roll, Kanzlerin, S. 97.
74 Merkel, Weg, S. 61.
75 Auswertung der Sitzungsprotokolle: Reuth/Lachmann, Angela M., S. 119–123.
76 Vgl. Osang, Schläferin, S. 58; Auskunft Jochen Schmidt.
77 Personalien, Spiegel, 1. 2. 2010.
78 Reuth/Lachmann, Angela M., S. 141.
79 Merkel, Weg, S. 62.
80 Merkel, Weg, S. 62.
81 Personalien, Spiegel, 1. 2. 2010.
82 Zur Person, Günter Gaus im Gespräch mit Angela Merkel, DFF, 28. 10. 1991, https://www.youtube.com/watch?v=YQBslPEZcel.
83 Zit. nach Roll, Kanzlerin, S. 99.
84 Roll, Kanzlerin, S. 99.
85 «Die Kunst war, morgens noch in den Spiegel schauen zu können», Interview mit Joachim Sauer, Kosmos, 96 (2010), https://www.humboldt-foundation.de/web/kosmos-titelthema-96–3.html.
86 Merkel, Weg, S. 61.
87 Arno Luik, «Das Leben ist erbarmungslos, es deformiert», Interview mit Angela Merkel, Stern, 20. 7. 2000.
88 Zit. nach Langguth, Merkel, S. 116.
89 Merkel, Weg, S. 63.
90 Langguth, Merkel, S. 117.
91 Moritz von Uslar, Hundert Fragen an … Angela Merkel, SZ-Magazin, 8. 12. 2000.

92 Studie des Instituts für Arbeitsmarkt- und Berufsforschung zur Lohndifferenzierung in der DDR: http://doku.iab.de/mittab/1990/1990_4_mittab_stephan_wiedemann.pdf.
93 Torsten Harmsen/Juliane Meißner, «Nobelpreise sind nicht alles», Interview mit Joachim Sauer, Berliner Zeitung, 23. 12. 2017.
94 Merkel, Weg, S. 69.
95 Interview mit dem Magazin Newsweek, 15. 10. 1986. Der erläuternde Halbsatz – «einer von jenen, die für die Verbrechen der Hitler-Ära verantwortlich waren» – wurde nach Auskunft des Kanzleramts von der Redaktion eingefügt, was an der Aussage selbst allerdings nichts ändert.
96 Interview, Stern, 9. 4. 1987.
97 Heinrich August Winkler, Auf ewig in Hitlers Schatten?, Zum Streit über das Geschichtsbild der Deutschen, Frankfurter Rundschau, 14. 11. 1986.
98 Reise ins andere Deutschland, Editorial, Zeit, 13. 6. 1986.
99 Online abrufbar unter http://library.fes.de/pdf-files/netzquelle/01287.pdf.
100 Online abrufbar unter https://www.1000dokumente.de/index.html?c=dokument_de&dokument=0252_bon&object=translation.
101 Deutscher Bundestag, Stenografischer Bericht, 17. Wahlperiode, 114. Sitzung, 9. 6. 2011, S. 12960.
102 Langguth, Merkel, S. 119.
103 Stock, Merkel, S. 56.
104 Ebd., S. 56 f.
105 Alle Zitate ebd., S. 57.
106 Günter Gaus, Wo Deutschland liegt. Eine Ortsbestimmung, Tb. München 1986, S. 115 ff. (zuerst Hamburg 1983).
107 Gespräch mit Stephan Steinlein, Berlin, 4. 3. 2019.

Zweiter Teil:
Politik als Beruf
(1989–2008)

1. Wende (1989/90)

1 Zu dem Treffen u. a. Osang, Schläferin.
2 So bei Roll, Kanzlerin, S. 25.
3 Zu Frey: Osang, Schläferin.
4 Ebd. Reuth/Lachmann, Angela M., S. 175 ff., glauben dagegen, Merkel sei schon im Oktober und November für den Demokratischen Aufbruch aktiv gewesen. Als Beleg führen sie Äußerungen des Grafikers Stefan Dachsel und des westlichen Aufbauhelfers Hans-Christian Maaß an; beide sind sich ihrer Erinnerung jedoch nicht sicher.
5 Osang, Schläferin.

6 Zum Folgenden: Merkel, Weg, S. 73; Stock, Merkel, S. 20 f.; Langguth, Merkel, S. 124.
7 Merkel, Weg, S. 73.
8 Zit. nach Osang. Mädchen.
9 Merkel, Weg, S. 73.
10 Ebd.
11 Ebd.
12 Reuth/Lachmann, Angela M., S. 201.
13 Merkel, Weg, S. 77.
14 Ebd.; Roll, Kanzlerin, S. 116 f.
15 Gespräch mit Andreas Apelt, Berlin, 5. 6. 2019. Vgl. auch Langguth, Merkel, S. 131; Reuth/Lachmann, Angela M., S. 205.
16 Roll, Kanzlerin, S. 117.
17 Zitate: Merkel, Weg, S. 78; Stock, Merkel, S. 23; Boysen, Merkel, S. 88; vgl. Osang, Schläferin.
18 Gespräch mit Andreas Apelt.
19 Osang, Schläferin.
20 Roll, Kanzlerin, S. 117.
21 Merkel, Weg, S. 78.
22 Ebd.
23 Offiziell gibt Merkel den 1. 10. 1990, das Datum des Vereinigungsparteitags, als Beginn ihrer Mitgliedschaft an, vgl. Langguth, Merkel, S. 150.
24 Gespräch mit Andreas Apelt.
25 Zit. nach Osang, Schläferin.
26 Gaus, Zur Person.
27 Merkel, Weg, S. 78.
28 Stock, Merkel, S. 25 f.
29 Daniel Friedrich Sturm, Die Frau, ohne die Merkel nicht Kanzlerin wäre, welt. de, 20. 1. 2015, https://www.welt.de/politik/deutschland/article136529460/Die-Frau-ohne-die-Merkel-nicht-Kanzlerin-waere.html.
30 Merkel, Weg, S. 79; Gespräch mit Andreas Apelt.
31 So Merkel übereinstimmend bei Stock, Merkel, S. 26, und in Merkel, Weg, S. 79.
32 Gespräch mit Andreas Apelt.
33 Lothar de Maizière, Ich will, dass meine Kinder nicht lügen müssen. Meine Geschichte der deutschen Einheit, Freiburg im Breisgau 2012, S. 77.
34 Vgl. Andreas Schumann, Familie de Maizière. Eine deutsche Geschichte, Zürich 2014.
35 Vgl. Ralph Bollmann, «Die Treuhand lebt», Interview mit dem Historiker Marcus Böick, F. A. S., 29. 7. 2018.
36 Vgl. Die klappen uns weg. In den westdeutschen Übersiedler-Quartieren grassieren Lagerkoller und Depressionen, Spiegel, 19. 2. 1990.
37 Angela Merkel, CDU-West natürlicher Verbündeter beim Umbau der Gesellschaft, Berliner Zeitung, 10. 2. 1990.
38 Vgl. die Debatte zum 30. Jahrestag des Mauerfalls: Detlef Pollack, Es war ein

Aufstand der Normalbürger, F.A.Z., 12.7.2019; im Anschluss druckte die Zeitung mehrere Antworten empörter Bürgerrechtler.
39 Merkel, Weg, S. 74.
40 Ebd., S. 80.
41 Zit. nach Stimmen der Anderen, F. A.Z., 13. 3. 1990.
42 Zum Ablauf vgl. Karl Feldmeyer/Ralf Georg Reuth, Wolfgang Schnur wegen seiner Zusammenarbeit mit dem Staatssicherheitsdienst zurückgetreten, F.A.Z., 15.3.1990.
43 Osang, Schläferin.
44 Merkel, Weg, S. 80.
45 Zum Schnur-Rücktritt vgl. Thomas de Maizière (im Gespräch mit Stefan Braun), Damit der Staat dem Menschen dient. Über Macht und Regieren, München 2013, S. 134 f.
46 Ebd., S. 136.
47 Lothar De Maizière, Ich will, S. 128; Gespräch mit Thomas de Maizière.
48 Stock, Merkel, S. 30.
49 Gespräche mit Hans-Christian Maaß, Thomas de Maizière. Vgl. auch Stock, Merkel, S. 31.
50 Stock, Merkel, S. 30 u. 32.
51 Langguth, Merkel, S. 141.
52 Kerstin Schwenn, Sofortprogramm für DDR-Landwirtschaft beschlossen, F.A.Z., 19.7.1990.
53 Osang, Schläferin.
54 Zit. nach Stock, Merkel, S. 36.
55 Johannes Leithäuser, Kritik an Streibl aus Berlin und Mainz, F.A.Z., 14.8.1990.
56 Lothar de Maizière, Ich will, S. 189.
57 Boysen, Merkel, S. 130 f.
58 Zit.nach Ralph Bollmann, Der Fluch des neuen Geldes, F.A.S., 21.6.2015; vgl. auch Böick, Die Treuhand lebt.
59 Boysen, Merkel, S. 128 f.
60 Rede der Bundeskanzlerin zum 70. Geburtstag von Bundesfinanzminister Wolfgang Schäuble, Berlin, 26. 9. 2012.
61 Langguth, Merkel, S. 159.
62 Vgl. Max-Stefan Koslik, Der Merkel-Macher, Schweriner Volkszeitung, 2.10.2014.
63 Vgl. Christoph Kiefer, Bundestagswahl vor 25 Jahren. Oldenburger macht Merkel Platz, Nordwest-Zeitung, 2.10.2015.
64 Gespräch mit Willi Hausmann, Stieldorf, 3.7.2019.
65 Merkel, Weg, S. 85.
66 So der damalige Amtsleiter bei Langguth, Merkel, S. 153.

2. Ministerin in Bonn (1991–1998)

1. Deutscher Bundestag, Plenarprotokoll, 12. Wahlperiode, 1. Sitzung, 20. 12. 1990, S. 5.
2. Osang, Schläferin.
3. Zit. nach Roll, Kanzlerin, S. 147.
4. Lothar de Maizière, Ich will, S. 189.
5. In Bonn lebte Merkel auf 70 qm, Express, 17. 4. 2014.
6. Koelbl, Macht, S. 50.
7. Plenarprotokoll, Deutscher Bundestag, 12. Wahlperiode, 34. Sitzung. 20. 6. 1991, S. 2837 (Rede zu Protokoll gegeben).
8. Vgl. u. a. Lothar Heinke, Auf verwischten Spuren, Tagesspiegel, 27. 1. 2013; Lothar Müller, Die Edelplatte in der Wilhelmstraße, SZ, 8. 12. 2016; Elisabeth Binder, «Das ist eine der politischsten Straßen der Stadt», Kiezspaziergang mit Franz Müntefering, Tagesspiegel, 11. 5. 2019.
9. Koelbl, Macht, S. 50.
10. Andreas Conrad, Hier ist der Kunde Kanzler, Tagesspiegel, 12. 10. 2014.
11. Angela Merkel, Läden länger offenhalten, F. A.Z., 12. 7. 1992.
12. Matthias Schmidt/Thorsten Körner, Die Unerwartete, ARD, 12. 12. 2016.
13. Angela Merkel, Der Aufschwung im Osten muss nicht mit einem Abschwung im Westen einhergehen, F.A.Z., 17. 5. 1992.
14. Vgl. Ralph Bollmann, Die Deutsche. Angela Merkel und wir, Stuttgart 2013, S. 7 ff.
15. Vgl. Nina Grunenberg, Salut für einen politischen Selbstmörder, Zeit, 13. 9. 1991. Zu den späteren Aktenfunden Robert Leicht, Neues von «Czerni», Zeit, 24. 1. 1992.
16. Hugo Müller-Vogg, «De Maizières Rücktritt kein Unglück für die CDU», Interview mit Angela Merkel, F.A.Z., 15. 9. 1991.
17. Hartmut Palmer, «Besser sein als alle anderen», Spiegel, 16. 9. 1991.
18. Günter Bannas, Frau Merkel bewirbt sich in Brandenburg, F.A.Z., 7. 11. 1991.
19. Vgl. Karl Feldmeyer, Kaum Chancen für Frau Merkel, F.A.Z., 23. 11. 1991.
20. Johannes Leithäuser, Kohls Kandidatin unterliegt, F.A.Z., 24. 11. 1991.
21. 2. Parteitag der CDU Deutschlands, Dresden 15.–17. 12. 1991, Protokoll.
22. Vgl. Langguth, Merkel, S. 301; Roll, Kanzlerin, S. 376.
23. Stock, Merkel, S. 63.
24. Ebd., S. 64.
25. Roll, Kanzlerin, S. 167; Gespräch mit Willi Hausmann.
26. Merkel, Weg, S. 86.
27. Vgl. Langguth, Merkel, S. 165 f.
28. Schock beim Radeln, Spiegel, 7. 6. 1993.
29. Konrad-Adenauer-Stiftung, Arbeitswelt und Berufstätigkeit der Frau, http://www.kas.de/wf/de/71.6586/.
30. Roll, Kanzlerin, S. 159.

31 Alexander Osang, Die deutsche Queen, Spiegel, 11. 5. 2009.
32 Bundesinstitut für Bevölkerungsforschung, Eheschließungen und rohe Eheschließungsziffer in Ostdeutschland, 1950 bis 2016, https://www.bib.bund.de/DE/Fakten/Fakt/L103-Eheschliessungen-Ostdeutschland-ab-1950.html.
33 Vgl. Günter Bannas, Koalitionskontroverse über die Abtreibung, F.A.Z., 21. 2. 1991.
34 Zit. nach Günter Bannas, CDU sucht Einigkeit zu Paragraph 218, F.A.Z., 8. 5. 1991; ders., Einigt sich die Union zur Abtreibung?, F.A.Z., 7. 6. 1991; ders., Nach «Ansbacher Erklärung» noch kein Einvernehmen der Union über Abtreibung, F.A.Z., 16. 7. 1991; vgl. auch ders., Die Union vor einer Einigung zur Reform des Paragraphen 218, F.A.Z., 4. 9. 1991.
35 Hochgeladen am 26. 8. 2015 auf der Facebook-Seite des Bayerischen Rundfunks, Report München: https://www.facebook.com/reportMuenchen/videos/merkel spricht/1163831663632585/; vgl. Jasper von Altenbockum, Im ausgebrannten Jugendhaus von Groß-Klein zeigen die Kids an die Wand – dort steht: Total normal, F.A.Z., 2. 9. 1992.
36 Vgl. Diese 182 Menschen starben seit der deutschen Einheit durch rechtsextreme Gewalt. Ein ZEIT-Dossier über die Frage, warum der rechte Terror nicht aufhört, Zeit, 27. 2. 2020.
37 Barbara Bollwahn, Dangerous Zone am S-Bahnhof, taz, 17. 7. 1996.
38 Vgl. Peter Richter, 89/90, München 2015; Daniel Schulz, Wir waren wie Brüder, taz, 29. 9. 2018; Christian Bangel, Baseballschlägerjahre, Zeit, 7. 11. 2019.
39 Ministerin Merkel: CDU muss Lummer ausschließen, Reuters-Meldung, F.A.Z., 10. 5. 1993.
40 Barbara Galaktionow, Fanal ohne Folgen, SZ, 23. 8. 2017.
41 «In den Köpfen Kraut und Rüben», Rhein-Main-Zeitung, 15. 9. 1992.
42 Frank Drieschner, Glatzenpflege auf Staatskosten, Zeit, 13. 8. 1993; Küß mir die Stiefel, Spiegel, 20. 12. 1993 (dort auch das Seidel-Zitat).
43 Günter Bannas, Frau Merkel zur Jugendgewalt, F.A.Z., 10. 12. 1992.
44 Vgl. Kriminalität von Aussiedlern, Eine Bestandsaufnahme, Bundesamt für Migration und Flüchtlinge, Working Paper Nr. 12/2007, Nürnberg 2008.
45 Faß auf, Augen zu, Spiegel, 4. 3. 1996.
46 Stock, Merkel, S. 76.
47 Nico Fried, Das Machtverhältnis, SZ, 1. 7. 2017.
48 Koelbl, Macht, S. 54.
49 Ebd.
50 Angela Merkel auf der Falling Walls Conference, Radialsystem V, Berlin, 9. 11. 2011, https://www.youtube.com/watch?v=51M1A9qj8qE.
51 Koelbl, Macht, S. 54.
52 Ebd.
53 Vgl. Roll, Kanzlerin, S. 186.
54 Koelbl, Macht, S. 58.
55 Elbe-Jeetzel-Zeitung, 19. 11. 2005, zitiert auf der Homepage des Gorleben-Archivs: http://gorleben-archiv.de/wordpress/chronik/1995-2/.

56 Zit. nach Roll, Kanzlerin, S. 189.
57 Langguth, Merkel, S. 188.
58 Ernst nehmen, Spiegel, 10. 4. 1995.
59 Koelbl, Macht, S. 55.
60 Weichzeichner Ozon, Spiegel, 15. 5. 1995.
61 So die nachträgliche Rekonstruktion: Linie 100, Spiegel, 12. 6. 1995.
62 Zu Sommersmog und Tränenausbruch vgl. Merkel, Weg, S. 96; Koelbl, Macht, S. 55; Roll, Kanzlerin, S. 194; Langguth, Merkel, S. 190; Boysen, Merkel, S. 177.
63 Gregor Schöllgen, Gerhard Schröder. Die Biographie, München 2015, S. 305.
64 Koelbl, Macht, S. 57 f.
65 Zum Ablauf Fritz Vorholz, Die Büchse des Vertrauens, Zeit, 28. 5. 1998. Vgl. auch Roll, Kanzlerin, S. 183–192; Boysen, Merkel, S. 178; Stock, Merkel, S. 82; Langguth, Merkel, S. 194.
66 Deutscher Bundestag, Plenarprotokoll, 13. Wahlperiode, 237. Sitzung. Bonn, 27. 5. 1998, S. 21781.
67 Wilfried Steuer, Präsident des Deutschen Atomforums, am 26. 5. 1998 auf der Jahrestagung Kerntechnik in München, zitiert auf der Homepage des Gorleben-Archivs: http://gorleben-archiv.de/wordpress/chronik/1998-2/.
68 Koelbl, Macht, S. 60.
69 Tagesschau, 3. 4. 1997, https://www.youtube.com/watch?v=6p8VdEWRVLg.
70 Jürgen Leinemann, Das Werkzeug der Historie, Spiegel, 31. 3. 1997.
71 Hans Peter Schütz, Schäuble als Kanzler? «Wahrscheinlich würde ich der Versuchung nicht widerstehen», Interview mit Wolfgang Schäuble, Stern, 9. 1. 1997.
72 Der Pate. Wolfgang Schäuble im Interview, Playboy, Oktober 1998 (vor der Bundestagswahl geführt).
73 Roman Herzog, Aufbruch ins 21. Jahrhundert, Berliner Rede, Hotel Adlon, 26. 4. 1997.
74 Frank Bösch, Die Adenauer-CDU. Gründung, Aufstieg und Krise einer Erfolgspartei 1945–1969, Stuttgart 2001, S. 369.
75 Ralph Bollmann, Wenn Schwarz und Grün fein schlemmen gehen, taz, 6. 3. 2010.
76 Koelbl, Macht, S. 61.

3. Opposition (1998–2005)

1 Matthias Geis/Bernd Ulrich, Wohin geht die Macht, wenn sie geht?, Zeit, 27. 9. 2018.
2 11. Parteitag der CDU Deutschlands, Bonn, 7. 11. 1998, Protokoll, S. 81.
3 Stock, Merkel, S. 91.
4 So z. B. die *Dresdner Neuesten Nachrichten*, zit. nach F.A.Z., Stimme der Anderen, 17. 10. 1998.
5 Parteitag 1998, Protokoll, S. 82.
6 Zu Christiansen vgl. Marc Kayser, Mitarbeiterin der Woche, Zeit, 30. 3. 2000.

7 Auskunft Schäubles gegenüber Gesprächspartnern; Rückblick nach 10 Jahren: Martin S. Lambeck, Das diskrete Glück, Bild am Sonntag, 28. 12. 2008; zur Geschichte der Berliner Standesämter: https://www.berlin.de/ba-mitte/politik-und-verwaltung/aemter/amt-fuer-buergerdienste/standesamt/artikel.159844.php; Heiratsannonce: F.A.Z., 2. 1. 1999.
8 Roswin Finkenzeller, Bedenken gegen Volksabstimmung, F.A.Z., 20. 10. 1998.
9 Wolfgang Schäuble, Mitten im Leben, München 2000, S. 82–88; Edmund Stoiber, Weil die Welt sich ändert. Politik aus Leidenschaft – Erfahrungen und Perspektiven, München 2012, S. 163; Hajo Schumacher, Roland Koch. Verehrt und verachtet, Frankfurt am Main 2004, S. 149.
10 Roll, Kanzlerin, S. 242.
11 Eckhard Fuhr, Ein gefährlicher Weg, F.A.Z., 7. 1. 1999.
12 22. Parteitag der CDU Deutschlands, Stuttgart, 1./2. 12. 2008; im Protokoll ist der Versprecher korrigiert.
13 Stock, Merkel, S. 95 f.
14 Gespräch mit Beteiligten.
15 Schäuble, Mitten im Leben, S. 151.
16 Stoiber, Weil die Welt, S. 166.
17 Stock, Merkel, S. 106.
18 Abgedruckt tags darauf in den meisten Zeitungen, z. B. Angeblich Haftbefehl gegen Leisler Kiep, Tagesspiegel, 5. 11. 1999.
19 Zitat bei Stock, Merkel, S. 112 f.; vgl. «Krummes Ding abgezogen», Spiegel, 8. 11. 1999.
20 Schäuble bei der Vorstellung der F.A.Z.-Geschichte von Peter Hoeres im Berliner Redaktionsgebäude der Zeitung, 8. 10. 2019.
21 Gespräch mit Willi Hausmann.
22 Deutscher Bundestag, Plenarprotokoll, 14. Wahlperiode, 72. Sitzung. 24. 11. 1999, S. 6516.
23 Hans Leyendecker, Parteispenden bringen CDU in wachsende Erklärungsnot, SZ, 26. 11. 1999.
24 Zitiert nach Stock, Merkel, S. 120. Vgl. «Das Problem Kiep heißt Kohl», Spiegel, 29. 11. 1999; Karl Feldmeyer, Die Grenzen des Zumutbaren, F.A.Z., 29. 11. 1999.
25 Schäuble, Mitten im Leben, S. 202 f.
26 Beste Rekonstruktion: Karl Feldmeyer, Die CDU-Führung erfuhr von allen Ereignissen erst im Nachhinein, F.A.Z., 7. 12. 1999. Vgl. auch Schäuble, Mitten im Leben, S. 203 f.
27 Deutscher Bundestag, Plenarprotokoll, 14. Wahlperiode, 76. Sitzung, 2. 12. 1999, S. 6979.
28 So Schäuble, Mitten im Leben, S. 223.
29 Tina Hildebrandt, Gute Fee im bösen Traum, Spiegel, 13. 12. 1999.
30 Was nun, Herr Kohl?, ZDF, 16. 12. 1999, https://www.youtube.com/watch?v=MDEf-PNm6_I.

31 Zum Ablauf: Angela Merkel im Gespräch mit Berthold Kohler, F.A.Z.-Kongress, 26. 9. 2019. «Homöopathische Dosierungen»: Boysen, Merkel, S. 211.
32 Angela Merkel, Die von Kohl eingeräumten Vorgänge haben der Partei Schaden zugefügt, F.A.Z., 22. 12. 1999. Zu den näheren Umständen vgl. Stock, Merkel, S. 131; Helmut Kohl, Mein Tagebuch 1998–2000, München 2000, S. 141; Roll, Kanzlerin, S. 259.
33 Zu den Ereignissen dieses Tages vgl. Hans Peter Schütz, Wolfgang Schäuble. Zwei Leben, München 2012, S. 156–161.
34 Zit. nach Robert Birnbaum, Merkel geht auf Abstand zu Kohl, Tagesspiegel, 23. 12. 1999.
35 Zum Ablauf vgl. Schäuble, Mitten im Leben, S. 212 f.; Wortlaut der Zitate nach Nico Fried/Claus Hulverscheidt, Die Unzertrennlichen, SZ, 12. 9. 2012.
36 Gespräch mit Beteiligten.
37 Bild am Sonntag, 9. 1. 2000.
38 Farbe bekennen, ARD, 10. 1. 2000, Ausschnitt: https://daserste.ndr.de/panorama/archiv/2000/Schaeuble-und-die-CDU-Spenden,erste7502.html.
39 Zu Hessen: «Mal sehen, wer übrig bleibt», Spiegel, 17. 1. 2000.
40 Schäuble, Mitten im Leben, S. 233; vgl. auch Schütz, Schäuble, S. 177.
41 Schäuble, Mitten im Leben, S. 234.
42 Ebd., S. 235; Kohl, Tagebuch, S. 165 ff.; Schütz, Schäuble, S. 178.
43 Schäuble, Mitten im Leben, S. 243 f.
44 So Hans-Peter Repnik bei Schütz, Schäuble, S. 161.
45 Roll, Kanzlerin, S. 262.
46 Vgl. Schäuble, Mitten im Leben, S. 270.
47 Johannes Leithäuser, Schäuble gibt auf, F.A.Z., 17. 2. 2000.
48 Schäuble, Mitten im Leben, S. 265.
49 «Auffallend befreit gewirkt», dpa-Meldung, F.A.Z., 18. 2. 2000.
50 Georg Paul Hefty, Der Erbe und die Modernisierer, F.A.Z., 17. 2. 2000.
51 Friedbert Pflüger, Ehrenwort, Das System Kohl und der Neubeginn, Stuttgart 2000, S. 124 f.; Stock, Merkel, S. 164 ff.; Michael Inacker/Daniel Friedrich Sturm, Merkels linke Hand, Welt, 5. 4. 2000.
52 Vgl. Michael Inacker, Hier kommt Kurt, Welt 2. 3. 2000; Langguth, Merkel, 219 f.; Stock, Merkel, S. 154.
53 Schäuble, Mitten im Leben, S. 280.
54 Vollständige Liste der neun Regionalkonferenzen bei Henrik Zein, Die organisatorische Entwicklung der CDU in der Opposition (1969–1982 und 1998–2005), Magisterarbeit Osnabrück 2007, S. 70.
55 Zitate bei Nico Fried, Schön, dass es dich gibt, SZ, 23. 11. 2018.
56 Merz für Merkel als CDU-Vorsitzende, SZ, 9. 3. 2000.
57 Bild, 9. 3. 2000.
58 Stock, Merkel, S. 10.
59 Beide Zitate: Karl Feldmeyer, Angela Merkel kandidiert für den CDU-Vorsitz; ders., Auffällig unauffällig hat Angela Merkel ein Hindernis nach dem anderen überwunden, F.A.Z., 21. 3. 2000.

Anmerkungen zu den Seiten 198–227

60 CSU-Parteitag, München, 17. 11. 2000; vgl. Roswin Finkenzeller, Stoiber: Regierung täuscht die Wähler, F.A.Z., 18. 11. 2000.
61 Karl Feldmeyer, Kauder will nicht Generalsekretär der Bundes-CDU werden, F.A.Z., 16. 3. 2000.
62 Vgl. Alice Schwarzer (Hrsg.), Damenwahl. Vom Kampf um das Frauenwahlrecht bis zur ersten Kanzlerin, Köln 2008; Roll, Kanzlerin, S. 149 ff.
63 Zit. nach Roll, Kanzlerin, S. 232.
64 Vgl. ebd., S. 272 f.
65 Dieter Wenz, Merkel: Ich war wohl zu gutgläubig, F.A.Z., 17. 7. 2000.
66 Karl Feldmeyer, Merkel will Oppositionspolitik korrigieren, F.A.Z., 22. 7. 2000.
67 Kurt Kister, Union will Asylrecht zum Wahlkampfthema machen, SZ, 11. 10. 2000.
68 Zit. nach Boysen, Merkel, S. 225.
69 Laurenz Meyer und Angela Merkel in der CDU-Bundesgeschäftsstelle, 24. 10. 2000, vgl. Ulrich Scharlack, Säbelrasseln und Scherze, dpa, 24. 10. 2000.
70 Angela Merkel, Die Wir-Gesellschaft. Über die Notwendigkeit einer Neuen Sozialen Marktwirtschaft, F.A.Z., 18. 11. 2000.
71 Deutscher Bundestag, Plenarprotokoll, 14. Wahlperiode, 142. Sitzung. 17. 1. 2001, S. 13909.
72 Ebd. S. 13910.
73 Bild, 19. 5. 2001; vgl. auch Nach Sturmfrisur-Werbung. Merkel und Westerwelle im Cabrio, dpa, 18. 5. 2001.
74 Zit. nach Langguth, Merkel, S. 231.
75 Vgl. ebd., S. 235.
76 Peter Siebenmorgen, CDU-Spitze drängt Merkel zum Verzicht, Tagesspiegel, 8. 12. 2001. Vgl. Langguth, Merkel, S. 236 f.
77 Vgl. Ralf Neukirch/Christoph Schult, Der Männerbund, Spiegel, 30. 6. 2003.
78 Roll, Kanzlerin, S. 307.
79 Gespräch mit Beteiligten.
80 Vgl. im Rückblick u. a. Günter Bannas, Angela Merkel und die Kunst der Normalität, F.A.Z., 19. 9. 2015.
81 Vgl. Volker Zastrow, Die Geschichte von Merkel und Merz, F. A. S., 2. 12. 2018.
82 Zur Rolle Kochs vgl. Schumacher, Roland Koch, S. 226–232.
83 Wolfgang Stock, «Ich bin bereit zur Kanzlerkandidatur», Interview mit Angela Merkel, Welt am Sonntag, 6. 1. 2002.
84 Beckmann, ARD, 7. 1. 2002.
85 Vgl. Evelyn Roll, Aufreizend gelassen, SZ, 11. 1. 2002.
86 Das wörtliche Zitat bei Zastrow, Geschichte.
87 Gespräch mit Beteiligten.
88 Gespräch mit Beteiligten.
89 Stoiber, Weil die Welt, S. 179.
90 Gespräch mit Ulrich Wilhelm, München, 22. 7. 2019.
91 Gespräch mit Edmund Stoiber, München, 2. 7. 2019; vgl. Stoiber, Weil die Welt, S. 180.

92 So Stoiber, Weil die Welt, S. 180; Roll, Kanzlerin, S. 313. Zu den Kabinettsposten vgl. Inge Kloepfer/Carsten Germis, Stoibers Schattenminister laufen sich schon warm, F. A. S., 20. 1. 2002.
93 Zu Wolfratshausen: Gespräche u. a. mit Edmund Stoiber, Ulrich Wilhelm und Willi Hausmann.
94 Unter Männern, Spiegel, 14. 1. 2002.
95 Gespräche mit den Beteiligten; zu dem für Stoiber ungünstigen Verlauf des zweiten Duells vgl. auch Stoiber, Weil die Welt, S. 191.
96 Sabine Christiansen, ARD, 20. 1. 2002.
97 Langguth, Merkel, S. 238; Roll, Kanzlerin, S. 313; Franziska Augstein, Das Mädchen und die Männer, SZ, 14. 1. 2002; Sascha Lehnartz, Vor die gläserne Wand gerannt, F. A. S., 20. 1. 2002; Unter Männern, Spiegel.
98 Hartmut Palmer, Die Stehauffrau, Spiegel, 21. 1. 2002; Helmut Uwer, Merkels zweite Chance, faz.net, 28. 2. 2002; «Wir haben verstanden», Interview mit Roland Koch, Spiegel, 28. 1. 2002.
99 Michael Inacker, Noch fehlt Wechselstimmung, Interview mit Angela Merkel, F. A. S., 20. 1. 2002; Ein Kandidat ohne Konzept, Spiegel, 28. 1. 2002; Mann ohne Eigenschaften, Spiegel, 18. 2. 2002.
100 Gute Zusammenfassung: Zwischen Kabarett und Tragödie, Spiegel, 30. 3. 2002.
101 Werner van Bebber, «Es gibt eine klare Wechselstimmung im Land», Interview mit Angela Merkel, F. A. S., 28. 4. 2002.
102 Stephan Löwenstein, Stoiber: In 96 Tagen ist der rot-grüne Spuk vorbei, F.A.Z., 19. 6. 2002; Günter Bannas, «Das Ziel ist in Sichtweite», F.A.Z., 18. 6. 2002.
103 Die SPD im Wahlkampf auf einem «deutschen Weg», F.A.Z., 6. 8. 2002.
104 Vgl. Matthias Gebauer, Stoiber in Dresden, Spiegel Online, 16. 8. 2002.
105 Gespräch mit Edmund Stoiber; Stoiber, Weil die Welt, S. 193 f.; so auch Zastrow, Geschichte. Ulrich Wilhelm und Willi Hausmann, die engen Mitarbeiter von Merkel und Stoiber, geben an, das entscheidende Gespräch über den Fraktionsvorsitz habe erst am späten Sonntagnachmittag im Adenauerhaus stattgefunden (so auch Roll, Kanzlerin, S 317). Sie waren allerdings nicht dabei.
106 Edmund Stoiber und Angela Merkel im Konrad-Adenauer-Haus, 22. 9. 2002.
107 So die Darstellung von Merz: Klaus Wirtgen, Rückkehr ins Glied, Interview mit Friedrich Merz, Berliner Zeitung, 14. 12. 2002.
108 Karl Feldmeyer, Keine Macht gegen die Übermacht der Parteivorsitzenden, F.A.Z., 24. 9. 2002; ders., Meisterin im Kampf, F.A.Z., 25. 9. 2002.
109 Zitate: Stoiber, Weil die Welt, S. 194.
110 Anke Landmesser, Von «Kohls Mädchen» zur Parteivorsitzenden mit Killerinstinkt, AFP, 23. 9. 2002.
111 Stoiber, Weil die Welt, S. 210 ff.
112 Hans Peter Schütz, «Wir machen keine Blockade», Interview mit Wolfgang Schäuble, Stern, 26. 9. 2002.
113 Wirtgen, Rückkehr.
114 Schumacher, Roland Koch, S. 251; Markus Feldenkirchen, Mutti gegen Goliath, Spiegel, 22. 11. 2010.

115 Vgl. Tricksen, tarnen, täuschen, Spiegel, 18. 11. 2002.
116 Arnulf Baring, Bürger, auf die Barrikaden!, F.A.Z., 19. 11. 2002.
117 16. Parteitag der CDU Deutschlands, Hannover, 11. 11. 2002, Protokoll, S. 93.
118 Vgl. Koch und Kanzler, Spiegel, 25. 11. 2002.
119 Lutz Haverkamp, Kanzleramt plant radikale Reformen, Tagesspiegel, 20. 12. 2002.
120 Kerstin Schwenn/Günter Bannas, «Keine Rolle rückwärts», F.A.Z., 23. 12. 2002.
121 Stephan Löwenstein, Schröder fordert Mut zu «grundlegenden Veränderungen», F.A.Z., 31. 12. 2002.
122 Deutscher Bundestag, Plenarprotokoll, 15. Wahlperiode, 32. Sitzung, 14. 3. 2003, S. 2479, 2493 und 2504.
123 Der Krisenkanzler, Spiegel, 24. 3. 2003.
124 Fischer: Sorry, wir sind nicht überzeugt, F.A.S., 9. 2. 2003.
125 Deutscher Bundestag, Plenarprotokoll, 15. Wahlperiode, 34. Sitzung. 19. 3. 2003, S. 2733.
126 Angela Merkel, Schroeder doesn't speak for all Germans, Washington Post, 20. 2. 2003.
127 Karl Feldmeyer, Ein Stück Trost, F.A.Z., 28. 2. 2003.
128 Friedrich Merz, Bushs Bunkermentalität, F.A.Z., 28. 3. 2003.
129 Angela Merkel, Quo vadis Deutschland? Gedanken zum 13. Jahrestag der Deutschen Einheit, Berlin, 1. 10. 2003, https://www.kas.de/c/document_library/get_file?uuid=07f3c9f7-69cd-ec29-7fa7-93cfbffc014b&groupId=252038.
130 Merkel, Quo vadis.
131 Rede Martin Hohmann, Neuhof, 3. 10. 2003, https://www.heise.de/tp/features/Der-Wortlaut-der-Rede-von-MdB-Martin-Hohmann-zum-Nationalfeiertag-3431873.html (kopiert von der Website der Neuhofer CDU).
132 Vgl. Der ganz rechte Weg, Spiegel, 3. 11. 2003.
133 Vgl. Karl Feldmeyer, Dünner Beifall nach der Rüge Hohmanns durch Merkel, F.A.Z., 6. 11. 2003.
134 Reinhard Günzel, Brief an Martin Hohmann, Wortlaut: https://www.sueddeutsche.de/politik/guenzels-brief-im-wortlaut-eine-ausgezeichnete-ansprache-1.300504.
135 Stefan Toepfer, «Für Hohmann darf es keine Bewährung geben», Rhein-Main-Zeitung, 10. 11. 2003.
136 Bernd Heptner, Unverständnis in Hessen, F.A.Z., 12. 11. 2003.
137 Karl Feldmeyer, «Merkels Kredit ist aufgebraucht», F.A.Z., 15. 11. 2003; ders., «Eisige Stimmung» im CDU-Präsidium, F.A.Z., 18. 11. 2003.
138 Vgl. Severin Weiland, Blüms letzter Kampf, Spiegel Online, 1. 12. 2003.
139 Zit. nach Roll, Kanzlerin, S. 163.
140 Vgl. Stoiber, Weil die Welt, S. 220.
141 Hans-Ulrich Jörges/Hans Peter Schütz, «Ja, ich bin für Wolfgang Schäuble», Interview mit Roland Koch, Stern, 2. 1. 2004.
142 Vgl. Stoiber, Weil die Welt, S. 212 f.
143 Schütz, Schäuble, S. 203.

144 Peter Carstens/Karl Feldmeyer, Das undiskrete Treffen, F.A.Z., 4. 3. 2004; gute Rekonstruktion: Gefährlicher Sieg, Spiegel, 8. 3. 2004.
145 Vgl. Langguth, Merkel, S. 266 ff.
146 Schütz, Schäuble, S. 197.
147 Zit. nach Gefährlicher Sieg.
148 Gabor Steingart, Die Wohlstands-Illusion, Spiegel, 8. 3. 2004.
149 Hans-Ulrich Jörges, Die Physikerin der Macht, Stern, 11. 3. 2004; Herbert Kremp, Kandidatin ohne Vorbild, Welt, 13. 3. 2004; Ursula März, Die Stunde des Merkelismus, Frankfurter Rundschau, 6. 3. 2004; Uwe Vorkötter, Angela Thatcher, Berliner Zeitung, 9. 3. 2004; Heribert Prantl, Angela Machiavelli, SZ, 5. 3. 2004; Stefan Reinecke, Abwarten, aussitzen, gewinnen, taz, 5. 3. 2004.
150 «Ich wollte Eiskunstläuferin werden», Interview mit Angela Merkel, Stern, 13. 5. 2004.
151 Lehrmeister Lafontaine, Spiegel, 29. 5. 2004.
152 Johannes Leithäuser, Köhler für eine Bundeskanzlerin Merkel, F.A.Z., 15. 3. 2004.
153 Hugo Müller-Vogg, «Sie war schon immer intelligenter als alle anderen», Bild, 15. 7. 2004; ders., Angela Merkels erste Liebe hielt vier Jahre, Bild, 16. 7. 2004; ders., «Der Alte will die Akte Merkel sehen», Bild, 17. 7. 2004; ders., «Es ist nicht einfach, mit Angela Merkel mitzuhalten», Bild, 19. 7. 2004.
154 FDP-Chef Westerwelle liebt diesen Mann, Bild, 21. 7. 2004.
155 Vgl. u. a. Hosen runter für Hartz IV, Spiegel Online, 19. 7. 2004.
156 Cordula Eubel/Markus Feldenkirchen, «Es wird Absteiger geben», Interview mit Ludwig Stiegler, Tagesspiegel, 4. 4. 2003.
157 Erster Bericht: Sascha Tegtmeier, «Wir sind keine Hartz-Sklaven», taz, 4. 8. 2004.
158 Beide Zitate: Hosen runter.
159 Peter Carstens/Johannes Leithäuser, «Hartz klingt zu hart», F.A.Z. 24. 8. 2004.
160 Ralf Neukirch, Bröckelnde Macht, Spiegel, 30. 8. 2004.
161 Karl Feldmeyer, «Kein Duo der Zukunft», F.A.Z., 5. 8. 2004, unter Berufung auf den Münchner Merkur. Vgl. auch Volker Zastrow, Stoibers Anspruch, F.A.Z., 6. 8. 2004: «Dass das Duo Merkel/Westerwelle die für einen Wahlsieg unentbehrliche Anziehungskraft auf bürgerliche Wähler womöglich nicht ausübt, geht als Angst in der Union schon länger um.»
162 Alle Zitate: Karl Feldmeyer/Stephan Löwenstein, CDU erbittert über CSU, F.A.Z., 21. 9. 2004.
163 Treibjagd auf Angela Merkel, Spiegel, 27. 9. 2004; Thomas Kröter, Nach Merkels Entzauberung, FR, 11. 10. 2004; Heribert Prantl, Der Herbst der Winterkönigin, SZ, 13. 10. 2004; Der Kulturkampf, Spiegel, 18. 10. 2004; Hans Peter Schütz, Die Abstürzende, Stern, 21. 10. 2004; Matthias Geis, Angie darf nicht Maggie sein, Zeit, 14. 10. 2004; Kurt Kister, Merkels Realitätsverweigerung, SZ, 19. 10. 2004.
164 Vgl. Sönke Wiese, Herdentrieb im Berliner Theater, SZ, 20. 10. 2004.
165 Gute Übersicht zu den Verhältnissen in der baden-württembergischen CDU: Georg Löwisch, Die drei Stämme, taz, 5. 3. 2016.
166 Jörg Quoos, Gemobbt, weil sie eine Frau ist?, Bild, 20. 10. 2004.

167 Merkel wieder im Aufwind, F. A. S., 24. 10. 2004; Wulf Schmiese, Das Grußwort liefert Heinrich Heine, F. A. S., 24. 10. 2004.
168 Lukas Wallraff, Eine Niederlage für Merkel – aber kein Sieg für Stoiber, taz, 16. 11. 2004.
169 René Pfister/Christoph Schult, Mensch Merkel, Spiegel, 15. 11. 2004.
170 Vgl. Winand von Petersdorff, Angela M. allein auf weiter Flur, F. A. S., 28. 11. 2004.
171 Vgl. Johannes Leithäuser, Merkels Talentschuppen, F.A.Z., 3. 2. 2005.
172 Mirko Weber, Kreuth und das Bemühen um eine konturenreiche Debatte, Stuttgarter Zeitung, 7. 1. 2005. Zuerst wurde Merkel offenbar von dem fränkischen Kabarettisten Urban Priol als «Zonenwachtel» bezeichnet, wie mehrere Lokalzeitungen bereits 2003 berichteten.

4. Kanzlerin auf Probe (2005–2008)

1 Schröder will Neuwahlen, Spiegel Online, 22. 5. 2005.
2 So z. B. Bernd Ulrich, Die Verwandlung, Zeit, 2. 6. 2005; Eva Kohlrusch, Im schönen Licht der Macht, Bunte, 9. 6. 2005; Franziska Reich, Wer leiten will, muss schön sein, Stern, 16. 6. 2005.
3 Vgl. Nico Fried, Überholt, SZ, 18. 12. 2012.
4 Pressekonferenz im Konrad-Adenauer-Haus, 30. 5. 2005; vgl. Jens Schneider, Beförderung zur Dienerin, SZ, 31. 5. 2005.
5 Zit. nach Tim Blanning, Friedrich der Große, München 2018, S. 155.
6 Zu den Debatten im Vorfeld vgl. Johannes Leithäuser, Die Kanzlerkandidatin regiert durch, F.A.Z., 7. 7. 2005.
7 Gabor Steingart, Reformerin Light, Spiegel, 11. 7. 2005.
8 Bertrand Benoit/Andrew Gowers, «If I do nothing, current development will lead Germany into a spiral of decline», Interview mit Angela Merkel, Financial Times, 21. 7. 2005.
9 Deutschlands Chancen nutzen, Regierungsprogramm 2005–2009, verabschiedet in einer gemeinsamen Sitzung des Bundesvorstands der CDU und des Parteivorstands der CSU, Berlin, 11. 7. 2005, S. 11, https://www.kas.de/c/document_library/get_file?uuid=06ab7516-fa53-7f35-8181-eb0a22d37edb&groupId= 252038.
10 Jens Schneider, «Falsche Versprechungen überlasse ich Schröder», Interview mit Angela Merkel, SZ, 20. 7. 2005.
11 Thomas Kröter, Merkels Erfolgsversprechen, FR, 12. 7. 2005.
12 ARD-Interview, 31. 7. 2005; Kerstin Jäckel/Patricia Riekel, Lächelnd zur Macht, Interview mit Angela Merkel, Bunte, 4. 8. 2005.
13 Frank Jansen, «Da befällt einen die wilde Schwermut», Interview mit Jörg Schönbohm, Tagesspiegel, 3. 8. 2005.
14 Vgl. Nico Fried, Stoiber entfacht Sturm der Entrüstung, SZ, 12. 8. 2005.
15 Vgl. Christian Reiermann, Ausfall Stoiber, WamS, 14. 8. 2005; Jochen Gaugele, Neue Wähler-Beschimpfung, BamS, 14. 8. 2005.

16 Vgl. Ulrich Schäfer/Jens Schneider, Steuerreformer Kirchhof soll Merkel helfen, SZ, 17. 8. 2005. (Die Information war am Tag vor der offizielle Bekanntgabe bereits durchgesickert.)
17 Heike Göbel/Rainer Hank, «25 Prozent Steuern für alle, das ist die Obergrenze», Interview mit Paul Kirchhof, F. A. S., 21. 8. 2005.
18 Gerhard Schröder, Rede auf dem außerordentlichen Bundesparteitag der SPD, Berlin, 31. 8. 2005; vgl. Nico Fried, Rüde Attacke gegen die Wunderwaffe des Gegners, SZ, 1. 9. 2005.
19 Bertrand Benoit/Nikolaus Röttger, Von Pierer kritisiert Kirchhof, Financial Times Deutschland, 14. 9. 2005.
20 Andreas Hoidn-Borchers/Franziska Reich, Anfang ... und Ende?, Stern, 8. 9. 2005; Heribert Prantl, Angela Bangbüx, SZ, 5. 8. 2005; Dirk Kurbjuweit, Die scheue Kriegerin, Spiegel, 5. 9. 2005; Thomas Kröter, Merkels Welt, FR, 13. 9. 2005; Robert Birnbaum, Deutsche Physik, Tagesspiegel, 15. 9. 2005.
21 Thomas Bärnthaler, Wir sind keine bloßen Fliegenbeinzähler, Interview mit Manfred Güllner, SZ-Magazin, 1. 9. 2017.
22 Vgl. Ralf Neukirch, Die Fremde, Spiegel, 19. 9. 2005.
23 Berliner Runde, ARD/ZDF, 18. 9. 2005, Mitschnitt: https://www.youtube.com/watch?v=pHYbZRFptZM.
24 Vgl. Merkels Traum vom Durchregieren ist geplatzt, Reuters, 18. 9. 2005, 22.38 Uhr; Johannes Leithäuser, Merkels geraubter Sieg, F.A.Z., 19. 9. 2005.
25 Mathias Geis, Die Dochnoch-Kanzlerin, Die Zeit, 13. 10. 2005.
26 Gespräch mit Edmund Stoiber; Hans-Ulrich Jörges, Geheim-Operation Stoiber, Stern, 16. 11. 2006; so in der Folge auch andere Zeitungen unter Berufung auf eigene Quellen.
27 Gespräch mit Franz Müntefering, Berlin, 12. 7. 2019.
28 Vgl. Jens Schneider, Ein Kitt aus Trotz und Wut, SZ, 21. 9. 2005.
29 Die Berlin-Blockade, taz, 20. 9. 2005, Titelseite.
30 Gespräch mit Franz Müntefering; vgl. auch Franz Müntefering, Unterwegs. Älterwerden in dieser Zeit, Bonn 2019, S. 114 f.; Thomas Kröter, Die Kühle und der Trockene, FR, 29. 10. 2005.
31 Gespräch mit Franz Müntefering; vgl. Müntefering, Unterwegs, S. 115.
32 Es ist ein Mädchen, taz, 11. 10. 2005, Titelseite.
33 Heide Oestreich, Ein kleines Wunder, taz, 11. 10. 2005.
34 Parteien stellen Merkels Macht in Frage, Spiegel Online, 11. 10. 2005; Johannes Leithäuser/Albert Schäffer, «Weisungsrecht in dosierter Form», F.A.Z., 12. 10. 2005.
35 Johannes Leithäuser, Sind Sie jetzt glücklich?, F.A.Z., 11. 10. 2005.
36 Der Osten gibt die Richtung vor, taz, 3. 11. 2005, Titelseite; vgl. auch Das Experiment, Spiegel, 7. 11. 2005.
37 Stoiber, Weil die Welt, S. 229 f.
38 So Wulf Schmiese, Stärker denn je, F. A. S., 6. 11. 2005.
39 Matthias Jung u. a., Regierungswechsel ohne Wechselstimmung, APUZ 51/2009, S. 12–19.

Anmerkungen zu den Seiten 268–286   **745**

40 Vgl. Bischof Mixa: Von der Leyen will Gebärmaschinen, SZ, 23. 2. 2007.
41 Jens König/Lukas Wallraff, Ein fast privates Vergnügen, taz, 23. 11. 2005.
42 Gespräch mit Willi Hausmann.
43 Inga Griese, Was nicht passt, wird passend gemacht, Welt, 29. 1. 2006.
44 Vgl. Franziska Reich, Wer leiten will, muss schön sein, Stern, 16. 6. 2005; Ulrike Posche, Das Phantom Oper, 11. 8. 2005.
45 Alle Zitate: Inga Griese, Was nicht passt.
46 Kanzlermode: Hochrechnungen zur Outfit-Wahl, Stylight, 17. 7. 2014, https://www.stylight.de/Magazine/Lifestyle/Kanzlermode-Hochrechnungen-Zur-Outfit-Wahl/.
47 Vgl. Vera Müller, Merkels Kette fesselt die Zuschauer, Rhein-Zeitung, Ausgabe Idar-Oberstein, 3. 9. 2013.
48 Zu den Reaktionen vgl. Matthias Kamann, «Die Bundeskanzlerin ist ein bisschen erstaunt gewesen», Welt, 15. 4. 2008.
49 Stefan Niggemeier, In medias res, F.A.Z., 28. 7. 2005.
50 Ralf Schuler, BILD auf Merkels Wanderspuren, bild.de, 9. 8. 2017, https://m.bild.de/politik/inland/angela-merkel/bild-auf-merkels-wanderspuren-52802346,view=amp.bildMobile.html. Darüber berichtete dann auch die Südtiroler Regionalzeitung: Auf Merkels Urlaubspfaden, Dolomiten, 10. 8. 2017.
51 Brigitte Live, Gespräch mit Angela Merkel, Maxim-Gorki-Theater, 2. 5. 2013.
52 Benjamin von Stuckrad-Barre, «Wie war die Wurst?» – Wenn Merkel wahlkämpft, WamS, 20. 9. 2009.
53 Vgl. Alev Dogan, Angela Merkels Kult-Geste: Die (Wuppertaler) Geburtsstunde der Merkel-Raute, Rheinische Post., 17. 7. 2019.
54 So Katharina Kluin, Knabbern, bis das Blut kommt, Stern, 20. 11. 2008. Anders Franziska Augstein, Der Auftrag, F.A.Z., 22. 12. 2000. Der Text beginnt mit dem Satz: «Angela Merkel gehört zu den Menschen, die das Unbewältigte der Existenz an ihren Fingernägeln abarbeiten.»
55 Auf einem Leserforum der Stuttgarter Nachrichten, 8. 3. 2016; zit. nach: Merkel über den Namen «Mutti»: «Habe gelernt, damit zu leben», dpa, 8. 3. 2016.
56 Rede von Bundeskanzlerin Merkel bei der Festveranstaltung der CDU/CSU-Fraktion zum 100. Jubiläum des Frauenwahlrechts, Berlin, 28. 11. 2018.
57 Wahlanalyse infratest dimap für die ARD, https://www.wahl.tagesschau.de/wahlen/2017-09-24-BT-DE/umfrage-werwas.shtml.
58 Rede von Bundeskanzlerin Merkel anlässlich des Festakts zum Tag der deutschen Einheit, Kiel, 3. 10. 2019.
59 Wahlanalyse Forschungsgruppe Wahlen für das ZDF, https://wahltool.zdf.de/wahlergebnisse/2017-09-24-BT-DE.html?i=7.
60 Vgl. Georg Dehio, Handbuch der deutschen Kunstdenkmäler. Berlin, 3. Aufl. Berlin 2006, S. 135; Eintrag in die Berliner Denkmaldatenbank: http://www.stadtentwicklung.berlin.de/denkmal/liste_karte_datenbank/de/denkmaldatenbank/daobj.php?obj_dok_nr=09080406.
61 Vgl. die Hinweise auf der Homepage des Bundespräsidenten: http://www.bun-

despraesident.de/DE/Die-Amtssitze/Schloss-Bellevue/Dienstvilla-Berlin-Dahlem/dienstvilla-node.html.
62 Franziska Reich, Hier wohnt Angela Merkel, Stern, 22. 12. 2005.
63 Vgl. Jana Simon, Die Gesamtdeutsche, Zeit, 10. 9. 2009.
64 Ottmar Schreiner in der Talkshow Stuckrad Late Night, ZDFneo, 1. 3. 2012; vgl. u. a. Die skurrilen Szenen in Merkels Haus, B. Z., 3. 3. 2012.
65 Evelyn Roll, Fotoalbum: Angela Merkel, SZ, 2. 10. 2015.
66 Holger Schmale, «Ein prima Kerl», Berliner Zeitung, 10. 9. 2005.
67 Osang, Queen.
68 Im Gespräch mit Journalisten.
69 Bundeskanzlerin fährt noch immer Golf, AP, 9. 11. 2006.
70 Koelbl, Macht, passim.
71 Auf ein Wort, Frau Merkel, SZ-Magazin, 10. 8. 2012.
72 Westwärts streift der Blick, ostwärts streicht das Schiff, Interview mit Angela Merkel, F.A.Z., 25. 7. 2005.
73 Woody Allen, Manhattan Murder Mystery, 1993.
74 Vgl. u. a. Stunden der Entscheidung – Angela Merkel und die Flüchtlinge, ZDF, 4. 9. 2019.
75 Vgl. das Morning Briefing von Spiegel Online, 5. 9. 2019, https://www.spiegel.de/politik/deutschland/news-boris-johnson-brexit-grossbritannien-spd-angela-merkel-a-1284845.html.
76 Vgl. Bernd Ulrich, Keine Angst vorm Fliegen. Wie Angela Merkel die weibliche Politik erfand, Zeit, 16. 6. 2016.
77 Stunden der Entscheidung – Angela Merkel und die Flüchtlinge, ZDF, 4. 9. 2019; Die Getriebenen, ARD, 15. 4. 2020.
78 Christoph Schwennicke, Die Herrin von Schloss Ungefähr, Spiegel, 3. 12. 2007.
79 Brigitte Live, Gespräch mit Angela Merkel, Maxim-Gorki-Theater, 2. 5. 2013.
80 So im Gespräch mit der norwegischen Zeitung *Aftenposten*, zit. nach Richard Orange, Nato boss praises Angela Merkel's wine drinking stamina, Daily Telegraph, 5. 6. 2015, https://www.telegraph.co.uk/news/worldnews/europe/germany/angela-merkel/11654232/Nato-boss-praises-Angela-Merkels-wine-drinking-stamina.html.
81 Zum Verhältnis zu den Vereinigten Staaten vgl. Stefan Kornelius, Angela Merkel. Die Kanzlerin und ihre Welt, S. 121–151.
82 Zum Verhältnis zu Russland und China vgl. ebd., S. 195–211.
83 Gespräch mit Ulrich Wilhelm.
84 Evelyn Roll, Fotoalbum: Angela Merkel, SZ, 2. 10. 2015.
85 Markus Wehner, In Schröders dunklem Schatten, F. A. S., 22. 1. 2007.
86 Nikolaus Blome/Kai Diekmann, Jetzt spricht Putin!, Interview mit Wladimir Putin, Bild, 11. 1. 2016.
87 Michael Inacker, Merkels Männerfreundschaft, F. A. S., 10. 2. 2002.
88 Vgl. Meisterin des Ungefähren, Spiegel, 26. 3. 2007; Günter Bannas, Führt Schröder Steinmeier die Hand?, F.A.Z., 16. 3. 2007.
89 Persönliche Begegnung mit dem Autor.

Anmerkungen zu den Seiten 286–317

90 Angela Merkel, Rede auf der Kommandeurstagung der Bundeswehr, Berlin, 10. 3. 2008, http://www.ag-friedensforschung.de/themen/Bundeswehr/komman deur2.html.
91 Angela Merkel, Pressekonferenz in Tiflis, 17. 8. 2008.
92 Vgl. Wandel durch Bestürzung, Spiegel, 25. 8. 2008.
93 Vgl. Christoph Schwennicke, Schnellkurs in chinesischer Kinetik, SZ, 24. 5. 2006.
94 So Ulrich Wilhelm in der Regierungspressekonferenz, 14. 9. 2007.
95 «Ich bin kein Krawallmacher», Interview mit Frank-Walter Steinmeier, Spiegel, 26. 11. 2007.
96 Europa-Forum der Herbert-Quandt-Stiftung, Berlin, 16. 11. 2007; vgl. Klaus-Dieter Frankenberger, Steinmeier lobt Moskau, F.A.Z., 19. 11. 2007 (mit Schröder-Zitat); Die Koalition streitet über Außenpolitik, F.A.Z., 21. 11. 2007.
97 Vgl. Jan Fleischhauer, Merkels Genosse, Spiegel, 26. 5. 2008.
98 Programmatische Offensive für Deutschland, Norderstedter Erklärung des CDU-Bundesvorstands anlässlich der Klausurtagung am 7./8. Januar 2000 in Norderstedt bei Hamburg, https://www.kas.de/c/document_library/get_file?uu id=88ec2ee1-cca1-0e88-def4-05afb46cbc30&groupId=252038.
99 Zur «privilegierten Partnerschaft» vgl. auch Heinrich August Winkler, Soll Europa künftig an den Irak grenzen?, F.A.Z., 11. 12. 2002.
100 Gespräch mit Beteiligten.
101 Angela Merkel, Rede vor der Knesset, Jerusalem, 18. 3. 2008.
102 Vgl. Daniel Friedrich Sturm, Gauck rückt von Merkels Staatsräson-Formel ab, Welt, 29. 5. 2012.
103 Wachstum und Verantwortung in der Weltwirtschaft, Gipfelerklärung, Heiligendamm, 7. 6. 2007, Ziffer 49, http://www.g-8.de/Content/DE/Artikel/G8Gip fel/Anlage/gipfeldokument-wirtschaft-de,templateId=raw,property=publication File.pdf/gipfeldokument-wirtschaft-de.pdf.
104 Vgl. Günther Nonnenmacher, Merkels leise Korrekturen, F.A.Z., 7. 1. 2006.
105 So z. B. Stefan Braun, Sprachkenntnisse der Kanzlerin, Stuttgarter Zeitung, 25. 11. 2005.
106 Vgl. Kurt Kister, Die Katze, SZ, 3. 6. 2006.
107 Alexander Neubacher/Michael Sauga, Die zweite Stunde null, Spiegel, 27. 3. 2006.
108 Deutscher Bundestag, Plenarprotokoll, 16. Wahlperiode, 39. Sitzung. 21. 6. 2006, S. 3537.
109 Gute Rekonstruktion: Alexander Neubacher/Michael Sauga, «April, April», Spiegel, 10. 7. 2006.
110 Zit. nach Ralf Neukirch, Brutal und ehrlich, Spiegel, 2. 10. 2006.
111 Tobias Rapp, Die Zeit der Ruhe ist vorbei, taz, 7. 7. 2006.
112 Vgl. Evelyn Roll, Der kleine Unterschied, SZ, 17. 6. 2006.
113 Hajo Schumacher, Sag mir, wo die Gegner sind, WamS, 11. 2. 2007.
114 Pressemitteilung der CDU Deutschlands, 13. 4. 2007.
115 Oettinger distanziert sich von umstrittener Passage in Trauerrede, Eilmeldung, dpa, 16. 4. 2007.

116 Ralph Bollmann, Viel Geduld und wenig Fehler, taz, 9. 4. 2010.
117 René Pfister, «Die Lockerheit ist für mich nicht ganz einfach», Interview mit Günther Oettinger, Spiegel. 28. 7. 2008.
118 Nikolaus Blome, Wir haben zu viele junge Kriminelle, Interview mit Roland Koch, Bild, 28. 12. 2007.
119 Wulff kritisiert Kochs Vorstoß zur Strafmündigkeit von Kindern, dpa, 14. 1. 2008.
120 Vgl. Volker Zastrow, Die Vier. Eine Intrige, Berlin 2009.
121 Norbert Röttgen beim Pressefrühstück des Parlamentarischen Geschäftsführers, Berlin, 22. 4. 2008.

Dritter Teil:
Krisenjahre: die Weltpolitikerin (2008–2021)

1. Finanzkrise (2008–2009)

1 «Scheitert der Euro, dann scheitert mehr», Interview mit Angela Merkel, SZ, 15. 5. 2010; zum Folgenden vgl. auch Margaret Heckel, So regiert die Kanzlerin, München 2009.
2 Der Jahrhundert-Fehler, Spiegel, 9. 3. 2009, Titelseite.
3 Deutscher Bundestag, Plenarprotokolle, 16. Wahlperiode, 181. Sitzung. 7. 10. 2008, S. 19321.
4 Ebd., 175. Sitzung. 17. 9. 2008, S. 18638 ff.
5 Regierungserklärung Steinbrück: ebd., 179. Sitzung. 25. 9. 2008, S. 18968 ff.
6 Vgl. Heckel, Kanzlerin, S. 44 ff.
7 Zu dem Treffen in Frankfurt und der Intervention der Kanzlerin vgl. Heckel, Kanzlerin, S. 44 ff.
8 Holger Alich/Ruth Berschens, «Europäische Auffanglösung schaffen», Interview mit Christine Lagarde, Handelsblatt, 2. 10. 2008; So steht es wirklich um unser Geld, Interview mit Angela Merkel, Bild, 2. 10. 2008.
9 Dokumentation im Wortlaut: Merkel: Die Spareinlagen sind sicher, dpa, 5. 10. 2008; Steinbrück: Signal an die Sparer, dpa, 5. 10. 2008.
10 Ulrich Wilhelm vor der Bundespressekonferenz, 6. 10. 2008.
11 Beide Zitate nach Heckel, Kanzlerin, S. 70.
12 Ralph Bollmann, Regieren auf Sicht, taz, 9. 10. 2008; Brigitte Fehrle, Regieren auf Sicht, Zeit, 9. 10. 2008.
13 Deutscher Bundestag, Plenarprotokolle, 16. Wahlperiode, 181. Sitzung. 7. 10. 2008, S. 19321 ff.
14 Deutscher Bundestag, Plenarprotokolle, 16. Wahlperiode, 181. Sitzung. 7. 10. 2008, S. 19333 ff.; Dirk Kurbjuweit/Ralf Neukirch, «Enorme Ermunterung», Interview mit Norbert Röttgen, Spiegel, 26. 5. 2008.
15 Friedrich Merz, Mehr Kapitalismus wagen, München 2008.

16 Deutscher Bundestag, Plenarprotokoll, 16. Wahlperiode, 182. Sitzung. 15. 10. 2008, S. 19349 ff.
17 Ebd., S. 19351.
18 Ebd., S. 19350.
19 Ackermann. Das Interview, über das Deutschland spricht, BamS, 19. 10. 2008; «It would be a shame if we had to concede that we need money from the taxpayers», zit. nach Heckel, Kanzlerin, S. 92.
20 Thomas Steg vor der Bundespressekonferenz, 20. 10. 2008.
21 Zu den langfristigen Folgen vgl. Adam Tooze, Crashed. Wie zehn Jahre Finanzkrise die Welt verändert haben, München 2018.
22 Rede von Bundeskanzlerin Angela Merkel auf dem 48. Historikertag, Berlin, 28. 9. 2010.
23 So zuerst Christoph Schwennicke, Die Herrin von Schloss Ungefähr, Spiegel, 3. 12. 2007, unter Berufung auf ein Gespräch im Flugzeug von Berlin nach Frankfurt.
24 Zur Abschlussbilanz des SoFFin vgl Markus Frühauf, Steuerzahler haben 50 Milliarden Euro verloren, faz.net, 24. 12. 2015; in der Gesamtsummer sind zusätzlich zu den 22 Milliarden Euro SoFFin-Verlust noch Ausgaben der staatlichen Förderbank KfW und die Kosten im Zusammenhang mit dem Zusammenbruch der WestLB enthalten.
25 Angela Mutlos, Spiegel, 1. 12. 2008, Titelseite.
26 22. Parteitag der CDU Deutschlands, Stuttgart, 1./2. 12. 2008, Protokoll, S. 24.
27 Ralf Dahrendorf, Nach der Krise: Zurück zur protestantischen Ethik?, Merkur 63 (2009), S. 373–381.
28 Neujahrsansprache der Bundeskanzlerin, 31. 12. 2008.
29 Zur «Bildungsreise» im Sommer 2008: Ralph Bollmann, Bildung schlecht, Bilder gut, taz, 15. 9. 2008.
30 »Sonst wird die Tür eingetreten», Interview mit Peer Steinbrück, WamS, 21. 12. 2008.
31 Vgl. Ralph Bollmann, Die Revolutionen der CDU, taz, 12. 1. 2009.
32 Markus Feldenkirchen, «Nie in der Wohnung trinken», Interview mit Michael Glos, Spiegel, 21. 2. 2011.
33 Ralph Bollmann, Merkel macht den Schröder, taz, 1. 4. 2009.
34 Wann ist der Staat eigentlich pleite?, Spiegel, 26. 1. 2009, Titelseite.
35 Angela Merkel, Rede auf der Vortragsveranstaltung der Industrie- und Handelskammer zu Berlin, 11. 2. 2009.
36 Vgl. Hugo Müller-Vogg, Einstein-Pakt: Beim «Einjährigen» kein Grund zum Feiern, Bild, 10. 7. 2008.
37 Vgl. dazu Matthias Jung u. a., Regierungswechsel ohne Wechselstimmung, APUZ 51/2009, S. 12–19: Der «massive Wunsch nach einer Fortsetzung der Kanzlerschaft Merkels» habe sich bei vielen SPD-Anhängern «im Hinblick auf die Wahlteilnahme demobilisierend» ausgewirkt.
38 Patrik Schwarz/Tanja Stelzer, «Wer sind unsere Feinde?», Interview mit Jana Hensel und Angela Merkel, Zeit, 22. 1. 2009.

39 Martina Fietz/Wolfram Weimer, Fühlen Sie sich manchmal klein, Frau Merkel?, Interview mit Angela Merkel, Cicero, 1/2009.
40 Ralph Bollmann, Frau Adenauer-Kohl, taz, 20. 8. 2009.
41 Andreas Kilb, Lass deinen Drachen steigen!, F.A.Z., 14. 5. 2013.
42 Auf ein Wort, Frau Merkel, SZ-Magazin, 10. 8. 2012.
43 Bollmann, Adenauer-Kohl.
44 Ralph Bollmann, Angela gegen den Rest der Welt, taz, 29. 9. 2009.
45 Guido Westerwelle auf einem Sonderparteitag der FDP, Potsdam-Babelsberg, 20. 9. 2009.
46 Vgl. Jung, Regierungswechsel.
47 Angela Merkel am Wahlabend im Konrad-Adenauer-Haus, Berlin, 27. 9. 2009.
48 Angela Merkel nach den Gremiensitzungen im Konrad-Adenauer-Haus, Berlin, 28. 9. 2009.
49 Ebd.; vgl. Ralph Bollmann, Angela gegen den Rest der Welt, taz, 29. 9. 2009.
50 Die Mitte stärken, Programm der FDP zur Bundestagswahl 2009, https://www.fdp.de/files/565/Deutschlandprogramm09_Endfassung.pdf.
51 Nico Fried/Claus Hulverscheidt, Die Unzertrennlichen, SZ, 12. 9. 2012.
52 Wachstum. Bildung. Zusammenhalt, Koalitionsvertrag zwischen CDU, CSU und FDP, 17. Legislaturperiode, https://www.kas.de/c/document_library/get_file?uuid=83dbb842-b2f7-bf99-6180-e65b2de7b4d4&groupId=252038.
53 Thorsten Jungholt, «Wir fahren auf Sicht, dazu muss man sich offen bekennen», Interview mit Wolfgang Schäuble, WamS, 25. 10. 2009.
54 Angela Merkel, Guido Westerwelle und Horst Seehofer vor der Bundespressekonferenz, Berlin, 24. 10. 2009; vgl. Ralph Bollmann, Merkels Macht, taz, 26. 10. 2009.
55 Zu den Personalien vgl. Bollmann, Merkels Macht.
56 Vgl. Evelyn Roll, Das Gottesteilchen, SZ, 6. 7. 2012.
57 Bollmann, Merkels Macht.
58 Zur Rolle Fincks bei der Finanzierung der AfD vgl. Goldene Zeiten, Spiegel, 24. 11. 2018.
59 Guido Westerwelle, Vergesst die Mitte nicht, Welt, 11. 2. 2010.
60 Jens König/Andreas Hoidn-Borchers, Aufreizend intelligent, gebildet liebenswürdig, wortgewandt …, Stern, 2. 9. 2010.

2. Euro (2010–2013)

1 Erklärung der Staats- und Regierungschefs der Europäischen Union, Brüssel, 11. 2. 2010.
2 Vgl. Markus K. Brunnermeier/Harold James/Jean-Pierre Landau, Euro. Der Kampf der Wirtschaftskulturen, München 2018.
3 Merkel: Menschen in Schuldenstaaten sollen mehr und länger arbeiten, dpa, 18. 5. 2011.
4 Jan Dams, Liebäugeln mit einem EU-Währungsfonds, Interview mit Wolfgang Schäuble, WamS, 7. 3. 2010.

Anmerkungen zu den Seiten 353–388

5 Deutscher Bundestag, Plenarprotokoll, 17. Wahlperiode, 39. Sitzung. 5. 5. 2010, S. 3722. Vgl. zum Ganzen Ralph Bollmann, Die Rückkehr der Krisenkanzlerin, taz, 5. 5. 2010.
6 Gespräch mit Xavier Musca, Montrouge, 24. 6. 2019.
7 Gespräch mit Nikolaus Meyer-Landrut, Paris, 20. 6. 2019.
8 Ralph Bollmann, Europäer Kohl beschämt Merkel, taz, 6. 5. 2010; vgl. auch «Wir müssen wieder Zuversicht geben», Interview mit Helmut Kohl, Internationale Politik, 5/2011 (September/Oktober), S. 10–17.
9 Gespräch mit Meyer-Landrut.
10 Fried/Hulverscheidt, Die Unzertrennlichen.
11 Ralph Bollmann, Schäuble bot Rücktritt an, F. A. S., 18. 12. 2011.
12 Fried/Hulverscheidt, Die Unzertrennlichen.
13 Angela Merkel im Konrad-Adenauer-Haus, 10. 5. 2010; vgl. Ralph Bollmann, Merkel versenkt Steuern, taz, 11. 5. 2010.
14 Pressekonferenz von Guido Westerwelle in der FDP-Bundesgeschäftsstelle, 10. 5. 2010.
15 Christopher Ricke, «Sie leisten wirklich Großartiges unter schwierigsten Bedingungen», Interview mit Horst Köhler, Deutschlandradio, 22. 5. 2010, https://www.deutschlandradio.de/sie-leisten-wirklich-grossartiges-unter-schwierigsten.331.de.html?dram:article_id=203276.
16 Angaben aus dem Umfeld von Arbeitsministerin Ursula von der Leyen.
17 Das Folgende nach Wulff, Memoiren; vgl. auch Ulrich Exner, «Der Rücktritt war falsch», Welt, 14. 06. 2014.
18 Christian Wulff, Ganz oben, Ganz unten, München 2014, S. 20. In der CDU wurde allerdings auch die Darstellung verbreitet, Wulff habe sich selbst ins Spiel gebracht.
19 Wulff, Ganz oben, S. 21.
20 Herzbube gegen Kraftmensch, Spiegel, 7. 6. 2010.
21 Pressekonferenz Bundeskanzlerin Merkel und Bundesminister Westerwelle zu den Ergebnissen der Kabinettsklausur, Berlin, 7. 6. 2010; zur sozialen Unwucht des Pakets nach dem Scheitern der Steuer auf Brennelemente treffend Nico Fried, Der tote Gaul der Kanzlerin, SZ, 15. 7. 2017.
22 Zitate nach Die Trümmerfrau, Spiegel, 14. 6. 2017.
23 Fühlen Sie sich von der FDP erpresst, Frau Bundeskanzlerin?, BamS, 13. 6. 2010.
24 Wolfram Ender, Ein weiterer Hieb auf die Stammwähler, Briefe an die Herausgeber, F.A.Z., 14. 6. 2010.
25 Pressekonferenz nach der Bürgerschaftswahl in Hamburg, Konrad-Adenauer-Haus, Berlin, 21. 2. 2011.
26 Sommerpressekonferenz der Kanzlerin, Berlin, 21. 7. 2010,
27 Vgl. Ralph Bollmann, Lagerkanzlerin aus Pragmatismus, taz, 25. 9. 2010.
28 Michael Bauchmüller, «Wir wollen die Kernkraft ablösen», Interview mit Norbert Röttgen, SZ, 6. 2. 2010.
29 Norbert Röttgen, Deutschlands beste Jahre kommen noch. Warum wir keine Angst vor der Zukunft haben müssen, München 2009, S. 249.

30 Ronald Pofalla auf einer Pressekonferenz im Konrad-Adenauer-Haus, Berlin, 23. 6. 2008.
31 Im Gespräch mit dem Autor.
32 Deutscher Bundestag, Plenarprotokoll, 17. Wahlperiode, 58. Sitzung. 15. 9. 2010, S. 6045.
33 Zitate im Gespräch mit dem Autor.
34 Im Gespräch mit dem Autor; vgl. Bollmann, Lagerkanzlerin.
35 «Das war's!», Spiegel, 4. 4. 2011.
36 Angela Merkel, Pressekonferenz nach dem EU-Rat zur Eurostabilität, Brüssel, 12. 3. 2011.
37 Pressestatements von Bundeskanzlerin Angela Merkel und Bundesminister Guido Westerwelle zum Erdbeben in Japan, Berlin, 12. 3. 2011.
38 Vgl. René Pfister, Der Getriebene, Spiegel, 21. 3. 2011; Die Märzrevolution, SZ, 6. 3. 2021; Inge Kloepfer, In 96 Stunden zum Atomausstieg, F.A.S., 28. 2. 2021.
39 Zit. nach Hans Monath/Stephan Haselberger, Mappus denkt um, Tagesspiegel, 14. 3. 2011.
40 Ist die Atom-Wende nur Wahl-Taktik, Herr Mappus?, Interview, Bild, 15. 3. 2011.
41 Gespräch mit Ulrich Wihelm.
42 Peter Carstens, Beim Umfallen überholen, F.A.Z., 16. 3. 2011.
43 Zit. nach Außer Kontrolle, Spiegel, 21. 3. 2011; Mitschnitt des Fernsehinterviews: https://www.youtube.com/watch?v=_OmNlixouQU.
44 Günter Bannas, Als die Worte Zäsur und Moratorium geboren wurden, F.A.Z., 17. 3. 2011.
45 Günter Bannas/Reiner Burger, Was mancher geahnt haben will, F.A.Z., 15. 3. 2011.
46 Regierung erwägt Aussetzung der Laufzeitverlängerung, Eilmeldung, dpa, 14. 3. 2011, 10.28 Uhr.
47 Pressestatements von Bundeskanzlerin Angela Merkel und Bundesaußenminister Guido Westerwelle zu den Folgen der Naturkatastrophen in Japan sowie den Auswirkungen auf die deutschen Kernkraftwerke, Berlin, 14. 3. 2011.
48 Darüber berichteten zuerst Michael Bauchmüller/Klaus Ott, Brüderle und die Bosse, SZ, 24. 3. 2011; Protokoll im Wortlaut: http://www.spiegel.de/politik/deutschland/auftritt-beim-bdi-das-peinliche-protokoll-a-752946.html.
49 Statements nach dem Gespräch über die Nutzung der Kernenergie in Deutschland, Berlin, 15. 3. 2011.
50 Deutscher Bundestag, Plenarprotokoll, 17. Wahlperiode, 96. Sitzung. 17. 3. 2011, S. 10884 f.
51 Vgl. Ralph Bollmann/Rainer Hank, «Wir sollten noch schneller aussteigen», Interview mit Kardinal Reinhard Marx, F. A. S., 3. 4. 2011.
52 Deutscher Bundestag, Plenarprotokoll, 17. Wahlperiode, 114. Sitzung. 9. 6. 2011, S. 12960.
53 Gespräch mit Ulrich Wilhelm.
54 Mitschrift des Autors.
55 Zit. nach Ben Rhodes, Im Weißen Haus, München 2019, S. 163.
56 Readout of President Obama's Call with Chancellor Angela Merkel of Germany,

The White House, 26. 2. 2011, https://obamawhitehouse.archives.gov/the-press-office/2011/02/26/readout-president-obamas-call-chancellor-angela-merkel-germany.
57 Vgl. Rhodes, Im Weißen Haus, S. 165.
58 Zur Libyen-Debatte: Andreas Rinke, Eingreifen oder nicht? Warum sich die Bundesregierung in der Libyen-Frage enthielt, Internationale Politik, Juli/August 2011, S. 44–53; Richard Rousseau, Why Germany Abstained on UN Resolution 1973 on Libya, Foreign Policy Journal, 22. 06. 2011; Heinrich August Winkler, Politik ohne Projekt. Gedanken über Deutschland, Libyen und Europa, Internationale Politik, September/Oktober 2011, S. 28–37.
59 Vgl. Ralf Neukirch, Die Merkel-Doktrin, Spiegel, 3. 12. 2012.
60 Vgl. Rinke, Eingreifen, S. 46.
61 Pressekonferenz zur Sondertagung des Europäischen Rates, Brüssel, 11. 3. 2011.
62 Zum Ablauf der entscheidenden Sitzung vgl. Rhodes, Im Weißen Haus, S. 166–169.
63 Vgl. Rinke, Eingreifen, S. 49.
64 Deutscher Bundestag, Plenarprotokoll, 17. Wahlperiode, 95. Sitzung. 16. 3. 2011, S. 10815.
65 Werner Kolhoff/Hagen Strauß, «Die Sicherheit hat absoluten Vorrang», Interview mit Angela Merkel, Saarbrücker Zeitung, 17. 3. 2011.
66 Vgl. Rinke, Eingreifen, S. 50.
67 Vgl. ebd., S. 51.
68 Scharfe Kritik an Libyen-Entscheidung aus der Union, Spiegel Online, 26. 3. 2011.
69 Paris: Koalition geht bei Libyen bereits über UN-Resolution hinaus, AFP, 15. 4. 2011.
70 Libya: Examination of intervention and collapse and the UK's future policy options, House of Commons, Foreign Affairs Committee, Third Report of Session 2016–17, https://publications.parliament.uk/pa/cm201617/cmselect/cmfaff/119/119.pdf.
71 Barack Obama im Interview mit Fox News, zit. nach: Obama selbstkritisch: Größter Fehler war fehlender Plan B für Libyen, dpa, 11. 4. 2016.
72 Deutscher Bundestag, Plenarprotokoll, 19. Wahlperiode, 130. Sitzung. 27. 11. 2019, S. 16270.
73 Vgl. Nico Fried, Merkels späte Genugtuung, SZ, 18. 1. 2020.
74 Ansprache von Bundeskanzlerin Merkel bei der Trauerfeier für Bundesaußenminister a. D. Guido Westerwelle, Köln, 2. 4. 2016.
75 Pressestatements von Bundeskanzlerin Angela Merkel und dem Ministerpräsidenten der Republik Portugal, Pedro Passos Coelho, Berlin, 1. 9. 2011.
76 Pressekonferenz der Bundeskanzlerin Angela Merkel zur Sondertagung der Staats- und Regierungschefs der Länder der Eurozone, Brüssel, 21. 7. 2011, Mitschrift des Autors. So auch zitiert bei Nikolaus Busse, Die Exegeten des Beschlossenen, F.A.Z., 23. 7. 2011. (In der offiziellen Mitschrift ist die Passage geglättet.)

77 Markus Wehner/Thomas Gutschker, Böse Worte über Bosbach, F. A. S., 2. 10. 2011.
78 Thomas Gutschker/Eckart Lohse, Angela Merkel, Europäerin aus Vernunft, F. A. S., 14. 10. 2012.
79 Pressekonferenz von Bundeskanzlerin Angela Merkel zum Europäischen Rat, Brüssel, 27. 10. 2011.
80 Die folgende Darstellung stützt sich auf die Rekonstruktion von Peter Spiegel, How the Euro was saved, Financial Times, 12. 5. 2014; vgl. auch Nils Minkmar, Die Schönheit der Chance, F. A. S., 6. 11. 2011.
81 Als Schäuble vier Jahre später betonte, Deutschland sei 2011 sehr für ein Referendum in Griechenland gewesen (z. B. Ralph Bollmann/Inge Kloepfer, «An uns darf Griechenland nicht scheitern», F. A. S., 10. 5. 2015), stieß das auf Unglauben und Widerspruch, z. B. Robin Alexander, Minister für Halbwahrheit, WamS, 5. 7. 2015.
82 Finanzminister François Baroin, zit. nach Peter Spiegel, How the Euro.
83 Ein entsprechender Bericht des *Wall Street Journal* wurde vom Quirinal allerdings dementiert: Napolitano rejects Merkel role in Berlusconi removal, Ansa English, 30. 12. 2011.
84 «Florenzer Oberbürgermeister»: Sommerpressekonferenz von Bundeskanzlerin Merkel, Berlin, 19. 7. 2013.
85 Zu den amerikanischen Rezessionssorgen als leitendem Motiv vgl. Timothy Geithner, Stress Test. Reflections on financial crises, London 2014, S. 483.
86 Zit. nach Peter Spiegel, How the Euro; Gespräch mit Xavier Musca; Geithner, Stress Test, S. 476, kleidet den Tränenausbrauch in die vornehmeren Worte, er habe Merkel «nie so verärgert gesehen».
87 Langzeitentwicklung der Zufriedenheit mit der Kanzlerin: https://www.forschungsgruppe.de/Umfragen/Politbarometer/Langzeitentwicklung_-_Themen_im_Ueberblick/Politik_II/#Arb_Merkel-.
88 Pressekonferenz der Bundeskanzlerin, des französischen Präsidenten und italienischen Ministerpräsidenten, Straßburg, 24. 11. 2011.
89 Deutscher Bundestag, Plenarprotokoll, 17. Wahlperiode, 160. Sitzung. 27. 2. 2012, S. 19079.
90 Gespräch mit Nikolaus Meyer-Landrut.
91 Christian Wulff, Rede zum 20. Jahrestag der Deutschen Einheit, Bremen, 3. 10. 2010; Pressekonferenz von Bundeskanzlerin Merkel und dem türkischen Ministerpräsidenten Prof. Davutoğlu, Berlin, 12. 1. 2015. Zur Vorgeschichte und Wolfgang Schäuble vgl. Stephan Detjen, Die Geschichte eines Satzes, Deutschlandfunk, 14. 1. 2015, https://www.deutschlandfunkkultur.de/die-geschichte-eines-satzes-der-islam-gehoert-zu-deutschland.1895.de.html?dram:article_id=308696.
92 Martin Heidemann/Nikolaus Harbusch, Wirbel um Privat-Kredit, Bild, 13. 12. 2011.
93 Steffen Seibert vor der Bundespressekonferenz, 14. 12. 2011.

Anmerkungen zu den Seiten 412–432

94 Über den Inhalt des Anrufs berichtete zuerst Eckart Lohse, Im Schatten der Wahrheit, F. A. S., 1.1.2012; die komplette Mitschrift veröffentlichte die *Bild*-Zeitung erst gut zwei Jahre später: Die Original-Mailbox-Nachricht, Bild, 26.2.2014.
95 Wulff, Ganz oben.
96 Zu Voßkuhles politischer Rolle und den Vorgängen um die Präsidentenkür vgl. Heinrich Wefing, Der andere Präsident, Zeit-Magazin, 10.3.2016; vgl. auch Merkels Chef, Spiegel, 4.3.2013.
97 FDP-Spitze will Gauck, Eilmeldung, dpa, 19.2.2012, 15.50 Uhr. Zum Ablauf vgl. auch Philipp Rösler in der Talkshow Markus Lanz, ZDF, 23.2.2012, Mitschnitt: https://www.youtube.com/watch?v=12v_3uBkKC4.
98 Rekonstruktion: Merkels Alptraum, Spiegel, 27.2.2012; vgl. hierzu und zum Folgenden auch Nico Fried, Der Preis des Präsidenten, SZ, 21.2.2012; Majid Sattar, Metamorphose zu sich selbst, F.A.Z., 21.2.2012.
99 Zit. nach Merkels Alptraum.
100 Ich fuhr Gauck zur Kanzlerin, Gespräch mit dem Taxifahrer Vadim Belon, bild. de, 21.2.2012, https://www.bild.de/politik/inland/joachim-gauck/taxifahrer-bundespraesident-22743680.bild.html.
101 Rösler bei Lanz; Steffen Seibert vor der Bundespressekonferenz, 24.2.2012.
102 Gespräch mit Joachim Gauck, Berlin, 28.5.2019.
103 Gute Analyse: Markus Wehner, Winter im Winter, F. A. S., 14.12.2013.
104 Joachim Gauck, Rede zum Auftakt der 40. Interkulturellen Woche, Mainz, 27.9.2015.
105 Vgl. Eckart Lohse, Der Mann ohne Bauch, F. A. S., 20.5.2012.
106 Vgl. Robert Roßmann, Kandidat Lustlos, SZ, 10.5.2012.
107 Angela Merkel, Pressekonferenz im Konrad-Adenauer-Haus, Berlin, 14.5.2012.
108 Claus Kleber, Interview mit Horst Seehofer, Heute-Journal, 14.5.2012.
109 Vgl. Michael Bauchmüller, Von unersetzlich zu unbrauchbar, SZ, 22.05.2012.
110 Pressestatement von Bundeskanzlerin Angela Merkel, Berlin, 16.5.2012.
111 Günter Bannas, Schäuble und Leyen: Röttgen-Entlassung verständlich, F.A.Z., 21.5.2012.
112 Joachim Gauck, Entlassung und Ernennung von Bundesministern, Berlin, 22.5.2012.
113 Vgl. Matthias Geis, Er ist dann mal wieder da, Zeit, 21.11.2013.
114 Tilman Gerwien/Andreas Hoidn-Borchers, «Fast 140 Kilo», Interview mit Peter Altmaier, Stern, 23.8.2012.
115 Michaela Wiegel, Sarkozy: Kein Auftritt mit Merkel, F.A.Z., 15.3.2012.
116 Vgl. hierzu und zum Folgenden: Peter Spiegel, Inside Europe's plan Z, Financial Times, 15.5.2014.
117 Spiegel, Plan Z.
118 Vgl. im Rückblick Robin Alexander, Ohne Macht, Welt, 11.1.2015.
119 Zum Folgenden Peter Spiegel, «If the Euro falls, Europe falls», Financial Times, 16.5.2014; vgl. auch Ralph Bollmann/Patrick Welter, Druck auf Europa in der Schuldenkrise wächst, F.A.Z., 19.6.2012.

120 Merkel schließt gesamtschuldnerische Haftung in Europa aus, Reuters, 26. 6. 2012, 17.22 Uhr; vgl. auch Peter Blechschmidt, «Solange ich lebe», SZ, 28. 6. 2012.
121 Eurozone öffnet Weg für direkte Rekapitalisierung von Banken, AFP, 29. 6. 2012, 5.11 Uhr.
122 Deutscher Bundestag, Plenarprotokoll, 17. Wahlperiode, 188. Sitzung. 29. 6. 2012, S. 22701.
123 Geithner, Stress Test, S. 483. Zu Merkels Beratungen: Peter Spiegel, Plan Z.
124 George Soros auf einer Reuters-Veranstaltung, 15. 9. 2010; vgl. auch Gregor Peter Schmitz/Thomas Schulz, «Deutschland muss diktieren», Interview mit George Soros, Spiegel, 15. 8. 2011.
125 Vgl. Miguel Otero-Iglesias, The Euro for China: too big to fail and too hard to rescue, Análisis del Real Instituto Elcano (ARI) 45/2014, 13. 10. 2014, https://www.files.ethz.ch/isn/184493/ARI45-2014-OteroIglesias-The-euro-for-China-too-big-to-fail-and-too-hard-to-rescue.pdf.
126 Z. B. Christian Panster/Miriam Schröder, Sparliese Angela Merkel, Handelsblatt, 27. 7. 2012.
127 Tempted, Angela?, Economist, 11. 8. 2012, Titelseite.
128 Peter Spiegel, Plan Z.
129 Auf das «Schäublesche Denken» hatte sie sich schon als Umweltministerin berufen, vgl. Andreas Rinke, Das Merkel-Lexikon. Die Kanzlerin von A–Z, Springe 2016, S. 251.
130 Speech by Mario Draghi, President of the European Central Bank, at the Global Investment Conference in London, 26. 7. 2012, https://www.ecb.europa.eu/press/key/date/2012/html/sp120726.en.html.
131 Peter Spiegel, If the Euro falls.
132 Rede der Bundeskanzlerin zum 70. Geburtstag von Bundesfinanzminister Wolfgang Schäuble, Berlin, 26. 9. 2012.
133 Fried/Hulverscheidt, Die Unzertrennlichen; vgl. auch Hugo Müller-Vogg, Ziemlich beste Freunde, bild.de 5. 4. 2012; Jochen Hieber, Politik als Sucht und Segen, F.A.Z., 17. 9. 2012.
134 Rede der CDU-Vorsitzenden Angela Merkel auf dem Festakt der Konrad-Adenauer-Stiftung im Deutschen Historischen Museum, 27. 9. 2012.
135 Vgl. Joachim Riecker, Merkels Hellas-Wende, Märkische Allgemeine Zeitung, 12. 10. 2012.
136 Forschungsgruppe Wahlen, Politbarometer Oktober 2012, 11. 10. 2012, https://www.forschungsgruppe.de/Umfragen/Politbarometer/Archiv/Politbarometer_2012/Oktober_I_2012/.
137 Renate Köcher, Entspannter Fatalismus, F.A.Z., 17. 10. 2012.
138 Rekonstruktion der Gründungsversammlung: Paul Middelhoff/Jana Simon/Annabel Wahba, Die Stunde der Gründer, Zeit-Magazin, 20. 7. 2017.
139 Vgl. z. B. Jens Schneider, Die Aussteiger-Partei, SZ, 18. 3. 2013.
140 Steffen Seibert vor der Bundespressekonferenz, 25. 8. 2010: «Es sind Äußerungen, die diffamieren, die sehr, sehr polemisch zuspitzen und die und das ist das

Wichtigste bei der großen nationalen Aufgabe überhaupt nicht hilfreich sind, in diesem Land bei der Integration voranzukommen.»
141 Vgl. Wibke Becker, Frühe Radikale, F. A. S., 5. 1. 2020.
142 Landtagswahl Brandenburg 2014, Analysen Wählerwanderung, infratest dimap im Auftrag der ARD, https://wahl.tagesschau.de/wahlen/2014-09-14-LT-DE-BB/analyse-wanderung.shtml.
143 Franziska Augstein/Jan Heidtmann, «Politik ist mein Lebensthema», Interview mit Norbert Röttgen, SZ, 24. 12. 2012.
144 Klaus Brill/Bartosz T. Wielinski, «Es wird noch ziemlich viel kosten», Interview mit Radosław Sikorski, SZ, 20. 10. 2012.
145 Rede von Radosław Sikorski auf Einladung der Deutschen Gesellschaft für Auswärtige Politik, Allianz-Forum, Berlin, 28. 11. 2011.
146 Hierzu Bollmann, Deutsche, S. 35 f., mit Einzelnachweisen.
147 Peter Gumbel, Why everybody loves to hate Angela Merkel, Time, 16. 7. 2012.
148 La Repubblica, 2. 8. 2012.
149 Gutschker/Lohse, Europäerin.
150 Zit. nach Ralph Bollmann, Der Rückzug der Euro-Skeptiker, F.A.Z., 5. 4. 2015.
151 Vgl. Frank Biess, Republik der Angst. Eine andere Geschichte der Bundesrepublik, Hamburg 2019; Eckart Conze, Die Suche nach Sicherheit. Eine Geschichte der Bundesrepublik Deutschland von 1949 bis in die Gegenwart, München 2009.
152 ARD-Deutschlandtrend, Kanzlerin Merkel im Stimmungshoch, tagesschau.de, 5. 7. 2012, https://www.tagesschau.de/inland/deutschlandtrend1550.html.
153 25. Parteitag der CDU Deutschlands, Hannover, 4./5. 12. 2012, Protokoll, S. 32.
154 Angela Merkel vor dem Europaparlament, Antwort auf eine Frage des belgischen Abgeordneten Guy Verhofstadt, 7. 11. 2012, Mitschnitt: http://www.europarl.europa.eu/ep-live/de/other-events/video?event=20121107-1615-SPECIAL-UNKN.
155 Markus Dettmer/Michael Sauga, «Wollen wir heiraten?», Spiegel, 29. 8. 2011.
156 Rekonstruktion: Die Kuhhändler, Spiegel, 22. 12. 2012.

3. Ukraine (2013–2015)

1 Angela Merkel, Interview mit dem Fernsehsender Sat.1, 8. 7. 2011; das Zitat wurde um 17.38 Uhr von dpa im Wortlaut verbreitet.
2 Spiegel, 24. 20. 2011, Titelseite.
3 Zu Steinbrücks Kandidatur vgl. Nils Minkmar, Der Zirkus. Ein Jahr im Innersten der Politik, Frankfurt am Main 2013.
4 Vgl. Rhodes, Im weißen Haus, S. 95.
5 Vgl. Günter Bannas, Obamas Reiseroute und Berliner Deutungen, F.A.Z., 4. 6. 2009.
6 Pressekonferenz von Bundeskanzlerin Merkel und US-Präsident Obama, Berlin, 19. 6. 2013.
7 Steffen Seibert vor der Bundespressekonferenz, 1. 7. 2013.

8 Zit. nach Klaus Wiegrefe, «PR-Problem» Abhören, Spiegel, 16. 2. 2019; in der Buchfassung (Rhodes, Im Weißen Haus) fehlt die Episode, angeblich, weil der Text zu lang gewesen sei.
9 Deutschland und USA wollen Anti-Spionage-Abkommen schließen, Reuters, 12. 8. 2013.
10 Vgl. Eckart Lohse, Die letzte Zeugin, F.A.Z., 17. 2. 2012.
11 Vgl. Rhodes, Im Weißen Haus, S. 305 ff.
12 Zit. nach Günter Bannas, Was man sich so wünscht, F.A.Z., 31. 8. 2013.
13 Steffen Seibert vor der Bundespressekonferenz, 30. 8. 2013.
14 Vgl. Ben Rhodes, Im Weißen Haus, S. 325 f., der die Episode freilich in ein für Obama freundlicheres Licht rückt.
15 Das TV-Duell: Merkel – Steinbrück, ARD, 2. 9. 2013, Mitschnitt: https://www.bing.com/videos/search?q=tv+duell+2013&&view=detail&mid=64616CDD08D375156454646160CDD08D375156454&&FORM=VRDGAR&ru=%2Fvideos%2Fsearch%3Fq%3Dtv%2Bduell%2B2013%26FORM%3DHDRSC3.
16 Im Gespräch mit dem Autor. Zur «Geschichte eines Versagens» vgl. auch Bernd Ulrich, Können gerade nicht, Zeit, 17. 10. 2013.
17 Schwarz-grüne Sondierung gescheitert, dpa, 16. 10. 2013, 1.34 Uhr.
18 Wolfgang Schäuble im Gespräch mit Cem Özdemir, Anne Will, ARD, 11. 9. 2017.
19 Schäuble, Anne Will.
20 27. Parteitag der CDU Deutschlands, Köln, 9./10. 12. 2014, Protokoll, S. 37.
21 Vgl. Ralph Bollmann, Die Putschistin, F. A. S., 21. 4. 2013.
22 Vgl. Henrike Roßbach, «Wahlversprechen sind kein Regierungsprogramm», F.A.Z., 21. 6. 2013.
23 Vgl. Robin Alexander, Ein Lächeln zum Abschied, WamS, 6. 3. 2011.
24 Vgl. Das Rückspiel, Spiegel, 3. 11. 2018; bei Georg Löwisch, Merkels Freundin, taz, 6. 12. 2018, wollte sie das nicht kommentieren.
25 Vgl. Ruth Spitzenpfeil, Keine «Nobel-Ferien» Angela Merkels, nzz.ch, 7. 1. 2014, https://www.nzz.ch/lebensart/reisen-freizeit/keine-nobel-ferien-angela-merkels-1.18216258.
26 Steffen Seibert vor der Bundespressekonferenz, 6. 1. 2014.
27 Vgl. Jürgen Osterhammel, Sehr geehrte Frau Bundeskanzlerin!, F.A.Z., 19. 7. 2014; Gustav Seibt, Der Nebel des Unabsehbaren, SZ, 1. 12. 2018; Ralph Bollmann, Merkels Welterklärer, F. A. S., 29. 6. 2014.
28 Der Gipfel des Scheiterns, Spiegel, 24. 11. 2014.
29 Zur Vorgeschichte des Konflikts vgl. Nico Fried/Stefan Braun, Scherz beiseite, SZ, 4. 3. 2014.
30 Pressestatement von Bundeskanzlerin Merkel auf dem Gipfeltreffen der Östlichen Partnerschaft, Vilnius, 29. 11. 2013.
31 Merkel, Pressestatement in Vilnius.
32 Jochen Bittner/Matthias Naß, Kurs auf die Welt, Zeit, 6. 2. 2014; Die Merkel-Doktrin, Spiegel, 3. 12. 2012.
33 Vgl. Test the West, Zeit, 6. 3. 2014.
34 Infratest Dimap für ARD-Deutschlandtrend, Juni 2014, https://www.infratest-

Anmerkungen zu den Seiten 450–482 **759**

dimap.de/fileadmin/_migrated/content_uploads/dt1406_bericht_04.pdf; Forschungsgruppe Wahlen für ZDF-Politbarometer, Februar 2015, http://www.forschungsgruppe.de/Umfragen/Politbarometer/Archiv/Politbarometer_2015/Februar_2015/. Zusammenstellung der Umfragen: http://www.bpb.de/203681/umfrage-die-meinung-der-deutschen-ueber-die-ukraine-krise.

35 Marc Brost/Tina Hildebrandt, Schon Geschichte?, Zeit, 18. 1. 2018.
36 Zu der Parallele vgl. u. a. Fried/Braun, Scherz beiseite.
37 Max Fischer, Map: Every call Obama has made to a foreign leader in 2014, Vox, 5. 8. 2014, https://www.vox.com/2014/8/5/5970835/map-every-call-obama-has-made-to-a-foreign-leader-in-2014.
38 Vgl. Rhodes, Im Weißen Haus, S. 364 ff.
39 Mitarbeiter im Gespräch mit dem Autor; Fried/Braun, Scherz beiseite.
40 Bundeskanzlerin Merkel telefoniert mit dem russischen Präsidenten Putin, Presse- und Informationsamt der Bundesregierung, 3. 3. 2014.
41 Frank-Walter Steinmeier im Bericht aus Berlin, ARD, 2. 3. 2014.
42 Nico Fried, Merkels Führungsrolle, SZ, 6. 3. 2014.
43 Schlussfolgerungen des Europäischen Rats, Brüssel, 6. 3. 2014.
44 Deutscher Bundestag, Plenarprotokoll, 18. Wahlperiode, 20. Sitzung. 13. 3. 2014, S. 1519.
45 Ebd.
46 Pressekonferenz von Bundeskanzlerin Merkel und der lettischen Ministerpräsidentin Straujuma, Riga, 18. 8. 2014.
47 Vgl. hier nur die offizielle Liste der Telefonate unter cvd.bundesregierung.de/pressemitteilungen.
48 Nico Fried, Ruf doch mal an, SZ, 23. 8. 2014.
49 Pressekonferenz von Bundeskanzlerin Merkel und dem ukrainischen Präsidenten Petro Poroschenko, Kiew, 23. 8. 2014.
50 Rede von Bundeskanzlerin Merkel am Lowy Institut für Internationale Politik, Sydney, 17. 11. 2014.
51 27. Parteitag der CDU Deutschlands, Köln, 9./10. 12. 2014, Protokoll, S. 37.
52 Münchner Sicherheitskonferenz: Vortrag von Angela Merkel zum Ukraine-Konflikt am 7. 2. 2015, Mitschnitt auf Phoenix: https://www.youtube.com/watch?v=B4WQbnJz3Mc; die zitierte Passage in der an die Rede anschließenden Diskussion, ab Minute 44.
53 Die längste Nacht, Spiegel, 14. 2. 2015.
54 Vgl. Julian Hans/Stefan Braun, Palast der Replik, SZ, 13. 2. 2015; Die längste Nacht, Spiegel, 14. 2. 2015.
55 George Packer, The Quiet German. The astonishing rise of Angela Merkel, the most powerful woman in the world, The New Yorker, 1. 12. 2014.
56 Ralph Bollmann/Winand von Petersdorff, Wir haben Maastricht gebrochen. Das war richtig, Interview mit Gerhard Schröder, F. A. S., 25. 11. 2012.
57 Zur Ikonographie des Fotos vgl. Hanno Rauterberg, Unglaublich weise und schön, Zeit, 19. 3. 2015.
58 Pressekonferenz von Wolfgang Schäuble und Yanis Varoufakis, Berlin, 5. 2. 2015.

59 Ralph Bollmann/Rainer Hank, Wie war's, Herr Schäuble?, F. A. S., 22. 10. 2017.
60 Kalte Schulter, Spiegel, 5. 1. 2015.
61 Robin Alexander, Ohne Macht, WamS, 11. 1. 2015.
62 Sven Böll, Prof. Propaganda, Spiegel, 16. 7. 2012.
63 Merkel – sind zu Kompromissen mit Griechenland bereit, Reuters, 12. 2. 2015.
64 Pressekonferenz von Bundeskanzlerin Merkel zum Europäischen Rat, Brüssel, 12. 2. 2015.
65 André Stahl, Schäuble in der Hellas-Krise mal wieder der Buhmann, dpa, 18. 2. 2005.
66 Bundesministerium der Finanzen, Pressmitteilung Nr. 8, 19. 2. 2015.
67 The German Übermacht, Spiegel, 21. 3. 2015, Titelbild.
68 I Avgi, 8. 2. 2015; Martin Jäger vor der Bundespressekonferenz, 13. 2. 2015.
69 Ralph Bollmann Scheitert der Euro, dann scheitert Europa. Die Kanzlerin hat sich entschieden, F. A. S., 22. 3. 2015; Andreas Hoffmann, Merkel und die Amateure. Die Kanzlerin hat sich entschieden, Stern, 26. 3. 2015.
70 Vgl. Thomas Gutschker, Mutti, F. A. S., 7. 6. 2015.
71 Vgl. Robin Alexander, Einmal Grexit und zurück, WamS, 12. 7. 2015.
72 Thomas Gutschker, Der Weltökonom, F. A. S., 3. 5. 2015.
73 Ralph Bollmann/Inge Kloepfer, «An uns darf Griechenland nicht scheitern», Interview mit Wolfgang Schäuble, F. A. S., 10. 5. 2015.
74 Wachstum und Verantwortung in der Weltwirtschaft, Gipfelerklärung, Heiligendamm, 7. 6. 2007, Ziffer 49, http://www.g-8.de/Content/DE/Artikel/G8Gipfel/Anlage/gipfeldokument-wirtschaft-de,templateId=raw,property=publicationFile.pdf/gipfeldokument-wirtschaft-de.pdf.
75 An morgen denken. Gemeinsam handeln, Abschlusserklärung G7-Gipfel, Elmau, 7./8. 6. 2015, https://www.bundesregierung.de/resource/blob/975254/398758/b2a8d4e26f0198195f810c572510733f/2015-06-08-g7-abschluss-deu-data.pdf?download=1.
76 Andreas Hoffmann/Andreas Hoidn-Borchers, Schicksalstage einer Kanzlerin, Stern, 18. 6. 2015; Das Beben, Spiegel, 20. 6. 2015, Titelseite.
77 Deutscher Bundestag, Plenarprotokoll 18. Wahlperiode, 112. Sitzung. 18. 6. 2015, S. 10690.
78 Abschlusspressekonferenz von Bundeskanzlerin Merkel zum Europäischen Rat, Brüssel, 26. 6. 2015 (nachmittags, nach dem zweiten Gipfeltag).
79 Pressekonferenz von Bundeskanzlerin Merkel zum Europäischen Rat, Brüssel, 26. 6. 2015 (nachts, nach dem ersten Gipfeltag).
80 Merkel, Abschlusspressekonferenz, 26. 6. 2015.
81 Zit. nach Peter Müller/René Pfister, «Ich bin da gespalten», Spiegel, 4. 7. 2015.
82 Eurogroup Statement on Greece, 27. 6. 2015, https://www.consilium.europa.eu/en/press/press-releases/2015/06/27/eurogroup-statement-greece/; vgl. Ralph Bollmann, Das Ende, F. A. S., 28. 6. 2015; Werner Mussler, Wie Giannis Varoufakis die Eurogruppe geeint hat, F.A.Z., 29. 6. 2015.
83 Deutscher Bundestag, Plenarprotokoll, 18. Wahlperiode, 114. Sitzung. 1. 7. 2015, S. 10956.
84 Zit. nach Alexander, Einmal Grexit.

Anmerkungen zu den Seiten 482–506

85 Ebd.
86 Steffen Seibert vor der Bundespressekonferenz, 6. 7. 2015.
87 Zit. nach Alexander, Einmal Grexit.
88 Ebd.
89 Gute Zusammenfassung der Balkanreise ebd.
90 Vgl. Ralph Bollmann, Hassfigur, F. A. S., 19. 7. 2015.
91 Comments on the latest Greek proposals, online abrufbar z. B. unter https://greece.greekreporter.com/2015/07/12/schaubles-grexit-plan-everybody-is-talking-about-full-document/; vgl. dazu Daniel Brössler/Alexander Mühlauer, Ende der Eintracht, SZ, 13. 7. 2015.
92 Zur Empörung in den sozialen Medien vgl. u. a. Jonas Jansen, Alle gegen Deutschland, F.A.Z., 14. 7. 2015.
93 Vgl. Viel Lärm um ein Papier, F.A.Z., 13. 7. 2015.
94 Arnaud Leparmentier, La Grèce, une hystérie française, Le Monde, 9. 7. 2015.
95 Das Diktat, Spiegel, 18. 7. 2015.
96 Gute Zusammenfassung des Gipfels: Man sieht sich, SZ, 14. 7. 2015; Das Diktat, Spiegel, 18. 7. 2015.
97 Pressekonferenz von Bundeskanzlerin Merkel zum Sondertreffen der Staats- und Regierungschefs der Länder der Eurozone, Brüssel, 13. 7. 2015.

4. Flüchtlinge (2015–2016)

1 Brigitte Live, Gespräch mit Angela Merkel, Maxim-Gorki-Theater, Berlin, 26. 6. 2017.
2 Angela Merkel beim «Townhall Meeting», RTL, 17. 5. 2009, vgl. Regina Mönch, Sonntags beim Volk, faz.net, 17. 5. 2009.
3 Angela Merkel beim Bürgerdialog «Gut leben in Deutschland», Rostock, 15. 7. 2015, https://www.youtube.com/watch?v=-NWHgUZXBdU.
4 Bettina Gaus, Dafür hat man Prinzessinnen, taz, 18. 7. 2015.
5 Vgl. Ralph Bollmann/Inge Kloepfer, Thema Nr. 1, F. A. S., 13. 9. 2015.
6 27. Parteitag der CDU Deutschlands, Köln, 9./10. 12. 2014, Protokoll, S. 36, https://www.kas.de/c/document_library/get_file?uuid=bc94c95a-d49b-b940-2a49-25558406ecff&groupId=252038.
7 Statistisches Bundesamt, zit. nach Steffen Winter, Der Ost-Komplex, Spiegel, 24. 8. 2019, Grafik S. 18.
8 Cornelius Pollmer, Jenseits der Totenkopf-Socken, SZ, 10. 8. 2016.
9 Vgl Ralph Bollmann, Keine Rede von Islamisierung!, F. A. S., 11. 1. 2015, mit weiteren Nachweisen.
10 Neujahrsansprache von Bundeskanzlerin Angela Merkel zum Jahreswechsel 2014/2015, 31. 12. 2014, Pressemitteilung vom 30. 12. 2014.
11 Pressekonferenz von Bundeskanzlerin Merkel und dem türkischen Ministerpräsidenten Prof. Davutoğlu, Berlin, 12. 1. 2015.

12 Tina Hildebrandt, Was haben sie Merkel bloß in den Tee getan?, Zeit, 22. 1. 2015.
13 Pressekonferenz von Bundeskanzlerin Merkel beim Sondergipfel des Europäischen Rates, Brüssel, 23. 4. 2015.
14 Ebd.
15 Pressekonferenz Thomas de Maizière, Berlin, 19. 8. 2015, Phoenix-Mitschnitt: https://www.youtube.com/watch?v=7E1FneI68c0.
16 Gespräch mit Thomas de Maizière.
17 Anthony Faiola/Souad Mekhennet, Nearly a third of migrants in Germany claiming to be Syrians aren't from Syria, washingtonpost.com, 25. 9. 2015, https://www.washingtonpost.com/world/europe/germany-calls-for-new-refugee-benefit-standards-in-europe/2015/09/25/bee704fe-616d-11e5-8475-781cc9851652_story.html?utm_term=.91bb44f2b1c9.
18 Vgl. auch Thomas de Maizière, Regieren. Innenansichten der Politik, Freiburg im Breisgau 2019. «Ich werde keine Scheinlösungen vorschlagen», Interview mit Angela Merkel, F.A.Z., 17. 10. 2015.
19 Sommerinterview mit Angela Merkel, ZDF, 16. 8. 2015, https://www.youtube.com/watch?v=SSTo9h54gP4.
20 Landratsamt verfügt Versammlungsverbot in Heidenau, dpa, 27. 8. 2015.
21 GdP-Vize nennt Versammlungsverbot «Kniefall vor dem Mob», dpa, 28. 8. 2015.
22 Brennpunkt Heidenau, Sächsische Zeitung, 24. 8. 2015.
23 Sigmar Gabriel bei seinem Besuch in Heidenau, 24. 8. 2015, https://www.youtube.com/watch?v=Z5c8D7Z-2A.
24 Vgl. Alexej Hock, Heidenau arbeitet auf, Zeit im Osten, 18. 8. 2016.
25 Zum Heidenau-Besuch vgl. Robin Alexander, Die Getriebenen. Merkel und die Flüchtlingspolitik: Report aus dem Inneren der Macht, München 2017, S. 39 ff.
26 Pressestatement von Bundeskanzlerin Merkel zum Besuch der Flüchtlingsunterkunft in Heidenau, 26. 8. 2015.
27 Sommerpressekonferenz von Bundeskanzlerin Merkel, Berlin, 31. 8. 2015.
28 David Cameron in der BBC, 3. 9. 2015, https://www.bbc.com/news/uk-34135870.
29 Zahlen von Eurostat, zit. nach: Das sind die Länder mit den meisten Asylanträgen, stern.de, https://www.stern.de/politik/ausland/in-welchen-laendern-europas-2015-am-meisten-asylantraege-gestellt-wurden-6738896.html.
30 Umfangreichste Rekonstruktion: Was geschah wirklich?, Zeit, 18. 8. 2016. Vgl. auch das darauf basierende Dokudrama des ZDF von 2019 («Stunden der Entscheidung») und den Spielfilm der ARD von 2020 («Die Getriebenen»), sehr frei nach dem gleichnamigen Buch von Robin Alexander.
31 Steffen Seibert vor der Bundespressekonferenz, 4. 9. 2015.
32 Zit. nach Zeit, Was geschah.
33 Zur Rechtslage vgl. Stephan Detjen/Maximilian Steinbeis, Die Zauberlehrlinge. Der Streit um die Flüchtlingspolitik und der Mythos vom Rechtsbruch, Stuttgart 2019.
34 Gespräch mit Sigmar Gabriel, per Video, 16. 2. 2021.
35 Gespräch mit Sigmar Gabriel.

36 An der Grenze, Spiegel, 12. 9. 2015.
37 Zeit, Was geschah.
38 Neues Deutschland [sic!], SZ, 7. 9. 2015.
39 Merkel beendet die Schande von Budapest, BamS, 6. 9. 2015.
40 Volker Zastrow, Deutschland schafft sich ab, F. A. S., 6. 9. 2015.
41 Gabriel in Heidenau.
42 Roger Cohen, Aylan Kurdi's Europe, New York Times, 7. 9. 2015; Person of the year: Angela Merkel, Chancellor of the free world, Time, 21. 12. 2015, Titelseite.
43 Pressestatements von Bundeskanzlerin Merkel und Bundeswirtschaftsminister Gabriel, Berlin, 7. 9. 2015.
44 Deutscher Bundestag, Plenarprotokoll, 18. Wahlperiode, 120. Sitzung. 9. 9. 2015.
45 Ebd.; zur Kritik von links vgl. Ulrich Schulte, Scheinbar liberal, taz, 29. 10. 2015.
46 Im Gespräch mit dem Autor vor Studenten der Bucerius Law School, Hamburg, 3. 2. 2016, Mitschnitt: http://www.wolfgang-schaeuble.de/rede-in-der-veranstaltungsreihe-deutschland-19452015-fragen-an-die-zeitgeschichte-in-der-bucerius-law-school-am-03-02-2016/.
47 Deutscher Bundestag, Plenarprotokoll, 18. Wahlperiode, 120. Sitzung. 9. 9. 2015.
48 Miriam Hollstein/Danica Bensmail, So lebt Merkels Selfie-Flüchtling heute, BamS, 28. 8. 2016 (Modamani); Lisa Boekhoff/Steven Geyer, «Heute würde ich mich bei ihr beschweren», Interview mit Hassan Alasad und Shaker Kedida, Berliner Zeitung, 23. 2. 2016.
49 Vgl. Logistiker des Schattens, Spiegel, 5. 9. 2015.
50 Pressekonferenz von Bundeskanzlerin Merkel und dem österreichischen Bundeskanzler Faymann, Berlin, 15. 9. 2015.
51 Vgl. Alexander, Die Getriebenen, S. 88.
52 Vgl. Merkel war es wirklich nicht, Zeit Online, 11. 10. 2016, https://www.zeit.de/politik/ausland/2016-10/fluechtlingspolitik-fluechtlinge-angela-merkel-balkanroute-offene-grenze.
53 Vgl. u. a. Melanie Reinsch, Ein Foto mit Folgen, Berliner Zeitung, 4. 2. 2017.
54 An der Grenze, Spiegel, 12. 9. 2015.
55 Passauer Neue Presse, 11. 9. 2015, Online-Meldung: http://www.pnp.de/nachrichten/bayern/1802534_Ex-Innenminister-Wir-haben-die-Kontrolle-verloren.html.
56 Bericht der Kommission «Zusammenhalt stärken – Zukunft der Bürgergesellschaft gestalten», Vorstandsbeschluss, 14. 9. 2015, https://www.cdu.de/system/tdf/media/dokumente/antrag-zusammenhalt-staerken-cdupt15-1.pdf?file=1.
57 Zit. nach Johannes Leithäuser, CDU und CSU fordern Beschränkung des Asylrechts, F.A.Z., 4. 4. 2000.
58 Vgl. Nico Fried/Christoph Hickmann, «Wie es die Lage erfordert», SZ, 15. 9. 2015.
59 Vgl. zum Folgenden Alexander, Die Getriebenen, S. 12–26.
60 So ebd., S. 23.
61 De Maizière, Regieren, S. 76 f.; Alexander, Die Getriebenen, S. 23 f.
62 Steffen Mack/Walter Senf, «Sie können es nicht lassen!», Interview mit Frauke Petry, Mannheimer Morgen, 30. 1. 2016.

Anhang

63 Alexander, Die Getriebenen, S. 25.
64 De Maizière verkündet Wiedereinführung von Kontrollen an Binnengrenzen, Pressemitteilung, 13. 9. 2015, https://www.bmi.bund.de/SharedDocs/kurzmeldungen/DE/2015/09/grenzkontrollen-an-der-grenze-zu-oesterreich-wiedereingeführt.html.
65 Vgl. Fried/Hickmann, Lage.
66 Wolfgang Schäuble, Rede beim Deutschen Logistik-Kongress, Berlin, 28. 10. 2015, http://www.wolfgang-schaeuble.de/eine-welt-in-bewegung-aktuelle-politische-herausforderungen/.
67 Pressekonferenz von Bundeskanzlerin Merkel und dem österreichischen Bundeskanzler Faymann, Berlin, 15. 9. 2015.
68 Vgl. Gustav Seibt, Der Gefühlsausbruch der Kanzlerin, SZ, 17. 9. 2015.
69 De Maizière, Regieren, S. 78.
70 Vgl. Hans-Peter Schwarz, Helmut Kohl. Eine politische Biographie, München 2012, S. 57.
71 Vgl. seinerzeit Tempted, Angela?, Economist, 11. 8. 2012, Titelseite.
72 CDU-Regionalkonferenz, Darmstadt, 2. 11. 2015, Mitschrift des Autors.
73 Vgl. Marina und Herfried Münkler, Die neuen Deutschen. Ein Land vor seiner Zukunft, Berlin 2016, S. 219 f.
74 Zahlen von Eurostat, zit. nach: Das sind die Länder mit den meisten Asylanträgen, stern.de, https://www.stern.de/politik/ausland/in-welchen-laendern-europas-2015-am-meisten-asylantraege-gestellt-wurden-6738896.html.
75 Alexander, Die Getriebenen, S. 60.
76 Zitiert nach Markus Feldenkirchen/René Pfister, Egal wie es ausgeht, Spiegel, 23. 1. 2016.
77 Rede von Bundeskanzlerin Merkel bei der Verleihung des Henry A. Kissinger Preises, Berlin, 21. 1. 2020.
78 Pressekonferenz zum 8. Integrationsgipfel, Berlin, 17. 11. 2015.
79 Nico Fried, Ihr letztes Projekt, SZ, 12. 9. 2015.
80 Zum Beispiel die Rede von Bundeskanzlerin Merkel beim 50. Jahrestreffen des Weltwirtschaftsforums, Davos, 23. 1. 2020.
81 Zum Beispiel beim Wahlkampfabschluss in Sachsen-Anhalt, Halle, Steintor-Varieté, 11. 3. 2016, Mitschrift des Autors.
82 Vgl. Herbert Brücker/Yuliya Kosyakova, Die Arbeitsmarktintegration von Geflüchteten läuft besser als erwartet, IAB-Forum, 25. 1. 2019.
83 Vgl. Jana Hensel, «Parität erscheint mir logisch», Interview mit Angela Merkel, Zeit, 24. 1. 2019.
84 Deutscher Bundestag, Plenarprotokoll, 18. Wahlperiode, 120. Sitzung. 9. 9. 2015.
85 Tina Hildebrandt, Ab wann? Ab jetzt!, Zeit, 21. 1. 2018.
86 Weiß sie, was sie tut?, Zeit, 17. 9. 2015, Titelseite.
87 Gute Zusammenfassung zum Forschungsstand über den römisch-germanischen Integrationsprozess: Glen Bowersock, The vanishing paradigm of the fall of Rome, in: Bulletin of the American Academy of Arts and Sciences 49 (1996),

Anmerkungen zu den Seiten 531–550

S. 29–43. Weitere Literatur siehe Ralph Bollmann, Lob des Imperiums. Der Untergang Roms und die Zukunft des Westens, Berlin 2006.
88 Vgl. u. a. «Merkel entthronen!», Zeit Online, 15. 10. 2015, https://www.zeit.de/politik/deutschland/2015-10/cdu-angela-merkel-regionalkongress-fluechtlinge.
89 Langzeitentwicklung der Zufriedenheit mit der Kanzlerin: https://www.forschungsgruppe.de/Umfragen/Politbarometer/Langzeitentwicklung_-_Themen_im_Ueberblick/Politik_II/#Arb_Merkel-.
90 Axel Vornbäumen, Am Scheideweg, Stern, 22. 10. 2015.
91 Patrick Bahners, Die Karriere eines Verdachts, F. A. S., 18. 10. 2015.
92 Dirk Kurbjuweit, Das Ende des Biedermeiers, Spiegel, 24. 10. 2015.
93 Britta Stuff/Volker Weidermann, «Ich erkenne die Lügner», Interview mit Claus Peymann, Spiegel, 24. 10. 2015.
94 Joachim Gauck, Rede auf dem Festakt zum 25. Jahrestag der Deutschen Einheit, Frankfurt am Main, 3. 10. 2015.
95 Vgl. Ralph Bollmann, Der Spieler, F. A. S., 20. 12. 2015.
96 Gerhard Schröder auf einer Veranstaltung des Mineralölkonzerns OMV in Wien, 9. 11. 2015, zit. nach: Ex-Kanzler Schröder für Flüchtlingskontingente, dpa, 9. 11. 2015.
97 Wolfgang Schäuble, Rede beim Deutschen Logistik-Kongress, Berlin, 28. 10. 2015, http://www.wolfgang-schaeuble.de/eine-welt-in-bewegung-aktuelle-politische-herausforderungen/.
98 Bernd Ulrich, Will er Kanzler werden?, Zeit, 29. 10. 2015.
99 Gute Rekonstruktion, auch zum Folgenden: Markus Wehner, Am Ende brachte Seehofer den Durchbruch, F. A. S., 8. 11. 2015; Eckart Lohse/Markus Wehner, Die Rückkehr des Thomas de Maizière, F.A.Z., 12. 12. 2015.
100 Vgl. Günter Bannas/Eckart Lohse, Fliegen wie eine Schmetterling, stechen wie eine Biene, F.A.Z., 4. 11. 2015.
101 Vgl. Christoph Hickmann/Robert Roßmann, Koalition einig über Registrierzentren, SZ, 6. 11. 2015.
102 Bernd Ulrich, An der Schwelle zur Vernunft, Zeit, 5. 11. 2005.
103 Julian Staib, Koalition verbietet Familiennachzug für syrische Flüchtlinge, F.A.Z., Ausgabe D2, 7. 11. 2005 (in späteren Ausgaben je nach Nachrichtenstand verändert).
104 Thomas de Maizière im Deutschlandfunk, 6. 11. 2015, https://www.deutschlandfunk.de/asylrecht-de-maiziere-will-familiennachzug-fuer-syrer.2852.de.html?dram:article_id=336166.
105 Vgl. Manuel Bewarder, Eine Frage des Vertrauens, Welt, 11. 3. 2015; Tina Hildebrandt, Frisch geschreddert, Zeit, 12. 11. 2015.
106 Thomas de Maizière, Regieren, S. 216.
107 Angela Merkel auf dem CSU-Parteitag, München, 20. 11. 2015, Phoenix-Mitschnitt: https://www.youtube.com/watch?v=62_Kqy5xAjA; das Merkel-Zitat zur Obergrenze im Interview mit der Rheinischen Post, «Stolz auf unser Land», 11. 9. 2015: «Das Grundrecht auf Asyl für politisch Verfolgte kennt keine Ober-

grenze; das gilt auch für die Flüchtlinge, die aus der Hölle eines Bürgerkriegs zu uns kommen.»
108 Horst Seehofer, Anmerkungen zur Rede von Angela Merkel auf dem CSU-Parteitag, München, 20. 11. 2005, Phoenix-Mitschnitt: https://www.youtube.com/watch?v=62_Kqy5xAjA.
109 Thomas Petersen, Die alternativlose Kanzlerin, F.A.Z., 19. 11. 2015.
110 Manfred Güllner, Stern-RTL-Wahltrend, Stern, 26. 11. 2015.
111 Vorabbericht: Thomas Gutschker, Wer stoppt den Strom?, F. A. S., 29. 11. 2015.
112 21. Parteitag der CDU Deutschlands, Karlsruhe, 14./15. 12. 2015, Protokoll, S. 31; Nico Fried, Ich, einfach unverbesserlich, SZ, 15. 12. 2015.
113 Robert Birnbaum, Wieder vereint, Tagesspiegel, 15. 12. 2015.
114 Die Fremde, Stern, 23. 12. 2015; Plakat: Bild, 30. 12. 2015.
115 Tim Stinauer, Bundespolizei am Bahnhof nicht mehr Herr der Lage, KStA, 4. 1. 2016.
116 Eine neue Dimension der Gewalt, KStA, 5. 1. 2016.
117 Untersuchungsbericht des Landtags NRW, vgl. Jörg Diehl/Peter Maxwill, Dokument des Scheiterns, Spiegel Online, 31. 3. 2017, https://www.spiegel.de/panorama/justiz/koeln-bericht-ueber-silvester-2015-belastet-polizei-und-stadt-a-1141368.html.
118 Pressekonferenz von Bundeskanzlerin Merkel und dem rumänischen Ministerpräsidenten Cioloș, Berlin, 7. 1. 2016.
119 Vgl. hier nur den Untersuchungsbericht des nordrhein-westfälischen Landtags: https://www.landtag.nrw.de/portal/WWW/dokumentenarchiv/Dokument/MMD16-14450.pdf.
120 Vgl. Michael Hanfeld, Richtlinie 12.1, F.A.Z., 24. 3. 2017; Jana Anzlinger, Kodex gelockert, taz, 24. 3. 2017; Christian Bommarius, Begründetes öffentliches Interesse, FR, 24. 3. 2017.
121 Vgl. die Übersicht bei statista.de: https://de.statista.com/statistik/daten/studie/157294/umfrage/polizeilich-erfasste-sexualmorde-seit-1995/.
122 Zu Kreuth: Nico Fried/Wolfgang Wittl, Klimawandel, SZ, 22. 1. 2016.
123 Udo di Fabio, Migrationskrise als föderales Verfassungsproblem, Gutachten im Auftrag des Freistaates Bayern, 8. 1. 2016, http://www.bayern.de/wp-content/uploads/2016/01/Gutachten_Bay_DiFabio_formatiert.pdf.
124 «Herrschaft des Unrechts» in der Flüchtlingspolitik, Interview mit Horst Seehofer, Passauer Neue Presse, 9. 2. 2016; zu der Debatte vgl. auch Gustav Seibt, Das Volk und seine Grenzen, SZ, 8. 5. 2019.
125 Vgl. Stephan Detjen/Maximilian Steinbeis, Die Zauberlehrlinge. Der Streit um die Flüchtlingspolitik und der Mythos vom Rechtsbruch, Stuttgart 2019.
126 Asylunterkünfte weiter im Visier rechter Straftäter, dpa, 2. 8. 2016.
127 Stephan Haselberger/Hans Monath, «Ich bete jeden Tag für Angela Merkel», Interview mit Winfried Kretschmann, Tagesspiegel, 31. 1. 2016.
128 Stürmischer Applaus für die Kanzlerin, Rhein-Zeitung, 10. 3. 2016; Nico Fried, Merkels Mäkeln, SZ, 11. 3. 2016.

129 Angela Merkel beim Wahlkampfabschluss in Sachsen-Anhalt, Halle, Steintor-Varieté, 11. 3. 2016, Mitschrift des Autors.
130 Angela Merkel, Pressekonferenz im Konrad-Adenauer-Haus, 14. 3. 2016.
131 Nico Fried, Läuft doch, SZ, 15. 3. 2016.
132 Paul Nolte, In der Zeitenwende. Der Aufstand der Frustrierten und die Krise des Modells Merkel, Cicero, 4/2016.
133 Zur Radikalisierung: Thomas Petersen, Die Welt der Wutbürger, F.A.Z., 18. 5. 2016; zum Rückhalt für Merkel: Renate Köcher, Umbrüche im Parteienspektrum, F.A.Z., 20. 4. 2016.
134 Nolte, Zeitenwende.
135 Rüdiger Soldt, Der Stammtisch ist nicht die Basis, F.A.Z., 9. 4. 2016; Robert Birnbaum, Wo die meisten sind, Tagesspiegel, 19. 4. 2016.
136 Bernd Ulrich/Tina Hildebrandt, «Mitleid ist nicht mein Motiv», Interview mit Angela Merkel, Zeit, 6. 10. 2016.
137 Pressekonferenz von Bundeskanzlerin Merkel und dem kroatischen Ministerpräsidenten Orešković, Berlin, 1. 3. 2016.
138 Extra 3, ARD, 17. 3. 2016, https://www.ardmediathek.de/daserste/player/Y3JpZ-DoVL25kci5kZS80NjU3OTNlYS1hZDEwLTQ1MDEtYTgxNi1jYzM4ZWI-wMzlhNjA/extra-3-vom-17-03-2016.
139 Jan Böhmermann, Neo Magazin Royale, ZDFneo, 31. 3. 2016, https://vimeo.com/162893887.
140 Steffen Seibert vor der Bundespressekonferenz, 4. 4. 2016.
141 Erklärung von Bundeskanzlerin Merkel zum Vorgehen der Bundesregierung nach der türkischen Verbalnote an das Auswärtige Amt, Berlin, 15. 4. 2016.
142 Pressekonferenz von Bundeskanzlerin Merkel, Ministerpräsidentin Kramp-Karrenbauer und Bürgermeister Sieling, Berlin, 22. 4. 2016.
143 Im Gespräch mit dem Autor.
144 Vgl. Jürgen Kaube, Verlieren wir die Türken?, F.A.Z., 20. 10. 2016.
145 Im Gespräch mit dem Autor.
146 Bernd Ulrich, Wünsche aus Stahl, Zeit, 21. 4. 2016.
147 Thomas Gutschker/Volker Zastrow, Ich gebe unsere Prinzipien nicht auf, Interview mit Angela Merkel, F. A. S., 22. 5. 2016.

5. Annus horribilis (2016–2017)

1 Zum Ablauf vgl. Günter Bannas, «Ein Einschnitt für Europa», F.A.Z., 25. 6. 2016.
2 Ebd.
3 Pressestatement von Bundeskanzlerin Merkel zum Ausgang des Referendums über den Verbleib Großbritanniens in der Europäischen Union, Berlin, 24. 6. 2016.
4 Andreas Rinke/Lidia Kelly, Kaczyńskis Geheimvisite bei Merkel, Reuters, 21. 4. 2017.
5 Günter Bannas, Fast schon ein Adieu, F.A.Z., 29. 6. 2018; Deutscher Bundestag, Plenarprotokoll, 18. Wahlperiode, 181. Sitzung. 28. 6. 2016, S. 17882.

6 Zitiert nach Nico Fried, Oh Mann, SZ, 29. 6. 2016.
7 Einar Koch/Norbert Körzdörfer, Frau Merkel, welchen Traum haben Sie noch?, Interview mit Angela Merkel, Bild, 30. 11. 2004.
8 Vgl. Ralph Bollmann, Aufstand der Abgehängten, F. A. S., 3. 7. 2016.
9 Vgl. auch Nolte, Zeitenwende.
10 Vgl. Günter Bannas, Der Sturm vor dem Orkan, F.A.Z., 18. 7. 2016; im Rückblick: 24 Stunden eines unglaublichen Jahres, 15. Juli, 11 Uhr: Angela Merkel regiert von der Türkei aus, Zeit-Magazin, 8. 12. 2016.
11 Pressestatement von Bundeskanzlerin Merkel zu den Ereignissen in der Türkei, Berlin, 16. 7. 2016.
12 Manfred Güllner, Wem Seehofers Merkel-Kritik hilft, Stern, 4. 8. 2016.
13 Fälle von Gewaltkriminalität, statista.com: https://de.statista.com/statistik/daten/studie/153880/umfrage/faelle-von-gewaltkriminalitaet/.
14 Bundespressekonferenz von Bundeskanzlerin Merkel, Berlin, 28. 7. 2016.
15 Sommerinterview mit Joachim Gauck, ZDF, 14. 8. 2016.
16 Vgl. Kurt Kister, Unbeliebt, aber ausdauernd, SZ, 6. 8. 2016.
17 Sommerinterview mit Angela Merkel, ARD, 28. 8. 2016, Mitschnitt: https://www.youtube.com/watch?v=oEmm_jWtb4s.
18 Julia Klöckner vor den Gremiensitzungen der CDU, 29. 8. 2016; vgl. CDU-Spitzenpolitiker rechnen mit Kanzlerkandidatur Merkels, Reuters, 29. 8. 2016.
19 Wolfgang Wittl, Seehofer: Selten dämliche Diskussion, SZ, 30. 8. 2016.
20 Miriam Meckel, «Da muss man Flagge zeigen», Interview mit Angela Merkel und Nicola Leibinger-Kammüller, Wirtschaftswoche, 26. 9. 2016.
21 Angela Merkel, Pressekonferenz im Konrad-Adenauer-Haus, 19. 9. 2016.
22 Vgl. Ralph Bollmann, Reform. Ein deutscher Mythos, Berlin 2008.
23 Thomas de Maizière, Pressekonferenz im Innenministerium, Berlin, 30. 9. 2016; vgl. dazu die Pressemitteilung: 890 000 Asylsuchende im Jahr 2015.
24 Steinmeier Kandidat der Großen Koalition, Rheinische Post, 15. 11. 2016.
25 Christopher Clark/Andrew Preston, Beware the kaiser chiefs, The New Statesman, 27. 10. 2016.
26 Pressestatement von Bundeskanzlerin Merkel zum Ausgang der US-Präsidentschaftswahl, Berlin, 9. 11. 2016.
27 Mark Landler, Trump, the insurgent, breaks with 70 years of American foreign policy, New York Times, 28. 12. 2017.
28 Rede von Bundeskanzlerin Merkel zur Eröffnung des Museums Barberini, Potsdam, 20. 1. 2017.
29 Vgl. Trumps Welt, Spiegel, 23. 12. 2016.
30 Alison Smale, Donald Trump's election leaves Angela Merkel as the liberal West's last defender, New York Times, 12. 11. 2016; Paul Hockenos, The dawn of Pax Germanica, Foreign Policy, 14. 11. 2016; Anführerin der freien Welt? Auch das noch!, Zeit, 17. 11. 2016.
31 Pressekonferenz von Bundeskanzlerin Merkel und dem Präsidenten der Vereinigten Staaten von Amerika, Barack Obama, Berlin, 17. 11. 2016.
32 Ebd.

33 Angela Merkel, Pressekonferenz im Konrad-Adenauer-Haus, 20. 11. 2016.
34 Nico Fried, Bin so frei, SZ, 21. 11. 2016.
35 Ebd.
36 Beobachtung des Autors.
37 Nico Fried, Sie muss noch mal ran, SZ, 11. 11. 2016.
38 Vgl. Rhodes, Im Weißen Haus, S. 14; René Pfister, Zeiten des Aufruhrs, Spiegel, 18. 5. 2019.
39 Angela Merkel, Pressekonferenz im Konrad-Adenauer-Haus, 20. 11. 2016.
40 Marc Brost/Tina Hildebrandt, Schon Geschichte?, Zeit, 18. 1. 2018.
41 Kantar Public für den Spiegel, 17. 12. 2016 («Politikertreppe»); zu den Parteiwerten vgl. die Datenreihen auf www.wahlrecht.de.
42 Rede von Bundeskanzlerin Merkel zur Verleihung der Integrationsmedaillen, Berlin, 19. 12. 2016.
43 Pressestatement von Bundeskanzlerin Merkel zum mutmaßlichen Anschlag am Breitscheidplatz, Berlin, 20. 12. 2016.
44 So z. B. Jürgen Kaube, Dringend verdächtig, F.A.Z., 21. 12. 2016.
45 Zitiert nach René Pfister, Zeiten des Aufruhrs, Spiegel, 18. 5. 2019; vgl. Herfried Münkler, Der Dreißigjährige Krieg. Europäische Katastrophe, Deutsches Trauma, Berlin 2017.
46 Vgl. Lionel Barber/Guy Chazan, Merkel doubles down on Europe, Interview mit Angela Merkel, Financial Times, 16. 1. 2020.
47 Der Rücktritt, Stern, 25. 1. 2017, Titelseite.
48 Horst Seehofer vor der Presse in München, 6. 2. 2017; vgl. Klimawandel, Spiegel, 11. 2. 2017.
49 Andreas Hoidn-Borchers/Axel Vornbäumen, Das Duell, Stern, 2. 2. 2017; Kipppt sie?, Spiegel, 15. 2. 2017, Titelseite; Bettina Gaus, Glaubwürdig bleiben, taz, 18. 3. 2017.
50 Infratest dimap, 24. 2. 2017.
51 Nico Fried, Merkels weiter Weg zur Fröhlichkeit, SZ, 27. 2. 2017.
52 Zit. nach Ralf Neukirch, Der Einzelkämpfer, Spiegel, 24. 11. 2018.
53 Frédéric Lemaître, Une coalition CDU-Parti liberal: le cauchemar de Macron, Le Monde, 8. 9. 2017.
54 So Michael Mertes, Leiter des Planungsstabs im Kanzleramt unter Kohl, zit. nach Marc Brost/Tina Hildebrandt, Schon Geschichte?, Zeit, 18. 1. 2018.
55 Kai Diekmann/Michael Gove, Trump spricht in BILD!, Bild, 16. 1. 2017.
56 Gemeinsame Presseerklärung von Bundeskanzlerin Angela Merkel und dem Präsidenten der Vereinigten Staaten von Amerika, Donald Trump, Presse- und Informationsamt der Bundesregierung, 28. 1. 2017.
57 Angela Merkel, Rede als CDU-Vorsitzende bei der CSU in Trudering, 28. 5. 2017, Mitschnitt: https://www.youtube.com/watch?v=mae6t3nETpM.
58 Vgl. Bernd Ulrich, Ihr langer Weg nach Trudering, Zeit, 1. 6. 2017.
59 Eine vernetzte Welt gestalten, Erklärung der Staats- und Regierungschefs, G20 Germany 2017, Hamburg, 7./8. 7. 2017, https://www.g20germany.de/Content/

DE/_Anlagen/G7_G20/G20-Abschlusserklaerung___blob=publication File&v=7.pdf.
60 Vgl. Der letzte Akt, Spiegel, 22. 6. 2017.
61 Rede von Bundeskanzlerin Merkel beim Europäischen Trauerakt zu Ehren von Bundeskanzler a. D. Dr. Helmut Kohl, Straßburg, 1. 7. 2017.
62 Zit. nach Roll, Kanzlerin, S. 163.
63 Brigitte Live, Gespräch mit Angela Merkel, Maxim-Gorki-Theater, Berlin, 26. 6. 2017, Phoenix-Mitschnitt: https://www.youtube.com/watch?v=aUnzOA_Nlww. Vgl. Merkel rückt vom Nein der CDU zur Ehe für alle ab, Eilmeldung, dpa, 26. 6. 2017, 21.23 Uhr.
64 Angela Merkel im Abgeordnetenrestaurant des Reichstagsgebäudes, 30. 6. 2017, Mitschnitt: https://www.youtube.com/watch?v=pbN1v5kDWpM.
65 Angelika Hellemann, SPD-Schulz warnt vor neuer Flüchtlingskrise, BamS, 23. 7. 2017.
66 Georg Löwisch/Anja Maier, «Ja, dies ist mein Land», Interview mit Angela Merkel, taz, 29. 8. 2017.
67 Fernsehduell, 3. 9. 2017.
68 Greser & Lenz, Der Wahlkampf tritt in die heiße Phase, F.A.Z., 5. 9. 2017.
69 Justus Bender, Gauland: Özoğuz in Anatolien entsorgen, F.A.Z., 28. 8. 2017; «Diese Schweine sind nichts anderes als Marionetten der Siegermächte», WamS, 10. 9. 2017.

6. Dämmerung (2017–2020)

1 Vor Journalisten am Rande der IWF-Jahrestagung in Washington, vgl. Schäuble nennt AfD «Schande für Deutschland», dpa, 9. 10. 2014.
2 Justus Bender, «Friedliche Revolutionen machen mir nie Sorgen», Interview mit Alexander Gauland, F.A.Z., 5. 9. 2018; vgl. dazu Berthold Kohler, Brandstifter im Biedermann-Sakko, F.A.Z., 6. 9. 2018.
3 Analyse der Bundestagswahl 2017, Presse- und Besucherzentrum der Bundesregierung, 25. 9. 2017, mit Dr. Nico Siegel (Infratest dimap), Matthias Jung (Forschungsgruppe Wahlen), Prof. Dr. Renate Köcher (Institut für Demoskopie Allensbach) und Dr. Peter Matuschek (forsa). Vor allem Jung und Köcher äußerten sich in diesem Sinn.
4 Angela Merkel am Wahlabend im Konrad-Adenauer-Haus, 24. 9. 2017.
5 Ebd.
6 So der Publizist Gustav Seibt auf Facebook, 13. 6. 2018.
7 Berliner Runde zur Bundestagswahl 2017, ARD/ZDF, 24. 9. 2017, Mitschnitt: https://www.zdf.de/nachrichten/heute-sendungen/berliner-runde-zur-bundestagswahl-100.html.
8 Angela Merkel, Pressekonferenz im Konrad-Adenauer-Haus, 25. 9. 2017.
9 Ebd.
10 Alexander Gauland auf der Wahlparty der AfD, 24. 9. 2017.

Anmerkungen zu den Seiten 611–636 771

11 Andrea Nahles nach ihrer Wahl zur Vorsitzenden der SPD-Bundestagsfraktion, 27. 9. 2017.
12 Martin Schulz am Tag nach der Bundestagswahl im Willy-Brandt-Haus, auf die Frage des *Welt*-Korrespondenten Daniel Friedrich Sturm, 25. 9. 2017.
13 Discours d'Emmanuel Macron pour une Europe souveraine, unie, démocratique, Paris, 26. 9. 2017, https://www.elysee.fr/emmanuel-macron/2017/09/26/initiative-pour-l-europe-discours-d-emmanuel-macron-pour-une-europe-souveraine-unie-democratique.
14 «Wir brauchen politisches Heldentum», Interview mit Emmanuel Macron, Spiegel, 14. 10. 2017.
15 Vgl. Günter Bannas, Zu spät für ein Machtwort, F.A.Z., 14. 11. 2017.
16 Vgl. Vorwärts ins Gestern, Spiegel, 13. 1. 2018.
17 Pressekonferenz von Bundeskanzlerin Merkel und dem Bundeskanzler der Republik Österreich, Kurz, Berlin, 17. 1. 2018.
18 Die Zerrüttung, SZ, 15. 6. 2018.
19 Gespräche mit Beteiligten.
20 Gespräche mit Beteiligten.
21 Gespräche mit Beteiligten.
22 Merkel bricht ihr Schweigen, dpa, 3. 11. 2017; Robert Rossmann, Jamaika – die Entscheidung rückt näher, SZ, 4. 11. 2017; Christoph Schult/Michael Sauga, «Aus Jamaika kann etwas werden», Spiegel, 11. 11. 2017.
23 So z. B. Philipp Wittrock, Wenn Jamaika scheitert, Spiegel Online, 12. 11. 2017.
24 Zum Folgenden vgl. die sehr gute Rekonstruktion: Sondierungen, F. A. S., 26. 11. 2017.
25 Ebd.
26 Flucht aus der Karibik, Spiegel, 23. 11. 2017 (Erscheinen der Ausgabe wegen des Jamaika-Aus auf Donnerstag vorgezogen).
27 FDP-Fraktionssprecher: Liberale brechen Jamaika-Verhandlungen ab, dpa, 19. 11. 2017, 23.48 Uhr.
28 Zit. nach Flucht aus der Karibik, Spiegel; die Zeitangabe stimmt allerdings nicht mit der Agenturmeldung überein; auch die F. A. S., Sondierungen, schreibt, die FDP-Unterhändler hätten den Raum erst gegen Viertel vor zwölf verlassen.
29 Stephan Lamby, Im Labyrinth der Macht, ARD, 5. 3. 2018.
30 Ebd.
31 Mitschrift des Autors.
32 Brennpunkt, ARD, 20. 11. 2017, Mitschnitt: https://www.youtube.com/watch?v=LL-yB_Z07s4; Was nun, Frau Merkel?, ZDF, 20. 11. 2017, Mitschnitt: https://www.zdf.de/politik/was-nun/videos/frau-merkel-100.html.
33 Gespräch mit Frank-Walter Steinmeier, Berlin, 18. 4. 2019.
34 Martin Schulz, Pressekonferenz im Willy-Brandt-Haus, 20. 11. 2017.
35 Gespräche mit Beteiligten.
36 Gespräch mit Beteiligten, Berlin, 12. 1. 2018.
37 Pressekonferenz von Angela Merkel, Martin Schulz und Horst Seehofer im Willy-Brandt-Haus, 12. 1. 2018; im Konrad-Adenauer-Haus, 7. 2. 2018.

38 So z. B. bereits während der Koalitionsverhandlungen, bei der Übergabe der 2-Euro-Gedenkmünze «100. Geburtstag Helmut Schmidt» im Kanzleramt, 2. 2. 2018.
39 Vgl. z. B. Bollmann/Hank, Wie war's.
40 Thomas Block/Miriam Hollstein, «Mr. Sicherheit» Thomas de Maizière: Zentral-Behörde für Ausländer, Interview mit Thomas de Maizière, BamS, 10. 2. 2019.
41 Pressekonferenz im Konrad-Adenauer-Haus, 19. 2. 2018.
42 Beobachtung des Autors.
43 Vgl. Robert Rossmann, Die Härteprüfung, SZ, 13. 6. 2018.
44 Vgl. Eckart Lohse, Merkel, Seehofer und die Achse, F.A.Z., 14. 6. 2018.
45 Vgl. Die Zerrüttung, SZ, 15. 6. 2018; Grenzgänger, F.A.Z., 15. 6. 2018.
46 Robin Alexander, «Ich kann mit der Frau nicht mehr arbeiten!», WamS, 17. 6. 2018.
47 Wolfgang Schäuble rückblickend im Interview mit den Zeitungen der Funke-Mediengruppe, 12. 7. 2018.
48 Peter Carstens/Timo Frasch, Die Angst vor der eigenen Entschlossenheit, F.A.Z., 18. 6. 2018.
49 Vgl. CDU und CSU entschärfen Streit über Asylpolitik, F.A.Z., 19. 6. 2018.
50 Vgl. Robert Rossmann, Merkel zieht Seehofer rote Linie, SZ, 19. 6. 2018.
51 Vgl. Pressekonferenz von Bundeskanzlerin Merkel und dem französischen Präsidenten Emmanuel Macron, Meseberg, 18. 6. 2018.
52 Thomas Gutschker/Eckart Lohse, Existenzfragen für Europa, Interview mit Angela Merkel, F.A.S., 3. 6. 2018.
53 Tagung des Europäischen Rates, Brüssel, 28. 6. 2018, Schlussfolgerungen.
54 Pressekonferenz von Bundeskanzlerin Merkel zum Abschluss des Europäischen Rates, Brüssel, 29. 6. 2018.
55 Manfred Weber vor der CSU-Zentrale, München, 1. 7. 2018.
56 Gespräch mit Wolfgang Schäuble, Berlin, 24. 8. 2018.
57 Horst Seehofer nach der Krisensitzung im Konrad-Adenauer-Haus, Berlin, 2. 7. 2018.
58 Seehofer bei der Vorstellung des Masterplans Migration, Berlin, 10. 7. 2018.
59 Die Kämpferin, Stern, 5. 7. 2018, Titelseite; René Pfister, Bitterer Triumph, Spiegel, 21. 7. 2018; Malte Kreutzfeldt/Anja Maier, Alles andere als am Ende, taz, 21. 7. 2018; Markus Feldenkirchen, Den Absprung verpasst, Spiegel, 14. 7. 2018.
60 Steffen Seibert vor der Bundespressekonferenz, 27. 8. 2018.
61 Pressekonferenz von Bundeskanzlerin Merkel und dem kroatischen Ministerpräsidenten Plenković, Berlin, 28. 8. 2018; Sächsischer Landtag, Plenarprotokoll, 6. Wahlperiode, 77. Sitzung. 5. 9. 2018, S. 7205.
62 «Keine Informationen über Hetzjagd», Bild, 7. 9. 2018.
63 Gespräch mit Steffen Seibert, 13. 9. 2018.
64 Angela Merkel im Konrad-Adenauer-Haus, Berlin, 24. 9. 2018.
65 Hans-Georg Maaßen, Rede vor dem «Berner Club», Warschau, 18. 10. 2018; der Wortlaut wurde am 5. 11. 2018 öffentlich bekannt.
66 Vgl. die ausführliche Rekonstruktion: Mehr Wir, mehr Team. Wie Ralph Brinkhaus Fraktionsvorsitzender der Union wurde, F. A. S., 30. 9. 2018.
67 Angela Merkel auf der Fraktionsebene des Reichstagsgebäudes, 25. 9. 2018.

68 Angela Merkel auf einer Veranstaltung der *Augsburger Allgemeinen*, Augsburg, 27. 9. 2018.
69 Zum Beispiel Matthias Geis/Bernd Ulrich, Wohin geht die Macht, wenn sie geht?, Zeit, 27. 9. 2018.
70 Joachim ohne Angela? Neue Südtiroler Tageszeitung, 18. 7. 2018, https://www.tageszeitung.it/2018/07/18/joachim-ohne-angela/.
71 Angela Merkel bei Anne Will, ARD, 10. 6. 2018.
72 Vgl. Georg Löwisch, Merkels Freundin, taz, 6. 12. 2018.
73 Pressekonferenz im Konrad-Adenauer-Haus, Berlin, 29. 10. 2018.
74 Stefan Braun, Warum die Union jetzt einen Friedrich Merz bräuchte, sueddeutsche.de, 11. 10. 2018, https://www.sueddeutsche.de/politik/cdu-merkel-zukunft-1.4164657-0#seite-2.
75 Vgl. Matthias Geis/Tina Hildebrandt, Wer sagt es ihr?, Zeit, 18. 10. 2018.
76 Gespräch mit Annegret Kramp-Karrenbauer, Berlin, 14. 5. 2019.
77 Vgl. Reiner Burger/Eckart Lohse, Jedem Ende wohnt ein Zauber inne, F.A.Z., 30. 10. 2018; Nico Fried/Robert Rossmann, Einatmen, Ausatmen, SZ, 30. 10. 2018; Das Rückspiel, Spiegel, 3. 11. 2018.
78 Vgl. u. a. Markus Wehner, Der neue Beifall für Angela Merkel, F.A.Z., 12. 11. 2018.
79 Johannes Leithäuser/Eckart Lohse, «Eine Mehrheit für Merz wäre das Beste für das Land», Interview mit Wolfgang Schäuble, F.A.Z., 5. 12. 2018.
80 31. Parteitag der CDU Deutschlands, Hamburg, 7./8. 12. 2018, Protokoll, S. 25.
81 https://www.youtube.com/watch?v=4YiIZQsyuSQ.
82 Annegret Kramp-Karrenbauer, Pressekonferenz im Konrad-Adenauer-Haus, 27. 5. 2019.
83 https://edition.cnn.com/2019/05/28/europe/angela-merkel-interview-amanpour-intl-grm/index.html.
84 Gespräch des Autors mit Teilnehmern.
85 Zahlen des Umweltbundesamts, https://www.umweltbundesamt.de/indikator-emission-von-treibhausgasen.
86 Ebd.
87 Angela Merkel in der Sitzung der CDU/CSU-Bundestagsfraktion, 4. 6. 2019.
88 Pressekonferenz nach Sitzung des Kabinettsausschusses Klimaschutz, Berlin, Futurium, 20. 9. 2019.
89 Annegret Kramp-Karrenbauer, Europa richtig machen, WamS, 10. 3. 2019.
90 «Ob ich es will oder nicht», Interview mit Annegret Kramp-Karrenbauer, WamS, 12. 5. 2019; Hans-Ulrich Jörges, Ich höre, du willst mich stürzen, Stern, 14. 11. 2019; vgl. zum Ganzen auch Robin Alexander, Machtverfall, Merkels Ende und das Drama der deutschen Politik, München 2021.
91 Rede von Bundeskanzlerin Merkel bei der 368. Graduationsfeier der Harvard University, Cambridge/Massachusetts, 30. 5. 2019.
92 Vgl. z. B. Kurt Kister, Vor dem Ende, SZ, 3. 6. 2019.
93 Vgl. Michaela Wiegel, Präsident Macron gerät ins Schwärmen, F.A.Z., 4. 7. 2019.
94 Steffen Seibert vor der Bundespressekonferenz, 19. 12. 2018.

95 So haben wir uns das Ende des Patriarchats aber nicht vorgestellt, taz, 18. 7. 2019, Titelseite.
96 Erklärung von Bundeskanzlerin Merkel zu den Morden von Hanau, Berlin, 20. 2. 2020.
97 Pressekonferenz von Bundeskanzlerin Merkel und dem Präsidenten der Republik Südafrika, Cyril Ramaphosa, Pretoria, 6. 2. 2020.

7. Corona (2020–2021)

1 Fernsehansprache von Bundeskanzlerin Angela Merkel, Berlin, 18. 3. 2020. Zur Genese vgl. Nico Fried, Im Ernst, SZ, 20. 3. 2020.
2 Deutscher Bundestag, Plenarprotokoll, 19. Wahlperiode, 155. Sitzung, 22. 4. 2020, S. 19.211.
3 Lungenkrankheit in China, SZ, 4. 1. 2020.
4 Bericht zur Risikoanalyse im Bevölkerungsschutz 2012, Unterrichtung durch die Bundesregierung, Deutscher Bundestag, Drucksache 17/12051 vom 3. 1. 2013.
5 «Wir befinden uns am Beginn einer Corona-Epidemie», SZ, 27. 2. 2020; Spahn: Am Beginn einer Corona-Epidemie, F. A. Z., 27. 2. 2020.
6 Vgl. Nico Fried, Berlin im Krisenmodus: Ganz schön aufregend, SZ, 7. 3. 2020.
7 Filipp Piatov u. a., Merkel und das Corona-Chaos: Keine Rede, kein Auftritt, keine Führung in der Krise, Bild, 11. 3. 2020.
8 Pressekonferenz von Bundeskanzlerin Merkel, Bundesgesundheitsminister Spahn und RKI-Chef Wieler, Berlin, 11. 3. 2020; Zitate z. T. gekürzt.
9 Gute Rekonstruktion: Verhängnisvolle Dynamik, Spiegel, 20. 6. 2020.
10 Pressekonferenz von Bundeskanzlerin Merkel, Ministerpräsident Söder und dem Ersten Bürgermeister Tschentscher, Berlin, 12. 3. 2020.
11 Pressekonferenz von Bundeskanzlerin Merkel zu Maßnahmen der Bundesregierung im Zusammenhang mit dem Coronavirus, Berlin, 16. 3. 2020.
12 Corona-Tote in Europa, Spiegel Online, Stand 31. 1. 2021, https://datawrapper.dwcdn.net/MmypS/2/.
13 Zu den Umfragezahlen der verschiedenen Institute vgl. den Überblick auf www.wahlrecht.de.
14 Pressekonferenz von Bundeskanzlerin Merkel und dem französischen Präsidenten Emmanuel Macron, Berlin/Paris, 18. 5. 2020.
15 Danke schön, Libération, 22. 7. 2020, S. 1.
16 Vgl. u. a. Thomas Vitzthum, Als die Kanzlerin kurz davor war «aufzugeben», Welt, 7. 5. 2020.
17 Pressekonferenz von Bundeskanzlerin Merkel zu den Maßnahmen der Bundesregierung im Zusammenhang mit dem Coronavirus, Berlin, 6. 4. 2020; Pressekonferenz von Bundeskanzlerin Merkel, Bundesminister Scholz, Ministerpräsident Söder und dem Ersten Bürgermeister Tschentscher im Anschluss an das Gespräch mit den Regierungschefinnen und Regierungschefs der Länder, Berlin, 15. 4. 2020.

18 Der AfD-Abgeordnete Bernd Baumann sprach von einer «Ermächtigung der Regierung, wie es das seit geschichtlichen Zeiten nicht mehr gab»: Deutscher Bundestag, Plenarprotokoll, 19. Wahlperiode, 191. Sitzung, 18. 11. 2020, S. 24.046.
19 Vgl. Jens Spahn, Antworten auf die Fragen zum Thema Impfstoffe, Pressemitteilung des Bundesministeriums für Gesundheit, 19. 1. 2021.
20 Roland Lindner, «Es gibt keinen schnellen Ausweg», Interview mit Bill Gates, F. A. Z., 27. 4. 2020.
21 Vgl. What has gone wrong?, Economist, 3. 4. 2021.
22 Paul Krugman, Vaccines: A very European disaster, New York Times, 18. 3. 2021.
23 Pressekonferenz von Bundeskanzlerin Merkel, Berlin, 28. 8. 2020.
24 Deutscher Bundestag, Plenarprotokoll, 19. Wahlperiode, 179. Sitzung, 30. 9. 2020, S. 22.527.
25 Merkel: Maßnahmen nicht hart genug für Erfolg gegen Corona, dpa, 14. 10. 2020, 21.17 Uhr.
26 Helge Braun im ARD-Morgenmagazin, 15. 10. 2020.
27 Transkript Podcast «Corona-Appell», 17. 10. 2020; Transkript Podcast «Corona-Appell Wiederholung», 24. 10. 2020.
28 Stefan Locke, «Ich hatte unrecht», Interview mit Bodo Ramelow, F. A. Z., 8. 1. 2021.
29 Pressekonferenz von Bundeskanzlerin Merkel zur Corona-Pandemie, Berlin, 2. 11. 2020.
30 Merkel in einer Videokonferenz mit Mitarbeiterinnen und Mitarbeitern von Hilfs- und Krisentelefonen, 10. 3. 2021.
31 Patrick Bernau/Ralph Bollmann, «Wir müssen auf einiges verzichten», Interview mit Peter Altmaier, F. A. S., 18. 10. 2020; «Ich fühle mich für dumm verkauft», bild.de, 1. 9. 2020.
32 Videokonferenz der Bundeskanzlerin mit den Regierungschefinnen und Regierungschefs der Länder, 28. 10. 2020, Beschluss.
33 Vgl. Jan Hauser, Mobilität geht nur leicht zurück, F. A. Z., 12. 11. 2020.
34 Videoschaltkonferenz der Bundeskanzlerin mit den Regierungschefinnen und Regierungschefs der Länder, 25. 11. 2020, Beschluss.
35 Deutscher Bundestag, Plenarprotokoll, 19. Wahlperiode, 195. Sitzung, 26. 11. 2020, S. 24.569.
36 Zit. nach Katja Gloger/Georg Mascolo, Ausbruch. Innenansichten einer Pandemie, München 2021, S. 318.
37 Deutscher Bundestag, Plenarprotokoll, 19. Wahlperiode, 198. Sitzung, 9. 12. 2020, S. 24.927.
38 Claus Christian Malzahn, «Erschreckend viele tun so, als gäbe es keine Pandemie», Interview mit Marco Wanderwitz, Welt, 30. 12. 2020.
39 Eine furchtbare Zeit, Interview mit Michael Kretschmer, Freie Presse, 9. 1. 2021.
40 Eckart Lohse, Hat recht behalten, F. A. Z., 14. 12. 2020; Dirk Kurbjuweit, Tragik einer Kanzlerin, Spiegel, 19. 12. 2020.
41 Bitkom: Chaos bei Impftermin-Vergabe einer High-Tech-Nation unwürdig, dpa, 23. 2. 2021.
42 Farbe bekennen, ARD, 2. 2. 2021.

43 «Wir müssen durchhalten – und vor allem: auf die Bremse treten», Interview mit Christian Drosten, Spiegel, 23. 1. 2021.
44 «Ich lasse mir nicht anhängen, dass ich Kinder quäle». Riesen-Zoff um Schul-Schließungen, Bild, 20. 1. 2021.
45 Vgl. Christine Haas, IW skizziert Ausweg aus Lockdown. «Gewisse Sterblichkeit» für Normalität sei hinnehmbar, Welt, 17. 2. 2021.
46 Laschet: Nicht immer neue Grenzwerte erfinden, dpa, 15. 2. 2021.
47 Corona-Tote in Europa, Spiegel Online, Stand 31. 1. 2021, https://datawrapper.dwcdn.net/MmypS/2/.
48 So z. B. Regierungssprecher Steffen Seibert vor der Bundespressekonferenz am 8. 1., 25. 1., 19. 2. und 12. 3. (in den Protokollen teils Jo-Jo, teils Jojo geschrieben).
49 Pressestatement von Bundeskanzlerin Merkel nach der Videokonferenz mit den Regierungschefinnen und Regierungschefs der Länder, Berlin, 24. 3. 2021.
50 Renate Köcher, Verheerende Vertrauenskrise, F. A. Z., 24. 3. 2021.
51 Pressekonferenz von Bundeskanzlerin Merkel und Ministerpräsident Laschet im Anschluss an die Kabinettssitzung der Landesregierung NRW, Düsseldorf, 18. 8. 2020.
52 Robin Alexander/Ulf Poschardt, «Es läuft der letzte Teil der Aktion ‹Merz verhindern›», Interview mit Friedrich Merz, Welt, 27. 10. 2020.
53 Pressestatement von Bundeskanzlerin Merkel zur Ergänzung des Infektionsschutzgesetzes, Berlin, 13. 4. 2021.
54 Vgl. Merkels letzte Krise, F. A. S., 4. 4. 2021.
55 Pressekonferenz von Bundeskanzlerin Merkel, Bürgermeister Müller und Ministerpräsident Söder nach der Besprechung der Bundeskanzlerin mit den Regierungschefinnen und Regierungschefs der Länder, Berlin, 10. 2. 2021.
56 Vgl. «Rechtlich betrachtet braucht man für den Lockdown keine Ministerpräsidenten», Interview mit Christoph Möllers, spiegel.de, 10. 2. 2021.
57 Pressekonferenz von Bundeskanzlerin Merkel, Bürgermeister Müller und Ministerpräsident Söder nach der Besprechung der Bundeskanzlerin mit den Regierungschefinnen und Regierungschefs der Länder, Berlin, 10. 2. 2021.
58 Renate Köcher, Verheerende Vertrauenskrise, F. A.Z., 24. 3. 2021.
59 Patrick Illinger, «Tu, was du willst, aber wolle das Richtige!», Interview mit Armin Nassehi, SZ, 8. 2. 2021.
60 Deutscher Bundestag, Plenarprotokoll, 19. Wahlperiode, 198. Sitzung, 9. 12. 2020; Pressekonferenz von Bundeskanzlerin Merkel zur aktuellen Lage, Berlin, 21. 1. 2021.
61 Rede von Bundeskanzlerin Merkel anlässlich des Davos-Dialogs des World Economic Forum, Videokonferenz, 26. 1. 2021.

Bilanz

1 So z. B. Christean Wagner, Kein Merkel-Bonus, Leserbrief, F.A.Z, 20. 3. 2021.

Quellen- und Literaturverzeichnis

I.

Quellen

Amtliche Dokumente und Reden

Abschlusserklärungen der G7-, G8- und G20-Gipfel, abrufbar über die Seiten der jeweiligen Gastgeber.
Bundespressekonferenz, Stenografische Protokolle, https://www.bundespressekonferenz.de/login/protokolle (seit 3.1.2003, nur für Mitglieder) oder https://www.bundesregierung.de/breg-de/aktuelles/pressekonferenzen (seit 2.12.2013).
Bundestagsdrucksachen, abrufbar unter www.bundestag.de/dokumente.
CDU-Regierungsprogramme: 2005–2009, 2009–2013, 2013–2017, 2017–2021.
Koalitionsverträge 2005, 2009, 2013 und 2018, verfügbar auf den Internetseiten der beteiligten Parteien.
Parteitage der CDU Deutschlands, Protokolle, online als pdf-Datei auf der Seite der Konrad-Adenauer-Stiftung (www.kas.de), auffindbar nur über Google-Suche.
Pressekonferenzen der Bundeskanzlerin, cvd.bundesregierung.de/cvd-de/pressekonferenzen-briefings (nur für registrierte Benutzer), www.bundeskanzlerin.de/bkin-de/aktuelles/866576!search (frei zugänglich).
Pressekonferenzen der CDU-Vorsitzenden im Konrad-Adenauer-Haus, Mitschriften des Autors, z.T. abrufbar über den Youtube-Kanal von Phoenix: https://www.youtube.com/user/phoenix.
Pressekonferenzen und Reden weiterer Politiker, Mitschriften des Autors, z.T. abrufbar über die jeweiligen Youtube-Kanäle oder Internetseiten.
Pressemitteilungen der Bundeskanzlerin, abrufbar unter https://cvd.bundesregierung.de/cvd-de/pressemitteilungen (nur für registrierte Nutzer).
Pressemitteilungen der Bundesministerien, abrufbar über die jeweiligen Internetseiten.
Programme anderer Parteien, abrufbar auf der jeweiligen Homepage und Archiv des Autors.
Reden der Bundeskanzlerin, Mitschriften, https://cvd.bundesregierung.de/cvd-de/reden (seit 7.1.2014, nur für registrierte Benutzer) oder https://www.bundesregierung.de/breg-de/aktuelles/reden (seit 3.11.2009).
Reden des Bundespräsidenten, abrufbar unter www.bundespraesident.de (enthält auch die Reden früherer Amtsinhaber).

Schlussfolgerungen des Europäischen Rats, abrufbar unter https://www.consilium. europa.eu/de/european-council/conclusions/.
Verhandlungen des Deutschen Bundestages, Plenarprotokolle, 1990–2021, https:// www.bundestag.de/dokumente/protokolle/plenarprotokolle.

Gedruckte Quellen und Selbstzeugnisse

Bundesamt für Migration und Flüchtlinge, Kriminalität von Aussiedlern. Eine Bestandsaufnahme, Working Paper Nr. 12 /2007, Nürnberg 2008.
Der, Ralf/Haberlandt, Reinhold/Merkel, Angela: On the influence of spatial correlations on the rate of chemical reactions in dense systems. II. Numerical results, in: Chemical Physics 53 (1980).
Der, Ralf/Merkel, Angela/Czerwon, Hans-Jürgen: On the influence of spatial correlations on the rate of chemical reactions in dense gases. I. Quantum statistical theory, in: Chemical Physics 53 (1980).
Gauck, Joachim: Winter im Sommer – Frühling im Herbst. Erinnerungen, München 2009.
Draghi, Mario: Speech at the Global Investment Conference in London, 26. 7. 2012, https://www.ecb.europa.eu/press/key/date/2012/html/sp120726.en.html.
Fabio, Udo Di: Migrationskrise als föderales Verfassungsproblem, Gutachten im Auftrag des Freistaates Bayern, 8. 1. 2016, http://www.bayern.de/wp-content/uploads/ 2016/01/Gutachten_Bay_DiFabio_formatiert.pdf.
Festschrift 150 Jahre Waldhof, Stephanus-Stiftung 2004.
Gaus, Günter: Gespräch mit Angela Merkel, DFF, 28. 10. 1991.
Geithner, Timothy F.: Stress Test. Reflections on Financial Crises, London 2014.
Guttenberg, Karl-Theodor zu (im Gespräch mit Giovanni di Lorenzo): Vorerst gescheitert, Freiburg im Breisgau 2011.
Hohmann, Martin: Ansprache zum Nationalfeiertag, Neuhof, 3. 10. 2003, https:// www.heise.de/tp/features/Der-Wortlaut-der-Rede-von-MdB-Martin-Hohmann-zum-Nationalfeiertag-3431873.html (kopiert von der Website der Neuhofer CDU).
House of Commons, Foreign Affairs Committee, Libya: Examination of intervention and collapse and the UK's future policy options, Third Report of Session 2016–17, https://publications.parliament.uk/pa/cm201617/cmselect/cmfaff/119/119.pdf.
Kasner, Horst: «Wir sind einen Weg gegangen», Ansprache am Vorabend des 3. Oktober, Marktplatz zu Templin, 2. 10. 2019.
Koch, Roland: Konservativ. Ohne Werte und Prinzipien ist kein Staat zu machen, Freiburg im Breisgau 2010.
Kohl, Helmut: Mein Tagebuch 1998–2000, München 2000.
Kohl, Helmut: «Wir müssen wieder Zuversicht geben», Interview, in: Internationale Politik, 5/2011, S. 10–17.
Landtag Nordrhein-Westfalen, Untersuchungsbericht zur Kölner Silvesternacht, https://www.landtag.nrw.de/portal/WWW/dokumentenarchiv/Dokument/MM D16-14450.pdf.

Le Maire, Bruno: Zeiten der Macht. Hinter den Kulissen internationaler Politik, Reinbek 2014.

Lindner, Christian: Schattenjahre. Die Rückkehr des politischen Liberalismus, Stuttgart 2018.

Machiavelli, Niccolò: Der Fürst. Hrsg. von Otfried Höffe, Berlin 2012.

Macron, Emmanuel: Révolution. C'est notre combat pour la France, Paris 2016.

Maizière, Lothar de: Ich will, dass meine Kinder nicht mehr lügen müssen. Meine Geschichte der deutschen Einheit, Freiburg im Breisgau 2010.

Maizière, Thomas de (im Gespräch mit Stefan Braun): Damit der Staat den Menschen dient. Über Macht und Regieren, München 2013.

Maizière, Thomas de: Regieren. Innenansichten der Politik, Freiburg im Breisgau 2019.

Merkel, Angela (Hrsg.): Dialog über Deutschlands Zukunft, Hamburg 2012.

Merkel, Angela: Der Preis des Überlebens. Gedanken und Gespräche über zukünftige Aufgaben der Umweltpolitik, Stuttgart 1997.

Merkel, Angela, in: Herlinde Koelbl, Spuren der Macht. Die Verwandlung des Menschen durch das Amt. Eine Langzeitstudie, München 1999, S. 47–61.

Merkel, Angela: Quo vadis Deutschland? Gedanken zum 13. Jahrestag der Deutschen Einheit, Berlin, 1. 10. 2003.

Merkel, Angela: Mein Weg. Ein Gespräch mit Hugo Müller-Vogg, aktualisierte Ausgabe Hamburg 2005 (zuerst 2004).

Merkel, Angela: Geleitwort, in: Alice Schwarzer, Damenwahl. Vom Kampf um das Frauenwahlrecht bis zur ersten Kanzlerin, Köln 2008.

Merkel, Angela: Antwort auf eine Frage des belgischen Abgeordneten Guy Verhofstadt vor dem Europaparlament, 7. 11. 2012.

Merz, Friedrich: Mehr Kapitalismus wagen. Wege zu einer gerechten Gesellschaft, München 2008.

Müntefering, Franz: Unterwegs. Älterwerden in dieser Zeit, Bonn 2019.

Obama, Barack: Ein verheißenes Land, München 2020.

Pflüger, Friedbert: Ehrenwort. Das System Kohl und der Neubeginn, München 2000.

Rhodes, Ben: Im Weißen Haus, München 2019.

Röttgen, Norbert: Deutschlands beste Jahre kommen noch. Warum wir keine Angst vor der Zukunft haben müssen, München 2009.

Sarkozy, Nicolas: Die Zeit der Stürme, Band 1, Kehl 2021.

Schäuble, Wolfgang: Der Vertrag. Wie ich über die deutsche Einheit verhandelte, Stuttgart 1991.

Schäuble, Wolfgang: Mitten im Leben, München 2000.

Schindhelm, Michael: Roberts Reise. Roman, München 2000.

Schröder, Gerhard: Rede auf dem außerordentlichen Bundesparteitag der SPD, Berlin, 31. 8. 2005.

Schwan, Heribert/Jens, Tilman: Vermächtnis. Die Kohl-Protokolle, München 2014.

Schwarzer, Alice (Hrsg.): Damenwahl. Vom Kampf um das Frauenwahlrecht bis zur ersten Kanzlerin, Köln 2008.

Sikorski, Radoslaw: Rede auf Einladung der Deutschen Gesellschaft für Auswärtige Politik, Allianz-Forum, Berlin, 28. 11. 2011.

Stoiber, Edmund: Weil die Welt sich ändert. Politik aus Leidenschaft – Erfahrungen und Perspektiven, München 2012.
Westerwelle, Guido (mit Dominik Wichmann): Zwischen zwei Leben. Von Liebe, Tod und Zuversicht, Hamburg 2015.
Wulff, Christian: Ganz oben, Ganz unten, München 2014.

Durchgehend ausgewertete Zeitungen

Frankfurter Allgemeine Zeitung
Spiegel
Süddeutsche Zeitung
Zeit

Weitere benutzte journalistische Quellen

AFP
AP
ARD
Augsburger Allgemeine
Berliner Zeitung
Bild
Bild am Sonntag
Brigitte
Bunte
B.Z.
Cicero
Corriere della Sera
Daily Telegraph
Deutschlandfunk
dpa
Economist
Elbe-Jeetzel-Zeitung
Express
Financial Times
Financial Times Deutschland
Focus
Foreign Policy
Frankfurter Allgemeine Sonntagszeitung
Frankfurter Rundschau
Gazeta Wyborcza
Guardian
Hamburger Abendblatt
Handelsblatt
Heise
Kölner Stadt-Anzeiger
Kosmos
Lausitzer Rundschau
Le Monde
Leipziger Volkszeitung
Mannheimer Morgen
Neon
Neue Südtiroler Tageszeitung
New Statesman
New York Times
New Yorker
Newsweek
Nordwest-Zeitung
El País
Passauer Neue Presse
Playboy
La Repubblica
Reuters
Rheinische Post
Rhein-Main-Zeitung
Rhein-Zeitung
Saarbrücker Zeitung
Sächsische Zeitung
Schweriner Volkszeitung
Spiegel Online
Spiegel Reporter
Spiesser

Quellen- und Literaturverzeichnis

Stern
Stuttgarter Nachrichten
Stuttgarter Zeitung
stylight.de
Super Illu
Tagesspiegel
taz, die tageszeitung
Time
Washington Post
Welt
Welt am Sonntag
Der Westpreuße
ZDF
ZDFneo
Wirtschaftswoche

Gespräche

Diese Biographie beruht auf einer Vielzahl von Gesprächen, die der Autor im Rahmen seiner journalistischen Arbeit geführt hat. Darüber hinaus gab es speziell für dieses Buch folgende Treffen:

Altmaier, Peter (Videokonferenz, 13. 2. 2021)
Apelt, Andreas (Berlin, 5. 6. 2019)
Beeskow, Hans-Ulrich (Templin, 12. 12. 2016)
Benn, Erika (Templin, 12. 12. 2016)
Braun, Helge (Berlin, 16. 3. 2021)
Der, Ralf (Leipzig, 20. 5. 2019)
Gauck, Joachim (Berlin, 28. 5. 2019)
Hausmann, Willi (Stieldorf, 3. 7. 2019)
Kramp-Karrenbauer, Annegret (Berlin, 14. 5. 2019)
Laschet, Armin (Berlin, 20. 10. 2020)
Leyen, Ursula von der (per Telefon, 4. 11. 2020)
Maaß, Hans-Christian (Berlin, 14. 5. 2019)
Maizière, Lothar de (Berlin, 9. 9. 2020)
Maizière, Thomas de (Berlin, 4. 4. 2019)
Merz, Friedrich (Berlin, 5. 5. 2021)
Meyer-Landrut, Nikolaus (Paris, 20. 6. 2019)
Müntefering, Franz (Berlin, 12. 7. 2019)
Musca, Xavier (Montrouge, 24. 6. 2019)
Polenz, Ruprecht (Videokonferenz, 28. 4. 2021)
Schäuble, Wolfgang (Berlin, 24. 8. 2018)
Spahn, Jens (Berlin, 8. 2. 2021)
Steinlein, Stephan (Berlin, 4. 3. 2019)
Steinmeier, Frank-Walter (Berlin, 18. 4. 2019)
Stoiber, Edmund (München, 2. 7. 2019)
Weidmann, Jens (Berlin, 14. 6. 2019)
Wilhelm, Ulrich (München, 22. 7. 2019)

II.
Literatur

Alexander, Robin: Machtverfall. Merkels Ende und das Drama der deutschen Politik, München 2021.

Alexander, Robin: Die Getriebenen. Merkel und die Flüchtlingspolitik: Report aus dem Inneren der Macht, München 2017.

Anzahl der polizeilich erfassten Fälle von Gewaltkriminalität in Deutschland von 1999 bis 2019, statista.com, https://de.statista.com/statistik/daten/studie/153880/umfrage/faelle-von-gewaltkriminalitaet/.

Autret, Florence: Angela Merkel. Une Allmande (presque) comme les autres, aktualisierte Ausgabe Paris 2017 (zuerst 2013).

Bahners, Patrick: Im Mantel der Geschichte. Helmut Kohl oder Die Unersetzlichkeit, Berlin 1998.

Bannas, Günter: Machtverschiebung. Wie die Berliner Republik unsere Politik verändert hat, Berlin 2019.

Bassewitz, Sebastian Graf von (Hrsg.): Angela Merkel. Das Porträt, mit Fotografien von Laurence Chaperon, München 2009.

Beck, Ulrich: Das deutsche Europa, Berlin 2012.

Benyahia-Kouider, Odile: L'Allemagne paiera. Voyage au pays d'Angela, Paris 2013.

Bierling, Stephan: Vormacht wider Willen. Deutsche Außenpolitik von der Wiedervereinigung bis zur Gegenwart, München 2014.

Biess, Frank: Republik der Angst, Hamburg 2019.

Blasius, Tobias/Küpper, Moritz: Der Machtmenschliche. Armin Laschet, Die Biographie, Essen 2020.

Blome, Nikolaus: Angela Merkel. Die Zauder-Künstlerin, München 2013.

Bolgherini, Silvia/Grotz Florian (Hrsg.): La Germania di Angela Merkel, Bologna 2010.

Bollmann, Ralph: «Dann isch over» – Griechenlandkrise und Exportweltmeisterschaft, in: Andreas Fahrmeir (Hrsg.), Deutschland. Globalgeschichte einer Nation, München 2020, S. 859–863.

Bollmann, Ralph: Die Deutsche. Angela Merkel und wir, Stuttgart 2013.

Bollmann, Ralph: Lob des Imperiums, Der Untergang Roms und die Zukunft des Westens, Berlin 2006.

Bollmann, Ralph: Reform. Ein deutscher Mythos, Berlin 2008.

Bösch, Frank: Die Adenauer-CDU. Gründung, Aufstieg und Krise einer Erfolgspartei, 1945–1969, Stuttgart 2001.

Bösch, Frank: Macht und Machtverlust. Die Geschichte der CDU, München 2002.

Bösch, Frank: Zeitenwende 1979. Als die Welt von heute begann, München 2019.

Bowersock, Glen: The vanishing paradigm of the fall of Rome, in: Bulletin of the American Academy of Arts and Sciences 49 (1996), S. 29–43.

Boysen, Jacqueline: Angela Merkel. Eine deutsch-deutsche Biographie, München 2001.

Braun, Michael: Mutti. Angela Merkel spiegata agli italiani, Bari 2015.

Quellen- und Literaturverzeichnis

Bröcker, Michael: Jens Spahn. Die Biographie, Freiburg 2018.
Brunelli, Roberto: Angela Merkel. La sfinge, Reggio Emilia 2013.
Brunnermeier, Markus K./James, Harold/Landau, Jean-Pierre: Euro. Der Kampf der Wirtschaftskulturen, München 2018.
Castronovo, Valerio: La sindrome tedesca. Europa 1989–2014, Bari 2014.
Clauß, Anna: Söder. Die andere Biographie, Hamburg 2021.
Conze, Eckart: Die Suche nach Sicherheit, München 2009.
Crawford, Alan/Czuczka, Tony: Angela Merkel. A chancellorship forged in crisis, Chichester 2013.
Crouch, Colin: Postdemokratie, Frankfurt am Main 2008.
Dausend, Peter/Niejahr, Elisabeth: Operation Röschen. Das System von der Leyen, Frankfurt am Main 2015.
Davet, Gérard/Lhomme, Fabrice: «Un président ne devrait pas dire ça ...». Les secrets d'un quinquennat, Paris 2016.
Dehio, Georg: Handbuch der deutschen Kunstdenkmäler, Berlin, 3. Aufl. Berlin 2006.
Deininger, Roman/Ritzer, Uwe: Markus Söder. Der Schattenkanzler, überarbeitete Neuausgabe München 2020 (zuerst 2018).
Deininger, Roman: Die CSU. Bildnis einer speziellen Partei, München 2020.
Demmer, Ulrike/Goffart, Daniel: Kanzlerin der Reserve. Der Aufstieg der Ursula von der Leyen, Berlin 2015.
Dempsey, Judy: Das Phänomen Merkel. Deutschlands Macht und Möglichkeiten, Hamburg 2013.
Detjen, Stephan/Steinbeis, Maximilian: Die Zauberlehrlinge. Der Streit um die Flüchtlingspolitik und der Mythos vom Rechtsruck, Stuttgart 2019.
Dunz, Kristina/Quadbeck, Eva: Ich kann, ich will und ich werde. Annegret Kramp-Karrenbauer, die CDU und die Macht, München 2018.
Dürr, Tobias/Soldt, Rüdiger: Die CDU nach Kohl, Frankfurt am Main 1998.
Eribon, Didier: Rückkehr nach Reims, Berlin 2016.
Ernst-Bertram, Bettina/Planer-Friedrich, Jens: Pfarrerskinder in der DDR. Außenseiter zwischen Benachteiligung und Privilegierung, Berlin 2008.
Feldenkirchen, Markus: Die Schulz-Story. Ein Jahr zwischen Höhenflug und Absturz, München 2018.
Forschungsgruppe Wahlen, Politbarometer, https://www.forschungsgruppe.de/Umfragen/Politbarometer/.
Friedrich-Ebert-Stiftung, Büro Berlin (Hrsg.): Das verfemte Dokument. Zum 10. Jahrestag des SPD/SED-Papiers «Der Streit der Ideologien und die gemeinsame Sicherheit», Berlin, 1. 2. 1997, http://library.fes.de/pdf-files/netzquelle/01287.pdf.
Gaus, Günter: Wo Deutschland liegt. Eine Ortsbestimmung, Tb. München 1986 (zuerst: Hamburg 1983).
Gloger, Katja/Mascolo, Georg: Ausbruch. Innenansichten einer Pandemie, München 2021.
Grashoff, Udo: Schwarzwohnen. Die Unterwanderung der staatlichen Wohnraumlenkung in der DDR, Göttingen 2011.

Greenblatt, Stephen: Der Tyrann. Shakespeares Machtkunde für das 21. Jahrhundert, München 2018.
Hebel, Stephan: Merkel. Bilanz und Erbe einer Kanzlerschaft, Frankfurt am Main 2018.
Hebel, Stephan: Mutter Blamage. Warum die Nation Angela Merkel und ihre Politik nicht braucht, Frankfurt am Main 2013.
Heckel, Margaret: So regiert die Kanzlerin. Eine Reportage, München 2009.
Herzau, Andreas: AM, Wädenswil 2018.
Hickmann, Christoph/Knobbe, Martin/Medick, Veit (Hrsg.): Lockdown. Wie Deutschland in der Coronakrise knapp der Katastrophe entkam, München 2020.
Hoeres, Peter: Zeitung für Deutschland. Die Geschichte der F.A.Z., Salzburg 2019.
Hofmann, Gunter: Helmut Schmidt. Soldat, Kanzler, Ikone, München 2015.
Höhler, Gertrud: Die Patin. Wie Angela Merkel Deutschland umbaut, Zürich 2012.
Infratest Dimap, ARD-Deutschlandtrend, https://www.tagesschau.de/inland/deutschlandtrend/.
Jander, Martin: Orte der friedlichen Revolution, Berlin 2009.
Jung, Matthias u. a.: Regierungswechsel ohne Wechselstimmung, APUZ 51/2009.
Karlauf, Thomas: Helmut Schmidt. Die späten Jahre, München 2016.
Kershaw, Ian: Achterbahn. Europa 1950 bis heute, München 2019.
Klauß, Cornelia/Böttcher, Frank (Hrsg.): Unerkannt durch Freundesland. Illegale Reisen durch das Sowjetreich, 3. Aufl. Berlin 2011.
Knaus, Gerald: Welche Grenzen brauchen wir? Zwischen Empathie und Angst – Flucht, Migration und die Zukunft von Asyl, München 2020.
König, Ewald: Merkels Welt zur Wendezeit. Weitere deutsch-deutsche Notizen eines Wiener Korrespondenten, Halle an der Saale 2015.
Konrad-Adenauer-Stiftung (Hrsg.): Arbeitswelt und Berufstätigkeit der Frau, https://www.adenauercampus.de/ddrtutorium/alltag-und-leben/arbeitswelt-und-berufstaetigkeit-der-frau.
Kornelius, Stefan: Angela Merkel. Die Kanzlerin und ihre Welt, Hamburg 2013.
Korte, Karl-Rudolf: Gesichter der Macht. Über die Gestaltungspotenziale der Bundespräsidenten, Frankfurt am Main 2019.
Kossert, Andreas: Flucht. Eine Menschheitsgeschichte, München 2020.
Kowalczuk, Ilko-Sascha: Endspiel. Die Revolution von 1989 in der DDR, München 2009.
Krastev, Ivan/Holmes, Stephen: Das Licht, das erlosch. Eine Abrechnung, Berlin 2019.
Kuhbandner, Jörg/Oelker, Jan (Hrsg.): Transit. Illegal durch die Weiten der Sowjetunion, 3. Aufl. Radebeul 2016.
Kundnani, Hans: German Power. Das Paradox der deutschen Stärke, München 2016.
Kurbjuweit, Dirk: Angela Merkel. Die Kanzlerin für alle?, München 2009.
Lamby, Stephan: Im Labyrinth der Macht, ARD, 5. 3. 2018 (Fernsehdokumentation).
Langguth, Gerd: Angela Merkel. Biographie, aktualisierte Neuausgabe München 2010 (zuerst 2005).
Langguth, Gerd: Kohl, Schröder, Merkel. Machtmenschen, München 2009.

Lau, Mariam: Die letzte Volkspartei. Angela Merkel und die Modernisierung der CDU, München 2009.

Leinemann, Susanne: Aufgewacht. Mauer weg, Stuttgart 2002.

Lepp, Claudia: Wege in die DDR. West-Ost-Übersiedlungen im kirchlichen Bereich vor dem Mauerbau, Göttingen 2015.

Levitsky, Steven/Ziblatt, Daniel: Wie Demokratien sterben. Und was wir dagegen tun können, München 2018.

Lewenhagen, Jan: Kanslerin som kom in från kylan (= Die Kanzlerin, die aus der Kälte kam), Stockholm 2017.

Lohse, Eckart/Wehner, Markus: Guttenberg. Biographie, München 2011.

Lohse, Eckart/Wehner, Markus: Rosenkrieg. Die große Koalition 2005–2009, Köln 2009.

Lohse, Eckart/Wehner, Markus: Steinbrück. Biographie, München 2012.

Luft, Stefan: Die Flüchtlingskrise. Ursachen, Konflikte, Folgen, München 2016.

Lütjen, Torben/Geiges, Lars: Frank-Walter Steinmeier. Die Biographie, Freiburg im Breisgau 2017.

Mak, Geert: Große Erwartungen. Auf den Spuren des europäischen Traums, München 2020.

Makowitz, Bärbel/Knitter, Eitel/Kunze, Martin: Templin. Eine märkische Stadt im Wandel der Geschichte, Strasburg (Uckermark) 2013.

McGee, Luke: Angela Merkel warns against dark forces on the rise in Europe, cnn.com, https://edition.cnn.com/2019/05/28/europe/angela-merkel-interview-amanpour-intl-grm/index.html.

Meng, Richard: Merkelland. Wohin führt die Kanzlerin?, Köln 2006.

Minkmar, Nils: Der Zirkus. Ein Jahr im Innersten der Politik, Frankfurt am Main 2013.

Moskal, Anna: Im Spannungsfeld von Region und Nation. Die Polonisierung der Stadt Posen nach 1918 und 1945, Wiesbaden 2013.

Müller, Jan-Werner: Was ist Populismus? Ein Essay, Berlin 2016.

Münkler, Herfried: Der Dreißigjährige Krieg. Europäische Katastrophe, deutsches Trauma 1618–1648, Berlin 2017.

Münkler, Herfried: Macht in der Mitte. Die neuen Aufgaben Deutschlands in Europa, Hamburg 2015.

Münkler, Marina/Münkler, Herfried: Die neuen Deutschen. Ein Land vor seiner Zukunft, Berlin 2016.

Neitzel, Sönke/Scianna, Bastian Matteo: Blutige Enthaltung. Deutschlands Rolle im Syrienkrieg, Freiburg im Breisgau 2021.

Osterhammel, Jürgen: Die Verwandlung der Welt. Eine Geschichte des 19. Jahrhunderts, München 2009.

Otero-Iglesias, Miguel: The Euro for China: Too big to fail and too hard to rescue, in: Análisis del Real Instituto Elcano (ARI) 45 /2014, https://www.files.ethz.ch/isn/184493/ARI45-2014-OteroIglesias-The-euro-for-Chinatoo-big-to-fail-and-too-hard-to-rescue.pdf.

Pergande, Frank: Trinwillershagen, in: ders., Alles Salz kommt aus dem Meer. Ein Reisebegleiter vom Darß bis an den Kummerower See, Schwerin 2014, S. 95–101.

Pflüger, Friedbert: Ehrenwort. Das System Kohl und der Neubeginn, Stuttgart 2000.
Picaper, Jean-Paul: Angela Merkel. La femme la plus puissante du monde, Paris 2010.
Pollack, Detlef: Das unzufriedene Volk. Protest und Ressentiment in Ostdeutschland von der friedlichen Revolution bis heute, Bielefeld 2020.
Qvortrup, Matthew: Angela Merkel. Europe's most Influential Leader, erweiterte Neuauflage 2017 (zuerst 2016).
Reckwitz, Andreas: Die Gesellschaft der Singularitäten. Zum Strukturwandel der Moderne, München 2019.
Renterghem, Marion Van: C' était Merkel, Paris 2021.
Resing, Volker: Angela Merkel. Die Protestantin, Leipzig 2009.
Reuth, Ralf Georg/Lachmann, Günther: Das erste Leben der Angela M., München 2013.
Rhodes, Ben: Im Weißen Haus. Die Jahre mit Barack Obama, München 2019.
Richter, Konstantin: Die Kanzlerin. Eine Fiktion, Zürich 2017.
Richter, Peter: 89/90. Roman, München 2015.
Rinke, Andreas: Das Merkel-Lexikon, Die Kanzlerin von A–Z, Springe 2016.
Rinke, Andreas: Eingreifen oder nicht? Warum sich die Bundesregierung in der Libyen-Frage enthielt, in: Internationale Politik, Juli/August 2011, S. 44–53.
Rödder, Andreas: 21.0. Eine kurze Geschichte der Gegenwart, München 2015.
Rogozinski, Marcin: Posen. Boom um Angela Merkels polnische Wurzeln, n-ost, 25. 3. 2013, https://cafebabel.com/de/article/posen-boom-um-angela-merkelspolnische-wurzeln-5ae0087bf723b3 5a145e3a6c/.
Roll, Evelyn: Die Kanzlerin. Angela Merkels Weg zur Macht, erweiterte Neuausgabe Berlin 2009 (zuerst 2001 u. d. T. Das Mädchen und die Macht).
Romanis, Veronica De: Il metodo Merkel. Il pragmatismo alla guida dell'Europa, Venezia 2009.
Rousseau, Richard: Why Germany Abstained on UN Resolution 1973 on Libya, Foreign Policy Journal, 22. 06. 2011.
Salazar Figueroa, Patricia/Mendoza Weber, Christina: Angela Merkel. La fisica del poder, Bogotá 2019.
Schindhelm, Michael: Roberts Reise, München 2000.
Schmidt, Matthias/Körner, Thorsten: Angela Merkel. Die Unerwartete, ARD, 12. 12. 2016.
Schöllgen, Gregor: Gerhard Schröder. Die Biographie, München 2015.
Schramm, Julia: Fifty Shades of Merkel, Hamburg 2016.
Schumacher, Hajo: Die zwölf Gesetze der Macht. Angela Merkels Erfolgsgeheimnisse, München 2006.
Schumacher, Hajo: Roland Koch. Verehrt und verachtet, Frankfurt am Main 2004.
Schumann, Andreas: Familie de Maizière. Eine deutsche Geschichte, Zürich 2014.
Schütz, Hans Peter: Wolfgang Schäuble. Zwei Leben, München 2012.
Schwarz, Hans-Peter: Helmut Kohl. Eine politische Biographie, München 2012.
Schwarz, Patrick (Hrsg.): Angela Merkel. Die Unerwartete, Hamburg 2011.

Schwennicke, Christoph: Das Glück am Haken. Der ewige Traum vom dicken Fisch, München 2010.
Spiegel Biographie: Angela Merkel. Ein Leben in zwei Welten, Hamburg 2017.
Stengel, Friedemann: Die Theologischen Fakultäten in der DDR als Problem der Kirchen- und Hochschulpolitik des SED-Staates bis zu ihrer Umwandlung in Sektionen 1970/71, Leipzig 1998.
Stephan, Cora: Angela Merkel. Ein Irrtum, München 2011.
Stephan, Helga/Wiedemann, Eberhard: Studie zur Lohnstruktur und Lohndifferenzierung in der DDR, Institut für Arbeitsmarkt- und Berufsforschung der Bundesanstalt für Arbeit, Nürnberg 1990.
Stock, Wolfgang: Angela Merkel. Eine politische Biographie, München 2000.
Ther, Philipp: Die neue Ordnung auf dem alten Kontinent. Eine Geschichte des neoliberalen Europa, Berlin 2014.
Tooze, Adam: Crashed. Wie zehn Jahre Finanzkrise die Welt verändert haben, München 2018.
Twente, Christian: Stunden der Entscheidung. Angela Merkel und die Flüchtlinge, ZDF, 2019 (Dokudrama).
UFZ-Umweltforschungszentrum Leipzig-Halle GmbH (Hrsg.): Leipzig Permoserstraße. Zur Geschichte eines Industrie- und Wissenschaftsstandorts, Leipzig 2001.
Ulrich, Bernd: Sagt uns die Wahrheit! Was die Politiker verschweigen und warum, Köln 2015.
Ulrich, Bernd: Wofür Deutschland Krieg führen darf. Und muss. Eine Streitschrift, Reinbek 2011.
Vannuccini, Vanna/Predazzi, Francesca: Piccolo Viaggio nell'anima tedesca, Mailand 2004.
Wagner, Stephan: Die Getriebenen, ARD, 2020 (Dokudrama).
Winkler, Heinrich August: Geschichte des Westens. Die Zeit der Gegenwart, München 2015.
Winkler, Heinrich August: Politik ohne Projekt, Gedanken über Deutschland, Libyen und Europa, Internationale Politik, September/Oktober 2011, S. 28–37.
Winkler, Heinrich August: Zerreißproben. Deutschland, Europa und der Westen, Interventionen 1990–2015, München 2015.
Zastrow, Volker: Die Vier. Eine Intrige, Berlin 2009.
Zein, Henrik: Die organisatorische Entwicklung der CDU in der Opposition (1969–1982 und 1998–2005), Magisterarbeit Osnabrück 2007.

Abbildungsverzeichnis

ullstein bild: S. 22 (© ullstein bild – Frank Ossenbrink), 140 (© ullstein bild – Ebner), 302 (© ullstein bild – CommonLens/Axel Schmidt), 651 (© ullstein bild – Christian Bach)
© Harald Hauswald/OSTKREUZ: S. 27
ddp images: S. 35 (© Marcus Brandt, ddp images/dapd), 217 (© ddp images/Michael Urban), 348 (© ddp images/Torsten Silz)
picture alliance: S. 48 (Bernd Gurlt/picture alliance/dpa/Fotoreport), 123 (picture alliance/Reuters/Fabrizio Bensch), 144 (picture alliance/dpa/Tim Brakemeier), 147 (picture alliance/dpa/Tim Brakemeier), 164 (picture alliance/dpa/Bernd Wüstneck), 212 (picture alliance/dpa/dpaweb/Martin Gerten), 220 (picture alliance/dpa/Sixt), 255 (picture alliance/dpa/Wolfgang Kumm), 277 (picture alliance/dpa/dpaweb/Peter Kneffel), 282 (picture alliance/dpa/Michael Kappeler), 288 (picture alliance/AP Photo/Eckehard Schulz), 309 (picture alliance/dpa/Peer Grimm), 311 (picture alliance/dpa/Peter Kneffel), 315 (picture alliance/Reuters/POOL), 331 (picture alliance/dpa/Rainer Jensen), 401 (picture alliance/dpa/Mohamed Omar), 408 (picture alliance/Reuters/Philippe Wojazer), 412 (picture alliance/dpa/Oliver Berg), 422 (picture alliance/Reuters/Fabrizio Bensch), 424 (picture alliance/dpa/Sören Stache), 464 (picture alliance/Reuters/Gleb Garanich), 475 (picture alliance/dpa/Guido Bergmann), 483 (picture alliance/dpa/Michael Kappeler), 524 (picture alliance/AP Photo/Tolga Bozoglu), 545 (picture alliance/dpa/Michael Kappeler), 550 (picture alliance/dpa/Sven Hoppe), 555 (picture alliance/dpa/Markus Boehm), 589 (picture alliance/Newscom/German Federal Government), 591 (picture alliance/Bundesregierung/dpa/Guido Bergmann), 595 (picture alliance/dpa/Bernd von Jutrczenka), 602 (picture alliance/dpa/Kay Nietfeld), 620 (picture alliance/AP Photo/Markus Schreiber), 653 (picture alliance/AP Photo/Philippe Wojazer), 677 (picture alliance/Photoshot), 696 (picture alliance/dpa/Michael Kappeler), 700 (picture alliance/dpa/Pool/Peter Kneffel), 703 oben (picture alliance/dpa/Kay Nietfeld), 703 unten (picture alliance/dpa/Bernd von Jutrczenka)
Dieter Brauer / Focus Magazin: S. 61
Archiv Prof. Klaus Thiessen: S. 73
© Andreas Schoelzel: S. 117
Bundesarchiv: S. 132 (Bild 183-1990-0803-017/Fotograf: Bernd Settnik)
© Bernd Wiesen: S. 179
© Daniel Biskup/laif: S. 207

Anhang

© Frank Zauritz: S. 221
© J. H. Darchinger/darchinger.com: S. 224
© Henning Schacht, action press: S. 362
Getty Images: S. 392 (Foto von Tokyo Electric Power Co., Kyodo News Stills via Getty Images), 417 (Foto von Guido Bergmann/Pool via Getty Images), 509 (Foto von Ameer Alhalbi/AFP via Getty Images), 526 (Sean Gallup/Staff, Getty Images), 608 (Wojtek Radwanski/AFP via Getty Images), 628 (Odd Andersen/AFP via Getty Images), 679 (Foto von Tobias Schwarz/AFP via Getty Images), 685 (Foto von Stephanie Lecocq/Pool/AFP via Getty Images)
© Norddeutscher Rundfunk – Fernsehen, NDR aktuell: S. 502
Imago: S. 649 (© Imago/Jens Jeske), 663 (© Imago/UPI Photo), 667 (© Imago/Jens Jeske)
Presse- und Informationsamt der Bundesregierung: S. 657
© EPA-EFE: S. 693

Personenregister

Ackermann, Josef 290, 328 f., 335
Adam, Konrad 440
Adam-Schwaetzer, Irmgard 145
Adenauer, Konrad 12, 24, 105, 148, 211, 216, 240, 242, 251, 275–277, 287, 344, 354 f., 362 f., 366, 376, 552, 598, 717
Ahlrichs, Reinhart 88
Alasad, Hassan 526
Alexander, Robin 536
Allen, Woody 291
Althaus, Dieter 254
Altmaier, Peter 183 f., 190, 279, 297, 360, 412, 428, 457 f., 505, 517–519, 522, 529, 548, 691
Amthor, Philipp 657
Andreotti, Giulio 598
Apelt, Andreas 119 f., 122, 124
Asmussen, Jörg 324, 328
Assad, Baschar al- 451 f.
Atatürk, Mustafa Kemal 567
Ayrault, Jean-Marc 577

Bachmann, Lutz 505
Baerbock, Annalena 703 f.
Bahr, Egon 304
Bahro, Rudolf 90
Barbe, Angelika 119
Baring, Arnulf 237
Barley, Katarina 584
Barroso, José Manuel 415, 431, 443
Bartenstein, Martin 89
Barzel, Rainer 222, 235
Baumann, Beate 155 f., 174, 188, 194, 199, 226, 291 f., 297, 323, 362, 639, 655

Baumeister, Brigitte 197, 200, 204 f.
Baumgarten, Paul 143
Bebel, August 665
Beck, Kurt 274, 279, 314, 318 f., 351
Beck, Volker 613
Becker, Boris 290
Beckmann, Reinhold 225
Beckstein, Günther 316, 328, 528
Beeskow, Hans-Ulrich 45 f., 53
Ben Ali, Zine el-Abidine 400
Benedikt XVI., Papst 245, 317
Benn, Erika 46 f., 53
Bergmann-Pohl, Sabine 144, 162
Berlusconi, Silvio 289, 330, 411 f., 415 f., 430, 443, 468, 541, 711
Bernanke, Ben 327
Beust, Ole von 190, 252, 256, 319
Biden, Joe 704, 715
Biedenkopf, Kurt 200, 206
Biermann, Wolf 58, 92
Birthler, Marianne 115, 585
Bismarck, Otto von 18, 101, 216, 242, 709
Blair, Tony 183, 301, 607
Blessing, Martin 328 f.
Bloch, Ernst 56, 79
Blocher, Christoph 711
Blüm, Norbert 148, 249
Böhm, Franz 126
Böhme, Ibrahim 127, 129
Böhmer, Wolfgang 231
Böhmermann, Jan 565 f., 568
Börner, Johann Traugott 286
Bohl, Friedrich 176
Bohley, Bärbel 111

Bolsonaro, Jair 714
Bonhoeffer, Dietrich 26
Borissow, Bojko 686
Bosbach, Wolfgang 412, 428
Bosque, Vicente del 291
Bouazizi, Mohamed 400
Bouffier, Volker 394, 396, 580, 652, 702
Brandt, Willy 12, 31, 117, 143, 183, 217 f., 301, 526, 544, 583
Brasch, Thomas 93
Brinkhaus, Ralph 648 f.
Brown, Gordon 330, 342
Brüderle, Rainer 257, 360, 374, 396 f., 448
Brunnhuber, Georg 317
Buber-Neumann, Margarete 34
Bush, George H. W. 195
Bush, George W. 220, 232, 240, 301, 303 f., 310, 325, 371, 490

Cameron, David 401, 515, 519, 571 f.
Charles, Prinz von Wales 181
Chirac, Jacques 232
Christiansen, Eva 188, 194, 226, 292, 297, 639, 655
Christiansen, Sabine 210, 229, 276 f., 279
Clark, Christopher 459, 586
Clausewitz, Carl von 350
Clement, Wolfgang 212, 238
Clinton, Bill 183
Clinton, Hillary 402 f., 586
Cohen, Roger 553
Conte, Giuseppe 416, 641 f.
Corsepius, Uwe 293, 519

Däubler-Gmelin, Herta 428
Dahrendorf, Ralf 341
Dalai Lama 306
Daul, Joseph 651
Davutoğlu, Ahmet 506, 523, 565 f., 569
Deppendorf, Ulrich 395
Der, Ralf 64–67

Detjen, Stephan 558
Dibelius, Otto 34
Diepgen, Eberhard 125, 129, 191 f.
Dijsselbloem, Jeroen 482, 486, 498
Dobrindt, Alexander 625, 632, 640, 643
Dohnanyi, Klaus von 89
Draghi, Mario 419, 431, 436, 489
Dresen, Andreas 353
Dreyer, Malu 560 f.
Drosten, Christian 679
Dubček, Alexander 40
Dzierżyński, Feliks 72

Edathy, Sebastian 457
Eichel, Hans 190, 213, 237, 327
Elisabeth II., Queen 576
Eppelmann, Rainer 29 f., 113, 116, 119 f., 124, 129 f.
Erdoğan, Recep Tayyip 307, 523 f., 536, 553, 564–567, 569, 577, 714
Erhard, Ludwig 122, 126, 148, 242, 552
Esken, Saskia 665
Eucken, Walter 126

Fabio, Udo Di 558
Faymann, Werner 516 f., 532, 569
Feldmeyer, Karl 198
Filbinger, Hans 245, 316 f.
Finck, August von 364
Fink, Ulf 153 f.
Fischbeck, Hans-Jürgen 112
Fischer, Joschka 42, 173, 180, 187, 196, 216–218, 233, 236, 239, 258, 264 f., 283, 307, 312
Forck, Gottfried 20
Franziskus, Papst 610
Freud, Sigmund 157
Frey, Christofer 113
Fried, Nico 476
Friedrich II., König von Preußen 265
Friedrich, Hans-Peter 393, 457, 528
Friedrichs, Hanns Joachim 116
Froman, Michael 432

Personenregister

Fuchs, Michael 390
Funès, Louis de 339

Gabriel, Sigmar 238, 286, 298, 346, 383 f., 447, 456, 493, 496, 498, 512, 517 f., 520, 522, 529, 531, 547 f., 560, 584 f., 599–601
Gaddafi, Muammar al- 400–402, 405 f.
Gallina, Sandra 687
Gates, Robert 402
Gatzer, Werner 385
Gauck, Joachim 30, 44, 128, 310, 381, 383 f., 423–425, 428, 463–465, 545, 579, 584 f.
Gauland, Alexander 440, 506, 617, 620, 623
Gaulle, Charles de 324, 598
Gaus, Günter 95, 104
Geerkens, Egon 420
Gehler, Matthias 131, 133, 136
Geis, Norbert 162
Geisler, Hans 138
Geißler, Heiner 145, 153, 195, 249, 611
Geithner, Timothy 434
Genscher, Hans-Dietrich 114, 135 f., 357
Gentiloni, Paolo 594
Glinka, Michail 75
Glos, Michael 176, 222, 346
Goebbels, Joseph 100
Göring-Eckardt, Katrin 454, 523, 632
Gogol, Nikolai 90
Gorbatschow, Michail 82, 90, 92, 99 f., 109, 114, 127, 133, 136, 195
Grass, Günter 20
Griefahn, Monika 172, 176
Griese, Inga 277, 279 f.
Gröhe, Hermann 183, 297, 360, 452, 457, 637
Grybauskaitė, Dalia 495
Günther, Daniel 603
Günzel, Reinhard 244
Guttenberg, Karl-Theodor zu 346, 360, 385–387, 399, 420 f., 457, 713
Guttenberg, Stephanie zu 421

Gysi, Gregor 52, 120, 146
Gysi, Klaus 52

Habeck, Robert 604
Haberlandt, Helmut 73
Haberlandt, Reinhold 64, 70, 73
Hager, Kurt 100
Hahn, Ulla 89
Haider, Jörg 711
Haller, Józef 18
Hardenberg, Isa von 277
Hartz, Peter 238
Hasselfeldt, Gerda 145
Hausmann, Willi 156, 171, 187, 196, 226
Havemann, Florian 93
Havemann, Frank 93
Havemann, Katja 111
Havemann, Robert 92 f.
Havemann, Ulrich 93
Hecker, Jan 522
Heinemann, Gustav 24, 40, 42, 250
Heitmann, Steffen 251
Hempel, Johannes 20
Henkel, Hans-Olaf 440
Hennenhöfer, Gerald 179
Hensel, Jana 353
Hermann, Klaus 139
Herrmann, Joachim 622
Hertz, Gustav 57
Herzog, Roman 182, 241, 246 f.
Hesse, Hermann 187
Heusgen, Christoph 292 f., 522
Heuss, Theodor 21 f.
Hintze, Peter 155 f., 169, 297, 350, 360, 428, 458
Hitler, Adolf 21, 34, 90, 100, 146, 243, 428, 645
Höcke, Björn 670 f.
Hoentsch, Erika 59 f., 66, 89, 118
Höppner, Reinhard 231
Hohmann, Martin 242–246, 507
Hollande, François 429 f., 433, 443, 468, 474 f., 478–480, 489 f., 492, 494 f., 498, 519, 549, 571–574, 605

Holthoff-Pförtner, Stephan 201
Hombach, Bodo 212
Honecker, Erich 30, 41, 57, 78, 83, 99, 115, 184, 670
Horn, Charly 50, 52
Huber, Erwin 316, 328
Huber, Wolfgang 423
Huck, Bernd 223
Hussein, Saddam 240

Ihrke, Bodo 53
Issoufou, Mahamadou 583

Jäger, Harald 116
Janukowytsch, Wiktor 460–463, 465
Jaruzelski, Wojciech 81 f.
Jauck, Erhard 171
Jazenjuk, Arsenij 465
Jentzsch, Willi 20
Johannes XXIII., Papst 185
Johnson, Boris 571, 687, 714
Jospin, Lionel 178
Juncker, Jean-Claude 431, 489, 600, 611, 665
Jung, Franz Josef 229, 296, 360, 428
Jung, Matthias 276, 351, 443, 562

Kaczyński, Jarosław 248, 312, 572, 598, 608
Kaczyński, Lech 248, 301, 312
Kahrs, Johannes 613 f.
Kannegießer, Karlheinz 58
Kanther, Manfred 184, 201
Karrenbauer, Helmut 656
Kasner, Herlind, geb. Jentzsch 17, 20 f., 23–25, 35–37, 39, 43, 45, 51, 53, 69, 80, 86, 104, 112, 116, 276, 639
Kasner, Horst 17, 19 f., 22 f., 25–37, 40 f., 43, 45 f., 50–53, 57, 63, 69 f., 86, 96, 104 f., 112 f., 120, 276
Kasner, Irene 23, 32, 50, 276, 282
Kasner, Marcus 25, 32, 50, 62, 276
Kaube, Jürgen 567
Kauder, Volker 210, 224, 260 f., 296 f.,

317, 361, 388, 396, 427, 452, 454, 547, 571, 624, 632, 640, 648–650
Kaźmierczak, Ludwig 17–19
Kaźmierczak, Margarethe, geb. Pörschke 19, 23, 37, 49
Kedida, Shaker 526
Keller, Petra 281
Kemmerich, Thomas 671
Kerber, Markus 643
Kern, Christian 569
Khomeini, Ayatollah 79
Kielmansegg, Matthias von 297
Kiep, Walther Leisler 193, 195
Kinkel, Klaus 293
Kirchhof, Paul 252, 268 f.
Kissinger, Henry 537
Klaeden, Eckart von 183, 297, 458, 660
Klaver, Jesse 605
Kleber, Claus 427
Kleine-Brockhoff, Thomas 464
Kleiner, Matthias 398
Kleopatra, Pharaonin 362
Klinsmann, Jürgen 314
Klitschko, Vitali 463
Klöckner, Julia 454, 559 f., 580
Klose, Hans-Ulrich 167
Koch, Roland 189–191, 200 f., 211, 224–230, 234 f., 237 f., 244 f., 250–252, 254, 259, 263, 296, 306, 315, 318 f., 347, 360 f., 379, 382, 468
Kögler, Brigitta 129
Köhler, Horst 135, 252–255, 259, 266 f., 381–384, 419, 425, 583
Koelbl, Herlinde 36, 170, 209, 290, 299
Köppe, Ulli 612
Kohl, Helmut 12 f., 82 f., 100, 105, 118, 124–127, 130, 135, 138, 140, 144 f., 149–156, 160, 165, 168–171, 173 f., 177, 181–188, 191 f., 194–207, 211, 213, 219, 222, 234–237, 242, 249, 251, 254, 271, 275–278, 283, 290, 293, 297 f., 300, 306–308, 312, 338, 354, 356, 358, 362, 366, 371, 375 f., 378, 416, 437 f., 441, 453, 534, 546, 552,

Personenregister

587, 590, 598, 607, 610 f., 621, 636, 712–717
Kohl-Richter, Maike 375, 610 f.
Koop, Heinz-Peter 148
Kotsch, Bernhard 516
Kraft, Hannelore 211, 378
Kramp-Karrenbauer, Annegret 284 f., 580, 603, 637 f., 643, 652, 654–658, 661, 663 f., 666 f., 671 f., 700 f.
Krause, Günther 133, 136–138, 145, 156–158, 161
Kreisky, Bruno 183
Krenz, Egon 115
Kretschmann, Winfried 388, 505, 560 f., 563, 585
Kretschmer, Michael 645, 693 f.
Kriegsmann, Heinrich 98
Krugman, Paul 688
Kubicki, Wolfgang 604, 631 f.
Kubitschek, Götz 243 f.
Kudla, Bettina 574
Künast, Renate 334
Kuhlo, Karl-Ulrich 128
Kuhn, Fritz 332
Kunze, Reiner 58
Kurdi, Aylan 514
Kurz, Sebastian 541, 560, 563, 569, 594, 625 f., 640, 642, 680, 683, 710 f.
Kwaśniewski, Aleksander 183
Kwoizalla, Edith 694

Lafontaine, Oskar 148, 168, 177 f., 191, 211, 253
Lagarde, Christine 329 f., 437, 489
Lambert, Franz 192
Lambsdorff, Otto Graf 334
Lammert, Norbert 396, 584 f.
Landowsky, Klaus 219
Lanz, Markus 424
Laschet, Armin 183, 426, 454, 580, 604, 630, 661, 673, 677, 693, 696, 701–704
Laumann, Karl-Josef 396
Lauterbach, Karl 688

Le Pen, Marine 248, 541, 575, 605
Lehmann, Jens 574
Leibniz, Gottfried Wilhelm 70
Leich, Werner 20
Leinemann, Jürgen 181
Leonhard, Wolfgang 34
Leutheusser-Schnarrenberger, Sabine 360
Lévy, Bernard-Henri 401
Leyen, Ursula von der 273, 276, 284 f., 292, 296, 349, 360, 382 f., 396, 428, 445, 452, 455 f., 465, 546, 561, 635, 638, 666 f., 687, 702
Leyendecker, Hans 194
Li Keqiang 147
Liefers, Jan Josef 115
Lindner, Christian 395, 409, 542, 545, 604, 623, 625, 628–632, 671
Linnemann, Carsten 637
Lorenzo, Giovanni di 164
Löschke, Harald 53
Löw, Jogi 290
Longuet, Gérard 405
Lucke, Bernd 439 f.
Lübcke, Walter 668
Lüthje, Uwe 195
Lukaschenko, Alexander 479
Lummer, Heinrich 165 f.

Maas, Heiko 279
Maaß, Hans-Christian 125, 131, 660
Maaßen, Hans-Georg 646–648, 650
Machiavelli, Niccolò 254 f.
Macron, Emmanuel 248, 481, 587, 603, 605–607, 623 f., 641 f., 653, 664–666, 678, 683, 686, 710, 716
Maizière, Clemens de 120
Maizière, Lothar de 21 f., 120, 124 f., 129–134, 136, 144 f., 151–154, 157, 287
Maizière, Thomas de 125, 130 f., 294, 297, 323, 374, 387, 402, 404, 456–458, 508–510, 517, 522, 529–531, 533, 546, 548, 582, 594, 622, 637
März, Ursula 254

Mappus, Stefan 317 f., 361, 393 f., 399
Martin, Noël 165
Marx, Reinhard 540
Masur, Kurt 55
Matthes, Ulrich 437
Mau, Harald 89
May, Theresa 576
Mayer, Hans 56
McCain, John 477
Medwedjew, Dmitri 304 f.
Meermann, Heinz 286
Meinhof, Ulrike 216
Meisner, Joachim 86
Meister, Michael 259
Mélenchon, Jean-Luc 605
Menzel, Adolph 75
Merkel, Ulrich 60–64, 74, 76
Merz, Friedrich 188, 200, 202, 207 f., 213–216, 222, 224, 228, 233–236, 240 f., 246, 252–254, 259, 261, 265, 268, 316, 334, 651–656, 664, 666, 673, 701 f., 710
Meyer, Laurenz 215 f., 226, 261
Meyer-Landrut, Lena 293
Meyer-Landrut, Nikolaus 293
Milbradt, Georg 258
Mißfelder, Philipp 260
Mitsotakis, Kyriakos 499
Mitterlehner, Reinhold 625
Mitterrand, François 713
Mixa, Walter 276
Modamani, Anas 526 f.
Modrow, Hans 115
Mohring, Mike 671
Molkentin, Wolfhard 138–140
Momper, Walter 131, 192
Monti, Mario 416, 418, 430, 432 f., 443
Morgenstern, Christian 51
Mronz, Michael 256
Mubarak, Hosni 400
Mühe, Ulrich 115
Müller, Gerd 638 f.
Müller, Hildegard 297, 458, 660
Müller, Klaus-Peter 328 f.

Müller, Michael 679, 698
Müller, Peter 190 f., 200, 215, 223, 231, 252
Müller-Armack, Alfred 126
Münkler, Herfried 597 f.
Müntefering, Franz 144, 253, 263, 272–275, 319 f., 351
Mutter Teresa 283, 533

Nahles, Andrea 211, 274, 286, 456, 623, 646 f., 664 f.
Napolitano, Giorgio 416
Nassehi, Armin 706
Nena, Gabriele Susanne Kerner 564
Netanjahu, Benjamin 310, 687
Neubert, Ehrhardt 112
Neumann, Manfred 294
Niebel, Dirk 360
Nofretete, Königin 362
Nolte, Claudia 156, 187
Nolte, Paul 561 f.
Nooke, Günter 32, 112 f.
Novotný, Antonín 41

Obama, Barack 284, 333, 342, 400, 402 f., 405, 416 f., 432, 444, 449–451, 467 f., 477 f., 483, 490 f., 588 f., 591 f., 601, 606
Oettinger, Günther 224, 245, 260, 314, 316 f., 361, 382, 421
Özdemir, Cem 632
Özil, Mesut 315
Özoğuz, Aydan 594 f., 617
Oppenheimer, Robert 57
Orbán, Viktor 515–519, 528, 531, 536, 598, 611
Osang, Alexander 33, 289
Osten, Hans-Jörg 76, 80, 91 f., 116 f.
Osterhammel, Jürgen 459 f.

Packer, George 480
Palme, Olof 183
Papademos, Lucas 415
Papandreou, Giorgos 365, 414 f.

Personenregister

Passos Coelho, Pedro 410
Pauli, Gabriele 316
Paulson, Hank 325, 327
Petry, Frauke 530, 596
Peymann, Claus 544
Pfaffenbach, Bernd 293
Philipe, Gérard 119
Pierer, Heinrich von 252, 268
Pinochet, Augusto 80
Platzeck, Matthias 274, 560
Pofalla, Ronald 183, 224, 259, 295–297, 351, 360, 388, 393, 412, 428, 450 f., 454, 457 f., 463
Polenz, Ruprecht 206, 210, 215
Poppe, Ulrike 111
Poroschenko, Petro 462, 465, 468, 474–479, 489
Power, Samantha 402
Pretzell, Marcus 596
Prodi, Romano 183
Putin, Wladimir 46, 301–304, 306, 451, 461 f., 465 f., 468–479, 485, 489, 495, 566–568, 714

Radeglia, Reiner 98 f.
Ramelow, Bodo 670 f., 690
Rattle, Simon 88
Rau, Johannes 250
Rau, Matthias 34
Reagan, Ronald 183, 335, 337, 711
Rehn, Olli 431
Reich, Jens 111, 115
Reiter, Dieter 520
Reker, Henriette 556
Renzi, Matteo 416, 491, 507, 572–574, 593 f.
Repnik, Hans-Peter 192
Resch, Roland 639
Rettich, Ankepetra 320
Rexrodt, Günter 176
Rezo 656–658
Rhodes, Ben 450
Rice, Susan 402 f.
Riester, Walter 216

Rittershaus, Joachim 95
Röhl, Bettina 216
Röller, Lars-Hendrik 294, 409
Rönsch, Hannelore 145
Rösler, Philipp 360, 409, 423 f., 448
Röttgen, Norbert 183, 190, 294, 297, 320, 333, 360, 364, 388 f., 393, 395, 425–429, 442, 457 f., 637, 640, 672, 702
Rogalla von Bieberstein, Johannes 243
Roll, Evelyn 36, 42
Romann, Dieter 530
Romberg, Walter 135
Rühe, Volker 124, 153 f., 190, 192, 200, 206, 208, 212, 405
Rüttgers, Jürgen 159, 189, 200, 206, 209, 212, 240, 252, 263, 315 f., 319 f., 344, 347, 363, 370, 379, 382
Rumsfeld, Donald 239
Rutte, Mark 475, 605, 630, 683

Saakaschwili, Michail 305
Sacharow, Andrei 32, 34, 90
Sager, Krista 279
Sahler, Gertrud 156, 188
Sahwil, Reem 502 f., 511
Salvini, Matteo 642
Samaras, Andonis 429, 431, 438, 487
Sánchez, Pedro 644, 650
Sanio, Jochen 328 f.
Sarkozy, Nicolas 305, 324, 330, 339 f., 342, 372 f., 375 f., 401, 404, 408, 411, 414–416, 418, 429 f., 432, 441, 443, 710
Sarrazin, Thilo 135, 439
Sauer, Adrian 86
Sauer, Daniel 86, 639
Sauer, Joachim 53, 62, 72, 82, 85–89, 92, 96–98, 122, 146, 189, 199, 276, 279, 286–289, 383, 390, 639, 650
Sayn-Wittgenstein, Casimir zu 201
Schabowski, Günter 115 f., 134
Schäuble, Ingeborg 378, 437
Schäuble, Thomas 205

Schäuble, Wolfgang 136 f., 145 f., 151, 156, 160–162, 167, 176, 181–183, 185 f., 188–194, 196–210, 212, 219, 222, 228, 234–236, 250–253, 259 f., 276, 296 f., 307, 339, 358 f., 369, 371, 373 f., 376–378, 380–382, 385, 396, 414, 419, 428, 434–437, 454, 456, 482 f., 486–489, 496–498, 500, 523 f., 532, 542, 546, 553, 585, 594, 619, 636 f., 639–641, 643, 651, 654–656
Scharf, Kurt 29
Scharping, Rudolf 169, 267, 428
Schavan, Annette 200, 253, 260, 296, 360 f., 457 f., 610, 624, 650 f.
Scheel, Walter 31
Schill, Ronald 220
Schiller, Friedrich 437
Schily, Otto 522
Schindhelm, Michael 89–91, 98
Schmidt, Helmut 11–13, 40, 42, 82, 218, 290, 298, 337, 350, 447, 542, 552, 611, 622, 717
Schneider, Frank 92
Schnur, Wolfgang 120, 123 f., 128 f., 131, 152, 157
Schoenbach, Bettina 279 f.
Schönbohm, Jörg 200, 231, 254, 258, 267
Schoeneich, Ulrich 27
Schönherr, Albrecht 26, 29–31, 52
Schöpp-Schilling, Hanna Beate 157
Scholz, Olaf 273, 286, 610, 698, 703 f.
Schorlemmer, Friedrich 121
Schreiber, Karlheinz 151, 193, 197, 200–202, 204 f.
Schreiner, Ottmar 287
Schröder, Gerhard 33, 72, 152, 172 f., 175, 177 f., 185–188, 196, 206, 212–214, 216–218, 220 f., 229, 231–233, 235–241, 246 f., 249, 253, 257 f., 263–266, 268–273, 278, 283, 285–287, 290, 293, 297 f., 300 f., 303, 305–307, 312–314, 333, 347, 361, 363, 428, 442, 455, 470 f., 473, 481, 542, 545, 567, 603, 622, 650, 660
Schröder, Kristina 361
Schüler, Klaus 655
Schultes, Axel 278
Schulz, Martin 72, 600–603, 609, 614–617, 622 f., 634–636, 639, 665
Schumacher, Hajo 316
Schumacher, Kurt 24
Schwan, Gesine 255
Schwarzer, Alice 210, 352
Schwesig, Manuela 695 f.
Seehofer, Horst 249, 258, 261, 298, 328, 346, 358–360, 382, 394, 399, 423, 426 f., 517–519, 522 f., 528 f., 531, 538, 546–552, 558 f., 569, 571 f., 580, 583, 585, 591, 601, 609, 613, 621 f., 626 f., 630–632, 635–637, 639–647, 669, 678
Seibert, Steffen 361 f., 532, 577, 639, 649, 655
Seidel, Eberhard 167
Seigewasser, Hans 52
Sethe, Paul 24
Sibelius, Jean 75
Šik, Ota 65
Sikorski, Radosław 442
Simonis, Heide 212, 262
Singer, Wolf 255
Sinn, Hans-Werner 485
Snowden, Edward 448, 450
Söder, Markus 528, 552, 640 f., 643 f., 671, 679 f., 693, 698–702
Solana, Javier 293
Solms, Hermann Otto 176
Soros, George 435
Späth, Lothar 228
Spahn, Jens 594, 604, 625, 637, 652, 655 f., 666, 673, 676 f., 679, 686, 691, 693, 697
Spreng, Michael 229
Springer, Friede 210, 245, 276 f.
Stalin, Josef 24, 34, 56, 84, 136, 476, 670

Personenregister

Starbatty, Joachim 440
Stark, Jürgen 409
Steffel, Frank 219
Steg, Thomas 306 f., 660
Steinbeis, Maximilian 558
Steinbrück, Peer 72, 263, 273, 324, 327, 331 f., 343, 371, 377, 447 f., 452
Steinlein, Reinhard 30
Steinlein, Stephan 30
Steinmeier, Frank-Walter 30, 72, 238, 264, 273, 303 f., 306 f., 342, 347, 351, 354 f., 381, 447, 465, 470, 496, 517, 529, 572, 584 f., 594, 599 f., 611, 634
Stiegler, Ludwig 256 f.
Stoiber, Edmund 189–192, 206, 209, 222–236, 240, 247, 251–254, 257–259, 261, 263, 265, 267 f., 272–275, 295, 314, 316, 328, 593, 654
Stoiber, Karin 227
Stolpe, Manfred 31, 52, 153, 231
Stoltenberg, Jens 299
Stoph, Willi 115
Stratou, Danai 482
Strauß, Franz Josef 99, 228, 235, 516, 640
Streibl, Max 134
Strobl, Thomas 260, 454
Ströbele, Hans-Christian 197
Stroetmann, Clemens 171
Struck, Peter 244, 314
Strunz, Claus 615 f.
Süssmuth, Rita 143, 145, 157, 162, 190, 213 f.
Szydło, Beata 608

Terlinden, Hans 196 f.
Teufel, Erwin 200, 260
Thälmann, Ernst 670
Thatcher, Margaret 183, 247, 254, 259, 335, 711
Thierse, Wolfgang 158, 204
Thoben, Christa 200

Thunberg, Greta 656 f.
Tietmeyer, Hans 334 f.
Tillich, Stanislaw 505
Timmermans, Frans 665 f.
Timoschenko, Julia 463
Töpfer, Klaus 169, 171 f., 174, 253, 398, 423
Trichet, Jean-Claude 369, 411
Trittin, Jürgen 383, 454, 628
Trudeau, Justin 603
Trump, Donald 11, 336, 467, 538, 575, 586–589, 591, 596–599, 601, 603, 607–610, 640, 650, 662 f., 676, 687, 704, 706, 710, 714–716
Trump, Ivanka 588
Tsakalotos, Euklid 488, 491, 494, 498
Tsipras, Alexis 431, 480–482, 486–489, 492–495, 498 f., 553, 564, 644, 665
Tucholsky, Kurt 437
Tusk, Donald 248, 491, 498, 507, 571–573

Ude, Christian 233
Ulbricht, Klaus 98, 119, 123
Ullmann, Wolfgang 111
Ulrich, Bernd 292

Van der Bellen, Alexander 594
Varoufakis, Yanis 367, 482 f., 486–489, 491, 493–495
Venizelos, Evangelos 414 f.
Verhofstadt, Guy 495
Vogel, Bernhard 190, 200, 206
Vollmer, Antje 183
Voßkuhle, Andreas 422 f.

Wagner, Bernd 166
Wagner, Richard 88, 90, 291, 650
Waigel, Theo 135
Wałęsa, Lech 109
Wallmann, Walter 169
Walter-Borjans, Norbert 665
Walz, Udo 225
Wanderwitz, Marco 693

Wanka, Johanna 457
Warnke, Jürgen 125
Weber, Axel 294, 409
Weber, Manfred 642, 665 f.
Webern, Anton 88
Weidel, Alice 617
Weidmann, Jens 294, 324, 330, 367, 409, 416
Weigl, Sanda 93
Weinert, Erich 44
Weise, Frank-Jürgen 522
Weiß, Konrad 111
Weizsäcker, Richard von 90, 145
Wen Jiabao 306
Westerwelle, Guido 219, 221, 252, 256–258, 272, 354–359, 363 f., 371, 378–382, 390, 393, 395 f., 400, 402–406, 409, 450 f., 628
Wettengel, Michael 297
Weyrauch, Horst 151, 193–196
Weyrich, Hans-Peter 280
Weyrich, Ulrike 280
Wieczorek-Zeul, Heidemarie 306
Wieler, Lothar 679
Wilders, Geert 575, 596, 605
Wilhelm II., Deutscher Kaiser 586

Wilhelm, Ulrich 227, 229, 289, 295, 297, 324, 332, 361
Will, Anne 544 f., 561, 650
Williamson, Richard 245
Winkler, Heinrich August 101
Wissmann, Matthias 176, 236
Wittig, Peter 403 f.
Wolf, Christa 118
Wolf, Guido 559
Wolf, Markus 115
Wowereit, Klaus 219, 231, 256
Wuermeling, Franz-Josef 276
Wulff, Bettina 382, 421
Wulff, Christian 80, 155, 200, 223, 228, 238, 260, 263, 315, 318 f., 382 f., 419–423, 425, 506

Ypsilanti, Andrea 318 f.
Yücel, Deniz 566 f.

Zahradník, Rudolf 88
Zatareih, Mohammad 515
Zemke, Hans-Günther 138 f.
Ziemiak, Paul 657
Ziller, Christiane 123
Zülicke, Lutz 70, 73, 98